HISTOIRE DE HUIT ANS

1. — *Histoire de huit ans.*

Jeanmaire, éditeur.

AVIS DE L'ÉDITEUR

*Cette Edition populaire de l'*Histoire de huit ans *(1840 à 1848) contiendra environ 70 livraisons à 10 centimes, soit 14 ou 15 séries à 50 centimes.*

L'Illustration due au crayon de Dünki et gravée par MM. Martin, Clément Bellanger, Tinayre, Kemplen, Prunaire, etc., etc., sera des plus remarquables.

*Des Planches hors texte viendront, comme dans l'*Histoire de dix ans*, compléter, si possible, ce luxe de Gravures.*

Les premières livraisons de cet ouvrage contiendront en outre des types militaires coloriés, qui n'ont pu prendre place dans la publication du dix ans *par suite du retard occasionné par les retouches de Dünki.*

Si cette galerie militaire obtient le succès qu'elle mérite, je me ferai un plaisir véritable de la faire passer entière sous les yeux des lecteurs, en l'offrant gratuitement à titre de prime dans le corps de l'ouvrage.

HISTOIRE
DE
HUIT ANS

I

Dotation. — Mot de Louis-Philippe. — Premières conférences inutiles. — M. Thiers devenu l'homme nécessaire. — Nouveau ministère. — Situation étrange de M. Guizot. — Singulier accueil fait par le roi aux nouveaux ministres. — Position embarrassée de M. Thiers. — Projet de loi sur les fonds secrets. — Effets de l'avènement de M. Thiers sur l'extérieur. — Discussion de la loi sur les enfants dans les manufactures. — Agitations et intrigues. — Bravades de M. Thiers. — Discussion de la loi des fonds secrets. — MM. Thiers, Lamartine, O. Barrot, de Rémusat, Berryer, Garnier-Pagès. — Amendement Dangeville. — Vote sur l'ensemble de la loi. — Triomphe de M. Thiers. — Abaissement de l'opposition dynastique.

Parmi tous les ministères qui s'étaient succédé depuis 1830, aucun ne s'était trouvé dans des conditions plus favorables pour de hautes ambitions, plus périlleuses pour de timides caractères, que le ministère du 1er mars 1840. Imposé à la royauté par la vo-

1. — E. REGNAULT.

lonté parlementaire, il avait pour mission de dominer le trône et de consacrer dans toute sa logique le gouvernement représentatif.

Une voie nouvelle s'ouvrit à la politique intérieure.

Durant les premières années, la monarchie de juillet et les forces parlementaires s'étaient appuyées mutuellement pour lutter contre le développement des idées démocratiques; la royauté et la bourgeoisie marchaient de concert. Mais lorsqu'une savante compression eut calmé leurs communes inquiétudes, chacune prétendit au prix exclusif de la victoire; et la lutte, changeant de terrain, s'établit entre deux prérogatives jalouses, s'efforçant d'empiéter l'une sur l'autre, et s'affaiblissant toutes deux au profit de la démocratie qu'elles croyaient atterrée.

La chute du ministère Molé avait été pour la royauté une première mésaventure; le rejet de la loi de dotation était une véritable défaite, bien plus, une injure.

Repoussée sans discussion, la demande royale avait été traitée comme une question de haute mendicité qui ne méritait pas l'examen du législateur. Le roi était blessé dans son orgueil, le père de famille dans ses calculs. Louis-Philippe ressentit l'offense d'autant plus vivement qu'il comptait sur un succès. En apprenant le résultat et surtout la forme du vote, il s'écria : « C'est une insulte personnelle! » Et il avait raison. Les ambitieux coalisés pour gagner un ministère venaient d'ébranler le trône. Les démocrates seuls avaient le droit de se réjouir.

La première victoire de la coalition avait abouti à une mystification. Depuis près d'un an, les meneurs s'agitaient vainement autour des portefeuilles; les prétentions diverses n'avaient pu se concilier, et le roi, profitant des dissidences, avait joué ceux qui voulaient lui faire la loi. Le ministère provisoire du 1er avril, le ministère accidentel du 12 mai avaient ajourné les espérances et trompé les ambitions. Mais enfin le triomphe de la coalition semblait définitif.

Cependant Louis-Philippe ne se montrait pas empressé de récompenser ses adversaires. Rusant avec la défaite, il tenta d'abord d'écarter les plus notables parmi les opposants, ceux-là surtout qu'il pouvait accuser d'inconstance ou d'ingratitude, M. Thiers entre autres. De tous les prétendants au pouvoir celui-ci avait été le plus ardent à la lutte, mesurant ses attaques sur la vivacité de ses espérances et méritant plus qu'aucun autre les ressentiments de la cour. Aussi la première pensée du roi avait-elle été de lui disputer les bénéfices de la victoire, en faisant offre de portefeuilles à des serviteurs moins rebelles. MM. Molé, Dupin, de Broglie furent successivement appelés au château. Aucun de ces noms n'apportait une solution. M. Guizot, un instant consulté, partit pour Londres au milieu de la crise. Les jours s'écoulaient dans l'attente; les impatiences publiques se trahissaient; le *Journal des Débats* s'écriait : « Il faut se presser. Nous partageons à cet égard l'avis unanime de la presse. La plaie saignera longtemps; au moins ne faut-il pas qu'elle s'envenime. » On était au 25, et, depuis le 20, il n'y avait plus de gouvernement régulier. Enfin, le 26, M. Thiers fut mandé au château.

Une première conférence ne produisit aucun résultat. Soit pour pallier son échec, soit pour compromettre M. Thiers, le roi voulait non seulement l'associer, mais le subordonner à M. Molé. Voici à cet égard ce que M. Thiers disait quelques jours plus tard à la tribune : « On me demandait, en me rapprochant de M. Molé, de lui céder, non pas seulement la présidence du conseil, que j'aurais pu céder à son âge, à sa situation, à son autorité dans les affaires; on me demandait de lui céder le portefeuille de affaires étrangères, c'est-à-dire de déclarer que je croyais m'être trompé, que je reconnaissais la politique de M. le comte Molé comme meilleure, plus utile pour le pays que la mienne; en un mot, de recevoir de M. le comte Molé, permettez-moi de le dire, un supplément d'amnistie, je ne le pouvais pas. »

M. Thiers, devenu l'homme nécessaire de la situation, insista pour présenter un ministère de son choix, se montrant d'ailleurs assez facile sur les questions de principes. Le roi dut céder. Le 1er mars, après huit jours d'hésitation, le roi signait avec répugnance les ordonnances qui appelaient :

M. Thiers aux affaires étrangères, avec la présidence du conseil ;
M. de Rémusat au ministère de l'intérieur ;
M. Vivien au ministère de la justice ;
M. Pelet (de la Lozère) au ministère des finances ;
M. Cousin à l'instruction publique ;
M. le général Cubières à la guerre ;
M. l'amiral Roussin à la marine ;
M. Jaubert aux travaux publics ;
M. Gouin à l'agriculture et au commerce.

Un ministère ainsi composé ne satisfaisait personne, ni le centre gauche, qui venait de vaincre, et qui n'y était représenté que par deux hommes de second ordre, MM. Pelet (de la Lozère) et Vivien ; ni les 221 de M. Molé, deux fois victimes de la coalition ; ni les doctrinaires, qui trouvaient leur part trop petite avec les deux ministres de l'intérieur et des travaux publics ; ni enfin les démocrates, témoins désintéressés d'arrangements personnels qui ne représentaient aucun principe et ne présageaient aucune amélioration.

Le nom de M. Thiers rappelait les lois de septembre, le privilège électoral, le monopole et l'exclusion. Trois ans passés dans l'opposition l'avaient-ils ramené à d'autres sentiments ? Les démocrates n'y comptaient guère ; car son opposition ressemblait plus au dépit qu'au repentir. On se rassurait peu, d'ailleurs, en voyant le ministère important de l'intérieur livré à la coterie doctrinaire. M. de Rémusat, il est vrai, ne s'était signalé personnellement par aucun fait de malheureuse célébrité. Ami des lettres et des études sérieuses, il avait plus médité sur la philosophie du xiie siècle que sur la politique du xixe, et, fidèle jusqu'alors aux leçons de M. Guizot, il votait avec lui, silencieux et discipliné. Esprit élégant, éclairé, caractère timide, il y avait cependant quelque chose d'altier dans sa réserve et de dédaigneux dans sa bouderie.

Tout autre se montrait M. Jaubert, fougueux, agressif, acerbe, poussant la causticité jusqu'à la provocation et l'emportement jusqu'à l'étourderie. Plein d'esprit, d'ailleurs, et prompt à la repartie, soldat infatigable de l'armée doctrinaire, il avait fait une guerre acharnée à la presse démocratique et s'était non moins signalé par ses vives attaques sous les drapeaux de la coalition. En l'appelant au ministère, M. Thiers satisfaisait la fraction turbulente de la doctrine ; mais il se donnait en même temps un collègue incommode.

M. le général Cubières avait des titres pour ainsi dire négatifs, car il avait présidé à l'évacuation d'Ancône si énergiquement flétrie par M. Thiers, et il avait fait partie du ministère intérimaire d'avril qui avait servi à mystifier la coalition. M. Thiers lui pardonna comme à un homme sans importance et le fit ministre au même titre.

M. l'amiral Roussin, naguère ambassadeur à Constantinople, s'était fait remarquer par ses fougueuses hostilités contre le pacha d'Égypte. Son admission au ministère dans un moment où la question d'Orient était la plus grande difficulté de l'extérieur, semblait presque un désaveu de la politique française : c'était au moins une grande imprudence.

MM. Vivien, Gouin et Pelet, (de la Lozère), étaient parmi ces politiques incolores du centre gauche qui touchent aux frontières de tous les partis, et peuvent s'accommoder avec tous, dans ce qu'ils ont de plus effacé. On racontait dans le public que M. Pelet (de la Lozère) n'avait été désigné pour le ministère des finances que sur le refus de M. d'Argout, auquel on avait même laissé le choix entre ce département et celui de l'intérieur. M. d'Argout, gouverneur paisible de la Banque de France, aurait répondu : « Je suis « comme Arlequin, à qui l'on donnait le « choix entre le pal et la pendaison : j'aime « mieux mourir de vieillesse. »

M. Cousin, célèbre sous la Restauration

par ses brillantes leçons, et par les persécutions inintelligentes du pouvoir, appartenait plus à la science qu'à la politique. Dévoué cependant aux idées de l'école libérale, il se montrait défenseur des libertés dans une certaine mesure, partisan du progrès dans certaines limites. Pour lui, l'idéal des gouvernements était le régime constitutionnel. Admirateur passionné de M. Thiers, plein d'enthousiasme pour cette intelligence vive et mobile, il se plaisait à voir en lui le représentant éclairé de cette race bourgeoise qui s'était émancipée par ses talents et son audace. Plébéien lui-même, fier d'être le fils de ses œuvres, il aimait dans M. Thiers l'illustre parvenu, et le considérait, à tort ou à raison, comme le type le plus remarquable du plébéien admis par son mérite aux conseils des rois. Avec de telles admirations, M. Cousin acceptait volontiers un rôle secondaire dans la politique, réservant toute son initiative pour les améliorations de l'enseignement public, où quelques modifications assez timides le firent passer aux yeux de la cour pour un révolutionnaire effréné.

La fraction libérale du ministère voyait avec déplaisir M. Guizot conservé à l'ambassade de Londres. On se méfiait de ses sympathies trop prononcées pour les cours absolutistes; on se rappelait qu'il avait été envoyé en remplacement de M. Sébastiani seulement par ce que celui-ci était trop prononcé pour l'alliance anglaise. M. Guizot, ennemi de lord Palmerston, favorisait trop ouvertement à cet égard les antipathies personnelles de Louis-Philippe. Avec un tel ambassadeur, la question d'Orient risquait d'être compromise. Aussi quelques membres du nouveau cabinet engageaient-ils M. Thiers à le rappeler et à lui donner pour successeur son prédécesseur, M. Sébastiani. Mais M. Thiers repoussait cette mesure, de peur, disait-il, de faire injure aux doctrinaires. Ce qu'il y avait de plus vrai, c'est qu'il aimait mieux tenir M. Guizot éloigné, que le voir en face de lui à la tribune.

Louis-Philippe lui-même avait peu de goût pour M. Guizot. Avec ses manières bienveillantes et faciles, avec son habile bonhomie, il s'accoutumait difficilement aux formes compassées du chef des doctrinaires; il ne lui pardonnait pas, d'ailleurs, son rôle agressif dans la première coalition, et cette ardeur presque révolutionnaire avec laquelle il avait réclamé le gouvernement parlementaire. M. Guizot avait, en cette occasion, bravé et vaincu la couronne, et la couronne ne l'oubliait pas.

L'ambassadeur de Londres était donc dans cette étrange situation, qu'il n'était ni l'homme du ministre ni l'homme du roi; toléré seulement par le premier comme faisant moins obstacle dans le lointain qu'à la Chambre, subi par le second comme une des conséquences de ses défaites parlementaires.

Le cabinet du 1ᵉʳ mars, accueilli avec froideur par la Chambre, avec défiance par les démocrates, était loin de trouver un appui auprès de la couronne. Le *Journal des Débats*, écho des bruits de cour, laissait percer le dépit de ceux qui l'inspiraient. « M. Thiers, disait-il, a voulu être le maître, et il l'est.... La couronne n'aurait pas voulu choisir les ministres du 1ᵉʳ mars, qu'elle aurait été forcée de les accepter, forcée par sa prudence, et pour ne pas empirer une sitation dangereuse. » L'aveu était imprudent, et l'humilité de la couronne bien grande. Mais Louis-Philippe lui-même confessait hautement sa défaite et s'en plaignait en termes amers à ceux même qu'il appelait les vainqueurs. Lorsque les nouveaux ministres furent admis auprès de lui à prêter serment selon l'habitude, il leur dit brusquement : « Eh bien ! « Messieurs, je suis contraint de vous subir, « de subir mon déshonneur. Vous vous impo- « sez à moi... Vous mettez mes enfants sur « la paille... Enfin je suis un roi constitu- « tionnel ; il faut bien en passer par là ! » Il ne cachait rien de son humiliation, rien de son ressentiment. On a généralement dépeint Louis-Philippe comme un habile comédien, profondément dissimulé. C'est, au moins, une exagération. Louis-Philippe était, avant tout, dominé par la passion du

« Vous mettez mes enfants sur la paille! » (Page 4, col. 2.)

moment, et la passion exclut la dissimulation. Ses convictions étaient peu durables, mais elles étaient vives, entières, fougueuses, l'entraînant souvent plus loin qu'il ne voulait aller. Ce qui est constant, c'est que dans l'occasion dont il s'agit, il poussa la franchise jusqu'à la brutalité, et fit très mauvais accueil à ceux qu'il acceptait pour conseillers. Et son humeur ne s'apaisa pas en un jour; ce ne fut qu'à la longue qu'il s'accoutuma à eux, et alors il se montra de facile composition; car il était aussi homme d'habitude, et il ne se sépara qu'avec peine de ceux qu'il avait si mal reçus.

Le mauvais vouloir de la couronne, les aigreurs des partis et les dépits ambitieux n'étaient pas les seuls obstacles que rencontrait tout d'abord le cabinet du 1er mars. La position personnelle de M. Thiers lui-même était fausse et embarrassée. Le vote qui le portait au pouvoir était un triomphe pour la démocratie bien plus que pour un autre parti parlementaire. Le *Journal des Débats* l'avouait. « C'est sur la couronne même, disait-« il, que porte le coup. » Et le *National* répondait : « Le *Journal des Débats* a raison. »

Lors donc que M. Thiers combattait si activement une loi toute monarchique pour la vaine satisfaction de son ambition personnelle, il reniait son passé ; pour s'ouvrir une porte au pouvoir, il faisait une brèche au trône, et affaiblissait ainsi sa propre autorité auprès de la royauté, qu'il avait compromise, et de la démocratie, dont il n'avait été qu'un aveugle instrument.

Dans la Chambre, sa position n'était pas plus facile. De quel côté allait-il pencher, sur quels principes allait-il s'appuyer? Il n'y avait pas même de majorité qui pût le guider ou le suivre. Il s'en était bien trouvé une pour repousser une dotation. Mais ce n'était qu'un vote négatif, n'engageant personne pour l'avenir. La victoire elle-même disloquait la phalange victorieuse, et chacun reprenait son système ou ses préjugés. Le parti qui s'appelait gouvernemental, les 221 de M. Molé, et les débris du 12 mai, pour lequel M. Thiers n'était qu'un déserteur, se montraient disposés néanmoins à négocier avec lui, mais à la condition qu'il reviendrait à sa vieille politique de 1835. C'était lui demander un désaveu formel de son opposition de trois années. C'était condamner sa récente victoire et frapper d'illégitimité l'origine de son pouvoir. Le désaveu était trop brusque pour un ambitieux habile.

D'un autre côté, se présentait la gauche dynastique qui lui avait conquis son portefeuille et lui offrait encore son concours bénévole, mais à la condition qu'il s'engagerait avec elle dans les voies des réformes modérées. Déjà, cependant, M. Thiers ne voulait plus de conditions. Son arrivée au ministère était une réforme suffisante ; arracher d'autres concessions à la couronne affaiblie lui semblait une imprudence. De tels principes, il est vrai, ne s'avouaient pas tout haut ; mais sa conduite entière en fut le développement.

Sans donc se prononcer, sans s'engager en rien avec la gauche dynastique, il résolut de l'engager avec lui, et de la compromettre tout d'abord par un vote de complaisance.

De tout temps, l'opposition dynastique s'était prononcée contre le principe même des fonds secrets. Plus d'une fois, M. Odilon Barrot avait déclaré que, pour accorder un tel blanc-seing à un cabinet, il fallait au moins savoir ce qu'il voulait et où il allait. La politique de M. Thiers consistait donc à entraîner la gauche sur une question en désaccord avec ses principes, et à obtenir le blanc-seing de M. Odilon Barrot, sans lui dire ni ce qu'il voulait ni où il allait. Une demande de fonds secrets fut le premier acte important du ministre, le premier essai de ses forces à la Chambre. Il en faisait tout d'abord une question de cabinet. Si la gauche dynastique refusait son appui, elle était menacée de voir renaître l'ascendant des ministres de cour; si elle l'accordait, elle se livrait à M. Thiers sans condition et sans compensation.

Le 11 mars, M. de Rémusat, ministre de l'intérieur, présenta le projet de loi qui allait décider du sort du ministère.

Cependant, au dehors, la modification du cabinet français avait un certain retentissement, surtout en Angleterre, pays plus intimement lié à nous par ses institutions et son voisinage. On se souvenait que le fameux *discours-ministre* de M. Thiers était l'apologie de l'alliance anglaise ; et pour les graves complications de l'Orient, on ne pouvait espérer un négociateur plus accommodant. Ce qui étonnait cependant et troublait en même temps les politiques d'outre-Manche, c'étaient les cris d'alarmes poussés par les monarchistes, annonçant les dangers du trône. Dans ce pays de représentation aristocratique, les luttes ministérielles n'atteignent jamais la couronne, et jamais les vaincus n'engagent avec eux la majesté royale. C'était donc, aux yeux des hommes d'État de l'Angleterre, un signe de profonde hypocrisie ou de grande imprudence de la part des conservateurs français, que de rendre le monarque solidaire de leur défaite. C'était, de plus, condamner leur système dans son ensemble. Le *Morning-Chronicle*, organe de lord Palmerston, faisait à cet égard des réflexions pleines de justesse.

« Quand nous voyons, disait-il, après dix années de règne de la dynastie d'Orléans, tous les partis s'écrier, à la moindre crise du système, que le trône est en danger, nous sommes forcément amenés à en conclure qu'il y a eu quelque méprise grave dans la politique suivie par les ministères qui se sont succédé depuis 1830..... Ainsi, un parti considère M. Thiers comme devant livrer l'État à la démocratie, l'autre, au contraire, s'imagine que M. Thiers seul peut empêcher la démocratie de déborder le trône. Ces deux opinions dominantes en France, quelles que soient leurs divergences, s'accordent sur ce point, que le trône de Louis-Philippe repose sur une base faible, et qu'après dix années de règne, Sa Majesté doit redouter les dispositions, non seulement des masses, mais des 150,000 électeurs privilégiés.

« S'il en est ainsi, et nous le croyons, nous conseillons de changer de système, parce qu'autrement la cause de la monarchie serait perdue en France. Il est évident que le système monarchique est allé constamment en déclinant. La monarchie est affectée d'un vice dangereux, d'une consomption graduelle, que tous les remèdes employés jusqu'à ce jour n'ont fait qu'augmenter... Dégager le roi et la dynastie de cette situation de défiance entre lui et son peuple, tel doit être le premier but d'un ministère qui comprend sa mission, et qui a des idées plus élevées que l'unique désir de se maintenir au pouvoir. Mais si, au lieu de cela, on se livre à de petites intrigues de cour, comme jusqu'à ce jour, le trône de Juillet ne durera pas plus que celui de Napoléon. »

Cet avertissement prophétique ne devait être compris ni par le roi ni par ses ministres. Engagés dans une voie contraire, ils y persistèrent jusqu'à ce qu'elle les conduisît à l'abîme. M. Thiers avait affaibli la royauté par ses agressions, il allait l'affaiblir encore par son concours.

Chez les souverains du Nord, et surtout chez le czar, l'avènement de M. Thiers fit redoubler les mauvais vouloir envers la France; il se préparait de nouvelles complications dans les affaires extérieures.

En attendant le rapport et la discussion sur les fonds secrets, le ministère s'occupa de quelques projets de loi que lui avaient légué ses prédécesseurs. Parmi ces projets, les plus importants concernaient le remboursement ou la conversion des rentes, la prorogation du privilège de la Banque, l'organisation du conseil d'État, et le travail des enfants dans les manufactures.

Cette dernière loi, mise à l'ordre du jour dans la Chambre des pairs, fut la première discutée. Les préoccupations politiques empêchèrent le public de lui accorder toute l'attention qu'elle méritait. Il y avait là cependant une question sociale des plus graves. L'activité dévorante de l'industrie enlevait aux familles pauvres des enfants de tout âge, et cette conscription précoce était plus meurtrière que les batailles. D'un autre côté, le modique salaire de ces infortunés devenait un soulagement pour la misère de leurs parents. Il y avait donc à concilier les lois de l'humanité avec les besoins des familles, les devoirs de l'État avec les droits des pères. Abandonner sans contrôle les enfants aux spéculations de l'industrie, c'était les livrer corps et âme à la corruption, multiplier les victimes, frapper le corps social dans sa sève et l'arrêter dans son développement. Mais fermer absolument les ateliers aux enfants, c'était diminuer les ressources des familles pauvres et ravir à la misère un pécule qui la rendait supportable. C'était, de plus, compromettre l'industrie dans ses luttes contre la concurrence étrangère. Le problème à résoudre consistait donc à étendre le bras protecteur de la loi, et sur les enfants, et sur les parents, et sur l'industrie. Déjà l'Angleterre, la Prusse et l'Autriche avaient réglé ces graves questions par des lois prévoyantes qui réduisaient les heures de travail selon les différents âges, et proportionnaient les fatigues aux forces. C'est dans cette voie que s'engageait aussi le gouvernement français. Mais le précédent ministre du commerce, M. Cunin-Gridaine, reculant devant les difficultés de détail, avait craint de formuler un système général, et abandonnait la fixation de l'âge pour l'admission et la durée du travail à l'arbitraire et aux caprices de réglements locaux. La loi restait sans unité et sans garantie. Toutefois la commission, plus éclairée, avait entièrement refait le projet ministériel, et, posant une règle unique, elle avait fixé l'admission à huit ans, et la durée du travail à huit heures pour les enfants de huit à douze ans, à douze heures pour les enfants de douze à seize. Tel était l'état de la question à l'avènement du 1er mars. M. Gouin se rangea sagement à l'avis de la commission, et ces principes furent adoptés par la Chambre des pairs, après une discussion grave et consciencieuse.

Cependant cette loi de prévoyance fut un bienfait qui demeura presque inaperçu au milieu des agitations des partis. Toutes les ambitions, les intrigues, les espérances se préparaient à la discussion des fonds secrets. Ce n'était plus une question de principes, mais de personnes. Le vote devait maintenir M. Thiers ou le renverser. Tous les aspirants au ministère étaient pleins d'ardeur; la phalange réduite des 221 suivait les impulsions de M. Molé; les doctrinaires dissidents encourageaient M. de Rémusat; la gauche dynastique déclarait, dans une réunion spéciale, que sa politique à l'égard du nouveau cabinet serait *expectante* et *bienveillante*; la cour, furieuse du triomphe obtenu par M. Thiers, aux dépens de la liste civile, était le centre des complots dirigés contre le ministère, et le roi comptait être vengé par un revirement parlementaire. Cependant il n'y avait pas d'accord parmi les conspirateurs monarchiques. D'abord le *Journal des Débats* engage les conservateurs à voter les fonds secrets, « parce que, dit-il, dans tout gouvernement et sous tout ministère, il faut des fonds secrets. » Mais les zélés s'indignent que l'organe du château demande un vote de confiance pour M. Thiers, « l'ennemi personnel du roi ». Aussitôt le *Journal des Débats* s'empresse de changer de langage : « Le ministère, dit-il, aux conservateurs, ne peut embrasser vos principes, quand même il le voudrait; il ne le peut pas, parce que son origine s'y oppose. Il est sous le joug de sa naissance : tel il est né, tel il doit vivre... Il est né à l'aide de la gauche, et, quoiqu'il fasse, il faut qu'il vive à l'aide de la gauche... Le ministère est salué par l'opposition comme un précurseur : c'est là son rôle et sa mission, il est impossible qu'il obtienne les votes des conservateurs. »

La cour se prononçait, M. Thiers était averti. Quant aux radicaux, ils suivaient avec curiosité ces phases diverses de l'intrigue, bien décidés à refuser un vote de confiance à un ministre trop longtemps suspect.

La lutte dans les bureaux, pour la nomination des commissaires, fut vive et presque menaçante pour le ministère; le nombre total des voix qui se prononcèrent pour lui fut de 191; l'opposition en comptait 186. Parmi les commissaires, cinq appartenaient aux ministériels : MM. Caumartin, Berville, Havin, Berger et Defitte; quatre à l'opposition : MM. de Lamartine, Harlé, Wurtemberg, Amilhau.

Dans le 4e bureau, il fut demandé à M. de Rémusat quelle différence il y avait entre le ministère Soult-Dufaure-Passy, et le ministère Thiers, Rémusat et Pelet; la différence, répliqua-t-il, *de l'habileté*. Réponse satisfaisante, sans doute, pour l'orgueil doctrinaire, mais imprudente avant toute action. M. Thiers avait formulé la même pensée en d'autres termes : « Nous jouerons le même air, mais nous le jouerons mieux. »

Une autre bravade avait excité les esprits des conservateurs. M. Thiers, mettant au défi les hostilités de ses rivaux, s'était écrié : « Après moi, gouvernera qui pourra! » Dans un moment où tant de gens se flattaient de

La différence... de l'habileté. (Page 8, col. 2.)

gouverner après lui, le propos était impertinent. Il ranima les ardeurs, rapprocha les ambitions, et amena un pacte entre les débris épars du 15 avril et du 12 mai, renforcés des plus opiniâtres parmi les 221. Un ministère en expectative fut proposé, discuté, adopté dans les conciliabules conservateurs. Le maréchal Soult avait la guerre avec la présidence du conseil, M. Molé les affaires étrangères, M. Duchâtel l'intérieur, M. Teste la justice, M. Lacave-Laplagne les finances et M. Villemain l'instruction publique. Ce ministère n'attendait plus pour apparaître qu'un vote défavorable à M. Thiers. M. Thiers, de son côté, ne négligeait rien pour tromper les espérances de ses héritiers impatients.

M. Berville, nommé rapporteur de la commission des fonds secrets, donna lecture de son rapport le 21. La discussion s'ouvrit le 24. Elle était attendue avec un certain intérêt, parce qu'on espérait en voir sortir la pensée ministérielle. Beaucoup de gens se demandaient quelles seraient les concessions faites à la gauche en retour de son appui : on ne pouvait s'imaginer, en effet, que M. Odilon Barrot se livrerait sans conditions et sans garanties ; c'était même le texte principal des doléances monarchiques. Les radicaux seuls, mieux accoutumés aux roueries de M. Thiers et aux faiblesses de la gauche dynastique, n'attendaient aucun résultat de cette alliance nouvelle; elle n'avait pour eux d'autre importance que son origine, qui avait été une cause réelle d'affaiblissement pour le trône, et un témoignage nouveau de l'impuissance du parti constitutionnel, toujours dupe et toujours incorrigible.

M. Thiers ne trompa point les radicaux et se montra franchement tel qu'ils le jugeaient.

Pour tous les esprits opposés aux voies funestes suivies depuis dix ans, les changements politiques les plus urgents comprenaient deux points principaux : 1° modification des lois répressives établies contre les opinions dissidentes; 2° réforme de la législation électorale.

Sur le premier point, M. Thiers déclara qu'il ne changerait rien, excepté peut-être la définition de l'attentat, concession faite, d'ailleurs, avant lui, par le ministère du 12 mai.

Quant à la réforme électorale, il l'ajournait à des temps meilleurs.

« Sur ce point, disait-il, la difficulté sera grande dans l'avenir ; elle ne l'est pas aujourd'hui. Pourquoi? Y a-t-il parmi les adversaires de la réforme électorale quelqu'un qui, devant le corps électoral, devant la Chambre, et j'ajouterai devant la charte, ait dit *jamais!* Personne... A côté de cela même, parmi les partisans de la réforme, y a-t-il des orateurs qui aient dit *aujourd'hui?* Aucun. Tous ont reconnu que la question appartenait à l'avenir, qu'elle n'appartenait pas au temps présent. » M. Odilon Barrot répondit : « Vous êtes dans le vrai. »

M. Thiers en disant ces mots, M. O. Barrot en y applaudissant, ne tenaient compte que du pays légal composé de deux cent mille privilégiés. Enfermés dans ce cercle étroit, ils ne voyaient pas qu'entre ceux qui ne disaient pas *jamais* et entre ceux qui ne disaient pas *aujourd'hui,* il y avait toute une nation revendiquant ses droits et devant un jour les conquérir. Huit ans après, M. Guizot pas plus que M. Thiers ne disait *jamais;* mais, comme lui, il disait *pas aujourd'hui,* et c'est ainsi que, d'ajournements en ajournements, le pays fut conduit à une révolution.

Assurément le fait dominant de la politique des dix-huit années, le fait le plus malhabile fut ce dédain profond de tout ce qui ne composait pas le monde parlementaire. Et en cela l'opposition dynastique ne fut guère plus sage que les conservateurs. Tous ont porté la peine de leur aveuglement.

M. Thiers, cependant, qui accordait si peu à l'alliance de la gauche dynastique, lui offrit en compensation quelques témoignages flatteurs, en des termes qui méritent d'être rappelés aujourd'hui.

« Je ne crois pas, dit-il, qu'il y ait ici un parti exclusivement voué à l'ordre et un autre parti voué au désordre; je crois qu'il n'y a que des hommes qui veulent l'ordre, mais qui le comprennent différemment... Il ne faut point d'exclusion, Messieurs, et pour moi, permettez-moi de le dire, si, en 1830, je me suis jeté au milieu des amis de l'ordre, au milieu de ce qu'on appelle le parti conservateur, c'est parce que je croyais l'ordre menacé. Mes convictions m'ont séparé de lui et m'ont jeté plus tard dans l'opposition ; j'ai vu qu'il n'y avait personne de prédestiné pour l'ordre ou le désordre; qu'il n'y avait que des amis du pays; et si vous voulez placer entre eux ce triste mot exclusion, il portera malheur à qui voudra le prononcer... Je crois qu'il n'y a ici que de bons citoyens qui ont besoin de s'éclairer les uns par les autres. Les uns croient à des dangers qui n'existent pas ; les autres croient à des possibilités qui ne sont pas nées encore : il n'y a qu'une transaction à opérer entre eux, et un cabinet qui voudra franchement vous exposer la véritable situation des esprits, s'il est écouté, pourra rendre un véritable service. »

M. Desmousseaux de Givré, un des plus remuants parmi les 221, repoussa hautement la transaction offerte. « Quand on veut, dit-il, obtenir l'appui d'un parti, il faut lui faire des conditions acceptables ; à mon avis celles qu'on nous fait ne le sont pas. »

Puis il ajoutait : « Je ne sais pas ce que M. le président du conseil a promis à la gauche ; mais je sais que la gauche lui a beaucoup donné : elle lui a donné un principe ! elle a fait pour obtenir sa bienveillance ce que nous ne ferons jamais pour conquérir la bienveillance d'un chef de gouvernement ; car jamais nous n'abandonnerons nos principes. »

M. Béchard, membre de l'opposition légitimiste, n'acceptait pas plus que M. Desmousseaux de Givré le mot de transaction ; mais il expliquait autrement son refus d'adhésion.

« Dans le projet de transaction, disait-il, j'ai été, je l'avoue, très vivement frappé d'une chose ; c'est que la gauche, qui n'obtient rien se montre pleinement satisfaite, tandis que les centres sont mécontents... Ce qui effraie, Messieurs, le centre droit de cette Chambre, ce qui satisfait la gauche, malgré l'ajournement de la réalisation de ses doctrines, c'est la marche générale du ministère. La gauche attend l'arme au bras ; elle n'abdique pas ses doctrines, elles les ajourne ; le ministère marche vers elle, et, comme on l'a très bien dit, c'est un ministère de *transition* et non pas un ministère de *transaction*. »

L'orateur déclare que le programme du ministère lui semble insuffisant, il somme le cabinet de s'expliquer avec plus de clarté sur la réforme électorale, sur les lois de septembre ; enfin, pour accorder au ministère un vote de confiance, il demande la cessation des abus du despotisme administratif et du monopole électoral ; la réduction des dépenses publiques ; l'organisation du principe de la liberté religieuse, la liberté d'enseignement et le complément de l'amnistie.

Le ministère était harcelé des deux côtés ; M. de Lamartine dirigea contre M. Thiers une attaque personnelle. Depuis qu'il était à la Chambre, M. de Lamartine s'était piqué de faire preuve d'une indépendance qui, le dégageant de tous les partis, ressemblait à l'isolement. Tantôt allié du ministère, mais allié sans contrat, tantôt marchant avec l'opposition, mais sans aucune discipline, il apportait son appui non pas à des systèmes, mais à des détails, souvent égaré dans une politique de sentiment, mais toujours inspiré par des pensées généreuses et chevaleresques, excepté lorsqu'on invoquait des souvenirs révolutionnaires, contre lesquels il conservait à cette époque les impressions traditionnelles de sa jeunesse. Or, M. Thiers avait dit : « Je suis un enfant de la révolution. » Ce fut l'occasion des plus vives apostrophes de M. de Lamartine.

« J'aime, dit-il, et je défends l'idée libérale, le progrès du pays et de la législation dans le sens régulier et fécond de la liberté ; vous, vous aimez, vous caressez, vous surexcitez le sentiment, le souvenir, la passion révolutionnaire ; vous vous en vantez, vous dites : « Je suis un fils des révolutions, je « suis né de leurs entrailles, c'est là qu'est « ma force ; je trouve de la puissance en y « touchant, comme le géant en touchant la « terre. » Vous aimez à secouer devant le peuple ces mots sonores, ces vieux drapeaux, pour l'animer et l'appeler à vous ; le mot révolution dans votre bouche, c'est, permettez-moi de vous le dire, le morceau de drap rouge qu'on secoue devant le taureau pour l'exciter....

« Voilà une des causes qui nous diviseront longtemps.

« Mais, il faut tout dire, il y a autre chose en vous ; il y a, j'oserai le dire, non un principe, mais une passion, une passion inquiète, jalouse, insatiable, que rien ne peut calmer, qui ne veut rien partager, parce que tout n'est pas encore assez pour elle. Il y a la passion de gouverner, de gouverner seul, de gouverner toujours, de gouverner avec la majorité, de gouverner avec la minorité comme aujourd'hui, de gouverner avec et contre tous ; régner seul, régner toujours, régner à tout prix. »

L'orateur rappelle qu'après le vote qui avait amené la chute du cabinet du 12 mai, la paix était faite et la majorité retrouvée, cette majorité formée du centre gauche et du centre droit, base naturelle et permanente d'un pouvoir régulier, il soutient que cette union des deux centres n'a été empêchée que par la situation prise dans la Chambre, et systématiquement prise par le président du conseil. « Il s'est placé presque à l'extrémité de cette Chambre, ou du moins dans un des groupes les plus distants des centres, où devait être son point d'appui... Et là, il fait appel à la transaction. »

Puis, apostrophant directement M. Thiers, il s'écrie : « D'où sortez-vous ? Du sein de nos adversaires politiques. Quels sont vos appuis ? Nos adversaires politiques. Et au dehors, quels sont les organes qui vous appuient avec le plus de force ? Ce sont ceux qui nous outragent et nous invectivent avec le plus d'obstination.

« Vous me demandez si j'ai confiance dans la direction parlementaire, dans la force, dans la stabilité, dans la puissance d'agir du chef d'un cabinet qui, debout sur une minorité prête à se dérober sous lui, tend une main à la gauche, qu'il appelle à le soutenir contre la droite, une autre main à la droite, qu'il appelle à le défendre contre les prétentions de la gauche ; du chef d'un cabinet suspendu un moment dans un faux équilibre, dont la base est une minorité et dont le balancier est une impossible déception ; si j'ai confiance, si j'ai foi, si j'ai espérance pour la couronne, pour nous, pour le pays, pour l'ordre, pour la liberté, pour quoi que ce soit de vrai, de sincère, de profitable, de patriotique, moi, le dire ! Non ! Jamais !

« Confiance ! Et en quoi ! Confiance ! Et à quoi ! Si je me place au point de vue libéral, qui est le mien plus que vous ne voulez le croire, je vous trouve en face de mes principes de progrès social dans presque tous les grands combats que nous avons livrés depuis cinq ans pour développer et moraliser la démocratie. Si je me place au point de vue conservateur, je vous trouve à la tête de ceux qui ont mis le trouble et l'inquiétude dans le parlement, soufflé l'agitation entre le parlement et la couronne, de ceux dont un des organes ne cesse pas de sonner ce qu'on pourrait appeler, en termes révolutionnaires, le tocsin de la presse en permanence contre nous.

« Et vous voudriez que je déclarasse confiance à tout cela ! Non : le pays ne nous a pas envoyés pour jeter le mensonge dans cette urne de la vérité ! »

La position équivoque de M. Thiers, la mobilité de ses principes, et l'inanité de ses promesses étaient si justement flétries par les éloquentes paroles de M. de Lamartine, que le ministère se trouvait gravement compromis dès le début de la discussion. M. Odilon Barrot vint à son secours. Il était d'ailleurs appelé à la tribune par une provocation directe.

M. de Lamartine avait dit : « Une autre cause nous interdit d'accéder à la demande de cette soi-disant transaction, je la trouve dans l'appui énigmatique que la gauche apporte à M. le président du conseil ; je dis énigmatique, du moins jusqu'à ce que M. Barrot ou un de ses collègues ait bien voulu nous l'expliquer... Je ne puis pas croire que M. Odilon Barrot, qui a dit ici : *assez d'abdications*, veuille effacer de son drapeau ces mots : Rappel des lois de « septembre, réforme électorale. » Il me le dirait que je ne le croirais pas. Mais il ne le dira pas. Il y a donc, dans les espérances de la gauche, une révélation ; il y a l'inconnu, non dans le pacte, je n'y crois pas, mais dans la situation. »

M. Odilon Barrot lui répondit :

« Vous n'avez pas besoin de chercher l'explication de cette conduite ni dans des pactes mystérieux, ni dans des satisfactions personnelles ; il n'existe rien de tout cela, et le soupçon n'en a pas même été présenté à cette tribune. Le succès, Messieurs, c'est que la première fois, depuis que le gouvernement représentatif est établi en France, il y a une opposition forte par le nombre, forte par ses principes, mais une opposition qui est en présence d'un gouvernement à la fondation duquel elle a contribué, d'un gouvernement qu'elle ne contrôle qu'afin de le consolider, de le fortifier, d'un gouvernement, enfin, au delà duquel elle ne voit rien de possible, au delà duquel elle ne voit que des catastrophes, que des abîmes...

« Direz-vous que nous nous sommes trompés, que le ministère ne réalise pas un progrès?... Il faut dire la vérité sans exagération.... Il n'y a rien de plus fort, il n'y a rien de plus habile que la vérité et la franchise en politique. Eh bien ! Messieurs, c'est dans la mesure des déclarations que M. Thiers vous a faites, que je vois un progrès qui mérite notre appui... Il est sorti de l'opposition, il n'a pas désavoué son origine ; il n'a désavoué aucun des actes pour lesquels nous avons combattu ensemble, aucune des luttes dans lesquelles nous nous sommes engagés solidairement....

« Ce ministère a réalisé, dans toute sa sincérité et dans toute sa vérité, le gouvernement parlementaire que vous appeliez d'un vœu presque unanime dans votre adresse.... Il l'a réalisé puissamment; il l'a réalisé, non pas dans les mots, mais dans le fait de son existence.

« Ce ministère s'est trouvé sympathique avec nous.... dans sa manière de concevoir la politique étrangère, dans les sentiments qui l'animent vis-à-vis de l'étranger, dans le juste orgueil avec lequel il a invoqué notre révolution, avec lequel il l'a honorée. »

L'orateur, après avoir proclamé comme une grande et solennelle satisfaction la promesse de rendre au jury les attributions dont l'avaient dépouillé les lois de septembre, aborde la question de la réforme électorale :

« Elle est née des nécessités du pays ; mais pour satisfaire à ce que je regarde pour mon compte comme une nécessité, il faut que les convictions parlementaires se soient formées comme la nôtre, il faut qu'une majorité se prononce.... Nous n'avons nullement la prétention de recourir aux menaces, à la violence.... L'opposition serait inconséquente avec elle-même, si elle devançait le moment où le pays s'adresse à vos convictions respectives, si elle devançait ainsi le moment où vous aurez vous-même reconnu cette nécessité qui pour elle est démontrée...

« Dans mon parti, je le sais, les passions politiques me condamnent, mais j'en appelle

Goudchaux (Michel).
1797-1862.

au bon sens de mon pays. L'appui que je prête à ce ministère, quoiqu'il ne réalise pas toutes mes opinions, est un appui commandé par un sentiment d'amour profond pour mon pays et par cette loi du bon sens qui doit toujours présider aux affaires publiques. »

Les amis de M. O. Barrot le trouvèrent assez adroit ; aux radicaux et aux conservateurs il parut bien humble, bien facile à contenter.

En somme, la discussion n'avait montré le ministère ni très vigoureux ni très sûr de son existence. Les conservateurs avaient été dédaigneux et menaçants, les libéraux incertains et embarrassés ; le public ne savait que penser de cette joûte parlementaire où les affinités politiques du principal ministre étaient chez ses adversaires, et les méfiances chez ses alliés ; et la cour, qui supportait impatiemment le joug de M. Thiers, se flattait déjà de le voir tomber victime de cette position équivoque. Le roi à cet égard avait toute la franchise du dépit. Pendant le cours de la discussion, M. Cousin, qui n'y prenait pas part, allait d'heure en heure de la Chambre au château communiquer à Louis-Philippe les incidents parlementaires. Durant le second jour, le ministère croyait décidément à une défaite. M. Cousin courut porter au château les pressentiments de ses collègues.

« Sire, dit-il, Votre Majesté l'emporte. Je pense que le vote sera contre nous. » — « Vraiment ! répliqua Louis-Philippe ; eh bien ! Je reprendrai Soult. » Et il se mit à discuter avec M. Cousin le choix de ses successeurs, ajoutant cependant d'un air de politesse : « Il y en a bien parmi vous quelques-uns que je regretterai. » Et il fit en termes pompeux l'éloge de M. Thiers, comme s'il eût prononcé son oraison funèbre.

Cependant le ministère s'était trop hâté de craindre. Les mêmes incertitudes régnaient encore dans la Chambre et dans le public. Le cabinet, les conservateurs, l'opposition dynastique se débattant sur des questions personnelles, il n'y avait aucune base certaine pour le calcul des probabilités, et le vote définitif ne devait reposer que sur des caprices individuels, peut-être sur des hasards ou des intrigues.

M. de Rémusat, répliquant spécialement à M. de Lamartine, développa fort habilement les idées de conciliation. Repoussant le souvenir des vieilles querelles et des vieilles distinctions de parti, il montrait les ministres dans une position intermédiaire qui leur permettait, sans exclusion, sans hostilité, au nom de leurs antécédents, de tous leurs antécédents réunis et coalisés dans le ministère, d'appeler à eux sous le drapeau du gouvernement toutes les bannières de la Chambre. Quels motifs pouvaient donc entraver cette réunion des partis, si désirable, si importante pour le pays ? Y avait-il, comme on l'avait dit, d'un côté, des idées libérales ; de l'autre, des instincts révolutionnaires ?

« Quelles distinctions M. de Lamartine veut-il faire alors entre les instincts révolutionnaires et les idées libérales ? Voudrait-on nous persuader que les idées libérales fassent leur chemin dans ce monde sans que les événements les aident à triompher ? Les révolutions, Messieurs, c'est l'avènement des idées libérales...

« Il ne faut pas avoir, comme l'honorable membre, un amour platonique pour les idées libérales qui les sépare des révolutions, c'est-à-dire du souvenir des hommes et des événements qui les ont fait triompher. Il faut respecter ces révolutions dans leur principe, il ne faut pas se tenir à l'écart des souvenirs qu'elle consacrent, du drapeau qu'elles honorent, de la royauté qu'elles ont créée. Il faut aimer ces révolutions dans leur ensemble en détestant leurs erreurs, leurs crimes, leurs excès ; mais il ne faut pas craindre de présenter au monde le drapeau d'une révolution comme la nôtre. »

Jusque-là, la discussion s'était maintenue entre les ambitions triomphantes et les ambitions déçues. M. Berryer, faisant justice des misérables questions personnelles, vint agrandir le terrain et donner de hautes leçons de morale et de politique et au cabinet et à l'opposition dynastique. Ses premières paroles étaient une vive critique du parlement qui depuis dix ans négligeait les grands intérêts du pays pour discuter sans cesse sur la sympathie ou sur l'antipathie qu'ont inspirées tels ou tels ministères, qu'on ne peut pas même venir à bout de définir par les principes qu'ils auraient essayé de mettre en œuvre, et pour lesquels il faut recourir aux chiffres du calendrier, parlant tour à tour du 22 février, du 6 septembre, du 15 avril, du 12 mai !

Puis il ajoute :

« Je déclare, Messieurs, que j'ai cru que la formation du cabinet qui est aujourd'hui assis devant vous était un événement ; j'ai cru que la formation d'un cabinet qui depuis vingt-cinq ans est le premier qui soit sorti des rangs de l'opposition, allait nettement ouvrir une carrière nouvelle, et qu'il allait nous dire, comme Richelieu aux ambassadeurs de l'Europe : « La politique est changée. » Je crains, Messieurs, qu'il n'en soit pas ainsi.

« Je ne vois pas dans la position qu'on indique, dans le plan qu'on trace, quelque chose qui signale l'avènement d'un cabinet triomphant, d'un système ministériel maintenu pendant longues années, et venant, au nom de l'opposition, s'asseoir au banc des ministres.

« J'ajouterai, et l'honorable M. Barrot me le pardonnera : mes incertitudes sont devenues plus grandes, quand je l'ai entendu, lui toujours si clair, parce qu'il est si probe. Il ne m'a pas été possible de comprendre suffisamment, dans ce qu'il nous a dit hier, les motifs de son adhésion; et, si la situation d'un ministère nouveau ne permettait pas au chef du cabinet d'entrer dans des développements trop explicites, je comprends mal pourquoi le chef de l'opposition n'a pas senti qu'il lui était nécessaire de faire entendre clairement et profondément l'adhésion qu'il donne au cabinet; j'avoue que ce mot de progrès, qui a été prononcé sans être bien défini, m'a paru une espérance plus qu'une satisfaction de l'esprit...

« Le chef du cabinet disait hier : La transaction est faite dans les choses; il ne faut plus songer qu'à la transaction entre les personnes.

« N'y aurait-il donc en effet, Messieurs, au témoignage des ministres, au témoignage d'hommes si importants dans la Chambre, n'y aurait-il donc dans notre pays que des questions de personnes? Serions-nous, en France, tombés dans cette détestable et affligeante condition des États en pleine décadence? Non, cela n'est pas. Mais il y a de la faiblesse au fond de la discussion; mais toutes ces questions de personnes, parce qu'on jette des noms qui ont défendu quelques idées, paraissent un voile suffisant pour couvrir les questions de choses, les questions de principes sur lesquelles on ne s'explique pas clairement. Il faut donc parler clairement.

« Pour quiconque observe attentivement la situation des Chambres depuis dix années, il y a une division de principes profonde au sein de la Chambre des députés. Cette division existe depuis longtemps, elle existe depuis le commencement de la révolution ; elle partage la Chambre en deux fractions bien distinctes, indépendantes des subdivisions dont elles ont pu être surchargées. L'une veut, sur la conduite et la marche des affaires du pays, la prééminence du pouvoir parlementaire; l'autre veut la prééminence du pouvoir de la couronne. Soyons sincères, Messieurs, c'est là toute la différence.

« Dans une telle situation, Messieurs, n'est-il pas évident, quand de si grandes questions de principes sont celles qui établissent réellement une division profonde au sein de l'assemblée; n'est-il pas évident que pour avoir une majorité qui puisse être forte, permanente, logique, qui fasse des progrès et des conquêtes, il faut être nettement, ouvertement, franchement, explicitement dans l'une ou l'autre de ces deux théories, dans l'un ou l'autre de ces deux systèmes? Eh bien! le ministère de l'opposition, le ministère nouveau, s'est-il ainsi placé? Je ne le pense pas, et, sous ce rapport, je ne trouve pas sa condition meilleure que celle du ministère récemment renversé.

« Ce ministère, se plaçant sur tout ce qu'il appelle un terrain intermédiaire, faisant appel à ce qui l'avoisine le plus, fait évidemment appel aux hommes les moins énergiquement convaincus, les moins attachés à leurs pensées, les moins attachés à leur système. Au lieu d'appeler à lui les hommes par la force de ses principes, par la confiance que ses doctrines politiques pourront inspirer, le ministère se sent dans la nécessité de modifier ses principes suivant le nombre et la qualité des hommes qui accourent à son appui, soit de droite, soit de gauche.

« Messieurs, la situation du ministère ne

peut être forte que s'il se déclare attaché à des principes nets, précis, l'un de ceux qui partagent la Chambre, appelant à lui, par la participation des principes, ces hommes qui voudront les défendre avec lui. C'est, Messieurs, ce qu'a voulu la coalition.

« La barrière du gouvernement parlementaire franchement posée, n'en doutez pas, c'est le seul moyen d'arrêter les moyens effrayants de l'individualisme qui ôte à la France l'esprit de sacrifice dont tout grand corps politique doit être animé, et qui finirait par lui arracher toutes les conditions morales de toute société.

« Cette situation ainsi faite, je dis qu'elle est nécessaire; car elle seule, nettement avouée, peut donner au cabinet la force dont il a besoin. Plus il signale la gravité des circonstances, et plus je dirai: Remplissez-vous votre devoir quand vous attendez des situations incertaines, quand vous gâtez votre position dans cette assemblée, quand vous criez sans discerner à quel côté s'adressent vos paroles, à quel système vous faites appel; quand vous criez à tous: Venez à moi! Vous ne savez donc pas avec qui vous allez vous engager, avec quelle majorité vous pourrez marcher? Évidemment, ou vous serez sans système, sans principes, sans politique, ou vous tomberez, parce qu'on ne voudra pas donner des voix à qui se présente sur un terrain aussi vague et aussi incertain. »

Après cette appréciation vive et précise de la situation intérieure, l'orateur fit l'examen de la situation extérieure et s'éleva avec énergie contre l'alliance anglaise. Il termina par ces mots, qui produisirent dans la Chambre une profonde émotion :

« Ministres sortis des bancs de l'opposition, vous pouvez vous proclamer les enfants de la révolution, vous pouvez en avoir orgueil, vous pouvez ne pas douter de sa force; mais il faut payer sa dette.

« La révolution a promis au pays, dans le développement de ses principes, dans la force de ses principes, une puissance nouvelle pour accroître son influence, sa dignité son ascendant, son industrie, ses relations, sa domination au moins intellectuelle dans le monde. La révolution doit payer sa dette, et c'est vous qui en êtes chargés.

« Les principes qui ont triomphé, après quinze années d'une opposition soutenue, ces principes sont des engagements envers le pays. Pour les choses promises, aurez-vous hardiment, courageusement des forces qui sont propres à la révolution que vous avez faite? Vous nous devez pour la France l'emploi de ces forces, énergiquement, ouvertement, sans déguisement; vous nous devez toute la force promise, au lieu de la force qui a été ôtée. »

Le ministère semblait accablé sous la puissante parole de M. Berryer. L'orateur légitimiste, invoquant les principes de la révolution, appelant l'accomplissement de ses plus nobles promesses, donnait une leçon cruelle à M. Thiers et aux doctrinaires ses collègues. Vainement le président du conseil tenta, par quelques paroles embarrassées, d'atténuer l'effet immense de cet éloquent réquisitoire. Il était battu sur le terrain même de la révolution où il s'était engagé d'une manière équivoque, où on le ramenait avec franchise. Tout le monde, ce jour-là, croyait à la défaite du ministère.

Un nouvel assaut lui était réservé le lendemain. Le représentant du parti radical, M. Garnier-Pagès, avec sa parole incisive et spirituelle, gourmanda également le ministère, qui ne faisait aucune concession, et l'opposition dynastique, qui se livrait sans condition.

« Si mot de transaction était une chose, disait-il, si le centre gauche était venu dire à la gauche: Vous voulez telle réforme dans une large proportion (je ne parle pas de la réforme que je veux, moi, je parle de la réforme que les autres veulent), si on leur avait dit, par exemple: Vous voulez 600,000 électeurs, nous vous en donnerons un certain nombre, il y aurait eu transaction, parce que c'est là la seule question qui vous sépare; mais si on leur dit: Vous voulez quelque chose, et nous ne voulons rien; oh! assurément, il n'y a pas de transactions, il y a abandon des exigences de l'une des parties en faveur de l'autre.

Examinant le personnel du ministère, l'orateur n'y voit aucun motif de confiance; il signale, en outre, la présence de M. Jaubert, qui avait demandé la loi de disjonction, et blâmé M. Molé d'avoir retiré la loi sur l'apanage. Puis il ajoute:

« Mais vous êtes, l'honorable rapporteur de votre commission l'a dit, un ministère de point d'arrêt. Jusqu'à présent, on reculait vers la Restauration, sans doute; mais enfin, on était en marche rétrograde. On n'avance pas, mais on ne recule pas, et c'est un progrès, un progrès que l'on constate...

« Ah! Messieurs, vous êtes un ministère de point d'arrêt; vous ne voulez ni qu'on avance ni qu'on recule. Eh bien, je vous dis, moi, que le ministère que vous redoutez ou dont vous redoutez le chef, que le ministère Molé est un ministère plus progressif que vous. Il a fait un pacte que vous n'aviez pas fait, vous, ministres du 22 Février: il a donné l'amnistie. Faites un acte qui ait cette gravité-là, qui marque que le passé est fini et qu'on veut s'avancer vers l'avenir, et alors je ne serai pas ministériel, mais je ne ferai rien pour que vous cessiez d'être cabinet.

« Il ne faut pas que vous disiez que vous êtes les enfants de la révolution de Juillet, et que vous glorifiez votre mère; ce sont des phrases: nous sommes tous des enfants de la révolution de Juillet; nous l'entendons autrement sans contredit, mais enfin nous avons la même origine. Si vous êtes fier, monsieur le président du Conseil, et vous avez raison, de diriger les affaires de votre pays, nous sommes fiers, nous qui ne voulons pas être autre chose, d'être appelés ici à les défendre.

Comte Jaubert.
1798

Elle vous a fait puissant, elle nous a donné la parole; c'est peu de chose que notre parole, mais enfin nous avons la mission de défendre nos idées, et pour nous c'est beaucoup, c'est autant que pour vous la faveur d'être président du cabinet du 1ᵉʳ Mars.

« Ah! Messieurs, si vous étiez décidés à faire quelque chose, si vous vouliez n'être ni la continuation du 15 Avril, ni celle du 22 Mai, si vous apportiez une ère nouvelle dans notre pays; si vous vouliez ressembler au ministère qui a le plus honoré la Restauration, le ministère Martignac, alors nous ferions sans doute comme faisaient nos illustres devanciers : nous viendrions vous demander des modifications plus grandes que celles que vous voudriez; nous signalerions le mal qui resterait dans vos lois; mais l'opposition ne serait plus de la même nature : nous resterions opposition, c'est-à-dire nous

3. — E. REGNAULT.

veillerions à ce que les intérêts du pays ne fussent pas suivant nous sacrifiés; mais enfin nous comprendrions ce qu'il y aurait de bien dans votre démarche, et assurément, il n'est personne dans cette assemblée, soit à l'extrême gauche, soit à l'extrême droite, qui ne vous tînt compte de ce que vous auriez fait.

« Que si vous étiez décidés à ne rien faire, que si vous avez plus peur de ceux qui veulent qu'on ne fasse rien, qu'on n'en avait peur à cette époque, oh! alors, je regrette d'être obligé de me servir du nom d'un personnage vivant, mais cela est nécessaire pour peindre ma pensée: au lieu d'être un ministère Martignac, vous seriez ce que je crois être le pire de tous les ministères, j'en demande pardon à l'homme que je vais nommer, vous seriez le ministère Decaze, le ministère de bascule. Je n'ai pas besoin de dire comment ce ministère commença; je dois seulement rappeler comment il finit. Il avait voulu se placer au milieu, plaire à tout le monde, donner des fonctions à des hommes de toutes les couleurs; il ne plut à personne et il tomba. Si vous faites même chose, même sort vous est réservé.

« Croyez-moi, ne dites pas: les hommes sans les choses!

« En disant cela, je crains que vous n'ayez été trop écoutés.

« Si je regarde sur ces bancs, j'y vois des hommes qui voulaient des choses que sans doute ils ne veulent plus. Vous leur avez offert des portefeuilles en leur disant: « Jus-
« qu'à présent votre politique a été fort exi-
« geante; vous vous placiez d'un côté, et
« vous ne consentiez pas à vous placer de
« l'autre: nous vous acceptons. » Et ils se sont donnés; sans doute, ils ont cru amener les choses avec eux. S'il en est ainsi, ce n'est donc pas un ministère centre gauche que nous avons aujourd'hui: ce n'est donc pas un ministère Thiers; c'est, qu'on me passe l'expression, c'est le cabinet Jaubert. Si c'est cela, la gauche doit en être avertie.

« Si, au contraire, ces hommes n'ont pas apporté leurs idées, s'ils ont laissé les choses au dehors, vous leur avez donc dit: « Les hommes sans les choses. » Et ils ont accepté.

« Mais vous ne vous êtes pas bornés là; vous avez trouvé des ministres, il vous fallait encore trouver une majorité. Alors vous vous êtes tournés de ce côté de la Chambre (la gauche), et vous avez dit: « Nous avons
« vécu avec vous, nous savons que vous
« êtes plus conservateurs qu'on ne le croit,
« ne nous demandez rien; nous sommes à
« vous. »

« Eh bien! je le dis à la gauche, représentée par l'honorable M. Odilon Barrot: deux choses sont essentielles aux partis: la moralité, et assurément aucune fraction de la Chambre n'a plus de moralité que celle à laquelle je m'adresse, et l'habileté.... L'habileté, il ne faut pas seulement en avoir, il faut qu'on y croie. Au 22 Février, vous avez compté sur des progrès, et vous avez été bienveillants; ces progrès ne sont pas venus; votre réputation d'habileté en a, ce me semble, subi quelque atteinte. Faites en sorte que l'avenir ne soit pas encore plus grave que le passé. Vous vous livrez sans condition, vous n'amenez pas les choses avec vous: vous les réservez pour l'avenir. Prenez-y garde, le pays se dira peut-être un jour: Ceux-là qui ne sont pas assez habiles pour se conduire, ne sont pas assez habiles pour nous conduire nous-mêmes. »

M. Garnier-Pagès terminait par ces mots adressés au ministère:

« Nous ne vous demandons rien pour nous, nous vous demandons tout pour le pays. Vous avez besoin de nos voix pour résister; donnez-nous au moins un témoignage de votre bon vouloir. Nous ne vous demandons que ce que vous pouvez accorder. Que si vous ne le faites pas, eh! mon Dieu, je n'ai pas un ardent désir de vous renverser; je suis de l'opposition, je reste de l'opposition; je voterai contre vous, cela ne peut pas être autrement, puisque vous ne faites rien de nouveau; mais vous changer pour d'autres, ce ne serait rien, cela n'en vaudrait vraiment pas la peine. »

Le discours de M. Garnier-Pagès terminait

les discussions sérieuses. Chaque parti avait dit son mot. Le reste de la séance se passa en plaidoyers personnels prononcés par M. Jaubert pour sa propre défense, par M. Teste pour la défense du 12 Mai. A la clôture de la discussion, les conservateurs firent un dernier effort. Un d'eux, M. Dangeville, proposa à l'article 1er un amendement qui portait une réduction de 100 francs ; cet amendement fut rejeté au scrutin secret à une majorité de 261 voix contre 158. Le vote sur l'ensemble de la loi compléta la victoire de M. Thiers ; 246 boules blanches contre 160 boules noires lui assuraient une imposante majorité. La phalange des 221 était dissoute.

Ce résultat, impatiemment attendu, paraissait un événement ; M. Thiers triomphait en même temps de la cour, des conservateurs et de l'opposition dynastique. Car c'était un triomphe sur celle-ci que de lui imposer un vote de confiance dans une telle question, sans rien lui accorder en retour. M. Thiers semblait donc destiné à jouer un grand rôle ; mais il fallait pour cela représenter un grand principe ; il fallait être inspiré par une de ces puissantes ambitions qui mettent en jeu la fortune des peuples ou des rois, et M. Thiers n'agissait que pour sa propre fortune et ne portait pas son ambition plus haut que la possession éphémère d'un portefeuille habilement surpris et victorieusement disputé.

Immédiatement après le vote, M. de Rémusat courut aux Tuileries en faire part au roi. C'était, pour ainsi dire, lui porter le bulletin de sa défaite personnelle. Cependant, Louis-Philippe l'accueillit avec des félicitations qui semblaient de bon aloi, soit qu'il eût prévu d'avance le résultat, soit qu'il fût rassuré par la souplesse de son premier ministre, peu fait pour abuser de la victoire.

M. Thiers se croyait maître du terrain politique, parce qu'il avait étouffé la voix de l'opposition parlementaire. Mais, en dehors de ce cercle étroit du monde officiel, il ne voyait pas l'opposition extérieure prenant une place plus grande et une position plus forte, à mesure qu'elle se dégageait, sinon des alliances, au moins des voisinages qui la gênaient. Les radicaux, peu nombreux à la Chambre, mais s'accroissant tous les jours au dehors, gagnaient en influence tout ce que perdaient les constitutionnels. Seuls désormais en face du ministère, ils recueillaient sans partage les bénéfices de la popularité, et comme ils n'avaient transigé sur rien, leur parole avait d'autant plus d'autorité que les opposants dynastiques avaient transigé sur tout.

Parmi les améliorations politiques réclamées par l'opinion, parmi les questions débattues à la Chambre, la réforme électorale tenait le premier rang. Le ministère l'avait ajournée, l'opposition dynastique l'avait abandonnée ; les radicaux en firent le premier article de leur programme. C'est sur ce terrain qu'ils vont désormais combattre, sans relâche, sans découragement, maintenant toujours leur principe, tantôt seuls, tantôt avec les dynastiques revenant à eux, mais n'y revenant qu'après de longues déceptions. Le ministère du 1er Mars, en abaissant les partis parlementaires, en plaçant le parti populaire en face du pouvoir, a été la première date importante du mouvement réformiste, l'origine sérieuse de la lutte qui devait aboutir à une révolution.

Au surplus, l'opposition dynastique tarda peu à s'apercevoir du piège où elle s'était si étourdiment engagée. Lorsque vint la discussion des fonds secrets à la Chambre des pairs, le ministère dévoila franchement ses tendances et ses pensées. M. Thiers ne s'écriait plus : « Je suis le fils de la révolution ; » mais, par l'organe du rapporteur, M. de Broglie, il faisait, pour ainsi dire, amende honorable pour son triomphe sur la couronne, et désavouait, autant qu'il était en lui, le vote anti-monarchique qui l'avait appelé au pouvoir. Le rejet de la donation était, disait le rapporteur, *un événement imprévu dont le ministère n'avait point à répondre*. On savait que M. de Broglie avait eu une influence directe sur la formation du cabinet, que M. Thiers l'avait humblement consulté, que MM. Jaubert et de Rémusat n'y étaient entrés que sur ses conseils et presque avec son autorisation. De telles paroles prononcées par lui étaient assez significatives. Il en ajouta d'autres qui ne l'étaient pas moins, en promettant, au nom du ministère nouveau, le maintien des lois de Septembre sans exception, sauf un engagement pris par l'administration précédente, et que le ministère actuel, ajoutait-il, *ne rétractait point* par respect pour des scrupules constitutionnels, *dont lui-même n'était pas atteint.*

Avec un si louable programme, le ministère était assuré du concours de la pairie. Il y ajoutait des garanties pour les conservateurs en place. « Point de réaction contre les personnes, » disait en son nom M. de Broglie. 143 voix contre 53 récompensèrent l'abnégation de M. Thiers. Les opposants ralliés de la Chambre élective portaient déjà la peine de leur aveugle soumission. Un peu d'habileté politique eût dû le faire prévoir. Mais personne ne s'attendait à ce que la leçon fût si prompte et la palinodie si audacieuse. Il ne restait pas même à l'opposition la ressource d'une plainte légitime, qui n'eût été qu'un aveu public de sa malhabileté; elle était condamnée à n'être plus rien, tant que durerait le cabinet du 1ᵉʳ Mars, et cependant elle était condamnée à le soutenir.

II

Affaires extérieures. — Premières conséquences de la convention du 27 Juillet. — Accord des puissances contre la France. — Changement de politique chez Louis-Philippe. — L'alliance anglaise négligée pour l'alliance autrichienne. — Rivalités des cabinets de Paris et de Londres. — Mécontentement de lord Palmerston. — M. Thiers suit la politique de ses prédécesseurs. — Espagne et Portugal. — Agitations intérieures de l'Angleterre; discussions parlementaires; déclaration importante de lord Aberdeen. — Querelle de territoire avec les États-Unis. — Discussion de l'Angleterre avec le royaume de Naples. — Questions des soufres. — Commencement d'hostilités. — Prohibition, en Chine, de la vente de l'opium. — Réclamations de la Compagnie des Indes; déclaration de guerre. — Complications d'embarras pour l'Angleterre.

Au moment de raconter les actes d'un nouveau cabinet, il nous faut jeter un coup d'œil sur l'ensemble des affaires extérieures qui doivent avoir sur son existence une influence si décisive.

L'Orient, terrain brûlant de discussions diplomatiques, venait d'ouvrir une phase nouvelle aux intrigues des chancelleries. La convention du 27 juillet, qui semblait assurer l'unité du concert européen, n'avait été, au contraire, qu'une nouvelle occasion de discorde. Le gouvernement français en fuyait les conséquences, le gouvernement anglais les poursuivait avec des emportements exagérés. Le contrat signé en commun n'était qu'une source d'aigreurs et de méfiances; la présence à Londres de M. de Brunow dévoilait les desseins de la Russie. Il y avait évidemment complot contre la France. L'Angleterre oubliait les desseins de la Russie sur le Bosphore, l'Autriche pardonnait les empiètements du czar sur les provinces danubiennes; le czar n'avait nulle mémoire de ses accusations contre les projets ambitieux de l'Angleterre en Syrie, en Grèce et sur la mer Rouge. Toutes les rivalités se taisaient pour s'unir contre la France. Toutes les haines s'absorbaient dans une haine commune. La Prusse, désintéressée dans la question d'Orient, aurait pu, aurait dû, par une sage neutralité, empêcher ou amoindrir l'orage qui menaçait la tranquillité de l'Europe. Mais, au moment le plus actif des intrigues, la mort frappait le roi de Prusse, et le nouveau roi était animé de ce vieux patriotisme teutonique qui prenait sa source dans les traditions de 1813. Les Français ne lui apparaissaient que comme les éternels oppresseurs de l'Allemagne, les possesseurs illégitimes des provinces limitrophes du Rhin, et il se laissait aller contre eux à tous les ressentiments fanatiques des plus exaltés *gallophobes*. A ces préjugés politiques se joignaient un mysticisme religieux qui lui soufflait des colères insensées contre la France sceptique et incrédule, et des traditions monarchiques qui lui inspiraient une sainte horreur pour la France révolutionnaire. Avec une telle politique, toute de sentiment, sans une ombre de logique, le roi de Prusse devait nécessairement se faire complice de toute manœuvre tendant à humilier la France. La nouvelle coalition déployait toute l'activité de ses intrigues, lors de l'avènement du 1ᵉʳ Mars. Le cabinet de Saint-James était le centre des opérations.

La gravité de la situation ne venait pas seulement du mauvais vouloir des cours du Nord. Il y avait longtemps que ce mauvais vouloir s'était manifesté, à différentes époques et avec des nuances diverses. Mais ce qui était grave, dans un pareil moment, c'était la rupture de l'alliance anglaise, et l'isolement où allait se trouver la France, la France mécontente à l'intérieur et compromise à l'extérieur. C'était, en effet, à provoquer une rupture que s'attachaient tous les efforts de l'empereur Nicolas. M. de Brunow, à Londres, avait des pouvoirs illimités sur les concessions à faire au cabinet anglais, pourvu que de ces concessions sortît une brouille entre les deux grands pays constitutionnels de l'Europe. La politique du czar n'avait pas un autre but. Au surplus, il avait un auxiliaire secret dans celui-là même qu'il poursuivait de ses hostilités, Louis-Philippe. Ce n'est pas un des moins étranges incidents de ce drame compliqué, et nous devons, à cet égard, quelques explications.

John Russell.
1792-1878

Depuis assez longtemps les querelles personnelles de M. de Talleyrand avec lord Palmerston avaient amené de la froideur dans les rapports des deux cabinets. On se souvient qu'à la chute des whigs, en 1834, M. de Talleyrand avait énergiquement appuyé leurs adversaires. A leur retour aux affaires, il avait donné sa démission, laissant les choses tellement envenimées, que les premières relations du général Sébastiani avec le cabinet de Londres furent pleines de difficultés.

Cependant M. de Talleyrand, demeuré toujours le conseiller intime de la couronne, continuait, à Paris, les lourdes hostilités commencées à Londres. Jadis ardent défenseur de l'alliance anglaise, il avait complètement changé de politique, et les conseils nouveaux qu'il donnait à Louis-Philippe, portaient l'empreinte de sa finesse proverbiale, en flattant les penchants secrets de son royal interlocuteur. « Vous avez, lui
« disait-il, tiré de l'alliance anglaise tout le
« parti qu'il y avait à en tirer; aujourd'hui,
« les avantages sont ailleurs; il faut entrer
« dans le concert européen, dans la famille
« des rois, à laquelle vous appartenez. »
Ces conseils étaient trop dans les goûts de Louis-Philippe pour n'être pas accueillis. Dès lors, tous ses efforts tendirent à renouer avec l'Autriche des rapports qui lui assurassent un appui solide sur le continent. Avec l'Autriche, il espérait regagner la Prusse, peut-être la Russie, et se faire officiellement pardonner son origine révolutionnaire. Durant son ministère du 22 Février, M. Thiers se prêta merveilleusement à ce changement de politique extérieure, et les affaires de la Suisse, où il se montra le docile instrument de l'Autriche, donnèrent la mesure de ses condescendances et de sa souplesse.

L'Autriche, cependant, acceptait volontiers des actes de complaisance, mais sans rien accorder en retour. En revanche, les relations de la France avec l'Angleterre prenaient, chaque jour, un nouveau caractère d'aigreur. En Grèce, les deux cabinets engageaient une lutte d'influence; en Espagne, ils n'étaient d'accord sur aucun point. Lorsqu'en 1835, l'intervention fut proposée par le ministère du 11 Octobre, l'Angleterre refusa d'une manière péremptoire. Une médiation armée, offerte par le même ministère, avec l'assentiment de l'Espagne, fut suivie du même refus. En 1836, au contraire, ce fut l'Angleterre qui insista pour l'intervention; ce fut le cabinet français qui recula.

De ce jour à l'avènement du 12 Mai, il n'y eut entre la France et l'Angleterre, que froideur et méfiance. Louis-Philippe recherchait d'autres alliances, lord Palmerston était blessé dans son orgueil par des désaccords qui ressemblaient plutôt à des taquineries qu'à de l'énergie.

Cependant, l'intérêt britannique sembla l'emporter un instant sur ses ressentiments. Préoccupé de l'influence que préparaient à la Russie les graves complications de l'Orient, lord Palmerston proposa au cabinet du 12 Mai une action commune des deux gouvernements. La France préféra rester dans le concert européen. Ce dernier refus mit le comble aux ressentiments du ministre anglais : « L'alliance de la France, dit-il alors,
« est sans doute fort précieuse, mais qu'est-
« ce qu'une alliance qui n'agit jamais ? la
« France, si elle le veut, est maîtresse de
« temporiser toujours et de regarder faire
« tout le monde, plutôt que de risquer une
« rupture avec personne ; mais une telle po-
« litique ne saurait convenir à l'Angleterre.
« De tout temps, l'Angleterre a eu l'habi-
« tude de mettre la main partout, et de se mê-
« ler de tout ce qui se passe. Elle ne renon-
« cera pas à cette habitude pour plaire à son
« alliée. »

Ce fut dans ces circonstances que M. Brunow se présenta à Londres. Le négociateur russe n'avait donc pas besoin d'une grande habileté pour briser les liens, autrefois si solides, entre la France et l'Angleterre. D'un côté, les dépits de lord Palmerston, de l'autre, les leçons de Talleyrand, les allures agressives des deux chancelleries et les tendances secrètes de Louis-Philippe avaient depuis longtemps préparé la rupture.

A son avènement, M. Thiers était averti du danger. Il pouvait peut-être le conjurer par une attitude énergique ; il préféra continuer les manœuvres de ses devanciers, c'est-à-dire s'envelopper dans les finesses diplomatiques, traîner les choses en longueur pour se ménager les ressources des incidents imprévus, compter sur le temps comme font les gens faibles, prêcher la modération au pacha, sans lui demander une prompte décision, opposer des obstacles à l'Angleterre sans lui montrer une énergie qui la fît réfléchir, enfin continuer en tout ce système dilatoire qui perpétue les impatiences et les irritations, et ne fait supposer aucune idée de force et de dignité. Les deux gouvernements en étaient venus à ce point de compter chacun sur les craintes de son adversaire plutôt que sur sa propre volonté. Louis-Philippe croyait que lord Palmerston n'oserait s'engager sans la France ; lord Palmerston était convaincu que Louis-Philippe n'oserait résister aux quatre puissances, quand une fois elles seraient engagées. Triste politique de négation, qui ne devait donner l'avantage qu'à l'impertinence !

M. Thiers ne créa pas cette politique ; il la trouva toute faite ; mais il eut le tort de l'adopter et il devait en être la victime. En cela, comme en toutes choses, il ne changea rien à la marche de ses prédécesseurs. Son ministère n'avait pas de raison d'être, et, se trouvant sans base, devait être sans force et sans durée.

En Espagne, la reine régente, placée sous l'influence du cabinet des Tuileries, luttait contre les menaces des agents de l'Angleterre. Les progressistes faisaient leur profit des intrigues diplomatiques, et n'avaient pu réussir toutefois à obtenir la majorité dans les élections qui venaient de s'accomplir.

Le 24 Février, jour de l'ouverture des Chambres, avait été signalé à Madrid par un tumulte populaire. A l'avènement du 1er Mars, Madrid était en état de siège. Malheureusement, ce qu'on appelait le parti français, c'est-à-dire la cour et la majorité des Cortès, se signalait par ses tendances illibérales, tandis que le parti progressiste, appuyé par l'Angleterre, demandait le développement sincère des institutions constitutionnelles.

Les envoyés de la Grande-Bretagne semblaient donc avoir pour eux la popularité et l'avenir. Déjà ils agissaient habilement sur Espartero, pour en faire plus tard l'instrument de leurs projets.

Le Portugal, au contraire, ce vassal séculaire de la Grande-Bretagne, paraissait vouloir renaître à des sentiments de dignité et d'indépendance. Un outrage publique fait à son pavillon par des croiseurs anglais, une violation audacieuse du droit des gens avaient réveillé la fierté nationale. Dans les mers d'Angola, au sud de l'équateur, des navires portugais avaient été saisis comme vaisseaux de traite, et livrés pour être jugés à des tribunaux anglais. Le gouvernement de Lisbonne avait hautement protesté, et demandait, malgré sa faiblesse, une réparation à ses orgueilleux oppresseurs.

Réunies le 5 janvier, les Cortès s'occupèrent tout d'abord de cette importante question. Le ministère Bomfin avait introduit dans le discours de la couronne des paroles de conciliation ; elles furent accueillies avec indignation par une imposante minorité. De vives interpellations furent adressées au ministère sur sa faiblesse, et, dans leur exaltation patriotique, quelques orateurs proposèrent même de déclarer immédiatement la guerre. Nous ne saurions mieux donner la mesure des sentiments de colère soulevés par les indignes violences des Anglais, qu'en rappelant quelques mots prononcés à cette occasion dans le Sénat par don Bazilio Cabral :

« Le ministre de la marine étant présent, dit-il, je viens le prier de donner au comité des renseignements sur les derniers événements des eaux de Loanda, où une bande de *brigands*, dont lord Palmerston est le chef, pillent la nation portugaise. (Cris : à l'ordre !) En ma qualité de Portugais, ayant contribué à rétablir la reine sur son trône, j'ai le droit de qualifier de la sorte des étrangers qui croient pouvoir nous voler impunément. M. le président, les Portugais, il faut bien se rappeler, étaient une grande nation alors que les Anglais étaient bien petits. On connaît nos exploits : l'histoire d'Angleterre à cette époque, ne renferme pas un seul fait héroïque ; ce n'est qu'une longue nomenclature d'intrigues et de pillages. Aujourd'hui puissante, l'Angleterre abuse de sa force vis-à-vis d'un pays qui ne peut pas lui résister.

Mais qu'attendre d'une nation où l'argent est tout et peut tout? A mes yeux, le peuple anglais est le plus fourbe et le plus infâme que je connaisse. » Cependant les votes des premiers paragraphes de l'adresse donnèrent la majorité au ministère. Mais la discussion prit une vivacité nouvelle; Bomfin voyait la majorité lui échapper; le 24 Février, il demanda à la couronne un décret de dissolution; le lendemain le décret fut signé.

Dans l'intérieur de son île, l'Angleterre assistait, sans beaucoup s'émouvoir, à la lutte des partis qui poursuivaient, au sein du parlement, leurs disputes traditionnelles. Les whigs, appuyés sur les sympathies personnelles de la reine, et forts de l'assentiment des chefs populaires de l'Irlande, se maintenaient au pouvoir, en dépit de rivaux puissants par leur intelligence et leur richesse. Ceux-ci, d'ailleurs, ne négligeaient aucun moyen d'ébranler un ministère opiniâtre qui les tenait exilés des affaires, et souvent leurs orateurs oubliaient, dans leurs attaques, le respect que d'ordinaire ils affectent pour la couronne. Un tory, membre du parlement, avait fait publiquement entendre ces paroles: « Élevée sous les auspices du roi-citoyen des Belges, ce serf de la France, Victoria trouve que si la monarchie dure autant qu'elle, ce sera assez ; mais le peuple ne consentira pas à voir la couronne dégradée et avilie pour le triste plaisir d'une créature quelconque. »

Un autre parlementaire, membre du clergé, se plaignait naïvement que la reine n'invitait pas assez souvent à sa table les évêques et les ministres de l'Église: « Sans doute, ajoutait-il, leur présence arrêterait les licencieux déportements et la grossière sensualité auxquels se livrent les scandaleux habitués du palais. »

Tel était le langage des champions de l'aristocratie ! Mais en parlant de l'Irlande leur fureur ne connaissait pas de bornes. Dans une réunion à Cantorbury, un prêtre anglican, membre aussi du parlement, s'écriait : « Les Irlandais, prêtres et laïques, pairs et paysans, sont des ennemis, des étrangers ; étrangers par le sang, par le langage, par la religion ; ennemis nés des institutions de l'Angleterre, bigots sauvages, moins civilisés que les sauvages de la Nouvelle-Zélande !!! Guerre, guerre au couteau, contre les papistes ! »

Ces aménités d'un dignitaire de l'Église, provocation directe à la guerre civile, sanglant commentaire de longs siècles d'oppression, révèlent toutes les fureurs qu'excite encore en Angleterre, le fanatisme religieux. Au surplus, dans ce pays de libre discussion le pouvoir ne se laisse pas effrayer par les agitations des clubs ou des meetings, qui, donnant aux passions l'occasion de se faire jour, semblent par cela même leur ôter tout caractère de violence matérielle. Cependant les tories, toujours intolérants, auraient voulu se réserver exclusivement le privilège de l'agitation ; et, dans leurs attaques au parlement contre le ministère, ils lui reprochaient son indulgence pour les chartistes, qui, disaient-ils, troublaient le pays par leurs prédications séditieuses. Le ministre de la guerre, M. Macaulay, rappelant ses adversaires aux principes éternels de la constitution anglaise, prit courageusement la défense du droit:

« La liberté de la parole, dit-il, est laissée à tous ; car c'est à l'aide de l'agitation que le peuple discute au dehors ce qui est discuté ici: c'est son droit, et, de même qu'une violence inconsidérée ne serait pas un motif de limiter la liberté des débats de cette enceinte, l'abus de l'agitation ne doit pas non plus être un argument pour la comprimer au dehors. »

Le gouvernement de la République française ne s'est pas encore pénétré des doctrines libérales professées par les ministres du trône britannique.

D'autres attaques furent dirigées contre le cabinet, sans plus de succès, dans la discussion des affaires financières. Sur un seul chapitre, tous les partis furent d'accord; il s'agissait d'augmenter les forces navales ; le budget de la marine reçut un accroissement de dix millions de francs. Et encore, radi-

Naples.

caux et tories reprochaient-ils également au gouvernement de se contenter d'une marine insuffisante, en faisant un tableau exagéré des forces imposantes de la France et de la Russie.

Sans doute, répondait lord Palmerston, la marine anglaise ne suffira pas en temps de guerre, mais rien n'annonce pour le moment que l'on ait à la craindre. Sir Robert Peel, néanmoins, ayant fait allusion à l'affaiblissement de l'alliance anglaise, le ministre des affaires étrangères répliqua que cet affaiblissement n'existait que dans les discours et les écrits de l'opposition.

Ces explications avaient lieu quelques jours avant le changement de ministère en France; mais les choses étaient tellement avancées avec M. de Brunow, que le langage de lord Palmerston ne pouvait être sincère, à moins qu'il ne fût réellement convaincu, ainsi qu'il ne cessait de le répéter, que la France reculait.

Une autre conversation qui eut lieu vers la même époque à la Chambre des lords, mérite d'être rapportée. Il était question de l'Algérie, et le chef du cabinet, lord Melbourne, prétendit qu'en 1830 le duc de Wellington avait réclamé contre l'expédition. Lord Aberdeen, qui tenait alors le portefeuille des affaires étrangères, contesta cette assertion.

4. — E. REGNAULT.

« On avait obtenu, dit-il, du gouvernement des Tuileries, que la France partagerait avec les autres puissances les fruits de l'expédition, et qu'il ne serait fait sur la côte d'Afrique d'établissements qu'avec leur concours. »

Quelque vagues que fussent les paroles de lord Aberdeen, elles donnèrent lieu à une foule de commentaires en France, et réveillèrent des méfiances qui, à quelque temps de là, devaient se reproduire avec une grande vivacité.

Ce qui, du reste, contribuait encore à rassurer M. Thiers sur les résultats probables des conférences de Londres, c'est qu'à l'extérieur, l'Angleterre se trouvait engagée dans des difficultés de toute nature.

L'affaire du Portugal était la moindre en importance ; mais il en résultait pour le commerce extérieur des souffrances auxquelles il était temps de mettre un terme.

Les inquiétudes étaient plus grandes relativement au conflit territorial soulevé entre le cabinet de Londres et les États-Unis. Il ne s'agissait de rien moins que de déterminer les frontières qui devaient séparer l'État du Maine des possessions anglaises du nouveau Brunswick, et cette question, pendante depuis le traité de 1783, perpétuait des haines qui s'envenimaient de jour en jour et menaçaient de dégénérer en hostilités ouvertes. Vainement le roi de Hollande avait offert sa médiation ; toutes les négociations avaient échoué. Vainement, en 1839, lord Palmerston avait proposé de laisser les parties en possession des pays qu'elles occupaient respectivement; chacune d'elles franchissait tour à tour les territoires contestés, et malgré les efforts des deux gouvernements, les populations limitrophes étaient chaque jour sur le point d'engager une lutte générale. Enfin, par l'organe de lord John Russell, le ministère proposait au Parlement de nommer des commissaires pour dresser le plan géographique des terres occupées par chacune des provinces contendantes, et arriver ensuite à des bases raisonnables d'arrangement. Le ministre disait, il est vrai : « La guerre est possible ; mais elle n'est pas probable. » Ces paroles ne rassuraient que médiocrement dans une question insoluble depuis tant d'années ; la possibilité même d'une guerre était un désastre pour le commerce.

Une question plus irritante encore, parce qu'elle était plus récente et plus directement nuisible, avait amené des voies de fait entre l'Angleterre et le royaume de Naples.

La Sicile, formée par les agglomérations d'un terrain volcanique, est percée de nombreuses solfatares, qui constituent sa principale richesse et la branche la plus productive de ses exportations. C'est là, en effet, que l'Europe industrielle reçoit la presque totalité des soufres qui entrent dans la consommation. Longtemps, néanmoins, l'exploitation avait été entravée par le défaut de capitaux, le mauvais état des voies de communication et le prix élevé des transports. Les propriétaires découragés laissaient combler en partie leurs mines improductives, lorsque des compagnies anglaises, apportant avec elles le double avantage de la science et de l'argent, réduisirent les autres producteurs à l'impuissance de soutenir une concurrence ruineuse, et créèrent à leur profit un véritable monopole. Un instant, cependant, la fabrication de la soude factice, en Angleterre, vint donner à l'écoulement une forte impulsion. Mais, en même temps, la production prit de tels développements, qu'il y eut, d'une part, encombrement de produits, de l'autre, renchérissement dans la main-d'œuvre ; des baisses considérables dans le prix de la vente vinrent aggraver la détresse des petits producteurs ; les indigènes se voyaient ruinés par la concurrence étrangère. D'un côté, les richesses minérales du pays s'épuisaient par une exploitation surabondante ; de l'autre, la consommation ne répondant pas à la production, la marchandise s'avilissait au détriment de l'État, et sans profit pour les particuliers. Dans ces circonstances, le gouvernement de Naples crut devoir prendre des mesures de conservation générale, et régulariser, en même temps, une branche importante du revenu public. Par une convention, en date du 27 novembre 1838, le cabinet de Naples accordait le monopole des soufres à la compagnie française Taix-Aycard et fixait des limites à la production.

L'article 2 du contrat portait: « La compagnie s'oblige à acheter, tous les ans, le soufre qui sera produit en Sicile, jusqu'à la concurrence de 600,000 cantari. L'expérience a prouvé clairement que toute production d'une plus forte quantité occasionne de grands dommages. Et comme la quantité produite s'est élevée quelquefois, pendant les dernières années, jusqu'à 900,000 cantari, pour donner aux producteurs une compensation pour l'excédent du soufre qu'ils auraient pu, mais ne pourraient produire, la compagnie s'oblige à leur payer une indemnité de 4 carlini par cantaro tous les ans, sur les 300,000 cantari dont on aura empêché la production. »

De plus, il était permis aux producteurs d'exploiter eux-mêmes leur récolte et de la vendre à qui bon leur semblerait.

Ainsi, on fit réserve des droits individuels soit par l'indemnité, soit par la liberté d'exportation directe.

Mais la limitation de production entravait l'exploitation des solfatares où les capitalistes anglais étaient engagés pour des sommes considérables. Un cri général de colère et de détresse retentit dans tous les quartiers de la cité, et le ministère mêla sa voix indignée à celle des spéculateurs. L'ambassadeur anglais près la cour de Naples était M. Temple, beau-frère de lord Palmerston. Il fit entendre des réclamations menaçantes, prétendant que le privilège accordé à la compagnie française était une violation du traité commercial de 1816, et demandant impérieusement l'annulation du contrat. Il ajoutait que son gouvernement ne reculerait devant aucun moyen pour atteindre ce but. Cette insolente provocation émut la cour de Naples. N'osant cependant résister à une tyrannie toute prête à passer de la menace à l'exécution, le roi fit proposer à la compagnie française la résiliation amiable du contrat moyennant indemnité. Les exigences du cabinet de Londres ne furent pas satisfaites par cette première humiliation; M. Temple somma le roi d'annuler immédiatement le traité des soufres, ajoutant à cette nouvelle injure une demande d'indemnité pour les sujets anglais dont les intérêts avaient été lésés par le contrat.

Le roi ne pouvait plus reculer sans déshonneur; il puisa de l'énergie dans l'insolence même de ses adversaires. « Le traité de 1816 n'est pas violé, répliqua-t-il, par le traité des soufres. Au lieu d'avoir éprouvé des dommages, les sujets anglais ont réalisé des bénéfices considérables. J'ai donc pour moi Dieu et la justice, et j'ai plus de confiance dans la force du droit que dans le droit de la force. »

En même temps, le gouvernement anglais recevait un échec dans son propre sein. La question de Naples avait été soumise aux conseillers judiciaires de la couronne. Ils décidèrent, malgré toutes les intrigues de lord Palmerston, que le contrat des soufres ne portait pas atteinte au traité de 1816, la limite dans la production s'appliquant également aux sujets du roi de Naples comme à tous les étrangers sans distinction. Le traité de 1816, ajoutaient-ils, déterminait les relations de nation à nation, et non entre une nation et une compagnie particulière. C'eût été, sans doute, une violation du traité que de conférer à une nation des avantages refusés à l'Angleterre; mais il n'y avait pas de violation lorsque ces avantages n'étaient conférés qu'à une compagnie.

Une décision aussi claire n'arrêta pas lord Palmerston. Condamné par les conseillers de la couronne, il n'écouta plus que ses aveugles colères et parvint à entraîner ses collègues, effrayés d'ailleurs par les clameurs des spéculateurs de la cité. Une escadre fut envoyée sur les côtes de Naples; des navires siciliens furent capturés.

De son côté, le roi de Naples ordonna des représailles; les ports de la Sicile furent mis en état de défense; une partie de l'armée de terre passa le détroit; on mit embargo sur les vaisseaux anglais; les hostilités commençaient. Telle était la situation des choses au 1ᵉʳ Mars.

Mais ce n'était là, pour ainsi dire, qu'une querelle de voisins. Il s'en poursuivait une autre aux extrémités du monde oriental, et l'Angleterre, contre ses habitudes, semblait vouloir se précipiter dans l'inconnu. Il ne s'agissait de rien moins que d'une guerre avec la Chine.

Il faudrait entrer dans de nombreux détails pour raconter par quelle série de mutuelles provocations les deux Etats en étaient arrivés à une rupture ouverte. Le résultat le plus certain de ces longues querelles était une mesure prohibitive, juste en principe, mais désastreuse principalement pour la Compagnie des Indes et en seconde ligne pour toute l'Angleterre. Depuis un grand nombre d'années, la Compagnie des Indes avait le monopole du commerce de l'opium, et l'usage de cette substance narcotique s'était répandu à un tel point parmi les raffinés de la population chinoise, que le montant annuel des importations pour ce seul article s'élevait à 120 millions de francs. Aussi, cette prodigieuse consommation était-elle suivie des plus funestes résultats. Une effrayante mortalité décimait les imprudents fumeurs qui passaient rapidement des extases de l'ivresse à un trépas anticipé. Les marchands anglais versaient le poison dans les entrailles de la nation et recevaient des trésors en échange d'une denrée meurtrière. Le mal prit enfin une telle proportion, que le gouvernement chinois s'en émut sérieusement; par un décret impérial, le commerce de l'opium fut frappé d'une prohibition absolue. C'était une mesure de conservation sociale et de haute moralité; mais c'était la ruine du commerce indo-britannique, et l'Angleterre n'a pas coutume de subordonner aux questions de morale les intérêts de son négoce. La prohibition d'ailleurs de l'opium agissait par contre-coup sur les autres marchandises et notamment sur le thé devenu pour l'Angleterre non-seulement un objet de consommation ordinaire, mais de première nécessité. Les 120 millions de la vente annuelle de l'opium étaient consacrés à l'acquisition du thé, et les pertes résultant de la suppression du premier commerce devaient augmenter d'autant le prix de revient du second, en supposant même que dans l'état des choses les relations commerciales pussent être continuées. Le décret impérial frappait donc d'un seul coup toutes les familles de l'Angleterre, arrêtait la circulation de capitaux considérables et portait une perturbation générale dans toutes les transactions de la Compagnie des Indes.

Bientôt, en effet, la querelle s'envenimant de jour en jour, de nouveaux décrets complétèrent la rupture en interdisant à jamais tout commerce avec les Anglais. Contre la Chine, il n'y avait pas de représailles possibles; la guerre devenait nécessaire, surtout pour le gouvernement anglais, essentiellement guidé par la politique d'intérêt. La guerre fut donc résolue. Quelles qu'en fussent les incertitudes, quels qu'en fussent les dangers inconnus ou les mystères impénétrables, il n'y avait plus à reculer. On ne pouvait accepter la ruine de la puissance marchande qui dominait le trône du grand Mogol.

En résumé, la situation du cabinet britannique était compromise par une foule de questions en litige. Rupture avec le Portugal collision avec Naples, guerre avec la Chine, discussions avec les États-Unis, et par dessus tout les graves complications de la question d'Orient : tels étaient les redoutables problèmes qu'il avait à résoudre à l'extérieur; et, au dedans, les éternelles agitations de l'Irlande, les mouvements des chartistes et les agressions chaque jour plus vives des Tories. Avec un rival engagé, le cabinet du 1ᵉʳ Mars avait de son côté tous les avantages et il semblait assez probable que, dans la question d'Orient, la France pourrait désormais dominer et commander, à moins qu'elle ne descendît volontairement au rang de ces puissances que l'on traite sans façon, comme le Portugal, la Sicile ou la Chine.

III

Résultats du traité de la Tafna. — Attaque subite d'Abd-el Kader. — Combat héroïque de Mazagran. — Succès divers dans les provinces d'Oran et de Constantine. — Prise de Cherchell. — Intrigues d'Abd-el-Kader sur les frontières du Maroc.

Le traité de la Tafna avait eu pour effet de fortifier auprès des Arabes l'ascendant d'Abd-el-Kader, de créer contre la domination française une puissante unité, de changer les insurrections partielles en une guerre régulière et les tribus éparses en une armée compacte. Après de secrets préparatifs longuement médités, laborieusement accumulés, l'émir avait jeté le masque. La guerre sainte, la guerre contre l'infidèle était partout prêchée et l'enthousiasme des Arabes répondait à l'appel de leur chef religieux et militaire, que le roi des Français avait traité d'égal à égal.

Subitement attaqués sur plusieurs points à la fois, les établissements français s'étaient promptement dégagés pour reprendre à leur tour une offensive énergique ; après de brillantes escarmouches, la défaite des kalifahs de Médéah et de Milianah avait marqué les derniers jours de l'année 1839 ; et l'année suivante s'était ouverte par une de ces luttes héroïques qui rappelaient les souvenirs de la république et de l'empire.

Ce fut une des premières nouvelles qui se répandirent dans la capitale, au lendemain de l'avènement du 1er Mars. De tous côtés, la fortune semblait sourire à M. Thiers.

A une lieue de la mer, presque en face des rivages de Malaga, s'élève une petite ville moresque, bâtie sur le versant occidental d'un ravin profond : c'est Mostaganem, autrefois chef-lieu d'une petite province tributaire d'Oran. Elle compte une population indigène d'environ quatre mille âmes. Sur le versant oriental du ravin et à portée de fusil de Mostaganem, se trouve une ville crénelée, Matimore, exclusivement occupée par de l'artillerie et quelques détachements d'infanterie. La garnison française se montait à environ trois ou quatre cents hommes dans les deux villes, qui communiquent entre elles par un pont de bois. Au-dessous, courant vers le sud, le ravin forme une plaine longue et étroite, parsemée de riches jardins où s'épanouissent, avec toute la vigueur des végétations tropicales, des bosquets d'orangers, de garoubiers, de figuiers et d'oliviers. Tout à coup ces jardins s'élèvent brusquement, se poursuivent sur les flancs et le sommet d'une colline qui domine la mer, et se trouvent alors entrecoupés de chétives maisons liées entre elles par des murs mitoyens. C'est le village de Mazagran, abandonné de ses habitants depuis la reprise des hostilités. Cette place est sans fortifications, mais les murs liés ensemble forment une enceinte n'ayant pour ouverture qu'une seule porte donnant sur la campagne. Les maisons sont des cahutes construites en pierres sèches ; les rues sont étroites à ce point que deux hommes peuvent à peine y marcher de front. Sur le point culminant du coteau se trouve un réduit composé de deux marabouts, fermés par les Français et se joignant par quelques ouvrages en terre. Les fossés avaient été relevés, dominés par des murs également en pierres sèches. La défense de ce réduit était confiée au capitaine Lelièvre, commandant, à qui l'on avait donné cent vingt-trois chasseurs de la 10e compagnie du 1er bataillon d'Afrique. Il avait à sa disposition une pièce de campagne et quarante mille cartouches.

Outre la plaine qui conduit de Mostaganem

à Mazagran, une autre route communique de l'une à l'autre par les hauteurs de l'est qui dominent Matimore. Mais cette route est à son tour dominée par le réduit de Mazagran.

Les deux postes de Mostaganem et de Mazagran étaient comme deux forts avancés qui protégeaient Oran. L'émir voulait tenter un coup décisif en enlevant cette dernière place mais il fallait d'abord réduire les deux postes qui la couvraient : il commença par le plus faible.

Dans les journées des 1er et 2 Février, on voyait des Arabes tantôt isolés, tantôt par petits groupes, paraître et disparaître à l'horizon, interrogeant des regards la plaine, les deux villes et retournant rapidement vers ceux qui les envoyaient.

Le 3, tout était calme et silencieux dans la plaine, lorsque soudain, vers neuf heures du matin, des nuées de cavaliers arabes s'élancent, couvrent toutes les hauteurs, inondent le ravin et pénètrent en un instant jusqu'au pied du réduit de Mazagran. L'invasion avait été si rapide, la surprise si complète, que le lieutenant Magnien, qui était hors des murs, n'eut pas le temps de rentrer avant la fermeture des portes ; il fallut lui jeter une corde par dessus les murs et le hisser dans l'intérieur.

Selon leur habitude, les Arabes avaient fait leur apparition avec toutes les bruyantes démonstrations capables d'étourdir l'ennemi, poussant des clameurs sauvages, saluant les airs de coups de feu, agitant leurs drapeaux et poussant leurs chevaux à toute bride à travers les collines et le ravin. Les bandes principales de la cavalerie sont commandées par les beys de Tlemcem et de Mascara ; un bataillon d'infanterie régulière s'avance sous la conduite de Mustapha-Ben-Tamy, formant par ses mouvements calmes et ordonnés un contraste singulier avec les brusques évolutions des cavaliers. Pendant que ceux-ci paradent dans la plaine et font pleuvoir sur Mazagran des balles sans portée, l'infanterie s'avance silencieusement, pénètre dans la ville, s'établit dans les maisons au pied du réduit et place deux pièces de canon sur un plateau qui fait face à la position française.

Aussitôt après commence une vive fusillade ; de toutes les maisons du village jaillissent des traits de feu ; l'artillerie bat avec vigueur les murailles du réduit. Bientôt d'épaisses colonnes d'ennemis se précipitent vers l'enceinte. Les cent vingt-trois braves les reçoivent à bout portant, et en font un terrible carnage. Leur pièce unique chargée à mitraille abat des monceaux d'hommes et de chevaux. La fureur des Arabes redouble ; ils se cramponnent au mur et s'y font tuer à coups de baïonnette ; des grenades lancées dans les groupes y portent d'affreux ravages ; mais les morts sont vite remplacés : l'acharnement redouble.

Pendant que ces choses se passent au pied des remparts, la plaine devient le théâtre d'un autre combat. La garnison de Mostaganem, à la vue des nombreux assaillants qui se ruaient sur Mazagran, entreprenait une diversion qui devait sinon dégager les cent vingt-trois, au moins leur permettre de respirer. Vers une heure de l'après-midi, le commandant Dubarrail sortit à la tête d'une colonne de trois cents hommes et de cinquante chevaux, soutenus par deux pièces de canon. Aussitôt les cavaliers arabes se précipitent sur lui en troupes serrées ; la mousqueterie et la mitraille les éloignent. Pendant deux heures, ils voltigent furieux autour de la colonne française, qui ne cesse de leur envoyer la mort. Mais le commandant français ne peut s'éloigner de Mostaganem, où les ennemis pénètreraient derrière lui. Il se contente de les tenir en échec, et regagne la ville lorsque le ralentissement des feux lui annonce que Mazagran n'est plus aussi vivement pressé.

Les chefs arabes, en effet, surpris de voir une poignée de braves résister à tous leurs efforts, comprennent qu'ils avaient compté trop facilement sur la victoire. De tous côtés des cavaliers sont détachés vers les tribus insurgées pour appeler des renforts : elles y répondent avec empressement ; quatre-vingt-deux tribus fournissent leur contingent; toute la nuit, toute la journée du lendemain les voit accourir depuis les limites du désert: à chaque minute, les colonnes des ennemis s'épaississent, et bientôt le nombre des cavaliers monte jusqu'à douze mille hommes qui s'accumulent en masse autour de la petite citadelle. Pendant qu'ils accourent ainsi de toutes parts, l'infanterie de Ben-Tamy poursuit ses attaques ; le feu des environs répond sans interruption à celui du réduit ; les Arabes s'élancent de nouveau aux murailles, et toujours repoussés reviennent toujours avec le même fanatisme. La nuit même interrompt à peine les combats. On voit les ennemis ramper dans l'ombre, se glisser au pied des murailles pour surprendre la troupe indomptable. Mais les Français veillent et profitent des intervalles d'une courte trêve pour réparer les ouvertures faites à leurs murs par les boulets arabes.

La lutte continue encore pendant toute la la journée du 5 ; des tirailleurs de Mostaganem occupaient l'ennemi à mi-chemin de Mazagran.

Le 6, toutes les forces des assaillants étaient réunies, décidées à triompher de l'opiniâtre résistance des Français, et furieuses d'être tenues en échec par ces quelques chrétiens.

Un registre est ouvert pour l'assaut : deux Arabes s'y inscrivent, soldats d'élite, jurant de mourir pour la guerre sainte. En même temps, la troupe entière se précipite en rugissant au pied de la citadelle. La batterie du plateau, renforcée de nouvelles pièces, redouble son feu ; les murailles cèdent ; une brèche énorme offre un passage. La troupe des deux mille s'avance pour accomplir son œuvre. A ce moment, le feu des Français se tait, le réduit semble abandonné; les Arabes croient que toute résistance a cessé; ils arrivent jusqu'à l'enceinte, mettent le pied sur la brèche, prêts à y planter l'étendard du prophète, lorsque tout à coup les Français se dressent derrière la muraille, enveloppent l'ennemi d'une ceinture de feu et couvrent la brèche de cadavres amoncelés. Chaque explosion fait des trouées dans la masse compacte des assaillants fusillés à bout portant. La défense devient un long massacre, où le fanatisme musulman lutte en vain contre le sang-froid de nos guerriers. Enfin la troupe mutilée des deux mille cède en frémissant et va se rallier au milieu des groupes qui environnent les murs.

Cependant d'autres accourent pour les venger. De nouvelles masses se précipitent de la plaine à la colline: les uns placent d'énormes poutres contre les murailles et en font des échelles ; d'autres, avec de longues perches armées de crocs, se hissent sur les retranchements. Beaucoup parviennent sur la crête du mur, et engagent une lutte corps à corps; les Français les font tomber à coups de sabre et de baïonnette; puis, lorsque les murs sont dégagés, la mitraille déchire les rangs pressés qui s'avancent toujours. Rien n'ébranle la farouche résolution des Arabes; ils se dévouent avec rage au sacrifice sanglant, et livrent successivement leurs poitrines aux balles chrétiennes. Trois drapeaux sont plantés par eux en face des murailles, et autour de chaque drapeau se groupent des colonnes acharnées qui ne cessent de combattre et de recevoir la mort. Bientôt s'élèvent des monceaux de cadavres, et à chaque homme qui tombe le vide est rempli par un nouveau combattant.

En même temps les feux de la plaine répondent aux détonations de Mazagran. Le commandant de Mostaganem, mesurant le péril à la multitude des ennemis et au bruit du combat, s'élance avec ses trois cents hommes pour attirer à lui une portion des assaillants; il marche par les hauteurs de l'Est, d'où il fait tomber une pluie de feu sur la plaine encombrée. Le capitaine Palais, commandant l'artillerie, précède la colonne avec une pièce de canon et un obusier. Dix autres pièces sont disposées à Matimore pour protéger la retraite.

Aussitôt les Arabes escaladent en foule les hauteurs et enveloppent la colonne. Deux obus tombent au milieu de leurs masses et les font tourbillonner. Les cavaliers tournent bride, et, par un mouvement rapide, cherchent à se placer entre Mostaganem et la colonne. Les batteries de Matimore les retiennent, pendant qu'une ligne de tirailleurs les devance. Mais ils ne cessent de se ruer sur la ligne française, remplissant les airs de leurs cris sauvages et bravant les coups de la mitraille qui les décime.

Cependant la diversion avait produit son effet. Le lieutenant-colonel Dubarrail voit se ralentir le feu de Mazagran, sur lequel flotte glorieusement le drapeau tricolore; il ne peut cependant arriver jusqu'à ses braves compagnons, sans compromettre Mostaganem; et il lui était commandé d'opérer sa retraite avant la nuit. En le voyant reculer, les Arabes font de nouveaux efforts; ils s'attachent aux flancs de la colonne, s'élancent dans les intervalles, et parviennent quelquefois jusqu'au centre, malgré les feux meurtriers d'une artillerie bien dirigée. C'est ainsi que, toujours luttant, ils arrivent pêle-mêle avec les Français jusque sur l'esplanade qui est en avant de Mostaganem. Mais les batteries de Matimore, vomissant encore leurs feux, les contraignent de reculer de nouveau et les Français rentrent dans Mostaganem au milieu des cris d'admiration de la population indigène, qui ne peut comprendre comment un si petit nombre de braves a triomphé des multitudes qui inondent la plaine.

Le soir venu, les Arabes cessent de combattre. Un profond découragement succède à leur exaltation. En vain, les chefs plus ardents veulent les ranimer; ils s'écrient que Dieu combat contre eux et se retirent pour obéir à la voix de Dieu.

Les drapeaux sont enlevés; l'infanterie quitte les maisons, la cavalerie s'occupe à ramasser les morts pour les enfouir dans les silos.

Durant toute la nuit, leur camp retentit de lamentables hurlements. Ils pleuraient leurs chefs et leurs frères, et leur gloire perdue et leur religion vaincue.

Le 7 au matin, on ne voyait plus un seul ennemi. Tout avait disparu, et un silence solennel avait succédé aux bruits terribles des jours précédents. La garnison de Mostaganem, étonnée de voir la plaine déserte, se demande si ce calme effrayant est le présage de la chute de Mazagran. Elle sort avec précipitation de la ville et s'avance par les plateaux de l'Est, interrogeant l'horizon de ses regards inquiets. Tout à coup elle distingue au-dessus de la citadelle un point flottant; elle approche : c'est le drapeau tricolore, percé à jour, déchiré en glorieux lambeaux. Plus d'incertitude; la poignée de braves est là, sauvée, triomphante. On se précipite, on s'aborde et les soldats des deux camps s'embrassent et se félicitent. Lorsque enfin, après les premières étreintes, on demande à cette héroïque garnison quels sont ses besoins, elle répond par des acclamations successives : « Du biscuit, des cartouches et l'ennemi. »

Ce brillant fait d'armes produisit un effet immense sur les imaginations arabes. La supériorité des Français se révélait à eux par ce qu'ils apprécient le mieux, le courage et la victoire. Un Arabe de Mostaganem écrivait en ces termes à un de ses compatriotes le récit de cette bataille :

« On se battit quatre jours et quatre nuits; ce furent quatre grands jours, car ils ne commençaient pas et ne finissaient pas au son du tambour. Ce furent des jours noirs, car la fumée de la poudre obscurcissait les rayons du soleil, et les nuits étaient des nuits de feu éclairées par les flammes des bivouacs, et par celles des amorces. »

Adb-el-Kader fut consterné; il avait fondé les plus grandes espérances sur son infanterie régulière, et elle était presque entièrement détruite; il avait compté sur un succès pour marcher sur Oran, et une sanglante défaite affaiblissait et ses armes et son autorité. Au lieu de tenter de grandes entreprises, il était réduit à la défensive.

De nouveaux succès de détail raffermissaient la domination française. A Ten-Salmet, dans la province d'Oran, un kalifah d'Abd-el-Kader, Bou-Hamedi, était parvenu à enlever par surprise deux mille têtes de bétail; huit cent cinquante hommes, sortis

Ils placent d'énormes poutres contre les murailles. (Page 31, col. 2.)

du camp de Misserghin, avaient repris le troupeau. Mais, à leur retour, ils se trouvèrent subitement enveloppés par huit mille Arabes et les repoussèrent après une lutte sanglante : trois cents cavaliers ennemis restèrent sur le champ de bataille.

A Selson, dans la province de Constantine, les alliés indigènes rivalisaient d'ardeur avec les troupes françaises. Le scheikh Ben-Ganah, dévoué à notre cause, venait de livrer un combat brillant à Ben-Azouz, kalifah de Biscara. Trois drapeaux, deux pièces de canon, cinq cents fusils étaient restés dans ses mains. En même temps qu'il apprenait ce succès au gouverneur de la province de Constantine, il lui envoyait comme trophées de la victoire, quatre cent cinquante oreilles droites.

Cependant les Haractas, tribu de l'Est, agités par les intrigues de l'ancien bey de Cons-

5. — E. REGNAULT.

tantine, Ahmed, harcelaient les tribus amies de la France. Deux mille six cents hommes furent envoyés contre eux, les poursuivirent pendant quatre jours, les atteignirent non loin de l'Oued-Moskiana, leur tuèrent cent guerriers et s'emparèrent de leurs troupeaux et de leurs bagages.

De son côté, le maréchal Valée préparait contre l'émir une campagne générale. Mais comme préliminaire et pour empêcher toute agression partielle, il résolut de châtier les Kabyles de Cherchell, qui avaient insulté le pavillon français. Le 26 décembre 1839, un brick de commerce, faisant voile d'Oran à Alger, avait été surpris par un calme plat en vue de Cherchell. Les Kabyles atteignirent le navire ; le capitaine était sans armes, sans moyens de défense ; il mit la chaloupe à la mer et parvint à gagner Alger, pendant que les Kabyles mettaient le navire au pillage. Cet exemple ne pouvait rester impuni. Douze mille hommes furent dirigés contre Cherchell. Partis de Blidah et de Koleah le 12 mars, ils se présentèrent le 15 devant la ville, abattirent les portes à coups de canon et se logèrent dans la place.

L'occupation de Cherchell n'était que le prélude d'une campagne plus sérieuse. On disait, cependant, dans le public, que le maréchal Valée avait imprudemment devancé les instructions ministérielles et s'était engagé dans l'expédition plus tôt qu'on ne l'aurait voulu dans les régions du trône. Il avait été convenu, en effet, que les ducs d'Orléans et d'Aumale accompagneraient l'expédition projetée contre Abd-el-Kader, et déjà l'on faisait à Toulon des préparatifs pour les recevoir. On s'étonnait, en conséquence, que le maréchal Valée eût mis si promptement en mouvement les troupes réunies dans la province d'Alger.

Quelques personnes, parmi celles qui se flattaient de pénétrer les mystères politiques, assuraient que les suggestions secrètes de M. Thiers n'étaient pas étrangères à cette prise d'armes inopinée. On se disait que M. Thiers se montrait opposé au départ de l'héritier présomptif du trône, soit par une prudence exagérée, soit dans la crainte de voir ce prince acquérir trop d'influence par la victoire. D'un autre côté, il avait été pris avec le général Bugeaud, relativement au gouvernement général de l'Algérie, des engagements qu'on ne se souciait pas de remplir. La détermination soudaine du maréchal Valée avait donc l'avantage de résoudre deux embarras à la fois. Les princes ne pouvaient plus se mettre en route après l'expédition accomplie et une victoire du maréchal Valée rendait impossible son remplacement.

Ces commentaires, cependant, pouvaient n'être que des suppositions hasardées. Les préparatifs du maréchal étaient faits depuis quelque temps, et entre le jour de l'avènement du ministère et le départ de l'expédition qui avait eu lieu le 12, il n'y avait pas eu un intervalle suffisant pour qu'on pût attribuer l'initiative de ce mouvement aux calculs personnels de M. Thiers. Le maréchal Valée, d'ailleurs, depuis l'avènement du 12 mai, affectait des habitudes d'indépendance qui le rendait peu disposé à suivre les impulsions de la métropole. Les dépêches du général Schneider, ministre de la guerre, restaient souvent sans réponse et sans effet. On assurait même que, tout récemment encore, averti qu'il devait être remplacé par le général Cubières, le maréchal avait informé le général Schneider de son intention bien arrêtée de faire saisir par les gendarmes M. Cubières, dès qu'il toucherait le sol algérien, et de le renvoyer sans plus de façon en France. On ajoutait que cette singulière notification était parvenue au général Cubières lui-même, devenu depuis quelques jours ministre de la guerre. Cette anecdote n'était peut-être qu'une malicieuse invention ; mais elle répondait parfaitement aux dispositions des personnages et aux allures de proconsul, trop facilement adoptées par les commandants de l'Afrique.

Au surplus, cette guerre d'Afrique, toujours capricieuse et faite sans ensemble, offrait plutôt un témoignage du courage de nos soldats que des mérites de leurs chefs.

Aucune vue générale n'y présidait, aucun plan définitif. Les systèmes se combattaient et dans la métropole et dans la colonie. On disputait depuis dix ans sur l'occupation restreinte ou l'occupation illimitée, sur la guerre par masses ou la guerre par colonnes, sur la colonisation militaire ou la colonisation civile et le public, assistant aux discussions de ceux qui prétendaient connaître exclusivement le pays, s'étonnant de voir tant de dépenses et d'efforts demeurer sans résultats ou n'aboutir qu'à des contradictions. Soldats et officiers se distinguaient chaque jour, et les chefs ne produisaient rien. Toutes les gloires étaient individuelles et par cela même stériles ; tous les bras étaient vigoureux, mais il manquait une tête.

Ces irrésolutions faisaient seules la force de l'émir. Lui, toujours constant dans sa haine et ses projets, avait une politique bien simple : l'extermination des chrétiens par tous les moyens, par toutes les voies. Prédications fanatiques, expéditions sanglantes, appel aux passions guerrières, aux sentiments religieux, il mettait tout en usage pour combattre cette puissance qui l'enveloppait sans le saisir, qui multipliait ses défaites sans ébranler sa puissance. Prophète et guerrier, il se présentait aux musulmans comme le véritable représentant de Mahomet, le glaive d'une main, le Coran de l'autre, agitant les tribus les plus éloignées et agrandissant toujours le cercle de ses influences. Habile politique non moins qu'intrépide partisan, il poursuivait en ce moment une entreprise qui devait faire à nos armes une puissante diversion et donner à ses forces de considérables développements.

Le traité de la Tafna, en lui abandonnant les frontières de l'ouest, le mettait en contact avec les populations du Maroc, au milieu desquelles il rencontrait des sympathies de mœurs et de religion. Lui livrer une telle position, c'était agrandir et son influence et son empire. Les tribus de ces contrées admiraient en lui le défenseur ardent du Prophète, et l'empereur le voyait avec joie placé comme un rempart entre ses États et les armées entreprenantes des chrétiens. Abd-el-Kader sut habilement profiter de la situation qu'on lui avait faite. Des négociations secrètes avec l'empereur étaient sur le point de se terminer par une alliance ; et des prédications dans toutes les mosquées de l'empire appelaient publiquement les populations à se lever pour la guerre sainte. Déjà des symptômes graves annonçaient la fermentation générale. Dans les premiers jours de mars, les Kabyles de l'intérieur accourus à Tanger pour célébrer la fête religieuse du Baïram avaient insulté la population chrétienne. Quelques-uns même s'étaient portés à des agressions ouvertes contre les établissements consulaires. Des coups de fusil avaient été tirés sur le consul de Suède. Tout annonçait une prochaine levée de boucliers. D'un autre côté, le gouvernement était averti que des secours nombreux, en munitions et en soldats, étaient envoyés à l'émir par les frontières de l'ouest ; les bâtiments de commerce apportaient des nouvelles d'une déclaration de guerre. Rien cependant n'était encore officiel. Mais les dépêches des agents consulaires et les rumeurs qui précèdent tout événement important en disaient assez pour que le gouvernement fût averti.

IV

Situation équivoque de la gauche dynastique. — Désintéressement de M. Dupont (de l'Eure). — Proposition Remilly. — Alarmes des conservateurs; embarras de la gauche. — Les bureaux autorisent la lecture. — Discussion sur la prise en considération. — Elle est votée à une grande majorité. — Lettre confidentielle de M. Jaubert. — Ajournement de la proposition. — Projet de loi sur la conversion des rentes. — Adoption de la loi à la Chambre des députés. — Les pairs circonvenus par la royauté. — Faiblesse de M. Thiers. — Le Luxembourg rejette le projet de conversion. — Discussion sur le renouvellement du privilège de la banque. — M. Thiers et M. Garnier-Pagès. — Adoption du projet dans les deux Chambres. — Question des sucres. — Erreurs de M. Thiers — Adoption d'un système faux. — Loi sur les salines de l'est. — Chemins de fer. — Détresse des compagnies. — Lois incomplètes. — Lois sur la navigation intérieure. — Navigation transatlantique. — Crédits supplémentaires. — Question d'Algérie. — Proposition subite du ministère sur la translation des cendres de Napoléon. — Discussion et adoption du budget.

L'avènement du 1er mars avait singulièrement modifié la situation des partis. Les conservateurs parlaient d'indépendance, la gauche dynastique se vouait à l'immobilité. Et, ce qu'il y avait de plus cruel dans son abnégation, c'est que les amis mêmes du ministre auquel elle sacrifiait, sinon ses principes, au moins sa dignité, lui en faisaient reproche et l'accablaient de leurs dédains en récompense de son humilité.

La *Revue des Deux-Mondes*, engagée à M. Thiers depuis qu'il était vainqueur, appréciait en ces termes le dévouement de ses nouveaux alliés :

« La gauche a voté publiquement les fonds secrets, les fonds de la police, les fonds dont on ne rend pas compte et qui sont particulièrement destinés au maintien de l'ordre. La gauche en les votant a abdiqué ; elle a abdiqué ses préventions, ses préjugés, ses utopies ; elle les a abdiqués à la face de ses électeurs et de la France entière : on ne revient pas d'un tel vote, car on en reviendrait brisé, déconsidéré, presque annihilé. Les fonds secrets ! Mais c'est le mot sacré de la franc-maçonnerie gouvernementale : une fois prononcé, on est initié. C'est à M. Thiers qu'est due cette grande initiation ; il est juste de le reconnaître. »

Leçon sévère et trop bien méritée ! Mais la recevoir d'un journal, organe avoué de M. Thiers, c'était une bien triste preuve de discrédit.

Et pourtant cette gauche, si prompte au sacrifice d'elle-même et de ses opinions, donnait des ombrages aux conservateurs, accoutumés aux douceurs des fonctions rétribuées. Ils ne pouvaient croire que tant d'abnégation fût désintéressée et ils tremblaient de se voir débusqués par M. Thiers, qui devait nécessairement offrir des récompenses aux complaisances du scrutin.

Il circulait en ce moment même beaucoup de commentaires sur une tentative faite par le ministre auprès d'un des membres les plus illustres de la gauche. Un siège à la cour de cassation avait été offert à M. Dupont (de l'Eure). Ce n'était assurément pas une récompense trop importante pour un ancien garde des sceaux, respecté de tous et comptant de longs services. De la part de M. Thiers, c'était un acte de justice en même temps que de bonne politique. Mais il y avait aussi quelque chose qui ressemblait à un piège. Un homme aussi considérable dans l'opposition engageait trop de monde par son acceptation ; il pouvait servir d'exemple et d'excuse à des consciences flottantes. M. Dupont (de l'Eure) refusa.

Cependant l'offre même n'en fût pas moins un sujet d'alarmes pour les hommes en place, bien convaincus que le même désintéressement ne se montrerait pas tous les jours. Le premier soin des conservateurs fut donc de se protéger eux-mêmes, en fermant à leurs adversaires tout accès aux emplois.

S'emparant habilement d'une pensée depuis longtemps exprimée par l'opposition, ils imaginèrent d'interdire aux députés les emplois publics salariés. Tant qu'ils avaient été au pouvoir, ils avaient défendu avec opiniâtreté un abus qui faisait leur profit; depuis qu'ils n'y étaient plus, ils n'en voyaient que les périls. Ce fut M. Remilly, député de Versailles, qui se fit l'interprète de ce désintéressement improvisé. Le 28 mars, il déposa sur le bureau une proposition ainsi conçue : « Les membres de la Chambre des députés ne peuvent être promus à des fonctions, charges ou emplois publics salariés ni obtenir d'avancement pendant le cours de leur législature et de l'année qui suit. »

Le piège était adroit et plein d'embarras pour le ministère et la gauche dynastique. En supposant même que M. Thiers n'eût pas des engagements pris, on paralysait son influence; car la force d'un ministère constitutionnel dépend non seulement de ce qu'il peut donner, mais encore de ce qu'il peut promettre, et ceux qui l'environnent sont plus souvent maintenus par l'espérance que par une récompense immédiate. Or la proposition Remilly enlevait à la fois l'ombre et la réalité, en ôtant au ministre non seulement les primes qu'il pouvait offrir aux complaisances, mais jusqu'à la ressource des paroles trompeuses.

La gauche ne se trouvait pas moins embarrassée que M. Thiers. Il était manifeste que la proposition était dirigée contre elle; sous l'apparence d'une loi de justice, c'était pour elle une loi d'exclusion. D'un autre côté, l'abus des députés fonctionnaires servait depuis longtemps de texte à ses réclamations; c'était un des articles les plus importants du bagage de l'opposition dynastique; elle avait mis tant d'ardeur à suivre M. Gauguier sur le même terrain, qu'il ne lui était plus permis de combattre M. Remilly. Elle en était donc réduite ou à désavouer tous ses principes passés ou à compromettre toutes ses ambitions présentes.

Quant aux radicaux, ils ne pouvaient qu'accueillir avec satisfaction la proposition du député conservateur. Il leur importait peu qu'elle fût plutôt une malice qu'une bonne pensée, moins une affaire de principe qu'une manœuvre parlementaire ; ce qui les touchait, c'est que c'était un commencement de réforme; et une réforme, même produite par une lutte d'ambitions personnelles, ne pouvait que profiter à la cause démocratique.

C'était là, en effet, la véritable importance de la question, et les conservateurs logiciens le comprenaient si bien, que le *Journal des Débats* gourmandait en termes très hautains ses maladroits amis, appelant la proposition Remilly « une loi des suspects contre la probité des députés et contre l'indépendance des fonctionnaires publics. » Puis il ajoutait :

« Et ce serait le parti conservateur qui, pour début d'opposition, irait ressusciter, après l'avoir tant de fois rejetée sans vouloir même en écouter les développements, la proposition de M. Gauguier ! Rien ne serait plus contraire à ses principes et au rôle sérieux et digne qui lui convient. On craint, il est vrai, que la gauche n'envahisse les places ; on penserait lui jouer un bon tour en coupant les vivres à son ambition, et il est facile de voir, nous en convenons, que la proposition de M. de Remilly a mis dans un risible embarras ces héros de désintéressement qui croient toucher au moment de recevoir en ce monde la récompense de leur longue vertu.... Comme épigramme, la proposition de M. Remilly peut être bonne et spirituelle. Mais les épigrammes ne sont à leur place que dans la salle des conférences; on ne propose pas quelque chose d'aussi sérieux qu'une loi pour le plaisir de rire de la position embarrassée de ses adversaires... Vous embarrasserez la gauche aujourd'hui; soit ! Mais vous, hommes conservateurs, vous serez bien plus embarrassés quand la Chambre privée des lumières que lui apportent les fonctionnaires publics, se jettera à corps perdu dans les voies hasardeuses de la théorie. La proposition de M. Remilly ouvre la voie... Nous voilà en pleine réforme électorale. »

Le cri d'alarme du *Journal des Débats* était

fondé en bonne logique. Les conservateurs subitement réformistes, n'étaient que des étourdis, sacrifiant leurs principes à leur dépit et à leur avidité. La division introduite parmi eux par la coalition, s'aggravait après la défaite; l'anarchie déchirait les prétendus défenseurs de l'ordre, les uns fidèles à l'ancienne immobilité du parti, les autres appelant la réforme pour sauver leurs places; tandis que la gauche, fourvoyée, n'osait ni applaudir ni contredire une mesure qu'elle avait appelée comme un bienfait et qui lui était offerte comme une embûche.

Les radicaux seuls, nous le répétons, avaient une position franche; il s'agissait de réforme, et, quelle qu'en fût l'origine, quels qu'en fussent les auteurs, hypocrites ou sincères, la cause démocratique ne pouvait que gagner à la discussion.

Les impatiences furent promptement satisfaites. La proposition renvoyée dans les bureaux y fut discutée le 7 avril. Une immense majorité en autorisa la lecture. Ce résultat était attendu. Les conservateurs, complices de M. Remilly, devaient nécessairement l'appuyer; les radicaux y applaudirent; la gauche dynastique feignit d'y voir un progrès plutôt qu'une leçon. Le ministère prit un rôle passif non sans laisser percer quelque dépit, M. Thiers s'exprima ainsi dans son bureau:

« Si on a voulu nous embarrasser, on s'est trompé : on n'embarrasse que ceux qui se laissent embarrasser, en ne prenant pas des positions franches et nettes. Si cette proposition est une malice qu'on a voulu faire, tant pis pour ceux qui l'on faite; ils auront, contre leur intention, fait faire à la mesure un très grand pas. Quant à moi, je crois qu'après les paroles de M. Lepelletier d'Aulnay, qui a provoqué l'initiative du gouvernement, après les paroles du dernier ministère, après la proposition de M. Remilly, appuyée, nous devons le croire, par ses amis, une mesure législative sera tôt ou tard indispensable; mais nous la croyons impossible pour cette année ».

Ces paroles de M. Thiers révélaient toute la pensée du ministère : il n'avait pas le courage de combattre ouvertement la mesure, il n'avait pas la volonté de l'accueillir. Les radicaux disaient à ce sujet :

« Ce que nous avions prédit se trouve déjà à demi réalisé. La gauche conservera ses positions officielles avec l'espoir d'en conquérir quelques autres sur les deux cent vingt-un; les conservateurs auront eu la gloire assez facile de montrer qu'en théorie ils ne sont pas plus que les amis de M. Barrot les adversaires systématiques de toute réforme. Quant au pays, il demeure plus convaincu que jamais *qu'il y a beaucoup à faire* pour sortir de l'impasse où le retiennent bon gré mal gré les avocats timides de ces petites réformes qui, préconisées par toutes les sections de la Chambre, n'en sont pas moins renvoyées de session en session, comme tant d'autres promesses de juillet. »

La vérité de ces dernières paroles devait bientôt être démontrée. Le 24 avril, la chambre fut appelée à se prononcer sur la prise en considération. Quoique le vote ne dût encore amener aucune solution définitive, la discussion fut vive et tumultueuse. M. Remilly justifia l'urgence de sa proposition par l'opinion bien connue du ministre des travaux publics, M. Jaubert, sur la dépendance obligée des fonctionnaires députés. « Je me suis plaint, à toutes les époques, avait dit M. Jaubert dans la discussion de la proposition Gauguier, et je me plains encore maintenant du genre d'indépendance que MM. les fonctionnaires publics se sont arrogé; je ne leur conteste pas plus qu'à aucun d'entre nous le droit d'examiner avec confiance et maturité toutes les questions qui sont présentées; mais je dis que, quand on a accepté du gouvernement des fonctions élevées, il n'est pas permis de venir dans cette enceinte faire opposition au gouvernement : c'est mon opinion très arrêtée. » — « Après de semblables paroles, ajoutait M. Remilly, après l'avènement au ministère des hommes qui ont pu approuver ou professer cette doctrine, il est évident qu'il faut réduire pour l'avenir la phalange des fonctionnaires publics. »

M. Jaubert ne répondit rien à une apostrophe aussi directe. Les contradicteurs de M. Remilly furent des fonctionnaires trop intéressés dans la question pour avoir quelque autorité. M. Liadières révéla naïvement le secret de son opposition en s'écriant : « Je déclare qu'il existe certaines victimes qui ne sont pas disposées à tendre servilement leur gorge au couteau de certains sacrificateurs. »

M. Dupin, non moins intéressé à se faire l'avocat des fonctionnaires, voulut effrayer la majorité en signalant la proposition comme une première tentative de réforme électorale, introduite, disait-il, d'une manière indirecte et subreptice.

« Je suis étonné, ajouta-t-il, qu'on ne s'explique pas avec plus de franchise. Si c'est la réforme électorale qu'on veut, que M. Odilon Barrot le dise, et je dirai à mon tour oui ou non pour la réforme ; je dirai ma pensée sur les incompatibilités, les adjonctions. Nous verrons où tout cela pourra nous mener. Mais si on ne le dit pas nettement, je ne vois là qu'une attaque personnelle indigne de cette Chambre ; et si j'examine la proposition dans son essence, je ne balance pas à la considérer comme une grave atteinte portée à l'honneur des députés fonctionnaires. Pour ma part, j'en suis choqué et j'en ai le droit. »

Cette vive sortie amena une réplique de M. Thiers. Il avait à cœur de prouver aux conservateurs qui lui restaient fidèles qu'il ne s'agissait pas de la réforme électorale. Car la réforme électorale était un de ces mots magiques qui, à défaut d'arguments, troublaient les consciences et aveuglaient la raison. « Non, s'écria M. Thiers, il ne s'agit pas de réforme électorale. Pour ma part, si, à la place des articles qui vous ont été proposés, on en avait présenté d'autres qui eussent atteint le moins du monde le corps électoral, j'y résisterais de toutes mes forces et mes collègues m'imiteraient. »

Ce n'était là cependant qu'une affirmation, qui ne répondait en rien aux arguments de M. Dupin. « Diminuer les éligibles, disait celui-ci, c'est toucher à la constitution électorale, c'est réformer un des points les plus importants de la loi électorale. » Et en cela M. Dupin avait raison ; mais M. Thiers avait besoin de tromper une phalange indocile et peureuse, et d'ôter aux mots et aux choses leur véritable signification. M. Odilon Barrot lui-même se crut obligé de rassurer à cet égard les consciences parlementaires, en soutenant que le véritable mérite de la proposition était précisément de diminuer la nécessité de la réforme électorale.

D'aussi bonnes raisons eurent leur effet. La prise en considération fut prononcée à une grande majorité. C'eût été une importante chose si le ministère avait été de bonne foi. Mais M. Thiers n'était pas homme à vouloir sérieusement épurer la Chambre. Accepter la prise en considération lui semblait une satisfaction suffisante pour ses alliés de la gauche ; il ne lui restait plus qu'à maintenir les vieux prosélytes en rendant illusoires les conséquences du vote. Les ardeurs imprudentes de M. Jaubert le servirent merveilleusement à cet effet.

Soldat intrépide du camp doctrinaire, figurant aux premiers rangs de la coalition, M. Jaubert avait été trouvé assez important pour mériter la récompense d'un portefeuille, pas assez pour donner des ombrages à M. Thiers. Peu flexible cependant et se soumettant avec peine à la discipline, il ne montrait ni la réserve ni la sévérité d'esprit qui conviennent à de hautes fonctions, conservant encore les vivacités d'allures qui l'avaient signalé dans les luttes parlementaires, et devenu le courageux tirailleur du ministère comme il l'avait été de la coalition. Allié solide et fougueux, mais souvent téméraire et compromettant, il ne savait ni se taire à propos, ni varier sa tactique selon les modifications de sa position. Quoique longtemps défenseur de divers ministères, il avait plus le ton et les méthodes d'un homme d'opposition que d'un homme de gouvernement, ne sachant ni se contraindre ni composer avec les circonstances. Adversaire déclaré de la proposition Remilly, mais vaincu par une immense majorité, il ne se tint pas cependant pour battu, et, plus courageux que ses collègues, qui avaient les mêmes sentiments sans oser les exprimer, il résolut de réduire à néant les votes de la Chambre entraînée, selon lui, dans une voie périlleuse.

Pour suivre les règles parlementaires, il s'agissait de nommer dans les bureaux la commission chargée d'examiner la matière; et du choix des commissaires dépend souvent le sort d'une loi. Sur ces entrefaites, plusieurs députés conservateurs reçurent une lettre confidentielle signée du ministre des travaux publics, qui les invitait à se rendre avec exactitude à leurs bureaux, s'ils voulaient avec le ministère *enterrer* la proposition Rémilly. Dans ce but, ajoutait la lettre, le cabinet s'était mis d'accord, dans chaque bureau, avec certains députés qu'elle désignait au choix des votants. Mais quelques-uns de ceux qui avaient reçu ces singulières confidences, s'indignèrent d'être choisis comme instruments d'un honteux escamotage. La lettre ministérielle fut communiquée, et la gauche toute entière s'en émut. Il était évident qu'elle était prise pour dupe. Une interpellation publique de M. Lherbette força le ministre des travaux publics de s'expliquer. M. Jaubert s'en tira avec audace, déclarant qu'il désirait l'ajournement de la proposition, parce que le temps qui restait encore avant la fin de la session devait être exclusivement consacré à la satisfaction d'intérêts matériels, considérables et pressants.

Et comme un député manifestait l'étonnement que lui causait cette contradiction entre la conduite de M. Jaubert et le langage tenu à la tribune par le président du Conseil, le ministre proclama que son opinion sur ce sujet était conforme à celle de M. Thiers.

La gauche était avertie. Jouet d'une indigne comédie, elle était en droit de demander un compte sévère au ministère qui la trompait : elle se résigna et accepta paisiblement son humiliation. L'interpellation de M. Lherbette n'eut pas de suites.

Dès lors le sort de la loi était décidé. La commission fit son rapport comme affaire de forme, et la discussion fut ajournée après le budget des recettes. C'était, selon l'expression de M. Jaubert, une proposition *enterrée*. Alors, véritablement, on put voir que l'opposition dynastique avait abdiqué. Instrument passif d'un ministère équivoque, déconsidérée avec lui, elle ne comptait plus ni dans les espérances des esprits indépendants, ni dans les craintes des politiques rétrogrades.

Cependant la discussion n'avait pas été aussi stérile que l'eussent souhaité les opiniâtres partisans de l'immobilité. Au delà des régions parlementaires, parmi les millions de citoyens exclus du pays légal, la question avait été suivie avec un ardent intérêt, et aucune des accusations portées à la tribune contre le servilisme des députés fonctionnaires n'était passée inaperçue. Si la réforme parlementaire n'a fait aucun progrès réel dans le sein de la Chambre, au dehors elle a gagné du terrain, mûrissant dans les esprits, et devant bientôt servir de texte à toutes les protestations, jusqu'au jour où elle deviendra le mot d'ordre d'une révolution.

Nous avons dû suivre sans interruption les phases diverses de la proposition Remilly; mais d'autres questions préoccupaient en même temps le ministère et le public. Le cabinet du 1er Mars se piquait d'avoir l'entente des grandes affaires. Il était fort aise, d'ailleurs, de détourner les esprits des questions politiques vers les intérêts matériels, et le cabinet précédent lui avait ouvert la voie par la présentation de différents projets de loi sur des matières d'industrie et de finance. En première ligne se présentait le projet relatif au remboursement ou à la conversion de la rente; car c'était à la fois l'un et l'autre.

Déjà cette question avait plus d'une fois agité la presse et le parlement. Accueillie à la Chambre des députés en 1836 et en 1838, elle avait, à ces deux époques, rencontré dans la Chambre des pairs une opposition systématique, encouragée et provoquée par des intrigues de cour. Louis-Philippe était personnellement opposé à la mesure, soit par crainte de mécontenter les rentiers, soit par répugnance pour toute innovation importante. Esprit calculateur et positif, il avait en horreur l'inconnu et s'exagérait outre mesure les dangers d'une opération qui devait, selon lui, ébranler tout le système financier. Son opinion ne s'était en rien modifiée; mais les votes répétés de la Chambre élective, les réclamations de l'opinion publique pesaient sur le gouvernement. Deux fois des propositions individuelles avaient fait prononcer la Chambre; il y avait danger pour le pouvoir à laisser de si graves questions à l'initiative parlementaire : mieux valait s'en emparer pour les diriger et peut-être les amoindrir. En conséquence, le cabinet du 12 Mai avait saisi la Chambre d'un projet dont il laissait la discussion à ses successeurs.

Jusque-là le gouvernement, tout en reconnaissant la légalité, l'utilité, l'équité de l'opération, en avait constamment nié l'opportunité. On reconnaissait le principe, on en repoussait l'application. Mais la question de temps semblait résolue, dès que le gouvernement lui-même prenait l'initiative. Le 11 Avril, la Commission déposa son rapport. Il introduisait dans le projet primitif d'assez importantes modifications.

Le projet du gouvernement n'indiquait ni la nature des rentes à rembourser, ni le mode d'exécution, ni l'époque du remboursement. La Commission comblait toutes ces lacunes. Par l'article I, elle désignait spécialement les rentes 5 0/0 à rembourser à raison de 100 francs par chaque 5 francs de rente. L'article II introduisant la faculté de conversion, indiquait deux modes d'exécution au choix du rentier, qui pouvait prendre des inscriptions nouvelles soit en 4 1/2, soit en 3 1/2; le 4 1/2 au pair et le 3 1/2 à 86 fr. 42 centimes.

Le premier mode offrait simplement la réduction d'un dixième des intérêts, sans augmentation du capital. Par le second, la conversion se faisant à raison de 4 francs 05 centimes de rente pour 86 francs 42 centimes du capital remboursable, produisait une diminution d'intérêt plus considérable, c'est-à-dire 95 centimes sur 5 francs de rente, mais aussi par compensation, un accroissement de 15 francs 17 centimes sur 100 francs de capital dû par l'État.

En présentant ainsi au libre choix des rentiers deux fonds de nature diverse, l'un au pair, l'autre avec accroissement de capital, la Commission compliquait les difficultés qu'elle voulait éviter, et confondait dans une même opération deux systèmes diamétralement opposés. En effet, dans toutes les discussions qu'avait fait naître la question de la conversion des rentes, deux principes s'étaient constamment trouvés en présence. L'un, qui consiste à maintenir le capital stipulé moyennant réduction de l'intérêt : l'autre qui se résume en un accroissement de capital avec une réduction d'intérêt proportionnée à cet accroissement.

Non seulement ces deux modes de conversion, dans leur application immédiate, amenaient des résultats différents; mais encore ils conduisaient à des systèmes généraux qui ne pouvaient se concilier.

Voyons d'abord l'application immédiate:

100,000,000 de rente 5 0/0 réduits à 4 1/2 donnaient à l'État un bénéfice annuel de . . . 10,000,000
100,000,000 convertis en 3 1/2 donnaient un bénéfice de . 19,000,000

Mais en même temps, la tranformation du capital produisait les résultats suivants:

4 1/5 avant la conversion. 2,000,000,000
Après la conversion. . . 2,000,000,000
3 1/2 avant la conversion. 2,000,000,000
Après la conversion. . . 2,314,200,000

En somme, la conversion en 4 1/2 produisait pour l'État un bénéfice net sur l'intérêt; la conversion en 3 1/2 donnait, il est vrai, sur l'intérêt, un bénéfice plus grand, mais en augmentant considérablement la dette du capital.

Quant aux conséquences ultérieures, elles étaient peut-être plus graves. En effet, dans le second système, une nouvelle réduction d'intérêt produisant un nouvel accroissement de capital, on se trouvait nécessairement amené à renoncer à l'amortissement devenu désormais impossible : d'où perpétuité et augmentation indéfinie de la dette, et en fin de compte, pour l'avenir, une catastrophe inévitable ou une incurable paralysie.

L'autre système, au contraire, surtout si on le combinait avec la division de la dette en séries remboursables par le sort, admettait : 1° la diminution de l'intérêt ; 2° la diminution du capital par l'application des fonds de l'amortissement aux séries désignées par le sort.

Chacun des systèmes avait des partisans parmi les hommes les plus éminents de la science financière. Mais il fallait choisir ; on ne pouvait raisonnablement les appliquer tous deux à la fois. Or, c'est précisément ce que proposait la commission, sans calculer la confusion inextricable que devait produire l'application simultanée des deux principes contraires.

Du reste, dans les détails d'exécution, les mesures introduites par la commission étaient sages et bien entendues. Pour les cas de remboursement, le ministère avait demandé l'autorisation de négocier des bons du trésor et de disposer de la réserve possédée par l'amortissement. La commission ajoutait à cette double faculté l'autorisation éventuelle de faire inscrire sur le grand-livre de la dette publique des rentes 4 1/2 et 3 1/2, en d'autres termes l'autorisation d'emprunter pour rembourser ou convertir.

Enfin la commission ajoutait au projet du gouvernement deux dispositions supplémentaires. L'une avait pour but de confondre les rentes 4 1/2 créées en 1825, avec les nouveaux fonds que devait créer la conversion, mesure essentiellement politique qui effaçait les différences d'origine. L'autre imposait au gouvernement l'obligation d'accomplir la mesure dans un délai donné ; statuant que le ministre des finances rendrait un compte détaillé de l'exécution de la loi dans les deux mois qui suivraient l'ouverture de la prochaine session. Cette disposition révélait, sans contredit, un sentiment de défiance qui n'avait rien de flatteur pour les ministres, mais qui était autorisé par les enseignements du passé. On se rappelait qu'au mois de mai 1836, M. Thiers, président du ministère du 22 Février, avait dit ces paroles : « Je prends l'engagement de présenter un projet de loi dans la session prochaine. » On n'oubliait pas qu'à la même époque, M. d'Argout, ministre des finances, répétait après son collègue : « Nous nous tenons pour engagés et pour liés à l'exécution de cette promesse ; j'ignore en quels termes on pourrait s'engager plus positivement. » Et cependant ces solennelles promesses avaient été méconnues, et des engagements pris en face du pays n'avaient été que des paroles illusoires. Il était donc bien permis de prendre des précautions, surtout lorsqu'on retrouvait le même chef du cabinet, si connu par ses légèretés de langage.

La discussion s'ouvrit le 20 Avril, devant une assemblée peu nombreuse. Depuis que la conversion, cessant d'être une question politique, se présentait sous les simples apparences d'une question financière, les esprits en étaient beaucoup moins émus ; argument assez péremptoire contre ceux qui veulent réduire toute la politique à des questions d'intérêt matériel.

Du reste, aucun principe nouveau ne pouvait se produire dans une question tant de fois agitée. Les adversaires du projet exhumèrent les vieilles déclamations contre le droit et l'utilité de la mesure. M. Liadières s'efforça d'être moraliste, M. Dupin fit une excursion dans le domaine financier, et M. Fould fit des chicanes d'avocat. Le principal argument de celui-ci contre le droit de remboursement reposait sur le titre originaire de la rente, *dette perpétuelle ;* oubliant que ces mots n'avaient de valeur que comme opposition à ces autres mots *dette viagère*.

Les partisans du projet, MM. Béchard, Rivet et Pelet de la Lozère, ministre des finances, n'eurent pas de peine à réfuter de pareils commentaires. Sans invoquer les droits éternels de l'État, les devoirs mêmes qui l'obligent à prendre toute mesure qui doit profiter au bien général, sans remonter jusqu'à Sully et Colbert, qui avaient su trancher la question avec l'arbitraire d'une époque où d'autres rapports rattachaient l'État à ses créanciers, il leur suffisait de consulter la législation existante, la loi de 1825, qui créait des rentes avec garantie contre tout remboursement pendant un temps donné, et la loi de 1833, qui, tout en spécifiant que la réserve de l'amortissement ne pourrait être appliquée qu'au rachat et au remboursement de la dette, avait décidé que ce remboursement n'aurait lieu qu'en vertu d'une loi spéciale.

Vainement les défenseurs exclusifs du droit individuel appelaient-ils la compassion sur quarante-cinq mille familles qui avaient des inscriptions de rente de 100 francs et au-dessous. On leur répondait avec raison qu'il s'agissait de dégrever cinq ou six millions de contribuables qui, ne payant que 5 francs de contribution, avaient, eux aussi, quelques droits à la commisération. M. Fould demandait pitié pour ceux qui avaient quelque chose ; ses adversaires demandaient pitié pour ceux qui n'avaient rien que leurs bras. Alternative grave, introduite insensiblement dans les questions politiques, et qui devaient ouvrir plus tard une vaste carrière aux spéculations et aux dissidences.

La question d'utilité fut à dessein traitée d'un point de vue étroit par ceux qui voulaient déconsidérer la mesure. Que gagnerait-on, disaient-ils, à cet immense bouleversement de tous les intérêts ? Une économie annuelle de 10 ou 15 millions. Cela valait-il la peine d'introduire la perturbation dans les familles, l'inquiétude dans les esprits, le désordre dans les transactions ? Fallait-il donner une si rude secousse pour un si pauvre résultat ?

L'argument eût été puissant, sans doute, si l'on n'eût consulté que l'avantage immédiat. Une économie de 10 à 15 millions ne répondait pas à l'importance de la mesure. Mais il est constant que les développements de l'industrie profitent en raison directe de l'abaissement de l'intérêt, que, par conséquent, les richesses générales augmentent à mesure que le capital se montre moins exigeant. Il est donc excessivement utile que le gouvernement dispose ses propres finances, de manière à ce que, par le décroissement des intérêts dans de justes proportions, les transactions se facilitent, se multiplient par de mutuels échanges de services, sources intarissables de richesses toujours renouvelées. Ce n'était donc pas sur l'économie directe de 10 ou 15 millions que devait porter la discussion d'utilité, mais sur l'influence profonde que devait avoir l'abaissement de l'intérêt, sur l'élan donné aux affaires, sur l'impulsion vigoureuse imprimée aux efforts industriels, multipliés à l'infini par les facilités d'un crédit descendu à la portée d'un plus grand nombre.

C'est là ce que fit ressortir avec un grand bonheur M. Garnier-Pagès, qui se montra non seulement habile orateur, mais encore économiste distingué et parfaitement entendu aux affaires. On accusait depuis si longtemps l'école radicale d'inexpérience, d'incapacité pratique, que les amis politiques de l'orateur applaudirent avec un certain orgueil aux succès brillants qu'il obtint en traitant avec une supériorité marquée les questions les plus compliquées de la science financière, et en donnant des leçons utiles aux hommes les plus expérimentés du gouvernement.

Son discours entraîna le vote de l'article I, qui contenait tout le principe de la loi.

Il restait à déterminer le taux des nouvelles rentes qui seraient offertes en échange des anciens titres. La commission avait, ainsi que nous l'avons dit, proposé un double fonds, l'un de 4 1/2 au pair, l'autre de 3 1/2 avec augmentation de capital. M. Garnier-Pagès attaqua avec une vigoureuse logique la création simultanée de rentes constituées à des taux divers ; il en signala nettement tous les inconvénients, tous les dangers, aggravés encore lorsque, à la diversité d'intérêts, vient se joindre un accroissement de capital. L'orateur démocrate vint porter une lumière nouvelle sur cette question qui, avant son discours, était à peine comprise par la Chambre, et il eut le bonheur de la convaincre. A une immense majorité, le double fonds fut rejeté, et la conversion fut décidée au taux de 4 1/2 0/0 au pair.

La loi était donc adoptée dans son principe et dans son application la plus importante ; on allait entrer dans une voie nouvelle, et quelque timide que fût ce premier pas, les esprits sages se réjouissaient de voir une brèche faite aux colonnes de la Bourse, et une concession accordée au travail et à l'industrie.

Malheureusement cette amélioration n'était pas du goût de la Cour, et il fallait subir l'épreuve de la Chambre des pairs, toute disposée à recevoir ses inspirations du château. D'ailleurs, en adoptant la conversion des rentes, la Chambre élective protégeait la petite propriété ; la pairie, au contraire, prétendait être la protectrice naturelle des grandes fortunes, et il n'entrait pas dans ses traditions constitutionnelles d'amoindrir le revenu des grands feudataires de la rente. On s'attendait donc assez généralement à voir échouer au Luxembourg une question sortie triomphante des délibérations du Palais-Bourbon, et cette opinion était confirmée par la tiédeur du ministère. M. Thiers n'avait pas osé refuser aux sollicitations de la gauche son appui dans une mesure qu'avait consentie le cabinet du 12 Mai ; mais il n'était pas homme à pousser jusqu'au bout la résistance aux volontés de la couronne. Défenseur équivoque de la loi dans la Chambre élective, il croyait avoir assez fait pour contenter ou endormir ses alliés ; en la livrant aux hostilités de la Chambre des pairs, il ne se sentait pas tenu de se compromettre vis-à-vis du roi par une énergique résistance.

Louis-Philippe, d'ailleurs, exprimait trop ouvertement ses répugnances pour qu'un ministre ambitieux voulût sacrifier sa position à la satisfaction de sa conscience. Les pairs étaient mandés au château, sermonnés, choyés, circonvenus. Les paroles royales avaient bien autrement d'éloquence que des arguments de tribune, et la loi était déjà sacrifiée avant toute discussion.

Aussi le rapporteur, M. le comte Roy, ne crut-il pas nécessaire d'entrer profondément dans l'examen du projet en lui-même ; mais s'arrêtant à la question préjudicielle de droit, il appliqua tous ses efforts à démontrer l'illégalité du remboursement. La discussion, portée sur ce terrain, s'y maintint constamment. Partisans et adversaires de la mesure fouillèrent dans le vaste arsenal des lois qui, à diverses époques, réglaient les rapports de l'État avec ses créanciers, chacun y cherchant des armes à l'appui de son opinion.

Le rapporteur fut secondé par MM. Persil et Mérilhou, qui, à grands renforts de textes et de citations, s'évertuèrent à circonscrire la question dans le cercle étroit d'une jurisprudence aride et méticuleuse. Ces vaines chicanes furent combattues avec beaucoup de vigueur par M. d'Argout. La loi du 24 Août 1793 et le rapport de Cambon fournirent le texte principal de la discussion, chacun interprétant à sa manière et invoquant humblement l'autorité du grand financier révolutionnaire.

M. Mérilhou soutenait, par exemple, que la loi constitutive du grand-livre n'énonçait point de capital, mais lui substituait une annuité perpétuelle irremboursable ; d'où résultait pour lui l'interdiction de tout droit de remboursement. Il appuyait son argumentation des termes mêmes du rapport de Cambon, et notamment du passage suivant :

« Nous avons cru que l'inscription sur le « grand-livre ne devait pas rappeler les ca- « pitaux, et qu'on ne devait y porter que le « net produit des rentes ou des intérêts, afin « de faire disparaître ces capitaux fictifs au « denier cent, au denier quarante, etc., ou « retenues des vingtièmes, quinzièmes,

« dixièmes, dix sous pour livre, etc., qui
« rappellent d'anciennes injustices sans au-
« cune utilité... En ne faisant pas mention
« du capital, la nation aura toujours dans
« sa main le taux du crédit public. Un débi-
« teur en rente perpétuelle ayant toujours
« le droit de se libérer, si une inscription de
« cinquante livres ne se vendait sur la place
« que huit cents livres, la nation pourrait
« offrir le remboursement de cinquante
« livres d'inscription sur le grand-livre sur
« le pied du denier dix-huit, ou moyennant
« cinq cents livres. Dès ce moment le crédit
« public monterait au-dessus de ce cours,
« où la nation gagnerait sans injustice, en
« se libérant, un dixième du capital, puisque
« le créancier serait le maître de garder sa
« rente ou de recevoir son remboursement,
« au lieu que, si on inscrivait le capital, cette
« opération serait impossible ou aurait l'air
« d'une banqueroute partielle. »

M. d'Argout s'emparait à son tour du texte même qu'on lui opposait pour y trouver la preuve de l'existence et de la reconnaissance du capital. Les dernières lignes sur lesquelles M. Mérilhou avait particulièrement insisté démontraient seulement, selon M. d'Argout, que Cambon ne reconnaissait pas le droit de rembourser forcément au denier dix-huit, quand la rente avait été constituée au denier vingt. Et l'orateur appuyait son argument d'autres extraits du rapport de Cambon sur la liquidation de la rente viagère.

« La loi du 24 août dernier sur la consoli-
« dation de la dette publique nous a servi de
« guide dans notre travail. Vous avez or-
« donné que la dette exigible, dont le capital
« excéderait 3,000 francs serait inscrite sur
« le grand-livre pour les intérêts à cinq pour
« cent, etc. »

Et plus loin : « Le résultat de notre opé-
« ration, nous le répétons sans cesse, n'a
« d'autre but que de réduire tous les intérêts
« que la nation paie au taux légal de cinq
« pour cent, etc. »

Et plus loin encore : « Tous ces aperçus
« doivent vous décider ; cependant, s'il pou-
« vait exister quelque doute fondé sur ce que
« le viager libère insensiblement la Répu-
« blique, tandis que le perpétuel ne s'éteint
« jamais, nous vous rappellerons qu'il existe
« une différence de 9,938,000 francs de
« rente viagère entre celles qui sont actuel-
« lement dues et celles qui résulteront de
« notre opération. »

M. MÉRILHOU. On ne rembourse donc pas ?
M. D'ARGOUT. Attendez la fin.

« ..... D'ailleurs, la nation pourra toujours rembourser la dette consolidée, lorsqu'elle le jugera convenable. »

Ces paroles étaient d'une clarté qui ne laissait place à aucune chicane. M. Mérilhou dut chercher des arguments dans les lois postérieures, notamment dans les lois de l'an VI et de l'an X. Mais M. d'Argout le réfuta victorieusement, s'étonnant que son adversaire choisît précisément des lois où le capital se trouvait chaque fois énoncé. M. Persil vint au secours de son confrère, s'engageant dans le même dédale d'arguties, et combattu avec non moins de bonheur par M. d'Argout. La lutte de celui-ci contre les deux avocats fut vive, spirituelle et triomphante. Cependant le scrutin lui donna tort. M. d'Audiffret l'avait soutenu avec quelque talent, M. Thiers avec quelque mollesse : 101 boules noires contre 46 blanches repoussèrent le projet. Une fois encore se trouvait ajournée une mesure que commandaient la science, la politique et l'industrie, toutes considérations qui devaient céder devant l'opiniâtre volonté de la couronne et les complaisances de la Chambre des pairs.

Entre la conversion des rentes et le privilège de la banque il y a une corrélation manifeste. La banque, comme la bourse, est le régulateur du prix de l'argent. La banque, comme la bourse, est protectrice des vieilles routines, gardienne des vieux préjugés, opiniâtre adversaire des innovations. La question du renouvellement du privilège de la banque se présentait à la Chambre des députés après son vote sur la conversion et avant celui de la Chambre des pairs. Pour elle, en conséquence, la question de la conversion était chose jugée. Pour elle, l'innovation à la bourse devait entraîner logiquement des innovations à la banque. Elle avait par la conversion protégé la petite propriété; elle devait, en modifiant les statuts de la banque, protéger le petit commerce. Voilà ce que demandaient la bonne politique et la saine logique. Mais voilà ce que ne voulait pas M. Thiers.

Le privilège de la banque avait encore trois ans à courir. Ce n'était pas trop sans doute pour préparer avec maturité les améliorations que réclamaient les progrès du temps, et les développements de l'industrie. Depuis trente ans les forces productives de la France s'étaient accrues dans des proportions gigantesques; autrefois exclusivement agricole, elle était devenue industrielle et commerçante. De nouveaux produits, de nouvelles conquêtes, de nouvelles transactions appelaient des institutions nouvelles, ou du moins nécessitaient la transformation des institutions existantes. L'expiration prochaine du privilège de la banque était donc pour un gouvernement éclairé une merveilleuse occasion de donner de nouvelles forces au crédit par l'établissement d'un système financier en harmonie avec le développement des affaires. L'activité de la circulation ne répondait plus à l'activité de la production. Pour rétablir l'équilibre, il fallait imposer à la banque d'autres conditions. En lui continuant les profits du monopole, on était bien en droit de lui demander quelque chose pour le bien général.

Mais c'était là une des moindres préoccupations du gouvernement. S'il s'emparait trois ans d'avance de cette haute question, ce n'était pas pour avoir le temps de réfléchir, c'était pour ôter à toute modification le temps de se produire; ce n'était pas pour améliorer le crédit, c'était pour l'enchaîner. L'état de choses était si profitable aux banquiers, les banquiers étaient si influents dans les conseils du gouvernement, qu'on ne pouvait trop se hâter de consacrer un système restrictif qui maintenait toutes les puissances du crédit aux mains de quelques capitalistes privilégiés. La banque ne devait pas être plus qu'auparavant la providence du commerce et de l'industrie, mais celle des escompteurs.

Le gouvernement, en effet, ne proposait rien autre chose que de proroger purement et simplement pendant vingt-cinq ans le privilège de la banque. Il est vrai que l'initiative de cette merveilleuse invention appartenait au cabinet du 12 Mai. Mais M. Thiers se montra digne de continuer de si fécondes traditions.

Tous les esprits que n'aveuglaient pas les préjugés de la routine se soulevèrent contre un projet aussi peu d'accord avec les saines notions de l'économie financière. Une objection capitale dominait toutes les autres, et elle était sans réplique. Une institution de crédit créée en 1803 pouvait-elle remplir toutes les conditions nécessaires en 1840? La date seule de la création n'était-elle pas un argument péremptoire? Tous les progrès de la science, les développements industriels d'une longue paix, l'extension du commerce, la multiplicité des transactions, le mouvement des affaires ne commandaient-ils pas d'autres combinaisons que celles qui avaient été imaginées trente-sept ans auparavant? Les règles appliquées à l'enfance du crédit pouvaient-elles servir à sa maturité?

Énoncer de telles propositions, c'était résoudre le problème.

Dans les détails, les adversaires du projet présentaient des objections non moins sérieuses. Leur critique portait principalement sur deux questions importantes: le nombre des signatures et les termes d'échéance.

L'obligation de ne présenter à la banque de France que des valeurs à trois signatures pouvait n'être pas trop rigoureuse trente-sept ans auparavant, et trouvait alors une justification dans la position du crédit qu'il fallait reconstituer. Mais, depuis longtemps, cet article aurait dû être modifié; car il subordonnait le travail au capital, maintenait le taux élevé de l'argent, et plaçait ainsi nos industries dans une position d'infériorité relativement aux industries étrangères.

Dans toute transaction commerciale, il n'y a que deux parties contractantes, le vendeur et l'acheteur, le producteur et le négociant. Exiger trois signatures, c'est les forcer à s'adresser à un intermédiaire qui, sous le nom de banquier ou d'escompteur, leur enlève le plus clair de leurs bénéfices. Ainsi, producteurs et négociants étaient déshérités du crédit direct, du crédit à bon marché, et il leur fallait solliciter un tiers qui, pour prix de son intervention, ajoutait 33 pour 100 au taux de l'escompte. Le maintien des dispositions de 1803 perpétuait ce déplorable vasselage de l'industrie, livrée sans défense à la tyrannie des escompteurs.

Dans tout état de cause, d'ailleurs, la banque pouvait toujours refuser les valeurs qui lui étaient offertes, sans même donner les motifs de son refus; il n'y avait donc pas de péril sérieux à faciliter les opérations, et la banque pouvait s'environner de toutes les précautions, de toutes les garanties désirables[1]. Il est vrai qu'à ce compte, l'aristocratie financière était considérablement amoindrie dans son action et dans ses influences. Mais ce redoutable sacrifice n'entrait pas dans les vues de la royauté bourgeoise.

Des modifications dans les termes de l'échéance étaient demandées avec non moins de vivacité. En 1803, le délai de trois mois était proportionné à la majeure partie des opérations de cette époque; mais il n'en était plus de même: des entreprises plus étendues, plus audacieuses, et franchissant, pour ainsi dire, l'avenir exigeaient de plus grands moyens et un plus vaste crédit. Sans rien donner à l'aventure, on pouvait plus accorder au génie de la spéculation. Il ne semblait pas téméraire de prolonger les échéances à cent dix jours. Quelques-uns plus hardis demandaient six mois.

Comme complément de ces modifications, il fallait nécessairement mettre le capital de la banque en rapport avec les nouveaux services qu'elle aurait à rendre. On proposait, en conséquence, que le capital fût porté successivement et au moyen de la réserve, à 100 millions.

Tel était l'état de la discussion lorsque les débats s'ouvrirent le 18 Mai à la Chambre des députés. Tous les arguments, pour ou contre, se concentrèrent sur les deux questions que nous avons signalées: le nombre des signatures et les termes de l'échéance. La première, surtout, était de la plus haute importance. L'admission de deux signatures, en supprimant tout intermédiaire entre le crédit et le travail, affranchissait l'industrie et l'enchérissait de toute la somme des primes prélevées par les banquiers, à titre d'escompte. C'était diminuer le taux de 33 pour 100, puisque les intermédiaires recevaient l'argent de la banque à 4 et le livraient à 6 ; c'était, par conséquent, augmenter d'autant les puissances de la production. Il semblerait qu'une mesure d'une aussi incontestable utilité, n'aurait eu besoin que d'être énoncée pour réunir tous les suffrages, et qu'un gouvernement un peu soucieux du bien général se serait empressé de la provoquer. Mais il y avait d'autres intérêts qui touchaient le ministère plus que les intérêts du pays. Cette bienfaisante innovation eût porté un coup fatal aux banquiers, et les banquiers étaient les plus fermes appuis du gouvernement de Juillet ; ils traitaient avec le trône de puissance à puissance et des services mutuels unissaient, dans une étroite solidarité, la finance et le ministère. Aussi M. Thiers devait-il se constituer le champion ardent de l'immobilité, et il le fit dans les termes qui ont toujours servi de programme à tous ses discours, chaque fois que, depuis, il a discuté des innovations.

« Il faut, s'écria-t-il, confirmer ce qui est et le confirmer dès aujourd'hui.... »

« Je dis à ceux qui parlent toujours de progrès : le progrès que vous demandez est futur; celui que je réclame est passé et présent. »

---

[1]. Nous sommes heureux de pouvoir citer à l'appui de notre raisonnement un exemple pratique qui vient le confirmer victorieusement. Le comptoir national d'escompte de Paris, qui n'exige que deux signatures, a depuis deux ans fait pour 460 millions d'escompte avec un faible capital. Les pertes n'ont été que de 300,000 francs de 2/3 pour mille. Tous les jours, le commerce de Paris se félicite de la création de cet utile établissement créé au milieu des plus effroyables difficultés financières.

N'est-ce pas l'homme tout entier ? séparant le progrès du futur et l'attachant au passé !

Avec de pareilles doctrines, il devait nécessairement justifier le vasselage de l'industrie et la domination des banquiers. Aussi repoussa-t-il avec un opiniâtre aveuglement toute modification : réduction du nombre des signatures, accroissement des termes d'échéance, coupure des billets, augmentation du capital. C'était un parti pris, un engagement cimenté avec l'aristocratie financière.

M. Garnier-Pagès combattit avec une incomparable logique tous les arguments ministériels. Ses efforts ne servirent qu'à constater chez lui une profonde connaissance de la matière, une haute raison et une irréfutable supériorité de lumière. Ses discours, applaudis même par ceux qui votaient contre lui, eurent un grand retentissement au dehors, et l'opinion radicale se félicitait de voir son principal représentant signalé comme un homme d'État, même par ses plus fougueux adversaires.

Quant à la gauche dynastique, elle s'affaiblissait et s'amoindrissait de plus en plus. Dans cette grave discussion, pas un de ses orateurs importants n'osa prendre la parole; quelques partisans secondaires tentèrent des escarmouches qui passèrent inaperçues, et le scrutin définitif vint prouver combien elle recevait avec humilité l'arrogant protectorat du 1ᵉʳ Mars. Il ne se rencontra que cinquante-huit voix opposées au projet de loi.

Parmi les conservateurs eux-mêmes, il se manifesta plus de hardiesse que dans cette gauche mutilée. M. de Remilly proposa de faire prélever à l'État le dixième des bénéfices à répartir périodiquement entre les actionnaires, sauf une réduction pour le cas où ce bénéfice n'atteindrait pas 6 pour 100. Cette proposition ne manquait ni de sens ni d'équité. L'État, au moment où il accordait un monopole productif, était bien en droit de stipuler quelque chose en faveur des intérêts généraux; mais le gouvernement ne se croyait pas tenu à tant de prévoyance et l'opposition constitutionnelle ne comprenait guère une mesure d'autorité qui n'entrait pas dans son programme. En somme, on ne voyait pas alors la portée de cette proposition et elle fut rejetée sans discussion.

La Chambre des pairs ne devait pas se montrer plus disposée à faire des innovations. Déjà, elle avait repoussé la conversion de la rente, et plus logicienne, du moins, que la Chambre des députés, elle maintint avec ferveur les vieilles traditions. Elle crut même pouvoir se dispenser d'un examen sérieux; la discussion et le vote durèrent moins d'une heure, et l'œuvre de la Chambre des députés fut acceptée sans modifications.

Dans la même séance, avec la même abnégation et la même incurie, la pairie confirma les votes du Palais-Bourbon sur une des plus importantes questions administratives, celle des sucres, à laquelle se rattachait d'immenses intérêts également respectables, également difficiles à concilier.

Une industrie indigène se trouvait en lutte avec une production extérieure; la première favorable au développement de l'agriculture, la seconde intimement liée à l'existence même des colonies, à l'activité du commerce, à l'entretien de la marine. Née dans un moment où la France était isolée du monde extérieur, la fabrication du sucre indigène avait été environnée de toutes les protections qui devaient favoriser le développement d'une ressource entièrement nouvelle. Ses premiers essais avaient été pénibles, lents et presque sans résultats. Il eût semblé que la paix, en rouvrant les ports aux rivalités extérieures, aurait dû l'accabler et l'arrêter dans de vaines tentatives. Mais la paix aussi avait accru les puissances de l'industrie, multiplié la circulation des capitaux, encouragé l'esprit d'entreprise, et les fabriques de sucre indigène, redoublant d'efforts en face de la concurrence, et plus actives encore depuis qu'elles n'étaient plus une nécessité, jetaient sur le marché des produits considérables. Libres d'impôt, tandis que le sucre colonial était soumis à un droit de douane de 49 fr. 50 c. par 100 kilogrammes, elles s'étaient développées à l'abri

Intérieur de la Chambre des Députés.
Dessin de Desmarest (1842).

du système protecteur, et la production qui n'était, dix ans auparavant, que de 4 millions de kilogrammes, était montée, en 1837, à 60 millions. Les colonies, en même temps, faisaient entendre de vives réclamations, et ces réclamations étaient fondées. Ce n'était pas, néanmoins, un médiocre embarras que de concilier des intérêts si opposés; on y retrouvait l'éternelle guerre de l'agriculture et du commerce. D'un côté, l'on ne pouvait entraver le développement de richesses intérieures, déshériter le sol de la France et arrêter dans leur essor l'agriculture et l'industrie réunies. De l'autre, on pouvait sacrifier les colonies, fermer les grandes voies du commerce, et frapper, en même temps, la marine marchande dans sa puissance, la marine militaire dans sa source.

Le gouvernement s'était vivement préoccupé de cette question, et de nombreuses discussions avaient tenu les esprits en éveil. Deux systèmes s'étaient trouvés en présence. L'un demandait un droit progressif sur le sucre indigène; l'autre un dégrèvement progressif sur le sucre colonial. Le système de dégrèvement était plus profitable pour les consommateurs et peut-être même pour le gouvernement par l'augmentation assurée de la consommation; il était également mieux accueilli par les deux industries rivales. Ce fut le système contraire qui l'emporta. Dans la session de 1837, il fut décidé qu'à partir du 1er Juillet 1838, le sucre indigène serait frappé d'un droit de 8 fr. pour la première année, et d'un droit de 15 francs pour la seconde, tandis que le sucre colonial continuerait de payer 49 fr. 50 c. C'était ne contenter personne, ni les consommateurs, ni

7. — E. REGNAULT.

les producteurs. Les fabricants indigènes, dont on restreignait les bénéfices, se plaignirent hautement; les colons, avec plus de justice, protestèrent contre une inégalité qui les mettait encore à la discrétion de leurs concurrents. On sembla reconnaître la légitimité de ces mutuelles plaintes; le ministère du 13 Mai, adoptant le système de dégrèvement, proposa de réduire à 34 fr. le droit des 100 kilogrammes. La proposition fut examinée à la Chambre des députés par une commission qui, en adoptant le principe, porta par amendement le chiffre à 36 fr. 50 c. Cependant, la session ayant été close avant que les Chambres eussent pu décider, l'administration prononça provisoirement le dégrèvement par une ordonnance royale en date du 21 Août 1839.

Que se passa-t-il ensuite dans le secret des conseils? et quelles singulières inspirations vinrent subitement contredire le principe de dégrèvement? Toujours est-il qu'à la session suivante le même ministère proposa un projet entièrement opposé. Non seulement il élevait de nouveau l'impôt sur le sucre colonial à 49 fr. 50 c., mais il appliquait encore le même droit au sucre indigène.

C'était proclamer la ruine de l'industrie nationale; car il était manifeste qu'elle ne pouvait lutter avec l'égalité des droits. Il y avait, du reste, une telle apparence de parti pris, que le gouvernement introduisait le système d'indemnité, créant ainsi des pertes à l'État en même temps qu'aux particuliers.

Ce déplorable système fut énergiquement combattu par la commission dont M. Bugeaud fut le rapporteur. Elle réclama au nom des intérêts qui se trouvaient menacés; des nombreuses classes de commerçants et d'ouvriers qui perdraient une profession laborieusement acquise et qui ne pourraient pas retrouver ailleurs une situation équivalente; des agriculteurs qui avaient livré leurs terres à une production spéciale et passé des marchés avec la fabrique pour la fourniture de betteraves; des fabricants de machines; enfin de toutes les industries qui se rattachent à la sucrerie indigène.

En droit, la commission n'admettait pas que l'égalité de l'impôt sur les deux sucres pût être invoquée comme un principe, quand sous tous les autres rapports l'inégalité est la base du régime colonial: inégalité des droits politiques, inégalité de devoirs envers la patrie, inégalité dans le mode et la quotité de l'impôt.

Ce qui ajoutait à l'immoralité de la loi, c'est que beaucoup de fabricants, considérant le principe d'indemnité comme une occasion d'exiger de l'État un prix exagéré, appuyaient fortement la mesure devenue pour eux une spéculation nouvelle. La commission avait donc à défendre l'industrie nationale et contre l'incurie du gouvernement, et contre l'avidité des industriels eux-mêmes, qui voulaient la vendre à leur profit, et contre la concurrence des colonies, pour qui l'égalité devenait véritablement un privilège. Revenant à la législation de 1837, elle reconnaissait la nécessité pour l'industrie indigène d'une prime de 33 fr., et repoussait hautement le système d'indemnité.

Depuis cinq ans que durait la discussion sur les sucres, on n'avait pu arriver à une solution, parce que chacun prenait un point de départ faux et exclusif. Des deux côtés, on prétendait que les deux industries ne pouvaient exister simultanément et l'on arrivait à cette conclusion qu'il fallait sacrifier l'une ou l'autre, conclusion que le gouvernement ne pouvait jamais admettre, mais qu'il ne savait comment combattre. Les intéressés eux-mêmes soutenaient cette thèse; les délégués des colonies ceux des fabricants indigènes se rendirent également chez M. Thiers pour lui représenter l'impossibilité de l'existence simultanée des deux sucres et la nécessité pour le gouvernement de supprimer l'un ou l'autre, bien entendu moyennant indemnité.

La discussion, portée à la Chambre le 5 Mai, se fixa sur ce terrain, les députés des départements maritimes demandant la suppression du sucre indigène, ceux des départements *betteraviers* appelant le sacrifice du sucre colonial.

Fort empêché dans ce conflit, le ministère du 1ᵉʳ Mars cherchait à se débrouiller par un terme moyen qui laissait subsister toutes les difficultés ; il rêvait un équilibre entre les deux productions rivales au moyen de tarifs pondérateurs. C'était une transaction qui ne satisfaisait personne ; et encore la transaction n'était que momentanée. Car la différence des tarifs établie au moment de la loi pouvait devenir souverainement injuste par l'accroissement ou le décroissement annuel de l'une des productions rivales. Les plaintes et les réclamations devaient donc recommencer.

Entre les deux intérêts rivaux, il y avait cependant un tiers qui méritait bien qu'on s'occupât de lui : c'était le public consommateur. Personne n'y songeait. Le producteur indigène avait ses orateurs; le producteur colonial avait ses apôtres; le consommateur était oublié. Que l'on supprimât la fabrication indigène, que l'on sacrifiât l'industrie coloniale, il était évident que le monopole de l'une ou de l'autre devait peser sur le consommateur ; que par des tarifs pondérateurs on voulût restreindre l'une et l'autre production, la restriction augmentait aussi le prix de la marchandise. Dans tous les cas, le consommateur était victime.

Ces considérations auraient dû conduire à la seule véritable solution qui convînt au gouvernement. Cette solution ne pouvait se trouver que dans un sage équilibre, non pas entre les deux productions, comme le voulait M. Thiers, mais entre la production et la consommation.

Certainement, dans l'état des choses la production dépassait les besoins de la consommation. Mais pourquoi ? Parce que les droits fiscaux élevaient le prix de la marchandise à un taux qui la rendait inaccessible à une multitude de bourses. Le sucre est une de ces denrées de première nécessité dont la consommation s'accroît à mesure que le prix décroît. En Angleterre, la consommation individuelle est trois fois plus forte qu'en France. En France, depuis 1814, la consommation s'était d'abord augmentée dans des proportions considérables ; elle n'était restée stationnaire depuis quelques années que parce que les populations pauvres n'y pouvaient participer.

Si donc on abaissait les droits, on augmentait la consommation ; on favorisait en même temps la production; on ouvrait le marché aux deux industries qui pouvaient également vivre et s'enrichir. Chacune d'elles profitait, en même temps qu'il y avait profit pour tout le monde, même pour le gouvernement dont les recettes auraient augmenté malgré l'abaissement des droits.

Le véritable système pour le gouvernement était donc le système de dégrèvement qui établissait l'équilibre entre la production générale et la consommation ; tandis que M. Thiers, s'attachant au système compressif de l'impôt, cherchait un équilibre impossible entre les deux produits.

Le nœud de la question échappant ainsi et aux députés et aux ministres, la discussion ne pouvait qu'être confuse et irritante. Agriculteurs et colons se heurtèrent de front, chacun demandant à l'envi le sacrifice de ses adversaires; tous les arguments furent des paroles de proscription. M. Thiers seul, équilibriste et pondérateur, plaida le maintien des deux intérêts rivaux, mais en les arrêtant tous deux dans leurs développements par la compression de l'impôt. La Chambre accepta ce funeste système. Le droit sur le sucre colonial resta fixé à 49 fr. 50 c. ; celui sur le sucre indigène fut porté à 27 fr. 50 c.

En définitive, la loi n'était pas une solution, les difficultés restaient en litige, les intérêts en souffrance. Tout le monde était mécontent, producteurs et consommateurs.

Ainsi que nous l'avons dit, la Chambre des pairs confirma sans discussion le vote du Palais-Bourbon.

Une question non moins compliquée et d'une importance presque égale avait encore occupé les séances de la Chambre des députés. On sait que les départements de l'Est renferment d'immenses richesses en sel minéral. En 1825, une concession pour l'exploitation des salines avait été faite par l'État à une compagnie, moyennant de telles conditions fiscales, qu'au milieu des avantages dus à la nature, les départements favorisés payaient le prix du sel à un taux exorbitant. La compagnie elle-même se ruinait par son monopole, car le fisc absorbait au-delà des bénéfices. Tout le monde réclama, concessionnaires et consommateurs. Le gouvernement se vit obligé de réduire successivement le prix du bail, du taux primitif de 1,800,000 fr. à 1,200,000, puis à 750,000, enfin à 600,000. Mais ce n'étaient là que de vains palliatifs. Les départements qu'accablait un régime exceptionnel continuèrent de protester. Le gouvernement ne put tarder plus longtemps à donner satisfaction à de légitimes plaintes. Le 4 janvier 1827, la Chambre fut saisie d'une proposition tendant à forcer la compagnie d'abaisser le prix de ses ventes de telle sorte que le sel revînt dans les limites de la concession à 37 fr. le quintal métrique, et au détail à 20 c. le kilog. Mais pendant les délibérations de la commission, le principe de la libre fabrication fut énoncé et accueilli avec faveur. Il n'en fut pas de de même toutefois à la Chambre des pairs, dont la commission repoussa avec énergie un principe qui ressemblait trop à une innovation.

La question restait donc entière, lorsque le cabinet du 1er Mars proposa à la Chambre de faire cesser les effets de la concession exclusive de 1825. Il avait la prétention d'appliquer le principe de libre fabrication; mais en réalité ce n'était qu'un nouveau système de monopole substitué à un monopole exclusif. En effet, on annulait, il est vrai, la concession de 1825; mais, en même temps, l'art. 1er du projet nouveau portait que nulle exploitation ne pourrait avoir lieu qu'en vertu d'une concession consentie par ordonnance royale. C'est là ce qu'on appelait la libre fabrication. Et, pour mieux encourager cette prétendue liberté, l'article 3 obligeait tout concessionnaire à extraire ou fabriquer un minimum annuel de 500 mille kilogrammes. C'était tuer la petite fabrication.

Malgré ces restrictions, la nouvelle loi était une amélioration, en ce sens qu'elle détruisait le monopole de la compagnie des salines de l'Est, qu'elle affranchissait dix départements d'un régime exceptionnel accablant et, surtout, qu'elle rétablissait l'unité dans la législation. Mais elle ne diminuait en rien les droits exorbitants qui pesaient sur un objet de consommation de première nécessité. Tandis que le prix de revient d'un quintal métrique était de 3 fr., les droits sur la même quantité étaient de 27 fr. 50 c. On ne réduisait en rien ce fabuleux impôt; on cherchait seulement à le rendre plus productif en régularisant la fabrication. On ne faisait autre chose qu'une loi de police, et le soulagement des consommateurs n'entrait pour rien dans les calculs ministériels.

Discutée et adoptée à la Chambre des députés dans les derniers jours d'avril, la loi fut acceptée le 13 juin à la Chambre des pairs, sans aucune modification.

Le ministère du 1er Mars avait surtout la prétention de dégager la politique des questions abstraites et d'occuper le pays par la discussion des intérêts matériels. M. Jaubert principalement encourageait cette tendance; d'abord pour agrandir son influence comme ministre des travaux publics, ensuite pour faire diversion à la position fausse d'un doctrinaire orthodoxe dans un ministère allié de la gauche. Les questions matérielles n'engageaient en rien ses principes; du moins il le croyait; mais pour tout homme réfléchi, la corrélation entre la théorie et la pratique était évidente, ainsi que venaient de le démontrer les discussions sur la banque, sur les sucres et sur le sel.

Quoi qu'il en soit, M. Jaubert voulait s'immortaliser par un grand travail d'ensemble sur les voies de communication. En première ligne venaient les chemins de fer.

On se rappelle les projets gigantesques que le gouvernement avait médités en 1838. Il ne s'agissait de rien moins que de douze cents lieues de chemin de fer, qui auraient relié le Havre à Marseille, Nantes et Bordeaux à Strasbourg, la frontière belge à celle des Pyrénées. Sur certaines lignes, on voulait établir deux routes à la fois. L'industrie privée disputait au gouvernement chaque entreprise, et le gouvernement n'admettait qu'avec peine les associations à partager ses travaux. Deux principes opposés, deux partis exclusifs avaient combattu à outrance pour ou contre l'exécution par les compagnies ou par le gouvernement ; on se disputait les richesses immenses de l'avenir. Dans ce conflit, l'opinion radicale s'était ouvertement prononcée pour la centralisation et pour le principe d'autorité. Les Chambres avaient adopté le système contraire, et bientôt les faits étaient venus donner entière raison aux radicaux. Les compagnies, si fécondes en magnifiques promesses, étaient tombées dans la plus honteuse impuissance. Leurs actions, qu'elles ne daignaient vendre que par faveur, s'offraient au rabais sans trouver acquéreur. Les princes de la finance tendaient vainement la main ; leurs actionnaires se refusaient aux versements qu'ils avaient souscrits. Les gigantesques entrepreneurs s'arrêtaient sur leurs terrassements inachevés ; toutes ces compagnies si ardentes demandaient la résiliation de leurs engagements, sollicitaient avec repentir la restitution de leurs cautionnements. Une seule, celle de Bâle à Strasbourg, avait persisté dans sa tâche avec une activité digne d'encouragement ; car elle avait empêché qu'une concurrence nuisible à notre commerce de transit avec la Suisse ne s'établît sur la rive droite du Rhin. Une autre compagnie, celle de Paris à Orléans, n'avait poursuivi ses travaux que jusqu'à Juvisy et s'était fait exempter du reste. Un mouvement immense aboutissait à un avortement ridicule.

Mais les désastres des compagnies n'étaient qu'un malheur secondaire. Ce qui devait surtout émouvoir le gouvernement et les Chambres, c'est que la France se trouvait au milieu de tous les pays civilisés, dans un état d'infériorité humiliant pour sa dignité, dangereux pour sa sécurité. La Belgique, depuis plusieurs années, avait fait de son territoire comme une seule ville. Berlin allait se trouver à quelques lieues de notre frontière ; l'Autriche s'efforçait de nous enlever le transit de la Méditerranée à la mer du Nord ; la Russie reliait fortement la Pologne à ses vieilles provinces. Tout s'agitait, tout se concentrait, tout se fortifiait autour de la France. Seule, elle restait dans son morcellement, dans ses vieilles lignes de communication, essoufflée et caduque, quand tout autour d'elle respirait la vie et le mouvement.

Il fallait sortir de cette déplorable inertie ; il fallait agir et agir promptement. Les vieilles disputes entre l'État et les compagnies ne pouvaient plus se renouveler. Même les radicaux qui avaient défendu les droits de l'État, tout en faisant réserve du principe, reconnaissaient que le gouvernement actuel était impuissant ; d'un autre côté les compagnies proclamaient elles-mêmes leur propre insuffisance. On tenta de combiner les deux principes. Les compagnies exécuteraient ; l'État leur viendrait en aide.

Or, le concours de l'État pouvait se présenter sous différents modes : la subvention, la prise d'actions, la garantie d'intérêt, le prêt hypothécaire.

La subvention pure et simple n'était fondée ni en justice ni en logique ; elle grevait l'État d'une charge sans aucune indemnité.

Elle fut donc écartée, et le gouvernement résolut d'appliquer les trois autres modes simultanément à différentes compagnies. Dans la séance du 7 avril, M. Jaubert déposa un projet d'ensemble qui était loin assurément d'apporter aux difficultés une solution hardie, mais qui tendait du moins à faire reprendre les travaux interrompus, à satisfaire aux légitimes impatiences du public, à ne pas laisser la France plus longtemps déshéritée des bénéfices de la science et de la civilisation. Le ministre lui-même dans l'exposé des motifs avouait que ses projets étaient loin d'être parfaits. Il ne les présentait que comme les moins mauvais qui se pussent produire, eu égard à l'impuissance du gouvernement et à l'état de discrédit où étaient tombées les associations particulières. Les capitaux fuyaient les compagnies avec une sorte de terreur. Il fallait les rappeler par l'assistance protectrice du gouvernement.

En conséquence le ministre proposait :

1° Pour le chemin de fer de Paris à Orléans, une prise d'actions par l'État des deux cinquièmes du fonds social : soit, 16 millions, avec prélèvement privilégié de 4 p. 0/0 sur les bénéfices. Toutefois ce privilège de l'État ne venait qu'après un premier privilège des actionnaires également de 4 p. 0/0.

2° Pour le chemin de fer de Strasbourg à Bâle, une prise d'actions des trois dixièmes du capital ou 12,600,000 fr., avec les mêmes garanties et les mêmes privilèges.

3° Pour le chemin de fer d'Andrézieux à Roanne, un prêt hypothécaire de 4 millions au taux de 4 p. 0/0 d'intérêt.

Enfin, le ministère demandait un crédit de 14,000,000 de fr. pour l'exécution par l'État d'un chemin de Montpellier à Nîmes, de 6,000,000 de fr., pour un chemin de Lille à la frontière, de 4,000,000 de fr., pour un chemin de Valenciennes aussi à la frontière belge.

Ces projets attestaient au moins le désir de faire. Mais tout le monde était frappé de cette singulière anomalie qui réservait les grandes lignes aux compagnies et les embranchements à l'État. N'était-ce pas un renversement de principes ? Quoi qu'il en soit, il fallait faire quelque chose ; ce n'était plus le moment de s'arrêter aux théories. Ce fut là, en effet, le principal argument de la commission : « Écouterons-nous, disait le rapporteur, M. Gustave de Beaumont, écouterons-nous la voix de ceux qui veulent qu'on ne fasse rien parce qu'ils voudraient qu'on fît mieux ? Le moment n'est-il pas venu enfin pour la France de se montrer à son rang dans cette carrière, où, de même que dans toutes les carrières de l'industrie, tant d'avantages sont assurés à celui qui est parti le premier ? »

C'était simplement poser une question d'urgence, et sur ce point, il n'y avait rien à répliquer ; c'était la pensée dominante de la Chambre et du public.

La seule modification importante introduite par la commission consistait à remplacer, pour le chemin d'Orléans, la garantie d'un minimum d'intérêt de 4 p. 0/0 à la prise d'actions.

La discussion s'ouvrit le 9 juin. Il avait été présenté dans l'intervalle un nouveau projet concernant le chemin de Paris à Rouen. Le ministère y avait singulièrement amalgamé deux systèmes : la prise d'actions et le prêt ; mais la commission avait conclu en faveur d'un prêt pur et simple.

Au surplus, le ministère faisait bon marché de tous ses principes, et dans une question de cette importance, qui devait exiger de sa part une vigoureuse initiative, il subit, avec une incroyable facilité, toutes les modifications successivement proposées, se montrant sans volonté, sans idée, sans principe. Ce n'était pas la première fois que le gouvernement faisait preuve de la même faiblesse dans la même question. En 1837, le cabinet du 15 avril penchait pour les compagnies, la Chambre penchait pour le système contraire ; le 15 avril confessa humblement qu'il avait bien pu se tromper. En conséquence, l'année suivante, il présenta aux Chambres un projet gigantesque, par lequel il revendiquait, en faveur de l'État, l'exécution de toutes les grandes lignes. La Chambre eut peur de ce projet colossal, et elle substitua au système de l'exécution par l'État le système des concessions particulières. Le 15 avril reprit avec résignation son opinion de 1837.

Le ministère du 1er Mars se montrait non moins accommodant.

L'exécution par l'État lui semblait préférable à l'exécution par les compagnies. C'était l'opinion avouée de M. Thiers, de M. Jaubert, et tous deux livraient l'exécution aux compagnies.

Dans le projet en faveur de la compagnie d'Orléans, le ministre proposait le système de la prise d'actions ; la commission repoussa ce système ; le ministère l'abandonna aussitôt et se prononça pour la garantie d'intérêt.

De même pour le chemin de Rouen, il subit docilement les corrections de la commission. Il n'a pas une idée arrêtée, pas un principe fixe. Chose étrange ! Tous ces grands politiques, ces hommes d'État de la monarchie de juillet donnaient le spectacle de la plus déplorable anarchie, n'osant, ne décidant rien, disant une chose, en votant une autre, présomptueux et faibles, empressés et irrésolus. Et comme si tous les ministères devaient apporter tour à tour leur contingent de faiblesse, un ministre du 12 mai, M. Duchâtel, vint, dans cette discussion, apporter cette monstrueuse proposition : « L'État doit se réserver toutes les chances de ruine pour en préserver les compagnies. »

Un tel abandon des principes les plus essentiels de gouvernement fut énergiquement flétri par M. Garnier-Pagès. Dans une éloquente et solide argumentation, l'orateur radical battit en brèche ces dangereux sophismes et fit voir qu'ils conduisaient directement à la négation du pouvoir, qu'ils sacrifiaient l'intérêt social à l'intérêt individuel. Puis, abordant le fond même de la discussion, c'est-à-dire le système de la garantie d'intérêt, il en démontra tous les inconvénients et tous les vices.

En effet, du moment que l'on abandonne les principes pour se plier aux circonstances, il n'y a qu'un seul mode de concours qui soit à la fois efficace pour les compagnies et peu onéreux pour l'État : c'est le prêt. Avec le prêt on sait à quoi l'on s'engage, on sait où l'on va, et l'on ne va qu'où l'on veut aller. Avec la garantie d'intérêt, on se livre à l'incertain, on prend des engagements variables, on s'abandonne à tous les hasards de l'avenir.

De plus, la garantie d'intérêt détruit le stimulant le plus énergique des entreprises particulières. Sans doute, la compagnie fera tous ses efforts pour obtenir 5, 6 ou 7 p. 0/0. Mais au-dessous de 5, il lui est absolument indifférent d'avoir 4, ou 3, ou 1, ou rien. Ce n'est donc pas un encouragement à l'activité, ce peut tout au plus être un excitant à l'agiotage.

Tels furent les principaux arguments de M. Garnier-Pagès. Les difficultés mêmes que l'on trouvait à faire intervenir l'État dans les transactions particulières, démontraient clairement qu'il y avait à cette question une solution raisonnable : l'exécution par l'État.

Ces hautes leçons d'autorité et de gouvernement données par l'orateur radical, produisaient dans la Chambre une certaine émotion. Chacun reconnaissait, au fond, la vérité de ces doctrines. Mais un sentiment de défiance dominait tous les esprits, sentiment trop commun dans le régime constitutionnel, trop justifié par les hommes qui tenaient le pouvoir. On ne croyait ni à la moralité ni à la capacité de l'État. Et, ce qu'il y avait de plus étrange, c'est que les ministres eux-mêmes en faisaient l'aveu. « Nous proposons le système des compagnies, disait M. Thiers, parce que le système de l'exécution par l'État ne réussirait pas auprès de la Chambre. » Voilà où en étaient réduits ces hommes d'État ! sacrifiant leurs convictions au besoin d'obtenir la majorité, et s'armant de leur indignité même, pour justifier le délaissement et la violation des principes les plus élémentaires de gouvernement.

Aussi jamais discussion ne fut plus pauvre, plus incohérente, plus décousue de la part des orateurs du gouvernement. Ni volonté, ni fermeté, ni ascendant chez les ministres ; ni décision, ni force, ni capacité dans la Chambre, et tous deux, Chambre et ministère, d'accord seulement par leur commune faiblesse, donnant et obtenant des votes par lassitude, avec la conscience de faire quelque chose d'incomplet et d'insuffisant.

Toutes les conclusions de la commission furent adoptées. Garantie d'intérêt pour le chemin d'Orléans, prêt pour ceux de Bâle et de Roanne, exécution par l'État du chemin de Nîmes à Montpellier, de Valenciennes et de Lille à la frontière.

Dans la même séance, le projet relatif au chemin de fer de Paris à Rouen fut adopté après une courte discussion. L'Etat faisait à la compagnie un prêt de 14 millions.

Soumis le 4 juillet à la Chambre des pairs, les deux projets furent acceptés.

On ne pouvait reprocher à M. Jaubert le défaut d'activité. Jeté dans un milieu politique où il se sentait mal à l'aise, on eût dit qu'il cherchait à s'étourdir à force de travail, et à calmer, au contact des intérêts matériels, les ardeurs de son zèle monarchique. Ces fiévreuses distractions nous valurent quelques bonnes lois, entre autres celle qui avait pour objet le développement de la navigation intérieure.

L'admirable système hydrographique de la France avait, depuis longtemps, fixé l'attention des gouvernements. Ces nombreuses lignes fluviales qui, du centre et des extrémités, portent leurs eaux vers la mer et les pays voisins, puissants auxiliaires du génie commercial, laissent cependant entre elles de nombreuses lacunes, où la main de l'homme doit venir en aide à la nature. L'ancienne monarchie avait commencé la tâche que le consulat, l'empire et la restauration avaient également poursuivie. Au commencement de la Révolution, on ne comptait guère que deux cent cinquante lieues de canaux; en 1840, ils se développaient sur près de quinze cents lieues. Mais d'après les documents officiels, le développement total du grand réseau navigable est de deux mille deux cent quatre-vingt-dix-huit lieues; plus du tiers de la tâche restait donc encore à accomplir. M. Jaubert venait apporter sa part à cette utile entreprise.

Le 25 mai, la Chambre vota, sur sa proposition, l'achèvement des travaux du canal de la haute Seine, entre Troyes et Marcilly; la construction de quatre nouveaux barrages sur l'Yonne; le perfectionnement de la navigation de la Saône, depuis Verdun jusqu'à Lyon; un canal de jonction entre l'Aisne et la Marne et enfin le redressement du cours de la Vilaine.

Ces projets, d'une utilité incontestable et qui devaient accroître la richesse générale du pays, ne soulevèrent aucune objection sérieuse. Il se passa seulement quelques escarmouches entre les représentants des rivières favorisées et ceux des rivières oubliées; vaines querelles de localités commandées plutôt par les exigences des électeurs que par la conscience des députés.

Une autre loi, accueillie avec non moins de faveur par le public, fut celle qui concernait la navigation transatlantique.

Le système de la vapeur avait tellement multiplié les rapports entre les peuples, qu'il en résultait nécessairement une diminution d'influence pour les pays qui négligeaient ces puissantes voies de communication. L'Angleterre, si soigneuse de ses intérêts, si hardie dans ses entreprises commerciales, avait promptement compris les nécessités commandées par une révolution aussi importante, et déjà ses paquebots à vapeur sillonnaient l'Atlantique. Les États-Unis appliquaient le même système avec non moins de succès. La France ne pouvait négliger plus longtemps ce moyen rapide et puissant de rapprocher ses ports des grands centres de commerce de l'Amérique, New-York, le Mexique, Fernambouc, Montevidéo, Valparaiso. D'ailleurs, l'emploi de la vapeur est destiné, dans un temps rapproché, à changer la face du monde maritime, peut-être à en déplacer le sceptre, et il était urgent que la France fût pourvue à l'avance des forces nécessaires pour se montrer avec honneur dans la lutte.

Tel fut le double but du projet de loi présenté par le gouvernement.

Trois grandes lignes de services devaient être établies: la première du Havre à New-York, la seconde de Nantes au Brésil, la troisième de Bordeaux et Marseille au Mexique. Bordeaux avait douze départs par an, Marseille dix-huit. La faveur accordée à cette dernière ville se justifiait par sa supériorité commerciale, aussi bien que par son rapprochement des grands centres d'industrie, Lyon, Saint-Étienne, Avignon, Nîmes et par ses communications plus faciles avec

Une séance à la Chambre des Députés.
Dessin d'Eugène Lamy (1842).

l'Alsace, les provinces rhénanes et la Suisse.

Les paquebots partant de Marseille devaient toucher à Barcelone, à Cadix, à la Martinique, à Saint-Domingue, à la Havane et au Mexique. Des bâtiments secondaires étaient destinés à parcourir l'intérieur de la mer des Antilles et de celle du Mexique.

La ligne de Bordeaux, touchant à la Corogne, traversait l'Océan, touchait à la Martinique et à Saint-Domingue comme celle de Marseille, enfin au Mexique; tandis que des bâtiments secondaires feraient le tour de la mer des Antilles et de celle du Mexique.

Enfin la ligne de Nantes desservait le Brésil et le Rio-de-la-Plata et celle du Havre, New-York et l'Amérique du nord.

Quant aux moyens d'exécution, on projetait de traiter avec une compagnie de commerce pour l'établissement de la ligne du Havre.

Les conditions imposées à la compagnie concessionnaire étaient d'établir cinq paquebots de la force de quatre cents chevaux, avec une subvention annuelle de 880 francs par force de cheval, moyennant quoi elle ferait le service postal au profit de l'État.

Relativement aux autres lignes, le gouvernement proposait que l'État se chargeât lui-même de les desservir au moyen de douze bâtiments de la force de quatre cent cinquante chevaux et de quatre autres de la force de deux cent vingt chevaux.

Vingt-cinq millions, à répartir entre les budgets de 1840, 41 et 42, étaient affectés à la subvention de la compagnie du Havre et à l'établissement des lignes dont se chargeait le gouvernement.

Malgré le soin que mettaient les ministres à fuir les discussions politiques, ils y étaient souvent ramenés forcément par des questions de finances. C'est ainsi que, sur une

8. — E. REGNAULT.

demande de crédits extraordinaires et supplémentaires, deux questions surgirent qui produisirent dans la Chambre et au dehors une certaine émotion. La seconde et la plus importante concernait nos possessions d'Afrique : nous y reviendrons. L'autre était relative à un crédit supplémentaire demandé par le ministre de la justice pour subvenir aux traitements de nouveaux conseillers d'État et maîtres de requêtes, créés par une ordonnance royale en date du 18 septembre 1839. Cette création, faite sous le bon plaisir d'un ministre, sans prendre avis des Chambres, était une grave atteinte aux principes du droit constitutionnel. Il n'appartenait pas au pouvoir exécutif d'étendre ou de restreindre à volonté le personnel d'un corps de magistrature. C'est ce que déclarait en termes énergiques la commission de la Chambre concluant, en même temps, au rejet du crédit. L'exiguïté même du crédit demandé (7,350 fr.) donnait au blâme un caractère plus solennel. Il était évident qu'il ne s'agissait pas d'une question de finances, mais de principes. M. Teste, le ministre signataire de l'ordonnance, fit de vains efforts pour se justifier; son ancien collègue, M. Dufaure, s'associa à sa lutte et à sa défaite; les ministres du 1er Mars assistèrent en silence et avec une certaine satisfaction à l'humiliation de leurs prédécesseurs. Le crédit fut rejeté. La Chambre ne donnait pas souvent de ces leçons aux ministres contempteurs de la légalité. L'opinion publique applaudit à ce premier exemple de sévérité.

Ce vote mit dans une singulière position une des parties prenantes. Un député ministériel avait reçu de M. Teste, pour récompense de ses services parlementaires, un de ces emplois de maître des requêtes, dont la Chambre venait de supprimer les émoluments. Cependant, au moment de sa nomination à des fonctions rétribuées, il dut se soumettre à la réélection, et le scrutin électoral prononça contre lui; il ne fut pas renommé. Pour seconde disgrâce, la Chambre annula le crédit consacré à son traitement; de sorte qu'il avait sacrifié sa place à la Chambre pour avoir des appointements, et qu'il vit sacrifier ses appointements sans rentrer à la Chambre.

La question d'Afrique avait des proportions bien autrement importantes. De tout temps, l'Algérie avait été considérée par le gouvernement de Louis-Philippe comme un embarras. Malgré son empressement à saluer la nouvelle dynastie, le cabinet britannique avait donné clairement à entendre que le développement et la consolidation de la conquête africaine pourrait refroidir les rapports des deux puissances. Sans se prononcer ouvertement, il en avait assez dit pour inspirer à Louis-Philippe une prudente réserve, et celui-ci, de son côté, agissait avec assez de mollesse pour calmer ou endormir les défiances de son allié. Mais l'opinion publique s'était prononcée en France avec tant d'énergie, que le roi avait dû accepter en silence de nouvelles conquêtes, et la France s'attachait de plus en plus à cette terre qui lui permettait de recueillir une gloire partout ailleurs absente.

Pendant huit ans cependant, le gouvernement avait évité de se prononcer officiellement sur l'avenir de l'Afrique; la crainte de l'Angleterre le retenait, et ce n'est qu'en 1838 que, pressé, harcelé, contraint de décider, le ministère osa enfin promettre que l'on garderait l'Algérie. Il est probable que, dans le secret des chancelleries, nos ministres cherchèrent à se faire pardonner cet acte de courage, en promettant à l'Angleterre de faire avorter les conséquences d'une promesse obligée. Quoi qu'il en soit, si en Angleterre on craignait ou l'on feignait d'en craindre les résultats, en France le public était peu rassuré, et demandait des actes en rapport avec les paroles, et une activité proportionnée aux sacrifices chaque jour consentis. Dans tous ces démêlés, le plus habile, sans contredit, sinon le plus sincère, était Louis-Philippe. Au fond, il ne tenait pas à l'Algérie, et il le disait sans cesse aux Anglais; mais ce qu'il ne leur disait pas, c'est qu'il n'était pas fâché de se voir contraint à garder ce que leur jalousie voulait lui faire rendre ; il calmait ses alliés par des protestations de regrets, et se laissait doucement apporter de la gloire par le courage de nos soldats.

Il en faisait d'ailleurs un profit de famille. Ses fils, mêlés successivement aux expéditions, y cueillaient de faciles lauriers, et au moment où s'ouvrait la discussion, le duc d'Orléans dirigeait avec le maréchal Valée un corps d'armée qui s'apprêtait à franchir l'Atlas. C'est ainsi que Louis-Philippe tirait un parti personnel même d'une guerre qu'il désapprouvait, et d'une colonie qu'il aurait voulu abandonner.

Au surplus, ses mauvaises volontés étaient secondées par deux fractions de la Chambre. L'une composée des serviteurs aveugles de la couronne, qui, bien au courant de la pensée royale, déclamaient hautement contre la possession de l'Algérie. L'autre, formée d'étroits économistes, qui, traitant une province comme une maison commerciale, fondaient toute leur politique sur une question de profits et pertes. C'est à cette dernière fraction qu'appartenaient la majorité de la commission et le rapporteur, M. Ducos.

L'honneur et la dignité de la France, la gloire de civiliser une contrée barbare, l'avantage de posséder un immense littoral sur un continent nouveau, l'occupation de positions militaires et maritimes d'une haute importance, rien de tout cela n'inquiétait la commission. Toutes les recherches portaient sur la valeur marchande de l'Algérie, sur les produits balancés par les dépenses. Le rapport n'était qu'un laborieux problème d'arithmétique, un compte détaillé de *doit* et *avoir*. M. Ducos supputait avec une scrupuleuse prudence le *quantum* des laines, de la soie, de l'indigo, de la cochenille, etc. ; puis, démontrant par des calculs que la spéculation n'était pas bonne, il concluait à l'occupation restreinte, c'est-à-dire à la retraite progressive, honteuse, à l'abandon infaillible de la conquête.

Les députés courtisans avaient au moins le courage de leur opinion. Parlant en leur nom, M. Piscatory s'écriait qu'il fallait détourner la France de cette *folie ruineuse* d'Alger. Les députés calculateurs, reculant devant les conséquences de leurs arguments, proposaient un de ces moyens termes qui servent de subterfuge aux hostilités peureuses.

La commission ne repoussait pas le crédit demandé, 20,162,000 fr.; mais elle introduisait un paragraphe additionnel, dont elle espérait faire une arme contre la conquête. Il était ainsi conçu : « Dans le cours de la prochaine session, le gouvernement soumettra aux Chambres les conditions de la domination et de l'occupation française en Afrique. »

Il était évident que le gouvernement ne serait pas assez hardi pour proclamer hautement un système qui le forcerait à un grand acte de courage : c'était l'embarrasser et le compromettre. Entre les pensées secrètes du roi et les manifestations non équivoques de l'opinion publique, la Chambre elle-même n'avait pas assez de décision pour prendre un parti. Le paragraphe additionnel devait donc produire de nouveaux troubles, de nouvelles incertitudes, qui profiteraient aux opinions timides, à ceux qui marchandaient la conquête, à ceux qui demandaient franchement l'abandon. D'ailleurs, indiquer des conditions à l'occupation française, c'était admettre un doute sur la volonté de conserver l'Algérie.

M. Thiers se servit avec habileté de cet argument pour combattre le paragraphe additionnel.

« L'opinion entière de la France, dit-il, commande au gouvernement de se maintenir grandement en Afrique et de déclarer au monde entier qu'il s'y maintiendra : c'est là non pas une opinion d'un jour, c'est une opinion sensée et profonde qui est dans les entrailles mêmes du pays.

« On met en avant des principes d'économie ; mais il est des questions où de pareils principes ne peuvent être pratiqués par le gouvernement, sans qu'il se détourne du but qu'il doit se proposer sans cesse. Eh! Messieurs, si vous disiez à l'Angleterre de calculer ce qu'il lui en a coûté pour ses premiers établissements dans l'Inde et dans ses colonies, elle ne pourrait vous le dire ; mais elle vous répondrait en vous montrant la situation qu'elle occupe dans le monde. »

Examinant ensuite le système de l'occupation restreinte, M. Thiers ajoutait :

« Dans ma conviction profonde, vos *Gibraltar* sur les côtes et l'occupation restreinte sont un rêve, une chimère, une erreur de gens qui ne connaissent ni les hommes ni les affaires...

« Selon moi, le traité de la Tafna est le jugement définitif de l'occupation restreinte. Le traité de la Tafna, c'est cette absurde hypothèse qui n'aurait pu être admise dans aucun temps, et qui consisterait à venir dire à un peuple nouveau, qui, probablement, n'est pas assez avancé pour vous comprendre, puisque vous venez le civiliser : « Nous « vous apportons la civilisation, les arts, le « bonheur... Soumettez-vous, nous allons « pour le moment nous contenter de quel- « ques points... Peu à peu, lorsque nous se- « rons plus forts et vous plus faibles, nous « irons plus loin et nous vous soumettrons « tout à fait. »

« Une pareille convention, il ne faut pas être civilisé, il suffit d'être Arabe pour en comprendre la duperie. Ainsi, dire aux Arabes : « Nous allons d'abord occuper la « plaine de la Mitidjah, qui est fertile, qui a « de bons pâturages, puis, dans quelque « temps, nous irons vous enlever le reste. » Voilà le traité de la Tafna.

« Il fallait, cependant, faire un essai. Si le traité de la Tafna n'avait pas été fait, on dirait encore aujourd'hui, en 1840, comme on l'a dit en 1836 et 1837 : c'est le système guerroyant qui est cause de tous les maux ; vous ne civiliserez jamais, vous ne soumettrez jamais les Arabes avec la guerre, avec le canon ; quittez, envers eux, le système guerroyant ; présentez-vous avec vos mœurs, votre industrie, votre civilisation et vous y serez accueillis.

« Mais qu'est-ce que ce mot civiliser ? Pour que les Arabes en comprissent la puissance, il faudrait qu'ils fussent civilisés et alors il ne serait pas besoin d'aller les civiliser.

« L'occupation restreinte est un système absurde. Il est absurde de dire à une nation : Cédez-nous une partie de votre territoire, afin de nous donner le moyen de conquérir le reste.

« Qu'est-il arrivé ? Avant le traité de la Tafna, Abd-el-Kader avait besoin de repos ; les populations étaient fatiguées. En ce moment, si on avait poussé la guerre, Abd-el-Kader aurait été abandonné par ses tribus, il aurait été vaincu et ses populations soumises. Abd-el-Kader avait donc besoin de repos, non pas pour lui, mais pour ses populations. Ce repos, le traité de la Tafna le lui a procuré et il est devenu plus fort qu'auparavant. Chaque traité augmenterait ainsi sa puissance en lui donnant le temps de se glorifier, de s'organiser.

« Il faut faire à Abd-el-Kader une guerre heureuse ; il faut faire passer dans les populations cette conviction que vous voulez vous maintenir souverains en Afrique. Quand vous leur aurez inculqué cette idée, quand, surtout, vous aurez fait une guerre heureuse, vous pourrez désarmer et coloniser, mais vous ne le pourrez qu'à ce prix. »

Les économistes de la commission s'étaient grandement préoccupés aussi de la concurrence que pouvait faire l'Afrique aux départements agricoles. M. Thiers leur répondit victorieusement.

« On dit que l'Afrique produit du blé, de l'huile... et l'humeur de certains départements me fait croire qu'elle en produit beaucoup... des mûriers, de la laine, du coton, et peut-être aussi de l'indigo et de la canne à sucre, et la commission trouve cela très malheureux : Si l'Afrique produit du blé, dit-elle, que ferez-vous pour vos céréales ? Si de l'huile, que deviendra le commerce du département du Var ? Si de la laine, comment feront les provinces qui produisent de la laine ? et, enfin, si du coton, qu'en ferez-vous ? le laisserez-vous entrer en franchise ? On ira porter du coton en Afrique pour le faire entrer ici en franchise; le frapperez-vous de la taxe qui pèse sur les cotons d'Egypte? Vous ruinerez vos travailleurs.

« A cela, je réponds que si l'Afrique produit du blé, de l'huile, de la soie, du coton, j'en serai enchanté, car elle vaudra ce qu'elle nous aura coûté de sang et d'argent, et les inquiétudes des tarifs, les plaintes des départements ne me toucheraient pas beaucoup; car si, à la suite d'une guerre, la destinée eût donné à la France une de ces belles provinces qu'elle a autrefois possédées, les départements voisins auraient dit tout ce que la commission dit de l'Afrique. Pour ma part, je serais charmé que, puisque nous allons chercher hors de France des laines, de l'huile, des soies et du coton, tout cela nous arrivât d'une province française. La question est de savoir si cela arrivera. Pour moi, je n'en fais pas de doute, car il n'est jamais arrivé qu'on déposât des hommes sur un sol fertile sans obtenir un résultat; mais il faut savoir attendre. »

Ce qui donnait surtout de l'importance aux paroles de M. Thiers, c'est que chacun savait qu'au sein du cabinet se trouvait un adversaire décidé de l'occupation africaine, M. Jaubert. Peut-être cette circonstance même contraignait-elle le président du Conseil à se prononcer plus énergiquement, afin de bien montrer qu'il ne subissait pas l'influence de son collègue.

Il courait d'ailleurs dans le public des bruits inquiétants, auxquels donnaient un nouveau poids les mauvaises dispositions de la commission.

A l'époque où les deux Chambres discutaient la loi des 25 millions réclamés par les États-Unis, le cabinet de Washington avait offert d'échanger sa créance contre la cession d'une portion de territoire dans la province d'Oran. Cette offre avait été rejetée. Mais on disait que le vœu imprudent émis par la commission des crédits d'Afrique, d'abandonner notre conquête, avait relevé les espérances des spéculateurs transatlantiques et fait naître celles de nos voisins.

On assurait qu'il se trouvait dans le moment même à Paris des commissaires de deux compagnies, l'une anglaise, l'autre américaine, chargés, les uns de reprendre, les autres d'ouvrir avec notre gouvernement des négociations au sujet de la cession, à prix d'argent, de divers points du littoral de la régence. La compagnie de Liverpool avait, ajoutait-on, des vues sur Cherchell.

Ces faits, publiquement racontés, remplissaient d'indignation les radicaux.

« Voilà donc, disaient-ils, où nous en sommes: des marchands anglais et américains arrivent chez nous pour mettre aux enchères des villes qui sont françaises, quoi qu'on en puisse dire, baptisées qu'elles sont par le sang français. Sans doute ils sont attirés chez nous par le bruit des débats de nos Chambres, calculant par livres et deniers ce que peut rapporter notre conquête, et proposant de s'en défaire pour que le compte de l'*avoir* ne soit pas en sa faveur. En vérité, si les étrangers jugent de nous par les personnages officiels que seuls ils aperçoivent de loin, nous ne sommes pas surpris qu'ils osent nous proposer de pareils marchés. Nous ne le serions pas même qu'ils vinssent un jour nous demander à nous racheter Bordeaux et Dunkerque, et il y a une haute sphère où ils trouveraient certainement des vendeurs. »

M. Thiers avait donc plus que jamais besoin de rassurer les esprits.

Il ne s'engageait toutefois pour aucun système, résolu quant à l'occupation, incertain et réservé quant au mode.

M. Ducos défendit avec plus d'opiniâtreté que de bonheur les idées de la commission. Le paragraphe additionnel fut après deux jours de discussion adopté par 261 voix contre 68. Les crédits furent accordés sans conditions. La Chambre des pairs sanctionna cette décision.

Au milieu de ces discussions de chiffres et d'affaires, le ministère ménageait au pays une véritable surprise qui fut considérée par les uns comme un coup de maître, par les autres comme un acte de charlatanisme, imaginé pour distraire l'opinion publique.

Dans la séance du 12 mai, pendant que se discutait la loi des sucres, le ministre de l'intérieur, M. de Rémusat, monta à la tribune, et sans que rien eût fait pressentir la communication qu'il allait faire, il lut l'exposé des motifs suivant :

« Le roi a ordonné à S. A. R. Mgr le prince de Joinville de se rendre, avec sa frégate, à l'île de Sainte-Hélène, pour y recueillir les restes mortels de l'empereur Napoléon.

« Nous venons vous demander les moyens de les recevoir dignement sur la terre de France.

« Le gouvernement, jaloux d'accomplir un devoir national, s'est adressé à l'Angleterre et lui a redemandé le précieux dépôt que la fortune avait mis dans ses mains. A peine exprimée, la pensée de la France a été accueillie. Voici les paroles de notre magnanime alliée :

« Le gouvernement de S. M. B. espère
« que la promptitude de sa réponse sera
« considérée en France comme une preuve
« de son désir d'effacer jusqu'à la dernière
« trace de ces animosités nationales qui,
« pendant la vie de l'empereur, armèrent
« l'une contre l'autre la France et l'Angle-
« terre.

« Le gouvernement de S. M. B. aime à
« croire que si de pareils sentiments exis-
« tent encore quelque part, ils seront ense-
« velis dans la tombe où les restes de Napo-
« léon vont être déposés. »

« L'Angleterre a raison, Messieurs : cette noble restitution resserre encore les liens qui nous unissent. Elle achève de faire disparaître les traces douloureuses du passé. Le temps est venu où les deux nations ne doivent plus se souvenir que de leur gloire.

« La frégate chargée des restes mortels de Napoléon se présentera au retour à l'embouchure de la Seine. Un autre bâtiment les rapportera jusqu'à Paris. Ils seront déposés aux Invalides ; une cérémonie solennelle, une grande pompe religieuse et militaire inaugurera le tombeau qui doit les garder à jamais.

« Il importe, en effet, Messieurs, à la majesté d'un tel souvenir que cette sépulture auguste ne demeure pas exposée sur une place publique, au milieu d'une foule bruyante et distraite. Il faut qu'elle soit placée dans un lieu silencieux et sacré, où puissent la visiter avec recueillement tous ceux qui respectent la gloire et le génie, la grandeur et l'infortune.

« Il fut empereur et roi ; il fut le souverain légitime de notre pays. A ce titre, il pouvait être inhumé à Saint-Denis ; mais il ne faut pas à Napoléon la sépulture ordinaire des rois ; il faut qu'il règne et commande encore dans l'enceinte où vont se reposer les soldats de la patrie, et où iront toujours s'inspirer ceux qui seront appelés à la défendre. Son épée sera déposée sur sa tombe.

« L'art élèvera sous le dôme, au milieu du temple consacré par la religion au dieu des armées, un tombeau digne, s'il se peut, du nom qui doit y être gravé. Ce monument doit avoir une beauté simple, des formes grandes et cet aspect de solidité inébranlable qui semble braver l'action du temps. Il faudrait à Napoléon un monument durable comme sa mémoire.

« Le crédit que nous venons demander aux Chambres a pour objet la translation aux Invalides, la cérémonie funèbre, la construction du tombeau.

« Nous ne doutons pas, Messieurs, que la Chambre ne s'associe avec une émotion patriotique à la pensée royale que nous venons d'exprimer devant elle. Désormais la France et la France seule, possédera tout ce qui reste de Napoléon. Son tombeau, comme sa renommée, n'appartiendra à personne qu'à son pays. La monarchie de 1830 est en effet l'unique et légitime héritière de tous les souvenirs dont la France s'enorgueillit. Il lui appartenait sans doute, à cette monarchie, qui la première a rallié toutes les forces et concilié tous les vœux de la Révolution française, d'élever et d'honorer sans crainte la statue et la tombe d'un héros populaire. Car il y a une chose, une seule qui ne redoute pas la comparaison avec la gloire : c'est la liberté ! »

Cette lecture, fréquemment interrompue par les applaudissements, produisit dans la Chambre une émotion d'autant plus vive qu'elle était inattendue. En général, ce n'est pas par l'enthousiasme que brillent les assemblées parlementaires. Accoutumées, dans toutes les questions, à se laisser dominer par des intrigues cachées, par des transactions mesquines ou par de lâches considérations, il est rare qu'un élan sentimental les entraîne dans des sphères élevées. Mais le nom de Napoléon retentissant tout à coup dans l'enceinte, son ombre planant sur les délibérations, son retour annoncé même dans le sein de la mort, réveillèrent dans les cœurs endormis de magiques souvenirs et firent courir sur les bancs des frémissements électriques. Il fallut interrompre la séance pour donner un libre cours aux sentiments qui débordaient et laisser épancher une poésie inconnue sous ces voûtes.

Au dehors, les esprits plus naïfs et par suite plus naturellement enthousiastes, accueillaient la nouvelle avec une joie inexprimable. C'était parmi le peuple des villes et des campagnes que Napoléon avait laissé d'impérissables souvenirs. Son nom, symbole de tous les sentiments de gloire et de nationalité, n'avait pas cessé d'être invoqué dans la mansarde de l'artisan, sous le chaume du laboureur. Sa mémoire était pour eux un culte, et son image, suspendue à côté de celle de la Vierge, représentait toute leur religion politique. Ils étaient heureux de voir enlever à la terre anglaise le cercueil, objet de leur vénération, et ils saluaient avec transport la venue de ces illustres débris qui rappelaient non seulement le glorieux héros de tant de victoires, mais le dernier défenseur de la France envahie.

Les politiques bourgeois, de leur côté, se prenaient d'un certain respect pour le ministère qui avait persuadé au cabinet britannique de lâcher sa proie, et ils attribuaient volontiers à M. Thiers, sinon une certaine prépondérance dans les conseils diplomatiques, au moins une habileté qui paraissait de bon augure. Ils admettaient difficilement que la question d'Orient, jusque-là si incertaine, n'eût pas une solution satisfaisante, alors que l'Angleterre montrait pour sa rivale une si prompte condescendance.

Mais les hommes qui étaient mieux instruits des intrigues politiques, ne se laissaient pas si facilement tromper par les apparences, et pour eux l'histoire de cette négociation, si rapidement terminée, avait des proportions moins importantes.

Voici ce qu'on racontait à cet égard.

O'Connell avait été depuis quelque temps circonvenu par un des parents de l'empereur, et sur les instances de ce personnage intéressé à remuer la France au nom de Napoléon, le grand agitateur irlandais s'était décidé à présenter aux communes une motion tendant à restituer à la France les restes du martyr de Sainte-Hélène. Cependant, avant d'exécuter ce projet, il crut devoir en faire part à lord Palmerston. « L'alliance anglo-française semble ébranlée, lui dit-il, et l'amitié des deux nations s'est refroidie. Je crois que cette généreuse restitution resserrerait des liens trop relâchés. — Ne vous hâtez pas trop, dit lord Palmerston ; il faut savoir si le gouvernement français voudra accepter ce cadeau, s'il n'en sera pas embarrassé. — Je suis décidé à présenter ma motion ; le devoir de la Grande-Bretagne est de rendre à la France les ossements de l'empereur, et les communes ne peuvent le méconnaître. — Alors, attendez, je vais écrire au nouveau président du Conseil, à M. Thiers. — Et lord Palmerston fit savoir, par une note adressée à M. Thiers, qu'il allait, lui ministre d'Angleterre, se trouver dans une fâcheuse nécessité, celle de dire à la tribune que le gouvernement n'avait jamais refusé de se dessaisir du cercueil impérial, mais qu'aucun ministre français, depuis 1830, ne l'avait réclamé de l'Angleterre. M. Thiers comprit tout aussitôt les inconvénients de cet aveu, qui était presque une accusation ; il vit, en outre, tout le parti qu'il pourrait tirer d'une mesure qui semblerait due à son initiative. Il évitait d'un seul coup un reproche d'indifférence et gagnait de la popularité à bon marché. Une note fut transmise à M. Guizot, pour l'inviter à faire une demande officielle. La réponse était connue d'avance. Lord Palmerston se fit gracieux et empressé, réservant ses hostilités pour des questions plus sérieuses.

Pour les hommes que n'entraînait pas un enthousiasme irréfléchi et qui comprenaient mieux la poésie des grands noms, il leur semblait que le tombeau de Napoléon, mystérieusement assis au sein de l'Océan, sous le dôme des cieux, avait une grandeur bien plus imposante que lorsqu'il serait enfermé sous une voûte de marbre, au milieu des bourdonnements d'une grande cité.

Le *National* faisait, à cet égard, des réflexions empreintes d'une haute philosophie.

« S'il nous était permis, disait-il, abandonnant nos idées politiques, de nous placer au point de vue de ceux qui portent à la mémoire de Napoléon un culte fervent, nous leur dirions :

« Pourquoi donc éprouver ce vif enthousiasme pour la translation de ses cendres ? Ne vous souvient-il plus des émotions que vous ont fait éprouver les récits de tous ces hommages qui leur étaient rendus sur la terre étrangère ? Cette terre, il l'avait conquise, et aucun pavillon ne passait devant sa tombe sans s'incliner. Placé loin de toutes les agitations de l'Europe, sa mémoire semblait grandir encore dans ce lointain où l'imagination aimait à l'aller trouver. Si large que fût l'espace, si profond que fût l'abîme, la pensée y jetait un pont, et venait se promener dans cette solitude et rêver près du saule sous lequel il dort. *Sa gloire est là*, a dit le grand poète, *comme le phare immense d'un ancien monde, et d'un monde nouveau.*

« Et que va-t-on faire ? Déterrer.... quoi ! Violer la religion des tombeaux, glacer à sa source cette poésie du malheur, et substituer les détails vulgaires d'un enterrement à cette apothéose recueillie de vos souvenirs ! »

Dans la pensée de M. Thiers, le coup de théâtre qu'il avait préparé avec le cercueil de Napoléon, devait, sinon apaiser, au moins endormir pour un temps les partis politiques. Mais les premiers moments d'enthousiasme passés, chacun commença à s'interroger sur les mérites de cette mise en scène. Les radicaux l'avaient prise pour ce qu'elle valait. Les légitimistes voyaient un outrage dans l'exposé des motifs qui déclarait Napoléon le souverain légitime de la France. Les conservateurs orléanistes eux-mêmes étaient médiocrement flattés des conséquences qui découlaient de cet aveu ; et à la Cour on se montrait assez inquiet de cette imprudence de M. Thiers. On répétait, autour de Louis-Philippe, les mots de *légèreté*, d'*étourderie*, de *vanité compromettante*, appliqués sans charité au premier ministre. Il avait voulu, disait-on, sacrifier la popularité du roi à la sienne propre. On calculait d'ailleurs l'immense population indigène et étrangère que cette cérémonie devait attirer dans la capitale ; l'effet dangereux, incalculable des cris de *vive l'empereur*, les espérances rendues à un prétendant déjà connu par une entreprise audacieuse, et qui alors encore inspirait de nouvelles inquiétudes.

Le roi ne se montrait que trop sensible à ces soupçonneux arguments, et cette grande entreprise de M. Thiers, qui avait manqué son effet sur l'opinion, au moins dans les régions politiques, éveillait contre lui, à la Cour, de secrets ressentiments.

Mais les plus mécontents encore étaient les bonapartistes. A l'état de sentiment, le bonapartisme avait, dans les classes populaires, une immense puissance ; mais, comme parti politique, il comptait à peine dans les discussions du jour, malgré deux organes avoués, le *Commerce* et le *Capitole*, qui vivaient plus de subventions extérieures que du produit de leurs abonnements. Cependant, ce parti, si petit qu'il fût, était actif et bruyant, et il se donnait une importance plus grande, depuis que la proposition ministérielle avait réveillé les souvenirs de la gloire impériale.

Assurément, les coryphées de ce parti eussent dû être les premiers à remercier le gouvernement de cette mesure inespérée. Ce

Banquet de la barrière Montparnasse. (Page 75, col. 1.)

fut avec étonnement qu'on les vit se plaindre et s'indigner. Le *Commerce* et le *Capitole* déclamaient à l'envi contre les mesquines proportions données à la cérémonie, contre l'avare petitesse des hommages.

Envoyer une frégate, au lieu d'un vaisseau de haut bord, n'était-ce pas une irrévérence envers cette glorieuse mémoire?

Le faire venir par eau depuis le Havre, au lieu de faire traverser au convoi le territoire de la France, n'était-ce pas le dérober volontairement aux ovations populaires?

Déposer son épée sur son tombeau, quand cette épée appartenait à la famille proscrite, n'était-ce pas une odieuse confiscation?

Enfin, placer son tombeau aux Invalides, à côté des victimes obscures de Fieschi, au lieu de l'enterrer sous la colonne, n'était-ce pas une solennelle irrévérence?

Ces plaintes, au surplus, ne firent aucun

9. — E. REGNAULT.

effet dans le public, et nous les rapportons pour montrer seulement que, déjà, ce parti se croyait en mesure de demander des comptes au ministère. Il nourrissait, d'ailleurs, de secrètes espérances qui devaient bientôt se révéler par une singulière entreprise.

Le ministère avait demandé un crédit de 1 million. La commission porta d'enthousiasme le chiffre à 2 millions, en ajoutant à la proposition ministérielle, un projet de statue équestre. Le rapporteur, M. le maréchal Clauzel, semblait avoir puisé ses inspirations dans les colonnes du *Capitole*. « Nous avons pensé, dit-il, que ce serait peut-être un hommage insuffisant, qu'un navire isolé chargé de cette précieuse dépouille, et nous en avons conféré avec M. le président du Conseil. Il nous a été répondu que d'autres navires doivent accompagner la frégate de M. le prince de Joinville. Le convoi aura la majesté convenable à celui qui fut notre empereur. » Puis le rapport, s'élevant au dithyrambe, demande une statue équestre, « honneur qui appartient aux têtes couronnées. » Mais, parmi les députés, il s'en trouvait bon nombre qui n'avaient nul souci de célébrer dans Napoléon la tête couronnée. D'autres ne voulaient pas s'associer à une admiration sans réserve. MM. Glais-Bizoin et de Lamartine firent entendre à ce sujet des paroles remarquables ; et quoique M. Thiers déclarât que le gouvernement s'associait aux généreuses modifications de la commission, la Chambre réduisit le crédit au chiffre primitif de 1 million, et repoussa le projet de statue équestre.

Ce vote était moins la conséquence d'un principe d'économie mesquine, qu'une protestation contre les admirations exclusives, contre le réveil des idées bonapartistes et de la politique guerrière.

Selon l'habitude et les mauvaises traditions maintenues évidemment par calcul, le budget fut discuté vers les derniers jours de la session. Cet examen important de la situation financière, des ressources et des charges d'un pays, de la gestion des ministres, de leur moralité et de leur habileté, qui avait été l'origine des assemblées représentatives, ne semblait plus depuis longtemps qu'une affaire secondaire ; ou plutôt, son importance même la faisait reculer par les ministres jusqu'aux derniers jours, afin que la discussion fût étranglée et la critique illusoire. Et encore, comme s'il restait trop de temps pour la question financière, la plupart des orateurs prenaient occasion du budget pour parcourir de nouveau tout le champ de la politique, et mettre au jour quelque discours resté en portefeuille.

Ainsi, l'examen du budget du ministère de la justice et des cultes donna lieu à M. Auguis de soulever une discussion sur la magistrature coloniale, une autre sur le cardinalat. A l'occasion du budget des affaires étrangères, M. Fulchiron s'occupa de nos relations commerciales avec la Suisse ; M. de Lagrange traita des affaires de la Sicile ; M. Mauguin interpella le cabinet sur plusieurs points de la politique extérieure ; M. Auguis parla de la délimitation des frontières entre la Guyane et le Brésil, du traité de commerce avec le bey de Tunis relatif à la pêche du corail, d'une indemnité due par l'empereur du Maroc à des négociants français, enfin de la conversion du consulat de Manille en consulat indo-chinois.

La question de la liberté de l'enseignement vint avec le budget du ministère de l'instruction publique ; celle de la subvention des journaux, de la subvention des théâtres royaux avec le budget de l'intérieur.

Le budget de la guerre ramena la question de l'Algérie. Le général Bugeaud reprit la thèse de la colonisation militaire ; le maréchal Clauzel fit valoir un projet d'enceinte continue dans la plaine de la Mitidjah.

Enfin, il se fit des discours sur la nécessité d'une réforme dans le système hypothécaire, et sur l'uniformité de la taxe des lettres.

Deux seules questions spécialement financières furent soulevées par MM. Couturier et Gauthier de Rumilly. Le premier s'éleva énergiquement contre l'augmentation successive du budget des dépenses, et la multiplicité toujours croissante des crédits supplémentaires et extraordinaires. Il demandait que l'on conservât au fonds d'amortissement sa destination, et que les dépenses facultatives, particulièrement celles des travaux publics, ne fussent soldées qu'avec les fonds qui restent libres quand les dépenses ordinaires ont été payées.

M. Gauthier de Rumilly présenta quelques observations sur la question tant débattue de la conversion de la rente. Dans le cas où le gouvernement ne promettrait pas de présenter un nouveau projet, il proposait un amendement tendant à imposer, à dater du 1er janvier 1841, les rentes 5 0/0; un cinquième serait prélevé sur chaque semestre au profit du trésor. L'innovation était trop capitale pour que le ministre des finances ne fît pas la promesse demandée. M. Gauthier retira son amendement; l'engagement devait être tenu comme les précédents.

L'ensemble du budget, tel qu'il fut voté définitivement, présentait en dépenses un chiffre de . . . . . 1,115,842,324 fr.
Non compris les services extraordinaires des travaux publics montant à 72,000,000
Les recettes prévues s'élevaient à 1,211,885,665
y compris les ressources extraordinaires qui devaient contrebalancer le budget extraordinaire des travaux publics.

Dans toute question importante, le vote de la Chambre des pairs n'était d'habitude qu'un simple enregistrement, excepté pour les lois que le ministère voulait secrètement abandonner, comme il était arrivé pour la conversion de la rente. Dans ce cas, il se servait de la pairie pour voiler ses mauvaises intentions, et lui permettait un semblant d'indépendance pour mieux l'asservir.

De temps à autre, quelque pair insoumis tentait de faire entendre de fières paroles, rappelant la Chambre à de plus dignes sentiments, et la provoquant à donner des preuves de virilité. Le vieux corps usé s'affaissait sur lui-même, et subissait humblement ou les ordres du ministre ou la suprématie de l'autre Chambre.

C'était surtout à la fin des sessions, au vote du budget qu'apparaissait, dans toute son étendue, la nullité du Luxembourg. Lorsque arrivaient dans l'enceinte les lois financières, les députés se dispersaient dans leurs provinces, sans attendre une sanction qu'ils savaient obligée. La pairie se plaignait d'être traitée d'une façon aussi cavalière; mais là se bornait son courage; ses plaintes ne servaient qu'à mieux constater l'insulte, et elle-même la justifiait en votant ce qui lui était commandé plutôt que demandé.

Rien ne prouvait mieux l'inutilité d'une seconde Chambre, et cette démonstration périodique ébranlait, chaque année, les fondements du vieux palais.

En fait, tous les pouvoirs étaient concentrés dans la Chambre des députés; elle seule faisait et défaisait les ministères, elle seule donnait aux lois leur autorité; ce qu'elle ne discutait pas n'existait pas, ce qu'elle votait n'avait pas besoin d'autre sanction. En vain la Charte parlait des deux Chambres; il n'y en avait véritablement qu'une; en vain l'on invoquait le droit : le droit sans application, sans force, le droit éludé, vaincu, inutile disparaissait devant le fait. Et le fait était l'humiliation, l'annulation acceptée par la pairie elle-même, et, ce qui était plus grave, acceptée par le public.

Le droit d'amender le budget n'existant plus au Luxembourg, la discussion ne pouvait être ni longue, ni sérieuse.

Le projet fut sanctionné dans la séance du 14 juillet.

Le 15, eut lieu la clôture du Parlement.

Ce jour même s'accomplissait à Londres une trahison diplomatique qui devait troubler la paix de l'Europe et amener la chute du ministère du 1er Mars.

V

Nouvelles subventions accordées aux journaux. — Article 696 du code de procédure. — Pétitions pour la réforme électorale. — Rapport de M. Golbéry. — Discours de MM. Arago et Garnier-Pagès. — M. Thiers et le suffrage universel. — Abnégation de la gauche dynastique. — Incident sur deux écrivains de la presse. — Effets extérieurs du rejet de la pétition. — Banquets patriotiques. — Projet de banquet à Saint-Mandé; obstacles créés par la police. — Protestation des gardes nationaux. — Ajournement du banquet. — Banquet de Châtillon. — Banquets dans les départements.

Le ministère du 1ᵉʳ Mars avait traversé à grand'peine une session parlementaire de trois mois, transigeant avec les uns, rusant avec les autres, ne prenant d'autorité sur personne. Le roi, qui l'avait subi comme une nécessité, ne lui offrit ni appui, ni bonne volonté; la gauche, qui l'avait accepté comme une espérance, perdait jour par jour ses illusions; les radicaux, qui l'avaient accueilli avec méfiance, voyaient justifier toutes leurs craintes. Aucune satisfaction n'était accordée à de légitimes réclamations; la presse restait opprimée sous une législation brutale, les droits électoraux demeuraient un privilège aux mains d'un petit nombre. La corruption moins audacieuse, mais non moins active, se cachait sous de faux semblants de puritanisme. Le ministère avait solennellement déclaré qu'il renonçait à subventionner des journaux, et, en effet, les subventions connues étaient supprimées. Mais elles étaient aussitôt remplacées par voie détournée. Le *Messager* était acheté au compte du ministère; une revue hebdomadaire recevait une subvention de 30,000 fr.; une autre subvention était déguisée sous forme de prise d'actions. Le *Moniteur Parisien* devenait, moyennant indemnité, un organe semi-officiel. Enfin, il se glissait à cette époque dans le code de procédure un article qui, sous des apparences inoffensives, devait être pour la corruption une arme nouvelle et d'autant plus dangereuse que l'agent de corruption était la magistrature.

Cet article résultait d'un mauvais amendement introduit dans une bonne loi. On sait que dans les ventes d'immeubles par autorité de justice, le code de procédure prescrivait des formalités ruineuses pour toutes les parties, et par les délais et par les frais obligés. Ramener ces formalités à toute la rapidité, et toute la simplicité compatibles avec les intérêts divers engagés dans la procédure, tel fut l'objet d'une loi soumise par le gouvernement aux délibérations de la Chambre des pairs.

La loi était un progrès et fut discutée avec calme et maturité. Mais à l'article 696, M. Mérilhou demanda que ce ne fût plus le poursuivant, mais les cours royales qui désignassent les journaux où seraient insérées les annonces judiciaires. Cet amendement adopté laissait désormais à l'arbitraire d'une magistrature trop docile la faculté d'accorder un privilège lucratif aux journaux favorisés par le gouvernement. C'était un mode nouveau de subvention sans bourse délier.

La loi, en effet, ne fut sanctionnée par la Chambre des députés qu'à la session suivante, mais c'est sous le ministère du 1ᵉʳ Mars que cette iniquité prit date. On vit les magistrats se faire les complices de la corruption ministérielle, et récompenser du haut de leurs sièges le trafic des conscience.

Il faut avouer, du reste, que la position de M. Thiers était singulièrement embarrassante. Son avènement avait été salué par quelques dupes comme la fin du gouvernement personnel, le triomphe du régime parlementaire. Mais, au lieu d'accepter franchement cette glorieuse mission, il prit à cœur de se faire pardonner à la cour une origine aussi suspecte, et sûr désormais de l'appui de la gauche, il voulut à force de complaisances conquérir celui du roi qu'il avait vaincu. De là ses faiblesses, ses résistances à tout progrès, son retour sur toutes ses promesses. Et cependant ce triste système d'équilibre ne réussit ni à lui mériter la confiance de la couronne, ni à lui attirer celle du pays. Quant à la gauche dynastique, elle ne compte plus ; elle s'est condamnée au suicide par de stériles complaisances. Les radicaux seuls élèvent la voix et crient aux dynastiques de se méfier de M. Thiers. M. Thiers, par sa conduite, donne raison aux radicaux.

Ainsi placé entre les soupçons de la couronne et les exigences du pays, le ministère n'osait aborder aucune discussion politique, et fuyait prudemment toute occasion de se prononcer sur des questions qui auraient pu l'engager dans des voies nouvelles. Saisissant avec empressement les doctrines qui se produisaient sur la nécessité de remplacer les abstractions politiques par les questions d'intérêt matériel, il avait affecté de s'occuper avant tout d'affaires, et, comme nous l'avons vu, la session fut presque entièrement absorbée par des questions de finances, d'industrie et de travaux publics. Il n'y fit preuve ni de savoir ni d'énergie. La plupart des lois élaborées par le cabinet précédent arrivèrent tronquées par les commissions, mal étudiées par le ministère nouveau, mal développées et mal défendues. Pour les chemins de fer, on hésite entre la subvention, la garantie d'intérêt et le prêt ; on amalgame les trois systèmes, on les abandonne, on les reprend, sans qu'il paraisse dans le gouvernement une pensée bien définie, un système arrêté ; pour la conversion des rentes, on défend le principe à la Chambre des députés, on le trahit à la Chambre des pairs. Au lieu de diriger, le pouvoir se laisse remorquer ; il reçoit une impulsion des vents les plus contraires, et de toutes ces magnifiques promesses faites au nom des intérêts industriels, il ne ressort, après une discussion laborieuse, que le sentiment des faiblesses ministérielles et les plus tristes témoignages d'incapacité.

Et le ministère ne réussit même pas dans cette pauvre manœuvre. En vain il affecte de dédaigner la politique des droits pour glorifier la politique des intérêts ; en vain il veut subordonner l'esprit à la matière, le pays se refuse à cet abaissement et soulève lui-même de nobles pensées pour combattre le matérialisme ministériel.

En dehors de l'enceinte législative, les esprits agités appelaient avec ardeur des améliorations politiques, en tête desquelles figurait la réforme électorale. Le ministère avait débuté à la Chambre par en repousser l'application ; la Chambre elle-même, en laissant étouffer la proposition innocente de M. de Rémilly, avait accepté une honteuse complicité. Mais ni les combinaisons ministérielles ni la tactique parlementaire n'avaient pu faire taire la grande voix du pays. La masse des citoyens déshérités par une législation avare, se remuait pour reprendre des droits qui appartenaient à tous ; et plus on opposait d'entraves à de justes réclamations, plus se développaient les hardiesses de la théorie et l'énergie de la discussion. Chacun réclamait selon son tempérament ; mais tous réclamaient ; depuis le maintien de la loi de 1831 avec l'adjonction des capacités, jusqu'au suffrage universel, il n'y avait pas un système qui ne se produisît ; pas un principe qui ne fût appuyé de nombreuses signatures. Abandonné par les Chambres, le pays ne s'abandonnait pas lui-même. Dans tous les départements, dans tous les arrondissements, dans toutes les communes, circulaient des pétitions qui, transmises successivement à Paris, allaient contraindre les ministres à discuter autre chose que les intérêts matériels, et mettre en demeure les députés attiédis.

Cette question de la réforme, qui devait huit ans plus tard renverser un trône, allait, sans doute, être accueillie par les dédains habituels de la majorité parlementaire, mais comme toutes les vérités, qui laissent des traces de leur passage, même alors qu'elles sont méconnues, elle devait pénétrer profondément dans les cœurs, pour se manifester au jour voulu avec une puissance irrésistible. Le 7 mai 1840, le *National* écrivait ces mots remarquables qui ressemblent à une prophétie : « La réforme apparaît dès à présent à tout le monde et à la Chambre elle-même comme la fin inévitable du désordre actuel. »

Mais c'était précisément cette vérité, trop bien sentie par tous, qui maintenait les hostilités des ministres et des députés ; convaincus de leur impuissance, ils ne luttaient que pour ajourner la fin d'un état de choses hors duquel ils ne devaient plus être rien.

Le pays cependant attendait avec impatience le résultat des pétitions déposées par M. Arago. Le rapport fut présenté le 16 mai par M. Golbéry. Assis pendant dix ans aux bancs de l'opposition extrême, où il s'était signalé plus d'une fois par des ardeurs révolutionnaires, M. Golbéry venait de se ranger sous la bannière ministérielle. La place de procureur général à Besançon avait opéré cette conversion subite.

Les pétitions étaient classées par le rapporteur selon les systèmes différents des pétitionnaires.

Elles se résumaient dans les demandes suivantes :

Suffrage universel et direct ;

Extension du droit électoral aux gardes nationales ;

Abolition du serment politique ;

Élection à deux degrés ;

Fixation d'un minimum de six cents électeurs par collège ;

Vote au chef-lieu du département ;

Adjonction à la seconde liste du jury.

Pour les deux premiers systèmes, la commission proposait l'ordre du jour ; pour les autres, elle concluait au renvoi au président du Conseil et au ministre de l'intérieur.

C'était déjà plus que ne voulait accorder le ministère, plus que ne voulait admettre même la gauche dynastique, réduite à recevoir le mot d'ordre de M. Thiers.

C'était avouer la possibilité d'une réforme quelque petite qu'elle fût. Le ministère repoussa donc avec opiniâtreté les timides conclusions de la commission.

Les radicaux eurent à supporter tout le poids de la discussion, et ils firent preuve d'une véritable supériorité de talent. M. Arago éleva tout d'abord la question à une grande hauteur, invoqua résolûment le principe de la souveraineté nationale, et dans une argumentation savante, précise, irréfutable, plaida devant les privilégiés de la Chambre l'abolition du privilège et l'impérieuse justice du suffrage universel.

Plus d'une fois les murmures impatients de la majorité interrompirent l'orateur : il poursuivait impassible, sans abandonner son argument, sans fléchir un seul instant.

Sous plus d'un rapport, cette séance fut remarquable : elle le fut surtout, parce que pour la première fois à la tribune les questions depuis appelées socialistes furent abordées sans réticence.

« Il y a dans le pays, s'écria M. Arago, il y a une partie de la population qui est en proie à des souffrances cruelles ; cette partie de la population est plus particulièrement la population manufacturière.

« Eh bien ! le mal ira toujours en empirant. Les petits capitaux, dans l'industrie, ne pourront pas lutter contre les grands capitaux ; l'industrie qui s'exerce avec des machines l'emportera sur l'industrie qui n'emploie que les forces naturelles de l'homme ; l'industrie qui met en œuvre des machines puissantes primera toujours celle qui s'exerce avec des petites machines.

« Il y a là un mal réel, un mal cruel, auquel il est nécessaire d'apporter remède. Je vais soulever des murmures, si je dis qu'en présence de ces résultats, il y a nécessité d'*or-*

ganiser le travail, de modifier en quelques points les règlements actuels de l'industrie ; si l'on se récrie sur ce qu'il y a d'exorbitant dans cette idée, je dirai que vous êtes déjà entrés dans cette voie, quand la Chambre des députés a été saisie d'une loi qui a pour objet de régler le travail des enfants dans les manufactures. »

En ces jours, ces hardis aperçus offraient quelque chose de trop nouveau, ces mots *organisation du travail* avaient quelque chose de trop vague, pour toucher ou passionner la Chambre. On les accueillit avec plus de dédain que de colère. Mais au dehors l'effet fut immense parmi ceux dont on invoquait les droits, et les mots à peine compris par les génies du Parlement allaient devenir la première expression d'une doctrine politique.

M. Arago fut non moins heureux lorsqu'il signala les vices de la loi électorale qui abandonnait les destins du pays aux mains d'une bourgeoisie dépourvue de grandeur.

« Écoutez, dit-il, les paroles d'un homme que vous avez souvent applaudi à cette tribune, de M. Guizot; écoutez ce qu'il disait des classes moyennes :

« Les bourgeois n'ont pas le goût des
« grandes entreprises ; quand le sort les y
« jette, ils en sont inquiets, embarrassés ; la
« responsabilité les trouble, ils se sentent
« hors de leur sphère, ils aspirent à y rentrer,
« ils traiteront à bon marché. »

« Messieurs, les paroles de M. Guizot sont la condamnation du monde électoral actuel. La France peut se trouver mêlée à de grands événements, et le mouvement politique du pays ne doit pas être exclusivement dans des mains qui en seraient troublées, dans des mains qui traiteraient à bon marché. »

En réponse à M. Arago, M. Thiers se fit l'écho passionné des préjugés les plus vulgaires.

« On vous a parlé, s'écria-t-il, de souveraineté nationale, entendue comme souveraineté du nombre. Or, je dis que c'est là la doctrine la plus funeste du monde. En langage constitutionnel, quand vous dites souveraineté nationale, vous dites la souveraineté du roi, des deux Chambres, exprimant la souveraineté de la nation par des votes réguliers, par l'exercice de leurs droits constitutionnels. De souveraineté nationale, je n'en connais pas d'autre. Quiconque viendra à la porte de cette assemblée dire : J'ai un droit, manquera à la loi ; car il n'y a de droits que ceux que la loi donne. »

Cette monstrueuse théorie du ministre dirigeant était en même temps un outrage à la science et à la morale. M. Garnier-Pagès n'eut pas de peine à la confondre, et, dans une foudroyante réplique, il lui prouva qu'il venait de proclamer l'inviolabilité du despotisme ; car, dans les États où le despote seul fait la loi, la nation n'a d'autres droits que ceux qu'il veut bien lui octroyer.

« Qui croirait, continua-t-il, qui croirait, à entendre M. le président du Conseil, non seulement aujourd'hui, mais depuis quelques jours, que nous avons enfin conquis ce gouvernement parlementaire, pour lequel la coalition a été faite ? Aujourd'hui, comme hier, M. le président du Conseil dit que nous ne sommes qu'en présence de pétitions, que la question n'est pas encore sérieuse, qu'il faut un autre mode pour qu'elle le devienne.

« M. le président du Conseil, qui gouvernez la France, n'oubliez pas que, s'il y a un droit sacré, c'est celui de se plaindre, et que ceux qui n'en ont pas d'autre doivent être respectés, quand ils viennent, devant cette Chambre, exposer leurs vœux et leurs besoins ; et vous ne seriez, si vous oubliiez cela, que le gouvernement de 180,000 personnes, et non pas le gouvernement du pays.

« Je veux que vous ayez une part plus large, je veux vous aider à conquérir le gouvernement parlementaire que, je crois, vous n'avez pas ; je veux cette prépondérance du pouvoir électif que vous avez dit vouloir, et à laquelle vous semblez renoncer depuis que vous êtes le pouvoir exécutif. »

L'argumentation de M. Garnier-Pagès fut vive, énergique, pleine de sarcasmes et de souplesse; brillant dans l'attaque, ferme dans la répartie, le député radical grandissait de jour en jour et déployait toutes les qualités d'un orateur consommé.

Il nous faut rappeler ici les théories de M. Thiers sur le suffrage universel; elles serviront à expliquer ce qu'il a dit et fait depuis :

« Et ne voyez-vous pas que dans l'extension illimitée que vous avez rêvée sans la comprendre, vous avez été obligés de vous restreindre vous-mêmes? Vous parlez d'une population de trente-quatre millions, et vous êtes obligés de vous restreindre à huit millions. Ne peut-on vous demander pourquoi, sur trente-quatre millions d'habitants, vous donnez seulement à huit millions le droit de représenter les autres?

« Vous répondrez qu'il faut nécessairement retrancher les mineurs et les femmes. Vous excluez donc certaines catégories parce qu'elles n'ont pas la raison nécessaire. N'êtes-vous pas naturellement amenés à exclure un plus grand nombre, qui, comme les femmes et les mineurs, n'ont pas la raison et la capacité nécessaires? Vous excluez au nom de la raison; nous excluons, nous, au nom de la loi. »

Huit ans plus tard, en 1850, les mêmes arguments étaient répétés par le même homme. Il donnait dès lors la mesure de ce qu'il devait être, type véritable des opiniâtres de toutes les époques, qui n'ont rien oublié ni rien appris.

De l'aveu général, les députés radicaux eurent tous les honneurs de cette discussion, et quoique les votes se prononçassent contre eux, ils obtinrent une victoire morale qui devait, plus tard, porter ses fruits.

Il est vrai que la gauche dynastique leur laissa tout à faire. Courbée en silence sous la férule de M. Thiers, elle ne se souvient ni de ses principes ni de ses engagements antérieurs; pas la plus petite réforme ne trouva grâce devant elle; plus craintive même que la commission, elle repoussa, par l'ordre du jour, toutes les pétitions sans distinction.

Mais la discussion avait eu son effet au dehors. Les exclus prirent de plus en plus conscience de leurs droits; ils attendirent avec confiance des jours meilleurs.

Quelques paroles de M. Garnier-Pagès amenèrent les révélations assez piquantes sur certains accords secrets entre le ministère et des écrivains naguère opposants. Après avoir signalé les journaux subventionnés malgré les engagements solennels du cabinet, et entre autres le *Journal de Paris*, qui avait subitement passé de l'hostilité la plus violente aux complaisances les plus marquées, le député radical ajoutait : « Le rédacteur de ce journal, qui avait des expressions trop vives, peut-être, contre le gouvernement nouveau, s'est retiré; je ne sais où on l'a envoyé..... » Un autre journal, *la Presse*, est en flagrant délit d'aveu. « On « m'a pris, dit-il, le meilleur de mes rédac- « teurs ; je le cherche partout; si M. le pré- « sident du Conseil voulait me le rendre, il « me ferait un vrai présent; car ce rédac- « teur a beaucoup de talent. » Quoique M. Garnier-Pagès n'eût pas nommé les écrivains auxquels il faisait allusion, chacun à la Chambre les connaissait : le premier était M. Capo de Feuillide, le second, M. Granier de Cassagnac. Tous deux étaient partis aux Antilles, recommandés par des lettres ministérielles, et non sans quelques indemnités de route. Il en résultait que le ministère avait composé, aux frais du budget, avec des adversaires politiques.

M. Thiers ne fit, à cette interpellation, que des réponses embarrassées. Un des écrivains lui avait été adressé par le ministre de l'instruction publique, et il n'avait pas cru devoir lui refuser le moyen de faire des observations utiles dans le voyage qu'il méditait.

Cette explication appelait nécessairement M. Cousin à la tribune. Un écrivain, dit-il, qu'il ne connaissait pas, s'était présenté à lui pour demander un passeport; il avait dû en parler au ministre des affaires étrangères.

Réunion de la Barrière du Maine, page 82.

Tout cela était fort équivoque, et ne satisfit que médiocrement la Chambre fort peu édifiée de ces manœuvres. Le public, de son côté, sut à quoi s'en tenir sur le puritanisme du 1er Mars.

Ajoutons, pour compléter l'histoire de cet incident, que le 10 mars 1841, dans un vote de crédits supplémentaires, la Chambre rejeta une somme de 5,000 francs appliquée à la mission extérieure des deux écrivains.

A peine le vote sur la réforme électorale était-il connu, que la presse parisienne et départementale appela les citoyens à faire de nouveaux efforts en faveur du droit méconnu.

« Que la Chambre ne croie pas, dit le *National*, en avoir fini avec la croisade électorale. L'opinion libérale, loin d'être apaisée et découragée par le vote des privilégiés du Palais-Bourbon, revendique aujourd'hui, avec plus d'ardeur que jamais, l'abolition du monopole. »

L'indignation était surtout excitée par les coupables faiblesses de la gauche et son incroyable abnégation.

« Après le silence qu'elle vient de garder, disait le *Journal de Rouen*, que répondra la gauche aux objurgations radicales, aux reproches d'abdication, de suicide, que lui a attirés son vote sur les fonds secrets? Nous ne nous chargeons pas de son apologie, c'est une tâche que nous laissons à de plus habiles que nous.

« Quant à nous, malgré ces votes, malgré cette pitoyable défection, nous dirons, comme Siéyès après la séance royale du 23 juin 1789: Nous sommes aujourd'hui ce que nous étions hier; délibérons. Nous croyons toujours fermement à la réforme électorale, non pas seulement comme but, mais comme moyen; nous le poursuivrons de tous nos efforts; nous suivrons le conseil de M. Garnier-Pagès, qui pense que pour faire valoir une idée politique il faut s'occuper de sa propagation. »

« Où étaient donc, s'écrie à son tour le *Courrier du Bas-Rhin*, où étaient donc M. Odilon Barrot et les autres membres de cette réunion de la gauche, qui, naguère, formulaient un programme de réforme qui devait porter de deux à six cent mille le nombre des électeurs politiques? Quoi! parmi eux, il n'en est pas un seul qui ait osé élever la voix pour soutenir des pétitions que cette partie de la Chambre a été la première à provoquer par son manifeste de réforme!

« Mais, si la gauche veut ainsi donner sa démission, qu'elle y prenne garde; les électeurs qui l'ont envoyée à la Chambre, non pour se livrer à M. Thiers, mais bien pour rester conséquente avec ses anciens principes, ne pourraient-ils pas finir par se demander s'ils ne doivent pas chercher des mandataires plus fidèles dans les rangs de l'opposition radicale, qui, seule, a élevé la voix à la tribune en faveur d'une réforme électorale?

« La gauche, dit l'*Écho du Peuple*, n'a pas craint de se perdre dans l'opinion publique. Ce n'est point d'elle, nous le savions depuis longtemps, que le pays obtiendra la réforme des institutions politiques qui ouvrent la porte aux abus dont nous nous plaignons depuis dix ans. Cette réforme, il faudra l'imposer aux amis de M. Barrot comme aux anciens conservateurs. »

« Courage, messieurs du monopole, s'écrie l'*Observateur des Pyrénées*, barricadez-vous dans vos privilèges; l'année prochaine, la question reparaîtra, l'assaut recommencera plus acharné que jamais; mais les assaillants ne se compteront plus par centaines de milliers; cette fois, ils seront un million. M. Arago vous l'a promis, et nous ferons tout notre possible pour qu'il ait un large supplément à vous donner par-dessus le marché. Jusque-là, recevez l'expression de notre vive gratitude, hommes intelligents; vous avez parfaitement compris qu'en nous faisant une légère concession de nos droits, nous serions moins âpres, moins ardents à en poursuivre la revendication générale, et vous avez tout refusé; merci! mille fois merci! Vous aimez à contempler les agitations populaires, ce spectacle ne vous fera pas faute: des milliers d'O'Connell vont prêcher une nouvelle croisade électorale. »

Nous pourrions multiplier les citations. Car, de tous côtés, s'élevaient des voix énergiques pour condamner la gauche dynastique, et pour appeler les citoyens à de nouvelles manifestations.

Les citoyens y répondirent avec empressement; des réunions se firent; des prédications en faveur de la réforme se multiplièrent en tous lieux. Paris donna le signal.

Le 2 juin, les réformistes du 10° arrondissement se réunirent en un banquet ayant pour président M. Charles Thomas, directeur du *National*, pour vice-président, M. Dupoty, rédacteur en chef du *Journal du Peuple*. Plusieurs représentants de Paris y assistèrent, des gardes nationaux, des délégués des écoles. La réforme électorale fut le thème de tous les toasts.

Huit jours après, une seconde démonstration plus solennelle encore par le nombre des convives, et par l'éclat des noms qui y figurèrent, fut préparée par les gardes nationaux du 12ᵉ arrondissement. Près de la barrière du Mont-Parnasse, dans une vaste salle décorée avec art, huit cents soldats citoyens, presque tous en uniforme, applaudissaient avec enthousiasme aux orateurs, qui, tour à tour, venaient protester contre le privilège électoral. Les arts, les sciences, les écoles, les ouvriers, le commerce, l'industrie, la presse radicale, avaient leurs représentants au festin populaire. Aux sièges les plus apparents, figuraient MM. Arago et Laffite, vétérans de la liberté, que ne décourageaient pas les abaissements du Palais-Bourbon.

Après plusieurs discours accueillis avec chaleur, le président, M. Delestre, proposa un toast en l'honneur de MM. Laffite, Arago, Dupont (de l'Eure) et Martin (de Strasbourg), membre du comité central de la réforme.

M. Laffite répondit :

« Mes chers concitoyens,

« Je vous remercie de l'honneur que vous m'avez fait et des sympathies que vous me manifestez. Des journées telles que celles-ci manquent dans la vie de l'homme et le récompensent du bien qu'il a toujours désiré et tenté, s'il n'a pu toujours le réaliser.

« J'ai l'honneur de présider le comité de la réforme électorale. C'est un mot profond, Messieurs, que ce mot de *réforme*, car seul il implique, pour les gouvernements, de la force et de la durée. Depuis cinquante ans, la direction des affaires de notre pays a été donnée à quatorze gouvernements différents ; et, s'ils ont péri, si le hasard des révolutions les a brisés, c'est qu'ils ont été inintelligents des besoins de leur temps.

« Ne nous lassons pas, mes chers concitoyens, de demander avec fermeté et modération la réalisation du progrès que permet à la France sa vigoureuse nature ; sachons accepter un peu de bien et nous en réjouir, sans cesser pour cela d'en désirer et d'en demander davantage. Les générations passent, mais une nation reste, et c'est surtout pour elle qu'il faut travailler. Vous êtes, pour la plupart, jeunes et ardents, Messieurs, et la patience est pour vous la vertu la plus difficile ; laissez-moi vous dire, cependant, avec toute l'autorité que me donnent l'expérience et surtout l'affection dont les témoignages me pénètrent de la plus profonde reconnaissance, que la patience est le génie des fondateurs.

« A vous tous, Messieurs, à vous, dont la confiance m'honore et m'impose des devoirs devant lesquels je ne faiblirai jamais. »

M. Arago prit à son tour la parole :

« Mes chers concitoyens, dit-il, nos efforts passés en faveur de la réforme électorale ne pouvaient recevoir une plus flatteuse récompense que celle dont nous sommes en ce moment l'objet, nos efforts futurs, un stimulant plus honorable. Il ne faut pas se faire illusion, la tâche que nous avons entreprise est ardue ; elle exigera de la persévérance. Au reste, le but est glorieux, national ; en pareille circonstance, marchander sa peine serait un acte coupable.

« Quelques personnes se découragent en songeant à une discussion récente. Une année d'efforts, disent-ils, 240,000 signatures, ont abouti à un débat de deux heures, à des interruptions sans nombre, à des explosions de colère, à de méchants quolibets, à un vote presque unanime contre les modifications les plus légères de la loi électorale.

« Serait-il donc possible qu'on eût la bonhomie de s'attendre à un autre résultat ? A quelle époque, dans quel pays vit-on le privilège se laisser débusquer, sans de vigoureux combats, des positions où il s'était cantonné ? Quant à moi, je n'eus de ce côté aucune illusion. J'ajouterai, s'il m'est permis d'en juger par les diatribes dont nous sommes l'objet, que nos coups ont frappé juste. Serait-ce rien, en tout cas, que d'avoir étalé à la tribune le tableau des cruelles souffrances qu'éprouvent des millions de nos compatriotes, d'y avoir distinctement articulé des paroles pleines d'avenir : *Il faut organiser le travail;* d'avoir montré, par de nombreux exemples, que la partie de la population non militaire, actuellement privée des droits politiques, à raison de sa prétendue incapacité, a doté le monde de mécaniciens incomparables, des plus illustres écrivains, des plus grands poètes et des généraux les plus justement renommés de nos temps révolutionnaires?

« Non, mes chers concitoyens, la croisade dont nous venons de sortir n'a pas été complètement stérile. Les réformistes pourraient-ils hésiter à serrer leurs rangs après avoir entendu le chef du cabinet du 1er Mars, soutenir que les hommes, en leur qualité d'hommes, n'ont pas de droits; après avoir vu l'historien premier ministre oublier ainsi les célèbres paroles de Bossuet : « Il est des « vérités primordiales contre lesquelles tout « ce qui se fait est mal de soi »; oublier de même qu'une assemblée, célèbre par le savoir et l'éloquence de ses membres, que l'assemblée nationale décida, à l'exemple du fameux congrès américain, qu'une *déclaration des droits de l'homme* précèderait la rédaction de la constitution?

« Je le dis dans la plus profonde conviction de mon âme, le seul remède régulier et sûr que j'aperçoive aux maux qui nous rongent, c'est la réforme. Voulez-vous améliorer le sort, aujourd'hui si précaire, des classes ouvrières? demandez la réforme. C'est par la réforme que les travaux publics auront toujours un but d'utilité générale; que le mérite prendra le pas sur la médiocrité et le favoritisme; que nous sortirons de cet océan d'intrigues, d'égoïsme, d'avidité, de corruption au milieu desquels le pays se débat; que la nation française prendra le rang qui lui appartient, qu'elle deviendra enfin la grande nation.

« Vous le voyez, je fais une large part à la réforme considérée *comme moyen;* mais ne la dédaignons pas non plus en l'envisageant *comme but.* Tout ce qui peut relever la majeure partie de la population à ses propres yeux, féconder et développer de nobles sentiments, effacer de nos lois des distinctions blessantes, est digne de la sollicitude des bons citoyens; car le pays, notre chère France, en profitera. »

Ce discours, fréquemment interrompu par de vives acclamations, s'acheva au milieu d'un enthousiasme inexprimable. Aux applaudissements se mêlaient des cris éclatants de : Réforme! réforme! et le retentissement qu'eut au dehors cette solennelle réunion apprit au pouvoir qu'il ne suffisait pas pour son repos d'une victoire parlementaire. La Chambre des députés s'était imaginée qu'il suffirait de quelques rires grossiers pour étouffer le cri de la réforme, et ce cri se réveillait plus puissant au milieu de nombreuses assemblées, fortes de leurs droits, répétant au loin les mots de liberté et de fraternité, et conviant les travailleurs de toute classe à prendre leur place au foyer politique.

Aussi les conservateurs opiniâtres commencèrent-ils à témoigner leurs inquiétudes. Le *Journal des Débats* signala en termes menaçants tous les dangers du banquet réformiste : la complicité de MM. Laffite et Arago lui semblait surtout un grave symptôme. « Ce qu'il faut qu'on sache, disait-il, ce sont les doctrines qui ont été professées en leur présence, et nous pourrions presque dire en leur honneur, qu'ils ont entendues d'une oreille patiente, et contre lesquelles il n'y a pas eu dans leur bouche un mot de réfutation. »

Bientôt cependant un nouveau sujet d'alarmes vint exciter les colères des feuilles monarchistes. Le 14 juin, la garde nationale de Paris avait été convoquée à une revue royale. Ces solennités, qui devenaient de plus en plus rares, n'avaient plus le caractère de confiance qui doit présider aux entrevues d'un roi et de citoyens armés. Les légions concentrées sur la place du Carrousel, dans la cour et le jardin des Tuileries, dans l'enceinte des Champs-Élysées, étaient partout environnées de colonnes épaisses de troupes de ligne, opposées comme autant de barrières aux empressements de la population. Toutes les issues conduisant au Carrousel, à la rue de Rivoli, aux ponts et aux quais, étaient sévèrement gardées, tandis que le roi, placé au centre de cette vaste circonférence, adossé à l'obélisque au milieu des princes, des généraux et des états-majors, semblait se mettre à l'abri de toute manifestation populaire et de toute clameur malsonnante. Mais on avait oublié que la garde nationale fait aussi partie du peuple, ayant avec lui de communs désirs, de communes espérances. Au défilé, sous les regards de Louis-Philippe, à quelques pas de lui, plusieurs compagnies des 4°, 5° et 6° légions, plusieurs bataillons de la 8° poussèrent des cris unanimes de *vive la réforme*, auxquels se mêlait la voix des officiers. Ce fut un scandale parmi les courtisans, un texte de déclamation pour les écrivains conservateurs. L'avertissement était converti en injure par de maladroits flatteurs.

Ce qui préoccupait surtout les ministres et leurs écrivains, c'est que la réforme avait été indiquée comme un moyen d'améliorer la condition des classes laborieuses. Le redoutable problème de l'organisation du travail avait été le sujet d'un toast porté par M. Goudchaux. Le *Journal des Débats* voyait dans ces mots mystérieux la formule et le programme d'une révolution nouvelle. La suite a prouvé qu'il avait le coup d'œil assez juste. Toutefois le moyen d'empêcher cette révolution ne se trouvait pas dans les vaines déclamations de la peur, mais dans la satisfaction régulière et progressive de besoins légitimes, dans la reconnaissance de droits incontestables.

Les journaux mêmes de l'opposition dynastique dissimulaient mal leurs anxiétés. Le *Siècle* s'effrayait du toast porté *à la réforme pleine et entière!* A ses yeux, le *suffrage universel, indépendamment de toute garantie d'indépendance et de lumière, ne pouvait produire que l'anarchie*. Éternel argument de la peur et de la mauvaise volonté, auquel les radicaux opposaient ces paroles de Montesquieu: « Partout où le peuple est appelé à exprimer ses suffrages, il est admirable dans ses choix. »

Un autre journal dynastique, le *Courrier français*, gémissait de voir définitivement séparée de M. Barrot et affiliée au parti radical la fraction parlementaire que commandaient MM. Laffite et Arago.

« Cela montre, disait-il, que le parti radical, et c'est son droit, se discipline et s'organise. »

C'était là, en effet, un fait important de cette époque. Le parti démocratique entrait dans une phase nouvelle. Il n'avait certes jamais été dupe un instant de la réaction qui se fit en août contre juillet. Il avait prévu que la France ne trouverait, sous ce nouveau régime, aucune des satisfactions que lui avaient promises cinquante années de luttes et d'efforts. Il s'était donc insurgé contre un gouvernement hypocrite, et sa résistance avait été vive et passionnée; mais sa passion même avait effrayé la partie tranquille de la population, et de sanglantes collisions avaient soulevé contre la démocratie les neutres qui faisaient majorité. Rien ne réussit moins en France que les actes ou les mots violents, et quelques sympathies que puissent avoir des doctrines, elles ne gagnent rien à vouloir s'imposer de force. Les démocrates l'avaient appris par de cruelles épreuves, et sans transiger avec leurs principes, ils s'étaient résolus à de nouveaux moyens d'action. Retranchés dans le domaine de l'idée, c'était désormais par les voies pacifiques qu'ils prétendaient vaincre, comptant suffisamment sur la bonté de leur cause pour obtenir un triomphe, même dans le cercle étroit où les tenait enfermés une ombrageuse légalité.

Dans les départements, on se disciplinait à l'exemple de Paris. Lyon aussi avait eu son banquet, et la presse radicale de Lyon recommandait les mêmes moyens d'action.

« Le peuple, écrivait le *Censeur*, est entré dans une voie nouvelle dans sa lutte contre le pouvoir, et il faut l'en féliciter. Ce n'est pas au combat qu'il demande le succès de la cause, c'est à une attitude ferme et calme.

Deux manifestations réformistes ont eu lieu en même temps à Paris et à Lyon, et, dans toutes deux, ont régné ce calme, cette modération qui distinguent les bonnes causes.

« Cet exemple des deux premières villes de France sera bientôt suivi, et, qu'on n'en doute pas, la voix du peuple sera entendue quand elle voudra l'être. »

Les autres grandes villes, Bordeaux, Toulouse, Nantes, Metz, etc., s'associaient au mouvement. Des comités se formaient, des banquets s'organisaient de toutes parts ; l'agitation se communiquait ; la vie politique était partout réveillée. Partout on proclamait la nécessité de la réforme, et l'on citait les monstrueuses anomalies de la loi du monopole. Un fait entre mille donnait la mesure de sa moralité. Dans une ville de la Seine-Inférieure le bourreau était électeur, et le premier président de la Cour royale ne l'était pas.

Le pouvoir voyait enfin trop clairement que toute la vie politique n'était pas concentrée dans une Chambre émanée de deux cent mille électeurs. La nation faisait entendre sa voix ; les masses exclues protestaient hautement, et leurs protestations, répétées par les mille échos de la presse, portaient le trouble dans le sein des législateurs, qui venaient de renouveler l'arrêt de proscription. Le ministère effrayé voulut étouffer des voix importunes qui faisaient retentir les mots de justice et d'égalité. Le moyen était facile pour des gens peu scrupuleux. Dans l'arsenal des ordonnances de police, il se rencontre toujours quelque article poudreux pour servir d'entrave à l'exercice de toutes les libertés.

Le huitième arrondissement voulait à son tour avoir un banquet réformiste. Le jour était fixé au 14 juillet, date solennelle qui marqua pour l'Europe entière la première heure d'une immense révolution. Les habitants du faubourg Saint-Antoine rattachaient ainsi une glorieuse page de leurs annales au mouvement nouveau qui réclamait une des conséquences des triomphes de 89.

Au premier appel du comité, trois mille hommes avaient répondu, et, sur ces trois mille hommes, plus de 2,600 officiers et gardes nationaux des 8e et 9e légions. Toutes les mesures, du reste, avaient été prises pour que rien ne troublât l'harmonie de cette réunion. On avait choisi un local hors de Paris, à Saint-Mandé, placé en quelque sorte sous le canon de Vincennes. Le maire de la commune avait accordé l'autorisation, lorsque, le 10 juillet, vint un ordre supérieur du préfet de police, qui faisait défense au propriétaire du local de recevoir plus de mille personnes.

C'était de l'arbitraire sans courage. Au lieu de défendre hardiment ce qu'on voulait empêcher, on faisait une misérable chicane de chiffres ; au lieu d'interdire, on restreignait. Les journaux dynastiques eux-mêmes s'émurent de cette tyrannie qui se cachait pour frapper.

« Pourquoi ce nombre de mille, dit le *Courrier français*. Et qu'a-t-il de plus légal, de plus rassurant que le nombre de deux mille ou de quinze cents ? Si l'autorité a le droit de fixer le chiffre des banquets qu'elle tolère, elle peut aussi bien le réduire à dix personnes qu'à mille ou à cinq cents. »

Puis le même journal ajoute : « Il n'est que trop vrai que les opinions en France ne peuvent se manifester librement. La discussion des principes a été limitée par les lois de septembre ; pour former des associations en dehors de l'autorisation légale, on est réduit, en quelque sorte, à conspirer ; on est maître de publier, mais non d'étaler ou d'afficher les publications.

« En présence de toutes ces restrictions, qui vont jusqu'à la puérilité, le devoir de respecter le petit nombre des prérogatives que les lois n'ont pas retirées aux citoyens devient plus impérieux et plus étroit pour le pouvoir. La législation est assez brutale pour que l'on n'ajoute pas à ses rigueurs l'arbitraire de l'exécution. »

Le *Siècle* et le *Journal du Commerce* faisaient entendre également des paroles de blâme, et, M. Thiers, engagé dans une fausse route, n'avait pas même pour appui les constitutionnels qui l'avaient soutenu dans ses luttes parlementaires.

Les radicaux cependant, ne cédèrent pas sans protester contre cette nouvelle violation du droit. Le 13 juillet, une députation se présenta chez M. de Rémusat, au nom des officiers et soldats des 8e et 9e légions qui devaient prendre part au banquet, pour en appeler auprès du ministre de la décision prise par le préfet de police.

M. Recurt, capitaine de la 8e, parla au nom de ses camarades. Il exposa au ministre que la décision de M. le préfet de police portait atteinte au droit qu'ont tous les citoyens de se réunir et de manifester leurs opinions toutes les fois que les prescriptions de la loi sont observées, et que l'ordre et la paix publique ne sont pas menacés, que, dans l'espèce, des ordonnances de police réglaient la matière et imposaient, il est vrai, à tout propriétaire d'un établissement public l'obligation de demander une autorisation, afin que l'autorité en fût prévenue ; mais que le refus ne pouvait en aucun cas être laissé à l'arbitraire de M. le préfet de police, sans que les motifs fussent nettement expliqués, discutés et exposés au public.

Les membres de la députation ajoutèrent qu'ils étaient fondés à regarder comme purement arbitraires les prétentions de l'autorité en cette circonstance, puisque la permission refusée en ce moment avait été accordée pour quatre ou cinq réunions très nombreuses qui avaient eu lieu dans le courant du mois précédent ; que l'ordre n'en avait pas été troublé, et que les mesures prises pour le maintenir au banquet du 14 juillet étaient en rapport avec le nombre des citoyens qui voulaient y prendre part ; enfin que le gouvernement avait dans les noms des officiers, sous-officiers et gardes nationaux organisateurs et commissaires du banquet, toutes les garanties qu'il pouvait désirer, s'il ne les trouvait pas d'ailleurs complètes dans la position même des convives, qui appartenaient tous, ou presque tous à la garde nationale.

En terminant, les membres de la députation faisaient observer au ministre que de semblables mesures, dont ils croyaient avoir le droit de demander les motifs, réduisaient encore arbitrairement l'espace étroit laissé par les lois de septembre à la manifestation des idées démocratiques, et ils lui rappelaient combien il était imprudent, autant qu'illégal, de fermer toute issue à la propagande pacifique des idées déjà partagées par un grand nombre de gardes nationaux.

Ainsi se présentait dès lors cette question du droit de réunion qui devait avoir plus tard une si haute influence sur les destinées du pays.

M. de Rémusat ne se heurta pas follement entre le principe, mais sut habilement l'éluder. Répondant aux délégués en termes conciliants, il commença par rendre justice aux sentiments exprimés par eux ainsi qu'aux mesures qui avaient été prises aux dernières réunions réformistes dans l'intérêt de la paix publique. Il reconnaissait avec eux le droit de réunion ; mais l'autorité avait aussi disait-il, aux termes des ordonnances et règlements, celui de refuser l'autorisation demandée.

C'était précisément là le point contesté. En le tranchant de son autorité privée, le ministre ne pouvait rien. Que signifiait d'ailleurs la reconnaissance d'un droit, s'il le rendait illusoire ? Un droit subordonné aux caprices de la police ! N'était-ce pas un grossier sophisme ? Et cependant, M. de Rémusat, nourri de profondes études philosophiques, connaissait parfaitement la valeur des mots et la portée d'une bonne logique.

Le ministre ajouta toutefois qu'il n'avait pas l'intention d'user du droit d'interdiction d'une manière absolue, mais seulement alors que les circonstances lui en feraient un devoir. N'était-ce pas annuler le droit de réunion au moment même où il le reconnaissait, puisque les ministres se faisaient juges des circonstances et subordonnaient le droit à leurs peurs ou à leurs caprices ?

Les délégués ne pouvant obtenir d'autre

réponse que cette déclaration équivoque, qui impliquait en même temps une reconnaissance du droit et une violation du droit se retirèrent et publièrent le soir même la protestation suivante :

« Les officiers, sous-officiers et gardes nationaux commissaires du banquet du 14 juillet, croient devoir protester publiquement comme ils l'ont fait déjà devant M. le ministre de l'intérieur, contre l'interdiction arbitraire qui est venue s'opposer au banquet du 14 juillet.

« Certains, comme ils le sont, d'avoir pris d'avance toutes les mesures nécessaires au maintien de l'ordre ;

« Assurés, d'ailleurs, que cet ordre ne pouvait être compromis dans une réunion composée de citoyens qui avaient tous un grand intérêt à le maintenir ;

« Ils signalent la mesure de l'autorité comme un acte inspiré par la défiance et la peur, et comme un abus de toutes les prescriptions légales ;

« Et attendu, toutefois, que les progrès même de la question de la réforme imposent à tous les démocrates le devoir de ne pas donner le moindre prétexte à ceux qui voudraient renouveler des violences ;

« Qu'il importe à la cause même que nous servons de montrer que le parti démocratique sait rester calme et maître de lui-même en présence même des provocations ;

« Que, d'ailleurs, la modération appuyée sur le droit, si elle peut sembler une faiblesse de la part de ceux qui n'ont pas fait preuve de courage, est une preuve de force, de discipline et d'unité de la part de ceux dont on connaît le dévouement ;

« Attendu, d'un autre côté, que la légalité des manifestations réformistes n'a pas été contestée par le pouvoir ; qu'il importe de resserrer tous les liens qui unissent les hommes de la même opinion ; qu'il importe d'éclairer le pays sur la nécessité de la réforme, et que toute manifestation du parti démocratique emprunte une nouvelle autorité quand elle se rattache à quelqu'une de ces traditions qui rappellent la toute-puissance de la souveraineté nationale ;

« Après avoir pris l'avis de nos camarades, nous avons résolu ce qui suit :

« 1° Le banquet du 14 juillet n'aura pas lieu ;

« 2° Il est ajourné au mois d'août prochain. »

Cette pièce, empreinte de modération en même temps que de fermeté, fit l'effet qu'on en attendait ; elle montrait dans le parti radical des signes de force, le calme et la discipline. Le ministre l'eût mieux aimé turbulent et désordonné.

Cependant le pouvoir ne se rassura que médiocrement à ces protestations pacifiques. Le lendemain, 14 juillet, des mesures extrêmes de précaution furent prises ; les troupes furent consignées dans leurs casernes, des cartouches furent distribuées, et jusqu'à onze heures du soir de fortes patrouilles sillonnèrent le faubourg Saint-Antoine.

A ces démonstrations exagérées, les citoyens opposèrent un calme inaltérable ; aucun prétexte ne fut offert à la violence.

On nous pardonnera, sans doute, d'avoir retracé, avec quelques détails, ces premiers mouvements des banquets réformistes, qui, renouvelés plus tard, devaient conduire à de si grands résultats.

En rapprochant des faits de même nature reproduits à huit ans de distance, on peut voir, non sans profit, peut-être, combien, chez certains hommes, les opinions ou du moins les discours changent avec les positions. M. Thiers, président du Conseil, interdisait en 1840, le droit de réunion, et M. Thiers, rentré en 1848 dans l'opposition, se montrait, dans la discussion de l'adresse, un des accusateurs les plus énergiques du ministère, qui agissait identiquement comme lui. On ne saurait trop rappeler ces fameuses paroles prononcées par lui à cette occasion : « Mon droit est écrit dans la Charte, il m'appartient, il est aussi sacré que celui de la royauté. » Qu'eût-il dit, en 1840, si un orateur avait fait entendre ces paroles insurrectionnelles ?

Limoges.

D'autres analogies avec 1848 se présentèrent encore.

Le banquet avait été ajourné au mois d'août. Mais les réformistes ne se dissimulaient pas qu'ils rencontreraient de la part du pouvoir les mêmes obstacles, et ils ne voulaient pas s'écarter de la même modération. Une chicane légale leur étant opposée, ils l'éludèrent par un stratagème bien légitime. La loi de police qu'on invoquait contre eux ne s'appliquait qu'aux réunions faites dans un établissement public. Dans un local privé, la police n'avait pas le même droit d'intervention. Ils louèrent donc un vaste emplacement hors de Paris, dans la plaine de Châtillon, et là se réunirent, le 31 août, six mille convives, malgré l'éloignement, malgré la chaleur, malgré toutes les entraves suscitées par un pouvoir ombrageux.

Cette fête populaire fut remarquable autant par l'ordre qui y présida que par l'enthousiasme avec lequel furent salués tous les discours en faveur de la réforme. Sur la plaine, en amphithéâtre, étaient dressées treize tables de trois cent cinquante couverts chacune, et, tout autour, de petites tables complétaient le nombre des couverts. Au centre, un mât pavoisé des couleurs nationales dominait l'estrade ornée de feuillages où se tenait le président du banquet, M. Recurt, choisi par la voix unanime des convives. De tristes événements de famille venaient de frapper douloureusement ce bon citoyen; vingt-quatre heures auparavant, son enfant avait été subitement enlevé à sa tendresse. Mais en présence de l'opposition du gouvernement, il n'avait pas cru pouvoir s'abstenir.

Le banquet de Châtillon eut un immense retentissement. Le ministère s'en émut et le parti démocratique put, à bon droit, s'en enorgueillir. On était obligé de reconnaître qu'il y avait autre chose qu'un besoin aveugle d'agitation et de turbulence dans un parti qui réunissait sans tumulte un aussi grand nombre de citoyens, discutait sans désordre, trouvait dans ses discours des souvenirs pour nos plus belles gloires, des accents de fraternité pour toutes les nations, et qui, malgré son ardeur et ses enthousiasmes, savait se contenir, se discipliner, et ménager les susceptibilités les plus délicates de l'opinion. Il ne s'agissait plus de traiter ce parti comme une petite bande de perturbateurs indisciplinés. Les hommes qui se ralliaient sous le même drapeau, les prosélytes qui lui arrivaient chaque jour, montraient assez qu'il y avait autre chose en question qu'une cause insensée et un intérêt subalterne. C'était, en effet, la cause du pays, la souveraineté rendue au peuple, la garde nationale tout entière rappelée au principe de son institution; c'était le progrès pacifique, mais certain, le calme à la place de la violence, la réforme enfin et non l'émeute.

Les journaux ministériels s'efforcèrent d'amoindrir dans leurs récits les proportions de ce vaste mouvement; ils ne réussirent qu'à lui donner plus d'importance par l'impuissance de leurs subterfuges et de leurs colères.

De leur côté, les journaux de l'opposition dynastique dissimulaient mal leur dépit. Le parti qu'ils représentaient était tellement effacé à la Chambre, qu'il devenait alarmant de le voir amoindri au dehors, et bientôt peut-être remplacé par des hommes plus jeunes, plus actifs et plus dévoués.

Ce n'était pas à Paris, d'ailleurs, que se bornait l'action des réformistes. Les départements répondaient avec empressement aux invitations patriotiques parties des bords de la Seine. La cause de la réforme était partout prêchée, partout applaudie. Les banquets se multipliaient malgré les ombrageuses tracasseries des autorités locales. Limoges, Metz, Moulins, Lille, Rouen, Marseille, Tours, Dijon, La Châtre, Auxerre, Grenoble, Bourges, Perpignan, Toulouse, Le Mans, se distinguèrent par les chaleureuses allocutions du parti démocratique, représenté tantôt par l'élite des habitants, tantôt par des députés accourus pour donner une solennité plus grande aux manifestations réformistes. M. Arago présidait à Tours, à Blois, à Perpignan, M. Joly à Toulouse, MM. Cormenin et Larabit à Auxerre, M. Michel (de Bourges) à Limoges. Chacun de ces orateurs répandait dans les populations les principes les plus hardis de la démocratie; chacun réveillait les cœurs par les promesses d'une politique meilleure et d'un plus brillant avenir.

Ce mouvement ne devait pas sans doute avoir de résultats immédiats; mais il laissa dans les esprits de profondes impressions; il sema de fécondes doctrines qui devaient plus tard porter leurs fruits; il se poursuivit avec activité pendant toute la durée du cabinet du 1er Mars, qui, jusqu'à son dernier jour, dut entendre les réclamations énergiques des citoyens exclus de leurs droits et bien décidés à les conquérir.

VI

Questions sociales. — Le salaire et le capital. — Séance du 9 mai. — Paroles de M. Gauguier. — Réponse de M. Sauzet. — Députation des ouvriers auprès de M. Arago. — Discussion entre les ouvriers tailleurs et les maîtres. — Les radicaux proposent un arbitrage. — Les ouvriers en papier peint poursuivis pour coalition. — Abus commis par deux fabricants. — Réunion des menuisiers à la barrière du Maine. — Brutale intervention de la police. — Arrestations nombreuses. — Rassemblements dans les faubourgs. — Déploiement des forces militaires. — Poursuites judiciaires et condamnation. — Rapports nécessaires des réformes politiques avec les réformes sociales. — Mort du roi de Prusse. — Mort de Runjet-Singh. — Fête à Strasbourg en l'honneur de Gutenberg. — Fête du 28 juillet. — Méfiances et terreurs du gouvernement. — Sentiments de la population. — Manifestations patriotiques.

Il s'agitait à cette époque une autre question qui devait occuper dans la politique une place importante, se mêler activement aux premières luttes de 1848, et devenir de nos jours le thème principal d'un parti formidable. Nous voulons parler de la question du salaire et de tout ce qui s'y rattache, comme le sort des ouvriers, la protection du travail et la conciliation, si difficile, des intérêts et des droits opposés du travailleur et du capitaliste. Tous ces problèmes, jusque-là renfermés dans les écrits des spéculateurs, faisaient leur première apparition dans le domaine politique. Nous devons les signaler pour retrouver l'origine des luttes qui se produiront plus tard, et pour démontrer combien est lente à se faire jour une idée d'amélioration sociale, toute innovation même dans des systèmes surannés. Du reste, chez les conservateurs, nulle intelligence de la question, nulle compassion des misères, aucun souci d'avenir, aucune conscience du péril, mais de superbes dédains et d'aveugles approbations pour les faits existants.

Leurs sentiments se manifestèrent d'une manière significative dans la séance législative du 9 mai. Il s'agissait de la loi sur les sucres. M. Gauguier crut qu'il n'était pas possible de fermer le débat sans qu'il fût au moins fait mention des nombreux ouvriers qu'intéressait si vivement la culture indigène. Mais à peine le mot *ouvriers* eut-il été prononcé, qu'une clameur générale étouffa la voix de l'orateur : il fut obligé de descendre de la tribune, non sans avoir protesté. « Vous ne voulez pas, dit-il, qu'on vous parle des ouvriers ; eh bien ! chargez-vous de leur donner de l'ouvrage. » La réponse de M. le président Sauzet fut d'une audacieuse naïveté : « Nous sommes chargés, dit-il, de faire des lois et non pas de donner de l'ouvrage aux ouvriers. »

Les radicaux firent entendre d'énergiques protestations :

« Vous ne savez donc pas, disaient-ils, que c'est là précisément la première obligation d'un gouvernement, de faire que tous les hommes valides aient du travail, et un travail suffisant pour vivre avec leur famille ? C'est là le but des lois et de la société, et s'il n'est pas atteint, autant vaudrait retourner dans les bois, où le plus fort tuerait et mangerait le plus faible. Votre devoir, à vous qui nous représentez et nous gouvernez, est d'y tendre avec persistance et dévouement. S'il y a des vies qui s'éteignent faute de travail et de pain, s'il y a des intelligences qui ne portent pas leurs fruits faute d'instruction, des moralités qui succombent sous le poids de la misère, vous en êtes responsables, car vous ne pouvez pas prétexter d'impuissance. L'argent ni le pouvoir ne vous manquent pour faire le bien, et jamais peut-être nation n'a pourvu avec autant de générosité que la France à toutes les conditions d'un gouvernement fort.

« Vous ne voulez pas voir que, chaque jour, les questions de salaire, les questions de subsistances deviennent plus brûlantes et plus dangereuses pour votre misérable ordre social. Quand les pauvres sont effrayés par la concurrence que leur font les machines, quand ils brisent ces machines, quand ils ont peur de mourir de faim et qu'ils arrêtent quelques sacs de farine, alors vous leur débitez tous les lieux communs que peuvent vous fournir les livres des économistes. Mais comment espérer qu'ils croient encore à vos phrases, quand ils sauront, d'après des avis officiels, qu'il y a un parti pris de ne point s'occuper de leur sort, de les compter pour rien dans les discussions faussement appelées d'intérêt public? En repoussant la réforme, vous leur refusez les droits politiques; il ne vous reste plus qu'à leur dénier aussi les droits sociaux, en déclarant par une loi que nul intérêt ne peut être invoqué dans les Chambres, s'il n'est celui d'un éligible ou d'un électeur. »

La coupable indifférence du président de la Chambre, les hostilités bruyantes de la majorité eurent au moins le bon effet d'exciter la polémique et de signaler avec plus de force la nécessité d'une solution. Peu de jours après, lorsque vint la discussion sur la réforme électorale, M. Arago, ainsi que nous l'avons dit, jeta du haut de la tribune cette formule nouvelle : Organisation du travail; et de toutes les villes manufacturières partit un long cri d'espérance, et dans tous les journaux démocratiques se répéta la formule, développée avec art, commentée avec éloquence.

Alors commencèrent à se trouver face à face deux intérêts opposés : le travail et la fortune, le fabricant et l'ouvrier, le capital et le salaire.

Avec une bonne constitution politique, le gouvernement se serait trouvé arbitre entre deux intérêts rivaux. Mais de ces deux intérêts, l'un avait des droits politiques et une large part dans la composition des pouvoirs. Le gouvernement avait donc besoin de lui, et bien loin de prétendre à la noble mission d'arbitre, il était contraint de se faire le serviteur et l'instrument de l'oppression.

Ce n'était donc pas à tort que les radicaux soutenaient que les améliorations ne pourraient surgir que de la réforme politique. Le mal, disaient-ils, c'est le monopole; la cause du mal, c'est l'organisation vicieuse des pouvoirs politiques. Il y a donc nécessité, nécessité absolue, si l'on veut guérir les plaies sociales, de changer préalablement la base de nos constitutions politiques. Et alors, quand les causes génératrices du mal auront disparu, le mal ne tardera sans doute pas à disparaître à son tour. Fille du monopole et de l'oppression exercée par le capital sur le travail, la misère diminuera, et avec la misère le vice, et avec le vice le crime.

Les ouvriers ainsi conviés à la vie politique par les radicaux de la Chambre et de la presse, intervinrent dans le débat par une démarche toute de paix et de reconnaissance auprès du courageux député qui avait fait valoir leurs droits. Le 24 mai, mille ouvriers délégués par presque tous les corps d'artisans de la capitale, se rendirent à l'Observatoire, demeure de M. Arago. Il les reçut dans le jardin, où l'un d'eux prononça d'une voix émue le discours suivant :

« Monsieur,

« Vous avez parlé avec noblesse, courage et vérité des souffrances du peuple et de ses vertus; nous venons vous en remercier.

« Puissent vos idées, que vous n'avez sans doute pu émettre que d'une manière incomplète, aider à la réalisation de nos vœux ! Ils sont grands, mais ils sont justes, car ils se fondent sur le droit qu'a tout membre de la société de vivre en travaillant, et d'obtenir, dans la répartition des fruits du travail, une part proportionnée à ses besoins.

« Quand vous avez parlé de nous, Monsieur, dans cette Chambre qui prétend nous représenter, les murmures ont étouffé votre voix ! Que l'expression de nos sympathies vous dédommage. Abandonné par tous les pouvoirs constitués, le peuple ne s'abandonne pas lui-même. Dans le peu de loisir que nous laissent nos travaux, nous pensons à un avenir meilleur et nous nous y préparons par l'étude.

« Qu'ils le sachent bien, nos prétendus hommes d'État, le peuple n'en est pas aujourd'hui à douter de l'insuffisance de nos institutions ; qu'ils le sachent bien, eux, à qui il n'appartient pas, suivant leur aveu, de donner du travail aux ouvriers ; qu'ils le sachent bien, le peuple a vu dans un tel déni de justice la preuve de leur impuissance radicale, en face d'un mal trop grand, d'une situation trop effrayante.

« Ceux qui, s'élevant au-dessus des querelles frivoles, qui absorbent aujourd'hui toute l'attention des hommes politiques, auront comme vous le courage d'aborder les questions sociales qui nous touchent, ceux-là peuvent compter sur notre reconnaissance et notre appui. »

M. Arago remercia en termes paternels ces braves enfants du peuple si reconnaissants pour quelques mots d'humanité. Il termina ainsi son allocution :

« Votre cause, je me trompe, *notre* cause est juste : elle triomphera dans un avenir peu éloigné. J'ai été heureux de vous entendre placer l'étude au nombre de vos moyens de succès. Permettez à une voix amie de vous recommander aussi le calme et la modération, nobles attributs du bon droit. Comptez, mes chers concitoyens, en toute circonstance, sur mes plus vives sympathies. Croyez que jamais je ne déserterai la sainte mission que je me suis donnée : celle de défendre avec ardeur et persévérance les intérêts des classes ouvrières. »

Il y avait dans cette démarche des ouvriers de la capitale plus d'un avertissement pour le pouvoir. Ils prouvaient qu'ils avaient l'intelligence de leurs droits, et leur langage démontrait qu'ils étaient dignes d'en user. Les Chambres pouvaient se convaincre aussi que la vie politique n'était pas uniquement concentrée dans leur étroite enceinte, et qu'en dépit de leurs dédains il leur faudrait tôt ou tard tenir compte des millions de citoyens livrés à la discrétion de deux cent mille privilégiés.

La question politique était, d'ailleurs, si intimement liée à la question industrielle, que, dans le moment même où les législateurs refusaient de s'occuper du sort des ouvriers, ceux-ci, dans plusieurs professions, étaient en lutte ouverte avec leurs maîtres, sans trouver dans la loi des garanties pour leurs intérêts. Ceux qui occupaient le plus alors les discussions de la presse, étaient les ouvriers tailleurs. N'ayant pu s'accorder avec les maîtres sur les prix à façon, deux ou trois mille d'entre eux avaient suspendu leurs travaux. Les maîtres, réunis en société, au lieu de discuter la question du salaire, eurent recours à un misérable subterfuge, en sollicitant le préfet de police d'obliger les ouvriers à prendre des livrets. C'était dissimuler une question d'argent sous une question d'ordre. Or, depuis trente ans, le livret n'était pas exigé des ouvriers tailleurs. Pourquoi les maîtres n'avaient-ils pas réclamé plus tôt ? Pourquoi réclamaient-ils à propos d'une discussion sur le salaire ? Évidemment pour embarrasser les ouvriers par une attaque détournée, pour leur faire perdre de vue la question principale, première source de la division, pour appeler la discussion sur un autre terrain où les maîtres pouvaient avoir pour eux les apparences du droit.

Les journaux radicaux ne furent pas dupes de cette manœuvre, et surent ramener la question à sa vérité. Ils n'eurent pas de peine à démontrer que toutes les collisions tenaient à la mauvaise organisation du travail, aux préférences de la loi pour les puissants, à sa sévérité pour les faibles ; et ces tristes luttes eurent au moins cet avantage d'appeler l'attention publique sur ces formidables problèmes. Cependant, les radicaux, loin d'en profiter pour exciter les passions, s'attachèrent à calmer les ressentiments, à prêcher la conciliation et à trouver une solution dans des transactions amiables. Le *National* proposa aux deux parties de se soumettre à la décision d'arbitres-juges qui seraient choisis en nombre égal, d'une part par les maîtres, et de l'autre par les ouvriers. Ces sages conseils semblèrent devoir triompher, et des deux côtés on se montrait disposé à un accommodement.

En effet, les ouvriers tailleurs, au nombre de trois mille, se réunirent à la barrière du Roule, avec l'autorisation du préfet de police, pour nommer des délégués. Tout se passa dans le plus grand ordre.

Malheureusement, d'autres corps d'état montraient des signes de discorde. Les ouvriers bottiers et cordonniers discutaient avec les maîtres une question de salaire. Suivant l'exemple des tailleurs, ils résolurent de soumettre aussi leurs différends à un tribunal composé par parties égales de maîtres et d'ouvriers, et se réunirent dans le même local au faubourg du Roule.

Dans le même temps les ouvriers en papier peint étaient poursuivis, sur la plainte de deux fabricants du faubourg Saint-Antoine, pour délit de coalition, et leur procès prouvait clairement à quelle source d'abus pouvait donner lieu l'obligation des livrets. Un de ces fabricants, M. Séveste, croyant voir chez ses ouvriers des symptômes de coalition, les avait menacés de les renvoyer. Prenant cette menace pour un congé, les ouvriers demandèrent leurs livrets. M. Séveste, au lieu de les rendre, les déposa chez le commissaire de police, et formula sa plainte en coalition. Deux mois s'écoulèrent jusqu'au jour du jugement, et pendant ce temps, les ouvriers restèrent sans travail, puisque, d'après la loi, nul fabricant ne pouvait recevoir un ouvrier qui ne lui présentait pas son livret. Cet abus de la force fut d'autant plus odieux, que tous les ouvriers furent acquittés; de sorte que, sur une fausse accusation du maître, dix honnêtes travailleurs se virent dérober, pendant deux mois, leur premier instrument de travail.

L'autre fabricant, M. Hébert, avait atteint le même but par un autre moyen. Il n'avait pas retenu les livrets, mais en les rendant, il y avait inscrit d'office, au lieu et place du congé d'acquit, seule mention qu'il pût faire, aux termes de la loi, cette phrase équivoque et flétrissante qui interdisait nécessairement l'entrée de toute fabrique : *Sorti de chez moi avec une plainte contre lui chez le procureur du roi.* Les livrets devenaient ainsi, entre les mains des maîtres, un moyen d'oppression, un instrument de ruine. Chaque fait signalait les vices d'une législation arbitraire.

Aussi, tous les autres corps d'état se considéraient ils comme solidairement intéressés dans ces graves conflits. Une grande partie des ouvriers typographes de Paris ouvrirent, dans leurs ateliers, une souscription destinée à les aider dans la lutte qu'ils soutenaient, et que les lenteurs de l'organisation du tribunal arbitral pouvaient encore prolonger. L'offre fut acceptée par les tailleurs, et c'est ainsi qu'une loi injuste établissait entre toutes les classes des travailleurs un lien mutuel, bien autrement redoutable que les coalitions partielles.

Quelques jours après, les menuisiers demandèrent un salaire qui fût en rapport avec leur travail. Réunis à la barrière du Maine, loin de tout centre de population, ils délibéraient dans le plus grand calme sur la nomination de leurs délégués, lorsqu'un détachement de garde municipale escorté de sergents de ville vint brutalement les disperser.

C'était une manière prompte de vider une question difficile. Mais n'était-il pas imprudent au pouvoir de n'avoir d'autre argument que la violence, lorsque, depuis un mois, les radicaux s'efforçaient de prêcher la conciliation?

« Que signifient, s'écriaient ceux-ci, de pareilles violences ? Est-il moral, est-il humain de livrer aux brutalités d'agents subalternes, des hommes qui discutent entre eux le droit de vivre? Leur a-t-on donné du pain quand on les a dissipés et violentés? Espère-t-on résoudre ainsi la terrible question du salaire ? Sous une forme ou sous une autre, cette question se représente sans cesse à Paris et dans les départements. Elle fut soulevée la première après la Révolution de 1830, et depuis ce moment les classes laborieuses n'ont pas cessé de l'agiter.

« Notre parti sympathise avec les ouvriers,

parce que leur cause est juste, leur droit sacré, parce que leurs souffrances sont vives et profondes ; parce qu'elles attestent l'effrayante désorganisation qui travaille notre état social. C'est aussi pour cela que nous voulons modifier cette société, afin qu'elle trouve la paix, l'ordre et la sécurité, en veillant avec une égale sollicitude au bien-être de tous ses enfants. Nous n'espérons pas que le système politique actuel puisse résoudre ce problème : le poser seulement devant les Chambres du monopole, c'est en quelque sorte leur faire entendre un cri de guerre. Il faut cependant que cette question se vide, car elle est à terme; il faut que les conditions du travail soient changées; il faut que le crédit se réorganise; il faut enfin une autre base à l'ordre social tout entier. Cette pensée, toujours présente à notre esprit, est le stimulant le plus actif des efforts que nous faisons pour faire passer dans les mains de la nation entière l'instrument politique qui appartient aujourd'hui à une faible minorité.

« Il faut autre chose que des gendarmes et des cachots pour résoudre la question. Ce qui se passe aujourd'hui, quoique fort grave, l'est encore moins que ce que l'avenir nous réserve, si l'on ne fait rien pour le prévenir. Les mêmes causes ramèneront incessamment les mêmes effets, avec toute l'aggravation que les luttes précédentes leur donneront inévitablement. »

Ces avertissements ne furent pas compris par un pouvoir qui, vivant au jour le jour ne s'arrêtait guère à des difficultés d'avenir' Il crut trancher la question en sévissant contre les ouvriers. De nombreuses arrestations furent ordonnées, les prisons regorgèrent de travailleurs de tous états. Et ce qu'il y avait de plus odieux, c'est qu'on arrêtait de préférence ceux des ouvriers que les suffrages de leurs compagnons avaient désignés pour l'œuvre de conciliation. Les ouvriers tailleurs de pierre ayant voulu modifier les conditions de leur travail et de leur salaire, demandent à la police la permission de se réunir pour nommer des délégués chargés de s'entendre avec les entrepreneurs. Cette permission leur est accordée. Ils s'assemblent en présence de la police, délibèrent avec ordre et calme et rentrent ensuite dans leurs ateliers. Quelques jours après, le gouvernement fait arrêter et retient en prison les délégués qu'il avait permis lui-même de choisir. Qu'en résulta-t-il? C'est que le même jour tous les ouvriers de cette profession quittèrent de nouveau les chantiers, faisant appel à tout le compagnonnage, qui s'empressa de les imiter. Or, le compagnonnage renferme les maçons, les serruriers, les menuisiers, les charrons, les charpentiers, les corps d'état les plus nombreux et les plus importants. Le pouvoir provoquait lui-même le désordre et faisait naître les occasions. La population ouvrière avait choisi, pour la représenter, les plus intelligents, les plus moraux et les plus laborieux. C'était sur ceux-là que s'appesantissaient les rigueurs. Le président et le vice-président des syndics des serruriers étaient en prison, ainsi que plusieurs des délégués tailleurs. Comment l'agitation ne devait-elle pas répondre à ces provocations imprudentes? Dans la soirée du 5 septembre, des rassemblements se firent à la porte Saint-Denis et à la porte Saint-Martin, d'abord pacifiques et inoffensifs, bientôt plus tumultueux à la suite d'agressions violentes des agents de police, armés de gourdins et frappant au hasard. Deux jours se passèrent pendant lesquels il se fit encore de nombreuses arrestations. Le 7, dès le matin, les ouvriers ébénistes, qui habitent en grande majorité le faubourg Saint-Antoine, quittèrent simultanément leurs ateliers. Bientôt les serruriers, les mécaniciens et d'autres corps d'état se joignirent à eux. Les sergents de ville et la garde municipale essayèrent vainement de dissiper les groupes. La population des curieux grossissait les masses des ouvriers, et il se faisait un immense encombrement dans toutes les rues qui vont de la place de la Bastille à l'extrémité du faubourg.

Sur ces entrefaites, un omnibus étant venu à passer, les chevaux furent dételés, la voiture renversée; quelques planches servirent d'appui et de renfort pour construire une barricade. Aussitôt se précipita au grand trot un détachement de gardes nationaux à cheval, et les masses se dispersèrent sans essayer de résistance. La voiture fut relevée et la circulation rétablie. Bientôt se présentèrent des troupes de ligne qui prirent diverses positions dans le quartier.

Dans le même temps, un rassemblement d'environ douze cents ouvriers avait lieu sur la place Maubert et dans le faubourg Saint-Marceau. L'intervention de la police eut bientôt dissipé ces rassemblements qui, séparés en différentes bandes, prirent une autre direction.

Cependant le gouvernement, soit qu'il ressentît, soit qu'il feignît de sérieuses alarmes, faisait des préparatifs formidables. Dès le matin, des troupes étaient dirigées sur tous les points de la ville. Les quais étaient encombrés par la cavalerie; les abords de la préfecture de police présentaient un immense déploiement de forces. Sur la place de l'Hôtel-de-Ville, on avait placé de l'infanterie, de la cavalerie, de la garde municipale, de la garde nationale, des sergents de ville et du canon. Le Carrousel était hérissé de troupes; une batterie d'artillerie était jointe à de forts détachements de toutes les armes. Au Pont-Neuf, au Louvre, aux Tuileries, toutes les issues étaient gardées; la place Dauphine était envahie. Sur toute la route de Paris à Saint-Cloud, des gendarmes du département, des officiers d'ordonnance circulaient sans cesse, et des compagnies entières avaient été placées à la barrière de l'Étoile et dans le bois de Boulogne.

L'immense garnison de Paris ne sembla pas suffisante, et dans la journée, deux régiments accourus de Fontainebleau prenaient position dans le faubourg Saint-Antoine. Enfin, le rappel se fit entendre dans tous les quartiers, sans cependant que les gardes nationaux missent beaucoup d'empressement à prendre les armes.

A voir cet immense déploiement de forces, cet appareil guerrier, ces bivouacs dans les rues, ces batteries dans les carrefours, on eût dit que la capitale allait être le théâtre d'un combat général. Et cependant les troupes n'avaient devant elles que des masses inoffensives, sans intentions politiques, sans moyen d'attaque. Ce bruit d'armes ne servit qu'à attirer sur les places publiques une population de curieux qui se promenaient comme aux jours de fête. Aucun trouble, aucune collision ne vint offrir un prétexte aux violences; le ministère tentait en vain de donner quelque gravité à de stériles agitations.

Mais il en profitait lâchement pour obtenir, sous l'impression des circonstances, de plus sévères condamnations contre les ouvriers arrêtés et traînés en police correctionnelle. Les juges d'instruction, ordinairement si lents à fonctionner, précipitaient la procédure de manière à obtenir le jugement des faits de coalition au milieu des émotions causées par les rassemblements de la rue et les tribunaux complaisants répondaient par six mois, un an, deux ans de prison appliqués à des malheureux qui n'avaient d'autre tort que de demander pour leur travail une juste rétribution.

Ces exécutions barbares, sous le nom de justice, se poursuivirent pendant plusieurs jours; chaque audience apportait son contingent de victimes. Le 12 septembre, quarante-six ouvriers furent condamnés dans l'espace de trois heures. Les sentences se précipitaient avec tous les caractères de la vengeance. Le 15 septembre, trente-trois tailleurs de pierre étaient frappés de diverses peines. Le 1er octobre, la cour royale, saisie par l'appel des ouvriers, confirmait la sentence des premiers juges.

Dans cette triste campagne du pouvoir contre le peuple, la presse radicale soutint avec une énergique dignité la cause des travailleurs. Malgré ses efforts, cependant, la force l'emportait sur le droit; mais de ces iniquités mêmes elle faisait ressortir des enseignements en faveur des réformes politiques, et combattait avec vigueur l'école matérialiste qui, faisant bon marché des formes du gouvernement, prétendait ramener toutes les discussions à des questions industrielles.

« Et maintenant, écrit le *National*, c'est aux ouvriers que nous nous adressons. Comprendront-ils désormais à quoi servent les formes politiques? Victimes des suggestions de la police, et de quelques intrigants remplis d'ambition et de vanité, beaucoup d'entre eux se sont imaginé de bonne foi, dans ces derniers temps, qu'il fallait s'occuper seulement de la réforme sociale sans se préoccuper aucunement de la réforme politique; ils niaient que la réforme politique fût l'instrument nécessaire, indispensable de la réforme sociale. Or, ils voient aujourd'hui, par d'éclatants exemples, la valeur et les conséquences des politiques. Si le pouvoir n'était pas le produit de quelques individus privilégiés fonctionnerait-il uniquement au profit de quelques-uns? Si les questions du travail, du salaire pouvaient être librement discutées entre les maîtres et les ouvriers, et résolues par des arbitres nommés par les uns et les autres en nombre égal; si, en un mot, le privilège n'était pas la loi suprême de cette société, est-ce que la justice ne prévaudrait pas nécessairement? Oui, supposez un pouvoir vraiment social, un pouvoir qui soit le produit et l'expression de tous les besoins et de tous les intérêts, soumettez-lui les questions que l'on tranche aujourd'hui à coup de sabre ou de réquisitoire, et vous verrez la différence des résultats; à la place de l'oppression, la justice; à la place du fait brutal, le droit vainqueur. »

Cependant ni les discussions de la presse, ni les justes réclamations des ouvriers n'arrêtèrent de brutales rigueurs. Le gouvernement, pour échapper aux difficultés d'une solution, fermait les yeux; pour n'avoir point à s'enquérir du remède, il niait le mal, appelant factieux ceux qui souffraient, et frappant ceux qui se plaignaient. Mais la question soulevée ne devait plus être mise en oubli; la sollicitude publique était éveillée, et malgré quelques intermittences d'un sommeil apparent, les esprits devaient revenir sans cesse à l'étude des redoutables problèmes du travail et du salaire auxquels se trouvait lié désormais l'avenir social.

Pour ne pas scinder l'importante question du travail et du salaire, nous avons dû la suivre dans toutes les phases qu'elle parcourut sous le ministère du 1er Mars. Il nous faut actuellement revenir sur les faits qui se produisirent simultanément, soit à l'intérieur, soit à l'extérieur.

Un événement qui devait avoir des conséquences immédiates sur la diplomatie européenne avait causé une certaine émotion dans les pays du Nord. La mort du roi de Prusse, arrivée le 7 juin, jour de la Pentecôte, avait de l'importance surtout à cause des sympathies qu'il manifestait pour le gouvernement français, et que son successeur était loin de partager. On pouvait craindre que le czar ne prît dans les conseils de Berlin une influence plus décisive. Les événements ne tardèrent pas à justifier ces craintes.

Dans le même moment, l'Angleterre était tout en émoi par suite d'un attentat qui avait menacé les jours de la reine. Un jeune fou, âgé de dix-huit ans, avait tiré sur elle deux coups de pistolet, sans cependant l'atteindre. Après les premières explosions de l'indignation publique, on oublia cet acte isolé d'un monomane qui fut relégué dans une maison de santé.

Quelques jours après, la mort du roi de Lahore, Runjet-Singh, ouvrait dans les Indes à l'ambition britannique un nouveau champ d'entreprises. Le 27 juin, le Maha-Radjah rendait le dernier soupir, laissant un faible héritier qui ne devait pas être longtemps un obstacle aux convoitises de ses puissants voisins.

La France, cependant, au milieu de ses agitations intérieures, assistait à une fête solennelle préparée à Strasbourg en l'honneur de Gutenberg. De toutes les parties du territoire étaient accourues des députations empressées de rendre hommage à la plus belle des inventions modernes, au génie multiplicateur de la pensée. L'élite de la lit-

12. — E. REGNAULT.

térature parisienne, de la presse politique, de toutes les industries qui vivent de la typographie et lui viennent en aide, d'illustres représentants des arts et des sciences, des membres de l'Institut, assistaient à cette imposante cérémonie, qu'animait encore la présence des multitudes enthousiastes venues de l'autre bord du Rhin. Enfin, quelques Brésiliens, rassemblés par hasard dans la ville alsacienne, représentaient avec leur verte bannière le nouveau monde et ses espérances. C'était une fête universelle, bien plutôt qu'une fête nationale. Les esprits, fatigués des discordes civiles et assombris par les misères d'une politique étroite, étaient heureux de se reposer dans les joies d'une solennité pacifique, dans les fraternels épanchements d'une fête dédiée à la science.

Le gouvernement, de son côté, n'était pas fâché de donner aux esprits une diversion qui mît quelque trêve à des attaques contre lesquelles il n'avait plus de force, et il préparait avec éclat des fêtes officielles qui rappelaient de grandes époques, dont il fuyait lui-même toutes les traditions. Nous avons dit avec quelle emphase il avait annoncé au Parlement la translation des restes de Napoléon. Déjà se faisaient les préparatifs du départ, et le prince de Joinville mettait un ardent empressement à s'acquitter de sa glorieuse mission.

Le charlatanisme du gouvernement se manifesta mieux encore dans une cérémonie populaire, qui contrastait singulièrement avec les efforts qu'il faisait pour oublier son origine révolutionnaire.

Le 28 juillet avait été choisi pour transporter les restes des victimes de 1830 sous la colonne élevée à la place de la Bastille. Rien n'avait été négligé pour donner à la cérémonie un éclat qui pouvait faire croire à des sympathies réelles. On offrait des satisfactions aux yeux, faute d'en accorder aux esprits.

Dans les jours qui précédaient, on avait ouvert successivement les sépultures provisoires des victimes de juillet, et les corps avaient été déposés dans des sarcophages rangés au milieu de la nef de l'église Saint-Germain-l'Auxerrois.

L'église, entièrement tendue de noir, était divisée en tribunes, dont deux de chaque côté de la nef et du chœur, et autant dans les galeries supérieures. Une draperie à franges d'argent régnait entre le premier et le second ordre d'architecture. Cette draperie était surmontée d'un cordon de bougies sur toute la circonférence de la nef et du chœur. Les fenêtres étaient closes par des stores de drap noir, que bordaient des couronnes d'immortelles au milieu desquelles étaient les chiffres 27, 28, 29. La tenture, tant intérieure qu'extérieure, était en outre parsemée d'étoiles d'argent.

Le catafalque, placé au milieu de la nef, était recouvert de velours noir parsemé d'étoiles et autres ornements d'argent et coupé par une large croix; aux quatre angles brûlaient quatre lampes funèbres.

L'église était éclairée par quatorze lustres magnifiques placés entre les colonnes, et par un grand nombre de flambeaux placés au maître-autel.

Le 28, à neuf heures du matin, se présentèrent à l'église, le ministre de l'intérieur, le ministre des travaux publics, accompagnés du commandant supérieur des gardes nationales de la Seine, M. le maréchal Gérard, de son état-major, des préfets de la Seine et de la police et du comte de Laborde, aide de camp du roi. Venaient ensuite : 1° le corps municipal de la ville de Paris, les maires et adjoints des douze arrondissements; 2° la députation des décorés de Juillet.

Un piquet d'honneur, composé de sous-officiers et de soldats, décorés de Juillet, se tenait autour du catafalque. Une haie formée par la garde nationale et la troupe de ligne stationnait des deux côtés de la nef, jusqu'au portail, et se prolongeait depuis la porte, à droite et à gauche, bien avant sur la place.

Durant l'office, un orchestre de deux cents chanteurs et instrumentistes, conduit par M. Habeneck, exécuta la belle messe de *Requiem* de Cherubini. Les plus célèbres artistes des théâtres lyriques chantaient les solos.

Lorsque l'office fut terminé, les artilleurs qui stationnaient sur la place, entrèrent dans l'église et enlevèrent successivement les cinquante cercueils que contenait le catafalque, et les transportèrent jusqu'au char.

A onze heures, le cortège se mettait en marche, suivant la ligne des quais du Louvre, des Tuileries, la place de la Concorde, la Madeleine et les boulevards. Pendant qu'il s'avançait ainsi, une nombreuse colonne d'étudiants partait de l'École de médecine. En marchant ils furent rejoints par un nombre considérable d'ouvriers qui arrivaient de leur côté avec un drapeau. Ces deux groupes réunis formaient environ quatre mille hommes. Cependant ils cotoyaient en ordre le cortège, en chantant la *Marseillaise*, interrompue de temps en temps par les cris de *vive la réforme !* répétés par un assez grand nombre de spectateurs, lorsqu'à la hauteur de la rue Saint-Claude, trois commissaires de police se présentèrent, les sommèrent de se disperser, pendant qu'un escadron de garde municipale poussait sur eux ses chevaux. Malgré leurs protestations, ils durent céder à la violence. Ainsi chassés des boulevards, les étudiants se rejoignirent dans les rues du Marais, et descendirent la rue Saint-Martin jusqu'aux quais, pour regagner l'École de médecine. Mais, dans la rue de l'Ancienne-Comédie et au carrefour de l'Odéon, ils furent rejoints par une trentaine de gardes municipaux accourus à bride abattue du Pont-Neuf. Les chevaux furent lancés au milieu des groupes, sans qu'aucune résistance vînt donner à cette provocation un prétexte ou un encouragement.

Pendant que se passaient ces déplorables scènes, le cortège arrivait à la Bastille au milieu d'une population immense.

Un temple funèbre, destiné à recevoir le char pour la cérémonie de l'absoute, avait été construit en face de la grande entrée des caveaux de la colonne, vis-à-vis de la rue Saint Antoine.

Ce temple de douze mètres d'élévation était supporté par douze pilastres d'ordre égyptien, et le pourtour du soubassement, orné d'écus aux devises de Juillet. Sur chacun des frontons regardant la rue Saint-Antoine et celle du faubourg, était peint un lion, la crinière hérissée.

L'intérieur du temple était orné de tentures noires; à la voûte pendaient vingt lampes sépulcrales. Deux grandes tribunes y étaient dressées : celle de droite, en regardant le faubourg, destinée aux décorés de Juillet et aux parents des défunts; celle de gauche aux ministres et aux autorités municipales et militaires.

Quatorze tribunes étaient élevées autour de la colonne pour les personnes munies de billets. Au-dessus de chaque tribune flottait une oriflamme aux couleurs nationales. La colonne était entourée d'un riche crêpe de soie noire, bordé d'argent.

Pendant que le char pénétrait sous le grand temple funéraire, les musiques des légions de la garde nationale, placées sur deux estrades, exécutaient une marche funèbre, une hymne et une marche triomphale composées pour la cérémonie par M. Berlioz.

Lorsque le char s'arrêta à la place qu'il devait occuper, on arbora au sommet de la colonne une bannière aux trois couleurs sur laquelle était brodée une palme, symbole d'immortalité. Puis le clergé, accompagné des ministres, du général Gérard et du préfet de la Seine, pénétra dans l'intérieur des caveaux, et se formant en cercle, fit l'absoute; après quoi, les restes mortels furent déposés dans les sarcophages destinés à les recevoir.

La cérémonie religieuse terminée, la garde nationale et la troupe de ligne défilèrent devant la colonne, et leurs nombreux bataillons se déployèrent pendant plusieurs heures.

Cette fête, souvenir d'une victoire populaire, réveilla dans les âmes des sentiments de légitime orgueil. Toutes les classes de citoyens s'y associèrent avec empressement et enthousiasme. Le gouvernement, au contraire, était dans un accès de méfiance et d'épouvante. Toutes les troupes qui n'assistaient pas au cortège étaient consignées dans leurs casernes ou postées sur des points importants. Le Louvre était un bivouac; l'intérieur des Tuileries hérissé de soldats. De formidables préparatifs de défense semblaient annoncer un combat plutôt qu'une fête; et l'attitude de l'autorité faisait contraste avec la pompe hypocrite qu'on déployait au dehors.

Cette espèce de bouderie officielle n'échappait pas à la sagacité de la population parisienne. On s'étonnait de voir le gouvernement représenté par deux ministres secondaires, tandis que M. Thiers semblait refuser ses hommages à une révolution qui l'avait fait monter à la présidence du Conseil. On remarquait surtout l'absence du roi et de ses fils, qu'on avait vainement cherchés et dans l'église et hors de l'église. Les gardes nationaux eux-mêmes en murmuraient, et dans toutes les légions les mécontentements éclataient en termes énergiques. On disait en tous lieux : « Il a, Dieu merci, assez profité du dévouement de ces victimes; il aurait bien dû les honorer. »

En rendant compte, le lendemain, de ces manifestations, un journal radical ajoutait :

« Nous racontons ce sentiment, nous ne le partageons pas. Qu'avait à faire la royauté dans ces funérailles? A quel titre sa place y était-elle marquée? A-t-elle pris part au combat? Est-ce pour elle que sont morts tous ces braves? Avaient-ils prévu la cruelle déception qui serait le fruit de leur courage? Leurs frères, qui leur ont survécu, ces autres combattants des trois journées, quel a été leur sort? A quelles persécutions, à quelles dures épreuves n'ont-ils pas été condamnés! Et vous vouliez que la dynastie fût présente! Et vous croyez que, si ces ombres généreuses, qui ne répondent plus, qui entendent peut-être, si ces ombres touchent encore par quelque chose à la terre, elles eussent accueilli un pareil hommage! Non; le roi dans son palais, les hommes de juillet dans la rue, chacun était à sa place, et M. Thiers, qui tient la monarchie en lisière, a eu du moins cette fois quelque pudeur. »

C'est ainsi que cette grande solennité, loin de rapprocher les esprits, loin de réconcilier les hommes et les principes, devenait une occasion nouvelle de mutuelles accusations, et révélait de part et d'autre de profonds ressentiments. La royauté avait beau célébrer avec éclat les anniversaires de Juillet, on ne se dissimulait pas qu'elle eût mieux aimé oublier son origine. Les républicains les rappelaient avec orgueil parce qu'il en était sorti une révolution; mais c'était une révolution avortée; et la vue du trône réédifié tempérait leur joie et assombrissait la victoire.

Au surplus, en ce moment, de puissantes émotions donnaient aux réunions armées un caractère plus sévère et plus imposant que de coutume. Dans tous les rangs de la garde nationale, pendant les longues heures d'attente, on s'entretenait avec un étonnement indigné de l'affront fait à la France par le traité du 15. Quelques-uns accusaient le ministère, d'autres le roi lui-même; plusieurs adressaient de menaçants défis à l'étranger. Quelques groupes chantaient la *Marseillaise*, tous étaient animés, exaltés, pleins de patriotiques ardeurs. Les souvenirs mêmes de l'anniversaire que l'on célébrait réveillaient les pensées généreuses. L'élan spontané des citoyens invitait le gouvernement à faire preuve de résolution; mais pour tirer parti des inspirations d'un grand peuple, la première condition est de les comprendre et de les partager.

VII

Traité du 15 juillet. — Mot du maréchal Soult. — Aveuglement de M. Guizot. — Politique de temporisation. — Le czar et lord Palmerston. — Intérêt matériel de la Russie et de l'Angleterre dans la question d'Orient. — Intérêt politique de la Prusse et de l'Autriche. — Désintéressement de la France. — Projet de transaction entre l'Egypte et la Turquie. — Colère des négociateurs de Londres. — Les agents anglais font soulever la Syrie. — Incidents et compression de l'insurrection. — Preuves officielles de l'action de lord Palmerston sur les révoltés. — Signature du traité. — Consternation de M. Thiers. — Colère violente du roi. — Indignation du pays. — Émotion en Angleterre. — Attitude énergique de Méhémet-Ali. — Statistique des forces égyptiennes. — Paroles révolutionnaires de Louis-Philippe. — Préparatifs de guerre. — Fortifications de Paris. — Scission parmi les radicaux. — Construction des forts détachés.

Le 14 juillet, les Chambres se séparaient ; le 15, s'accomplissait à Londres un acte diplomatique, qui était un outrageant défi à la France, un signal de guerre pour toute l'Europe.

L'Angleterre, la Russie, l'Autriche et la Prusse signaient de concert un traité pour la solution de la question d'Orient, et dans une telle occasion la France n'était ni consultée ni ménagée. On tranchait sans elle une question débattue avec elle, on finissait à quatre ce qui avait été commencé à cinq ; on disait insolemment à la France qu'elle ne comptait plus parmi les grandes nations ; on disait, ce qui était pis encore, que la France accepterait l'injure sans oser se venger. Un des meneurs de toute cette intrigue, lord Palmerston, répétait à qui voulait l'entendre que la France crierait comme un enfant mutin, mais s'apaiserait à la vue des verges. Ajoutons, pour être vrai, que ces bravades s'adressaient moins à la nation qu'au gouvernement, moins au peuple français qu'au roi Louis-Philippe. On connaissait ses entêtements pacifiques ; et son impopularité même était une garantie pour l'étranger. Il avait d'ailleurs trop de guerres à l'intérieur, pour pouvoir oser quelque chose au dehors ; il entreprenait en ce moment une campagne contre la réforme, une campagne contre les ouvriers, sans compter ses campagnes perpétuelles contre la puissance parlementaire ; il ne lui restait ni loisir, ni forces pour entreprendre une campagne contre les rois coalisés. Il faisait leurs affaires chez lui ; il ne pouvait aller les troubler chez eux.

Lord Palmerston avait donc raison dans son arrogance lorsqu'il défiait le gouvernement de la France ; mais il se serait bien gardé de jeter cette insulte à la nation.

Et cependant, quoique l'injure ne s'adressât pas à elle, la nation en ressentit vivement le contre-coup, et un immense cri de colère retentit par toute la France. Il y avait d'ailleurs dans l'accord des quatre puissances tous les souvenirs des vieilles coalitions qui avaient si longtemps conspiré contre la France et qui avaient fini par l'humilier. On sentait revivre les hontes de 1815 ; et ce sentiment était si général, si bien d'accord avec la situation, que l'Europe entière s'y associait. Déjà cette pensée avait été exprimée plusieurs mois auparavant d'une manière énergique. Durant l'hiver de 1839, comme on parlait dans des conférences diplomatiques de la possibilité d'un traité entre les quatre puissances, le maréchal Soult, qui était présent, s'écria : « C'est le traité de Chaumont ! » Paroles remarquables, qui revinrent à la mémoire de ceux qui les avaient entendues, et qui se renouvelèrent sous diverses formes dans la pensée de tous.

L'émotion fut grande à Paris, dans la presse, chez les hommes parlementaires, au ministère, au château. On était loin, en effet, des pompeuses espérances qu'avait fait naître la fameuse discussion provoquée en juillet 1839 par le rapport de M. Jouffroy. « Cette grande question et ce grand débat, disait le rapporteur en résumant la discussion, imposent au Cabinet une immense responsabilité. En recevant de la Chambre les dix millions qu'il est venu lui demander, il contracte un solennel engagement. Cet engagement, c'est de faire remplir à la France, dans les événements d'Orient, un rôle digne d'elle, un rôle qui ne la laisse pas tomber du rang élevé qu'elle occupe en Europe. C'est là, Messieurs, une tâche grande et difficile. Le Cabinet doit en sentir toute l'étendue et tout le poids.... La fortune lui jette entre les mains une affaire si considérable, que, s'il la gouverne comme il convient à la France, il sera, nous osons le dire, le plus glorieux Cabinet qui ait géré les affaires de la nation de 1830. »

Et c'est un an après ces fières paroles, que cette affaire considérable valait à la France une insulte collective : au lieu de remplir un rôle digne d'elle, elle subissait une honteuse exclusion.

Depuis un an, en effet, le gouvernement français avait fait tant de pas en arrière, que les diplomaties étrangères s'étaient persuadées qu'elles le feraient reculer jusqu'au bout.

Sur le rapport de M. Jouffroy, l'immense majorité de la Chambre avait déclaré que le maintien du *statu quo* devait être la règle de conduite du gouvernement français.

Or, le maintien du *statu quo* impliquait deux choses : 1° que le sultan ne serait pas inquiété par Ibrahim, et que celui-ci s'arrêterait au pied du mont Taurus ; 2° que Constantinople ne serait pas envahie par les Russes. En d'autres termes, la France devait soutenir d'une part l'indépendance de Méhémet-Ali, de l'autre l'indépendance du sultan.

En conséquence, au mois de juillet 1839, l'ambassadeur français à Londres demande que le vice-roi d'Égypte conserve l'intégrité du territoire conquis depuis le Nil jusqu'au Taurus.

Les autres puissances refusent.

La diplomatie française consent à ce qu'on enlève à Méhémet-Ali le district d'Adana, Candie et les villes saintes.

Cette concession ne semble pas suffisante.

En septembre, la France demande l'hérédité de l'Égypte et de la Syrie, sauf les restrictions précédentes.

L'Europe résiste encore.

La France consent à la Syrie viagère avec l'Égypte héréditaire.

Nouveau refus des Puissances, négociations prolongées, puis enfin traité du 15 juillet.

La mystification était complète, l'insulte non dissimulée.

Cependant l'étonnement en France égalait presque les colères. Comment M. Thiers, partisan si décidé de l'alliance anglaise, avait-il été conduit à une rupture ouverte ? Comment l'Angleterre, si jalouse des agrandissements de la Russie, semblait-elle prête à lui ouvrir les portes de Constantinople ? La première question s'expliquait pour les uns par quelque perfidie de M. Guizot, rival de M. Thiers, et tenant dans ses mains les négociations qui devaient le compromettre. Hâtons-nous d'ajouter que l'accusation était injuste. M. Guizot ne fut pas mystificateur ; il fut le premier mystifié. Ce n'est pas qu'il ne fût au courant des intrigues de lord Palmerston, mais il croyait lui-même le dominer par des intrigues contraires. Les immenses embarras du ministère whig sur tous les coins du globe, depuis le Portugal jusqu'à la Chine, depuis les États-Unis jusqu'à Constantinople, avaient réveillé les espérances des tories, et l'opinion publique, émue des imprudences de lord Palmerston, semblait prête à se retourner vers eux. Des menées habilement concertées présageaient la chute prochaine des whigs, et M. Guizot, qui n'y était pas étranger, comptait sur ces divisions intérieures pour arrêter toute entreprise audacieuse dans les affaires d'Orient. Il doutait si peu du succès, qu'il ne prenait aucune inquiétude des mauvaises dispositions de lord Palmerston, qui devait, selon lui, tomber avant l'exécution. Parfaitement au courant des menées diplomatiques du ministère whig, il se rassurait, parce qu'il était également instruit des habiles intrigues des tories; et, croyant au triomphe de ceux-ci, il ne tenait pas assez compte de leurs adversaires.

Toute la correspondance de M. Guizot se ressent de cette confiance aveugle dans la venue prochaine des tories, et de ce dédain profond pour les whigs qui devaient le jouer. Il voit leurs projets, mais ne croit pas à l'accomplissement, et, trompé lui-même sur les hommes et sur les choses, il fait partager à M. Thiers sa sécurité et ses erreurs. Ni l'ambassadeur, en effet, ni le cabinet des Tuileries ne furent pris à l'improviste. Dès le 17 mars, M. Guizot écrivait au ministre des affaires étrangères : — « Il se peut que les choses se précipitent, et que nous nous trouvions bientôt obligés de prendre un parti... Je dis que si nous ne faisons pas la tentative d'amener entre nous et l'Angleterre, sur la question de Syrie, une transaction dont le pacha doive se contenter, il faut s'attendre à l'arrangement à quatre et s'y tenir préparé. » Le 24 juin, il écrivait encore : « Je ne vous réponds point qu'une conclusion soudaine à quatre soit impossible; nous pouvons être d'un moment à l'autre placés dans cette alternative : l'Égypte héréditairement, la Syrie viagèrement, moyennant la cession des villes saintes de Candie et d'Adana par un arrangement à cinq, ou bien la Syrie retirée au pacha par un arrangement à quatre et par voie de coërcition, s'il y a lieu. »

Le gouvernement français semblait donc averti. Mais d'un autre côté, M. Guizot, trempant dans les intrigues intérieures de l'Angleterre, confiant dans les entreprises de ses amis politiques, les tories, n'accorde à lord Palmerston ni assez d'audace, ni assez de force pour prendre un parti définitif, et il se laisse aller à des aveuglements inouïs. Le 14 juillet, la veille même du traité, il écrit : « On nous présentera de nouvelles propositions, nous avons du temps. » Du temps! voilà, en effet, tout ce que demandait le ministère du 1er Mars. C'était là toute sa politique. « Pour le moment, écrivait M. Thiers à M. Guizot, dans une précédente dépêche, il n'y a qu'un moyen de résoudre la difficulté : c'est de gagner du temps. » Et M. Guizot répondait : « Le temps est pour nous; j'ai gagné du terrain, j'en gagnerai encore davantage : dans ce pays-ci, il faut semer, laisser croître et cultiver de loin. » Et le 14 juillet, M. Guizot répétait : « Nous avons du temps. » Et le lendemain le traité était signé!

Au surplus, cette politique de temporisation était parfaitement dans les goûts et les habitudes de Louis-Philippe. Ennemi des résolutions énergiques, peu soucieux des principes, il attendait beaucoup plus de la lassitude de ses adversaires que de ses propres efforts, et croyait susciter plus de difficultés par son silence que par une parole nettement formulée. Ce n'est pas qu'il méconnût les mauvaises dispositions de lord Palmerston; mais il croyait moins à son audace. « Ils n'oseront pas, disait-il, conclure sans la France. » Ainsi le roi, le président du Conseil et l'ambassadeur étaient d'accord pour temporiser, c'est-à-dire pour ne rien faire et ne rien dire. Politique des faibles, indigne d'une grande nation, et plus irritante qu'une opposition franche et ouverte. Faut-il s'étonner que lord Palmerston, fougueux et passionné, se fâchât de cette résistance inerte? Faut-il s'étonner que la Russie profitât de cette singulière attitude de la France pour aigrir les mécontentements et parvenir à ses fins?

Le ministre anglais avait déjà dit : « Nous ne pouvons être à la merci de la France; qu'est-ce qu'une alliance qui n'agit jamais? » La France, se comportant comme un État faible, fut traitée en conséquence, et ne pouvant obtenir son intervention, on osa s'en passer.

Deux personnages souvent divisés d'intérêts, alors rapprochés par une pensée commune, le czar Nicolas et lord Palmerston, avaient été les meneurs actifs de toute la négociation.

Tous deux nourrissaient des ressentiments personnels contre Louis-Philippe, lord Palmerston pour des questions d'amour-propre, Nicolas pour des questions de principes.

Depuis 1830, le czar ne dissimulait guère les profondes antipathies que lui inspiraient et la Révolution de Juillet et le roi choisi par la bourgeoisie parisienne. Son premier mouvement, en apprenant la chute de Charles X, avait été un cri de guerre; levant son épée en l'air dans le conseil de l'empire, il prononça ces paroles : « Je ne remettrai pas cette épée au fourreau tant que je n'aurai pas dompté ces rebelles. » Mais l'attitude patiente des autres puissances continentales avait rendu ses colères moins bruyantes, sinon moins vives. Ne négligeant aucune occasion de témoigner ses mépris pour une monarchie de hasard, il se tenait fièrement à l'écart de la France, et ne conservait avec la Cour des Tuileries que les relations rigoureusement commandées par les usages de la diplomatie : ses haines pour les révolutionnaires français étaient celles d'un souverain armé de toutes les puissances de l'absolutisme, et, mêlant à sa politique le même mysticisme que son frère Alexandre, il s'imaginait avoir reçu de Dieu la mission de dompter les *Barbares du siècle*. C'est ainsi qu'il appelle encore aujourd'hui les esprits actifs de la France. Aussi se donne-t-il une autre mission dont il rêve l'accomplissement plus ou moins éloigné : c'est le démembrement de la France et le partage de ses turbulentes provinces. C'est là le fond de sa pensée, le but constant de sa politique en Occident. En attendant, il se faisait le champion ardent de la légitimité, et à ce titre il confondait dans une haine aveugle Louis-Philippe et le peuple français.

Cependant, ni le dépit de lord Palmerston, ni les ressentiments du czar n'entraînaient l'un ou l'autre à des entreprises irréfléchies. Pour se satisfaire, ils attendaient l'occasion et combinaient savamment leurs intérêts avec leurs antipathies. Or, jamais circonstance ne se présenta plus favorable que cette discussion sans fin sur la question d'Orient. La France opposait des obstacles à l'Angleterre, en Égypte; à la Russie, aux Dardanelles ; l'Angleterre et

M. Philippe de Brunow.
(1796.)

« Les émissaires se mettaient en communication avec les insurgés. » (Page 103, col. 2.)

la Russie ne pouvaient-elles s'unir contre cette puissance incommode qui se posait en arbitre des faibles, et contre ce roi depuis si longtemps l'objet de leurs rancunes? Pouvait-il s'offrir au czar un moment plus opportun pour briser cette alliance anglaise qui avait été le plus solide appui du trône de Juillet, pour isoler du monde monarchique la France révolutionnaire? Voilà ce que comprit l'empereur Nicolas ; voilà ce qu'il poursuivit avec une infatigable activité, prodigue de promesses, de prévenances et même de concessions. Aux premiers jours de sa mission, M. de Brunow demande que chacune des puissances intervienne isolément, la Russie à Constantinople, l'Angleterre en Égypte. Le cabinet britannique refuse d'admettre ce dangereux partage : aussitôt le czar fait taire ses prétentions, et accepte une action commune

13. — E. REGNAULT.

dans les eaux du Bosphore. Plus tard, les Anglais veulent se présenter seuls sur les côtes de Syrie, et ne permettent pas qu'un soldat russe se montre sur le territoire. Le czar laisse faire; il semble s'effacer, mais c'est lui qui a pris l'initiative de la coalition, et c'est lui qui en dirige tous les ressorts. Lord Palmerston est son docile instrument; non pas certes un instrument désintéressé, car sa conduite est parfaitement d'accord avec la politique britannique.

Remarquons tout d'abord que, pour voiler les haines et les ambitions, la coalition se produisait à l'aide d'un grossier mensonge, annonçant qu'elle venait maintenir l'intégrité de l'empire ottoman. Parmi les puissances contractantes, il n'y en avait pas une qui n'eût porté des atteintes à l'intégrité et qui ne se préparât à en porter de plus profondes encore. Le principe d'intégrité était au moment où on le proclamait la plus cruelle des illusions. Depuis dix ans, la régence d'Alger était perdue pour la Turquie; la Grèce lui avait échappé; l'Egypte était indépendante; la Syrie conquise; l'Arabie était en révolte permanente, l'Anatolie n'attendait qu'Ibrahim pour s'unir à lui; la Russie pressait étroitement la Porte du côté de l'Arménie, tandis que, de l'autre, elle exerçait sur la Moldavie et la Valachie, sous le nom de patronage, une véritable souveraineté; la Bosnie était presque autrichienne; la Servie et l'Albanie n'obéissaient que de nom.

La formule hypocrite inscrite au drapeau de la coalition ne pouvait donc tromper personne; car la pensée véritable était un nouveau démembrement. Il n'est pas inutile d'interroger cette pensée dans ce qu'elle avait de plus réel, et de signaler les intérêts considérables qui dirigèrent l'Angleterre comme la Russie dans cette ténébreuse négociation. Car lord Palmerston ne fut pas un étourdi, ainsi qu'on a voulu le représenter, sacrifiant le repos de son pays à des succès d'amour-propre. Il n'y eut d'étourderie, dans toute cette affaire, qu'au sein du gouvernement français.

D'abord, quant à la Russie, la signature du traité de Londres n'était point pour elle, comme pour l'Angleterre, un revirement de système, ni l'adoption d'un nouveau plan de conduite. Depuis 1830, elle se montrait hostile à la France, l'acte du 15 juillet était dans le même sentiment; et matériellement, il était la conséquence logique, rigoureuse, nécessaire, de tous ses antécédents.

Pour juger quelle doit être la politique extérieure de la Russie, il suffit de jeter les yeux sur la carte de l'empire. Si l'on contemple les magnifiques fleuves qui le coupent du nord au sud dans toute sa longueur, et qui, à la faveur d'une habile canalisation, joignent par le Bug et la Vistule la Baltique à la Méditerranée, le Don, le Dniéper, le Dniester, le Pruth, le Danube, car le Danube est devenu un fleuve russe, on les voit tous allant tomber dans la mer Noire et venant aboutir à un seul et même débouché, les Dardanelles. Cette circonstance géographique eût suffi, eût-elle été seule, pour guider la Russie dans son développement extérieur; elle devait nécessairement suivre le cours de ces grands canaux naturels, et s'avancer sur la route qu'ils lui ouvrent dans toutes les directions.

Aussi, lorsqu'elle s'efforce de prendre rang parmi les puissances politiques, ses regards aussitôt se portent vers le midi. Pierre le Grand fait le premier pas dans cette voie par la prise d'Azof et la fondation de Taganrog; ses successeurs le suivent en agrandissant successivement la brèche ouverte. Catherine II s'empare de la Crimée, étend sa domination sur le littoral de la mer Noire et refoule les Turcs sur le Danube, en même temps qu'elle les attaque dans la Méditerranée par le soulèvement de leurs provinces méridionales. On a dit, et le fait est constant, que Catherine est le véritable auteur de la première insurrection grecque. Quand la Russie eut tiré de la révolte tous les fruits qu'elle s'en était promis, elle l'abandonna à elle-même et la livra aux vengeances de la Porte.

Alexandre, fidèle aux traditions de Catherine, protégeait en Morée le principe insurrectionnel qu'il combattait en Italie et en Espagne.

Il n'avait pas de marine ; celle de Constantinople l'offusquait ; il eut l'art de se faire un instrument des deux puissances les plus intéressées à la conservation de la force ottomane. La journée de Navarin anéantit la flotte turque au profit de la Russie.

Cependant le sultan avait réparé peu à peu son échec. Aux janissaires immolés il substituait une armée régulière, disciplinée à l'européenne et pouvant devenir un centre de résistance. Il fallait ruiner son armée comme on avait ruiné sa flotte. La Russie s'en chargea seule, et les autres puissances la laissèrent agir. La guerre de Varna s'ouvrit sous un prétexte frivole ; elle coûta des pertes énormes à la Russie, qui n'en atteignit pas moins son but. Une année après l'affaire de Navarin, ses armées entraient à Andrinople, et le traité daté de cette ville répara les désastreuses campagnes qui l'avaient précédé.

Ce traité, conclu le 2 septembre 1829, accordait à la Russie d'immenses avantages ; mais la clause la plus importante est celle qui a rapport au Danube. En s'assurant les bouches et les îles de ce fleuve, la Russie devint maîtresse de la navigation du fleuve, et, sous prétexte d'établir à l'embouchure un lieu de quarantaine, elle éleva sur un delta formé par les eaux une véritable forteresse défendue par une garnison, et s'arrogea le droit de visite sur les bâtiments.

Bientôt la querelle du sultan avec le pacha d'Égypte offre à la Russie une occasion nouvelle. Après la bataille de Konieh, Ibrahim est à cinq journées de Constantinople ; il s'arrête à la voix de la France ; mais c'est le czar qui a les bénéfices de la victoire. Le traité d'Unkiar-Skelessi livre à la Russie les clés de Constantinople. En vain la France et l'Angleterre réclament. Le Cabinet de Saint-Pétersbourg répond insolemment à la France qu'il regarde sa protestation comme nulle et non avenue ; et, quant à l'Angleterre, la *Gazette de Moscou* s'écrie dans un moment d'épanchement officiel : « Le premier traité entre la Grande-Bretagne et la Russie se signera à Calcutta. »

La convention du 27 juillet avait été, sous un rapport, une habile diversion aux projets du czar, puisqu'elle substituait le protectorat collectif au protectorat exclusif de la Russie. C'était l'anéantissement du traité d'Unkiar-Skelessi. Aussi l'empereur Nicolas ne sut-il pas dissimuler son mécontentement ; ses ressentiments contre la France s'en augmentèrent. Mais en homme qui sait tirer parti de toute circonstance, il en profita pour se rapprocher de l'Angleterre et pour exclure du conseil commun la France même, qui en avait eu l'initiative.

Il ne fallait pour cela que favoriser les intérêts de l'Angleterre en lui offrant un partage de la proie ; lui livrer l'Égypte pendant que le czar immolait la Turquie.

L'isthme de Suez est, en effet, pour la Grande-Bretagne, ce que les Dardanelles sont pour la Russie. Une fois maîtresse de ce passage, Alexandrie et Suez ne seraient plus pour elle que des étapes entre Londres et Calcutta. Le mouvement commercial, d'ailleurs, l'oblige à rechercher la domination de la Méditerranée. Depuis l'origine de la civilisation, le centre du commerce général avait été le bassin de cette mer, vers laquelle rayonnent trois continents. Sidon, Tyr, Carthage, Alexandrie, Venise, Gênes, Cadix avaient tour à tour profité de cette admirable position. Mais les circonstances extraordinaires qui s'étaient présentées, depuis cinquante ans, avaient permis à l'Angleterre de déplacer violemment ce centre ; et Londres, située à l'une des extrémités de l'Océan, était devenue la métropole du commerce universel. Il avait fallu pour cela des efforts inouïs et ces efforts, en montrant la puissante intelligence de l'Angleterre, montraient aussi les difficultés de l'entreprise. D'ailleurs vingt-cinq ans de paix avaient ramené dans la Méditerranée l'activité commerciale, et la dérivation artificielle et violente faite au profit de la Grande-Bretagne ne pouvait longtemps durer; le poids seul du temps menaçait de briser le câble qu'elle avait tendu autour du monde.

Comment pouvait-elle, dans cette hypothèse, abandonner à d'autres le cours de l'Euphrate, ou la position plus importante encore qui domine à la fois la Méditerranée et la mer Rouge? Comment n'eût-elle pas fait tous ses efforts pour avoir sa part et une large part dans ce bassin qui attire à la fois la France, l'Autriche et la Russie?

Pendant longtemps elle avait espéré soumettre Méhémet-Ali à ses influences par des négociations habilement conduites et non moins habilement éludées. En 1832, dans le temps où les premières hostilités venaient d'éclater entre l'Égypte et la Porte, une compagnie de banquiers, encouragée par le gouvernement, se forma à Londres et à Paris dans le but d'ouvrir un emprunt en faveur de Méhémet-Ali : on lui demandait en échange et comme garantie des fonds avancés l'autorisation de percer l'isthme de Suez et de le canaliser. Le pacha refusa prudemment de laisser prendre pied chez lui à des voisins aussi entreprenants que les Anglais.

Plus tard, il repoussa l'offre qui lui était faite par les mêmes intermédiaires d'établir un chemin de fer du Caire à Suez.

Enfin, ce qui était son crime le plus grand aux yeux de la mercantile Angleterre, il se créait un commerce indépendant, en faisant de ses États un pays de production, en y naturalisant des produits dont jusqu'alors l'Inde anglaise s'était arrogé le monopole, en ouvrant à l'Égypte des débouchés directs en France et en Italie.

Aussi, l'Angleterre ne négligeait-elle rien de ce qui pouvait contribuer à la ruine de cet incommode vieillard, manœuvrant sourdement contre lui, et lui portant dans l'ombre des coups qui devaient insensiblement le réduire. Forcée au ménagement du côté de l'Europe, elle va le bloquer du côté de l'Asie.

Après l'expédition du colonel Chesney pour l'exploration du cours de l'Euphrate, elle met sans bruit la main sur l'île Karek, et s'y établit contre toute espèce de droit. Or, l'île Karek est la première pêcherie de perles de ces parages; elle commande l'Euphrate, fait la loi au commerce de Bagdad, de Bassorah, de tout le golfe Persique, et, de plus, tient l'Arabie en surveillance.

En 1839, un navire anglais entre en querelle avec le vieux scheik arabe de la ville d'Aden. Aussitôt le gouvernement britannique intervient, et, pour vider le différend, il propose d'acheter au scheik sa ville pour la somme de 60,000 francs. Le scheik y consent, s'enfuit avec l'argent, et ses fils refusent de tenir le marché. Les acheteurs, alors, ont recours à la force des armes, et c'est ainsi qu'Aden bientôt couverte par d'importantes fortifications, est devenue pour les Anglais un nouveau Gibraltar. Aden, en effet, est la clé de la mer Rouge du côté de l'Asie, le seul port de ces contrées; de là, on n'a qu'à étendre la main pour prendre l'île de Périn, qui ferme le détroit de Babel-el-Mandeb.

Sur les côtes de l'Abyssinie, des vaisseaux anglais en croisière intriguaient incessamment chez les petits rois du littoral; partout enfin, le pavillon britannique, en constante communication avec les principales villes d'Égypte et d'Arabie, semblait envelopper le pacha de ses replis menaçants.

Tout récemment, quand le capitan-pacha vint se mettre avec sa flotte à la disposition de Méhémet-Ali, le Cabinet de Saint-James proposait à la France de faire restituer de vive force la flotte ottomane. Sans doute il eût en même temps excité sous main le pacha à la résistance, afin d'avoir un prétexte pour lui brûler ses vaisseaux. C'eût été la contre-partie de Navarin.

Ainsi donc, l'intérêt direct, l'intérêt matériel de la Russie et de l'Angleterre était parfaitement en harmonie avec le traité du 15 juillet. L'une voulait commander au Bosphore, l'autre occuper les deux extrémités de la Méditerranée. Indépendamment de leurs avantages personnels, elles affaiblissaient par ces usurpations l'importance de la France, rendaient vaine la conquête d'Alger, diminuaient de moitié notre commerce et portaient un coup mortel à tous nos établissements maritimes sur les côtes du midi.

Mais où était l'intérêt matériel de la Prusse? où était celui de l'Autriche?

La Prusse n'est pas une puissance maritime; elle est complètement désintéressée dans la Méditerranée : son activité tout entière est renfermée dans l'Allemagne, et le but de son ambition est de reconstruire à son profit, d'une manière patente ou déguisée, l'ancienne unité de l'empire germanique. Qu'avait donc à faire la Prusse dans la querelle d'Orient? Rien, absolument rien, si l'on n'avait en vue, comme on le disait, que d'affermir l'empire du sultan, ou comme on le pensait, que de se partager ses dépouilles. Mais, à côté de la question matérielle, que l'on place la question politique, à l'instant le point de vue change. Ce que redoute la Prusse, ce qu'elle combat, ce qu'elle veut étouffer, c'est l'idée française, l'idée démocratique devenue une perpétuelle menace contre les constitutions aristocratiques et despotiques du continent, et, sous ce rapport, le nouveau roi de Prusse avait des craintes bien plus naïves, des haines bien plus vivaces que son père, auquel de cruelles expériences avaient enseigné la modération et la tolérance. En partant de ce principe, tout ce qui attaquait la France servait la Prusse, dont les frontières touchent au foyer démocratique, et par le côté le plus vulnérable de ses États. Ce n'était donc pas à propos de l'Orient qu'elle intervenait, mais à propos de la France et contre la France. Elle ne voyait dans le traité du 15 juillet qu'un nouvel essai de sainte-alliance dirigé contre les idées révolutionnaires, et dès lors elle s'y associait.

Et encore, la Prusse n'était pas immédiatement menacée par l'agrandissement de la Russie. Si celle-ci s'étendait vers le midi, la Prusse n'y perdait rien; elle y gagnait peut-être en sécurité pour son duché de Posen. Mais l'Autriche était loin de se trouver dans les mêmes conditions. Que la Russie soit maîtresse de Constantinople, elle unit aussitôt Odessa et le Bosphore, devient souveraine absolue des bouches du Danube, pénètre dans la Méditerranée; elle tourne alors, elle enveloppe dans son réseau toutes les possessions autrichiennes, et tandis que, d'une part, elle a, pour ainsi dire, sa lance appuyée sur Vienne, du côté d'Olmütz, qui n'en est qu'à douze lieues, elle cerne, elle bloque l'Autriche dans le midi, et peut, au premier moment, l'inquiéter par l'Adriatique. En supposant qu'on offrît à cette puissance, pour la dédommager, quelques provinces de la Turquie démembrée, que signifiait cette compensation? Ce n'était pas l'étendue du territoire qui lui manquait, mais la force d'unité, le moyen de concentrer tous ces États agglomérés. Déjà elle avait assez de peine, avec ses ruses et son art infini, à faire vivre sous le même despotisme la Hongrie, la Lombardie, la Dalmatie et les provinces allemandes. Augmenter encore tous ses éléments disparates de l'adjonction de provinces musulmanes ou slaves, c'était affaiblir une situation à peine tenable. Non seulement donc l'Autriche n'avait pas un intérêt immédiat à s'unir avec la Russie; ses intérêts étaient absolument contraires.

Mais ici encore les terreurs politiques dominaient toute autre considération. Qu'est-ce qui empêchait, en effet, le despotisme autrichien de régner en paix sur ses États difformes? Qu'est-ce qui le forçait d'entretenir sans cesse une armée dans chacune des provinces conquises? La France et ses idées de liberté jetées incessamment par elle au milieu des populations comprimées; la France, dont chaque agitation produisait une commotion périlleuse pour l'empire, dont chaque pas retentissait aux extrémités du monde des Césars ébranlant à la fois Milan, Venise et Presbourg. Qu'on l'éteigne donc ce brasier ardent de la Révolution française, dont les cendres mêmes font peur aux monarques énervés! Alors l'Autriche s'affermit, elle assied sa puissance. Tout seuls, les peuples qu'elle domine sont faibles; avec la France, ils sont forts; et tant que celle-ci est florissante, ils ont de l'espoir et ils attendent.

Voilà quel fut le secret de l'intervention de l'Autriche dans le traité Brunow. En invoquant l'intégrité de l'empire ottoman, elle ne songeait qu'à maintenir l'intégrité de son propre empire par l'affaiblissement de la France.

Pendant que chacun ainsi cherchait à faire son profit des difficultés du moment, la France seule agissait dans la question d'Orient, sans y avoir aucun intérêt direct, aucun intérêt de territoire, aucun intérêt d'ambition. Son intervention était toute morale, sa mission plus élevée, mais plus difficile.

En effet, se présentant comme intermédiaire entre toutes les ambitions, comme protectrice du faible, soit sur le Bosphore, soit sur le Nil, la France avait nécessairement contre elle les deux puissances qui convoitaient une proie. Lorsqu'elle disait à la Russie : « Nous protègerons le sultan contre vous; » à l'Angleterre : « Nous protègerons Méhémet-Ali contre vous, » elle risquait sans doute de blesser également les deux rivaux; mais parlant au nom de la justice, du droit et des intérêts généraux de l'Europe, elle prenait le rôle le plus beau, le plus digne d'une grande nation, le plus en harmonie avec ses traditions, sa gloire et ses influences. Il fallait toutefois se tenir à la hauteur de ce rôle, prendre une attitude imposante et parler un langage qui ne fût pas au-dessous de ce double protectorat. C'est ce que ne surent pas faire les hommes qui en ce temps administraient la France. Il fallait de la droiture, de la franchise et de la décision; ils recoururent à la finesse, à l'équivoque, aux atermoiements. Chargés d'un grand arbitrage, ils s'associèrent aux passions des plaideurs au lieu de montrer la sagesse du juge, et, pour décider un immense procès, ils n'imaginèrent rien de mieux que de gagner du temps. Le temps fut contre eux, produisit le rapprochement des deux rivaux, et la France, qui devait être arbitre suprême, n'eut pas même une voix au sein des délibérations.

Ce qui avait contribué à entretenir l'aveugle sécurité de M. Thiers, c'est qu'un échange mutuel de bons offices entre les deux gouvernements semblait avoir effacé toute trace de dissentiment. La France, par une habile médiation, venait de mettre fin au différend qui existait entre l'Angleterre et le royaume de Naples, et le gouvernement anglais avait montré un généreux empressement à nous restituer les restes mortels de Napoléon.

Un instant même M. Thiers crut avoir triomphé des chancelleries de l'Angleterre et de la Russie. Cédant aux conseils de la France, le sultan s'était décidé à écarter de ses conseils Khosrew-Pacha, ennemi personnel de Méhémet-Ali, et dévoué servilement au Cabinet de Saint-Pétersbourg. L'ambassadeur français, M. de Pontois, avait déterminé la Porte à déclarer qu'elle ne participerait pas aux mesures coërcitives qui pourraient être prises contre le pacha d'Egypte. Celui-ci, de son côté, ravi d'apprendre la destitution de Khosrew, écoutant aussi les conseils modérés de la diplomatie française, consentait à restituer la flotte turque. Déjà l'ordre était donné à son premier secrétaire, Sami-Bey, de se rendre à Constantinople, pour offrir au sultan l'hommage de son dévouement et pour traiter de la restitution immédiate de la flotte.

En effet, le 22 juin, un bateau à vapeur amenait Sami-Bey aux rives de Constantinople. Sa mission apparente était de féliciter le sultan sur la naissance de la princesse *Fleur tombée du ciel*. Mais le véritable motif de l'ambassade n'était ignoré de personne. Aussi l'envoyé était-il porteur de riches cadeaux pour le padisha.

Les membres du divan s'étaient empressés de se rendre à la quarantaine de Koulili, et témoignaient à Sami-Bey les plus grands égards. Le sultan lui-même envoya un des principaux officiers de sa maison pour le complimenter. La transaction entre les deux rivaux allaient s'accomplir, en dehors des intrigues européennes, en dépit des ambitions. La mission de M. de Brunow avortait, les calculs de lord Palmerston étaient déjoués. Les négociateurs de Londres s'écrièrent que la France les mystifiait ; bientôt la première surprise fit place à des colères qui ne pouvaient plus pardonner. Mais lord Palmerston n'était pas homme à s'arrêter à de vaines accusations, et son imagination féconde eut promptement créé un incident qui, en révélant les espérances de la Porte, devait couper court à toute transaction.

Depuis quelque temps, des agents mystérieux parcouraient les montagnes du Liban, parlant au nom des puissances de l'Europe, mais sans en indiquer spécialement aucune, et poussant les habitants, druses et chrétiens, à se révolter contre leur émir Beschir et contre le gouvernement égyptien. On promettait des secours d'armes et de munitions, la protection de la Russie et de l'Angleterre, l'intervention des vaisseaux britanniques. On n'épargnait pas même les distributions d'argent. En tout temps, les Libanais s'étaient montrés avides d'indépendance, et la tyrannie de leurs divers suzerains ne les justifiait que trop. Sous l'empire du sultan, comme sous la domination de Méhémet, ils étaient facilement entraînés à l'insurrection. Ils écoutèrent donc volontiers de nouveaux conseils de révolte. L'occasion se présenta bientôt, et il était urgent pour lord Palmerston de la saisir promptement. Méhémet-Ali avait transmis à l'émir Beschir un ordre de recueillir tous les fusils donnés précédemment aux chrétiens de la montagne ; il voulait en armer, sans toucher aux magasins de réserve, les nouvelles recrues qu'on avait faites en Égypte. Mais les agitateurs persuadèrent aux crédules paysans qu'on ne leur ôtait leurs armes que pour les priver de tout moyen de résistance aux réquisitions dont on projetait de les frapper plus tard. Ils ajoutaient qu'une armée russe et une escadre anglaise allaient envahir la Syrie et accourir au secours de la montagne à la première nouvelle de l'insurrection.

Encouragés par ces promesses, les montagnards refusèrent de livrer leurs fusils. L'émir Beschir, vieillard irrésolu, manqua de fermeté, et les insurgés, ne le trouvant pas aussi sévère que de coutume, s'imaginèrent qu'ils avaient en lui un complice. Un courrier que ce chef de la montagne envoyait à Soliman-Pacha, qui se trouvait alors à Seyde, fut arrêté par une bande de Maronites armés. Des partis se formèrent et parcoururent le Liban dans diverses directions : quelques chefs européens étaient à leur tête.

A la première nouvelle de ces soulèvements, Soliman-Pacha, ne leur attribuant pas une grande gravité, crut que, pour les apaiser, il suffirait de quelques pourparlers : il ne soupçonnait pas encore la main de l'étranger. Des négociations s'ouvrirent ; Soliman-Pacha offrit sa médiation auprès de Méhémet-Ali, qui se montra d'abord disposé à une grande indulgence ; on devait laisser leurs armes aux montagnards, les exempter des corvées des mines, et s'occuper ensuite de quelques réformes urgentes dans l'administration locale.

Cependant, au milieu de ces ouvertures pacifiques, les hostilités avaient pris un caractère plus grave. Un corps d'insurgés s'était approché de Beyrouth, et les bruits les plus alarmants circulèrent dans la ville. On disait que les insurgés s'étaient ouvert un passage en exterminant les troupes autrichiennes envoyées à leur rencontre, que d'autres partis se portaient sur Seyde et Tripoli. Parmi les propagateurs de ces nouvelles alarmantes, se faisaient remarquer les négociants anglais établis à Beyrouth, et surtout le consul de cette nation, M. Wood. En même temps des émissaires se mettaient en communication avec les insurgés, leur promettant de prompts secours. On leur faisait entendre que la fin du règne de Méhémet-Ali était arrivée, que l'Europe entière se liguait contre lui, et que les Syriens devaient rencontrer des sympathies dans tout le continent.

Mais quand vint la nouvelle des bienveillantes concessions du pacha, les esprits se calmèrent, un des fils de l'émir Beschir se rendit à Mada, village à trois lieues de Beyrouth, et les insurgés s'y réunirent sur son invitation. Tout allait s'arranger à l'amiable, quand les meneurs secrets insinuèrent d'exiger la garantie de la France et de l'Angleterre. Les paysans, sans chef et sans direction, se laissèrent prendre au piège. Vainement le fils de l'émir les supplia de renoncer à cette demande : ils insistèrent. Le pacha furieux ordonna de les soumettre par la force. Osman-Pacha fut envoyé dans la plaine de Boccar avec onze mille hommes, et les vaisseaux égyptiens débarquèrent à Beyrouth une autre armée de même force. C'était beaucoup plus qu'il ne fallait pour étouffer l'insurrection. Mais le pacha comprenait combien il était important de déjouer promptement de coupables espérances.

L'armée parcourut le Liban, rencontrant partout des populations qui imploraient leur pardon et qui maudissaient les agents perfides dont elles avaient été le jouet.

L'intervention des agents britanniques dans les troubles de la montagne était évidente aux yeux de tous. Lord Palmerston, néanmoins, interpellé à ce sujet dans la Chambre des Communes, ne craignit pas de désavouer toute participation à ces méfaits. « Quelles que soient, dit-il, les causes de la révolte, les Syriens n'ont été soulevés ni à l'instigation des autorités anglaises, ni par des officiers anglais [1]. » A ces dénégations nous pouvons opposer des pièces officielles qui démontrent clairement que les autorités anglaises furent non seulement complices, mais provocatrices de l'insurrection. Voici le passage d'une dépêche en date du 23 avril, écrite par lord Ponsomby, ambassadeur d'Angleterre à Constantinople, l'ennemi acharné de Méhémet-Ali, l'inspirateur ordinaire des mesures violentes de lord Palmerston :

« Si Ibrahim avance, il sera facile de soulever tous les Syriens contre son gouvernement. Je puis répondre des habitants du Liban, de l'émir Beschir et de tous, pourvu que l'Angleterre veuille agir et les aider. Je pense que toute apparition d'une escadre anglaise, quelque faible qu'elle soit, accompagnée d'une frégate ottomane portant le pavillon du sultan, suffira pour soulever le pays tout entier. »

Deux mois après, le même ambassadeur écrivait à lord Palmerston :

« J'ai cru de mon devoir d'envoyer en Syrie mon drogman, M. Wood, qui a des relations personnelles avec la plupart des chefs du Liban. »

Arrivé en Syrie, M. Wood écrivait à lord Ponsomby :

« Il n'y a jamais eu peut-être un moment plus favorable pour séparer la Syrie de l'Égypte, et pour accomplir les vues politiques de lord Palmerston par rapport à Méhémet-Ali, sans de grands sacrifices de notre part.

« J'explique aux Syriens les désirs et la politique de la Grande-Bretagne, et le succès qui doit nécessairement suivre s'ils nous assistent en demeurant fermes et unis entre eux. »

Cette dernière dépêche est du 22 juillet, et c'est le 6 août que lord Palmerston affirme que les Anglais n'ont aucune part dans l'insurrection.

Plus tard, lord Palmerston lui-même avoue hautement, presque comme un titre de gloire, l'influence exercée par l'Angleterre sur l'insurrection. Le 12 décembre 1840, il écrit à lord Ponsomby :

« Je saisis cette occasion de rappeler à Son Excellence que, comme les Syriens ont été déterminés par les autorités anglaises à prendre les armes pour le sultan et à se déclarer en sa faveur, c'est un devoir particulier pour le gouvernement anglais de ne rien négliger pour décider la Porte à prendre à l'avenir, pour l'administration de la Syrie, des arrangements qui puissent mettre les Syriens à l'abri de l'oppression et les rendre heureux et satisfaits [1]. »

Ces documents suffisent pour faire apprécier la sincérité de lord Palmerston, aussi

---

[1]. Séance du 6 août.

[1]. *Histoire de la politique extérieure du gouvernement français*, 1830-1848, par M. O. d'Haussonville, tome I, p. 294 et suiv.

Le fils de Louis-Philippe passait, avec le prince Albert, la revue des troupes anglaises.
(Page 107, col. 2.)

malheureux lorsqu'il se justifie que lorsqu'il accuse le gouvernement français.

Quelque prompte qu'eût été la répression de la révolte, elle avait néanmoins produit l'effet qu'en attendait lord Palmerston. Racontée à Constantinople avec des exagérations calculées, elle avait changé tout à coup les dispositions du sultan, trop heureux de tirer profit des embarras de son rival. Sami-Bey, si bien accueilli jusque-là, avait vu tout à coup changer les empressements en froideur. Le divan ne répondait plus à ses offres que par des ajournements. Des Tartares, porteurs de nouvelles, allaient et venaient sans cesse des frontières à la capitale, et, à chaque progrès de l'insurrection, le plénipotentiaire de Méhémet-Ali voyait décroître son influence. Bientôt le sultan dé-

14. — E. REGNAULT.

fendit expressément à l'agent du pacha d'Égypte, résidant à Constantinople, d'avoir aucune entrevue avec Sami-Bey.

De son côté, lord Palmerston poursuivit à outrance ses intrigues diplomatiques. Faisant un argument des troubles qu'il avait lui-même fomentés, il représentait aux négociateurs de Londres combien la domination de Méhémet-Ali était odieuse aux populations nouvellement conquises, et montrait l'occasion d'agir contre le pacha, au moment où il se trouvait affaibli par cette diversion inquiétante. Il insistait surtout sur la mauvaise foi de la France, qui poussait à un arrangement direct, et semblait vouloir dépouiller les puissances de leur protectorat collectif. M. de Brunow était facile à convaincre; les envoyés de Prusse et d'Autriche, MM. de Bulwer et Nieuman, se laissèrent enfin entraîner. Le traité fut signé.

M. Guizot était encore dans une sécurité profonde lorsque, le 17 juillet, lord Palmerston l'invita à une conférence particulière. Admis au *Foreing-Office*, l'ambassadeur français apprit de son interlocuteur que le Cabinet anglais venait d'arrêter les résolutions sur l'affaire d'Orient. Un traité avait été signé le 15 par les quatre puissances, sans l'aveu de la France, sans avertissement préalable, sans tenir compte ni de ses négociations antérieures, ni de son absence. Et comme pour ajouter à l'offense par une précipitation calculée, les parties contractantes étaient convenues de passer outre aux mesures d'exécution, sans attendre l'échange des ratifications. Innovation sans exemple dans les annales diplomatiques!

M. Guizot, surpris de cette soudaine communication, y répondit avec cette dignité froide qui l'abandonne rarement, reçut avec une certaine roideur les protestations de lord Palmerston, qui s'efforçait de lui prouver qu'un pareil acte ne devait modifier en rien les bons rapports des deux pays, et s'empressa de communiquer à son gouvernement cette foudroyante nouvelle.

M. Thiers fut frappé de stupeur. Cet échec était pour lui tellement inattendu, tellement en dehors de tous ses calculs, qu'il se trouvait complètement pris au dépourvu, n'imaginant aucun motif pour un mal qu'il n'avait pas prévu, aucune mesure pour une éventualité qu'il n'avait pas soupçonnée. Etourdi du choc, il se montra dans les premiers jours abattu, consterné, ne sachant quelle résolution prendre.

L'attitude de Louis-Philippe était tout autre. Transporté de colère, furieux de se voir joué, il donna une libre carrière à ses sentiments, sans mesure, sans retenue et même sans dignité. Ce qui l'exaspérait surtout, c'est que l'Autriche aussi l'avait trahi, l'Autriche, à laquelle il sacrifiait l'Angleterre, sur laquelle il comptait pour entrer dans le concert des rois! Et ces rois qu'il courtisait se faisaient les complices des mystifications de l'Angleterre! Il perdait à la fois les alliés qu'il cherchait, et l'allié qu'il dédaignait! Les uns ne voulaient pas encore de lui, l'autre n'en voulait plus! Et que penser de M. de Metternich, qui lui avait semblé une sauvegarde, presque un complice? Souvent, lorsque ses ministres laissaient entrevoir la possibilité d'un accord entre les quatre puissances, il avait répondu d'un air de confiance : « Metternich ne signera rien sans me prévenir; je suis sûr de Metternich. » Et Metternich, sans rien dire, s'associait à l'outrage! Aussi Louis-Philippe saisit-il la première occasion de témoigner publiquement ses mécontentements. Trois jours après, M. d'Apponi étant allé, comme de coutume, faire sa visite aux Tuileries, le roi l'apostropha de la manière la plus rude, reprochant à l'Autriche sa trahison, sa déloyauté, et s'exprimant comme s'il recherchait une rupture ouverte. M. d'Apponi, confondu, accepta sans mot dire la leçon, et la transmit à M. de Metternich.

Le lendemain, Louis-Philippe dit à ses ministres en conseil : « Eh bien, Messieurs, je vous ai bien défendus; j'ai été bien ministériel. »

Il était surtout ému de ce qu'il appelait l'ingratitude des souverains du continent :

« Comment ! s'écriait-il, ils oublient les services que je leur ai rendus ! C'est moi qui, depuis dix ans, arrête et comprime le torrent révolutionnaire prêt à battre leurs trônes ; j'ai enchaîné en France la guerre et les tempêtes, aux dépens de mon repos, de ma popularité, souvent au péril de ma vie ; ils me doivent la paix de leurs Etats, la sécurité de leurs trônes, et c'est ainsi qu'ils me paient leur dette ! » A l'entendre dans ces premiers moments de passion, on eût dit que l'Europe allait être bouleversée, tant il y avait d'éclat dans ses colères, de vengeances dans ses menaces. Il avait fini même par communiquer à M. Thiers son énergique indignation. Le ministre atterré se relevait au bruit de cette voix retentissante, et puisait des colères aux feux de la colère royale.

Au surplus, le pays tout entier répondait à ces sentiments. La population ressentait en frémissant l'insulte faite à la France, et se montrait disposée à demander hautement raison de l'outrage. Les journaux dynastiques eux-mêmes poussaient des cris de guerre, et les feuilles dévouées à M. Thiers annonçaient des dispositions belliqueuses, faites peut-être pour dérouter l'opinion publique, et ne réussissant qu'à l'exciter.

Les radicaux, cependant, ne se laissaient pas tromper à tout ce fracas de paroles ; et malgré les énergiques démonstrations de la population entière, ils n'avaient confiance ni dans le patriotisme ni dans le courage du gouvernement.

« Si nous avions un autre gouvernement, disaient-ils, la guerre serait acceptée déjà, car on nous l'a déclarée. Qu'est-ce, en effet, que ce mépris des quatre puissances qui traitent sans nous consulter, et qui, entre elles seules, se hâtent de résoudre une question dans laquelle nous avons nous-mêmes un si grand intérêt ? Vit-on jamais rien de semblable, même aux mauvais jours de Louis XV ? Notre pays fut-il à aucune époque aussi abaissé ? Non seulement on traite sans lui, mais, pendant qu'on signait un traité, on jouait par de vaines promesses l'ambassadeur et le ministre : et cet ambassadeur si habile n'a pas su ce qui se tramait, et il a fallu que l'acte fût accompli pour qu'il en fût informé ! Ainsi l'Angleterre a rompu l'alliance et l'a rompue traîtreusement, les autres puissances n'ont pas même daigné nous donner communication de leur convention. Qu'est-ce donc, encore une fois, qu'une telle façon d'agir, sinon une insulte, et une insulte ainsi préméditée n'est-elle pas une véritable déclaration de guerre ?

« Non ! jamais les puissances n'auraient osé lancer un tel affront à la face de la France libre et dirigée par un pouvoir populaire. Mais savez-vous ce qui donne de l'audace à l'aristocratie européenne ? Ce sont vos bassesses pendant dix ans ; c'est votre humilité à vous, poltrons, qui en avez soixante. Vingt fois on vous a souffletés et vous l'avez supporté patiemment. Quel est l'allié que vous n'avez pas abandonné ? Quel est le peuple que vous n'avez pas trahi ? Vous avez été les gendarmes de cette alliance qui vous repousse du pied, aujourd'hui qu'elle ne vous craint plus. Croyez-vous, par hasard, qu'on aurait eu la pensée de vous traiter avec ce dédain, si vous aviez seulement gardé la position d'Ancône, et si vous n'aviez pas mutilé la Belgique ? Et c'est au moment où vous avez servi d'instrument à la politique réactionnaire de l'Europe, quand vous avez, par ses ordres et avec son concours, comprimé dans tous les pays les moindres élans de liberté, que vous venez aujourd'hui dégaîner votre vieille rapière dynastique, et que vous parlez de guerre !

« Eh bien ! la guerre, vous ne la ferez pas, vous ne le pouvez pas. »

Ce qui démontrait d'ailleurs combien était inattendue aux Tuileries cette étrange rupture, c'est qu'au moment même où le cabinet anglais défiait la France, le duc et la duchesse de Nemours se trouvaient en visite auprès de la reine Victoria ; et pendant que la France indignée poussait le cri de guerre, le fils de Louis-Philippe passait avec le prince Albert la revue des troupes anglaises. Les deux princes étaient sans doute fort innocents de toutes les rouerîes diplomatiques ; mais l'un était le fils d'un roi outragé, et l'autre le mari de la reine qui avait fait l'outrage.

L'émotion, au surplus, n'était pas moins grande en Angleterre qu'en France. Les hommes sages de tous les partis déploraient la folle présomption de lord Palmerston, qui livrait le monde aux risques d'une guerre générale ; la haute industrie et le commerce, qui recueillaient de si grands avantages de l'alliance française, se voyaient compromis par un coup de tête ; les hommes d'État ne pouvaient se dissimuler que le rôle de l'Angleterre dans cette ténébreuse intrigue n'était ni digne, ni honorable ; quelques organes de la presse attaquèrent avec vivacité le ministre dont l'étourderie mettait en péril de si graves intérêts.

Voici ce qu'on lisait dans le *Courrier :*

« On peut maintenant considérer comme dissoute la quadruple alliance conclue entre la France, l'Espagne, l'Angleterre et le Portugal. Cette alliance s'affaiblissait depuis longtemps, mais, dans ces derniers temps, le mouvement de la décomposition a été plus rapide. On abandonne une partie pour une autre avec autant de légèreté que lord Palmerston en mettrait à changer de danseuse dans un quadrille, et l'homme d'imagination et de mode est aussi remarquable dans le Cabinet qu'à un bal à la cour...

« Le résultat final de ces caprices, de cette versatilité et de cette absence de système sera de nous faire perdre la confiance de tout le monde ; cette conviction générale de notre perfidie ne pourra plus être effacée de l'esprit de ceux que nous aurons flagornés et trahis tour à tour, et il en résultera une confédération générale pour extirper le mal, en écrasant l'intrigant médiateur qui en est la cause. »

Il est vrai que lord Palmerston, de son côté, renvoyait au gouvernement français le reproche de mauvaise foi et de duplicité, par suite du projet d'arrangement direct entre la Turquie et l'Égypte, persistant à lui en attribuer l'initiative, malgré les dénégations multipliées de M. Guizot ; et, il faut en convenir, l'ambassadeur supportait assez humblement cette offensante incrédulité. Il s'en fit même plus tard une excuse, disant naïvement à la Chambre des pairs : « J'ai dit, j'ai répété officiellement, particulièrement, que cela était faux, on ne m'a pas cru. » A ce propos, M. Thiers lui réservait dans l'autre Chambre une sévère leçon : « Je suis convaincu, dit-il, que, lorsque M. Guizot disait au Cabinet anglais que nous n'étions en rien les auteurs de la proposition faite à Constantinople, il le disait de manière à être cru ; s'il ne l'avait pas dit de ce ton-là, il aurait trahi son Cabinet ; il en était incapable. Je crois aussi que, lorsqu'il exprimait sa profonde conviction, il aurait tenu à insulte de n'être pas cru. »

Cependant on ne le crut pas, ou l'on feignit de ne pas le croire ; il fallait un prétexte, une excuse officielle à une rupture déloyale, et l'on n'hésita pas à mettre officiellement en doute la parole d'un ambassadeur.

Malheureusement lord Palmerston savait trop bien qu'il ne risquait rien à tout oser ; chacun était persuadé à l'extérieur que le gouvernement français reculerait, et l'événement ne justifia que trop ces insolentes prévisions.

Les paroles fières, néanmoins, ne firent pas défaut à ceux qu'on avait mystifiés. Lord Palmerston, dans une conférence avec M. Guizot, n'avait pas craint de lui dire : « Notre alliance ne périra pas plus que la paix de l'Europe. » — « Je le souhaite, milord, répondit M. Guizot, et je ne doute pas de la sincérité de vos intentions ; mais vous ne disposez ni des événements, ni du sens qui s'y rattache, ni du cours qui peut leur être imprimé... Vous vous exposez à une situation que nous nous sommes appliqués à éviter... Canning a montré un jour, dans un discours célèbre, l'Angleterre tenant entre ses mains l'outre des tempêtes et en possédant la clé ; la France aussi a cette clé, et la sienne est peut-être plus grosse. »

Ce qui n'empêcha pas M. Guizot d'être appelé au ministère tout exprès pour cacher la grosse clé.

D'un seul côté on attendait une résistance sérieuse; et les puissances qui avaient fait si bon marché de la France, ne croyaient pas facilement venir à bout du vieux lion d'Alexandrie; Méhémet-Ali, en effet, lorsqu'on lui communiqua la convention, l'accueillit avec des cris de colère et de défi. Il signifia aux quatre consuls des puissances signataires la ferme résolution de résister à outrance, et Rifaat-Bey porta en son nom une lettre à Constantinople, commençant par ces mots :

« Vallah-billah-tillah (serment par Dieu), « je ne céderai pas un pouce de terrain que « je possède, et si l'on me déclare la guerre, « je bouleverserai l'empire et m'ensevelirai « sous ses ruines. »

Ce qu'on disait alors de ses forces semblait justifier ce hardi langage. La statistique officielle des armées égyptiennes donnait le résultat suivant :

Troupes régulières. . . .	130,300
Troupes irrégulières. . . .	41,618
Gardes nationales. . . .	47,800
Ouvriers des fabriques, manœuvrant.	15,000
Hommes près des écoles. . .	1,200
Flottes, arsenal compris. . .	40,665
	276,583

La flotte égyptienne se composait de 11 vaisseaux de ligne, 7 frégates, 5 corvettes et 9 bricks ou goëlettes.

La flotte turque, alors au pouvoir de Méhémet-Ali, comprenait 9 vaisseaux de ligne, 11 frégates, 1 corvette et 3 bricks.

Toutes ces ressources paraissaient plus que suffisantes pour créer de sérieux embarras aux partisans des mesures de violence. Malgré l'accord momentané des quatre puissances, il y avait des détails d'exécution qui semblaient devoir amener entre elles de grandes méfiances, sinon des ruptures, surtout lorsqu'il s'agirait d'employer activement des forces militaires contre le pacha. Les troupes du sultan étaient incapables de se mesurer seules avec son puissant vassal ; il fallait nécessairement l'adjonction de troupes européennes : là commençaient les embarras. L'escadre anglaise ne portait point de troupes de débarquement ; la Russie, d'ailleurs, se serait alarmée de voir les soldats britanniques pénétrer seuls dans la Syrie, ouvrant ainsi un chemin direct vers les possessions des Indes. Appeler les Russes, c'était livrer l'empire ottoman. Ni Vienne ni Londres ne l'auraient souffert. Il n'y avait pas à compter sur la coopération des Autrichiens. M. de Metternich avait déclaré qu'il ne donnerait pas un soldat. Il ne restait plus comme moyen d'action, que les démonstrations maritimes. Si le pacha d'Égypte, se retranchant dans une résistance d'inertie, concentrait ses forces dans l'intérieur des terres, tout restait en suspens jusqu'à l'hiver, et alors les tempêtes, venant à son secours, forçaient les vaisseaux ennemis à s'éloigner des parages où ils ne pouvaient plus se maintenir sans les plus graves périls.

La situation du pacha d'Égypte paraissait donc loin d'être désespérée ; le temps était pour lui ; c'était aussi sur le temps que comptait le Cabinet des Tuileries, qui, dans toute cette question, en avait fait constamment sa grande ressource, bien malheureusement, il est vrai, jusque-là.

Cependant Louis-Philippe et M. Thiers répandaient leurs colères en belliqueuses paroles. Mais le roi avait cet avantage de savoir où et quand il s'arrêterait. M. Thiers, depuis qu'il était échauffé, y mettait plus de bonne foi et de naïveté. Une guerre pouvait ouvrir une nouvelle carrière à son influence déjà passablement usée dans les luttes parlementaires, et quoique la situation fût assez compliquée pour le jeter dans d'étranges embarras, il se serait volontiers résigné à signaler son ministère par la gloire des combats. Il ne pouvait se dissimuler, d'ailleurs, que, dans toute cette affaire, il avait été singulièrement mystifié, et une mystification ne se fait oublier que lorsqu'elle a été vengée. Le roi et le ministre parlaient donc beaucoup de préparatifs de guerre, le premier avec l'intention secrète de s'arrêter à temps, le second prêt à tirer parti des événements et à saisir l'occasion de regagner quelque popularité.

Comme il arrive d'habitude, c'était le moins déterminé qui disait les plus grosses paroles. Aussi Louis-Philippe avait-il été jusqu'à s'écrier : « S'il le faut, je mettrai le bonnet rouge. » M. Thiers, moins menaçant et plus positif, publiait des ordonnances relativement à l'appel des soldats des classes de 1836 à 1839, à la mobilisation des gardes nationales, à l'accroissement des forces maritimes. Des crédits étaient ouverts pour ajouter à l'effectif de la marine dix mille matelots, 5 vaisseaux de ligne, 13 frégates et 9 bâtiments à vapeur.

L'opinion publique applaudissait à ces mesures de précaution, qui semblaient annoncer quelque pensée de vigueur. Une autre ordonnance plus importante encore fut diversement accueillie. Elle ouvrait provisoirement un crédit de 100 millions pour la construction des fortifications de Paris.

L'énormité de ce crédit ouvert par ordonnance, lorsqu'il était si facile de convoquer les Chambres, l'empressement à commencer les travaux, et surtout les désirs bien connus de Louis-Philippe qui, depuis longtemps, en méfiance de la population parisienne, méditait un système de fortifications propres à la maintenir, rendirent, dès le principe, une grande fraction des radicaux hostile à toute espèce d'ouvrages militaires autour de la capitale. Il est bien certain, en effet, que la première pensée de Louis-Philippe fut de profiter des élans belliqueux de la nation pour obtenir la réalisation d'un projet qu'en toute autre occasion on eût repoussé avec méfiance. Moins que personne, cependant, il croyait à la guerre. Mais feignant d'y croire et faisant éclater hautement des paroles de colère, il se donnait le droit de provoquer des mesures qui semblaient dirigées contre l'ennemi extérieur.

Dans cette circonstance, les radicaux opposants ne se préoccupant que de la pensée royale, et la sachant menaçante avant tout pour les libertés publiques, combattaient avec violence ce qui pouvait la satisfaire, et voyaient dans les fortifications moins une mesure de défense que d'oppression.

D'autres radicaux, au contraire, considéraient plutôt la chose en elle-même que dans l'intention de Louis-Philippe. Poursuivis par les souvenirs des désastres de 1814 et de 1815, avertis depuis longtemps des mauvaises dispositions de l'Europe monarchique envers la France, mieux instruits encore par la coalition nouvelle faite sous les auspices du czar, ils voulaient avant tout épargner à Paris les hontes d'une autre capitulation, entourer de remparts le cœur et la tête de la France, et faire du centre des idées démocratiques une place invulnérable. Pas plus que d'autres, ils ne se faisaient illusion sur la pensée secrète qui guidait Louis-Philippe. Mais cette pensée n'était à leurs yeux qu'une insigne aberration. En effet, pour toute insurrection imprudente, pour toute émeute sans portée, le gouvernement n'avait pas besoin du secours des forts détachés ; les troupes ordinaires suffisaient. Pour tout mouvement général, pour ces formidables insurrections de toute la population parisienne qui renversent si facilement un trône, les forts seraient impuissants, ou plutôt ils resteraient muets. Inutiles pour des crises passagères, insignifiants dans une commotion sérieuse, les forts ne pouvaient donc avoir d'effet que contre l'ennemi extérieur. Telle était l'opinion de beaucoup de radicaux, et tout en connaissant les véritables préoccupations de Louis-Philippe, ils se montraient disposés à le seconder dans une entreprise qui, en préparant au roi de tristes déceptions, assurait la défense du territoire national et des révolutions à venir.

De là naquit cependant une violente scission entre les différents organes du parti radical. Nous y reviendrons plus tard.

Pour le moment, cependant, Louis-Philippe au comble de ses vœux, profitait des velléités belliqueuses de M. Thiers pour hâter l'exécution des forts détachés, qu'il considérait désormais comme la sauvegarde de sa couronne. Aussitôt ce projet formé, M. Thiers qui, depuis le 1er Mars, n'avait guère rencontré à la Cour que froideur et dénigrement, devint l'objet de soins empressés et de nombreuses caresses. Louis-Philippe se montrait envers lui prodigue de prévenances. Ceux qui avaient d'abord cru à un changement de ministère, s'étonnaient de ce redoublement de faveurs, quoique, pour des yeux exercés, ce fût un symptôme fâcheux plutôt que rassurant.

VIII

État de nos possessions en Afrique. — Départ de l'expédition de Médéah. — Attaque de Cherchell par les Kabyles. — Le col de Mouzaïa. — Attaque du col sous les ordres du duc d'Orléans. — Combat du bois des Oliviers. — Prise de Médéah. — Expédition de Milianah. — Situation de la ville. — Prise de possession. — Retour au col de Mouzaïa. — Combat glorieux et sanglant de l'arrière-garde. — Incursions des Arabes dans la plaine de Mitidjah. — Ravitaillement de Médéah et de Milianah. — Fin de la campagne.

Dans nos possessions d'Afrique, de brillants faits d'armes venaient adoucir les amertumes des humiliations extérieures.

La colonisation, qui exige avant tout la sécurité, ne pouvait être entreprise avec quelque succès, que lorsque la circonférence du territoire occupé se trouverait fortement protégée contre les invasions ennemies par une ceinture de places liées entre elles et se soutenant mutuellement dans une puissante unité. Or, la disposition des lieux indiquait d'elle-même les points importants sur lesquels devait s'appuyer l'occupation pour avoir de la force et de la durée. Les possessions françaises formaient un vaste demi-cercle dont les extrémités Pone, et Cherchell, touchaient la mer, tandis que le centre s'arrondissait dans les terres, sur une profondeur d'environ trente lieues, en passant par Milianah, Médianah, Médéah, Hamza, Sétif et Constantine. Mais les deux premières places avaient été cédées à l'émir par le traité de la Tafna, de sorte que l'ennemi se trouvait campé, pour ainsi dire, au milieu des postes français. Aussi Abd-el-Kader avait-il fait de Médéah le centre de ses opérations militaires. De son côté, le maréchal Valée, comprenant toute l'importance de cette position, avait résolu de l'enlever, et de frapper ainsi l'ennemi au cœur. La prise de Médéah devait livrer toute la province de Tittery, dont elle était la capitale, et la chute de Milianah devait bientôt suivre ce premier succès.

De grands préparatifs avaient été faits pour cette expédition ; nos soldats, pour la première fois, allaient franchir l'Atlas ; deux fils du roi, le duc d'Orléans et le duc d'Aumale, prenaient rang parmi eux ; tout annonçait une campagne décisive.

Le 25 avril, le corps expéditionnaire, composé d'environ dix mille hommes, prit position sur la Chiffa de Koléah, au camp de Bélidah. Le 27, il franchissait la Chiffa, et rencontrait sur les bords de l'Ouad-Jer la cavalerie du kalifat de Milianah, avec laquelle il y eut un engagement sérieux.

Les jours suivants se passèrent dans des combats continuels avec les Arabes et les Kabyles qui occupaient tous les passages, toutes les rivières, toutes les gorges de montagnes. Abd-el-Kader, ayant sous ses ordres 1,200 cavaliers et 7,000 fantassins, multipliait les attaques et accumulait les obstacles, voltigeant sur les flancs des colonnes, et sans cesse engagé avec l'arrière-garde. Pour opérer une diversion, il fit attaquer Cherchell par de nombreuses troupes de Kabyles, qui durant six jours s'acharnèrent sur cette place où le commandant Cavaignac leur opposa une opiniâtre résistance, et leur fit éprouver des pertes considérables. Dès que la ville fut dégagée, le maréchal s'y porta lui-même. C'est de là qu'il partit pour franchir l'Atlas au col ou Teniah de Mouzaïa.

Le col de Mouzaïa se trouve dans un enfoncement de la chaîne principale de l'Atlas, à peu de distance d'un piton élevé qui domine au loin la position. La route qui y conduit, construite en 1836 par le maréchal Clauzel, suit d'abord une arête qui se dirige du sud au nord, et qui permet d'arriver, sans de grandes difficultés, jusqu'au tiers de la hauteur. La route se développe ensuite jusqu'au Teniah sur le versant occidental de la montagne, en tournant plusieurs arêtes ; elle est dominée constamment par les crêtes qui se rattachent d'un côté au piton de Mouzaïa et de l'autre au col lui-même. A droite de la route se trouve un profond ravin qui prend naissance au Teniah, et dont la berge occidentale extrêmement tourmentée semble presque inabordable. A l'ouest du col, la chaîne se bifurque, s'abaisse et se rattache par une arête peu élevée au territoire de Boualouan.

Le côté le plus abordable du Teniah, en venant par la route de Cherchell, était donc la crête orientale, dominée tout entière par le piton de Mouzaïa. Abd-el-Kader avait, depuis six mois, fait exécuter d'importants travaux pour le rendre inattaquable ; un grand nombre de redoutes, reliées entre elles par des branches de retranchements, couronnaient tous les saillants de la position, et sur le point le plus élevé du piton, un réduit formidable avait été construit ; d'autres ouvrages se développaient ensuite sur la crête jusqu'au col. Les arêtes que la route contourne avaient été également couronnées par des redoutes, et le col lui-même était armé de plusieurs batteries. Enfin, l'émir avait réuni sur ce point toutes ses troupes régulières. Les bataillons d'infanterie de Médéah, de Milianah, de Mascara et de Sebaou avaient été appelés à la défense du passage, et les Kabyles de toutes les tribus des provinces d'Alger et de Tittery avaient été convoqués pour défendre une position regardée comme la plus importante de l'Algérie.

En présence d'une armée européenne, c'eût été une impardonnable imprudence d'attaquer de front une position aussi bien défendue par l'art et par la nature. On pouvait prolonger le mouvement d'attaque par la droite jusqu'au point le moins élevé de la chaîne, et tourner ainsi les montagnes de Mouzaïa, soit pour marcher directement sur Médéah, soit pour aborder le Teniah par l'arête la moins élevée. Mais les avantages de la discipline permettaient d'oser, et la témérité même de l'entreprise devait agir plus puissamment sur l'esprit des Arabes. Une victoire sur l'émir, dans de telles circonstances, donnait au nom français un éclat prodigieux.

Le maréchal, voulant laisser au duc d'Orléans les honneurs de la journée, le chargea d'enlever la position.

Le plan d'attaque était dicté par la nature du terrain. Avant d'aborder la route du col, il était indispensable d'occuper le piton de Mouzaïa, qui dominait toute la position ; il fallait y arriver par la gauche, de manière à protéger la marche de la colonne qui s'avancerait par la route. Mais comme l'attaque présentait de sérieuses difficultés, le maréchal résolut de déborder en même temps

Cette arrière-garde se composait de zouaves et de tirailleurs de Vincennes. (Page 118, col. 1.)

par la droite les positions occupées par les Arabes, en portant une colonne sur la crête par une des arêtes qui prennent naissance au sud-ouest du piton.

La première division de l'armée, commandée par le duc d'Orléans, fut donc formée sur trois colonnes.

La première, sous les ordres du général Duvivier, avait pour mission d'attaquer le piton par la gauche et de s'emparer de tous les retranchements que les Arabes y avaient élevés. Elle était forte de dix-sept cents hommes.

La seconde colonne, conduite par le colonel Lamoricière, comptait dix-huit cents hommes. Elle devait, dès que le mouvement de la gauche serait prononcé, gravir par une arête de droite, afin de prendre à revers les retranchements arabes et se prolonger ainsi sur la crête jusqu'au col.

La troisième colonne, sous les ordres du général d'Houdetot, était destinée à aborder le Teniah de front par la route, dès que les mouvements par la gauche et par la droite auraient forcé l'ennemi à évacuer les crêtes.

La deuxième division de l'armée devait couvrir les mouvements de la première, protéger la marche de l'artillerie sur la route, et repousser les attaques que les Kabyles devaient, sans aucun doute, diriger sur les derrières.

Le 12 mai, à quatre heures du matin, le mouvement commença, ainsi qu'il avait été ordonné, par la colonne de gauche. Déjà sur les hauteurs, les troupes d'Abd-el-Kader faisaient leurs dispositions pour une vigou-

15. — E. REGNAULT.

reuse défense. De tous les points de l'horizon, on voyait accourir dans les retranchements les bataillons réguliers et de nombreux détachements de Kabyles. Tout annonçait une lutte sérieuse.

Cependant la marche des Français ne fut pas inquiétée jusqu'à leur arrivée à un plateau situé au tiers environ de la hauteur, appelé plateau du Déjeuner. C'est là qu'il fallait prendre à gauche pour gravir les flancs rocailleux du piton. Il était midi et demi lorsque le général Duvivier ordonna ce nouveau mouvement. Alors commencèrent les difficultés de la marche et les feux de l'ennemi. Les escarpements devenaient si abruptes, que souvent les soldats étaient obligés de ramper en s'accrochant aux broussailles et aux anfractuosités des rochers; et pendant qu'ils cheminaient ainsi suspendus entre le ciel et l'abîme, une pluie de feu jaillissait sur leurs têtes et sur leurs flancs. Derrière les rochers qu'il fallait gravir, les Kabyles embusqués envoyaient la mort sans pouvoir être atteints; d'autres tirailleurs étaient cachés dans les ravins infranchissables que présente le terrain, et en face de la colonne assaillante s'élevaient trois retranchements successifs dont les parapets étaient garnis de nombreux défenseurs. Le général Duvivier, qui, même au milieu des élans les plus impétueux, était avare du sang de ses soldats, ne voulait pas aborder de front ces formidables obstacles; mais, faisant rapidement marcher la colonne vers une crête qui se trouvait à gauche du piton, il déborda les retranchements, et, les prenant à revers, les fit enlever par ses flanqueurs. La colonne continua ensuite son mouvement vers le piton que défendaient trois autres retranchements se dominant entre eux, et dont le dernier, protégé par un réduit, se reliait au sommet du pic, où deux bataillons réguliers et des masses de Kabyles attendaient intrépidement l'assaut. Arrivés non loin du sommet, les Français se virent tout à coup enveloppés d'un épais nuage, qui, s'élevant entre les deux troupes, les empêchait mutuellement de se voir. Le général Duvivier en profita pour ordonner une halte de quelques instants; puis, reprenant sa course à travers le brouillard, la colonne sortit du nuage pour recevoir à demi-portée le feu de trois retranchements à la fois. Beaucoup de braves succombèrent. Les réguliers et les Kabyles faisaient un feu de deux rangs aussi nourri que celui des troupes européennes. Mais le général Duvivier fait battre la charge sur toute la ligne. Le 2° léger, entraîné vigoureusement par le colonel Changarnier, s'élance dans les retranchements; les redoutes sont enlevées, le pic est franchi; les Arabes qui l'occupaient sont culbutés dans les ravins, et le drapeau du 2° léger se déploie glorieusement sur le point le plus élevé de l'Atlas.

Pendant que ces choses s'accomplissent, la deuxième colonne s'avance dans une direction parallèle. A trois heures, elle arrivait à une arête boisée qui prend naissance à droite du piton, et par laquelle elle devait gravir les pentes plus escarpées. Le colonel Lamoricière, suivi de toute la colonne, s'élance à la tête des zouaves. Malgré les difficultés du terrain, une première redoute est rapidement débordée et prise; une autre est enlevée par le premier bataillon de zouaves; mais la colonne victorieuse est subitement arrêtée par une gorge à pentes abruptes, que domine un troisième retranchement, d'où l'ennemi dirige sur elle un feu de deux rangs à demi-portée du fusil. En même temps, du centre des troupes ennemies qui défendaient le Teniah, se détachent deux bataillons réguliers et de nombreux Kabyles qui se portent rapidement sur un plateau de rocs à pic, d'où ils ouvrent un feu de deux rangs sur les zouaves qui marchent les premiers. Ceux-ci ripostent avec ardeur; mais la supériorité du nombre et de la position donnait à l'ennemi un avantage décisif. Il y eut un moment de pénible anxiété, lorsque tout à coup retentit de derrière les retranchements un feu vif et régulier qui annonce des mains exercées. C'était le 2° léger qui, s'élançant du piton, accourait à la rencontre de la deuxième colonne. Les zouaves arrivaient alors au pied du retranchement; transportés de joie et d'enthousiasme, ils se précipitent dans l'intérieur, culbutent l'ennemi, à travers les ravins et les rochers où les Arabes opposent encore des résistances individuelles. Plusieurs engagements corps à corps eurent lieu, toujours à l'avantage de nos soldats; mais, exténués par les fatigues de cette longue journée, ils manquaient quelquefois de force pour achever les ennemis qu'ils avaient terrassés.

Le moment était venu d'aborder par la route le Teniah de Mouzaïa. Le duc d'Orléans s'y dirigea avec le 23e et le 18e. Mais, aux premiers mouvements de cette troupe, l'ennemi démasqua une batterie qu'il avait établie à l'ouest du col, d'où elle battait en écharpe la direction de la route. Aussitôt, le maréchal fit porter en avant la batterie de campagne, qui, commençant son feu dès qu'elle fut à portée du col, éteignit promptement celui de l'ennemi, et facilita ainsi au duc d'Orléans l'attaque de la position. Celui-ci lança un des bataillons du 23e en tirailleurs sur la gauche, et se porta à la tête des deux autres sur le Teniah, où il arriva au moment même où la colonne de gauche atteignait les crêtes qui le dominent.

Assaillis alors de tous côtés, stupéfaits de se voir atteints au milieu des nuages, dans une position qu'ils croyaient inexpugnable, les Arabes fuient de tous côtés. Les bataillons réguliers de l'émir se retirent sur Milianah; les Kabyles se dispersent dans toutes les directions.

Mais nous n'avons pas encore décrit tous les combats de la journée. Pendant que la première division enlevait les rochers de l'Atlas, l'arrière-garde était engagée dans de sérieuses difficultés. Lorsque la première colonne eut quitté le plateau du Déjeuner, de nombreuses troupes de Kabyles descendirent résolument des hauteurs, pour attaquer le centre du corps expéditionnaire. Quelques obus de montagnes lancés avec beaucoup d'effet au milieu de leurs rangs, les détournèrent de leur projet. Rejoignant alors par un long circuit une colonne de sept à huit cents hommes rassemblés sur notre gauche, ils s'élancèrent sur l'arrière-garde, composée du 17e léger, du 5e de ligne et de la légion étrangère. La lutte fut longue et meurtrière, et les Kabyles ne se retirèrent qu'après avoir fait preuve d'un opiniâtre courage.

Mais dès que le Teniah fut occupé, toute résistance cessa; l'ennemi disparut, et le corps expéditionnaire prit position sur le col même, en continuant à occuper le piton et les crêtes de Mouzaïa.

Cette journée glorieuse produisit sur les populations arabes une impression profonde. Mais nos généraux, de leur côté, ne purent s'empêcher de remarquer les progrès surprenants faits par les Arabes dans l'art de combattre. Plusieurs de leurs corps avaient fait preuve d'un aplomb et d'une habileté de manœuvres qui auraient fait honneur à des soldats européens. Abd-el-Kader, d'ailleurs, était loin d'être abattu, et dès le lendemain de sa défaite, il se préparait à défendre pied à pied le terrain qui restait à parcourir jusqu'à Médéah.

Des difficultés nouvelles arrêtaient l'armée expéditionnaire. Sur le versant occidental de l'Atlas, on avait rencontré la route construite en 1836, ménagée sur des pentes facilement abordables. Mais, pour descendre au sud, il n'y avait que des sentiers où un homme pouvait à peine passer; les pentes se précipitaient brusquement, et le terrain était composé de roches qu'il fallait entamer au pic pour ouvrir la route. Car on avait à voiturer des approvisionnements de toutes sortes et tout le matériel d'artillerie destiné à l'armement de Médéah.

Les troupes du génie se mirent à l'œuvre avec une ardeur et une habileté qui triomphèrent de tous les obstacles. Tantôt il fallait couper le roc à des profondeurs considérables, tantôt il fallait combler les creux des ravins. Quatre jours de rude travail ouvrirent enfin un passage voiturable. Le 16, l'artillerie put franchir la route.

Le maréchal ordonna aussitôt au duc d'Orléans d'aller prendre position dans le bois des Oliviers, situé au pied de la pente méridionale. Cependant l'ennemi, rallié dans les journées des 13 et 14 par l'activité infatigable de l'émir, et resté jusque-là en observation, voyant la direction que prenait la colonne française, courut s'établir sur un mamelon qui domine le bois au nord-est : il fallait enlever ce poste pour assurer le passage. Le 23ᵉ de ligne en fut chargé. Guidé par le colonel Gueswiller, il franchit successivement tous les ravins dont l'ennemi profitait pour arrêter sa marche; plusieurs positions furent enlevées à la baïonnette. Mais les Kabyles, soutenus de deux bataillons réguliers, défendaient le mamelon avec opiniâtreté. Il fallut plusieurs heures de combat pour les déloger entièrement. En même temps, un bataillon régulier qui s'était établi dans le bois des Oliviers était abordé par les zouaves qui le rejetaient au delà de la Chiffa. A cinq heures du soir, tout le corps expéditionnaire était campé dans le bois des Oliviers, et l'on put reconnaître la position qu'Abd-el-Kader avait choisie pour couvrir Médéah.

De cette ville part une crête qui se termine par des roches à pic, à une lieue environ du bois des Oliviers. Du pied de ces roches, un plan très incliné conduit jusqu'à la rive droite de la Chiffa; de ce chaînon, plusieurs arêtes se détachent à l'ouest et courent dans la direction du Chélif; l'une d'elles, qui se relève plus loin sous le nom de Gantas, forme la ligne de partage des eaux de ce fleuve et de celles du Bouroumi, affluent de l'Ouad-Jer. La route du col à Médéah suit, à l'ouest, le pied de cette chaîne de hauteurs sur lesquelles se déployait l'infanterie de l'émir, flanquée de tous les Kabyles qu'il avait pu rassembler. Plusieurs redoutes avaient été construites sur des escarpements, dominant la route de leurs feux croisés. Abd-el-Kader, avec toute sa cavalerie, avait pris position au pied du Gantas, prêt à fondre sur les colonnes qui voudraient aborder les redoutes.

Mais le maréchal ne jugea pas à propos d'aborder de front les hauteurs. En appuyant à droite, on pouvait gagner Médéah par la route de Milianah, tournant ainsi les escarpements fortifiés, qui devenaient inutiles à l'ennemi.

Le 17 au matin, le duc d'Orléans avec la 1ʳᵉ division s'avança dans cette direction, malgré les efforts de la cavalerie arabe, qui tenta vainement d'inquiéter sa marche; des lignes de tirailleurs suffirent pour l'arrêter. L'émir, voyant ses plans de défense déjoués, fit évacuer les redoutes par son infanterie, qui alla prendre position en avant de Médéah. Mais elle ne put résister au premier choc des colonnes françaises, et disparut bientôt dans la direction des montagnes de Reigha. La ville fut aussitôt occupée.

Après avoir arrêté les travaux nécessaires pour la défense de sa nouvelle conquête, le maréchal Valée nomma le général Duvivier commandant supérieur de la province de Tittery, et lui laissa un corps de deux mille quatre cents hommes avec des approvisionnements pour soixante-dix jours.

Le retour au col de Mouzaïa fut marqué par une suite d'engagements où nos troupes eurent constamment l'avantage, mais où les Arabes firent preuve d'une audace incroyable et surtout d'une discipline qui annonçait toute l'habileté de leur chef. On vit dans des endroits difficiles, et au plus fort du combat, leur cavalerie mettre pied à terre et combattre suivant toutes les règles de l'instruction européenne. Le colonel Bedeau, avec le 17ᵉ léger, eut à soutenir une lutte excessivement vive.

Enfin, tous les obstacles étant surmontés, l'armée campa dans la soirée du 20 au col de Mouzaïa et sur toutes les hauteurs qui le dominent.

Cette expédition n'était qu'un brillant fait d'armes, si on ne la complétait par l'occupation de Milianah. Milianah est la clé de l'intérieur des terres : elle ouvre l'accès des riches plaines et des fécondes vallées situées entre le Chélif et le Mazagran, point culminant de la chaîne de montagnes qui termine et couvre la plaine de la Mitidjah vers son extrémité occidentale.

Après quelques jours consacrés au repos,

le maréchal repartit de Blidah le 4 juin, avec douze mille hommes, dont mille cavaliers, seize pièces de montagne et six de campagne pour l'armement de Milianah, suivi d'un immense convoi d'approvisionnements pour cette ville et Médéah. Son projet était de marcher droit sur Milianah en suivant les premiers contreforts de l'Atlas, de placer dans la ville prise une garnison de deux mille hommes, de se diriger ensuite sur Médéah par la vallée du Chélif, pour rentrer de là dans la Mitidjah.

Milianah, située sur la pente d'une montagne d'où la vue plane sur les vastes prairaies qui bordent le Chélif, est l'antique *Maniana*. Les nombreux débris d'anciens monuments, les fragments d'architecture romaine que l'on rencontre dans la ville et aux environs attestent son antique splendeur. Elle avait été, en effet, une florissante cité, résidence d'une foule de familles romaines ; et le choix de ce séjour était justifié non seulement par l'importance géographique de sa position centrale, mais encore par la beauté du site et la fertilité du sol. Elle n'était plus, en 1840, qu'une chétive bourgade inférieure à nos plus pauvres villages. Mais elle formait toujours, comme au temps de Rome, un poste militaire très important.

L'armée, dans sa marche sur Milianah, eut à subir les attaques irrégulières des Arabes qui voltigeaient sur ses flancs, sans cependant qu'aucun engagement sérieux la contraignît de s'arrêter. Abd-el-Kader semblait se réserver pour défendre les approches de la ville ; et lorsque les Français se montrèrent en vue de Milianah, ils purent apercevoir les troupes de l'émir concentrées sur les pentes de la montagne. Mais ce n'était qu'une vaine démonstration : aux approches de nos colonnes, les Arabes se retirèrent après une faible résistance, en mettant le feu à la ville. L'armée française y entra le 8 juin.

Quelques jours furent consacrés à réparer les désastres causés par l'incendie, et à fortifier la place. Trois mille hommes y furent laissés avec des approvisionnements considérables, et l'on se dirigea du côté de Médéah par la vallée du Chélif. L'émir, toujours infatigable, attendait les colonnes françaises, campé fièrement sur la route de la ville. Cependant le maréchal n'avait plus assez de vivres et de munitions pour ravitailler Médéah. Il fallait les aller chercher à la ferme de Mouzaïa de l'autre côté de l'Atlas, et franchir, à cet effet, le col de Mouzaïa du sud au nord.

L'armée avait passé la nuit du 14 au 15, à deux lieues environ du col, dans la direction de Médéah. Abd-el-Kader campait à peu de distance. A la pointe du jour, le 48ᵉ de ligne reçut ordre de se porter au Teniah pour gagner les hauteurs et protéger le passage. L'émir, devinant les intentions du maréchal, lance aussitôt deux mille réguliers pour tâcher d'atteindre avant nous les premiers défilés du versant. Le poste est en quelque sorte disputé à la course. Mais nos soldats ont de l'avance ; ils occupent toutes les hauteurs, et la colonne principale s'engage sans obstacle dans la montagne.

Les deux mille réguliers disparurent. On pensa que, n'ayant pu nous couper, ils avaient pris le parti de se replier sur l'armée de l'émir. Cette erreur nous devint funeste. Pendant qu'on les croyait éloignés, ils gravissaient la montagne parallèlement à notre armée, en se masquant derrière les hauteurs latérales, sans tirer un coup de fusil, sans laisser éclater une parole, jusqu'à ce qu'ils eussent gagné un profond ravin où ils se blottirent en silence, épiant une occasion.

Le maréchal, sans se douter de ce dangereux voisinage, croyait prendre toutes les mesures que commandait la prudence. Debout sur le sommet du Teniah pendant tout le défilé de la colonne principale, il fit occuper sous ses yeux les mamelons et les rochers qui dominent la route, et ne quitta son poste d'observation qu'après avoir vu les bagages et les blessés descendre paisiblement vers la ferme de Mouzaïa. Alors il rappela les troupes qui garnissaient les hauteurs, sans leur faire attendre l'arrière-garde. Ce fut là sa faute ; mais il pensait n'avoir plus rien à craindre, et il gagna la tête de la colonne, sans s'arrêter jusqu'à la ferme de Mouzaïa. Le 48ᵉ de ligne, qui, après avoir quitté les hauteurs, formait l'escorte spéciale du convoi, descendait le col au moment où le maréchal partit; l'arrière-garde s'avançait à quelque distance.

Cette arrière-garde se composait de zouaves et de tirailleurs de Vincennes au nombre de huit cents. Elle passe le col et continue à cheminer par la descente. Tout à coup se dressent devant elle les deux mille réguliers, et une décharge à bout portant jette le désordre dans la petite colonne. En même temps, la masse des Arabes se précipitant dans les rangs brisés, engage corps à corps une lutte furieuse, et il se fait une horrible mêlée, où le nombre menace de l'emporter sur la discipline. On se heurte, on se saisit, on lutte poitrine contre poitrine ; tandis qu'un Arabe saisit fortement la baïonnette du soldat, un autre le frappe à coups de yatagan : des deux côtés on est trop pressé par la foule pour recharger les armes; on tient le fusil par le canon et l'on s'en fait une massue; les blessés, qui tombent l'un sur l'autre, continuent à combattre; ils se frappent avec des pierres trouvées sous la main, et se font d'horribles morsures. Les fantassins arabes, pourvus d'un yatagan, d'un poignard et de deux pistolets, ont de cruels avantages. Trois fois cette épouvantable mêlée est rompue par l'intrépidité des zouaves, trois fois les Arabes reviennent à la charge. A la quatrième, enfin, ils se retirent vaincus par cette héroïque résistance. Deux obusiers de montagne, qui commencent leur feu, achèvent de les éloigner.

Mais les Français comptent cent vingt morts et trois cents blessés; et le maréchal, tranquille à Mouzaïa, n'apprend ce cruel désastre qu'en voyant revenir le beau corps des zouaves, amoindri et mutilé : sanglant épisode, venu après le succès, sans que rien puisse compenser la douleur d'un si grand sacrifice !

On reprochait encore au maréchal d'avoir négligé les précautions les plus ordinaires, pour assurer ses communications et faire régner la sécurité autour de ses lignes de défense. Pendant qu'il se trouvait au delà de l'Atlas, la Mitidjah était envahie par les tribus de l'Est, qui répandaient partout le ravage et l'incendie; quatre cent soixante meules de foin avaient été brûlées dans les environs de Douera; toute la plaine étincelait, et le feu, poussé par un vent de nord-ouest, se promenait depuis le cap Matifou jusqu'à la Maison-Carrée. Le camp de Bouffarick, renfermant cent cinquante hommes, était menacé par des forces bien supérieures. Il fallut armer pour la défense quatre cents condamnés militaires; et telles étaient les inquiétudes à Alger, que, par ordre de l'autorité, il fut expressément défendu à tout habitant d'aller au delà d'Hussein-Dey, qui n'est éloigné que d'une lieue de la ville.

Quelques colonnes mobiles suffirent, il est vrai, pour dégager la plaine; mais on s'étonnait de se voir ainsi inquiété aux portes mêmes d'Alger, après dix ans d'occupation, et le lendemain de pompeux bulletins de victoire.

A la ferme de Mouzaïa, le maréchal attendait les convois destinés aux approvisionnements de Médéah et de Milianah. Dès qu'ils furent arrivés, il traversa de nouveau l'Atlas, renforça le général Duvivier, et compléta les magasins de la ville. Une forte colonne fut en même temps expédiée à Milianah, sous les ordres du colonel Changarnier, avec un convoi considérable de vivres et de munitions. Avec cette dernière opération, la campagne était terminée. On était en possession de la province de Tittery et de toutes les hauteurs de l'Atlas d'où pouvait être inquiétée la plaine de la Mitidjah. L'occupation successive de Cherchell, Médéah et Milianah, complétait la ligne de défense. Déjà l'émir songeait à se retirer dans la province d'Oran, avec des forces considérablement réduites par les combats et la désertion.

IX

Débarquement et arrestation du prince Louis Bonaparte à Boulogne. — Manœuvres antérieures. — Complices sur lesquels il comptait. — Audience chez lord Melbourne. — Le cabinet des Tuileries tenu au courant de ses démarches. — Système politique du prince. — Tentatives de rapprochement avec les radicaux. — M. Degeorge à Londres. — Brochure intitulée : *Lettres de Londres*. — Passage significatif. — Création d'un journal bonapartiste. — Distribution de brochures. — Entrevue de M. de Mésonan avec le général Magnan. — Emprunt à Londres. — Départ de Londres. — Débarquement à Vimereux. — Entrée à Boulogne. — Échec dans la caserne du 42e de ligne. Retraite vers la colonne. — Dispersion des conjurés. — Arrestation du prince et de ses compagnons. — Translation à Ham. — Renvoi des conjurés devant la Chambre des pairs. — Jugement et condamnation. — Séjour à Ham. — Correspondances. — Relations avec les écrivains démocratiques. — M. Degeorge, M. Peauger.

Pendant que les esprits, occupés de la question d'Orient, s'enivraient ou s'alarmaient aux bruits de guerre, un incident étrange vint distraire l'attention publique et faire une diversion passagère à de plus graves préoccupations.

Le 6 août, à cinq heures du matin, le prince Louis Bonaparte, qui avait si tristement échoué à Strasbourg, débarquait à Boulogne-sur-Mer avec une soixantaine de compagnons, faisant un vain appel à la population, et se trouvait, trois heures après, dans les mains des autorités avec la plupart de ses complices.

Voilà ce qui se racontait le lendemain dans la capitale, au grand étonnement de tous, et sans qu'on pût s'expliquer sur quelles manœuvres ou sur quelles illusions reposait cette tentative.

Avant d'entrer dans les détails de cette entreprise avortée, il nous faut reprendre les choses de plus haut pour mieux en comprendre le sens et l'origine.

Il est certain que, dans l'affaire de Strasbourg, le gouvernement n'avait pas su toute la vérité. Les noms de beaucoup de complices lui avaient échappé, et la liste des fidélités ébranlées était fort incomplète. Cette échauffourée avait donc laissé peu de souvenirs inquiétants, et quoique depuis on eût fait éloigner de la Suisse le prétendant vaincu, c'était moins dans la crainte de dangers sérieux que pour n'avoir pas à s'occuper de petites intrigues de voisinage. Louis Bonaparte, au contraire, sachant que le complot de Strasbourg avait plus de ramifications qu'il n'en avait paru, attachait une importance plus grande qu'il ne fallait aux éléments inconnus du public. Dans tout complot se rencontre une foule d'hommes qui laissent entrevoir un appui éventuel, sans s'engager au delà de ce qu'il faut pour avoir droit à une récompense après le succès. Il devient ensuite tout naturel qu'ils se taisent au moment des revers, et ceux mêmes qu'ils abandonnent sont non-seulement disposés à excuser cette prudence, mais encore se laissent aller à compter sur eux pour une prochaine occasion. Qu'on ajoute à cela les trompeuses perspectives de l'éloignement, les flatteuses assurances des partisans intéressés, les aveuglements opiniâtres de l'émigration, et l'on comprendra comment se font ces entreprises qui semblent désespérées, et qui ne sont le résultat que de fausses espérances.

Louis Bonaparte était, d'ailleurs, soutenu par une profonde conviction, et cette conviction, du moins, n'était pas une erreur. Il croyait à l'immense popularité du nom de Napoléon, et se fiait à la magie des souvenirs. Mais là où il se trompait, c'est qu'il s'imaginait rencontrer ces souvenirs dans toutes les classes de la société, soit chez les fonctionnaires, soit même chez la bourgeoisie de tout temps ennemie de l'empereur. Or, ils n'existaient que chez le peuple exclusivement, c'est-à-dire dans les rangs des multitudes déshéritées de toute vie politique, n'ayant aucune action sur les événements, ne se rencontrant nulle part sur le passage des prétendants, et ne se mêlant à aucun complot des coureurs d'aventures.

Quant à l'armée, sortie du peuple, mais pliée à une discipline qui ne lui laissait d'autre idée que celle de la fidélité au drapeau, c'était par une étrange ignorance des choses qu'on voulait l'associer à un complot. Jamais l'armée n'avait fait de révolution en France, pas même celle du 18 brumaire, préparée et accomplie du consentement de l'opinion publique. Les républicains, assurément, avaient sur les soldats de bien plus puissants moyens d'action que les agents napoléoniens, et cependant, depuis dix ans, toutes leurs tentatives pour attirer à eux une portion importante de l'armée, avaient constamment échoué.

Quelques sous-officiers mécontents, quelques officiers ambitieux, en bien petit nombre, leur promettaient de temps à autre une coopération militaire; mais au moment d'agir, on était obligé de reconnaître l'exagération des promesses et la pauvreté des influences.

Il en fut de même pour le prince Louis Bonaparte. Négligeant le peuple qui seul pouvait le seconder, se trouvant en face d'une bourgeoisie hostile et d'une armée indifférente, il n'avait aucune chance de succès; ses entreprises eurent l'issue qu'elles devaient avoir; pour espérer autre chose, il fallait toute l'illusion d'un prince depuis vingt-cinq ans étranger à la France.

Ce qui le perdit aussi fut un malheureux souvenir des actes de son oncle, et un désir d'imitation qui l'amoindrissait par les contrastes. Frappé surtout des miracles du retour de l'île d'Elbe, il s'imaginait qu'il suffirait de se montrer aux portes d'une caserne pour entraîner la troupe, la grossir en marchant et refaire un 20 mars; comme si de pareils événements se renouvelaient, comme s'il ne fallait pas surtout les mêmes soldats, le même chef et les mêmes circonstances !

Il n'est pas probable, toutefois, qu'il se fût étourdiment aventuré, s'il n'avait eu d'autres complices que ceux qui figurèrent au procès. La conspiration avait en réalité de plus grandes proportions qu'il n'en a paru dans l'instruction et les débats. Nous tenons de source certaine, par exemple, que le général Duchant, mort depuis, alors commandant de Vincennes, s'était sérieusement engagé à la cause napoléonienne. Il avait promis de livrer le fort dont il avait la garde. Nous savons, en outre, que l'on comptait positivement sur l'appui du général Magnan, commandant de la division du Nord. Était-ce une fausse espérance, et l'agent qui fut envoyé près de lui trompait-il ou se trompait-il ? Toujours est-il qu'à Londres le général Magnan figurait sur la liste des fidèles impérialistes. Ajoutons, en outre, qu'après la descente à Boulogne, tous les régiments faisant partie de la division du Nord furent changés de garnison et dirigés sur le midi. Ce qui prouverait que le gouvernement avait au moins de graves soupçons, sinon des renseignements certains qu'il voulait taire par prudence. Il était essentiel de montrer l'armée partout fidèle et de réduire le complot à une étourderie de jeune homme.

Nous ne devons pas oublier un fait qui annoncerait de nombreuses connivences. Pendant la marche de la division du Nord vers le midi, plusieurs d'entre les régiments traversant la ville de Ham, des officiers en grand nombre firent remettre leurs cartes au prince captif. Celui-ci, de son côté, avait la liste des officiers dont on lui avait promis le concours ; il put voir quels étaient ceux qui semblaient lui renouveler leurs engagements.

Un autre incident mérite d'être rappelé. Le maréchal Clauzel était arrivé dans les derniers jours de juillet aux bains d'Eaux-Bonnes dans les Pyrénées, et y faisait tous les préparatifs qui annoncent un long séjour, lorsque le 4 août, il disparut tout à coup, et

Ils débarquèrent à Vimereux. (Page 130, col. 2.)
(Report typographique d'une gravure en taille douce.)

l'on apprit qu'il s'était dirigé en toute hâte vers le Nord.

Ce n'est pas tout encore. Nous avons dit que le général Magnan était considéré par les conjurés de Londres comme une des colonnes de l'entreprise. Cependant, d'après les rapports faits au prince, le général aurait dit : « Je ne puis prendre l'initiative du « mouvement ; mais si vous entraînez un « seul régiment, je vous amène ma division « entière. » Or, les agents du prince lui assuraient que le colonel Husson[1], commandant le 42ᵉ régiment de ligne en garnison à Calais, avait promis de se mettre avec ses soldats à la disposition des conjurés au moment du débarquement. Le plan des conjurés reposait sur ces données. De Boulogne, ils devaient se porter rapidement sur Calais, gagner Lille, puis avec la division du Nord, marcher sur Paris, soit directement, soit en passant par Eu pour y enlever la famille royale. En même temps, leurs adhérents de Paris, à la première nouvelle du débarquement, marchaient sur les Tuileries et s'en emparaient à l'improviste. Ils étaient, en outre, ainsi que nous l'avons dit, assurés de Vincennes, et ces premiers succès devaient promptement leur rallier des partisans. On parlait aussi d'un comité bonapartiste présidé par un maréchal de France, qui avait des correspondances assez étendues avec les garnisons des villes les plus importantes.

Le projet de translation des restes de Napoléon donnait encore des espérances nouvelles en réveillant les sympathies de la population pour les traditions impériales. La reconnaissance de la légitimité de Napoléon, faite à la tribune par un ministre, for-

---

[1]. Cet officier supérieur nous a écrit pour démentir toute participation au complot.

16. — E. REGNAULT.

tifiait la cause du prétendant ; au moins, la logique pouvait lui permettre de le croire. Car la proscription de la famille impériale n'était guère en accord avec la légitimité de l'empereur ; et Louis-Napoléon n'avait plus qu'à invoquer un droit proclamé par les ministres mêmes de Louis-Philippe.

Enfin, le traité du 15 juillet offrait une occasion de faire appel au sentiment national, de profiter des colères populaires, et de traverser la France aux cris de : *Guerre aux Anglais!*

Tous ces calculs ne manquaient pas d'une certaine apparence de justesse, et présentaient assez de chances pour encourager d'impatientes ardeurs. D'ailleurs, dans toute entreprise de cette nature, on abandonne toujours quelque chose à la fortune, et la part faite au hasard est ordinairement la plus forte.

De nouveaux motifs, d'ailleurs, pouvaient encourager Louis Bonaparte et lui faire précipiter sa tentative. Depuis que le ministère anglais avait follement défié la France, des avances détournées, des politesses ouvertes avaient été faites au prince exilé : jusque-là fort dédaigné des hommes officiels, il s'était vu subitement recherché et presque courtisé. Lord Melbourne l'avait reçu en audience, lord Palmerston était allé en secret lui rendre visite. Lord Palmerston, ennemi particulier de Louis-Philippe, devait sans doute avoir quelque satisfaction à lui créer de nouveaux embarras en détachant des rives britanniques un prétendant audacieux. Peut-être même laissa-t-il entrevoir à celui-ci quelques vagues promesses qui pouvaient facilement être prises pour des engagements.

On assurait de plus dans le monde diplomatique que M. de Brunow avait aussi fait sa visite d'encouragement. Il n'en fallait pas tant pour ajouter aux illusions d'un prince empressé d'en finir et confiant dans le succès. Ce n'est pas, assurément, que le ministre anglais ou l'ambassadeur moscovite crussent sérieusement à une restauration napoléonienne ; mais une descente improvisée pouvait distraire les esprits de la grave question d'Orient, détourner les colères de Louis-Philippe, et affaiblir son gouvernement par de nouvelles inquiétudes. Louis Bonaparte, sans s'en douter, servait d'instrument à des rouéries diplomatiques, et les hommes d'État dont il croyait avoir l'appui, ne l'attiraient à eux que pour le pousser en avant comme la sentinelle perdue de la coalition.

Ajoutons, comme dernière explication de cette aventure, que le gouvernement français lui-même, avait, par des agents secrets auprès du prince, provoqué l'entreprise, afin de mettre la main sur un rival gênant, en lui fournissant l'occasion de se compromettre. On raconte que peu de mois auparavant, Louis-Philippe se plaignant à M. Thiers de ce qu'on n'exerçait pas une surveillance assez active à l'égard d'un prince ingrat, qui le fatiguait de ses incessantes manœuvres, le ministre répondit qu'il lui serait facile de dissiper les inquiétudes du roi en donnant plus d'activité aux manœuvres dont il se plaignait, et que le prince viendrait promptement se livrer de lui-même. M. Thiers, ajoute-t-on, aurait été pris au mot, et le prince, promptement circonvenu par le zèle d'officieux intermédiaires, aurait conçu de nouvelles espérances, et rêvé de plus notables complices. Ainsi se trouverait peut-être expliquée la proclamation au peuple français qui nommait M. Thiers président du gouvernement provisoire.

Quoi qu'il en soit, il est constant que le cabinet des Tuileries était complètement au courant de ce qui se passait à Londres, suivant tous les préparatifs, les dirigeant même et recevant de continuelles instructions sur toutes les démarches, sur toutes les actions du prince, jour par jour, heure par heure. Il existait dans les cartons du ministère de l'intérieur, nous ne savons s'ils existent encore, des rapports écrits de la main d'un copiste exercé, contenant les détails les plus circonstanciés sur tous les mouvements du prince, intérieurs et extérieurs : « Il s'est levé à telle heure, est sorti « à telle heure, est allé dans telle maison, « est rentré, est ressorti pour aller à telle « autre maison, a eu une conférence avec « tel personnage, etc., etc., » tous renseignements qui indiqueraient des relations très intimes et non interrompues.

De son côté, l'ambassadeur français à Londres recevait des informations exactes et détaillées, sans même se donner la peine de les chercher. Comme de Paris on lui écrivait de ne pas épargner l'argent pour se tenir au courant du complot, il répondait : « Je n'ai pas besoin d'argent; les révéla- « tions viennent me trouver. »

Il est donc avéré que le prince Louis Bonaparte était l'instrument de la diplomatie étrangère, l'instrument de Louis-Philippe lui-même, qui l'attirait tout doucement dans un piège, où il devait infailliblement être pris. Mais cela explique aussi la hardiesse de l'entreprise. Trompé par des agents provocateurs de haute volée, encouragé par des ministres et des ambassadeurs étrangers, convaincu, à tort ou à raison, de la coopération de plusieurs généraux et officiers, de la sympathie de quelques régiments, il voyait les moyens d'action proportionnés à l'importance de l'entreprise. Malheureusement pour lui, au moment décisif, tous les éléments de la conspiration firent défaut. Au lieu d'une grande pensée, le public ne rencontrait qu'un pitoyable coup de tête; au lieu d'une sérieuse tentative, une audacieuse folie. L'opinion et l'histoire ne jugent que sur les résultats, et en cela elles ont raison. Elles ne tiennent pas pour habiles des combinaisons qui manquent toutes à la fois.

Il n'est pas sans intérêt aujourd'hui de savoir quel était en ce temps le système politique que le prince voulait, en cas de succès, inaugurer en France. Les radicaux eurent occasion de recevoir ses confidences à ce sujet.

Plus d'une fois, il avait tenté d'entrer en communication active avec les chefs du parti radical; mais ceux-ci n'accueillaient ses ouvertures qu'avec une certaine méfiance. Ils étaient volontiers disposés à se fortifier de son concours pour attaquer le gouvernement royal; mais ils ne se résignaient pas à lui servir de marchepied pour son ambition personnelle, et ne voyaient guère de profit à renverser le trône de juillet pour relever le trône d'un prétendant. Ils s'en étaient déjà formellement expliqués avec des intermédiaires, lorsque, au mois de juin, de nouvelles instances furent faites auprès des rédacteurs du *National*. Ceux-ci, sans beaucoup compter sur l'alliance qui leur était offerte, voulurent toutefois avoir une solution définitive, soit pour obtenir un concours sérieux, soit pour mettre un terme à des pourparlers sans portée. M. Degeorge, rédacteur en chef du *Progrès du Pas-de-Calais*, se trouvant alors à Paris, reçut mission des rédacteurs du *National* de se rendre auprès du prince pour obtenir de lui des explications catégoriques sur ses intentions ultérieures.

La conférence eut lieu à Londres dans une maison tierce et dura plusieurs heures. Louis Bonaparte commença par déclarer sa ferme résolution de recommencer la tentative qui avait échoué à Strasbourg; il voulait, disait-il, en renversant Louis-Philippe, mettre la France en mesure de choisir la forme de gouvernement qui conviendrait à la majorité du pays. Quant à son système personnel, il ne dissimulait pas ses dispositions en faveur du rétablissement de l'empire, repoussant avec force toute idée de république, comme incompatible avec l'esprit français. Il développa longuement ses théories sur le système intérieur applicable au pays. Ce n'était qu'une contrefaçon des institutions impériales. Il ne cacha pas les espérances qu'il avait de voir l'empereur de Russie accepter volontiers pour chef de la monarchie en France un membre de la famille de Napoléon, donnant, par cet aveu, de l'authenticité aux connivences qu'on lui supposait avec la diplomatie moscovite.

M. Degeorge vit facilement que les républicains avaient toute raison de se méfier d'un prince beaucoup plus soucieux de ses avantages personnels que des intérêts généraux de la nation. Il lui répondit que les traditions impériales ne pouvaient s'accorder avec les doctrines démocratiques, et rendaient toute alliance impossible. On voulait bien accepter son nom comme un appui à la cause populaire, nullement comme un drapeau de restauration impériale, comme un moyen, non comme un but.

Les deux interlocuteurs, comme on le voit, s'expliquaient avec franchise, l'un occupé de ses propres droits, l'autre des droits populaires. Enfin, le prince ne voulant rien céder de ses prétentions, M. Degeorge termina l'entrevue en lui disant : « Puisqu'il « en est ainsi, nous vous recevrons à coups « de fusil. » Toute la conversation, du reste, se tint de sang-froid, avec une grande convenance de part et d'autre, et, même après la déclaration énergique de M. Degeorge, le prince lui serra affectueusement la main au moment de la séparation, en exprimant ses regrets de n'avoir pu s'entendre avec les démocrates. Ceux-ci, bien avertis, renoncèrent à toute alliance avec un prince qu'ils n'avaient aucune raison de préférer, comme monarque, à Louis-Philippe.

Pour mieux faire connaître d'ailleurs la pensée intime du prince, nous devons transcrire quelques passages d'une petite brochure qu'il faisait à cette époque distribuer par ses agents dans les principales casernes. Cette brochure intitulée *Lettres de Londres*, avait été écrite par M. de Persigny, et revue en entier par le prince. Les lettres sont supposées écrites par un général à un autre général. La neuvième et dernière lettre raconte une visite faite à M. de Persigny. Celui-ci établit un parallèle entre Napoléon et César. Puis il ajoute :

« Mais ce n'est pas tout encore : cette inconcevable et mystérieuse ressemblance se poursuit même après la mort des deux grands hommes. Le nom de César et le nom de Napoléon, tous deux si puissants sur l'imagination des peuples, ne doit pas avoir d'héritiers directs. A la mort du dictateur, c'est son petit-neveu, c'est Octave qui ose porter le grand nom de César, comme aujourd'hui c'est le neveu de Napoléon qui semble vouloir jouer un rôle analogue.

« Mais la destinée d'Octave avant de devenir Auguste et empereur des Romains, présente des rapprochements encore plus extraordinaires : si cela peut vous intéresser, vous trouverez dans Appien et dans d'autres historiens latins de la même époque, des particularités extrêmement curieuses. — Comme je témoignais le désir de suivre cette piquante comparaison jusqu'à la fin, M. de Persigny est allé chercher un volume des *Révolutions* de Vertot, et m'a mis sous les yeux les passages suivants, extraits du livre XIV de cette histoire, que je transcris pour vous, tant cela m'a frappé.

« Le jeune neveu de César est à Appollo-
« nie sur les côtes d'Épire, où il achève ses
« études et ses exercices, et verse d'abon-
« dantes larmes sur la mort de son oncle. —
« Tous les lieutenants du dictateur ont aban-
« donné sa cause et trahi le peuple romain
« pour mendier les faveurs de l'aristocratie.
« — Antoine, Lépide et les autres se parent
« de la gloire de César pour en imposer au
« peuple ; mais, en effet, ils trahissent sa mé-
« moire, s'emparent de ses biens, proscri-
« vent sa famille, et vivent publiquement
« avec les assassins de leur bienfaiteur. —
« Lui, le jeune César, languit proscrit loin
« de Rome, en proie à la douleur et aux re-
« grets ; mais son âme ardente aspire à ven-
« ger la mémoire outragée de son oncle, et
« bientôt il révèle au monde, par un acte
« public, le but de son ambition. Ses pa-
« rents, ses amis le supplient de rester en
« exil, de ne pas revendiquer l'héritage du
« grand homme. Tout le monde lui conseille
« d'oublier de dangereuses prétentions ; et
« on l'assure qu'il ne peut y avoir de sûreté
« et de bonheur que dans l'obscurité d'une
« vie privée. Mais le jeune Octave repousse
« ces conseils pusillanimes, il déclare qu'il
« aime mieux mourir mille fois, plutôt que
« de renoncer au grand nom et à la gloire
« de César. — Ainsi donc, le jeune Octave

« ose seul et sans appui entreprendre la
« grande mission de continuer l'œuvre de
« son oncle. Proscrit et condamné par des
« lois iniques, il ne craint pas de braver ces
« lois et de partir pour Rome. — Un jour,
« il arrive sur la côte de Brindes et débarque
« près de la petite ville de Lupia, sans autre
« escorte que ses serviteurs et quelques-uns
« de ses amis, mais soutenu du grand nom
« de César, qui seul devait bientôt lui don-
« ner des légions et des armées entières. Et
« en effet, à peine les officiers et les soldats
« de Brindes ont-ils appris que le neveu de
« leur ancien général est près de leurs mu-
« railles, qu'ils sortent en foule au-devant
« de lui, et après lui avoir donné leur foi,
« l'introduisent dans la place dont ils le ren-
« dent maître. Ce premier succès n'est qu'é-
« phémère; il est bientôt suivi de peines et
« de tribulations; mais enfin, c'est là et de
« cette manière que commence la grande
« destinée du neveu de César, cette destinée
« qui le poursuit à travers mille vicissitudes
« et mille chances diverses, et le porte en-
« fin, quinze ans après la mort de son oncle,
« à la tête du peuple romain, sous le nom
« d'Auguste et le titre d'empereur. »

Ce curieux rapprochement fait par le prince lui-même, ou du moins tracé sous sa dictée, donne mieux que nous ne pourrions le faire, la mesure de ses sentiments et de ses espérances. On y remarque surtout une opiniâtre confiance qui ne doit reculer devant aucune entreprise. Souvent, en effet, cet aveugle fatalisme peut tenir lieu de génie, en développant les qualités nécessaires à tout succès : l'énergie et la persévérance. C'est ainsi que s'expliquent les grandes fortunes d'hommes médiocres. La foi est toujours plus puissante que la logique, et le fétichisme même d'un nom suffit pour conduire à de grands résultats.

Depuis son retour en Europe, Louis Bonaparte avait constamment cherché à occuper de lui le public français, tantôt par des écrits émanés de sa plume, tantôt par des publications faites au nom de ses plus dévoués adhérents. Les brochures intitulées *Idées napoléoniennes* et *Lettres de Londres* étaient un appel aux souvenirs impérialistes, avec un mélange de doctrines démocratiques et socialistes destinées à rallier les radicaux de toute nuance, qui faisaient une guerre active à la monarchie de juillet. Mais les radicaux se méfiaient d'un prince, et surtout d'un prince qui, tout en invoquant la souveraineté du peuple, faisait remonter ses droits à des sénatus-consultes sans valeur pour tous les partis.

Louis Bonaparte avait, en outre, dans la presse, un organe officiel de la politique impériale, appelé le *Capitole*. Ce titre était une création personnelle du futur empereur. On assure qu'il s'en félicitait comme d'une heureuse trouvaille.

On racontait, d'ailleurs, de singulières histoires sur l'origine de ce journal dont l'apparition, au mois de juin 1839, se rattachait, disait-on, à la plus bizarre des intrigues. Parmi les agents de toutes classes que la diplomatie russe entretenait à Paris, se trouvait un écrivain français du troisième ou quatrième ordre, qui avait dirigé quelque temps un journal en Allemagne, et qui, venu récemment de Francfort, se prétendait chargé d'une mission secrète du czar dans le but de réconcilier la France et la Russie. A l'appui de ses assertions, il laissait entrevoir des lettres écrites par le czar lui-même, et dont il lisait mystérieusement quelques passages. Après avoir inutilement frappé à plusieurs portes, il fit rencontre d'un autre coureur d'aventures, qui se donnait aussi comme un intime confident de princes, négociant des trônes et correspondant de plusieurs côtés avec les prétendants disponibles. Il se nommait M. le marquis de Crouy-Chanel. Une de ses dernières spéculations consistait à obtenir l'empire du Mexique pour un des infants, frères de don Carlos. Mis en présence, nos deux aventuriers, soit qu'ils se prissent au sérieux, soit qu'ils voulussent mutuellement se duper, conclurent un traité en règle. Stipulant au nom de deux grands États, comme s'ils en étaient les seuls représentants, ils scellèrent une alliance intime entre la France et la Russie. Le marquis promettait l'amitié du grand peuple à l'autocrate, à la condition que celui-ci donnerait d'abord à la France les frontières du Rhin, puis qu'il accorderait une de ses filles en mariage à un prince dont on ferait au plus tôt un empereur des Français. Ce prince était Louis Bonaparte. L'envoyé de Francfort goûta la proposition et promit d'en écrire à Saint-Pétersbourg. Pour qui connaît la diplomatie moscovite, ses nombreuses intrigues et ses ténébreuses menées, il ne paraîtra pas surprenant qu'on accordât quelques encouragements à une ouverture même extravagante, pourvu qu'elle pût amener des complications inattendues. Il est, d'ailleurs, si facile à un prince absolu de désavouer d'obscurs agents, qu'il ne risque pas beaucoup à les pousser en avant. Quoiqu'il en soit, l'agent de la Russie montra bientôt les réponses reçues de Saint-Pétersbourg, contenant le consentement au mariage projeté et l'engagement de livrer à la France les frontières du Rhin. C'était la dot que la princesse Olga devait apporter au prince Louis Bonaparte.

Le marquis s'empressa d'aller communiquer ces lettres à Londres : elles y furent reçues avec toutes les illusions que donnent l'exil et l'impatience. Mais il fallait disposer l'esprit public en France à cet heureux changement. Tel fut le but de la création du *Capitole*, dont la direction fut confiée à M. le marquis de Crouy-Chanel. Bientôt après une révolution intérieure ayant fait exclure le marquis de la direction du journal, il se plaignit hautement et fit tant de bruit des secrets compromettants dont il était maître, que la police fit une descente à son domicile où fut trouvée toute la correspondance du prince Louis et de l'autocrate. Les lettres dont on n'avait pas les originaux étaient fidèlement copiées. Rien n'y manquait. Le marquis et plusieurs autres personnes furent arrêtées. Il fut néanmoins accusé par les amis du prince d'être vendu à la police de Paris, et son évasion, qui eut lieu peu après, redoubla les soupçons. Mais ce qui ne fut un mystère pour personne, c'est le rôle joué dans toute cette affaire par la Russie, soit que l'empereur Nicolas méditât une entreprise sérieuse, soit qu'il ne voulût que produire du désordre en mystifiant le prince Louis.

Nonobstant toutes ces mésaventures, le *Capitole* avait continué de paraître. Mais, malgré d'énormes sacrifices pécuniaires, il ne réussit pas et ne pouvait réussir. Les lecteurs habituels des journaux appartenaient exclusivement aux classes diverses de la bourgeoisie, et la bourgeoisie n'avait aucune sympathie pour la cause bonapartiste. Il n'y avait même pas en France un parti bonapartiste. Tout ce qui restait d'affection pour le nom de l'empereur était à l'état de sentiment chez les ouvriers et les paysans ; ils se rappelaient avec admiration sa gloire, avec amertume sa chute ; mais ces souvenirs formaient une grande poésie populaire plutôt qu'une pensée politique ; et, en supposant que la pensée politique pût exister, comment se serait-elle manifestée, lorsque ces hommes étaient exclus de tous droits, exclus même des communications de la presse qui ne pouvait arriver jusqu'à eux.

A cette propagande ouverte, mais cachant les pensées intimes, se joignait la propagande secrète qui disait son dernier mot : l'expulsion de Louis-Philippe, la restauration du trône impérial.

Les conspirations de cette nature rencontrent facilement des agents subalternes, soit chez des ambitieux avides d'occasions, soit chez des enthousiastes que séduit un rôle chevaleresque dans une cause malheureuse. Cependant le premier noyau des conjurés était le personnel qui avait déjà figuré à Strasbourg. Parmi les nouveaux partisans qu'ils s'adjoignirent, un des plus actifs, M. Forestier, commis-négociant, fut mis en relation, en 1839, avec M. Fialin de Persigny. Un de ses premiers services fut de procurer à ce dernier un passeport pour Londres, puis il se fit, à Paris, embaucheur plein de zèle et distributeur infatigable des brochures bonapartistes, les faisant pénétrer dans les ateliers, dans les casernes, dans les cabarets, échauffant les vieux souvenirs, et réunissant autour de lui d'anciens militaires, trop heureux de contribuer à refaire l'empire. Chargé d'une foule de détails, il se montrait propre à tout, et ne négligeait aucun des préparatifs confiés à son zèle. C'est lui qui avait acheté les uniformes dont se revêtirent les conjurés au moment du débarquement.

Un autre conjuré, sur lequel on comptait particulièrement, était M. Aladenize, lieutenant au 42° de ligne, en garnison à Saint-Omer; il se montrait dévoué, hardi, prompt à la décision; il était jeune et pouvait servir d'exemple aux hommes de son âge; enfin, deux compagnies de son régiment se trouvaient en garnison à Boulogne, où l'on avait résolu de tenter le premier coup de main. Il était à portée d'y accourir promptement; sa présence pouvait être décisive aux premières heures de l'action.

Les deux centres d'opération des conjurés étaient Paris et Lille; dans la capitale, on agissait sur les hommes d'aventures, les vieux militaires, les ouvriers et la garnison. Dans ce cercle s'agitaient M. Forestier et quelques agents obscurs. A Lille, on cherchait surtout à gagner la troupe et à grouper autour des intérêts napoléoniens une notable partie de la division du nord. De ce côté, le conjuré le plus important était M. Le Duff de Mésonan, ancien chef d'escadron d'état-major, mis à la retraite en 1838, et nourrissant depuis lors de profonds ressentiments contre le gouvernement de Louis-Philippe. Dans les premiers mois de 1840, M. de Mésonan se montre à Lille, et l'on remarque dans les casernes de nombreuses distributions des *Lettres de Londres*. Bientôt, en entrant en relations avec le général Magnan qu'il avait, en 1830, souvent rencontré à Brest, il lui fait d'abord part de ses mécontentements, sans que ces premières conférences amènent aucun résultat sérieux.

Plusieurs fois, M. de Mésonan s'absenta de Lille, soit pour s'aboucher avec ses complices, soit pour agir sur d'autres localités.

Dans ses fréquents voyages, il ne revit pas le général Magnan, qui était en inspection trimestrielle. Mais, de retour au mois de juin, il se présenta de nouveau chez le général, en fut bien accueilli. Invité à dîner quelques jours après, il remit au général, en se séparant de lui, les *Lettres de Londres*, et, se présentant le lendemain, il lui communiqua une lettre du prince Louis, commençant par ces mots : « Mon cher comman-
« dant, il est important que vous voyiez de
« suite le général en question; vous savez
« que c'est un homme d'exécution, et que
« j'ai noté comme devant être un jour ma-
« réchal de France. Vous lui offrirez donc
« 100.000 francs de ma part, et 300.000 fr.
« que je déposerai chez un banquier à son
« choix, à Paris, dans le cas où il viendrait
« à perdre son commandement. » Le général Magnan, dans sa déposition devant la Cour des pairs, assura que ces propositions furent par lui repoussées avec indignation. Il paraît que M. de Mésonan en jugea, ou feignit d'en juger autrement; car, ainsi que nous l'avons dit, à Londres, on comptait encore sur le commandant de la division du nord comme sur un auxiliaire assuré.

Forts de cette persuasion, voyant Louis-Philippe affaibli à l'intérieur, compromis à l'extérieur par les insultes de l'Angleterre, la France agitée et indignée et toutes choses propices aux hardies tentatives, les conjurés résolurent d'agir.

Il n'y avait toutefois pas accord parmi les adhérents du prince. Les rédacteurs du *Capitole*, tous ceux qui suivaient en France la marche des événements et qui ne se laissaient aller à aucune illusion folle, voulaient qu'on ajournât toute action jusqu'à la mort de Louis-Philippe, ou tout au moins jusqu'à la brouille complète de M. Thiers avec la dynastie. Mais ceux qui environnaient le prince à Londres, ceux qui partageaient avec lui les ennuis de l'éloignement et qui étaient pressés de se faire une position, voulaient affronter tous les risques, et ils entraient trop bien dans les sentiments du prince pour ne pas avoir raison auprès de lui.

La côte de Boulogne fut choisie comme lieu de débarquement, d'abord à cause de sa proximité, ensuite parce qu'on donnait la main à la division du nord; enfin, parce que la garnison était formée d'un détachement du 42ᵉ de ligne, auquel appartenait le lieutenant Aladenize.

Le plan des conjurés était d'arriver à Boulogne avant le jour, d'enlever, sans bruit, l'infanterie appartenant au 42ᵉ, de se porter à la haute ville, de s'emparer du château, où il y avait cinq mille fusils, d'appeler le peuple aux armes, puis de quitter précipitamment Boulogne, pour se porter en toute hâte sur les grandes places du nord, où l'on comptait sur de puissantes intelligences.

On avait pourvu d'avance aux ressources pécuniaires. Depuis quelque temps, le prince Louis était en instance auprès du roi de Hollande pour une réclamation de douze cent mille francs, relative à une reprise de sa mère, la reine Hortense. Une transaction était intervenue, moyennant laquelle le prince se contenta de six cent mille francs. Cette somme lui fut versée vers le commencement de Juillet. On assurait dans les cercles politiques que la transaction avait eu lieu sur la médiation officieuse de M. Thiers.

Mais pour le grand acte qui se préparait, cette somme était insuffisante ; on résolut de négocier un emprunt. La chose était difficile, le prince jouissant d'un crédit fort médiocre sur la place de Londres. Après plusieurs tentatives inutiles, il fallut recourir à des spéculations équivoques, décidés à tout oser pour se créer une bonne occasion de profit.

Il y avait alors un haut employé de la trésorerie de Londres, M. Smith, qui, par suite de détournements successifs, allait se voir obligé d'accuser un déficit considérable. Voici en quoi consistaient ses coupables manœuvres. Il était chargé de recevoir les bons de l'échiquier qui revenaient au trésor, avec mission de les annuler à mesure des rentrées. Mais, au lieu de les annuler, il les remettait en circulation, et faisait son profit personnel de toutes les négociations ultérieures. En même temps il se livrait aux spéculations de bourse, afin de couvrir par les chances du jeu le déficit menaçant. Mais ainsi qu'il arrive toujours en pareil cas, les hasards furent contre lui ; les premiers vols durent être couverts par d'autres vols, l'abîme se creusa de plus en plus. M. Smith était aux abois, lorsque d'autres joueurs auxquels il était affilié, vinrent lui parler de l'emprunt que tentaient de négocier les amis du prince Louis et de l'expédition qui nécessitait cet emprunt. M. Smith y vit une dernière chance, une dernière porte de salut. Aidé de quelques spéculateurs, et par leur intermédiaire, il s'engagea à faire les fonds de l'emprunt, à condition qu'on lui révèlerait l'époque précise de l'expédition contre Louis-Philippe. La condition fut acceptée, et l'argent remis aux négociateurs de Louis Bonaparte. Disons bien vite que le prince ne connut pas ces détails : c'était le secret des intermédiaires. Quoi qu'il en soit, les conditions furent fidèlement observées. Les spéculateurs, avertis quelques jours à l'avance, envoyèrent sur toutes les places de l'Europe des ordres pour jouer à la baisse. L'opération était immense et semblait assurer des gains considérables. En effet, si le prince Louis réussissait, cette révolution soudaine dans le gouvernement français devait causer sur toutes les places un ébranlement profond. S'il ne réussissait pas, la tentative seule, une lutte de quelques heures, pouvait produire une commotion passagère, il est vrai, mais suffisante pour réaliser, en vingt-quatre heures, des bénéfices sur une grande échelle.

Cependant tous ces calculs se trouvèrent déjoués. L'échec fut si complet, si rapide, que toute l'Europe l'apprit en même temps que la tentative ; les fonds restèrent fermes sur toutes les places, les pertes des spéculateurs furent proportionnées aux bénéfices qu'ils avaient rêvés ; et, quelque temps après, les tribunaux anglais retentirent d'un immense scandale. On jugeait M. Smith, l'employé infidèle de la trésorerie.

Dans le courant de juillet, le prince fit louer, par un intermédiaire étranger à la

Le départ du prince pour Ham. (Page 136, col. 1.)

conspiration, un bateau à vapeur l'*Edinburg-Castle*, appartenant à la compagnie commerciale des paquebots à vapeur de Londres. Le contrat d'affrétement fut passé avec la compagnie par M. Rupello, négociant de la cité. Ni lui, ni la compagnie ne soupçonnaient que le bâtiment dût servir au prince Louis, et moins encore qu'il fût destiné à l'accomplissement d'une tentative audacieuse.

Voici quels furent les termes de l'engagement : « M. Rupello loue l'*Edingburg-Castle* pour un mois, pour une partie de plaisir, avec faculté de se rendre où ses amis et lui voudraient aller. Il préviendra deux jours à l'avance. Il paiera 100 livres sterling (2,500 fr.) par semaine, à partir du 6 juillet au 6 août. Dans le cas où ses amis changeraient d'avis et où la partie de plaisir serait différée, il paiera 100 livres sterling à titre d'indemnité à raison de l'inexécution de son en-

17. — E. REGNAULT.

gagement. L'équipage sera fourni conformément aux ordres de M. Rupello ; cette dépense sera ultérieurement remboursée par lui à la compagnie. »

Par suite de cette convention, M. Rupello prévient qu'il aurait besoin du navire le 4 août.

Les derniers moments furent occupés par Louis Bonaparte à faire imprimer dans son hôtel, à l'aide d'une presse à main, les proclamations qu'il avait rédigées pour le moment de la descente. En même temps, Forestier était expédié à Boulogne pour informer Aladenize du prochain débarquement. Il y arrivait le 4 août, avertissait un autre conjuré nommé Bataille, qui s'empressa d'envoyer un exprès au lieutenant Aladenize. Celui-ci prenant aussitôt la poste, arrivait à Boulogne dans la nuit du 5 au 6.

Durant ces entrefaites, on ne perdait pas de temps à Londres. Le 4 août, les armes, les munitions, les bagages, furent transportés à bord du bateau à vapeur, puis les chevaux et les voitures.

Le 5, au matin, le prince s'embarqua avec quelques-uns de ses compagnons. Pour ne pas éveiller les soupçons, on avait multiplié les points de départ. A Margate, le bâtiment s'arrêta pour recueillir un autre groupe de conjurés ; à Gravesend, se présenta un troisième groupe. A ce dernier endroit, se trouva aussi un pilote français, qui devait, à l'approche des côtes, commander la manœuvre.

Toutes choses étant ainsi disposées, et lorsqu'on se fut éloigné des côtes en se dirigeant sur la France, le prince réunit sur le pont tous les hommes de l'expédition, leur lut les proclamations, l'ordre du jour, donna ses instructions à chacun, distribua des armes et de l'argent, et annonça que le moment était venu. Chacun alors revêtit l'uniforme qui lui était destiné ; on chargea les armes, et tout fut préparé pour le débarquement. Il se fit aussi, suivant la déclaration du capitaine, une grande consommation de bouteilles de champagne.

Cependant la traversée devenait rude, plusieurs étaient malades, le navire avançait lentement, la nuit se passa dans l'attente, et l'on ne toucha la côte qu'entre quatre et cinq heures du matin. C'était plus tard qu'on ne l'avait calculé.

La côte de Vimereux, à une lieue environ de Boulogne, fut choisie comme lieu de débarquement. On comptait y être rejoint par cinq cents hommes. Le canot du paquebot amena à terre, en trois voyages successifs, tous ceux qui devaient prendre part à l'entreprise.

Sur la plage, et à la descente du bâtiment, quatre hommes qui les attendaient depuis quelques instants, se présentèrent aux conjurés en saluant leur bienvenue. Parmi ces nouveaux arrivants était le lieutenant Aladenize, qu'on se félicita de voir si exact au rendez-vous. Presque au même instant accourait une brigade de douaniers, ne sachant s'ils avaient affaire à des contrebandiers ou à des naufragés. Environnés de toutes parts, ils furent d'abord sollicités, ensuite contraints de se joindre au cortège. On leur avait offert de l'argent, et notamment au chef une pension de 1.200 fr. Ils refusèrent de marcher, alléguant qu'ils étaient trop fatigués. « Il n'y a pas de fatigue qui tienne, s'écria M. de Mésonan, il faut marcher ! » Et on les entraîna jusqu'à la ville.

La petite troupe s'avançait autour d'un drapeau tricolore surmonté d'un aigle, et chargé d'inscriptions rappelant les grandes victoires de l'empire. A peine entrée dans la ville, elle se trouve en face du poste de la rue d'Alton, gardé par quelques soldats du 42°, sous le commandement du sergent Morange. En voyant approcher cet étrange rassemblement, les soldats, ne sachant que penser, avaient pris les armes. Le commandant de Mésonan et le lieutenant Aladenize se détachèrent pour les exhorter à se joindre au mouvement, le premier menaçant et parlant haut, le second sollicitant et pressant chaque soldat en particulier ; tous demeurèrent inébranlables. Il fallut passer outre. Triste début pour le lieutenant Aladenize.

Les conjurés arrivèrent bientôt à la caserne du 42°. Il était cinq heures du matin, et les officiers étaient encore absents. Aladenize pénètre dans la caserne, fait lever les soldats, leur ordonne de descendre en armes, puis après les avoir fait mettre en bataille sur deux rangs, il leur annonce que Louis-Philippe a cessé de régner, et les invite à se ranger sous la loi du neveu de l'empereur, et à marcher avec lui sur Paris. Les premiers sentiments des soldats furent l'étonnement et l'incertitude; bientôt Louis Bonaparte pénètre dans les cours avec son escorte, Aladenize donne au tambour l'ordre de battre au drapeau, présente le prince aux soldats qui commencent à se laisser ébranler. Le prince leur adresse quelques paroles vives et chaleureuses; des cris de *vive l'empereur!* lui répondent; ils semblaient prêts à le suivre, lorsqu'un tumulte s'élève à l'entrée de la caserne. Des officiers du 42ᵉ s'y présentent, cherchant à se faire jour à travers les rangs des conjurés. C'était le capitaine Col-Puygellier et les sous-lieutenants de Moussion et Ragon, qui, promptement avertis, venaient maintenir leurs soldats. A quelques pas de la porte, le capitaine est abordé par un homme portant l'uniforme de chef de bataillon : « Capitaine, lui crie-t-il, le prince Louis est ici; soyez des nôtres, votre fortune est faite. » Pour toute réponse, le capitaine met le sabre à la main, et s'élance pour arriver à sa troupe. Il est aussitôt environné par les conjurés, saisi de toutes parts; plusieurs mains s'emparent de son bras armé. A tous ces efforts il oppose une résistance opiniâtre, se débattant avec vigueur, et en même temps éclatant en reproches contre ceux qui le retenaient. Sa voix est étouffée par les cris de *vive le prince Louis!* — « Où est-il donc? » s'écria-t-il, au milieu de la lutte. Aussitôt, le prince s'avance : « Capitaine, me voilà, dit-il, je suis le prince Louis ; soyez des nôtres, et vous aurez tout ce que vous voudrez. » Le capitaine l'interrompt: « Prince Louis ou non, je ne vous connais pas; je ne vois en vous qu'un conspirateur.... Qu'on évacue la caserne ! » Tout en s'exprimant ainsi, il continuait ses efforts pour se dégager des mains qui le retenaient.

Ne pouvant parvenir à ses soldats, il essaya de leur faire entendre sa voix, en criant avec force : « Eh bien ! assassinez-moi, je ferai mon devoir. » A ces accents bien connus, Aladenize accourt, couvre le capitaine de ses bras et s'écrie énergiquement : « Ne tirez pas, respectez le capitaine, je réponds de ses jours. » D'un autre côté, cette lutte bruyante attire enfin l'attention des deux compagnies du 42ᵉ. Les sous-officiers, s'avançant à la voix de leur chef, le dégagent des étreintes des conjurés, qui font un mouvement en arrière. Le capitaine Puygellier s'écria d'une voix forte : « On vous trompe, *vive le roi!* »

Cependant, les conjurés reviennent en rangs serrés, le prince Louis en tête. Le capitaine Puygellier se porte vivement à sa rencontre, lui signifie de se retirer, ajoute qu'il va employer la force lorsque, par un de ces mouvements rapides et presque involontaires qui éclatent dans les moments désespérés, le prince Louis, levant un pistolet, le tira devant lui sans ajuster. La balle alla frapper un grenadier à la figure.

Mais il y avait chez les conjurés si peu la pensée d'engager une lutte violente, que ce coup de pistolet devint le signal de leur départ. Ils se retirèrent en bon ordre, et sans être inquiétés. Les principaux complices du prince, voyant alors l'affaire manquée, le supplièrent d'y renoncer, et de gagner le bateau à vapeur qui l'attendait en rade. Rien, en effet, ne s'opposait encore à leur départ. Mais Louis Bonaparte, répugnant à reculer devant le premier obstacle, insista pour marcher sur la haute ville. Ils s'y dirigent, en effet, distribuant dans les rues des proclamations et de l'argent, et cherchant par leurs cris à entraîner la population, plus étonnée qu'émue par ces singulières démonstrations.

Pendant ce temps, le sous-préfet, averti, accourait seul au-devant des insurgés et les sommait de se séparer. Pour toute réponse, il reçoit dans la poitrine un coup de l'aigle qui surmontait le drapeau. Aussitôt, s'éloignant avec précipitation, il court au poste de l'hôtel de ville, et ordonne de battre le rappel, après avoir, en traversant les rues principales, fait des interpellations individuelles à divers gardes nationaux. De son côté, le maire prescrit au capitaine du port de s'emparer du paquebot. En arrivant aux portes de la haute ville, les conjurés les trouvent fermées ; ils essayent vainement de les briser à coups de hache. Echouant encore dans cette tentative, ils supplient de nouveau le prince de regagner le bâtiment ; il s'y refuse avec la même opiniâtreté, soit qu'il conservât encore quelque espoir, soit qu'il voulût ennoblir une entreprise désespérée par le sacrifice de sa vie ; et il se dirige, avec les siens, vers la colonne élevée à la mémoire de la grande armée.

La distance est parcourue sans obstacle. Arrivés au pied de la colonne, les conjurés veulent constater leur prise de possession par la plantation du drapeau sur le sommet. Celui qui le porte, Lombard, pénètre dans l'intérieur, et se met en devoir d'en gravir les degrés ; les autres semblent prendre des dispositions de défense. Mais bientôt ils voient accourir de toutes parts la force armée, grenadiers du 42e, gardes nationaux et citoyens. Toute résistance devient impossible. Cependant le prince refuse encore de s'éloigner : « C'est ici que je dois mourir, s'écrie-t-il, c'est ici que j'attendrai la mort. » Mais ses amis l'enlèvent et l'entraînent avant que les issues soient fermées, et toute la troupe se disperse dans différentes directions, à l'exception de Lombard, qui fut pris dans l'intérieur de la colonne.

La petite troupe qui accompagnait Louis Bonaparte descendit précipitamment la falaise pour gagner la côte. Une dizaine de gardes nationaux se trouvaient sur son passage à la jetée ; mais à l'aspect de huit hommes armés de fusils et de pistolets, ils n'osèrent avancer.

Cependant les fugitifs, arrivés à la côte, ne voyaient pas leur bâtiment et ne trouvaient aucune embarcation. Ils s'emparèrent du bateau de sauvetage qui était sur la plage devant la jetée des bains, et se débarrassant de leurs armes, ils s'abandonnèrent à ce frêle esquif qu'ils s'efforcèrent de pousser au large.

Des coups de fusil partirent alors des rangs de la garde nationale ; le colonel Voisin fut blessé, le sous-intendant militaire, Faure, fut tué. Le poids du corps de ce dernier fit, dans sa chute, chavirer la nacelle, déjà trop chargée, et tous ceux qui la montaient tombèrent dans la mer.

Alors eut lieu une scène affreuse.

Les gardes nationaux, réunis sur le rivage, criblèrent de coups de fusil ces malheureux qui se débattaient dans l'eau sans défense et sans abri. La marée montait ; Louis Bonaparte semblait faire des efforts infructueux pour s'éloigner du bord. Enfin, sur les instances de quelques spectateurs, le feu cessa ; on recueillit successivement les fugitifs, qui furent conduits prisonniers au bureau des douanes. Un seul se noya. Le prince et le colonel Vaudrey, couverts de manteaux, montèrent avec le préfet et le maire dans une gondole destinée au transport des baigneurs, et furent conduits au château.

Presque au même instant, le général Montholon et le colonel Parquin furent arrêtés dans les rues de Boulogne, ainsi que la plupart de ceux qui s'étaient dispersés soit dans la ville, soit dans la campagne. Le nombre total des arrestations était de cinquante-trois.

Le lendemain, le gouvernement fit annoncer, par ses organes officiels, que le prince serait compris avec ses complices dans une instruction commune. La leçon de Strasbourg avait profité.

Aussitôt que ces détails furent connus à Paris, les indignations officielles éclatèrent contre le prince vaincu et captif ; les courtisans du succès s'empressèrent autour du trône ; il y eut un concert de malédictions contre l'insensé qui avait voulu enlever Louis-Philippe à l'affection de la France ; les journaux ministériels et constitutionnels versaient sur le prétendant impérial le ridicule et le mépris.

Le *Constitutionnel* surtout se signalait par

ses diatribes. Quelques passages méritent d'être reproduits :

« Le fils de la reine Hortense avait été insensé à Strasbourg ; aujourd'hui il est odieux. Sa monomanie de prétendant faisait hausser les épaules ; elle indignera aujourd'hui tous les cœurs honnêtes...

« Que nous veut-il ce jeune homme, et que nous est-il ? Le peuple français entoure de ses respects et de son amour la mémoire de son empereur ; est-ce à dire que tout ce qui s'appelle Bonaparte a le droit de venir troubler le repos de la France ? M. Louis s'est mis en tête qu'il avait des droits à la couronne. Sur cette prétention, que 33 millions de Français pourraient s'arroger aussi bien que lui, il ramasse quelques mécontents et s'attaque à la France même. Il se croit héroïque, et il n'est que tristement ridicule ; il se dit patriote, et il sert, bien pauvrement il est vrai, la cause des plus mortels ennemis de son pays.

« Dans tout cela, il n'y a pas même de courage. En nos temps, où l'humanité a la voix si haute, il y a peu de dangers de vie pour les prétendants....... » (7 août).

« Les détails de l'entreprise insensée tentée par Louis Bonaparte prouvent que nous l'avons qualifiée ce matin comme elle le méritait. Dans cette misérable affaire, l'odieux le dispute au ridicule. Le chef de cette sotte conspiration excite tout à la fois l'indignation et la pitié. La parodie se mêle au meurtre, et, tout couvert qu'il est de sang, Louis Bonaparte aura la honte de n'être qu'un criminel grotesque..... » (8 août).

« La misérable équipée du prince Louis a soulevé dans le public plus de dégoût que de colère. Si un brave soldat n'avait pas été victime de son dévouement, on n'aurait guère que des rires de pitié pour cet extravagant jeune homme qui croit nous rendre Napoléon, parce qu'il fait des proclamations hyperboliques et qu'il traîne après lui un aigle vivant (1). Mais c'est une folie cruelle

---

1. On avait, en effet, trouvé un aigle vivant dans le bateau à vapeur.

que celle qui verse le sang des Français. La société doit être vengée. Puisque le précédent de Strasbourg n'a pas suffi, il faut qu'une sévère leçon soit donnée aux aventuriers coureurs de trônes, et qu'on leur apprenne une fois pour toutes que la couronne de France n'est pas vacante. Aujourd'hui, nous en avons fini, grâce au ciel, avec une faction ridicule ; et un prétendant au moins est à jamais tombé sous les sifflets du pays. » (9 août).

Ces grossières insultes accumulées dans un journal qui passait pour recevoir les inspirations de M. Thiers révoltèrent tous les esprits généreux et même les cœurs indifférents.

Jamais le *vœ victis!* n'avait semblé de plus mauvais goût.

Et pourtant ce journal malencontreux fut surpassé par un ministre en exercice. Voici la circulaire écrite par M. de Cubières aux généraux commandant les divisions militaires :

« Général,

« Le territoire français a été violé par une bande d'aventuriers en armes, échappés des ports de l'Angleterre sous la conduite de Louis Bonaparte, devenu plus téméraire depuis le grand acte de clémence dont il a été l'objet. Les rapports publiés ce soir vous apprendront comment cette folle entreprise a échoué par la fermeté des officiers et des sous-officiers et soldats des deux compagnies du 42ᵉ de ligne, par la fidélité et la présence d'esprit des autorités civiles, par le dévouement plein d'élan de la garde nationale, par l'active coopération de la gendarmerie, des troupes de la douane et de la marine.

« *Sous l'invocation du grand homme*, dont la gloire est celle de la nation, et dont *le génie ne surprendra pas le courage des soldats français*, une poignée de factieux ont osé déployer, sur les plages de Boulogne, l'étendard de la révolte. Repoussés dans les *flots qui venaient de les vomir*, Louis Bonaparte et tous ses adhérents ont été pris, tués ou noyés. Un traître s'est rencontré dans nos rangs, il comptait parmi les officiers du 42ᵉ, dont l'honneur est trop pur pour être obscurci.

« Il est dans les prisons avec ceux *dont l'or l'avait corrompu.*

« *En appréciant les détails d'un pareil événement, en cédant à de ridicules proclamations répandues pour faire sortir les soldats de leurs devoirs*, et signaler des *noms voués depuis vingt ans au mépris public*, l'armée s'affligera et s'indignera comme la nation de cette criminelle entreprise ; mais elle se consolera en voyant que cette nouvelle entreprise a permis aux troupes de manifester l'excellent esprit qui les anime et la fidélité qui les lie au drapeau national et à la dynastie de Juillet. Je vous prie, général, de porter à la connaissance des troupes sous vos ordres le contenu de la présente, en leur renouvelant l'assurance de la confiance que le gouvernement du roi mettra toujours en elles pour résister à ses ennemis intérieurs et extérieurs.

« Le pair de France, ministre secrétaire d'État de la guerre,

« *Signé* : Cubières. »

« Que dire de cette étrange lettre? s'écriait un journal républicain. Faut-il laisser mourir sous le ridicule l'homme qui a pu signer ce pathos où l'on outrage en phrases burlesques et en si mauvais français des hommes placés sous la main de la justice? Et voilà l'homme qui figure aujourd'hui à la tête de l'armée ! Voilà le général que M. Thiers a choisi pour suffire à la situation présente. »

Le public attendait avec une curieuse impatience que le *Capitole* se prononçât sur les événements de Boulogne, qui devaient avoir pour cette feuille une importance particulière. L'autorité avait fait une perquisition dans les bureaux, et quoique le commissaire et ses agents n'y eussent découvert aucune trace de complicité, il était permis de soupçonner que les rédacteurs ne devaient pas être entièrement étrangers à l'entreprise. Bientôt, néanmoins, parut un article qui était non seulement un désaveu, mais un blâme formel.

« Nous avons été, disait le *Capitole*, surpris, comme tout le monde, par ce qui vient de se passer; dépourvus de toutes informations particulières sur les circonstances qui ont précédé ou accompagné la malheureuse entreprise de Boulogne, nous sommes réduits à publier celles que le gouvernement nous donne, et celles que nous trouvons dans les journaux. Nos sentiments étaient si bien connus du prince Napoléon, que nous eussions été les derniers de ses amis auxquels il eût laissé pressentir ses projets. Nous le savions mal entouré, mal conseillé, enveloppé d'influences perfides, et nous avons rempli un devoir en cherchant à l'éclairer sur sa position. Bien que des instigations funestes aient eu plus d'empire sur un esprit amoureux des hasards que les conseils de l'expérience et de l'affection, nous n'avons pas le triste courage d'être sévères en présence d'une si grande infortune, et nos sympathies, profondément ébranlées dans leurs espérances, ne le seront pas du moins dans leur fidélité au malheur.

« Nous le répétons, nous n'avons rien su, nous ne savons rien par nous-mêmes des faits qui se sont passés à Boulogne. »

Ces aveux démontraient clairement qu'il y avait dans le parti bonapartiste deux influences qui se combattaient. La plus exagérée l'emporta.

Pendant que les journaux dynastiques félicitaient bruyamment le trône, la presse républicaine, plus réservée et plus digne, leur adressait de graves réprimandes sur les insolences de leurs joies et l'inconvenance de leurs railleries.

« Si M. Louis Bonaparte, dit le *National*, avait triomphé à Boulogne, si la fortune l'avait conduit jusqu'à Paris, c'est notre parti qu'il aurait trouvé en armes sur la place publique, et c'est alors que nous lui aurions demandé de quel droit il venait proposer à la France l'échange d'une couronne contre une couronne, d'une dynastie contre une dynastie.

« Mais alors aussi c'est contre nous, assurément, que se serait retournée cette race perverse qui ne salue que la victoire, qui n'adore que la force, qui place sous toutes ses idolâtries l'idolâtrie de son bien-être; race sans cœur et sans foi qui aurait été la première à se prosterner devant un Napoléon empereur et maître, qui rit aujourd'hui, qui raille et insulte un prétendant déchu et perdu à jamais.

« Pour insulter ainsi, il faudrait pourtant n'avoir aucun reproche à se faire. Mais qui donc a inspiré à ce prétendant la folie de ses entreprises? On l'avait traité en prince, et l'on s'étonne qu'il se soit cru des droits de prince ! On l'avait mis au-dessus de la loi, et l'on s'étonne qu'il n'ait pas respecté les lois ! On a été jusqu'à menacer une nation voisine de la guerre, par rapport à lui, et l'on ne veut pas qu'il se soit cru puissant et dangereux ! On a ramené tous les souvenirs qui se rattachent au nom qu'il porte, et l'on ne veut pas qu'il ait songé à revendiquer l'héritage lorsqu'un ministre avait proclamé sa légitimité ! »

Quant aux hommages qui s'empressaient autour du trône, voici comment les appréciait le même journal :

« Ces hymnes et ces adulations ne sont pas nouveaux ; tout pouvoir régnant en a joui ; mais si nous avions l'honneur d'être dynastiques, nous croirions devoir nous réjouir assez peu de l'échec d'un prétendant, nous y trouverions même quelques symptômes d'un avenir difficile. Voici un jeune homme qui porte un nom magique, un nom qui apparaît au pays comme un symbole de puissance, un gage de nationalité : les souvenirs les plus brillants l'entourent et le protègent ; il échoue misérablement, et par deux fois, devant l'indifférence publique. La France développe chaque jour le sentiment de sa propre force ; elle sait qu'elle est assez forte d'elle-même pour s'appartenir et se gouverner ; elle laisse au passé la grandeur des noms et l'éclat des souvenirs ; elle garde pour elle sa souveraineté, elle n'entend plus qu'on l'usurpe ou qu'on en dispose. Chaque jour donc la question s'éclaircit ; l'affaire de Boulogne est un profit pour l'avenir, un enseignement pour tout le monde. Quiconque ne possède pas, *prétend* ; et il se pourrait que l'histoire d'un prétendant renfermât l'histoire prochaine de tous les autres. »

Les républicains étaient mieux que d'autres en mesure d'apprécier sainement le caractère d'une lutte à laquelle ils restaient étrangers, et qui n'était pour eux qu'un spectacle curieux et instructif. Rois en possession ou rois en expectative leur étaient également indifférents, et ils leur laissaient volontiers le soin de se déchirer mutuellement, en invoquant mutuellement des droits contestés. La cour des pairs était appelée par ordonnance royale à juger le prince Louis et ses compagnons. Quelle que fût l'issue du procès, il ne pouvait qu'affaiblir le principe monarchique, soit dans la personne du condamné, soit dans celle des accusateurs. C'était, en outre, compromettre encore une fois les patriarches du Luxembourg, dont plusieurs avaient été les serviteurs de l'empire, dont quelques-uns, assurait-on, étaient les secrets complices de l'attentat qu'ils allaient avoir à juger.

Ce n'était pas sans quelque difficulté, d'ailleurs, qu'on était arrivé à la résolution de saisir la Chambre des pairs. M. Pasquier s'était vivement opposé à cette mesure. Personnellement, il se souciait peu de diriger encore une fois un de ces jugements politiques qui engagent l'avenir d'un homme. Puis il craignait des oppositions ouvertes ou cachées ; il assurait hautement qu'il ne pouvait répondre du vote de la majorité, et il redoutait les scandales d'un acquittement. En conséquence, il proposait d'en agir avec le prince Louis comme on avait fait pour la duchesse de Berri. Une détention perpétuelle sans jugement lui paraissait présenter beaucoup moins d'inconvénients qu'un jugement incertain. Même en cas de condamnation, il se souciait peu de voir la responsabilité de la noble Chambre compromise une fois de plus dans un procès politique.

Mais le ministère n'avait pas le même intérêt à ménager les consciences de la pairie. L'audacieuse illégalité proposée par le chancelier pouvait devenir, comme à Strasbourg, un invincible argument pour les autres accusés. M. Pasquier fut condamné à juger. C'était l'avis de tous les ministres ; c'était l'avis de M. Guizot accouru à Eu, où il se rencontrait avec M. Thiers. M. de Rémusat, parti pour Boulogne, ne voulait pas davantage ménager le principal accusé. M. Cousin, chargé spécialement d'en conférer avec M. Pasquier, se prononça fortement pour l'égalité de tous les accusés devant la loi. La Chambre des pairs fut définitivement saisie.

Des mesures furent aussitôt prises pour transporter les prévenus à Paris, à l'exception, toutefois, du prétendant. De crainte que son arrivée dans la capitale ne fût le signal ou le prétexte de désordres, on arrêta qu'il serait provisoirement renfermé dans le château de Ham.

En conséquence, des gardes municipaux partirent immédiatement de Paris pour conduire le prisonnier à sa destination par Amiens et Péronne.

Le 8 août au matin, le prétendant quittait le château de Boulogne. En descendant un escalier qui conduit dans la cour du château, il tourna ses regards vers les fenêtres intérieures où se trouvaient les autres prisonniers, et leur dit :

— Adieu, mes amis. Je proteste contre mon enlèvement.

Ses compagnons s'écrièrent :

— Adieu, mon prince !

L'un d'eux ajouta :

— L'ombre de l'empereur vous protégera.

Dès trois heures du matin, deux compagnies d'infanterie du régiment en garnison à Amiens étaient parties pour aller faire le service de la prison d'État. Trois heures après une centaine de dragons, sortis de la même ville, s'échelonnaient le long de la route, aux relais de poste, par piquets de douze hommes et deux officiers. On rencontrait, en outre, de distance en distance, des groupes de soldats de ligne formant sur la route autant de petits postes. Les gendarmes des villes et bourgs environnants avaient depuis vingt-quatre heures exploré tous les sentiers qui aboutissaient au chemin que devait suivre le prisonnier, et s'étaient, en dernier lieu, portés dans les bois voisins du passage pour prévenir toute tentative d'enlèvement.

Un courrier précédait de loin la voiture où se trouvait le prince, et faisait apprêter les relais. Un quart d'heure après, le prisonnier arrivait. Sa suite se composait de trois voitures, dont la première et la troisième étaient remplies de gardes municipaux. Il était dans celle du milieu, occupant la place du fond à droite, ayant à sa gauche un officier supérieur de la garde municipale, et sur le devant deux soldats du même corps. Dans le dernier parcours, les voitures étaient escortées par un détachement de dragons venus d'Amiens.

Le prétendant, arrivé à Ham le 9, à deux heures et demie du matin, fut déposé au château, dans l'appartement, au premier étage, qu'avait occupé précédemment le prince de Polignac. Cabrera y avait été enfermé depuis peu, et l'avait quitté à l'arrivée du nouveau captif pour prendre au rez-de-chaussée le logement autrefois habité par M. Guernon de Ranville.

Toutefois, le prétendant ne devait rester que peu de temps dans cette résidence.

Le 12 août, il fut de nouveau remis en voiture sous l'escorte de la gendarmerie départementale et de la garde municipale, et, à minuit vingt minutes, il arrivait à la Conciergerie, où il fut déposé dans cette partie du Palais-de-Justice qui porte le nom de *Conciergerie des femmes*. C'est un bâtiment situé au sud du palais et dans lequel avaient été renfermés les prévenus d'avril (catégorie de Lyon), Fieschi et ses complices, Alibaud et autres prévenus de complots contre la sûreté de l'État.

Quelques jours après, plusieurs journaux publiaient la pièce suivante :

LETTRE DE LOUIS BONAPARTE, EX-ROI DE HOLLANDE

« Florence, 24 août 1840

« Monsieur,

« Permettez que je vous prie de recevoir la déclaration
« suivante :
« Je sais que c'est un singulier moyen et peu convena-
« ble que celui de recourir à la publicité ; mais quand un
« père affligé, vieux, malade, légalement expatrié, ne peut
« venir autrement au secours de son fils malheureux, un
« semblable moyen ne peut qu'être approuvé par tous ceux
« qui portent un cœur de père.
« Convaincu que mon fils, le seul qui me reste, est vic-
« time d'une infâme intrigue et séduit par de vils flatteurs,
« de faux amis et peut-être par des conseils insidieux, je
« ne saurais garder le silence sans manquer à mon devoir
« et m'exposer aux plus amers reproches.
« Je déclare donc que mon fils Napoléon-Louis est
« tombé pour la troisième fois dans un piège épouvan-
« table, un effroyable guet-apens, puisqu'il est impossible
« qu'un homme qui n'est pas dépourvu de moyens et de
« bon sens, se soit jeté de gaité de cœur dans un tel pré-
« cipice. S'il est coupable, les plus coupables et les vérita-
« bles sont ceux qui l'on séduit et égaré.
« Je déclare surtout avec une sainte horreur que l'injure
« qu'on a faite à mon fils en l'enfermant dans la cham-
« bre d'un infâme assassin est une cruauté monstrueuse,
« antifrançaise, un outrage aussi vil qu'insidieux.
« Comme profondément affligé, comme bon Français
« éprouvé par trente années d'exil, comme frère, et, si
« j'ose le dire, élève de celui dont on redresse les statues,

Des démocrates engagèrent avec le captif des liaisons politiques. (P. 143, col. 1.)

« je recommande mon fils égaré et séduit à ses juges et
« à tous ceux qui portent un cœur de Français et de
« père.
« Louis de Saint-Leu. »

Un paragraphe de cette lettre motiva, de la part du ministère, les explications suivantes qu'il fit insérer dans ses journaux.
« Des journaux contiennent dans leur numéro de ce jour une lettre du comte de Saint-Leu, l'ex-roi de Hollande, père de Louis Bonaparte, qui déclare regarder comme une injure d'avoir donné à son fils, pour prison, la chambre qui a été occupée par Fieschi.

« La pièce où est détenu, à la maison de justice, Louis Bonaparte, a en effet servi à Fieschi; mais on doit faire remarquer que c'est à tort qu'on cherche dans ce rapprochement un reproche à adresser à l'autorité. La chambre dont il s'agit a subi, il y a quelques

18. — E. REGNAULT.

mois, une transformation complète, ayant été donnée comme logement particulier à l'inspectrice du quartier des femmes, qui a été obligée de la quitter à l'arrivée de Louis Bonaparte. »

Le prétendant et ses coprévenus furent astreints à un secret rigoureux jusqu'au 4 septembre. Le jour même où il put communiquer au dehors, il écrivit à M. Berryer une lettre dans laquelle il lui proposait de se charger de sa défense. Le célèbre avocat légitimiste y consentit en réservant toute l'indépendance de son opinion. Le lendemain, sur la demande du prince, M. Marie voulut bien s'associer à la défense.

Nous ne désirons pas entrer dans les détails du procès, qui, du reste, ne causa dans le public qu'une très faible émotion. Il n'est pas sans intérêt, toutefois, de reproduire le discours prononcé par le prince accusé, dans la première audience de la cour, le 28 septembre. On y retrouve ce singulier mélange de prétentions héréditaires et d'invocations révolutionnaires, d'hommages à la souveraineté du peuple et de traditions dynastiques, qui se représentent dans tous les actes et toutes les paroles de Louis Bonaparte, un langage de prétendant et de citoyen, de confiance et d'humilité, qui, dans les occasions officielles, fait de sa pensée une perpétuelle équivoque.

Avant que l'on commençât les interrogatoires, le chancelier lui ayant, sur sa demande, accordé la parole, il lut la déclaration suivante :

« Pour la première fois de ma vie, il m'est enfin permis d'élever la voix en France, et de parler librement à des Français.

« Malgré les gardes qui m'entourent, malgré les accusations que je viens d'entendre, plein des souvenirs de ma première enfance, en me trouvant dans ces murs du Sénat, au milieu de vous que je connais, Messieurs, je ne peux croire que j'aie ici besoin de me justifier, ni que vous puissiez être mes juges. Une occasion solennelle m'est offerte d'expliquer à mes concitoyens ma conduite, mes intentions, mes projets, ce que je pense, ce que je veux.

« Sans orgueil comme sans faiblesse, si je rappelle les droits déposés par la nation dans les mains de ma famille, c'est uniquement pour expliquer les devoirs que ces droits nous ont imposés à tous.

« Depuis cinquante ans que le principe de la souveraineté du peuple a été consacré en France par la plus puissante révolution qui se soit faite dans le monde, jamais la volonté nationale n'a été proclamée aussi solennellement, n'a été constatée par des suffrages aussi nombreux et aussi libres que pour l'adoption des constitutions de l'empire.

« La nation n'a jamais révoqué ce grand acte de sa souveraineté, et l'Empereur l'a dit : « Tout ce qui a été fait sans elle est illégitime. »

« Aussi gardez-vous de croire que, me laissant aller aux mouvements d'une ambition personnelle, j'ai voulu tenter en France, malgré le pays, une restauration impériale. J'ai été formé par de plus hautes leçons, et j'ai vécu sous de plus nobles exemples.

« Je suis né d'un père qui descendit du trône, sans regret, le jour où il ne jugea plus possible de concilier, avec les intérêts de la France, les intérêts du peuple qu'il avait été appelé à gouverner.

« L'Empereur, mon oncle, aima mieux abdiquer l'empire que d'accepter, par des traités, les frontières restreintes qui devaient exposer la France à subir les dédains et les menaces que l'étranger se permet aujourd'hui. Je n'ai pas respiré un jour dans l'oubli de tels enseignements. La proscription imméritée et cruelle qui, pendant vingt-cinq ans, a traîné ma vie des marches du trône sur lequel je suis né jusqu'à la prison d'où je sors en ce moment, a été impuissante à irriter comme à fatiguer mon cœur ; elle n'a pu me rendre étranger un seul jour à la dignité, à la gloire, aux droits, aux intérêts de la France. Ma conduite, mes convictions s'expliquent.

« Lorsque, en 1830, le peuple a reconquis sa souveraineté, j'avais cru que le lendemain de la conquête serait loyal comme la conquête elle-même, et que les destinées de la France étaient à jamais fixées ; mais le pays a fait la triste expérience des dix dernières années. J'ai pensé que le vote de quatre millions de citoyens qui avaient élevé ma famille, nous imposait au moins le devoir de faire appel à la nation et d'interroger sa volonté ; j'ai cru même que si, au sein du congrès national que je voulais convoquer, quelques prétentions pouvaient se faire entendre, j'aurais le droit d'y réveiller les souvenirs éclatants de l'Empire, d'y parler du frère aîné de l'Empereur, de cet homme vertueux qui, avant moi, en est le digne héritier, et de placer en face de la France aujourd'hui affaiblie, passée sous silence dans le congrès des rois, la France d'alors, si forte au dedans, au dehors si puissante et si respectée. La nation eût répondu : « République ou monarchie, empire ou royauté. » De sa libre décision dépend la fin de nos maux, le terme de nos discussions.

« Quant à mon entreprise, je le répète, je n'ai point eu de complices. Seul j'ai tout résolu ; personne n'a connu à l'avance ni mes projets, ni mes ressources, ni mes espérances. Si je suis coupable envers quelqu'un, c'est envers mes amis seuls. Toutefois, qu'ils ne m'accusent pas d'avoir abusé légèrement de courages et de dévouements comme les leurs. Ils comprendront les motifs d'honneur et de prudence qui ne me permettent pas de révéler à eux-mêmes combien étaient étendues et puissantes mes raisons d'espérer un succès.

« Un dernier mot, Messieurs. Je représente devant vous un principe, une cause, une défaite. Le principe, c'est la souveraineté du peuple ; la cause, celle de l'Empire, la défaite, Waterloo. Le principe, vous l'avez reconnu ; la cause, vous l'avez servie ; la défaite, vous voulez la venger. Non, il n'y a pas de désaccord entre vous et moi, et je ne veux pas croire que je puisse être voué à porter la peine des défections d'autrui.

« Représentant d'une cause politique, je ne puis accepter comme juge de mes volontés et de mes actes une juridiction politique. Vos formes n'abusent personne. Dans la lutte qui s'ouvre, il n'y a qu'un vainqueur et un vaincu. Si vous êtes les hommes du vainqueur, je n'ai pas de justice à attendre de vous, et je ne veux pas de votre générosité. »

Ce discours produisit une assez vive agitation parmi les juges ; mais, aux bancs de la défense il y avait des émotions et des colères dont le public n'avait pas le secret, et qui faillirent amener un grand scandale. Voici ce qui avait eu lieu. Ayant choisi ses avocats parmi les hommes politiques, le prince était tenu de ne prononcer publiquement aucune parole qui pût blesser leurs opinions personnelles. La solidarité plus ou moins étroite qui, dans un procès de cette nature s'établit entre l'accusé et ses défenseurs, lui commandait une grande réserve. Il parut ainsi le comprendre. Car trois jours avant l'audience, il dit à M. Marie : « J'ai écrit un projet de discours ; j'ai prié M. Berryer d'en composer un de son côté : prenez ces deux pièces et faites-en le discours définitif que je prononcerai. Vous avez toute liberté pour ajouter ou retrancher, de manière à en faire une œuvre que nous puissions avouer tous trois, malgré la différence des points de vue. » M. Marie, sur cette invitation, prit les deux discours préparés, et de ces éléments divers composa une œuvre commune, en ayant soin d'effacer tout ce qui avait trait à la légitimité impériale, à l'héritage de Napoléon, aux droits d'un prétendant. Le lendemain, le nouveau discours fut lu au prince en présence de M. Berryer, approuvé par l'un et par l'autre, et définitivement arrêté entre eux tel qu'il devait être prononcé à l'audience, sans une parole de plus, sans une de moins.

Quel fut donc l'étonnement de M. Marie d'entendre à l'audience redire des paroles et des phrases qu'il avait effacées, entre autres ces mots : « J'aurais le droit d'y parler du frère aîné de l'Empereur, de cet homme vertueux qui, avant moi, en est le digne héritier. » Indigné d'avoir été joué et de se voir associé, malgré de formels engagements, à des prétentions héréditaires qu'il avait ouvertement repoussées, M. Marie voulait se retirer à l'instant de l'audience et désavouer toute participation à la défense. M. Berryer l'arrêta, le supplia de ne pas faire un éclat qui devait décourager les défenseurs et aggraver la position de l'accusé. « Il y a des nécessités de circonstance, ajoutait-il, qui commandent de dévorer les colères. » Après une résistance assez vive M. Marie dut céder aux prières de son confrère : il consentit à rester, mais en déclarant qu'il ne prendrait pas la parole et qu'il ne serait plus au procès qu'un simple spectateur.

M. Berryer dans sa défense n'avait pas de fait à excuser, de faute à pallier, d'attentat à nier. L'accusé se faisait gloire de son entreprise ; elle était pour lui une déclaration de droits. Son défenseur ne pouvait se faire humble : aussi M. Berryer le comprit-il si bien, qu'il parla constamment le langage d'un juge plutôt que d'un avocat, contestant même aux pairs le droit de prononcer.

« Messieurs, dit-il, est-ce ici la matière d'un jugement ? N'est-ce pas là une de ces situations uniques dans le monde et où il ne peut y avoir de jugement, mais un acte politique ? Il faut défendre les pouvoirs, il faut maintenir l'ordre public, il faut préserver l'État de commotions nouvelles, de désordres nouveaux, je le reconnais, c'est gouverner. Mais juger dans des questions de cet ordre, prononcer un arrêt, c'est impossible ! On aura beau dire, ce ne sont pas là des phrases qui viennent au secours de tous les factieux. Non, messieurs, dans le débat actuel, le droit d'hérédité a été établi, consacré par vous, dans un principe que vous avez posé. Ce droit d'hérédité est réclamé par un héritier incontestable, vous ne pouvez pas le juger. Il y a entre vous et lui une cause victorieuse et une cause vaincue, il y a le possesseur de la couronne et la famille dépossédée. Mais encore une fois, je le répéterai toujours, il n'y a pas de juges, parce qu'il n'y a pas de justiciables. (Vive agitation sur les bancs de la pairie).

« Juger, messieurs ! mais il faudrait nier l'unité de la justice, sa majesté. Au milieu des révolutions qui ont tant fatigué notre pays, laissons quelque chose d'inaltéré, qui conserve sa sainteté dans la pensée des peuples. Le véritable caractère de la justice, messieurs, c'est l'impartialité. Vous venez ici pour juger. Mais y a-t-il un de vous qui se soit dit, entrant dans cette enceinte : Je serai impartial, je pèserai les droits de chacun, je mettrai dans la balance la royauté de Juillet et la souveraineté transmise par la constitution de l'Empire ; je serai impartial ? Mais vous n'avez pas le droit de l'être, vous êtes aujourd'hui un pouvoir du gouvernement, une révolution ne peut s'opérer qu'en vous brisant. Par ce fait, la Chambre des pairs et la Chambre des députés sont dissoutes. (Agitation).

« Vous venez défendre le gouvernement dans la latitude de vos pouvoirs, si vous ne pouvez être impartiaux sous l'empire d'un droit politique consacré, que voulez-vous pour être juges ? Que restera-t-il de l'unité sainte de la justice, si vous couvrez les besoins du gouvernement du manteau de la justice ? Songez-y, quand tant de choses saintes et précieuses ont péri, laissez au moins la justice au peuple, afin qu'il ne confonde pas un arrêt avec un acte de gouvernement. »

Poursuivant la même thèse, il terminait ainsi :

« On veut vous faire juges, on veut vous faire prononcer une peine contre le neveu de l'Empereur ; mais qui êtes-vous donc ? Comtes, barons, vous qui fûtes ministres, généraux, sénateurs, maréchaux, à qui devez vous vos titres, vos honneurs ?

. . . .

« En présence des engagements qui vous sont imposés par les souvenirs de votre vie, des causes que vous avez servies, de vos serments, des bienfaits que vous avez reçus, je dis qu'une condamnation serait immorale ! et il y faut penser sérieusement : il y a une logique inévitable et terrible dans l'intelligence et les instincts des peuples, et quiconque, dans le gouvernement des choses humaines, a violé une seule loi morale, doit attendre le jour où le peuple les brisera toutes par lui-même. »

M. Berryer obtint un beau succès oratoire. Il n'en pouvait espérer d'autre : une condamnation était inévitable. Mais aussi, dans des causes de cette nature, le talent est plus à l'aise, n'ayant rien à compromettre.

Le prince fut condamné, par arrêt du 6 octobre, à un emprisonnement perpétuel ; ses compagnons, à des peines diverses selon l'importance de chacun.

Mais le plus grand châtiment peut-être du prétendant vaincu fut la profonde indifférence du public auquel il était venu demander un trône, et qui le voyait condamner sans lui offrir un témoignage de sympathie, une apparence d'émotion. Triste déception, deux fois éprouvée, sans cependant abattre en lui l'espoir, sans affaiblir une opiniâtre confiance.

Avant de terminer ce qui concerne le procès, nous devons raconter un incident particulier, qui causa parmi les accusés et les défenseurs d'assez vives émotions. M. Delacourt, avocat de Mésonan, avait dans sa plaidoirie fait ressortir tout ce qu'il y avait de contradictoire et d'équivoque dans la conduite du général Magnan. Ses paroles avaient été pleines d'amères allusions ; le soupçon s'y montrait à découvert, et tous les actes du général étaient représentés sous le jour le plus défavorable. L'impression que fit ce discours fut d'autant plus profonde, que déjà la Cour elle-même avait accueilli la déposition du général Magnan avec une répulsion mal dissimulée. Juges et accusés semblaient l'accueillir avec une commune méfiance. Le discours de l'avocat éveilla les susceptibilités du général ; il y vit un outrage personnel, et en demanda raison. MM. Marie et Jules Favre intervinrent ; de longs pourparlers eurent lieu entre eux et les amis du général. Celui-ci voulait absolument un duel. Enfin on parvint à lui faire comprendre que ce serait un nouveau scandale.

Un autre fait mérite d'être rapporté. Nous le donnons sans commentaire. Tous les accusés étaient persuadés qu'ils avaient été trahis, et beaucoup d'entre eux faisaient tomber leurs soupçons sur M. Fialin de Persigny. Durant les débats, leur attitude, leurs regards témoignaient leurs méfiances ; ils ne communiquaient pas avec lui ; et dans les suspensions d'audience, pendant que tous ensemble se livraient à leurs épanchements, ils se tenaient à l'écart de lui et affectaient de le laisser dans l'isolement. M. Marie fut tellement frappé de ces démonstrations, qu'il crut devoir demander quelques explications au prince. Celui-ci répondit qu'il jugeait les soupçons mal fondés. Nous devons ajouter que parmi les accusés un autre nom méritait plus sûrement d'être signalé comme celui d'un traître. Le jour n'est pas venu d'en faire justice.

Aussitôt après le jugement, le prince Louis Bonaparte fut reconduit au château de Ham. Il obtint d'avoir pour compagnons de captivité le docteur Conneau et le général Montholon.

Pour ne pas avoir plus tard à interrompre notre récit, qu'il nous soit permis de suivre le prince dans sa captivité, de signaler les modifications qui semblèrent s'introduire dans son esprit et de raconter des incidents de prison auxquels les événements postérieurs devaient donner des proportions historiques.

Dans les premiers temps, le prisonnier de Ham, opiniâtre dans ses conceptions politiques et fidèle aux illusions qui l'avaient conduit à Boulogne, songeait à consacrer ses loisirs à développer les idées impériales, et à corriger les échecs des conspirations par les entreprises d'une propagande écrite. Il eut la pensée de faire l'histoire de Charlemagne : les analogies pouvaient être facilement saisies ; c'était un monument élevé à l'empire et au principe d'autorité. Les tendances démocratiques ne se manifestaient pas encore en lui.

Mais il fut détourné de ce travail par divers conseils et surtout par ceux d'une amie dévouée, autrefois compagne de son enfance, élevée près de lui sous les yeux de la reine Hortense, et qui n'avait jamais cessé de lui donner de près comme de loin des témoignages d'une profonde reconnaissance et d'une intelligente amitié. Douée d'une sagesse et d'une perspicacité peu communes, cette dame avait compris qu'avec les mœurs essentiellement démocratiques de la France, avec ses vifs appétits de liberté, les fantaisies impériales n'avaient aucune apparence de succès, et que l'avenir du prince ne pouvait qu'être compromis par les souvenirs politiques de 1804. Elle le dit avec franchise et fut écoutée. L'histoire de Charlemagne fut abandonnée, et le prince captif écrivit les *Études historiques sur la Révolution d'Angleterre*. Toutefois, dans ce livre encore se révèlent les vieilles tendances : la figure dominante est celle de Guillaume d'Orange, despote mal déguisé, s'accoutumant avec peine au régime parlementaire.

L'adversité n'avait donc pas encore corrigé le prince Louis Bonaparte, et ses convictions demeurèrent à peu près les mêmes qu'en 1842. Mais, à cette époque, il se trouvait au fond de sa prison dans un état d'isolement complet, abandonné, oublié, compté pour rien. Dans l'exil, il avait eu des visiteurs, des partisans, même des flatteurs ; l'intrigue, sinon l'affection, s'agitait autour de lui ; il était dans une sphère de mouvement et de vie. Mais le malheur avait produit la solitude, et son nom, ce nom magique avec lequel il croyait renverser un trône, n'attirait plus à lui un seul souvenir.

Dans ses longues heures de découragement, le prince se souvint enfin des hommes de la démocratie qui avaient opposé un langage énergique à ses projets de restauration impériale. Il fit dire à M. Degeorge qu'il serait heureux de le voir. M. Degeorge se rendit avec empressement à l'appel de l'infortune.

Dès les premières paroles, il lui fut aisé de s'apercevoir que le prince avait singulièrement modifié ses vues et ses espérances. Ce n'était plus l'homme du passé, invoquant des sénatus-consultes oubliés ; c'était un contemplateur de l'avenir, livré aux inspirations démocratiques, faisant abnégation de sa personne, ne consultant que les intérêts du peuple et les droits de la nation. M. Degeorge accueillit avec confiance les paroles du captif, dont le nom pouvait être une conquête précieuse pour la cause démocratique.

Bientôt une active correspondance s'échangea entre eux, et les méditations politiques du prince furent accueillies dans les colonnes du *Progrès du Pas-de-Calais*. Il publia dans cette feuille de nombreux articles démocratiques et socialistes qui furent ensuite rassemblés dans une petite brochure intitulée : *Extinction du paupérisme*. M. Degeorge se persuadait que le prince Louis était entièrement converti aux idées démocratiques, et lorsque, parmi ses amis républicains, on lui faisait soit des reproches, soit des plaisanteries sur ses relations avec le prétendant vaincu, il affirmait avec une sincérité profonde que le prétendant avait disparu pour faire place à un véritable démocrate.

A vrai dire, le captif de Ham ne négligeait aucune occasion de renouveler les assurances qui pouvaient entretenir cette croyance. De nombreuses lettres l'attestent ; nous en citerons deux. La première est écrite à une personne qui avait témoigné quelque crainte de le voir se rapprocher de M. Thiers.

« 22 août 1843.

« Mon cher...

« La lettre que vous avez écrite à M..., et qu'il m'a
« communiquée, m'a bien étonné. Je ne comprends pas ce
« qui a pu donner lieu aux suppositions que vous faites.
« Je n'ai aucune espèce de confiance dans M. Thiers ;
« personne, à ce que je sache, n'a tâché de me faire dévier
« de la route que je me suis tracée, et, d'ailleurs, mes
« convictions sont arrêtées, et ni l'intérêt du moment, ni
« l'ambition ne peuvent me faire dire ce que je ne pense
« pas.
« Depuis deux ans, mes opinions, mes convictions, mes
« désirs vous sont connus. Qui donc a pu, tout à coup,
« éveiller en vous des doutes que rien ne justifie ?
« J'avoue que je suis très peiné ; car cela me prouve
« que les actions les plus loyales n'échappent pas à la
« médisance.
« Enfant de la Révolution, héritier de l'homme qui ne
« me semble grand que parce que je crois qu'il a tout fait
« pour le triomphe de la Révolution, je ne connais d'autres
« principes que la souveraineté du peuple, d'autre but que
« de s'efforcer à organiser la démocratie et à améliorer

« le sort des classes pauvres, tout en relevant notre dra-
« peau vis-à-vis l'étranger.
« Recevez de nouveau, mon cher..., l'assurance de ma
« dévouée amitié.
« N. L. »

La lettre suivante est écrite à un écrivain démocrate qui entretenait avec le prince des relations suivies.

Fort de Ham, le 9 mars 1844.

. . . .
« Élevé dans des sentiments démocratiques, dès que
« j'eus atteint l'âge où on réfléchit, j'admirai le chef de ma
« famille, non seulement comme grand capitaine, mais
« surtout comme le représentant glorieux de la Révolution
« française. Je ne vis alors que deux causes distinctes en
« Europe : celle qui avait vaincu le 14 juillet 1789 et celle
« qui triompha le 18 juin 1815. Toutes les divisions inter-
« médiaires me parurent des divisions puériles, alimentées
« souvent par des intérêts personnels.
« Aujourd'hui la question est la même pour moi ; je ne
« vois en France que des vaincus et des vainqueurs de
« Waterloo. Les vainqueurs ont le pouvoir, ils avilissent
« et oppriment notre pays. Les vaincus souffrent et gé-
« missent. Quels que soient les noms que ceux-ci se
« donnent et le lieu qu'ils habitent, ils sont tous les
« enfants d'une même mère, la Révolution ! et si jamais la
« lutte recommence, ils se réuniront sous le même dra-
« peau, par la même raison qui, depuis des siècles, a
« toujours réuni les hommes, l'opposition à un ennemi
« commun.
« Convaincu que le gouvernement actuel faisait le mal-
« heur de la France, dans ce sens que la corruption et la
« lâcheté mettent une nation bien près de sa ruine
« que la tyrannie, je me suis résolu à tout entreprendre
« pour le renverser, bien décidé à laisser ensuite le peu-
« ple entier choisir la forme de gouvernement qui lui con-
« viendrait le mieux. Le rôle de libérateur suffisait à mon
« ambition, et je n'étais pas assez fou pour avoir la pré-
« tention de fonder une dynastie sur un sol jonché de
« tous les débris des dynasties passées.
« Pour réussir dans ce projet, je ne comptais pas sur le
« parti bonapartiste, car ce parti, comme vous le dites
« fort bien, n'existe pas, mais bien sur la sympathie géné-
« rale qui existe en France pour le nom que je porte. Je
« croyais que le parti démocratique me comprendrait ; il
« m'a méconnu. Je ne croyais pas la France si profondé-
« ment démoralisée ; enfin je ne croyais pas le sort, sans
« lequel rien ne réussit, si constamment opposé à mes
« desseins. Aujourd'hui je n'ai et ne puis avoir d'autre
« ambition que de recouvrer mes droits de citoyen fran-
« çais. Si cependant mes concitoyens croyaient que mon
« nom est un drapeau utile à opposer à l'Europe féodale,
« je serais heureux et fier de représenter le plus grand
« peuple du monde, et de faire mes efforts pour achever
« sa prospérité. Mais ce sont des rêves bien éloignés de
« nous ! Le gouvernement triomphe par la division de ses
« ennemis, et tant que cette division durera, il pourra
« se jouer des grands intérêts de la patrie. »

D'autres démocrates engagèrent avec le captif de Ham des liaisons politiques. Parmi eux nous citerons M. Peauger. Écrivain distingué de la presse départementale, M. Peau-ger était de ceux qui regardaient comme une faute d'avoir séparé le nom de Napoléon de la cause républicaine. L'immense popularité de ce nom était incontestable ; il fallait donc, selon lui, s'en faire un auxiliaire et se servir habilement de l'action puissante qu'il exerçait sur les masses. Ce pouvait être un notable surcroît de forces pour l'opposition militante ; au jour du combat, ce nom pouvait, de chaque chaumière, faire sortir un soldat. Dans la lutte qu'on soutenait depuis dix ans contre la monarchie de juillet, il semblait à M. Peauger, que l'on faisait une trop large part à des abstractions difficilement appréciables pour le peuple ; il pensait qu'on le mettrait bien mieux en mouvement en invoquant une grande tradition ; il voyait beaucoup plus de chances à une insurrection accompagnée de glorieux souvenirs.

Que cette conviction fût juste ou erronée, elle était, chez M. Peauger, sincère et profonde. Il se rendit donc au château de Ham, sans autre mission que celle de sa conscience, fut introduit auprès du prince et lui développa les idées que nous venons d'exposer. « Le drapeau de la monarchie, lui dit-il en terminant, a encore du prestige ; il faut lui opposer un prestige plus grand. Que le nom de Bonaparte soit le drapeau de la république ; mais rien qu'un drapeau. Si vous vouliez être davantage, ne comptez pas sur moi. » Le prince reçut avec joie cette franche ouverture, se déclara exempt de toute ambition personnelle et prêt à se consacrer uniquement à la cause populaire. Depuis ce temps, il s'établit entre lui et M. Peauger une correspondance régulière où s'échangeaient de mutuelles espérances en faveur de la cause démocratique.

Cependant les amis politiques de M. Peauger ne faisaient pas grand fonds sur une telle alliance. Ils l'avertissaient de se tenir en garde contre les engagements d'un prince. M. Peauger répondait tranquillement : « Il sera temps de se retirer de lui lorsqu'il oubliera ses promesses (1). » Cœur loyal et

1. M. Peauger a, depuis, noblement tenu parole.

désintéressé, il croyait à la bonne foi parce qu'elle était en lui.

Avant ses relations avec M. Peauger, le prisonnier de Ham avait reçu la visite de M. Louis Blanc. Celui-ci venait demander sur l'affaire de Strasbourg les renseignements qui pouvaient être utiles pour son *Histoire de Dix ans*. Mais après les explications données sur l'événement historique, les deux interlocuteurs se trouvaient naturellement entraînés à traiter les questions du jour. Certaines éventualités furent discutées; des conditions d'alliance entre le prince et le parti démocratique furent examinées. Non pas que M. Louis Blanc se donnât mission de conclure; c'étaient plutôt des hypothèses sur un cas donné, que des stipulations positives et actuelles. Quoi qu'il en soit, les conditions furent posées et débattues. « La popularité de votre nom, disait M. Louis Blanc, peut être un grand appui pour le parti démocratique. En cas de succès, vous deviendriez le chef du pouvoir exécutif, mais subordonné aux comités, si le gouvernement était révolutionnaire; subordonné à l'assemblée nationale, si le gouvernement était normal. » Le prince trouvait qu'on lui faisait la part bien petite, et ne se montrait nullement disposé à se contenter du rôle de gérant responsable, simple signataire de décrets dont il n'aurait pas l'initiative. De part et d'autre, on resta donc sans conclusion. Mais les deux interlocuteurs se rencontrèrent d'accord sur plusieurs questions sociales, et la brochure sur l'*Extinction du Paupérisme* est de la même école que l'*Organisation du travail*. Les bons rapports continuèrent cependant entre le prince et M. Louis Blanc, et les divergences politiques ne nuisirent pas aux mutuels témoignages de sympathie.

D'autres pourparlers politiques eurent lieu entre le prince captif et M. Joly, stipulant au nom du journal la *Réforme;* mais, quoique les relations parussent à un certain moment très actives, elles n'eurent pas de suites.

Quoi qu'il en soit, ces différentes démarches des écrivains démocrates auprès du prisonnier de Ham, lui avaient rendu une partie de l'importance qu'il avait perdue. Il était ressorti de l'oubli; les articles insérés dans le *Progrès du Pas-de-Calais* étaient répétés par plusieurs journaux des départements. Un écrit du prince sur la question des sucres avait été remarqué. Son grand ouvrage sur l'artillerie était cité comme un monument de travail patient et d'intelligentes recherches. Plusieurs célèbres écrivains lui avaient adressé des lettres de félicitations ou de remercîments à l'occasion de l'envoi fait par lui de ses différentes œuvres, Béranger, Chateaubriand, George Sand. Nous ne pouvons nous empêcher de citer une lettre de ce dernier auteur, comme un modèle de haute convenance et de virile raison. Elle fut écrite à l'époque où parut la brochure sur le paupérisme.

« Prince,

« Je dois vous remercier du souvenir flatteur dont vous
« m'avez honorée en m'adressant, avec un mot de votre
« main qui m'est précieux, le noble et remarquable tra-
« vail sur l'extinction du paupérisme. C'est de grand
« cœur que je vous exprime l'intérêt sérieux avec lequel
« j'ai étudié votre projet. J'ai été surtout frappé de la
« juste appréciation de nos malheurs et du généreux
« désir d'en chercher le remède. Quant à bien apprécier
« les moyens de la réalisation je ne suis pas de force à le
« faire, et d'ailleurs, ce sont là des controverses dont je
« suis sûre que vous feriez, au besoin, bon marché. En fait
« d'application, il faut peut-être avoir la main à l'œuvre
« pour s'assurer qu'on ne s'est pas trompé, et le rôle d'une
« vaste intelligence est de perfectionner les plans en les
« exécutant.

« Mais l'exécution, Prince, en quelles mains l'avenir la
« confiera-t-il ? Il y a peut-être inconvénance et manque
« de respect à soulever cette question en vous parlant.

« Peut-être aussi de vives sympathies en donnent-elles
« le droit. Je ne sais pas si votre infortune a des flatteurs,
« je sais qu'elle mérite d'avoir des amis. Croyez qu'il faut
« plus d'audace aux esprits courageux pour vous dire la
« vérité aujourd'hui, qu'il n'en eût fallu si vous eussiez
« triomphé. C'est notre habitude, à nous démocrates, de
« braver les puissants, et cela ne nous coûte guère, quel
« qu'en soit le danger. Mais devant un héros captif et un
« guerrier enchaîné, nous ne sommes pas braves. Sachez-
« nous donc quelque gré, vous qui comprenez ces choses,
« de ce que nous voulons nous défendre des séductions
« que votre caractère, votre intelligence et votre situation
« exercent sur nous, et de ce que nous osons vous dire
« la vérité de nos consciences. Cette vérité, c'est que
« jamais nous n'eussions reconnu d'autre souverain que
« le peuple, et que la souveraineté de tous paraîtra tou-
« jours incompatible avec celle d'un homme. Aucun mira-
« cle, aucune personnification du génie populaire dans
« un seul, ne vous prouvera le droit d'un seul. Mais vous
« savez cela; vous le saviez peut-être quand vous mar-
« chiez vers nous. Et nous, s'il eût fallu que nous fussions
« conquis, nous eussions préféré à toute autre une con-
« quête qui eût ressemblé à une délivrance. Mais il nous

« ...fallu vous voir à l'épreuve, et ce que vous ne saviez
« pas, c'est que les hommes longtemps trompés et oppri-
« més ne s'éveillent pas dans un jour à la confiance. La
« pureté de vos intentions eût été fatalement méconnue,
« et vous ne vous seriez pas assis au milieu de nous sans
« avoir à nous combattre et à nous réduire. Telle est l'in-
« flexibilité des lois qui entraînent la France vers son but,
« que vous n'aviez pas rassurée, vous, homme d'élite, de
« nous arracher à la tyrannie. Hélas! vous devez souffrir
« à cette pensée, autant qu'on souffre de l'envisager et de
« le dire; car vous méritiez de naître en des jours où vos
« rares qualités eussent pu faire notre bonheur.
« Mais il est une autre gloire que celle de l'épée, un
« autre ascendant que celui des faits; vous le savez main-
« tenant que le calme du malheur vous a rendu toute
« votre sagesse, toute votre grandeur naturelle, et vous
« aspirez, dit-on, à n'être qu'un citoyen français; c'est un
« assez beau rôle pour qui sait le comprendre. Vos préoc-
« cupations et vos écrits prouvent que nous aurions eu
« en vous un grand citoyen, si les ressentiments de la
« lutte pouvaient s'éteindre, et si le règne de la liberté
« venait un jour guérir les ombrageuses méfiances des
« hommes. Vous voyez comme les lois de la guerre sont
« farouches et implacables, vous qui les avez courageuse-
« ment affrontées et qui les subissez plus courageusement
« encore. Elles paraissent odieuses quand on voit un
« homme tel que vous en être la victime.
« Eh bien! là est votre gloire nouvelle, là sera votre
« grandeur véritable. Le nom terrible et magnifique que
« vous portez n'eût pas suffi pour nous vaincre. Nous
« avons à la fois diminué et grandi depuis les jours d'ivresse
« sublime qu'*il* nous a donnés. Son règne illustre n'est
« plus de ce monde, et l'héritier de son nom, penché,
« médite attendri sur le sort des prolétaires!
« Oui, c'est là votre gloire! C'est un aliment sain qui
« ne corrompra pas la sainte jeunesse et la haute droiture
« de votre âme, comme l'eût fait peut-être l'exercice du
« pouvoir malgré vous. Là serait le lien du cœur entre
« vous et les âmes républicaines que la France compte
« par millions aujourd'hui.
« Quant à moi, je ne connais pas le soupçon, et s'il
« dépendait de moi, après vous avoir lu, j'aurais foi en
« vos promesses, et j'ouvrirais la prison pour vous faire
« sortir, la main pour vous recevoir.
« Mais, hélas! ne vous faites pas d'illusions! ils sont
« tous inquiets et sombres autour de moi, ceux qui aspi-
« rent à des jours meilleurs. Vous ne les vaincrez que par
« les idées, par le sentiment démocratique, par la doc-
« trine de l'égalité. Vous avez de tristes loisirs, mais vous
« savez en tirer parti. Parlez-nous donc souvent de déli-
« vrance et d'affranchissement, noble captif! Le peuple
« est comme vous dans les fers. Le Napoléon d'aujour-
« d'hui est celui qui personnifie les douleurs du peuple,
« comme l'autre personnifiait ses gloires.
« Acceptez, Prince, l'expression de mes sentiments
« respectueux.

« 26 novembre, 1844.

« Georges SAND. »

Par les publications émanées de la captivité, le prince désirait ramener sur lui l'attention publique; il y réussit; moins sans
doute qu'il ne l'eût voulu, mais assez pour
empêcher sa prison d'être un tombeau. Le
monde extérieur renaissait pour lui; les célé-
brités du jour ne dédaignaient pas d'entrer
en communication avec le captif, et l'éclat
lointain de brillantes renommées adoucissait
par quelques rayons bienfaisants les ombres
de la prison. Louis Bonaparte en était venu
à occuper une place dans les pensées politiques. Même parmi les hommes de l'opposition dynastique, il s'attachait à son nom
une certaine curiosité; et souvent la curiosité est voisine d'autres sentiments. Mais ces

M. Fialin de Persigny.
(1808-1872.)

politiques discrets ne s'aventuraient pas à
des communications directes, se contentant
seulement de faire transmettre par des intermédiaires de mystérieuses paroles de consolation qui, en témoignant leur souvenir, les
empêchaient d'être oubliés.

C'est ainsi que M. Abatucci envoya par
message verbal l'expression de ses sympathies et de ses hommages. Mais le prince lui
ayant fait dire qu'il serait heureux de le voir,
le député libéral reçut d'un air fort embarrassé l'officieuse communication, ne se ren-

dit pas à l'appel qui lui était fait, et ne risqua pas même une lettre de regrets.

M. Odilon Barrot fut un peu plus téméraire. Se trouvant dans le voisinage, en visite chez M. Beaumont (de la Somme), il se rendit à Ham sous prétexte de voir le château. Après avoir promené ses méditations autour des murailles et mesuré des regards les flancs de l'édifice, il demanda la permission de visiter *la tour du Connétable*. Ce bâtiment, ainsi nommé en souvenir du connétable de Saint-Pol, s'élève à une hauteur considérable, domine tous les pays d'alentour, et commande le château : au pied même de la tour se trouvait la partie des remparts réservée au prince Louis pour sa promenade habituelle.

M. Odilon Barrot monte au sommet de la tour : ses regards, d'abord errant sur les beautés du paysage, s'abaissent lentement vers le rempart ; le prince, dûment averti, s'y trouvait déjà, levant les yeux vers le ciel et M. Barrot. Un salut mutuel fut solennellement échangé, et le chef de l'opposition dynastique descendit de son excursion aérienne.

Plus tard, en février 1846, le prince ayant sollicité du gouverneur l'autorisation de se rendre auprès de son père mourant, M. Odilon Barrot appuya sa demande avec une généreuse ardeur.

Depuis que le prince communiquait avec les écrivains démocrates, ses relations avec les complices de Boulogne étaient beaucoup moins actives ; il affectait même de n'en parler qu'avec un certain dédain. M. Fialin de Persigny surtout ne semblait plus lui inspirer aucune sympathie. C'était l'homme des traditions impériales, et, à ce titre, le prince devenu démocrate en faisait bon marché. Aux premiers temps qui suivirent la condamnation, M. de Persigny avait fait les plus vives instances pour être appelé à Ham, le gouvernement ayant laissé au captif la faculté de désigner deux compagnons à son choix Mais toutes ses prières furent inutiles. On eût dit un courtisan complètement disgracié. Repoussé de ce côté, M. de Persigny obtint plus tard du gouvernement royal d'être transporté dans une maison de santé à Versailles, où il resta jusqu'à la révolution dans un état de liberté presque complète.

On nous pardonnera, sans doute, ce récit anticipé des événements de Ham : il sert à démontrer que le prince dans sa captivité avait pris une position toute nouvelle. Avant l'affaire de Boulogne, il avait été sans relations avec les partis politiques, cherchant ses appuis dans les casernes, ne faisant appel qu'aux ambitions militaires, et se renfermant dans les souvenirs usés de l'empire. Le séjour à Ham le met en contact avec des hommes plus sérieux, avec des idées politiques d'une autre nature. Au lieu de n'être qu'un chef de partisans, il se transforme ou se déguise en soldat de la démocratie, et se fait par là des amis nouveaux, plus solides et mieux entendus que les anciens. Enfin, même les politesses timides de quelques chefs libéraux lui révèlent un surcroît d'importance ; c'est à dater de Ham qu'il paraît entrer véritablement dans le domaine de la politique actuelle ; c'est au sortir de cette prison, que de plus grandes espérances semblent lui être permises.

X

Situation difficile. — Insuffisance des ressources militaires. — L'Europe ne croit pas à la guerre. — Mission de M. de Saint-Aulaire. — Ardeur de M. Thiers. — Refroidissement de Louis-Philippe. — Désaccord au sein du ministère. — Conférence de M. Cousin avec le duc d'Orléans. — Les ministres offrent au roi de se retirer. — Refus de Louis-Philippe. — Notification du traité au pacha d'Egypte. — Saisie de vaisseaux égyptiens par l'amiral Napier. — Vaines protestations du gouvernement français. — Mission de M. Walewski. — Le sultan prononce la déchéance de Méhémet-Ali.

La situation à l'extérieur se compliquait de jour en jour. L'imprévoyance du gouvernement avait créé des impossibilités pour toute situation : pour la paix, car l'attitude arrogante de la coalition ne permettait pas sans honte de nouvelles concessions ; pour la guerre, car les arsenaux étaient vides, les chevaux manquaient à la cavalerie, le personnel de la marine était insuffisant. En payant annuellement pour les budgets de la guerre et de la marine la somme énorme de 400 millions, la France se trouvait tellement dénuée de ressources militaires, qu'il lui fallait attendre six mois pour parler un langage convenable. La voix de la France devait rester muette, parce que ses bras étaient paralysés. Le ministère aux abois ne pouvait convoquer les Chambres, parce qu'il n'avait qu'une chose à leur dire : « Nous ne sommes pas prêts. » Ce n'était certes pas la faute du 1er Mars, mais du système général qui avait présidé à tous les ministères.

Cependant, M. Thiers, de bonne foi et avec ardeur, pressait les préparatifs qui devaient rendre à la France une plus digne attitude. Des officiers de génie parcouraient les forts des côtes de la Manche et les mettaient en état de défense; le génie et l'artillerie des places du nord recevaient des renforts considérables; les ordres étaient donnés pour les casernements des recrues que l'on rassemblait; cent mille armes à feu avaient été expédiées de Vincennes sur divers points de la France; dans les levées des marins on comptait des hommes de 40 à 50 ans; dans les ports marchands, on s'emparait des matelots à mesure que les bâtiments de commerce arrivaient: à Brest, on avait déjà fait armer cinq grandes frégates, et l'on hâtait la construction de quatre autres sur le chantier; on terminait aussi les ateliers de clouterie, de machines, de forges en cours d'exécution, et l'on créait les établissements que réclamait la fabrication des machines à vapeur sur une grande échelle, et les ateliers d'un puissant outillage. On parlait aussi au ministère de la guerre d'une levée de 150 mille hommes, de l'organisation d'une réserve de 300 mille hommes et de la réorganisation de la garde nationale dans toutes les villes de France.

Mais ce n'était là que le côté extérieur des choses, et les diplomaties de toute l'Europe croyaient à une volonté pacifique plus puissante que celle de M. Thiers. En Allemagne comme en Angleterre, on ne craignait pas d'affirmer que Louis-Philippe souscrirait à toutes les concessions et à tous les sacrifices nécessaires au maintien de la paix; le chef de la branche cadette des Bourbons fera, disait-on, bon marché de la Syrie, et abandonnera, s'il le faut, Méhémet-Ali, dont il ne se soucie guère. Dans les journaux censurés de l'Allemagne monarchique, on écrivait publiquement que les représentants de la France à l'étranger avaient deux langages différents et des instructions doubles, un langage public, des instructions officielles, celles qu'on livrait aux journaux, qu'on lisait aux Chambres, puis des instructions confidentielles qu'on montrait aux chancelleries, que l'on communiquait aux souverains et auxquelles seules on obéissait.

M. de Saint-Aulaire avait été envoyé en mission secrète auprès de M. de Metternich. A cette occasion, le *Mercure de Souabe* disait : « Le comte est l'ami intime de Louis-Philippe, et il est probable qu'il est initié à ses plus secrètes intentions. » Et la *Gazette universelle de Leipsick* ajoutait : « On ne pense pas que M. de Saint-Aulaire ait reçu une mission menaçante, et lors même que M. Thiers se laisserait entraîner trop loin, il est probable que l'ambassadeur a des instructions modérées qu'il tient d'une autorité supérieure. » Enfin la *Feuille politique et hebdomadaire de Berlin* publiait les lignes suivantes : « Tout ce qui se fait et se dit à Paris n'aboutira à rien. Les cent cinquante mille hommes seront appelés sous les armes, on construira quelques navires, on fera enfin des dépenses qui viendront augmenter le budget, puis deux ou trois régiments manœuvreront sur les frontières du nord et de l'est, comme lorsqu'il s'est agi de la question belge ; et le gouvernement croyant avoir assez satisfait à l'orgueil national, laissera faire et remettra bravement l'épée dans le fourreau. »

Tel était le sentiment général dans toutes les chancelleries européennes.

Les personnes bien informées signalaient le véritable but de la mission de M. de Saint-Aulaire. M. de Metternich, disaient-elles, comprenait à quelles extrémités la guerre en Orient pourrait conduire toutes les puissances européennes. Il était donc très porté à prendre sur lui de faire accepter la médiation de la France entre Méhémet-Ali et les signataires du traité. Seulement il aurait voulu en même temps être utile à ses amis politiques de France et d'Angleterre, et offrir à l'Europe absolutiste des garanties de paix et de bonne intelligence dans une nouvelle combinaison des Cabinets des deux pays constitutionnels. Il s'agissait donc d'obtenir, d'un côté, en Angleterre, l'avènement de sir Robert Peel et des tories, de l'autre, en France, l'expulsion de M. Thiers pour lui substituer le 12 mai renforcé de M. Guizot. On organisait ainsi deux ministères contre-révolutionnaires. La France serait satisfaite, puisque lord Palmerston, qui lui avait fait un si sanglant affront, serait éloigné du gouvernement. L'Europe pourrait traiter avec des hommes qu'elle adopte : l'esprit envahissant de la Révolution française serait comprimé, et l'on en reviendrait alors à la proposition de céder au pacha l'Egypte héréditaire, et la Syrie viagère, sauf les restrictions déjà mentionnées.

Pour réaliser ce plan en France et rendre M. Thiers moins dangereux, on ne voulait pas qu'il parût tomber devant la volonté royale ; mais on s'arrangeait pour obtenir contre lui un vote parlementaire. Déjà, la Chambre des pairs, travaillée par MM. Molé et Pasquier, était prête, disait-on, à prendre l'initiative, en faisant à l'adresse une réponse très hostile à M. Thiers. On aurait alors le temps d'agir sur la Chambre des députés si fractionnée, si mobile, si flottante, et M. Thiers abattu par le Parlement qui l'avait élevé, perdait toute son influence.

Cette intrigue, dont les fils se croisaient de Paris à Vienne, avait aussi ses ramifications à Londres. Le roi des Belges était en ce moment fort assidu au château de Windsor, offrant à Victoria la médiation que M. de Saint-Aulaire proposait à M. de Metternich. M. Guizot le secondait de tous ses efforts. Une longue conférence avait eu lieu entre la reine d'Angleterre, le roi des Belges et l'ambassadeur français ; le duc de Wellington y assistait comme représentant des tories ; ceux-ci annonçaient déjà leur prochain triomphe, et leurs journaux redoublaient de sarcasmes contre les whigs et lord Palmerston. Les Cabinets Melbourne et Thiers étaient sur le point de tomber en un même jour, lorsqu'il leur survint un auxiliaire du côté où ils l'attendaient le moins. Dans toutes les négociations qui avaient amené le traité du 15 juillet, l'empereur Nicolas voyait comme

On pressait les préparatifs qui devaient rendre à la France une plus digne attitude.
(Page 147, col. 1.)

principal avantage la rupture de l'alliance anglo-française. Or, la médiation qui se négociait entre Léopold et M. de Metternich, M. Guizot et les tories, devait avoir pour effet de rétablir l'accord entre les deux pays, de rendre le calme à l'Europe et d'ôter à la Russie toute occasion de protectorat à Constantinople. Tous ces projets allaient être détruits en un jour. Le czar ne se sentait pas disposé à tant d'abnégation. Avec l'aide de la Prusse, qui suivait en tout ses impulsions, il repoussa énergiquement la médiation française. M. Guizot dut ajourner ses espérances; M. Thiers était sauvé par l'intervention du czar.

Il faut ajouter que les whigs avaient parfaitement secondé le czar, en faisant subir à la France un nouvel affront.

Le 11 août, la reine d'Angleterre présidait à la séance de prorogation du Parlement, et, dans son discours officiel, elle ne disait pas un mot de la France. Cette grande nation ne semblait pas compter dans les conseils britanniques. Dans les circonstances solennelles où l'on se trouvait, lorsque le monde entier, les yeux fixés sur la France, attendait de ses décisions la paix ou la guerre, le ministère anglais lui jetait le mépris du silence !

« Quelles flétrissures, s'écriait le *National*, s'attachent donc au nom de cette France, nom si glorieux et si respecté jadis, pour qu'il soit permis à un Cabinet britannique de nous traiter avec ce dédain en face de l'Europe ?

« Ce sont là vos alliés ! et vous avez cru que vous pouviez être lâches impunément pendant dix ans ! Vous avez pris la couardise pour de l'habileté. Vous vous félicitiez de la paix acquise au prix de vos bassesses. Aujourd'hui, vous recueillez le fruit de vos ignominies. Vous êtes traînés comme des poltrons à la queue de l'Europe, vous aviez espéré qu'en lui donnant pour gage toutes les réactions contre-révolutionnaires, elle vous accepterait avec reconnaissance. Aujourd'hui, elle vous rejette, vous méprise et vous insulte : elle vous insulte, et lorsque vous armez, elle n'en tient nul compte, elle prend vos ordonnances pour de vaines bravades ; elle vous répond même qu'elle est sûre que vous ne tirerez pas l'épée ; elle vous sait docile et souple ; elle connaît votre merveilleuse résignation pour les faits accomplis, et d'avance elle vous déclare qu'elle agira sans vous, qu'elle règlera l'Orient à sa manière, qu'elle détruira l'*usurpation* de Méhémet-Ali, et que vous vous contenterez de faire un peu de bruit pour satisfaire l'opinion, sauf à l'endormir ou à la comprimer plus tard.

« Toute la polémique des journaux étrangers roule dans ce cercle depuis que notre pays est agité. Les fanfaronnades de la Cour y sont traitées de comédie. La guerre n'est pas possible pour Louis-Philippe, car la guerre, pour lui, c'est le suicide : la France est dans ses mains, et la France ne bougera pas.

« Eh bien ! il faut encore une fois que le gouvernement s'explique par des actes. Si M. Thiers ne veut pas se joindre à la trahison, s'il est autre chose qu'un brouillon qui se sert des événements pour agir sur les fonds publics, il pressera toutes les mesures d'armement au lieu de les arrêter. Il n'est plus possible aujourd'hui qu'on se méprenne. Si le ministère ne peut exécuter, si quelque influence fatale le domine, qu'il la dénonce en s'éloignant. »

Ces colères n'étaient que trop justes. Louis-Philippe s'était imaginé, par de bruyants éclats, faire peur à l'Europe, et il ne faisait peur à personne. Ses allures belliqueuses n'étaient pas prises au sérieux, et ses fanfares de guerre retentissaient dans le vide. Le seul effet qu'il obtint, fut d'exciter le sentiment guerrier de la nation, et c'est ce qu'il souhaitait le moins. Les républicains non seulement avaient vivement ressenti l'injure faite à la France ; mais ils comprenaient parfaitement qu'une guerre européenne devait nécessairement ébranler le trône, leur offrir toutes les chances de l'inconnu, toutes les occasions qui appartiennent à l'audace ; et ils appelaient hautement la nation aux armes dans des articles pleins de verve, de ressentiments et d'espérances. En sorte que Louis-Philippe avait obtenu deux résultats diamétralement opposés à ses désirs. D'une part, à l'extérieur, ses menaces n'avaient rencontré que l'indifférence, l'incrédulité et le dédain ; d'autre part, à l'intérieur, il avait réveillé l'enthousiasme national, encouragé l'esprit révolutionnaire et fourni des armes aux républicains.

La situation devenait d'autant plus difficile, que M. Thiers, d'abord froid et incertain, s'était laissé gagner par les colères du roi et par les vivacités de la presse. Les déclamations quotidiennes de Louis-Philippe contre l'étranger ingrat et perfide, avaient surexcité le ministre, et cette nature méridionale, impressionnable et mobile, était maintenant entraînée au delà de la première impulsion. Le cri, d'ailleurs, de l'opinion publique agissait sur lui ; le bruit des armements l'enivrait ; l'insolente coalition des rois ranimait les instincts révolutionnaires qui avaient inspiré ses premiers écrits politiques. L'ancien écrivain libéral, l'historien de la révolution se réveillait, donnant carrière à tous les souvenirs glorieux des campagnes sur le Rhin. Il se rapprochait des journalistes de l'opposition, avait des conférences avec MM. Bastide du *National,* Chambolle du *Siècle,* Léon Faucher du *Courrier français.* Tout cela sérieusement et de bonne foi, avec autant d'entraînement que d'irréflexion, appuyé sur les républicains et excité par les passions doctrinaires; car sa situation à cette époque avait cela d'étrange qu'il obéissait sans le savoir à deux influences contraires qu'il avait l'une et l'autre combattues. MM. Joubert et de Rémusat entretenaient ses humeurs guerrières par haine de l'alliance anglaise, les républicains pour arriver à une révolution par une guerre. Républicains et doctrinaires étaient assurément dans leur rôle ; mais M. Thiers, infidèle à tous ses précédents, ne voyait pas, dans ses exaltations, que la politique extérieure n'existait plus et que la politique intérieure était singulièrement compromise.

Déjà Louis-Philippe le surveillait d'un regard inquiet. Les colères du roi étaient vives mais peu durables : surtout il ne mettait pas d'amour-propre à persister. L'Europe n'avait pas cédé à ses vaines menaces, il s'accoutumait à l'idée de céder lui-même. L'intérieur aussi commençait à le préoccuper plus que l'extérieur. Les longs frémissements du sentiment national, les exaltations des partis, les cris des journaux, les chants de la *Marseillaise,* l'enthousiasme belliqueux des républicains lui ramenaient des orages qu'il avait mis dix ans à conjurer. M. Thiers lui paraissait s'engager dans une voie périlleuse. Le roi, sans doute, avait à se reprocher de l'avoir le premier entraîné dans cette voie; mais la fougue du ministre devenait trop indisciplinée, et faisait trop bien les affaires des partis hostiles à la couronne. Aussi Louis-Philippe reprenait-il toutes ses attitudes pacifiques, et les paroles de menace avaient-elles fait place aux discours modérateurs. A mesure que le ministre s'exaltait, le roi se refroidissait. Depuis le 15 juillet, il n'y avait plus aucun accord, M. Thiers se montrant timide alors que Louis-Philippe était violent, Louis-Philippe devenant circonspect quand M. Thiers était belliqueux.

Le même désaccord se reproduisait au sein du ministère. M. Thiers n'était appuyé que par la fraction doctrinaire. Les autres, MM. Vivien, Cousin, Pelet (de la Lozère), Roussin et Gouin, étaient opposés à la guerre. M. Cubières n'avait pas d'opinion arrêtée. Les incertitudes augmentaient chaque jour. L'autorité de M. Thiers s'affaiblissait par les irrésolutions du roi. La force morale du pouvoir décroissait à l'extérieur et à l'intérieur. Des ministres divisés, un roi incertain, un public frémissant, une presse exaltée, une diplomatie déconsidérée, une influence perdue au dehors, compromise au dedans, mille sources de dissentiments au sein du pouvoir et dans le pays, des jalousies, des méfiances, des colères, des espérances, de l'anarchie partout, et en face l'Europe en armes, telle était la situation dans le courant de septembre.

Chacun cherchait à sortir d'une position sans issue, et surtout les ministres en dissentiment avec M. Thiers. M. Cousin, partisan déclaré de l'alliance anglaise, fort attaché, d'ailleurs, au président du Conseil, eut avec lui plusieurs conférences qui toutes se résumaient dans les mêmes arguments. « Comment, lui disait-il, vous, rentré au ministère pour avoir proclamé hautement l'alliance anglaise, c'est vous qui préparez la guerre à l'Angleterre ! Vous commencez par être dupe, vous finissez par être victime de la politique des doctrinaires! Car, ne vous y trompez pas, le roi ne veut pas la guerre ; il veut seulement se dégager de l'alliance anglaise dont vous étiez le partisan, pour s'engager avec les puissances absolutistes dont vous vous écartiez. Et en supposant que, malgré le roi, vous fissiez la guerre, où sont vos ressources? Pensez-vous que la France monarchique puisse résister à l'Europe? La France monarchique avec ses faiblesses et ses ménagements! Non, pour tenir tête à l'Europe, pour la vaincre, il faut le levier révolutionnaire. Voulez-vous le prendre? oh! alors, c'est différent. Dites-le; ce sera un système; ce sera de la logique. Mais prétendre avec les moyens ordinaires, avec les longueurs parlementaires, avec les ressources de tous les jours, faire lutter un royaume constitutionnel contre tous les royaumes coalisés, c'est de la déraison. Le peuple français peut résister à tous les peuples; le roi des Français succombera devant tous les rois. »

M. Thiers ne pouvait guère opposer de raisons sérieuses aux pressantes argumentations de son collègue. En effet, la guerre faite par la monarchie devait être désastreuse; la guerre faite par les forces vives de la nation devait renverser le trône de Louis-Philippe. Cependant M. Thiers comptait encore sur le temps et l'imprévu. Il s'obstinait à préparer la guerre pour le printemps. On avait six mois devant soi, et en six mois on pouvait espérer quelque désunion chez les coalisés. Merveilleuse politique qui laissait compléter la ruine du pacha d'Egypte, et ne permettait même plus de prétexte à une guerre tardive!

Les entêtements de M. Thiers à cet égard prenaient leur origine en même temps dans de vieux souvenirs historiques et dans de fausses appréciations de la situation présente.

Dans ses réminiscences, il rêvait une descente en Italie pour épouvanter l'Autriche, et il avait fait même pressentir sa pensée à M. d'Appony. « Sans doute, lui dit-il dans une conversation moitié sérieuse, moitié légère, sans doute, la Syrie est un beau pays; mais l'Italie la vaut bien. » La menace fut comprise et communiquée à Vienne, mais on n'en tint aucun compte.

Quant à ses fausses appréciations, elles consistaient surtout à voir la coalition européenne, toute formée, prête à mettre ses soldats en campagne; et dans cette hypothèse, la France n'était certainement pas en mesure; il lui fallait alors six mois de préparatifs. Mais si au lieu d'armer pour une guerre générale; si au lieu de laisser le temps à de faibles troupes de débarquement d'achever la destruction des villes maritimes du pacha, M. Thiers eût envoyé immédiatement dix mille Français sur la côte de Syrie, en signifiant aux puissances que l'intervention française n'était pas la guerre, mais seulement une garantie pour l'allié de la France, que la France n'attaquerait pas, mais qu'elle ne laisserait pas attaquer, sans aucun doute, toute agression eût été arrêtée, les troubles de la Syrie eussent été pacifiés, les négociations eussent été sérieuses.

Il est vrai que Louis-Philippe eût peut-être reculé devant ce moyen prompt et énergique. Mais alors une démission opportune délivrait M. Thiers d'une position insoutenable, et lui méritait les applaudissements de tous.

Il préféra ruser, attendre, se compromettre, commander d'immenses préparatifs pour une guerre qui ne devait pas se faire, et rédiger des plans inutiles pour une grande campagne au printemps.

Et cependant, même pour cette dernière ressource, tout était incertitude.

La question fut débattue plus d'une fois au conseil, et toujours sans conclusion définitive. Il s'y disait assez de paroles belliqueuses pour troubler la paix, pas assez pour décider la guerre, et les colères s'y manifestaient bien plus que le sentiment de la dignité nationale. Dans la nécessité cependant de prendre un parti, M. Cousin proposa d'imiter la conduite qu'avait tenue l'Angleterre dans la guerre d'Espagne. On sait que cette puissance s'était d'abord vivement opposée à l'intervention française. La France cependant ayant résolu de passer outre, le cabinet anglais se contenta de protester, reconnaissant toutefois qu'il ne voyait pas dans la conduite de la France un cas de guerre, mais un motif pour lui de se tenir sur la réserve et de prendre ses précautions. L'Angleterre déclarait donc s'isoler des décisions du congrès, disposée seulement à prendre telles mesures que comporteraient son honneur et ses intérêts. C'était une protestation morale sans menaces inutiles, un isolement sans concession. M. Cousin demandait que, dans l'occasion présente, la France prît la même attitude, prête à toute éventualité et retranchée dans un imposant silence.

Cette proposition avait l'inconvénient de ressembler à une concession. La France eût avoué qu'elle sacrifiait le pacha d'Égypte comme l'Angleterre avait sacrifié les cortès. Sur d'autres points, d'ailleurs, il n'y avait point d'analogie. L'Angleterre s'était retirée du congrès européen, la France en était expulsée. L'Angleterre s'était résignée au silence après un dissentiment, la France le pouvait-elle après un affront?

Tels furent les principaux arguments qu'opposèrent M. Thiers et ceux qui l'appuyaient. Ils en ajoutèrent d'autres qui avaient beaucoup moins de valeur. Les démonstrations belliqueuses de la France auraient pour effet, disaient-ils, d'empêcher l'exécution du traité du 15 juillet; les puissances alliées s'arrêteraient en face de la France irritée, et le pacha serait protégé par le seul mouvement des ports et des arsenaux. En supposant même que les alliés dussent passer outre, les forces du pacha étaient imposantes pour les arrêter longtemps, jusqu'au printemps peut-être, et alors la France interviendrait avec beaucoup plus d'avantage au milieu de la lutte, soit à main armée, soit par les négociations.

Les autres ministres répliquaient : Il serait insensé de croire que les quatre puissances craindraient d'exécuter sans la France, lorsqu'elles avaient signé sans elle. L'audace est dans le traité bien plus que dans l'exécution. Reculer pour elles est désormais impossible. Déjà de toutes parts se font les préparatifs, préparatifs bien plus sérieux et plus efficaces que ceux de la France.

Quant à opposer de la résistance, le pacha d'Égypte n'en aurait ni le pouvoir ni la volonté.

L'amiral Roussin, surtout, insistait sur ce dernier point. « Vous parlez, disait-il, des forces du pacha, vous parlez de ses armées et de ses flottes; mais il n'a que des apparences d'armée, des apparences de flotte. Ses soldats tous réunis ne résisteraient pas à un régiment européen; quant à ses vaisseaux, je ne demande qu'une frégate, une seule, pour les disperser et les brûler. J'ai

Victor Cousin.
(1792-1867.)

vu de trop près ces troupes et ces marins pour les traiter autrement que comme de vaines fantasmagories. »

Les arguments de l'amiral Roussin eurent sur M. Thiers moins d'effet que n'en méritait sa vieille expérience de marin. Son opposition au pacha d'Égypte durant son ambassade à Constantinople ôtait à ses paroles l'autorité qu'elles pouvaient avoir; et ceux mêmes parmi ses collègues qui partageaient son opinion mettaient en doute son impartialité. Il était néanmoins facile de voir que le parti de la guerre perdait du terrain au sein du Conseil, en même temps que l'influence de M. Thiers s'affaiblissait auprès de Louis-Philippe.

M. Cousin, qui s'agitait très vivement pour empêcher une guerre qu'il considérait comme périlleuse pour la monarchie, tenta de gagner à sa cause le duc d'Orléans. Ce prince, qui avait facilement partagé les premières indignations de son père, que séduisait d'ailleurs la perspective d'un grand rôle militaire, surveillait avec ardeur les préparatifs de guerre, et semblait appuyer M. Thiers, sinon par sympathie politique, au moins afin d'avoir une occasion de gloire.

Pour combattre ces illusions, M. Cousin reprit les arguments qu'il avait déjà employés auprès de M. Thiers, démontrant l'impossibilité de la lutte avec les seules forces de la monarchie, ses dangers avec les forces populaires. Une défaite ou une révolution, tel fut le dilemme qu'il développa avec sa verve habituelle. « C'est à vous de voir, monseigneur, dit-il en achevant, si, pour une gloire douteuse, vous voulez jouer l'avenir de votre famille. » Le prince fut ébranlé ; les intérêts dynastiques ne laissaient pas de place aux généreuses pensées.

Fort ému de cette conférence, le duc d'Orléans en fit part au roi, et, à dater de ce moment, le ministre de l'instruction publique se vit l'objet de condescendances auxquelles Louis-Philippe ne l'avait pas accoutumé. Jusque-là, le roi s'était montré peu sympathique pour cet homme de Sorbonne, entêté libéral, ancien agitateur de la jeunesse, venu à la suite d'une insurrection parlementaire. Toujours avec lui, il s'était montré froid et raide jusqu'à la brusquerie ; mais, trouvant en lui un auxiliaire à ses tendances pacifiques, il l'accabla de prévenances et de paroles empressées.

M. Thiers était décidément battu, et la situation ministérielle ne pouvait durer. Malgré leurs dissentiments politiques sur la grande question du jour, M. Cousin et lui demeuraient dans les mêmes termes de confiance et d'amitié. Le ministre de l'instruction publique ne dissimulait au président du Conseil ni son opposition ni ses démarches, se déclarant d'ailleurs prêt à se retirer, dès que sa présence pourrait devenir un obstacle.

Il était évident alors que M. Thiers n'avait plus la majorité au sein du Conseil : le ministère ne pouvait plus vivre dans ces conditions, M. Cousin s'en ouvrit franchement à M. Thiers : « Vous n'avez plus, lui dit-il, qu'un parti à prendre, c'est de me renvoyer avec ceux qui pensent comme moi, et de rendre l'homogénéité au cabinet, pour lutter avec force contre les tendances du roi ; à moins que vous ne préfériez vous retirer avec nous, pour laisser à d'autres le fardeau de la situation présente. » M. Thiers préférait ce dernier parti. Les difficultés se compliquaient de jour en jour. L'immense responsabilité qui pesait sur lui commençait à l'effrayer. Harassé par l'opinion populaire, qui l'accusait de ne rien faire, retenu par le roi, qui se plaignait qu'il fît trop, il ne trouvait pas de meilleure solution qu'une retraite faite à propos.

Il en avertit le roi, et tous ses collègues se joignirent à cette ouverture. Mais Louis-Philippe se récria bien haut, se plaignant qu'on le laissât dans l'embarras, et traitant cet abandon presque de trahison préméditée. « M. Thiers, en se retirant, disait-il, va rece« voir tous les honneurs de la popularité. On « lui fera un mérite de ses armements, de « ses embarras, de sa retraite ; tandis que « moi, je serai accusé de reculer devant « l'Europe. Il sera le ministre national, je « serai le roi de l'étranger. Le beau rôle est « pour lui, le rôle odieux est pour moi. »

En conséquence, Louis-Philippe se refusait énergiquement à la dissolution du cabinet. C'était rendre M. Thiers maître de la situation : le contraindre de rester au pouvoir, c'était l'autoriser à poursuivre son système, à continuer ses armements. Mais, en restant sans changer les collègues opposés à la guerre, M. Thiers était gêné dans ses mouvements, affaibli dans ses influences, et sans même intervenir, le roi trouvait un appui dans les dissidences intérieures du cabinet. Il se sentait protégé contre les éclats et les imprudences. C'est tout ce qu'il voulait pour le moment.

Louis-Philippe se flattait toujours de l'espoir que les puissances alliées reculeraient devant une agression armée ; M. Thiers comptait sur l'énergique résistance du pacha. C'était, de part et d'autre, une politique d'illusions et d'éventualités. Elle exemptait, il est vrai, de prendre immédiatement un parti ; mais les illusions ne tardèrent pas à se dissiper, et les éventualités, tournant en même temps contre le roi et le ministre, les mettant dans la nécessité de prendre enfin une résolution, ne firent que rendre leurs irrésolutions plus vives.

Le traité du 15 juillet accordait au pacha d'Égypte l'Égypte héréditaire et le pachalick d'Acre en viager. Si, dans les dix jours de notification, il n'acceptait pas l'offre des quatre puissances, on ne lui laissait plus que l'Égypte, en lui accordant encore dix jours pour répondre. Passé ce délai, on ne traitait plus avec lui.

La notification lui fut faite le 16 août, et déjà, le 14, le commodore Napier, commandant l'escadre anglaise, adressait au consul anglais, à Beyrouth, la note suivante :

« J'ai l'honneur de vous prévenir que
« l'Angleterre, l'Autriche, la Prusse et la
« Russie ont résolu que la Syrie serait
« restituée à la Porte. Vous préviendrez les
« autorités égyptiennes de cette résolution,
« en leur demandant l'évacuation immédiate
« de la ville et la restitution des soldats
« turcs. Vous communiquerez cette lettre
« aux marchands britanniques pour leur
« gouverne. »

Cette note, envoyée même avant la notification du traité, ne pouvait laisser de doute sur les intentions des puissances. Elles se prononcèrent bientôt d'une manière plus explicite.

Le 19 août, les consuls des quatre puissances résidant à Alexandrie, présentèrent ensemble à Méhémet-Ali une note diplomatique ayant pour titre : *Réflexions sur la position actuelle du vice-roi d'Égypte*. Nous devons en citer quelques passages :

« Méhémet-Ali ne saurait ignorer la haute
« portée et la force d'une convention solen-
« nelle : le système politique de l'Europe
« entière ne repose que sur la foi et sur
« l'exécution religieuse des traités ; c'est
« ainsi que malgré les difficultés bien graves
« qui entourraient les questions de la Grèce,
« de la Belgique et de l'Espagne, les conven-
« tions y relatives ont reçu leur complète
« exécution, bien que les intérêts de toutes
« les puissances européennes à l'égard de
« ces questions n'aient pas toujours été
« identiques.

« Croire encore à la possibilité d'un chan-
« gement ou d'une modification des condi-
« tions de la convention du 15 juillet, ce
« serait se bercer d'un vain espoir. Ces sti-
« pulations sont inaltérables et irrévocables,
« les termes péremptoires qui ont été fixés
« pour leur acceptation sont une preuve pa-
« tente de l'impossibilité de tout changement
« ultérieur. »

Le manifeste des consuls ne laissait à Méhémet-Ali d'autre alternative que de se soumettre ou de combattre. Après l'avoir exhorté à prendre le premier parti, les signataires faisaient ressortir en ces termes les conséquences d'un refus :

« Une conséquence immédiate d'un tel
« refus serait l'emploi de mesures coërci-
« tives. Le vice-roi est trop éclairé et connaît
« trop bien les moyens et les ressources dont
« les quatre grandes puissances peuvent
« disposer, pour se flatter un seul instant de
« pouvoir par ses faibles moyens résister
« même à l'une ou à l'autre d'entre elles ; ce
« serait se bercer d'un espoir bien funeste
« que de compter, dans les circonstances
« actuelles, *sur un appui de l'étranger*. Qui
« pourrait arrêter les décisions des quatre
« grandes puissances? *Qui oserait les braver?*
« Loin de lui être favorable, *une telle inter-
« vention*, en sa faveur, ne ferait que *hâter
« sa perte, alors devenue certaine*.

« Les quatres grandes puissances déve-
« lopperaient des forces plus que suffisan-
« tes pour combattre tout ce qui pourrait
« s'opposer à l'exécution de la convention.

« On portera là où le cas l'exigera une
« force suffisante pour rendre toute résis-
« tance impossible et l'anéantir d'un seul
« coup. »

« Signé : LAURIN, HODGES, WAGNER,
comte MEDEM.

« Alexandrie, 19 août 1840. »

Personne ne pouvait se tromper à ces arrogantes menaces : elles s'adressaient plus à la France qu'à l'Égypte, et l'on ne dissimulait pas le mépris qu'on faisait d'une stérile intervention, ou plutôt on y croyait moins que jamais.

Les faits répondirent bientôt aux paroles. Le délai fixé par les traités n'était pas encore expiré, que les Anglais s'emparaient de douze navires égyptiens, à l'ancre dans le port de Beyrouth, sans sommation, sans même donner aucun prétexte qui pût justifier cet acte de piraterie.

L'homme choisi pour cette brutale exécution était un officier coureur d'aventures, brave et intelligent, mais tourmenté constamment d'une activité fiévreuse qui l'avait entraîné dans les entreprises les plus diverses.

Au commencement de la paix, M. Napier, alors capitaine de vaisseau, était venu se fixer au Havre pour surveiller le service des bateaux à vapeur en fer qu'il avait établis sur la Seine avec M. A. Manby. Mais la spéculation ne fut pas heureuse, et la dissolution de la société laissa au marin impatient des loisirs qu'il ne pouvait supporter. Le soulèvement de la Grèce lui offrit bientôt une occasion favorable. Il alla rejoindre les Hellènes et s'associa courageusement aux alternatives de leurs fortunes. Rappelé en Angleterre pour reprendre dans la marine royale le rang qui lui avait été conservé, il avait fait quelques expéditions en mer, lorsqu'on le vit passer soudainement, avec l'agrément du ministère anglais, du grade de capitaine de vaisseau, au commandement de la flotte de don Pédro, avec laquelle il détruisit, près du cap de Saint-Vincent, l'escadre de don Miguel. Le titre de comte de Saint-Vincent lui fut accordé par don Pédro, en commémoration de ce brillant fait d'armes maritime.

Rentré depuis dans le service de la marine anglaise avec le titre de commodore, sir Charles Napier commandait une division de l'escadre placée sous les ordres de l'amiral Stopford, et devint le premier exécuteur des violences de la coalition.

En même temps qu'il dirigeait contre le pacha cette soudaine agression, il appelait les Syriens à la révolte, dans une proclamation publique : « Habitants du Liban, disait-il, vous qui êtes plus immédiatement sous mes yeux, levez-vous, et secouez enfin le joug sous lequel vous gémissez. Des troupes des armes et des munitions vont arriver au premier jour de Constantinople, et désormais les vaisseaux égyptiens n'insulteront plus vos côtes. »

Un autre passage de la proclamation invitait à la désertion les soldats de Méhémet-Ali : « Soldats du sultan, disait l'amiral anglais, qui avez été arrachés de vos foyers par la trahison, pour être traînés sur les sables brûlants de l'Égypte, et qui depuis avez été transportés en Syrie, je vous adjure également, au nom du Grand-Seigneur, de retourner sous son allégeance. J'ai placé deux vaisseaux de ligne près du lazaret dans lequel vous êtes campés, pour recevoir ceux d'entre vous qui se mettront sous ma protection.... Un oubli complet de tout le passé et votre paie arriérée sont assurés par le sultan, ainsi que tout ce qui est dû aux soldats qui rejoindront ses drapeaux. »

Violation du droit des gens, appel à la trahison, corruption et déloyauté, voilà par quels moyens l'Angleterre répondait aux notes diplomatiques de la France. Ce qu'il y avait de plus triste à penser, c'est que le gouvernement français, par l'organe de son ambassadeur, M. de Pontois, venait de protester à Constantinople contre toute mesure coërcitive. En rapportant cette circonstance, le correspondant anglais du *Morning Chronicle*, ajoutait que, malgré les protestations, personne, à Constantinople, ne doutait de la neutralité de la France, et que la note de M. de Pontois était considérée comme une vaine formalité qui n'empêcherait rien. Ainsi la voix de la France ne comptait plus : chaque jour lui amenait des affronts.

De nouvelles représentations furent adressées par le gouvernement français sur les violations commises contre le droit des gens par l'amiral Napier ; elles ne furent pas plus écoutées que les protestations antérieures. Le ministère, dans son impuissance, n'opposait plus aux actes de piraterie que de vaines paroles aussitôt oubliées, tandis que le pays frémissant se demandait quand finirait cette série d'humiliations. « Il serait bon de savoir, disait un journal radical, quel est le nombre de soufflets que notre gouvernement a besoin de recevoir pour se croire insulté. »

Le 26 août, jour de l'expiration du premier délai accordé au pacha, l'envoyé de la Porte, Rifaat-Bey, accompagné des consuls des quatre puissances, se rendit auprès de lui, pour connaître sa décision sur les offres qui lui avaient été faites. Méhémet-Ali avait appris trois jours auparavant la sauvage agression de l'amiral Napier, et la colère qu'il en avait ressentie n'était pas encore apaisée. Les agents diplomatiques le trouvèrent plus inébranlable que jamais. « Dieu donne la terre « et la reprend, dit-il. Je me confie à la Pro- « vidence. »

Désespérant de vaincre l'obstination du pacha, Rifaat-Bey témoigna l'intention de partir immédiatement d'Alexandrie : mais les autres consuls s'y opposèrent, voulant qu'il demeurât près d'eux jusqu'à l'expiration du deuxième délai.

« J'espère, dit le vice-roi aux quatre con- « suls, que vous partirez avec lui : — Nous « n'avons pas d'instructions pour abandon- « ner nos postes, répondirent-ils. — Mais, « moi, je n'ai plus de confiance en vous, ré- « pliqua le vice-roi. Les usages exigent l'é- « loignement des agents de nos ennemis ; « avoir la guerre et vous avoir ici ne me con- « vient pas. »

Avant de se retirer, les consuls réunirent leurs efforts pour détourner le pacha d'accepter la médiation de la France, lui assurant qu'elle lui promettait plus qu'elle ne tiendrait.

« Je sais, répondit-il, que la France ne ti- « rera pas un coup de canon pour moi ; mais « je compte sur ses sympathies et ses bon-

M. Walewski. (1810-1862.)

« nes intentions. Je dois à ceux qui servent « ma cause d'accepter l'appui bienveillant « qu'elle m'offre, et je l'ai fait. »

Le lendemain, les consuls se présentèrent de nouveau chez le pacha, pour lui faire la deuxième notification prévue par le traité du 15 juillet. A peine voulut-il les écouter, répondant à leurs sommations par de furieuses menaces, et leur déclarant qu'aux premières hostilités il marcherait sur Constantinople.

La guerre devenait imminente, et rien ne semblait pouvoir l'empêcher d'éclater. M. Thiers tenait en réserve une dernière ressource. M. Walewski avait été envoyé par lui en mission secrète auprès du pacha, afin de frapper un coup décisif. Ne pouvant plus protéger l'allié de la France, M. Thiers lui conseillait de s'humilier et de gagner quelque chose en cédant. En conséquence, Méhémet-Ali déclara le 28 août, à Rifaat-Bey, qu'il consentirait à la possession héréditaire de l'Égypte avec la jouissance viagère de la Syrie ; il faisait abandon du district d'Adana, de Candie et des villes saintes, et s'engageait à payer au sultan un tribut annuel. Ce n'était pas autre chose que ce qu'avait refusé la conférence de Londres ; et l'on a peine à imaginer comment M. Thiers pouvait se faire illusion jusqu'à penser que les quatre puissances laisseraient conclure par le sultan seul ce qu'ensemble elles avaient refusé. Quoi qu'il en soit, Rifaat-Bey partit pour Constantinople ; M. Walewski s'était empressé de le devancer pour tâcher de préparer le divan à accepter l'offre du pacha.

Mais avant même que M. Walewski eût pris terre, les cabinets de Londres et de Saint-Pétersbourg, initiés à sa mission, s'étaient déjà entendus pour la faire avorter. Le meilleur moyen de mettre la Porte dans l'impossibilité d'accueillir toute transaction avec le vice-roi était de lier le sultan par des engagements pris à la face de l'empire ottoman et du monde. En conséquence, on vit paraître un manifeste dans lequel Abdul-Medjid déclarait hautement que la cession au vice-roi de l'Égypte à titre héréditaire, et du seul pachalick d'Acre à titre viager, étaient des décisions immuables, irrévocables, ainsi que la volonté bien arrêtée d'employer la force pour le contraindre à se soumettre.

La mission de M. Walewski devenait sans objet ; la dernière tentative de M. Thiers échouait honteusement. Marchant de déception en déception, abaissé aux yeux de l'Europe, compromis aux yeux de la France, il en était arrivé à ce degré d'impuissance où les hommes ne se font pardonner qu'en se retirant.

XI

Intrigues de M. Guizot à Londres contre le cabinet whig. — Elles sont déjouées par lord Palmerston. — Commencements d'hostilités en Syrie. — Bombardement de Beyrouth par les puissances alliées. — La flotte française reléguée à Salamine. — Consternation aux Tuileries. — Le ministère donne sa démission. — Le roi, après l'avoir acceptée, revient sur sa décision. — Transaction entre la couronne et le ministère. — Agitations intérieures. — Protestation de la garde nationale de Paris. — Convocation des Chambres. — La Porte prononce la déchéance de Méhémet-Ali. — Memorandum du 8 octobre. — Fortifications de Paris. — Attentat de Darmès. — Persécutions contre la presse. — Les puissances secondaires de l'Allemagne défendent l'exportation des chevaux. — Arrogance du cabinet britannique. — Nouvelle démission du ministère. — M. de Broglie aux Tuileries. — Le maréchal Soult est appelé et s'adjoint M. Guizot. — Personnel du nouveau ministère. — Dernière réunion du cabinet du 1er Mars.

Malgré de premières déceptions, M. Guizot conservait encore quelque espoir dans les intrigues diplomatiques, et se promettait merveille d'une prétendue division dans le cabinet britannique. La rupture de l'alliance française avait produit en Angleterre une vive émotion ; les journaux éclataient en violents reproches contre le ministère whig ; le commerce était plein d'alarmes et d'indignation. Notre ambassadeur écrivait que le règne des whigs était passé. Il se réjouissait surtout de voir deux collègues de lord Palmerston, lord Holland et lord Clarendon, ouvertement opposés à la politique de ce ministre, et ne cachant pas leurs sympathies pour la France. Aidé de ses amis les tories, M. Guizot soufflait avec ardeur le feu de la division, grossissait aux yeux de tous les dissensions intérieures, proclamait à Londres et à Paris l'impossibilité de la durée d'un cabinet déchiré. Mais lord Palmerston, impatienté de ces vains parlages, provoqua un Conseil de cabinet qui devait prononcer sur les mérites ou les vices de sa politique. M. Guizot crut dès lors triompher. Ses lettres à Paris, en annonçant cette mesure décisive, semblaient autant de présages de la défaite certaine de Palmerston. La France allait être vengée à Londres ! et vengée par l'habileté de M. Guizot. C'était assurément pour lui une route certaine à la présidence du conseil.

Malheureusement pour cet homme d'État, le ministère whig ne se montra pas disposé à se déchirer de ses propres mains. Un premier conseil tenu le 28 septembre affaiblit quelque peu les espérances de M. Guizot; un second conseil tenu le 1ᵉʳ octobre les éteignit complètement. Les ministres opposants firent taire leurs convictions particulières. Le triomphe de lord Palmerston fut complet. Cela devait être. Le ministère whig ne pouvait, sans se déshonorer, effacer sa propre signature, et déchirer étourdiment un traité fait à Londres, signé et ratifié à Londres. Il fallait tout l'aveuglement d'un ambitieux fourvoyé pour compter sur un dénouement aussi puéril.

Pendant que le ministère éperdu cherchait une solution sans pouvoir commander la paix, sans oser risquer la guerre, les quatre puissances poursuivaient leur œuvre et consommaient leur outrage. Le canon retentissait sur les côtes de la Syrie ; l'allié de la France voyait incendier ses villes ; le traité du 15 juillet était brutalement exécuté.

Le 8 septembre, l'amiral Stopford avait rejoint le commodore Napier dans les eaux de Beyrouth ; le 9, il était renforcé par les bâtiments anglais et autrichiens qu'il avait laissés à Alexandrie ; le 10, par les transports qui avaient à bord les troupes de débarquement ; le 11, les chaloupes des vaisseaux, des frégates et des navires de transports, jetaient à terre environ dix mille hommes, composés d'une compagnie de débarquement de chacun des douze bâtiments de guerre anglais et autrichiens, de quinze cents hommes d'infanterie anglaise, de trois mille Turcs et de quatre à cinq mille Albanais. En même temps, six vaisseaux anglais s'embossaient devant Beyrouth.

Le commodore Napier commandait le débarquement, qui s'effectua à Djounis, pendant que l'amiral Stopford occupait les troupes égyptiennes, à Beyrouth, par une vive canonnade. Djounis est une baie située à quelque distance de Beyrouth, avec un promontoire qui s'avance considérablement dans la mer. Les alliés y prirent position sans rencontrer d'obstacle, les troupes albanaises qui s'y trouvaient, s'étant retirées à leur approche. A trois lieues plus loin vers le nord, le petit fort de Djebaïl ne fut enlevé qu'après une vigoureuse résistance des Albanais qui s'y étaient retranchés. En même temps, Caïffa, petite ville assise au pied du mont Carmel, à l'extrémité sud de la rade de Saint-Jean-d'Acre, était détruite par deux frégates autrichiennes et par une frégate anglaise.

A Beyrouth même, la présence des troupes d'Ibrahim, que l'on voyait au nombre d'environ quinze mille hommes sur les hauteurs derrière la ville, empêcha toute tentative de débarquement. Mais les vaisseaux anglais criblèrent de projectiles la ville, dont ils firent bientôt un monceau de ruines. Quelques-unes des troupes d'Ibrahim, qui avaient tenté de se glisser à travers les jardins, vers Djounis, pour troubler le commodore Napier, furent arrêtées par le feu des vaisseaux anglais.

Pendant ce temps, que faisait notre flotte ? Le ministère, si honteusement insulté, prenait-il au moins les précautions nécessaires pour empêcher l'outrage d'aller plus loin? Le pavillon français demeurait-il dans ces parages pour offrir une consolation ou un refuge aux opprimés? Bien loin de là, le ministère lui ordonnait de fuir le bruit du canon. L'escadre était reléguée dans la baie de Salamine, condamnée à l'inaction, réduite à la nullité, trop éloignée du théâtre des événements pour protéger un allié de la France, assez rapprochée pour devenir témoin des hontes de la défection. Oui, sans doute, le ministère, dans ses misérables calculs, avait pleinement raison de mettre entre les deux escadres deux cents lieues de mer. Car si la flotte française eût conservé son ancienne station, si l'orgueil britannique avait poursuivi son œuvre en face du pavillon tricolore, les canons, ainsi que le disait un de nos amiraux, les canons seraient partis d'eux-mêmes, et nos marins, n'écoutant que les conseils de leur indignation, eussent foudroyé les insolents agresseurs et fait évanouir dans la poudre des combats la triste politique de M. Thiers. Mais il ne fallait pas, selon l'expression de M. Guizot, que la guerre sortît d'une inspiration des subalternes, et c'est ainsi que les subalternes furent prudemment sequestrés à Salamine, afin qu'il ne restât aucune chance pour les inspirations de l'honneur et de la dignité nationale.

Pendant plusieurs jours, les hostilités s'étaient bornées à l'incendie de Beyrouth et de Caïffa, à des escarmouches insignifiantes et à l'occupation de quelques petits forts sur les côtes de la Syrie. Mais si les faits en eux-mêmes étaient insignifiants, la pensée qui les dirigeait devenait de la plus haute importance, et les résultats en étaient incalculables. La guerre était déclarée malgré la France, presque contre la France, et l'étincelle allumée sur les côtes de la Syrie allait peut-être embraser le monde. Les Tuileries avaient perdu toutes leurs illusions; ce premier coup de canon, auquel on ne croyait pas, retentissait au milieu des cris d'indignation du pays. La coalition qu'on avait cru effrayer par les bruits de la guerre, répondait insolemment en portant les premiers coups. Les ministres furent frappés de stupeur; il ne restait plus de ressources dans les ruses diplomatiques et les faux-fuyants; il fallait se prononcer, et se prononcer sur l'heure; rendre guerre pour guerre, ou, par une prompte retraite, faire aveu de son impuissance. Le dernier parti fut préféré. Le 2 octobre, le cabinet entier donna sa démission; Louis-Philippe, aussi embarrassé que ses ministres, accepta volontiers l'occasion de se séparer d'eux, et M. Thiers était fort aise de donner à croire qu'il protestait contre l'outrage fait à la France.

Mais le calcul du ministre n'échappa pas à la perspicacité du roi. Il s'aperçut promptement que le beau rôle ne serait pas pour lui, et qu'on ferait à la fierté de M. Thiers plus d'honneur qu'elle n'en méritait. Sa retraite pouvait le réhabiliter, lui rendre une popularité perdue, tandis que les accusations de faiblesse retomberaient sur la couronne seule; le roi se trouverait à découvert; les passions se déchaîneraient contre lui. Louis-Philippe se sentit engagé dans une fausse route.

D'un autre côté, la cour était pleine d'alarmes: M. Thiers y passait pour ami des révolutionnaires; on s'imaginait que sa retraite allait être le signal d'une explosion intérieure. La reine et les princesses croyaient voir apparaître le fantôme sanglant de la guerre civile; elles se persuadaient que M. Thiers pouvait seul arrêter les déchaînements populaires; elles suppliaient le roi de conserver cette dernière sauvegarde du trône. Louis-Philippe n'eut pas de peine à se laisser convaincre.

Avec cet art de séduction qui lui était propre, il circonvint les ministres de bonnes paroles, leur signala tous les périls d'une séparation actuelle, qui livrait la couronne aux hostilités des partis extrêmes, se montra disposé aux concessions, et offrit quelques satisfactions aux dispositions belliqueuses de M. Thiers. Mais le président du conseil n'avait nul souci de rentrer dans les embarras qu'il venait de fuir; il résista énergi-

M. Thiers, attendri, consentit à reprendre son fardeau. (Page 161, col. 1.)

quement aux cajoleries du roi. Alors intervint la reine Marie-Amélie. Abaissant sa fierté devant M. Thiers, elle le supplia, les larmes aux yeux, de sauver le trône menacé, invoquant tous ses souvenirs d'affection pour la famille d'Orléans, et demandant un dernier sacrifice à sa fidélité et à son dévouement. M. Thiers, attendri, consentit à reprendre son fardeau; il y avait une apparence de générosité à conserver son portefeuille : il se résigna, en prenant toutefois quelques précautions pour masquer les faiblesses. Par une transaction intervenue entre le trône et le cabinet, il fut convenu que M. Thiers signifierait aux quatre puissances un ultimatum renfermant un *casus belli*. Le bruit en courut aussitôt dans les chancelleries étrangères; mais elles ne s'en émurent que médiocrement, connaissant parfaitement la valeur des notes diplomatiques, et sachant bien que même un *casus belli* est sujet à interprétation, et par conséquent, à de faciles accommodements.

Les choses en étaient venues à ce point, que ce n'était plus l'extérieur qui inquiétait le plus le roi ou les ministres. A Paris et dans les départements, l'effervescence des esprits allait tous les jours croissant. Les colères excitées par le traité du 15 juillet avaient cependant accordé au ministère le temps de prendre des mesures; et même dans leur explosion, il y avait une attitude de patience qui témoignait que la France ne désespérait pas encore de ceux qui la gouvernaient. Mais, lorsque retentirent au loin les échos du canon de Beyrouth, lorsqu'on vit que la France ne comptait plus dans les conseils européens, on oublia aussitôt et les dif-

21. — E. REGNAULT.

ficultés du moment et les complications des affaires, on ne songea qu'à l'affront, on n'eut d'idée que pour la vengeance, et le cri de guerre courut dans tous les rangs de la population. Ouvriers, gardes nationaux, citoyens de tout rang et de tout âge, élevèrent la voix pour protester contre l'abaissement de la France.

Dans les réunions, dans les banquets, dans les spectacles, on appelait la guerre, on accusait le ministère, on accusait la couronne. Chaque soir, au théâtre, soit dans la capitale, soit dans les provinces, le parterre et les galeries demandaient la *Marseillaise*, qui s'exécutait, tantôt avec la permission des autorités, tantôt malgré leur défense. La Cour alarmée voyait l'agitation se répandre, se multiplier et préparer aux passions des occasions redoutables.

Ce qui ajouta aux terreurs ministérielles, c'est que la garde nationale de Paris commençait à s'inquiéter et à se remuer. Le maréchal Gérard, commandant en chef, avait songé à exercer tour à tour les légions aux manœuvres et à la petite guerre. Cependant, il crut devoir convoquer les colonels pour les consulter, et le bruit courut que ceux-ci, craignant les grandes réunions de citoyens, au milieu de l'effervescence des esprits, s'y étaient vivement opposés.

A la nouvelle de ces lâches inquiétudes, des officiers et des gardes nationaux en grand nombre résolurent de se rendre auprès de leur commandant en chef pour lui exposer que les colonels n'avaient ni le droit ni la mission de s'opposer à ce que leurs légions fussent réunies et exercées. Ils se proposaient, en outre, de réclamer la réorganisation de toutes les gardes nationales de France, leur prompte mobilisation et la formation de l'ancienne artillerie parisienne.

La seule annonce de cette manifestation patriotique mit en émoi tous les agents du pouvoir. Le *Journal des Débats* lança un réquisitoire contre cette insurrection de nouvelle espèce, et le maréchal Gérard, étourdi des clameurs qui se faisaient autour de lui, publia un ordre du jour destiné à empêcher la manifestation projetée, sous le prétexte ordinaire d'atteinte à la légalité.

Ne pouvant contraindre leur chef à les recevoir, les gardes nationaux se réunirent entre eux, le 9 octobre, et envoyèrent aux journaux de l'opposition la déclaration suivante :

« Considérant que l'expression publique des vœux des citoyens est parfaitement légale ;

« Que ce droit, qui a sa source dans la souveraineté populaire, dogme fondamental de toutes les institutions, a, de plus, été consacré en termes formels par l'article 66 de la charte ;

« Que cet article n'a pu être détruit par telle ou telle disposition d'une loi réglementaire sur la garde nationale ;

« Que si des doutes avaient pu s'élever à ce sujet, ils seraient éclaircis par la conduite même des chefs des légions de Paris, qui, en différentes circonstances, se sont servis de l'opinion qu'ils disaient émanée d'elles pour exercer de l'influence sur la direction du pouvoir ;

« Que les principes et les faits établissent avec évidence le droit qu'ont les citoyens de protester publiquement contre la conduite du gouvernement, et qu'il importe plus que jamais de maintenir ce droit.

« Toutefois, dans les circonstances où nous nous trouvons, il n'importe pas moins d'éviter, avec le plus grand soin, de donner à un pouvoir lâche au dehors l'occasion de se montrer brutal au dedans ;

« En conséquence, les officiers, gardes nationaux et citoyens croient qu'il est de leur devoir de faire entendre au gouvernement comme à l'étranger, le cri d'indignation de toute la population parisienne contre la politique déshonorante que l'on suit envers la coalition ; mais désirant, en même temps, ne pas donner le moindre prétexte de collision violente, ont arrêté :

« 1° Qu'une députation d'officiers et de délégués de la garde nationale serait chargée de protester, devant le président du conseil des ministres, contre l'ordre du jour du maréchal Gérard, et contre la honteuse inaction du gouvernement en présence de l'étranger ;

« 2° Que cette protestation serait adressée sous forme de pétition à la Chambre, après avoir reçu la signature de tous les citoyens qui devaient prendre part à la manifestation. »

Les journaux ministériels s'efforcèrent d'amoindrir l'importance de cette protestation, émanée, disaient-ils, d'une faible minorité des soldats citoyens. Le ministère lui-même la prenait plus au sérieux, parce qu'il y voyait une source nouvelle d'irritations, sinon une manœuvre habile des radicaux. Il ne se dissimulait pas, d'ailleurs, que les paroles énergiques ont en France de l'action sur tous les partis, et que, facilement, dans de semblables occasions, la minorité se transforme en majorité. Plus embarrassé que jamais, il venait de convoquer les Chambres pour le 28. Une mesure tant reculée se trouvait maintenant prise d'urgence. Dernière révélation d'une impuissance qui ne s'était fait illusion qu'à force d'étourderie !

Cependant cette précipitation même n'était qu'apparente, et les puissances étrangères savaient à quoi s'en tenir. Le *Morning Chronicle*, journal de lord Palmerston, faisait entendre ces paroles insolentes : « Vers le 1ᵉʳ novembre, c'est-à-dire avant que la Chambre française ait pu commencer ses débats, la France n'aura plus rien à empêcher dans le Levant, car la Syrie n'appartiendra plus au pacha, et ce sera de lui que dépendra la question de savoir si nous le laisserons tranquille, oui ou non, en Égypte.

« Le traité du 15 juillet a déjà reçu son exécution. »

Ainsi les Anglais, ainsi lord Palmerston lui-même avaient soin d'annoncer aux Chambres françaises qu'elles n'auraient plus rien à empêcher dans le Levant, qu'elles allaient voter sur des *faits accomplis*. Pouvait-il se faire une accusation plus terrible contre le cabinet du 1ᵉʳ Mars ? La chambre, en se séparant, avait déclaré que sa politique était le maintien du *statu quo*. Et qu'était-ce que le *statu quo* à cette époque ? La victoire d'Ibrahim, la déroute de l'armée turque à Nézib, la conquête définitive de la Syrie, et l'Égyptien victorieux s'arrêtant au pied du Taurus, sur les instances de la France. Qu'était-il devenu ? L'envahissement de la Syrie, et l'envahissement prochain de l'Égypte, si Méhémet tardait à se soumettre. Voilà quels avaient été les fruits du 1ᵉʳ Mars ; voilà les faits accomplis qu'allait soumettre à la Chambre un ministère audacieux à force d'humiliations. Convoquées plus tôt, les Chambres, par une attitude énergique, auraient pu arrêter les projets de la coalition. Par un appel tardif, M. Thiers les plaçait entre une guerre immédiate ou une honteuse soumission.

Pendant qu'il s'égarait en expédients, les événements marchaient. Après la déchéance de Méhémet-Ali, prononcée par la Porte, son successeur était désigné ; les montagnards de la Syrie prenaient les armes à l'appel des alliés. Ibrahim, peu confiant dans ses troupes, n'osait s'aventurer contre la discipline européenne ; l'allié de la France courbait avec résignation sa tête septuagénaire, et l'on attendait encore l'ultimatum de M. Thiers, le *casus belli* qui devait arrêter les progrès de la coalition.

Ce manifeste tant annoncé parut enfin ; dernier enseignement pour ceux qui comptaient encore sur l'énergie de M. Thiers (1). Le fameux *casus belli* consenti comme transaction entre la couronne et le ministère n'était que le maintien du pacha dans l'Égypte héréditaire. Il n'était plus question de la Syrie ; le traité du 15 juillet était dépassé. On n'avait pas voulu consentir à la Syrie viagère lorsque les quatre puissances en faisaient une proposition amiable. On y renonçait entièrement depuis que le canon avait parlé. Le gouvernement français réalisait en tout les insolentes conjectures de lord Palmerston, bruyant et fanfaron avant l'exécution, humble et soumis après. Refuser pour le pacha la Syrie viagère, c'était, de la part de la France, lui garantir davantage, et, cependant, quand on la lui enlève complètement, la France laisse faire. Tel avait été le prix de l'alliance d'une grande nation! Mieux eût valu être seul avec sa faiblesse.

Il est vrai que la note du 8 octobre venait après la déchéance du pacha prononcée par le divan. M. Thiers se donnait donc les apparences d'un certain courage en s'opposant à une résolution déjà prise. Mais il comprenait parfaitement que ni l'Angleterre ni la Russie n'avaient intérêt à l'expulsion définitive de Méhémet-Ali, et qu'aucune des puissances ne voulait pousser les choses à l'extrême. L'abaissement de la France leur suffisait; elles n'avaient nul souci de la pousser à des colères irrésistibles. Aussi était-il évident pour tous, qu'en faisant prononcer la déchéance, les puissances alliées n'avaient eu d'autre but que de se ménager envers la France une concession facile. Le maintien du pacha devenait un gage de réconciliation, une consolation d'amour-propre donnée à la diplomatie française, et après avoir brutalement envahi la Syrie, seul but de ses efforts, la coalition semblait rendre hommage à l'énergie de Louis-Philippe, en laissant intacte l'Égypte qui devenait pour elle un embarras.

La note du 8 octobre ne demandait donc que ce qui était tacitement accordé, n'exigeait que ce qui était cédé d'avance. Les journaux anglais avaient bien raison de dire que le traité du 15 juillet avait reçu son exécution. Ils pouvaient ajouter que le gouvernement français y donnait son acquiescement.

Ces déplorables faiblesses à l'extérieur n'empêchaient point M. Thiers de se donner au dedans de grands airs belliqueux. Une ordonnance du 29 septembre portait création de dix-huit régiments nouveaux, douze d'infanterie, six de cavalerie légère. On annonçait hautement que l'effectif de l'armée serait porté à 636.000 hommes, auxquels devaient être ajoutés 300.000 hommes de garde nationale mobile. Les fortifications étaient commencées sur plusieurs points; les forts détachés surtout se construisaient avec une impatiente activité qui devenait pour l'opposition un juste sujet de méfiance. On se rappelait qu'à plusieurs reprises, Louis-Philippe avait trahi le désir d'environner la capitale de citadelles, et que toujours l'opinion publique s'était hautement prononcée contre un projet menaçant pour les libertés publiques. Les radicaux, cependant, ne voulaient pas laisser Paris à découvert; mais ils soutenaient, et beaucoup de généraux compétents avec eux, que l'enceinte continue était le meilleur système de défense contre l'ennemi, la meilleure garantie pour les citoyens. Le ministère, pour ménager en même temps les volontés royales et les ombrages du public, tenta de combiner les deux systèmes, et annonça qu'on ferait une enceinte continue flanquée de dix-huit à vingt forts détachés. Mais les travaux des forts s'exécutaient avec une merveilleuse rapidité, et ceux de l'enceinte ne recevaient pas un commencement d'exécution. Les méfiances se réveillaient, et ne semblaient que trop justifiées.

Toutes ces causes réunies multipliaient les agitations. On s'indignait de voir la France humiliée devant une insolente coalition, et le canon de Beyrouth avait fait éclater toutes les impatiences. Les premiers murmures se changeaient en frémissements de colère; les passions s'échauffaient par la compression, et l'inertie du gouvernement ne faisait qu'exciter davantages les ardeurs belliqueuses. Le chant de la *Marseillaise*, partout répété, devenait un véritable cri de guerre; et les accents de la presse démocratique, et les cris de la population exaltée accusaient les ministres de trahison et n'épargnaient pas le roi. On voyait renaître la grande ligue de 1815, la coalition menaçante, et la France dans une immense solitude; en même temps, l'Angleterre dominant sur la vaste étendue des côtes qui va d'Alexandrie à Tripoli, l'entrée de deux flottes ennemies dans la Méditerranée, les mouvements immenses de la Russie, dont les bras étreignaient à la fois l'Europe et l'Orient, maîtresse déjà de la mer Noire, un pied à Pétersbourg, un autre à Constantinople, prêt à s'emparer des deux mers avec cent mille hommes et cent vaisseaux; d'un autre côté les envahissements solides de la Prusse en Allemagne, de l'Autriche jusqu'au fond de la Sicile, enfin l'Europe entière se fortifiant pendant que la France restait prosternée et se dévorait elle-même. Ces faits, opposés aux incertitudes de la couronne, à l'incapacité bruyante du ministère, indignaient les esprits, offraient un texte éloquent aux accusations de la presse radicale, soulevaient, dans les masses populaires de redoutables agitations, et allumaient de sombres colères chez ces esprits faibles et exaltés qui s'enivrent dans la solitude, et se donnent mission de venger un pays par des actes désespérés.

Cette physionomie menaçante à l'intérieur préoccupait visiblement Louis Philippe. Mais, en conservant le ministère complice de ses faiblesses, il croyait échapper à toute responsabilité directe. « Thiers me couvre, disait-il, Thiers me couvre; » et il se rassurait en livrant son ministre à l'impopularité.

Tout restait par conséquent dans l'indécision, lorsqu'un homme obscur, un ignorant fanatique, vint précipiter le dénouement, et contraindre Louis-Philippe à prendre une résolution.

Le 15 octobre, vers six heures du soir, le roi, accompagné de la reine et de Mme Adélaïde, partait des Tuileries pour se rendre à Saint-Cloud. Les voitures suivaient le quai. Au moment où elles arrivaient à l'angle du jardin, devant le poste du Lion, les soldats de garde formèrent la haie et rendirent les honneurs militaires; Louis-Philippe s'inclinait pour saluer, lorsque, tout à coup, une forte explosion se fit entendre. La première voiture disparut au milieu d'un nuage de fumée; un coup de feu venait d'être tiré sur le roi. L'auteur de l'attentat, caché derrière le poteau d'éclairage, à douze pas environ des voitures, à droite, presque à côté du factionnaire, s'était baissé et avait dirigé son arme de bas en haut; il se releva aussitôt, et son geste parut exprimer la surprise : en effet, personne dans la voiture n'avait été atteint. A l'extérieur, un garde national à cheval, deux valets de pied avaient été légèrement touchés par des projectiles amortis sur les roues et sur les ressorts; un ouvrier tailleur de pierre était tombé, entraîné par la chute de sa scie frappée d'une balle dans la traverse supérieure.

Cependant l'assassin était resté immobile à la même place. Le sang coulait avec abondance de sa main gauche mutilée; les débris d'une carabine étaient à ses pieds; au-dessus de sa tête, le poteau d'éclairage présentait une forte entaille; l'arme dont il s'était servi avait éclaté, et le coup presque tout entier s'était retourné contre lui. La commotion qu'il en ressentit paralysa sans doute la résistance qu'il avait méditée. Car il portait encore un couteau poignard et deux pistolets chargés jusqu'à la gueule. Interrogé sur l'usage qu'il voulait faire de ces armes, il répondit : « Je les avais prises pour me défendre. »

C'était un pauvre frotteur, nommé Darmès, âgé de quarante-trois ans, né à Marseille, vivant dans l'isolement et le besoin, d'une imagination exaltée et d'une résolution peu commune.

Dans l'interrogatoire qu'on lui fit subir presque immédiatement après son arrestation, quand on lui demanda quelle était sa profession, il répondit : conspirateur. — Mais, lui dit-on, ce n'est pas une profession. — Eh bien! mettez que je vis de mon travail. — Qui a pu vous pousser à commettre un crime aussi odieux? Avez-vous des complices? — Je suis le seul complice. J'ai voulu tuer le plus grand tyran des temps anciens et modernes qui ait jamais existé. — Ne vous repentez-vous pas maintenant d'avoir conçu et exécuté une aussi abominable tentative. — Je ne me repens que de n'avoir pas réussi. — Je le tenais pourtant bien, ajoutait-il, j'étais sûr de mon coup; si la carabine ne s'était pas brisée... Je l'avais trop chargée : cinq balles... huit chevrotines.

Cependant, au milieu même de son exaltation, il se préoccupe de ses blessures; il demande avec instance un chirurgien; il s'impatiente des retards : « On aurait le temps, dit-il, de mourir avant d'être pansé. »

Bientôt les chirurgiens appelés firent un premier pansement : le lendemain, il fallut faire l'amputation de trois doigts.

L'audace de ce nouvel attentat consterna les ministres et fit surtout grande impression à la Cour. Un des membres du cabinet dit au roi : « Eh bien, sire, M. Thiers vous couvre-t-il ? » On croyait, aux Tuileries, découvrir dans cette tentative un symptôme de l'exaltation des partis extrêmes, et l'accusation s'efforçant, selon l'habitude, de convertir un attentat isolé en un vaste complot élaboré par les sociétés secrètes, Louis-Philippe se persuada qu'il lui fallait un ministère moins indulgent pour les traditions révolutionnaires, et plus décidé à faire la guerre aux passions intérieures. Le bras obscur de Darmès avait une action plus efficace que la coalition des quatre puissances.

Les craintes du roi n'étaient que trop encouragées par les journaux monarchiques, qui faisaient de l'acte de Darmès un texte de déclamations contre les fureurs des partis. Le *Journal des Débats*, renouvelant les accusations qu'il avait formulées du temps de Louvel, signalait la *faction radicale* à l'indignation des honnêtes gens, et fulminait des réquisitoires contre les écrivains de l'opposition. « Le crime du 15 octobre, disait-il, est le commentaire de leurs doctrines ; c'est le post-scriptum de leurs brochures. »

Le ministère lui-même, soit qu'il crût follement à des complicités impossibles, soit qu'il voulût apaiser les clameurs qui se faisaient autour de lui, fit retomber sur la presse ses terreurs et ses vengeances. Dans la nuit du 19 au 20 octobre, près de la moitié des commissaires étaient réunis par ordre supérieur, et, au point du jour, ils procédaient à des saisies, des perquisitions et des visites domiciliaires. Une brochure de M. Lamennais, intitulée *Le pays et le gouvernement*, fut l'objet des premières recherches. La poursuite de cet écrit avait été décidée en Conseil des ministres. M. Thiers, au sortir du Conseil, envoya M. Taschereau chez l'éditeur, M. Pagnerre, afin de l'avertir de la mesure ordonnée. Les agents de l'autorité se rendirent chez l'auteur, chez l'éditeur, et chez tous les libraires qui étaient soupçonnés d'en avoir reçu des exemplaires. Le bureau de la correspondance politique de M. Degouve-Denuncques fut fouillé, puis son domicile particulier. Quelques heures après, la maison de M. Pagnerre était envahie une seconde fois. La police s'emparait de neuf cents exemplaires de l'*Almanach démocratique*, qui circulait depuis trois semaines. Cette seconde expédition ne suffit pas : on courut chez d'autres éditeurs saisir l'*Organisation du travail*, par M. Louis Blanc, qui avait déjà été publiée dans la *Revue du Progrès*, et *La vérité et le parti démocratique*, par M. Thoré, brochure qui avait plus de trois mois d'existence.

Pendant que l'on envahissait brutalement la demeure des citoyens, le conseil de préfecture frappait des officiers de la garde nationale qui avaient commis le crime d'aller protester devant le ministre de l'intérieur contre les faiblesses du gouvernement en face de la coalition. MM. Vallé, Lesseré, Recurt, capitaines ; Dupoty, Schumacker, lieutenants ; Garrault, sous-lieutenant de la garde nationale de Paris, et Périn, capitaine de la garde nationale de la banlieue, étaient suspendus pendant deux mois. Le ministère, à l'agonie, croyait trouver grâce par des mesures inintelligentes.

Mais ses jours étaient comptés, et le roi voulait être *couvert* par de plus solides boucliers.

Dans le même temps, les puissances étrangères redoublaient d'insolences. Déjà les rois de Hanovre et de Prusse avaient défendu l'exportation des chevaux ; c'était logique : l'un était depuis longtemps ennemi avoué de la France, l'autre était dans la coalition. Mais les États secondaires de la Confédération germanique, étrangers à la querelle, et que leur faiblesse aurait dû rendre prudents, le Wurtemberg, la Bavière, Hesse-Darmstadt et Bade, publiaient hautement les mêmes défenses. Et pourtant, un mois auparavant, on lisait dans le *Courrier français*, rédigé par M. Léon Faucher, qui recevait les confidences de M. Thiers : « Les gouvernements de l'Allemagne n'ont aucun intérêt à provoquer la France. Cependant, s'ils interdisaient l'exportation des chevaux que nous avons achetés sur la foi des traités et de la législation en vigueur de l'autre côté du Rhin, ils feraient un acte d'hostilité à notre égard. *Cette mesure équivaudrait à une déclaration de guerre.* »

Plusieurs feuilles allemandes avaient reproduit la note menaçante du journal ministériel, et cependant, aucun de ces faibles États ne fut arrêté par le *casus belli*. A quel degré d'abaissement se trouvait la France entre les mains de M. Thiers, pour qu'un souverain comme le grand-duc de Bade pût lui jeter un impérieux défi avec la certitude de l'impunité !

Le cabinet britannique triomphait, et ses organes avoués se montraient tous les jours plus agressifs. M. Thiers, dans une note qui suivit le mémorandum du 8 octobre, avait posé les questions suivantes :

1° Que fera le gouvernement anglais relativement à la déchéance de Méhémet-Ali, prononcée récemment par la Porte ?

2° Quelles sont ses intentions eu égard à l'attaque dont Alexandrie est menacée, et à la destruction de la flotte turque dans le port de cette même ville ?

3° Quelles sont les conditions que l'Angleterre se propose d'accorder à Méhémet-Ali ?

Selon le *Morning-Herald*, lord Palmerston avait répondu ainsi qu'il suit :

« 1° Relativement à la déchéance de Méhémet-Ali. — La détermination du gouvernement anglais dépendra du degré de résistance que le vice-roi opposera à l'exécution du traité.

2° Relativement à l'attaque d'Alexandrie et de la flotte turque. — La détermination du gouvernement anglais dépendra de l'usage que Méhémet-Ali fera de la flotte turque, et de la nature des armements faits dans le port d'Alexandrie.

3° En ce qui concerne les conditions à accorder à Méhémet-Ali. — Elles dépendront en grande partie de sa promptitude à se soumettre au traité du 15 juillet. »

Il était difficile, assurément, de traiter d'une manière plus cavalière le ministre d'une grande puissance, et il fallait que M. Thiers fût terriblement compromis aux yeux de tous, pour qu'à ses demandes officielles on ne fît pas d'autres réponse que ces mots : « Nous verrons. » Il est vrai que les concessions successives de M. Thiers, après ses belliqueuses forfanteries, donnaient le droit de tout oser ; il est vrai que les intrigues dirigées par l'ambassade française contre le cabinet whig autorisaient lord Palmerston à ne pas user de ménagements. Mais c'était la France qu'on insultait dans la personne de M. Thiers, et le pays s'indignait, à bon droit, de se voir si mal représenté, tandis que la couronne, de son côté, s'effrayait de se voir si mal protégée.

Le ministère du 1er Mars ne répondait plus à aucun sentiment, à aucune espérance, à aucun besoin. Il s'était installé aux dépens de la royauté vaincue et abaissée, il s'était maintenu aux dépens de la gauche dynastique amoindrie et mystifiée ; il ne vivait plus qu'aux dépens de la dignité nationale tous les jours outragée. Abandonné de tous, il ne rencontrait plus un seul point d'appui. Les amis de la paix lui reprochaient ses témérités, les partisans de la guerre accusaient ses faiblesses. Et ces reproches contraires étaient également fondés. Car, de même que tous les impuissants, il avait été fanfaron et débile, provoquant les dangers et fuyant devant eux, et après tant de mouvements et d'efforts, d'intrigues et de bruit, il n'avait abouti à rien, qu'à se rendre impossible.

Cependant, avant de quitter le ministère, M. Thiers voulut offrir à la paix européenne un dernier gage, à la France un dernier affront. La flotte française, reléguée à Salamine, ne semblait pas assez protégée contre son propre courage. La flotte égyptienne, forçant le port d'Alexandrie, pouvait venir se mettre sous la protection du pavillon tricolore ; les Anglais, poursuivant leur proie, pouvaient se présenter pour la saisir jusque sous le canon de nos vaisseaux. Alors la paix était compromise, car le dernier de nos matelots se serait soulevé contre cette sanglante injure. Déjà, dans la prévision de cet événement, M. Thiers avait insinué au pacha de ne pas soustraire sa flotte au blocus des alliés. Mais on se méfiait encore de l'incommode opiniâtreté de ce vieillard. Pour ôter toutes chances à un coup de tête, M. Thiers jugea prudent de rappeler la flotte en France. Le 25 octobre, un bateau à vapeur, expédié de Marseille, lui apportait l'ordre de rentrer immédiatement à Toulon. Et M. Thiers osa dire à la Chambre que c'était pour avoir la flotte au bout du télégraphe, et la Chambre écouta sans indignation cette incroyable plaisanterie!

Louis-Philippe, néanmoins, sentait toutes les difficultés d'un changement au milieu de la crise européenne. Homme d'habitude et ennemi de l'inconnu, il redoutait les nouveaux visages; s'accoutumant avec facilité avec bienveillance même aux faiblesses de ceux qui l'entouraient, il était peu soucieux de faire des expériences sur des caractères incertains, et quoique assez embarrassé des difficultés du moment, elles étaient, du moins, connues, et il craignait d'en voir surgir d'autres qu'il n'aurait pas prévues.

L'impopularité, d'ailleurs, de ses ministres l'aurait peu touché, si la royauté elle-même ne se fût trouvée démasquée par leur faiblesse. Dans sa pensée, les passions intérieures avaient besoin d'être mieux contenues, et l'attentat de Darmès décidait la question.

Toutefois, on n'osait avouer publiquement qu'un représentant aussi obscur des haines révolutionnaires eût quelque influence sur un changement de cabinet. Il fut donc convenu entre le roi et les ministres que le motif avoué de la séparation serait une phrase de l'adresse, introduite par M. Thiers, repoussée par Louis-Philippe. Le public crut au prétexte, et tous les journaux annoncèrent que le ministère se retirait parce qu'il avait voulu que le discours d'ouverture ne fût pas en désaccord avec les mesures militaires dont on avait fait tant de bruit. Les journaux étrangers répétèrent la même version. On lisait dans le *Morning-Chronicle* : « Le roi Louis-Philippe a refusé d'agréer le paragraphe du discours d'ouverture des Chambres dans lequel M. Thiers demandait une levée de cent cinquante mille hommes. Il paraît que les États de la confédération germanique avaient fait d'énergiques représentations contre une augmentation de l'armée française, attendu qu'elle aurait pour résultat inévitable non de régler la question d'Orient, mais de troubler la paix européenne. C'est ce qui explique la résistance du roi. »

C'était, d'ailleurs, assez vraisemblable, et les embarras extérieurs qui seuls n'eussent peut-être pas amené une crise ministérielle, devenaient cependant assez inquiétants pour être un argument de plus.

Ce qui avait surtout maintenu M. Thiers, c'est que le roi n'avait aucune idée bien arrêtée sur le choix d'un successeur. M. Molé, qu'il aurait préféré, ne semblait pas possible; M. Guizot, que certains ministres sortants désignaient eux-mêmes, n'avait pas ses sympathies. Le rôle important joué par lui dans la première coalition, ses discours agressifs, ses hautaines théories sur la prérogative parlementaire avaient laissé à la Cour de profonds et amers souvenirs. Louis-Philippe, d'ailleurs, lui pardonnait difficilement cette incroyable confiance en lui-même qui l'avait rendu si facilement dupe de lord Palmerston. Les mystifications du 15 juillet pesaient lourdement sur l'ambassadeur, qui, loin de prévoir le danger, avait mis tous ses efforts à le nier. Louis-Philippe ne parlait qu'avec aigreur de l'incapacité dont M. Guizot avait fait preuve à Londres. Ce qui le recommandait, cependant, aux yeux de la Cour, c'est qu'il se montrait le partisan avoué des compressions intérieures. Mais il y avait à côté de lui un homme non moins ferme et moins imprudent, ayant conservé auprès du roi une haute influence, souvent consulté par les ministres, et dirigeant, en ce moment,

Ils s'en allèrent tous à pied. (Page 171, col. 2.)

par d'officieuses instructions, l'ambassadeur de Londres. C'était le duc de Broglie. Avec son autorité dans la Chambre haute, sa connaissance des affaires, son esprit tempéré, quoique hautain, son crédit auprès de l'aristocratie anglaise, le roi le jugeait propre à conjurer les difficultés de la situation. Il fut mandé au château dans la matinée du 22 octobre. Cependant il se montra d'abord peu empressé de recueillir l'héritage ministériel, laissant même entendre des conseils de prudence, qui ressemblaient presque à un blâme. Il représentait tout le danger qu'offrait une crise ministérielle à la veille de l'ouverture des Chambres; il ajoutait qu'au milieu de la juste susceptibilité de la France menacée par l'étranger, il y avait quelque chose de bien hardi à se déclarer en dissentiment avec un cabinet auquel beaucoup de voix reprochaient déjà sa faiblesse. Enfin, traitant la question au point de vue constitutionnel, il faisait pressentir que la Chambre élective pourrait se montrer blessée en voyant la couronne user d'un droit rigoureux pour renverser de son chef un ministère auquel s'étaient associées d'imposantes majorités; que l'on rouvrirait l'arène aux discussions sur le gouvernement personnel, et que le renvoi du 1er Mars était très périlleux pour le présent, très compromettant pour l'avenir.

Ces conseils furent peu goûtés, et le maréchal Soult, arrivé depuis peu de jours à Paris, fut mandé à son tour. Le vétéran de l'empire se sentit moins effrayé du fardeau; mais il fallait auprès de lui un fort lutteur parlementaire; le nom de M. Guizot fut discuté de nouveau; les ministres du 1er Mars avaient assez de reproches à lui faire pour

22. — E. REGNAULT.

qu'on n'eût pas de craintes de le voir s'associer à leur fortune. On osa compter sur lui. Le roi fit céder ses répugnances personnelles à la nécessité d'avoir un orateur. Une dépêche télégraphique avertit M. Guizot de ce singulier châtiment de son inaction diplomatique. Il était appelé aux affaires étrangères ; les autres ministres étaient empruntés au cabinet du 12 mai.

On ne savait cependant si M. Guizot accepterait. Fonctionnaire important du cabinet sacrifié, il semblait à beaucoup de monde avoir partagé ses fautes et devoir partager sa chute, et de longues discussions s'établissaient sur les incertitudes de sa coopération. M. Duchâtel, ministre désigné de l'intérieur, affirmait qu'il prendrait le portefeuille ; M. de Broglie, plus chevaleresque, soutenait le contraire. La réponse de M. Guizot fut prompte et décisive : il acceptait.

Étrange issue d'une détestable position ! L'ambassadeur qui n'avait la confiance ni du roi ni des ministres, avait le bénéfice de ses propres fautes et prenait la place de ceux qu'il avait contribué à perdre. On en vint naturellement à conclure que sa conduite avait été calculée, et que volontairement il avait tendu un piège à ceux qui l'employaient, pour faire son profit de leur mésaventure. C'était là du moins l'apparente logique de sa nomination. Il n'en était rien pourtant : M. Guizot n'avait pas cherché à tromper ; mais il avait été la première dupe de ses illusions, et avait communiqué ses aveuglements à M. Thiers. Il est vrai qu'il ne faisait preuve ni de zèle ni de bonne volonté. Adversaire de l'alliance anglaise, ennemi de lord Palmerston, il ne faisait rien pour adoucir les méfiances ou dissiper les soupçons. Il n'allait pas jusqu'à contrarier la politique du ministère, mais il ne la soutenait pas : conservant une attitude passive, transmettant à M. Thiers les paroles de lord Palmerston, à lord Palmerston celles de M. Thiers, sans commentaires, sans développements, sans rien de ce qui pouvait indiquer une opinion personnelle, et faisant tellement abnégation de toute initiative, qu'aux Tuileries on disait que l'ambassade de Londres n'était qu'une *boîte aux lettres.*

Toutefois, en voyant M. Guizot porté tout à coup au ministère des affaires étrangères, le public crut et dut croire que ce poste n'était que la récompense d'une profonde rouerie ; les hommes sans passion s'étonnaient de voir présider aux affaires un fonctionnaire qui avait incontestablement été dupe ou complice de lord Palmerston ; moins scrupuleux, les partis royalistes se réjouissaient plus ou moins, selon leurs diverses nuances : les doctrinaires, exaltés et triomphants ; les conservateurs, heureux d'être débarrassés de M. Thiers, mécontents de n'avoir pas M. Molé ; les familiers du château, réservés ou méfiants, et plus opiniâtres que le roi dans les rancunes soulevées par M. Guizot. On avait dans ces régions soigneusement retenu les paroles du *Journal des Débats* : « Nous vous rendrons peut-être notre appui, jamais notre estime. » Quant aux radicaux, ils ne se dissimulaient pas que M. Guizot serait pour eux un adversaire plus décidé que M. Thiers ; ils accueillirent donc sa nomination comme le signal de luttes nouvelles à l'intérieur, de nouvelles concessions à l'extérieur, et signalèrent hautement leurs répugnances en donnant au cabinet nouveau le titre de ministère de l'étranger.

Une fois obtenue l'adhésion de M. Guizot, les autres collègues furent faciles à trouver. C'étaient pour la plupart d'anciens ministres tombés, restés opiniâtrement au seuil du pouvoir, attendant qu'on leur fît passage ; candidats en vertu de leur chute, et présentant pour titres leurs vieux mécomptes.

Voici la composition de ce cabinet du 29 Octobre, qui devait ensevelir la monarchie :

Le maréchal Soult, président du Conseil, ministre de la guerre ;

M. Guizot, des affaires étrangères ;

M. Duchâtel, de l'intérieur ;

M. Martin (du Nord), de la justice ;

M. Duperré, de la marine ;

M. Humann, des finances ;

M. Cunin-Gridaine, du commerce ;

M. Teste, des travaux publics ;

M. Villemain, de l'instruction publique.

D'autres ministres du 12 Mai, MM. Dufaure et Passy, avaient reçu des offres de M. Guizot. Mais ils le trouvaient tellement incertain sur la conduite à tenir dans la question d'Orient, sans aucun plan arrêté, sans aucune combinaison d'avenir, qu'ils ne voulurent pas s'associer à une politique de hasard. Ils se rappelaient que M. Guizot, sous le ministère du 11 Octobre, pressé de se prononcer entre M. Thiers, qui demandait l'intervention en Espagne, et le roi, qui s'y refusait, répondit gravement : « L'une et l'autre conduite se peut tenir. » Sur la question d'Orient, il ne répondait rien de plus précis. On comprend combien ses indécisions étaient peu rassurantes pour des hommes sérieux.

MM. Dufaure et Passy, d'ailleurs, n'étaient pas suffisamment disposés à sacrifier les libertés intérieures, et sur cette question spéciale, ils trouvaient M. Guizot trop résolument prononcé. D'autres se montraient plus traitables, et le cabinet du 1ᵉʳ Mars put enfin prendre son congé.

Ce fut le 28 Octobre au soir que se tint à Saint-Cloud le dernier conseil, ou plutôt la conférence d'adieu. Louis-Philippe, nous l'avons dit, renonçait difficilement à ses habitudes ; et ses regrets s'exprimèrent en termes affectueux et touchants qui firent venir les larmes aux yeux de tous. M. Thiers, attendri, se répandit en protestations de dévouement, assurant même qu'il était prêt à se vouer à la défense du nouveau ministère. Le roi lui répondit d'un ton solennel : « Je ne doute pas de la sincérité de vos assurances, mais vous vous engagez à une chose impossible. En face de votre ambassadeur ayant pris votre place, vous ne pourrez contenir vos ressentiments. Il y a là un rôle populaire qui vous séduira ; vous allez nécessairement rentrer dans l'opposition. »

La conférence se poursuivit en longues et bienveillantes causeries où Louis Philippe se plaisait parce qu'il y excellait, donnant à chacun sa part de consolation et d'éloge. Il était une heure du matin lorsqu'on se sépara.

A peine descendus dans la cour du château, les ministres congédiés éprouvèrent ce vif sentiment de joyeuse liberté que l'on ressent à la sortie d'une position difficile. M. Thiers surtout, dégagé de l'immense fardeau qui l'écrasait, témoignait avec volubilité les premières joies de la délivrance, heureux, en ce moment, de rejeter sur un autre les périls de la situation. « Ma foi, disait-il, Guizot s'en tirera comme il pourra. »

Ses collègues ne se sentaient pas moins soulagés que lui, et ils étaient si empressés de prendre possession de leur liberté, que, malgré l'heure avancée de la nuit, ils s'en allèrent tous à pied, suivis de leurs voitures, et traversèrent gaiement le bois de Boulogne, reconduisant M. Thiers à sa campagne d'Auteuil.

Ainsi disparut le ministère du 1ᵉʳ Mars, créé par une victoire parlementaire et livrant à la couronne l'opposition qui l'avait vaincue, né du principe de l'alliance anglaise, et perdant cette alliance par de vaines ruses et de déplorables aveuglements, constamment en contradiction avec lui-même, ayant humilié la royauté pour parvenir, et s'humiliant devant elle pour se faire pardonner, se présentant aux partis comme une grande réforme, et repoussant systématiquement la réforme la plus inoffensive, niant lui-même sa raison d'être, en n'allant pas au delà de ceux qu'il avait remplacés ; à l'extérieur, imprudent et humble, ne sachant ni se concerter avec les puissances, ni rompre avec elles, appelant les hostilités par ses étourderies et croyant les éloigner par du bruit, créant durant la paix toutes les dépenses de la guerre, et tenant tout en suspens, et la paix et la guerre, laissant les finances obérées, les ressources compromises, le Parlement inquiet, les populations mécontentes, le commerce dans les alarmes, les étrangers dans la méfiance et la royauté dans l'embarras. Tel fut le programme et le bilan de sa chute, sans aucune compensation qui pût lui mériter une indulgence ou un souvenir. Sur un seul point, cependant, nous devons l'avouer, il remporta une victoire complète. Il annula complètement, il étouffa dans son alliance l'opposition dynastique; il la contraignit à le suivre, à lui obéir, à n'être plus rien par elle-même; il compromit pour plusieurs années toute l'influence des paroles, toute l'autorité des discours du vieux libéralisme. Jamais abnégation ne fut plus marquée, jamais mystification ne fut plus complète. En abdiquant aux genoux de M. Thiers, l'opposition dynastique ne pouvait plus engager de luttes sérieuses avec le nouveau ministère, et les Tuileries pouvaient braver à l'avenir des adversaires d'aussi facile composition. Assurément, si M. Thiers avait eu mission expresse du roi de réduire à l'impuissance cette opposition querelleuse qui affichait le dogme de la royauté, sans en pratiquer le culte, et l'admettait dans son principe en disputant sans cesse sur les conséquences, qui l'insultait en l'invoquant et l'affaiblissait en l'adorant, il eût fait preuve d'une incontestable habileté. En cela du moins il eût pu se glorifier d'avoir pleinement réussi. Car c'est le seul résultat important de son ministère, le seul acte de haute politique que puisse invoquer le cabinet du 1ᵉʳ Mars.

XII

Intervention de l'Angleterre dans les troubles d'Espagne. — Dernières luttes et défaite des carlistes — Caractère d'Espartero. — Linage. — Son influence sur le général. — Question des ayuntamientos. — Loi municipale votée par les cortès. — Mécontentements populaires. — Les reines se rendent à Barcelone. — Espartero va à leur rencontre. — Il demande à la régente de refuser sa sanction à la loi. — Sa demande est repoussée. — Espartero fait avancer ses troupes. — La reine sanctionne la loi. — Proposition de quelques généraux pour arrêter Espartero. — Faiblesse de Marie-Christine. — Soulèvement de Barcelone. — Changement de ministère. — Les reines se retirent à Valence. — Révolution de Valence. — Abdication de Marie-Christine.

Aux échecs que subissait à l'extérieur le cabinet du 1ᵉʳ Mars, il faut ajouter les mésaventures de la régente d'Espagne et l'affaiblissement de l'influence française dans la Péninsule.

Les événements que nous avons à raconter tiennent à tant de causes différentes, que nous avons besoin de quelques explications préliminaires.

Un fait néanmoins domine tous les autres : c'est l'intervention active de la diplomatie anglaise dans tous les troubles. Soit qu'ils naissent de l'esprit révolutionnaire ou progressiste, soit qu'ils prennent leur origine dans la susceptibilité ombrageuse des municipalités, soit qu'ils proviennent de la vanité ambitieuse d'Espartero, l'Angleterre s'empare avec habileté de tous les éléments, les fait agir tour à tour, souvent ensemble, accordant ainsi les contraires, et trouvant le moyen de donner aux idées les plus opposées une direction commune qui doit conduire à une seule fin, le triomphe de ses intérêts personnels.

Depuis longtemps déjà l'Angleterre surveillait d'un œil jaloux les progrès de l'industrie catalane, qui faisait concurrence à ses produits; depuis longtemps elle poursuivait de ses ardentes sollicitations le cabinet de Madrid, afin d'en obtenir un traité de commerce qui devait lui livrer tous les marchés de la Péninsule, anéantir les concurrents de Barcelone et lui assurer en Espagne la même suzeraineté commerciale que lui donnait en Portugal le traité de Méthuen. Mais la régence n'avait jamais voulu écouter les propositions intéressées des agents britanniques, et l'appui qu'elle trouvait aux Tuileries donnait à ses refus un caractère de constance et d'énergie. Désespérant désormais de vaincre une résistance opiniâtre, le cabinet de Saint-James ne s'attacha plus qu'à renverser les obstacles qui s'opposaient à ses projets. Ces obstacles étaient en première ligne l'influence française en Espagne et la régente Marie-Christine. Dès lors, tous les mécontentements, toutes les ambitions rencontrèrent des auxiliaires dans les agents britanniques, assez habiles d'ailleurs pour tirer parti des justes sujets de plaintes. C'est ainsi que les amis sincères du progrès, les véritables patriotes, qui voulaient arracher l'Espagne à son immobilité séculaire, étaient aussi bien accueillis que les ambitieux et les intrigants qui ne travaillaient qu'à leur propre fortune. Il fallait à l'Angleterre un bouleversement, n'importe dans quel sens politique, pourvu que des chances fussent ouvertes à ses appétits commerciaux.

Si don Carlos lui-même eût un peu rétabli sa fortune, on n'eût pas hésité sans doute à lui faire quelques propositions ; mais ses affaires étaient désespérées. Dès le mois de janvier, le général Espartero, chargé du triple commandement des armées du nord, d'Aragon et de Catalogne, portait de rudes coups aux chefs carlistes, incapables de résister à une habile concentration de forces. Toute la puissance de Cabrera s'appuyait sur la possession de quelques places fortes, en particulier de Ségura, Castellote, Cantavieja et Morella. Ségura, assiégée le 22 février, ne tint pas au delà de quatre jours ; la prise de cette ville chassait les carlistes du Bas-Aragon ; Castellote capitula le 26 mars ; le fort de Villaluengo tombait entre les mains d'Ayerbe le 8 avril ; enfin, le 10 du même mois, Diégo Léon s'emparait de Penarroya. Quelques jours après, le brigadier Zurbano mettait en pleine déroute, à Benik, le 1er bataillon d'Aragon ; à Muel, Ayerbe battait le 5e bataillon de Valence, et le général O'Donnel entrait, le 12 mai, dans Cantavieja.

La prise de Morella porta le dernier coup à la puissance de Cabrera. Poussé de retraite

Espartero, duc de la Victoire.
(1792-1876.)

en retraite jusqu'à Berga, où il ne put se maintenir, ce hardi aventurier avait enfin désespéré d'une cause à laquelle il devait sa célébrité. Le 7 juillet, il se réfugia en France avec les derniers débris de la faction d'Aragon, comptant encore 8,000 hommes.

Quelques jours avant, le 28 juin, un autre chef fameux Balmaseda, battu et poursuivi par le général Concha, avait aussi pris refuge sur notre territoire. Enfin, Palacios, battu sur les hauteurs de las Hormedillas par le même général Concha, entraînait avec lui les derniers restes d'une faction agonisante. Don Carlos ne comptait plus un seul défenseur sérieux. Ce n'était pas de ce côté que les Anglais pouvaient tenter une diversion.

Mais il y avait sous leur main le général victorieux, qui devenait par ses succès mêmes un puissant instrument d'intrigue ; et le caractère de ce personnage était parfaitement adapté au rôle qu'on lui destinait. Ambitieux sans initiative, mais prêt à tout accepter dans les occasions offertes à son ambition, ne mettant la main sur rien, mais prenant volontiers de la main des autres, vain et médiocre, envieux et irrésolu, sans volonté, sans portée politique, sans talents militaires, il était cependant devenu le premier homme de l'État, le premier pouvoir, le seul pouvoir. Et pour cela, il n'avait eu qu'à se laisser faire, à se regarder tout doucement porter sur les hauteurs où le poussaient toutes les ambitions subalternes qui voulaient l'exploiter, toutes les passions jalouses qui voulaient se faire un appui de son nom. Chacun lui avait fait des concessions ; tous les pouvoirs semblaient abdiquer devant lui : royauté, ministres, parlement ; de sorte que, par l'abnégation de toutes les autres volontés, sans efforts de sa part, il était parvenu à ce degré suprême de puissance que le génie n'atteint qu'après des luttes héroïques. Environné d'hommages, il devait naturellement les croire mérités ; quand tous s'abaissaient devant lui, il devait se croire plus grand que tous, et, l'exagération des mots répondant à l'exagération des choses, pour avoir triomphé de quelques bandes en guenilles et pris quelques bicoques avec une armée considérable, il avait accepté, sans conscience du ridicule, le titre emphatique de duc de la Victoire. Un tel homme, dans une telle situation, était un admirable instrument pour la diplomatie britannique.

Il y avait chez lui, toutefois, une vanité trop prononcée pour se faire volontairement l'intermédiaire d'une intrigue au profit d'autrui. Aussi les agents anglais se gardèrent-ils bien d'agir directement sur lui.

Mais auprès d'Espartero se trouvait un homme moins fait aux vains scrupules, et d'autant plus facile à la séduction, que de récentes blessures faites à son amour-propre l'exaltaient d'une haine furieuse contre la France et les Français. Cet homme était le général Linage, aide de camp d'Espartero, son favori, son conseil, son dominateur. Le Cabinet du 12 mai avait, par un sentiment de courtoisie, fait offre au duc de la Victoire de six croix de la Légion d'honneur pour ceux de ses officiers qu'il désignerait. Sur la liste présentée par Espartero figurait nécessairement le nom de Linage. Mais pendant que s'échangeaient les correspondances, Linage avait publié une brochure contenant des attaques contre le gouvernement de la reine. Le retentissement qu'eut en Espagne cette publication fit penser au ministère français qu'il ne serait pas dans les convenances d'offrir une récompense publique à l'officier qui venait de blesser la régente. Le nom de Linage ne fut pas compris dans les promotions ; il en conçut un profond ressentiment, et le duc, épousant avec ardeur les colères de son favori, montra dès lors, dans tous ses rapports avec la France, une aigreur mal dissimulée.

Linage, en effet, avait pris sur son général un tel ascendant que dans l'opinion de tous, sa cause et sa personne se confondaient et s'identifiaient avec la cause et la personne d'Espartero. Celui-ci, de son côté, comme tous les gens faibles qui ont fait une position à un favori, s'imaginait que sa propre gloire était associée à la grandeur de son aide de camp, de son élève. Il en était résulté pour Linage un immense accroissement d'influence, et bientôt son action sur les hommes et sur les choses n'eut aucune limite ; il devint la source de toutes les faveurs. Cette domination d'un seul eut ses conséquences naturelles. Chacun voyant qu'on ne pouvait rien obtenir, rien espérer sans avoir les bonnes grâces du favori, se déterminait à sacrifier ses répugnances et ses opinions à ses intérêts et à son ambition. Linage eut sa cour, cour obséquieuse, empressée, où tout le monde se conformait à son langage et à ses manières, renchérissait sur ses sentiments, ses sympathies et ses préventions.

Or, ce qui dominait en ce moment chez lui, était la haine de la France; il en résultait que tout autour de lui se montrait animé des mêmes ressentiments. Outrager la France était une manière de faire sa cour, et le quartier général d'Espartero était un centre de vaines bravades et de ridicules menaces contre le gouvernement français. Malheureusement, pour des raisons plus sérieuses, et à bien plus juste titre, les partisans des libertés publiques se méfiaient aussi du Cabinet des Tuileries, qu'ils considéraient comme l'appui de la régente dans ses mesures antilibérales, de sorte que le parti progressiste, associant ses entreprises à celles de Linage, donnait aux intrigues de celui-ci un caractère plus digne et une portée politique qui était loin de sa pensée.

Ajoutons, en outre, que d'après les rumeurs populaires, les agents anglais, non contents des ressources que leur offrait la vanité indignée du favori, ne se seraient pas fait faute de récompenser sa coopération à prix d'argent.

Telle était la situation des choses lorsque les cortès présentèrent à la sanction de la reine régente la loi sur les municipalités (ayuntamientos).

Les questions soulevées par cette loi étaient de celles qui, depuis trois siècles, en Espagne, sont au fond de toutes les guerres civiles. Don Carlos lui-même n'avait formé une armée qu'en faisant appel à l'esprit municipal, et la défense des fueros tenait dans les dernières luttes une place bien plus importante que les principes de la légitimité royale.

Le triomphe définitif obtenu sur le carlisme par les armes, n'était donc au fond que l'anéantissement des libertés provinciales; on voulait compléter le triomphe par les lois. C'était une seconde phase de la guerre civile; mais tandis qu'elle s'était concentrée jusqu'alors dans quelques petites provinces du nord, on l'appelait imprudemment sur toute la surface du territoire.

La loi nouvelle des cortès touchait à ce qu'il y a de plus intime, de plus cher, de plus glorieux dans les souvenirs et dans l'existence du peuple espagnol, qui se vante d'avoir précédé de plus d'un siècle la France et même l'Italie dans l'organisation libre des communes; et, en effet, le *fuero* municipal de Léon, décrété par Alphonse V, avec l'agrément des cortès, remonte aux premières années du xie siècle.

Dès cette époque, l'institution communale se développa et s'étendit par degrés d'un bout à l'autre de la Péninsule, favorisée par les rois, qui s'en faisaient un appui contre la puissance rivale et souvent factieuse des hidalgos ou *ricos-hombres*, et contre les usurpations traditionnelles du clergé.

L'institution communale faisait de chaque municipe une espèce de république indépendante, vivant de ses propres lois, sous le patronage plutôt que sous l'autorité du roi, qui n'était, pour ainsi dire, que la tête de tous ces corps séparés, le lien central qui les unissait les uns aux autres.

L'administration civile et judiciaire était entre les mains des autorités locales; mais les intérêts généraux de la nation se débattaient au sein des cortès à qui seules appartenait le droit de les discuter et de les fixer. Les ayuntamientos y envoyaient leurs députés ou procurateurs, qui souvent s'y distinguèrent par l'indépendance et la fierté de leur langage.

Cette institution vivace est tellement conforme aux mœurs et au génie national, qu'elle a traversé le moyen âge tout entier presque sans altération, et résisté victorieusement à toutes les tentatives dirigées contre elle.

Plus d'une fois la nation entière avait dû son indépendance aux efforts généreux de ces puissances locales. Dans tous les temps de crise, la monarchie s'adressait à elles, et jamais en vain, lorsqu'il s'agissait du bien général. C'est ainsi que les municipalités contribuèrent puissamment à l'expulsion des Maures; c'est ainsi qu'en 1808, les cortès réunis à Cadix leur firent appel, et retrouvèrent en elles toute la force qu'avaient perdue par degrés les différents corps politiques. Pendant que les représentants de la monarchie s'abaissaient lâchement devant le vainqueur, les communes soulevées assuraient l'indépendance de la patrie. Les municipalités, en effet, constituaient la vraie nation, la nation vivante et dévouée. Aussi la constitution de 1812 leur fit-elle une large part; elle n'introduisait cependant aucune innovation, elle consacrait le droit, le régularisait et le fortifiait.

Pour mieux faire comprendre les agitations de la Péninsule en 1840, nous devons faire connaître les principales dispositions du titre qui concerne les municipalités.

Était électeur municipal et éligible tout citoyen de 25 ans, domicilié dans la ville depuis au moins cinq ans.

Aucun employé public nommé par le roi ne pouvait être élu alcade, régidor ni procureur-syndic.

Les alcades (maires) changeaient tous les ans; les régidors étaient renouvelés par moitié chaque année; les procureurs-syndics suivaient les mêmes règles.

Le Conseil nommait lui-même un secrétaire payé par la commune.

Les assemblées municipales pourvoyaient à la police et à l'hygiène intérieure, à la sûreté des personnes et des propriétés; elles veillaient sur les maisons d'éducation et de charité publiques; elles étaient chargées de la construction et de l'entretien des ponts et chaussées, des prisons, et en général de tous les établissements de la communauté; elles administraient souverainement les fonds communaux, les octrois, en faisaient la répartition, le recouvrement, et dressaient des ordonnances qu'elles présentaient à l'approbation des cortès par l'entremise des députations provinciales.

Ces députations, qui étaient comme des municipalités supérieures, étaient élues comme les conseils de ville; mais elles avaient de plus qu'eux le droit de proposer l'établissement des impôts communaux, d'éveiller l'attention du chef de l'État sur les abus financiers, et de faire connaître directement aux cortès les atteintes portées à la constitution.

Cette organisation démocratique, qui avait relevé le trône de Ferdinand, fut cependant annulée par ce roi follement parjure. Rétablies en 1820, les municipalités furent renversées par un parjure nouveau. En 1836, elles reprirent une existence régulière, pour être encore suspendues en 1837. Toutefois, durant tout cet intervalle, soit que leurs fonctions fussent en activité ou interrompues, la nation entière les considérait comme la base des institutions publiques, n'acceptant les suspensions que comme des faits de violence, et faisant toujours ses réserves pour un droit imprescriptible. C'était alors, c'est encore aujourd'hui le fond de toute la politique révolutionnaire en Espagne. Sur cette question, aucune transaction n'est admise; il peut y avoir des trêves, mais la guerre est toujours imminente.

La charte de 1837 n'avait rien statué à l'égard des municipalités. Seulement, elle déclarait que leur organisation et leurs attributions feraient l'objet d'une loi spéciale. C'est cette loi, qu'après trois ans d'attente, le ministère Perez de Castro venait de faire adopter par les cortès, après une discussion longue et orageuse que la population tout entière avait suivie avec un intérêt passionné.

Signalons les principales différences qui existaient entre l'ancienne et la nouvelle loi :

Au suffrage populaire est substitué le suffrage pécuniaire; pour être électeur municipal, il faut payer un cens proportionné à la population de la commune; quant aux éligibles, le cercle en est restreint aux plus imposés.

Plus d'incompatibilité comme autrefois entre les fonctions municipales et les emplois salariés.

Les assemblées, libres autrefois, sont soumises au contrôle direct du gouvernement, qui peut, sur l'avis du chef politique (préfet), les dissoudre et en destituer les membres à son gré.

Espartero fit son entrée à Barcelone... (Page 178, col. 2.)

Le droit de faire des représentations au chef de l'État et de dénoncer aux cortès les violations de la Constitution est aboli; et pour disposer des deniers communaux, il faut une autorisation préalable du gouvernement.

En résumé, diminution du nombre des électeurs, introduction du cens, amalgame des fonctions municipales et des emplois salariés, intervention oppressive du pouvoir, tels étaient les principes de la nouvelle loi; en d'autres termes, violation du vieux droit populaire, affaiblissement du pouvoir démocratique au profit de la royauté, défi audacieux jeté aux sentiments les plus opiniâtres de la nation.

Lorsque les cortès eurent adopté la loi, de sourdes rumeurs coururent dans les provinces. Cependant, pour lui donner de l'empire, il fallait encore la sanction royale; et de naïves espérances faisaient lever les yeux vers le trône. C'était demander à la régente la condamnation du ministère et d'elle-même. Car la loi était à ses yeux le triomphe du régime constitutionnel en Espagne, et les conseils des Tuileries n'avaient pas peu contribué à la rendre opiniâtre dans cette pensée. Elle était donc résolue à sanctionner; mais, bien convaincue qu'elle aurait à lutter contre de formidables répulsions, elle voulut, avant de signer le décret royal, s'environner de l'armée et faire taire toute pensée de résistance à l'aspect des preuves de dévouement que lui donneraient ses troupes.

Prétextant, en conséquence, un voyage de santé pour la reine sa fille, à laquelle les médecins auraient prescrit les bains de mer, elle partit avec elle pour Barcelone, où elle fit son entrée dans les premiers jours de juillet. Tous les ministres l'accompagnaient.

Espartero était venu au-devant des deux reines jusqu'à Lérida, en faisant de nombreuses protestations d'amour et de dévouement. Toute l'armée, au nombre de cinquante mille hommes, était échelonnée sur leur passage, l'infanterie sur les crêtes et les versants des montagnes, l'artillerie et la cavalerie bordant la route. La régente put à son aise savourer les joies officielles qui sont l'éternelle déception des souverains aveuglés. D'immenses acclamations partirent de tous les rangs: le son des musiques, le roulement des tambours, le bruit du canon donnaient à l'enthousiasme général un aspect enivrant. Marie-Christine se crut sûre de l'armée, sûre du peuple, victorieuse de ses ennemis. Le ministère partageait sa joie et ses illusions. Perez de Castro, plein d'une folle confiance, demandait la sanction immédiate du décret. La régente s'y engagea.

Durant ces entrefaites, les divers partis s'agitaient. Plusieurs représentants des sociétés secrètes avaient pris rendez-vous à Barcelone; les défenseurs des franchises provinciales organisaient la résistance, excités encore, et peut-être à leur insu, par les agents britanniques. Linage, sous l'influence directe de ces derniers, secouait l'indolence d'Espartero, stimulait son ambition, sans l'appeler à une révolte ouverte, mais faisant ressortir avec habileté tout l'éclat du rôle qu'il accepterait en se présentant à la reine comme le défenseur des libertés nationales contre les usurpations ministérielles. D'un autre côté, les patriotes sincères et désintéressés cherchaient naturellement un appui chez le général qui venait de battre les dernières bandes de l'absolutisme. Tous les regards se tournaient vers Espartero, tous les vœux l'appelaient, les uns le suppliant d'être l'intermédiaire entre la couronne et le peuple, les autres l'excitant à dompter de haute lutte une cour opiniâtre et à montrer, s'il le fallait, la lame de son épée. Mais ce dernier parti ne s'accordait guère avec le tempérament irrésolu du duc de la Victoire. Sans passions politiques et même sans opinion, il lui convenait bien mieux de suivre le torrent des événements que de leur donner une impulsion personnelle; il s'arrêta donc au rôle de conciliateur, qui lui conservait toute sa popularité sans l'engager trop avant. Les divers agents qui pesaient sur lui ne le pressèrent pas davantage, bien convaincus que les circonstances et surtout sa vanité l'entraîneraient plus loin qu'il ne le pensait.

Le 13 juillet, à une heure de l'après-midi, Espartero fit son entrée à Barcelone, accompagné de son état-major et d'une faible escorte. La municipalité était allée le complimenter au dehors de la ville, précédée et suivie de quelques centaines d'hommes du peuple, ouvriers de toutes classes, qui saluaient le général de leurs bruyantes clameurs. Il se montra peu flatté de ces démonstrations d'un cortège dont l'aspect insurrectionnel effrayait sa prudence. Ce fut pis encore quand l'orateur d'une corporation industrielle l'exhorta à se servir de sa force pour empêcher la sanction de la loi sur les municipalités, et pour châtier les ministres qui poussaient la royauté à la trahison; il l'interrompit brusquement et ne voulut pas écouter la fin du discours. Puis, se détournant tout à coup de son itinéraire, qui le conduisait directement au palais de la reine, il gagna, sans s'arrêter, le domicile qui lui avait été préparé, craignant sans doute de paraître aux yeux de S. M. comme un Artevelt ou un Masaniello. Déjà il était accablé du rôle qu'on lui avait imposé, et dont il ne comprenait ni les difficultés ni les grandeurs.

C'était d'ailleurs l'opinion publique bien plus que sa propre volonté qui faisait de lui l'homme important du jour. Sa présence seule à Barcelone ajoutait à la fermentation générale, tous les cœurs étaient en émoi comme à la veille d'un grand événement, les passions s'exaltaient, les intrigues se croisaient, petits et grands discouraient sur la loi municipale, les uns maudissant les ministres, les autres appelant la sanction royale, tous bruyants, verbeux, ardents, témoignant leurs désirs ou leur craintes avec toute la verve des imaginations méridionales.

Il était six heures du soir, lorsque Espartero se présenta au palais. Admis aussitôt près de la régente, il lui parla avec une résolution qui n'était pas dans ses habitudes, et demanda formellement que le décret des cortès ne fût pas sanctionné. Marie-Christine, de son côté, fit preuve d'une grande opiniâtreté. Après une longue discussion, les deux interlocuteurs se séparèrent mécontents l'un de l'autre, en convenant d'une seconde entrevue qui devait être décisive.

Cependant l'attitude prise par Espartero ne laissait plus de doutes sur ses intentions. Il était évident que les opposants à la loi municipale avaient trouvé un chef, armé de toutes les puissances du commandement, de la victoire et de la popularité. Et par une aveugle imprévoyance, les ministres lui avaient fait abandon de toutes les forces du royaume ! Outre son triple commandement militaire, ils l'avaient récemment investi du commandement en chef de la garde royale. De sorte que l'escorte d'environ trois mille hommes que les reines avaient amenée de Madrid se trouvait sous ses ordres, et par suite la garde même du palais. Ils avaient de plus confié le commandement de la Catalogne à une des créatures d'Espartero, le général Van-Halem. Celui-ci arrivé subitement à Barcelone, quelques heures après son patron, prenait de droit le commandement des troupes de la garnison. Ni la régente, ni les ministres n'avaient un seul bataillon dont ils pussent disposer. Mais par contre, les divisions Ayerbe et Carbo, appelées secrètement par Espartero, se cantonnaient dans les environs de la ville.

Il fallait néanmoins prendre un parti. Dans la journée du 14, les ministres demandèrent instamment à la régente la signature du décret; mais, quoique persistant dans ses dispositions, elle refusa de signer avant d'avoir revu le duc de la Victoire, auquel elle avait indiqué rendez-vous dans la soirée. Dans cette nouvelle conférence, la reine reprit le dessus : elle avait l'avantage de discuter une question qu'elle avait longtemps méditée, contre un homme qui ne faisait que répéter une leçon apprise. Une fois le texte d'emprunt épuisé, le duc se montra embarrassé, perdit son assurance, et tout en continuant de protester contre la loi, prit l'attitude de la résignation, et quitta la reine, qui ne lui avait rien cédé, en l'assurant de sa fidélité et de son dévouement.

Marie-Christine crut désormais à une facile victoire. Le 15, à quatre heures du matin, elle fit appeler ses ministres, signa le décret qui fut aussitôt envoyé à Madrid, où devaient se remplir toutes les formalités légales relatives à sa publication. En même temps des courriers étaient expédiés dans tous les chefs-lieux de provinces, afin de prévenir les autorités et de leur prescrire les mesures nécessaires au maintien de l'ordre public. Jusqu'à ce que ces dispositions eussent reçu leur exécution, le plus grand secret devait être gardé sur le fait de la sanction royale.

Espartero, cependant, retrouvait du cœur auprès de ses conseillers. Linage, Van-Halem et ses principaux officiers réveillèrent ses ambitions endormies, et répandirent au dehors le bruit de son départ pour Martorell, soit qu'ils voulussent réellement le dérober aux influences royales, soit qu'ils espérassent, par cette annonce, donner une occasion aux troubles. Cette manœuvre dura trois jours pendant lesquels tous les matins on ordonnait les préparatifs du départ, bientôt remis au lendemain. Pendant ce temps, on écartait soigneusement de lui toute intervention extérieure. Achille semblait retiré dans sa tente; mais il était en réalité tenu en quarantaine par un cordon d'aides de camp sous la direction de Linage.

Cette attitude passive ne pouvait durer sans danger ou du moins sans ridicule. Aussi sa camarilla obtint-elle bientôt de lui une démarche plus significative et de laquelle elle attendait de grands résultats. Le 17 au matin, le duc de la Victoire envoyait sa démission à la reine avec un manifeste rédigé par Linage en termes peu mesurés.

Aussitôt le bruit en courut dans la ville; une agitation extraordinaire remua tous les cœurs; les patriotes indignés voyaient en frémissant le triomphe du ministère, les constitutionnels craignaient que la régente ne cédât à un insolent ultimatum; les ministres, embarrassés de leur triomphe, étaient à bout d'énergie; la municipalité, associée aux patriotes, parce qu'elle défendait ses droits en défendant les libertés publiques, se réunissait en alarmes, puisait dans la discussion des colères nouvelles, et allait en corps porter ses hommages au duc de la Victoire, lui offrant une couronne civique et le saluant dans une harangue du nom de *Cid*, expression la plus hyperbolique des flatteries espagnoles.

La lutte était engagée; chacun prenait parti entre le général et la couronne. Ce qui faisait la force d'Espartero, c'est qu'il avait pour lui le sentiment national, la voix populaire, tous les souvenirs de l'Espagne aux jours de force et de gloire. Ses faiblesses intérieures, les intrigues de son entourage, la main même de l'étranger disparaissaient devant la grandeur de la cause. La liberté était en question, l'égalité, plus puissante, plus réelle, plus vivement sentie en Espagne que partout ailleurs.

Espartero cependant, en ce moment, courait un danger qu'il ne soupçonnait pas.

Plusieurs généraux, en tête desquels figurait Diégo Léon, subissaient avec impatience les allures dictatoriales du duc de la Victoire; ils s'indignaient surtout des insolences de son favori, Linage. Dévoués à leur devoir de soldats, attachés par tradition et par sentiment à l'autorité royale, si ce n'est à la personne même de la reine, ils avaient souvent manifesté par leurs actes et par leurs paroles, leur opposition à l'entreprenante ambition du chef de l'armée. Celui-ci avait en vain usé de toutes les coquetteries du pouvoir pour les attirer à lui et les associer à sa fortune; ils avaient toujours conservé avec lui l'attitude d'une froide réserve.

Lorsqu'il devint évident que le dénouement de la crise était prochain, ils prirent la résolution d'offrir leur concours à la régente pour la délivrer de la tutelle d'un soldat qui se faisait l'instrument aveugle d'une révolution dont il ne comprenait ni le sens ni la portée.

En conséquence, dans la soirée du 17, ils firent porter à Christine la proposition d'arrêter Espartero au milieu de la nuit même, à l'aide de troupes choisies et dévouées, et de le faire conduire sous bonne escorte au château de Ségovie, d'où il aurait été dirigé sur Saint-Sébastien et embarqué pour les Philippines. Tout était prévu et disposé pour ce coup de main, disaient-ils; le succès en était assuré, ils en répondaient, la seule condition qu'ils demandaient pour l'exécution, était un ordre signé de la main de la reine, et un décret portant nomination du nouveau général en chef.

Aux premières ouvertures qui lui furent faites, Christine avait promis d'envoyer l'ordre qu'on attendait d'elle, ajoutant cependant qu'elle ne pouvait prendre une décision aussi grave sans en avoir référé au conseil des ministres. Le conseil devait s'assembler au palais à dix heures du soir; l'ordre signé devait parvenir aux généraux avant une heure du matin.

Mais ils attendirent vainement pendant toute la nuit. L'ordre ne vint pas. Espartero fut sauvé par des scrupules constitutionnels.

Une lutte terrible s'engagea en présence même des voitures royales. (P. 184, col. 1.)

Quelle était cependant l'attitude de la France, tandis que ces graves événements se préparaient contre elle, c'est-à-dire contre la politique de son gouvernement?

De même que dans la question d'Orient, le ministère fut, dans les affaires d'Espagne, imprudent et faible, téméraire et impuissant. Après avoir poussé la reine Christine à la résistance par une pression de tous les instants, après l'avoir précipitée dans la voie périlleuse où elle se trouvait, le cabinet des Tuileries l'abandonnait à elle-même. M. Thiers qui, si longtemps, avait fait de l'Espagne le théâtre de ses élucubrations politiques, qui plus que personne avait contribué à compliquer les affaires du pays, s'effaçait prudemment au moment des embarras, et livrait son alliée aux ennemis qu'il lui avait créés. Il est vrai que dans la situation nouvelle qu'il s'était faite en France, il était conduit par la logique des faits à réagir en Espagne contre son ancienne politique.

Depuis le traité de la quadruple alliance, chacun des gouvernements français et anglais était représenté au quartier général de l'armée espagnole par un commissaire spécial. Le colonel Senilhes s'y trouvait au nom de la France, le colonel Wilde au nom de l'Angleterre. Les fonctions de ces deux officiers étaient bien plus diplomatiques que militaires. Car, dans les guerres civiles, en Espagne plus qu'ailleurs, le commandement des armées donne à celui qui en est investi, une importance immense, et lui permet d'exercer sur le gouvernement une pression irrésistible. L'action personnelle des commissaires devait donc avoir une influence puissante sur les événements politiques.

Le commissaire français avait toujours fait preuve d'une remarquable intelligence et d'une inflexible éaergie en luttant pour les intérêts de la France contre les manœuvres de l'agent britannique. Mais depuis l'avènement du 1er Mars, les affaires de la Péninsule étaient laissées à l'abandon ; le commissaire français, livré à lui-même, sans instruction, sans appui, et même sans argent, se trouvait réduit à un rôle passif, conservant néanmoins un reste d'influence, grâce à la vigueur et à la loyauté de son caractère personnel. Homme de cœur et d'intelligence, le colonel Senilhes sut, au milieu de tant de difficultés, se maintenir honorablement et parler haut et ferme quand son gouvernement se taisait.

La position du commissaire anglais était tout autre. Le cabinet britannique ne lui refusait ni confiance, ni autorité, ni argent. Aussi, pesait-il de tout le poids de son gouvernement dans la balance des événements. Son conseil, son assentiment, son maintien, son sourire avaient une influence politique. Soudoyant les agents les plus actifs des sociétés secrètes, en communication ouverte avec les progressistes, appuyé par Linage, le colonel Wilde dirigeait toutes les intrigues du quartier général. Espartero suivait toutes ses impulsions, et les partis extrêmes s'agitaient à sa voix.

Les observations qui précèdent ne sont pas une digression ; elles se lient à l'ensemble des faits et servent à les mieux faire comprendre.

Les choses en étaient arrivées à ce point que rien ne pouvait plus arrêter l'explosion de la crise. Les patriotes trouvaient dans le conflit des ambitions une occasion trop belle pour n'en pas profiter, bien décidés d'ailleurs à porter les choses au-delà d'un vain changement d'influences personnelles. La municipalité, fière de défendre ses antiques prérogatives, encourageait les préparatifs d'insurrection ; l'état-major d'Espartero avait des émissaires et des complices dans les sociétés secrètes, dans les réunions populaires.

L'agitation était générale, la fermentation à son comble, lorsque, vers le milieu de la journée, le duc de la Victoire se rendit au palais auprès de la régente, lui annonça que l'émeute était imminente, que le sang allait couler à flots, qu'il avait fait tous ses efforts pour éclairer S. M. sur ses véritables intérêts, que désespérant d'y parvenir, il venait prendre congé d'elle, et se retirait dans le voisinage de la ville.

Marie-Christine répondit, avec une certaine hauteur, qu'elle avait agi dans la limite de ses droits et sous l'inspiration de ses devoirs comme reine constitutionnelle ; qu'il ne lui restait qu'à se confier à la loyauté et au courage des autorités pour empêcher les désordres ; que le duc de la Victoire étant le commandant général des troupes, venant en outre d'être investi du commandement supérieur de la garde, c'était à lui de prendre toutes les mesures nécessaires à la sûreté du palais et à la sécurité des citoyens ; qu'elle ne pouvait en conséquence ni se soumettre aux exigences qu'il montrait, ni lui donner l'autorisation de quitter la ville, au moment où, selon lui, on était menacé d'une guerre civile.

Dans cette conversation entre la reine et le général, ce dernier avait le désavantage, parce qu'il n'osait prendre franchement la seule attitude qui faisait sa force, celle de défenseur des libertés nationales. Dans son caractère de général, il n'était véritablement qu'un rebelle ; comme chef populaire, il eût été une puissance. Mais il ne comprenait rien à la grandeur de sa mission, et sa parole s'égara en longues divagations sur ses devoirs envers son pays, envers son armée, envers la Constitution. Enfin, faisant un effort sur lui-même, il fit connaître le véritable but de sa démarche, en sommant la régente de se décider entre le ministère et lui, et ajouta qu'on ne devait compter sur ses services et ceux de la troupe sous ses ordres, qu'autant que la décision serait en sa faveur. Voilà tout ce que demandait ce grand révolutionnaire : un changement de ministère à son profit. Quant aux franchises nationales, il n'en était pas question. C'était en même temps trahir le peuple et insulter la royauté.

Marie-Christine, néanmoins, ne s'attendait pas à tant d'audace, et, perdant subitement l'assurance qu'elle avait montrée, elle répondit d'une voix altérée qu'elle aviserait, et ferait incessamment connaître au duc ses intentions définitives.

Espartero jugea que son triomphe était prochain; et c'était à bon droit. Quand de pareilles demandes ne sont pas accueillies par un refus décisif, il faut se hâter d'y obéir.

Le bruit se répandit immédiatement dans la ville que la régente avait cédé sur tous les points. De nombreux rassemblements se formèrent; le duc et la duchesse de la Victoire furent accueillis dans les rues par les applaudissements de la population. Des groupes d'ouvriers conduits par des agents de la municipalité se formèrent devant la maison de l'ayuntamiento; des barricades furent élevées; des masses populaires pénétrèrent dans la caserne des *mozos* (gendarmes), et l'envahirent; on alla aussi à l'hôtel de la sous-inspection de la milice et à l'hôpital militaire; on s'empara des armes, et bientôt une bonne partie des insurgés fut en mesure de se défendre et d'attaquer.

Quelques patrouilles se montrèrent dans les rues; mais les soldats se laissèrent saisir et conduire au quartier-général populaire.

Les ministres effrayés se réunirent, se demandant où étaient leurs moyens de résistance, et reconnaissant avec douleur que toutes les forces qui pouvaient soutenir le gouvernement étaient entre les mains de ses ennemis. Ils n'avaient plus de ressources que dans une prompte retraite. Ils coururent auprès de la reine lui offrir leur démission. Celle-ci cependant hésitait encore, lorsque des bruits formidables arrivèrent en grondant jusqu'aux murs du palais.

Il était dix heures du soir. Une masse populaire de 2,000 hommes venait de s'arrêter sous les fenêtres du général, criant : *Vive la Constitution! Vive Espartero! A bas la loi des ayuntamientos!* lorsqu'au plus fort du tumulte, le duc de la Victoire s'avança sur son balcon et jura sur son épée que, tant qu'il vivrait, nulle atteinte ne serait portée à la Constitution. Des applaudissements frénétiques lui répondirent, et la foule insurgée se mit en mouvement vers la place du Palais, dont elle occupa tous les abords. Bientôt s'élevèrent des cris de mort contre les ministres et des paroles outrageantes contre Marie-Christine. D'un autre côté, la municipalité se déclarait en permanence, et se mettait ouvertement en rapport avec l'insurrection. La régente, épouvantée, fit inviter le duc de la Victoire à se rendre auprès d'elle. Il s'y attendait : traversant la foule avec un nombreux cortège d'aides de camp, salué sur son passage de cris d'enthousiasme, il n'avait qu'à dicter ses volontés. Elles n'étaient pas bien exigeantes; il ne demandait qu'un changement de ministère. Quant à la révocation de la loi municipale et à la dissolution des cortès, il se contenta de vagues promesses. La véritable question politique était au-dessus de sa portée.

Cependant les cris redoublaient sous les fenêtres, et les injures personnelles adressées à la régente parvenaient distinctement à ses oreilles : elle adressa au duc un regard de reproche et de supplication. « Calmez-vous, Madame, dit-il, je n'ai qu'un signe à faire pour tout apaiser. » C'était presque s'accuser lui-même. Et, en effet, s'avançant sur le balcon, il jeta quelques mots à la foule, et le tumulte cessa.

Quelques instants après, Espartero prenait congé de la reine et descendait au milieu des masses, qui le reconduisirent chez lui en le comblant de bénédictions.

Il était deux heures du matin quand cette longue scène se termina. Les ministres déchus, qui étaient restés au palais, cachés dans la chambre à coucher de la reine, purent enfin sortir clandestinement à quatre heures, cherchant chacun de son côté un asile protecteur. Car en Espagne, même les révolutions ministérielles sont trop souvent sanglantes. M. Perez de Castro avec sa famille se réfugia chez notre consul, d'où il gagna le soir un bâtiment de la station française. Le général Cléonard se rendit à bord d'une frégate espagnole. Tous deux, quelques jours après, arrivaient à Perpignan.

La révolution était incomplète, ou plutôt ce n'était pas une révolution, mais une intrigue conduite par Espartero pour saisir le pouvoir et étouffer ensuite la voix populaire.

Aussi les royalistes, revenus de leur première surprise, essayèrent-ils à leur tour les chances d'une émeute nouvelle. Le 22 juillet, des groupes composés d'hommes des classes moyennes et de gardes nationaux sans uniformes, tous armés de gros bâtons, se portèrent à six heures du soir sur le passage de la reine, au moment où elle se rendait sur la promenade, criant avec force : *A bas Espartero !. Vive la régente ! Vive Cléonard !* Le peuple répondit aussitôt par des clameurs d'une autre nature. Une lutte terrible s'engagea en présence même des voitures royales. Les masses populaires, repoussées par des adversaires organisés d'avance, allèrent se reformer sur la Rambla, sur la place de la Constitution, où les hostilités recommencèrent plus vives. Sur plusieurs points de la ville, il y eut de véritables combats. Sur la place de l'Ayuntamiento, derrière la cathédrale, les royalistes faisaient des distributions de fusils.

Le désordre était à son comble, lorsque Espartero fit avancer quelques troupes. Déjà il était embarrassé de son rôle de chef populaire ; déjà il s'inquiétait de voir la foule se faire résolument justice et prendre les armes avant les autorités militaires. Les membres de la municipalité étant accourus vers lui pour lui demander ses ordres, il les reçut brusquement, en leur répondant qu'ils devaient connaître leur devoir. L'intervention des magistrats civils lui faisait ombrage.

Cependant les groupes populaires se fortifiaient et triomphaient sur tous les points. Deux capitaines de la garde nationale étaient massacrés et traînés dans les rues: le café Rinceau, rendez-vous des royalistes, était pillé de fond en comble ; l'imprimerie du *Garde National*, journal régentiste, était envahie.

Alors Espartero retrouva de l'énergie, fit de nombreuses arrestations parmi les hommes du peuple, et dissipa les rassemblements par de fortes charges de cavalerie. En même temps la ville était mise en état de siège.

A minuit, le calme était partout rétabli. Mais les royalistes avaient du moins obtenu pour résultat de commettre Espartero avec le peuple et de donner des prétextes à la réaction, qui signalait avec fureur les excès populaires, oubliant qu'ils avaient été provoqués par des excès contraires.

D'un autre côté, la formation du nouveau ministère ne rassurait que médiocrement les patriotes. Dès le commencement de son succès, Espartero avait feint de vouloir rester étranger à la formation du Cabinet, protestant à la reine qu'il ne voulait pas lui imposer une volonté. Cependant, en forme d'avis officieux, il prononça le nom de M. Campuzano comme président du conseil. Marie-Christine ayant fait observer que c'était un ennemi avoué de la France, Espartero avait répondu que c'était un titre à ses yeux plutôt qu'un motif d'exclusion.

Bientôt cependant, mettant de côté son apparente modestie, le duc de la Victoire voulut bien consentir à composer le Cabinet ; mais ne connaissant ni les hommes ni les choses, n'ayant d'opinion arrêtée sur rien, il prend conseil de tout le monde : de ses généraux, de ses aides de camp, de tous les membres de la municipalité collectivement et individuellement. On lui signale des noms, il les accepte ; on lui en propose d'autres, il efface les premiers. Deux jours sont consacrés à ce laborieux enfantement. Enfin, on livre au public des noms de toutes couleurs, tous médiocres, et ne pouvant porter ombrage, ni à Espartero par leur éclat, ni à la régente par leur exaltation. C'étaient : à la justice, avec la présidence du conseil, M. An-

L'Espagne était un vaste foyer de conspirations. (Page 186, col. 1.)

tonio Gonzalès; aux affaires étrangères, Charles de Onis; à l'intérieur, Vicente Sancho; à la guerre, Valentin Ferraz; aux finances, Jose Ferraz; à la marine, Armero.

De tous ces ministres, M. Sancho seul appartenait franchement au parti progressiste. Espartero donna la mesure de sa politique, ou plutôt, dénué de toute pensée politique, il ne cherchait qu'un ministère insigni- fiant pour conserver toute son importance personnelle.

Et pourtant, dès les premiers jours, il montre combien il est peu fait pour le pouvoir dictatorial qu'il a saisi. Incertain, irrésolu, tantôt il pactise avec la municipalité, tantôt il s'en écarte avec méfiance. Elle lui demande la réorganisation des bataillons en blouse de la garde nationale, désarmés par le baron de Mee; il refuse d'abord, puis il

24. — E. REGNAULT.

l'accorde. Les chefs populaires lui demandent le désarmement de la garde nationale bourgeoise; il accorde d'abord, puis il refuse. Ce n'est plus le trône qu'il redoute, c'est le peuple. Il redouble de précautions, enveloppe Barcelone de troupes et fait entrer en ville les bataillons de Luchana dévoués à sa personne. Tout lui fait ombrage; il est en garde contre tout, excepté contre ses propres faiblesses.

Quelques jours se passent dans une incertitude générale. Les progressistes peu satisfaits d'un si pauvre résultat, l'Angleterre mécontente d'une œuvre à demi faite, et la régente remise de ses premières frayeurs, s'apprêtant à résister à de nouvelles exigences et même à revenir sur les concessions déjà faites.

Alors commence entre la reine et ses ministres une lutte de protocoles. Gonzalès présente son programme, Marie-Christine lui oppose un programme modifié; les disputes recommencent et les esprits s'échauffent.

Les trois principales dispositions du programme de Gonzalès étaient:

1° Prorogation des cortès, suivie d'une dissolution;

2° Retrait de la loi sur les *ayuntamientos*;

3° *Reparacion des agravios* ou réhabilitation des anciens employés.

La reine repoussait d'une manière absolue la troisième disposition, ne consentait l'abrogation que d'un seul article des ayuntamientos, celui qui laissait à la couronne la faculté de nommer les alcades, et s'engageait à ratifier la dissolution des cortès, dans le cas où cette modification ne serait pas adoptée par elles.

Espartero intervient nécessairement dans le débat, mais c'est pour abandonner la cause populaire; il approuve le programme de la régente. Ses créatures, les deux frères Ferraz se joignent à lui, Gonzalès et Sancho donnent leur démission. Ils sont remplacés par Cabello à l'intérieur et Silvela à la justice. Valentin Ferraz est porté à la présidence.

Ces complaisances d'Espartero n'avaient pour but que d'obtenir la sanction d'une nouvelle organisation de l'armée, en vertu de laquelle il se perpétuait au commandement en chef, et distribuait, selon son bon plaisir, les commandements secondaires, tant des troupes que des provinces. Mais la princesse repoussait les chaînes qui lui étaient offertes.

Espartero s'en irritait d'autant plus qu'un rival dangereux s'élevait en face de lui, hautement favorisé par la régente. Le général O'Donnel, commandant l'armée de Valence, était devenu l'espoir des royalistes, presque leur dernière ressource. Ils affectaient de vanter ses talents et sa fidélité, le proclamaient le défenseur du trône constitutionnel, et cherchaient à lui faire des partisans même parmi les troupes d'Espartero. Celui-ci, mis au courant de ces intrigues, se rejetait de nouveau vers les clubs populaires, et méditait avec eux un nouveau changement. On savait que Marie-Christine était mariée à un de ses officiers, M. Munoz, dont elle avait eu plusieurs enfants, on était parvenu à se procurer copie authentique du mariage et des actes de naissance des enfants. Munis de ces pièces, les chefs populaires se proposaient de poursuivre devant les cortès la déchéance de la régente, dont l'autorité constitutionnelle passerait à un conseil de régence présidé par Espartero. Pour préparer cet événement, des agents pris dans les sociétés secrètes les plus influentes, parcouraient les cités et se mettaient en rapport avec les corps municipaux. Ceux-ci communiquaient aussi entre eux, dans les grands foyers de population, par des délégués spéciaux, qu'ils s'envoyaient mutuellement et qui restaient accrédités. C'était une grande fédération municipale qui s'élevait contre le gouvernement.

En résumé, l'Espagne était un vaste foyer de conspirations. La reine conspirait contre le peuple, le peuple contre la reine, les généraux contre l'un ou l'autre, quelques-uns contre tous deux à la fois.

Les premiers efforts des uns ou des autres devaient amener une crise. Ce fut la régente qui la précipita.

Le 22 août, les deux reines quittent Barcelone sous prétexte de regagner la capitale. Mais Valence est sur leur route. C'est là qu'elles doivent s'arrêter, se mettre ouvertement sous la protection du général O'Donnel, convoquer les cortès, et prendre une revanche éclatante des échecs de Barcelone.

Arrivées le 23, elles sont accueillies avec empressement par O'Donnel ; mais l'attitude de la population est froide, celle de l'ayuntamiento réservée. Les modérés, au contraire, veulent faire étalage de leur dévouement en préparant pour le soir une sérénade ; le peuple déclare qu'il s'y opposera. La ville entre en fermentation ; une collision est imminente. Les ministres décident que la sérénade n'aura pas lieu.

Ces derniers, cependant, ne veulent pas avoir la responsabilité des actes que médite la régente. Inspirés par Espartero, ils reviennent au programme de Gonzalès ; les deux frères Ferraz se prononcent dans ce sens, et sur le refus de la régente, tous donnent leur démission. Peu de jours après, le 28, paraît la nouvelle liste ministérielle ; elle est complètement dans le sens de la majorité des cortès. C'est un défi jeté à la nation.

Cette nouvelle, parvenue à Madrid, y produit une immense explosion. Le 1ᵉʳ septembre, la municipalité se déclare en permanence ; la milice nationale prend les armes et occupe les principaux postes. Le capitaine général Aldama, après avoir pris position au Retiro avec deux bataillons et un corps d'artillerie, se voit abandonné par ses troupes qui se réunissent à la garde nationale. L'ayuntamiento s'empare de tous les pouvoirs, nomme des généraux et rédige un programme de gouvernement qu'il adresse aux municipalités des autres villes. M. Ferraz préside la junte provisoire du gouvernement. Le 5, Barcelone adhère au programme de la junte de Madrid. Cadix, Burgos, Saragosse, Lérida suivent le mouvement auquel se joignent, quelques jours après, Tarragone, Tolède, Salamanque, Avila, Ségovie, Huesca, Grenade, Léon, Ciudad-Real, Carthagène,
Malaga, et toutes les villes principales. Les provinces basques protestent seules contre l'insurrection.

La régente, furieuse, ne veut pas céder encore, renvoie, sans l'ouvrir, une dépêche de la junte de Madrid, et dirige à Quintanar le général Claveria avec deux brigades de la garde royale, pour y rallier le général Aldama. Mais sur de nouveaux renseignements plus désastreux, la marche de Claveria est suspendue. La reine écrit à Espartero pour lui demander son appui. C'est s'avouer vaincue, puisque O'Donnel ne lui suffit plus.

Le brigadier Pan y Agua, secrétaire du général O'Donnel, était porteur de la dépêche au duc de la Victoire. Il en fut fort mal accueilli. Jetant avec dédain sur une table la lettre de la reine, Espartero laissa passer quelque temps sans l'ouvrir. Puis il déclara au brigadier qu'il ne pouvait quitter Barcelone dans la crainte que la discorde ne s'introduisît dans la division qu'il laisserait derrière lui. Pan y Agua, le voyant inflexible, alla trouver le général Roncali, le suppliant d'user de son influence. Celui-ci se rendit, en conséquence, auprès du duc, et ils eurent ensemble une explication des plus vives. Sur le refus opiniâtre d'Espartero, Roncali lui reprocha de vouloir jouer le rôle de Cromwell, rôle qui n'était pas fait pour sa taille et qui n'était plus de son temps. Ces mots arrachèrent au duc de longues protestations sur la pureté de ses intentions et le désintéressement de son patriotisme ; puis, se plaignant d'être méconnu et s'attendrissant sur lui-même, il s'écria qu'il lui prenait envie de se brûler la cervelle. « Vous tenez, répliqua Roncali, le langage d'un sous-lieutenant qui a perdu au jeu après avoir volé la bourse de son camarade ; il ne s'agit pas d'une bourse ici, mais d'un trône, et avant de vous brûler la cervelle, vous attendrez que vous ayez perdu la partie. » Et ils se séparèrent fort irrités.

Cependant, en même temps, Diégo Léon avait reçu de la reine l'ordre de se diriger sur Valence ; on avait le projet de lui donner à son arrivée le commandement en chef de l'armée, en remplacement d'Espartero, et de déclarer traîtres à la patrie tous ceux qui refuseraient de reconnaître son autorité. Ses troupes, jointes à celles d'O'Donnel, devaient assurer le triomphe de la cause royale. Tels étaient les rêves des courtisans. Mais l'insurrection unanime des populations donnait gain de cause à Espartero. Il ne craignait plus de se prononcer ouvertement, et dans un manifeste à la reine, répandu avec éclat, il imposa pour conditions de son obéissance la révocation de la loi municipale, la dissolution des cortès et le renvoi des ministres.

Marie-Christine n'avait plus qu'à combattre à outrance ou à céder complètement : elle ne fit ni l'un ni l'autre, se contentant de changer le ministère et d'y introduire des noms moins compromis que les précédents. MM. Sancho et Cabello rentraient au pouvoir (11 septembre).

Les dépêches portant ces nominations arrivèrent à Madrid le 13 au soir. Mais dans la journée du 12, la junte avait publié un décret faisant défense, sous peine de mort, à tout individu, particulier ou fonctionnaire public, d'entrer en communication avec le gouvernement de Valence. En conséquence, elle fit appeler dans la salle de ses séances les six personnages auxquels étaient adressées les lettres d'envoi, les invitant à les ouvrir et à en faire connaître le contenu. C'étaient les décrets royaux désignant le portefeuille de chacun. La junte leur fit ensuite connaître sa ferme résolution de ne pas déposer les armes avant que la reine eût donné des garanties suffisantes. Les nouveaux ministres se retirèrent en silence, et le lendemain, après s'être concertés entre eux, ils envoyèrent leur démission.

A ce nouvel échec, la régente reconnut enfin son impuissance; elle dut céder. Mais, sans se prononcer encore sur la loi des ayuntamientos, elle nomma Espartero président du Conseil, avec pouvoir de former lui-même le Cabinet. Peut-être espérait-elle en secret que l'ambition satisfaite du général lui ferait quelques concessions. Les patriotes éclairés n'étaient pas à cet égard sans craintes.

Un décret de la junte les rassura. Tout en reconnaissant que le choix d'Espartero était national et méritait toute confiance, elle déclarait cependant qu'elle ne se dissoudrait qu'après complète satisfaction. Elle prenait, en outre, la résolution de se constituer en junte centrale, et de convoquer les représentants des provinces qui s'étaient prononcés pour le mouvement.

Espartero, après avoir obtenu de la reine l'autorisation de se rendre à Madrid pour traiter personnellement avec la junte, y fit son entrée le 29 septembre, dans une voiture à six chevaux, à la grande indignation des royalistes, qui lui reprochaient d'affecter déjà des airs de souverain. Mais le peuple, qui ne voyait dans le triomphe du général que sa propre victoire, l'accueillit avec les démonstrations de la joie la plus effrénée.

Son ministère fut composé le 1ᵉʳ Octobre, ainsi qu'il suit, de concert avec la junte.

MM. Joaquin Ferraz, affaires étrangères, vice-président du Conseil; Chacon, guerre; Joaquin Frias, marine ; Gomez Beccarra, justice; de Gamboa, finances ; Cortina, intérieur.

Mais la junte, instruite par les leçons du passé, mettait en question la régence elle-même. Le pouvoir concentré aux seules mains de Christine ne lui offrait plus assez de garanties. Les membres les plus influents agissaient auprès du général pour obtenir une modification qui admettrait quatre ou au moins deux corégents. Sur cette question délicate, le général évitait de se prononcer, soit qu'il craignît de se compromettre, soit qu'il espérât davantage.

Pendant que ces choses s'agitaient, un décret de la régente mandait à Valence Espartero avec ses collègues. Il y fit son entrée le 9 octobre, avec le même éclat et les mêmes ovations qu'à Madrid.

Admis dans la soirée près de la reine, les ministres se retirèrent après avoir prêté le serment d'usage. Espartero seul resta en conférence avec elle jusqu'à minuit, faisant de vains efforts pour vaincre son opiniâtreté en ce qui touchait les ayuntamientos. A cette heure, les ministres appelés au palais présentèrent leur programme. Les articles étaient les mêmes que ceux du manifeste d'Espartero. La régente persista dans ses refus, ne faisant de concessions que pour la dissolution des cortès, et, seule contre tous les ministres, elle soutint une discussion vive et animée jusqu'au point du jour. On se sépara sans conclure.

Enfin, quelques heures après, les ministres ayant été de nouveau mandés au palais, Marie-Christine leur déclara que d'après ce qui s'était passé dans l'entrevue de la nuit précédente, elle abdiquait la régence.

Le 16, elle quittait l'Espagne et se dirigeait sur Paris, pour assister à la chute du ministère dont elle avait expié la triste complicité.

XIII

Arrivée de la *Belle-Poule* à Sainte-Hélène. — Accueil empressé des autorités britanniques. — Ouverture du tombeau. — Réception du cercueil par le prince de Joinville. — Départ de Sainte-Hélène. — Rencontre en mer; bruits de guerre avec l'Angleterre. — Préparatifs de combat. — Retour à Cherbourg. — Navigation sur la Seine. — Arrivée à Courbevoie. — Entrée à Paris. — Concours immense des populations. — Cérémonies religieuses aux Invalides. — Enthousiasme populaire.

Pour compléter l'histoire du 1ᵉʳ Mars, nous devons donner le récit d'une grande solennité à laquelle il avait invité la nation, mais dont d'autres que lui firent les honneurs.

Pendant que les esprits agités voyaient tous les signes d'une guerre imminente avec la Grande-Bretagne, le prince de Joinville poursuivait sur l'Océan la mission pacifique qu'on avait annoncée comme un gage de concorde entre les deux pays, comme un oubli de toutes les vieilles animosités. Sainte-Hélène allait rendre sa proie, et les soldats anglais, si longtemps gardiens d'une tombe, attendaient avec impatience que les Français vinssent relever leur faction et terminer leur exil.

Ce fut le 8 octobre au matin, après soixante-dix jours de navigation, que la frégate la *Belle-Poule* et la corvette la *Favorite*, furent en vue de James-Town, capitale de l'île. Il ne se trouvait dans la rade que deux bâtiments de guerre, la frégate française l'*Oreste*, détachée de Gorée par M. de Mackau, avec des dépêches pour le prince de Joinville, et la goëlette anglaise *Dolphin*, qui avait apporté à l'île la première nouvelle de l'expédition.

Après les saluts d'usage, les autorités britanniques s'empressèrent d'accueillir les chefs de l'expédition avec toute la déférence que méritaient les envoyés d'un grand peuple et la sainteté de leur mission.

A l'entrée de la rade, l'état-major du général Middlemore, gouverneur de l'île, se rendit à bord, en grand uniforme, pour complimenter le prince. Le gouverneur, retenu dans sa maison de campagne de Plantation-House par une grave indisposition, avait chargé le lieutenant Middlemore, son fils et son aide de camp, d'offrir au prince, pour son logement et celui de sa suite, le château de

James-Town, qui, d'après des ordres venus de Londres, lui avait été préparé.

Lorsque, le lendemain, le prince descendit à terre accompagné des principaux officiers des bâtiments, toute la garnison était sous les armes pour son passage ; les autorités lui furent présentées au château, puis il se rendit à cheval à Plantation-House, chez le gouverneur, qui était encore hors d'état de quitter sa maison.

La journée du 15, vingt-cinquième anniversaire de l'arrivée de l'auguste exilé à Sainte-Hélène, avait été fixée pour la cérémonie de la translation. Pendant les trois jours qui précédèrent, les équipages des trois bâtiments français furent conduits par détachements au tombeau et à Longwood, et chacun de ces rudes fils de l'Océan, pénétré de la religion des souvenirs, recueillait quelques débris, une feuille d'arbre, un fragment d'écorce, une pierre du sol, en commémoration de sa visite au tombeau de l'Empereur.

Les anciens compagnons de sa captivité, MM. Bertrand, Las-Cases, Gourgaud et Marchand, retrouvaient, dans ces lieux consacrés, d'autres émotions, en parcourant tous les sites où ils avaient si souvent accompagné le captif et qui semblaient leur rendre les échos de sa voix.

La veille du jour désigné, dans l'après-midi, les cercueils venus de France sur la *Belle-Poule*, le char funèbre, construit dans l'île par ordre du gouvernement, et les divers objets nécessaires pour les opérations, furent successivement dirigés vers la vallée du Tombeau. A dix heures du soir, les personnes désignées pour assister, du côté de la France, à l'exhumation, descendirent à terre et se dirigèrent vers le lieu de la sépulture. Le prince de Joinville s'abstint de les accompagner. Toutes les opérations, jusqu'à l'arrivée du cercueil impérial au lieu de l'embarquement, devant être conduites par des soldats étrangers, il jugea qu'en sa qualité de commandant supérieur de l'expédition, il ne devait pas assister à des travaux qu'il ne pourrait point diriger.

La vallée était gardée par un détachement de soldats de la garnison, ayant ordre d'en écarter toute personne qui n'aurait pas été désignée par un des commissaires.

Les travaux, commencés à minuit et demi, furent poussés sans relâche et avec une grande activité jusqu'à neuf heures et demie du matin. A ce moment, la terre avait été entièrement retirée du caveau, toutes les couches horizontales démolies, et la grande dalle qui recouvrait le sarcophage intérieur détachée et enlevée.

Après la cérémonie religieuse de la levée du corps, les cercueils furent ouverts. Le premier cercueil extérieur était légèrement altéré ; celui de plomb était en bon état et en renfermait deux autres, l'un en bois, l'autre en fer blanc. Le dernier où était déposé le corps avait été doublé intérieurement d'une garniture de satin blanc, qui, détachée par l'effet du temps, était retombée sur le corps et l'enveloppait, comme un linceul, en y adhérant légèrement.

L'émotion des spectateurs fut des plus vives à l'aspect des restes encore intacts du grand capitaine ; ils avaient cru ne rencontrer que d'informes débris, des lambeaux épars, « ce quelque chose qui n'a plus de nom, » dont parle Bossuet, et ils retrouvaient devant eux l'empereur tout entier, respecté par la mort elle-même après dix-neuf ans de possession. Les traits de la figure étaient demeurés tels que ses compagnons les avaient vus le jour où ils lui fermèrent les yeux ; les mains étaient parfaitement belles ; la pose elle-même était pleine d'abandon, et la main gauche, que le grand-maréchal avait prise pour la baiser une dernière fois au moment où l'on fermait le cercueil, était restée légèrement soulevée. La reconnaissance d'identité était facile. Le commissaire du roi, M. de Chabot, reçut le cercueil des mains des autorités britanniques, avec lesquelles il se dirigea vers le quai de James-Town, où le prince de Joinville devait recevoir le précieux dépôt pour le conduire solennellement à bord de la frégate.

Un char à quatre chevaux, décoré d'emblèmes funèbres, avait été préparé, avant l'arrivée de l'expédition, pour recevoir le cercueil, ainsi qu'un drap mortuaire et un harnachement de deuil complet. Quand le sarcophage eut été placé sur le char, le tout fut recouvert d'un magnifique manteau impérial envoyé de Paris, et dont les quatre coins étaient portés par MM. Bertrand, Gourgaud, Las-Cases et Marchand. M. de Chabot conduisait le deuil comme commissaire accrédité du gouvernement français. Toutes les autorités de l'île, les principaux habitants et la garnison entière suivirent la marche funèbre depuis la tombe jusqu'au quai, laissant cependant à la mission française les places les plus rapprochées du cercueil. Le général Middlemore, malgré l'état affaibli de sa santé, voulut suivre toute la marche à pied, ainsi que le général Churchill, chef d'état-major de l'armée des Indes, arrivé depuis deux jours de Bombay.

Depuis le moment du départ jusqu'à l'arrivée sur le quai, le canon des forts et les batteries de la *Belle-Poule* tiraient de minute en minute. Les trois bâtiments de guerre français, la *Belle-Poule,* la *Favorite* et l'*Oreste* avaient pris le grand deuil royal, les vergues en croix et les pavillons en berne; les forts de la ville et les maisons des consuls avaient également descendu leurs pavillons à mi-mât.

Parvenues à l'entrée de la ville, les troupes de la garnison et de la milice se déployèrent en deux lignes jusqu'à l'extrémité du quai, en prenant la position de deuil de l'armée anglaise; les soldats appuyés sur leurs armes renversées, les officiers le crêpe au bras et la main posée sur le pommeau de leur épée. Tous les habitants, consignés dans leurs maisons, garnissaient les terrasses qui dominent la ville.

Après deux heures de marche, le cortège s'arrêta à l'extrémité du quai. C'est là qu'attendait le prince de Joinville à la tête de l'état-major des trois bâtiments français: il s'avança seul, au-devant du char, et, en présence de tous les assistants découverts, reçut solennellement le cercueil des mains du général Middlemore; et, au nom du gouvernement de la France, remercia le gouverneur de tous les témoignages de sympathie et de respect dont les autorités et les habitants de Sainte-Hélène avaient entouré cette mémorable cérémonie.

Dès ce moment la dépouille mortelle allait appartenir à la France. Une chaloupe d'honneur avait été disposée pour recevoir le cercueil. Aussitôt qu'il y fut placé, un magnifique pavillon royal, que les dames de James-Town avaient voulu broder elles-mêmes, fut élevé, et dès lors la frégate redressa ses vergues et déploya ses pavois. Tous les mouvements de la *Belle-Poule* furent imités sur-le-champ par les autres bâtiments. Le deuil cessait avec l'exil de Napoléon, et la division française se parait de tous ses ornements de fête pour recevoir le cercueil impérial sur le navire qui représentait le sol de la patrie.

Dès que la chaloupe se fut éloignée du quai, la terre tira le grand salut de vingt-un coups de canon, et nos bâtiments envoyèrent la première salve de toute leur artillerie. Les deux autres furent tirées pendant le trajet du quai à la frégate, la chaloupe nageant très lentement, entourée de toutes les autres embarcations. A six heures et demie, elle atteignait la *Belle-Poule*. Tous nos bâtiments avaient les hommes sur les vergues, le chapeau à la main.

Sur le pont de la frégate avait été disposée une chapelle parée de drapeaux et de faisceaux d'armes, et dont l'autel s'élevait au pied du mât d'artimon. Porté par les matelots, le cercueil passa entre deux haies d'officiers, l'épée nue, et fut placé sur les panneaux du gaillard d'arrière.

Le lendemain 16, à dix heures, une messe solennelle fut célébrée sur le pont par l'aumônier de l'expédition, en présence des états-majors et d'une portion des équipages. Le prince de Joinville se tenait aux pieds du corps. Les canons de la *Favorite* et de l'*Oreste* tirèrent de minute en minute pendant toute la cérémonie, qui fut terminée par une absoute solennelle, à laquelle prirent part, en venant jeter l'eau bénite sur le cercueil, le prince de Joinville, la mission, les états-majors, et les premiers maîtres de bâtiments.

A onze heures, tous les honneurs souverains ayant été rendus à la dépouille mortelle de Napoléon, le cercueil fut descendu dans l'entrepont, et placé dans la chapelle ardente disposée à Toulon pour le recevoir. En ce moment les bâtiments tirèrent une dernière

Le prince de Joinville.

salve de toute leur artillerie ; puis la frégate serra ses pavois, en ne conservant que le pavillon de poupe et le drapeau royal au grand mât.

Le dimanche 18, à huit heures du matin, la *Belle-Poule* mettait à la voile avec son précieux fardeau.

Une grande et singulière émotion devait rompre la monotonie des heures de navigation. Dans les profondeurs de l'Atlantique, l'escadre fit rencontre d'un vaisseau marchand qui lui apprit que la guerre était imminente entre la France et l'Angleterre, que peut-être l'on aurait à défendre contre les vaisseaux britanniques les dépouilles impériales à peine enlevées à la terre d'exil. A cette communication étrange et inattendue, tous les cœurs se sentirent appelés à de nouveaux devoirs. La mission pacifique allait peut-être se changer en un sacrifice sanglant, et les restes du héros, au lieu de reposer, selon son dernier vœu, sur les rives de la Seine, pouvaient avoir pour tombeau les abîmes de l'Océan. Car le prince était bien décidé, et son équipage avec lui, à ne pas permettre à l'Angleterre de ressaisir sa proie, et à s'ensevelir dans les flots avec son navire, plutôt que de livrer un trophée aussi illustre.

Le vague même des renseignements, les incertitudes de l'éloignement attachaient à ces communications quelque chose de solennel, qui donnait aux courages un élan plein de ferveur. Toutes les dispositions furent prises pour un combat à outrance, et tous s'apprêtaient à donner à la lutte un caractère digne de l'auguste mission qui leur était confiée. Mais les faiblesses du gouvernement devaient rendre inutiles ces généreuses ardeurs, et l'humiliation de la France devant une nouvelle coalition allait permettre aux cendres de Napoléon de regagner paisiblement les rives de la Seine.

Six semaines de navigation ramenèrent l'escadre à Cherbourg. Le 8 décembre, le cercueil fut transporté de la frégate la *Belle-Poule* sur le bateau à vapeur la *Normandie*, qui arriva le 10 à Rouen, en passant par le Havre et Honfleur ; il était escorté des navires le *Courrier* et le *Véloce*.

Sur tous les bords de la Seine, les populations empressées saluaient le convoi de leurs cris d'enthousiasme, accourant de plusieurs lieues à la ronde, la garde nationale sous les armes, les maires et les corps municipaux, les paysans et les ouvriers, tous en habits de fête, répandus en groupes nombreux, depuis le rivage jusque sur les collines les plus éloignées. Tous saluaient la gloire de la France ; tous, par les hommages rendus au grand adversaire de l'Angleterre, semblaient protester contre les abaissements et les contrastes du jour. Il ne leur restait plus que la consolation des souvenirs.

Arrivé à Courbevoie le 14, à quatre heures

Les détachements furent conduits au tombeau. (Page 190, col. 1.)

du soir, le cercueil impérial fut débarqué par les marins de la *Belle-Poule*, et transporté sous un temple grec élevé près du débarcadère.

Le 15 au matin, le corps fut placé sur le char funèbre. C'était ce jour-là qu'il devait faire son entrée à Paris.

Le char se composait de cinq parties distinctes : 1° le socle ; 2° le piédestal ; 3° les cariatides ; 4° le bouclier ; 5° le cénotaphe.

Le socle reposait sur quatre roues massives et dorées. Sa longueur était de vingt-cinq pieds, sa hauteur de six ; il présentait la forme d'un carré long avec une plate-forme semi-circulaire sur le devant. Sur cette plate-forme, un groupe de génies supportait la couronne de Charlemagne ; aux quatre angles, en bas-reliefs, quatre génies soutenaient d'une main des guirlandes, et de l'autre embouchaient les trompettes de la Renommée ; au-dessus, des faisceaux ; au milieu, des aigles et le chiffre de l'empereur ; puis le socle et ses ornements, artistement revêtus d'or mat.

Le piédestal, posé sur le socle, avait 18 pieds de longueur et 7 de hauteur, tendu d'étoffes or et violet au chiffre et aux armes de l'empereur. Des deux côtés de ce piédestal étaient deux manteaux impériaux de velours parsemés d'abeilles. Derrière était placée une masse de drapeaux.

Sur ce piédestal étaient disposées debout quatorze cariatides, un peu plus grandes que nature, entièrement dorées, supportant de la tête et des mains un immense bouclier. Ces cariatides étaient placées six d'un côté, six de l'autre, étant ainsi dos à dos, deux autres aux deux extrémités.

25. — E. REGNAULT.

Le bouclier était d'or, ayant la forme d'un ovale allongé, et chargé d'un immense faisceau de javelines.

Sur le bouclier était placé le sarcophage, d'une forme antique. Au milieu, sur un riche coussin, étaient placés le sceptre, la main de justice et la couronne impériale en pierres précieuses. Tout ce monument d'or et de velours avait près de cinquante pieds de hauteur.

Vers dix heures, au premier coup de canon tiré par l'artillerie établie à Neuilly, le cortège se mit en marche.

Nous n'entreprendrons pas de décrire les détails de cette imposante cérémonie. Toutes les autorités civiles et militaires s'y trouvaient réunies, toutes les pompes officielles y étaient étalées, tous les arts y déployaient leurs merveilles, ce que la guerre peut offrir de plus éclatant, ce que la paix peut présenter de plus magnifique. Mais ces merveilles étaient effacées par l'immense océan populaire dont les flots se pressaient en mugissant au passage du cercueil. Toutes les paroles que peuvent imaginer l'admiration passionnée, l'enivrement des souvenirs, la poésie des traditions, sortaient de ces rangs amoncelés. Il s'y racontait des merveilles étranges, des légendes fantastiques ; chacun apportait son hymne à l'apothéose, et les diverses scènes de l'histoire du grand homme, retracées par des poètes improvisés avec toutes les hyperboles de l'enthousiasme, formaient dans la bouche populaire une gigantesque Iliade.

Jamais de si innombrables multitudes ne s'étaient pressées dans les flancs de la capitale. De cinquante lieues à la ronde, les villes, les villages, les bourgades avaient versé sur la Seine toute leur population, hommes, femmes, enfants et vieillards, tous entassés pendant de longues heures sous un froid de dix degrés, plusieurs ayant passé la nuit dans les avenues ou les carrés des Champs-Élysées, pour jeter un coup d'œil passager sur le char qui portait leur divinité. Et quand le char se montrait, comme si les yeux eussent percé les enveloppes et découvert l'intérieur du cercueil, les sanglots éclataient mêlés à des cris d'amour, et l'âme de tout un peuple se confondait en un seul sentiment d'inexprimable ivresse. Tous les triomphes réunis de Napoléon vainqueur à la tête de ses armées, n'auraient pu rien offrir de comparable à cet immense triomphe de la mort.

Les cinq cents marins de la *Belle-Poule* avaient reçu, dans le cortège, le poste d'honneur. Celui qu'ils avaient été chercher à travers l'immensité des mers semblait confié à leur garde spéciale. Entourant le char impérial, la hache d'abordage sur l'épaule, ils s'avançaient heureux et fiers d'avoir mis à l'abri de leur pavillon la grande victime des tempêtes politiques. Ils ne s'en séparèrent que sous le porche élevé de la cour d'honneur des Invalides, où ils descendirent le cercueil du char, pour le déposer devant l'archevêque de Paris, qui s'y trouvait escorté de son clergé.

Au moment où le corps, porté sur les épaules des soldats, pénétra dans l'église, les trombones et les contre-basses firent entendre une marche d'un double caractère, funèbre et triomphal tout ensemble. Le canon retentit au dehors, la garde nationale présenta les armes, le prince de Joinville, l'épée à la main, s'avança à la tête du convoi; tous les assistants debout, la tête découverte, fixaient des yeux avides vers le cercueil où reposait tant de gloire et de grandeur. Plusieurs des Invalides qui formaient la haie sur le passage du corps s'étaient agenouillés malgré la consigne; d'autres essuyaient des larmes roulant sur leur paupière.

Au même moment, le roi, quittant la place qu'il occupait dans le dôme, s'avança, suivi des princes ses fils, jusqu'à l'entrée de la nef, où le cercueil venait de s'arrêter.

« Sire, dit le prince de Joinville en baissant son épée jusqu'à terre, je vous présente le corps de l'empereur Napoléon. »

Le roi répondit d'une voix forte : « Je le reçois au nom de la France. » Les cœurs de tous les assistants s'associaient aux accents de la parole royale.

Le cercueil fut ensuite placé sous le splendide catafalque élevé au milieu du dôme, et autour duquel étaient venus se ranger le maréchal de Reggio, grand-chancelier de la Légion-d'Honneur, le maréchal Molitor, l'amiral Roussin et le général Bertrand ; puis le service funèbre commença, célébré par l'archevêque de Paris, assisté de ses suffragants.

A cinq heures, le canon annonça le départ du roi et la fin de la cérémonie, mais déjà s'étaient éclaircis les rangs pressés de la foule ; déjà se calmait l'immense rumeur produite par l'émotion générale. Les paysans des environs regagnaient leurs foyers. Les hommes accourus de plus longues distances couvraient les routes, comme pour mieux témoigner par un prompt départ qu'ils ne s'étaient déplacés que pour obéir à un devoir religieux, après lequel ils retournaient au travail.

Ce jour fut un grand enseignement pour ceux qui accusent les peuples d'ingratitude et d'oubli ; il montra surtout combien avait encore de puissance le nom de Napoléon, combien il parlait haut à l'imagination des Français. Un ministre de l'intérieur avait dit : « Napoléon fut le souverain légitime de la France. » La nation tout entière venait de le redire avec bien plus d'éloquence encore par son enthousiasme, ses joies et ses attendrissements. Que pouvait être désormais le prestige des races royales, lorsque sous leurs yeux se rendaient de pareils hommages à celui dont ils avaient pris la place, lorsque l'éclat de leur sceptre était effacé par la poussière d'un tombeau ?

Mais ce sentiment d'admiration si vif, si sincère, si unanime, s'adressait moins au fondateur d'une dynastie nouvelle qu'au héros qui avait si bien compris et si bien défendu la dignité nationale. Cette pensée effaçait tellement toutes les autres, que parmi les milliers de spectateurs qui saluaient la grande ombre de l'empereur, nul ne donna un souvenir au prince son neveu, qui, à quelques lieues plus loin, languissait dans une prison. Pas une voix ne le nomma, pas un cœur n'y songea ; personne ne s'avisa de signaler le contraste entre l'apothéose et la captivité. C'est que le culte de la France ne s'était voué qu'à une seule divinité personnifiée dans un seul homme. Si elle avait fait abnégation d'elle-même en faveur d'une haute renommée, elle se sentait trop grande pour devenir la proie d'ambitions collatérales. Son admiration était sans bornes, mais aussi sans partage.

XIV

Avantages de la position de M. Guizot vis-à-vis de M. Thiers. — Ouverture des Chambres ; discours du trône. — Premiers triomphes ministériels. — Discussion de la Chambre des pairs. — Vote approbatif. — Projet d'adresse à la Chambre des députés. — Première lutte entre MM. Thiers et Guizot. — Incident sur le voyage de Gand. — Intervention des hommes du 15 Avril et du 12 Mai. — MM. Berryer, Garnier-Pagès, O. Barrot. — Vote de l'adresse. — Affaiblissement de la Chambre.

Le ministère du 1ᵉʳ Mars avait été personnifié dans M. Thiers ; le ministère du 29 Octobre se personnifiait dans M. Guizot ; car nulle part on ne prenait au sérieux la présidence du maréchal Soult. C'était un vieux nom militaire choisi pour masquer une retraite ; promettant à l'extérieur de faciles accommodements, à l'intérieur un instrument docile.

Mais, en occupant la première place, M. Guizot s'était fait une position assez équivoque en morale, peu recommandable dans l'opinion. Ambassadeur à Londres, il venait recueillir l'héritage des fautes commises à Londres ; et le profit en était pour lui si direct, qu'on ne put s'empêcher de les croire volontaires. On faisait hommage à son habileté aux dépens de sa conscience. Nous avons déjà dit que c'était une erreur. Mais elle était générale. Les faits parlaient contre M. Guizot ; il n'y avait pas d'alternative entre une profonde incapacité, ou une adroite perfidie. Amis et ennemis eurent plus foi dans son intelligence que dans son caractère : il gagnait le pouvoir au prix d'une accusation d'abus de confiance.

Voici, d'un autre côté, les avantages qu'il avait sur M. Thiers : il disait nettement sa pensée, et sa politique était d'accord avec ses paroles. M. Thiers s'était proclamé un « fils de la Révolution, » et toute sa conduite avait été un désaveu de cette glorieuse origine ; il vantait la Révolution et la trahissait. M. Guizot prenait pour mission de la combattre, et il suivait la voie qu'il s'était tracée. Il avait sur son rival la supériorité que donne la logique, même dans une mauvaise cause. Le 1ᵉʳ Mars n'avait vécu que de réticences et de faux-fuyants ; le 29 Octobre formule hardiment son programme et y persiste jusqu'au bout. Voici les premières paroles de M. Guizot arrivant de Londres. « L'Europe ne menace pas la France, elle n'attaque que la Révolution. Il ne faut pas se mettre avec la Révolution contre l'Europe, mais avec l'Europe contre la Révolution. » C'était résumer parfaitement la situation telle qu'il l'entendait ; c'était franchement définir sa politique au dehors comme au dedans. M. Thiers s'écriait depuis six mois que la France était insultée, et depuis six mois aucun acte de vigueur n'avait répondu à l'insulte. M. Guizot affirmait qu'il n'y avait pas eu d'outrage, et s'épargnait le soin de demander réparation. M. Thiers était plus susceptible ; mais sa susceptibilité se montrait patiente à l'excès ; M. Guizot, moins fier dans ses discours, semblait, en conséquence, moins humble dans sa conduite. M. Thiers, tout en subissant la paix, faisait d'immenses bruits de guerre ; M. Guizot ne voulait pas faire les frais d'une campagne en restant les bras croisés, et, résolu à la paix, il avait au moins le courage d'arrêter les préparatifs de la guerre.

Ces franches allures d'une politique qui ne se déguisait pas, convenaient d'ailleurs beaucoup mieux aux radicaux. Le terrain de la lutte se trouvait débarrassé de toutes les équivoques, de toutes les hypocrisies qui trompaient les esprits naïfs ou indécis. Un adversaire déclaré de la Révolution leur valait bien mieux qu'un enfant bâtard de la Révolution, qui n'appelait sa mère qu'au jour des dangers personnels, et la reniait quand son ambition était satisfaite. Avec ses promesses trompeuses, M. Thiers avait divisé les forces de l'opposition ; avec ses hardiesses logiques, M. Guizot les ralliait, forçait les consciences timides à se prononcer, faisait taire les ménagements, et, concentrant toutes les petites rivalités dans deux grands partis, celui de la Révolution et celui de la contre-Révolution, mettait en face l'un de l'autre la nation et le trône, agrandissait le cercle des discussions, les faisait sortir des idées personnelles, et provoquait une lutte énergique qui avait le mérite de conduire à une solution. M. Guizot prenait pour mission le triomphe ou la perte de la royauté. Les radicaux acceptaient de grand cœur la question ainsi posée.

Cette situation était bien comprise à l'extérieur. Le *Standard*, organe des tories, écrivait, en annonçant l'avènement de M. Guizot : « Il est heureux que l'homme qui prend en mains le gouvernement de la France, comme le dernier espoir de la monarchie (*as the last hope of the monarchy*), ait des vues aussi élevées... Si M. Guizot réussit, ajoutait-il, son gouvernement sera le commencement d'un gouvernement de principes. »

Tous les journaux anglais témoignaient d'ailleurs si hautement leur joie, qu'au milieu des méfiances du pays, M. Guizot rencontrait un obstacle de plus dans la sympathie de l'étranger.

Cependant la grande préoccupation du moment était la réunion prochaine des Chambres. C'est là que M. Guizot devait ouvrir ses premières luttes ; c'est là que la politique nouvelle allait chercher sa première sanction. Jamais délibération parlementaire n'avait été attendue avec plus d'impatience ; jamais cette impatience n'avait été plus motivée, car le scrutin allait décider de la paix ou de la guerre au dehors, de la liberté ou de l'asservissement au dedans. L'Europe attentive tournait ses regards vers les rives de la Seine ; la coalition attendait avec anxiété les jours où devait s'accomplir sa dernière victoire ou sa première défaite. Louis-Philippe, néanmoins, épuisait à la rassurer les encouragements et les promesses. Le 27 octobre, le baron d'Arnim avait porté aux Tuileries une lettre autographe du roi de Prusse, à l'occasion de l'attentat Darmès. Le roi ne crut pouvoir mieux répondre aux compliments de son auguste correspondant, qu'en déclarant au baron d'Arnim sa volonté ferme et immuable de maintenir la paix européenne. Chacun des diplomates étrangers recevait les mêmes assurances. Ce n'était, du reste, rien leur apprendre de nouveau. La connaissance certaine des dispositions pacifiques du roi avait plus contribué au traité du 15 Juillet que les humeurs de lord Palmerston. En signant l'outrage, chacun avait dit : « La France ne fera pas la guerre. »

Mais on avait encore besoin d'être rassuré sur les dispositions de la Chambre, et, au moment décisif, on se prenait à redouter quelque fantaisie parlementaire que feraient naître tout à coup les mots d'honneur et de dignité. En bonne logique, d'ailleurs, la Chambre, qui avait donné à M. Thiers une majorité compacte, devait causer à son successeur de légitimes malaises, et quelques âmes naïves se permettaient de douter ; elles ne comptaient pas, il est vrai, sur les conseils de la peur et de l'intérêt ; influences toutes-puissantes dans la Chambre du monopole.

Les radicaux, à cet égard, ne se faisaient aucune illusion. La Chambre avait donné la majorité à M. Thiers : qu'importait cela ? Elle n'en était pas moins prête à la donner à M. Guizot, comme elle la donnerait à M. Molé ou à M. Barrot. Avec 166 fonctionnaires, la victoire devait toujours appartenir à celui qui tiendrait les portefeuilles. Ainsi raisonnaient les radicaux, et les faits justifièrent leurs prévisions.

M. Guizot lui-même, sans doute, avait la même pensée; car il ne dissimula rien de ses projets politiques, et appela audacieusement la Chambre à le suivre. Le discours du trône, lu à la séance d'ouverture, le 5 novembre, émit le programme nettement formulé de la paix au dehors, de la guerre au dedans. « Je continue d'espérer, disait le roi, que la paix de l'Europe ne sera pas troublée. » Ce paragraphe était significatif. Un autre ne l'était pas moins : « L'impuissance n'a point découragé les passions anarchiques. Sous quelques formes qu'elles se présentent, mon gouvernement trouvera dans les lois existantes et dans le ferme maintien des libertés publiques, les armes nécessaires pour les réprimer. » Ainsi, désarmer à l'extérieur, armer à l'intérieur, c'était là tout le discours du roi, toute la politique de M. Guizot. Le Parlement était averti.

A la Chambre des députés, la nomination du bureau donna, dès le premier jour, au ministère la mesure de ses forces. Le candidat ministériel pour la présidence, M. Sauzet, eut 220 voix; M. O. Barrot en eut 154. Les quatre vice-présidents, les quatre secrétaires étaient également ministériels, à l'exception de M. Havin, qui appartenait à la fraction Barrot. En cas d'insuccès, M. Guizot était décidé à dissoudre la Chambre. Il comprit que ce soin était inutile.

Mais la décision de la Chambre était loin de s'accorder avec les sentiments de la nation, et la conscience publique était tout autre que la conscience parlementaire. Un cri général de réprobation accueillit la harangue royale qui proclamait sans vergogne l'humiliation de la France et le triomphe de la coalition. Sans rappeler les justes colères des radicaux, il nous suffit de citer les journaux de l'opposition dynastique qui représentaient le plus fidèlement les masses bourgeoises dévouées à la monarchie de juillet.

« C'est la rougeur au front, dit le *Siècle*, que nous allons rendre compte de l'inconcevable harangue que le ministère de M. Guizot a eu la criminelle folie de placer dans la bouche de la royauté. Jamais l'orgueil ne fut aussi profondément humilié ; jamais ministres sortis, dans les temps les plus malheureux, du bon plaisir de la Cour ou du choix des favorites, n'avaient osé tenir, au nom de cette noble action, un langage aussi indigne d'elle.

... « M. Guizot a biffé là les mots d'honneur et de révolution. Il a bien fait: ce n'est pas à lui qu'il convenait de les écrire. La France, nous l'espérons, les rétablira bientôt dans ses manifestes, et les soutiendra au besoin de son épée. »

Le *Commerce*, après avoir longuement commenté le discours du roi, termine ainsi :

« En résumé, le programme politique du ministère Guizot est une de ces œuvres condamnées dès leur naissance. Rien n'y parle au sentiment national, et il semble écrit sous la dictée de ces feuilles étrangères qui à la fois proclament l'impuissance de la France et l'excitent à se jeter dans les voies de la guerre civile. Aussi sa lecture a-t-elle produit dans Paris une profonde impression, une impression de tristesse et d'alarme. Dans la Chambre, son mauvais effet a été presque général, et, pour tout dire en un mot, à la Bourse même, les joueurs de rentes en ont été confus. »

Le *Constitutionnel* et le *Courrier Français* s'exprimaient en termes non moins indignés:

« Le discours qu'on a mis dans la bouche du roi est une palinodie flagrante. »

« Nous avons besoin de relire les bulletins de la République, du Consulat et de l'Empire, pour nous consoler de vivre dans un temps comme celui-ci. Heureusement, le peuple vaut mieux que ceux qui le gouvernent, et l'étranger le sait bien ! »

M. Guizot, néanmoins, était peu touché des blâmes de la presse. Uniquement préoccupé des résultats du scrutin, il ne cherchait aucun triomphe au delà de l'enceinte du Palais-Bourbon. Pour lui, l'opinion publique était renfermée sous les voûtes législatives, et la nation était circonscrite dans le cercle de deux cent mille électeurs. Au delà, rien ne comptait pour lui ; la voix populaire n'était qu'une fiction à laquelle il ne croyait pas, et, oubliant sa propre origine, il n'avait pour la presse que de superbes dédains. Dominateur du petit monde politique qu'il s'était fait, retranché dans le pays légal, il voyait toute la tactique du gouvernement dans les batailles du scrutin et toute la gloire de l'administration dans les succès de tribune. Ainsi se trouvent expliquées et ses bonnes et ses mauvaises fortunes. En diminuant le terrain politique, il y paraissait dans des proportions plus grandes. Artiste plutôt qu'homme politique, orateur plutôt que ministre, réduisant la carrière administrative à une carrière académique, il s'y montrait avec un éclat qui le trompait sur ses véritables forces. Mais aussi, resté en dehors de la nation, n'ayant aucun souci des populations exclues du scrutin, méconnaissant leurs intérêts, méprisant leur langage, il multipliait sur sa tête les haines, provoquait les colères, accumulait les difficultés, sans toutefois s'en effrayer, parce qu'il trouvait à tout une solution dans un vote parlementaire ; jusqu'à ce qu'enfin le Parlement, le pays légal et le trône s'écroulèrent ensemble sous le poids des forces nationales dont on n'avait pas tenu compte.

Avec des conceptions politiques aussi rétrécies, M. Guizot se voyait triomphant dès le premier jour ; le scrutin s'était prononcé pour lui. Il se préparait avec confiance à compléter sa victoire dans la discussion de l'adresse.

Dans ces sortes de joûtes, la Chambre des pairs servait habituellement de première arène. C'est là que les ministres préludaient, pour interroger en quelque sorte les opinions de l'autre Chambre ; faisant réserve, il est vrai, des grands moyens dans une lutte toujours complaisante, mais aussi se montrant plus à nu et ménageant moins les expressions qui trahissent le fond de la pensée. C'est ainsi que M. Guizot ne craignit pas de faire entendre ces mots, comme son programme politique : « La paix, partout, la paix toujours, » au moment où l'Europe attentive se demandait comment la France supporterait une injure. Il est vrai que le ministre niait qu'il y eût injure ; il ne voyait dans la conduite des puissances qu'un *mauvais procédé.* Telles étaient les subtilités dont se payait un homme chargé de protéger l'honneur de la France. Casuiste politique, c'est avec de vains jeux de mots qu'il prétendait satisfaire la conscience publique. Ses efforts tendirent surtout à amoindrir la portée du traité du 15 Juillet. Ce n'était, selon lui, qu'une simple question de famille, destinée à régler les rapports du sultan et du pacha ; l'Angleterre et la Russie n'y apportaient qu'une intervention désintéressée, et il n'y avait pas lieu à de sérieuses inquiétudes. Ce thème maladroit était une accusation directe contre le ministère du 1er Mars, qui avait fait de si grands armements, contre le roi, qui avait si hautement exprimé ses colères, contre la France indignée, contre l'Europe alarmée. Depuis trois mois, les journaux anglais ne produisaient pas d'autre argument. Il y avait quelque chose d'étrange à l'entendre répéter par l'ambassadeur mystifié de Londres. La pairie, cependant, l'accueillit de bonne grâce. L'adresse fut adoptée par 116 voix sur 119 votants.

Il est vrai que ni le ministère ni le public n'attachaient une grande importance aux décisions du Luxembourg. C'était au Palais-Bourbon que se décidaient les destinées des ministères ; c'était là qu'on s'adressait plus directement, sinon à l'opinion publique, au moins à la France officielle, au pays légal qui disposait de toutes les forces constitutionnelles. La curiosité de tous était d'ailleurs fortement excitée aux approches d'une lutte qui allait nécessairement s'engager entre le ministre tombé et son adroit successeur. On attendait avec impatience les explications qui devaient naître de leur ancienne position de chef et de subordonné, et comme il y avait encore des points obscurs sur les circonstances qui avaient précédé ou suivi le traité du 15 Juillet, on comptait que plus d'une intrigue serait dévoilée, plus d'un mystère éclairci.

Les radicaux cependant s'efforçaient de rappeler aux députés que la question qui allait les occuper, ne devait pas être réduite aux mesquines proportions d'un débat personnel, entre M. Guizot et M. Thiers, d'une lutte entre le 29 Octobre et le 1er Mars. Il s'agissait, en effet, de la dignité de la France, de son rang dans le monde politique, de son influence dans les conseils européens ; il s'agissait d'un nouveau droit public brusquement introduit par les chancelleries étrangères. Quatre puissances prétendaient seules constater la légitimité ou l'illégitimité des conquêtes, intervenir seules dans les querelles des peuples et des rois, des vassaux et des suzerains ; et dans ce droit international nouveau, la France était écartée des conseils communs, comme si elle ne comptait plus parmi les nations. Telle était la situation sur laquelle la Chambre avait à se prononcer ; telle était la véritable portée du grand débat qui allait s'ouvrir. Les députés avaient donc pour mission, non pas de savoir quel ministre avait été plus ou moins coupable dans les tristes circonstances qui s'étaient déroulées depuis six mois, mais d'interroger avec sévérité le système général qui avait créé de telles circonstances. Les ministres, quel que fût leur nom, n'étaient que des accidents, des faits de passage. A côté d'eux, au-dessus d'eux, était une pensée permanente dont il fallait dévoiler les tendances, afin de faire éclater à tous les yeux la véritable cause d'une décadence si peu en rapport avec les forces et la grandeur de la nation.

Mais ces conseils des radicaux étaient trop hardis pour les habitudes parlementaires. La discussion ne fut qu'une grande joûte oratoire où se décidaient les formes, non de la France, mais de MM. Guizot et Thiers.

Ce fut le 23 novembre, que la Chambre entendit la lecture du projet d'adresse : M. Dupin était rapporteur de la commission. Après un exorde qui n'était que la paraphrase des paroles royales, le projet ajoutait :

« En cet état de choses, notre concours, Sire, vous est acquis pour une paix honorable, aussi bien que pour une guerre juste : une paix sans dignité ne serait jamais acceptée ni par la France ni par son roi ; une guerre injuste, une agression violente, sans cause et sans but ne serait, ni dans nos mœurs ni dans nos idées de civilisation et de progrès. La paix donc, s'il se peut, une paix honorable et sûre qui préserve de toute atteinte l'équilibre européen, c'est là notre premier vœu ; mais si, par événement, elle devenait impossible à ces conditions, si l'honneur de la France le demande, si ses droits méconnus, si son territoire menacé... »

A ces derniers mots, de violentes exclamations éclatent de toutes parts ; des cris d'indignation se croisent en tous sens. « Quoi ! le seul cas de guerre serait l'invasion du territoire ! On supportera tout jusque-là ! La commission fait bon marché de la fierté nationale ! » Le président s'efforce en vain d'apaiser le tumulte. « La discussion viendra, dit-il ; le devoir de tous, en ce moment, est le silence. » — « Il est des sentiments contre lesquels on ne peut assez tôt protester, reprit un député. » Une nouvelle lecture de la phrase excite de nouvelles réclamations. M. Dupin continue au milieu de la plus vive agitation.

« ...Ou ses intérêts sérieusement compromis l'exigent, parlez alors, Sire, et à votre voix les Français se lèveront comme un seul homme (Exclamations et rires à gauche). Le pays n'hésitera devant aucun sacrifice, et le concours national vous est assuré. »

Ce paragraphe résumait, à lui seul, toute l'adresse. La question d'Orient, la paix ou la guerre, la querelle de la France avec l'Europe, la rivalité de deux ministères, tout s'y rencontrait à la fois. C'était le terrain obligé de la lutte où allaient se trouver face à face les ambitions, les intérêts, les intrigues, les susceptibilités nationales et les timides condescendances. La discussion s'ouvrit le 25 novembre.

M. Thiers était pressé d'engager l'action. Dans un discours étendu, habile comme il en savait faire, il exposa en détail toutes les négociations qui avaient eu lieu sur la question d'Orient, faisant ressortir avec art les fautes du 12 Mai, qui lui avaient transmis toute faite une position détestable, et mettant soigneusement ses propres mésaventures sur le compte de ses prédécesseurs.

Toute la partie agressive de ce long plaidoyer ne manquait ni de mérite ni de vérité ; la tâche d'ailleurs était facile. Mais la justification personnelle était moins heureuse. Accuser ses prédécesseurs d'avoir ouvert une mauvaise voie, et poursuivre la même route pour se perdre avec eux, semblait d'une logique par trop naïve. A son avènement, le 1er Mars avait fait assez de bruit de ses prétentions, pour pouvoir se permettre de faire autre chose que ses devanciers. Le grand reproche que lui avait adressé l'opinion publique, était précisément de n'avoir rien changé, et il venait s'excuser par l'aveu d'une imitation complaisante. Il signalait les fautes du 12 Mai, et il justifiait ses propres échecs par la persistance qu'il avait mise à copier ces fautes. L'apologie était au moins singulière.

Il avait eu cependant un moyen bien facile de rompre l'accord menaçant des quatre puissances : c'était de laisser le pacha d'Égypte suivre ses propres impulsions. Vainqueur à Nézib, maître de la flotte turque, si, comme il en avait le projet, le pacha avait franchi le Taurus, chacune des puissances revenait à ses intérêts ; les Russes, liés encore par le traité d'Unkiar-Skelessi, couraient à Constantinople ; l'Angleterre voyait revivre l'éternel objet de ses craintes ; elle était forcée de s'appuyer de nouveau sur la France ; celle-ci devenait maîtresse de la situation.

Voilà ce que M. Thiers n'avait pas vu; et tous ses efforts pour enchaîner les pas d'Ibrahim n'eurent d'autre effet que d'assurer le triomphe de la coalition et la mystification de la France.

Après s'être longuement excusé, M. Thiers prit enfin le ton agressif et aborda, en ces termes, le terrain des personnalités, où, il faut le dire, la Chambre l'attendait avec une impatiente curiosité.

« Le discours de la couronne a dit que l'on espérait la paix; il n'a pas dit assez : on est certain de la paix. En effet, pourquoi le Cabinet du 29 Octobre a-t-il remplacé le Cabinet du 1er Mars? Parce que le Cabinet du 1er Mars n'a pu obtenir des mesures qu'il jugeait nécessaires, et qui pouvaient amener une guerre non pas certaine, mais éventuelle; le Cabinet du 29 Octobre, au contraire, veut la paix certaine, et il est sûr de l'avoir. »

M. Guizot, directement provoqué, se leva. Sa réponse ne fut qu'une vaine récrimination :

« Messieurs, dit-il, l'honorable M. Thiers vous a dit : « Pour le ministère du 29 Octo« bre, la question est résolue, la paix est « certaine. » Ce n'est que la moitié de la vérité. Sous le ministère du 1er Mars, la question était résolue, la guerre était certaine. »

Beaucoup de personnes trouvèrent M. Guizot bien hardi d'attribuer tant de cœur à son adversaire. Dans tous les cas, en se chargeant de compléter la vérité, M. Guizot reconnaissait l'autre moitié énoncée par M. Thiers. Pour le moment, celui-ci n'en demandait pas davantage.

Tout à coup la discussion fut interrompue par un incident sur lequel nous devons nous arrêter, sur un fait qui a souvent depuis été reproché à M. Guizot, et qui doit peser fatalement sur toute sa carrière ministérielle.

« De quel droit, s'écriait le ministre des affaires étrangères, de quel droit nous accusez-vous de vouloir la paix à tout prix? Qui donc, excepté le chef du Cabinet actuel, a livré des batailles et fait des conquêtes pour la France? Quel droit avez-vous pour vous croire plus patriotes que d'autres? N'avez-vous pas tous été...

« M. TASCHEREAU. Nous n'avons pas été à Gand! »

A ces mots, un bruit confus s'élève dans la Chambre; les centres crient *à l'ordre,* la gauche applaudit, le président s'indigne. M. Guizot reprend d'une voix solennelle :

« Je remercie l'honorable membre qui m'a interrompu, et que je ne connais pas, de cette interruption que j'attends depuis longtemps. (Ah! ah!) Depuis assez longtemps, on m'a prodigué la calomnie et l'injure. J'y répondrai enfin! Oui, j'ai été à Gand; oui, j'y ai été, non le lendemain du 20 Mars, non à la suite de Louis XVIII, non comme émigré, non pour quitter mon pays.

« Le lendemain du 20 Mars, je suis retourné à la Sorbonne, à ma vie obscure, littéraire; je l'ai reprise paisiblement, je suis rentré dans la condition d'un simple citoyen soumis aux lois et au sort de son pays. A la fin du mois de mai, quand il a été évident pour tout homme sensé qu'il n'y avait pas de paix possible pour la France avec l'Europe... (Interruption) c'est mon avis!

« Quand, dis-je, il m'a été évident que la maison de Bourbon rentrerait en France (nouvelle interruption à gauche), j'ai été à Gand alors, non pas dans un intérêt personnel; j'y ai été pour porter au roi Louis XVIII quelques vérités utiles, pour lui faire comprendre que, dans le véritable esprit du parti constitutionnel en France, son gouvernement avait, en 1814, commis des fautes qu'il était impossible de recommencer; pour lui faire comprendre que s'il reparaissait sur le trône de France, il y avait des libertés, non seulement celles que la Charte avait déjà consacrées, mais des libertés nouvelles qui devaient être accordées au pays; qu'il y avait à l'égard des intérêts nouveaux, à l'égard de la France, de la Révolution, une autre conduite à tenir, qui inspirât plus de sécurité, qui dissipât les défiances et les passions que la première restauration avait suscitées. Et pour aboutir à quelque chose de plus précis, j'ai été dire au roi Louis XVIII qu'il avait eu auprès de lui tels hommes, tels ministres influents qu'il aurait tort de vouloir garder; qu'il devait les éloigner de sa personne et de toute influence sur les affaires.

« C'est au nom des royalistes constitutionnels, c'est dans l'intérêt du parti constitutionnel, c'est dans l'intérêt de la Charte, c'est pour lier l'affermissement et le développement de la Charte au retour probable de Louis XVIII en France, que j'ai été à Gand. »

Telle fut l'explication donnée par M. Guizot. Consultons maintenant la vérité historique.

A l'époque du 20 Mars, M. Guizot occupait au ministère de l'intérieur des fonctions importantes. Il ne songea pas à les quitter et se rallia officiellement au gouvernement nouveau en signant son adhésion à l'*acte additionnel*. Néanmoins, dans la première quinzaine de mai, il fut destitué par Carnot, chargé alors du portefeuille de l'intérieur. La tolérance bien connue de ce ministre fit penser au public que cette destitution se rattachait à quelques menées politiques ; et les lignes suivantes du *Moniteur*, en date du 14 mai 1815, semblèrent confirmer ces prévisions.

« Le ministre de l'intérieur vient de faire quelques changements dans ses bureaux. Des motifs politiques ont pu se réunir à d'autres causes du renvoi de plusieurs employés. Ces motifs ont pu être que les individus qui avaient passé une partie de l'année dernière à faire preuve des plus fortes garanties de leur dévouement à la dynastie des Bourbons, données par quelques-uns d'entre eux au moment même où ils étaient engagés par leur serment envers l'empereur Napoléon, que ces individus, dis-je, ne paraissent pas, par cela même, offrir assez de garanties à l'ordre social actuel, qui a remplacé les Bourbons, et qui est en ce moment l'objet de leurs attaques directes ou indirectes, unies à celles de l'étranger. Mais il est si faux que leur refus de voter pour l'acte constitutionnel ait influé en rien sur la décision du ministre, que les employés qui ont signé oui pour l'acte constitutionnel, notamment M. Guizot, n'en ont pas moins reçu leur démission, tandis que d'autres employés, à qui leur conscience n'a pas dicté un vote aussi empressé que celui de M. Guizot, n'en sont pas moins conservés. »

Il résulte de ce qui précède que M. Guizot ne rentra pas dans la condition de simple citoyen le lendemain du 20 Mars, ainsi qu'il le disait à la Chambre, mais au mois de mai seulement et contre sa volonté.

Il en résulte que M. Guizot alla à Gand, non à la suite de Louis XVIII, il est vrai, mais après une destitution et avec toutes les apparences d'un mécontent, bien plus que d'un conseiller désintéressé.

Qu'ensuite, trouvant l'occasion bonne, un comité de royalistes constitutionnels l'ait chargé de transmettre à Louis XVIII leurs avis et leurs doléances, il n'y a rien là que de très probable ; et le témoignage de M. Royer-Collard a été formel à cet égard. Toujours est-il que les explications données à la Chambre par M. Guizot ne contenaient, selon l'expression qu'il venait d'employer, que la moitié de la vérité.

Dans cette première journée, la lutte entre l'ancien ambassadeur et son ministre avait été assez modérée; cependant M. Guizot avait ajouté en parlant du Cabinet du 1er Mars : « Je crois que sa politique était mauvaise. » — « Il fallait nous le dire, cria M. Thiers. » Mais le lendemain, les explications furent plus vives, et les amateurs de scandale purent se réjouir. On vit un ambassadeur se vanter d'avoir eu une autre opinion que le Cabinet, et avouer qu'il n'avait rien fait pour ramener le ministre à l'opinion qu'il croyait vraie. Bien plus, il pense que les choses pressent, et il écrit au ministre que rien ne presse.

Aussi, lorsque dans la longue exposition de ses actes, M. Guizot dit à la Chambre : « Notre intérêt à nous, je le crois, était d'être pressants, » M. Thiers se lève avec vivacité et s'écrie:

« Je prouverai, pièces en main, puisque

enfin je suis réduit à me justifier devant l'ambassadeur à qui j'ai donné des ordres, et qui n'avait à me donner que des avis, je prouverai, pièces en main, que, le 14 juillet même, il m'écrivait que j'avais du temps devant moi, et que rien ne pressait.

M. Guizot. J'étais sous les ordres de M. Thiers, je recevais ses instructions, je lui donnais toutes les informations que je pouvais lui donner.....

M. Thiers. Vous ne m'avez jamais donné votre opinion.

M. Guizot. Je ne comprends pas bien l'objection. Je me bornais à remplir mon devoir d'ambassadeur ; je ne voulais pas engager ma responsabilité personnelle plus que je ne devais.

M. Thiers. Vous m'écriviez le 9 et le 14 Juillet que rien n'était encore arrêté et qu'on préparait deux plans, l'un à quatre et l'autre à cinq ; tout dans votre correspondance me laissait dans cette pensée, qu'avant de rien signer de définitif, on ferait au Cabinet français une dernière proposition. J'ai été entretenu dans cette sécurité jusqu'à la signature du traité du 14 Juillet. »

A ces reproches accablants, M. Guizot ne répondit que par un aveu d'impuissance :

« Sans doute, j'ai cru qu'on nous communiquerait le traité du 15 Juillet avant de le signer. Je partage votre sentiment ; mais vous n'avez pas à vous plaindre de moi. Je ne pouvais savoir ce qui se passait : on a eu tort d'agir ainsi ; mais je ne pouvais dire ce que je ne savais pas. »

Ambassadeur à Londres, apparemment pour savoir ce qui se passe, M. Guizot dit à la Chambre des députés : « Je ne savais pas. » Le même homme parle à Londres au nom de la France, et il dit à la Chambre des pairs : « J'ai affirmé ; on ne m'a pas cru. » Voilà par quels aveux s'inaugurait le Cabinet du 29 Octobre.

Assurément, il ne méritait pas le reproche d'une excessive fierté.

Dans la séance suivante, M. Thiers reprit le même texte d'accusation.

« Est-il vrai, dit-il, qu'un ambassadeur doive se renfermer dans le rôle unique de rapporteur? je ne le crois pas, Messieurs, je ne le crois pas en général, non plus que dans les circonstances particulières où nous nous sommes trouvés. Je crois qu'en principe, un ministre est seul responsable, d'après la Constitution, et que, quand il y a division d'avis entre le ministre et l'ambassadeur, le ministre qui prend toute la responsabilité doit seul décider ; mais je dis, je répète qu'un ambassadeur est appelé à donner ses avis sur la politique du gouvernement.

.... « J'avais toute confiance dans les rapports de M. Guizot avec moi, et dans presque toutes mes dépêches, je lui demandais son sentiment avec instance, et décidé à me rapprocher de lui autant que je le pourrais, s'il y avait dissidence entre nous.

« .... Je dois donc d'autant plus regretter que M. Guizot ne m'ait pas donné ses lumières autant qu'il le devait. Je croyais, je l'avoue, marcher tout à fait d'accord avec lui ; et j'aurais été bien affligé de penser le contraire. »

Au milieu de la lutte entre les deux principaux acteurs, les rivalités secondaires vinrent apporter tour à tour leur contingent d'apologies et de récriminations. MM. H. Passy, Dufaure et Villemain défendirent le Cabinet du 12 Mai, M. de Rémusat plaida pour le Cabinet du 1er Mars. Tous étaient unanimes pour reconnaître les périls, les malheurs, les hontes de la situation. Mais chacun en repoussait la responsabilité. Le 29 Octobre attribuait les fautes au 1er Mars ; le 1er Mars au 12 Mai ; prédécesseurs et successeurs se renvoyaient de mutuelles accusations. Ce qui ressortait le plus clairement de ces discussions, c'est que les fautes qui se perpétuaient sous tous les ministères ne tenaient pas à la personne des ministres, mais à un système général, à une volonté opiniâtre, manifestée depuis dix ans. Les traits que se lançaient d'ambitieux compétiteurs, portaient plus haut. Jamais peut-être la couronne ne fut plus compromise par de maladroits serviteurs. Le véritable auteur des abaissements politiques ne pouvait être nommé dans les débats officiels; mais dans tous les rangs de la population, on accusait ouvertement Louis-Philippe; et les écrivains radicaux publiaient des réquisitoires aussi transparents que le permettait une législation rigoureuse.

Du reste, jamais la politique extérieure de la France n'avait été exposée avec plus de détails : toutes les négociations, tous les actes de la diplomatie dans la question d'Orient, depuis le 12 mai jusqu'au 29 octobre, avaient été portés à la tribune. Les passions personnelles avaient tout éclairé, bien plus que ne l'eût fait une discussion digne et désintéressée.

Mais ce n'était là que le côté rétrospectif de la situation. Après l'examen des faits du passé, des fautes, des échecs, quelle serait l'attitude du ministère, sa politique dans l'avenir? M. Guizot ne dissimula pas que sa principale mission était de combattre les factions intérieures, et il formulait sa pensée en ces termes : « Je suis inquiet du dedans encore plus que du dehors. Nous retournons vers 1831, vers l'esprit révolutionnaire exploitant un entraînement national. »

M. Thiers lui répondit :

« L'honorable M. Guizot a parlé de l'entraînement national; il a dit qu'il fallait distinguer, dans cet entraînement, les passions généreuses de celles qu'il a appelées révolutionnaires ; mais, permettez-moi de vous le dire franchement, dans toute notre histoire, depuis cinquante ans, toutes les fois que l'entraînement national s'est manifesté, ne trouvez-vous pas auprès de lui les factions qui cherchent à l'exploiter? cela est toujours arrivé. Eh bien! si vous trouvez que la présence des factions soit une raison de ne pas céder à l'entraînement national, je vous déclare que vous n'y céderez jamais ; et si vous dites tout haut à l'Europe que vous vous arrêtez devant la présence des factions, alors vous serez forcés de vous arrêter toujours.

« Croyez-vous que la guerre consiste seulement à battre les ennemis à l'extérieur? Non, elle consiste encore à se montrer ferme au dedans et à maintenir l'ordre ; elle consiste à suffire à cette double nécessité de contenir les factieux et de combattre au dehors; et si vous dites que la présence des factions est un prétexte pour abandonner les intérêts du pays, soyez sûrs qu'en parlant ainsi vous parlez comme les ennemis de la France. »

M. Thiers avait montré son ancien ambassadeur insuffisant et sans franchise, mal informé sur les faits, et refusant de s'associer par ses opinions au ministère qu'il représentait, diplomate naïf et serviteur à réticences ; il montra le ministre dépourvu de dignité et de prévoyance, esclave de ses idées contre-révolutionnaires et dupe de ses propres terreurs. Malheureusement, il manquait aux paroles de M. Thiers l'autorité de l'exemple. Les faiblesses qu'il reprochait aux autres, il les avait partagées lorsqu'il était au pouvoir. Ses actes au ministère contredisaient ses discours à la Chambre, et il ne retrouvait de beaux élans de patriotisme que lorsqu'il n'était plus au pouvoir.

M. Garnier-Pagès, avec sa finesse habituelle, fit ressortir cet étrange contraste.

« Oui, dit-il, Monsieur le Président du 1er Mars, vous avez, surtout quand vous êtes dans l'opposition, des paroles françaises, des paroles nationales ; mais vos actes, et vous en avez beaucoup fait depuis dix ans, vos actes nationaux, vos actes français, je ne les connais pas.

« Aussi, je souhaite que vous restiez dans l'opposition; vous y apportez la force de votre parole, et, s'il dépend de moi, vous y resterez. »

L'orateur radical fit une vive critique des différents ministères qui s'étaient si malheureusement occupés de l'affaire d'Orient, non en homme intéressé, comme les précédents orateurs, à se défendre en attaquant, mais en citoyen éclairé et pénétré de la grandeur de son pays. Étranger aux intrigues ministérielles, aux petites passions qui affaiblissaient ses adversaires, M. Garnier-Pagès révélait toutes les misères qui s'étaient succédé, et qui venaient en un jour s'accuser mutuellement. Il pouvait à bon droit leur infliger à tous une condamnation collective : « Vous nous avez prouvé pendant deux ans, leur dit-il, que M. Molé était insuffisant : eh bien ! ce que vous pensiez de son ministère, je le pense de tous les autres. »

Un autre orateur qui avait aussi dans la Chambre l'avantage d'une position exceptionnelle, M. Berryer, se fit l'interprète éloquent de l'indignation publique, et flétrit de ses mâles accents toutes les hontes de la situation.

« Je ne veux pas, dit-il, parcourir encore ce triste inventaire, ce déplorable amas d'hésitations funestes, d'efforts impuissants, d'espérances aveugles et déçues. N'en parlons plus, et surtout qu'elles ne soient jamais répétées, les humiliantes paroles qu'on a fait venir ici et de Constantinople et de Londres, ces mots de lord Ponsomby et de lord Palmerston : « Il viendra une résolu-« tion anglaise, et la France accédera ; « après beaucoup d'humeur et de déplaisir, « la France cédera ; et l'affaire d'Orient « aura été réglée comme l'Angleterre l'aura « voulu ! » Eh quoi ! Messieurs, il y a un pays au monde où les ambassadeurs entendent de telles paroles, où ils les écrivent, et où ils restent à leur poste, et où ils deviennent ministres pour arriver au jour où les choses s'accompliront ainsi qu'elles ont été dites.

« Non, Messieurs, non ! ce n'est pas de la France qu'on a dit cela, et ceux qui, au jour de nos plus grands désastres, ceux qui à Waterloo même ont vu comment tombaient nos guerriers, n'ont pas dit cela de la France, ce n'est pas d'elle qu'on a parlé. »

Le fier langage de l'orateur, son geste imposant et sa voix frémissante, remuaient profondément même les cœurs les plus inertes. Mais l'émotion de la Chambre fut encore plus vive lorsqu'il prononça les paroles suivantes :

« Rappelez-vous les circonstances accomplies, les grandes paroles : « La nationalité polonaise ne périra pas ! » (Rires sur quelques bancs.) C'est grave, Messieurs ; heureux ceux qui ont dans le cœur cette indifférence, qui leur permet de rire quand quatre fois en dix ans le monde entier a connu la volonté de la France ; quand quatre fois en dix ans on a su que la France, pour ses intérêts, voulait sauver la Pologne, préserver la Belgique attaquée, assurer son ascendant en Espagne, protéger Méhémet-Ali ! Oui, quatre fois vous avez fait connaître au monde la volonté de la France, et quatre fois vous avez fait accuser la France ou d'impuissance ou d'inertie : quatre fois en dix ans, Messieurs, c'est trop, c'est beaucoup trop. »

A ce cri répété de l'indignation, articulé d'une voix éclatante, relevé par une énergique pantomime, l'assemblée tout entière se réveilla comme sous un choc électrique. De longs frémissements coururent sur tous les bancs, et les cœurs les plus tièdes reprirent quelque chaleur. Malheureusement les émotions des assemblées sont fugitives ; les pensées matérielles remplacèrent bientôt la poésie de l'éloquence, et les instincts courageux disparurent avec les derniers accents de l'orateur.

Il donna cependant encore une rude leçon à M. Guizot en y traitant la question intérieure :

« Oui, sans doute, dit-il, il y a beaucoup d'idées révolutionnaires en France. Il en a été beaucoup donné et beaucoup enseigné, parce que malheureusement ceux qui se vantent d'avoir donné des leçons d'avènements aux rois, se sont chargés aussi d'en donner aux peuples.

« Oui, Messieurs, on peut craindre un double malheur en France et un malheur plus grand que le mal même de la guerre. On peut craindre des désordres et une révolution désordonnée. C'est pour cela que ceux qui ne sont pas révolutionnaires et qui peuvent le dire sans renier leur origine, sollicitent les gens de biens, les gens d'ordre et de raison, les esprits courageux et éclairés, de se placer à la tête des susceptibilités de la nation, d'être les défenseurs jaloux de ce qui touche à l'honneur et à la dignité nationale. Si les gens de bien ne le font pas, si les gens de cœur, à quelque parti qu'ils appartiennent, ne s'emparent pas de cette cause sainte et sacrée, vous la livrerez aux mauvaises passions. Messieurs, je ne puis pas croire que si dans des situations déjà trop évidentes et qui ne seront bientôt que trop éclairées d'un jour néfaste, que si dans ces situations la France est obligée d'agir, je ne puis pas croire que les mauvaises passions l'emporteraient.

« Vous voulez gouverner et vous calomniez le pays.

« Je ne l'ai pas faite cette révolution : je n'en suis pas ; je ne l'ai pas faite avec vous ; je ne m'y suis pas associé ; j'ai protesté, lutté contre elle. Eh bien! telle qu'elle est, moi qui suis son vaincu, je pense mieux que vous des vainqueurs.

« N'en doutez pas, je crains les passions mauvaises ; mais je connais mon pays, je connais ses sentiments ; je sais que pour les hommes les plus attachés à des convictions qui constituent un parti, il y a des sentiments qui dominent tout, qui emportent tout, et ce sont ces sentiments-là qui doivent réunir tout ce qui vit d'intelligence, de force et d'énergie en France; ce sont ces sentiments qui prévaudront. Oui, la France, s'il le faut, se lèvera avec énergie, avec dignité pour ce qui est juste, pour ce qui est honnête et glorieux, et malgré vous, elle sera encore la plus noble et la plus redoutable des nations de la terre. »

M. Guizot s'était jusque-là longuement évertué à justifier le triste rôle qu'il avait joué comme ambassadeur ; il lui restait à formuler sa politique comme ministre dirigeant. Il repoussait toute responsabilité dans le passé ; qu'allait-il faire pour l'avenir ? Le problème valait peut-être quelques efforts d'imagination et de courage. Mais pour cet homme d'État, rien n'était plus simple. Accepter les faits accomplis, oublier l'outrage, voter à l'étranger un bill d'indemnité, clore les comptes et donner quittance avec toutes les pertes de son côté, voilà l'héroïque remède imaginé par M. Guizot pour guérir les plaies saignantes de la France.

« Tout le reste est du passé, dit-il à M. Thiers dans la séance du 28 novembre, du passé qui nous est étranger, que nous n'avons pas fait, qui a été fait en votre présence et sous votre influence. Nous ne discuterons pas ce passé; il n'est pas aujourd'hui d'une grande importance pour le pays de suivre les différentes politiques que l'on aurait pu suivre à une autre époque. Ce qu'il importe, c'est de mettre promptement un terme à une situation difficile et périlleuse : et l'on ne peut le faire qu'en acceptant à la fois les faits accomplis et la réserve faite par la note du 8 Octobre au profit du pacha. Telle est la politique que veut suivre le Cabinet qui est devant vous. »

M. O. Barrot se leva pour répondre. Jusqu'à ce moment la portion de la gauche qui avait soutenu M. Thiers n'avait pas pris part au débat. L'attention fatiguée de la Chambre se réveilla pour écouter le plus fameux représentant d'un parti effacé. Dès les premières paroles, l'orateur mérita d'être applaudi :

« Vous parlez de faits accomplis, dit-il, eh bien! à cet égard je sens tout autrement que vous ; et plus je vois l'exécution s'avancer, plus j'éprouve le besoin national de protester et de résister.

« Ne prenez pas le change. On a dit et répété beaucoup que l'honneur et les intérêts de la France n'étaient nullement engagés. Ainsi on se met fort à son aise en se donnant à soi-même un démenti bien éclatant. Mais si vous oubliez ce que vous avez dit, la France et l'Europe peuvent-elles l'oublier ? Croyez-vous que la France ait des impressions aussi mobiles que les vôtres ? Non, ce que vous avez dit, elle le maintient ; l'insuccès ou la faiblesse du pacha ne change rien à sa conviction ; car ni le droit, ni l'honneur, ni les intérêts n'ont changé. »

Après avoir énergiquement engagé la Chambre à repousser cette détestable excuse des faits accomplis, l'orateur poursuivit :

« Il faut, Messieurs, que je vous dise mon sentiment sur quelques incidents de ce débat, un des plus douloureux auxquels j'aie assisté dans nos débats parlementaires. Une lutte personnelle, directe, s'est engagée, une lutte entre deux hommes qui dans ces derniers temps ont dirigé la politique extérieure du pays. Je ne sais s'il est un seul membre qui n'ait été péniblement affecté au fond de son cœur, lorsqu'on a vu l'ambassadeur et le ministre se combattre à cette tribune avec des notes même confidentielles, lorsqu'on a vu deux hommes identifiés, pour l'étranger au moins, dans une même politique, se livrer le plus déplorable combat.

« Est-ce que vous croyez que dans une telle lutte, les hommes et les choses ne reçoivent pas une sérieuse atteinte ? Ah ! je le sais, vous n'avez pas trahi ; vous avez obéi aux instructions qui vous étaient données ; personne ici ne soupçonne le contraire. Mais savez-vous ce qui, à la lecture de certaines pièces, a soulevé l'expression unanime d'un pénible sentiment ?... Désormais, s'est-on dit, qui sera sûr de la discrétion du pouvoir dans la direction des affaires, quand un ministre, ayant choisi un représentant de la France au dehors, et lui ayant confié non-seulement des documents officiels, mais ses plus intimes pensées, ce représentant, passant sans transition dans un camp opposé, viendra à cette tribune donner au pays et à l'étranger le douloureux spectacle d'un tel antagonisme, et se servira même des pièces où la pensée intime du ministre se sera épanchée ?

« Ah ! que de tels exemples ne se reproduisent pas ! On peut être sûr de soi, on peut avoir une confiance personnelle dans son talent ; mais il est des situations qui dominent tous les talents.

« Voulez-vous mon sentiment ? Ambassadeur de cette politique, confident intime de cette politique, vous étiez le dernier homme qui pouvait remplacer le ministre qui l'avait pratiquée. »

Paroles cruelles et bien méritées ! accusation d'autant plus accablante, qu'elle était dans la bouche de tout le monde !

L'autorité morale du nouveau Cabinet était loin de s'être raffermie dans cette longue discussion. Mais il comptait, non sans raison, sur les complaisances d'une Chambre incapable de résolutions énergiques. Vainement la voix ardente de quelques orateurs se faisait l'écho de généreuses inspirations ; les muets du Parlement trouvaient bien plus d'éloquence dans les conseils de leur égoïsme et de leurs secrètes terreurs ; les dévoués des centres ne voyaient rien au-dessus des arguments d'un ministre, et les nombreux fonctionnaires prenaient le mot d'ordre de leurs chefs suprêmes. Cependant, malgré tous ces éléments d'un succès assuré, M. Guizot fut obligé de modifier les termes de ses engagements pacifiques. Il avait fait dire au roi que le traité du 15 Juillet était circonscrit dans les mesures que les quatre puissances avaient prises pour arranger un différend entre le sultan et le pacha ; il avait affirmé à la tribune de la pairie que le traité était tout entier dans cette phrase, rien de plus, rien de moins. La commission de la Chambre des députés avait complaisamment répété les mêmes paroles. L'attitude de la Chambre et du pays la contraignit de changer de langage ; elle vint elle-même apporter des amendements à son humble projet. Au lieu de présenter les conventions du traité comme de *simples mesures* pour un arrangement entre le sultan et le pacha, elle disait : « La France s'est vivement émue des événements qui viennent de s'accomplir en Orient. » Au lieu d'énumérer complaisamment toutes les violences qu'elle pouvait subir jusqu'au *territoire menacé*, elle se résignait à dire : « La France veillera au maintien de l'équilibre européen, et ne *souffrira pas* qu'il y soit porté atteinte. » C'était se placer bien loin de *paix partout et toujours*. M. Guizot lui-même, en présence des sentiments non équivoques de la Chambre, fut obligé d'accepter les amendements. Il est vrai qu'il n'en était guère embarrassé ; il était facile de les rendre illusoires. Mais il n'en était pas moins réduit à se démentir et à désavouer l'audace de ses abaissements. La Chambre, n'osant mieux faire, le condamnait à l'hypocrisie.

M. Guizot s'y résigna facilement, et cette accommodante abnégation lui valut pour l'ensemble de l'Adresse 247 voix contre 161 opposants.

Ainsi la même Chambre avait donné la majorité à trois ministères d'origines diverses et de prétentions bien opposées. Le 12 Mai avait été choisi en dépit de la coalition parlementaire, et le Parlement accepte de bonne grâce sa défaite. Une seconde coalition renverse le 12 Mai, le 1ᵉʳ Mars promet l'inauguration du régime parlementaire. Mais, bientôt infidèle à ses engagements, il subit le gouvernement personnel avec autant de résignation que ses prédécesseurs, et la Chambre lui donne aveuglément son concours. Il tombe, non pour avoir fait acte de courage, mais pour n'avoir pas consenti à faire acte public de peur, et la Chambre, qui l'avait salué de ses applaudissements et de ses votes, tend la main au 29 Octobre et se déclare prête à le suivre. Absence de principes, oubli de ses propres actes, désaveu de ses victoires, voilà ce qu'on pouvait lire dans les votes successifs de la Chambre. Il y avait plus encore. Toutes ces évolutions ministérielles auxquelles elle assistait avec tant de bonhomie, démontraient de mieux en mieux combien le régime parlementaire, dans son organisation actuelle, était défectueux et impuissant. Exprimant un jour sa volonté pour subir le lendemain une volonté contraire, appuyant un ministère pour le déserter, avouant une politique pour l'abandonner, le Parlement n'avait d'existence à lui que le jour où la main royale qui le maintenait se retirait fatiguée. Mais, dès que cette main s'avançait encore, il se courbait en silence, acceptait doucement le joug et rentrait dans le sillon qui lui était tracé. Aussi chacune des législatures qui se succédaient devenait-elle tellement déconsidérée, qu'aucune n'achevait le cours de son existence légale. Une dissolution par ordonnance les empêchait de s'affaisser sur elles-mêmes dans leur propre décomposition. La Chambre qui venait d'absoudre M. Guizot, venait de précipiter les jours de sa décadence.

XV

Nouvelle lettre de lord Palmerston. — Lettre de Louis-Philippe à ce sujet. — Nouvelles insurrections dans la Syrie. — L'émir Beschir traite avec les Anglais. — Ils le transportent à Malte. — Prise de Beyrouth, de Saïd, de Sour, de Saint-Jean-d'Acre. — Énergie de Méhémet-Ali. — Attaque d'Alexandrie. — Méhémet-Ali est trahi par ceux qui l'entourent. — Capitulation. — Traité du 27 Novembre. — Luttes à l'intérieur. — Circulaire de M. Martin du Nord. — Saisie du *National*. — Condamnation de M. de Lamennais. — Interdiction du banquet annuel des Polonais. — Inondations dans l'Est et le Midi. — Désastres de Lyon et de Mâcon. — Nouvelles intrigues ministérielles. — M. Molé et l'alliance russe. — Discussion de la loi des fortifications.

Au moment où M. Guizot proclamait à la tribune la soumission aux faits accomplis, il s'en accomplissait d'autres qui devaient agrandir le cercle des concessions.

Une nouvelle note de lord Palmerston, en apparence destinée à répondre à M. Thiers, mais datée du 2 novembre, alors que l'on connaissait à Londres le changement de mi-

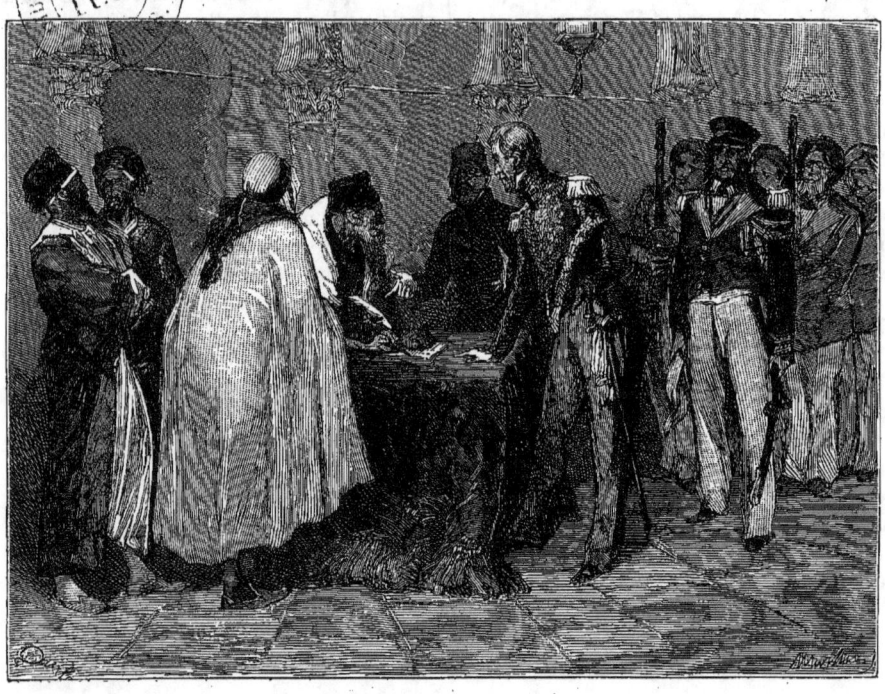

Il signa l'évacuation de la Syrie. (Page 213, col. 1.)

nistère, venait répéter à la France que les coalisés ne consentiraient à aucune transaction. M. Thiers, dans sa note du 8 octobre, prétendait faire de la déchéance du pacha un *casus belli*. Voici ce que répondait le ministre anglais :

« Il n'appartient qu'au sultan, en sa qualité de souverain de l'empire ottoman, de décider lequel de ses sujets sera nommé par lui pour gouverner telle ou telle partie de ses possessions, et les puissances étrangères n'ont aucun droit de contrôler le sultan dans l'exercice discrétionnaire d'un des attributs inhérents et essentiels de la souveraineté indépendante. »

Il était difficile de mêler plus d'arrogance à plus de dérision. Aux yeux de tous, l'indépendance du sultan consistait à être soumis humblement à la volonté des quatres puissances, et lorsque lord Palmerston semblait remettre toutes choses à la décision du sultan, il ne reconnaissait en réalité que la volonté de la coalition.

Et cependant cette note de lord Palmerston fut un sujet de joie pour Louis-Philippe. Quelques extraits d'une lettre écrite par lui au roi des Belges contiennent à cet égard de curieuses révélations :

« Paris, 6 novembre 1840.

« Mon très cher frère et excellent ami.

« Il nous est arrivé hier une dépêche de lord Palmers-
« ton qui m'a fait plaisir. Elle est encore adressée à Thiers ;
« mais comme elle porte la date du 2 novembre, il est clair
« que c'est après avoir eu connaissance de l'installation du
« nouveau ministère, que la dépêche a été résolue et faite. Le
« ton en est bon, et sauf quelques récriminations, plutôt
« de regret que de reproche, que M. Guizot pense comme
« moi qu'il ne faut ni relever ni discuter, nous croyons
« pouvoir donner adhésion au principe qui y est posé, sa-

27. — E. REGNAULT.

« voir : la nécessité que le pacha soit placé et maintenu
« dans un état de soumission au sultan ; d'autant plus vo-
« lontiers que nous avons constamment proclamé et main-
« tenu ce principe, et que c'est même la France qui a
« résisté la première au pacha, quand il a manifesté, en
« 1833 et en 1834, le désir de se déclarer *indépendant.*
...... « Qu'on sache donc bien à Londres quelle est la na-
« ture de la lutte dans laquelle (je ne récrimine pas sur la
« cause, que je crois pourtant avoir été si futile, ou du
« moins si facile à éviter ; n'importe ! je prends les faits ac-
« complis sans m'occuper du passé), dans laquelle, dis-je,
« nous sommes engagés *neck or nothing*[1]. Cette lutte n'est
« ni plus ni moins que la paix ou la guerre ; et si c'est la
« *guerre*, que lord Palmerston et ceux qui n'y voient peut-
« être que des dangers pour la France sachent bien que
« quels que puissent être les premiers succès d'un côté
« ou de l'autre, les vainqueurs seront aussi immaniables
« que les vaincus ; que jamais on ne refera ni un congrès
« de Vienne, ni une nouvelle délimitation de l'Europe ;
« l'état actuel de toutes les têtes humaines ne s'accom-
« modera de rien et bouleversera tout. *The world shall
« be unkinged*[2] ; l'Angleterre ruinée prendra pour son type
« le gouvernement modelé des États-Unis, et le continent
« prendra pour le sien l'Amérique espagnole.
« Mais laissons cela ; si c'est la paix qui l'emporte, tout
« se calmera, non sans doute sans beaucoup de craintes
« et de dangers ; mais la leçon de l'impuissance des parti-
« sans de la guerre nous donnera des forces. Nous com-
« mencerons, comme je le fais depuis dix ans, par gagner
« du temps, et le temps aujourd'hui c'est tout. Cela nous
« ramènera d'abord les fins observateurs de la girouette ;
« et plus on se persuadera que nous sommes les plus forts,
« plus nous aurons de facilité pour continuer à l'être.
« Ne nous y trompons pas. Le point de départ, c'est le
« renversement ou la consolidation du ministère actuel.
« S'il est renversé, point d'illusions sur ce qui le remplace ;
« c'est la guerre à tout prix, suivie d'un 93 perfectionné, etc.
« S'il est consolidé, c'est la paix qui triomphe, et ce
« n'est que par la paix qu'il peut l'être ; mais il faut se
« dépêcher, car vous savez que les têtes gauloises sont mo-
« biles. On va soutenir ce ministère, parce qu'on croit
« qu'il apportera la paix ; mais s'il ne l'apporte pas tout
« de suite, on ne tardera pas à croire qu'il ne l'apportera
« pas du tout, et alors on croira aussi que la guerre est
« inévitable, et qu'il faut l'entamer bien vite pour prendre
« les devants sur ceux qu'on appellera tout de suite *les
« ennemis.* Dépêchons-nous donc de conclure un arran-
« gement que les cinq puissances puissent signer, car alors,
« croyez-moi, c'en est fait de la guerre pour longtemps,
« pour bien longtemps ; car la venette actuelle deviendra
« une bonne leçon pour tous, si elle ne vous donne pas la
« guerre.....
« . . . .
« . . . .

« Louis-Philippe [3]. »

Pendant que Louis-Philippe cherchait dans le roi des Belges un intermédiaire officieux, pour hâter un arrangement avec l'Angleterre, les puissances coalisées portaient les derniers coups à l'allié délaissé de la France.

1. *Jusqu'au cou.*
2. *Le monde sera démonarchisé.*
3. *Revue rétrospective.*

Après le premier bombardement des villes maritimes de la Syrie, les progrès des coalisés avaient été nuls ou insignifiants. L'insurrection du Liban était apaisée. Ibrahim-Pacha et Soliman surveillaient en même temps les côtes et l'intérieur du pays ; les coalisés occupaient le promontoire de Beyrouth, les villes de Djebaïl, Djounis, et l'île de Ruad, où ils avaient établi un hôpital. Mais un stérile blocus ne suffisait pas à l'impatience des chefs anglais ; ils avaient hâte d'en finir pour plus d'une raison ; et la principale était que les Russes désiraient tout autre chose. Car le bon accord des alliés n'existait que dans leur opposition contre la France ; mais dans les détails de la guerre, des intérêts contraires les divisaient. La Russie espérait que les difficultés se compliqueraient, que les troupes égyptiennes feraient une sérieuse résistance, et obtiendraient peut-être des succès qui nécessiteraient son intervention. Aussi accumulait-elle sur les bords de la mer Noire de formidables préparatifs. Le port d'Odessa contenait plusieurs vaisseaux de guerre, et plus de quatre-vingts bâtiments marchands nolisés par le gouvernement. Les constructions navales se multipliaient à Nikolaiew, Cherson, à Aleschka. Un camp nombreux se formait aux environs du Scutari ; tout s'apprêtait pour l'envahissement de l'Asie Mineure. L'Angleterre, de son côté, voulait rendre ces préparatifs inutiles, en achevant promptement la campagne sans avoir recours à la périlleuse intervention de son allié. Mais tant que les Syriens restaient en repos, tant que la montagne demeurait inactive, il n'y avait pas d'espoir de soumettre Ibrahim. Ce fut donc de ce côté que les Anglais résolurent d'agir. De nouveaux émissaires parcoururent la montagne ; l'argent et les promesses furent prodigués ; d'habiles pourparlers entraînèrent quelques chefs ; un des fils même de Beschir, l'émir El-Kassim, se laissa gagner. Au commencement d'octobre, toute la montagne était en feu, et vingt mille paysans en armes harcelaient les troupes découragées d'Ibrahim-Pacha. Bientôt l'émir

Beschir lui-même, circonvenu par des envoyés de l'amiral Stopford, conclut, le 5 octobre, une convention par laquelle il s'engageait à faire sa soumission au sultan, à condition qu'on lui garantirait la sûreté de sa personne et de ses biens, et la conservation de sa principauté dans la montagne. Deux de ses fils devaient être envoyés comme otages au camp des alliés. Cependant, par un retard involontaire, la soumission officielle de l'émir n'ayant pas eu lieu le jour fixé, l'amiral Stopford crut n'avoir plus besoin de lui après l'avoir compromis, prononça sa déchéance, et nomma au gouvernement du Liban l'émir El-Kassim, qui fut de suite revêtu, au nom du sultan, des insignes de sa dignité.

A la nouvelle de sa destitution, Beschir, saisi de consternation, s'enferma dans son harem avec ses fils, et y passa vingt-quatre heures dans les larmes, sans laisser approcher de lui aucun de ses serviteurs. Le lendemain, accompagné de sa famille et d'une suite nombreuse, il partit pour Saïda, où il arriva le 11, et se mit en communication avec le capitaine Barklay, commandant de cette station, qui le dirigea vers l'amiral Stopford à Beyrouth. Celui-ci le reçut à son bord avec tous les honneurs convenables, mais lui signifia qu'il ne pouvait rester en Syrie, et qu'on allait le faire conduire avec sa famille dans le lieu qu'il désignerait. Quant à ses biens, on lui promettait de les vendre et de lui en remettre le prix. L'émir protesta vivement contre ce guet-apens, mais en vain. Enfin, après une longue discussion, voyant qu'il était prisonnier, il demanda à être conduit à Rome ou en France. L'amiral lui déclara que la chose était impossible, et qu'il était seulement libre d'aller à Malte ou en Angleterre. Il se décida pour Malte. C'est ainsi que les Anglais récompensèrent sa trahison, fidèles en cela aux traditions de leur politique. Ils en usèrent avec Beschir comme ils avaient coutume de le faire avec les princes de l'Indoustan.

Aussitôt que la montagne fut en pleine insurrection, les opérations militaires recommencèrent sur les côtes. Les alliés avaient bombardé Beyrouth, mais sans s'établir dans la ville : ils résolurent de s'en emparer définitivement. Le 9 octobre, l'escadre de blocus commença à canonner vivement la place. Soliman-Pacha la défendait avec trois régiments qui bivouaquaient dans les rues, dont les principales approches étaient gardées par de l'artillerie. Les quais du port, balayés par les boulets ennemis, étaient abandonnés et sans défense. Cependant Soliman avait espéré se maintenir quelque temps dans la place. Mais l'administration des armées égyptiennes était si mal organisée, que dès le premier jour il manquait de vivres. Il fallut se retirer sans combattre.

En même temps, Saïde (l'ancienne Sidon) était attaquée par le commodore Napier. C'était un des points les plus importants occupés par Ibrahim, formant le grand dépôt d'armes, de munitions et de provisions, qui servait aux deux lignes militaires d'El-Arish et de Beyrouth. Deux vaisseaux et quatre frégates, embossés devant la ville, ouvrirent un feu terrible. Mais les murailles étaient si solides, que la pluie de bombes et de boulets n'avait, au bout d'une heure, produit aucun effet. Des embarcations armées furent alors dirigées vers le quai, où les défenseurs de la place les accueillirent avec un feu bien nourri, lorsque au milieu de l'engagement, un officier d'Ibrahim, soit trahison concertée, soit par une crainte subite, livra une porte aux assiégants, qui se précipitèrent dans la ville et s'en rendirent bientôt maîtres.

Sour (l'ancienne Tyr), attaquée à son tour, ne tint pas une heure. Il ne restait plus sur la côte, aux mains des Égyptiens, que Tripoli et Saint-Jean-d'Acre.

Cependant le vieux pacha ne montrait pas de dispositions à céder. Poussant avec activité les fortifications d'Alexandrie, organisant au Caire une garde nationale de trente mille hommes, appelant de nouvelles troupes de l'Hedjaz, il déclarait sa ferme intention de s'ensevelir, s'il le fallait, sous les ruines de son empire. En apprenant qu'on lui avait donné pour successeur Izzet-Mohammed-

Pacha, il s'était écrié avec ironie : « Izzet-Pacha est bien digne de cette faveur; il a livré Varna aux Russes. Moi, au contraire, j'ai reconquis la Morée au sultan, et sauvé, à cette époque, l'empire d'une ruine complète. »

Son plus vif désir était de tenter un coup décisif, en faisant sortir du port d'Alexandrie la flotte combinée, au nombre de vingt et un vaisseaux de ligne et de dix-huit frégates, pour aller offrir le combat à l'escadre anglo-turque, composée de quinze vaisseaux et de dix-huit frégates. Mais ce projet rencontrait une vive opposition chez les agents du gouvernement français. M. Cochelet, consul général, et M. Waleski, envoyé extraordinaire, eurent à ce sujet de longues et fréquentes discussions avec le pacha, sans pouvoir cependant vaincre sa détermination. Le plan de Méhémet ne manquait ni de résolution ni de grandeur. S'il ne réussissait pas à contraindre les alliés au combat, il voulait se rendre à Salamine sous la protection de l'escadre française, et même à Toulon, si l'amiral Hugon lui refusait appui. Une fois la flotte égyptienne accueillie par l'hospitalité française, les alliés étaient forcés de la respecter, et Méhémet, sûr désormais de l'appui de la France, pouvait, jusqu'au printemps, maintenir dans le devoir les populations du Liban. Pendant ce temps, on donnerait une nouvelle organisation à la flotte égyptienne. On incorporerait dans les équipages des matelots français, et dans six mois la France pourrait se présenter aux alliés avec soixante vaisseaux de ligne et quarante frégates.

Cette hardie combinaison aurait sans doute assuré à la France d'incontestables avantages; mais elle donnait trop de chances à la guerre pour être goûtée par le cabinet des Tuileries. Les agents de M. Thiers avaient combattu opiniâtrement les énergiques résolutions du vieillard, et, n'osant le protéger, ils l'avaient empêché de se protéger lui-même par les tentatives d'un courageux désespoir, ou de compromettre la paix de la France par les engagements d'une hospitalité périlleuse.

Pendant que le pacha d'Égypte était paralysé par les conseils de la France, les Anglais poursuivaient leur œuvre de destruction. Trois jours après l'avènement du 29 Octobre, la ville de Saint-Jean-d'Acre tombait entre leurs mains. Le 2 novembre, vingt-deux bâtiments de guerre, tonnant tous à la fois, accablèrent la place de bombes et de fusées à la congrève. Le feu, commencé à neuf heures et demie du matin, ne cessa qu'à cinq heures et demie du soir. Pendant ce temps, soixante mille projectiles, boulets pleins ou creux, avaient été jetés dans la place; un seul vaisseau, la *Princesse-Charlotte*, avait lancé quatre mille quatre cents boulets; le *Bellérophon* avait usé cent soixante huit barils de poudre et vingt-huit tonneaux de boulets rougis. Toutes les maisons de la ville étaient démantelées, on ne voyait dans les maisons égyptiennes que des morts et des blessés.

Cependant, malgré les ravages causés par le feu des vaisseaux alliés, les assiégés continuaient à opposer une résistance désespérée, lorsqu'une explosion terrible vint tout à coup se faire entendre. Le ciel fut obscurci pendant plusieurs minutes par une fumée si épaisse, que la flotte combinée et la place semblèrent disparaître ; c'était le principal magasin de poudre qui venait de sauter. Un tiers environ de la ville se trouvait abattu et détruit : près de deux mille soldats, une grande quantité de chevaux, de chameaux et de bœufs, lancés au loin, retombèrent en lambeaux ou furent ensevelis sous les décombres.

Les batteries des assiégés cessèrent alors de tirer; quelques espions vinrent annoncer à l'amiral Stopford que la garnison égyptienne avait complètement évacué la ville; bientôt le pavillon britannique fut arboré sur les murs démantelés.

Il ne restait plus, pour compléter la ruine du pacha d'Égypte, qu'à l'aller attaquer dans Alexandrie. Le 26 novembre, la flotte des alliés se présenta devant cette ville, après avoir, sur son passage, reçu la soumission de Jaffa. Pendant que les vaisseaux prenaient possession, le commodore Napier, monté sur un bateau à vapeur, pénétra hardiment dans le goulet, passa à travers les feux croisés des forts, et arbora au milieu du port le pavillon parlementaire. Conduit aussitôt au palais de Méhémet-Ali, il le somma de se rendre aux conditions stipulées par l'ultimatum des quatre puissances. Mais les instances du commodore, sa colère même, furent inutiles. « Nous brûlerons la ville, s'écria-t-il avec emportement. — Brûlez, » répondit tranquillement le pacha.

Le commodore Napier sortit alors, en lui donnant vingt-quatre heures pour se décider. En sortant du port, il montra du doigt à son interprète un bâtiment fortifié de la ville, en disant : « Voilà la poudrière ! »

Revenu à bord de la flotte, Napier ne tarda pas à reparaître avec des embarcations qui sondèrent la passe. Tout se préparait pour le bombardement.

Mais ceux qui entouraient Méhémet-Ali ne montraient pas la même fermeté que lui. Il se trouva pressé de sollicitations, accablé de craintives supplications. Une autre cause plus puissante vint rompre ses déterminations. Les Anglais, ne se fiant pas seulement à la force de leurs canons, s'étaient ménagé dans la place de nombreuses intelligences. Plusieurs hommes considérables étaient gagnés à leur cause, et l'or avait été habilement distribué parmi les soldats et la population. A peine eut-on appris qu'une résistance sérieuse se préparait, que des symptômes d'insurrection se manifestèrent dans différents quartiers de la ville ; plusieurs soldats turcs de garde aux batteries placées à la pointe du sérail enclouèrent les pièces qui devaient servir. Le pacha vit trop tard qu'il était environné de trahisons ou de mauvaises volontés. Il accepta son sort avec la résignation d'un musulman, fit rappeler le commodore Napier, et signa, en date du 27, une convention en vertu de laquelle il évacuait immédiatement la Syrie, et s'engageait à restituer la flotte ottomane, aussitôt qu'il aurait reçu la notification officielle que la Sublime Porte lui accordait, sous la garantie des quatre puissances, le gouvernement héréditaire de l'Égypte.

Ainsi se trouvaient accomplies jusqu'au bout les menaces de la coalition, ainsi se trouvaient vérifiées les prévisions de lord Palmerston, qui avait osé s'écrier : « La France laissera faire » ; sans que rien vînt contredire ces prophétiques insultes.

La première partie du programme de M. Guizot : « Paix au dehors », était mer-

Sir Charles Napier
(1786-1860).

veilleusement remplie ; la seconde partie : « Guerre au dedans, » s'observait avec une égale fidélité. Le nouveau ministre de la justice, M. Martin (du Nord), avait, le 6 novembre, adressé aux procureurs généraux une circulaire pour leur recommander l'exécution rigoureuse des lois contre la presse. Le 8 novembre, une saisie du *National* répondait aux exhortations du ministre. Quelques jours après, une feuille nouvelle, la *Revue démocratique*, était également poursuivie. L'éditeur de ce dernier recueil fut condamné à une peine sévère ; le *National* fut renvoyé de la plainte par la chambre des mises en accusation. Mais M. Martin (du

Nord) ne se découragea pas. Une nouvelle saisie vint frapper le *National* le 16 décembre, et le 26, M. Lammennais était condamné par la cour d'assises à un an de prison et 2,000 francs d'amende. La poursuite de ce dernier remontait, il est vrai au ministère du 1er Mars; en cela du moins le 29 Octobre était loin de désavouer ses prédécesseurs. Mais, avant tout, il lui importait d'offrir des gages à l'étranger. Les exilés polonais résidant à Paris se proposaient de célébrer, le 29 novembre, le 10e anniversaire de la révolution qui, pour quelques mois, délivra Varsovie de l'oppression russe. Ils avaient désigné pour présider à leur réunion un vieux soldat, le général Rybinski, qui avait commandé le dernier l'armée nationale.

En même temps ils avaient invité à se rendre au milieu d'eux plusieurs citoyens français, MM. Garnier-Pagès, Bastide, Buchez, et au général Rybinski ils avaient adjoint, comme président français, M. Arago. Ce n'était pas une innovation. Toujours, depuis neuf ans, les réfugiés polonais avaient eu un président français ; toujours des orateurs français avaient pris la parole ; toujours des citoyens des deux nations s'étaient assis côte à côte dans cette fête commune aux deux peuples : faible consolation pour ceux qui avaient perdu une patrie, généreux hommage de ceux qui apportaient aux exilés la sympathie et l'espérance.

Et cependant, ce qui s'était toujours fait sous tous les ministères, même aux jours des guerres civiles, fut frappé d'interdiction par le cabinet du 29 Octobre. Le préfet de police signifia aux commissaires que leur réunion n'aurait pas lieu si des Français y présidaient ou y portaient la parole. On craignait sans doute que des hommes considérables dans l'opposition n'exprimassent avec trop de sincérité les sentiments que leur inspiraient l'autocrate russe ; le promoteur de la coalition contre la France était bien digne que le gouvernement français le protégeât. M. Guizot couvrait le czar de son égide pacifique.

Cette mesure inusitée était en même temps une insulte au malheur et une aggravation de peine ; on séquestrait les Polonais comme une nation de pestiférés ; on leur enlevait l'expression des sympathies françaises, leurs dernières ressources, peut-être leurs dernières illusions. Ils ressentirent douloureusement une telle injure, et ils se résolurent avec amertume à contremander leur réunion, puisqu'on leur refusait la triste joie de recevoir de quelques voix amies des encouragements et des consolations.

Pendant que les faiblesses de l'extérieur faisaient contraste avec les violences de l'intérieur, de terribles fléaux portaient la ruine et la désolation dans les riches campagnes du Midi et de l'Est. Aux premiers jours de novembre, des inondations subites, effrayantes, irrésistibles, envahirent les vallées du Rhône, de la Saône et du Gard. La ville de Lyon fut bientôt convertie en un vaste lac où surnageaient les débris des maisons emportées, des fabriques détruites, des bateaux brisés. L'usine à gaz de la Guillotière, bâtie cependant avec solidité, n'avait pu résister à la force des eaux ; dans toute cette partie de la campagne qui s'étend des Brotteaux à la Guillotière, plus de 160 maisons étaient écroulées. Parmi les habitants, les uns avaient péri dans les flots, les autres erraient nus et sans pain.

A Mâcon les désastres n'étaient pas moindres. Soixante lieues dans les environs étaient ravagées ; plus de cent villages avaient disparu. Dans la partie haute de la ville, six mille paysans bivouaquaient sur les places, dans les rues, dépouillés de tout. Pendant six jours, les bateaux de sauvetage envoyés par les autorités parcouraient la vallée submergée, pour arracher les victimes à l'impitoyable fléau, sans pouvoir suffire à sauver toutes les infortunes. Dans certains endroits, de malheureuses familles attendirent deux ou trois jours sur leurs toits, dans les clochers ou sur des tertres déjà inondés. Quelques-uns, saisis par le délire de la fièvre et de la faim, s'attachaient aux chevrons de leurs toits, sans vouloir qu'on les en arrachât. Il se passait des scènes horribles de douleur et de désespoir.

Les départements voisins étaient également couverts de ruines; l'Ain, l'Isère, le Gard, la Drôme et le Vaucluse étaient bouleversés, les champs dépouillés de la terre végétale, les arbres déracinés, et tout espoir de récolte perdu.

Ces effroyables désastres produisirent dans toute la France un douloureux retentissement ; d'ardentes sympathies s'éveillèrent dans le cœur de tous les citoyens. Des souscriptions furent partout ouvertes pour venir en aide au malheur; le gouvernement, interprète du vœu national, vint demander aux Chambres les moyens de réparer quelques-uns des maux causés par les inondations, et les Chambres, s'associant au sentiment qui dictait cette proposition, votèrent à l'unanimité un crédit de 6,500,000 francs, applicables : 1,500,000 francs à la reconstruction des voies de communication interrompues ou détruites, et 5 millions au soulagement des plus pressants besoins et des plus impérieuses nécessités. Mais que pouvaient de si faibles ressources dans une si grande proportion de malheurs? que pouvait une goutte d'eau dans un océan de misères? La destruction avait été si rapide, si générale, que, d'après le relevé officiel fait dans le seul département de l'Ain, le nombre des maisons écroulées sur le littoral de la Saône était de douze cents. Ce fut l'occasion pour quelques écrivains de faire entendre des vœux en faveur de grandes institutions de prévoyance qui permettraient au gouvernement d'alléger d'une manière plus efficace de subites catastrophes, et de ne pas être pris entièrement au dépourvu, même par les coups inattendus du sort. Les pensées exprimées à ce sujet étaient vagues et timides; mais on y voit le germe de questions qui devaient être soulevées plus tard avec une brûlante ardeur.

Le ministère ne sut pas cependant se mettre à l'abri de la critique dans l'emploi des fonds. D'innombrables familles mourant de faim durent subir les délais des formules bureaucratiques avant de toucher l'obole de la charité publique, et plus d'un mois après les catastrophes, deux ministres interpellés à la Chambre répondaient qu'ils n'avaient pas de renseignements. En même temps cependant, 100,000 francs étaient envoyés à Lyon sur la demande de M. Sauzet, 50,000 francs à Mâcon sur les instances de M. de Lamartine. Déjà l'on se demandait si le gouvernement allait faire d'un malheur public un moyen d'influence pour les députés bien pensants. Malheureusement, dans les distributions de secours individuels, plus d'un préfet s'exposa aux mêmes accusations : plus d'un malheureux vit réduire sa portion d'aumône, faute d'avoir l'apostille d'un électeur influent.

La presse signalait ces abus et n'était guère écoutée. Le ministère, tout occupé du soin de sa propre existence, avait peu de temps à donner aux intérêts de quelques paysans ruinés. De hautes intrigues occupaient toutes ses facultés actives. Malgré son empressement à désavouer le passé, malgré ses déférences pour les puissances alliées, M. Guizot ne réussissait qu'à demi, soit à l'intérieur, soit à l'extérieur. Les conservateurs zélés ne lui avaient pas encore pardonné la coalition, et les cours étrangères voyaient encore quelque chose de menaçant dans un programme qui prenait pour formule la paix armée. Leur influence avait renversé un ministère qui affectait une attitude offensive avec 900,000 hommes ; elles n'acceptaient pas une attitude défensive avec 500,000. On avait désarmé la guerre, on voulait désarmer la paix. Le projet de fortifier Paris inspirait aussi des ombrages au dehors, surtout avec l'enceinte continue, inutile pour la répression intérieure, efficace seulement contre les agressions de l'Europe. Il y avait au fond de cette mesure une pensée révolutionnaire qui alarmait les chancelleries, et un surcroît de puissance militaire pour la France, qui déconcertait la tactique des signataires du traité de Londres. M. Guizot avait été un instrument utile pour renverser M. Thiers ; mais il n'était déjà plus suffisant pour faire rentrer la France dans le congrès européen. Une première victoire rendait plus exigeant; la paix armée devenait mal sonnante; les fortifications semblaient une menace; il fallait une paix sans armes et sans précautions. C'est, du reste, la logique des concessions. M. Guizot avait trop accordé pour qu'on ne voulût pas davantage. Mais son programme était fait; il ne pouvait le changer sans tomber avec déshonneur; il y avait associé la Chambre, la couronne et tout le pays légal. Le terrain était favorable pour lutter contre ses adversaires. L'homme que lui opposaient les conservateurs outrés était son ancien rival, M. Molé, adversaire décidé des fortifications, et une nouvelle combinaison ministérielle était toute préparée pour remplacer le Cabinet du 29 Octobre. M. Lamartine, également opposé aux fortifications, devait avoir le ministère de l'intérieur. MM. Passy et Dufaure recevaient les portefeuilles des finances et de la justice. Ce n'est pas que cette combinaison fût définitivement acceptée par ceux qui y figuraient; nous racontons seulement les projets des faiseurs. M. Lamartine, par exemple, ennemi sincère des compressions intérieures, mettait pour condition à son entrée aux affaires de larges concessions à l'esprit libéral des institutions, à la dignité individuelle des citoyens : il ne voulait, disait-il, se présenter au ministère que « les mains pleines de libertés »; MM. Dufaure et Passy devaient le seconder dans son système de progrès et d'organisation démocratique.

Pour le système extérieur, l'intrigue était plus compliquée. M. Molé avait été toujours en grande faveur à Saint-Pétersbourg, et, par reconnaissance autant que par goût, il faisait de l'alliance russe la base de la politique française. Les circonstances devenaient singulièrement favorables à ce projet. Le czar, en provoquant le traité du 15 juillet, ne s'était pas dissimulé qu'il pourrait en sortir une guerre européenne; mais aussi de ce bouleversement général du monde pouvait naître l'occasion d'accomplir à l'improviste ses desseins sur Constantinople. Cependant la prompte soumission de la Syrie et de l'Égypte et l'incroyable patience du gouvernement français avaient trompé ses calculs. Il ne lui restait plus d'autre bénéfice que la rupture de l'alliance anglo-française. C'était beaucoup; mais ce n'était que la moitié de ce qu'il cherchait. Il avait détaché la France de l'Angleterre, il voulait attirer la France à lui. Changeant tout à coup de langage et d'allures, il se montra, envers le gouvernement français, aussi empressé qu'il avait été arrogant. Le changement de ministère lui offrait un prétexte. M. Guizot, à son avènement, avait adressé au comte de Nesselrode une communication officielle, déclarant que la politique du nouveau Cabinet avait pour principal objet d'assurer le maintien de la paix en Europe. La réponse fut faite par une note verbale remise le 26 décembre à M. Guizot par M. le comte Pahlen. Cette note contenait des expressions de sympathie auxquelles le Cabinet des Tuileries n'était pas accoutumé. Les explications particulières de l'ambassadeur russe ajoutèrent encore aux charmes de la surprise. Le comte assurait à M. Guizot, en termes pleins de chaleur, que son souverain appréciait trop les avantages de l'amitié de la France pour ne pas saisir l'occasion de renouveler d'anciennes relations d'alliance avec elle, et d'appuyer l'intervention de son gouvernement en faveur de Méhémet-Ali.

De si courtoises avances faisaient oublier bien des outrages, et l'on se réjouissait aux Tuileries de voir une porte ouverte à la reprise des alliances continentales. Le czar, toutefois, ne se laissait guère entraîner par le sentiment; ses antipathies contre la famille d'Orléans n'étaient pas moins vives; mais il les faisait taire devant de plus puissantes considérations. Fidèle aux traditions de la politique moscovite, il tenait toujours ses regards attachés sur Constantinople, et ne négligeait aucune occasion d'arriver à l'accomplissement de ses projets. Déjà, depuis l'isolement de la France, il avait, par des voies détournées, fait pressentir à Louis-

Il se passait des scènes horribles de douleur et de désespoir. (Page 214, col. 1.)

Philippe les avantages qu'il rencontrerait dans une alliance avec la Russie. Le roi Léopold, ami de tout le monde et confident intime des Tuileries, écrivait à ce sujet : « Pourquoi ne pas donner des garanties à la Russie? L'empereur est le seul souverain qui puisse tolérer la démocratie à Paris, le seul à qui l'extension de la France ne saurait porter ombrage. Pourquoi lui disputer le Levant, s'il vous assure l'empire de la Méditerranée? Réunissez les flottes de France et de Russie, et faites de la Méditerranée un lac fermé. » Tel était, en effet, le plan politique du czar : l'alliance de la Russie et de la France ayant pour objet la possession du Levant par un de ces États, la possession du littoral de la Méditerranée par l'autre, l'exclusion de la marine anglaise de la mer intérieure, et l'union des deux grandes puissances maritimes seules en état de tenir tête à l'Angleterre.

Toutefois, pour arriver à la conclusion de

28. — E. REGNAULT.

ce traité, M. Guizot semblait un obstacle. M. Guizot était de l'école anglaise; il avait été de l'école libérale, et, quoique transfuge, il lui restait encore des habitudes et des souvenirs qui s'accordaient mal avec les principes de l'alliance russe. Mais il y avait, en face de lui un homme que n'avait jamais entaché le libéralisme, que l'école anglaise n'avait jamais séduit, M. Molé. Depuis longtemps acquis au système russe, fort bien venu en cour, chef avoué d'un parti politique auquel M. Guizot lui-même semblait un novateur, M. Molé était le ministre nécessaire au rapprochement définitif de Saint-Pétersbourg et des Tuileries, à l'inauguration de la grande politique qui devait renouveler les souvenirs de Tilsitt et d'Erfurt. Entrant dans les vues du czar, tous les Russes de distinction qui se trouvaient à Paris fréquentaient les salons de M. Molé; ils l'environnaient d'hommages, et usaient de toute leur influence pour le pousser aux affaires. Car la diplomatie russe a sur les autres cet avantage qu'elle est merveilleusement secondée par ses nationaux à l'étranger. Tout seigneur russe devient même à son insu un agent de l'ambassade, et dans l'aristocratie moscovite les femmes ne sont pas les moins habiles.

Aussi l'intrigue ministérielle qui se négociait avait-elle de grandes chances de réussite; M. Molé ayant pour lui les sympathies de la cour, l'appui de la Russie et les menées des conservateurs purs. La vieille phalange des 221 était remplie d'ardeur et d'espérance.

D'un autre côté, cependant, l'ambassade anglaise, bien au courant de ces manœuvres, les surveillait d'un œil jaloux, leur opposait ses plus puissantes influences, et soutenait avec zèle la fortune chancelante de M. Guizot. La presse de Londres exaltait ses mérites; lord Palmerston l'accablait de prévenances; de hauts personnages, habilement mis en jeu, intervenaient auprès de MM. Dufaure et Passy pour leur faire entrevoir tous les dangers de l'alliance russe; on les excitait contre M. Molé par des questions d'amour-propre; on semait la division pour faire avorter la combinaison projetée.

Il y avait sans doute quelque chose d'étrange à voir la direction intérieure de la France livrée aux fantaisies des cours étrangères, et le personnel même du ministère débattu au sein des chancelleries. Quant au pays, il ne comptait pour rien. M. Molé ou M. Guizot personnifiaient le triomphe de Saint-Pétersbourg ou de Londres, sans que la Chambre elle-même offrît un asile ou une consolation à la dignité nationale. La Chambre n'avait-elle pas accepté tour à tour M. Soult, M. Thiers et M. Guizot; toute prête encore à donner le même nombre de voix à M. Molé? N'attendait-elle pas en silence le résultat des transactions diplomatiques?

Ces intrigues étaient de part et d'autre en pleine activité, lorsque les députés furent saisis du projet de loi sur les fortifications. Aucune question, depuis longtemps, n'avait si profondément remué les esprits, et les émotions étaient d'autant plus vives, qu'elles prenaient leur source dans des éléments divers, qui, se heurtant et se compliquant, produisaient dans les partis politiques de graves dissensions, rapprochant des voix qui s'étaient toujours combattues, créant des hostilités entre hommes qui avaient toujours marché d'accord, et introduisant dans les luttes de la presse et du Parlement une confusion et un trouble dont on n'avait pas d'exemple. Les partis, en cette occasion, perdirent tout ensemble et toute discipline; chacun se plaçait à un point de vue exclusif où la passion ne laissait aucune place au raisonnement, surtout dans les opinions extrêmes, qu'alarmaient bien plus les pensées bien connues de Louis-Philippe que les entreprises de l'étranger.

Ce qui ajoutait encore à la confusion des idées, c'est que parmi les partisans des fortifications, il n'y avait aucun accord, soit sur le but, soit sur l'exécution.

Il était évident pour tous que le roi y cherchait une garantie contre les turbulences des faubourgs, un surcroît de force intérieure, un plus puissant moyen de gouvernement. C'était une pensée de vieille date, et s'il y renonça momentanément, c'est qu'en 1833 et 1834 la population s'y était énergiquement opposée. Mais aux bruits de guerre qui se faisaient en Europe, en face d'une coalition nouvelle qui menaçait l'indépendance de la France, l'occasion était trop belle pour la laisser échapper : les fortifications pouvaient désormais s'élever sous prétexte de guerre, et l'on ne semblait plus obéir qu'à des sentiments de dignité nationale. Beaucoup s'y trompèrent, et les applaudissements succédèrent aux méfiances.

Les radicaux néanmoins n'étaient pas dupes de cette haute comédie ; seulement, ils l'accueillirent avec des sentiments divers. Les uns, préoccupés avant tout de la nécessité de protéger la capitale contre l'invasion étrangère, de rendre même peut-être l'invasion impossible, voulaient à tout prix les fortifications, sans s'inquiéter des pensées secrètes qui inspiraient le Château. Mettant en balance les dangers d'une guerre extérieure avec ceux d'une tyrannie intérieure, ils n'hésitaient pas à courir quelques risques au dedans, à condition de prendre toutes les précautions au dehors. Ils s'effrayaient peu d'ailleurs des calculs de Louis-Philippe. Un trône environné de forteresses n'en est pas plus solide ; tandis que Paris environné de murailles devenait inattaquable.

Ce raisonnement était simple et concluant. Il rencontra toutefois d'opiniâtres adversaires dans une notable fraction des radicaux. La méfiance chez eux dominait tout autre sentiment. Ils aimaient mieux voir la capitale ouverte aux coups de l'ennemi qu'entourée de satellites, peu soucieux d'ailleurs d'incertitudes lointaines, occupés seulement du danger qui était proche. Les premiers, il faut le dire, portaient leurs vues plus loin. Prévoyant tôt ou tard une révolution qu'ils préparaient, ils voulaient que la révolution se trouvât tout armée à sa naissance ; les seconds craignaient que la révolution ne fût retardée par les fortifications, et sacrifiaient sa force future au désir de la voir plus tôt.

Ces divergences d'opinion amenèrent entre les différents organes radicaux une polémique animée, souvent aigre et pleine de mutuels reproches. Le *National*, énergique soutien de la première thèse, fut en butte à de violentes attaques, et les rivalités personnelles en profitèrent pour amoindrir l'influence de cette feuille. Il est certain que sa popularité s'en trouva longtemps compromise. Cela s'explique par la nature même de la population de Paris. Ardent et intrépide, le Parisien des ateliers et des faubourgs supporte avec impatience ce qui semble gêner la liberté de ses mouvements et même de ses regards. L'idée de voir élever autour de ses demeures, au centre de ses promenades, une multitude de bastilles, lui portait ombrage. En vain lui parlait-on des périls du dehors ; il sentait en lui-même les ressources nécessaires pour repousser l'ennemi, et se moquait de ces murailles qui lui semblaient un outrage à sa bravoure et une atteinte à sa liberté. Les calculs éloignés de la politique ne le touchaient guère ; ce qu'il voyait avant tout, et ce qui le blessait, c'est que ses faubourgs étaient emprisonnés dans d'épaisses murailles. Ces vives susceptibilités n'étaient que trop faciles à exciter, et les adversaires des fortifications exploitèrent tout ce qu'il y avait de fier et de généreux dans les élans populaires.

Ils étaient aidés dans leur tâche par les feuilles légitimistes, qui, d'une part, étaient fort inquiètes de voir Louis-Philippe retrancher son trône derrière des citadelles, et, d'autre part, supportaient avec peine que l'on donnât un surcroît de force à la centralisation. Paris, le siège des révolutions, Paris coupable de la mort de Louis XVI, de l'expulsion de Charles X, était pour les légitimistes un objet de rancunes et de colères. Depuis longtemps ils déclamaient contre les tyrannies d'une métropole envahissante, réveillant les vieilles idées de fédéralisme, et soufflant dans les départements de folles ardeurs d'indépendance. Or, Paris fortifié prenait une importance nouvelle : centre politique, commercial et intellectuel, il allait devenir un centre militaire ; consentir les énormes sacrifices pécuniaires qu'entraînait une enceinte fortifiée, c'était accabler les départements au profit de la capitale ; c'était avouer, ce qui était incontestable, mais ce que les légitimistes contestaient, que Paris était la France. Dans un autre ordre d'idées, ils n'avaient nul souci de consolider la place forte de la révolution, et de fournir à une république future une garantie de conservation.

De sorte que, par une singulière complication d'idées opposées, certains radicaux s'accordaient sur cette question avec les légitimistes, certains autres avec les journaux ministériels.

Mais au sein même du ministère il y avait des divergences. Lorsque M. Thiers avait fait commencer par ordonnance royale les travaux des fortifications, pour écarter les justes méfiances de la presse opposante, il avait combiné ensemble les deux systèmes des forts détachés et de l'enceinte continue. Par là, il satisfaisait également et la volonté royale et les sentiments patriotiques. M. Guizot acceptait volontiers cette combinaison qui assurait le concours d'une notable partie de l'opposition. Le maréchal Soult, au contraire, se prononçait hautement pour les forts détachés sans mur d'enceinte. Comme militaire, il soutenait que c'était suffisant ; comme ministre, il entrait dans les vues secrètes du roi : il rencontrait, en conséquence, l'appui des partisans de M. Molé, empressés de profiter d'une dissidence qui donnait un prétexte et une base à leurs intrigues. Tel était l'état des partis au moment où s'ouvrit la discussion devant la Chambre.

Les partisans des fortifications dans le parti radical demandaient l'enceinte continue, sans les forts détachés ; se résignant toutefois à consentir la seconde condition plutôt que de ne pas avoir la première.

Le maréchal Soult, appuyé de la volonté royale, voulait seulement les forts détachés ; mais, à son tour, il était prêt à subir l'enceinte continue, plutôt que de renoncer aux forts, compléments nécessaires de la politique de Louis-Philippe.

Les conservateurs dévoués au Château se rangeaient au système du maréchal Soult, pour abriter sous l'autorité d'un nom illustre leurs attaques contre M. Guizot.

M. Guizot se prononçait pour les forts détachés, afin de plaire au roi, et pour l'enceinte continue, afin d'avoir un renfort dans les vœux du pays.

Les radicaux extrêmes et les légitimistes repoussaient l'un et l'autre projet, afin de ne pas donner à Louis-Philippe un surcroît de puissance.

Enfin, les masses bourgeoises, qui représentaient les opinions modérées, sans adopter aucun système exclusif, désiraient énergiquement voir Paris fortifié ; mais en même temps, accueillant avec facilité les soupçons qui s'élevaient de toutes parts sur les intentions secrètes de Louis-Philippe, émues des dangers que pourraient courir les libertés publiques, elles acceptaient volontiers les forts détachés, pourvu qu'on leur donnât simultanément l'enceinte comme garantie.

C'était le 12 décembre 1840 que le ministre de la guerre avait présenté le projet de loi. Il s'abstenait, disait-il dans l'exposé des motifs, d'apprécier le système qui avait été conçu par la précédente Administration.

« Ce n'est pas, avait ajouté le maréchal Soult, ce n'est pas que j'aie abandonné l'opinion que j'ai été appelé à émettre sur la même question de fortifier Paris, en 1831, en 1832 et 1833 ; mais j'ai pensé que ce n'était point le moment de la reproduire ; aussi je l'ai écartée avec soin, afin que la question se présentât tout entière devant la Chambre ; mais en même temps je luis dois et je me dois à moi-même de déclarer que je fais expressément la réserve de cette opinion antérieure, que ni le temps ni les circonstances n'ont affaiblie. »

La Commission chargée de l'examen du projet choisit pour organe l'ancien président du 1ᵉʳ Mars ; M. Thiers présenta son travail à la séance du 13 janvier ; le sujet fut exposé par lui avec cette merveilleuse netteté qui lui appartient en tout temps, et avec le surcroît de talent et de franchise qui le distingue lorsqu'il rentre dans l'opposition.

La Commission n'avait pu se mettre d'accord avec le Gouvernement sur deux points essentiels. En premier lieu, elle voulait que la loi déterminât le nombre de forts et indiquât leur emplacement ; le Ministère voulait se réserver toute latitude à cet égard. Tout ce que la Commission put obtenir, fut la fixation pour les forts d'un minimum de distance. Il ne devait pas en être établi dans un rayon plus rapproché que celui de Vincennes, c'est-à-dire à moins de 2,200 mètres du mur d'octroi.

En second lieu, la Commission voulait que tout l'ouvrage, enceinte et forts détachés, fût terminé en trois ans. Le Gouvernement ne voulait pas être aussi étroitement engagé.

Ces dissidences n'empêchaient pas la Commission de conclure à l'adoption du projet : elle aimait mieux faire des concessions que de laisser un prétexte aux mauvaises volontés.

Cependant, dès les premières séances, la conciliation parut sérieusement compromise. Le maréchal Soult, dans un long discours où il rappelait tous les actes de sa vie militaire, s'efforça de démontrer que les ouvrages avancés étaient seuls véritablement efficaces pour défendre les grandes villes, revenant ainsi à ses anciennes opinions, et combattant le projet même du Gouvernement, en ce qui concernait l'enceinte fortifiée. Ce brusque retour vers le passé venait de jeter le trouble dans les délibérations. La Commission, qui croyait avoir ramené le maréchal au double système, fut singulièrement émue d'une rétractation qui compromettait le sort de la loi. Chacun crut y voir l'accomplissement de l'intrigue ministérielle qui s'agitait au Château. Ce ne fut néanmoins qu'un malheureux essai. Soit que l'émotion produite eût plus de gravité qu'on n'en attendait, soit que le maréchal n'eût commis qu'une imprudence oratoire, il déclara au sein de la Commission qu'il était prêt à défendre le projet dans toutes ses parties ; et le rapporteur, M. Thiers, annonça le lendemain à la Chambre que l'accord le plus parfait régnait de nouveau entre la Commission et le Gouvernement.

Mais le besoin même de multiplier ces protestations en affaiblissait l'effet, et de nouveaux incidents ne tardèrent pas à réveiller les méfiances. Après la clôture de la discussion générale, le général Schneider proposa un amendement qui renversait tout le projet de la Commission. Il proposait une ceinture d'ouvrages permanents construits à 4,000 mètres au moins de distance des murs d'octroi ; ce mur eût été lui-même flanqué et renforcé aux endroits où cette précaution eût été nécessaire.

C'était reproduire en entier le plan du maréchal Soult en 1833 ; c'était par conséquent ramener la combinaison au moyen de laquelle les conservateurs opiniâtres voulaient rouvrir les portes du pouvoir à M. Molé, accompagné de MM. Dufaure et Passy ; c'était moins une question de principes qu'une manœuvre ministérielle. Chacun le comprit ainsi ; et les esprits parlementaires s'émurent aux approches d'une lutte personnelle, bien plus qu'aux graves considérations qui intéressaient tout le pays. Le maréchal Soult avait peur que M. Thiers ne prît avantage sur lui, si le projet de la Commission était adopté ; MM. Guizot et Duchâtel avaient peur d'être supplantés par MM. Dufaure et Passy. Une coalition nouvelle se formait autour du maréchal avec les débris du 15 Avril et du 12 Mai. Le Parlement était devenu un vaste champ d'intrigues. Vous eussiez vu alors les uns et les autres parcourant les bancs les plus opposés, recrutant des voix, non au profit d'une opinion, mais au profit de leurs ambitions personnelles. Les esprits s'amoindrissaient avec les circonstances, et l'on était bien moins en peine, à la Chambre, de savoir si Paris serait fortifié, et comment il le serait, que de deviner si le 15 Avril et le 12 Mai réussiraient à remplacer le 29 Octobre ou à se combiner avec lui.

L'amendement du général Schneider fut défendu avec éclat par M. de Lamartine, quoique ce fût pour lui un pis-aller. MM. Dufaure et Passy lui prêtèrent un appui peu efficace, parce qu'il ne semblait pas désintéressé. MM. Arago, Thiers et de Rémusat le réfutèrent victorieusement. Mais l'impatiente curiosité de la Chambre se concentrait tout entière sur le maréchal Soult. Allait-il repousser un amendement qui reproduisait ses propres opinions, et faire tomber les espérances des ambitieux qui comptaient sur lui? Allait-il trahir la Commission après s'être engagé avec elle, et livrer M. Guizot aux coups de ses adversaires ? Immobile sur son banc, il semblait s'opiniâtrer dans un prudent silence, lorsque M. Thiers, le prenant directement à partie, lui rappela qu'il avait promis son appui au projet de loi, et le somma de remplir cette promesse, en combattant devant la Chambre l'amendement du général Schneider.

Il n'y avait plus à reculer. Le maréchal, d'un air contraint, gagna la redoutable tribune. Mais au lieu de se prononcer nettement pour ou contre l'amendement, il s'égara dans des divagations ambiguës sans conclusion et sans franchise. « J'ai obéi, dit-il, à une nécessité du Gouvernement, qui s'était engagé par des actes que je ne pouvais pas répudier... Je pensais que mon opinion était bien comprise et que ma situation officielle l'était légalement..... J'ai accepté l'enceinte continue comme complément utile de mon système de camp retranché. Je l'ai fait par la même considération que, sur un champ de bataille, j'aurais accepté avec reconnaissance un renfort inattendu. — Et l'amendement, lui criait-on de toutes parts, l'amendement ! — M. le rapporteur, répliqua-t-il, a indiqué à la Chambre, parmi les conséquences qui pourraient résulter de l'adoption de l'amendement ! les difficultés d'exécution qu'il rencontrerait dans l'opinion publique. Le gouvernement du roi ne peut laisser passer une pareille assertion sans réponse ; il doit rassurer la Chambre et lui dire qu'elle doit se déterminer, non par les périls de la question, mais par les raisons qu'elle jugera les meilleures pour l'un ou l'autre système ; et quel que soit son vote, il sera exécuté : en vous l'affirmant, le gouvernement du roi remplit son devoir constitutionnel. »

Ces étranges divagations du président du Conseil causèrent dans la Chambre une agitation générale. Il était évident que le maréchal eût volontiers accepté l'amendement; il était non moins évident qu'il n'avait pas eu le courage de le dire. Des deux côtés, le mécontentement était légal ; M. Guizot eut pitié de son collègue ; ou plutôt, profitant adroitement de l'embarras du maréchal pour l'engager plus qu'il ne voulait, il fit triompher sa propre cause, en se donnant les apparences de la générosité.

« Il n'est pas étonnant, dit-il, que M. le président du Conseil ne montre pas à cette tribune la même habileté, la même dextérité qu'il a montrées si souvent ailleurs. »

Après avoir ainsi couvert le maréchal de sa protection, M. Guizot ajoutait :

« Le projet reste entier; il reste le projet du Cabinet, qui le maintient; M. le président du Conseil le maintient lui-même ; il vient tout à l'heure de le répéter formellement. »

Une interprétation aussi positive de paroles très équivoques fut accueillie par la Chambre avec des rires d'incrédulité. Mais le maréchal était contraint d'acquiescer au moins par le silence. Peut-être, après tout, n'était-il pas fâché de trouver à ses embarras une solution inattendue ; peut-être faisait-il bon marché de combinaisons ministérielles dont il avait été plutôt l'instrument que l'auteur, et d'auxiliaires incommodes dont il se trouvait délivré sans qu'on pût l'accuser de trahison.

L'amendement du général Schneider ainsi délaissé par le président du Conseil, attaqué par son adroit collègue, repoussé par les hommes spéciaux, n'avait plus aucune chance de succès : il fut rejeté à la majorité de 61 voix (236 contre 176). Le public se doutait à peine que ce fût une question de Cabinet. Le 15 Avril et le 12 Mai étaient vaincus ensemble.

Dès lors, tous les articles du projet de loi se trouvaient implicitement consentis.

L'article 3 donna lieu à quelques explications sur la question de savoir si les travaux de l'enceinte et des ouvrages avancés seraient exécutés simultanément. Le président du Conseil promit de s'attacher strictement au principe de simultanéité. Il calmait ainsi les méfiances ; il accepta dans le même but un nouvel article proposé par M. Lherbette, établissant que la ville de Paris ne pourrait être classée parmi les places de guerre qu'en vertu d'une loi spéciale.

Enfin, l'ensemble de la loi fut voté dans la séance du 1ᵉʳ février, par 237 voix contre 162.

Toutefois les prétendants ministériels ne se considéraient pas complètement battus et mettaient encore quelques espérances dans la Chambre des pairs. La pacifique compagnie du Luxembourg présentait, en effet, un spectacle inaccoutumé. On y préparait sérieusement une campagne contre le Ministère ; on y complotait avec zèle la restauration de M. Molé. Celui-ci, transporté d'une ambitieuse ardeur, convoquait les fidèles, recrutait des appuis, multipliait les promesses, et prenait déjà le ton et le langage d'un héritier présomptif. Le maréchal Soult, sans le seconder ouvertement, faisait des vœux pour lui : la morgue de M. Guizot blessait le vieux guerrier, et celui-ci ne pouvait oublier que son collègue l'avait battu à la Chambre, tout en le couvrant de sa protection hautaine. Double injure qui avait besoin d'être vengée !

Le rejet de la loi des fortifications, ou l'adoption d'un amendement qui rappellerait celui du général Schneider, devait être la base de la révolution ministérielle ; et par une étrange complication d'intrigues, M. Guizot se trouvait en cette occasion le représentant de la pensée nationale. Il ne négligeait, d'ailleurs, aucune précaution pour faire avorter la conspiration qui le menaçait, et il avait pour principaux appuis MM. Pasquier et Decazes.

Les premières opérations des bureaux donnèrent à M. Molé toutes les apparences d'une victoire. Sur neuf commissaires, sept étaient opposés au projet. M. Molé fut nommé président de la Commission, M. Mounier rapporteur. Ce premier succès était un hommage rendu à l'étranger. Quelques jours auparavant, M. d'Appony disait à M. Guizot que ces fortifications, de quelque couleur qu'on les revêtît, n'en augmenteraient pas moins la force de la France, et par conséquent ne pouvaient être vues par les alliés sans déplaisir. La pairie semblait vouloir calmer les mécontentements de l'ambassadeur d'Autriche.

Le rapport de la Commission était naturellement en harmonie avec la composition de ses membres. Le projet adopté par les députés était profondément modifié ; on substituait une simple enceinte de sûreté à l'enceinte bastionnée. C'était, en un mot, la reproduction de l'amendement du général Schneider. On faisait encore une fois d'une question nationale une question de portefeuilles.

M. Guizot rencontra, dès le début de la discussion, un auxiliaire important. Le duc de Broglie rompit un long silence parlementaire, pour combattre avec vigueur les arguments de la Commission, et l'autorité de sa parole porta un coup funeste aux espérances de l'étranger.

M. Molé essaya de lui répondre le lendemain, et son discours montra dès le début qu'il s'agissait bien moins pour lui des intérêts de la France que des triomphes de son ambition personnelle. Les coalitions parlementaires lui semblaient bien plus dangereuses que les coalitions européennes.

« Depuis deux ans, dit-il, il s'est passé dans notre pays, et en particulier dans les Chambres, de telles choses ; que le mécanisme de nos institutions, leur jeu, s'est trouvé faussé ou entravé. Il s'est créé au sein du Parlement lui-même un instrument, ou, si l'on veut, une tactique de telle nature qu'aucun gouvernement, aucun cabinet, ne saurait y résister. Autrefois les majorités, moins variables, représentaient toujours l'opinion, les sentiments, les impressions du pays. Il n'en a plus été ainsi depuis qu'un fatal exemple a été donné, depuis que les partis les plus opposés, les adversaires les plus décidés, oubliant leur rancune et voilant leur drapeau, ont montré qu'ils sauraient à toute heure se réunir et s'entendre pour avoir le nombre et frapper le Pouvoir d'interdiction. Le Pouvoir, Messieurs, c'est donc le but, la proie qu'on se dispute ! Mais qu'est-il devenu au milieu de tant d'efforts, de violences, pour s'en saisir ? A quelles conditions s'exerce-t-il maintenant et pourra-t-il s'exercer désormais ? Le mal que je signale est profond ; la loi qui nous occupe en présente un témoignage irrésistible.

« M. le président du Conseil ne semble-t-il pas lui-même l'avoir reconnu en vous parlant des nécessités politiques qui avaient contraint, en quelque sorte, le Cabinet à le présenter ? « Un autre système de défense, vous a-t-il dit, aurait bien pu encore être préféré, si les nécessités politiques n'avaient pas amené la combinaison des deux procédés ? » Prié de s'expliquer sur ces nécessités politiques, M. le président du Conseil a répondu qu'elles ressortaient des mesures adoptées par le précédent ministère ; la loi était, en effet, l'expression de la politique et des craintes du 1ᵉʳ Mars. En modifiant le projet comme le proposait la Commission, la Chambre ramènerait le Cabinet actuel en quelque sorte à ses propres convictions. »

Le maréchal Soult répondit à M. Molé qu'en effet le Gouvernement subissait en ce moment des nécessités politiques, nécessités qui étaient imposées par l'honneur, la sûreté, la dignité de la France. Du reste, le Cabinet du 29 Octobre avait proposé ce que, dans sa conviction, il croyait utile, digne et convenable, quels que fussent les précédents, sans avoir égard à l'origine du projet.

Comme on le voit, le maréchal Soult, à la Chambre des pairs, défendait l'enceinte continue avec bien plus de franchise et de vigueur qu'au Palais-Bourbon ; les autres ministres le secondèrent énergiquement. C'est que le débat se réduisait en ce moment à une lutte personnelle, et la question de Cabinet avait le privilège de réveiller toute l'activité de nos hommes d'État. M. Guizot ne voulut rien céder à la Commission, car c'eût été ouvrir les portes du Pouvoir à M. Molé. « Si le projet de loi, disait-il, n'était pas compromis par l'amendement, il était tellement amoindri qu'il perdait les trois quarts de sa valeur. Le Gouvernement lui-même en serait affaibli, profondément affaibli en France et en Europe ; oui, répétait M. Guizot, en France et en Europe ! et pourquoi ? pour une réduction de quelques millions et la suppression de quelques bastions et de quelques fossés ! ».

M. Duchâtel combattit avec esprit les arguments financiers que l'on avait fait valoir en faveur du projet de la Commission, qui amenait sur les dépenses une réduction de 47 millions.

En effet, les partisans de M. Molé avaient une singulière façon de raisonner. Comme on voulait avoir de son côté ceux qui tiennent aux intérêts des contribuables et du Trésor, on leur tenait ce langage : Adoptez l'amendement de la Commission, et vous arriverez à soulager les finances, vous rétablirez l'ordre, vous apporterez une notable réduction dans les charges des contribuables. Et puis, comme on voulait s'assurer des autres intérêts et les concilier au rejet du projet de loi et à l'adoption des amendements, on disait : Avec ces 47 millions vous pouvez exécuter un grand nombre de canaux et de chemins de fer ; ce qui se conciliait difficilement avec l'économie dans les finances et les sommes à laisser entre les mains des contribuables.

« Mais ce n'est pas tout, ajoutait le ministre. Après avoir employé les 47 millions à soulager les contribuables, on a dit : Ces 47 millions, il y a une manière très profitable de les employer. Ne fortifiez pas Paris, mais créez de nouvelles places fortes ou à Paris ou entre Paris et la frontière. Enfin, comme il y a des personnes qui portent intérêt au développement de la marine, et avec raison, on a offert les 47 millions à la marine, pour développer et augmenter ses armements, pour construire des bâtiments à va-

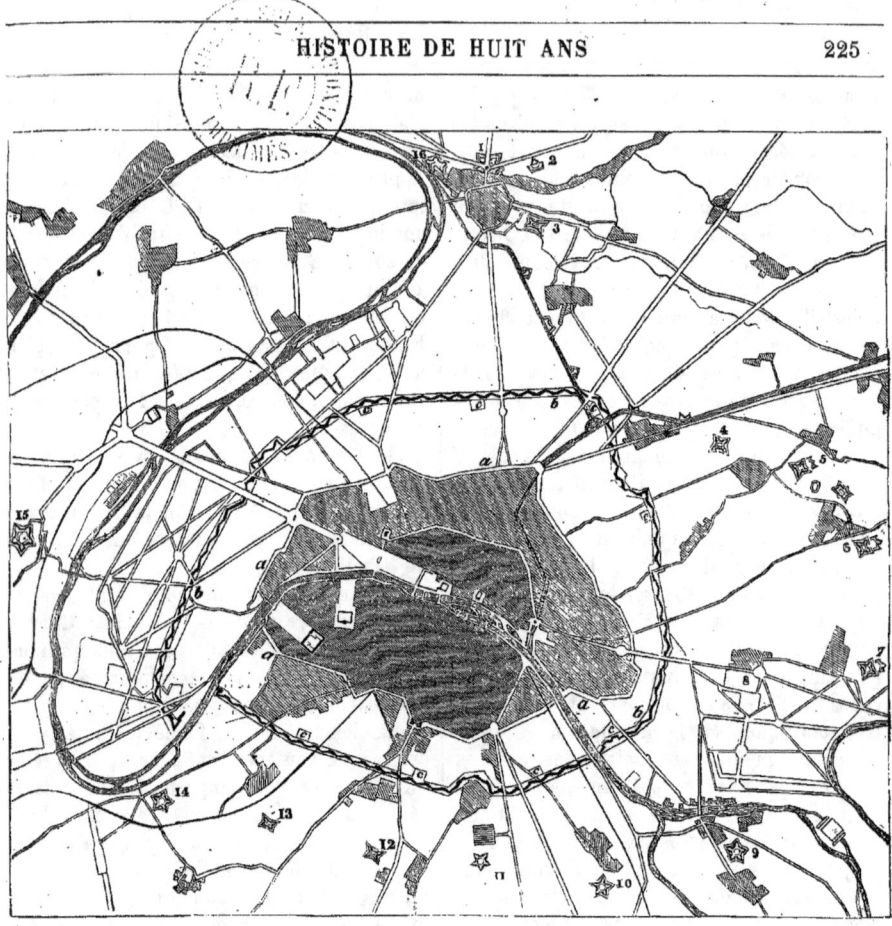

Plan des fortifications de Paris [1].

peur ; de telle sorte que ces 47 millions se multiplient sous toutes les formes : ils serviront à rétablir nos finances, à créer des chemins de fer et des canaux, à construire des places fortes et à doter la marine de bateaux à vapeur. »

[1]. *a, a, a*, Mur d'octroi de Paris. — *b, b, b*, Enceinte continue projetée. — *c, c, c*, Espaces réservés pour établissements militaires.
1, Place de Saint-Denis ; double couronne du Nord. — 2, Lunette de Stains. — 3, Fort de l'Est. — 4, Fort de Romainville. — 5, Fort de Noisy. — 6, Fort de Rosny. — 7, Fort de Nogent. — 8, Château de Vincennes. — 9, Fort de Charenton. — 10, Fort d'Ivry. — 11, Fort de Bicêtre. — 12, Fort de Montrouge. — 13, Fort de Vanves. — 14, Fort d'Issy. — 15, Forteresse du Mont-Valérien. — 16, Couronne de la Briche.

29. — E. REGNAULT.

Enfin, M. Duchâtel insistait sur ce point : la pensée de la Commission, de l'aveu même de son rapporteur, était qu'une fois la première ligne de défense forcée, il ne devait plus y avoir de résistance pour Paris. Mais comment consentir à enlever ainsi à la ville de Paris toute chance de salut après la prise des forts ? à déclarer que, du jour où ce premier succès aurait été obtenu par l'ennemi, la reddition de Paris devait s'ensuivre ? « Il faut, continuait le ministre de l'intérieur, il faut ménager cette chance extrême à la défense ; il faut supposer que le Gouvernement qui sera alors à la tête de la nation sera assez raisonnable pour ne pas prendre à plaisir une résolution désespérée. Et encore y a-t-il souvent des résolutions désespérées qui sauvent. Il ne faut pas fermer la porte à ces résolutions-là. »

Le Ministère devait se sentir bien fortement menacé dans son existence, pour trouver ainsi en lui-même des accents patriotiques.

Aussi M. Guizot avait-il hautement déclaré qu'il ne voulait aucune modification au projet du Gouvernement. « Tout ou rien, » disait-il.

M. de Montalembert fit de ces paroles le texte de son exorde.

« Tout ou rien ! On n'a pas tenu ce langage à la Chambre des députés. Là on a trouvé tout simple que chacun se crée un droit de présenter des changements. La Commission, présidée par un des rivaux les plus redoutables du Ministère, a eu, elle aussi, des exigences, un système, des idées ; on a dit : « Nous nous arrangerons avec la Commission, » et l'on s'est arrangé avec elle. Mais quand on se présente à la Chambre des pairs, on change de ton, on fait dire d'avance dans les journaux qu'on n'acceptera aucun amendement, et quand on monte à cette tribune pour exposer la véritable portée de la loi, on vient nous dire que nous ne pouvons rien y changer sans l'énerver ! Pour moi, je ne crois pas qu'on ait jamais exprimé, avec plus de crudité, la nullité politique à laquelle on voudrait réduire cette assemblée. Jamais on n'a dit plus nettement qu'elle n'avait d'autres fonctions que d'enregistrer et de parafer les décisions d'autrui. »

M. de Montalembert avait sans doute raison de se plaindre ; mais M. Guizot avait également raison d'imposer ses volontés. La nullité politique de la Chambre des pairs ne tenait pas à l'arrogance du ministre, mais aux vices de l'institution. Placée sous la main du trône, elle n'avait pas le droit d'être indépendante, et les doléances périodiques de quelques membres ne prouvaient qu'une chose, c'est qu'ils n'avaient pas le véritable sentiment de leur position essentiellement subordonnée.

Aussi était-ce bien vainement que M. Molé et ses partisans avaient compté sur la Chambre des pairs pour renverser un Cabinet. L'amendement de la Commission fut repoussé par 147 voix contre 91 ; l'ensemble de la loi fut adopté par 147 boules blanches contre 85 boules noires. La défaite de M. Molé était complète.

XVI

.ort de la baronne de Feuchères. — Lettres de MM. Pasquier et de Rumigny sur la catastrophe de Saint-Leu. — Lettres de Louis-Philippe pendant l'émigration. Autres lettres publiées par le journal *la France*. — Émotions dans le public. — Procès de *la France*. — Brutalités de la procédure. — Acquittement du journal. — Consternation des orléanistes. — La question des lettres portées à la Chambre. — Misérable subterfuge de M. Guizot.

Le Ministère de M. Guizot avait cet avantage à l'intérieur, de mettre en regard des principes contraires, de donner de la franchise aux luttes, et de dégager les questions de toutes les équivoques, de toutes les fictions constitutionnelles qui protégeaient la Couronne et trompaient le pays. M. Thiers s'était vanté d'inaugurer le gouvernement parlementaire, et, quoiqu'il ne l'eût pas fait, les apparences avaient suffi pour détourner de la personne royale les plus vives attaques de la polémique quotidienne. M. Guizot, au contraire, ne se vantait pas d'inaugurer le gouvernement personnel; mais il le faisait, et c'était tellement évident aux yeux de tous, que Louis-Philippe devint personnellement le but de toutes les attaques, en dépit des jalouses précautions de la loi, qui ne pouvait rien contre la logique de la situation.

Un nom auquel se rattachaient de tragiques souvenirs avait retenti de nouveau : la baronne de Feuchères était morte à la fin de 1840, et cet événement avait réveillé d'anciennes accusations que la presse articulait avec assez de prudence pour éviter des poursuites, mais avec assez de transparence pour faire effet.

Ce n'était pas seulement un intérêt de curiosité que présentait la mort de Mme de Feuchères, dont le nom trop fameux appartenait à l'histoire. Le public s'en occupait encore davantage parce qu'elle amenait un exemple de désintéressement qui semblait faire contraste. M. le baron de Feuchères, devenu légataire universel, répudiait une fortune qui paraissait tachée de sang, et abandonnait aux hospices cette succession opulente qui eût pesé à sa conscience.

L'histoire, plus réservée que les partis, n'accueille pas aussi facilement les assertions passionnées; mais aussi plus persévérante dans les recherches, elle ne relève pas des tribunaux contemporains, et ne se soumet à la chose jugée que lorsqu'il ne lui reste plus de doutes. Il n'est donc pas sans intérêt, même aujourd'hui, de retrouver des documents de cette époque, quand même ils ne devraient que jeter un faible rayon de lumière sur un événement encore enveloppé d'obscurité. C'est à ce titre que nous croyons devoir reproduire les lettres suivantes, qui nous ont été communiquées sur pièces originales dont l'authenticité ne saurait être révoquée en doute.

LETTRE DE M. PASQUIER A LOUIS-PHILIPPE.

« Sire,

« En arrivant à Saint-Leu, je trouve la fin tragique de
« Mgr le prince de Condé, connue de tout le pays avec
« les plus affreuses circonstances. Je trouve un procès-
« verbal dressé par le maire avec toute l'authenticité pos-
« sible. Le juge d'instruction et un substitut du procureur
« du roi sont déjà arrivés et se disposent à instrumenter.
« Les circonstances de la mort sont trop extraordinaires
« pour qu'elles ne motivent pas une instruction très ap-
« profondie, et je pense qu'il pourrait être utile que le
« roi fît partir sur-le-champ deux médecins, comme les
« docteurs Marc et Marjolin, lesquels ont l'habitude des
« vérifications que ce fatal événement commande.
« Je vais, en attendant, dresser l'acte de décès, suivant
« les formes prescrites; puis je procéderai à l'apposition
« des scellés, et aurai l'honneur avant la fin de la journée
« de rendre compte au roi de la fin de l'opération.

« De Votre Majesté le très-humble, très-obéissant
« serviteur et sujet,

« Pasquier. »

« Saint-Leu, vendredi 27 août, 4 heures du soir.

« P. S. On répand déjà qu'on n'a pas trouvé un seul
« papier; ainsi *il y a déjà été regardé*[1].

LETTRE DE M. DE RUMIGNY A LOUIS-PHILIPPE.

« Sire,

« Je pense que ma présence est indispensable pour le
« premier moment; je ne partirai que si le roi m'envoie
« un ordre positif.
« Le procès-verbal a été fait d'après les soins de M. de
« la Villegonthier, qui a agi aussi maladroitement que
« possible. Les soupçons ne se portent sur personne en-
« core; mais Dieu sait ce qu'on apprendra; car je dois
« dire que la mort n'a pas l'air d'avoir été un suicide.
« Il est important qu'on ne puisse accuser personne,
« et que le testament ne vienne pas faire éveiller les
« soupçons.
« J'attendrai l'enquête des docteurs Marc et Marjolin
« pour quitter Saint-Leu.

« Le tout dévoué serviteur et sujet,

« Théod. de Rumigny. »

(Sans date.)

La lettre suivante prouverait qu'après la mort du prince, les rapports de la famille royale avec Mme de Feuchères n'avaient rien perdu de leur intimité.

LETTRE DE LA REINE A Mme LA BARONNE DE FEUCHÈRES.

« Palais-Royal, 7 avril 1831.

« Nous sommes fort touchés, Madame, de l'attention
« que vous avez eue de nous envoyer le portrait de M. le
« duc de Bourbon. Il est destiné à mon fils le duc d'Au-
« male, qui se joint à nous pour vous en remercier. Ce
« tableau lui rappellera toujours les traits d'un oncle dont
« il a tant de raisons de chérir la mémoire.

---

1. Souligné dans l'original.

« Recevez, Madame, l'assurance de mes sentiments pour vous.

« Votre affectionnée,
« MARIE-AMÉLIE. »

L'opposition extrême rencontrait dans ces incidents un texte facile à de nouvelles insinuations contre la personne royale. Féconde, d'ailleurs, en expédients, elle mettait dans tout ce qui concernait la politique du jour assez de réserve pour tromper les rigueurs du parquet; mais le passé lui appartenait, et pour déconsidérer le roi, elle se mit à rechercher les actes du duc d'Orléans. Dans une vie si agitée, si pleine de vicissitudes, il n'était pas difficile de trouver des positions équivoques, des écrits imprudents ou des paroles malsonnantes. La correspondance d'un prince émigré devait offrir de singuliers contrastes avec les devoirs d'un roi constitutionnel. Ce fut à cette source que l'on remonta pour frapper les premiers coups.

Le 11 janvier 1841, la *Gazette de France* publia trois lettres écrites par le duc d'Orléans pendant l'émigration. Le journal ajoutait qu'il possédait les autographes originaux.

Voici quelques extraits de ces lettres.

« Palerme, le 17 avril 1808.

. . . .

« Je n'aime pas plus que vous le métier d'émigré, et j'enrage doublement de me voir condamné à l'humiliation de l'inutilité et de la végétation, quand je sens, quand je vois, quand je touche au doigt et à l'œil tout ce que je pourrais faire, si l'on s'entendait avec moi et si l'on n'avait pas l'air de vouloir toujours me tenir sous la clé à Hampton-Court ou à Twickenham. Ma position bizarre présente, il me semble, quelques avantages que je puis m'exagérer, mais dont il me semble qu'on pourrait tirer parti, ce qui est tout ce que je demande. Je suis prince français, et cependant je suis Anglais : d'abord par besoin, parce que nul ne sait mieux que moi que l'Angleterre est la seule puissance qui veuille et qui puisse me protéger ; je le suis par principes, par opinion et par toutes mes habitudes.

. . . .

« C'est sur Bonaparte qu'il faut concerter toutes vos forces ; si vous ne le battez pas, vos cent vingt mille hommes ne battront pas le roi de Saxe ; si vous le battez, un piquet de cent vingt hommes suffira pour anéantir le roi de Saxe et le duc de Varsovie, et qu'il n'en soit jamais question.

. . . .

« L'Autriche a envoyé ici un officier d'état-major pour concerter les opérations, et il y a une mission semblable à Cagliari. J'ai vu et causé avec ces deux officiers, qui sont gens très capables. Ce qu'ils me disent me donne les plus grandes espérances : selon eux, l'Autriche a quatre cent vingt mille hommes sur pied, sans compter les milices ; cela me paraît si beau que je doute ; mais je ne doute pas qu'il y ait une double armée : cela suffit. »

Plus loin, on lit dans la même lettre :

« Les îles Ioniennes sont bloquées et très courtes de vivres ; elles sont très impatientes de secouer le joug français, et lord Collingwood a eu des conférences avec sir J. Stuart, pour qu'il lui donnât quelques troupes pour aller provisoirement en chasser les Français ; mais sir J. Stuart ne peut rien faire là, à moins d'un ordre du Gouvernement. Il importe à l'Angleterre d'arracher ces îles aux Français ; on y trouvera plus de six mille hommes de garnison, dont deux mille Italiens et quinze cents Albanais et Épirotes, qui feront sur-le-champ de très bons soldats pour sa cause contre les Français. Elle en aura alors la disposition ; et l'Autriche accédera à tout, pourvu que les Français en soient exclus. Si elles me croient un personnage convenable pour ces îles, je suis prêt, et j'en serai enchanté.

« Ce qui est bizarre, il reste un petit État à donner, c'est-à-dire à prendre, et personne n'en veut ; cela est curieux. La reine m'a dit : « La place est vide, mettez-vous-y ; » et je lui ai dit : « Je m'y mettrais bien, mais il faut qu'on veuille bien m'y laisser mettre. »

« Rappelez-vous que c'est par les Apennins que Macdonald s'est retiré dans la campagne de Souwarow, c'est donc sur la rivière de Gênes qu'il faut porter la grande expédition anglaise. Il faut prendre le roi de Sardaigne en passant, et si on veut me prendre avec, on me fera grand plaisir. Le Piémont se soulèvera, on y formera des troupes, et j'espère que la retraite des troupes françaises d'Italie se trouvera absolument interceptée. »

Une autre lettre, publiée par la *Gazette*, était datée de Cagliari, 20 mai 1807. On y lisait :

« Quels événements que ceux qui se préparent ! Le déploiement de l'Autriche est superbe, et me fait anticiper des résultats brillants. C'est par la voie de Trieste que nous apprenons ce qui se passe. L'archiduc Jean a battu Beauharnais à Fontana-Fredda, entre Udine et Trévise. Beauharnais avait 45,000 hommes tirés des garnisons d'Italie, qui vont par conséquent se trouver très faibles. L'archiduc Jean est arrivé par la droite à la Piave avant les Français, et il les culbute dans Venise, s'ils peuvent y arriver, ou dans la mer, que Beauharnais n'aura pas encore épuisée. S'ils arrivent à Venise, ils y seront bloqués et affamés. Jean a fait sept mille prisonniers. L'Istrie est conquise en totalité. Le 9ᵉ régiment de ligne a été cerné et pris. Pola a été assiégée et prise. Un corps d'armée va attaquer Marmont et la Dalmatie ; mais là il faudra de l'assistance anglaise, surtout à Cattaro, qu'on ne peut guère attaquer que par mer.

« Les Français ont amené toutes leurs troupes de la Catalogne et n'ont laissé que des garnisons à Barcelone et à Figuières. Ils y sont si pressés, qu'ils ont risqué une partie de la flotte de Toulon pour les ravi-

« tailler, et malheureusement ils y ont réussi; mais ce
« n'est que pour un temps. Il paraît que Soult se trouve
« dans une situation fâcheuse, et qu'il est très pressé
« par la Ramona et le général Craddock. J'espère qu'ils
« vont être écrasés en Espagne.

« Je prévois deux cas : l'un, celui où l'*impératorerie*
« sera renversée à Paris même, par des mouvements
« spontanés, qu'il est aussi impossible de prévoir quand
« on n'est pas sur les lieux, qu'il peut être dans ce cas
« difficile de les diriger ; l'autre, celui où il y aura des
« mouvements dans les provinces où les conscrits réfrac-
« taires se réuniront en corps; où les troupes, les offi-
« ciers, les généraux, prendront des partis différents.
« C'est à tout cela qu'il faut penser, c'est à tout cela qu'il
« faut se préparer. Il y a en Espagne, à Naples, en Dal-
« matie, des armées françaises qui vont se trouver, je
« l'espère au moins, dans des positions désastreuses.

« Perché sur le rocher de Cagliari, ignorant si on dé-
« sire que je fasse quelque chose, ignorant encore plus ce
« qu'on voudrait que je fisse, je suis ici comme Tantale et
« affamé comme lui, quoique ce soit d'autre chose. »

La publication de ces lettres, répétées par plusieurs journaux, ne produisit pas d'abord un grand effet, au moins dans ce qui s'appelait le pays légal. Les plaintes d'un prince émigré cherchant de l'emploi, ses vœux en faveur des Anglais, ses déclamations contre l'Empire, ne semblaient à des bourgeois spéculateurs que des paroles de circonstance ; et les révélateurs de ces documents n'avaient pas assez d'autorité pour faire une vive impression. La *Gazette de France*, en effet, reproduisant des lettres qui n'étaient que le langage ordinaire de l'émigration, avait mauvaise grâce à en faire un texte de blâme, quand tant d'autres hommes autour d'elle avaient eu les mêmes sentiments. Les radicaux s'emparèrent de ces armes et firent bien. Mais ni la presse dynastique, ni les Chambres, ni le Ministère, ne s'en émurent.

On commençait donc à les oublier, lorsque, le 24 janvier, un autre journal légitimiste, *la France*, publia trois nouvelles lettres, non plus du duc d'Orléans émigré, mais de Louis-Philippe roi, qui contenaient les aveux les moins équivoques de connivence avec l'étranger et de conspiration contre les libertés intérieures. Le journal donnait à ces révélations le titre suivant : LA POLITIQUE DE LOUIS-PHILIPPE EXPLIQUÉE PAR LUI-MÊME.

Nous reproduisons ces lettres, telles qu'elles furent publiées :

PREMIÈRE LETTRE.

« La voilà cette fameuse épître; vous qui n'ignorez rien
« des nécessités qui l'ont inspirée, vous seul ne vous trom-
« perez pas sur le véritable sens qu'elle doit avoir pour
« nous, et, quoique je vous la copie moi-même, je me
« garderai de vous dire : Tenez-vous-en rigoureusement et
« consciencieusement à la lettre.

« En thèse générale, ma résolution la plus sincère et la
« plus ferme est de maintenir inviolablement tous les traités
« qui ont été conclus depuis quinze ans entre les puissan-
« ces de l'Europe et la France. Quant à ce qui concerne
« l'occupation d'Alger, j'ai des motifs plus particuliers et
« plus puissants encore pour remplir fidèlement les enga-
« gements que ma famille a pris envers la Grande-Breta-
« gne. Ces motifs sont le vif désir que j'éprouve d'être
« agréable à Sa Majesté Britannique, et ma conviction
« profonde qu'une alliance intime entre les deux pays est
« nécessaire, non seulement à leurs intérêts réciproques,
« mais encore à l'intérêt et à la civilisation de l'Europe.
« Vous pouvez donc, Monsieur l'Ambassadeur, affirmer à
« votre Gouvernement que le mien se conformera ponc-
« tuellement à tous les engagements pris par S. M. Char-
« les X, relativement à l'affaire d'Alger. Mais je vous prie
« d'appeler l'attention du Cabinet britannique sur l'état
« actuel des esprits en France; de lui faire observer que
« l'évacuation d'Alger serait le signal des plus violentes
« récriminations contre mon Gouvernement, qu'elle pour-
« rait amener des résultats désastreux, et qu'il importe à
« la paix de l'Europe de ne point dépopulariser un pou-
« voir naissant et qui travaille à se constituer. Il faut
« donc que, rassuré sur mes intentions et convaincue de
« notre ferme volonté de remplir envers elle la promesse
« de la Restauration, Sa Majesté Britannique nous laisse
« le choix du temps et des moyens. »

DEUXIÈME LETTRE.

« Il paraît que vous n'avez pas encore réussi à faire
« comprendre à Vienne ni à Saint-Pétersbourg que sans
« la non-intervention l'Europe était ébranlée, que l'Au-
« triche eût perdu l'Italie comme on a enlevé la Belgique
« à la Hollande. A-t-on pu ou dû oublier que lors du
« gouvernement Czartoriski, la Pologne en masse, sous
« l'influence révolutionnaire, eût été debout, et que, sans
« notre sage et salutaire influence, elle se fût unie à la
« France pour repousser, pour écraser, qu'on n'en doute
« pas, la Russie, malgré ses forces colossales, parce qu'il
« est immortellement vrai que lorsqu'un peuple vraiment
« peuple est debout pour sa liberté, il n'y a aucun pouvoir
« absolu qui suffise pour le dompter. J'avais mieux espéré
« des éclaircissements que vous avez pour le but de l'im-
« mensité du service que nous avons rendu à la Russie,
« à l'Autriche et à la Prusse, service qui ressort du fait,
« puisque la Pologne a succombé, et non pas sans quelque
« péril pour nous. Qu'on y songe un peu plus, pour ne
« pas nous mettre dans la nécessité d'en faire souvenir
« sans cesse. N'avez-vous pas les deux lettres de La Fayette,
« contenant les reproches à notre ministre d'avoir paralysé
« par ses conseils et promesses les moyens de défense de
« la Pologne ? En faut-il plus pour les Cabinets de Vienne
« et de Saint-Pétersbourg, et peut-on ignorer tout le dan-
« ger qui existait pour la Russie dans les plans et le sys-
« tème de défense adoptés par les Polonais sous le prince
« Adam, et voudrait-on oublier ce qu'on nous doit à nous
« comme unique et puissant moteur des mesures qui ont
« paralysé ces résolutions, neutralisé le système et réalisé
« les paroles prophétiques de Sébastiani ?

« Mais brisons là-dessus ; la Pologne n'est plus ; et c'est
« nous, bien plus que le vainqueur de Varsovie, que le
« Cabinet de Saint-Pétersbourg doit remercier d'avoir

« écrasé ce foyer d'incessante rébellion. Faites qu'on s'en
« souvienne un peu plus à Vienne et surtout à Saint-
« Pétersbourg. »

TROISIÈME LETTRE.

« Il y a d'épouvantables conséquences à redouter dans
« les crises politiques, lorsqu'une volonté sage et pré-
« voyante se trouve en inévitable contact avec l'obstina-
« tion d'un zèle qui peut, dans ces cas, se réputer hardi-
« ment mauvais vouloir. Si, au lieu d'en finir brutalement
« avec les artilleurs civiques, l'on eût suivi mon seul avis;
« qu'on eût flatté, cajolé ces hommes; qu'on leur eût fait
« entrevoir que, si l'on pensait à construire des forts,
« c'était pour leur en confier la garde ; si on leur eût per-
« suadé qu'en cas d'invasion, Paris ne pourrait devoir
« son salut qu'à de pareils défenseurs ; si, enfin, au lieu
« d'une destitution brusque, on eût pris ces citoyens par
« la vanité, Arago et les siens n'eussent pas été admis à
« prouver que les forts, bien loin d'être destinés à repous-
« ser une invasion étrangère, deviendraient, le cas échéant,
« une ressource victorieuse pour maintenir dans le devoir
« et la soumission la très turbulente population de Paris
« et de ses aimables faubourgs.

« C'était du temps qu'il fallait gagner ; et, au lieu d'irri-
« ter les esprits, il fallait endormir le civisme en éveil
« pour le préparer au salutaire moment où une ordon-
« nance nous eût fait justice de tout récalcitrant. Du reste,
« rien ne me fera renoncer à un projet si sagement conçu,
« et à l'exécution duquel, dans l'état de choses où se
« trouve la France, s'attache, en quelque sorte, non,
« certes, la durée de la monarchie constitutionnelle, mais
« la perpétuité de ma dynastie, ce qui sonne mieux et
« vaut mieux pour la France. Qu'on se persuade bien
« que, moi seul, je pouvais affronter, diriger et vaincre
« l'hydre révolutionnaire. Qu'on nous sache donc un peu
« de gré. On ne tient aucun compte de nos efforts inouïs,
« on ne sait pas à quel peuple nous avons affaire, et que,
« depuis quarante ans, on peut regarder Paris comme
« étant la France.

« Qu'on s'assure donc que je ne renonce pas à mon
« projet ni à celui de maîtriser la presse, notre plus dan-
« gereuse ennemie. On a gagné grande partie des écri-
« vains; les autres suivront, et le calme succédera aux
« excitations malignes et journalières de ces plumes guer-
« royantes. Qu'on pense à ce que Juillet eût pu attirer
« sur l'Europe en 1830 ; que l'on voie ce que notre seule et
« forte volonté a fait de cette effrayante ébullition popu-
« laire ; que l'on juge par là de ce que nous ferons, et
« surtout qu'aucune des puissances n'oublie que nous seul
« nous pouvions le faire, sauver la France et l'Europe, et
« que nous l'avons fait.

« Que ni Vienne, ni Saint-Pétersbourg, ni Berlin, ne
« l'oublient ! »

Le journal qui avait inséré ces lettres ayant une publicité restreinte, elles passèrent le premier jour presque inaperçues. Mais reproduites le lendemain par la *Gazette*, la *Quotidienne*, le *Commerce*, l'*Écho français* et le *National*, elles produisirent à Paris une émotion prodigieuse. A la Bourse, à la Chambre, dans tous les lieux publics, c'était le sujet de questions sans nombre et d'étonnements sans fin. Les partisans de Louis-Philippe étaient consternés ; les plus exaltés contestaient la vérité des lettres. Au milieu du tumulte général, les uns s'indignaient qu'un roi de France pût écrire de pareilles choses, les autres s'indignaient qu'on pût les lui attribuer, et, selon les sentiments divers, on entendait éclater les reproches de trahison ou de calomnie.

C'était pour le Ministère une cruelle épreuve. Se taire était un aveu, poursuivre était un péril; le procès pouvant amener des révélations qui ne laisseraient plus même la consolation du doute. Il est incontestable que parmi les ministres, plusieurs penchaient à croire les lettres authentiques ; car aucun n'osa en parler au roi, avouant ainsi leurs soupçons par un silence accusateur. Louis-Philippe s'en est vivement plaint depuis, et il avait raison. La réserve, en pareil cas, est une lâcheté, lorsqu'elle n'est pas une condamnation. Ces ministres dévoués refusèrent à leur roi les bénéfices d'une explication, soit qu'ils craignissent de ne pas trouver auprès de lui la vérité, soit qu'ils eussent peur de la rencontrer trop évidente.

Incertains et consternés, ne sachant comment aborder la Chambre, qui allait, sans aucun doute, exiger des explications, ils se réunirent avant la séance dans un des bureaux, et prirent à la hâte une résolution qui démontrait tout le trouble de leurs esprits.

Bientôt M. Guizot se montra dans la salle des conférences. A peine entré, il fut entouré de députés impatients qui lui demandaient des renseignements, quelques-uns déclarant qu'ils allaient interpeller les ministres au sujet de ces étranges révélations. « Notre réponse, dit M. Guizot, sera bien simple : les journaux sont déférés aux tribunaux et poursuivis pour faux. » Cette réponse satisfaisait ceux qui désiraient un désaveu ; elle fermait la bouche aux incrédules, obligés désormais d'attendre une décision judiciaire.

L'ordre, en effet, venait d'être donné à différents commissaires de police de saisir la *France* et les cinq feuilles qui avaient reproduit la publication.

La procédure fut conduite avec une brutalité maladroite qui ne servit qu'à dévoiler tous les ressentiments de l'autorité. De minutieuses perquisitions furent faites dans les bureaux des journaux incriminés ; les armoires, les tiroirs, les cartons, étaient fouillés pour arriver à la découverte des mystérieux autographes. Une visite domiciliaire fut faite à la maison de campagne de M. de Genoude, rédacteur en chef de la *Gazette* ; elle dura quatre heures, et, M. de Genoude étant absent, on fit venir un serrurier d'un village voisin pour ouvrir les portes et les tiroirs. Quelques jours après, M. E. de Montour, gérant de la *France*, et M. Lubis, rédacteur en chef, étaient arrêtés à leur domicile et écroués à Sainte-Pélagie, sous la prévention de *faux*. C'était une violation des lois spéciales de la presse, qui ne reconnaissaient de responsabilité que pour le gérant, et des lois générales de la procédure criminelle, qui n'admet le faux que lorsqu'il y a une pièce, un corps de délit où le faux est signalé. Le seul prétexte qu'on pût invoquer reposait sur l'article 452 du Code d'instruction criminelle : « Tout dépositaire de pièces arguées de faux est tenu, sous peine d'y être contraint par corps, de les remettre sur l'ordonnance du juge d'instruction. » Or, pour appliquer cet article, il fallait que deux choses fussent préalablement prouvées : 1° que les pièces existaient réellement ; 2° que M. Lubis en était dépositaire. Car jamais, en pareille matière, il n'est permis de décerner un mandat sur une supposition.

On n'épargna pas même les vexations de détail. Au lieu d'être conduits directement devant le juge d'instruction, MM. Lubis et de Montour furent déposés à la préfecture de police, dans le réduit commun, appelé la *Souricière*, où ils se trouvèrent en contact avec un voleur qui faisait parade de ses crimes. La presse protesta contre ces indignes procédés.

Cependant l'immense retentissement que produisit la publication de ces lettres faisait rechercher avec empressement tous les détails qui se rattachaient à ce singulier événement ; et l'on apprit bientôt que l'existence de ces lettres arguées de faux était depuis longtemps connue à Londres. On savait leur origine ; on assurait que ces autographes se trouvaient, avec beaucoup d'autres provenant de la même source, entre les mains d'une intrigante qui se faisait appeler Ida de Saint-Elme, et qui était plus connue à Paris sous le nom de *la Contemporaine*. Quelques-unes de ces lettres, ajoutait-on, avaient été offertes à M. Guizot pendant qu'il était ambassadeur à Londres, au prix de 5,000 francs chacune. M. Guizot écrivit à Paris pour savoir ce qu'il fallait faire ; on ouvrit une négociation pour marchander sur le prix ; on ne voulait donner que 500 francs de chaque lettre : mais l'affaire fut abandonnée quand on sut qu'il y en avait plus de cent cinquante.

Quelques-unes de ces lettres, les plus importantes, provenaient, disait-on, du portefeuille de M. de Talleyrand : elles en étaient sorties au moment où le prince quitta l'ambassade de Londres pour retourner à Paris.

Tels étaient les bruits qui couraient dans le public, et le Ministère était mieux que d'autres au courant de ce qui avait précédé. Car *la Comtemporaine* avait, de son côté, publié à Londres d'autres lettres de Louis-Philippe qui avaient produit dans cette ville une certaine émotion. Sollicité par l'ambassadeur français de combattre l'effet de ces publications, le journal *the Times* traita *la Contemporaine* de *faussaire*. Cette femme intenta devant les tribunaux de Londres une action en diffamation contre la feuille anglaise. L'éditeur du *Times*, qui s'était mis en avant pour complaire au Gouvernement français, dut alors s'adresser à celui-ci pour lui demander les moyens de se défendre contre la poursuite judiciaire qu'on lui avait attirée. Il s'ensuivit une correspondance du préfet de police à M. Guizot qui n'arriva pas à d'autres résultats que de prouver que les *Mémoires d'une Contemporaine* avaient été écrits par d'autres que par elle ; ce que tout le monde savait sans les renseignements de la police [1].

---

1. Voyez la *Note rétrospective*.

Le parquet ne fut pas plus heureux à la Cour royale de Paris. La Chambre du conseil décida qu'il n'y avait lieu à suivre contre MM. Lubis et de Montour pour l'accusation de faux. Ils furent remis en liberté le 5 mars, après un mois de détention préventive.

M. Lubis profita des premiers instants de sa liberté pour se rendre à Londres auprès de la *Contemporaine*, qui s'était engagée à remettre les originaux; car ce n'était que sur les fac-similés que s'étaient faites les publications de la *France*. Mais une femme intrigante et besogneuse comprenait bien que le scandale avait augmenté le prix de nouvelles pièces, soit qu'elles les possédât réellement, soit qu'elle laissât croire à une possession qui lui permettait de se montrer exigeante. D'abord elle demanda un supplément au prix convenu; puis elle dit que les pièces étaient en gage pour une somme qu'elle avait empruntée. La somme lui fut remise pour les dégager. Elle inventa de nouveaux prétextes, remettant toujours au lendemain, et ne réalisant jamais ses promesses. Un mois environ se passa dans des négociations très productives pour la *Contemporaine*, très stériles pour M. Lubis. Bientôt rappelé à Paris pour se défendre au procès, ce dernier dut quitter l'Angleterre sans avoir rien obtenu pour tant de sacrifices.

L'accusation de faux écartée, il ne restait plus que l'accusation d'offense à la personne royale : c'était au jury d'apprécier si les lettres étaient vraies ou supposées; le Ministère ne se dissimulait pas les embarras nouveaux de la situation. Le roi lui-même allait être mis en cause dans une discussion de cour d'assises. La condamnation du journal ne devait être qu'une médiocre compensation; l'acquittement ne pouvait être qu'un immense scandale. Mais il n'y avait plus à reculer. Pour amoindrir toutefois, autant que possible, l'éclat du procès, on renvoya de la plainte les cinq autres feuilles. La *France*, demeurée seule accusée, fut appelée en cour d'assises le 24 avril.

Ce n'était pas de son gré, sans doute, que le Ministère avait fait grand bruit de cette affaire; il y avait été contraint par d'imprudents amis qui, ne connaissant pas le fond des choses, demandaient réparation pour la royauté avilie, et par de hardis adversaires qui trouvaient un texte éloquent à leurs accusations contre Louis-Philippe. Pour faire taire les uns et les autres, il faudrait affronter un procès, quels qu'en fussent les périls. Tous les partis se trouvaient donc engagés dans la lutte; et aux émotions des partis s'ajoutait la curiosité naïve de ces masses flottantes du public qui, sans opinion bien arrêtée, forment toujours leur conviction sur les résultats, et condamnent ou absolvent avec le jury. Le roi était-il auteur de ces lettres, et ne fallait-il voir en lui qu'un fourbe couronné? Le journaliste avait-il imaginé cette correspondance, et se trouvait-on en face d'une manœuvre de la presse opposante? Voilà ce qu'allaient décider douze citoyens obscurs de la capitale.

La situation était d'autant plus embarrassante que le Ministère partageait lui-même l'incertitude générale. On ne savait encore si les accusés avaient ou non en leur possession les lettres originales; la production de ces pièces à l'audience pouvait être le dernier, mais le plus accablant scandale. L'accusation craignait de s'engager sur un terrain glissant et plein de périls.

Les embarras se révélèrent aux premières questions du président. En effet, immédiatement après la lecture de l'acte d'accusation, il interpella ainsi le prévenu :

LE PRÉSIDENT. Avant que les débats s'engagent par le réquisitoire de M. l'avocat général et la plaidoirie de votre avocat, je dois vous demander si vous avez l'intention de produire quelques pièces dont vous n'ayez pas donné connaissance dans le cours de l'instruction.

M. DE MONTOUR. Ces pièces se produiront dans ma défense.

LE PRÉSIDENT. Vous vous rappelez quel a été votre système de défense dans l'instruction. Vous avez dit, lorsqu'on vous demandait vos preuves, que vous les produiriez devant ceux que vous appelez vos juges.

M. DE MONTOUR. Elles seront produites quand il en sera temps.

M. LE PRÉSIDENT. Je dois vous interpeller formellement sur le point de savoir si, à l'heure qu'il est, au moment où il vous est permis de produire les documents originaux, pièces originales, vous avez l'intention de les produire. Il faut, en effet, que le ministère public, comme la défense, s'appuie sur ces mêmes pièces. Qu'avez-vous à répondre ?

M. DE MONTOUR. C'est à l'accusation à faire sa preuve. C'est après l'avoir entendue que nous verrons ce que nous aurons à faire.

M. LE PRÉSIDENT. Il est cependant un point essentiel à établir. En matière de presse, le délit est dans l'écrit publié ; mais par suite de la singularité de cette affaire, il a été question, dans cette même affaire, de quelque chose autre que l'écrit publié. Vous avez parlé de pièces que vous avez dites originales, et qui ont servi de base à l'accusation. Maintenant, pour savoir si le délit qui vous est reproché aura la qualification fixée par l'arrêt de mise en accusation, nous avons à vous demander si vous avez à invoquer autre chose que le journal publié, ou d'autres documents dont il serait esssentiel de donner connaissance avant l'ouverture de la discussion.

M. DE MONTOUR. Mon défenseur répondra au ministère public, et justifiera la publication.

M. LE PRÉSIDENT. Ainsi, sur la demande catégorique que je vous adresse, tendant à savoir si vous avez à produire quelques originaux ou quelques pièces que ce soit qui puissent servir de base à la discussion, vous répondez que vous n'avez rien à produire.

M. DE MONTOUR. Mon défenseur n'a rien à produire avant que son tour de parole soit arrivé.

L'AVOCAT GÉNÉRAL. Est-ce que votre défenseur croirait avoir quelque production à faire dans sa plaidoirie ?

M. BERRYER. Le journal *la France* est traduit devant le jury, comme s'étant rendu coupable d'offense en publiant des lettres. Nous attendrons le développement de l'accusation pour mesurer le système de la défense au langage du parquet.

L'AVOCAT GÉNÉRAL. Ainsi vous n'avez rien à produire, quant à présent.

M. BERRYER. Rien, quant à présent. Nous attendrons le développement du système de l'accusation.

L'AVOCAT GÉNÉRAL. Nous prenons acte de l'interpellation positive de M. le Président et de la nôtre.

Cette instance du président et de l'avocat général, ces interpellations réitérées, peignent mieux que nous ne pourrions le faire la situation morale de l'accusation, et ses craintes et ses hésitations. Cependant l'avocat général, M. Partarieu-Lafosse, avait assez l'habitude de l'audience pour voir clairement que la défense n'avait pas à sa disposition les pièces importantes. Il reprit courage, mais avec une si accablante maladresse, qu'il ne craignit pas de mettre en cause le roi lui-même.

« Il résulterait de ces lettres, dit-il, que le roi élu en 1830, pour répondre aux sympathies patriotiques, les aurait trahies de tout point ; qu'il aurait consenti à l'écrasement de la Pologne dans l'intérêt de la Russie ; qu'il serait disposé à abandonner Alger en faveur de l'Angleterre ; que, pour lui, l'avenir de sa dynastie serait le seul point important, et non la conservation du régime constitutionnel ; enfin, que le projet de fortifier Paris, loin d'être dirigé contre l'étranger, serait dans les mains du roi un moyen de tyrannie, et que les fortifications, loin de protéger les citoyens, seraient, en réalité, destinées à les opprimer. Voilà l'ensemble des idées contenues dans les passages incriminés. Comment donc faudrait-il appeler le roi qui aurait écrit de pareilles choses ? Il faudrait dire de lui que c'est un de ces tyrans qui ne marchent que par la voie de la dissimulation ; qui établissent leur empire, non pas sur la sincérité de leur langage, mais sur la violation de tous leurs engagements ! »

La question ainsi posée ne laissait pas de place à l'équivoque ; l'acquittement du journaliste était la condamnation du roi. L'avocat général avertissait clairement les jurés de ce qu'ils allaient faire. Ils lui répondirent par un verdict d'acquittement.

Cette nouvelle répandue aussitôt dans Paris y produisit une agitation inexprimable. Les radicaux et les légitimistes étaient triomphants ; ils venaient de frapper au cœur le roi irresponsable, le roi vainement protégé par une inviolabilité fictive, le roi mis sur la sellette d'une cour d'assises et condamné par la voix de quelques boutiquiers. La consternation était au Château, au Ministère, à la Chambre ; et, comme il arrive après toute défaite, les vaincus se rejetaient de mutuelles accusations d'imprudence et de maladresse. M. Martin (du Nord) était accablé de reproches, M. Franc-Carré taxé d'imprudence, le Ministère tout entier poursuivi d'injurieuses récriminations. Au lieu d'amoindrir la défaite par un habile silence, chacun l'aggravait par le bruit qu'il en faisait. Vainement le *Journal des Débats*, la *Presse*, épuisaient leur verve à prouver l'absurdité de l'accusation portée contre le roi ; ces plaidoiries mêmes entretenaient les douleurs, et le public leur opposait toujours le verdict du jury, lorsqu'une soudaine découverte vint rendre quelque confiance aux amis du Château. En 1834, M. Sarrans jeune avait publié un ouvrage intitulé : *Louis-Philippe et la contre-révolution de* 1830. Or, à la page du premier volume se trouvait textuellement la première des lettres objets de tant d'émotions. Ajoutons néanmoins que le premier paragraphe ne s'y rencontrait pas et que le reste était chez M. Sarrans, sous forme d'une réponse verbale adressée par le roi à lord Stuart, ambassadeur d'Angleterre en 1830. De vieux souvenirs ou des recherches faites au hasard firent tomber ce passage sous les yeux d'un député, qui en fit prendre communication à M. Duchâtel. Le ministre ravi crut avoir un argument irrésistible contre les factieux. Il devenait évident pour tous que la *Contemporaine* avait copié le texte d'un ouvrage imprimé, pour le transformer en une lettre du roi ; le faux était manifeste, les calomniateurs étaient confondus, la royauté vengée.

Aussitôt une sommation par huissier est adressée à chacun des journaux qui avaient reproduit les lettres, afin qu'ils aient à insérer la note suivante :

« A M. le gérant du...

« Dans l'ouvrage de M. Sarrans jeune, intitulé : *Louis-« Philippe et la contre-révolution de* 1830, tome Ier, « page 8, 2e alinéa, on trouve sous forme d'une prétendue « réponse verbale adressée par le roi à lord Stuart, am-« bassadeur d'Angleterre en 1830, le texte même, mot « pour mot, d'une des trois lettres publiées par la *France*. « La *Contemporaine* s'est bornée à copier ce passage, « en se servant de son talent à imiter les écritures pour « le transformer en une soi-disant lettre du roi. »

Après avoir mis en regard les deux textes, la note ministérielle ajoutait :

« Nous n'avons pas besoin de dire que la conversation « rapportée par M. Sarrans n'est pas plus vraie que la « lettre de la *Contemporaine*. »

Ce document fut accueilli par la presse ministérielle avec des cris de triomphe : *Personne ne croit plus aux lettres*, écrivait le *Journal des Débats*. — *C'est un flagrant délit de mensonge*, répétait la *Presse*. Et en effet, en dehors des partis militants, beaucoup d'esprits se prenaient à douter, et les opinions flottantes qu'avait entraînées la décision du jury commençaient à suivre une impulsion contraire. Mais bientôt la discussion engagée sur ce nouveau terrain fit perdre au Ministère l'avantage qu'il avait gagné.

D'abord, M. Sarrans, en réponse aux arguments ministériels, écrivit aux journaux la lettre suivante :

« Je n'ai pas à entrer dans le débat qui s'est engagé en-« tre les organes du Ministère et la *Contemporaine*, ni à « apprécier l'accusation dirigée contre cette femme ; mais « j'ai le droit de m'étonner de la dénégation dont les faits « exprimés dans mon livre sont aujourd'hui l'objet.

« Que la conversation attribuée au roi par la dépêche de « l'ambassadeur d'Angleterre n'ait point eu lieu, cela est-il « possible? Oui, à la rigueur ; mais ce qui est positif, c'est « l'existence de cette dépêche dans les archives du *Fo-« reign-Office*. »

En second lieu, les journaux anglais, qui n'oubliaient pas les engagements pris relativement à l'évacuation d'Alger, se mêlèrent aux discussions de la presse française pour confirmer les assertions de M. Sarrans.

« La *Presse*, écrit le *Morning-Post* à la date du 30 avril, s'efforce de prouver que l'abandon d'Alger n'a jamais été promis par Louis-Philippe, et que le gouvernement de Charles X était seul responsable de la promesse de ne pas l'occuper. Nous avons fréquemment traité ce sujet ; nous répétons les faits aujourd'hui comme ils ont été établis au Parlement par le duc de Wellington, lord Aberdeen, lord Stuart et sir Robert Peel. Le prince de Polignac s'était formellement engagé à ne pas occuper Alger avant que l'expédition du général Bourmont mît à la voile. Cette non-occupation a fait le sujet de fréquentes communications diplomatiques entre lord Aberdeen, alors ministre des affaires étrangères, et lord Stuart de Rothsay, ambassadeur anglais à Paris. Après la révolution de 1830, Louis-Philippe prit vis-à-vis de lord Stuart l'engagement verbal d'évacuer Alger. »

Quelques jours plus tard, le *Morning-Post* donne de nouveaux détails :

« Nous pensons, dit-il, que la conversation

entre le roi et lord Stuart de Rothsay, qui eut lieu en août 1830, après l'élection du roi par 352 pairs et députés, eut lieu de la manière suivante : le comte Molé était ministre des affaires étrangères dans le Cabinet du 11 Août, le premier ministère qui ait été formé après l'élection du duc d'Orléans comme souverain. Lord Stuart de Rothsay se rendit auprès du comte Molé pour lui parler de l'affaire d'Alger. On dit que la réponse fut celle-ci : « Parlez-en au roi. » Et lord Stuart en parla au roi, et la conversation produisit la promesse d'abandonner Alger. »

Il y a plus : tous les hommes au courant des débats parlementaires de la Grande-Bretagne se souvenaient parfaitement que dans les années 1832 et 1833 il avait été souvent question des engagements pris par Louis-Philippe. Les tories n'étaient plus au pouvoir, et ils reprochaient amèrement aux whigs de ne pas faire exécuter les promesses consenties. Lord Aberdeen rappelait à ce sujet le document transmis par lord Stuart et déposé aux archives du *Foreign-Office*. Lord Grey, chef du ministère whig, ne niait pas l'existence du document, mais il refusait de le produire, par des motifs de convenance. « Mais la véritable raison, dit le *Morning-Post*, était que, dans ce temps-là, le ministère whig était très engoué de gallomanie. »

Il demeurait donc constant pour tous, et par l'affirmation de M. Sarrans, et par les assertions des journaux anglais, et par les débats parlementaires, que le document objet de tant de débats existait réellement dans les archives du *Foreign-Office*. Dès lors se trouvait expliquée toute l'affaire des lettres de Louis-Philippe publiées en 1841, au moins en ce qui concerne la première.

A l'avènement de Louis-Philippe, son premier souci est d'être assuré de l'alliance anglaise, et la première condition qu'on lui fait est l'accomplissement des promesses de Charles X relativement à l'Algérie. Il s'y engage, et remet à lord Stuart la note verbale [1] commençant par ces mots : « En thèse générale, ma résolution la plus sincère, etc. » Peu de jours après, il envoie à son confident et ambassadeur M. de Talleyrand copie de la note, en la faisant précéder de ce paragraphe : « La voilà cette fameuse épître, etc. » C'est cette dernière missive qui est retrouvée dans les papiers de Talleyrand, et vendue aux rédacteurs de la *France*. On comprend dès lors pourquoi la note publiée par M. Sarrans ne contient pas le premier paragraphe : car c'est le document envoyé à Londres par lord Stuart ; on comprend pourquoi ce paragraphe se retrouve dans la lettre livrée par la *Contemporaine;* car c'est un morceau détaché de la correspondance de Louis-Philippe avec Talleyrand.

Au surplus, l'histoire, dans son équité, doit justifier Louis-Philippe quant à l'intention réelle d'abandonner Alger. Les premières lignes qu'il écrit à Talleyrand prouvent clairement qu'il considérait sa promesse plutôt comme un acte de complaisance que comme un engagement sérieux. « Vous, dit-il, qui n'ignorez rien des nécessités qui l'ont inspirée, vous seul ne vous tromperez pas sur le véritable sens qu'elle doit avoir pour nous ; et, quoique je vous la copie moi-même, je me garderai de vous dire : « Tenez-« vous-en rigoureusement et consciencieu-« sement à la lettre. »

On voit donc qu'au fond ce n'était pas la France que Louis-Philippe trompait en 1830, mais bien plutôt l'Angleterre. Seulement, en 1841, la discussion n'était plus sur le même terrain. Il s'agissait alors de savoir si la lettre avait été oui ou non écrite par Louis-Philippe, et tous les efforts du Ministère pour en nier l'authenticité ne furent que de compromettantes maladresses. Le dernier argument tiré du livre de M. Sarrans semblait décisif ; on se promettait merveille ; on triomphait par huissier. Et cet argument ne servit qu'à éclairer ce qu'il y avait d'obscur,

---

[1]. En langage diplomatique, on appelle *note verbale* tout écrit sans signature, sans caractère officiel.

et à donner à l'accusation un complément qui la rendait inattaquable.

Aussi la défaite du Ministère était-elle tellement complète, et la personne royale tellement compromise, que les dévoués de la monarchie furent remplis d'alarmes, et cherchèrent un remède qui pût cicatriser de si profondes blessures. Ils n'imaginèrent rien de mieux que de faire appel à la Chambre, et d'obtenir, par une discussion solennelle, la réhabilitation du roi. Ce n'était pas la première fois qu'un vote de la Chambre devenait l'argument suprême d'une mauvaise cause. On croyait follement étouffer ainsi la voix de l'opinion publique.

« Comment, disait le *Journal des Débats*, comment le Ministère n'a-t-il pas, à la face du pays, devant ses quatre cents représentants, sous l'œil de la publicité si souvent invoquée contre lui, comment n'a-t-il pas vidé une fois pour toutes ce déplorable différend où l'on prétend mettre la royauté en cause?... Le débat était cependant digne de la Chambre, digne du pays. Puisqu'on accuse la royauté, au moins elle aurait eu, cette fois, pour la juger, un tribunal aussi haut qu'elle. La Chambre, avec son irrécusable autorité, aurait fermé la bouche aux calomniateurs. La représentation nationale aurait répondu, avec ses quatre cents voix, à ce verdict solitaire de six jurés [1], qui ont semblé donner raison à la haine, à l'intrigue, à la mauvaise foi des partis! »

Les mêmes doléances se répétaient par tous les conservateurs aveugles, qui, n'admettant pas la possibilité de la correspondance royale, demandaient naïvement une réparation. On pressait le Ministère, on le sommait de venger la Couronne outragée. Mais M. Guizot, mieux instruit ou plus soupçonneux, n'avait nul souci de réveiller une question brûlante, et d'éclairer d'un nouveau jour ce qui pouvait encore rester dans l'ombre. Il pensait, non sans raison, que le mieux était de se taire. Aussi l'opposition, guidée par une meilleure logique que les royalistes

---

[1]. La *France* avait été acquittée par six voix contre six.

zélés, provoquait-elle de son côté des explications. M. Lherbette, en discutant le budget de l'Algérie, avait fait des allusions aux lettres, beaucoup plus transparentes qu'il ne le fallait pour offrir aux ministres une occasion. Les ministres avaient feint de ne pas entendre.

Le lendemain, le duc de Valmy, député légitimiste, publia dans la *Gazette* un discours qu'il n'avait pu prononcer à la tribune, et dans lequel, s'efforçant de venger l'honneur de l'ancien Gouvernement, il mettait sur le compte de la monarchie de 1830 tous les engagements pris pour l'évacuation d'Alger.

Enfin, une députation de citoyens de Paris se présenta le 22 mai à la Chambre des députés pour y faire le dépôt de la pétition suivante :

« Messieurs les Députés,

« Des lettres qui seraient l'expression de la plus lâche et de la plus infâme trahison ont été attribuées au roi Louis-Philippe.
« La justice du pays a acquitté le journal qui les a publiées.
« Les ministres n'ont répondu que par de vagues démentis à l'imputation qu'ils laissent peser sur le chef de l'État.
« La conscience publique exige une enquête.
« Nous venons donc vous demander d'interpeller le Ministère sur un fait qui touche aussi profondément à l'honneur, à la liberté et à l'indépendance de la nation. »

Cette pétition, couverte en peu de jours de plus de cinq mille signatures, mettait la Chambre en demeure ; les ministres ne pouvaient plus se taire. Le *Journal des Débats* les sommait de parler ; les journaux légitimistes les en défiaient. M. Guizot, placé entre ses imprudents amis et ses arrogants adversaires, était à bout d'expédients. S'il parlait, il savait trop bien quelle serait la victime du débat ; s'il se taisait, son silence devenait un accablant aveu. Pour se dégager de ce mauvais pas, il n'imagina rien de mieux qu'un équivoque parlementaire qui, en déplaçant la question, ne devait amener ni discussion ni vote.

Dans la séance du 27 mai, pendant que se débattaient les articles du budget des recettes, le président énonça le chapitre des produits et revenus de l'Algérie ; M. Guizot aussitôt demanda la parole, et la Chambre crut qu'enfin la grande discussion allait s'ouvrir sur la question des lettres.

« Depuis quelque temps, dit le ministre, d'insignes faussetés ont été laborieusement répandues, au sujet de prétendus engagements que le Gouvernement du roi aurait contractés envers les puissances étrangères, ou telle puissance étrangère, pour l'abandon complet ou partiel de nos possessions d'Afrique. Si ces faussetés s'étaient produites à cette tribune, nous les aurions à l'instant même relevées et qualifiées comme elles le méritent. On ne l'a pas fait. Personne n'a apporté ici les faussetés auxquelles je fais allusion. Nous n'avons pas voulu, nous n'avons pas dû leur faire un honneur que personne ne leur accordait.

« Cependant, elles continuent à se montrer audacieusement ailleurs. La Chambre est près de se séparer ; nous ne laisserons pas fermer cette enceinte sans donner à ces calomnies, quelles qu'elles soient, le démenti le plus formel.

« Jamais, je le répète, par personne, envers personne, aucun engagement n'a été contracté ou indiqué. Toute assertion contraire est radicalement fausse et calomnieuse. »

M. le duc de Valmy, qui avait cru voir une allusion personnelle au discours non récité, mais publié par lui, s'élança aussitôt à la tribune, et chacun put croire que l'orateur légitimiste allait achever la grande campagne commencée par la *France;* mais l'arrogance s'était changée en réserve, l'audace en prudence. M. de Valmy protesta que, dans son discours, il avait entendu seulement défendre la Restauration du reproche de complaisance envers les Anglais. M. Guizot répliqua qu'il n'entendait attaquer aucun gouvernement ; chacun des deux adversaires se déclara satisfait, et le président, avec une prestesse qui ne lui était pas habituelle, mit aux voix le paragraphe, qui fut voté au milieu d'une hilarité générale. Une comédie était le dénouement du drame.

Quant aux lettres, il n'en fut plus question, et les journaux du Ministère eurent enfin le bon esprit de n'y pas revenir. Il est vrai que le parti légitimiste avait fait à la Chambre si mauvaise figure, que les amis du Château purent se vanter d'une apparence de victoire.

Les imprudents, il est vrai, les naïfs parmi les conservateurs, reprochaient à M. Guizot de n'avoir pas franchement abordé la question, de n'avoir pas déclaré en termes exprès que les lettres étaient fausses. Ils ne se dissimulaient pas que cette fameuse victoire n'était qu'un avortement. Mais, à vrai dire, ils avaient tort de demander davantage. M. Guizot avait fait tout ce qu'il pouvait faire. Parler pour ne rien dire était sa seule ressource. Réveiller le débat eût été une insigne folie. Il fallait finir par un orage ou par un éclat de rire. M. Guizot préféra le dernier parti. C'était une solution misérable, indigne d'un gouvernement, sans doute ; mais la force d'une situation domine toute énergie personnelle. Le talent vient s'y briser, l'habileté du sophisme y échoue, l'audace même s'y trouble et s'y perd. L'affaire des lettres demeurait donc ce qu'elle était : une accusation terrible contre la personne royale, fortifiée par les témoignages des hommes d'État de l'Angleterre, par les documents des chancelleries, par le verdict du jury, et surtout par la défense équivoque des ministres.

Quel que fût, au surplus, le véritable mot de l'énigme, le trône en fut profondément ébranlé. Les partis politiques jouèrent avec habileté leur rôle ; le Ministère accomplit le sien misérablement.

XVII

Demande de fonds secrets. — Réforme parlementaire, rejet. — Loi sur les ventes judiciaires d'immeubles, sur les ventes de marchandises vendues à l'encan. — Propriété littéraire. — Discussion confuse, rejet du projet.

La session législative ne fut pas dans son ensemble bien différente de celles qui avaient précédée : dramatique et animée dans les questions personnelles, pâle et languissante lorsque s'agitaient les intérêts généraux du pays.

Il semblait que la lutte de récriminations entre les Ministères du 1er Mars et du 29 Octobre dût être épuisée par la discussion de l'Adresse. Elle se réveilla sur le thème toujours renouvelé des fonds secrets.

On ne saurait assez s'étonner de la pauvreté des arguments ministériels dans ces manœuvres parlementaires périodiquement répétées, et ce n'est pas un médiocre embarras pour l'historien que de retracer tous les ans la même comédie sur la même scène. A l'ouverture de la session, la harangue royale vante l'habileté du Gouvernement, proclame le retour définitif de la sécurité publique ; et un mois après, les ministres viennent demander un secours pécuniaire contre les tentatives du désordre, et fixent à un million les garanties nécessaires pour maintenir la paix intérieure. En présentant la demande de fonds secrets, M. Duchâtel ne fit autre chose que copier ses prédécesseurs. « De coupables associations, dit-il, s'agitent dans l'ombre, et menacent, non plus seulement le Gouvernement, mais la société. On s'attache à répandre dans les classes laborieuses les plus funestes doctrines ; on s'organise mystérieusement pour attaquer l'ordre social dans sa base essentielle, la propriété. » Ces phrases stéréotypées, à l'usage de tous les ministères, n'étaient-elles pas la condamnation la plus formelle d'un système qui signalait périodiquement sa propre impuissance, en signalant constamment les mêmes dangers ? Tous les ans, les Chambres sacrifiaient un million pour palliatif au mal, et tous les ans le mal se représentait plus menaçant. N'était-ce pas un argument contre les gouvernants eux-mêmes et contre le principe d'une aveugle compression qui approfondissait les plaies au lieu de les guérir ?

Le rapporteur, M. Jouffroy, plus sincère et mieux éclairé que le ministre, fit remonter la stabilité du mal au Gouvernement lui-même. « La responsabilité et le repos manquent au Gouvernement, dit-il ; il n'y a en France de lendemain bien déterminé pour personne ; le présent y chancelle toujours, l'avenir y demeure une éternelle énigme..... On se plaint de voir la lie de la société soulevée en battre avec audace les fondements : cette audace est l'ouvrage de la Chambre ; elle est la conséquence directe de l'instabilité des majorités. Et d'où vient cette instabilité ? De ce qu'un jour, croyant les grandes questions décidées, chacun s'est mis à regarder dans ses principes, en a découvert les nuances, et s'est passionné pour ces nuances comme il s'était auparavant passionné pour les principes mêmes. »

M. Jouffroy eût été plus vrai s'il eût accusé de cette instabilité les ambitions personnelles, les rivalités jalouses, les intrigues des ministres en expectative contre les ministres en possession, et tous les vices du régime constitutionnel, qui livraient le pays en pâture à un petit nombre de privilégiés.

Loin de s'attacher à ce côté fondamental de la question, le rapporteur, et la Commission avec lui, refusaient toute satisfaction aux partisans de la réforme, se prononçant pour le strict maintien du *statu quo* en tout ce qui concernait la loi électorale et la législation de la presse. La fatale opiniâtreté qui doit conduire la monarchie à sa perte pèse sur tous ceux qui s'en font les protecteurs ; un profond aveuglement les détourne de la seule voie de salut.

Les conservateurs avaient même si peu conscience de la gravité de cette question, qu'ils n'accueillaient qu'avec impatience et dérision les orateurs qui la ramenaient.

M. de Courcelles attaqua vivement la Commission et son rapporteur, qui n'avaient trouvé d'autre système que l'immobilité.

« L'immobilité ! y pensez-vous ? Quoi ! vous venez de déclarer que notre Gouvernement, par son instabilité, ne peut acquérir aucune force intérieure ou extérieure ; qu'il n'y a en France de lendemain bien déterminé pour personne ; que le présent y chancelle et que l'avenir est une éternelle énigme. Nous sommes en si grand péril, et il n'y a rien à faire !... Il n'y a rien à faire, si ce n'est à exécuter ces lois qui n'ont pu empêcher ni prévenir de si mortelles atteintes à la sécurité générale, à les exécuter avec rigueur, et notre salut est tout entier dans quelques réquisitoires de plus ou de moins !

« Votre second moyen, après l'immobilité constitutionnelle, c'est la résistance ; vous n'avez pas voulu dire la réaction, et vous avez bien fait, car personne n'y aurait cru. Vous conviez seulement à de belles et intrépides résistances..... Mais contre quoi ? N'êtes-vous pas convenus ailleurs que le pays est plus las qu'agité ? Oui, le pays est fatigué, et on le serait à moins. »

Pendant la discussion, M. Guizot demeurait silencieux et réservé. Encore peu sûr d'une majorité formée par la peur bien plus que par un principe commun, il craignait de s'engager dans une polémique sérieuse qui l'eût contraint à se dévoiler. Les incertitudes de sa pensée et les obscurités de son programme maintenaient la phalange ministérielle, et il risquait d'en rompre l'accord,

s'il faisait preuve de sincérité et de hardiesse. Aussi, M. Piscatory l'ayant interpellé sur le système d'isolement extérieur, le ministre répondit que, dans l'état des affaires du pays, il ne pouvait, ne devait rien dire ; il regrettait également de ne pouvoir parler, autant qu'il l'aurait voulu, du rapport de la Commission. Tout ce que la Chambre avait entendu depuis trois jours n'ayant d'autre but, disait-il, que de porter le trouble et la désunion dans la majorité, le Cabinet, qui voulait sincèrement le maintien et l'empire de cette majorité, avait dû se refuser à toutes les paroles, à toutes les explications qui pouvaient concourir aux espérances et aux desseins qu'il comprenait et qu'il combattait. Cette majorité s'était formée par la nécessité, en présence d'un grand danger, en présence de la question de la paix et de la guerre ; elle s'était formée pour rappeler au dehors la pratique d'une politique prudente et modérée ; pour rétablir au dedans la pratique d'une politique ferme, conséquente, favorable à l'affermissement, à l'exercice du pouvoir. Si le repos du pays s'était rétabli à l'apparition de cette majorité, par l'appui qu'elle avait donné au Cabinet ; si les espérances du pays s'attachaient à son affermissement, il était bien naturel que ceux qui lui étaient attachés, députés ou ministres, ne permissent pas qu'elle fût légèrement compromise.

« Quelle accusation jetée et contre cette majorité et contre l'avenir de votre Administration ! s'écria M. Odilon Barrot ! Quoi ! vous avez une majorité qui n'existe que si vous ne vous expliquez pas ! »

Et, en effet, c'était là le véritable caractère de la situation : la majorité qui s'était groupée autour du 29 Octobre ne pouvait restée unie qu'à la condition de ne pas s'expliquer sur les questions fondamentales.

Mais la question intérieure, suivant M. Barrot, n'admettait aucune réticence. Puis, revenant au principe de la réforme, sur lequel il n'était certes pas bien exigeant, puisqu'il se contentait du programme du 1ᵉʳ Mars : définition de l'attentat et élargissement du cercle des incompatibilités, il s'écriait : « Ne parlez pas d'inopportunité ; il y a toujours opportunité à rentrer dans la loi et dans le droit. Quelle plus grande opportunité, et qu'est-ce qui peut plus honorer votre Administration, que ce retour au respect scrupuleux et fidèle de la Constitution? Mais aux uns vous accordez l'inopportunité, aux autres vous sacrifiez le principe. Ce n'est pas de la politique courageuse et franche ! »

Vaines paroles! inutiles avertissements, qui, pendant huit ans, retentiront aux oreilles du pouvoir sans le détourner du chemin de l'abîme!

Le projet de loi fut voté à une grande majorité, 235 voix contre 147. La Chambre des pairs ne consacra qu'une séance à la discussion, qui fut terminée par un vote de 106 voix contre 8.

L'opposition néanmoins ne se découragea pas. La proposition de Rémilly, prise en considération à la session précédente, et enterrée au sein d'une Commission par les soins hypocrites du 1ᵉʳ Mars, n'avait pas été définitivement jugée. M. Maurat-Ballange, chargé du rapport, en demanda la reprise dans la séance du 20 février. Le ministre de l'intérieur répéta les mêmes objections sur l'inopportunité qui avaient servi de texte à tous ses prédécesseurs, et la Chambre, toujours docile, revint sur sa décision et se condamna elle-même.

Cependant la majorité, dans ce vote, avait été si faible, 178 voix contre 160, que la nécessité d'une réforme ressortait de l'incertitude même des esprits. Aussi, à peine la Chambre eut-elle repoussé la reprise du projet de M. de Rémilly, que M. Pagès (de l'Ariège), de concert avec M. Mauguin, le reproduisit sous une autre forme. Les bureaux en autorisèrent la lecture, et le 18 mars l'auteur en saisit la Chambre. La discussion, remise au 5 avril, occupa deux séances où l'animosité des partis témoigna tout l'intérêt qu'y prenait le public. La prise en considération fut encore rejetée.

Ce fut le dernier effort de l'opposition parlementaire durant cette session. Le Cabinet du 29 Octobre s'affermissait par la lutte, et M. Guizot, un instant incertain et troublé, se voyait désormais assuré d'une majorité docile. On fit trêve alors aux questions purement politiques, et les Chambres se consacrèrent aux affaires législatives. La loi sur les ventes judiciaires d'immeubles, votée par la pairie en 1840, fut l'objet de longues et savantes discussions à la Chambre élective. C'était un code tout entier destiné à régler une des matières les plus compliquées de la législation. La pensée dominante de la loi nouvelle reposait sur deux principes dont on ne pouvait nier l'utilité : économie de temps, économie de formes. Tous les partis s'accordaient pour favoriser d'aussi heureuses réformes, et, malgré la timidité des modifications, la loi eût été accueillie par une approbation générale, si l'esprit de parti n'y avait introduit une clause qui livrait à la discrétion de magistrats complaisants les destinées de la presse indépendante. L'article 696 devenait aux mains du ministre une arme politique et un moyen nouveau de corruption.

La loi relative à l'expropriation pour cause d'utilité publique était destinée à compléter la loi de 1833 sur la même matière. Ce grave sujet introduisait de profondes modifications dans la propriété. L'intérêt du citoyen se trouvait en opposition directe avec l'intérêt de l'État : lequel devait être sacrifié? La question ne pouvait être douteuse. Mais l'Etat ne devait user de son droit absolu qu'avec les plus extrêmes ménagements ; il fallait être juste en dépouillant, paternel en frappant, annuler le droit de propriété, et, par une compensation équitable, le reconnaître en l'annulant, enfin changer toutes les dispositions de personnes, de familles, d'héritages, pour les subordonner à des dispositions d'un ordre supérieur, enfin accoutumer l'individu à se sacrifier à la société dans ce qu'il avait de plus personnel et de plus intime, sans résistance, sans trouble, sans murmure. Tel fut le but de la loi du 31 mai 1841. Elle fut discutée successivement dans les deux Chambres avec une consciencieuse intelligence que l'on serait heureux de rencontrer plus souvent dans les débats parlementaires.

Une autre loi fut présentée, qui, sous le prétexte de défendre les intérêts du commerce, n'était en réalité qu'une satisfaction accordée au monopole des gros commerçants qui dominaient dans les élections.

Les ventes aux enchères et en détail des marchandises provoquaient de nombreuses réclamations de la part des marchands sédentaires. Ils se plaignaient de voir inonder en un jour la place de marchandises qui, souvent vendues à vil prix, rendaient, selon eux, toute concurrence impossible. Les colporteurs faisaient ombrage aux boutiquiers; l'ouvrier qui avait fait un meuble vendait directement le produit de son travail, sans l'intervention ruineuse d'un tapissier. C'était un commencement d'affranchissement. Les privilégiés à patente poussèrent de grands cris, et ces cris avaient été entendus, parce que les mécontents étaient électeurs. Une loi avait été en conséquence élaborée et présentée par le Gouvernement, une Commission nommée, un rapport déposé devant la Chambre. C'était en 1840. Mais depuis, les commissaires-priseurs, avoués, huissiers, notaires, qui avaient intérêt à la multiplicité des ventes, achats et transactions, font entendre à leur tour de bruyantes réclamations. Or les officiers ministériels de toutes classes figurent aussi en bataillons serrés sur les listes électorales. Le gouvernement s'effraye de son œuvre, et ne sachant auxquels entendre, ou des officiers ministériels qui voudraient sauver leurs frais de vente, ou des gros commerçants qui voudraient interdire les ventes, il partage le différend par le milieu, et tâche de concilier les contraires. En conséquence, le 24 février, M. Martin (du Nord) donne communication à la Chambre d'une ordonnance royale portant retrait du projet de loi sur les ventes de meubles, et présente en même temps un nouveau projet sur la vente des marchandises à l'encan. La portion de la loi qui déplaît aux officiers ministériels a disparu; la portion de la loi qui ne déplaît pas aux commerçants est reproduite. Mais dans les deux cas on sacrifie les colporteurs, les ouvriers et les consommateurs.

La discussion s'ouvrit le 3 avril; mais dans l'intervalle les commerçants eux-mêmes avaient fait des réflexions. Ils pensèrent que cette faculté de vendre, dont ils ne voulaient pas pour les autres, leur serait très profitable

Le policier Vidocq.

à eux-mêmes. Il est en effet une multitude de circonstances où un commerçant, même notable, a besoin de réaliser promptement. En conséquence, à l'ouverture de la discussion, M. Ganneron, ancien commerçant, réclama au nom de la liberté du commerce, de l'intérêt du commerce, de l'honneur du commerce, la faculté pour les marchands sédentaires de faire vendre en détail et à l'encan des marchandises neuves avec l'autorisation du tribunal de commerce. C'était détruire le principe de la loi, mais c'était en même temps fortifier le monopole par un principe nouveau. L'amendement de M. Ganneron fut adopté. Et pour mieux en faire ressortir le caractère exclusif, l'ar-

31. — E. REGNAULT.

ticle 5 portait que l'autorisation de vendre ne serait accordée qu'au marchand sédentaire ayant, depuis un an au moins, son domicile réel dans l'arrondissement où la vente serait opérée. La loi fut adoptée dans la séance du 9. C'était la guerre déclarée aux faibles, l'oppression consacrée en faveur du gros commerce, au détriment de l'ouvrier et du consommateur.

La Commission de la Chambre des pairs, par l'organe de son rapporteur, M. Persil, allait plus loin encore. Elle proposait d'accorder aux marchands sédentaires la faculté de vendre même sans l'autorisation des tribunaux de commerce, offrant ainsi aux marchands sédentaires une liberté illimitée en frappant les colporteurs et les ouvriers d'une interdiction absolue. L'iniquité se trahissait si flagrante, si maladroite, que M. Martin (du Nord) lui-même se sentit obligé de la combattre. Le projet de la Chambre des députés fut adopté sans modification.

Cette loi malheureuse succédait à de stériles débats sur une question longtemps agitée et jamais résolue. Bien des fois les écrivains s'étaient plaints avec amertume de la législation qui gouvernait les productions de l'esprit, ne laissant aux héritiers qu'un usufruit temporaire sur les fruits du travail intellectuel. Aux yeux de beaucoup, la société consacrait non seulement l'ingratitude, mais la spoliation; comparant les œuvres de la pensée aux matérielles productions d'un labeur manuel, ils demandaient pour les unes comme pour les autres les mêmes garanties, les mêmes droits, les mêmes titres. Le Gouvernement s'était laissé toucher par ces réclamations, et il avait présenté aux Chambres un projet sur la *propriété littéraire*.

Cependant le principe de la loi rencontrait de notables adversaires, même parmi ceux qui y avaient intérêt.

« Que peut-il y avoir de commun, disaient-ils, entre un champ et une idée, entre un objet matériel, palpable, saisissable aux yeux, existant même indépendamment de la volonté de l'homme, et une chose immatérielle, insaisissable, et n'ayant de réalité que si elle est émise en public? Et qu'est-ce qui fait le mérite et la puissance d'une idée, si ce n'est le public qui l'accueille et l'encourage? Le succès d'un livre est donc autant dans le public que dans l'auteur; et en supposant même le public injuste, la propriété devient nulle; car le livre ne vaut commercialement quelque chose que par le consentement du public. Sa valeur intrinsèque elle-même, cette valeur que l'on suppose méconnue, n'est-elle pas due tout entière au milieu social où se rencontre l'auteur? A qui doit-il les connaissances qui font son mérite, si ce n'est à la société, qui a développé sa pensée, fécondé son génie, livré à son intelligence naissante tous les trésors accumulés des âges passés? Depuis les premières lettres de l'alphabet jusqu'aux pages sublimes du livre qui fait son orgueil, n'a-t-il pas tout emprunté à ceux qui furent avant lui, à ceux qui vivent autour de lui! Et ce débiteur de tout le monde veut se dire propriétaire à l'exclusion de tout le monde! Et cet enfant de l'intelligence commune veut désavouer la paternité de la société! Et cet heureux baron ose dire qu'une idée lui appartient parce qu'il la transforme en la dérobant! Un raisonnement aussi vicieux ne supporte pas l'examen.

« Il n'y a pas, il ne peut y avoir de propriété littéraire, à moins qu'on ne donne un autre nom à la possession d'un champ ou d'un meuble. La propriété est ce qui est dans la société de plus individuel; la pensée est ce qui l'est le moins. Le fruit du travail manuel est ce qui relève le plus de l'individu; le fruit du travail intellectuel est ce qui en relève le moins. Si jamais il y eut une propriété publique commune, indivisible, inaliénable, c'est assurément l'œuvre de l'art et de la science. Le temps lui-même peut revendiquer sa part dans le mérite de la production, et sa part est la plus grande. Car un écrivain, un savant, un artiste, ne se fait admirer que parce qu'il est dans son œuvre l'éclatant résumé de plusieurs siècles. Il peut, il est vrai, rajeunir la voix des âges par une harmonie nouvelle, il peut donner aux choses transmises la forme moderne; mais les idées enveloppées sous la forme lui ont été données, et la société les adopte précisément parce qu'elle les reconnaît pour siennes. Elles les avait oubliées, peut-être, délaissées, méconnues, ces filles de ses entrailles; on les lui rend vêtues de pourpre et d'or; elle retrouve son sang, elles les accueille avec amour et leur ouvre les portes de la gloire et de la fortune. Mais il y a loin de à à se dépouiller elle-même de ce qui lui appartient, à dépouiller les siècles de leur apanage pour en faire une propriété individuelle, transmissible par héritage, et cessible par devant notaire.

« Ce n'est pas à dire cependant qu'aucun droit ne doive être accordé à l'écrivain de mérite, à l'artiste éminent. Ne refusons pas un juste salaire à un utile travail : la société doit tenir compte de ce qu'elle reçoit, et pour tout bienfait individuel offrir une récompense. Mais ce principe n'était contesté par personne; depuis longtemps il était appliqué. La législation existante accordait à l'auteur le droit exclusif de vente pour ses ouvrages, et continuait ce droit aux héritiers pendant vingt ans après le décès. Elle constituait en faveur des écrivains un monopole, un privilège; bien plus généreuse encore envers eux qu'envers les inventeurs en mécanique ou en industrie, qui ne reçoivent pour l'idée la plus féconde qu'un brevet d'invention limité, et pour lequel encore ils payent un droit pécuniaire.

« Il n'y avait donc pas réellement matière à une loi sérieuse; car il ne pouvait y avoir de discussion que sur le plus ou moins de durée du privilège. »

Mais ce n'est pas ainsi que l'entendaient les auteurs de la loi, et la Commission, et le rapporteur de la Commission, M. de Lamartine. Tous voulaient constituer une propriété de nouvelle façon, une propriété littéraire. Il est vrai que la Commission consentait à une transaction, en limitant la transmissibilité à cinquante ans après le décès. Mais ce n'était qu'une concession temporaire.

« Nous n'avons mis aucune limite aux droits de la propriété littéraire, disait M. de Lamartine, nous lui avons mis une borne dans le temps. Le jour où le législateur, éclairé par l'épreuve qu'elle va faire d'elle-même, jugera qu'elle peut entrer dans un exercice plus étendu de ses droits naturels, il n'aura qu'à ôter cette borne, il n'aura qu'à dire *toujours* où notre loi a dit *cinquante ans*, et l'intelligence sera émancipée. »

Le rapport de M. de Lamartine, rédigé dans le beau langage qui lui est si familier, était une œuvre d'art : il fut combattu avec succès par des orateurs moins poétiques, mais ayant mieux la pratique des affaires. M. Berville fut le premier opposant. « Vous posez, dit-il, le principe de la propriété, mais vous n'avez pu le faire sans vous mettre en même temps en contradiction avec vous-même.

« La propriété est transmissible à l'infini; vous l'avez senti et vous n'avez pas osé le décréter. *Pourquoi pas toujours ?* dites-vous. Vous sentez que vous devriez ainsi conclure, et vous n'y concluez pas.

« Moi je dis : Un livre est un service rendu à la société. L'auteur a droit à une récompense; rien de plus naturel que de prendre la récompense sur les produits de son ouvrage. Mais c'est là une rémunération, non une propriété : propriété et publicité sont deux mots incompatibles. »

M. Renouard, qui avait, depuis longues années, fait sur la matière des études spéciales et approfondies, parla dans le même sens.

« Votre Commission, dit-il, ne met pas en pratique la perpétuité du droit exclusif; mais elle proteste en sa faveur. Si le droit perpétuel existe, elle a tort de l'abandonner; s'il n'existe pas, elle a tort d'ébranler par des protestations les bases de la loi qu'elle-même nous propose.

« La confusion dans les mots a engendré la confusion dans les idées. »

Les arguments de ces orateurs furent appuyés par MM. Portalis et Dubois.

Le ministre de l'instruction publique,

M. Villemain, tenta de concilier les esprits en proposant de restreindre le privilège des auteurs à trente ans après le décès. C'était le projet primitif du Gouvernement. La Chambre, par son vote, adopta cette proposition.

Dès lors, la loi formulée par la Commission perdait tout son caractère. Le principe de propriété disparaissait ; il n'y avait plus qu'une rémunération étendue, pour les héritiers, de vingt ans à trente ans. Cette extension ne satisfaisait pas les exigences ; elle semblait peu avantageuse aux esprits impartiaux. Pour un si pauvre résultat, était-il bien nécessaire de formuler avec éclat une loi nouvelle ? S'il n'y avait rien de mieux à faire, n'était-il pas préférable de s'en tenir à la législation existante ? C'est ce que semblait comprendre la Chambre.

Après une discussion de huit jours, confuse, embarrassée, où chaque détail créait des difficultés nouvelles, la Chambre, vaincue par son impuissance, rejeta le projet dans son ensemble.

Une nouvelle loi sur les douanes soulevait une foule de questions toujours compliquées par d'antiques préjugés, de fausses connaissances, et des intérêts opposés. En pareille matière, l'habitude fait trop souvent loi ; et l'habitude reposant sur d'anciennes insuffisances, sur un système d'isolement national qui tous les jours disparaît, sur des imperfections de culture et de mécanique depuis longtemps corrigées, enfin sur un système général d'hostilités réciproques auxquelles les nations n'obéissent plus, il en résulte que les barrières élevées entre les peuples les oppriment bien plus qu'elles ne les protègent, et sont presque toujours des obstacles au bien-être général, en même temps qu'une contradiction au progrès et une offense à l'intelligence humaine.

Depuis cinquante ans, les rapports entre les nations se sont prodigieusement modifiés par un rapprochement constant, par des intérêts communs, par des engagements moraux et matériels qui ont créé une vaste solidarité, et depuis cinquante ans la barbare législation des douanes a si peu retranché de ses rigueurs, si peu diminué de ses entraves, qu'elle reste encore comme un monument inébranlable des vieilles haines et de la vieille politique. Ce qui a été fait pour la naissance de l'industrie se continue lorsque l'industrie est agrandie, développée, émancipée ; la protection consentie pour aider au progrès devient un encouragement à la routine, une prime à la paresse ; les lisières qui ont soutenu les premiers pas de l'enfant sont maintenues à l'âge viril. L'intérêt public en souffre, mais certains intérêts privés y gagnent, et ces intérêts sont entre les mains d'hommes influents dans les élections, influents dans les Chambres, et leur alliance s'achète par le maintien des abus. Telle a été, sous la monarchie constitutionnelle, l'histoire de la législation douanière. Cependant, de temps à autre, la force des choses et l'impérieuse voix du progrès contraignaient le Gouvernement à donner aux intérêts généraux de timides satisfactions. La dernière loi de douane datait de 1836, et, depuis ce temps, le système restrictif, attaqué par les économistes, perdait constamment du terrain ; les questions douanières avaient été discutées avec ardeur, toutes les restrictions condamnées avec passion. Une école nombreuse s'était formée, qui proclamait hautement le principe de la liberté illimitée des échanges.

Les théories audacieuses ont cela d'avantageux que, par l'agitation qu'elles produisent, elles contraignent la routine à faire des concessions que n'obtiendrait pas une calme discussion ou une logique modérée. Lorsqu'une question occupe vivement le pays, le Gouvernement ne peut s'empêcher d'intervenir, et alors même que les innovations lui répugnent, il cède quelque chose à l'esprit du jour. C'est au moins un commencement de sagesse. Tel fut le but de la loi présentée par le ministère, et discutée dans les premiers jours de février.

Mais la Chambre était l'asile et la place forte de tous les intérêts égoïstes opposés au bien-être général. Grands industriels et grands fabricants, enrichis par la prohibition, engraissés par le monopole, se soulevèrent contre un projet qui devait amoindrir leurs profits et porter atteinte à leurs privilèges ; s'établissant en majorité au sein de la Commission, ils ameutèrent tous les intérêts cupides contre une loi qui était cependant bien loin de faire justice aux plus légitimes réclamations.

Le projet du Gouvernement tendait timidement à continuer l'application du principe posé en 1836, à savoir : avancer avec prudence vers la liberté commerciale. La Commission, au contraire, voulait donner plus de force au système protecteur. La loi attaquait faiblement les abus ; la Commission voulait les étendre. Pour détourner les coups qui le menaçaient, le monopole se faisait agressif. Jamais la cupidité personnelle n'attaqua plus effrontément les droits de toute une nation.

A la voix des intérêts privés se joignit celle des rivalités départementales. Deux grandes divisions représentent en France le monde industriel et commerçant : les ports et les manufactures, le Nord et le Midi. Leurs intérêts sont en opposition, ou, du moins, sont rarement d'accord : il en résulte que le même système, protecteur pour les uns, est oppresseur pour les autres, et que, par la force des choses, toute loi de douane réclamée d'un côté est repoussée de l'autre. Aussi, pouvait-on d'avance indiquer les noms des jouteurs parlementaires qui combattraient ou soutiendraient une mesure fiscale, l'opinion de chacun se formant, non d'après un principe général, mais d'après l'industrie particulière du département qu'il représentait. Ce ne sont plus les députés de la France qui paraissent à la tribune, mais les avocats d'une usine, et tout discours est moins un œuvre d'étude et de science qu'une opération électorale. L'histoire n'a pas besoin d'enregistrer les noms des députés qui prirent part à la discussion ; la lutte avait pour principe des circonscriptions géographiques. Nantes livrait bataille à Saint-Étienne sur la question des houilles ; Bordeaux se levait contre Rouen ; le Nord demandait une protection pour les toiles ; l'Ouest pour le chanvre. Ce conflit d'intérêts égoïstes faisait un beau rôle au Ministère, qui, se plaçant à un point de vue général, proposait des améliorations d'ensemble, et semblait avoir tous les avantages de l'intelligence et du désintéressement. Pour les partisans prononcés de la liberté commerciale, le Ministère faisait sans doute de bien

Guillaume IV, roi d'Angleterre,
oncle et prédécesseur de la reine Victoria.

faibles concessions. Mais en voyant la Commission défendre opiniâtrement le système prohibitif, s'efforcer de multiplier les entraves et de perpétuer le monopole, on était obligé de trouver quelque mérite aux hommes du Gouvernement, qui abaissaient les tarifs, favorisaient les échanges et devenaient, par contraste, les défenseurs du progrès. C'était une chose nouvelle dans les annales parlementaires que de voir les ministres affronter les colères des gros industriels. Tant de courage eut sa récompense. La loi fut votée à une grande majorité dans les deux Chambres.

La loi sur les travaux publics extraordinaires fut accueillie par la Chambre comme le complément de la fortification de Paris. Il s'agissait de mettre dans un état respectable de défense les ports et les places frontières ; 5 millions étaient demandés pour cet objet. Ce surcroît de charges semblait, il est vrai, porter une grave atteinte à la situation financière. Mais, ainsi que le disait le rapporteur, M. Dufaure, « la considération du pays serait gravement compromise, s'il était obligé de s'arrêter par impuissance financière dans l'exécution du plan, si incomplet encore, des travaux publics auxquels notre loi nous donna pour six ans les moyens de pourvoir.

Tels étaient les bénéfices de la paix armée, détestable système qui produisait tous les inconvénients de la guerre, sans aucune des compensations d'honneur et de gloire.

Mais il fallait subir les conséquences d'une mauvaise politique. La Chambre était condamnée à tout éprouver.

La discussion de la loi des crédits supplémentaires et extraordinaires donna encore une fois le spectacle de la lutte entre le 1er Mars et le 29 Octobre. Ce projet n'était réellement que la conversion en loi des ordonnances de crédits rendues, à la suite du traité du 15 juillet, au milieu des complications survenues dans l'affaire d'Orient. C'était une thèse merveilleuse pour attaquer l'Administration précédente. M. Humann en profita sans réticence et sans pitié. Faisant le tableau le plus sinistre de la situation financière, flétrissant avec sévérité les marchés d'urgence, les armements irréfléchis, les accroissements de l'effectif militaire, il montrait la France réduite à l'impuissance par un téméraire gaspillage, et signalait, en terminant, un déficit d'un milliard qu'il mettait charitablement sur le compte du 1er Mars.

M. Thiers ne pouvait subir une accusation pareille : il n'eut pas de peine à la combattre.

« Quel a été, dit-il, le but de cet énorme déficit qu'on a si artistement construit ?... Pourquoi et comment ce milliard a-t-il été dépensé ? Pourquoi rappeler au pays que quelques mois d'une politique lui ont coûté un milliard ? Pourquoi cette assertion ? Pourquoi ? Pour pouvoir dire, si les élections générales ont lieu, que quelques mois de la politique du 1er Mars ont ruiné la France.

L'orateur ne fut pas embarrassé de démontrer que la plus grande partie du déficit appartenait aux exercices précédents, et, en effet, déjà, en 1833, il y avait un découvert de 255 millions qui n'avait depuis lors fait que s'accroître. M. Thiers n'acceptait pour le compte du 1er Mars qu'un déficit de 175 millions. Mais qu'importaient au pays ces misérables débats personnels ? Le mal existait, quels qu'en fussent les auteurs ; le milliard de déficit était avoué de tous, quoique chacun en rejetât sur un autre la responsabilité. Le fait vrai, c'est que la responsabilité retombait sur tous ceux qui depuis dix ans avaient pris part à la direction des affaires, sur le système général qui prévalait depuis dix ans ; et tous les ministres qui venaient tour à tour s'excuser à la tribune ne réussissaient qu'à faire retomber sur la couronne les accusations que mutuellement ils se renvoyaient.

Aussi le pays se lassait-il enfin de ces vaines récriminations tandis que la Chambre, qui se passionnait aux disputes personnelles, votait sans émotion les millions que dévoraient les dépenses militaires sous un ministère qui avait adopté pour programme : la paix à tout prix.

La loi nouvelle du budget ramena encore une fois les Chambres sur toutes ces questions et renouvela des débats irritants qui profitaient surtout à l'opposition. C'était en effet pour elle une douce vengeance que de voir ses adversaires se déchirer entre eux, mettre à nu leurs faiblesses, et compromettre le chef même du Gouvernement par leurs querelles ambitieuses.

Ce qui ressortait le plus clairement de toutes les discussions, c'est que la masse des déficits s'augmentait annuellement dans une proportion effrayante. Le découvert du budget de 1840 était de 170 millions, celui de 1841 de 242 millions ; et comme le budget des dépenses de 1842 s'élevait, avec la réduction de la Commission, à 1,275,435,340 fr., tandis que le budget des recettes était fixé à 1,160,516,942 fr., l'exercice de 1842 présentait un déficit d'environ 115 millions. De plus, la loi des travaux publics extraordinaires figurait dans la dépense pour 531 millions. C'était donc un total de plus d'un milliard auquel il fallait pourvoir en dehors des prévisions ordinaires du budget. Ajoutons que la dette flottante était engagée pour 256 millions par les déficits antérieurs à 1833. Cette situation désastreuse est bonne à rappeler à ceux qui vantent sans mesure la sagesse et les bienfaits du gouvernement royal.

La Commission de la Chambre se montrait justement alarmée de cet état de choses ; mais nous verrons ces alarmes se reproduire tous les ans, sans que jamais on propose sérieusement un remède au mal. Le rapporteur de la Commission était l'ancien ministre des finances du 15 Avril, M. Laclave-Laplagne. Les propositions du Ministère et de la Commission n'étaient autre chose que des expédients ruineux. Pour le payement des travaux publics, on contractait un emprunt jusqu'à concurrence de 450 millions, sauf à aviser plus tard aux moyens de se procurer les 81 millions d'excédent. « Quant aux découverts, ils seront éteints, disait M. Laplagne, par l'affectation qui leur sera faite des réserves de l'amortissement, à partir du 1er janvier 1842. Comme l'emprunt sera réalisé avant que les travaux soient effectués, il servira provisoirement à balancer les découverts qui, par ce moyen, cesseront de peser sur notre situation financière, avant que les ressources qui leur sont propres soient disponibles ; la dotation des travaux publics sera rétablie, à mesure de leur réalisation. »

Voilà tout ce qu'imaginaient les plus fortes têtes de la finance ! Un emprunt pour entreprendre les travaux publics ; puis, en attendant l'achèvement des travaux, l'application de l'emprunt aux découverts, puis le rétablissement de la dotation des travaux. Et avec quoi ? avec des éventualités, des incertitudes, des illusions ! Le dernier des enfants prodigues n'eût pas autrement raisonné.

Cependant M. Humann faisait des aveux qui trahissaient de graves inquiétudes.

« Non, pareille situation, disait-il, ne peut pas durer. Ce serait bien vainement que nous nous efforcerions de combler des déficits existants, si nous étions condamnés à voir chaque année s'ouvrir des déficits nouveaux. Or, le déficit, c'est le discrédit, l'impuissance et l'anarchie. Essayerait-on de conjurer un pareil avenir en accumulant emprunts sur emprunts, tristes expédients de la prodigalité aux abois ? Mais le crédit a ses exigences ; il refuse son aide à qui en veut abuser. Et remarquez que quand il s'agit de pourvoir à des dépenses annuelles, à des besoins permanents, l'emprunt est plus qu'un désordre, il est une injustice commise par la génération existante au détriment de celles qui vont suivre. L'emprunt, d'ailleurs, n'est que l'impôt différé ; les intérêts deviennent une charge immédiate ajoutée à celle du capital, dont il faudra bien se libérer un jour. C'est ainsi que l'abus du crédit appauvrit le présent et prépare un triste avenir... Peut-on maintenant, par les seules ressources de l'économie, arriver à l'équilibre ? Est-il possible que l'on vous présente pour 1843 un budget allégé de 116 millions ? Certes, le devoir de l'économie ne fut jamais plus impérieux qu'aujourd'hui ; mais vous voulez des économies judicieuses, réelles ; or, je ne crois pas que l'on puisse en faire assez de cette nature pour ramener par ce seul moyen le niveau de nos budgets. »

Il y avait assurément de terribles menaces pour l'avenir dans cette déclaration publique d'impuissance. Plus de ressources, ni dans l'emprunt, ni dans l'économie ! Voilà ce que disait un ministre réputé habile ! Et la Chambre était à peine émue ! Ces graves questions la touchaient moins qu'une querelle de Cabinet. Que lui importaient les dangers de l'avenir, lorsqu'elle n'avait plus à craindre une crise ministérielle?

Le ministre, cependant, loin de partager cette imprudente sécurité, s'évertuait à chercher un palliatif. Mais où le trouver? A quel moyen recourir? L'établissement de charges nouvelles semblait impossible; l'augmentation des tarifs existants ne pouvait être admise. M. Humann résolut de réunir tous ses efforts pour obtenir des impôts établis de plus abondants produits, en en généralisant l'application. En conséquence, il ordonna un recensement général des propriétés bâties, des portes et fenêtres, des valeurs locatives. C'était d'ailleurs se conformer aux prescriptions de la loi du 14 juillet 1838, qui imposait au Gouvernement l'obligation de présenter, en 1842, une nouvelle répartition des contributions personnelle, mobilière et des portes et fenêtres. Il est bon d'ajouter qu'à cette époque plus de cent dix mille maisons échappaient à l'impôt, et qu'un grand nombre de patentables avaient réussi à se soustraire aux charges qui pèsent sur l'industrie. C'était une mesure de justice et d'égalité; ce pouvait même être un dégrèvement individuel, puisque, le chiffre contributif de chaque commune restant le même, le nombre des contribuables devait s'accroître de tous ceux qui échappaient aux prescriptions de la loi. Elle devint cependant l'occasion de troubles sérieux et faillit perdre le ministre qui l'avait ordonnée. Les Chambres se séparèrent au moment même où la question du recensement agitait tous les départements.

XVIII

Le recensement. — Circulaire de M. Humann. — Discussions entre les pouvoirs locaux et le pouvoir central. — Examen de la question. — Résistance des conseils municipaux. — Agitation à Toulouse. — Destitution du préfet. — Nomination de M. Mahul. — Démission de l'administration municipale. — Maladresse de M. Mahul. — Insurrection. — Expulsion du préfet et du procureur général, M. Plougoulm. — Envoi de M. Maurice Duval comme commissaire extraordinaire. — Dissolution de la municipalité. — Résistance du maire et des adjoints provisoires. — Ils sont renvoyés devant la police correctionnelle. — Désarmement de la garde nationale. — Reprise du recensement. — Troubles dans plusieurs départements.

Bien des fois, et depuis de longues années, des plaintes s'étaient élevées sur l'inégale répartition de l'impôt, sur l'injuste distribution des charges, soit entre les départements, soit entre les arrondissements, les communes ou les individus. Bien des fois le législateur avait reconnu le mérite des plaintes en cherchant un remède aux vices signalés. Les dernières dispositions concernant ces matières étaient contenues dans les lois des 21 avril 1832 et 14 juillet 1838. L'article 2 de cette dernière loi portait : « Il sera soumis aux Chambres, dans la session de 1840, ensuite de dix années en dix années, un nouveau projet de répartition. » Cette révision périodique avait pour but de maintenir le principe d'égalité, en tenant compte des modifications introduites dans les ressources comparatives des départements, des arrondissements, des communes. C'était une

Les soldats les dispersaient le sabre à la main. (Page 253, col. 2.)

mesure de sagesse et de justice : le moment de l'appliquer était venu ; M. Humann en fit l'objet d'une circulaire ministérielle en date du 25 février. Mais, par une insigne maladresse, au lieu de se pénétrer de l'esprit de la loi, qui reposait sur le principe d'égalité, le ministre ne s'occupe que de l'insuffisance de l'impôt. « Il est urgent, dit-il, de prendre des mesures pour obtenir des impôts les produits qu'on est en droit d'en attendre. » Une mesure de haute justice se transformait en une mesure de fiscalité. La loi avait pour but de rétablir de justes proportions qui, pour un grand nombre, eussent été un dégrèvement ; le ministre semble vouloir surcharger tout le monde, et prescrit à ses agents de rigoureuses investigations. Sa circulaire fut considérée comme une menace ; les esprits s'agitèrent et l'opposition mit habilement à profit les inquiétudes populaires.

32. — E. REGNAULT.

Dans les campagnes, aucun argument ne réussit aussi bien que les déclamations contre l'avidité du fisc; aucun n'a plus d'effet pour exciter les passions. Dans les villes, on fit en outre appel aux vanités locales, aux ombrageuses susceptibilités des conseils municipaux. Ce fut surtout dans cette voie que l'opposition obtint de merveilleux succès.

A qui appartient l'exécution de la loi? A qui les opérations du recensement? Était-ce au pouvoir central? Était-ce au pouvoir local? Telle fut la thèse sur laquelle s'établit la controverse.

Pour bien apprécier la valeur des arguments énoncés de part et d'autre, il est bon de rappeler en peu de mots les principes et les lois qui régissent la matière.

N'oublions pas d'abord qu'il s'agit des contributions personnelle, mobilière, et des portes et fenêtres, dont le mode de perception s'établit par voie de répartition.

Or, la répartition se fait par différentes séries :

1° Répartition entre les départements, faite par les Chambres;

2° Répartition entre les arrondissements, faite par les conseils généraux;

3° Répartition entre les communes, faite par les conseils d'arrondissement;

4° Répartition entre les citoyens, faite par les municipalités.

La première répartition ne devait, en vertu de l'article 2 de la loi du 14 juillet 1838, se faire que tous les dix ans; les autres se faisaient d'année en année.

Mais sur quelles bases, et d'après quels renseignements devaient s'établir les répartitions?

Il est évident que les ministres, chargés de présenter aux Chambres, tous les dix ans, la loi de répartition, ne devaient consulter que les agents des contributions directes. Le pouvoir central agissait tout seul. Aussi n'y avait-il à ce sujet aucune discussion.

Pour les deuxième et troisième séries, la loi s'exprimait formellement. Voici ce que porte l'article 11 de la loi du 21 avril 1832 :

« Le directeur des contributions directes
« formera, chaque année, un tableau pré-
« sentant, par arrondissement et par com-
« mune, le nombre des individus passibles
« de la taxe personnelle, et le montant de
« leurs valeurs locatives d'habitation.
« Ce tableau servira de renseignement
« au conseil général et aux conseils d'ar-
« rondissement pour la répartition de la
« contribution personnelle et mobilière. »

Ainsi, comme on le voit, il y a ici deux opérations distinctes : une opération de recensement dirigée par les agents du pouvoir central, et une opération de répartition votée par les conseils. Cette distinction est importante et domine toute la question.

Mais s'agit-il de la répartition entre les citoyens, la législation n'est plus la même, le mode d'exécution change, les agents du pouvoir central font place à ceux du pouvoir local.

C'est la loi du 3 frimaire an VII qui la première détermine les fonctions des répartiteurs pour la répartition à faire entre les contribuables. Ces répartiteurs sont choisis dans le corps municipal et parmi les contribuables fonciers de la commune.

Mais non seulement ils sont chargés de l'opération définitive de la répartition : c'est à eux encore qu'appartient l'opération préliminaire du recensement.

L'article 4 de la loi de frimaire an VII, porte :

« Les municipalités sont tenues, dans les
« dix jours de la promulgation de la pré-
« sente loi, de faire ou faire faire par des
« commissaires l'état des portes et fenêtres
« sujettes à l'imposition. »

L'article 7 de la loi du 3 frimaire an VIII confirme ce principe :

« La Direction des contributions directes
« sera chargée uniquement de la rédaction
« des matrices de rôles, d'après le travail
« préliminaire et nécessaire des réparti-
« teurs. »

La loi du 21 avril 1832 contient les mêmes dispositions :

« Les commissaires répartiteurs, assistés

« du contrôleur des contributions directes, « rédigeront la matrice des contributions. » (Art. 17 et 27.)

Ici les agents du pouvoir central sont réduits à un rôle purement passif; le pouvoir local règne seul et sans contrôle.

De tout ce qui précède il résulte donc: 1° que les trois premières séries de répartitions étaient précédées d'un recensement fait par les agents du pouvoir central; 2° que la quatrième répartition était également précédée d'un recensement, mais que ce recensement appartenait exclusivement aux agents du pouvoir local.

Ajoutons toutefois que le recensement fait par le pouvoir central était absolument de même nature que celui fait par le pouvoir local; seulement il servait de base à des répartitions différentes. D'où il suit que le recensement fait par des agents municipaux n'excluait en aucune façon le même recensement fait par les agents des contributions directes.

Cela posé, il deviendra facile de démêler tout ce qu'il y avait de confus et d'obscur dans les controverses de 1841, qui conduisirent, en plus d'un endroit, à des luttes sanglantes.

Il est juste avant tout de signaler l'imprudence du ministre, qui, pour une mesure toute simple inscrite depuis longtemps dans la loi, exécutée tous les ans sans obstacle, croit devoir publier avec bruit une circulaire fiscale, et appeler ses employés à une espèce de croisade contre les contribuables. Les populations, peu au courant des lois financières, crurent qu'il s'agissait d'une chose toute nouvelle. Elles ne supposaient pas que le ministre se mît en frais d'éloquence et de menaces pour une mesure qui s'accomplissait tous les ans. Elles crurent à des vexations, et s'imaginèrent voir apparaître dans chaque maison le fisc avec tout son attirail d'agents avides et oppresseurs. Ces craintes étaient d'ailleurs justifiées dans beaucoup de villes, où les agents, faisant à leur tour excès de zèle, portaient dans le compte des habitants la garnison, les détenus, les malades étrangers admis dans les hospices, les enfants mineurs dont les parents résidaient dans d'autres communes, enfin tout ce qui constitue la population flottante. C'était renverser toutes les règles suivies jusqu'alors; et le motif de cette innovation n'était que trop apparent: il s'agissait d'obtenir, dans le plus grand nombre possible de localités, un chiffre de population dépassant certaines limites proportionnelles, qui, à des degrés différents, font augmenter les droits du fisc sur les patentes, sur les entrées des boissons et alcools, sur les licences des débitants et sur les cautionnements des officiers ministériels. Les municipalités firent entendre de vives réclamations, et ces réclamations étaient si bien fondées, qu'elles donnaient du poids à d'autres qui l'étaient beaucoup moins. L'opposition de son côté excitait les esprits, stimulait les colères, signalait les pensées fiscales de la circulaire ministérielle, défendait les droits des villes, engageait les maires à protester contre les recensements qui comprenaient la population flottante.

Jusque-là l'opposition avait toute raison. Mais bientôt, profitant de l'émotion générale, elle souleva une nouvelle thèse, qui, nous devons l'avouer, ne pouvait se justifier ni en logique ni en droit. Tous les journaux de l'opposition dynastique, tous ceux de l'opposition radicale, à l'exception toutefois du *Courrier de la Sarthe*, soutinrent que les agents du pouvoir central n'avaient pas droit de faire le recensement, formellement réservé par la loi, disaient-ils, aux agents municipaux. Nous pensons que les explications données ci-dessus suffisent pour éclairer nos lecteurs sur le mérite de ces protestations. Il est certain que s'il ne s'était agi que de chercher des bases à la répartition entre citoyens, le recensement n'aurait appartenu qu'aux agents municipaux. Mais il s'agissait de fournir à l'autorité supérieure les renseignements nécessaires pour la répartition décennale, et à cet égard l'article que nous avons cité de la loi du 21 avril 1832 est formel: le droit de recensement appartenait incontestablement aux agents du pouvoir central.

Au fond, beaucoup de radicaux ne l'ignoraient pas ; mais dans la guerre constante qu'ils soutenaient contre la monarchie de Juillet, ils faisaient arme de tout, ils saisissaient toute occasion d'agiter le pays, et les résistances des populations, les soulèvements des villes, leur prouvaient que l'occasion était bonne.

En effet, la question ainsi posée eut un retentissement immense. Les municipalités, s'établissant en gardiennes jalouses des droits des citoyens, protestèrent contre l'intervention des agents du fisc ; les citoyens, encouragés par la voix de leurs maires, refusèrent d'ouvrir leurs portes aux investigations ; les agents des contributions arrêtés dans l'exercice de leurs fonctions, n'osèrent entrer en lutte avec les autorités locales. La confusion était partout, dans les campagnes, dans les villes, au sein du Ministère. Les collègues de M. Humann, furieux de se voir troublés par une question qui ne soutenait pas l'examen, attribuaient, non sans raison, les agitations du pays aux imprudents écrits du ministre des finances et aux maladresses de ses agents. Chaque jour apportait la protestation de quelque municipalité ; chaque jour quelque ville importante faisait entendre sa voix mêlée aux clameurs des populations, aux excitations des journaux. A Mayenne, le conseil municipal décide qu'aucun agent de l'Administration des finances ne prendra part au travail du recensement. A Grenoble, les habitants se refusent à laisser pénétrer dans leur domicile les agents du fisc. Aix, Albi, Auxerre, Bayonne, Caen, Cahors, Châtellerault, Montpellier, Mont-de-Marsan, Provins, Troyes, et une foule d'autres villes prennent la même attitude. A Strasbourg le conseil municipal déclare illégales les opérations des agents des contributions. Le préfet annule la délibération du conseil. Le corps municipal persiste ; les habitants se joignent à lui. Des conflits de même nature se reproduisent dans la plupart des départements. Toutes les communes s'agitent ; toutes les municipalités sont en émoi ; les unes protestant avec audace ; les autres, incertaines et n'osant se prononcer entre les prescriptions de l'autorité et les réclamations des citoyens. Le trouble est partout, et les partis hostiles à la Couronne apportent des aliments aux passions et propagent les colères. Une explosion était imminente ; elle se produisit dans une des villes les plus importantes du Midi.

Le recensement rencontrait à Toulouse de vives oppositions ; l'administration municipale refusait d'assister les agents des contributions, et les citoyens les repoussaient de leur domicile. Les agents s'adressèrent au préfet, M. Floret. Celui-ci, jugeant, à l'irritation des esprits, que des mesures rigoureuses pourraient amener une lutte sanglante, demanda des ordres à Paris. Les instructions ministérielles prévoyaient le refus de concours des administrations municipales, mais elles se taisaient sur le cas de résistance de la part des citoyens sujets au recensement. C'est sur cette dernière difficulté que le préfet demandait des instructions. Provisoirement, il avait fait suspendre les opérations. La réponse du Gouvernement se fit attendre douze jours : elle annonçait à M. Floret sa révocation. M. Mahul était appelé à le remplacer.

Le 3 juillet, le nouveau préfet arrivait à Toulouse ; le jour même l'administration municipale remettait sa démission entre les mains de M. Floret, qui tenta vainement de la faire revenir sur sa détermination. De son côté, la population de Toulouse voulut s'associer, par une manifestation publique, à la protestation du maire et de ses adjoints : le 4 au soir, une brillante sérénade fut donnée à M. Floret dans la grande cour de la préfecture. M. Mahul, qui déjà s'était empressé d'occuper l'hôtel préfectoral, put assister à l'ovation de celui qu'il remplaçait : au milieu des acclamations en l'honneur de M. Floret, on entendait distinctement crier : A bas Mahul ! A bas les ministres de l'étranger ! A bas Humann !

Le lendemain 5, le conseil municipal,

réuni au complet, approuva à l'unanimité les motifs de la démission de l'administration municipale, et installa la nouvelle administration provisoire, composée, d'après la loi, des six premiers conseillers municipaux inscrits sur le tableau. Ceux-ci déclarèrent qu'en acceptant des fonctions transitoires, ils s'engageaient à marcher sur les traces des magistrats honorables qui se retiraient.

Aussitôt, comme pour mieux les encourager dans leur résolution, le conseil vota un crédit de 2,000 fr. pour les frais de recensement, sous la condition expresse que cette opération s'effectuerait sans le concours des agents des contributions directes.

M. Mahul répondit à la délibération du corps municipal en ordonnant le jour même la reprise des opérations de recensement. Les mesures de part et d'autre ressemblaient à des provocations : la population voulut intervenir en faveur des autorités locales ; le 6 au soir, trois ou quatre mille hommes, pourvus d'instruments de toute espèce, commencèrent sur la place Saint-Étienne, devant la préfecture, le plus assourdissant charivari qu'ait inventé la bouffonnerie méridionale. Autour des exécuteurs se pressait une foule épaisse qui chantait la *Marseillaise*, interrompue à chaque couplet par les cris de : A bas Mahul! A bas Humann !

De son côté, le préfet avait dès le matin pris ses dispositions. Toute la garnison était sur pied ; des ordres sévères avaient été donnés, et ils furent exécutés avec un zèle malheureux. Au plus fort des fanfares charivariques, la gendarmerie sortit à l'improviste de la préfecture, et s'élança au milieu des groupes les plus épais ; en même temps, les artilleurs à cheval, le sabre à la main, débouchaient au grand trot des rues adjacentes sur la place Saint-Étienne, renversant les spectateurs et les poursuivant dans toutes les directions. Un tumulte effroyable s'éleva; la population exaspérée brisa les réverbères, et en tendit les cordes et les chaînes à travers les rues pour entraver la marche des chevaux ; la foule en se dispersant criait aux armes ; le sang coulait sur plusieurs points.

Pendant ce temps, environ cinquante personnes, se détachant du corps des trois ou quatre mille exécutants, se portaient vers la demeure du procureur général, M. Plougoulm, poussant des cris furieux et lançant des pierres dans les vitres de son appartement. De nombreuses arrestations eurent lieu. Le tumulte ne s'apaisa qu'à une heure avancée de la nuit.

Les jours suivants virent recommencer les mêmes scènes. Les rassemblements devenaient plus nombreux devant la préfecture et la demeure de M. Plougoulm ; les troupes agissaient avec plus de rigueur. Les habitants étaient surtout exaspérés contre les tirailleurs de Vincennes, qui se signalaient par des brutalités inouïes. Quelques officiers de ce corps avaient été dans les bureaux de l'*Émancipation*, journal radical, provoquer les rédacteurs. Il s'en était suivi un duel où fut tué un des officiers provocateurs. Le désordre s'aggravait de jour ; des barricades s'élevaient sur plusieurs points de la ville.

En même temps le désaccord entre le préfet et la municipalité venait compliquer les difficultés. M. Mahul, il est vrai, semblait prendre à tâche d'exaspérer les esprits. Dans sa correspondance avec l'administration municipale, il affectait des formes tellement arrogantes, que le maire provisoire, M. Arzac, crut devoir le rappeler au sentiment des convenances. Une de ses lettres au préfet contenait ces derniers mots : « En terminant, il me sera « permis de vous faire observer que le style « de votre correspondance a une forme « blessante et insolite pour l'administra-« tion que je représente, et qui a droit à « des égards que vous paraissez avoir ou-« bliés. »

Cependant les ordres continuaient comme au premier jour, les rassemblements se portant d'un point sur l'autre, les soldats les suivant le sabre à la main et la baïonnette en avant, portant des coups sanglants qui exaspéraient les colères sans pouvoir dompter la sédition, lorsque, dans la journée du 12, un jeune homme nommé Chavadès, revenu récemment de l'armée d'Afrique, où il s'était distingué par son courage, fut atteint mortellement par le sabre-baïonnette d'un tirailleur de Vincennes. Aussitôt une rumeur immense courut dans la foule : des cris d'indignation s'élevèrent de toutes parts. Un des amis du mort se procura en toute hâte un tambour, et, aidé de deux ou trois camarades, il battit la générale dans les faubourgs Guillemery et Saint-Étienne. A cet appel, les populations accoururent de toutes parts sur le lieu du rassemblement, et les dispositions les plus actives furent prises pour résister à la troupe. L'émeute s'élevait aux proportions d'une insurrection générale. En moins d'une heure, plus de vingt barricades s'élevèrent aux issues des principales rues. La plupart des toits étaient chargés d'habitants qui y accumulaient des tuiles, des pavés, des projectiles de toute nature pour accabler la troupe. De leur côté, les soldats prenaient des mesures : les tirailleurs, envahissant l'hôtel de France et les maisons voisines, étaient embusqués aux fenêtres, pendant que les voltigeurs gravissaient le clocher de Saint-Étienne et se plaçaient aux meurtrières, dominant tous les toits d'alentour où les habitants avaient pris leur poste de combat. Tout annonçait une furieuse mêlée ; un cri, un seul coup de feu pouvait être le signal d'une lutte exaspérée. M. Mahul comprenait enfin qu'il était engagé dans une fausse voie, ne sachant cependant comment en sortir. Déjà un engagement partiel avait lieu entre le poste de la préfecture et une partie du rassemblement, lorsque le maire, les adjoints provisoires et quelques officiers de la garde nationale, traversant la foule, non sans quelques risques, pénétrèrent dans l'hôtel de la préfecture. M. Mahul les reçut avec empressement. M. Gasc, un des adjoints, prit la parole. « Les officiers de la garde nationale, dit-il, « viennent vous demander l'autorisation de « convoquer la milice citoyenne pour pré- « venir les malheurs que l'exaspération gé- «. nérale fait pressentir. » C'était pour le préfet une dernière ressource ; il consentit. Mais c'était en même temps donner à l'insurrection une force légale ; car la garde nationale, comme la municipalité, s'était hautement prononcée contre le recensement.

Cette concession devait en amener bien d'autres. M. Mahul était arrivé avec la mission de dompter une cité rebelle, et dès les premiers moments il succombait sous le fardeau, impuissant, irrésolu, épouvanté de la tâche qu'il avait entreprise, et était passé subitement de l'arrogance à la pusillanimité. Les insurgés demandaient à grands cris la liberté des citoyens arrêtés depuis les premiers jours de trouble. M. Mahul écrivit au procureur général une lettre dans laquelle il l'engeait à relâcher les prisonniers. M. Plougoulm s'y refusa énergiquement.

Cependant la convocation de la garde nationale suspendit un instant les hostilités ; les gardes nationaux se présentèrent en grand nombre, occupèrent les principaux postes conjointement avec la troupe de ligne ; les artilleurs et les tirailleurs de Vincennes furent renvoyés dans leurs casernes.

L'insurrection était triomphante ; mais la victoire n'était pas complète, tant que le préfet qui avait apporté avec lui la menace et la violence resterait dans la ville ensanglantée. Le 13 au matin, des groupes armés se reformèrent sur tous les points ; les barricades furent coupées ; les postes militaires environnés et serrés de près par une multitude toujours grossissante qui demandait à grands cris le départ du préfet. La garde nationale, qui avait pris les armes pour mettre fin à la lutte, ne pouvait la recommencer ; la troupe de ligne était paralysée par l'intervention de la garde nationale ; rien n'arrêtait plus les flots menaçants qui enveloppaient la préfecture. Quelques officiers de la milice citoyenne se rendirent auprès de M. Mahul, lui dépeignirent l'exaspération du peuple, leur impuissance à l'arrêter, et le supplièrent de quitter la ville pour éviter de nouveaux malheurs. M. Mahul ne voulut pas céder : il écrivit au général de Saint-Michel, commandant la 10ᵉ division militaire, de diriger sur la préfecture toutes les forces disponibles. Il croyait voir arriver les régiments d'artillerie avec leurs pièces. Mais le général jugea qu'il serait de la plus haute imprudence d'employer la force ouverte, lorsque dans tous les postes l'armée se trouvait mêlée avec la garde nationale, qui interviendrait nécessairement entre les soldats et le peuple. Le maréchal de camp Rambaud, commandant le département, se rendit à la préfecture pour démontrer à M. Mahul l'impossibilité de la lutte. Il ajoutait à son tour qu'un prompt départ était le seul moyen d'apaiser l'insurrection. M. Plougoulm, arrivant sur ces entrefaites, joignit ses instances à celles du général. Seul contre tous, le préfet céda enfin.

Cependant les officiers de la garde nationale, qui s'offraient généreusement de l'accompagner jusqu'aux portes de la ville, craignant, s'il était reconnu, de ne pouvoir le soustraire aux fureurs populaires, demandèrent qu'on leur remît une pièce officielle qui pût servir de sauf-conduit. M. Plougoulm dicta l'écrit suivant :

DÉPART DE M. MAHUL.

« Toute cause de désordre doit cesser ; le préfet quitte à l'instant Toulouse. — Le 13 juillet 1841, dix heures du matin.

« *Signé :*

« Le lieutenant général, DE SAINT-MICHEL.
« Le procureur général, PLOUGOULM. »

Cette pièce, qui devait compromettre si gravement les deux fonctionnaires qui l'avaient signée, devint inutile pour ceux qui l'emportaient. M. Mahul traversa, sans être reconnu, la ville soulevée, et fut bientôt sur la route de Paris. Mais le soir, toute la ville put lire, imprimé dans le journal de l'opposition, l'écrit qui signalait le préfet comme une « cause de désordre ». Chacun pensa que c'était une proclamation officielle, et l'émotion générale se produisit sous différents aspects, selon les opinions diverses. Les uns y voyaient avec joie la victoire complète de l'insurrection. Les autres accusaient avec indignation le commandant de la division et le procureur général, d'avoir pactisé avec l'émeute, d'avoir jeté en sacrifice à l'insurrection le premier magistrat du département.

Un des signataires s'aperçut bientôt à son tour qu'il restait encore une autre cause de désordre, et que la concession faite était une faiblesse inutile.

Aussitôt après le départ de M. Mahul, M. Plougoulm s'était rendu chez le général de Saint-Michel pour se concerter avec lui ; il y rencontra un chef de bataillon de la garde nationale, M. Goulard, qui lui fit savoir qu'il courait non moins de danger que le préfet, le peuple demandant maintenant à grands cris le départ du procureur général. Il l'exhortait en même temps à ne pas entrer dans sa demeure. M. Plougoulm ne tenant pas compte de ses avis, le commandant Goulard voulut l'accompagner pour écarter de lui les périls.

A peine arrivaient-ils ensemble sur la place La Fayette, qu'un rassemblement de trois mille personnes les environna, criant : *A bas Plougoulm ! Qu'il aille rejoindre Mahu ! Plus de Plougoulm !* Malgré l'imminence du danger, M. Plougoulm fit assez bonne contenance, et, s'arrêtant dans un groupe, il voulut essayer le pouvoir de sa parole, assurant qu'il n'était pour rien dans les mesures de M. Mahul ; qu'il ne savait d'où naissait l'irritation qui se produisait contre lui ; qu'il n'avait participé à aucun ordre rigoureux, etc. Mais on répondait à ses paroles par des huées et des menaces ; et le commandant Goulard, effrayé du peu de succès de l'éloquence du procureur général, l'entraîna vivement vers son hôtel.

La foule cependant l'avait suivi, et la maison, bientôt entourée, allait subir un assaut, malgré les efforts d'un poste de garde nationale qui la protégeait, lorsque M. Roaldès, membre de la municipalité provisoire, y accourut avec quelques hommes, et l'écharpe municipale suffit pendant quelques instants pour arrêter les furieux élans de la population. Cependant le calme ne pouvait être de longue durée. M. Plougoulm reconnut avec M. Roaldès que la sécurité publique exigeait son prompt départ. Mais comment traverser les flots d'une population irritée?

M. Roaldès lui offrit de le conduire au Capitole, répondant de son salut sur sa tête. Le procureur général s'y refusa. On lui proposa de se revêtir d'un costume de garde national. « Non, dit-il; me déguiser pour « échapper à un danger personnel, ce serait avilir la toge ; je ne le ferai pas. » On respecta ce courageux scrupule.

Enfin, tout autre moyen d'évasion étant jugé impraticable, on convint que M. Plougoulm franchirait le mur qui séparait le derrière de son hôtel avec la maison voisine, et qu'il resterait là tout le temps convenable pour ménager son départ. Le changement d'habitation eut lieu; on annonça au peuple que M. Plougoulm était parti. Il resta néanmoins caché pendant plusieurs heures dans sa nouvelle retraite, et fut enfin obligé de recourir au déguisement qu'il avait repoussé, traversant en habit de garde national les masses populaires qui poussaient contre lui des cris de mort.

L'insurrection de Toulouse était une victoire inespérée pour les radicaux. L'agitation qu'ils avaient semée à l'aide d'une question équivoque de légalité portait ses fruits, et mettait à nu les faiblesses et l'impéritie des fonctionnaires du Gouvernement. Un préfet fuyant devant l'émeute, un général de division cédant à une pression populaire, un procureur général aidant à la fuite du préfet, puis contraint de fuir à son tour, tel était le triste exemple offert par de fougueux partisans de la monarchie, joignant à l'oubli des principes d'autorité l'abnégation de toute dignité personnelle. Et les postes les plus éminents étaient désertés au moment où une foule d'autres villes s'agitaient pour la même cause, prêtes à prendre exemple sur une des cités les plus importantes du royaume.

Le Ministère ne pouvait plus reculer sans suivre dans leur retraite MM. Mahul et Plougoulm. Les maladresses de M. Humann appelaient maintenant la violence. M. Maurice Duval fut envoyé à Toulouse en qualité de commissaire extraordinaire. M. Plougoulm fut remplacé par M. Nicias Gaillard, le général de Saint-Michel par le général Rulhières.

Ces sévérités étaient des actes de justice. Les agents du Gouvernement n'avaient montré ni confiance dans son principe, ni intelligence de ce qui aurait pu faire sa force, ni union entre eux, ni courage en face du danger. La population avait pu se tromper dans l'appréciation de ses droits; mais les représentants du Pouvoir avaient compromis le principe d'autorité et donné l'exemple de la plus déplorable anarchie.

Malheureusement les faiblesses des agents expulsés semblaient appeler des excès contraires. De nombreuses troupes de toutes armes furent dirigées sur Toulouse. Le commissaire général, M. Maurice Duval, fit une proclamation menaçante dans laquelle il accusait les partis de vouloir renverser le trône de Juillet. Il était évident pour tous qu'au milieu des troubles qui avaient agité la ville, l'intervention de la garde nationale et surtout de la municipalité provisoire avait arrêté les excès et protégé les personnes des magistrats compromis; et cependant des ordonnances royales prononcèrent la dissolution de la garde nationale et de la municipalité. On frappait la bourgeoisie, qui n'avait rien de commun assurément avec les révolutionnaires ardents : elle s'en indigna et tenta de résister. Une irrégularité dans les actes de dissolution lui offrit un prétexte. L'article 27 de la loi municipale du 21 mars 1831 porte que l'ordonnance de dissolution doit fixer l'époque de la réélection. Or l'ampliation de l'ordonnance qui dissolvait la municipalité ne contenait pas cette formalité essentielle. Aussi, lorsque les nouveaux magistrats désignés par M. Maurice Duval se

On convint que M. Plougoulm franchirait le mur. (Page 256, col. 1.)

présentèrent, MM. Arzac, Gasc et Roaldès, les maire et adjoints destitués, protestèrent contre l'ordonnance frappée d'illégalité, s'opposèrent à l'installation de leurs successeurs, et ne se retirèrent que lorsqu'une plus longue résistance aurait pu devenir le prétexte d'une collision. Traduits pour ce fait, peu de temps après, en police correctionnelle, ils furent condamnés à l'amende. Il est à remarquer que dans ce procès, comme dans tous ceux que produisirent les agitations du recensement, les tribunaux firent preuve d'une indulgence excessive. L'opinion générale se prononçait contre les mesures fiscales et réagissait sur la magistrature.

Le désarmement de la garde nationale de Toulouse se fit sans trouble; mais, pour continuer le recensement, M. Maurice Duval fut contraint de déployer tout l'appareil des forces militaires. Des canons stationnaient

33. — E. REGNAULT.

sur les places et dans les principales rues; les agents des contributions étaient escortés de soldats; on eût dit que chaque maison devait être prise d'assaut.

Cependant les mêmes agitations se reproduisaient sur beaucoup de points du territoire. A Lille, il y eut des démonstrations très énergiques contre le recensement; à Clermont-Ferrand, des barricades furent construites, et le sang coula. Dans les villes où la résistance n'allait pas jusqu'à l'insurrection, les protestations des conseils municipaux arrêtaient ou entravaient l'action du Gouvernement. Partout les pouvoirs électifs se mettaient en opposition avec le pouvoir central. C'est là surtout ce qui donnait de la gravité à un mouvement qui au fond ne reposait que sur une équivoque. Les partis hostiles à la monarchie en profitaient; les fautes du Ministère leur offraient une occasion dont ils usaient à bon droit. Il y eut un moment où le cri de réprobation fut si général, si profond, que M. Humann crut devoir offrir sa démission à ses collègues épouvantés. Le roi n'accepta pas un sacrifice qui eût été un aveu d'impuissance; des ordres énergiques furent transmis dans les départements; des mesures d'ensemble furent mieux concertées; dans beaucoup de localités, les autorités municipales, après avoir fait la réserve de leurs droits, intervinrent pour apaiser les citoyens et pour adoucir l'amertume des visites domiciliaires. Les troubles s'apaisèrent, toute résistance disparut; mais il resta dans les cœurs des ressentiments mal éteints et des traditions exagérées sur les brutalités du fisc. Le Gouvernement s'était compromis avec les classes moyennes, et l'émeute pour la première fois avait grondé au sein de la bourgeoisie.

Dans le même moment, le Gouvernement portait une grave atteinte au privilège des électeurs, et poursuivait la liberté de la parole jusque dans le discours d'un candidat à la députation. Nous reviendrons sur cet incident, qui marque le début de M. Ledru-Rollin dans la carrière parlementaire

XIX

Persécution contre la presse. — Le *National* condamné par la Cour des pairs. — Procès et exécution de Darmès. — Baptême du comte de Paris. — Mort de Garnier-Pagès. — Élection de M. Ledru-Rollin. — Son discours devant les électeurs. — Procès de MM. Ledru-Rollin et Hauréau. — Circulaire de M. Martin (du Nord). — Nouveaux procès du *National*. — Acquittements successifs. — Attentat Quénisset. — Arrestation de M. Dupoty. — La complicité morale. — Condamnation de M. Dupoty. — Protestation des journaux. — Procès des accusés de Toulouse. — Acquittement.

M. Guizot, en se donnant mission de comprimer les passions intérieures, n'avait fait que les exalter. Le défi jeté du haut de la tribune avait été relevé par la presse opposante; les ardeurs de la polémique se développaient avec les rigueurs du parquet; chaque jour la lutte devenait plus vive, plus implacable. Les vieux abus et les vieilles institutions avaient beau se débattre contre de quotidiennes attaques, les condamnations judiciaires ressemblaient à des vengeances qui aggravaient plutôt qu'elles ne guérissaient de mortelles blessures.

M. de Lamennais avait été comdamné le

4 janvier, M. T. Thoré le 8, et le *National* écrivait, le 9, les réflexions suivantes sur l'attitude de la Chambre des pairs, au sujet du traité de la Plata :

« Nous sommes arrivés à la Chambre des pairs avec un peu d'espoir, nous en sommes sortis comme on sort d'un hôpital des incurables. Non, la vie ne pénétrera jamais dans cet ossuaire ; il n'y a pas d'énergie possible quand il n'y a pas d'indépendance. Ce semblant de Chambre que le bon plaisir du monarque a créé, se meut dans une atmosphère où ne pénètrent ni la lumière, ni la chaleur. Il règne dans cette salle je ne sais quelle odeur de décrépitude qui vous refroidit et vous attriste. On dirait une comédie constitutionnelle jouée par des morts, une espèce de fantôme mécanique qu'on a hâte de voir fuir de peur que les ressorts ne cassent. »

Cette vigoureuse satire était bien faite pour mécontenter les hommes qu'elle flétrissait. Ils voulurent faire acte de virilité en frappant. M. Ségur prit le rôle d'accusateur ; la Chambre décida que le gérant du *National* serait traduit à la barre. Il y comparut le 8 mars.

Dans les procès de cette nature, la défense est une vaine formalité, presque une moquerie. M. Marie fit preuve de son habileté accoutumée, mais sans avoir l'espoir qui exalte l'orateur. Un mois d'emprisonnement et 10,000 francs d'amende vengèrent la pairie, mais ne la relevèrent pas.

Elle eut bientôt l'occasion de se former encore en cour de justice. L'attentat de Darmès avait longtemps occupé les juges d'instruction, et malgré six mois de recherches élaborées, on n'avait pu donner à un acte isolé les proportions d'un complot. Toutes les rouerics de magistrats émérites avaient échoué devant les naïves réponses d'un ignorant. Cependant, pour ne pas renoncer aux bénéfices de tant de jours perdus, le rapporteur, M. Girod (de l'Ain), voulut confondre dans une volumineuse accusation tous les partis, tous les écrivains, tout ce qui pensait ou parlait autrement que les valets de cour. Réformistes et communistes étaient complices du régicide. M. de Lamennais avait des liens intimes avec Darmès, et même les publications chartistes de l'Angleterre avaient leur part de culpabilité. Cependant la conclusion de ce terrible réquisitoire était aussi mesquine que les commencements en étaient exagérés. Après avoir accusé en masse et outragé sans choix, le rapporteur ne signalait que deux complices obscurs : Duclos, conducteur de cabriolet, et Considère, garçon de recette. Et encore furent-ils acquittés presque sans examen. Malgré les efforts d'une politique imprudente, Darmès demeura seul responsable de son attentat. Le 31 mai, sa tête tomba sous le glaive de la loi.

Cette expiation politique avait été, quelques jours auparavant, précédée d'une cérémonie célébrée avec éclat par les serviteurs de la Couronne. Le 1er mai, jour de la fête du roi, le comte de Paris fut baptisé dans l'église métropolitaine. Le discours adressé à cette occasion au roi par l'archevêque de Paris était le développement de cette pensée : « Jésus-Christ, par le premier de ses sacrements, imprime le même caractère au descendant des rois et au fils du citoyen le plus obscur. » Admirable doctrine, que l'Église démentait trop souvent dans ses actes. Les pompes mêmes qu'elle déployait en ce jour témoignaient contre l'archevêque.

Peu de temps après le baptême royal, s'avançait dans Paris un cortège funéraire composé de citoyens de toutes les classes : députés, écrivains, gardes nationaux, hommes du peuple en rangs serrés, en nombreux bataillons, accompagnaient les dépouilles d'un homme qui naguère faisait leur orgueil. Un des apôtres les plus fervents de la démocratie, une des gloires de l'opposition parlementaire, Garnier-Pagès, était mort le 23 juin, mort avant quarante ans, dans tout l'éclat du talent. Les luttes politiques avaient été trop rudes pour sa frêle santé, et les triomphes oratoires qu'il venait d'obtenir dans une orageuse session avaient hâté la fin d'un athlète qui comptait plus sur son zèle que sur ses forces.

C'était surtout dans ces occasions tristes et solennelles que la démocratie déployait ses masses imposantes. Toujours isolés par une loi jalouse qui leur interdisait toute réunion, toute action commune, les démocrates ne pouvaient se rencontrer qu'à l'appel de la cloche mortuaire, en face d'un cercueil, au pied d'une tombe. Là, ils redisaient tout haut leurs doctrines, ils saluaient le jour de la délivrance, et les hommages qu'ils rendaient au frère qui n'était plus devenaient une occasion d'exhorter les lutteurs qui survivaient. Le tertre ombragé de cyprès formait une tribune où retentissaient de libres accents, de mâles espérances ; et l'assemblée convoquée par la mort ne se séparait pas sans avoir recueilli de grandes leçons de courage et de nouvelles forces pour le combat.

Plus de vingt mille citoyens se trouvaient ainsi réunis au convoi de Garnier-Pagès, et les honneurs rendus au soldat de la démocratie étaient en même temps un grand exemple pour les citoyens et un solennel avertissement pour le Pouvoir.

La mort de Garnier-Pagès laissait au Parlement un vide qu'il était important de dignement remplir. Le 2ᵉ collège du Mans, qui l'avait envoyé à la Chambre, était le seul en France où l'opinion républicaine eût une majorité prononcée, presque le seul où l'opposition radicale, maîtresse absolue du terrain, pût faire un choix hardiment significatif. Les rédacteurs du *Courrier de la Sarthe* proposèrent aux suffrages des électeurs un jeune avocat de Paris, qui dans plusieurs procès de presse avait lutté avec éloquence et succès contre l'élite des magistrats du parquet. M. Ledru-Rollin, il est vrai, à part son habileté et son zèle à la défense, n'avait pas eu occasion de se mêler activement aux luttes politiques, et parmi beaucoup de républicains on ne savait pas si ses idées d'opposition allaient bien loin au delà de celles de M. Odilon Barrot. Ceux qui l'avaient désigné au choix des électeurs eurent en conséquence à lutter contre leurs amis de Paris. Les écrivains du *National* s'étonnaient qu'on préférât un homme nouveau à M. Michel (de Bourges), dont le talent promettait à la fraction démocratique de la Chambre un vigoureux appui et des triomphes éclatants. Ils craignaient de ne rencontrer ni la même vigueur de langage, ni les mêmes hardiesses d'idées. Enfin, Ledru-Rollin leur semblait un choix bien pâle auprès de Garnier-Pagès. Ces craintes et ces méfiances étaient si vives, que deux rédacteurs de ce journal accoururent au Mans pour convertir les électeurs. Ils les trouvèrent décidés à maintenir leur choix ; ils furent rassurés d'ailleurs sur les sentiments républicains de Ledru-Rollin par les rédacteurs du *Courrier*, qui le connaissaient plus particulièrement.

Un autre concurrent se présentait, M. Garnier-Pagès jeune. Mais il ne s'était pas encore fait connaître comme homme politique, et les électeurs craignirent qu'on ne les accusât de faire d'un siège au Parlement un titre héréditaire. Plus d'une fois ils avaient blâmé les manœuvres des conservateurs qui avaient fait transmettre leurs sièges à des fils, des frères ou des neveux, transformant ainsi une fonction indépendante en une propriété de famille ; ils ne voulaient pas imiter ce qu'ils avaient condamné, ni sacrifier un principe, même en faveur d'un homme qui avait leurs sympathies.

M. Ledru-Rollin fut élu le 24 juillet, à l'unanimité moins 4 voix.

La veille, dans une réunion préparatoire, il avait, comme candidat, fait une profession de foi qui rassura complètement les républicains auxquels auraient pu rester quelques doutes sur son énergie.

Son discours, à vrai dire, sortait des voies communes, et ne ressemblait en rien à ce qu'on était convenu d'appeler les formes parlementaires. L'expression en était vive, passionnée, quelquefois intempérante ; la pensée en était audacieuse et pleine de défi. Les timidités des partis et leurs prudentes réticences y étaient condamnées avec autant de franchise que la corruption du Pouvoir. On eût dit que le député nouveau voulait s'annoncer avec éclat ; il y réussit.

Le comte de Paris fut baptisé le 1ᵉʳ mai. (Page 259, col. 2.)

Le discours de M. Ledru-Rollin eut un retentissement immense dans tous les départements de l'Ouest. Une profession de foi ouvertement républicaine était quelque chose de tellement insolite, que les magistrats et le préfet ne purent dissimuler leur émoi. Une pareille audace voulait être châtiée.

La Cour royale d'Angers, dans le ressort de laquelle se trouve le département de la Sarthe, s'empressa d'intervenir entre le trône et la démagogie.

Le 3 août, un arrêt rendu en la chambre du conseil enjoignit au procureur général de poursuivre deux coupables : M. Ledru-Rollin, pour avoir prononcé son discours; M. Hauréau, rédacteur en chef du *Courrier de la Sarthe*, pour l'avoir publié. En homme prudent, le procureur général écrivit à Paris, et la question fut solennellement débattue dans un conseil de Cabinet. Il fut décidé que les poursuites auraient lieu.

Mais aussitôt se présentait une grave question de droit. Le candidat en présence des électeurs relève-t-il de la loi pour les paroles adressées à ceux dont il sollicite les suffrages? La liberté de la tribune ne s'étend-elle pas également au collège électoral, et faut-il que des entraves nouvelles viennent interdire la franchise à celui qui fait une exposition de principes devant ses mandataires? Le droit électoral n'est-il pas compromis tout entier, violé dans son essence, par les poursuites imaginées dans le chef-lieu de Maine-et-Loire? Telles étaient les questions soulevées dans les journaux et discutées au milieu d'impatientes agitations.

Les députés eux-mêmes s'en émurent : ils étaient attaqués dans leurs privilèges ; et ceux mêmes qui désapprouvaient le discours de M. Ledru-Rollin prenaient hautement sa défense depuis qu'il était devenu un des leurs.

Il fut convenu que, pour protester avec plus d'éclat contre une atteinte à leurs droits, les députés de chaque nuance de l'opposition se présenteraient comme défenseurs du principal accusé, et qu'un représentant de la presse assisterait le rédacteur du *Courrier de la Sarthe*. MM. Arago, Berryer, Marie, Odilon Barrot, furent choisis pour la défense de M. Ledru-Rollin ; M. Marrast, rédacteur en chef du *National*, pour celle de M. Hauréau.

Cependant le Pouvoir ne se contentait pas des rigueurs ordinaires ; il fallait encore enlever aux accusés une partie de leur garantie en les éloignant du jury qui pourrait le mieux apprécier les faits. Le procureur général d'Angers, pensant que les jurés de la Sarthe pourraient défendre les droits des électeurs de la Sarthe, forma en Cour de cassation une demande en renvoi devant une autre cour pour cause de suspicion légitime, et la Cour suprême, faisant droit à cette requête, renvoya les accusés devant la Cour d'assises de Maine-et-Loire, c'est-à-dire à la source même d'où était partie l'accusation.

Il semblait que les magistrats supérieurs voulussent se défendre de tout soupçon d'impartialité.

Les débats s'ouvrirent le 23 novembre. La position des accusés, la présence de si célèbres défenseurs, l'intervention du Parlement et de la presse, la gravité de la question, tout se réunissait pour exciter les émotions du public. Le procureur général, M. Corbin, soutint hardiment que le candidat en présence de ses électeurs n'avait pas le droit de dire toute sa pensée, et demanda le sacrifice de cette dernière liberté. C'était peut-être logique ; mais pour le gouvernement constitutionnel la logique n'est pas une nécessité. Aussi les jurés mêmes de Maine-et-Loire s'effrayèrent-ils des étranges doctrines du procureur général, et, plus adroits que lui, ils trouvèrent le moyen de condamner sans violer le privilège électoral. Écartant la culpabilité quant à l'énonciation du discours, ils ne l'admirent que pour la publication. En conséquence, M. Hauréau fut condamné à trois mois d'emprisonnement et 2,000 francs d'amende, pour avoir publié le discours du candidat, et M. Ledru-Rollin, à quatre mois d'emprisonnement et 3,000 francs d'amende, pour la part qu'il avait prise à la publication.

Ce n'était cependant pas la dernière phase de cet étrange procès. Un vice de procédure permit à M. Ledru-Rollin de se pourvoir en cassation. Le pourvoi fut admis, l'arrêt de Maine-et-Loire annulé, et la cause renvoyée devant la Cour d'assises de la Mayenne. Là, M. Ledru-Rollin fut acquitté. Mais l'admission du pourvoi n'avait pas profité à M. Hauréau, le vice de procédure ne reposant que sur une non-observation des délais de distance, qui ne le concernait pas. Il en résultait que le même fait fut jugé diversement pour les deux accusés. L'accusé principal fut acquitté, tandis que son prétendu complice passait trois mois en prison. Ce fait n'est qu'une des nombreuses anomalies d'un Code d'instruction qui depuis si longtemps appelle en vain des réformes profondes.

La haine de la publicité, la crainte de

toute parole libre, était le caractère dominant du 29 Octobre. M. Guizot avait franchement annoncé la guerre à l'intérieur, et il était fidèle à cette partie de son programme : la guerre se poursuivait avec tout l'acharnement de la peur. Plus les esprits s'agitaient sous une compression toujours inefficace, plus s'appesantissaient les rigueurs du Pouvoir. Le 22 septembre, à l'issue des troubles du recensement, M. Martin (du Nord) recommandait aux procureurs généraux, dans une nouvelle circulaire, de poursuivre sans ménagement les écrits qui alimentaient les passions politiques, et de réprimer avec vigueur les écarts de la presse. « Ne vous laissez pas détourner, disait-il, de poursuites qui vous paraîtraient d'ailleurs justes et opportunes, par la crainte de ne pas obtenir en définitive une répression suffisante. Faites votre devoir : l'exemple de votre fidélité éclairera les esprits et affermira les consciences. »

Le lendemain, le même ministre adressait à ses subordonnés une circulaire dirigée contre la formation des comités de réforme électorale. Toute liberté était proscrite.

Les parquets se montrèrent dociles à la voix de leur chef. D'abord le *National* avait un vieux compte à régler en cour d'assises pour un article publié en décembre 1840. On le fit comparaître le 23 septembre.

L'article contenait une revue de la politique suivie depuis 1830.

« Oh ! ils sont bien coupables, disait-il, tous ceux qui nous ont conduits, tous ceux qui nous ont laissés venir où nous sommes ! Lâches de cœur, lâches d'esprit, l'histoire, au défaut d'un tribunal plus efficace, leur posera de terribles questions ; et que font-ils aujourd'hui, après tant de funestes fautes, tant de criminelles résolutions ? Comme les bandits qui se battent pour une proie ou qui se vendent mutuellement devant le juge, ils perdent en misérables débats, où la vanité le dispute à l'effronterie, ce qui leur reste encore de vigueur et de pudeur. Eh ! déplorables vaniteux que vous êtes, il fallait employer au bien toute cette ardeur qui vous travaille aujourd'hui ; il fallait lutter avec fermeté, avec une impitoyable énergie, contre la cause suprême de notre avilissement et de nos malheurs, et vous n'auriez pas besoin de crier maintenant que vos intentions étaient pures, et de nous montrer que l'habit de votre adversaire est encore plus souillé que le vôtre. . . . .

« Oui, vous êtes tous complices ! le principal coupable, oh ! nous savons bien qui il est, où il est ; la France le sait bien aussi, et la postérité le dira ! »

L'avocat général n'eut pas beaucoup de peine à démontrer que cette dernière parole s'adressait au roi et contenait une offense à sa personne. Mais plus il le démontrait clairement, plus le résultat du procès dut alarmer le Gouvernement. Le journal fut acquitté; le jury s'associait aux accusations du *National*.

Le Ministère, cependant, ne voulut pas céder. Le lendemain, le *National* fut saisi pour ses commentaires sur le verdict d'acquittement. Jugé le 22 octobre, il fut acquitté de nouveau. Enfin, le 23 novembre, un troisième procès lui valut un troisième triomphe. La bourgeoisie semblait décidée à protéger la liberté.

Il est vrai que le trône rencontrait des compensations dans une autre enceinte judiciaire, dont les serviles excès ne justifièrent que trop l'opposition des jurés. La Cour des pairs consentit à frapper la presse par un arrêt qui devra servir d'éternel argument contre les cours d'exception et les juges politiques. Ici, nous avons à inaugurer la monstrueuse doctrine de la complicité morale, née de l'imagination des doctrinaires, acceptée par des courtisans assemblés en tribunal.

Racontons les faits qui servirent de prétexte à cette sentence d'iniquité.

Le duc d'Aumale, revenu d'Afrique avec le 17e régiment d'infanterie dont il avait le commandement, devait faire son entrée à Paris le 13 septembre. Les ducs d'Orléans et de Nemours s'étaient portés au-devant de leur frère, et un nombreux état-major, attendant les princes à la barrière du Trône, avait grossi leur suite à l'entrée de la ville.

Le cortège s'était mis en route dans l'ordre suivant : un peloton de cuirrssiers ; le lieutenant général commandant la place de Paris, et les officiers de tous grades et de toutes armes qui s'étaient réunis pour se porter au devant des princes ; les sapeurs, les tambours et la musique du 17º régiment d'infanterie légère ; les princes, accompagnés de MM. les lieutenants généraux Pajol et Schneider, et suivis de plusieurs officiers ; le régiment, marchant en colonne et par sections.

On était engagé dans le faubourg, et les princes se trouvaient à l'angle de la rue Traversière, lorsqu'une détonation se fit entendre, et une balle alla frapper le cheval du général Schneider, qui était à la gauche du duc de Nemours.

L'auteur de l'attentat, aussitôt aperçu, fut arrêté d'abord par un ouvrier, puis par les agents de la force publique, contre lesquels cependant il luttait avec vigueur, en criant : *A moi, les amis!* Mais les agitations de la foule ne permirent pas de reconnaître des complices, s'il s'en trouvait.

Cet individu, nommé François Quénisset, vivait à Paris du métier de scieur de long. Mais il n'était connu parmi ses camarades que sous le nom de Papart, parce qu'étant soldat il avait été condamné à trois ans de travaux pour crime d'insubordination et de rébellion, et était parvenu à s'évader en 1837.

Il résulta de l'instruction, dont fut saisie la Cour des pairs, que des ouvriers appartenant aux sociétés secrètes avaient follement rêvé un mouvement insurrectionnel, sans plan, sans projet arrêté, guidés plutôt par un mécontentement aveugle que par aucune combinaison sérieuse. La déraison et l'inintelligence pouvaient seules avoir médité une tentative qui, à part même les questions d'humanité et de moralité, devenait un crime inutile. Pas un parti politique ne pouvait tirer profit de la mort d'un des jeunes princes, alors qu'ils étaient entourés d'une si nombreuse famille.

Aussi, malgré les déclamations ordinaires des journaux ministériels contre la fureur des factions, malgré les minutieuses investigations des juges instructeurs, l'accusation ne rencontrait pour complices de Quénisset que quelques ouvriers déclassés et un cabaretier chez lequel ils se réunissaient. Cependant, dans leurs réunions, ils avaient coutume de lire le *Journal du Peuple*, dont le prix modique était au niveau des ressources du cabaretier. Un des hommes arrêtés comme complice, nommé Lannois, crut pouvoir invoquer la protection de M. Dupoty, rédacteur en chef du *Journal du Peuple*, et il lui écrivit en conséquence la lettre suivante :

« Cher citoyen, je m'empresse de vous apprendre que le traître Papart nous a tous vendus pour échapper aux coups de la justice. Je vous prie donc, citoyen, de prendre notre défense autant qu'il vous sera possible, ainsi que le *National*. Ce monstre a soutenu devant le juge d'instruction qu'il m'avait été reçu dans ma chambre en ma présence ; c'est une chose dont je ne me rappelle pas. Nous sommes toujours au secret depuis notre arrestation. Adieu, cher citoyen ; je vous serre tous la main, en attendant un meilleur avenir. Le temps manque. »

Tous ceux qui ont écrit dans les journaux populaires savent combien il est fréquent de recevoir des lettres d'ouvriers dans tous leurs embarras ou leurs chagrins. Pour ces hommes sans protection dans la société, le journaliste est l'autorité qu'ils invoquent, l'appui qu'ils recherchent, et, pour ainsi dire, le prêtre auquel ils se confessent. Ces âmes naïves se persuadent qu'il existe entre l'abonné d'un journal et l'écrivain des liens intimes qui permettent toute communication et autorisent toute demande d'avis ; et cette croyance, après tout, ne fait qu'ajouter à l'autorité morale de la presse. Il n'y avait donc rien que de très ordinaire dans cet appel fait par Lannois à M. Dupoty : « Je vous prie de prendre notre défense, ainsi que le *National*. » C'est cependant sur cette pièce saisie au passage que le Ministère fit reposer une accusation capitale. Mais il y avait là une occasion de frapper la presse, de se venger de ces écrivains qui faisaient la guerre au Pouvoir, et de leur renvoyer les terreurs qu'ils inspiraient. Confondre un d'entre eux dans une accusation d'assassinat, l'associer à une

Une balle alla frapper le cheval du général Schneider. (Page 269, col. 1.)

conspiration de cabaret, l'accoupler à d'ignorants comploteurs qui se mettent une demi-douzaine pour attaquer un régiment en armes, et croient frapper la monarchie en visant au hasard sur un groupe de jeunes princes, c'était, dans la pensée des accusateurs, l'avilissement de toute la presse opposante. Cet odieux calcul fut suivi avec un acharnement féroce et une infernale habileté. Le procureur général, M. Hébert, y déploya toutes les ruses d'une cruelle chicane, s'attachant à sa proie, l'enveloppant dans les replis subtils d'un perfide interrogatoire, et dévoilant dans cette lutte d'un magistrat contre un accusé toutes les haines et les vanités des passions politiques.

Pour qui connaissait M. Dupoty, une participation à un pareil complot était en contradiction manifeste avec toute sa manière d'être. De mœurs douces et presque effémi-

34. — E. REGNAULT.

nées, d'habitudes réglées jusqu'à l'uniformité, délicates jusqu'au raffinement, ganté, musqué, peigné, c'eût été le dernier homme à se mêler à des politiques de barrière, à des conspirateurs de cabaret. Il était impossible à l'accusation d'être plus malheureuse dans son choix : c'était un défi non seulement à la justice, mais encore au bon sens, à la plus vulgaire logique. Mais l'accusation, par cela même, n'en était que plus opiniâtre, et tenait d'autant plus au triomphe que toutes les probabilités étaient contre elle. Condamnée dans la personne de M. Dupoty, la presse devait être avertie que rien ne pourrait la garantir, ni le droit, ni la raison, ni l'évidence.

Aussi, devant la Cour des pairs toute la morale de la pocédure fut-elle renversée, M. Hébert lui imprimant une direction qu'on n'avait pas soupçonnée. Il ne s'agissait plus d'un malheureux qui avait tiré sur les princes ; mais d'un vaste complot tendant à renverser le Gouvernement, complot dont Dupoty était l'âme, le créateur, le centre et le mobile. Quénisset ne comptait plus au procès ; ce n'était qu'un misérable instrument ; Dupoty était tout ; c'était la tête qui avait dirigé le bras de l'assassin. Le comptoir du marchand de vin n'était pas digne des colères du procureur général ; c'était dans les bureaux du *Journal du Peuple* qu'avait pris naissance le complot.

Vainement M. Dupoty affirmait-il qu'il n'avait vu aucun de ses coaccusés, pas plus Lannois que les autres ; vainement ceux-ci confirmaient-il sa déposition ; le procureur-général s'opiniâtrait à confondre dans une communauté de pensée des hommes entièrement étrangers les uns aux autres. Il est vrai que Quénisset, mis habilement en opposition avec ses coaccusés, déclara que c'était la lecture du *Journal du Peuple* qui avait exalté ses idées. Mais cet aveu, en supposant qu'il ne lui eût pas été dicté, pouvait-il être admis par des hommes consciencieux comme une preuve de complicité? N'était-ce pas une amère dérision de la justice que de rencontrer là un argument?

Au surplus, en déplaçant la question, en mettant la pairie aux prises avec la presse, le ministère public avait éveillé dans le public de profondes émotions. Le procès avait pris les proportions d'une question de principes ; la tentative insensée du principal accusé disparaissait devant l'audacieuse agression de l'accusateur contre la liberté de la presse. Chaque écrivain se sentait blessé dans sa conscience, dans sa dignité, dans sa personne : la polémique quotidienne devenait plus ardente, plus furieuse, à mesure que se déroulait le drame immoral du Luxembourg. M. Hébert, dans son réquisitoire, employa tous les raffinements à l'usage des accusateurs publics pour faire d'une taupinière une montagne, d'une parole un poignard, et d'une ligne d'écriture un vaste complot. Afin de retrouver la trace d'un attentat commis en 1841, il alla fouiller les colonnes d'un journal publié par M. Dupoty à Versailles en 1831, les pages du *Réformateur*, mort en 1836, les lignes amoncelées du *Journal du Peuple*; puis rassemblant tous ces éléments combustibles, il en fit un vaste incendie qui devait dévorer la France, et dont il représentait les terribles lueurs aux imaginations des pairs épouvantés. Le talent, il est vrai, ne lui fit pas défaut ; s'il est permis de qualifier ainsi le sinistre paradoxe qui ne s'élevait à l'éloquence que par des rugissements de haine. La Cour des pairs ne présentait pas l'aspect d'une salle de justice, mais d'un champ de combat où se livrait une bataille à outrance entre la presse et la liberté. Dans les tribunes se voyaient MM. Guizot et Martin (du Nord), spectateurs intéressés qui réclamaient leur victime, et trouvaient des jouissances anticipées dans ce réquisitoire sanglant. M. Hébert leur offrit d'amples satisfactions ; tous les efforts de sa logique furent employés à créer un coupable en dehors de toutes preuves, à l'aide d'interprétations forcées, de présomptions spécieuses, d'audacieux sophismes. Négligeant le véritable fait du procès, oubliant la tentative du faubourg Saint-Antoine, il accumula ses foudres sur la tête de Dupoty, s'acharna sur lui seul, concentra en lui toute la cause, et abandonna les autres en pâture à ses substituts.

M. Ledru-Rollin s'était chargé de la défense de M. Dupoty. Lui aussi venait d'être victime d'une condamnation politique. Mais c'était pour un fait qu'il avouait, dans une cause qui était la sienne, pour des paroles dites par lui et dont il acceptait toute la responsabilité ; et quoique ce fût une atteinte aux libertés électorales, au moins ne portait-il pas la peine des gestes d'autrui. Cependant il avait besoin de calme, et pour contenir ses propres ressentiments et pour maîtriser la juste indignation qui devait naître du procès inouï auquel il assistait. Il accomplit sa tâche avec une éloquente dignité qui causa une vive impression même sur les bancs de la Cour. Ferme et réservé, chaleureux et contenu, il mit de côté toute passion politique, pour combattre avec les seules armes de la raison, de la logique et du droit. Le monstrueux édifice de M. Hébert fut démoli pièce à pièce, et l'iniquité, mise à nu, n'eut plus d'autres ressources que la passive obéissance de juges qui avaient engagé leurs consciences.

Les délibérations de la Cour réunie en conseil se ressentirent des agitations du dehors. Quelques esprits honnêtes parmi les pairs, les hommes qui prenaient au sérieux leur rôle de juges, s'épouvantaient des excès de fureur politique que révélait cette étrange procédure. Frapper un écrivain parce que les coupables lisaient son journal, c'était livrer à l'arbitraire de l'interprétation tout homme ayant tenu une plume ; et quelques-uns des juges ne pouvaient oublier qu'eux aussi, dans d'autres temps, avaient pour leurs écrits subi la proscription ; M. Cousin entre autres. Aussi fit-il entendre d'énergiques paroles contre les sévérités de l'accusation. « Donnez-moi des preuves, disait-il, et je serai sévère ; mais je ne saurais condamner un homme pour ses opinions, quelque détestables qu'elles puissent être. Montrez-moi des faits ; c'est sur des faits seulement qu'un juge peut prononcer. » M. Portalis et les jurisconsultes soutenaient la complicité directe de M. Dupoty ; il avait eu connaissance du complot ; il était en communication avec les complices ; on en retrouvait la preuve matérielle dans la lettre de Lannois.

C'était, à vrai dire, la seule thèse supportable pour motiver ou excuser une condamnation ; mais la preuve était si incertaine, les prétextes si impossibles, que la proie allait échapper par l'acharnement même des accusateurs.

Alors intervinrent les doctrinaires, apportant pour la circonstance une théorie nouvelle : la complicité morale. MM. de Broglie et Rossi furent les premiers apôtres de cette doctrine. Il est bon de le rappeler, parce que la tradition politique en a fait honneur à M. Hébert. Nous voulons être juste pour tout le monde. M. Hébert avait soutenu hardiment la complicité directe ; des hommes plus adroits vinrent offrir une transaction aux consciences timides. Les courtisans se joignirent à eux. MM. Molé et de Montalivet saisirent avec empressement cette occasion offerte aux lâches complaisances, apaisèrent doucement les esprits rebelles, et achevèrent par la séduction l'œuvre commencée par l'hypocrite combinaison des doctrinaires. Voici la thèse de MM. de Broglie et Rossi : M. Dupoty n'avait pas, il est vrai, connu le complot ; mais ses vœux, ses tendances, ses écrits, ses antécédents, démontraient qu'il l'approuvait. Or, entre l'approbation et l'exécution, il y avait complicité morale. On pouvait donc être coupable d'un fait sans connaître le fait.

Nous dégageons, il est vrai, cette effroyable doctrine de toutes les précautions oratoires, de toutes les adresses de langage qui l'enveloppaient ; mais nous n'en exagérons rien, et ce n'est pas notre faute si elle épouvante dans sa nudité. M. Cousin la repoussa avec indignation, en signala les funestes conséquences, et finit par s'écrier : « Je suis donc coupable de complicité morale, puisque je défends Dupoty contre vous ! » Les jurisconsultes devaient sans doute aussi être stupéfaits de cette nouveauté ; mais ayant leur théorie de condamnation, ils se turent.

Quoi qu'il en soit, le jugement déclara la complicité, sans s'expliquer entre les deux théories.

Dupoty fut condamné; non pas, ainsi que le voulait M. Hébert, comme chef du complot, mais comme complice de gens qu'il n'avait jamais vus. M. Hébert demandait sa tête, les pairs sacrifièrent sa liberté. La peine de cinq ans de détention fut prononcée.

L'émotion produite par cet arrêt dans la capitale fut immense. Quoique l'on fût au courant de toutes les intrigues qui s'agitaient, quoique les ministres eussent fait de la condamnation de Dupoty une question de Cabinet, agissant sur les pairs tantôt par la séduction, tantôt par la terreur, personne n'avait cru à la possibilité d'un si grand méfait judiciaire. Un cri général d'indignation retentit dans tous les organes de la publicité. Parmi les journaux ministériels, le *Journal des Débats*, honteux de ce triomphe, se condamna au silence; la *Presse*, qui avait toujours rigoureusement appuyé le Ministère, fit entendre à cette occasion d'énergiques réprobations. « S'il est, dit-elle, une vérité immuable, sacrée, tutélaire, c'est que la politique ne doit jamais intervenir dans les décisions de la justice. La société a d'autres moyens de se défendre; quand elle croit n'avoir plus que celui-là pour se sauver, elle est perdue! »

Tous les autres journaux, menacés dans leur indépendance, préparèrent une protestation collective. Cette protestation, signée par les rédacteurs de seize journaux de Paris, réunis aux délégués de la presse départementale, contenait l'énonciation des lois qui garantissaient la liberté de discussion, et invitait en des paroles fermes et modérées les citoyens à défendre les droits menacés.

« Nous respectons, disaient les signataires le principe de la chose jugée.... Mais il nous sera permis de signaler un résultat qui s'élève aux proportions d'un malheur public. Dans un État où les citoyens ont part au gouvernement, un fait judiciaire de la nature de celui qui afflige et qui émeut aujourd'hui jusqu'à la presse ministérielle doit alarmer la société.

« L'arrêt de la Cour des pairs ne se borne pas à frapper un écrivain politique, il pèse sur la liberté même de discussion. La jurisprudence que cet arrêt tend à établir va même au delà des lois de septembre; elle est encore plus menaçante, et l'arbitraire n'avait jamais été introduit aussi formellement dans la légalité. »

A partir de ce jour, la plupart des journaux signataires résolurent de ne plus rendre compte des débats de la Cour et de la Chambre des pairs.

Pendant que le Ministère s'applaudissait de cette triste victoire, des défaites multipliées lui apportaient d'autres avertissements. Les faits qui s'étaient passés à Toulouse avaient été, après une longue procédure, l'objet de poursuites judiciaires. Les accusés, renvoyés devant la Cour d'assises de Pau, y avaient comparu le 29 novembre. Fidèles aux leçons de M. Martin (du Nord), les juges instructeurs avaient rendu la presse complice des troubles, et sur les bancs des accusés figuraient les rédacteurs de l'*Émancipation*. Mais là les citoyens n'avaient plus affaire à un tribunal exceptionnel, les libertés publiques étaient sous la sauvegarde du jury, et un verdict d'acquittement répondit aux provocations du ministère public. Les journalistes de Toulouse, constamment environnés des sympathies populaires, quittèrent la ville au milieu des ovations.

Dans d'autres localités, les agents de M. Martin (du Nord) ne furent pas plus heureux. A Lille, l'*Impartial du Nord;* à Arras, le *Progrès du Pas-de-Calais;* à Nancy, le *Courrier de la Moselle*, sortirent triomphants des luttes judiciaires. Partout où le pays était consulté dans ses véritables organes, il se proclamait hautement le défenseur de la liberté. Les implacables ressentiments de M. Guizot se brisent devant l'énergique résistance des citoyens armés de leurs droits; mais, sourd aux avertissements, fatalement entraîné par un orgueil impuissant, il poursuit sa route à rebours, pour ne s'arrêter qu'en tombant.

XX

Transactions diplomatiques de M. Guizot. — Hatti-schériff du 13 février. — Avances faites par les ambassadeurs de Prusse et d'Autriche. — Résistance de lord Palmerston. — Soumission complète de Méhémet-Ali. — Convention des détroits. — Chute du Ministère whig. — Traité du droit de visite. — Les États-Unis refusent de s'y associer. — Émotions en France. — Ouverture de la session. — Discussion du droit de visite. — Défaite du Ministère. — Embarras du Cabinet tory. — Discussion sur la politique intérieure. — Atteintes à l'institution du jury. — Lettre du procureur général de Riom. — Confession de M. Martin (du Nord). — Les jurés probes et libres. — Vote de l'Adresse.

Lorsque l'on passe de l'histoire intérieure aux faits du dehors, la physionomie du 29 Octobre change entièrement de caractère. Aux rigueurs succèdent les complaisances ; l'arrogance fait place à la souplesse, et les mêmes voix qui, par leurs menaçants éclats, appellent en France les troubles civils, s'adoucissent à l'étranger et murmurent dans toutes les cours de pacifiques refrains. Il importait beaucoup à M. Guizot de montrer, comme gage de son habileté, la France ramenée dans le concert européen, surtout après s'être annoncé en réparateur des fautes du 1er Mars. Mais les désirs mêmes qu'on lui connaissait à cet égard rendaient les négociations plus difficiles; et les difficultés étaient augmentées par les méfiances de l'intérieur. Accusé hautement de vouloir sacrifier la dignité nationale, contraint de céder pour mériter un retour dans l'alliance commune, il lui fallait satisfaire à des exigences opposées, et, en acceptant cette position équivoque, se condamner à de pauvres subterfuges, que ne comportaient ni la gravité de la situation, ni l'honneur de la nation qu'il représentait.

La note du 8 octobre avait assurément beaucoup simplifié la difficulté. En posant comme ultimatum les droits du pacha à la possession de l'Égypte, le Gouvernement français avait implicitement abandonné la question de Syrie. M. Guizot s'empressa d'accepter la position qui lui était faite, et, bien convaincu que l'Égypte au moins serait respectée, il prit de l'arrogance et en inspira à ses agents diplomatiques. « Je dis très haut et très ferme, écrivait de Londres M. de Bourqueney, que le traité de juillet n'a pas mis l'Égypte en question; qu'il en faudrait un nouveau pour cela, et que c'est assez d'un seul traité conclu sans la France. »

Cependant lord Palmerston, dans une conversation avec notre chargé d'affaires, lui disait que si le pacha persistait dans sa résistance même après l'évacuation de la Syrie, la Porte serait autorisée à suivre les opérations militaires jusque contre l'Égypte rebelle.

« Non, milord, répéta encore une fois M. de Bourqueney, il faudrait pour cela un nouveau et plus grave traité [1]. »

Ce fier langage fut encore une fois démenti par l'événement. A quelques jours de là, les Anglais attaquèrent Alexandrie, sans souci d'un nouveau traité. La note même du 8 octobre était comptée pour rien, et M. Guizot perdait tout d'abord la position qu'il avait prise et qu'il avait crue inattaquable.

Heureusement, toutefois, la convention du 27 novembre, en laissant au pacha la possession héréditaire de l'Égypte, sauvait l'honneur, et, quoique le Gouvernement français

---

1. Dépêche de M. le baron de Bourqueney, du 18 novembre 1840.

n'y fût pour rien, il put se féliciter qu'on ne mit pas sa longanimité à une plus rude épreuve. Ce n'est pas cependant que les mauvaises volontés fissent défaut. L'amiral Stropford ne consentait pas à reconnaître la convention d'Alexandrie; la Porte gouvernée par lord Ponsonby, le confident des vues secrètes de lord Palmerston, refusait également sa ratification. Reschid-Pacha, ministre dirigeant, était voué aux intérêts anglais, et tout se faisait à Constantinople par l'influence de lord Ponsonby. Remplaçant, en conséquence, la convention d'Alexandrie par un *hatti-schériff* en date du 13 février 1841, le sultan confirmait, il est vrai, Méhémet-Ali dans le gouvernement de l'Égypte, et lui accordait l'hérédité, mais à des conditions qui réduisaient sa position au-dessous même de celle des pachas ordinaires. Ainsi, pour l'hérédité, le sultan se réservait de l'accorder *à celui des enfants mâles* qu'il choisirait. C'était organiser d'avance la guerre civile à toute vacance du pachalick. Et encore la prérogative de l'hérédité ne devait donner au gouverneur de l'Égypte aucun rang ou titre supérieur à celui des autres vizirs, ni aucun droit de préséance. Quant au service militaire l'effectif des troupes égyptiennes ne devait pas dépasser 18,000 hommes en temps de paix, et la nomination de tous les officiers supérieurs de terre et de mer appartenait au sultan, le gouverneur de l'Égypte ne devant nommer que jusqu'au grade de lieutenant inclusivement. Enfin, le gouverneur de la province d'Égypte ne pouvait construire des bâtiments de guerre sans l'expresse permission du sultan. On reconnaissait dans cette clause, ainsi que partout ailleurs, l'effet des influences britanniques.

Mais en allant aussi loin, lord Palmerston avait dépassé le but, et les puissances qui l'avaient secondé commençaient à se repentir de leurs trop faciles complaisances. La Prusse et l'Autriche s'alarmaient de voir tomber la balance que l'Égypte tenait suspendue entre les deux prétendants à la succession des Osmanlis; la Russie s'inquiétait du soudain raffermissement de cet empire ottoman dont elle épiait la chute. Les uns et les autres tendirent à se rapprocher de la France.

Déjà, au commencement de décembre, M. de Metternich, écrivant à M. de Saint-Aulaire pour lui annoncer la convention d'Alexandrie, lui disait :

« Que devient maintenant l'isolement de la France? Le sultan aura fini ses affaires, Méhémet-Ali sera pacha héréditaire en Égypte. L'affaire va être arrangée entre eux dans la forme d'une question intérieure. La France voudrait-elle s'isoler de ces résultats ? Où est la quadruple coalition ? Contre qui et contre quoi armerait-on ? Ne serait-ce pas contre la paix elle-même ? »

Des ouvertures analogues furent faites à Londres, à M. de Bourqueney, par les ambassadeurs de Prusse et d'Autriche; M. de Metternich envoyait en même temps à lord Palmerston un projet de convention générale qui devait être soumis à la signature de la France; et cette convention ayant été communiquée à Saint-Pétersbourg, M. de Nesselrode écrivait à Londres au baron de Brunow :

« La question d'Orient ainsi réglée, reste maintenant à consacrer la solution par une transaction finale à laquelle concourrait la France. L'empereur serait disposé à admettre le plan proposé par lord Palmerston, et, si le Gouvernement français se décidait à l'accepter, l'empereur vous autoriserait à y prendre part[1]. »

Ce qui expliquait d'ailleurs l'empressement des puissances à faire des avances au Cabinet des Tuileries, c'est que la signature de la France devenait une approbation de tout ce qui s'était fait, une condamnation même du système d'isolement qu'elle avait suivi.

Le piège était cependant trop grossier, et, malgré ses ardents désirs vers un rapprochement, M. Guizot ne pouvait s'y laisser prendre. Il écrivait en conséquence à M. de Bourqueney le 18 décembre : « Le Gouvernement

---

1. *Histoire de la politique extérieure du Gouvernement français*, 1830-1848, par M. d'Haussonville.

du roi n'approuve, ni avant ni après l'événement, le mode employé par le traité du 15 juillet, ni le but que ce traité atteint. Il ne s'y est point opposé par la force, mais il ne saurait entrer en part dans aucune de ses conséquences. Toute la question pendante entre le sultan et le pacha lui est et lui doit être étrangère. Il ne peut donc rentrer dans les conseils de l'Europe tant que cette question dure encore; il n'aurait à y prendre part qu'autant que les intentions du sultan à l'égard du pacha blesseraient les droits que la France a garantis, ce que personne ne paraît plus supposer.

C'était, à vrai dire, une singulière manière de sauvegarder la dignité de la France, que de dire : « Vous avez commencé sans moi, terminez sans moi. » Sans doute, la France ainsi ne s'associait pas à ce qui s'était fait; mais elle laissait faire, et ce n'était guère l'attitude d'une grande nation. Après avoir persuadé au pacha et au monde entier qu'elle protégeait l'Égypte, il ne fallait pas un grand effort de courage pour refuser de s'associer aux spoliateurs. M. Guizot, en se contentant de cette attitude passive, n'était ni bien difficile ni bien téméraire.

« Il faut avant tout, écrivait-il à M. de Bourqueney, que l'affaire turco-égyptienne soit terminée : tant qu'elle ne l'est pas, le traité du 15 juillet subsiste, et nous ne pourrons sortir de l'isolement dans lequel ce traité nous a placés que lorsqu'il aura cessé d'unir entre elles les puissances et n'appartiendra plus qu'au passé[1]. »

C'était dire aux puissances : « Vous nous avez offensés; complétez votre offense, de sorte qu'elle n'appartienne plus qu'au passé, et nous reprendrons alors nos anciennes relations. »

M. Guizot ne se maintint même pas longtemps dans cette attitude négative. Le 25 février, il écrivait à M. de Bourqueney :

« Du moment que nous n'avons pas fait les premières ouvertures, qu'on ne nous demande pas de sanctionner le traité du 15 juillet, et qu'on ne nous parle plus de désarmement, l'honneur est parfaitement sauf. »

En conséquence, les négociations commencèrent. La Prusse et l'Autriche se montraient fort empressées de sortir de la situation violente ou elles s'étaient laissé entraîner, et les ambassadeurs de ces deux puissances offraient toutes facilités à un rapprochement. Le sacrifice d'ailleurs n'était pas très grand; la France acceptait tacitement les faits accomplis. MM. Nieuman et de Bulow se déclarèrent donc prêts à insérer dans un protocole que la conférence de Londres, malgré les légers embarras qui subsistaient encore, tenait décidément les questions soulevées par le traité du 15 juillet comme bien et dûment terminées, ce traité lui-même comme virtuellement abrogé. En même temps, ils refusaient, ainsi que M. de Brunow, de ratifier le hatti-schériff du mois de février. Le sultan, sur leurs représentations, consentit de son côté à modifier ses conditions : l'hérédité fut accordée à Méhémet dans les termes d'une succession dynastique ordinaire; on lui laissait en outre la nomination des officiers de son armée jusqu'au grade de colonel inclusivement. Ces transactions avaient été facilitées par la disgrâce de Reschid-Pacha; l'influence anglaise était amoindrie, et Rifaat-Bey, qui était devenu premier ministre, écoutait plus volontiers les conseils de la Russie.

Tout restait néanmoins en suspens par les résistances de lord Palmerston. Il refusait de rien conclure tant que Méhémet-Ali n'aurait pas accepté le hatti-schériff modifié. Il voyait la possibilité de nouvelles contraintes à exercer sur le pacha; pour lui le traité du 15 juillet existait encore dans toute sa plénétitude. La France avait en vain offert d'oublier le passé; lord Palmerston repoussait avec hauteur la main qu'elle lui tendait.

M. Guizot n'avait plus d'espoir que dans l'appui de Vienne et de Berlin; mais lord Palmerston exerçait sur les ambassadeurs un ascendant auquel ils n'osaient se soustraire. *Les Allemands parlent bien, mais agissent peu*, écrivait M. de Bourqueney

---

[1]. Dépêche du 13 février 1841.

Triste résultat des complaisances diplomatiques de M. Guizot! La France se trouvait placée sous la protection des cours du Nord, et ce protectorat inefficace ne lui épargnait aucune humiliation.

Pour satisfaire lord Palmerston, il fallait que le pacha d'Égypte poussât jusqu'au bout le sacrifice; la France, la résignation. M. de Metternich avouait lui-même que la question n'aurait pas d'autre issue. « Ne nous cassons pas inutilement la tête, ni vous ni moi, disait-il à M. de Saint-Aulaire ; avant peu de jours nous recevrons la réponse d'Alexandrie, et cette réponse nous apprendra *la fin finale* de l'affaire d'Orient. »

M. de Metternich avait bien prévu, et les exigences de lord Palmerston se trouvèrent pleinement justifiées. Le 28 juin, on reçut la nouvelle de la soumission de Méhémet-Ali; il avait publié le hatti-schériff du Divan et s'était hâté de promulguer l'acte qui lui assurait l'hérédité de l'Égypte ; la flotte turque était rentrée dans les eaux de Constantinople. Tout était accompli ; la leçon donnée à la France était complète.

Dans de telles conditions, assurément, les alliés pouvaient bien sans humilité rendre à la France une place dans les conseils européens. Mais la France avait-elle bonne figure à s'empresser d'y rentrer? Alors sans doute le traité du 15 juillet, selon l'expression de M. Guizot, n'appartenait plus qu'au passé. Mais admettre la prescription le lendemain d'une insulte, classer parmi les faits accomplis les blessures faites à la dignité nationale, c'était se montrer de trop facile composition et faire bon marché des colères d'un grand peuple. On comprend qu'un fait matériel tombe dans le passé ; mais l'outrage qui accompagne le fait ne s'efface pas avec lui ; il reste vivant dans les cœurs, et toutes les lâchetés politiques ne sauraient éteindre chez une nation le sentiment et le souvenir.

Mais il fallait à M. Guizot le triomphe d'une signature collective ; c'était une des promesses de son avènement, une des gloires de son programme. Après avoir si hautement reproché au 1ᵉʳ Mars sa sortie du concert européen, il avait à cœur d'y rentrer à tout prix. Prendre le contre-pied de son rival était pour cet homme d'État la suprême politique. Louis-Philippe d'ailleurs se fatiguait de son isolement. Il avait hâte d'être réintégré dans la famille des rois.

La tâche des alliés était facile ; on ne leur demandait ni réparation ni désaveu ; mais une simple formalité, un traité quelconque où notre signature pût figurer à côté de celles des quatre puissances comme un signe de réconciliation et d'oubli. Ce fut l'objet de la convention du 13 juillet 1841, appelée *convention des détroits* [1]. Quelles étaient les stipulations de ce traité? Rien autre chose que la reconnaissance des droits du sultan de fermer aux vaisseaux de guerre le Bosphore et les Dardanelles, droit qui avait été la règle constante de l'empire ottoman, qui n'avait jamais été nié, qui n'avait besoin d'aucune consécration. Du reste, pas un mot de l'Égypte, de la Syrie, de Suez; silence sur notre allié dépouillé ; silence sur la France outragée : il faut que la France se résigne ; M. Guizot a fermé les portes de la guerre, en fermant les détroits de Constantinople qui n'avaient jamais été ouverts. Voilà le grand acte par lequel la France rentrait dans le concert européen. C'était la plus grossière des mystifications, si ce n'eût été la plus cruelle des hontes.

Il n'est pas difficile d'avouer que, dans toute l'affaire d'Orient, le Ministère anglais avait eu l'avantage sur le Cabinet des Tuileries. Supérieur en dignité, en habileté, en courage, il avait commencé et conclu comme il l'entendait ; et la France elle-même avait été conduite, sinon à une approbation directe, au moins à la ratification du silence. L'orgueil de lord Palmerston ne pouvait être satisfait. Cependant la convention du 13 juillet fut son dernier triomphe. Les succès extérieurs du Cabinet whig ne le protégeaient pas contre les difficultés croissantes de l'intérieur. La situation des finances était for-

---

1. Voir l'Appendice.

tement compro ise par ses hardiesses belliqueuses.␣␣␣utte entre les intérêts industriels et les intérêts territoriaux devenait chaque jour plus vive ; le Ministère chancelant voyait chaque jour diminuer les voix de la majorité ; il ne se maintenait plus qu'avec l'appui de la fraction irlandaise. Pour reprendre un peu de force, lord John Russell voulut essayer de quelques réformes qui depuis longtemps étaient l'objet de sérieuses discussions. Elles portaient principalement sur un abaissement des droits affectant les produits étrangers, notamment le sucre et les céréales. Les tories prirent cette occasion pour achever la défaite du Ministère compromis. Sur la proposition de sir Robert Peel, les Communes déclarèrent, le 5 juin, à 1 voix de majorité, que le Cabinet n'avait plus la confiance de la nation. Il fallait ou se retirer, ou en appeler à des élections nouvelles ; ce fut à ce dernier parti que s'arrêtèrent les ministres. Le 23 juin, la dissolution du Parlement fut prononcée.

Mais le résultat fut loin d'être favorable au Ministère. Les tories se présentèrent avec une majorité prononcée à l'ouverture de la session, le 24 août, et les premières luttes décidèrent la victoire. Le 27 août, la Chambre des pairs déclara que les conseillers actuels de Sa Majesté n'avaient pas la confiance du pays. Le 30, la Chambre des communes fit une déclaration analogue, à une majorité de 360 voix contre 269 ; le Ministère whig se démit aussitôt de ses fonctions. Le 3 septembre, les tories prenaient possession du pouvoir ; ils y avaient pour représentants principaux : sir Robert Peel, lord Aberdeen, lord Stanley et le duc de Wellington.

Cette révolution ministérielle était pour M. Guizot une bonne fortune. Lui qui, pendant son ambassade à Londres, avait tant usé d'intrigues en faveur des tories, il les voyait enfin parvenir pour lui donner appui dans son ministère, pour effacer les dernières traces d'une rupture malencontreuse. Louis-Philippe triomphait également. Il était vengé de lord Palmerston, retrouvait dans les conseils de Saint-James des voies amies, des influences en harmonie avec sa pensée personnelle. La politique intérieure du 29 Octobre allait se développer mieux à l'aise. Aussi M. Guizot s'empressa-t-il de donner aux tories des gages de sa bonne volonté, en les aidant à terminer une question depuis longtemps pendante, et dont la conclusion importait beaucoup à leur popularité en Angleterre. Le traité du droit de visite fut le premier sacrifice fait à l'intérêt des tories. Hâtons-nous d'ajouter cependant que M. Guizot n'avait pas pris l'initiative de cette convention, et ne faisait que consacrer ce qu'avaient préparé ses devanciers.

Il ne nous appartient pas de retracer tous les événements qui se sont rattachés à cette fameuse question du droit de visite maritime. Qu'il nous suffise de dire que, d'après les règles générales du droit des gens, tout vaisseau est considéré comme faisant partie du sol national, et devient inviolable comme le sol : d'où résulte ce principe, que pendant la guerre les personnes et les marchandises transportées sur un navire sont insaisissables par les parties belligérantes, si la nation à laquelle appartient le navire n'est pas engagée dans la guerre, principe qui a été consacré par cette formule : *Le pavillon couvre la marchandise*. L'Angleterre elle-même avait hautement invoqué ce principe dans le traité d'Utrecht, alors qu'elle avait à se protéger contre la marine espagnole qui se faisait redouter sur toutes les mers. Mais après que les fortunes maritimes eurent changé, après que l'Angleterre eut multiplié ses navires sur tous les rivages, elle viola audacieusement les droits consacrés, et quand éclata la guerre de l'indépendance américaine, elle fit saisir en mer tous les bâtiments russes, suédois ou autres, qui portaient du bois de construction en France et en Espagne, et confisqua ces bois, quoiqu'ils ne fussent pas compris dans les objets de contrebande de guerre, dont le transport était seul interdit par les traités. Cette tyrannie provoqua la coalition des neutres, en février 1790, à la tête de laquelle se plaça l'impératrice Catherine.

La querelle qui avait cessé avec la guerre d'Amérique reprit une nouvelle animosité avec la guerre de la Révolution française. Paul I*er*, suivant les traditions de Catherine, fit, le 16 décembre 1800, une nouvelle coalition maritime, à laquelle adhérèrent la Suède, le Danemark et la Prusse. La mort tragique de ce prince ne fut pas étrangère à cet acte de vigueur. La guerre étant devenue générale, l'Angleterre put reprendre sans obstacle le cours de ses pirateries, auxquelles Napoléon répondit par les décrets de Berlin et de Milan. Les neutres étaient écrasés entre deux forces contraires; il n'y avait plus pour eux ni droit ni garanties. Mais les décrets de Napoléon étaient illusoires avec une marine détruite; ceux de l'Angleterre étaient exercés avec une insolence tyrannique et une sauvage rigueur. Le droit de visite, qu'on lui contestait vainement, lui était définitivement acquis par la supériorité de ses forces.

Il eût semblé toutefois que ce droit expirait nécessairement avec la guerre. L'Angleterre s'efforça de le faire revivre même durant la paix. Le congrès de Vienne avait fait entrer dans le droit public européen l'abolition de la traite des noirs. Cette clause était pour les autres puissances une formule générale d'humanité; mais pour les plénipotentiaires anglais qui l'avaient provoquée, c'était une mesure de politique traditionnelle. En effet, le principe une fois admis, l'Angleterre demanda comme conséquence que les puissances se concédassent réciproquement le droit de visite sur leurs bâtiments respectifs; sans cela, disait-elle, tout bâtiment négrier, à la vue d'un croiseur de sa nation, n'aurait qu'à arborer un autre pavillon pour rendre vaines les mesures des Gouvernements. Trop faibles pour lutter contre l'Angleterre, l'Espagne, le Portugal et les Pays-Bas accédèrent à ses désirs.

La même demande fut adressée à la France en 1817, alors que le territoire français était encore occupé par les troupes étrangères. Le Ministère Richelieu répondit que le roi ne se croyait pas en droit, sans le concours des Chambres, de livrer ses sujets à une juridiction étrangère, en autorisant la marine anglaise à les saisir, et une Commission mixte à prononcer sur l'égalité des prises; que mieux valait respecter un principe qui n'avait admis jusqu'alors aucune exception.

L'Angleterre renouvela ses tentatives au congrès d'Aix-la-Chapelle. Le duc de Richelieu les repoussa avec la même fermeté.

Mais avec cette ténacité qui forme un des caractères de sa politique, l'Angleterre profita du congrès de Vérone pour revenir à la charge. Le plénipotentiaire français, Chateaubriand, répondit que « si la France pouvait consentir à ce qui lui était demandé, cette concession aurait les suites les plus funestes. Le caractère national des deux peuples anglais et français s'y opposait; s'il était besoin de preuves à l'appui de cette opinion, il suffirait de se rappeler que cette année même, en pleine paix, le sang français avait coulé sur le rivage d'Afrique. La France reconnaissait la liberté des mers pour tous les pavillons : elle ne réclamait pour elle que l'indépendance qu'elle respectait dans les autres, et qui était nécessaire à sa dignité. »

Ainsi, dans toute cette question, le Gouvernement de la Restauration avait défendu avec une constante énergie l'honneur national et l'indépendance du pavillon; malgré les immenses obligations qu'ils avaient contractées envers l'Angleterre, les Bourbons de la branche aînée s'étaient montrés gardiens jaloux de la liberté des mers et des droits de la France.

L'Angleterre semblait donc avoir renoncé à ses prétentions, lorsque éclata la révolution de 1830. On sait avec quel empressement le Cabinet de Saint-James reconnut le nouveau roi des Français; mais les complaisances du Gouvernement anglais sont rarement désintéressées. On le fit promptement sentir à Louis-Philippe. La question du droit de visite fut reprise avec toutes les considérations que devaient faire valoir l'importance de l'alliance anglaise, et la gloire qu'il y aurait pour le Gouvernement de Juillet à donner à la répression de la traite un concours efficace.

Louis-Philippe se montra moins scrupuleux que ses aînés. Ce droit de visite contre lequel avaient lutté l'ancienne monarchie et l'Empire, que n'avait pu obtenir l'Angleterre pendant que ses soldats campaient sur notre territoire, fut le premier acompte sur le prix de l'alliance britannique. La liberté des mers, l'indépendance du pavillon, l'inviolabilité du navire, image du sol national, étaient sacrifiés, toutes les fières traditions de la marine française méconnues. Pour l'Angleterre, l'abolition de la traite n'était qu'un prétexte; le droit de visite était le premier attribut de sa souveraineté maritime. Pitt avait dit : « Plutôt que de renoncer au droit de visite, je m'ensevelirais au fond de l'Océan, enveloppé dans les replis de notre dernier pavillon. » Il ne s'agissait donc nullement d'une question d'humanité, mais d'une question de haute politique; et c'est pourquoi les ministres de la Restauration avaient repoussé toujours avec énergie toute concession à cet égard. Malheureusement il se trouvait une dynastie nouvelle qui avait besoin de payer sa bienvenue.

Une convention fut signée le 30 novembre 1831, par laquelle les deux Gouvernements s'accordaient réciproquement le droit de visite, dans les latitudes que devaient nécessairement traverser les négriers, soit pour aller acheter les noirs, soit pour les transporter à leur destination. Une convention spéciale devait fixer, chaque année, le nombre des croiseurs de chaque nation, qui ne pouvait différer de plus du double; les croiseurs de chaque nation étaient commissionnés par l'autre pour pouvoir visiter les bâtiments de celle-ci ; tout bâtiment retenu comme suspect devait être conduit dans la colonie la plus voisine de la nation à laquelle il appartenait, pour y être jugé d'après les lois de son pays ; les deux Gouvernements, enfin, devaient agir de concert pour amener les autres puissances à adhérer au traité.

Dans une seconde convention du 22 mars 1833, on expliqua de quelle manière les navires retenus seraient conduits dans un port de leur nation et livrés à leurs juges, la part qu'auraient les capteurs dans le produit de la confiscation, les signes qui autoriseraient à retenir les navires comme suspects, tels que la disposition intérieure, la nature et la quantité des approvisionnements, la présence de certains instruments, enfin les lieux où les bâtiments capturés devaient être conduits, et les formalités à remplir, en cas d'abus dans l'exercice du droit de visite, pour en obtenir le redressement.

Si l'on se reporte aux immenses questions soulevées depuis cent ans par le droit de visite, aux luttes acharnées qui en résultèrent, au rôle important qu'y joua la France, protectrice séculaire des droits de l'Europe, il est impossible de méconnaître l'étendue du sacrifice fait à l'Angleterre par le Gouvernement de Louis-Philippe. Tout ce qu'il y avait de noble et de généreux dans les efforts opiniâtres de Louis XIV, de la République et de l'Empire, pour protéger la liberté des mers, était répudié sans pudeur; la France commettait un acte de déchéance. Le prétexte d'un droit tyrannique se trouvait, il est vrai, changé, mais le principe était le même, avec l'hypocrisie de plus.

Cependant alors cette monstrueuse concession passa en France presque inaperçue. Les conventions consenties dans le secret des chancelleries échappèrent même aux investigations de la presse; les troubles intérieurs absorbaient l'attention publique. Elle fut réveillée par de nouvelles exigences de l'Angleterre, et M. Guizot porta la peine des fautes de ses devanciers.

Fidèle à sa vieille politique, le Cabinet de Saint-James n'avait cessé de négocier pour obtenir les adhésions des autres puissances aux principes consacrés par les traités de 1831 et 1833. Le Danemark, la Sardaigne, la Suède, Naples, la Toscane et les villes libres s'étaient successivement laissé convaincre. L'Autriche, la Prusse et la Russie, après avoir longtemps résisté, avaient aussi fini par céder en 1838. Seulement, en leur qualité de grandes puissances, elles n'avaient pas trouvé qu'il fût de leur dignité d'accéder purement et simplement à des traités déjà existants, et à la confection desquels elles n'avaient pas concouru. Elles demandèrent, en conséquence, que l'on fît une autre convention, où elles entreraient comme parties principales, sur le même pied que les Cours de Paris et de Londres.

Le Cabinet britannique y consentit volontiers : c'était une occasion pour lui d'obtenir davantage. En effet, il eut soin que le nouveau projet donnât plus d'extension aux zones où devait s'exercer la visite ; elles devaient comprendre toute la côte des États-Unis, et les mers qui baignent la partie septentrionale de l'Amérique et de l'Europe, au-dessus du 32e degré de latitude nord ; en sorte que toute la navigation entre l'Europe et les États-Unis y était enveloppée, et que tous les navires qui allaient d'un continent à l'autre pouvaient être visités. On supprimait en outre la clause qui établissait que le nombre des croiseurs d'une nation ne dépasserait pas de moitié celui des croiseurs d'une autre nation. Ces deux modifications étaient tout à l'avantage de l'Angleterre. Désormais la marine britannique pouvait étendre indéfiniment ses croisières et paralyser notre commerce sur toutes les côtes de l'Afrique et de l'Amérique méridionale. L'honneur français avait été sacrifié par les premiers traités ; les intérêts français devaient être immolés par la nouvelle convention.

L'ambassadeur de France à Londres, M. le comte Sébastiani, fut autorisé à traiter sur ces bases. C'était sous le Ministère du 12 Mai. Le Cabinet du 1er Mars ne se montra pas plus difficile ; et toutes les parties contractantes étaient d'accord, lorsque le traité du 15 juillet vint arrêter la conclusion définitive. Mais les complaisances de M. Guizot et la convention du 13 juillet 1841 avaient rétabli l'harmonie européenne ; l'avènement des tories resserrait les liens des deux Cabinets, et si lord Aberdeen était trop bon Anglais pour oublier longtemps un projet essentiellement national, M. Guizot était trop ami des tories pour leur faire perdre l'occasion de se fortifier dans l'opinion publique. Le traité fut signé le 20 décembre 1841. M. Guizot était encore entraîné par une autre considération. C'était un nouveau traité à cinq, et la rentrée de la France dans le concert européen devenait plus significative.

Mais l'opinion publique en France ne se montra cette fois pas aussi complaisante que l'avait espéré le ministre. Le traité du 1er juillet avait été accueilli comme une humiliante mystification ; celui du 20 décembre parut aux yeux de tous ce qu'il était : une honteuse concession à la politique anglaise. Tous les organes de la presse opposante signalèrent l'abaissement de la France ; tous les intérêts qui se rattachaient au commerce maritime s'alarmèrent. Il était démontré que nos armateurs n'auraient plus aucune sécurité sous l'inspection tyrannique de leurs éternels concurrents ; on les livrait en proie aux officiers britanniques, on leur fermait les mers ; on réservait aux Anglais le privilège exclusif du commerce africain. Les villes maritimes s'émurent ; les populations des côtes furent remplies d'indignation, et leurs plaintes étaient appuyées par les hommes politiques, qui en faisaient une question d'honneur national et de dignité extérieure.

Les faiblesses du Cabinet des Tuileries furent encore mieux signalées par le contraste que représentait un autre Gouvernement. Il résultait d'une correspondance entre lord Aberdeen et l'envoyé des États-Unis à Londres, que le ministre anglais se bornait à demander la permission pour les croiseurs anglais, quand ils rencontraient un bâtiment portant pavillon américain, de s'assurer qu'il ne cachait pas sa nationalité. C'était assurément bien moins que n'accordait la France ; cependant, l'envoyé américain refusa, son Gouvernement ne pouvant, disait-il, déléguer à personne le droit de s'immiscer dans la police de sa navigation, de vérifier les papiers de bord de ses bâtiments et de décider de leur nationalité. Lord Aberdeen avait dit qu'en cas de refus des États-Unis, les puissances ne se laisseraient pas arrêter par un *morceau d'étamine* dans l'accomplissement de la mission qu'elles s'étaient donnée. Le ministre américain répondit que les États-Unis sauraient, au besoin, faire respecter ce *morceau d'étamine* dont on parlait avec tant de dédain.

La publication de cette correspondance produisit en France une vive sensation et conduisit naturellement à des rapprochements qui n'étaient pas à l'avantage de nos hommes d'État.

Bientôt les États-Unis, persistant dans l'énergique défense de leurs droits, mirent en demeure le Gouvernement français. Le 13 février 1842, le ministre des États-Unis à Paris présenta au ministre des affaires étrangères une note dans laquelle il témoignait son regret de voir la France s'engager dans cette politique, et demandait si elle induisait du traité, comme l'Angleterre, la nécessité de vérifier la nationalité des bâtiments américains, auquel cas la paix serait inévitablement troublée entre les deux pays. M. Guizot commençait à voir que ses complaisances envers l'Angleterre l'entraînaient dans des périls imprévus. A force de chercher la paix, il créait des occasions de guerre.

A l'intérieur, les émotions étaient si vives, que toute autre question disparaissait devant celle du droit de visite ; on attendait avec impatience la discussion de l'Adresse ; malgré les condescendances de la Chambre, on comptait encore sur elle pour protéger la dignité du pavillon français, pour défendre les intérêts du commerce maritime.

La session fut ouverte le 27 décembre 1841. La discussion de l'Adresse commença au Palais-Bourbon le 19 janvier 1842.

Le premier paragraphe, qui avait rapport aux affaires d'Orient, ranima la guerre de mutuelles récriminations entre les ministres tombés et les ministres en possession. La discussion porta principalement sur la convention du 13 juillet. Il ne fut pas difficile à l'opposition d'en démontrer l'insuffisance et la puérilité.

Mais toutes les forces des lutteurs parlementaires se réservaient pour la question qui occupait la nation entière.

Ce fut M. Billault qui commença l'attaque. Jeune, ardent, plein de verve, M. Billault apportait à la tribune plus de nerf et d'énergie que n'en montrent d'ordinaire les avocats transportés du barreau dans l'enceinte

Billault, homme d'État
(1805-1863).

législative. Il appartenait à cette classe d'opposants entraînés par leur âge et leurs goûts vers les idées nouvelles, mais retenus par la crainte de trop s'éloigner du Pouvoir en marchant trop avant ; hardis et vigoureux dans la lutte corps à corps avec un ministre, prudents et réservés dans les hautes questions qui ébranlaient le système constitutionnel. Assez novateurs dans le fond pour ne pas se fermer l'avenir, assez ménagers de la forme pour ne pas s'interdire le présent, ils avaient leurs jours d'audace et de popularité dans les questions spéciales qui livraient un Cabinet à leurs attaques sans trop compromettre le trône. Sous ce rapport, le droit de visite leur présentait l'occasion la plus favorable, et M. Billault avait encore dans sa position parlementaire un avantage tout particulier. Député de Nantes, représentant des intérêts maritimes que menaçait le traité du 20 décembre, il se trouvait défendre en même temps la fortune de ses commettants et les droits de la nation, et satisfaisait à la fois aux vœux de ses électeurs et aux ressentiments populaires, double mission qui donnait à ses paroles une imposante autorité.

Il ouvrit la discussion par l'introduction d'un amendement au 4° paragraphe de l'Adresse, qui avait rapport à des traités conclus avec diverses puissances. M. Billault proposait d'ajouter :

« La prudence avec laquelle seront suivies les négociations nous répond aussi que dans les arrangements relatifs à la répression d'un trafic coupable, votre Gouvernement voudra soigneusement mettre à l'abri de toute atteinte les légitimes intérêts de notre commerce maritime et la complète indépendance de notre pavillon. »

Les termes généraux de cet amendement pouvaient le rendre facilement acceptable par le Ministère, si l'orateur n'avait eu soin, tout aussitôt, de préciser sa pensée et d'annoncer qu'elle renfermait un blâme formel. « Par mon amendement, dit-il, j'ai voulu signaler à la Chambre le droit de visite concédé par le traité de 1831, développé par les concessions de 1833 et aggravé par une convention de décembre 1841, convention qui n'est pas encore ratifiée. Voilà mon but. »

La question ainsi posée ne laissait pas de prétexte à l'équivoque. C'était une accusation directe. M. Billault la développa avec une lumineuse vigueur, signalant les efforts constants de l'Angleterre à saisir sous divers prétextes le contrôle de la navigation, les énergiques résistances de la France jusqu'en 1830, et rappelant avec indignation les concessions successives du Gouvernement de Juillet, qui livraient à l'Angleterre cette souveraineté des mers, objet de son éternelle ambition.

En réponse à cet accablant réquisitoire, M. Guizot essaya de démontrer que le droit de visite nouvellement concédé n'avait aucun rapport avec l'ancien droit de visite qui avait fait l'objet des longues protestations de la France. « Il s'agissait alors, dit-il, du droit des neutres ; il s'agit aujourd'hui de la traite. » M. Guizot ne faisait que répéter les arguments de l'Angleterre. Mais personne ne prenait le change. En vain il voulait justifier le motif du droit de visite ; on lui répondait en contestant ce droit, et ses vagues déclamations sur l'application du principe étaient réduites à néant par des adversaires qui niaient le principe même.

M. Thiers ne pouvait manquer une si bonne occasion d'attaquer son rival. Mais il oubliait qu'il était ministre au moment de la convention de 1833. M. Guizot le lui rappela durement et le contraignit à prendre sa part de responsabilité. Ce petit triomphe personnel ne fut qu'une faible compensation aux déroutes d'une journée malheureuse. M. Dupin se joignit aux adversaires du droit de visite, et son discours agressif fut d'un grand effet sur la Chambre ; on savait que M. Dupin ne parlait d'habitude que contre les causes perdues.

Le Ministère, en effet, n'avait pas seulement porté atteinte au sentiment national, à la conscience populaire ; il menaçait encore les intérêts de riches commerçants, de grands spéculateurs, et leur influence exerçait une action puissante sur la Chambre. La politique des intérêts matériels, prêchée par M. Guizot, se retournait contre lui, et il recueillait le fruit de ses tristes leçons. Aussi était-il facile de voir, à la physionomie de la Chambre entière, que le Ministère, abandonné de tous ses fidèles, allait subir une éclatante défaite. Un de ses amis lui vint en aide, sinon pour le sauver, au moins pour arracher à l'opposition les profits du triomphe. M. Jacques Lefebvre proposa un nouvel amendement conçu en ces termes : « Nous avons aussi la confiance qu'en accordant son concours à la répression d'un trafic criminel, votre Gouvernement saura préserver de toute atteinte les intérêts de notre commerce et l'indépendance de notre pavillon. »

L'amendement de M. Billault se trouvait reproduit dans les mêmes termes, sauf un léger changement aux premiers mots. Dans les développements à l'appui, M. Jacques Lefebvre alla même plus loin et ne craignit pas de blâmer les traités de 1831 et 1833. M. Guizot fit des efforts desespérés pour ramener la Chambre. Seul contre tous, il fit preuve d'une incroyable énergie à combattre l'opinion publique, et déploya un talent digne d'une meilleure cause. Il osa même déclarer que si la décision de la Chambre lui était contraire, il ne s'engageait pas à en tenir compte, disant que le Gouvernement se bornerait à peser les considérations exposées par la Chambre, et qu'il se déciderait sous sa responsabilité. Cette fière menace ne réussit pas mieux que la séduction. L'amendement de M. Jacques Lefebvre fut adopté presque à l'unanimité. Jamais plus rude échec n'avait frappé un Ministère ; jamais la défection des dévoués ne fut plus complète, plus significative, jamais l'opinion publique n'agit avec plus de force sur les résolutions de la Chambre, contrainte à se montrer courageuse, à rappeler le Gouvernement au sentiment de la dignité nationale.

Selon les règles du système constitutionnel M. Guizot aurait dû prendre sa retraite. On en parla beaucoup : lui seul n'en parla pas. Il n'était pas homme à se dessaisir si facilement du Pouvoir.

Il faisait d'ailleurs bon marché des hostilités intérieures. Mais son influence au dehors était gravement compromise. Le Cabinet tory qu'il avait voulu fortifier, afin d'être fortifié par lui, partageait sa défaite. Les abolitionistes, composés d'une multitude de sectes fanatiques, formaient en Angleterre une masse imposante toute prête à se soulever contre un Ministère impuissant à les satisfaire, et les whigs trouvaient l'occasion de mettre leurs adversaires dans l'embarras, et d'aigrir entre la France et l'Angleterre les différends à peine apaisés. Dès le commencement de février, lord Palmerston interpellait sir Robert Peel. Le premier ministre ne put se défendre que par des moyens dilatoires. « Le délai déterminé pour l'échange des ratifications, dit-il, n'expire que le 20 du mois ; il n'est donc pas étonnant que l'échange n'ait pas eu lieu. « Sir Robert Peel, toutefois, savait bien que l'échange ne pouvait avoir lieu, au moins dans les délais voulus. Les dipositions de la France lui étaient révélées par les débats de la Chambre et par les confidences de M. Guizot. Plein de bienveillance cependant, et même de compassion, pour le Cabinet des Tuileries, le Ministère britannique fit tout ce qui dépendait de lui pour aplanir les difficultés et laisser à M. Guizot le temps de réagir. Après le 20 février, le protocole demeura ouvert pour l'accession de la France.

En agissant ainsi, les tories non seulement offraient une ressource au Gouvernement français ; ils se protégeaient encore eux-mêmes contre les attaques auxquelles ils auraient été nécessairement exposés s'ils avaient fait un aveu public de leur mécompte. Ajoutons néanmoins que, d'après la déclaration de lord Aberdeen à la Chambre des lords, c'était sur la demande du Gouvernement français que le protocole était resté ouvert. Le ministre anglais ajoutait : « J'espère fermement que le traité sera incessamment ratifié. » Cette révélation, cette confiance du Cabinet britannique, réveilla les colères en France. Il devenait évident pour tous que M. Guizot, malgré la décision de la Chambre, malgré la volonté bien prononcée de toute la nation, se proposait de donner sa signature au traité. Sa tactique était facile à suivre. La résolution était prise de dissoudre une Chambre rebelle aux injonctions de M. Guizot. En son absence, et en l'absence de tout autre, on comptait faire ce qu'elle venait d'interdire. M. Guizot se promettait alors et promettait à ses alliés de remplir le blanc qu'on laissait pour la place de sa signature.

En supposant même que la législature à venir ne fût pas moins jalouse que sa devancière de l'honneur national, il se flattait d'étouffer toute réclamation sous le poids d'un fait accompli.

Mais M. Guizot se trompait dans ses calculs, comme il se trompa tant de fois par son obstination à ne rien voir au delà de l'enceinte du Palais-Bourbon, à ne tenir aucun compte de la nation. La Chambre, en émettant son vote, avait été l'expression de l'opinion publique, et la même force vint agir énergiquement sur la Chambre renouvelée et contraindre M. Guizot à céder.

Telle fut pour le Cabinet du 29 Octobre la première phase de cette fameuse question du droit de visite, transmise à M. Guizot par ses prédécesseurs, dont il fit une question personnelle, par calcul d'abord, ensuite par orgueil, et qui fut pour son orgueil une amère déception.

Au surplus, la diplomatie britannique, ordinairement si patiente dans son habileté, s'était dans toute cette affaire comportée avec une précipitation maladroite, qui lui avait fait manquer le but en le dépassant. Les traités de 1831 et de 1833 avaient été pour elle une bonne fortune. A l'ombre de ces traités, le Cabinet de Londres pouvait entraver et détruire notre commerce dans des parages importants. Il pouvait habituer nos marins à fléchir devant son pavillon sous certaines latitudes. C'était beaucoup; il ne s'en contenta pas. Il voulut étendre le cercle de son insolente domination. Il marcha trop vite. Les complaisances empressées des Tuileries lui firent croire à une prompte solution. Il fallut pour le détromper le soulèvement unanime de l'opinion nationale.

La discussion de l'Adresse devait nécessairement ramener la question du recensement. M. Humann défendit victorieusement, nous devons le dire, le principe de l'égalité. Il avait pour l'appuyer les paroles d'un des plus illustres vétérans de l'opposition. En 8311, comme ministre des finances, M. Laffitte disait en traitant la même question : « Il est évident que si l'État n'établit pas l'assiette de l'impôt, il n'y aura plus d'impôt : les riches seront les pauvres, les pauvres seront les indigents. L'égalité et la justice, voilà ce que nous voulons; on a trouvé que les uns payaient trop, que les autres ne payaient pas assez, et qu'un grand nombre ne payaient absolument rien. Si le principe contraire était adopté, il n'y aurait pas de véritable impôt : les répartiteurs pourraient acquérir de la popularité, mais le Trésor ne recevrait pas d'argent. »

La Chambre repoussa un vote de blâme proposé par M. Lestiboudois.

Au milieu de la discussion sur la politique intérieure, un incident inattendu vint révéler d'odieuses manœuvres dans le sanctuaire même de la justice, pour frauder la loi et dépouiller les citoyens de leurs garanties. M. Billault, faisant reproche au Ministère des atteintes portées aux institutions fondamentales du pays, la garde nationale, la presse, le jury, cita une lettre du procureur général de Riom au garde des sceaux, dans laquelle ce magistrat, pressé par le Ministre de suivre activement contre les accusés des troubles de Clermont, répondait : « Vous pressez trop vivement le jugement de cette affaire; d'après la composition actuelle du jury, un acquittement est infaillible; mais M. le préfet m'assure que les dispositions pour la composition du jury de 1842 sont faites de telle façon que la condamnation sera à peu près certaine. » Cette lettre était datée du 29 septembre 1841; elle avait été vue par M. Isambert. Celui-ci vint à la tribune confirmer les paroles de M. Billault. Vous eussiez vu alors l'indignation des deux côtés de la Chambre, la stupéfaction des centres, la confusion du Ministère surpris en flagrant délit de prévarication. Pâle et tremblant, M. Martin (du Nord) monte à la tribune, assure qu'il n'a pas connaissance de la lettre, jette l'injure à ses accusateurs et demeure accablé sous la pauvreté même de sa défense.

Le lendemain, il voulut payer d'audace. La lettre existait, il est vrai, il était forcé d'en convenir; mais les termes différaient un peu

La puissance d'Abd-el-Kader était anéantie. (Page 286, col. 1.)

de ceux qu'on avait rapportés. Ce lui fut un prétexte pour élever des chicanes, des subterfuges, des récriminations indignes non seulement du chef de la magistrature, mais d'un homme de quelque éducation. Du reste, malgré les pressantes instances de l'opposition, il refusa de donner communication de la lettre, sous le prétexte qu'elle était confidentielle; il avouait seulement cette phrase : « La liste du jury pour 1842 donnera des jurés probes et libres, comme la loi le veut. » C'était la confirmation de ce qu'avait dit M. Isambert. Qu'importaient les termes de la phrase? Elle signifiait clairement que les jurés étaient choisis pour 1842, autrement que pour les années précédentes. Elle signifiait que des manœuvres frauduleuses portaient une atteinte profonde à l'institution du jury, et que la magistrature était complice. C'est ce qu'avait soutenu M. Isambert, et

36. — E. REGNAULT.

avant lui M. Billault. Ce dernier orateur signala un autre fait non moins scandaleux. Les listes du département de la Seine avaient été arrêtées ainsi que le veut la loi. Quinze cents noms choisis par le préfet sur 22,000 électeurs y avaient été inscrits. Les épurations du préfet furent cependant jugées insuffisantes. Onze cents noms furent rayés par les agents du Ministère et remplacés par autant de noms dévoués à la politique ministérielle. Parmi eux se trouvaient environ quatre cents fonctionnaires publics. Pour obtenir cette liste modèle, le bureau des élections de la préfecture de la Seine avait été entièrement remanié et le nouveau bureau surveillé dans ses opérations par les agents ministériels employés dans les élections de la garde nationale. C'est ainsi que M. Martin (du Nord) s'apprêtait aux luttes judiciaires de 1842, par de lâches détours qui faisaient du jury un mensonge, de la justice une arme politique, de toutes les garanties de droit un piège. Chaque jour le Ministère se déconsidérait par des expédients que n'aurait pu avouer la morale la plus vulgaire. Démolisseur hypocrite des institutions qu'il avait en garde, contempteur effronté de la probité politique, violent et rusé, poltron et implacable, recourant à l'arbitraire pour combattre les factions, et faisant du Gouvernement lui-même une faction et de tous ses agents des conspirateurs.

La lettre du procureur général de Riom est le témoignage officiel des flétrissures de cette époque; la dénomination de *jurés probes et libres* devint une locution proverbiale pour signaler la servilité, la corruption et les lâches complaisances.

L'ensemble de l'Adresse fut adopté par 240 voix contre 156. Mais que d'échecs avait subis le Ministère! Quelles cruelles leçons il avait reçues, depuis les défaites de M. Guizot jusqu'aux mésaventures de M. Martin (du Nord)! Battu sur les questions extérieures, plus maltraité encore par sa politique intérieure de violence et d'intimidation, le Cabinet du 29 Octobre s'épouvantait aux indocilités de la Chambre, et prit dès lors la résolution de recourir à une nouvelle législature, en précipitant les débats d'une session écourtée.

XXI

Nomination du général Bugeaud au gouvernement de l'Algérie. — Situation d'Abd-el Kader. — Première expédition du général Bugeaud. Succès dans l'Est. — L'émir repoussé gagne les frontières du Maroc. — Grave dissension entre l'Angleterre et les États-Unis. — Affaire Mac-Leod. — Désastre dans l'Afghanistan. — Guerre de la Chine; stériles victoires. — Déficit du budget. — Réformes financières de sir Robert Peel. — Affaires d'Espagne. — Espartero appelé à la régence définitive. — Ses complaisances pour l'Angleterre. — Soulèvement des provinces du Nord. — Conspiration à Madrid. — O'Donnell et Diége-Léon. — Répression de l'insurrection.

L'occupation définitive de l'Algérie avait été si longtemps mise en doute par de maladroites oppositions à la Chambre, par les réponses équivoques du Gouvernement français, chaque fois que l'Angleterre lui avait adressé des sommations directes, et, il faut le dire, par les vices de système d'une guerre entreprise sans plan, sans suite, sans ensemble, que l'on s'inquiétait généralement de savoir quelle était à cet égard la véritable pensée des Tuileries. La venue du 29 Octobre avait accru les méfiances, et tout ce qu'on voyait d'un Ministère décidé à regagner les bonnes grâces de Saint-James entretenait les craintes et multipliait les soupçons. Son premier acte en ce qui concernait la colonie sembla le justifier. Dans les premiers jours de janvier, le maréchal Valée était remplacé par le général Bugeaud; et ce choix d'un homme que l'on supposait avoir les secrètes pensées du Château fut accueilli par beaucoup de monde comme un premier pas vers l'abandon du pays. Les radicaux le croyaient sincèrement et le disaient. Les faits, il est vrai, démentirent leurs pressentiments : nous devons constater les impressions du moment. L'affaire des lettres vint leur donner une nouvelle force; cet immense scandale si mal apaisé par les ministres frappait la royauté de suspicion et avait ébranlé la confiance même chez les monarchistes dévoués. La Couronne compromise n'avait plus qu'un argument pour se réhabiliter : c'était le développement bien suivi de nos conquêtes en Afrique. La valeur de nos soldats ne lui fit pas défaut.

La prise de Cherchell, Milianah et Médéah formait un commencement d'occupation régulière. Mais ces postes éloignés étaient sans cesse exposés aux attaques des Arabes, qui reparaissaient en armes aussitôt que les grands corps expéditionnaires se repliaient sur le centre. Les garnisons se maintenaient avec vigueur; mais les inquiétudes, les embarras, les difficultés des communications et les périls des convois restaient toujours les mêmes. Le général Bugeaud, bien convaincu que les combats les plus glorieux seraient constamment stériles, si l'on ne prenait sur tous les points du territoire une vigoureuse offensive, avait résolu de poursuivre les Arabes à outrance, de porter la guerre au sein même des tribus, d'attaquer le lion dans son antre, enfin de ne laisser à l'ennemi ni trêve ni relâche jusqu'à ce qu'on eût obtenu une soumission complète. Pendant que lui-même s'attachait aux pas de l'infatigable émir, ses lieutenants devaient rayonner sur tous les points, envelopper des replis de leurs colonnes tous les territoires ennemis, et y porter le ravage et la terreur; le seul argument puissant auprès des Arabes étant le glaive et le feu.

De son côté, Abd-el-Kader prenait ses mesures avec une remarquable intelligence. Instruit des dispositions de son nouvel adversaire, il y conformait les siennes.

Au lieu de concentrer ses forces, comme l'année précédente, il les éparpillait pour les rendre partout insaisissables et partout prêtes à l'attaque. Son infanterie seulement, qu'il avait promptement réorganisée, était massée au nombre d'environ cinq mille hommes dans les places de Tekedempt et Tlemcem, les bataillons réguliers réformés avec des Koulouglis de Tlemcem des Kabyles de Nedrema et quelques Marocains attirés par l'espoir d'une forte paye. La cavalerie, composée entièrement d'Arabes, restait disséminée dans les tribus, prête à marcher au premier signal, mais disposée de manière à défendre vigoureusement chaque localité. Ainsi les Bodgia, les Medgéer, les Beni-Zerouald, les Hachems et les Ouled-Charagas étaient chargés de protéger la vaste plaine de l'Habrah, qui conduit à Kalah, à Mascara et à Oran, par celle du Zig. Deux bataillons réguliers devaient appuyer les mouvements de cette cavalerie.

Le pays de Tittery étant découvert par suite de l'occupation de Milianah et de Médéah, l'émir semblait s'en inquiéter peu et ne prendre aucune mesure pour nous y combattre.

Le pays d'Oran était garanti par les Beni-Amer, les Garabas, les Hachems-Greris, les Ouled-Ali et toutes les petites tribus campées au delà du pic de Thessalah. Deux bataillons réguliers soutenaient encore cette cavalerie et servaient à la rallier.

La route de Tlemcen était gardée par un contingent de Beni-Amer, les Ouad-Sinan, les Kabaïles de Dax-el-Hachem, et par toute la population guerrière des vallées de la Sikkak, de la Safseff et de la Tafna. Un seul bataillon prenait position dans ce cercle, où il trouvait facilement à réparer ses pertes parmi les montagnards qu'il devait défendre.

Ces trois corps d'armée pouvaient se réunir en quarante-huit heures, et former un effectif de douze mille combattants ; mais il n'était pas à présumer que cette réunion s'accomplît, le plan de l'émir étant d'éviter toute action générale, et de nous harasser sans cesse par des combats partiels et des attaques imprévues.

Les kalifats de l'émir étaient Mustapha-Ben-Thamy pour l'Est, et Sidi-Bou-Hameidi pour l'Ouest. Quant à l'émir lui-même, il ne se réservait aucun poste fixe, se transportant rapidement d'un corps à un autre, à la tête d'un corps de cavalerie d'élite, se multipliant aux yeux des siens, et semblant, par son activité prodigieuse, être partout à la fois.

Dès les premiers jours de son arrivée le général Bugeaud prit ses mesures pour commencer une puissante offensive. Tous les points militaires secondaires furent abandonnés pour remplacer le morcellement des troupes par un système de concentration ; il prescrivit une nouvelle division de la province de Constantine, fixa la délimitation du territoire d'Alger, ordonna une nouvelle organisation de la garde nationale d'Alger, et la création d'une milice urbaine indigène dans les localités de Blidah, Coléah et Gigelly. Enfin la suppression de la quarantaine pour les voyageurs et les provenances d'Alger vint améliorer les conditions du commerce, et le départ de deux courriers de France et d'Afrique, au lieu d'un seul, resserrait plus intimement les liens de l'Algérie avec la mère-patrie.

La première expédition du maréchal Bugeaud avait pour but non seulement de ravitailler Médéah et Milianah, mais encore d'entreposer dans la première de ces villes les vivres et munitions nécessaires aux troupes qui devaient faire la première campagne. Partie de Blidah le 30 mars 1841, une colonne de dix mille hommes commandés par le gouverneur général atteignit sans combat la première de ces places. Mais des pluies continuelles la contraignirent de rentrer, non sans avoir eu à repousser à son retour de vives attaques où l'on perdit une centaine de soldats.

Il fallut une nouvelle expédition pour ravitailler Milianah. Elle partit de Blidah le 29 avril ; le 1er mai, elle arriva devant la gorge qui remonte vers la ville. Il y avait un mois que Milianah était vigoureusement bloquée par des forces considérables que dirigeait Abd-el-Kader lui-même. Cependant elles laissèrent ce corps expéditionnaire y pénétrer. Le général Bugeaud en sortit le 3 pour tenter un coup décisif. L'armée des Arabes se défendit mollement, et le général, la faisant tourner par le 17e léger, allait par une manœuvre habile l'écraser en la prenant à revers, lorsqu'une charge faite sans ordre par le duc de Nemours, qui commandait le centre, empêcha les Arabes de s'engager, et le 17e léger ne put atteindre que quelques fuyards. Le général Bugeaud fut vivement contrarié d'une manœuvre qui lui arrachait une victoire complète ; et quoique son rapport officiel ménageât le prince trop fougueux, il s'en exprimait autour de lui en termes peu mesurés. En campagne, le général Bugeaud n'était en aucune façon courtisan. L'état-major des princes, leurs immenses bagages, les précautions à prendre pour leur sécurité, le gênaient dans ses opérations, et il ne dissimulait pas les ennuis que lui causait ces incommodes officiers. Souvent même avec eux il était irrévérencieux jusqu'à la brutalité. Le duc d'Aumale, qui commandait un bataillon du 24e, s'était associé à l'attaque impétueuse de son frère, et partagea avec lui les mécontentements du général ; mais dans l'armée on pardonnait aisément une faute qui n'était due qu'à un excès d'ardeur.

Les opérations préliminaires terminées, le général Bugeaud courut à Mostaganem, qui allait devenir la base d'opération d'une campagne décisive dans l'Ouest, centre d'action d'Abd-el-Kader. Il avait le projet de détruire Mascara, Tazza, Tekedempt, et, s'il ne pouvait pas joindre l'émir, au moins de le refouler dans le désert.

L'expédition se mit en route le 17 mai, occupa Tekedempt le 25, Mascara le 30, et rentrait à Mostaganem le 3 juin, après quelques engagements partiels où l'ennemi fut constamment battu.

La position de Mascara était assez importante pour ne pas être abandonnée. Le colonel Tempoure y fut laissé avec une garnison de 2,000 hommes.

Les Arabes cependant ne se laissaient pas décourager. Pendant la marche, le général Bugeaud, rendant la liberté à un prisonnier, l'avait chargé d'une proclamation qui appelait en termes menaçants les Arabes à une prompte soumission. Dans un de ses campements, il reçut la réponse; elle était ainsi conçue : « La soumission des Arabes est « représentée par un cheval sans queue ; ce « cheval est inconnu dans nos montagnes ; « nous te l'enverrons quand nos juments « l'auront produit. » En même temps, Abd-el-Kader écrivait au chef français, en faisant allusion à notre passage à travers les récoltes et les villages : « Le préjudice que votre « armée fait à la fertile Afrique, dans la-« quelle elle trace son pénible sillon, est « plus léger que celui qu'éprouve l'Océan « quand l'hirondelle plonge dans ses eaux « pour y prendre un poisson. »

Pendant que le gouverneur général parcourait les tribus placées entre Mascara et la rive gauche du Chéliff, le général Baraguay-d'Hilliers agissait sur la rive droite de ce fleuve, le général Lamoricière manœuvrait entre Mascara, Oran et Tlemcem, les généraux Négrier et Gueswiller, dans les provinces de Constantine et de Sétif. Cinq colonnes se trouvaient ainsi en mouvement à la fois, les Arabes nous rencontraient sur tous les points ; la guerre se faisait avec un ensemble qu'elle n'avait jamais eu ; Abd-el-Kader était enveloppé d'un cercle de fer qui allait de jour en jour se rétrécissant sur lui. Des tribus qui n'avaient point encore vu les baïonnettes françaises et avaient été pour Abd-el-Kader les plus fermes auxiliaires, commencèrent à douter de lui et à considérer avec terreur cette force envahissante des Européens qui s'avançait sur eux, gagnant toujours du terrain et multipliant les victoires. De ce nombre fut la tribu des Medgéer, dont une partie se rallia à la cause française. La nouvelle campagne qui s'ouvrit en automne permettait d'espérer que la tribu entière suivrait bientôt cette impulsion. Partie de Mostaganem le 13 septembre, la division d'Oran, sous les ordres du gouverneur général, resta cinquante-trois jours en action, campagne la plus longue qui eût encore été entreprise. Dans cette laborieuse course, elle livra plusieurs combats heureux et remporta deux avantages brillants sur la cavalerie d'Abd-el-Kader. Se portant à dix-huit lieues au sud de Mascara, elle prit et détruisit le fort de Saïda, élevé par l'émir pour contenir les tribus de l'Yagoubia, qui supportaient impatiemment sa domination. Six d'entre elles, des plus nombreuses, firent alliance avec les Français, et les guidèrent vers la grande tribu des Hachems, qui a été la source et la base de la puissance d'Abd-el-Kader. Les Hachems furent obligés de se retirer dans le désert avec leurs familles et leurs troupeaux. Pour les contenir, et en même temps pour protéger nos nouveaux alliés, 6,000 hommes furent établis à Mascara sous les ordres du général Lamoricière. Dès lors la domination française se trouvait solidement établie dans l'Ouest.

On recueillit bientôt les fruits de cette heureuse expédition. Les autres tribus de la province d'Oran, à l'exception des Hachems et des Garabas, se détachèrent successivement d'Abd-el-Kader. Toutes ces tribus, réunies solennellement le 28 décembre, dans une vaste plaine, en face de Tlemcem, reconnurent pour leur sultan Mohamed-Ben-Abdallah, lequel fit alliance, le même jour, avec la France, représentée par le vénérable général Mustapha, qui nous avait donné de nombreuses preuves de sa fidélité.

L'émir, avec les débris de ses forces,

s'était renfermé dans Tlemcem ; le général Bugeaud résolut d'aller l'y chercher. Parti d'Oran le 26 janvier 1842, il pénétrait dans Tlemcem le 29 ; l'émir était parti la veille, entraînant avec lui une partie de la population. On se mit activement à sa poursuite, et il fut rejoint le 3 février par la cavalerie des douairs sur la rive gauche de la Tafna. Il n'avait plus avec lui que 258 cavaliers, ses autres troupes l'ayant abandonné dans sa fuite ; malgré une défense désespérée, il fut poussé jusqu'aux frontières du Maroc, où il parvint à se dérober à notre poursuite.

Pendant toutes les journées suivantes, les colonnes françaises parcoururent les environs de Tlemcem, domptant les tribus rebelles, et portant en tous lieux de salutaires terreurs. Le général Mustapha parcourut pendant quatre jours les frontières du Maroc, espérant y surprendre l'émir ; le général Bugeaud se portait à deux journées de marche au sud de Tlemcem, sur la lisière du désert d'Angad, ruinait de fond en comble le fort de Tafrona, qu'Abd-el-Kader avait construit à grands frais, et où il avait installé des magasins et des ateliers militaires, et soumettait à nos armes les Beni-Amed et les Angad, si longtemps rebelles à notre domination. Enfin le général Lamoricière poursuivait à outrance la tribu des Hachems, berceau et dernier boulevard de la puissance d'Abd-el-Kader. En repassant à Mascara, le gouverneur général désigna pour commander à Tlemcem le général Bedeau, auquel il donnait 5,000 hommes.

Cette campagne était décisive. La puissance d'Abd-el Kader était anéantie, son royaume détruit, ses troupes dispersées, son prestige évanoui, et la domination de la France consacrée aux yeux des Arabes par ce qu'ils respectent le plus : la force et la victoire. Pour eux, la mission du Prophète s'arrête lorsqu'il succombe aux revers, la guerre sainte perd son caractère lorsqu'elle est faite sans gloire, et ils n'hésitent pas à délaisser l'ambitieux ou le fanatique sur qui s'appesantit la main de Dieu. Chez aucune nation ne réussit mieux la logique du succès. Aussi de toute son armée ne restait-il à l'émir vaincu qu'une poignée de cavaliers, serviteurs plutôt que soldats, et fidèles bien plus au malheur qu'à leurs convictions.

Pour lui, errant sur le territoire du Maroc, n'ayant plus un pouce de terrain dans le royaume qu'il avait formé, traqué par les chrétiens qu'il prétendait exterminer, il ne démentait, même dans cette extrémité, rien de son orgueil, rien de ses espérances. Les populations au milieu desquelles il campait avaient les mêmes croyances que celles qu'il venait de quitter, les mêmes préjugés, les mêmes haines. N'ayant d'ailleurs pas vu de près la puissance des chrétiens, elles se croyaient en mesure de les affronter ; et quoique la présence même d'Abd-el-Kader dût leur servir de leçon, elles ne considéraient ses défaites que comme des épreuves que Dieu envoie à ses élus, et s'encourageaient en rappelant les premiers revers de Mahomet. Abd-el-Kader sut habilement mettre à profit ces favorables dispositions. Des émissaires dévoués parcoururent les tribus, les lieux de prière, tous les endroits de réunion, faisant des quêtes religieuses pour la défense de l'islamisme, et recueillant partout des offrandes et des sympathies. A l'aide de ces tributs volontaires, l'émir put rappeler autour de lui quelques-uns de ses réguliers dispersés dans la province de l'Ouest. En même temps, il faisait prêcher le *djéhah*, ou la guerre sainte, dans les pays de Garet, de Gioun, d'Atkesrif et du Malouïa, qui s'étendent à l'ouest des montagnes de Tlemcem, d'Ouschda et de Nedroma. Bientôt il eut autour de lui une petite armée formée de 4,000 Marocains et Kabyles, d'un millier de cavaliers arabes et d'un bataillon de réguliers. Le général Bugeaud, instruit de ces intrigues, avait dépêché d'Oran à Tanger un bâtiment à vapeur, avec des instructions pour notre consul, au sujet de la retraite armée d'Abd-el-Kader sur un territoire neutre. Mais il était évident que le Gouvernement marocain favorisait sous main les manœuvres de l'émir. Les réclamations de notre consul furent éludées ou méconnues.

Pendant que l'on négociait, Abd-el-Kader agissait. Le 20 mars, le général Bedeau fut informé que l'émir venait tout à coup de reparaître à la tête de six mille hommes, pillant et incendiant les douairs de nos tribus alliées du cercle de Tlemcem. Une prompte et vigoureuse sortie faite le lendemain suffit pour repousser les agresseurs. Mais cette attaque imprévue démontra qu'Abd-el-Kader n'était pas abattu : elle avait surtout de la gravité par l'intervention ouverte des populations marocaines. La guerre entrait dans une phase nouvelle. Chacun crut que le Gouvernement français allait faire une démonstration énergique. En effet, quatre vaisseaux récemment arrivés du Levant à Toulon, le *Friedland*, le *Jemmapes*, la *Ville de Marseille*, le *Généreux*, reçurent ordre de faire leurs vivres et leurs remplacements en rade du lazaret et de se tenir prêts à partir. En même temps, le bateau à vapeur *le Véloce* partait pour Tanger, transportant un officier d'état-major chargé de demander à l'empereur une prompte et éclatante satisfaction. Les négociations furent traînées en longueur par la mauvaise volonté des autorités marocaines ; nous y reviendrons plus tard.

De graves événements occupaient l'attention des ministres de la Grande-Bretagne. En se retirant du Pouvoir, les whigs avaient légué à leurs successeurs d'immenses difficultés à l'extérieur. Les démêlés avec la France venaient d'être apaisés, ainsi que nous l'avons vu, par la convention du 13 juillet. Mais avec les États-Unis les querelles se compliquaient et prenaient un degré d'animosité qui semblait n'avoir d'autre solution qu'une guerre imminente. La question des frontières faisait naître chaque jour entre les riverains des collisions sanglantes qui devenaient pour les deux Gouvernements une occasion d'accusations réciproques. Un incident nouveau porta des deux côtés l'irritation à l'extrême, et réveilla toutes les haines nationales, toutes les passions jalouses d'une vieille rivalité.

Lorsque en 1837 les Canadiens combattaient pour leur indépendance, beaucoup d'Américains des frontières se joignirent à eux et leur fournirent des secours de vivres et de munitions. Il faut ajouter que ceux qui tombaient entre les mains des Anglais étaient pendus ou fusillés comme rebelles, sans que le Gouvernement américain élevât aucune réclamation, considérant qu'ils s'étaient volontairement mêlés à une querelle qui leur était étrangère. Vers le commencement de décembre, les insurgés canadiens s'étaient emparés de l'île de la Marine (Navy-Island), située dans la rivière Niagara, au-dessus de la fameuse chute, vis-à-vis le village de Chippewa du côté anglais et celui de Schlosser du côté américain. Les Anglais faisaient à Chippewa de grands préparatifs pour s'emparer de cette retraite ; on s'attendait chaque jour à une attaque ; c'en était assez pour que la curiosité fût vivement excitée sur le rivage américain, et que de nombreux visiteurs se rendissent chaque jour en bateau à l'île de la Marine. M. Wills, propriétaire d'un petit bateau à vapeur, la *Caroline*, voulut mettre à profit la curiosité publique ; il fit dégager son bateau d'entre les glaces qui le retenaient captif, et transporta, moyennant un léger péage, les curieux qui se rendaient à l'île de la Marine. Il est probable que quelques amis des Canadiens profitèrent de l'occasion, soit pour aller eux-mêmes dans l'île, soit pour y envoyer des vivres et des munitions. C'était le 20 décembre. A la nuit, la *Caroline* rentra à Schlosser ; les chaudières furent éteintes et le bateau attaché au quai. Schlosser ne renfermant qu'une seule auberge, et les hôtels du village de Niagara étant à trois mille de distance, force fut à grand nombre de personnes de chercher des lits à bord du bateau.

Cependant le colonel Mac-Nab, commandant des forces anglaises à Chippewa, avait suivi avec inquiétude pendant le jour les mouvements de la *Caroline*. Sans prendre aucun renseignement pour s'éclairer, il ordonna au lieutenant Drew d'armer quatre larges bateaux et de s'emparer, au mépris du droit des gens, dans les eaux américaines, sur le rivage américain, du bâtiment suspect. L'ordre du commandant fut dignement exécuté.

Tout dormait à bord de la *Caroline*. Les Anglais l'environnent en silence, se glissent le long de ses flancs, s'élancent sur le pont, pénètrent dans les cabines, massacrent la plupart des hommes endormis, et ne laissent la vie aux autres que pour leur préparer une mort plus cruelle. Amassant des matières combustibles, ils mettent le feu sur plusieurs points du bâtiment, coupent les câbles qui l'amarrent au rivage et le lancent sur le courant qui conduit aux chutes du Niagara. La masse enflammée glisse sur les flots, projetant au loin ses sinistres lueurs, au milieu desquelles se débattent avec des cris effrayants les malheureux qui survivent encore; puis, se penchant sur l'abîme, elle disparaît au milieu des eaux mugissantes de la cataracte.

On n'a jamais su au juste le nombre des victimes de cet infâme guet-apens; quelques personnes seulement, à la première attaque des Anglais, s'étaient jetées par-dessus le bord et avaient gagné le rivage.

Les autorités du Niagara firent aussitôt une enquête; quelques-uns des hommes échappés au carnage déclarèrent avoir reconnu parmi les plus acharnés assassins un Anglais nommé Mac-Leod. Il résultait d'autres témoignages que, de retour à Chippewa, le même Mac-Leod se glorifiait de ses prouesses, et montrait fièrement le chien de son pistolet souillé du sang et des débris de cervelle de *l'un de ces damnés de Yankees*, suivant son expression.

Cependant, cette affaire n'avait eu d'autre suite qu'une demande en indemnité vainement adressée par l'État de New-York à M. Fox, représentant anglais près les États-Unis, lorsque au mois de novembre 1840 Mac-Leod fut reconnu dans les rues de New-York. Signalé aussitôt par l'indignation publique, il fut arrêté, et mis en jugement comme un des complices du massacre et de l'incendie de la *Caroline*.

A la nouvelle de cette arrestation, l'orgueil britannique se souleva. M. Fox fit d'énergiques remontrances et somma le Gouvernement central de mettre en liberté Mac-Leod. Le Président répondit que l'administration de la justice dans chaque État de l'Union était essentiellement indépendante; que l'État de New-York avait le droit de juger lorsqu'il s'agissait d'un fait qui s'était accompli sur son territoire; que les réclamadu Gouvernement anglais n'étaient donc pas fondées. De part et d'autre les explications prirent un caractère d'animosité qui n'admettait aucune concession, et, les deux peuples se mêlant activement à la controverse, le procès de Mac-Leod prenait toute l'importance d'une querelle nationale. Les Américains indignés ne voulaient pas relâcher l'assassin de leurs compatriotes; les Anglais non seulement se faisaient un point d'honneur de défendre un de leurs nationaux; mais aussi, considérant la capture de la *Caroline* comme un fait de guerre, ils sommaient leur Gouvernement de protéger l'auteur d'un acte qu'il avait lui-même autorisé. A la Chambre des lords, à la Chambre des communes, des interpellations multipliées contraignirent les ministres à prendre l'engagement de sauver Mac-Leod. Tous les partis étaient d'accord. O'Donnell lui-même s'écriait : « M. Mac-Leod, ayant agi d'après les ordres du Gouvernement de Sa Majesté, a droit à des marques de sympathie de la part de la Chambre, et la Chambre doit déclarer qu'elle est prête à seconder le Gouvernement dans ses efforts pour le sauver. » Des applaudissements unanimes répondirent aux paroles de l'orateur.

De leur côté, les Américains étaient décidés à se faire justice. La question avait pris de telles proportions, qu'elle dut être soumise au Congrès. Dans la séance du 13 février, M. Pickens, président du comité des affaires étrangères, fit un long rapport qui justifiait entièrement les droits de l'État de New-York et condamnait en termes énergiques la politique de la Grande-Bretagne. L'impression de ce rapport fut, après une discussion des plus vives, votée par 103 voix contre 68.

Ukhbar-Khan. (Page 290, colonne 1.)
D'après une gravure du temps.

L'émotion fut grande en Angleterre. Le *Courrier*, organe de lord Palmerston, signala le rapport comme une véritable déclaration de guerre. On ne le considérait pas autrement en Amérique, et, sur la motion de M. Filimore, le Congrès, à l'unanimité, décidait que le Comité de la guerre mettrait le pays en état de défense. Au même moment, le jury d'accusation renvoyait Mac-Leod devant les assises pour cause de meurtre. Cette sentence avait été prononcée par 19 jurés sur 20. Enfin, les deux Chambres de l'État du Maine, particulièrement intéressé à la question des frontières, votaient un million de dollars (5,000,000 fr.) pour suffire à tous les besoins de la guerre, et le gouverneur était chargé de prendre immédiatement des mesures pour chasser les Anglais de la position qu'ils occupaient. Aucune de ces difficultés n'était résolue lorsque les tories prirent possession du Pouvoir. La plus menaçante, cependant, celle qui n'admettait pas de conciliation, l'affaire Mac-Leod, se terminait pour eux d'une manière satisfaisante. Mis en jugement, le 12 octobre, Mac-Leod avait invoqué un alibi. Soit que les témoignages fussent incertains, soit que les jurés voulussent éviter à leur pays une guerre certaine, il fut acquitté. Ainsi les Américains avaient maintenu leur droit, et les Anglais étaient heureux de n'avoir pas à prendre les armes pour venger une tête obscure.

37. — E. REGNAULT.

Mais d'autres soucis attendaient le cabinet de Saint-James. D'épouvantables désastres dans les Indes venaient porter le deuil au sein de ces fières familles aristocratiques qui envoient leurs enfants recueillir les trésors de l'Asie. Le Gouvernement de Calcutta, toujours occupé à ouvrir de nouveaux débouchés à ses riches marchands, avait fait invasion dans les vastes contrées de l'Asie centrale. Selon leur constante politique, emmenant avec eux un prince indigène qui devait leur servir d'instrument, les Anglais avaient pénétré dans l'Afghanistan, ôté la couronne à Dost-Mohammed et placé sur le trône de Caboul leur créature Shah-Shoudja. Mais les populations de ces contrées ne ressemblent pas aux peuplades de la presqu'île de l'Inde, si dociles à la servitude. Hardies et belliqueuses, elles étaient peu disposées à recevoir la loi de l'étranger. Malgré la présence d'une armée européenne de 15,000 hommes, les Afghans se réunirent en armes, et sous la conduite d'Ukhbar-Khan, fils de Dost-Mohammed, ils vinrent camper fièrement aux environs de Caboul, où bientôt l'armée anglaise se trouva bloquée et en proie à toutes les horreurs de la faim. Depuis le 1er novembre jusqu'au milieu de décembre des combats sanglants sont livrés dans les plaines qui environnent la ville. Les Afghans affrontent avec une rage fanatique tous les obstacles que leur oppose la discipline européenne. Leurs pertes sont cruelles; mais tous les jours ils reviennent plus nombreux; tandis que leurs adversaires, épuisés par de continuelles mêlées, par les rigueurs d'un hiver glacial, et plus encore par le défaut de vivres, succombent aux fatigues d'une lutte inégale.

Les forces anglaises qui se trouvaient à Caboul ne dépassaient pas 6,000 hommes; les autres troupes étaient dispersées par petites divisions à Candahar, à Chuznee, à Jellalabad, à Khélat. Cette dernière place est située à 80 lieues de Caboul; Candahar à 200 lieues.

La petite troupe de Caboul était placée moitié dans la citadelle de la ville, moitié dans un camp fortifié à six milles de distance. Le 21 novembre, les Afghans qui, la veille, avaient vainement tenté d'inonder le camp, en détournant un torrent dont ils avaient dirigé les eaux vers les retranchements, se portent au nombre de dix mille sur les hauteurs qui avoisinent la citadelle; les assiégés font une sortie; une horrible mêlée s'engage et le combat se prolonge pendant plusieurs jours avec des sacrifices considérables de part et d'autre. Mais les Afghans reçoivent des renforts et des vivres, tandis que les Anglais, étroitement bloqués, ne peuvent ni réparer leurs pertes ni suffire à leurs besoins. Bientôt ils sont réduits à parlementer. Ukhbar-Khan consent à une entrevue avec le commissaire anglais, sir William Mac-Nahgten, pour poser les bases d'une capitulation. Celui-ci s'y rend, le 25 décembre, avec le capitaine Trévor et trois autres officiers. Ukhbar-Khan les reçoit avec des paroles hautaines, auxquelles Mac-Nahgten répond avec dignité, lorsqu'un Afghan, l'ajustant à bout portant, le fait tomber aux pieds du chef. Le capitaine Trévor, tirant son épée, est aussitôt massacré; les autres officiers sont saisis et garrottés.

Cette indigne trahison laissait peu d'espoir aux Anglais. Cependant la situation n'était plus tenable. Le 5 janvier, par une nouvelle convention conclue entre Ukhbar-Khan et le major Pottinger, Caboul fut évacuée, l'armée se mettant en marche avec un sauf-conduit, emportant ses fusils, ses sabres et les munitions de chaque homme. Ukhbar-Khan l'accompagna jusqu'au bout de sa première marche. Mais dès le lendemain le sauf-conduit devint une lettre morte. Les Afghans s'acharnèrent aux flancs de la petite brigade; les populations accouraient de toutes parts, poussant des cris de mort et accablant les malheureux fuyards de pierres et de projectiles. Les femmes même sortaient de leurs maisons pour maudire l'étranger. Les soldats, exténués par la famine, presque sans vêtements, se traînaient à peine à travers les neiges et les torrents : le long défilé qui conduit de Caboul à Jellalabad était jonché de cadavres qui tombaient sous le feu continuel des ennemis placés sur les hauteurs. Chaque nuit on bivouaquait dans les neiges.

Bientôt le désordre fut à son comble. Les femmes qui suivaient la troupe jetaient leurs enfants de désespoir. Des centaines de cipayes auxiliaires se tenaient agglomérés dans la neige et poussaient des cris affreux. Les efforts des officiers pour maintenir la discipline furent inutiles. Quelques soldats frappèrent leurs chefs; mais tous successivement tombaient sous les balles ennemies; beaucoup moururent de froid. Bientôt il n'y eut plus qu'une agglomération désordonnée de fuyards dont le nombre diminuait à tout instant. Le 12 au matin, il ne restait plus que 300 hommes; le soir, un seul était survivant. Le 13 au matin, il entrait à Jellalabad pour raconter les détails de cet immense désastre. Il se nommait le docteur Brydone.

L'orgueil britannique trouvait à peine une compensation dans l'expédition de Chine. Les succès avaient été faciles dans toutes les rencontres. La prise de Chusan, la destruction du fort du Bogue et la capitulation de Canton avaient bien en Europe un certain retentissement; ce pays toujours fermé, même à la curiosité, semblait désormais ouvert aux entreprises. Cependant la victoire demeura stérile; un climat meurtrier vengeait les Chinois de leur infériorité dans les combats, et de vaines négociations avec les mandarins du littoral étaient aussitôt désavouées par le céleste empereur. En somme, l'expédition offrait plus d'éclat que de profit. L'administration des whigs avait aussi légué de grands embarras à l'intérieur; la situation financière était menaçante; depuis trois ans des déficits accumulés montraient l'insuffisance des ressources, et cependant la misère publique ne permettait pas d'ajouter aux charges d'un budget écrasant. Les périls de la situation étaient encore augmentés par la guerre de la Chine et les désastres de l'Afghanistan. Sir Robert Peel, loin de s'en effrayer, les aborda de front, et proportionnant le remède au mal, donna par ses hardies réformes une grande leçon aux réformateurs immobiles de la France.

Les impôts de consommation formaient en Angleterre la principale branche des revenus publics. Une logique vulgaire aurait conseillé de les augmenter. Sir Robert Peel fit le contraire. Tous les droits furent abaissés; il créait volontairement un nouveau déficit de vingt millions. Mais ce déficit n'était que temporaire; le nombre des consommateurs devait augmenter avec la diminution des tarifs et faire une heureuse compensation en multipliant les canaux qui fertilisaient le trésor en même temps que se trouvait amélioré le bien-être des masses.

L'impôt de consommation, d'ailleurs, pesait principalement sur les classes populaires. Le ministre demanda des ressources nouvelles aux classes riches, à la classe moyenne, aux rentiers et aux fonctionnaires. L'impôt sur le revenu, *income tax*, créé en 1798 pour les besoins de la guerre, aboli en 1814, fut rétabli en 1811, mais à un taux réduit, 3 p. 100. Et afin qu'il fût bien constant qu'on ne voulait pas atteindre les petites bourses, on n'appliquait cet impôt qu'aux revenus supérieurs à 3,750 fr. (150 liv. st.). Sir Robert Peel calculait que ce genre d'impôt procurerait au Trésor une somme annuelle de 95 millions. C'était exactement le montant du déficit annuel de 75 millions, ajouté au déficit de 20 millions produit par la réduction des tarifs.

Ces différentes mesures ne pouvaient manquer d'être populaires, puisqu'elles avaient pour effet le soulagement des pauvres en même temps que le rétablissement des finances. Et les suites prouvèrent combien les hardiesses de sir Robert Peel étaient sagement calculées.

Pendant qu'en Angleterre les tories justifiaient au moins leur ambition par de salutaires réformes, l'Espagne voyait avorter les espérances de sa révolution entre les débiles mains d'Espartero. Le principal souci du général triomphant était de changer en une régence définitive l'autorité provisoire que lui avait value l'insurrection de septembre.

La question de la régence était en effet la première qui dût occuper les Cortès; et bien avant l'ouverture de la session, les esprits divisés se préoccupaient des solutions diverses proposées par l'ambition ou l'intrigue. Les partisans d'Espartero demandaient un seul régent, espérant bien que le choix tomberait sur lui. Les patriotes, qui se méfiaient de lui, et les royalistes qui désiraient amoindrir son influence, voulaient que la régence fût composée de trois membres; et les deux partis, distingués par les noms d'*unitaires* et de *trinitaires*, s'agitaient avec toute la fougue des habitudes méridionales. Le duc de la Victoire lui-même ne semblait pas prendre part à la lutte : indifférent en apparence et simulant le désintéressement, il faisait dire autour de lui qu'il voulait se retirer des affaires, ayant l'air de s'éloigner pour être plus recherché. Mais ses secrètes pensées étaient trahies par les impatiences de Linage, qui semblait dicter d'avance aux Cortès la décision qu'elles auraient à prendre. Quelques jours avant l'ouverture de la session, au commencement de mars 1841, il écrivait à l'*Echo del Commercio* que l'unique désir du duc de la Victoire était de se reposer au sein du foyer domestique; mais que, toujours disposé à tirer l'épée quand la patrie l'appellerait à défendre sa liberté et son indépendance, il serait, nonobstant ce désir, prêt à exécuter ou faire exécuter la résolution des Cortès sur le nombre des personnes qui composeraient la régence. « Cependant, ajoutait-il, le général ne jouerait pas le rôle qu'elles lui assigneraient, si ce rôle était contraire à son opinion et à ce qui lui paraîtrait nécessaire pour sauver le pays dans les circonstances actuelles. »

C'était dire assez clairement qu'Espartero prétendait être seul régent. Si son ambition était patiente et silencieuse, il avait dans son aide de camp un porte-voix assez bruyant pour contraindre les timides et entraîner les irrésolus.

L'ouverture des Cortès eut lieu le 19 mars. Le 8 mai, les deux Chambres réunies, les sénateurs au nombre de 94, les députés au nombre de 196, votèrent sur la question de la régence, en tout 290 votants. 153 membres votèrent la régence unique, 136 la triple régence, une voix seulement la régence quintuple. Pour la désignation du régent, Espartero obtint 179 voix, Arguelles 103, la reine Christine 5. Espartero fut, en conséquence, proclamé régent du royaume.

Il restait encore à décider une question qui remuait non moins vivement les passions politiques. La tutelle de la jeune reine était-elle vacante par l'absence de Marie-Christine? Les royalistes soutenaient la négative. « Le testament de Ferdinand, disaient-ils, subsiste dans toute sa plénitude; aucun Pouvoir ne saurait annuler les droits qui s'y trouvent établis. » Les Chambres lui répondirent en déclarant, le 25 juin, la tutelle vacante.

Arguelles, qu'une minorité imposante avait désigné pour la régence, devenait naturellement le premier candidat à la tutelle. Mais par cela même Espartero le redoutait. Il essaya secrètement de lui opposer l'infant don Francisco de Paule, soutenu d'ailleurs de l'assentiment de l'Angleterre. Mais cette intrigue ne réussit pas. Arguelles fut nommé le 10 juillet, à une forte majorité.

La reine Christine répondit à la décision des Cortès par une protestation, triste et dernière ressource de l'impuissance. On sait assez que les princes détrônés n'acceptent jamais leur déchéance. La dignité du silence conviendrait mieux.

Espartero ne se montra pas plus habile que sa victime. Il publia une réponse en langage de procureur, invoquant des textes pour prouver son bon droit, et affaiblissant ainsi sa cause et son autorité. Toute révolution qui ne se justifie pas par elle-même trouve peu de ressources dans les arguments de légiste.

Au surplus, Espartero allait bientôt démontrer à tous combien il était au-dessous de la grande mission qu'il avait acceptée. Obéissant moins à des principes politiques qu'à des préoccupations personnelles, cherchant à fortifier son autorité aux dépens des

Une lutte désespérée s'engage à quelques pas des chambres des princesses. (Page 294, col. 2.)

intérêts nationaux, il favorisait ouvertement les ambitions commerciales de l'Angleterre, qui depuis si longtemps tendait à envahir tous les marchés de la Péninsule. D'abord il se montra disposé à faire cession au Gouvernement britannique des îles de Fernando-Pô et d'Annobon, au prix de 60,000 liv. st. (1,500,000 fr.). L'Angleterre devait se payer elle-même d'une somme égale pour les services rendus par les Anglais auxiliaires dans les dernières guerres. C'était en réalité livrer les îles pour rien. Un cri unanime de réprobation s'éleva dans le pays; le régent dut y céder, montrant seulement ainsi la volonté du mal et l'impuissance de l'accomplir.

C'était surtout dans les provinces catalanes que les populations se prononçaient contre les périls de l'alliance anglaise. Barcelone, ville manufacturière, menacée dans sa fortune et son existence, avait tout à craindre de la concurrence étrangère ; mal protégée par le Gouvernement contre la contrebande effrénée des émissaires britanniques, elle se faisait justice elle-même. Des marchandises anglaises furent saisies et brûlées par la population exaspérée. Les connivences d'Espartero ne servaient qu'à révéler aux Anglais toute la haine qu'on leur portait.

En même temps, les provinces basques réclamaient hautement le maintien des *fueros*. Dans la Navarre, le Guipuscoa et tout le Nord, les populations s'agitaient menaçantes ; quelques bandes carlistes reparaissaient dans les montagnes.

Au milieu de ces éléments de trouble, les chistinos reprenaient espérance. Les généraux qu'avaient mécontentés les événements de Valence, ceux auxquels pesait la domination d'un collègue devenu leur maître, organisaient en silence une vaste conspiration militaire. Le licenciement d'une partie de la garde royale, la destitution de quatre-vingt-huit officiers, fournissaient aux conjurés de nombreux auxiliaires. Marie-Christine, à Paris, correspondait activement avec des partisans qui lui présageaient un succès décisif, et le Cabinet des Tuileries recevait des confidences.

Les Cortès venaient de se séparer au milieu des vagues inquiétudes qu'entretiennent toujours les incertitudes d'un gouvernement irrésolu, lorsque vers la fin de septembre on apprit que le général O'Donnell, donnant le premier le signal de la révolte, s'était emparé de la citadelle de Pampelune. En un instant, toutes les provinces du Nord prirent les armes, les divers éléments de trouble agissant tous à la fois. Les premiers soldats envoyés contre O'Donnell prirent parti pour lui ; la garnison d'Estella et son commandant Ostigora, avec toutes ses troupes, s'associèrent à l'insurrection. D'autres s'avançaient dans toutes les directions pour la combattre ; c'était un effroyable désordre où l'on pouvait à peine distinguer les drapeaux. Tout était partiel, et la révolte et la fidélité.

Dans la ville même de Pampelune, Ribero tenait encore pour le Gouvernement avec 300 hommes et la garde nationale. La lutte s'engagea sous les murs de la citadelle, qui ouvrit son feu le 5 octobre. Pour soutenir les dévouements ébranlés, on annonçait l'arrivée prochaine d'Espartero avec quatorze bataillons. Mais d'autres événements le retenaient dans la capitale.

La tentative d'O'Donnell n'était pas un coup de main isolé ; les principaux complices manœuvraient à Madrid ; à leur tête étaient les généraux Diégo Léon et Concha. Ce qui restait de la garde royale n'acceptait qu'avec répugnance le Gouvernement nouveau, et cependant, suivant l'habitude d'Espartero de ne faire les choses qu'à demi, la garde royale continuait de faire le service du palais, conjointement avec les hallebardiers et quelques troupes de la garnison. Les généraux conspirateurs voulurent profiter de cette imprudence ; leur projet n'allait à rien moins qu'à enlever la reine et l'infante.

Dans la nuit du 7 octobre, Diégo Léon et Concha se présentent au détachement de la garde faisant le service, lui rappellent les serments de fidélité prêtés à Marie-Christine, et l'engagent à faire justice du général usurpateur. Des cris d'enthousiasme leur répondent ; des soldats proclament la régence de la reine Christine ; ils sont rejoints par un bataillon du régiment de la princesse, et tous ensemble pénètrent dans le palais et se précipitent vers l'appartement de la reine. Mais aux portes et dans les vestibules les hallebardiers se présentent, bientôt renforcés par quelques bataillons de la garnison. Une lutte désespérée s'engage à quelques pas des chambres des princesses ; les coups de feu retentissent dans les corridors, dans les escaliers ; les dalles sont couvertes de morts et de blessés. La reine et sa sœur éplorées entendent, pendant plus d'une heure, les bruits d'une effroyable mêlée. Enfin les conjurés sont repoussés, le palais est évacué ; Diégo Léon et Concha s'empressent de fuir de Madrid, suivis de quelques cavaliers, et la capitale, à son réveil, apprend avec étonnement qu'elle vient d'échapper à une révolution.

Ce premier succès raffermit les fidélités ébranlées, et le régent, agissant avec vigueur, enveloppa de ses troupes toutes les provinces insurgées. Van Halen s'avançait sur Saragosse ; Alcala désarmait la milice de Tolosa ; Seoane se rendait à Valence, et Espartero lui-même marchait vers le Nord. Bientôt O'Donnell, vivement pressé, évacuait la citadelle de Pampelune, et venait, avec Ubisondo, chercher un refuge en France. Toutes les troupes révoltées de l'Alava et du Guipuscoa rentraient dans le devoir, et les populations étaient entraînées par l'exemple ; Diégo Léon, arrêté dans sa fuite, était militairement exécuté ; l'insurrection avortée semblait donner de nouvelles forces à Espartero. Il profita des premiers moments de triomphe pour porter un coup décisif au fédéralisme provincial. Par un bando daté de Vittoria le 23 octobre, il déclara aux provinces basques qu'elles seraient, à l'avenir, assimilées au reste de la Péninsule. C'était annoncer la suppression des *fueros* et le triomphe de la centralisation. Espartero accomplissait l'entreprise qui avait fait tomber Marie-Christine, et lui-même n'avait gagné le pouvoir qu'en soutenant le principe contraire.

Quoi qu'il en soit, le triomphe d'Espartero était aussi un échec pour la politique française en Espagne. Le Cabinet des Tuileries s'était associé, au moins par ses sympathies, à la dernière tentative de Marie-Christine et de ses généraux. Personne ne l'ignorait dans la Péninsule ; beaucoup de gens, à Madrid, lui attribuaient même une complicité plus directe, et ceux-là félicitaient l'Espagne d'avoir remporté une double victoire.

XXII

Réforme électorale. — Le roi s'y oppose avec opiniâtreté. — Ses théories sur le gouvernement représentatif. — Conseil de Cabinet sur la question de la réforme. — Le duc d'Orléans y assiste. — Propositions Ganneron et Ducos. — Les conservateurs-bornes. — Loi sur les chemins de fer. — Crédits supplémentaires. — Vote du budget. — Accroissement du déficit. — Clôture de la session. — Poursuites contre la presse. — Procès Bourdeau. — Condamnations multipliées des journaux. — Mort de M. Humann. — M. Lacave-Laplagne le remplace. — Occupation des îles Marquises et des îles de la Société par l'amiral Dupetit-Thouars.

A peine le ministère était-il sorti des épreuves de l'Adresse, que la lutte des partis recommença sur une question qui doit se représenter sans cesse, comme un avertissement donné au Pouvoir, sans que jamais le Pouvoir veuille comprendre qu'elle renferme une révolution. La réforme électorale gagnait chaque année des partisans dans le pays, quoique, chaque année, les privilégiés du Parlement se retranchassent avec opiniâtreté dans le cercle étroit du monopole.

Le plus grand obstacle à la réforme était le roi lui-même. Ennemi de toute innovation, non seulement parce qu'elle lui semblait un affaiblissement de son autorité, mais aussi parce qu'elle lui apportait l'inconnu, il repoussait obstinément toute discussion à ce sujet. Il se persuadait d'ailleurs que les réclamations n'avaient rien de sérieux, que l'agitation n'était que factice, entretenue seulement par quelques hommes de parti, sans que les masses eussent aucun souci des droits qu'on invoquait pour elles. En général, la politique représentative n'était pour lui qu'une grande comédie, et le système constitutionnel qu'une mystification. « C'est la « maladie de l'époque, disait-il; elle passera, « mais il faut savoir la traiter. Les rois du « continent s'en préservent avec terreur; « moi j'emploie la méthode homœopathique, et cela me réussit. » Avec aussi peu de respect pour les formes politiques dont il avait la garde, il devait nécessairement accueillir avec dédain ou légèreté tout ce qui tendait à les développer. Trop oublieux, d'ailleurs, de l'origine de sa royauté, il ne voulait se rappeler que l'origine de sa famille, et chaque fois qu'il s'agissait des prérogatives de la couronne, il terminait la discussion en disant : « Ne suis-je pas le petit-fils de Louis XIV? » La révolution de 1789 n'était à ses yeux qu'un fait passager dont il fallait amoindrir les conséquences; celle de 1830, une transaction de famille qui n'ôtait rien au principe dynastique. Or, ce principe n'admettait pas de concessions : celles qui avaient été faites, il les considérait comme provisoires; sa logique, par conséquent, n'en pouvait accueillir d'autres.

Mais ses ministres, qui voyaient de plus près les agitations réformistes, commençaient à s'en préoccuper; et sans même en comprendre toute l'importance, ils ne pouvaient s'empêcher d'en tenir compte, ne fût-ce que pour les comprimer. D'un autre côté, il se faisait à petit bruit des modifications dans la phalange ministérielle. Quelques conservateurs, blessés d'être toujours condamnés à un rôle passif, persuadés d'ailleurs que le temps était venu d'accorder quelques satisfactions à l'esprit de progrès, se décidaient à donner leur appui à la réforme dans ce qu'elle avait de moins exigeant. Ils prévoyaient, avec raison, qu'une compression opiniâtre produirait, plus tard, une explosion qui briserait toutes les barrières, et faisaient entendre aux ministres de salutaires avertissements; ils s'appelaient conservateurs progressistes. Parmi eux, se distinguait M. de Lamartine, qui, du reste, n'avait jamais engagé ses votes sans réserve. D'autres conservateurs, moins préoccupés des questions politiques, poussaient le ministère aux réformes industrielles, demandaient qu'on fît quelque attention aux intérêts matériels, et se mêlaient de loin aux luttes de l'école socialiste, qui déjà commençait à prendre de l'importance. Organe principal de cette fraction de la droite, le journal *la Presse* prétendait inaugurer une politique nouvelle, celle des intérêts, opposée aux abstractions fondées sur le droit. Ce n'était, en réalité, qu'une querelle de mots ; car les intérêts qui n'auraient pas pour eux le droit mériteraient peu de respect. Mais cette distinction subtile séduisait quelques esprits, qui soutenaient qu'il était bien plus naturel d'assurer le pain aux ouvriers que de leur accorder un suffrage. C'était se donner facilement les avantages de la discussion, en opposant l'un à l'autre deux droits également sacrés; mais les radicaux n'acceptaient pas l'alternative : pour eux, le droit au salaire n'avait pas une autre origine que le droit au suffrage; la vie intellectuelle avait ses besoins comme la vie matérielle ; ils ne séparaient pas le citoyen de l'homme, ni les exigences de l'esprit des appétits du corps. Seulement les réformateurs matérialistes avaient cet avantage d'offrir moins de prise au doute et à la contradiction. Aussi prenaient-ils une certaine importance, et le plus actif d'entre eux, M. de Girardin, appelait obstinément le Ministère dans une voie qui devait, selon lui, épargner au Pouvoir les dangers et les ennuis des discussions politiques. Ainsi, pressé dans son intérieur, harcelé dans son propre camp, le Cabinet se décida, sinon à faire quelque chose, au moins à sortir de son indifférence. Dans le courant de janvier 1842, un Conseil fut tenu aux Tuileries pour examiner l'opportunité d'une réforme dans la loi électorale. La délibération n'allait pas au delà de l'admission des

Papeete, principale ville de Taïti. (Page 303, col. 2.)

capacités. Le duc d'Orléans y assistait. Ce prince, dont le caractère est resté encore un problème pour ceux qui l'ont approché, avait au moins cet avantage sur son père qu'il comprenait tout ce qu'il y avait eu de puissant et d'impératif dans la Révolution française. Loin d'en faire comme le roi un objet de dérision et d'indifférence, il méditait profondément sur ce mouvement immense qui avait renouvelé la face de l'Europe, constamment préoccupé de l'avenir, et l'esprit agité par de mélancoliques pressentiments. Il ne se dissimulait pas que la marche suivie jusqu'alors aggravait singulièrement la tâche qui devait lui revenir, et s'en exprimait parfois à Louis-Philippe en termes peu mesurés. Mais ce n'étaient que des boutades, des éclairs de contradiction, des oppositions passagères qui n'allaient jamais jusqu'au système. Le plus souvent il se retranchait dans

38. — E. REGNAULT.

une réserve silencieuse; évitant avec soin la controverse, et n'arrivant à la contradiction que quand il était près de la colère. Aussi était-ce quelque chose de solennel et de décisif que sa présence au Conseil des ministres. Ceux-ci croyaient sans doute avoir besoin de cet appui pour les protéger contre les importunités des conservateurs progressistes.

En effet, la question de la réforme, soumise au Conseil, rencontra dans le duc d'Orléans un adversaire décidé. Ceux qui connaissaient ses dispositions à tenir compte des triomphes de la Révolution s'étonnaient de le voir se rapprocher des aveugles obstinations du roi. D'autres prétendaient qu'il en agissait ainsi par les conseils de M. Thiers, qui aurait voulu réserver les réformes pour le moment où ce prince monterait lui-même sur le trône. Une mesure populaire ne devait pas en ce moment profiter à l'héritier présomptif. Comme don de joyeux avènement, elle aurait beaucoup plus d'action. Cette tactique, en effet, rentrait assez dans les goûts de M. Thiers. Il aimait à faire réserve de petits moyens pour les employer à l'occasion; c'est ce qu'il appelait *conserver de l'argent de poche*.

Quoi qu'il en soit, l'opinion du duc d'Orléans fortifiait celle des ministres; elle était d'accord avec celle du roi. La réforme fut indéfiniment ajournée. Mais la question revint par l'initiative parlementaire, sous le patronage de deux députés dont la modération n'avait assurément rien d'hostile au Trône, MM. Ganneron et Ducos. Le premier ne demandait qu'une réforme pour ainsi dire intérieure; il voulait que les députés qui ne seraient pas fonctionnaires publics salariés au moment de leur élection ne pussent pas le devenir pendant la durée de leur mandat, ni pendant l'année qui en suivrait l'expiration.

M. Ducos proposait d'admettre au nombre des électeurs tous les citoyens inscrits sur la liste départementale du jury.

La première de ces propositions devait donner aux votes de la Chambre un caractère plus grand d'indépendance et de moralité. La seconde appelait, mais avec une grande réserve, quelques citoyens de plus à la vie politique. Le Ministère les repoussa toutes deux.

Cependant celle de M. Ganneron rallia un si grand nombre de voix, 190 contre 198, qu'on put considérer la question comme jugée; si l'on songe, en effet, que parmi les votants on comptait 161 fonctionnaires directement intéressés à la question, on peut apprécier quel eût été le résultat dans une Chambre indépendante.

La proposition de M. Ducos n'était pas nouvelle; c'est ce qu'on appelait l'adjonction des capacités. M. de Montalivet lui-même l'offrait en 1830, et cependant on l'avait vainement demandée au 1ᵉʳ Mars. Il était naturel que le 29 Octobre ne se montrât pas plus accommodant.

M. Guizot, pour mieux combattre la réforme, nia qu'elle fût une pensée sérieuse. Le bruit qu'on en faisait, disait-il, n'était qu'un mouvement superficiel, factice, mensonger, suscité par les journaux et par les Comités, un mouvement qui n'était point sorti spontanément du sein de la société elle-même, de ses intérêts, de ses besoins. Puis, s'adressant à la peur, à l'égoïsme, à la paresse, le ministre ajoutait : « Comment! vous trouvez que la tâche de mettre un peu de stabilité en toutes choses, la tâche de suffire aux nécessités du Gouvernement, aux affaires naturelles obligées et inévitables du pays, vous trouvez que cela ne vous suffit pas! Il faut que vous acceptiez toutes les questions qu'on se plaira à élever devant vous, toutes les affaires qu'on vous suscitera, réelles ou factices, vraies ou fausses !

« Messieurs, gardez-vous bien d'une telle facilité; ne vous croyez pas obligés de faire aujourd'hui ceci, demain cela; ne vous chargez pas si facilement des fardeaux qu'il plaira au premier venu de mettre sur vos épaules, lorsque celui que nous portons est d'un si grand poids. Résolvez les questions obligées; faites les affaires indispensables que le temps amène naturellement, et repoussez les questions qu'on vous jette à la tête aujourd'hui légèrement et sans nécessité ! »

A cette argumentation sans vérité et sans dignité, M. de Lamartine fit une foudroyante réplique. Il donna surtout une éloquente leçon aux hommes dont on venait d'invoquer les passions et les craintes.

« Il y a de tout temps, dit-il, et partout, des hommes bien aveugles dans les Corps politiques, dans les majorités : ce sont ceux qui se refusent à tout examen des choses nouvelles, quoique bonnes, mûres et préparées.

« C'est en vain que les Pouvoirs s'altèrent, se décomposent, se dénaturent; que les forces morales mêmes du pays se corrompent, se démoralisent, s'abdiquent sous leurs yeux ; ils ne veulent pourvoir à rien ; ils se cramponnent immobiles et toujours tremblants à quoi que ce soit ; ils saisiraient même le fer chaud d'un despotisme pour se préserver de la moindre agitation; iis ne voient qu'un seul mal pour eux, le mouvement; qu'un seul danger pour les institutions, le mouvement.....

« On dirait, à les entendre, que le génie des hommes politiques ne consiste qu'en une seule chose, à se poser là sur une situation que le hasard ou une révolution leur a faite, et à y rester immobiles, inertes, implacables.....

« Oui, implacables à toute amélioration. Et si c'était là, en effet, tout le génie de l'homme d'État chargé de diriger un gouvernement, mais il n'y aurait pas besoin d'homme d'État, une borne y suffirait. »

Les bornes lui répondirent en rejetant la proposition ; mais le mot survécut à la discussion, et désormais les hommes de la résistance furent appelés conservateurs-bornes.

Parmi les lois d'intérêt matériel qui occupèrent cette session, nous devons citer la loi sur les chemins de fer.

Quelques voies de communication existaient déjà : celles de Saint-Étienne à Lyon, de Strasbourg à Bâle, de Paris à Orléans, de Paris à Rouen. Mais ces lignes courtes et isolées ne donnaient pas à la France les avantages qui appartenaient aux grandes nations rivales ; elle ne pouvait rester plus longtemps dans cet état d'infériorité. Un vaste système d'ensemble devenait nécessaire pour développer toutes les forces vives du pays, pour resserrer l'unité, et en même temps pour balancer les inconvénients d'une trop puissante centralisation, en rapprochant les provinces de la capitale, et en leur communiquant la vie et le mouvement.

Il avait donc été résolu d'embrasser toute la surface du territoire par un classement préalable, sauf à examiner ensuite les voies et moyens ; adopter le principe, puis discuter l'exécution.

Vaste dans son ensemble, mais abandonnant peut-être trop aux éventualités de l'avenir, la loi présentée et adoptée comprenait les dispositions suivantes :

1° Un chemin de fer de Paris à la frontière de Belgique ;

2° Un chemin de Paris au littoral de la Manche, rapprochant la France de l'Angleterre ;

3° Un chemin de Paris à la frontière d'Allemagne, par Nancy et Strasbourg; voie plutôt stratégique que commerciale, la capitale se rapprochant par là des places fortes de la Lorraine et de l'Alsace ;

4° De Paris à la Méditerranée, par Lyon, Marseille et Cette; chemin de grande communication européenne ;

5° De Paris à la frontière d'Espagne, par Tours, Poitiers, Angoulême, Bordeaux et Bayonne, mettant en communication la France avec la péninsule hispanique ;

6° Sur l'Océan, par Tours et Nantes ;

7° Sur le centre de la France, par Bourges ;

8° De la Méditerranée au Rhin, par Lyon, Dijon et Mulhausen : on mettait ainsi en contact la Provence et l'Alsace ; on conservait aux ports français de la Méditerranée le commerce d'entrepôt, et à nos voies de communication les frais de transport de ces produits ;

9° Chemins de l'Océan à la Méditerranée, par Bordeaux, Toulouse et Marseille.

Dans la discussion du mode d'exécution, on ne vit plus se renouveler les anciennes discussions sur l'État et les Compagnies. Chacun semblait reconnaître ce que les deux doctrines avaient de trop absolu, et le Ministère et les Chambres étaient également disposés à concilier les deux systèmes et à remplacer la concurrence par l'action combinée des deux forces rivales.

Dans l'exécution on réservait à l'État la partie la plus indéterminée : achat de terrains, nivellement, construction des travaux d'art, viaducs, ponts, déblais et remblais ; ensuite, aux Compagnies : l'achat et la pose des rails, le matériel, les frais d'exploitation, d'entretien et de construction. Cependant les sommes de recettes devraient varier selon la qualité des lignes ; on les égalisait par des modifications sur la durée du bail et sur le tarif des droits. A l'expiration du bail, la valeur de la voie de fer et du matériel de l'exploitation devait se rembourser à dire d'experts, à la Compagnie, soit par l'État, soit par la Compagnie qui lui succéderait. Pour aider au concours de l'État, on faisait contribuer, selon la proportion des avantages, les départements traversés par la voie de fer ; le Conseil général devait régler ensuite la part contributive des communes.

Tel était l'ensemble du projet adopté en 1842 par la législature. Sans doute bien des années se passeront encore avant qu'il ait reçu son accomplissement, et aujourd'hui encore il reste beaucoup à faire. Mais chaque département peut voir la part qui doit lui revenir des bienfaits de ces communications nouvelles, destinées à multiplier les échanges des idées et les rapports des intérêts.

Le projet des crédits supplémentaires ramena la discussion sur des questions déjà traitées, mais non épuisées: le recensement et le droit de visite. Aucun nouvel argument ne fut produit ; mais, sur la dernière question, M. Guizot était obligé de reculer de jour en jour. M. Molé ayant donné à entendre que le Cabinet n'attendait que la séparation des Chambres pour ratifier le traité, le ministre des affaires étrangères répondit : « Non, Messieurs, ce n'est pas votre présence matérielle, c'est votre opinion, c'est votre vœu connu qui influe sur le Gouvernement, et qui influera tout aussi bien après votre départ qu'auparavant. »

M. Guizot fait l'aveu complet de sa défaite.

Il est à remarquer que la discussion du budget, qui fut l'origine première et la raison d'être du régime parlementaire en Europe, semblait prendre à chaque session moins d'importance et de temps. Présentée la veille de la clôture, lorsque les esprits, épuisés par les luttes politiques, n'aspiraient qu'au repos, la loi de finances se votait en quelques jours, au milieu des distractions et des impatiences ; les millions s'entassaient sans examen et sans mesure ; et l'avenir du pays était quelque chose de trop lointain pour des ministres qui vivaient au jour le jour, ou pour leurs rivaux qui convoitaient le Pouvoir du lendemain. En vain quelques voix isolées signalaient avec effroi le gouffre toujours élargi du déficit. Le déficit était l'état normal du budget, et nos financiers ne se donnaient plus la peine de balancer les millions. Le budget de 1843 fut, comme les précédents, voté avec une différence avouée entre les recettes et les dépenses. Le découvert était de 33,781,808 fr. En y ajoutant 29,500,000 fr. alloués pour les chemins de fer, il ressortait un déficit total de 63,289,808 fr. Ce déplorable système, qui entassait année par année de formidables arriérés, était maintenu avec une aveugle opiniâtreté, en pleine paix, au milieu des développements d'une prospérité toujours croissante. Tandis que toutes les classes de citoyens ajoutaient par leurs efforts à la somme des richesses générales, l'État s'endettait par une mauvaise gestion, et la dette ira toujours en s'accumulant jusqu'au dernier jour de la monarchie.

Le 11 juin, aussitôt après l'adoption définitive du budget, fut prononcée la clôture de la session. C'était en même temps la fin de la législature. Le Ministère, peu rassuré des dispositions d'une majorité souvent douteuse et qui l'avait quelquefois abandonné, voulut en appeler aux élections. L'affaire du droit de visite lui tenait au cœur. L'ordonnance de dissolution parut le 13 juin; les collèges électoraux étaient convoqués pour le 12 juillet.

La Chambre qui se séparait avait eu de singulières destinées. Née d'une coalition formée contre les usurpations du pouvoir monarchique, appelée à inaugurer le triomphe du système parlementaire, elle s'était montrée dès les premiers jours effrayée de sa victoire, incapable d'en user, habile seulement à paralyser les élans du pays. Dans une seule question, celle d'Orient, elle avait donné le spectacle des métamorphoses les plus étranges. Sous le 12 Mai, téméraire et superbe, votant des millions et armant ses vaisseaux, elle ne reçoit pas l'impulsion, elle la donne; sous le 1ᵉʳ Mars, inquiète et agitée, ne sachant ni commander ni obéir; sous le 29 Octobre, humble et docile, livrant l'Orient qu'elle avait compromis, et courbant la tête devant lord Palmerston, après avoir menacé le monde. Aucune Chambre n'avait traversé autant de règnes et d'interrègnes ministériels, avec des votes approbatifs pour chacun, avec un accueil complaisant pour tout ce qui se présente, sans donner un regret à ce qui s'en va.

Et cependant dans toutes ces variations elle conserve encore quelques traces de son origine. Le principe de la coalition avait été, au moins en apparence, un principe de réforme, et malgré les modifications de Cabinet, malgré les fractionnements des partis, malgré la déroute des coalisés, le mot de réforme était celui qui ralliait le mieux les voix dispersées et jetait dans les délibérations de menaçantes incertitudes.

Dumont-D'Urville.

Dans la proposition Ganneron, les votes personnels des ministres avaient seuls fait l'appoint de la majorité. L'adjonction des capacités avait trouvé de notables appuis dans le parti conservateur. A chaque discussion, la réforme gagnait visiblement du terrain, et il se manifestait dans la Chambre de vagues symptômes d'indépendance qu'une autre session pouvait amener plus prononcés. Enfin les votes de confiance étaient discutés, pesés et marchandés beaucoup plus qu'il ne convenait à l'arrogance du Cabinet, et sur une question importante, le droit de visite, le Ministère avait été complètement battu aux yeux de toute l'Europe. Il en était venu à ce point extrême où il fallait risquer son existence dans des élections générales, d'où devaient sortir ou sa chute ou son raffermissement.

Du reste, le Cabinet ne dissimulait pas son programme : c'était l'opposition à toute réforme et la guerre aux libertés intérieures. Les persécutions contre la presse redoublaient avec une rigueur inouïe, et, la connivence des magistrats offrant toutes les ressources de la chicane à la haine des parquets, on venait d'imaginer un nouveau moyen de ruiner les journaux et de les enlever à la juridiction qui faisait leur garantie.

On sait que le droit commun de la presse est d'être jugée par le jury en cour d'assises. Cependant une exception était introduite pour le cas de diffamation. Si les faits diffamatoires étaient articulés contre un simple citoyen, la police correctionnelle était saisie et la preuve des faits n'était pas admise. Le fait seul de la diffamation entraînait la condamnation. Si au contraire les imputations étaient adressées à un fonctionnaire public et pour des faits relatifs à ses fonctions, le jury était appelé à prononcer en cour d'assises, et la preuve était admise. La loi ajoutait : « La preuve des faits imputés met l'auteur de l'imputation à l'abri de toute peine. » La loi ne voulait pas protéger le fonctionnaire coupable; elle le livrait à la discussion; elle admettait même comme un devoir de bon citoyen l'accusation qui éclairait le public sur les méfaits d'un fonctionnaire. Il était réservé au Cabinet du 29 Octobre de mettre à l'abri le fonctionnaire prévaricateur et de transformer en cause de ruine l'action courageuse du citoyen accusateur.

M. Bourdeau, pair de France, ancien garde des sceaux sous Charles X, avait été attaqué par le *Progressif de Limoges* pour des faits qui tous se rapportaient à sa vie publique et aux différentes fonctions officielles qu'il avait remplies. Une voie facile lui était ouverte pour avoir réparation; il pouvait, s'il y avait calomnie, appeler le calomniateur en cour d'assises; mais aussi le journaliste était admis de son côté à prouver la vérité de ses assertions. L'épreuve était dangereuse. Il valait bien mieux exhumer de l'arsenal des Codes quelque arme à double tranchant, qui, dans les mains de juges complaisants, pût frapper à coup sûr. L'article 1382 du Code civil oblige tout homme qui cause un dommage à le réparer. M. Bourdeau assigna donc le *Progressif* devant le tribunal civil, en paiement de vingt mille francs pour le dommage qu'il lui causait. C'était le renversement de toute la législation de la presse. Il était évident que le législateur avait réservé aux journaux le droit d'attaquer des fonctionnaires coupables, sans que ceux-ci pussent jamais arguer du dommage qui leur était causé; car plus la culpabilité était démontrée, plus le dommage était considérable. La loi qui régissait la presse autorisait expressément le dommage causé au fonctionnaire coupable, puisqu'elle admettait la preuve; puisqu'elle admettait qu'après la preuve faite, l'auteur de l'imputation était à l'abri de toute peine. Bien loin de protéger le coupable contre la flétrissure, elle l'appelait publiquement sur sa tête et semblait encourager l'accusateur. L'article 1382, formulé dans un temps où il n'y avait pas de presse, ne pouvait donc, sans violer toutes les règles du droit et de la logique, servir de bouclier et de glaive aux fonctionnaires attaqués par la presse. C'est ainsi que jugea le tribunal de première instance de Limoges. Mais les ennemis de la publicité avaient trop intérêt à introduire un moyen nouveau d'oppression, pour se contenter d'une première épreuve. Sur l'appel, la Cour royale donna gain de cause à M. Bourdeau; plus tard la Cour de cassation consacra cette monstrueuse procédure, qui, conservant le nom de son inventeur, fut appelée *jurisprudence Bourdeau*. Le *Progressif de Limoges* fut ruiné par la somme de dommages accordés à l'ancien ministre de la Restauration ; désormais les fonctionnatres publics pouvaient répondre par une demande d'argent aux reproches d'incapacité et de dilapidation.

A Paris, s'ouvrait contre la presse une campagne générale. Le 8 janvier, le *Charivari* était condamné en cour d'assises pour avoir dit que M. Hébert avait reçu la croix d'honneur comme récompense de ses services dans le procès de Septembre. L'imprimeur partageait la peine du gérant. Le 18, la Chambre des pairs condamnait le *Siècle* à 10,000 francs d'amende et son gérant Louis Perrée à un mois de prison pour offense envers la Chambre. Le 14 février, le gérant du *National* était condamné à un an de prison et 4,000 francs d'amende ; et celui de la *Gazette de France* à la même peine pour reproduction du même article. La *Mode* subissait deux ans de prison et 6,000 francs d'amende ; son imprimeur, trois mois de prison et 2,000 francs d'amende. Les peines infligées aux imprimeurs étaient blâmées même par beaucoup de ceux qui encourageaient les poursuites contre les journalistes. Des industriels, souvent étrangers à la politique, faisant un acte de commerce, leur semblaient devoir être à l'abri de l'hostilité des partis. Les contradictions mêmes des décisions prouvaient tous les vices de la loi ; tantôt acquittés, tantôt condamnés, les imprimeurs n'avaient pas même les garanties d'une oppression commune, qui peut au moins servir d'avertissement.

Une modification partielle dans le Ministère venait de se faire en dehors de l'action des partis. Le 25 avril, à la veille de la discussion sur le projet de loi des chemins de fer, M. Humann était frappé de mort subite au milieu de ses travaux ; il fut trouvé assis dans son cabinet, la tête appuyée contre son bureau, sans qu'aucun avertissement eût fait présager cette soudaine catastrophe. Le ministre des finances du 15 Avril, M. Lacave-Laplagne, fut aussitôt appelé à le remplacer.

Pendant la discussion même des lois sur les chemins de fer, un affreux accident arrivé sur le chemin de fer de Versailles, rive gauche, répandait la consternation dans Paris. Le 8 mai, au milieu des fêtes de Versailles, un convoi nombreux de joyeuses familles regagnait la capitale, lorsque à la hauteur de Bellevue une des locomotives, brisée dans sa marche, sortit des rails, arrêta celle qui la suivait, et toutes deux, renversées par les voitures précipitées à leur suite, opposèrent un formidable obstacle de fer et de feu. Les wagons broyés s'entassèrent pêle-mêle sur les charbons brûlants, et un vaste bûcher consuma les voyageurs emprisonnés. Plus de cinquante personnes y trouvèrent la mort en quelques minutes. Parmi les victimes, la France perdait un de ses plus illustres enfants, le contre-amiral Dumont-d'Urville.

C'était un triste avertissement, au moment où une loi nouvelle allait multiplier dans toute la France les bienfaits et les dangers de la vapeur. M. Dupin réclama, comme article additionnel au projet de loi, une pénalité sévère contre les infractions au règlement dans le service des chemins de fer.

Vers la même époque, la France devait à l'intelligence de nos marins l'occupation d'une station navale importante dans l'océan Pacifique. Le 1ᵉʳ mai, l'amiral Dupetit-Thouars, d'accord avec les chefs indigènes, prenait possession de l'archipel des îles Marquises. Déjà, depuis quelque temps, il avait été prescrit à nos officiers de procurer au commerce français des ports de relâche et d'approvisionnement sur différents points du globe, soit sur les côtes méridionales de l'Afrique, soit dans les parages de l'Océanie. Conformément à ces instructions, nos marins s'étaient, en 1841, emparés de Nossi-Bé, et avaient, en 1842, fait accepter aux chefs indigènes de Mayotte la souveraineté de la France. En même temps nos stations de la côte de Guinée avaient reçu les développements nécessaires pour offrir un abri sûr à ceux de nos bâtiments de commerce qui fréquentaient ces rivages. Après que nos vaisseaux eurent exploré dans le même but les archipels de l'Océanie, il avait été résolu par le Gouvernement qu'un établissement serait fondé sur les côtes de la Nouvelle-Zélande, pour offrir pendant les hivernages un asile à nos navires baleiniers, et aussi pour y établir des lieux d'échange et de commerce. Mais l'Angleterre eut vent de ce projet, et, devançant rapidement les préparatifs de la France, elle fit occuper pour son compte ce vaste archipel, qui lui promet dans l'avenir des avantages considérables. De la part d'une alliée, il y avait sans doute défaut de procédés; mais l'Angleterre usait de son droit de premier occupant. Il fallut se résigner et chercher ailleurs.

Les îles Marquises, situées à l'extrémité nord-est de tous les archipels de la mer du Sud, sont les premières terres que l'on rencontre en venant de Panama; et lorsque cet isthme important aura été conquis par l'activité commerciale de l'Europe sur l'indolence espagnole, il n'y a pas à douter que la grande route entre l'Europe et les archipels ne s'établisse sur cette direction. Dans ce cas, les Marquises deviendraient nécessairement une des stations les plus fréquentées de la route. Les avantages de cette position n'avaient pas échappé à l'amiral Dupetit-Thouars. Lorsqu'il s'y présenta vers la fin d'avril, un heureux hasard vint servir à l'accomplissement de ses desseins. En débarquant à Thauata, l'île principale du groupe du Sud, il y trouva le roi Yotété plein de craintes et d'inquiétudes par suite d'une collision qui avait eu lieu quatre mois auparavant entre les indigènes et une baleinière des États-Unis. Un Américain avait été tué, et ses camarades s'étaient éloignés en menaçant le roi de la vengeance de leur gouvernement. Yotété redoutait vivement les suites que pouvait avoir cette mauvaise affaire, et il était encore sous l'impression de ces alarmes, lorsque les Français se présentèrent. Son premier soin fut de demander la protection de l'amiral, qui la lui promit avec empressement, à condition qu'il reconnaîtrait la souveraineté de la France. Cette offre fut aussitôt acceptée, les actes furent signés, et la prise de possession s'accomplit, ainsi que nous l'avons dit, le 1er mai.

Le peu d'étendue superficielle des terres de cet archipel ne permet pas qu'il puisse jamais devenir un lieu de production important; mais il est admirablement situé comme point de relâche pour les bâtiments allant à la côte nord-ouest de l'Amérique, pour ceux qui en reviennent, pour ceux qui se dirigent du Pérou ou du Chili vers la côte d'Asie, enfin pour les baleiniers de toutes les nations.

L'amiral Dupetit-Thouars trouva bientôt occasion d'assurer sur un autre point de ces mers la domination française. Il avait reçu ordre de se rendre aux îles de la Société afin d'obtenir satisfaction des mauvais traitements infligés par les autorités du pays à des missionnaires catholiques, et à quelques-uns de nos compatriotes établis à Tahiti. Au moment où les vaisseaux français s'y présentèrent, de graves discussions agitaient les petits États placés sous la domination de la reine Pomaré. Les principaux chefs du pays étaient en lutte ouverte avec les conseillers de la souveraine, et, durant les troubles, les colons français avaient eu à souffrir les outrages de l'un et de l'autre parti. L'amiral, à son arrivée, somma les insulaires de faire réparation, et leur imposa le payement d'une indemnité de 10,000 piastres, les menaçant, en cas de refus, d'occuper immédiatement l'île et les établissements de Motoo-Rita. La reine et les chefs, également embarrassés, oublièrent leurs querelles pour se concerter sur le danger commun qui les menaçait; le résultat de leurs conférences fut l'offre faite à l'amiral de placer les îles de la Société sous le protectorat de la France. Celui-ci s'empressa d'accepter un arrangement qui répondait parfaitement à la pensée générale de ses expéditions. Le traité définitif fut conclu le 9 septembre 1842, au grand déplaisir des Anglais. Nous verrons plus tard quelles en furent les conséquences.

XXIII

Élections générales. — Scission parmi les légitimistes. — Triomphe de l'opposition à Paris. — Progrès des forces républicaines. — Position critique du Ministère. — Mort du duc d'Orléans. — Son portrait.

Les élections générales se présentent toujours aux partis comme une ressource ou comme une espérance. Celles de 1842 réveillèrent toutes les illusions des constitutionnels vaincus. MM. Thiers et Odilon Barrot, Dufaure et Rémusat, centre gauche et gauche, croyaient l'occasion venue de ressaisir les positions perdues. Les républicains, qui ne pouvaient avoir de chances que dans un très petit nombre de collèges, appuyaient partout ailleurs de leurs votes l'opposition dynastique. La lutte s'engageait assez vivement pour donner de sérieuses craintes au Ministère ; une polémique ardente ranimait toutes les passions, tous les ressentiments ; les uns rappelant les violences à l'intérieur et les faiblesses à l'extérieur, la guerre aux libertés, les concessions à l'étranger ; les autres racontant les fautes du 1ᵉʳ Mars, ses étourderies et ses mystifications, ses vanteries et son impuissance ; et chacun, comme d'habitude, attachant le salut du pays à sa propre victoire. Les républicains, faute de mieux, venaient en aide aux constitutionnels, sans rien espérer de leur triomphe qu'un peu de facilité pour le développement d'un principe démocratique.

C'est vers cette époque que se prononce une scission éclatante parmi les légitimistes. Deux partis se forment à l'ombre du drapeau blanc. L'un, s'associant aux idées démocratique, veut appuyer le trône sur le consentement du peuple et ne craint pas de réclamer le suffrage universel ; l'autre, opiniâtre dans ses traditions, soutenant que la royauté ne tient ses droits que d'elle-même, repousse tout rapprochement avec les doctrines radicales.

Les élections ne répondirent aux espérances ni des conservateurs, ni des constitutionnels. Les premiers, il est vrai, se trouvaient encore en majorité ; mais les oppositions réunies pouvaient former dans la Chambre une redoutable phalange que l'absence ou la défection de quelques voix ministérielles devaient aisément faire triompher. A Paris, l'opposition comptait dix élus sur douze, et cette hostilité prononcée de la Capitale ôtait considérablement à la force morale du Cabinet. Mais le fait le plus significatif était le progrès marquant des forces républicaines. Paris avait nommé deux républicains avoués, MM. Carnot et Marie ; M. Dupont de l'Eure était l'élu de trois collèges, M. Ledru-Rollin était réélu sans opposition par la Sarthe, M. Garnier-Pagès jeune était appelé par l'Eure. Dans d'autres localités, les candidats républicains avaient obtenu de nombreux suffrages, qui révélaient de notables modifications, même dans le cercle circonscrit des électeurs censitaires. En résumé, la majorité ministérielle n'était ni plus compacte ni plus décidée que dans la Chambre précédente ; le Cabinet n'avait rien gagné au changement, et dans ce cas, changer, pour n'avoir pas mieux, équivalait à une défaite.

Aussi la situation du Cabinet semblait-elle gravement compromise, lorsqu'un événement inattendu vint remplir d'alarmes l'opposition constitutionnelle, la distraire de toute pensée de lutte, et préparer d'étranges complications à l'avenir monarchique.

Le 13 juillet, le duc d'Orléans devait partir à midi pour Saint-Omer, dans le dessein d'inspecter plusieurs des régiments désignés pour le corps d'armée d'opération sur la Marne. Ses équipages étaient commandés, ses officiers étaient prêts. Tout se disposait au pavillon Marsan pour ce voyage, après lequel le prince devait aller rejoindre la duchesse d'Orléans aux eaux de Plombières.

A onze heures, il monta en voiture dans l'intention d'aller à Neuilly faire ses adieux au roi, à la reine et à la famille royale.

La voiture était un cabriolet à quatre roues, en forme de calèche, attelé de deux chevaux à la Daumont. Le prince était seul, n'ayant permis à aucun de ses officiers de l'accompagner.

Arrivés à la hauteur de la Porte-Maillot, les chevaux, échauffés par une marche assez rapide depuis le départ des Tuileries, commencèrent à s'animer outre mesure. Déjà le postillon ne les maîtrisait plus qu'avec peine, quoique le porteur eût seul pris le galop ; attaché très court, ainsi que c'est l'usage dans les attelages à la Daumont, il se sentit gêné, donna quelques ruades dans le palonnier, et s'emporta avec une rapidité qui entraîna le cheval sous main, lequel était resté jusqu'alors assez calme. La voiture s'engageait en ce moment dans l'avenue appelée chemin de la Révolte, perpendiculaire à la Porte-Maillot. En voyant les mouvements brusques de l'attelage, le prince cria au postillon : « Tu n'es plus maître de tes chevaux? — Non, Monseigneur, mais je les dirige encore. » Et, en effet, debout sur ses étriers, il tenait vigoureusement les guides, et il pouvait espérer détourner ses chevaux, par la gauche, dans la vieille route de Neuilly, qui lui offrait carrière. « Mais tu ne peux donc pas les retenir? » cria de nouveau le duc d'Orléans, qui s'était levé debout dans la voiture. — Non, Monseigneur. » Alors le prince, ouvrant la portière, et se plaçant sur le marchepied, qui avait très peu de hauteur, sauta à pieds joints sur la route.

Mais la puissance d'impulsion de la voiture multipliant la rapidité d'un élan irréfléchi, les deux talons portèrent sur le sol avec une telle force, que le contre-coup produisit une violente commotion cérébrale, et probablement un épanchement instantané. Le prince retomba lourdement la tête sur le pavé, et resta sans mouvement en travers de la route.

On accourut aussitôt des maisons voisines ; le corps fut relevé et transporté dans la maison d'un épicier situé à quelques pas de là. Pendant ce temps, le postillon s'était rendu maître de ses chevaux, et il revenait se mettre à la disposition du prince.

Celui-ci cependant restait inanimé ; on l'avait étendu tout habillé sur un lit, dans une des salles du rez-de-chaussée. Un médecin des environs accourut et pratiqua une saignée qui ne produisit aucun changement.

Cependant la foudroyante nouvelle avait été apportée à Neuilly, et bientôt l'on vit le roi, la reine, la princesse Adélaïde, la princesse Clémentine pénétrer en pleurs dans ce triste réduit, dernier asile de l'héritier du trône. Peu après, le duc d'Aumale, accouru de Courbevoie, le duc de Montpensier, de Vincennes, la duchesse de Nemours, accompagnée de ses dames, venaient ajouter à la somme des douleurs. L'humble demeure du commerçant était trop petite pour cette nombreuse famille d'affligés.

Le docteur Pasquier, chirurgien du prince royal, venait d'arriver, et son premier coup d'œil suffit pour anéantir tout espoir. Le prince n'avait pas repris connaissance. Quelques mots confusément prononcés en langue allemande avaient seuls révélé un reste d'existence.

Les ministres étaient assemblés aux Tuileries, attendant l'arrivée du roi pour ouvrir le Conseil. Avertis de la catastrophe qui arrêtait ses pas, ils se transportèrent à Sablonville, dans la maison où s'éteignaient les plus chères espérances de la monarchie. Déjà s'y trouvait le maréchal Gérard, le chancelier de France, le préfet de Police, le général Pajol, et les officiers de la maison du roi et des princes. Tous ces personnages se trouvaient concentrés dans l'espace laissé libre près de la boutique, et entouré d'un cordon de sentinelles.

Quatre heures se passèrent; heures d'ineffable anxiété et de poignantes amertumes. La reine et les princesses étaient agenouillées auprès du lit funèbre, priant et pleurant; les jeunes princes contemplaient avec des larmes silencieuses leur frère agonisant. Le roi debout, immobile, conservant à sa douleur cette virilité que donnent les années et les grandes épreuves, suivait sur le visage décoloré de son fils les progrès du mal dont son expérience lisait l'inexorable arrêt. Au dehors, la foule, toujours sympathique aux grandes douleurs, murmurait des paroles de compassion pour le trône.

Les médecins n'avaient pas cessé, par les moyens les plus énergiques, de lutter contre les invasions de la mort; leur art était impuissant. Un instant la respiration parut plus libre, le pouls devint sensible; et comme dans les cœurs désolés l'espérance est opiniâtre, on se reprit à espérer. Mais ce n'était que le dernier effort de la jeunesse luttant contre la destruction, le dernier rayon d'une lumière qui s'éteint. A quatre heures, apparurent dans toute leur menaçante vérité les symptômes d'une fin prochaine; à quatre heures et demie un dernier mouvement convulsif, puis le repos absolu.

Les pleurs éclatèrent avec désespoir. Pleurs bien légitimes! Une telle mort équivalait à une révolution.

Amis et ennemis le comprirent. La monarchie, si péniblement assise, était ébranlée sur sa base, livrée aux incertitudes, abandonnée aux transitions orageuses d'une régence. Les prévoyances du père de famille soigneux de l'avenir, les calculs du politique expérimenté, étaient déjoués en même temps; le roi était frappé aussi cruellement dans sa puissance que le père dans son affection, le trône et la famille chancelaient sous une même secousse; la dynastie d'Orléans était mutilée, non dans une de ses branches, mais dans le rejeton vigoureux qui perpétuait la vie de l'arbre.

Aussi Louis-Philippe, quoiqu'il sût commander à sa douleur, dut-il, plus que tous autres, être pénétré d'une telle perte, puisqu'elle était un échec bien plus encore qu'une épreuve. L'affliction d'une mère peut se consoler avec les autres objets de sa tendresse, surtout lorsqu'il reste encore des fils nombreux et pleins de promesses; mais la paternité, à bon droit ambitieuse, qui a placé sur une seule tête l'avenir de sa maison, ne trouve rien qui compense la chute soudaine de ses illusions.

Aussi bien, la mort du duc d'Orléans faisait moins défaut aux sentiments de famille qu'aux pensées de grandeur, et les penchants affectueux étaient ce que ses parents avaient le moins à regretter en lui. Silencieux et peu communicatif, il n'avait aucun de ces épanchements qui font dans une famille la joie et l'union. Rarement familier, gai par exception, il montrait envers ses frères et sœurs de la bienveillance plutôt que de la tendresse, des égards bien plus que de l'enjouement. Vis-à-vis de sa mère, sa réserve allait jusqu'à la froideur, presque jusqu'au dédain. Lorsqu'elle parlait, il ne l'écoutait pas, et sur une question politique ne lui répondait jamais, soit par dégoût pour toute controverse inutile, soit par répulsion pour tout ce qui lui paraissait ressembler à des commérages. Sa physionomie muette trahissait à peine quelques impatiences excitées par des observations malsonnantes ou des alarmes exagérées. La reine cependant était très altière, avec beaucoup de penchant à donner des conseils; mais le prince, sans jamais la blesser par une parole hors de convenance, ne lui témoignait ni affection ni respect, et la traitait visiblement, qu'on nous passe l'expression, en *bonne femme*.

Avec le roi il n'était guère plus respectueux, mais sa pensée se manifestait ouvertement par d'énergiques oppositions. Pour tout autre, la discussion avec Louis-Philippe était chose impossible. Son verbe élevé, sa parole abondante, intarissable, assourdissaient les contradicteurs ; sa grande taille et ses grands bras, qu'il agitait en parlant, étonnaient les yeux, et ses façons impérieuses arrêtaient les arguments. Aussi, dans ses élans de discoureur, personne n'osait lui tenir tête, personne ne pouvait le faire céder, Il n'y avait que deux seules exceptions : sa sœur, la princesse Adelaïde, et son fils, le duc d'Orléans. La première le calmait par la douceur, le second le réduisait par une résistance vive jusqu'à l'irrévérence.

Les fougues du roi rencontraient alors des fougues plus grandes, son flux de paroles se heurtait contre un torrent, et les éclats de sa voix se perdaient dans les bruits d'une orageuse contradiction. Pour tout dire, en un mot, le fils tançait le père et le forçait au silence.

Ce n'est pas qu'il n'eût une haute idée des talents personnels du roi, de ses vastes connaissances et de son habileté dans l'art d'éluder les difficultés. S'il ne l'aimait pas, il le considérait. Mais il se plaignait que cette habileté créât des difficultés qu'il aurait valu mieux éviter que vaincre ; il lui semblait d'une meilleure politique d'écarter les obstacles que d'avoir à les franchir. Il était plus de son temps que le roi ; c'était tout naturel ; mais il en résultait cet avantage pour lui de mieux voir l'avenir et de ne pas se laisser tromper à des succès éphémères. Un jour que Louis-Philippe se flattait devant lui d'avoir comprimé les passions, dompté l'esprit de liberté et paralysé les vaines institutions que les idées modernes avaient élevées contre la royauté, « C'est fort bien, sire, « répliqua le duc d'Orléans, mais vous n'a« vez fait qu'éloigner le péril et le grossir en « l'éloignant. Vous ne songez pas à nous, « qui serons exposés à l'explosion de toutes « ces forces comprimées. »

Il était très soucieux, en effet, des menaces de l'avenir ; sa pensée s'y attachait avec opiniâtreté, et l'entraînait souvent à de sinistres pressentiments. On en trouve plus d'une trace dans son testament écrit à un moment où certes il était loin de se croire si voisin de la mort. Ce monument, empreint de mélancolie, révèle les sérieuses appréhensions qui l'agitaient : on dirait une secrète protestation contre tout ce qui se fait autour de lui. Le passage suivant mérite d'être rappelé par l'histoire :

« Que le comte de Paris soit un de ces instruments brisés avant qu'ils aient servi, ou qu'il devienne l'un des ouvriers de cette régénération sociale qu'on n'entrevoit encore qu'à travers de grands obstacles et peut-être des flots de sang ; qu'il soit roi, ou qu'il demeure défenseur inconnu et obscur d'une cause à laquelle nous appartenons tous, il faut qu'il soit avant tout un homme de son temps et de la nation ; qu'il soit catholique et défenseur passionné, exclusif, de la France et de la Révolution. »

Ces prophétiques paroles sont remarquables à plus d'un titre. La nature de l'acte qui les contient ne permet pas de douter de leur sincérité ; et environné comme était ce prince, avec les leçons qu'il recevait, il y avait quelque mérite à se dégager des illusions présentes, pour interroger d'un œil inquiet les sombres lueurs du lointain.

Ce qu'il dit de la religion catholique se rapporte à quelques détails d'intérieur qu'il n'est pas utile de rappeler. Il savait que la reine, dévote à outrance, surveillait avec une jalouse inquiétude la mère protestante du comte de Paris. Mais c'est ce qui le préoccupait le moins, et les questions religieuses ne le touchaient que par leur côté politique. Or, il jugeait que le catholicisme était encore une force imposante, avec ses institutions tenaces, ses associations disciplinées et son action multiple dirigée par une seule impulsion. Il lui semblait important que son fils ne sortît pas de la communauté du plus grand nombre, qui forme encore un lien d'unité, malgré les relâchements de la foi et les progrès du scepticisme. Au surplus, la duchesse d'Orléans était en cela parfaitement d'accord avec lui. Elle voyait si bien les avantages de cette résolution pour son fils, qu'elle était tentée de les rechercher pour elle-même. Quoique protestante par tradition et par habitude, elle était très indifférente en matière de religion. Quelque peu philosophe, ce qui faisait le désespoir de la vieille reine, elle traitait ces questions en affaires d'État et les pesait hardiment dans la balance politique. Aussi la logique de sa position l'entraînait-elle à se faire catholique. Avec un mari et un fils de cette religion, il lui semblait déplaisant de se trouver isolée aux heures de prière, et de ne pas être associée activement aux fêtes solennelles de la nation. Les protestants français pourraient bien murmurer; mais elle se disait qu'ils étaient quinze cent mille et que les catholiques formaient trente-cinq millions. Elle s'exposait bien aussi au blâme des philosophes, pour lesquels elle avait des égards marqués. Mais les philosophes, pensait-elle, sont gens d'esprit, et me comprendront facilement lorsque je leur dirai, comme Henri IV: « Paris vaut bien une messe. » Elle fit part de son projet au duc d'Orléans. Celui-ci l'en détourna, soit par un sentiment chevaleresque qui répugnait à une abnégation, soit de peur que cet acte ne parût, ce qu'il était en effet, un calcul politique. Mais il n'en appréciait pas moins le mérite d'une si bonne logique, et en faisait application pour le bien être de son fils.

Quelle influence, s'il fût monté sur le trône, le duc d'Orléans aurait-il exercée sur les destinées de la France? Voilà ce que se demandaient les hommes qui n'ont pas pour les princes des admirations exclusives. Le peu que l'on savait de son caractère laissait le champ ouvert aux conjectures. Ceux qui avaient eu occasion de l'étudier étaient embarrassés de le définir. Ce n'était pas un homme ordinaire, chacun en convenait; mais quelle était l'étendue des qualités qui le portaient au delà du vulgaire, voilà ce qu'on avait peine à déterminer. La réserve cache souvent une haute intelligence; quelquefois aussi la réserve est la seule habileté; mais elle suffit chez un prince pour commander le respect, et pour faire espérer de lui au delà même de ce qu'il pourrait donner. Rien de grand ne frappait chez le duc d'Orléans, mais aussi rien de petit; rien de saillant, mais rien de défectueux. Il est vrai que, sous la domination toute personnelle de Louis-Philippe, il n'avait jamais eu occasion de se manifester. Il remplissait cependant avec convenance son rôle de prince royal, protecteur des arts sans ostentation ; visitant les artistes sans hauteur et sans familiarité, témoignant des égards aux savants et aux hommes distingués, mêlé aux affaires, assez pour les connaître, pas assez pour les dominer, tenant toujours sa place sans l'amoindrir, mais sans la dépasser.

Avec les hommes politiques, il adoptait volontiers les bonhomies extérieures dont Louis-Philippe usait avec tant de succès, prodigue de paroles et ménager de controverses, agissant par captation plutôt que par persuasion, et peu soucieux de convaincre les esprits, pourvu qu'il dominât les volontés. Comme Louis-Philippe, il avait, au plus haut degré, cette faculté d'endormir les consciences, qui les conduit aux transactions, aux demi-moyens, aux expédients; et, sans doute, il aurait pu réussir longtemps avec d'habiles câlineries. En cela le père et le fils étaient tout un. Sur un seul point il y avait entre eux un abîme : c'était sur la manière d'apprécier la Révolution française. Pour Louis-Philippe, la Révolution n'était qu'un accident, une fantaisie, une déviation momentanée, de la bonne route où la France ne pouvait manquer de revenir; et les concessions qu'il lui avait faites n'avaient rien de plus définitif à ses yeux que les indulgences accordées aux faiblesses d'un malade. Le duc d'Orléans prenait bien plus au sérieux ce grand événement. Au milieu même des faits qui par tradition le blessaient, il reconnaissait les signes d'une transformation sociale; il entrevoyait les idées nouvelles, les intérêts nouveaux qui demandaient satisfaction; il lisait dans les sanglants avertissements du passé tout ce que peut produire de malheurs la résistance opiniâtre à des besoins populaires réellement sentis; il s'étudiait aux moyens d'éviter, autrement que par la compression, le renouvellement de commotions épouvantables, et il puisait ses enseignements dans de salutaires terreurs. Louis-Philippe, sans doute, avait les mêmes effrois; mais il ne voyait pour les conjurer que des concessions à retirer; le duc d'Orléans, des concessions à faire. Peut-être, s'il eût vécu, sa volonté eût-elle pesé dans la balance des événements ultérieurs; sa mort ôtait à Louis-Philippe une dernière chance de salut.

Après les premières heures données aux larmes, Louis-Philippe dut songer aux précautions politiques. Les conditions de sa famille étaient entièrement changées, et il fallait pourvoir à l'improviste aux périls inattendus d'une régence. Ni les conseils, ni les empressements, ne lui firent défaut, et la terrible catastrophe eut pour premier effet de ramener autour du trône des serviteurs à l'écart et de calmer pour quelque temps les dissidences. MM. Thiers, Cousin, et autres rivaux du 29 Octobre accoururent au Château, apportant l'expression de leurs douloureuses sympathies, faisant offre de leur concours dans les discussions qui allaient s'ouvrir, et renonçant à toute opposition qui pourrait contrarier les vues personnelles du monarque. En même temps les journaux de l'opposition dynastique, le *Constitutionnel*, le *Siècle*, etc., invitaient leurs lecteurs à oublier toute dissension, à se confondre dans une commune pensée de douleur et d'amour. « Rallions-nous, s'écriaient-ils, autour de la monarchie! Affermissons la dynastie avant tout! » Les conservateurs exploitèrent avec habileté ces entraînements dynastiques; le Ministère en avait les premiers profits. En se ralliant autour du trône, les constitutionnels se groupaient autour de M. Guizot; en croyant servir la royauté, ils fortifiaient leurs adversaires, et le cercueil du duc d'Orléans était pour le 29 Octobre une planche de salut.

Au lendemain des élections, en effet, le Ministère n'avait guère de chances de durée; sa chute était inévitable. Le 13 juillet le remit debout, en ajournant les hostilités, en livrant les affaires à la peur et aux molles complaisances.

Quant à M. Thiers et aux hommes d'État qui faisaient offre de leur concours, ils n'étaient pas aussi désintéressés qu'ils semblaient l'affecter. Sans doute les périls de la monarchie avaient appelé leur premier élan; mais aussi de secrètes espérances ressortaient pour eux des complications du moment. La loi de régence leur apportait une occasion favorable, et le besoin qu'on avait d'eux pouvait merveilleusement seconder leur fortune. Le roi cependant ne se laissait pas tromper à ces professions de zèle; mais les arrière-pensées ne le préoccupaient guère, et pourvu qu'on le servît, il lui importait peu que ce fût par dévouement ou par calcul. M. Thiers était un adversaire redoutable, un auxiliaire puissant; il s'offrait sans conditions, on ne risquait rien à lui faire bon accueil, et des politesses ne formaient pas un engagement. On le laissa donc s'immiscer activement au projet, donner des conseils, discuter la rédaction et s'y intéresser de telle façon que, dans les débats, il pût croire défendre son œuvre.

Quand il s'agit de faire l'exposé des motifs, M. Guizot, toujours entraîné par les préoccupations d'une politique arrogante, voulut introduire les formules ordinaires sur les dangers des factions, les menées des partis et la conservation des saines doctrines. M. Thiers s'y opposa, disant qu'il fallait effacer ces conditions, ne rien montrer d'irritant, mais se proposer au contraire une œuvre nationale en faisant appel à l'opinion libérale tout entière.

« La force du trône est amoindrie, disait-il ; il lui faut l'appui de tous ceux qui ont fait le gouvernement de Juillet. Ce n'est pas le moment de diviser, mais de concilier. »

Son avis l'emporta; M. de Broglie fut chargé de la rédaction. Les articles étaient soumis à MM. Thiers, Cousin et Odilon Barrot. Celui-ci se montrait plein de condescendance, dominé par un sentiment de compassion et faisant dans ces communications officieuses trop bon marché peut-être des exigences politiques. Les moins actifs dans les discussions préliminaires étaient les ministres. On laissait l'initiative à l'opposition libérale; le centre gauche semblait avoir l'empire.

Le testament du duc d'Orléans désignait comme régent le duc de Nemours. C'était la loi vivante du moment; personne, parmi les conseillers officiels ou officieux de la couronne, ne parlait d'un autre choix : celui-là, d'ailleurs, était conforme aux volontés personnelles de Louis-Philippe. Il ne fut pas question de la duchesse d'Orléans; elle-même n'y songeait guère. Brisée, anéantie par le coup soudain qui venait de la rappeler de Plombières, elle était tout entière à sa douleur, et n'avait pas assez de forces pour les pensées ambitieuses. M. Odilon Barrot lui-même, qui plus tard demanda la régence de la mère, n'avait pas soulevé cette discussion dans les premières conférences. Ce ne fut que cinq jours avant la présentation du projet de loi qu'il fit part de son opinion à MM. Thiers et Cousin. Le duc de Nemours ne présentait pas, selon lui, les garanties désirables. Ce prince était impopulaire, et les courtisans eux-mêmes, par l'empressement qu'ils mettaient à le porter au rang suprême, avertissaient les amis de la liberté. On le savait élevé dans les traditions de Louis-Philippe, et il passait pour les pousser à l'extrême. La duchesse d'Orléans, au contraire, femme de haute intelligence et de pensées généreuses, inspirait plus de confiance au parti constitutionnel, et ses sentiments de mère devenaient une garantie de prudence, lorsqu'il s'agissait de l'avenir de son fils.

M. Thiers et ses amis combattirent vivement les arguments de M. Odilon Barrot; mais il y persista, entraîné par d'autres conseils et obéissant à d'autres influences.

Pendant que les royalistes faisaient en secret leurs combinaisons, les radicaux discutaient publiquement la question, et, s'élevant plus haut que des querelles de noms ou des rivalités de personnes, rappelaient les principes fondamentaux qui devaient présider à une loi organique. Une loi organique sur la régence, disaient-ils, serait une adition à la Charte, et les Chambres et le roi, pouvoir législatif ordinaire, n'ont pas le droit de faire un acte pareil, de toucher à la Charte pour la compléter ou la réviser. Une législature, pouvoir constitué en vertu de la loi, n'a d'autre autorité que celle qui ressort de la législation, de la Constitution. Organiser la régence d'un roi mineur, décider dans quelles mains cette fonction est remise, remplacer, non pas le roi qui existe, qui est là, mais la royauté qui est en sommeil, c'est ajouter à la constitution de l'État. Une loi de cette importance ne saurait être faite par une Assemblée qui n'a pas de mandat spécial, et par conséquent il n'appartient pas aux députés actuels de la rendre. Dans ces conditions, c'est la nation qui doit être consultée, qui doit être représentée par une Assemblée constituante. La régence ne saurait être déléguée dans l'intérêt du roi mineur, ni dans celui d'une famille, mais dans celui du pays. La régence ne peut donc être un droit inhérent à une famille; on doit la déférer suivant les circonstances, suivant les garanties offertes par les hommes sur lesquels le choix peut s'arrêter. Différente de la tutelle, qui n'a d'autre objet que l'intérêt du mineur, la régence n'a d'autre objet que l'intérêt du peuple : la tutelle appartient à la famille, la régence à la nation. Cette thèse, soutenue par les journaux radicaux, fut développée avec intelligence et talent dans une brochure publié par M. E. Duclerc, qui traita la question à fond, et ne laissa aucun argument à la réplique.

Les radicaux, en cette occasion, étaient les véritables défenseurs des principes : il était difficile de répondre à leurs arguments. On aima mieux n'en pas tenir compte. Pendant que l'on contestait à la Chambre le droit de prononcer, les portes du Palais-Bourbon se rouvraient. La séance royale eut lieu le 26 juillet; le 9 août, on présentait la loi sur la régence.

XXIV

Discussion sur la loi de régence. -- M. Thiers se sépare de l'opposition, M. de Lamartine du Ministère. — M. Ledru-Rollin invoque le pouvoir constituant. — Vote de la loi. — M. Thiers n'obtient pas la récompense de son dévouement. — Souffrances matérielles. — Situation de la propriété foncière. — Industrie vinicole. — Pétition des propriétaires de la Gironde. — Projet d'union commerciale avec la Belgique. — Coalition des grands industriels. — Réunion Fulchiron. — Traité entre l'Angleterre et les États-Unis. — Clôture du protocole dans l'affaire du droit de visite. — Intrigues ministérielles. — Dilapidations de l'Hôtel de Ville. — Procès Hourdequin.

Déjà étaient oubliées les douleurs feintes ou sincères; la loi de régence n'était plus qu'une occasion pour les ambitions ou les intrigues. M. Guizot comptait que la gravité de la question ferait taire toutes les résistances; M. Thiers espérait se rapprocher du Pouvoir par une éclatante adhésion; M. O. Barrot voulait regagner quelque popularité par de prudentes réserves.

Quant aux républicains, ils trouvaient le moment venu pour eux d'invoquer les droits de la souveraineté nationale. Ils portèrent hardiment la question sur ce terrain. Leur principal organe dans la Chambre fut M. Ledru-Rollin. Nouveau venu dans l'enceinte du Palais-Bourbon, il y prit place, en cette occasion, parmi les premiers orateurs. Sa thèse était bien simple : il niait la compétence de la Chambre. Le projet de loi sur la régence était conçu en des termes qui engageaient l'avenir; il appartenait, par sa nature même, aux lois fondamentales du royaume ; le pouvoir législatif, avec ses attributions limitées, n'avait pas le droit de voter une loi semblable ; il fallait donc recourir au pouvoir constituant. Tel fut le résumé du discours de M. Ledru-Rollin, et il développa sa théorie avec une éloquence calme et fière, où la franchise se joignait à la mesure, la logique à l'élévation. « Au nom du peuple, s'écriait-il en terminant, je proteste contre votre loi, qui n'est, à mes yeux, qu'une usurpation. »

La Chambre était peu faite à ce hardi langage, et c'était quelque chose d'inouï pour elle que de se voir contester son droit ; M. Guizot vint la rassurer par des sophismes qui n'avaient pas même le mérite du bon goût.

« Si, dit-il, on prétend qu'il y a dans la société deux pouvoirs, l'un constitutionnel et l'autre constituant; l'un, si je puis parler ainsi, pour les jours ouvrables, l'autre pour les jours fériés; on dit une chose insensée, pleine de dangers, une chose fatale...

« J'ai vu, dans le cours de ma vie, trois grands pouvoirs constituants : en l'an VIII, Napoléon; en 1814, Louis XVIII; en 1830, la Chambre des députés; tout le reste, l'appel au peuple, les ratifications, tout cela n'a été que fiction et simulacre. »

M. Guizot en concluait que les trois pouvoirs constitutionnels suffisaient à tout ordonner, parce qu'ils formaient la souveraineté sociale organisée.

M. de Lamartine ne voulut pas s'occuper du pouvoir constituant. « Je viens, dit-il, rabaisser la discussion à la sphère du fait éminemment actuel, éminemment pratique... Je parlerai de l'investiture personnelle au profit du prince le plus près du trône, et de l'exclusion à tout jamais du droit des mères. »

Il y avait quelque habileté à placer ainsi la discussion entre la régence héréditaire et la régence élective. Il est vrai que l'orateur réservait le droit électif à la Chambre ; mais c'était plus que ne voulait accorder le projet ministériel, et M. de Lamartine fut entraîné par la logique même de son sujet à des aveux qui le séparaient profondément des conservateurs.

« Si je veux, leur disait-il, associer la nation et la dynastie comme vous, je ne veux pas subordonner l'une à l'autre. Non, je ne veux pas glisser du gouvernement national au gouvernement dynastique, exclusivement dynastique. La dynastie doit être nationale, et non la nation dynastique. »

« Non, s'écriait-il ailleurs, la loi que vous faites n'est ni conservatrice ni dynastique... On l'appelle conservatrice, et elle est grosse de révolutions ; on l'appelle dynastique, et elle est grosse d'usurpations. Elle chasse la mère du berceau, et y place le compétiteur et le rival ! »

Faisant ensuite appel aux sentiments de dignité de la Chambre, l'orateur ajoutait :

« Dans les grandes et neuves situations où le pays se trouve placé depuis cinquante ans, à l'origine, à la fondation même du gouvernement représentatif qui doit concilier, dans une proportion égale, les influences de la prérogative sacrée de la royauté et le libre et plein exercice de la liberté nationale, quand il se présente une occasion, une occasion fatale, que nous aurions repoussée de toute la force de nos sentiments, mais enfin une occasion plus forte que nous, donnée par une destinée cruelle, de saisir momentanément l'exercice régulier, normal, pacifique, parlementaire de ce grand pouvoir national, je dis qu'il y a désertion de la mission grave, de la mission audacieuse quelquefois que nous avons reçue de notre époque, de notre temps et de toutes les révolutions dont nous représentons l'esprit, l'esprit sage, modéré, mais progressif, dans cette enceinte. Je dis que se réfugier timidement et à la hâte, en pareil cas, dans le seul pouvoir dynastique, c'est déclarer à la face de la France et du monde qu'on ne croit pas le pays capable et digne de se gouverner lui-même. »

40. — E. REGNAULT.

« Or, une régence de femme, c'est le pouvoir du pays, c'est le gouvernement dans le Parlement, c'est la dictature de la nation à la place d'un dictateur royal. »

Tandis que M. de Lamartine se séparait ainsi, avec éclat, des conservateurs obstinés, M. Thiers sortait des rangs de l'opposition pour faire offre à la Couronne de ses dévouements les plus empressés. M. Guizot peut-être n'en était que médiocrement touché, car son rival devenait dangereux par ses docilités. Mais Louis-Philippe qui, après

Lamartine.
(2e portrait, gravure de l'époque.)

tout, ne s'engageait à rien en acceptant des services, se réjouissait d'avoir acquis au duc de Nemours un si puissant avocat. D'ailleurs, en même temps qu'il fortifiait sa propre cause, il affaiblissait l'autorité de M. Thiers, désormais compromis avec l'opposition et faiblement réconcilié avec les conservateurs. Si M. Thiers n'aperçut pas le piège, au moins fit-il tous ses efforts pour l'éviter, en multipliant les protestations monarchiques, qui pouvaient faire oublier ses erreurs passées.

« Je ne veux pas, dit-il, faire un discours aujourd'hui, je veux faire un acte. »

Quant à la loi elle-même, M. Thiers la déclarait irréprochable. « Je déclare, disait-il, que c'est la loi que j'aurais faite, et certes je n'ai pas été consulté. » Cette assertion n'était pas exacte; mais il ne se croyait sans doute pas obligé de révéler les secrets de la coulisse. « Toutefois, ajoutait-il, la loi serait tout autre, je la voterais de même. Je vous déclare que dans la loi on aurait placé des institutions temporaires, appliquées uniquement au règne actuel, ce que j'aurais cru plus prudent, au lieu de la régence des hommes, on aurait mis la régence des femmes, je vous déclare qu'avec le même empressement, avec le même esprit d'adhésion, j'aurais consenti à la loi uniquement par ce sentiment qu'aujourd'hui, dans l'état, non pas de péril, mais d'ébranlement au moins, où un coup funeste a placé la Monarchie, ce dont elle a le plus besoin, ce n'est pas d'amendements, c'est de notre adhésion. »

Assurément, il était difficile de pousser plus loin l'abnégation, et tant d'humilité méritait une récompense. Le roi avait espéré sans doute que M. Thiers entraînerait à sa suite quelques hommes influents de l'opposition, et celui-ci ne négligea rien pour justifier cette espérance. S'adressant directement à la gauche en termes presque suppliants, il la conviait à voter la loi par égard pour la Monarchie. « Il ne s'agit pas, lui dit-il, de ministres, il s'agit de la Monarchie; il s'agit de prouver, par notre adhésion, qu'il n'y a pas de différences entre nous quand il est question d'elle. J'appelle l'unanimité, et cette unanimité, à qui la demanderais-je? A qui cet exemple était-il surtout recommandé? Ce n'est pas aux membres de la majorité qui votent ordinairement avec le Pouvoir. C'est à l'opposition, à cette opposition du moins dont j'ai l'honneur de faire partie, à adhérer, à montrer cet empressement que je regarde comme une des forces de la Monarchie: C'est alors qu'on aurait vu que tous les partis étaient prêts à se serrer autour du trône; et je le lui demandais, et je le lui demande encore pour le pays. Je le lui demande pour elle. N'est-ce pas une occasion de s'honorer, de prouver qu'on a l'esprit de gouvernement, l'esprit, le véritable esprit monarchique; une occasion unique, et sans faire aucun sacrifice d'opposition? »

M. Thiers invitait l'opposition à se rendre possible, et semblait lui montrer des portefeuilles en échange de ses concessions. L'artifice était maladroit et lui valut cette rude apostrophe de M. O. Barrot : « L'opposition met ses convictions avant ses intérêts. »

Nous ne terminerons pas cette rapide analyse du discours de M. Thiers sans faire connaître son opinion sur le mérite du pouvoir constituant.

« Je demande pardon, dit-il, aux partisans du pouvoir constituant du peu de respect avec lequel j'en parle; oui, j'en parle avec peu de respect parce que j'en ai fort peu. Sans aucun doute, j'admets une grande différence entre une charte et une loi. Ce pouvoir constituant dont on parle a existé, je le sais; il a existé à plusieurs époques de notre histoire; mais s'il a toujours paru placé au-dessus des autres pouvoirs, il a toujours, en réalité, joué un triste rôle au service des Assemblées primaires et des passions dans les premiers temps de la Révolution, au service d'un grand homme sous l'Empire, et, sous la Restauration, caché sous l'article 14 de la Charte, sans lequel il n'aurait pas existé. Il n'est donc pas vrai de dire que le pouvoir constituant soit l'honneur de notre histoire. »

On voit que MM. Thiers et Guizot étaient parfaitement d'accord pour nier les principes fondamentaux de la démocratie. Au surplus, il y avait encore dans le discours du premier une phrase qui peut s'appliquer à tous deux, quoiqu'elle fût adressée aux légitimistes. « Messieurs, disait M. Thiers, quand on a trompé un pays aussi gravement qu'on l'a fait, il ne faut plus prétendre qu'on ferait autrement. »

M. O. Barrot, qui, ainsi que nous l'avons dit, s'était laissé circonvenir dans les premiers jours de stupéfaction, se sépara hautement, à la tribune, de la funeste alliance de M. Thiers, et son talent, dégagé de ses entraves, se développa dans toute son ampleur. Ce fut le moment d'un de ses plus beaux triomphes oratoires, et ce que nous avons vu depuis donne à ses paroles quelque chose de prophétique. Comme M. de Lamartine, il demandait la régence élective, et ses arguments, empruntés à la situation du pays, à l'état de nos mœurs, aux exigences de la Constitution, étaient concluants, solides, dépouillés de toute déclamation. Ses dernières paroles étaient une réponse directe aux cajoleries de M. Thiers.

« Les fonctions de régent, dit-il, sous une minorité, sont celles qui exigent le plus de capacité personnelle, et vous voulez faire une loi qui dépouille les pouvoirs politiques d'un droit d'appréciation qui leur appartient depuis les temps les plus reculés de la Monarchie ; vous voulez les en dépouiller au profit du hasard ; vous considérez une pareille loi comme une loi secondaire, et vous invoquez des motifs de convenance au nom desquels nous devons faire le sacrifice de nos convictions. Eh bien ! nous croyons mieux servir la Monarchie en disant franchement nos convictions et en mettant nos votes en harmonie avec elle.

« Songez-y bien, ce n'est pas en vertu du discernement, de l'appréciation de ses qualités, que vous désignez l'homme appelé aux fonctions de régent ; non, c'est un droit absolu que vous créez. Eh bien ! nous, nous voudrions que le prince régent eût pour lui au moins cette autorité d'adhésion, d'intelligence de la part des pouvoirs de l'État. Cette adhésion intelligente, loin de l'affaiblir sera une force pour lui. »

Pour les zélés monarchistes qui avaient préparé la loi, MM. de Broglie, Thiers, Guizot, et qui s'étaient flattés de rallier autour du trône ébranlé tous les dévouements dynastiques, c'était un fait considérable que l'opposition de MM. O. Barrot et de Lamartine ; c'était, en outre, un échec personnel pour M. Thiers, qui avait à peine détaché de la gauche quelques hommes des plus timides. Son autorité était compromise et son rôle amoindri ; au lieu d'un chef d'opposition entraînant à sa suite des bataillons obéissants, on ne voyait qu'un déserteur désavoué des siens ; au lieu de se présenter à M. Guizot comme un rival avec lequel il faudrait compter, il n'était devenu qu'un instrument destiné à le raffermir.

Dès que la loi fut votée (310 voix contre 94), M. Thiers put voir qu'on n'avait plus besoin de lui. Aux empressements succédèrent les froideurs, et les espérances qu'il avait conçues s'évanouirent après la victoire. Il avait eu cependant plus d'une fois occasion de connaître la politique de Louis-Philippe. Lorsque les embarras se présentaient, ce prince avait coutume de dire : « La montée est difficile, il faut prendre un nouveau relais ; » et les ambitions personnelles lui amenaient promptement un attelage de renfort. Mais dès que les escarpements étaient franchis, il détachait l'attelage, et d'un coup de fouet dédaigneux le renvoyait à l'écurie.

Ainsi il en advint avec M. Thiers. Tout meurtri du combat, séparé de ses amis, repoussé de ses nouveaux alliés, il n'eut plus qu'à se retirer dans sa tente, mais après avoir perdu son armée et sa position.

La session anticipée des Chambres n'avait eu d'autre but que la loi de régence. Aussitôt après le vote, elles furent prorogées, non sans avoir apporté, dans la situation des partis, d'importantes modifications. Il est constant que le Cabinet du 29 Octobre s'était fortifié par l'adhésion du centre gauche. Mais la gauche elle-même, quoique amoindrie, avait montré dans la défense du principe électif une vigueur qui avait relevé son autorité morale. D'un autre côté, la discussion sur le pouvoir constituant, soulevée par les radicaux du Parlement et de la presse, avait élargi le domaine de la politique, et réveillé dans les esprits des théories audacieuses sur le principe du Gouvernement. Le résultat matériel du vote était sans doute une victoire pour la Monarchie, mais la victoire avait été précédée de contestations menaçantes qui laissaient l'avenir plein de doutes et d'incertitudes. En voyant M. de Lamartine prendre hautement la défense de la mère du comte de Paris, on croyait dans le public qu'il y avait au Parlement un parti tout formé pour la régence maternelle. On se trompait, il est vrai ; mais il suffisait qu'on le crût pour qu'un jour cela pût être.

Cette courte session avait pourvu aux intérêts dynastiques. Il y en avait d'autres cependant qui méritaient d'attirer la sollicitude du législateur, et le repos parlementaire fut plus d'une fois troublé par la voix des souffrances auxquelles on n'apportait aucun remède. Le Cabinet du 29 Octobre s'était vanté de sortir des abstractions politiques pour entrer dans le domaine des faits. A défaut des satisfactions morales et qu'il appelait illusoires, il avait promis de faire une large part aux intérêts matériels, et cependant des plaintes partout répétées appelaient en vain l'accomplissement de solennels engagements.

La matière cependant était importante, et le champ était vaste, car il avait pour mesure l'étendue des douleurs et la variété des souffrances. Le pays légal lui-même, assis sur la propriété foncière, laquelle fournissait les bataillons de l'armée électorale, étalait aussi ses plaies et demandait soulagement. Accablé par les impôts, pliant sous le faix des créances hypothécaires, il eût volontiers repoussé des privilèges qui se mesuraient au poids des contributions. L'agriculture, base première de notre richesse nationale, dépérissait de jour en jour sous la double pression du fisc et de l'usure. Quelques chiffres puisés aux statistiques officielles peuvent indiquer l'étendue du mal et l'urgence du remède.

Le revenu territorial s'élevait à. . . .   1,580,597,000 fr.
La propriété foncière payait à l'État. .   562,094,084
Les hypothèques inscrites au nombre de   4,587,862
Formaient un capital de   11,233,265,778
L'intérêt à 5 0/0 est de 561,533.288

D'où il résulte que la propriété foncière, sur un revenu de 1,580,597,000 fr., payait 1,123,627,472 fr.; c'est-à-dire que le propriétaire ayant 1,500 francs de revenu payait en moyenne 1,100 francs d'impôt et d'intérêts.

Il est vrai qu'un certain nombre des hypothèques inscrites peut être retranché du capital total, les débiteurs ayant négligé d'en obtenir la radiation. En tenant compte de cette déduction, on serait encore au-dessous de la vérité en fixant le total restant à huit milliards.

Mais, d'un autre côté, nous n'avons porté l'intérêt qu'à 5 p. 0/0 ; et pour qui connaît les formalités exigées par notre loi hypothécaire, et les frais exigés par ces formalités, il est évident que la moyenne de l'intérêt est de 10 p. 0/0; c'est-à-dire que le riche qui fait de gros emprunts et à longs termes paye 6 à 7 p. 0/0, et que le pauvre qui emprunte de petites sommes et à courte échéance paye de 15 à 20 p. 0/0.

On peut juger quelle perturbation une pareille législation jette dans les fortunes, quelles douleurs elle apporte aux familles, quels insurmontables obstacles elle oppose aux progrès de l'agriculture. Pour un ministère qui avait promis satisfaction aux intérêts matériels, quel sujet plus fécond de réformes utiles, quelle plus heureuse occasion de gagner les cœurs ? Et pourtant rien ne se faisait; aucune tentative, même apparente, n'apportait une perspective de soulagement.

Les grandes industries n'avaient pas moins de sujets de plaintes. Une de celles qui manifestèrent avec le plus d'énergie leur mécontentement fut l'industrie vinicole, et les nombreux intérêts qu'elle représente donnaient à ses réclamations une menaçante importance. Elle parlait, en effet, au nom de six millions de travailleurs, au nom d'une culture qui occupe en France la vingtième partie du sol, qui produit annuellement environ 40 millions d'hectolitres, représentant une valeur créée de 700 millions de francs, qui fournit à une exportation dont la valeur a souvent atteint 800 millions, qui donne lieu dans nos ports à un mouvement côtier ou de long cours de plus de 350,000 tonneaux, et qui paye enfin, tant au Trésor qu'à l'octroi des villes, une somme de 110 millions d'impôts. Et cette immense puissance productive était frappée de paralysie d'une part, à l'étranger, par les entraves du système protecteur et prohibitif; d'autre part, à l'intérieur, par le régime des contributions indirectes et des octrois. Dans le département de la Gironde, le mal était plus grand que partout ailleurs. Bordeaux, qui devait son ancienne prospérité à nos développements coloniaux, et qui ne s'était pas relevé du coup que lui avait porté l'émancipation de Saint-Domingue, Bordeaux en particulier avait une part immense dans les souffrances générales; en six ans ses exportations avaient été réduites de près d'un tiers.

Aussi la crise commerciale se développait-elle sur cet important marché avec des symptômes effrayants. Une pétition des propriétaires de vignes de la Gironde signifia au Gouvernement que, par suite de l'entassement des vins et la réduction des prix, il leur devenait impossible de payer l'impôt. Le président de la Commission nommée par les propriétaires ajoutait : « Je ne puis vous celer la désaffection que les mesures ministérielles (la perception pratiquée sans ménagements et sans délais par les agents du fisc) produisent dans la Gironde; à tel point que, si des élections générales devaient avoir lieu en ce moment, il ne faudrait pas être étonné si elles produisaient des choix entièrement hostiles au Gouvernement. » Le pays légal se mettait en insurrection : il alla plus loin, menaçant de refuser l'impôt ou de ne le payer qu'en nature.

Le remède à ces plaintes ne pouvait être qu'une profonde et intelligente réforme dans le droit international, basée sur des concessions réciproques de peuple à peuple, qui devait abaisser par degrés les barrières de la prohibition et remplacer la guerre de tarifs par les bienfaits de la liberté commerciale. Mais dans cette voie d'intelligence et de progrès, le Gouvernement rencontrait pour adversaires les coryphées parlementaires qui guidaient les phalanges ministérielles. Gros financiers, gros industriels, tous les cœurs avides auxquels ils avaient enseigné le culte des intérêts, se soulevèrent à l'idée de voir atteindre leur monopole, et prouvèrent au ministère qu'ils avaient retenu ses leçons.

En 1837, un projet d'union commerciale complète avec la Belgique avait été proposé par le Ministère du 6 Septembre. Mais le Gouvernement de Bruxelles jugeait que l'indépendance belge ne s'y trouvait pas suffisamment garantie. Après de longs pourparlers, les négociations furent interrompues. Le Ministère du 1er Mars les avait reprises; elles furent arrêtées de nouveau par les complications extérieures. Au commencement de la session de 1842, le projet d'union douanière reparaissait encore; mais la Chambre parut peu disposée à l'accueillir avec faveur, et, dans la discussion de l'Adresse, les intérêts rivaux firent entendre de menaçantes paroles. Le Ministère crut prudent d'ajourner.

Après la courte session d'août, à la suite d'une victoire politique, il se crut assez fort pour reprendre son œuvre, et le roi Léopold était venu lui-même à Paris dans les premiers jours d'octobre, pour mener à bonne fin une transaction aussi éminemment utile aux deux pays. Mais les privilégiés du Parlement eurent bientôt montré à M. Guizot que s'ils étaient toujours prêts à lui sacrifier les libertés publiques, il n'aurait pas aussi bon marché de leurs intérêts privés.

A peine la présence de Léopold eut-elle révélé les périls qui menaçaient le système protecteur, que les chefs d'industrie s'ameutèrent : maîtres de forges, propriétaires de forêts, extracteurs de houille, tous crièrent à la spoliation, parce que le public allait avoir à bon marché des articles supérieurs à ce qu'ils ne livraient qu'à des prix exorbitants. Qu'importaient les avantages des consommateurs? La masse des consommateurs ne figurait pas sur les listes électorales, n'avait aucune influence sur les décisions de la Chambre, sur les changements de Cabinets. La minorité des producteurs dominait au Parlement: elle voulait conserver sa domination sur le marché. Le 26 octobre, une réunion de députés industriels, engraissés par le monopole, eut lieu chez M. Fulchiron, et là retentirent les plus folles clameurs contre un Gouvernement qui voulait mettre fin aux tyraniques exploitations de quelques favoris de la fortune. L'intérêt matériel, si merveilleusement encouragé par le Ministère, se mettait en insurrection et prenait des airs de tribun. L'Assemblée adopta des mesures de résistance, et l'on y vota des résolutions portant que « chacun des membres chercherait ou saisirait l'occasion de porter ses doléances auprès du trône, et lui ferait connaître les perturbations que causerait la réalisation des projets ministériels; que chaque député devrait se mettre en rapport avec les représentants légaux de l'industrie et du commerce dans sa localité, afin de leur offrir à Paris un intermédiaire et un organe pour toutes les représentations qu'ils croiraient utile d'adresser au Gouvernement. » C'était une véritable coalition, faisant appel à toutes les mauvaises passions que soulève la cupidité. Cet appel fut entendu : les Chambres de commerce de la province, les Chambres consultatives envoyèrent des délégués à Paris; un Congrès industriel se réunit dans les salons de Lemardelay et somma le Ministère de renoncer à la seule idée féconde qu'il eût osé concevoir. Le Ministère céda honteusement, et courba la tête devant l'insolente féodalité qu'il avait lui-même créée.

Jamais peut-être il n'y eut d'argument plus décisif en faveur de la réforme électorale. Quel poids, en effet, auraient eu les clameurs de quelques hommes, s'ils n'avaient été en possession exclusive du droit électoral, c'est-à-dire de la véritable souveraineté? Le Gouvernement, pour maintenir compacte sa petite armée de privilégiés, s'était obstinément refusé à en grossir les rangs. Mais un jour ses soldats se révoltent; ils lui jettent le défi; il est à leur discrétion; et ces phalanges indociles ne reconnaissent plus ni frein ni discipline. On avait fait appel aux intérêts, et les intérêts ne peuvent plus être gouvernés dans leur propre sphère; il n'y a plus de règle qu'ils acceptent et qu'il soit permis de leur appliquer; et le pouvoir social est déchu nonseulement comme guide dans ses attributions matérielles, mais comme inspiration dans les sphères plus élevées de l'intelligence et de la morale.

L'union douanière avec la Belgique était non seulement une heureuse introduction vers la liberté commerciale; c'était encore l'agrandissement politique de la France, la conquête pacifique d'un pays qui rentre par son territoire, ses mœurs et son langage, dans la sphère de notre nationalité. La presse radicale appuya énergiquement la pensée ministérielle, et prouva en cette occasion que ses oppositions n'étaient pas systématiques. Le Cabinet du 29 octobre perdit par sa faiblesse tout le fruit de ses bonnes intentions.

Ajoutons, pour compléter l'histoire de cette négociation avortée, que les Cabinets de Londres, de Vienne et de Berlin firent entendre de menaçantes protestations contre un projet qui devait agrandir les influences politiques de la France. Ils prétendaient que c'était une violation des traités de 1815, que l'union commerciale équivalait à une accession du territoire de la Belgique en France; ils avaient peut-être raison. Mais la logique des peuples rivaux donnait la mesure du patriotisme de nos grands industriels.

Pendant qu'il luttait contre ses partisans à l'intérieur, M. Guizot trouvait une compensation dans les complaisances du Ministère tory, qui l'aidait à terminer sans mécompte les différends relatifs au droit de visite.

Ce n'avait pas été pour lord Aberdeen un médiocre embarras que de rencontrer la résistance de la France jointe à celle des États-Unis. Si le premier pays eût accepté le traité, il n'est pas impossible que l'Angleterre ne se fût décidée à agir sur l'autre par la contrainte; mais l'attitude de la France donnait à l'Amérique une force morale devant laquelle il fallait nécessairement céder, malgré les injonctions des fervents abolitionistes et les sarcasmes des whigs. Quoique le protocole restât ouvert pour la signature de M. Guizot, il n'y avait guère à espérer qu'il pût la donner; et les protestations énergiques des Chambres ne permettaient même pas de reprendre les négociations.

Ainsi séparé de la France, il ne restait plus au Cabinet de Saint-James qu'à se rapprocher de l'Amérique. Aussi bien il y avait à traiter d'autres questions non moins irritantes : la délimitation des frontières amenait tous les jours des collisions sanglantes qui entretenaient les animosités et pouvaient conduire à une guerre ouverte. Les désastres de l'Asie et de nouveaux troubles dans les districts manufacturiers contribuaient d'ailleurs à rendre l'Angleterre accommodante. Lord Ashburton fut envoyé à Washington en qualité de plénipotentiaire chargé de régler tous les différends, et le 9 août 1842 intervint un traité qui fixait définitivement la limite des frontières, stipulait l'extradition réciproque de certains criminels, et réglait ou plutôt abolissait le droit de visite. Il était convenu que les forces armées par chacune des puissances pour réprimer le commerce de la traite seraient égales, et qu'elles agiraient séparément; c'est-à-dire que chacune des deux nations ferait la police des mers pour son propre compte et sur ses propres navires, sans que l'autre fût en droit de visiter les bâtiments de son alliée.

Ainsi les Américains maintenaient en leur faveur le grand principe maritime, celui de l'inviolabilité de leurs navires. C'était un exemple donné à la France, qui ne permettait plus au Ministère aucune concession.

Aussi le traité Ashburton fut-il accueilli en Angleterre avec des ressentiments mal déguisés, et même les journaux attachés aux tories avouaient l'échec de leur diplomatie. « Nous ne voyons dans ces stipulations, disait l'un d'eux, rien dont l'Angleterre ait à s'enorgueillir. » Un autre, plus particulièrement dévoué au Cabinet, l'excusait par la nécessité. « Il fallait en passer par là, dit-il, ou tirer le canon, et la première extrémité est moins défavorable que la seconde. »

Cependant, quelque désavantageux que fût le traité, lord Aberdeen avait intérêt à le ratifier. En effet, jusque-là l'Amérique demeurait unie à la France; par le traité du 9 août, la France était isolée. Cette pensée fut trahie par les organes mêmes du Cabinet tory. « Osera-t-on, s'écrie le *Standard*, accuser les ministres de Sa Majesté, qui sont appelés à maintenir notre grande nation dans le rang élevé de conservatrice de la paix, d'avoir réalisé une mesure qui garantit tous les intérêts de notre pays, remplit les vœux des Américains, aujourd'hui nos amis, et qui, nous dégageant de toute alliance embarrassante, laisse le pays libre de soutenir ses droits et sa puissance vis-à-vis des autres puissances européennes? »

Mais que pouvaient ces vaines menaces contre l'opinion bien prononcée du peuple et du Parlement français ? Lord Aberdeen avait trop intérêt à ménager le Cabinet conservateur du 29 Octobre, pour suivre les impulsions belliqueuses de ses imprudents amis. M. Guizot, de son côté, aux approches d'une session nouvelle, voulait écarter une question qui lui avait déjà tant apporté de soucis. M. de Saint-Aulaire fut chargé de demander au Gouvernement anglais la clôture du protocole de 1841; et le 19 novembre on lisait dans le *Moniteur* : « Le Gouvernement du roi ayant déclaré qu'il ne croyait pas devoir, ni en ce moment, ni plus tard, ratifier le traité du 20 décembre 1841, les représentants de l'Angleterre, de l'Autriche, de la Prusse et de la Russie, réunis en conférence à Londres, mercredi dernier, 9 novembre, ont décidé que le protocole était clos, et que le traité conservait d'ailleurs, quant aux quatre puissances, toute sa force et toute sa valeur. »

Il faut avouer que cette fois M. Guizot cédait sans détour et prenait un engagement solennel envers le public et envers les Chambres. Il est vrai qu'il lui eût été difficile de faire autrement; mais encore fallait-il une certaine adresse pour calmer les ressentiments britanniques. Si la France repoussait à bon droit une transaction qui compromettait sa dignité, l'Angleterre avait bien sujet de se plaindre, car le Cabinet français s'était engagé et ne tenait pas sa parole. Avec les whigs, M. Guizot n'aurait pas obtenu de si faciles indulgences; les tories se résignèrent à subir la solidarité de ses échecs parlementaires.

Cependant cet aveu public d'une défaite affaiblissait l'autorité de M. Guizot; ainsi du moins le jugeaient les rivaux qui cherchaient à le supplanter. Les intrigues se réveillèrent autour des portefeuilles; une coalition se tramait entre les dépossédés du 15 Avril et du 12 Mai, coalition de grands hommes méconnus et de vanités brisées. En tête, M. Molé, secrètement appuyé de M. de Montalivet. Puis venaient à la suite les tapageurs de la Cour, aides de camp hâbleurs, députés zélés, journalistes à la solde. Chacun à l'envi jetait la pierre à M. Guizot : c'était un homme usé, ayant fait son temps ; compromis à l'intérieur par une impopularité toujours croissante; à l'extérieur, par la triste issue du droit de visite, incapable en administration et malheureux en diplomatie. Ces bruits, d'abord répandus avec mystère, puis grossissant de proche en proche, tenaient en éveil toutes les cupidités. La session approchait, et il fallait enlever la place pour avoir le temps de préparer la campagne parlementaire. Les amis de M. Molé s'y dévouaient avec une activité qui révélait de hautes complicités. Déjà l'on préparait les listes du nouveau Cabinet. M. Passy était engagé, M. Dufaure caressé, M. Vivien invité. Des avances étaient faites à M. Billault, et un traité d'alliance offert à M. de Lamartine; mais ce dernier faisait ses conditions, et sa conscience, rebelle aux intrigues, devenait un embarras.

Toutefois, si M. Guizot était mal vu des valets du Château, il avait pour lui le maître. Louis-Philippe tirait trop bon parti des ressources oratoires de son ministre, pour le sacrifier à des criailleries subalternes. Il était surtout dominé par une pensée secrète qui ne l'abandonnait jamais : celle de recommencer la lutte pour la dotation du duc de Nemours, et nul ministre ne lui paraissait plus propre que M. Guizot à vaincre par son habileté les résistances des conservateurs. Il le tenait donc en réserve pour reprendre ce débat qu'il regardait, non sans raison, comme une des épreuves les plus décisives du principe monarchique. M. Guizot put laisser avec calme s'embrouiller les fils de l'intrigue qui s'agitait à ses pieds. L'appui du roi lui permettait le dédain envers des courtisans révoltés.

Pendant que ces ténébreuses menées obscurcissaient les hautes régions du Pouvoir, un procès scandaleux en cour d'assises révélait au public les honteuses dilapidations de certains administrateurs de la Ville de Paris, et dévoilait un système organisé de prévarication, dont une foule de citoyens avaient été victimes.

Le bureau de la grande voirie et des plans a dans ses attributions tout ce qui concerne les alignements, les ouvertures de nouvelles rues, les contraventions en matière de construction et le payement des indemnités dues aux propriétaires dépossédés. Quelques employés de cet important bureau avaient profité de leur position officielle, non seulement pour détourner à leur profit les deniers de la Ville, mais aussi pour mettre à contribution les parties intéressées. Une association organisée dans les bureaux protégeait ce brigandage, et la connivence du chef et des employés l'avait fait durer plusieurs années. Les uns exécutaient des travaux inutiles, les faisaient présenter par des prête-nom, et en recevaient le prix après une vérification accomplie par un complaisant. D'autres, plus haut placés, faisaient disparaître les dossiers des contrevenants, qui payaient rançon; les propriétaires dépossédés ne pouvaient faire régler leurs indemnités qu'en faisant de ruineux sacrifices. Ceux qui n'avaient pas le secret des marchés clandestins attendaient vainement qu'on leur fît justice, ou bien, assaillis par des spéculateurs qui étaient en communication avec les employés, ils vendaient à vil prix leurs créances qui étaient aussitôt payées aux trafiquants. Puis venaient les spéculations sur les terrains, les ouvertures de rues nouvelles pour lesquelles des entrepreneurs achetaient le secret des bureaux. La communication d'un plan d'alignement, d'une délibération du conseil municipal, s'était vendue 15 ou 20,000 francs. Enfin, dans cette région administrative, on profitait de l'influence qu'on exerçait sur certains conseillers municipaux pour faire abaisser ou élever le chiffre des indemnités, pour donner aux rues projetées telle direction qui devait profiter aux entrepreneurs favorisés. Or, il arriva qu'un spéculateur chassé de la Préfecture voulut continuer à partager les bénéfices. Ces prétentions étant repoussées, une lutte s'engagea entre le complice qui possédait le secret des opérations, et la bande mystérieuse qui volait l'Administration et les particuliers, lorsque la justice intervint. Plusieurs employés furent arrêtés, et le public apprit avec stupéfaction que parmi eux était le chef de bureau, M. Hourdequin, jusque-là environné d'une considération générale, exerçant une haute influence sur le préfet, et gouvernant, plus qu'il n'était légitime peut-être, les délibérations du Conseil municipal.

Les débats furent pleins de scandales et d'affligeantes révélations, et cependant on ne put percer tous les mystères des ces ténébreuses machinations. Beaucoup de complices échappèrent aux poursuites. M. Hourdequin, plus coupable parce que ses fonctions, destinées à protéger les citoyens, lui avaient servi à les dépouiller, fut condamné avec deux employés des bureaux. Cette tardive satisfaction accordée à la conscience publique n'en laissait pas moins derrière elle un sentiment profond de méfiance envers l'Administration. Le Pouvoir tout entier en était ébranlé, et l'opposition profitait des ressentiments publics pour attaquer avec énergie le Gouvernement, qui manquait au moins de surveillance, si ce n'était de moralité.

XXV

Nouvelle discussion sur le droit de visite. — Condamnation des traités de 1831 et 1833. — MM. Dufaure et Passy se séparent du Ministère. — Question de réforme parlementaire. — Nouvelle loi sur les sucres. — Lois diverses. — Enquête parlementaire. — Corruptions électorales. — Espagne : Ministère Lopez. — Sa prompte démission. — Indignation des Cortès. — Prorogation et dissolution des Chambres. — Soulèvement des provinces. — Bombardement de Séville. — Chute d'Espartero. — Isabelle est déclarée majeure. — Ministère Olozaga. — Ses luttes contre les royalistes. — Incidents de sa chute. — Ministère Gonzalès Bravo. — Rappel de Marie-Christine. — Les Anglais se vengent des désastres de l'Afghanistan. — Paix avec la Chine. — Troubles dans les districts manufacturiers. — Les chartistes. — O'Connell et l'Association du rappel. — Procès et condamnation d'O'Connell. — Les Rebeccaïtes du pays de Galles. — Ligue des céréales.

On n'en avait pas encore fini avec le droit de visite. Le traité du 20 décembre 1841 n'existait plus pour la France, mais ceux de 1831 et 1833 demeuraient toujours comme une consécration du principe ; et lord Aberdeen, si complaisant jusqu'alors, avait repoussé toute ouverture tendant à les effacer du code international. Dans une conférence avec M. de Saint-Aulaire, il lui avait déclaré que si le Gouvernement français procédait violemment à l'abrogation de ces traités, il serait du devoir des ministres de Sa Majesté de rappeler de Paris l'ambassadeur d'Angleterre. La menace était assez sérieuse pour contraindre M. Guizot à céder à son tour. Mais, d'un autre côté, l'opinion publique en France ne se prononçait pas avec moins d'opiniâtreté, et, déjà victorieuse en ce qui concernait le traité de 1841, elle voulait compléter son triomphe en attaquant le principe même du droit de visite, imprudemment admis dans les conventions antérieures. Pour l'opposition, les sympathies générales en faisaient une excellente occasion de lutte; pour les rivaux ministériels, c'était un nouveau sujet d'espérance. L'ambition et le patriotisme se trouvaient d'accord. La session qui commença le 9 janvier 1843 ouvrait une nouvelle carrière aux attaques; le droit de visite fut, en effet, la question qui domina toutes les autres dans la discussion de l'adresse.

M. Guizot, seul contre tous, fit preuve d'une énergie désespérée et d'une remarquable puissance de talent. Mais tout fut inutile. Il fallut se courber devant l'arrêt de la nation. La Chambre des pairs cependant lui avait offert la satisfaction d'une première victoire. On y avait proposé par amendement d'introduire dans l'adresse les paroles suivantes : « Les bonnes relations avec l'Angleterre seront plus assurées encore, si un nouvel examen des traités de 1831 et 1833 parvient à faire disparaître les inconvénients que leur exécution a paru révéler. » M. Guizot combattit l'amendement et soutint qu'on ne pouvait l'accepter sans pousser inévitablement la France à une faiblesse ou à une folie. Les pairs furent dociles à sa voix. Mais, au Palais-Bourbon, la Commission même de l'adresse, composée de conservateurs, proposa le paragraphe suivant : « Nous appelons de tous nos vœux le moment où notre commerce sera replacé sous la surveillance exclusive de notre pavillon. » M. Guizot fut obligé d'accepter cette protestation bien autrement significative que celle qu'il avait repoussée au Luxembourg. Le droit de visite était définitivement jugé. Les traités antérieurs n'avaient désormais pas plus de force que la convention de 1841.

La discussion de l'adresse avait été féconde en émotions, lorsque les orateurs de tous les partis, radicaux, légitimistes, libéraux et conservateurs, se présentaient tour à tour, chacun jetant sa pierre au principe du droit de visite et désavouant le ministre qui livrait en proie la dignité nationale.

Ce qui remuait surtout les esprits, c'était de voir des hommes jusque-là soutiens de la Monarchie de Juillet s'en détacher résolûment, s'inscrire à ciel ouvert dans les rangs de l'opposition, et déclarer la guerre à ceux qu'ils avaient servis. M. de Lamartine avait déjà, dans la session d'août, combattu le Ministère ; ici il attaqua tout le système du Gouvernement ; il avait différé sur une question spéciale, il annonça une scission complète. S'élevant tout à coup jusqu'au plus hardi radicalisme, il étonna la Chambre par la ferveur de ses théories démocratiques. Le vice de la situation, disait-il, n'était pas à ses yeux dans le Ministère, ni dans le Ministère actuel ni dans celui qui l'avait précédé, ni peut-être dans ceux qui seraient destinés à lui succéder. Le vice était plus haut... Puis, faisant loyalement amende honorable pour ses propres aveuglements, M. de Lamartine condamnait lui-même la conduite qu'il avait jusqu'alors tenue, car le Gouvernement se faisait de la modération des gens de bien un encouragement à des fautes nouvelles.

Les centres, frémissant de colère, cherchaient vainement à interrompre l'orateur, il faisait taire leurs murmures par des menaces éloquentes qui avaient quelque chose de prophétique.

« Non, s'écria-t-il, non, il ne sera pas donné de prévaloir longtemps contre l'organisation et le développement de la démocratie moderne, à ce système qui usurpe légalement, qui empiète timidement, mais toujours, et qui dépouille le pays pièce à pièce de ce qu'il devrait conserver des conquêtes de dix ans et de cinquante ans.

« Non, ce n'est pas pour si peu que nous avons donné au monde européen, politique, social religieux, une secousse telle, qu'il n'y a pas un empire qui n'en ait croulé ou tremblé, pas une fibre humaine dans tout l'univers qui n'y ait participé par le bien, par le mal, par la joie, par la terreur, par la haine ou par le fanatisme !

« Et c'est en présence de ce torrent d'événements qui a déraciné les intérêts, les institutions les plus solidifiées dans le sol, que vous croyez pouvoir arrêter tout cela, arrêter les idées du temps, qui veulent leur place, devant le seul intérêt dynastique trop étroitement assis, devant quelques intérêts groupés autour d'une monarchie récemment fondée? Vous osez nier la force invincible de l'idée démocratique un pied sur ses débris !

« Ah ! détrompez-vous. Sans doute, ces captations, ces faveurs personnelles, ces timidités du pays qu'on fomente au dedans, ont leur force; mais c'est une force d'un jour, une force précaire avec laquelle on ne fonde pas pour longtemps...

« Derrière cette France qui semble s'assoupir un moment; derrière cet esprit public qui semble se perdre, et qui, s'il ne vous suit pas, du moins vous laisse passer en silence sans vous résister, mais sans confiance; derrière cet esprit public qui s'amortit un instant, il y a une autre France et un autre esprit public; il y a une autre génération d'idées qui ne s'endort pas, qui ne vieillit pas avec ceux qui vieillissent, qui ne se repent pas avec ceux qui se repentent, qui ne se trahit pas avec ceux qui se trahissent eux-mêmes, et qui, un jour, sera tout entière avec nous.

« Je sais que vous déclarez cela impossible. Savez-vous ce que cela veut dire? Cela veut dire que vous croyez que les développements d'institutions sont des chimères! Non : ces hommes impossibles seront nécessaires un jour, et c'est pour cela que je m'éloigne de jour en jour davantage du Gouvernement, et que je me rapproche complètement des oppositions constitutionnelles, où je vais me ranger pour toujours. »

C'est un symptôme grave pour un Gouvernement que de se voir délaisser par les hommes d'élite, et de n'avoir plus à leur opposer que des troupeaux obéissants, rassemblés parmi tous les cœurs sans foi et sans intelligence. Quand on n'a plus pour soi que les hommes qui se laissent effrayer ou corrompre, quel qu'en soit le nombre, on touche à la décadence. L'autorité morale se perd; la puissance n'est plus qu'un fait brutal dont une heure de résistance fera justice. La prise d'armes de M. de Lamartine était un solennel avertissement; et les votes de cent muets ne pouvaient contrebalancer les éclats d'une telle voix présidant la chute d'un Gouvernement coupable.

Bientôt se produisirent d'autres dissidences non moins significatives. Le tiers parti, composé des hommes qu'on appelait malicieusement les héritiers présomptifs du Ministère, avait jusque-là donné ses votes au Cabinet du 29 Octobre. Dans la discussion même si animée de l'adresse, MM. Dufaure et Passy avaient fait preuve d'une excessive réserve. Mais lorsque vint, au commencement de mars, la question périodique des fonds secrets, ils en prirent occasion pour annoncer officiellement leur changement de conduite. M. Dufaure vint déclarer à la tribune que lui et ses amis croyaient devoir retirer au Ministère cet appui qu'ils lui avaient si longtemps prêté. Dans leur opinion, après treize ans de durée et de consolidation, le temps était venu pour le gouvernement d'examiner si des réformes sages, modérées, prudentes, ne pourraient pas être faites ; il fallait, selon eux, saisir le moment où ces réformes étaient devenues nécessaires pour prévenir celui où on exigerait des réformes plus radicales et plus dangereuses. Or, le Ministère refusait toute concession. Pourquoi le centre gauche continuerait-il son appui à une Administration qui ne faisait rien pour le mériter?

M. Guizot contesta, comme d'habitude,

l'opportunité des réformes, et accueillit avec une certaine fierté la signification du divorce. Il se consolait avec les résultats du scrutin, plus sage s'il eût pesé les votes au lieu de les compter.

Les questions de réformes parlementaires se renouvelèrent avec moins de succès que les années précédentes. M. Duvergier de Hauranne proposa de remplacer le scrutin secret par le vote de division. C'était un

Cunin-Gridaine.

dommage rendu au principe de la publicité ; c'était de plus une gêne pour les députés fonctionnaires, contraints de mettre au grand jour leur conduite politique. Aussi la prise en considération fut-elle repoussée par la Chambre.

La proposition sur les incompatibilités, reprise par M. de Sade, fut également rejetée à une grande majorité. La réforme perdait évidemment du terrain à la Chambre ; mais les régions parlementaires étaient loin d'être l'image fidèle du pays, et pendant que les ministres se flattaient d'un surcroît de puissance, les idées de réforme, étouffées au Palais-Bourbon, pénétraient profondément dans toutes les couches sociales, et devenaient plus actives par les résistances du privilège.

Une question industrielle qui avait plus d'une fois occupé les Assemblées législatives, et restait toujours sans solution satisfaisante, la question des sucres, fut soumise à des délibérations nouvelles. On se souvient qu'en 1840, l'impôt sur le sucre indigène avait été fixé à 27 fr. 50 c. les 100 kil., celui des sucres coloniaux étant maintenu à 49 fr. 40 c. Dans la discussion, cependant, tout le monde avait reconnu la nécessité d'un nivellement. Les uns le voulaient par un surcroît progressif sur le sucre indigène, les autres par un dégrèvement du sucre colonial. Les intéressés directs n'acceptaient aucune transaction, et les efforts entrepris pour les concilier n'avaient servi qu'à rendre les querelles plus vives et les plaintes plus amères. Les colonies surtout protestaient énergiquement contre une inégalité de droits qui les mettait à la merci de leurs rivaux. Il est certain que déjà la situation respective des deux industries n'était plus la même qu'en 1840, et que le développement du sucre indigène rendait plus frappante l'inégalité de droits. Le chiffre de la production officielle, qui n'avait été pendant la campagne de 1839 à 1840 que de 22 millions 749,000 kil., s'était élevé, de 1840 à 1841, à 26 millions 940,000, et de 1841 à 1842, à 31 millions 235,000 kilog. Pour les trois premiers mois de 1843, il avait dépassé de plus de 25 pour 100 celui de la période correspondante de l'année précédente, et tout faisait présumer qu'il s'élèverait pendant la campagne à 40 millions. D'un autre côté, les colonies, pour soutenir la concurrence, avaient aussi forcé leur production, de sorte que les deux industries réunies jetaient annuellement dans la consommation une masse d'environ 140 millions de kilogr. sur un marché qui n'en demandait que 115 à 120. Aussi le *stock* ou restant en entrepôt, qui s'accroissait chaque année, dépassait-il 40 millions de kilogrammes. Cette situation ne pouvait durer; les deux industries rivales en souffraient également. Le Gouvernement devait aviser. L'embarras était de concilier les intérêts opposés de l'agriculture et du commerce. Le ministre, M. Cunin-Gridaine, chargé de les protéger tous deux, s'épargna les difficultés d'une solution équitable, en proposant la suppression totale de la fabrication indigène moyennant une indemnité de 40 millions.

La Commission, dont le rapport fut présenté le 26 avril par M. Gauthier de Rumilly, ne se montra pas si prompte à détruire. Le projet du Gouvernement était entièrement modifié, et la fabrication indigène conservée. La Commission admettait en principe l'égalité des droits, et la montrait en perspective; mais elle en subordonnait la mise en pratique aux progrès des fabriques, progrès qui se manifesteraient naturellement par un accroissement de production. Pour chaque extension de 5 millions de kilogrammes, elle établissait un surcroît de taxe de 5 fr. Elle adoptait comme point de départ un droit de 30 fr. (décime non compris) pour une production de 30 millions de kilogrammes. Ainsi, quand la production du sucre indigène atteindrait 45 millions de kilogrammes, l'égalité des droits serait en vigueur. D'un autre côté, elle admettait dans le décroissement de la production une réduction dans le droit de 5 fr. par 5 millions de kilogrammes.

Ce système avait l'inconvénient de laisser à la discrétion des producteurs la quotité de l'impôt, puisqu'ils pourraient toujours régler leurs produits sur le minimum du droit.

Aussi la minorité de la Commission, représentée par MM. Muret de Bort, Ducos et Passy, proposait l'égalité de droits dans un nombre d'années déterminé, sans tenir compte de la production. De cette manière, le droit devant augmenter nécessairement, on était certain que la production augmenterait nécessairement aussi.

Un autre système se produisit dans la discussion: l'égalité par voie de réduction progresive sur le sucre des colonies, pour s'arrêter au droit uniforme de 30 fr. Cette thèse fut soutenue par M. Garnier-Pagès jeune, qui, faisant son début dans la carrière parlementaire, prouva dès le premier jour qu'il était digne de porter un nom illustre.

Après une discussion assez confuse, où chacun avec opiniâtreté défendit son système, la Chambre accueillit le principe de la minorité de la Commission, l'égalité des droits par

Garnier-Pagès jeune.

accroissements successifs sur le sucre indigène. Il fut décidé qu'à partir du 1ᵉʳ août 1844, le droit serait augmenté, pendant cinq années successives, de 5 fr. par an. Il eût mieux valu sans doute arriver à l'égalité par le dégrèvement. Car, pour une denrée de première nécessité, la diminution dans le prix amène infailliblement l'accroissement dans la consommation, et par conséquent dans la perception. Mais enfin l'on mettait un terme aux incertitudes menaçantes qui pesaient depuis tant d'années sur deux industries également dignes d'intérêt.

Le reste de la session fut principalement

consacré à des questions spéciales qui laissaient reposer les discussions politiques. Des lois sur le notariat, le tarif des commissaires-priseurs, les brevets d'invention, la gendarmerie, l'École d'arts et métiers d'Aix, la police du roulage, l'inscription des pensions militaires, etc., occupèrent utilement les moments de la Chambre.

Une loi sur la refonte des monnaies de cuivre, des dépenses relatives aux établissements de l'Inde, furent repoussées; un projet de modification au Code d'instruction criminelle fut écarté par la Chambre des pairs; un autre projet ayant pour objet de prêter 2 millions à la Compagnie du chemin de fer de la Teste à Bordeaux eut le même sort. Si l'on rapproche ces votes de ceux qui concernaient le droit de visite, de ceux qui dans la loi des sucres avaient entièrement modifié le projet du Gouvernement, on verra que le Ministère n'avait guère à se féliciter de son autorité sur la Chambre. Il ne retrouvait la majorité que dans les questions politiques où l'on pouvait craindre un changement de Cabinet, n'ayant d'autre appui que la peur et les plus mesquines passions.

L'opposition ne se contentait pas de ces victoires de détail. Poursuivant sans relâche les vices du système électoral, elle s'emparaît de tous les exemples propres à les démontrer, soit intrigues privées, soit connivences des autorités administratives. Les élections de 1842 avaient révélé à cet égard des faits scandaleux, qui avaient motivé dans la session d'août une enquête parlementaire sur la nomination de M. Pauwels à Langres, de M. Floret à Carpentras. Le rapport de la Commission d'enquête concluait à l'annulation de la première élection. La discussion s'ouvrit le 5 mai. Il s'y fit de singulières révélations. M. Pauwels, imitant les procédés des élections anglaises, avait employé les moyens de corruption les moins déguisés: hébergeant et enivrant les électeurs, répandant l'argent à pleines mains, et achetant les faveurs du sous-préfet de Langres par des prêts pécuniaires. Ce sous-préfet, de son côté, nommé M. de Bajoc, sollicitait humblement M. Pauwels d'obtenir pour lui de l'avancement. Mutuel échange de bons offices entre l'élu et l'agent électoral. « Quand vous
« trouverez jour à me tirer d'ici, écrivait le
« sous-préfet, je me fierai à votre bonne ami-
« tié... Du courage ! je ne désire pas qu'on
« mette à la porte tous les préfets, parce qu'il
« y en a de bons, mais au moins que l'on
« m'en trouve une petite (préfecture) n'im-
« porte où, je m'en contenterai, voire même
« celle de Chaumont. » Ces édifiantes négociations se passaient sous le Ministère du 1ᵉʳ Mars. Or voici que les affaires d'Orient viennent déranger les affaires de M. de Bajoc. « Savez-vous, écrit-il à M. Pauwels, que
« les nouvelles politiques me font trembler
« pour mon avancement? Et si M. Thiers
« s'en va, me voilà ajourné, à quand? Dieu
« le sait. Pressez-le donc : voyez M. d'Ap-
« pony.... Il pourrait, tout-puissant comme
« il l'est, faire un petit mouvement dans
« lequel il me mettrait..... où? cela m'est
« égal. »

En présence des témoignages unanimes sur les faits de corruption et des naïfs épanchements du sous-préfet, la Chambre indignée annula l'élection de Langres. Celle de Carpentras présentait des faits analogues; mais c'était de la part du candidat ministériel évincé, M. de Gérente, qui avait été en concurrence avec M. Floret. M. de Gérente était frère du sous-préfet de Carpentras, et ce sous-préfet, digne pendant de M. de Bajoc, avait menacé un percepteur de destitution, s'il ne marquait pas son bulletin; les mêmes menaces avaient été employées envers un maire. La Commission d'enquête avait condamné le sous-préfet dans les termes les plus énergiques, et conclu à la validité de l'élection de M. Floret, quoique celui-ci eût aussi fait quelques promesses à des électeurs. Mais M. Floret était l'ancien préfet de Toulouse qui avait dans l'affaire du recensement fait preuve d'une grande réserve. Brutalement destitué par le Ministère, il se pouvait qu'il allât grossir les rangs de l'opposition. Aussi les orateurs ministériels, M. Hébert en tête, trouvèrent-ils des accents d'une vertueuse indignation pour condamner ces manœuvres par promesses ; les centres votèrent avec ensemble l'annulation de l'élection. L'opposition fut loin de se plaindre de cet excès de sévérité ; elle avait contraint M. Hébert à déclarer qu'« une promesse faite à un électeur « en vue de l'élection suffisait pour vicier « cette élection et la faire annuler. » Elle avait toujours soutenu cette doctrine, et elle se promettait bien de la rappeler à ceux pour qui elle était toute nouvelle.

M. Gustave de Beaumont avait dit dans la discussion : « Quand l'enquête n'aurait été « que l'occasion du spectacle offert aujourd'« hui par la Chambre, le spectacle d'une « grande Assemblée s'élevant d'un commun « accord contre l'intrigue et flétrissant « les manœuvres électorales, l'enquête aurait « été utile et eût donné un grand résultat. »

Les émotions, en effet, avaient été grandes au dehors. La révélation de ces honteux marchés, l'aspect de ces magistrats trafiquants, l'abaissement du Pouvoir, la dégradation des citoyens, tout cet ensemble de corruptions et de fraudes excitait l'indignation publique et apportait aux idées de réformes des arguments invincibles.

En même temps se passaient dans les hautes régions ministérielles des faits mystérieux dont plus tard un procès criminel devait donner la solution, mais qui alors déjà étaient signalés avec méfiance par les hommes clairvoyants. Les grandes lignes de chemins de fer avaient été tracées par la loi de 1842. Il s'agissait de faire l'application des principes, et de traiter avec les Compagnies qui se présentaient pour les différents parcours. Aussi l'intrigue était-elle active autour du Ministère des travaux publics, et quoique les transactions coupables restassent dissimulées, il en transpirait assez pour éveiller les soupçons et pour exposer la conduite du ministre à des commentaires défavorables. D'abord le chemin de fer du Nord était abandonné à une Compagnie puissante avec des avantages que l'on trouvait exagérés. La Chambre n'accueillit pas la proposition du ministre et prononça l'ajournement. Ensuite vint le chemin d'Orléans à Tours, qui donna lieu à de singuliers incidents. Un capitaliste anglais, M. Barry, se présentait pour soumissionner ; il était muni de lettres de recommandation de lord Aberdeen pour M. Guizot, de lord Cowley pour M. Teste. Ainsi appuyé, il avait toutes chances de succès. Et en effet, M. Teste lui écrivait le 30 septembre 1842 : « J'ai fait rédiger le projet de bail d'exploitation qui devra régler les conditions du traité, et je me propose de le faire examiner immédiatement par la Commission..... De votre côté, Monsieur, vous pouvez hâter la conclusion en rapportant dans le plus court délai possible la ratification des honorables capitalistes anglais....... et il n'y aura plus alors qu'à s'entendre définitivement sur les conditions du traité. »

Les esprits scrupuleux auraient pu trouver que le ministre se montrait bien empressé, sans même s'inquiéter si d'autres Compagnies pourraient se présenter, et s'il n'eût pas été plus convenable d'avoir un peu plus de réserve et de retenue. Les choses allèrent plus loin. M. Barry retournant à Londres pour réunir les souscriptions, avait chargé de ses négociations secrètes M. Edmond Blanc, la fleur des conservateurs, fort répandu dans les salons ministériels et bien au courant de tous les moyens de réussite. Il écrit à M. Barry, le 6 janvier 1843 :

« Le ministre des travaux publics est toujours dans d'excellentes dispositions, mais pour vous seul, car il a besoin de vous et désire pouvoir présenter le projet de loi au plus tard vers le 15 février.... Je crois toujours au succès, et je n'ai pas besoin de vous répéter que mes amis et moi nous agirons sans relâche dans ce sens....

« J'oubliais de vous dire que j'ai passé trois heures avec M. Teste ; j'ai dîné avec lui, à côté de lui et nous n'avons cessé de parler de ce qui vous intéresse. » (31 janvier.)

« Ce matin, le ministre m'a fait dire qu'il était impatient de vous voir, qu'il vous attendait pour signer le bail, et qu'il voulait présenter le projet avant 15 jours ; qu'il tenait à ce que votre concession fût approuvée et autorisée la première ; qu'enfin, il avait, jusqu'à ce jour, repoussé toutes les propositions rivales qui lui avaient été faites. » (9 février.)

« ..... J'ajoute qu'il ne faut nous préoccuper en rien des détails ou des conditions qui ne vous conviendraient pas ; à votre arrivée et avec vos souscriptions, je réponds et je garantis que j'obtiendrai toutes les modifications raisonnables que vous réclamerez, et sur le cautionnement et sur toute autre chose. » (12 février).

« Et moi aussi je vous dirai : Tout va bien, et de tous les côtés ; le ministre est dans les meilleures et les plus favorables dispositions ; je viens de causer avec lui, il nous donnera toutes les facilités nécessaires, et sur le cautionnement que nous ferons réduire très notablement, et sur toutes les autres conditions. » (4 mars.)

En lisant ces étranges lettres, on se demande comment un ministre avait si peu souci des intérêts publics pour se montrer tout prêt à sacrifier à la spéculation privée les premières garanties de l'État.

Quoi qu'il en soit, M. Barry, certain de son succès, accourt à Paris, se rend au ministère, demande à parler à M. Teste. M. Teste n'est pas visible. Il insiste ; on refuse de le recevoir. Il écrit ; on ne lui répond pas. Il se plaint ; on méprise ses plaintes ; et enfin il apprend que la concession qu'il croyait tenir vient d'être accordée à un certain M. Bulot. D'où venait cette soudaine préférence si peu d'accord avec les promesses antérieures ? Le rival plus heureux ou plus adroit aurait peut-être seul pu le dire. Le public exprimait son étonnement en termes peu flatteurs.

Toujours est-il que le ministre saisit la Chambre de la demande faite par la compagnie Bulot. M. Barry, de son côté, persistait dans ses offres et adressait à la Chambre un mémoire qui démontrait que ses conditions étaient plus avantageuses que celles de la compagnie rivale. En effet, la commission nommée par la Chambre ayant rédigé les conditions du bail, la compagnie Bulot ne voulait pas les accepter, tandis que M. Barry, allant au delà, faisait même des conditions qui ne lui étaient pas demandées. Et cependant, le ministre des travaux publics persistait à vouloir traiter avec la compagnie Bulot, et, par une étrange complaisance, la commission se laissait entraîner à l'avis du ministre. La presse fit en vain des réclamations : elles ne furent pas écoutées. La concession fut livrée par la Chambre à la compagnie Bulot. Quarante-huit heures après, M. Teste soumettait le projet à la Chambre des pairs. On était au 9 juillet, aux dernières limites de la session. Il fallait se hâter. La pairie, toutefois, moins complaisante qu'on ne pouvait le penser, prononça l'ajournement. Les machinations secrètes se trouvaient encore déjouées.

M. Teste fut plus heureux pour le chemin d'Avignon à Marseille. Là encore une compagnie rivale présentait sa soumission au ministre des travaux publics, demandant l'examen des conditions qu'elle proposait, et des garanties qu'elle offrait. Le ministre avait refusé de l'entendre, refusé d'accepter son cautionnement, refusé de saisir la commission de la Chambre ; il avait pris sous son patronage la compagnie Talabot, à laquelle la concession fut accordée à des conditions si onéreuses pour l'État, que le ministre et la Chambre semblaient être de complicité pour dépouiller les contribuables. Dans le public on ne dissimulait pas les mécontentements et les alarmes : on se demandait avec inquiétude si dans les conseils mêmes du Gouvernement il n'y avait pas des trafiquants faisant abandon des intérêts de l'État dans une vue de profits personnels. On avait eu la corruption électorale, la corruption parlementaire : il ne manquait plus, pour compléter l'histoire du 29 octobre, que les corruptions de l'agiotage, et les honteux mystères de la concussion.

Les esprits étaient encore tout émus de ces incidents, lorsque se fit la clôture de la session.

En même temps se passaient à l'extérieur de graves événements : l'Angleterre était émue par de formidables agitations ; l'Espagne accomplissait une nouvelle révolution.

Si Espartero n'avait eu à combattre que des menées royalistes, s'il eût été guidé dans sa politique par une pensée nationale, les difficultés de sa position eussent été singulièrement amoindries. Mais exclusivement dominé par des préoccupations personnelles, subissant les influences de l'Angleterre, toujours prêt à lui sacrifier les intérêts commerciaux de la nation, il avait éloigné de lui les patriotes les plus énergiques, et il était devenu suspect à ceux mêmes qui l'avaient porté au pouvoir, les progressistes de toutes

Espartero s'était jeté dans un bateau. (Page 331, col. 1.)

les nuances. Les cruelles rigueurs qu'il avait déployées à Barcelone achevaient de lui aliéner les cœurs; on lui pardonnait difficilement d'avoir traité en pays conquis une province qui s'était soulevée plutôt contre l'Angleterre que contre le Gouvernement.

A son retour à Madrid, une menaçante opposition se préparait contre lui au sein des Cortès; il crut la vaincre de haute lutte et prononça le 3 janvier la dissolution. C'était offrir à ses ennemis une occasion de légitimes accusations; car le budget de 1843 n'était pas encore voté; l'impôt, à partir du 1ᵉʳ janvier, cessait d'être légalement perçu.

A cet imprudent acte de défi, les mécontents de tous les partis se rallièrent, les uns pour défendre la Constitution menacée, les autres pour chercher une occasion d'expulser le régent. Une coalition se forma entre les progressistes et les modérés; républicains

42. — E. REGNAULT.

et monarchistes s'appuyèrent mutuellement dans les élections; et l'échec du gouvernement fut si complet, que dès les premières discussions de l'adresse le ministère dut donner sa démission.

M. Lopez, chargé de former la nouvelle administration, était un de ces esprits calmes mais énergiques, qui, sans avoir des dehors brillants, savent se créer une autorité par la modération, et marchent résolûment dans la voie qu'ils se sont tracée. Bien convaincu que la détestable influence de Linage était la cause principale des mécontentements publics, il exigea la destitution de ce général, et celle de Zurbano, qui venait de se signaler par d'abominables cruautés. Mais le faible Espartero ne pouvait se séparer de son favori; élevé au pouvoir par une révolution, il montrait les misérables entêtements d'un monarque de droit divin : on eût dit le vieux Charles VI défendant le prince de la Paix contre les ressentiments publics. Lopez, ne pouvant triompher de ses aveuglements, donna sa démission; tous ses collègues l'imitèrent.

Cette nouvelle produisit au sein des Cortès une indignation profonde. Une adresse de remerciement aux ministres démissionnaires fut votée à la presque unanimité; la Chambre des députés déclara sa résolution de faire justice des intrigants qui entouraient le régent.

Celui-ci, de son côté, ne voulut pas céder, et choisit un nouveau Cabinet présidé par M. Gomez Becerra, avec Mendizabal au ministère des finances.

Le 20 mars, Becerra se présenta dans la salle du Congrès pour y donner connaissance de la liste des ministres. Aussitôt s'éleva un tumulte effroyable ; le général Hoyos, son collègue dans le nouveau Cabinet, était entré avec lui au Congrès en costume militaire, sans avoir le droit de siéger comme député ; on le contraignit de quitter la salle ; le nom de Mendizabal fut accueilli par des cris de colère et de mépris; le mot de voleur fut prononcé.

Le régent put se convaincre qu'il ne triompherait pas des résistances de la Chambre; le lendemain, par un décret, il suspendit la session jusqu'au 27 mai. Alors les agitations se répandirent au dehors. Les rues, les places publiques, se remplirent d'attroupements tumultueux; les ministres furent menacés, insultés. Espartero, environné de troupes, maintint la capitale. Mais la fermentation gagnait les provinces; partout se firent ouvertement des préparatifs d'insurrection, qui n'attendaient pour éclater que la réunion des Cortès, lorsque le 26 mai un nouveau décret du régent prononça la dissolution des Chambres et donna le signal de la révolte.

Le mouvement partit de Malaga. Les autorités municipales y constituèrent un gouvernement provisoire, auquel la garnison donna son adhésion. A Grenade, une junte insurrectionnelle appela les citoyens à la défense de la Constitution. Les députés parcouraient les provinces, excitant les colères et organisant la résistance. A Barcelone, la junte provisoire déclarait, le 28 juin, la déchéance d'Espartero et la nomination du ministère Lopez comme gouvernement provisoire.

En même temps, les agents de Marie-Christine se mêlaient au mouvement. Le général Narvaez, accouru de Paris, offrait ses services qui étaient acceptés. Il fut nommé capitaine général de Valence et de Murcie; le général Concha obtenait le commandement en second.

Espartero se vit contraint d'entrer en campagne, et quitta la capitale après l'avoir déclarée en état de siège.

Au moment de son départ, l'insurrection faisait des progrès considérables. Séville, la Gallicie, Valence, s'étaient prononcées. C'est sur ce dernier point que le régent se portait: position intermédiaire qui maintenait les communications avec les armées du Nord et du Midi. Les divisions du Midi étaient commandées par les généraux Van-Halen et Facundo-Infante, celles du Nord par Seoane et Zurbano.

Bientôt le régent fut obligé de se porter sur Séville, dont l'énergique résistance rendait vaines les attaques de Van-Halen. Jusque-là, c'était presque toujours dans l'Andalousie que, dans les derniers temps, s'était décidé le sort des divers gouvernements de l'Espagne. Mais pendant qu'il opérait dans le Midi, les généraux Narvaez et Aspiroz se dirigèrent rapidement sur Madrid, malgré les efforts de Seoane et Zurbano, qui ne purent les rejoindre qu'aux portes de la ville. Après un faible engagement à Torrejon, les deux armées fraternisèrent ; le général Seoane et le fils de Zurbano furent faits prisonniers ; Zurbano parvint à s'échapper. Le 23 juillet, Narvaez pénétra dans Madrid, et le 24, le ministère Lopez rentra en fonctions.

Dans le même moment, Séville était livrée à toutes les rigueurs du bombardement ; Espartero signalait les derniers jours de sa puissance par le sang et la destruction. Toutes les horreurs dont Barcelone avait été un an auparavant le théâtre étaient renouvelées, mais sans pouvoir ébranler la constance des habitants. Le premier soin du gouvernement de Madrid fut de délivrer cette héroïque cité. Concha, renforcé de seize bataillons, de six cents chevaux et quelques batteries, y accourut en toute hâte. Espartero ne tenta même pas de l'arrêter ; ne songeant plus qu'à sauver sa liberté et sa vie, il se retira précipitamment sur le Port-Sainte-Marie, près Cadix, qui tenait encore pour lui. Concha se mit à sa poursuite avec quelques détachements de cavalerie. Mais il n'atteignit que quelques débris de troupes fugitives. Espartero s'était jeté dans un bateau qui le conduisit à bord d'un vaisseau anglais prêt à faire voile pour la Grande-Bretagne.

Telle fut la fin d'un homme appelé subitement à de hautes destinées par une révolution populaire qu'il fut le premier à méconnaître. Sans initiative et sans intelligence politique, il avait peu fait par lui-même pour monter au premier rang ; il ne sut rien faire pour éviter la chute. Le favori qui avait été le véritable instrument de sa grandeur devint la cause de sa perte, et l'influence britannique, qu'il avait acceptée comme sauvegarde de sa puissance, souleva toutes les colères nationales, qui devaient le renverser. Marie-Christine, en luttant contre les libertés publiques, suivait la logique de la royauté ; Espartero, en marchant dans la même voie, était infidèle à son origine et accusait lui-même son pouvoir. Personne ne pouvait contester la justice de son châtiment.

Malheureusement, il compromettait par ses fautes la cause de la Révolution. En la voyant si stérile et si pleine de déceptions, on se prit à l'accuser des méfaits de son représentant, et l'on confondit dans une même réprobation le principe et l'agent coupable. Aussi, quoique les progressistes eussent donné le premier le signal de la résistance, ce furent les royalistes qui eurent tous les fruits de la victoire.

Les généraux émigrés, Narvaez et Concha, prirent la plus haute influence. Déjà les christinos parlaient hautement de réparations pour l'ancienne régente. Des correspondances actives s'échangeaient avec Paris, et l'on préparait, sans beaucoup de mystère, un retour qui devait effacer les dernières traces de la révolution.

De nouvelles élections écartèrent tout ce qui restait de partisans d'Espartero. La première mesure des Cortès fut de proclamer la déchéance du régent et la majorité de la reine, qui ne devait s'accomplir légalement que le 10 octobre 1844.

C'était, pour les progressistes, une précaution contre les ambitions particulières ; pour les royalistes, un moyen plus facile de rappeler la reine mère.

Isabelle, en possession pleine et entière de la couronne, maintint le ministère Lopez. Mais soit qu'il regardât sa tâche comme accomplie, soit qu'il fût effrayé des difficultés de la situation, Lopez donna sa démission avec tous ses collègues.

Les progressistes, cependant, se sentaient encore assez forts pour ne pas se dessaisir du pouvoir. Le nouveau président du cabinet fut un de leurs chefs les plus influents et les plus énergiques, M. Olozaga.

Il eut, dès le principe, à lutter contre le

mauvais vouloir des christinos, qui, en majorité à la Chambre, étaient encore appuyés par les influences du palais. Parmi les plus agissants était Narvaez, favorisé par la jeune reine au delà même des bienséances. Elle voulut contraindre M. Olozaga à inviter le général à un dîner diplomatique; le refus obstiné du ministre exaspéra la reine et son protégé. M. Olozaga rencontra des obstacles jusqu'au sein du conseil. Le général Serrano, d'accord avec Narvaez, donna sa démission. En même temps se préparait dans les Cortès une formidable opposition; M. Olozaga résolut de mettre fin aux intrigues par un acte de vigueur, la dissolution des Cortès, et pour ne pas avoir à lutter contre des dissentiments au sein du conseil, il rédigea le décret sans consulter ses collègues, et se présenta, le 28 novembre au soir, chez la reine pour obtenir sa signature. Le lendemain, les christinos apprirent avec stupéfaction l'audacieuse résolution du ministre, et alors se trama un de ces complots de palais qui laissent toujours derrière eux le doute et le mystère. Des bruits étranges circulèrent sur la conférence du 28 novembre; l'on assurait qu'Olozaga avait usé de contrainte envers la reine, et que l'acte de dissolution était le fruit de l'intimidation et de la violence. Voici, au surplus, la déclaration de la reine, faite en présence des principaux dignitaires du royaume :

« Dans la soirée du 28 novembre, Olozaga se présenta à moi et me proposa de signer le décret de la dissolution des Cortès. Je répondis que je ne voulais pas le signer, par la raison, entre autres, que ces Cortès m'avaient déclarée majeure. Olozaga insista; je me refusai de nouveau à signer le susdit décret; je me levai et me dirigeai vers la porte qui est à la gauche de mon bureau, Olozaga me devança et mit le verrou à cette porte; je me dirigeai à celle qui est en face, et Olozaga me devança encore et mit le verrou à cette porte. Il me saisit par ma robe et m'obligea à m'asseoir; il me prit la main et m'obligea à signer. Olozaga s'en alla ensuite, et je me retirai dans ma chambre. »

Il faut remarquer que cette déclaration fut faite le 1er décembre, et que les dévoués du palais avaient eu tout le temps de circonvenir Isabelle, et de construire un roman propre à faire effet dans la bouche d'une jeune fille et d'une reine.

Narvaez avait eu les premières confidences de la reine sur la signature de la dissolution. Quelles furent, en cette occasion, ses influences et ses manœuvres, c'est ce qu'on ne saurait déterminer. Toujours est-il qu'il se sentait perdu si le décret de dissolution était maintenu. A peine sorti de sa conférence avec Isabelle, il convoqua le président et les vice-présidents de la Chambre, leur exposa en termes emphatiques les outrages qu'avait subis la personne royale. La destitution de M. Olozaga fut arrêtée dans ce premier conseil.

Ce fut encore Narvaez qui provoqua la réunion des hauts dignitaires, lesquels, le 1er décembre, reçurent la déclaration de la reine. Olozaga ne fut ni entendu, ni appelé.

On le condamnait sur les paroles d'une enfant, paroles dictées peut-être, très suspectes en tout cas, lorsqu'elle était environnée de tant de gens intéressés au mensonge.

La fable, du reste, était merveilleusement calculée pour faire effet sur le public. On connaît le culte superstitieux de la population espagnole pour la royauté. Ce vieux fanatisme a survécu aux révolutions, et le prestige du trône aveugle encore les yeux, même au milieu des plus formidables insurrections. L'idée d'un outrage fait à la reine fut accueillie par la population crédule de la capitale avec des cris de colère; on chargeait de malédictions le ministre coupable, et les passions s'exhalaient en paroles de sang et de mort.

Olozaga, cependant, repoussait hautement l'accusation, et les progressistes devinaient les manœuvres de leurs ennemis. Réunis au nombre de soixante-seize députés des Cortès, ils appelèrent Olozaga au milieu d'eux pour lui demander des explications. Il les donna satisfaisantes, complètes; montra la main de Narvaez et des christinos ourdissant la trame grossière de cette accusation ; demanda à être confronté avec ses accusateurs, les défia de le mettre en présence de la reine, et offrit tous les moyens possibles de vérification.

Cependant un nouveau ministère était formé. Les christinos, n'osant encore porter un des leurs à la direction du cabinet, l'offrirent à un progressiste médiocre. M. Gonzalès Bravo, qui, après s'être fait remarquer comme avocat et journaliste par l'exaltation de ses opinions, s'était subitement rapproché de la cour, prêt à livrer ses anciens amis pour se faire pardonner. C'était à Olozaga qu'il devait sa position politique ; il lui prouva sa reconnaissance en se faisant son accusateur le plus acharné.

La majorité de la Chambre accepta ou feignit d'accepter avec la même crédulité que le vulgaire le récit officiel des outrages ministériels. Olozaga, s'y étant présenté, fut accueilli avec des cris de fureur. Les uns demandaient son expulsion, les autres son arrestation ; d'autres le signalaient aux poignards des assassins. Il résista courageusement aux premiers orages ; mais sachant sa vie menacée, il se retira en Portugal. C'est tout ce que demandaient ses ennemis ; et comme pour mieux démontrer eux-mêmes la fausseté de leurs assertions, ils ne donnèrent aucune suite à un décret d'accusation voté par la Chambre.

Cette première victoire fut suivie du rappel de Marie-Christine. Une députation, officiellement envoyée à Paris, vint lui faire réparation et la supplier de hâter son retour en Espagne. Au même moment, M. Gonzalès Bravo, après avoir, par un décret du 27 décembre, suspendu la session des Cortès, rétablissait, par ordonnance, la loi des ayuntamientos, qui avait été la cause immédiate de la chute de Marie-Christine. On ne pouvait plus galamment inaugurer son retour.

Le cabinet britannique ne vit pas sans dépit la chute d'Espartero, qui anéantissait son influence dans la péninsule hispanique.

Mais il rencontrait des compensations dans les succès d'entreprises lointaines qui mettaient fin à d'immenses difficultés. Les désastres de l'Afghanistan avaient été vengés d'une manière brillante. Les Anglais étaient rentrés victorieux dans Caboul, Ghuznée, Candahar, et malgré d'opiniâtres efforts, Ukhbar-Khan avait été contraint de faire sa soumission.

Les opérations en Chine avaient été non moins heureuses. Après une suite de victoires, les forces anglaises se disposaient à attaquer la grande ville de Nanking, lorsque trois mandarins vinrent offrir la paix au nom de l'empereur.

Elle fut signée le 29 août 1842, aux conditions suivantes : 1° le paiement, comme indemnité, de 21 millions de dollars (105,000,000 fr.) par le gouvernement chinois ; 2° l'ouverture des ports de Canton, Amoy, Ning-Pô, au commerce anglais ; 3° la cession de l'île de Hong-Kong ; 4° l'occupation, comme garantie, des îles de Chusan et de Kolong-Sou, jusqu'à paiement intégral du tribut.

Cette heureuse issue d'une guerre peu morale dans son origine remplissait d'orgueil les tories, qui se vantaient de réparer partout les fautes de leurs devanciers. Mais il y avait à l'intérieur des maux irréparables, contemporains de tous les systèmes, correctifs à toutes les gloires ; des souffrances rendues plus effrayantes par le contraste des richesses concentrées en peu de mains, et devenant pour le pays une perpétuelle menace. Les crises industrielles de 1842 ramenèrent les troubles qui agitent périodiquement une population tout entière entassée dans les fabriques. Au moment où le Parlement allait se séparer, on apprit à Londres que des insurrections redoutables éclataient à la fois dans plusieurs grands districts manufacturiers. A Manchester, à Boston, à Preston, à Bradford, à Derby, dans les mines, dans les forges du pays de Galles, de l'Écosse, les ouvriers, demandant une augmentation de salaire, avaient abandonné les travaux et parcouraient les campagnes en masses menaçantes. Dans plusieurs des comtés les plus riches, une population affamée promenait la dévastation et l'incendie. Aux cris de la souffrance se joignaient des démonstrations politiques. Les chartistes, qui poussaient la logique de l'égalité jusqu'au nivellement, se réunissaient en assemblées nombreuses à Liverpool, à Coventry, à Paddington, appelaient le peuple à la défense de ses droits, et cherchaient à régulariser les mouvements des ouvriers que la faim leur amenait pour auxiliaires. Mais chez les populations anglaises, la pensée d'une insurrection organisée contre le gouvernement ne se fait pas accepter, même au milieu des souffrances les plus cruelles. Elles détruisent dans leur fureur; elles exercent leur colère sur les propriétés, les immeubles, les objets matériels; mais dès que l'autorité intervient, elles se dispersent et reprennent leurs chaînes. Il en fut ainsi en 1842. Des arrestations se firent parmi les ouvriers coalisés; près de trois cents d'entre eux furent condamnés à la déportation; les principaux chartistes furent envoyés en cour d'assises. Le gouvernement n'avait pas d'autres réponses aux angoisses de la faim.

D'autres souffrances cependant élevaient la voix; d'autres colères apportaient à Saint-James de formidables échos. En prenant le pouvoir en 1841, sir Robert Peel avait dit : « L'Irlande est ma grande difficulté, » et l'Irlande se réveillait pour justifier les craintes du ministre.

O'Connell avait été sous l'Administration whig nommé lord-maire de Dublin; mais cette position officielle semblait avoir paralysé ses élans et compromis sa popularité. Aussitôt qu'il fut dégagé de ses chaînes brillantes; aussitôt que, par la venue des tories, il fut affranchi des alliances ministérielles, le tribun populaire reparut avec toute sa verve et toute son énergie; la voix de l'Irlande opprimée retentit de nouveau, et les populations soulevées vinrent apporter leur appui à la défense de la cause nationale.

Le thème du grand agitateur est cette fois le rappel de l'union, la séparation complète de l'Irlande et de la Grande-Bretagne avec un Parlement national et une Administration indépendante. Les méthodes ordinaires sont employées : l'association et les souscriptions. Bientôt l'association envoie ses proclamations dans toute l'Irlande; bientôt les revenus croissants signalent l'adhésion de la foule..

Mais la puissance de l'association concentrée à Dublin ne produisait pas cette agitation profonde, universelle, continue, qui avait fait la force et le succès de la ligue catholique. O'Connell résolut donc de renouveler les Assemblées provinciales, de promener partout l'émotion, afin que partout fût réveillé l'esprit national. Déjà septuagénaire, et comptant déjà tant de triomphes qu'ils auraient suffi à remplir la vie de tout autre homme, le formidable athlète descend de nouveau dans l'arène : il semble que sa jeunesse recommence avec la lutte au moment où recommencent ses courses victorieuses, ses harangues inépuisables, ses ardentes prédications, et tout le mouvement, toute la pompe de sa croisade pacifique en faveur de la liberté et de la religion. Il voyage le jour et la nuit, au nord et au sud, et semble être sur tous les points à la fois, électrisant les multitudes toujours insatiables de sa parole, variant les formes de son éloquence sur un thème monotone, infatigable de corps et d'esprit, et réchauffant les cœurs au souffle de ses ardentes inspirations. Et il ne se contente pas seulement du rôle de prédicateur : partout encore, il établit l'association sur des bases solides, entrant dans les détails pratiques les plus minutieux, faisant des règlements, organisant une constitution politique complète, sans rien oublier des formes de la procédure, sans rien négliger des arguties d'une légalité qui met souvent en défaut la science des jurisconsultes les plus exercés.

Et pendant qu'il fait, pour ainsi dire, la législation de l'émeute, pendant qu'il discipline la résistance, il prodigue les trésors d'une éloquence toujours jeune, toujours animée, et reproduisant sous mille aspects divers les passions et les sympathies de ce peuple qu'il appelle à une résurrection sociale.

Ses improvisations se multiplient à l'infini, tantôt au milieu des gaietés d'un long repas, tantôt en plein air, du sommet d'une colline, du haut d'une charrette, de l'impériale d'une voiture, à toute heure du jour et de la nuit, dans toute occasion, en tout lieu, sous les feux d'un soleil ardent, sous des torrents de pluie, parmi les sifflements du vent; toujours O'Connell est prêt à se faire entendre.

Pour un orateur pareil, il n'y a pas de surprise possible; son thème est toujours fait; car il n'a pas d'autre pensée que l'Irlande; mais, pour exprimer cette pensée, les mots abondent sans se ressembler. On dirait qu'il a concentré dans son âme toutes les douleurs accumulées sur l'Irlande pendant six siècles, et trouvant enfin un interprète qui les reproduit sous toutes leurs formes, dans toutes leurs phases, avec toutes leurs péripéties. Et cependant, parmi ces harangues jetées au hasard, semées en courant et dispersées çà et là comme le souffle de cette vie agitée, on peut recueillir des morceaux de la plus sublime éloquence, qu'avoueraient avec orgueil des orateurs accoutumés à méditer leurs paroles et à mûrir longuement leurs pensées.

Cependant le Ministère britannique regarde avec indifférence cette manifestation nouvelle : les leçons du passé étaient oubliées, et le Parlement ne trouvait pas que la question d'Irlande méritât les honneurs d'une discussion. Vainement M. O'Brien demanda une enquête; vainement il signala toutes les iniquités de l'Angleterre, l'inégalité de la représentation, l'énormité de la taxe, le despotisme des propriétaires, la détresse universelle, la partialité de la justice, l'intolérance de l'Église protestante, le servage du pauvre fermier, et les innombrables plaies politiques et sociales qui rongent le corps de la nation irlandaise, et font de sa vie une souffrance sans mesure et sans terme. La Chambre des communes prend à peine garde à ces discours et passe dédaigneusement à l'ordre du jour.

Un peu plus tard, le Ministère, forcé de se prononcer, déclare par l'organe de sir J. Graham que le Gouvernement est décidé à faire la guerre plutôt que de consentir au rappel de l'union.

Si l'on représente à sir J. Graham que les protestants sont sept cent mille et les catholiques huit millions, il répond qu'il ne sera pas fait la moindre réforme dans la constitution du clergé protestant en Irlande. Si on lui demande d'étendre la franchise électorale et de donner à l'Irlande une représentation proportionnée à celle des deux autres pays, il déclare que le reform-bill a déjà trop fait pour l'Irlande. Veut-on introduire des modifications dans la propriété, il reconnaît qu'elle est constituée de manière à produire l'horrible misère qui dévore le laboureur irlandais; mais y toucher serait attaquer le droit de propriété dans sa racine. Ainsi toutes les questions de réforme, d'amélioration, de justice, sont hautement repoussées.

Pendant ce temps, l'association du rappel prenait des développements considérables. Ce ne sont plus quelques milliers d'hommes qui accourent aux meetings, mais des populations entières. A Donnybrook, à Tullamore, à Tuam, à Baltinglass, chaque réunion compte trois ou quatre cent mille hommes. A Tara-Hill, il s'en trouve un million.

Le Cabinet britannique sortit enfin de son indifférence, non pour rendre justice, mais pour sévir. De nombreuses troupes débarquèrent en Irlande : des préparatifs militaires se firent ouvertement au château de Dublin et dans les principales villes du royaume.

L'attitude des Irlandais n'en était ni moins fière ni moins calme. Aux démonstrations hostiles du Gouvernement, ils opposent une pacifique opiniâtreté. Un nouveau meeting fut indiqué à Clontarf pour le 8 octobre. D'immenses préparatifs se faisaient; toutes les populations s'étaient mises en route, lorsque le 8, dans l'après-midi, une proclamation du lord-lieutenant d'Irlande vint interdire la réunion. Ce tardif manifeste semblait annoncer une collision inévitable. On jugeait impossible que toutes les populations pussent être arrêtées dans leur marche, et sur tant de milliers d'hommes il suffisait de quelques centaines de repealers obstinés ou non avertis pour engager une lutte qui devait servir de prétexte aux violences légales. O'Connell le comprit, et tous ses efforts tendirent à déjouer cette perfide combinaison. Les principaux chefs de l'association se portèrent sur tous les points par où devaient arriver les repealers, et il ne fallut que quelques heures pour faire rentrer paisiblement dans ses foyers une population d'un million d'âmes. La pacifique retraite de ces multitudes qui accouraient pleines d'exaltation fut la preuve la plus étonnante de l'influence des hommes qui les dirigeaient.

Le succès que par sa prudence O'Connell obtint en cette occasion força le Ministère à prendre une autre marche, et bientôt il fut résolu de poursuivre O'Connell et les chefs principaux de l'association, à raison des paroles qu'ils avaient prononcées dans les différents meetings.

Sur le terrain judiciaire, le Cabinet britannique reprenait ses avantages. Les jurés représentaient moins la cause populaire que les préjugés de la bourgeoisie protestante, attachée par son origine et ses noms au Gouvernement anglais. O'Connell fut condamné, et ce triomphe des tories suspendit momentanément les agitations sans apaiser ni les colères ni les souffrances.

L'Irlande, dans toutes ses agitations, avait repoussé l'alliance des chartistes; mais ceux-ci eurent plus d'action dans une province où l'extrême misère produisit une espèce de guerre sociale. L'excès de la production industrielle, les abus de la concurrence, le prix exagéré des fermages, et l'élévation des taxes locales avaient réduit à la mendicité une portion considérable de la population du pays de Galles. Les malheureux affamés ne pouvant satisfaire leurs besoins, satisfirent leurs colères. Réunis au nombre de plusieurs milliers sous la conduite d'un chef mystérieux qui se faisait appeler Miss Rebecca, ils démolirent et brûlèrent toutes les barrières, tous les bureaux d'octroi qui percevaient sur les routes un prix de passage. Des bandes d'hommes ayant la figure noircie et revêtus d'une jupe blanche parcouraient les campagnes, dévastant les fermes, annonçant leur arrivée par des placards menaçants, et l'exécution suivait de près la menace. Le 19 juin, Carmarthen, la capitale du comté, fut attaquée par une troupe de plus de 10,000 hommes, au jour et à l'heure annoncés par Rebecca. Cet audacieux avertissement avait permis aux autorités d'envoyer chercher du secours; mais les dragons n'arrivèrent que lorsque la ville était prise et plusieurs établissements pillés. Les rebeccaïtes, mis en déroute, laissèrent derrière eux beaucoup de prisonniers, ce qui n'empêcha pas les mêmes scènes de se reproduire dans d'autres localités.

C'est ainsi qu'au milieu de l'éclat extérieur de la Grande-Bretagne, des plaies honteuses révélaient les vices d'une organisation intérieure fondée sur les plus monstrueuses inégalités sociales. En vain elle étalait son or et ses grandeurs. Chaque année, des millions de mendiants protestaient sous le feu des soldats contre l'injuste accumulation de tant de richesses mal acquises.

Cette année est encore fameuse par les progrès d'une association réformiste, connue sous le nom de *Ligue des céréales*. Formée d'abord pour combattre les droits prohibitifs à l'importation des blés, elle en était venue à formuler sans détours le principe de libre échange, et à demander le renversement de tout le système douanier. Ce n'était, à vrai dire, qu'une lutte entre deux aristocraties puissantes, celle des manufactures et celle de la propriété territoriale. Le bien-être des masses n'y était pour rien; mais il n'en ressortait pas moins le principe novateur et fécond de la liberté commerciale, et le principe renversait de fond en comble le vieil édifice britannique, et devait

Ils démolirent et brûlèrent les barrières et tous les bureaux d'octroi qui percevaient sur les routes un prix de passage. (Page 336, col. 2.)

amener une révolution profonde dans toutes les relations internationales.

En Angleterre, tout succès se traduit par des souscriptions en argent. Or, en 1842, la ligue, faisant appel au public, avait demandé 1,250,000 francs; six mois après, elle les avait; en 1843, elle demanda 2,500,000 fr.; ils furent promptement obtenus. Ces sommes étaient consacrées à composer, imprimer et distribuer des écrits, pamphlets et brochures en faveur de la liberté commerciale. Le total des écrits distribués dans les villes et campagnes avait été au nombre de 9 millions, pesant ensemble 100 tonnes. Les chefs de la ligue, MM. Cobden et Bright, parcouraient les comtés, tenant de nombreux meetings, et consacrant leurs doctrines par l'adhésion de leur milliers d'auditeurs. La ligue était une puissance nouvelle s'imposant à l'Angleterre, et dont le gouvernement allait être incessamment obligé de tenir compte.

XXVI

Affaires d'Afrique. — Prise de la smalah d'Abd-el-Kader. — Voyage du duc de Nemours. — Sa réception au Mans. — Visite de la reine d'Angleterre au roi de France. — Le duc de Bordeaux à Londres. — Le duc de Nemours s'y rend aussi. — Pèlerinage à Belgrave-Square. — Émotion au château. — Intrigues de la petite Cour de Belgrave-Square. — Les deux camps légitimistes. — MM. Berryer et de Larochejacquelein. — Tahiti et la reine Pomaré. — Intrigues des Anglais. — Le consul Pritchard. — Prise de possession des îles de la Société par l'amiral Dupetit-Thouars.

Louis-Philippe, si soudainement frappé dans sa famille, s'attachait à la raffermir par de nouvelles alliances, et à prendre toutes ses précautions contre les chances de l'avenir. Le mariage de sa fille, la princesse Clémentine, célébré le 20 avril, avec le prince Auguste de Saxe-Cobourg, était une satisfaction paternelle; celui du prince de Joinville avec la sœur de l'empereur du Brésil, accompli le 7 mai, était un acte politique. On pouvait espérer que l'influence de la France s'accroîterait dans le Brésil, et que des relations de commerce plus avantageuses allaient s'établir entre elle et l'Amérique méridionale.

Une autre consolation glorieuse était au même moment réservée à Louis-Philippe. Son fils le duc d'Aumale avait eu la bonne fortune de rencontrer la smalah d'Abd-el-Kader (familles, tentes, troupeaux), et de l'enlever par une brillante attaque de cavalerie.

Depuis que les Français établis à Mascara et à Tlemcen avaient porté le fer et le feu au sein de la grande tribu des Hachems, la puissance d'Abd-el-Kader n'avait plus de centre, plus d'unité. On peut même ajouter qu'avec la dispersion de cette tribu la nationalité arabe avait cessé d'exister; ou du moins elle était tellement réduite, qu'elle n'avait plus de ressource que dans une guerre de partisans.

Abd-el-Kader cependant entra résolument dans cette nouvelle phase de la lutte. Revenant à petit bruit sur le territoire français, se glissant dans les montagnes, au milieu des tribus mal soumises, relevant leur courage et réveillant leurs haines, il se revit bientôt entouré de compagnons nombreux, reprit ouvertement les hostilités, jeta la terreur dans les provinces de l'Ouest, sur toute la ligne de Cherchell à Milianah, et répandit l'inquiétude jusqu'aux portes d'Alger. Il fallut reprendre la campagne contre un ennemi que l'on croyait abattu, lancer des colonnes mobiles dans toutes les directions, et multiplier les expéditions pour frapper sur tous les points à la fois. Il y avait, il est vrai, plus de fatigues à supporter que de périls à craindre, plus de marches que de combats, souvent au milieu des pluies et des tempêtes. Mais l'armée ne se découragea pas, et après deux mois de courses et d'escarmouches, Abd-el-Kader, battu dans tous les engagements, fut rejeté dans les montagnes de l'Ouarensenis, ne laissant aux tribus qui l'avaient secondé d'autre alternative qu'une prompte soumission. La prise de la smalah avait surtout agi profondément sur l'imagination de ces peuplades, toujours promptes à se soumettre aux décisions de la fortune, et à prendre un échec pour un mauvais présage. Ce fut le 16 mai que s'accomplit ce brillant fait d'armes.

L'émir était depuis quelques jours cerné de plusieurs côtés; les deux colonnes de Médéah et de Mascara étaient sur ses traces, le géral Lamoricière le serrait de près, tandis qu'une autre division, partie de Boghar sous la conduite du duc d'Aumale, cherchait à le rejoindre. Fuyant de l'un à l'autre, Abd-el-Kader espérait leur échapper en gagnant les montagnes appelées Diebel-Amour, lorsque le duc d'Aumale fut informé que cet insaisissable adversaire était campé non loin de lui, à la source de Taguin. Le prince n'était suivi en ce moment que de 500 chevaux; les ennemis étaient dix fois plus nombreux. Mais si l'on attendait l'infanterie, l'émir avait le temps de s'échapper. Confiant dans la valeur de ses soldats, le duc d'Aumale s'élança au galop et arriva au milieu des tentes, malgré la résistance désespérée de l'infanterie régulière de l'émir. Tout fut culbuté sous la charge impétueuse des spahis et des chasseurs.

Abd-el-Kader eut à peine le temps de monter à cheval, et de s'enfuir au milieu de quelques cavaliers d'élite. Sa mère et sa femme n'échappèrent que par miracle; un nombre considérable de personnes de sa famille, des femmes et des filles de ses principaux lieutenants, et divers personnages appartenant à son administration, tombèrent entre les mains des Français. Des populations considérables, appartenant surtout à la tribu des Hachems, furent emmenées prisonnières; les tentes, quatre drapeaux et un butin immense furent les trophées de cette victoire. La soumission de toutes les tribus environnantes en fut le premier résultat.

Pendant quelque temps on perd les traces de l'émir, mais bientôt on le retrouve au sud-ouest de Tlemcen, agitant encore les populations du Tell, et prêt à opérer sa jonction avec Sidi-Embareck, le plus actif de ses lieutenants et, après lui, notre ennemi le plus acharné. Sidi-Embareck emmenait avec lui les restes des bataillons réguliers de Médéah et de Milianah, au nombre d'environ 750 hommes, réunis à 200 cavaliers la plupart démontés. Le colonel Tempoure se mit à sa poursuite, le rejoignit près de la vallée de l'Oued-Mala, dispersa ses troupes et enleva ce dernier renfort à l'émir. Sidi-Embareck, rejoint au milieu de la mêlée par quelques cavaliers français, lutta contre eux en désespéré et tomba frappé d'un coup de feu. La mort de ce chef renommé produisit une grande impression sur les Arabes. Abd-el-Kader fut contraint de se retirer de nouveau sur les frontières du Maroc. Toutes les tribus renfermées dans la ligne du Tell ou établies sur le territoire appelé le Petit-Désert firent leur soumission. La sécurité régna bientôt dans toute la colonie, d'Alger à Boghar, et de Constantine à Tlemcen.

Pour prix de cette nouvelle campagne, le général Bugeaud reçut le bâton de maréchal de France. A cette occasion, le *Journal des Débats* eut l'imprudence d'écrire : « Les coups qu'il a portés à l'émir ne pourraient faire oublier ceux qu'il a portés, en d'autre temps, à l'anarchie. » Il semblait, de l'aveu même des organes ministériels, qu'on eût voulu récompenser les exploits malheureux de sanglantes journées. Les radicaux s'indignèrent qu'on allât chercher des titres dans les luttes civiles. M. Bugeaud était mal servi par des amis qui engageaient la polémique sur un pareil terrain.

D'autres, mieux informés peut-être, assuraient que l'élévation de M. Bugeaud à la dignité de maréchal se liait à un projet conçu depuis longtemps de confier le gouvernement général de l'Algérie au duc d'Aumale. M. Bugeaud n'aurait pas voulu céder sa place sans une compensation éclatante, et l'heureux résultat de ses campagnes en offrait l'occasion.

Louis-Philippe, d'ailleurs, méditait pour son fils un titre plus significatif. Le gouvernement général de l'Algérie pouvait être transformé en vice-royauté, et le duc d'Aumale aurait alors un établissement conforme à sa naissance. Car le roi, infatigable dans son activité paternelle, ne négligeait aucune occasion de faire valoir ses fils, de les montrer aux populations, et d'appeler sur eux des hommages qui semblaient environner le trône de garanties nouvelles. Le duc de Montpensier avait parcouru les départements du Midi, et les journaux dynastiques faisaient grand étalage des empressements de tous les habitants à fêter le prince voyageur. Le duc de Nemours avait eu les mêmes succès dans l'Ouest jusqu'à ce qu'il arrivât au Mans. Là, se rencontrait un maire plus ami de la démocratie que des princes, et ne se croyant pas obligé de répéter à l'illustre voyageur les formules banales qui l'avaient accompagné sur toute sa route. Comptant, par son intelligence et sa position sociale, parmi les hommes les plus considérables du département de la Sarthe, M. Trouvé-Chauvel avait pris possession de la mairie par les victoires répétées de l'opposition radicale dans les élections; ses deux adjoints, MM. Sévin et Jadin, représentaient également l'élément démocratique, et une majorité imposante dans le conseil municipal luttait avec avantage contre les influences du préfet.

Lorsque le duc de Nemours se présenta, le 7 août, dans la ville du Mans, M. Trouvé-Chauvel, appelé par ses fonctions à le recevoir au nom des habitants de la ville, prononça un discours qui ne ressemblait en rien, sans doute, à ce que le prince avait entendu jusque-là, mais qui était remarquable par la simplicité et l'élévation du langage, en même temps que par un profond sentiment des convenances. Il est vrai que le maire, fidèle représentant de ses délégués, n'avait déguisé ni leurs vœux, ni leurs espérances.

« Si notre population, disait-il, s'empresse
« autour d'un jeune prince, c'est qu'elle es-
« time qu'il doit, par ses tendances comme
« par son âge, appartenir à la jeune géné-
« ration. Elle n'oublie pas, d'ailleurs, que
« les Chambres vous ont désigné pour pré-
« sider au gouvernement de l'État durant
« les difficiles épreuves d'une minorité. Si
« l'avenir vous réserve ces hautes et péni-
« bles fonctions, on vous verra, nous en
« avons la confiance, donner à la liberté
« toutes les garanties désirables, accepter
« avec sincérité les institutions représenta-
« tives, maintenir au dehors la dignité de
« la France, renouer avec les traditions
« généreuses de la vieille politique française,
« et prouver que les révolutions ne doivent
« pas placer un peuple au-dessous de ce
« qu'il était, alors qu'il obéissait aux vo-
« lontés absolues des rois. »

Les courtisans virent dans ces phrases une critique indirecte du gouvernement de Louis-Philippe. Ils pouvaient avoir raison. Mais ils contestèrent au maire le droit de parler un langage politique. Selon eux, un maire devait renfermer ses phrases dans les limites d'un fade compliment; M. Trouvé-Chauvel avait fait abus de ses fonctions. Leurs colères donnèrent à cet incident de voyage une importance immense; les journaux ministériels de Paris et des départements fulminèrent des réquisitoires; M. Trouvé-Chauvel et ses adjoints furent destitués, le conseil municipal du Mans fut dissous. Il semblait que l'honneur du duc de Nemours fût compromis. Le zèle maladroit allait jusqu'à en faire une affaire personnelle du prince avec le maire. Pour une si grave offense, il fallait une victime. Il est vrai que M. Trouvé-Chauvel y gagna une popularité plus grande, tandis que le duc de Nemours perdait tout le fruit de son voyage. Que pouvaient valoir désormais les discours officiels, lorsqu'on punissait avec bruit ceux qui ne plaisaient pas?

Dans ces querelles de prince à fonctionnaire, les journaux dynastiques avaient toujours des colères si compromettantes, que le silence eût mieux valu pour la cause royale. Mais comment faire taire les flatteurs? C'eût été renoncer aux anciennes traditions.

Ils eurent bientôt occasion de faire succéder les dithyrambes aux emportements. Une grande solennité allait réjouir les cœurs vraiment monarchiques. La reine d'Angleterre venait en personne rendre visite à Louis-Philippe, et distraire ses royales grandeurs sous les ombrages de la résidence d'Eu. Il ne s'agissait pas, il est vrai, d'une entrevue politique, d'une de ces conférences entre souverains qui règlent les destinées des peuples. La monarchie constitutionnelle rend ces rapprochements moins importants et moins dangereux. Ce n'était pas autre chose qu'un délassement pour la jeune reine, un moment d'élan vers la liberté person-

Le duc d'Aumale s'élança au galop et arriva au milieu des tentes. (Page 339, col. 1.)

nelle, n'ayant pas d'autre portée qu'une fantaisie de femme allant aux eaux pour fuir les soucis du ménage. Cependant ces fantaisies sont souvent accueillies avec une certaine inquiétude par le maître du logis, et le maître du logis était sir Robert Peel. Il voyait avec un médiocre plaisir la reine Victoria livrée aux captations habiles de Louis-Philippe, et quoiqu'elle ne pût en droit prendre aucun engagement politique sans l'aveu de ses ministres, elle pouvait dans d'intimes causeries laisser tomber une promesse royale qu'on n'oserait contredire. D'après la loi anglaise, le souverain ne peut sortir du royaume sans le consentement de son Conseil. Mais lorsqu'il ne s'agissait que d'une partie de plaisir, il eût semblé trop rigoureux d'user strictement du *veto* ministériel, et Peel accepta par son consentement la responsabilité du voyage. Il eut soin, toutefois, de faire accompagner la reine par lord Aberdeen, en qualité de directeur et de surveillant politique, représentant le Cabinet à bord et sur la rive française.

Louis-Philippe accueillit avec une grande joie la nouvelle de cette bonne fortune. Sa plus chère ambition était de prendre aux yeux de l'Europe une place incontestée dans la famille des rois, et les mauvais vouloirs des cours du Nord lui rendaient plus précieux un éclatant hommage de fraternité. Cette démarche spontanée d'une grande souveraine était pour lui une consécration. Calcul puéril sans doute, insultant pour la nation française, qui, pour faire un roi, n'avait pas besoin de la sanction des autres rois; mais tout à fait en harmonie avec les pensées secrètes de Louis-Philippe, que troublaient toujours les souvenirs de son origine, et qui mettait toute sa politique à la faire oublier.

Ceux qui entouraient le roi, témoins de ses contentements, faisaient grand bruit de cet illustre rendez-vous, et célébraient en style pompeux les magnifiques préparatifs de l'entrevue. Les hommes raisonnables ou indifférents ne voyaient aucune importance à un fait qui ne sortait pas des proportions d'une visite de voisinage, et les hommes politiques n'étaient ni alarmés, ni réjouis d'une politesse qui se faisait moins au roi de France qu'à Louis-Philippe personnellement.

Ce fut le 2 septembre que la reine Victoria débarqua au Tréport. Louis-Philippe fit les honneurs de son château d'Eu avec beaucoup de grâce et de munificence, mais plus en seigneur féodal qu'en roi. Il y eut de splendides repas, des cavalcades dans les bois, des collations sous la feuillée; de part et d'autre on semblait se dérober aux soins de la royauté, et il n'y aurait eu aucune trace de soucis politiques, si ce n'eût été la présence de M. Guizot et de lord Aberdeen, l'Achate et le Mentor des monarchies constitutionnelles.

Cinq jours se passèrent dans les fêtes, décrites avec une complaisante admiration par les écrivains du château, regardées avec indifférence par le public, qui n'y associait aucune idée d'intérêt général. Louis-Philippe pouvait penser que sa couronne venait de recevoir un nouvel éclat; la nation jugeait, à bon droit, que c'était elle, et non les adhésions étrangères, qui donnait à la couronne toute sa grandeur.

Cependant des hommes ordinairement bien informés prétendaient que les conférences d'Eu n'avaient pas été complètement stériles, et qu'au sein des promenades champêtres, MM. Guizot et Aberdeen n'avaient pas tout à fait oublié leurs fonctions diplomatiques. On parlait d'un projet d'alliance dont les bases auraient été arrêtées au milieu des fêtes, et qui entrait assez dans les vues de Louis-Philippe pour obtenir quelque crédit dans le monde diplomatique. Il s'agissait d'une étroite alliance entre la France, l'Angleterre et l'Autriche. Le roi aurait ainsi réalisé le projet qu'il poursuivait depuis tant d'années, d'une union étroite avec l'Autriche; il détruisait en même temps l'œuvre de lord Palmerston, et, isolant la Russie, retournait le traité de juillet contre la puissance qui l'avait provoqué.

A ne consulter que la suite des événements, on serait tenté de croire que ce projet ne fut pas sérieusement discuté; mais le défaut d'exécution ne tint peut-être qu'à la chute prochaine des tories, dont lord Palmerston devait nécessairement rejeter les traditions diplomatiques.

Louis-Philippe eut bientôt occasion de mettre à l'épreuve la bonne volonté de la reine Victoria, dans une question qui lui était toute personnelle, insignifiante d'ailleurs pour la France, et dont il fit maladroitement une grosse affaire politique.

Le duc de Bordeaux, promenant ses loisirs dans les cours étrangères, était arrivé à Londres dans le courant d'octobre, et le roi des Français se montrait, plus que de raison, alarmé de ce voisinage. Il redoutait surtout de le voir officiellement reçu à la cour, ce qui aurait singulièrement effacé toutes les illusions des conférences d'Eu.

D'un autre côté, il était difficile de persuader au Gouvernement anglais que le duc de Bordeaux fût un simple particulier, et, pour les tories surtout, sa chute ne pouvait être un titre de proscription. Ils venaient de présenter Espartero aux réceptions de la reine, et il devait paraître étrange qu'ils eussent moins de condescendance pour l'héritier des Bourbons. La question était délicate, d'autant plus que, dans une correspondance diplomatique, M. Guizot était embarrassé d'avouer les sérieuses inquiétudes du roi dans une question aussi frivole. Mais lord Aberdeen sut démêler la vérité au milieu des réticences du langage officiel. Il s'en expliqua franchement avec le premier secrétaire de l'ambassade, M. de Rohan-Chabot.

« La reine, dit-il, désire ne point voir le
« prince; et, quant à moi, je prendrais la
« responsabilité de lui conseiller de refuser
« sa visite, si, par un motif quelconque,
« vous m'en exprimiez le désir au nom du
« Gouvernement français. La question est
« donc entre vos mains, et vous connaissez
« assez ce que sont les dispositions de cette
« cour pour n'éprouver aucun scrupule à
« nous faire connaître vos vœux. »

Cependant lord Aberdeen ajoutait :

« Maintenant, je vous dirai que, livré à
« moi-même, et si l'on était indifférent à Paris, je voudrais que, s'il le désire, la reine
« reçût le jeune prince. Il me semble que
« nous ne pouvons pas faire moins pour le
« petit-fils de Charles X, qui revient en
« Angleterre avec son simple titre de prince
« exilé, que nous ne nous sommes crus obligés de faire pour un aventurier comme
« Espartero. Cette réception serait évidemment *strictly private*, une simple présentation, sans dîner, etc. Mais si vous m'en
« exprimez le désir, je le répète, je déconseillerai même cette simple prévenance de
« notre cœur. »

Cette demande officielle réclamée par lord Aberdeen, pour mettre à couvert sa responsabilité, ne se fit pas par les négociations ordinaires. Le roi Léopold, intermédiaire constant et officieux auprès de la cour d'Angleterre, en fut chargé, ainsi qu'on peut le voir par l'extrait suivant d'une lettre de Louis-Philippe au roi des Belges, portant la date du 4 novembre 1843 :

« Je crois que dans les grandes affaires politiques il n'y a qu'une base, *c'est la vérité*. Le duc de Bordeaux va en Angleterre, pas comme *visitor abandoned and interesting*, mais comme *pretender*, cela est certain. Dès lors il faut qu'il ne soit pas reçu par la reine. Il est impossible de prévoir quel serait le résultat d'une réception. Si ce n'était que quelque coup de tête de quelques carlistes sur les côtes de la France, la tranquillité actuelle serait troublée, et l'impression des plus nuisibles. Le voyage de Nemours devient, outre cela, impossible. Le public en France dirait qu'il a été envoyé en Angleterre pour empêcher la réception du duc de Bordeaux, mais sans réussir. Pour résumer, je dois donc franchement dire qu'on doit poser le cas de la manière la plus conclusive, que le duc de Bordeaux *ne doit pas être reçu* par la reine. Qu'on mette le plus de formes dans cette décision que l'on voudra, cela on le pourra, pourvu qu'on ne cède pas sur le fait. »

L'intervention du roi Léopold eut un plein succès, ainsi qu'on peut le juger par la lettre suivante :

« Saint-Cloud, dimanche, 14 novembre 1843.

« Mon très cher frère et excellent ami,

« C'est au moment d'entrer au conseil que je reçois
« votre bonne lettre d'hier, et je m'empresse de vous re-
« mercier de vos bons efforts auprès de la reine Victoria
« pour l'entretenir dans les bonnes dispositions qu'elle
« avait manifestées à Eu, relativement à la réception du
« duc de Bordeaux. Elle y a *most nobly persisted*, et lord
« Aberdeen nous ayant donné l'assurance qu'il en donne-
« rait le conseil officiel à la reine, nous n'avons plus d'in-
« quiétude sur ce point, puisqu'on a exigé que nous le de-
« mandions, et qu'à présent c'est un engagement pris avec
« nous . . . .

« Il est incontestable que la réception par la reine d'An-
« gleterre ne serait pas un acte de pure et simple cour-
« toisie, mais un acte politique, et qui en aurait toute la
« portée.

« Au surplus, mon cher frère, veuillez faire parvenir à la
« reine Victoria combien je suis touché, ainsi que toute ma
« famille, des sentiments qu'elle nous a manifestés sur ce
« point, et de la ténacité qu'elle y a mise. Veuillez aussi,
« si vous en avez l'occasion, faire savoir à lord Aberdeen
« ce que j'ai déjà bien chargé Nemours de lui exprimer,
« combien j'apprécie, ainsi que mon gouvernement, ses
« procédés envers nous dans cette circonstance. . . . .

« Louis-Philippe. »

Déjà rassuré sur les dispositions de Saint-James, le roi avait, le 9 novembre, fait partir pour Londres le duc de Nemours. Ce prince pouvait compter sur une réception officielle, ce qui faisait déjà un contraste en faveur de la royauté de Juillet, un double triomphe par l'empressement d'un côté, par la froideur de l'autre. Mais si dans les régions administratives tous les hommages étaient concentrés sur la branche cadette, la haute aristocratie britannique offrait à l'aîné de la race de fastueuses compensations, en l'appelant à ses châteaux à ses festins, à ses chasses, en l'environnant de tous les égards réservés aux têtes couronnées. Il est vrai que le duc de Nemours aussi avait part aux fêtes de la noblesse, car tout prince, qu'il soit de première ou de seconde qualité, est accueilli avec ferveur dans les domaines féodaux de la Grande-Bretagne. Cependant, pour l'humeur chatouilleuse de Louis-Philippe, il y avait quelque chose d'irritant même dans l'égalité, et le futur régent de France lui semblait devoir peser d'un poids bien plus considérable que le prétendant.

Sa susceptibilité, d'ailleurs, était mise à une plus rude épreuve contre laquelle les transactions diplomatiques n'avaient aucun effet. La présence du duc de Bordeaux à Londres avait inspiré à quelques légitimistes le désir d'aller offrir leurs hommages à leur prince. Fantaisie fort innocente, satisfaction inoffensive que se donnait un parti vaincu, réduit à l'état de sentiment, et n'ayant plus que des vœux impuissants pour adoucir les amertumes de l'exil. Tel fut, en effet, le sens des premières visites. Quelques gentilshommes dévoués s'en allaient se jeter aux pieds du fils de leurs rois, et revenaient heureux d'en avoir obtenu quelques bonnes paroles. Bientôt la mode s'en mêla, puis la politique voulut en tirer parti. Les salons du faubourg Saint-Germain s'enivrèrent au récit des grâces ineffables du prince, chacun voulut avoir sa part de contemplation ; jeunes gens et vieilles douairières se suivirent au pèlerinage de Belgrave-Square, résidence du descendant de saint Louis ; et les journaux légitimistes, prenant au sérieux cette promenade sentimentale, conviaient les phalanges royalistes à grossir les rangs de la croisade, et à faire montre de leurs forces aux yeux de l'Europe.

Pour un Gouvernement sûr de lui-même, ces démonstrations n'eussent été que ridicules. Mais pour un Gouvernement qui n'était pas national et ne voulait pas l'être, qui, à ses propres yeux, n'était pas légitime et voyait en face de lui le représentant de la légitimité, il semblait alarmant d'assister à ces courses chevaleresques devenues autant de protestations et d'insultes. Louis-Philippe en éprouvait des ressentiments profonds qu'il ne dissimulait pas, chaque fois surtout qu'un nom de quelque importance parmi la vieille noblesse s'ajoutait à la liste des voyageurs. Car une de ses faiblesses, d'accord, du reste, avec sa politique générale, était de chercher à ramener autour de son trône les noms anciens qui avaient fait la gloire de la monarchie. Celui qui aimait à s'appeler le petit-fils de Louis XIV avait fort à cœur d'orner l'astre royal des mêmes satellites, et en voyant ce qu'il appelait la noblesse de France s'empresser vers l'exilé de Londres, il se laissait aller à des dépits presque révolutionnaires. Les organes ministériels se faisaient l'écho de ses colères, et donnaient par leurs plaintes mêmes une importance exagérée aux épanchements des royalistes, devenus arrogants après avoir été naïfs.

M. de Chateaubriand, malgré ses désenchantements, avait suivi le torrent du pèlerinage, et sa présence à Belgrave-Square avait été pour le duc de Bordeaux et ses partisans un nouveau sujet d'allégresse. Les légitimistes réunis à Londres voulurent témoigner publiquement leur reconnaissance au vétéran du royalisme. M. le duc de Fitz-James fut chargé de parler en leur nom. Voici quelques extraits de son discours :

« Après avoir rendu hommage *au roi de France*, il nous restait encore un autre devoir à remplir, et nous nous sommes présentés auprès de vous pour rendre hommage à la royauté de l'intelligence….

« La France qui, *malgré tout ce qui est arrivé*, est toujours notre pays, regarde votre conduite avec admiration…

« Acceptez l'hommage de ces Français qui sont restés, dans la bonne comme dans

Les petits levers d'une cour imaginaire. (Page 346, col. 2.)

la mauvaise fortune, fidèles à *leur roi* et à leur patrie... »

Ces discours insurrectionnels, prononcés sans équivoque, sanctionnés par les acceptations tacites de Chateaubriand, redoublaient les colères des Tuileries. Elles furent provoquées encore par un article d'une feuille légitimiste, la *France*, qui se permettait des réflexions très irrévérentes sur le voyage du duc de Nemours en Angleterre. Ce journal s'étonnait qu'on envoyât le *régent problématique* à Londres au moment même où le comte de Chambord s'y promenait; et il allait jusqu'à demander si le fils de Louis-Philippe ne se rendait pas en Angleterre pour aller offrir ses hommages à celui qu'en un autre temps il appelait *son seigneur et maître*.

Le journal fut saisi; le gérant sommé de comparaître à bref délai, par citation directe,

44. — E. REGNAULT.

sans instruction préalable, afin que le jury fît promptement justice d'un méfait aussi impardonnable. Mais le jury ne se montra pas aussi empressé de s'associer aux colères dynastiques : la *France* fut acquittée. Le Ministère ne se lassait pas de compromettre la royauté par des questions personnelles.

Aussi les démonstrations de Belgrave-Square'prenaient-elle, aux yeux des Tuileries, des proportions démesurées. Le Château était plein d'émoi. Le préfet de police envoyait régulièrement au président du Conseil la liste des personnes qui prenaient, dans ses bureaux, des passeports pour l'Angleterre, et même des voyageurs qui partaient des départements pour Londres. En même temps, le maréchal Soult faisait examiner avec soin s'il y avait sur ces listes fatales des militaires en activité de service. La terreur allait grossissant chaque jour.

Un incident nouveau vint y mettre le comble. On apprit que des députés, des députés en exercice, étaient à Londres, portant leur dévouement aux pieds du « jeune roi », comme l'appelaient les journaux tories. Le plus en renom était M. Berryer ; les autres étaient MM. de Larcy, de Valmy, le marquis de Preigne, et M. Blin de Bourbon. M. de La Rochejacquelein vint plus tard. Il serait difficile de donner la mesure des indignations officielles à cette haute inconvenance. Le roi était furieux, les ministres consternés ; le *Journal des Débats* criait à la trahison. Des hommes revêtus d'un caractère public, ayant prêté serment de fidélité à Louis-Philippe, aller se présenter en chevaliers d'un prétendant rival ! c'était un acte inouï que l'organe ministériel signalait à la justice du pays. M. Berryer, surtout, était l'objet des plus grosses injures, soit que sa réputation donnât plus d'importance à sa démarche, soit qu'on n'admît pas en sa faveur les excuses que pouvaient invoquer les gentilshommes. On parlait de faire un exemple, de le citer à la barre de la Chambre, et de lui demander compte de ses trahisons. Malheureusement pour la royauté, les indignations ne s'étendaient pas au delà du cercle des affidés. Le public avait été assez indifférent au pèlerinage de Belgrave-Square ; il se sentait médiocrement ému des doléances des Tuileries. Les petits levers d'une cour imaginaire avaient eu leur côté facétieux, on n'était guère disposé à donner à la comédie un dénouement tragique. Les indifférents n'y trouvaient que matière à distraction, et les radicaux se plaisaient au spectacle de ces deux royautés en lutte, qui ne pouvaient que s'y amoindrir toutes deux.

Et cependant le plus curieux encore était caché aux regards du public. La cour exiguë de Belgrave-Square était livrée déjà aux dissensions intérieures, aux luttes ambitieuses, aux rivalités personnelles. La scission qui s'était produite entre les légitimistes devenait tous les jours plus profonde. Les hommes du droit divin traitaient en hérétiques les partisans du droit national. Ceux-ci, de leur côté, raillaient avec amertume les immobiles du parti, et, ne reculant devant aucune conséquence de leur logique, proclamaient hardiment le suffrage universel. Les premiers avaient pour organe la *France* et la *Quotidienne ;* la tribune des autres était la *Gazette*, dirigée par un homme remuant, audacieux, d'une intelligence vive quoique déréglée, et tirant un parti merveilleux de sa double influence de prêtre et de journaliste. Son action s'exerçait principalement sur les gentilshommes de la province, au milieu desquels s'étaient perpétuées des traditions d'indépendance, que ne comportaient pas les habitudes de la noblesse de cour. Tout ce qu'il y avait de jeune aussi dans ce vieux monde acceptait volontiers des idées de régénération qui pouvaient rendre la vie politique à un parti effacé. Quelque difficile, au reste, qu'il parût de concilier la souveraineté nationale avec la légitimité, il est incontestable que M. de Genoude avait réussi par ses opiniâtres paradoxes à donner quelque activité au parti royaliste, et quelque apparence de jeunesse à des doctrines caduques. Aussi sa clientèle était-elle beaucoup plus considérable que celle des feuilles rivales. La bannière du droit divin perdait chaque jour quelques soldats, et la *Gazette* luttait avec avantage contre les vieux chefs restés dans l'ornière. Ceux-ci courant vers le duc de Bordeaux crurent avoir une bonne occasion de ressaisir leur influence, en obtenant l'appui du représentant suprême de la monarchie, en faisant condamner les hérétiques par une auguste décision qui rétablirait l'unité dans l'Église divisée. Leur tâche était facilitée et par les préjugés personnels du prince, et par les influences aveugles qui l'entouraient et le dominaient. Le duc de Bordeaux, soit par paresse d'esprit, soit par les effets d'une longue habitude, était encore sous la férule du duc de Lévis, homme opiniâtre, immobile comme un émigré, adversaire même des concessions de 1815, et ne pouvant avoir aucune idée commune avec la France de 1843. Il surveillait avec un soin jaloux son royal pupille, dirigeait les audiences, y assistait constamment, afin qu'aucune parole hardie ne vînt contrebalancer ses conseils, afin qu'aucune lumière trop soudaine ne blessât les yeux du prince. Maître Jacques de la monarchie ambulante, il servait en même temps de premier ministre, d'introducteur et de maître des cérémonies, de témoin dans les conversations privées, et de bouclier contre les amis importuns ou trop sincères. Un seul homme avait de l'action sur lui, M. Berryer, soit à cause de ses talents oratoires, soit à cause de ses antipathies bien connues pour les néo-royalistes. M. Berryer, en effet, épousait toutes les querelles de la *Quotidienne* et de la *France* contre la *Gazette*, et partageait leurs superbes mépris pour la souveraineté nationale et le suffrage universel. Les fidèles de cette nuance devaient nécessairement réussir auprès du gouverneur et du pupille. Aussi prirent-ils soin de faire consacrer leur orthodoxie par l'approbation royale, et il demeura décidé dans les conseils de Belgrave-Square que les autres étaient des brouillons, des quasi révolutionnaires, qui mêlaient ensemble les contraires et faisaient de coupables transactions avec les erreurs du siècle. Parmi les plus signalés aux mécontentements du prince était M. de La Rochejaquelein, perverti par les doctrines empoisonnées de la *Gazette*, et parlant étourdiment de la voix du peuple et du consentement de la nation.

M. de La Rochejacquelein jugea cependant que son nom ne lui permettait pas de s'abstenir du voyage à Londres. Aux yeux des purs, c'eût été presque une révolte. Il partit, et demanda une audience. Elle ne pouvait être refusée au représentant des souvenirs vendéens. Mais la réception fut glaciale. M. de La Rochejacquelein put voir ce que valent les dévouements aux princes et combien sont plus puissantes les cabales des courtisans. Il est vrai qu'il osa parler des droits de la nation, et dire que les temps n'étaient plus les mêmes que sous l'ancien régime. La réponse du duc de Bordeaux fut hautaine et brutale. Le serviteur sincère était traité comme un sujet révolté.

Cet incident, promptement connu, fit quelque sensation dans les cercles légitimistes de Londres : quelques-uns plaignaient le malencontreux marquis ; d'autres le trouvaient bien osé d'apporter à son roi des conseils infectés de jacobinisme. Il acheva de s'aliéner les courtisans par un mot souverainement irrévérencieux. Comme il se trouvait chez la duchesse de Lévis, cette dame lui adressa la question consacrée : « Eh bien ! monsieur le marquis, que dites-vous de notre prince ? — Madame la duchesse, répliqua-t-il, il peut être un successeur convenable de Louis XIV ; mais il n'a pas l'étoffe d'un Henri IV. » Les âmes charitables répétèrent le propos ; l'indignation fut bruyante, et M. de La Rochejacquelein revint à Paris, proscrit et désavoué.

Le ridicule de ces discordes intestines n'ôtait rien aux craintes des Tuileries. Le fantôme de la légitimité s'y reflétait sur toutes les murailles, et la peur lui donnait un corps et une puissante réalité. Pour le conjurer, on résolut de sévir, et de faire justice des députés qui s'étaient faits les chevaliers d'une autre royauté. La session allait s'ouvrir; l'adresse devenait une occasion : on se fia sur la docilité de la Chambre pour venger par un blâme éclatant la monarchie de Juillet.

En attendant, les précautions étaient prises au dehors pour empêcher le renouvellement du scandale. Les agents diplomatiques dans les cours étrangères recevaient ordre de s'opposer à toute démonstration qui rappelerait Belgrave-Square. La guerre était déclarée aux baise-main et aux petits levers, en vertu de l'acte suivant :

« CIRCULAIRE AUX AGENTS DIPLOMATIQUES.

« Paris, le 2 janvier 1844.

« Monsieur, ce qui s'est passé à Londres pendant le séjour que vient d'y faire M. le duc de Bordeaux a changé la situation de ce prince. Ce n'est plus un jeune prince malheureux et inoffensif, c'est un prétendant déclaré.

« Dans cet état de choses, l'intérêt et la dignité de la France imposent au gouvernement du roi de nouveaux devoirs. Nous ne voulons point exercer sur les démarches de M. le duc de Bordeaux une surveillance inquiète et tracassière qui aggrave le malheur de sa position, mais nous ne saurions voir avec indifférence les démonstrations dont il pourrait être l'objet dans les pays étrangers. Quelque vaines que fussent en définitive ces démonstrations, elles pourraient, au dehors, placer les représentants du roi dans une situation peu convenable, et fomenter, au dedans, des passions ou des espérances criminelles. Nous avons le droit de compter que partout où paraîtra à l'avenir M. le duc de Bordeaux, l'attitude des cours alliées de la France ne permettra pas que ni l'un ni l'autre de ces inconvénients en puisse résulter. S'il en était autrement, la présence simultanée du représentant du roi ne serait ni convenable, ni possible, et vous n'hésiteriez pas à le déclarer.

« Je vous invite à donner lecture de cette dépêche à M. le ministre des affaires étrangères de..... »

Ces solennelles garanties prises contre un danger imaginaire démontraient le trouble qui régnait dans les conseils de Louis-Philippe; elles démontraient surtout combien dans les régions officielles on connaissait peu l'opinion générale du pays; elles n'étaient que puériles alors; elles peuvent sembler plus étranges aujourd'hui que nous avons vu les pèlerinages de Claremont et de Wiesbaden.

Cependant le ministère attendait avec confiance la réunion des Chambres pour faire condamner par sa majorité ordinaire l'audacieuse entreprise des légitimistes, lorsque de soudaines complications survenues dans les parages de l'Océanie vinrent apporter de nouveaux aliments aux tempêtes parlementaires, et contraindre M. Guizot à se heurter encore une fois contre le sentiment national, pour donner satisfaction à l'orgueil britannique.

Le 28 avril 1843, le gouvernement français avait notifié l'acceptation du protectorat des îles de la Société; le gouvernement de ces îles et des établissements de l'Océanie avait été placé sous une direction unique, entre les mains de M. le capitaine de vaisseau Bruat.

Malgré les bonnes relations de lord Aberdeen avec M. Guizot, ce n'était pas sans déplaisir que le cabinet britannique avait vu l'établissement du protectorat sur ces îles éloignées. Ses agents les plus considérables écrivaient que « la cession avait été obtenue « en partie par l'intrigue, en partie par l'inti-« midation[1]; » ils acceptaient les faits accomplis en termes pleins de restrictions : « Le gouvernement de S. M., bien qu'il « n'ait pas reconnu à la France le droit de « prendre et d'exercer un protectorat sur les « îles de la Société, n'a cependant pas l'in-« tention de mettre ce droit en question[2]. »

Lord Aberdeen lui-même, après avoir averti l'ambassadeur anglais à Paris que l'on accorderait le salut au pavillon substitué par l'amiral français à l'ancien pavillon de Tahiti, réservait habilement au gouvernement anglais les occasions d'intervenir, ainsi que le constatent les passages suivants :

« Le gouvernement de S. M. se regarde « comme entièrement autorisé à intercéder « auprès du gouvernement français, afin « d'assurer à *la reine infortunée* de ces îles « toute la liberté compatible avec les restric-« tions qu'elle s'est imposées[3].....

« Le gouvernement de S. M. se regarde « comme engagé, par toutes les considéra-« tions d'honneur national et de justice, à

---

1. Lettre de M. Addington à sir John Barrow.
2. *Ibid.*
3. *Ibid.*

« soutenir les missionnaires protestants des « îles de la Société ; et il ne saurait admettre « que le changement récemment survenu « dans ce pays ait altéré ou affaibli en rien « cette obligation[1]. »

Le même ministre écrivait au consul Pritchard : « Le gouvernement de S. M. déplore « sincèrement l'affliction et l'humiliation « que la reine Pomaré a souffertes ; » et puis cette phrase significative : « Vous surveille-« rez avec une vigilance incessante la con-« duite des Français à l'égard de nos mis-« sionnaires, et vous ne manquerez pas de « rapporter minutieusement au gouverne-« ment de S. M. toutes les circonstances qui « vous paraîtraient à cet égard dignes d'at-« tention. »

De pareilles instructions données de loin à un méthodiste brouillon pouvaient facilement être prises pour une invitation à la résistance et au désordre. L'Angleterre s'arrogeait un protectorat moral à côté du protectorat légal des Français ; il devait y avoir nécessairement conflit.

Cette sollicitude d'ailleurs pour les missionnaires était loin d'être désintéressée. Depuis longues années l'Angleterre détachait sur les îles de l'océan Pacifique, petites ou grandes, des escouades de prêcheurs de toutes sectes, qui, dominant de gré ou de force les petits souverains de ces îles, formaient partout de véritables colonies anglaises. Souvent leur autorité n'y était ni très forte, ni très éclairée ; car les sectaires de la Grande-Bretagne ne reconnaissant aucune hiérarchie ecclésiastique, les émigrants prédicateurs étaient de toute classe et de toute profession : petits commerçants, forgerons, charpentiers ou maçons, ils cumulaient les profits de leurs métiers avec les bénéfices de la Bible, et mêlaient les vexations de l'industrie aux charitables leçons de l'Évangile. Leur venue avait été dans plus d'un endroit l'occasion de combats sanglants, causés soit par leur oppression, soit par leur habileté à irriter les chefs les uns contre les autres. Cependant ils finissaient par prendre racine, encouragés et appuyés par le gouvernement anglais, qui faisait ainsi des conquêtes politiques et commerciales, sans qu'on pût l'accuser lui-même d'ambition. Une fois les missionnaires établis dans une île, l'Angleterre comptait bien que l'île lui appartenait. Aussi le protectorat français était-il véritablement la dépossession des Anglais, auxquels il ne manquait qu'un titre légal, mais qui avaient à

M. Pritchard.

Tahiti une domination de fait. On comprend dès lors les mécontentements de lord Aberdeen et ses prudentes réserves en faveur des missionnaires.

Dans les premiers temps, néanmoins, l'autorité des Français s'exerça sans troubles et sans opposition. La reine paraissait accepter avec résignation la position nouvelle qui lui était faite, lorsque au mois de janvier 1843, la corvette anglaise le *Talbot* entra dans la baie de Papaëte. A dater de ce moment, des signes de mécontentement éclatèrent parmi les indigènes ; Pomaré se montra irrésolue et méfiante ; le commandant du *Talbot*, en communication constante avec les missionnaires, les poussait à l'intrigue, et ceux-ci,

---

1. Lettre de lord Aberdeen à lord Cowley.

qui n'y étaient que trop disposés, prêchaient dans toutes les cabanes la haine de l'étranger. Cependant les autorités françaises, par leur prudence et leur fermeté, surent déjouer toutes les manœuvres du commandant britannique.

Le *Talbot* partit au commencement de mars, et peu de jours après se présenta la frégate *la Vindictive*, sous les ordres du commodore Toup Nicholas. Ce navire amenait à Tahiti, en qualité de consul anglais, le missionnaire M. Pritchard, qui avait déjà fait un séjour de quinze ans dans les îles de la Société, et s'y était arrogé une autorité supérieure à celle de la reine. Remuant et audacieux, il s'était montré un des membres les plus zélés de la corporation des marchands de Bibles; et comme les conversions religieuses donnaient aux prédicants un caractère de législateurs, il avait façonné un code religieux qui mêlait habilement les profits du culte à la réforme des mœurs. Toute infraction religieuse était punie d'une amende qui entrait dans la caisse des missionnaires. Or, il y avait un péché plus fréquent que tout autre, qui offrait une source féconde de revenus : c'était le péché de galanterie. Bougainville appelait Tahiti l'île des Amours; elle n'était pas indigne de son antique réputation, et les couples heureux prenaient chaque jour le ciel ouvert à témoin de leur bonheur. La pudeur méthodiste s'en offensait, mais en tirait profit. Chaque femme, chaque jeune fille prise en flagrant délit, était passible d'une amende d'une piastre forte (5 fr.); ainsi le voulait le Code Pritchard; et comme les douces habitudes étaient plus fortes que la crainte du châtiment, les récidives assuraient aux missionnaires des sommes importantes. Ministres du Seigneur, ils combattaient les faiblesses; commerçants, ils avaient intérêt à en désirer le maintien et l'accroissement, et le révérend Pritchard s'enrichissait à cette source peu évangélique. Il cumulait encore d'autres industries, avait ouvert une boutique d'apothicaire, assistait la reine Pomaré dans ses grossesses, et s'était constitué son accoucheur ordinaire; vrai Figaro de l'île, où il régnait *consilio manuque*.

La venue des Français était donc à ses yeux une véritable usurpation, et il arrivait à Tahiti avec les colères d'un souverain dépossédé, qui veut regagner son empire. Impatient d'agir, il n'attendit pas même que la frégate qui l'amenait allât au mouillage; mais se faisant mettre à terre au point le plus voisin, il courut vers les indigènes, et prêcha une croisade contre les Français et leur Gouvernement provisoire. « Il faut les chasser, s'écriait-il, il faut arracher le pavillon du protectorat! » Ses dignes collègues le secondaient activement, promenant partout les mêmes fureurs, et bientôt l'île des Amours fut agitée pas des idées de haine et de vengeance.

La reine Pomaré se remit sous l'impérieuse domination de son accoucheur; et peu de jours après les Français virent avec étonnement s'élever sur la demeure royale un nouveau pavillon rouge et blanc, orné d'une énorme couronne, signe de souveraineté et d'indépendance. C'était un cadeau des missionnaires, un emblème de révolte élevé en face du pavillon du protectorat.

Les missionnaires, d'ailleurs, se sentaient appuyés par le commodore Toup Nicholas, qui employait tous les moyens cachés ou patents pour contester les droits de l'autorité française. Chacune de ses actions, chacune de ses démarches, est une tentative hostile. Un jour, il prévient le Gouvernement provisoire qu'il va mettre un homme à terre pour garder des embarcations en réparation. D'abord il y envoie un soldat sans uniforme; le lendemain ce fut un soldat en uniforme et sans armes; puis un soldat armé; puis deux, puis trois, puis huit et dix : une sommation énergique du Gouvernement provisoire le contraignit à les retirer. Un autre jour, il avertit qu'il va envoyer un matelot voir si l'on pourrait découvrir un navire qu'il attendait. Peu après l'on vit le matelot porter un mât de signaux; enfin ce fut bientôt un poste complet de signaux qu'il établit, sans égards pour les droits de la France;

on fut obligé de les lui rappeler de nouveau, et il ne se soumit qu'en protestant. A quelque temps de là, des matelots malades de la *Vindictive* sont transportés à terre, et sur le casernement qui sert d'hôpital on arbore le pavillon anglais. Les commandants français déclarèrent qu'ils ne souffriront pas que le pavillon anglais soit arboré, dans l'île de Tahiti, ailleurs que sur la maison du consul. Le pavillon fut retiré.

Mais l'acte le plus significatif du commodore fut la lettre suivante qu'il adressa aux résidents anglais dans les îles de Tahiti et de Motoo :

« A bord de la *Vindictive*, en rade de Papaëte,
« 20 juin 1843.

« Messieurs,

« C'est un devoir pour moi d'informer les sujets de S. M. B. qui resident maintenant dans les Etats de la reine de Tahiti, que j'ai reçu des instructions en conséquence desquelles ils devront, quel que soit le motif pour lequel ils aient à demander justice, avoir recours aux officiers de leur propre souveraine, dans cette île, ou aux lois établies par la reine Pomaré, et ne pas s'inquiéter de sommations, pour comparaître comme jurés, ni se soumettre au règlement et aux juridictions, de quelque sorte qu'ils soient, établis temporairement ici par les autorités françaises sous le nom de *Gouvernement provisoire*, non plus qu'être sous la dépendance de tout autre officier français, quel que soit son rang dans la station, jusqu'à ce que la décision de la reine d'Angleterre, relativement à Tahiti, soit connue.

« Bien que je sois déterminé, pour exécuter rigoureusement cet ordre, à appuyer par la force ce règlement, si cela devenait malheureusement nécessaire, cependant je continuerai à faire de mon mieux pour rester en bonne intelligence avec les officiers de la marine française en station ici, et j'ai la sincère conviction que rien ne viendra troubler l'harmonie qui a subsisté jusqu'à présent entre les sujets de nos stations respectives.

« Je crois convenable de vous faire observer ici que l'Angleterre ne cherche pas, ne désire pas le maintien, sous quelque forme que ce soit, d'une influence souveraine dans ces îles ; mais, tout en répudiant une semblable intention, et en déclarant, ainsi qu'elle l'a fait maintes fois en répondant aux souverains qui se sont succédé à Tahiti, et qui la sollicitaient de devenir la protectrice permanente, que, bien qu'elle ne veuille pas prendre un pouvoir prépondérant dans le Gouvernement de Tahiti, la Grande-Bretagne cependant, j'en suis également sûr, a pris la détermination qu'aucune autre nation n'aura plus grande influence ou autorité sur ces Etats que celle qu'elle réclame comme son droit naturel acquis par ses longs et intimes rapports avec eux.

« Surtout je me considère comme autorisé à constater que la détermination de la reine d'Angleterre est bien de maintenir indépendante la souveraineté de Tahiti.

« Je suis, etc.

« Toup Nicholas, *commodore*. »

Les autorités françaises relevèrent avec énergie cet insolent manifeste. Une lettre où ils faisaient connaître leur mécontentement au commodore se terminait par ces déclarations :

« 1° Nous protestons contre tout droit que vous vous arrogez d'intervenir directement dans les affaires politiques déjà réglées ou encore en litige entre la France et la reine Pomaré, parce que cette démarche est à la fois contraire au respect dû au Gouvernement français, et en contradiction avec les lois internationales.

« 2° Nous protestons contre toute démarche hostile, aussi contraire à la bonne harmonie en cette île qu'en opposition avec les liaisons intimes et les sentiments mutuels de bienveillance et de respect qui règnent entre les Gouvernements français et britannique.

« 3° Nous protestons contre votre démarche dernière auprès du résident de Tahiti, ainsi que contre tout acte ou transaction quelconque avec la reine Pomaré, son Gouvernement ou les autorités locales, faits sans notre participation. »

Le commodore persista néanmoins dans ses oppositions, et la lettre qu'il écrivait en réponse aux protestations précédentes se terminait par ces mots : « J'obéirai à mes « instructions, vous pouvez en être assurés, « Messieurs, *sans m'inquiéter des résultats*, « avec zèle et rigidité, et je soutiendrai « énergiquement l'honneur de mon pa- « villon. »

L'irritation croissait de part et d'autre, et menaçait de dégénérer en une lutte ouverte, lorsque l'amiral anglais qui commandait la station des îles Sandwich, instruit de l'état des choses, rappela promptement le trop zélé commodore. Il partit le 15 août et rétracta même la lettre du 20 juin.

Après le départ de la *Vindictive*, M. Pritchard sembla renoncer à ses menées, et reconnut le Gouvernement provisoire. Mais à l'arrivée d'une nouvelle frégate anglaise, le *Dublin*, entrée en rade le 1ᵉʳ octobre, les intrigues reprirent leurs cours, le pavillon donné par les missionnaires fut salué par la frégate, la reine Pomaré consentit à peine à communiquer avec le Gouvernement provisoire.

Cependant l'amiral Dupetit-Thouars, averti par les rapports de ses officiers, résolut d'en finir avec ces difficultés continuelles, qui semblaient mettre en question l'autorité française. Parti de Valparaiso, il arriva le 1ᵉʳ novembre, se fit rendre compte de la situation, et reconnut sans peine que les conseillers de la reine lui avaient fait arborer le pavillon couronné comme un signe d'hostilité contre le protectorat français. Il écrivit donc à Pomaré pour l'engager à amener ce pavillon, qu'il ne pouvait regarder que comme une insulte à notre dignité nationale. Il l'avertissait cependant qu'il ne voulait pas l'empêcher d'arborer un signe de souveraineté. « Que V. M., disait-il, me désigne la forme, les couleurs du pavillon qu'elle veut prendre, et je suis prêt à le reconnaître et à le saluer.

« Mais que V. M. sache bien que je ne reconnaîtrai jamais un pavillon qui a été pris depuis la signature du traité avec le roi des Français, et créé sous l'influence de personnes qui étaient animées d'un esprit d'hostilité à ce même traité et à la France. »

Pour la déterminer plus promptement à obéir, il lui écrivit le 3 novembre une autre lettre dans laquelle il lui disait : « Le pa« villon du protectorat n'ayant pas suffi « pour garantir nos droits vis-à-vis des « étrangers, je me trouve dans la nécessité « de le remplacer, sur tous les points de « protection, par notre pavillon national. »

Conformément à cet avis, le 4 au matin, le drapeau tricolore fut arboré partout où flottait auparavant celui du protectorat. La *Reine-Blanche*, que montait l'amiral, et la frégate française *l'Embuscade*, entièrement pavoisés, le saluèrent de vingt et un coups de canon, ainsi que le fort de Motoo-Outa. Le commandant du *Dublin* avait écrit, la veille, la lettre suivante à l'amiral Dupetit-Thouars :

« Monsieur,

« J'ai l'honneur de vous accuser réception de la lettre que vous m'avez adressée à la date de ce jour, n° 3, et par laquelle vous m'informez que votre intention est de hisser demain sur l'île de Motoo-Outa le pavillon national de France et de le saluer.

« Je dois vous informer à cet égard que n'ayant aucune instruction de mon commandant en chef pour reconnaître les droits du roi des Français à la souveraineté extérieure des îles de la Société, je me regarde comme obligé de m'abstenir de l'honneur de saluer, en cette occasion, le pavillon de S. M. le roi des Français.

« J'ai l'honneur, etc.

« Jervis Tucker, capitaine. »

Cependant ce premier acte de vigueur n'arrêta pas les manœuvres de M. Pritchard. Il encourageait les résistances de la reine en remplissant son esprit de vaines terreurs, lui disant que les Français voulaient l'enlever et l'envoyer dans leur pays; il réussit par ce moyen à lui faire accepter un refuge dans la maison du consulat, de sorte qu'il la tenait complètement sous sa dépendance. Aussi le pavillon demeurait-il arboré sur la case royale. L'amiral lui fit néanmoins donner de nouveaux avis par le commandant de l'*Embuscade*, lesquels étant encore restés sans effet, il notifia le 5 à la reine que si elle ne lui écrivait pas pour s'excuser et renoncer franchement à sa nécessité de passer outre, de ne plus la reconnaître, et enfin de prendre possession définitive de l'archipel des îles de la Société.

Cette tentative n'ayant pas mieux réussi, l'amiral Dupetit-Thouars voulut essayer un dernier effort de conciliation et se rendit le soir chez la reine ; mais elle se trouvait chez M. Pritchard, qui ne lui permit pas de sortir pour aller recevoir l'amiral. Celui-ci ne put même en obtenir la promesse d'une audience pour le lendemain matin. La seule réponse qu'elle daigna faire à l'officier envoyé, c'est que si elle consentait à recevoir l'amiral, elle le lui ferait savoir avant le jour.

Dans la nuit, en effet il reçut de la reine une lettre qui lui accordait un rendez-vous le lendemain matin à huit heures. Il suspendit alors l'exécution des ordres qu'il avait donnés pour descendre au jour et occuper. A huit heures du matin, le 6, il se rendit à l'audience. Là il rappela à la reine les engagements qu'elle avait pris avec la France, et lui représenta les dangers auxquels elle s'exposait par son opiniâtreté. N'obtenant cependant aucune réponse satisfaisante, il prit congé d'elle, en lui annonçant que si, avant midi, son pavillon n'était pas amené, il

L'amiral prit possession, au nom de la France, des îles de la Société. (Page 353, col. 1.)

donnerait cours à l'exécution des mesures qu'il avait résolues.

A l'heure signalée, le pavillon flottant toujours au même endroit, l'amiral Dupetit-Thouars le fit enlever, et prit au nom de la France possession définitive de l'archipel des îles de la Société et de leurs dépendances.

Une demi-heure après, M. Pritchard amena le pavillon anglais qui flottait sur le consulat, comme pour protester contre l'acte qui venait de s'accomplir, et annonça par une lettre à l'amiral français qu'il cessait ses fonctions de consul. Bientôt une lettre fut remise à l'amiral de la part du commandant du *Dublin*. Elle était ainsi conçue :

« Monsieur,

« En arborant aujourd'hui le pavillon français sur l'île de Tahiti, en envoyant hier au consul de S. M. B. la notification officielle de ce fait, vous n'avez laissé aucun doute sur votre intention de prendre possession de ces îles.

45. — E. REGNAULT.

« Il est donc de mon devoir, comme officier commandant les forces navales de S. M. B. dans cette station, pour S. M. B. et en son nom, de protester solennellement contre cette occupation. Depuis les premiers rapports de ces îles avec les nations européennes, leur souveraineté a été considérée comme indépendante par l'Angleterre; leurs habitants ont été arrachés à la barbarie; élevés comme des enfants, ils sont entrés dans le giron de l'Église chrétienne protestante, et la reine Pomaré a reçu la promesse de la protection officieuse de S. M. B.

« C'est avec regret que je me vois de nouveau obligé de vous rendre responsable, aux yeux de la Grande-Bretagne, du tort que votre conduite pourrait faire aux intérêts de S. M. B. la reine Vicoria.

» Je suis, etc.

« TUCKER, capitaine. »

Le consul Pritchard, furieux de voir toutes ses intrigues déjouées par la fermeté du commandant français, voulut tenter un dernier effort qui pût metttre l'amiral entre une sorte de désaveu ou la crainte d'une collision. Il persuada à la reine de faire une visite à bord de la frégate *le Dublin*, lui promettant d'y faire hisser à son arrivée le pavillon outragé par les Français, et de le faire saluer par vingt et un coups de canon.

L'amiral français en étant informé, écrivit aussitôt au capitaine Tucker :

« Monsieur le commandant,

« J'ai l'honneur de vous accuser réception de votre lettre de protestation en date de ce jour.

« Je saisis cette occasion pour vous représenter que je suis informé que vous devez, ce soir, recevoir l'ex-reine Pomaré à bord de la frégate de S. M. B. *le Dublin*, et la saluer sous les couleurs qu'elle avait aceptées contrairement au droit des gens...

« Je proteste contre une telle manifestation, si elle doit avoir lieu, et je la regarderais comme une démonstration hostile envers le France. »

« Agréez, etc.

« A. DUPETIT-THOUARS. »

Le commandant anglais se défendit hautement d'avoir jamais eu l'intention dont on l'accusait. Il est probable que le consul Pritchard s'était flatté d'une complicité que le capitaine Tucker ne se souciait pas d'accepter.

La reine Pomaré put enfin se convaincre que, malgré les promesses de M. Pritchard, les officiers de la marine anglaise ne tenteraient pas de protéger sa souveraineté. Elle eut recours alors à de tardives supplications, faisant appel à la bienveillance et à la générosité de l'amiral Dupetit-Thouars. Celui-ci répondit par les lignes suivantes :

« L'AMIRAL DUPETIT-THOUARS A MADAME POMARÉ. »

« 9 novembre 1843.

« Madame,

« J'ai l'honneur de vous informer que je n'ai plus aujourd'hui la faculté d'avoir des relations officielles avec vous. C'est à M. le gouverneur Bruat que vous devez adresser toutes les commissions que vous désirez faire parvenir à S. M. Louis-Philippe Ier.

« A. DUPETIT-THOUARS. »

L'inflexible volonté de l'amiral ne lui laissant plus aucun espoir, elle écrivit la pétition suivante au roi Louis-Philippe :

« Paofai, Tahiti, le 9 novembre 1843.

« O roi,

« J'ai été privée, dans ce jour, de mon gouvernement, ma souveraineté a été violée, et votre amiral s'est emparé, les armes à la main, de mon territoire, parce que j'étais accusée de ne pas observer le traité conclu le 9 septembre 1842.

« Je n'eus jamais l'intention, en *mettant la couronne dans mon pavillon*, de condamner ledit traité et de vous insulter, ô Roi.

« Je suppose que vous ne considérez pas le fait d'*avoir mis la couronne dans mon pavillon* comme un crime ; votre amiral me demandait le changement que d'une petite partie ; mais si j'y avais consenti, ma souveraineté aurait été méprisée par les grands chefs.

« Je ne connaissais non plus aucune partie du traité qui déterminât la nature de mon pavillon.

« Je proteste formellement contre la dure mesure prise par votre amiral; mais j'ai confiance en vous, et j'attends ma délivrance de votre compassion, de votre justice et de votre bonté pour une souveraine sans pouvoir.

« Ma prière, la voici : Puisse le Tout-Puissant adoucir votre cœur ! Puissiez-vous reconnaître la justice de ma demande, et me rendre la souveraineté et le gouvernement de mes ancêtres !

« Soyez béni par Dieu, ô Roi, et que votre règne soit long et florissant !

« Telle est ma prière.

« POMARÉ. »

En parcourant les événements qui précèdent, on sera bien étonné sans doute que, par le plus étrange renversement de logique, le gouvernement anglais trouve des torts à la France, et que le gouvernement français consente des réparations à l'Angleterre.

Résumons les faits.

A l'occasion du protectorat, méfiances de lord Aberdeen, instructions imprudentes au consul Pritchard,

Tranquillité de la colonie après le protectorat. Agitations à l'arrivée du *Talbot*. Le commandant anglais invite les naturels à la résistance.

L'arrivée de Pritchard appporte de nouveaux aliments aux troubles. Il est secondé par le commodore Toup Nicholas.

Empiétements successifs de ce dernier, arrêtés seulement par la fermeté des autorités françaises.

Manifeste du commodore, invitant les résidents anglais à la désobéissance.

Un pavillon, signe de l'influence anglaise, est élevé par les conseils des missionnaires.

Arrivée de la frégate *le Dublin*, qui salue le pavillon nouveau.

Résistance de la reine excitée par le consul anglais.

Enfin, protestation du commandant Tucker contre la prise de possession.

Partout les agents anglais sont en tête des intrigues, des agitations, des désobéissances, et, après avoir soufflé la révolte, ils se plaignent du châtiment qui devait justement la suivre.

Ainsi provoqué, l'amiral Dupetit-Thouars ne pouvait faire autrement qu'il fit. Laisser plus longtemps l'autorité à Pomaré eût été laisser l'influence aux Anglais. Toute autre mesure eût été vaine.

Et cependant ce n'est qu'après avoir épuisé tous les moyens de conciliation qu'il se résout à un acte de vigueur, le seul capable de faire impression sur une femme opiniâtre, le seul capable de mettre fin aux intrigues des missionnaires, en leur enlevant les complicités royales, en brisant cette triste couronne dont ils faisaient leur instrument.

XXVII

Nouveaux projets de dotation. — Adresse. — Question de Belgrave-Square. — Les flétris. — Discussion orageuse. — Droit de visite. — Entente cordiale. — Démission des légitimistes *flétris*. — Leur réélection. — Affaiblissement du cabinet. — Embarras du ministère à la nouvelle des affaires de l'Océanie. — Colère des Anglais. — Désaveu de l'amiral Dupetit-Thouars. — Discussion parlementaire à ce sujet.

Depuis que le cabinet du 29 octobre s'était assis aux affaires, sa situation n'avait jamais été assez solide pour l'affranchir de toute inquiétude à l'approche des sessions, et ses rivaux trouvaient toujours quelques motifs d'espoir dans les difficultés qui surgissaient pendant le silence parlementaire. D'insignifiantes modifications venaient de s'opérer dans son sein. M. l'amiral Roussin avait été remplacé, à la marine, par M. de Mackau. M. Dumon prenait les travaux publics en place de M. Teste, appelé à la Chambre des pairs et à une présidence de chambre à la Cour de cassation. C'était simplement une mutation de personnes, qui n'avait rien de commun avec la politique.

Au moment où les Chambres allaient de nouveau se réunir, une question qui avait déjà compromis deux cabinets était reprise avec vivacité par les partisans de la couronne. Ils s'indignaient que le duc de Nemours, resté sans apanage ni dotation, fût déshérité des privilèges de son rang, et Louis-Philippe, qui n'avait jamais pu se résoudre à regarder comme définitive une décision parlementaire qui l'avait si profondément blessé, ne cessait de pousser ses ministres à obtenir une réparation. M. Guizot ne se souciait guère, toutefois, d'aborder une controverse dont il voyait tous les dangers, et ses résistances avaient triomphé pendant quelque temps des impatiences royales. Mais les succès mêmes obtenus par le ministre à la tribune réveillaient les désirs de Louis-Philippe; l'homme qui défendait si vigoureusement un portefeuille lui paraissait propre à conquérir la dotation, et M. Guizot, tant de fois victorieux au scrutin, ne pouvait plus prendre pour excuse les chances d'un échec. Aussi Louis-Philippe redoublait-il d'instances, et, malgré les répugnances du ministre, il fallut reprendre sérieusement la question. Elle fut agitée en conseil au mois de mai 1843.

M. Guizot connaissait trop bien l'opinion ou plutôt la passion personnelle du roi pour la combattre de front. Dans le conseil, il plaida chaudement la justice et la nécessité de la dotation. Mais la session était trop avancée; les conservateurs, encore sous l'empire des préjugés, n'auraient pas le temps d'être convertis; les conséquences d'un nouvel échec seraient déplorables pour l'autorité royale. Il valait mieux ajourner au commencement de 1844, et durant l'intervalle on prendrait ses mesures. Louis-Philippe, ravi de voir enfin le cabinet décidé à tenter l'entreprise, ne voulut pas chicaner sur quelques mois de délai, et il demeura convenu que le projet tant désiré serait présenté dans les premiers jours de 1844.

Aussi, à l'époque de la convocation, fixée au 27 décembre, les feuilles de l'opposition appelèrent-elles l'attention publique sur l'opiniâtre avidité de la cour, qui voulait à toute force contraindre la nation à une aumône officielle. Les controverses personnelles se réveillèrent. Le roi fut sommé de rendre compte, et la majesté de la couronne soumise à des discussions de doit et avoir. C'était une bonne fortune pour les radicaux, et ils firent bien d'en user; mais les journaux dynastiques avaient l'imprudence de les imiter, et avilissaient leur propre principe.

M. Guizot vit bien que le moment n'était pas venu de se jeter dans une aussi périlleuse aventure. Il s'en expliqua avec quelques-uns de ses collègues. « C'est une question « de vie ou de mort, leur disait-il; les chances « sont fort incertaines; les députés qui ar« rivent des départements apportent une « résistance marquée contre toute augmen« tation de charges; nous risquons donc une « chute complète, et le cabinet sera emporté « avec la loi. » Les autres ministres trouvaient que M. Guizot avait raison, mais ils lui répondaient : « Le roi veut que la loi soit « présentée; c'est une affaire résolue. Si le « ministère actuel s'y refuse, il perd immé« diatement ses portefeuilles; s'il s'y décide, « au contraire, il a du moins chance de les conserver. »

M. Guizot reconnut toute la force du dilemme. Il fut résolu de demander un million à la Chambre, avec l'espoir qu'elle se trouverait heureuse de n'accorder que 500,000 fr.

Mais aussitôt que les bureaux furent convoqués pour la discussion de l'adresse, les réclamations d'un grand nombre de députés, même parmi les conservateurs, prouvèrent au cabinet qu'il s'était trop hâté de promettre. M. Guizot se défendit misérablement, donnant clairement à entendre que les ministres étaient contraints par une volonté supérieure. Lui qui avait reproché si amèrement au ministère du 15 avril de ne pas couvrir la royauté, il la livrait à nu aux coups de tous les partis. MM. Duchâtel et Dumon furent un peu plus généreux. Aux interpellations de MM. Thiers, Billault et Gustave de Beaumont, ils répondirent : « Nous croyons la dotation excellente en soi, et la loi de régence ne saurait, selon nous, recevoir une meilleure consécration. De plus, il nous semble qu'au moment où viennent d'avoir lieu les manifestations de Belgrave-Square, cette mesure a une opportunité toute particulière. Cependant nous ne savons pas encore si nous la présenterons. En tout cas, ce sera dans un autre temps. » L'opinion était trop fortement prononcée dans tous les rangs de la

Chambre pour que le ministère osât l'affronter immédiatement.

La commission de l'adresse acheva l'œuvre, en exprimant un vœu unanime pour que le projet fût définitivement abandonné.

Les Tuileries avaient fait une si grosse affaire du pèlerinage légitimiste, qu'on s'attendait généralement à voir dans le discours du trône quelque foudroyante apostrophe à ce sujet. Mais l'attente fut trompée. Le ministère avait jugé qu'il valait mieux faire donner la leçon par l'initiative parlementaire. C'était, à vrai dire, plus significatif et plus digne. Le ministère fut servi à souhait. La commission de la Chambre des pairs introduisit dans l'adresse la phrase suivante : « Le roi, en montant au trône, a promis de nous consacrer son existence tout entière, de ne rien faire que pour la gloire et le bonheur de la France ; la France lui a promis fidélité. Le roi a tenu ses serments. Quel Français pourrait oublier ou trahir les siens? »

Les discussions au Luxembourg n'avaient jamais une grande importance politique. Cependant M. Guizot à cette occasion prononça des paroles qui méritent d'être rapportées, surtout aujourd'hui qu'à son tour il a fait un pèlerinage.

Après avoir reconnu qu'il n'y avait dans les faits qu'il signalait aucun danger pour le gouvernement, pourquoi donc s'en occuper? disait-il.

« Pourquoi? Parce qu'il y a dans ce monde, pour les gouvernements et pour les pays qui se respectent, autre chose que le danger ; parce que ce ne sont pas seulement des questions d'existence qu'ils ont à traiter. Le scandale est une grande affaire pour les gouvernements et les pays qui se respectent. Eh bien ! il y a eu ici un scandale immense, il y a eu scandale politique et moral, il y a eu un oubli coupable et quelquefois honteux des premiers devoirs du citoyen. Oui, des premiers devoirs du citoyen ! On n'a pas besoin d'occuper telle ou telle situation particulière, on n'a pas besoin d'avoir prêté tel ou tel serment, pour devoir obéissance aux lois et au gouvernement de son pays. Cette obéissance, cette soumission, c'est la première base de la société, c'est le premier lien de l'ordre social ; et quand on voit ce devoir aussi arrogamment, aussi frivolement méconnu, il y a, je le répète, pour tout le monde, sous toutes les formes de gouvernement, un scandale immense, un profond désordre social. »

Paroles remarquables trop tôt oubliées! La Chambre des pairs les sanctionna par un vote presque unanime.

C'était à la Chambre des députés qu'était réservé tout l'intérêt des grandes luttes. La commission se montra très ardente à venger la dynastie de Juillet, et l'expression du blâme alla jusqu'à l'outrage. « La conscience publique, disait-elle, *flétrit* de coupables manifestations. « Un tel mot appliqué à des collègues appelait nécessairement une discussion violente. On supposait aux légitimistes assez d'audace pour défendre hardiment la position qu'ils avaient prise. On attendait surtout de M. Berryer une vigoureuse offensive, dans laquelle il châtierait de sa parole éloquente ces serviteurs éhontés de tous les régimes qui osaient prêcher de leur bouche parjure la sainteté du serment. Aussi, lorsqu'on le vit demander le premier la parole dans la discussion générale, tous les esprits furent émus, et chacun croyait assister à un de ces grands triomphes oratoires auxquels était accoutumé l'avocat de la légitimité. Mais l'attente générale fut trompée. Au lieu d'attaquer, M. Berryer tenta de se défendre, accepta timidement le rôle d'accusé, fit une longue et pâle plaidoirie, sans inspiration, sans élan, semblant invoquer des circonstances atténuantes bien plus que son droit d'homme libre, et se perdant dans de misérables divagations, indignes de son talent et de son rôle politique.

M. Guizot sut profiter habilement des concessions de son adversaire. Sa tâche était devenue facile. A la manière dont M. Berryer avait posé la question, il ne restait plus qu'une lutte entre le droit suprême de la légitimité et la souveraineté du peuple. De moins puissants orateurs que M. Guizot y auraient triomphé. Mais, il faut l'avouer, il y fit preuve d'une vigueur et d'une éloquence dignes du sujet, et put, à bon droit, s'enorgueillir d'une éclatante victoire.

« On a parlé et agi, dit-il, au nom d'un droit qui se prétend supérieur à tous les droits; au nom d'un droit qui prétend demeurer entier, imprescriptible, inviolable, quand tous les autres droits sont violés; au nom d'un pouvoir qui n'accepte aucune limite, aucun contrôle complet et définitif; au nom d'un pouvoir qui ne peut pas se perdre lui-même, quelque insensé et quelque incapable qu'il soit; de qui les peuples, quoi qu'il fasse, doivent tout supporter.

« C'est là ce qu'on appelle la légitimité. Voilà le principe de Belgrave-Square, voilà le drapeau qu'on a opposé là à notre drapeau de 1830.

« Messieurs, on le sait, je suis profondément monarchique; je suis convaincu que la monarchie est le salut de ce pays, et qu'en soi c'est un excellent gouvernement; et la monarchie, je le sais, c'est l'hérédité du trône consacrée par le temps; cette légitimité-là, je l'approuve, je la veux, nous la voulons tous, nous entendons bien la fonder. Mais toutes les hérédités de races royales ont commencé, elles ont commencé un certain jour, et il y en a qui ont fini. La nôtre commence, la vôtre finit!

« Quant à la légitimité dont vous vous prévalez, que vous invoquez, ce droit supérieur à tous les droits, ce pouvoir qui ne peut pas se perdre lui-même, de qui les peuples doivent tout supporter... ah! je tiens ces maximes-là pour absurdes, honteuses et dégradantes pour l'humanité.

« Et quand on prétend les mettre en pratique, quand on prétend les tendre dans toute leur portée et les pousser jusqu'à leurs dernières extrémités, une nation fait bien de se revendiquer elle-même et de rétablir, à ses risques et périls, par un acte héroïque et puissant, ses droits méconnus et son honneur offensé.

. . . .

« Tout à l'heure vous nous parliez de votre modération, des bonnes et patriotiques intentions qui vous animent, qui animent votre parti, qui animent le prince que vous venez de quitter.

« Quand j'admettrais tout cela, savez-vous ce que je vous dirai? C'est que, si tout cela est vrai, tout cela est vain.

« Les bonnes intentions, les bons et sages conseils, n'ont jamais manqués à la branche aînée de la maison de Bourbon. Il y a toujours eu auprès d'elle, autour d'elle, des hommes qui ont dit la vérité, des hommes qui voulaient réellement le bien du pays. Elle n'a pas su, elle n'a jamais su les croire ni les suivre. Elle est toujours retombée plus ou moins vite, plus ou moins complètement, sous les joug des aveugles et des insensés.

« Il y a, Messieurs, il y a des destinées écrites, il y a des incapacités fatales dont aucun médecin ne peut relever ni une race, ni un gouvernement. »

Les paroles de M. Guizot étaient sensées, fortes et intelligentes. Mais il n'en avait peut-être pas lui-même calculé toute la puissance. En défendant le trône de 1830 au nom de la souveraineté nationale, il condamnait sa propre politique, il heurtait toutes les pensées de Louis-Philippe; en avouant qu'une nation fait bien de se revendiquer elle-même, il proclamait la doctrine que les radicaux soutenaient tous les jours : il justifiait d'avance la révolution qui devait briser le trône. Le roi dut être médiocrement satisfait des arguments de son ministre, et quoiqu'ils lui eussent donné la victoire, il aurait sans doute mieux aimé l'obtenir par d'autres moyens. Il est certain que la discussion entre les deux branches monarchiques ne pouvait profiter qu'à l'opposition extrême, et c'est à bon droit qu'un journal républicain s'écriait en résumant la séance : « Enferrez-« vous donc aux yeux du pays : nous savons « quelle est la main qui enterrera les morts et « quelle épitaphe est prête pour l'histoire. »

Ce n'était là cependant que les préliminaires du combat, le premier essai des forces dans la discussion générale. La lutte menaçait de prendre une nouvelle vivacité dans l'examen du paragraphe spécial, et les conservateurs n'étaient pas sans quelques craintes sur les effets produits par ces disputes irritantes, où la monarchie de Juillet ne pouvait vaincre qu'en prenant le langage révolutionnaire. Quelques dévoués demandèrent à composer, en offrant d'effacer le mot *flétrit* qui causait de justes indignations. La commission elle-même se laissa attendrir, et dans une réunion spéciale décida à l'unanimité que le mot malencontreux serait effacé du paragraphe. Les ministres avertis adhérèrent au sacrifice. Mais lorsque le roi en fut informé, il condamna énergiquement cet acte de faiblesse, s'étonnant qu'on eût si peu de souci de sa dignité. C'était pour lui une question personnelle, et il n'entendait pas transiger avec les partisans d'un rival. La commission fut contrainte de se réunir de nouveau, et, docile aux injonctions royales, elle effaça le vote unanime de la veille. Trois hommes seulement restèrent fidèles à leur opinion : MM. Baumes, Bethmont et Ducos.

Il fallait livrer une bataille sans trêve ni merci. Ainsi le voulait le roi, et M. Guizot, toujours prêt à se passionner quand le roi ordonnait, s'inspira de saintes colères pour entrer en campagne.

On voulait un éclat : il s'en fit plus qu'on ne le souhaitait, et cette discussion que provoquait le roi, que subissait le ministre, fut l'occasion d'un des plus violents orages que l'on puisse rencontrer dans les annales parlementaires.

Après les premières escarmouches entre les zélés conservateurs et les légitimistes, M. Guizot vint formuler ses accusations.

« Il a paru, dit-il, à la commission, il a paru au gouvernement, que dans ces actes, dans ces manifestations, la moralité publique avait été gravement blessée. Ce n'est pas le danger qui nous préoccupe ; c'est la moralité publique blessée ; c'est la conscience politique offensée... Le devoir de tout citoyen, tout serment à part, c'est d'obéir à la loi, de respecter le gouvernement de son pays. A Londres, avez-vous professé le respect du gouvernement français?.....

« Vous avez été à Londres dans un intérêt de parti : vous avez oublié l'intérêt de la France. Voilà ce qui m'a fait dire que votre conduite a été mauvaise au point de vue de la moralité politique ; qu'il importe qu'une manifestation publique vienne rétablir les droits de la moralité offensée. »

M. Berryer s'élança aussitôt à la tribune :

« Je ne veux pas, dit-il, évoquer le souvenir d'un autre temps, je ne veux pas me demander ce qu'ont fait à une autre époque les hommes qui nous accusent aujourd'hui. »

A ces premiers mots une vive agitation se manifeste dans la Chambre ; tous les yeux se portent sur M. Guizot, des applaudissements éclatent aux bancs de l'opposition. L'orateur reprend :

« On nous accuse d'avoir perdu notre moralité politique !..., Ah ! si nous avions été aux portes de la France en armes !..... » (Très-bien ! très-bien !)

M. GUIZOT, se levant avec vivacité. Je demande la parole.

M. BERRYER, s'adressant au ministre. Le parallèle est en notre faveur. Nous n'avons pas été aux portes de la France en armes pour donner, au sein d'une armée ennemie, des conseils politiques à un roi. Vous vous en êtes glorifié. Quant à nous, nous avons été saluer le malheur.... »

Quand M. Berryer eut achevé de parler, M. de La Rochejacquelein s'écria de sa voix éclatante :

« Nous ne pouvons pas être flétris par le ministre qui a pris une si grande part à la sanglante réaction de 1815, et encouragé les atrocités du Midi. »

M. Guizot monte lentement à la tribune ; un profond silence succède à l'agitation.

« Messieurs, dit-il, je viens à la tribune vider un incident personnel. Ce n'est ni le gouvernement du roi, ni le cabinet actuel ni M. le ministre des affaires étrangères, qui est devant vous, c'est M. Guizot personnellement.

« J'ai dit à la Chambre quels motifs m'ont fait aller à Gand... (Assez ! assez !)

A L'EXTRÊME GAUCHE. Répétez-le !

PLUSIEURS MEMBRES. Il l'osera !

M. ERNEST DE GIRARDIN. Vous êtes allé servir l'étranger ; et ce n'est pas là de la moralité politique ! (Très-bien ! très bien ! Bruyante confusion au centre.)

M. GUIZOT. Voilà précisément la question que je veux aborder...

AU CENTRE GAUCHE. Assez !

VOIX A L'EXTRÊME GAUCHE. Vous allez lire le *Moniteur de Gand*.

M. LE PRÉSIDENT. Messieurs, la question est grave...

M. GUIZOT. Si la question n'était pas grave, elle ne mériterait ni votre attention ni mes paroles.

Vous le savez, j'ai été à Gand....

TOUTE LA GAUCHE. Nous le savons ! (Mouvement général, longue interruption.)

M. Guizot. Ces interruptions ne m'empêcheront pas de dire ma pensée.
A gauche. Ce n'est pas une pensée...
Une voix. C'est un fait de haute immoralité politique.
Autre voix. De trahison !
M. Guizot. Je suis allé à Gand... (Interruption nouvelle, rumeur prolongée.)
M. Dubois (de la Loire-Inférieure). Assez !
M. Guizot. Je suis allé à Gand porter à Louis XVIII mes conseils.... (Explosion de murmures et de rires ironiques.)
M. Ernest de Girardin. Et ce grand intérêt de la patrie dont vous parliez tout à l'heure !
Une voix. C'est honteux !
M. Beaumont (de la Somme). On ne doit pas se vanter d'avoir été à Gand ; il n'y a pas de moralité politique dans de telles paroles.
M. Guizot. C'est pour moi un devoir, c'est pour moi un droit de dire tout ce que j'ai à dire ; je répète, car il faut que je le répète, je suis allé à Gand....
A gauche, avec indignation. A l'ordre ! à l'ordre ! (Le Président agite vivement sa sonnette.)
M. Guizot. Je suis allé à Gand....

A ces mots sans cesse répétés, le tumulte redouble, l'assemblée tout entière est debout ; les interpellations se croisent, les exclamations remplissent la salle. M. Guizot, pâle, mais non abattu, attend fièrement que l'orage s'apaise. Enfin il reprend avec obstination :

« Je suis allé à Gand porter à Louis XVIII les conseils des royalistes constitutionnels. (Nouveaux cris d'indignation.) Je prévoyais alors ce que tous les hommes de sens prévoyaient sa rentrée probable en France. »
M. Ernest de Girardin. La défaite ! la trahison !
M. de Corcelles. Waterloo !
Voix nombreuses. A l'ordre ! à l'ordre !

Ces cris se répètent pendant plusieurs minutes. On ne saurait décrire l'inexprimable agitation de la Chambre.

M. Dubois (de la Loire-Inférieure). Quels mots sommes-nous donc condamnés à entendre ! J'ai été à Gand !... On ne parle plus de la patrie, on ne parle plus de la France. Assez, Messieurs, assez ! assez !
Plusieurs voix. L'ordre du jour !
M. le Président. La Chambre sait qu'il faut qu'un orateur soit descendu de la tribune avant que l'on puisse exprimer une opinion contraire. J'adjure tous les membres de m'aider à faire cesser un tel spectacle. Les réclamations auront leur cours lorsque l'orateur sera descendu de la tribune.
Un membre. Il n'est pas permis de se vanter d'avoir été à Gand.
A gauche. Nous ne le permettrons pas !
M. Guizot. Je suis d'autant plus étonné de ces clameurs, que ce que j'ai l'honneur de dire à la Chambre, la Chambre l'a déjà entendu....
A gauche. Non ! non ! nous avons toujours protesté.
M. Guizot. Et voilà les progrès que vous avez fait faire à la liberté depuis ce jour-là.
M. Ledru-Rollin. Il n'y a pas la liberté de trahir !

M. Guizot. Ce qu'on a pu dire autrefois, on ne peut plus le dire aujourd'hui : la liberté recule.
A gauche. Non ! non !
Une voix. Mais arrière la trahison !
M. Ernest de Girardin. Vous ne vous vanterez pas.....
M. Guizot. Les accusations auxquelles j'ai pu répondre au milieu d'une Chambre attentive et tranquille, il est impossible aujourd'hui d'y répondre avec mesure. En vérité, vos progrès m'étonnent....
A gauche. Et les vôtres nous indignent. (Longue interruption.)
M. Guizot, se tournant vers le Président. Monsieur le Président, on veut épuiser mes forces. (A la Chambre.) Soyez persuadés que vous n'épuiserez pas mon courage. Je suis allé à Gand,... (Interruption nouvelle.) si enfin Louis XVIII devait rentrer en France....
Une voix. Après Waterloo !
M. Guizot. Croyez-vous que la France fût indifférente à ce qu'il rentrât sous le drapeau de la Charte ou sous le drapeau de la Révolution ?
A gauche. Et l'étranger !

M. de La Rochejacquelein interpelle vivement l'orateur au milieu du bruit.

M. Guizot. Oui, je viendrai à bout de dire ici toute ma pensée, ou il sera bien constaté que la violence d'une partie de cette assemblée...
Voix au centre. Dites donc l'insurrection !
M. Odilon Barrot. Eh bien ! laissons-le donc étaler sa honte, et ayons le courage de l'entendre jusqu'au bout.

La cruelle proposition de M. Odilon Barrot modéra les interruptions, sans les arrêter entièrement. M. Guizot put enfin exposer sa justification à l'aide des mêmes arguments qu'il avait employés en 1841. Il raconta ensuite les services qu'il avait rendus à l'opposition pendant dix années, et se glorifia d'avoir toujours été fidèle à la monarchie constitutionnelle en combattant à la fois l'anarchie et l'ancien régime.

« Et maintenant, dit-il en terminant, ce que j'ai constamment combattu depuis cette époque, je le combats encore, et je ne céderai pas aujourd'hui. Toutes vos colères, toutes vos clameurs, ne me détourneront pas. Je persévérerai à soutenir contre tous les genres d'opposition, qu'elle vienne d'ici (montrant la droite) ou de là (montrant la gauche), les intérêts et les principes de la monarchie constitutionnelle, et le gouvernement qui a été véritablement conquis et fondé en Juillet.

« Quant aux injures, aux calomnies, aux colères extérieures ou intérieures, on peut les multiplier, on peut les entasser tant qu'on voudra, on ne les élèvera jamais au-dessus de mon dédain. »

Ces dernières paroles, empreintes d'audace et d'éloquence, rendirent quelque courage aux centres stupéfaits. M. Guizot avait puisé dans une position désespérée une indomptable opiniâtreté. L'impossibilité de reculer fit sa force, et, après avoir provoqué la Chambre, il lui fallait succomber ou continuer ses provocations jusqu'à lasser les colères.

Il eut cependant à entendre de sévères paroles de la bouche de M. Odilon Barrot qui le remplaça à la tribune.

« La moralité politique, s'écria l'orateur, a besoin d'une consécration solennelle, disait tout à l'heure.... non pas M. le ministre des affaires étrangères, car il s'est dépouillé lui-même de cette qualité.... Mais il disait vrai. Jamais la moralité publique n'a eu plus besoin d'être raffermie, car jamais elle n'avait reçu une plus profonde atteinte.

« Quand vous aurez, Monsieur, à servir la liberté constitutionnelle de votre pays, croyez-moi, ne prenez pas le chemin que vous avez pris, n'allez pas la servir sous le drapeau de l'étranger, ne vous exposez pas à revenir à travers un champ de bataille.

« Vous appelez préjugé, vous traitez du haut de votre dédain, les sentiments qui ont fait mourir ces hommes pour leur pays.

« On parle de moralité, de liberté, de nationalité. Je le demande, Messieurs, si une pareille doctrine pourrait servir d'Évangile politique! Quoi! lorsque les armées sont en présence, mais il n'y a qu'un camp, il n'y a qu'un parti, et c'est alors qu'on pourrait déserter le drapeau de son pays pour passer à l'étranger ! »

Cette séance mémorable a compté chez les conservateurs exaltés parmi les journées héroïques de M. Guizot ; ils firent même graver une médaille en son honneur, portant en exergue les dernières paroles de son discours. Mais chez les hommes en qui dominait le sentiment national, et surtout chez la foule naïve et désintéressée qui ne se laisse pas prendre aux subtilités d'une vaine éloquence, on était loin de considérer la journée comme bonne pour le ministre.

Les cris de réprobation qui l'avaient accueilli, le soulèvement de toute la Chambre, l'exemple de la colère donné par les hommes les plus modérés, la révolte de tous les cœurs contre la confession publique et répétée d'un acte de désertion, tout cela devenait une leçon si cruelle, qu'il ne semblait pas qu'un fonctionnaire ainsi frappé pût jamais relever le front. Les amis de la dignité parlementaire auraient voulu sans doute que la leçon eût été faite en un autre langage, avec des formes moins voisines du scandale ; mais ceux qui se préoccupaient plus du fond que de la forme, ne trouvaient rien de trop sévère dans l'explosion de tous les sentiments qui etaient en eux, et félicitaient la Chambre de ces ardentes indignations, qui, dans toute autre occasion, eussent ressemblé à des excès.

M. Guizot, il est vrai, bravait l'impopularité, il affectait presque de la rechercher : ce jour-là, on peut le dire, il y réussit merveilleusement.

Il eut pour se consoler les ressources du scrutin. Ceux qui l'avaient délaissé au milieu de la tempête se rallièrent autour de l'urne ; et, le lendemain d'un lâche abandon, le troupeau pusillanime vota la flétrissure des légitimistes fidèles au malheur.

Mais ceux-ci, justement jaloux de leur honneur, voulurent faire appel à un tribunal plus élevé. Le corps électoral était juge suprême dans les questions de dignité et d'indignité, et lorsqu'une Chambre avait osé flétrir quelques-uns de ses membres, la meilleure réponse à une pareille décision était une élection nouvelle. Il fut un instant question d'une démission collective de tous les légitimistes, qui auraient ainsi accepté la solidarité du fait reproché à leurs collègues et vengé ensemble l'outrage. Mais dans des résolutions de cette nature, il se rencontre toujours un certain nombre d'hommes incertains qui reculent devant les épreuves décisives, et risquent difficilement une position acquise. Le ministère, d'ailleurs, s'alarmant d'une protestation aussi éclatante, faisait agir ses affidés pour empêcher un nouveau scandale. Il est vrai que la tâche était facilitée par les craintes intérieures de beaucoup des intéressés, qui n'avaient pas grand souci de courir les chances d'une élection nouvelle. Les députés personnellement frappés furent abandonnés à eux-mêmes.

Parmi eux, M. de La Rochejacquelein n'hésita pas. Sa démission fut remise au président dès l'ouverture de la séance qui suivit le vote de la flétrissure. Ses collègues, pendant ce temps, délibéraient chez M. Berryer. Mais l'exemple donné ne laissait plus de place aux incertitudes. Dans le cours de la séance, le président donna communication

46. — E. REGNAULT.

des lettres de démission de MM. Berryer, de Larcy et de Valmy. Le lendemain, M. Blin de Bourdon suivit leur exemple. Quant à M. le marquis de Preigne, il s'était excusé d'avance, assurant que des affaires industrielles l'avaient seules attiré à Londres, et que sa visite au prince n'avait été dictée que par un sentiment de convenance et de politesse. Cette espèce de désaveu lui mérita les indulgences du ministère.

En résumé, on avait tiré peu de profit de la lutte engagée avec les légitimistes. C'était moins une affaire de politique que de ressentiment, et le ministère avait agi plutôt par procuration royale que par conviction. M. Guizot lui-même désapprouvait intérieurement l'expression blessante introduite dans l'adresse, mais il accordait satisfaction à la passion de Louis-Philippe, et rencontra de beaux mouvements d'éloquence parce qu'il invoquait le principe de la souveraineté nationale. Il sortit néanmoins de la discussion affaibli dans son autorité morale, meurtri par de malheureux souvenirs, et laissant ses adversaires grandis par la proscription.

Le pays électoral lui préparait un nouvel échec; les légitimistes démissionnaires furent tous réélus, malgré les efforts désespérés du ministère. Les oppositions constitutionnelle et radicale, renonçant généreusement à toute concurrence, avaient apporté leurs votes aux victimes du scrutin parlementaire.

D'autres paragraphes de l'adresse amenèrent des débats moins vifs mais non moins sérieux. M. Thiers prit la parole dans la discussion générale. C'était un événement après un silence de deux ans. Mais rien n'était changé en lui, ni la souplesse, ni la finesse, ni cette verve intarissable qui sait donner du charme aux petites choses et faire oublier les grandes. Il fit une critique amère de l'Administration : ce n'était pas difficile; il lui reprocha son impuissance : la matière était féconde. Mais, malheureusement pour lui, il avait été ministre, et il n'avait pas mieux fait. Sa résurrection parlementaire n'apportait donc à l'opposition aucune force nouvelle, si ce n'est ces plus vives allures que produisent d'ordinaire les rivalités d'ambition.

Le discours du trône avait signalé l'*entente cordiale* qui existait entre les deux gouvernements de la France et de l'Angleterre. Ces expressions devinrent un sujet ardent de controverse. Au Luxembourg, on y avait substitué l'*intelligence amicale ;* au Palais Bourbon on adopta l'*accord de sentiments.* « Et à quelle condition avez-vous obtenu, disait l'opposition, l'accord dont vous vous vantez? A la condition de vous humilier. » — « Et cependant, s'écriait M. Billault, l'entente cordiale n'existe nulle part.» — « Vous avez travaillé, ajoutait M. Thiers, à rompre l'alliance anglaise quand elle était possible et profitable ; vous voulez la rétablir quand elle est à peu près impossible, et qu'elle ne peut plus servir à grand'chose. »

M. Guizot ne répondit rien à M. Billault, se contentant d'affirmer que l'accord existait entre les deux gouvernements. En répliquant à M. Thiers, il ne sut que rappeler les fanfares belliqueuses de 1840, et renouveler l'éternelle plaisanterie de la guerre au printemps.

Pour obtenir un vote approbatif, il fallut que le rapporteur de la commission vînt restreindre, sinon désavouer, le sens donné par M. Guizot au paragraphe de l'adresse ; il fallut que M. Guizot vînt faire appel aux poltrons, et annoncer à la Chambre que si l'on adoptait un amendement, l'œuvre du cabinet était détruite, et ne pouvait être continuée.

Le discours de la couronne ne contenait rien sur le droit de visite; et cependant, l'année précédente, la Chambre avait formellement demandé que les négociations fussent ouvertes pour arriver à l'abolition des traités de 1831 et 1833. Rien n'était fait encore, et l'on évitait par le silence une discussion embarrassante. Aussi la majorité de la commission, dévouée au ministère, avait-elle résolu de garder la même réserve. Mais, après réflexion, elle comprit que l'on pourrait bien introduire dans l'adresse un amendement à ce sujet, dont l'adoption serait un échec pour M. Guizot. Pour lui éviter ce nouveau déboire, elle prit l'initiative d'un paragraphe qui représentait littéralement celui qui avait été voté un an auparavant malgré les résistances de M. Guizot. Celui-ci se résigna. La bonne volonté de ses amis lui faisait une position défensive, dont il profita pour assurer à la Chambre que des négociations étaient entamées pour abolir les traités. Mais là encore sa véracité fut mise en défaut ; car, dans le même temps, lord Aberdeen disait à la Chambre des lords : « Le gouvernement français a exprimé le « vœu que des modifications fussent intro- « duites dans les traités de 1831 et 1833, « *sans en diminuer l'efficacité.* » Les questions nationales portaient malheur à M. Guizot.

Au surplus, en cette occasion, la discussion de l'adresse, qui d'habitude sert de présage aux fortunes de la session, avait été loin d'être, dans son ensemble, favorable au ministère. La campagne contre les légitimistes avait plus compromis les vainqueurs que les vaincus. La discussion sur l'entente cordiale et le droit de visite avait affaibli M. Guizot aux yeux de l'Angleterre, qui voyait un ministre contraint de reculer devant ses propres engagements. Enfin ses partisans eux-mêmes étaient déroutés par les concessions successives qu'il avait fallu faire au sentiment national. Au moment de voter, ils retrouvaient leur ensemble ; mais ils laissaient aux ministres tout le fardeau de la lutte, et n'osaient pas franchir les marches de la tribune. Un jour, quatre opposants parlèrent successivement, sans que des bancs ministériels il s'élevât un contradicteur. Le cabinet conservait encore les forces du scrutin ; il ne lui restait plus d'autorité morale.

A peine commençaient à se calmer les émotions de l'adresse, que tout à coup vint à Paris la nouvelle de la prise de possession de Tahiti par l'amiral Dupetit-Thouars. Chez tous la surprise fut égale, mais les autres sentiments étaient de diverses natures. Le ministère n'avait ni ordonné ni prévu cet acte de vigueur. Trop bien informé des méfiances du cabinet britannique, lorsqu'il ne s'agissait que du protectorat, il ne se dissimulait pas les mécontentements qui allaient surgir de la prise de possession.

Lorsque les dépêches de l'amiral Dupetit-Thouars furent ouvertes et communiquées au conseil des ministres, il y eut un moment de stupéfaction générale. Chacun se regardait, ne sachant que résoudre, que proposer, craignant surtout d'émettre un avis qui ne fût pas d'accord avec les sentiments du roi. Celui-ci ne laissa pas ses ministres longtemps incertains, et, de sa voix la plus éclatante, il leur déclara en termes formels qu'il fallait désavouer l'amiral Dupetit-Thouars. « L'ap- « prouver, ajouta-t-il, ce serait se faire une « affaire de plus avec l'Angleterre, et c'est « déjà bien assez du droit de visite. La paix « du monde, voilà le grand, le véritable in- « térêt national. Il serait absurde de trou- « bler la paix du monde pour quelques îles « de l'Océanie. » Cet avis, hautement exprimé, rencontra peu de contradicteurs. M. de Mackau seul hasarda quelques objections. « Il y avait à craindre, disait-il, que la « mesure, que le désaveu ne décourageât et « n'irritât profondément l'arme de la ma- « rine. » Il demandait en conséquence un délai de huit jours pour examiner l'affaire plus à fond. M. Guizot s'empressa d'appuyer la motion, en faisant observer que ces huit jours permettraient de mieux apprécier l'impression produite en Angleterre. Prévoyant bien qu'il aurait à subir une vive lutte à l'intérieur, il n'était pas indifférent à toutes les chances qui pouvaient l'en affranchir. En 1843, le cabinet anglais s'était résigné au protectorat ; peut-être accepterait-il la prise de possession. Dans ce cas, au lieu d'un danger à courir, il y avait un triomphe à célébrer.

Cet avis prudent fut accueilli par le roi et les ministres.

Au sortir du conseil, M. Guizot s'empressa d'écrire à l'ambassadeur de France à Londres pour qu'il eût à sonder les dispositions du ministère britannique dans une *conversation officieuse* avec lord Aberdeen et sir Robert

Jeunes Tahitiens.

Peel, lui recommandant surtout d'engager cette conversation immédiatement, et d'adresser la réponse le plus tôt possible.

M. de Sainte-Aulaire se conforma exactement à ses instructions, et, six jours après, sa réponse, parvenue à Paris, apportait à M. Guizot de fâcheux renseignements. Les ministres anglais se montraient fort peu disposés à la conciliation, le public était irrité ; en résumé, la prise de possession de Tahiti était regardée à Londres comme une grosse affaire. Il fallut dès lors revenir à la pensée première de Louis-Philippe, et M. de Mackau ne tint plus compte des mécontentements de la marine.

Cependant l'opposition, qui n'était pas au courant de ces détails, ressentait de l'événement inattendu un double sujet de joie. D'abord, elle était sincèrement orgueilleuse de la conduite énergique de nos marins ; ensuite elle voyait le ministère, placé entre un honteux sacrifice ou une rupture, contraint de prononcer entre la France et l'Angleterre, enfermé dans un de ces embarras politiques qu'il avait mis toute son étude à fuir. Si M. Guizot acceptait le fait accompli, son programme pacifique était effacé ; sa présence au ministère devenait un contresens. S'il répudiait un acte glorieux, de nouvelles accusations pesaient sur lui, son impopularité s'accroissait, ses rivaux gagnaient du terrain. Il bravait, à vrai dire, les attaques quotidiennes des démocrates; mais il sentait le péril de se compromettre aux yeux de la bourgeoisie électorale, assez chatouilleuse sur le point d'honneur, et peu disposée aux accommodements lorsqu'on lui parlait de gloire nationale. Ce fut sans contredit un des moments les plus difficiles de M. Guizot, et son embarras se trahit par un silence de dix jours au milieu des émotions publiques. La nouvelle de la prise de possession de Tahiti avait été apportée par un navire de commerce, et les journaux de l'opposition l'avaient répandue. Seules les feuilles ministérielles se taisaient, et ce silence était trop affecté pour ne pas paraître commandé. On disait, non sans vraisem-

Un paysage à Tahiti.

blance, que le ministère attendait, pour se prononcer, ou les injonctions, ou les indulgences du cabinet britannique. Mais déjà les débats parlementaires de la Grande-Bretagne révélaient la nature des communications diplomatiques. Dans la séance du 22 février, lord Aberdeen, interpellé à la Chambre des lords sur cet événement, répondit : « Je l'ai appris avec le plus vif regret, » et son interlocuteur, lord Brougham, ajouta : « J'espère que cette occupation sera désavouée. » A la Chambre des communes, sir Robert Peel répondit à une interpellation analogue : « Je déplore grandement ce qui est arrivé. » En même temps les journaux anglais, radicaux, whigs ou tories, prenaient un ton belliqueux qui faisait un singulier contraste avec l'entente cordiale. Le *Sun*, dévoué au cabinet, formulait en ces termes l'opinion de ses patrons :

« La nouvelle de la prise de possession de l'île de Tahiti par l'amiral Dupetit-Thouars, au nom du roi Louis-Philippe, a fait l'objet des conversations les plus animées entre les personnes qui entretenaient des relations commerciales avec les îles de la mer du Sud. On ne doute pas que cette affaire ne donne lieu à des négociations d'un caractère peu amical entre les gouvernements de France et d'Angleterre. Les conseillers légaux de la couronne avaient déjà adressé des remontrances au cabinet des Tuileries au sujet du traitement qu'avait éprouvé la reine Pomaré. Maintenant il y aura de nouvelles remontrances, et peut-être quelque chose de plus. »

Les autres feuilles écrivaient sur le même ton, faisant la leçon au gouvernement français, et lui demandant insolemment de promptes réparations. Dans les régions officielles, le langage était sans doute plus convenable dans la forme ; mais au fond il dut être le même. Car le *Moniteur* du 26 février vint apprendre au public le résultat des négociations. On y lisait la communication suivante :

« Le gouvernement a reçu des nouvelles de Tahiti, en date du 1er au 9 novembre 1843.

« M. le contre-amiral Dupetit-Thouars, arrivé dans la baie de Papeïti, le 1er novembre, pour exécuter le traité du 9 septembre 1842, que le roi avait ratifié, a cru devoir ne pas s'en tenir aux stipulations de ce traité, et prendre possession de la souveraineté entière de l'île. La reine Pomaré a écrit au roi pour réclamer les dispositions du traité qui lui assurent la souveraineté intérieure de son pays, et le supplier de la maintenir dans ses droits. Le roi, de l'avis de son conseil, ne trouvant pas, dans les faits rapportés, de motifs suffisants pour déroger au traité du 9 septembre 1842, a ordonné l'exécution pure et simple de ce traité et l'établissement du protectorat français dans l'île de Tahiti. »

Les radicaux avaient annoncé d'avance cette nouvelle humiliation; la position ministérielle de M. Guizot la lui commandait; et cependant la surprise fut presque au niveau des ressentiments, tant on s'accoutume difficilement en France aux traditions d'une politique d'abaissement. Les avantages matériels de la position touchaient, à vrai dire, peu d'esprits; mais on ne pouvait oublier que l'acte du 5 novembre était une réponse aux intrigues et aux bravades des Anglais. L'honneur de la France y était engagé, et l'on pouvait à bon droit s'indigner de voir le cabinet britannique réclamer contre une mesure extrême, qui avait été provoquée par ses propres agents.

La France assurément pouvait faire bon marché d'un vain territoire; mais ce qu'elle ne pouvait voir sans amertume, c'était la perte de son influence morale sacrifiée à d'indignes terreurs. En effet, l'acte consigné dans le *Moniteur* ne pouvait remettre les choses dans l'état où elles étaient avant la prise de possession. La France avait alors un protectorat de fait : après cette concession, elle n'était plus rien. Que pouvaient être des protecteurs dont les actes relevaient d'une autre puissance? Il devait désormais suffire à la reine Pomaré de s'adresser à un méthodiste anglais pour avoir raison de la France; et si quelque officier de marine invoquait pour la contraindre et son rang et le pays qu'il représentait, elle n'avait pour le réduire au silence qu'à invoquer l'exemple d'un amiral désavoué.

Ces réflexions se présentaient à tous les cœurs qui avaient quelques sentiments d'orgueil national, et les conservateurs eux-mêmes étaient consternés de voir le ministre les entraîner dans une voie qui ne laissait aucune place aux généreuses pensées. L'un d'eux, M. de Carné, annonça l'intention d'interpeller le cabinet au sujet des événements de Tahiti, et la discussion fut renvoyée au 29 février. Mais dans l'intervalle la polémique des journaux démontrait l'irritation des esprits, et les emportements mêmes étaient une preuve de l'intérêt ardent qui s'attachait à cette question. Un journal radical écrivait les lignes suivantes :

« Le désaveu de M. Dupetit-Thouars est un acte pire que les ordonnances de juillet.

« M. de Polignac violait nos libertés; M. Guizot viole notre honneur.

« L'un voulait asservir la France; l'autre veut la déshonorer.

« Affaiblir la Révolution, telle était le vœu du premier; le second a juré d'affaiblir la France.

« De M. de Polignac et de M. Guizot, qui donc est le plus criminel? Celui qui sacrifiait la Révolution à la Sainte-Alliance, ou bien celui qui met la France aux pieds de l'Angleterre?

« M. de Polignac a été puni; M. Guizot ne peut pas être absous.

« Non! le scandale d'une pareille absolution ne sera pas donné par la Chambre à un pays qui est à bout de patience, et qui frémit tout entier jusqu'au plus profond de ses entrailles. »

En Angleterre, les émotions n'étaient pas moins grandes, quoique d'une tout autre nature, Là s'agitaient à la fois le zèle religieux, la vanité nationale et l'avidité commerciale. La Grande-Bretagne s'accoutumait à regarder le monde entier comme un immense marché sur lequel elle n'entendait pas admettre de concurrents étrangers, et elle ne pouvait oublier que depuis quelques années le commerce avec Tahiti avait pris de grands développements, qui allaient se trouver arrêtés en présence de la souveraineté française. Ces divers intérêts, toutefois, ces diverses passions, se confondaient en une seule accusation, que le gouvernement français, assurément, méritait bien peu. On lui reprochait, en effet, son insatiable ambition et ses désirs d'agrandissement; alors qu'il déplorait au contraire le courage intempestif de ses officiers. Ceux-ci, en même temps, étaient représentés par la presse anglaise comme des hommes de violence et de coups de main, prêts à se porter à toutes les extrémités : et les fanatiques méthodistes, qui pour mieux cacher leurs emportements s'appelaient modestement les *saints*, faisaient circuler les bruits les plus étranges sur le caractère agressif et sauvage de la marine française. Une de leurs histoires cependant fut prise au sérieux : ils assuraient avoir appris que l'amiral Dupetit-Thouars avait coulé bas la frégate *le Dublin*; et aussitôt tous les esprits de s'émouvoir et de demander vengeance. Le *Times* rapporte la nouvelle en termes indignés, et lord Brougham en fait l'objet d'une interpellation à lord Aberdeen, qui se contente de répondre que le fait n'est pas venu à sa connaissance. M. Guizot, sans doute, dut trembler de voir se confirmer un bruit aussi alarmant. Heureusement, il put promptement se rassurer. Mais la facilité avec laquelle on y avait ajouté créance l'avertissait de l'irritation des esprits, et ne le disposait que trop à suivre la pente fatale où il était entraîné. Il était d'ailleurs excité pour Louis-Philippe, qui, depuis l'avènement des tories et les royales entrevues du château d'Eu, se montrait prêt à tous les sacrifices pour maintenir et fortifier l'alliance britannique.

Chacun était impatient d'assister à la discussion d'une question qui agitait si vivement les deux pays. Elle s'ouvrit le 29 février. M. de Carné posa deux questions au ministère : 1° Nos représentants à Tahiti ont-ils agi en dehors de leurs pouvoirs et de leurs instructions ? 2° Les ministres se sont-ils placés entre une lâcheté vis-à-vis de l'Angleterre ou une criante injustice envers un brave officier? Le ministre des affaires étrangères repoussa hautement les dernières accusations. Mais pour se justifier il avait besoin de blâmer l'amiral Dupetit-Thouars. Il le fit en des termes peu mesurés. « Sa conduite avait été brusque et précipitée. La prise de possession était un acte de violence que ne motivaient ni les instructions, ni l'utilité, ni la nécessité. Le protectorat donnait tout ce que l'on avait voulu. La prise de possession s'écartait du but primitif de l'entreprise. »

M. Guizot oubliait à dessein le point important de la discussion. La question n'était pas de savoir si la prise de possession répondait au but primitif, mais si elle n'avait pas été commandée par les circonstances. Ses arguments ne furent pas plus heureux lorsqu'il parla du pavillon. « Il est impossible, disait-il, aux hommes les moins exercés en matière de droit des gens, de dire que la reine n'avait pas le droit d'avoir un pavillon. Souveraine intérieure, elle avait un pavillon, et elle avait le droit de le déterminer. »

Personne n'avait contesté ce droit, et l'amiral français lui-même l'avait reconnu. Mais il n'avait pas voulu souffrir ce qu'il pouvait considérer comme un pavillon anglais.

C'est ce que M. Billault fit ressortir avec une grande vigueur de logique. Ce n'était pas, selon lui, une querelle de pavillon, mais une querelle de souveraineté. Il y avait eu des actes tentés pour entraîner la reine à la violation de ses engagements. Depuis douze mois, l'influence anglaise à Tahiti disputait à la France un protectorat consacré par un traité; depuis douze mois, les agents de l'Angleterre, les cadeaux de l'Angleterre, les vaisseaux de l'Angleterre, les canons de l'Angleterre, s'étaient trouvés là pour aider à cette lutte. Il y avait eu là un consul de S. M. Britannique, une frégate de S. M. Britannique, un commodore anglais. Le pavillon donné à la reine avait été le symbole de la résistance aux droits de la France et au traité. En présence de ces intrigues, que devait faire l'amiral?

« Dans la dépêche qu'on vous a lue, répondait M. Billault, l'amiral dit à la reine : « Vous voulez un drapeau, celui de vos pères, soit; vous le voulez de telle ou telle couleur, j'y consens; reprenez le drapeau que vous aviez au moment du traité. En voulez-vous un autre? Peu m'importe. Faites-m'en con naître la dimension et la couleur, je le saluerai comme représentant votre souveraineté. Mais quant à ce drapeau que vous avez reçu de l'Angleterre; quant à ce drapeau symbole d'une souveraineté indépendante de notre protectorat, où les conseils anglais ont inséré cette couronne que Pomaré n'aurait pas devinée, cette couronne qui est le signe de la prépondérance et de la souveraineté européennes; quand vous tenez à ce drapeau, ce n'est pas celui de vos pères; ce drapeau de votre fantaisie, c'est le drapeau de l'Angleterre, patent ou caché, et ce drapeau, je ne le souffrirai pas. »

« Maintenant, Messieurs, que devait faire l'amiral français? Accepter le drapeau anglais accepter la situation à lui faite par Pritchard, laisser élever une bannière en face de la nôtre, accepter une guerre sourde, continuelle, entre la France et l'Angleterre? Ce n'était pas possible. L'amiral ne pouvait souffrir un tel état de choses. Il fallait d'abord avoir recours à la prière, il l'a fait; puis à une démonstration, il l'a fait; puis à la menace, il l'a fait. Enfin toutes ces tentatives ayant été sans succès, il a été obligé d'agir. »

L'orateur, reprochant ensuite au cabinet d'avoir tranché les principes et les faits au détriment de la France, examinait quels allaient être les résultats de cette politique à Tahiti.

« Quand cette réintégration de la reine y parviendra, disait-il, les faits seront consommés depuis huit mois. La reine est aux mains des missionnaires anglais ; il faudra que vos autorités, que votre force navale, que votre pavillon, aillent chercher la reine au milieu des Anglais ; qu'ils la ramènent dans son île, et que là, sans doute, on salue le pavillon donné par l'Angleterre.

« Et pendant que vous ramènerez ainsi triomphante cette reine, instrument des intrigues de vos rivaux, que vous la réinstallerez dans son île, et que les forces navales de l'Angleterre pourront assister et applaudir à son triomphe, un de vos braves officiers généraux, un homme qui porte dans son cœur et qui a porté sur son navire la dignité de la France, cet homme qui quittera les parages où il luttait pour nous, il reviendra en France désavoué par son gouvernement, et sous le poids de tout ce que vous avez dit aujourd'hui à la tribune.

« Ah! il y aura pour tout le monde dans ce procédé, il y aura pour vos amis, comme pour vos ennemis, une bien éloquente signification ; on saura que dans toutes ces îles où vous voulez faire pénétrer l'influence de la France, il n'y a qu'à oser, il n'y a qu'à vouloir, et que cette influence reculera; on saura qu'il n'y a pas à s'inquiéter des conséquences, que ce sont vos hommes, vos hommes de cœur qui auront toujours tort.

« Et véritablement, Messieurs, je ne puis me défendre, en songeant à cette situation telle que vous la faites, de rappeler un fait qui doit frapper tous les yeux.

« Voilà un homme qui a porté haut la susceptibilité pour l'honneur national, qui a cru que cette susceptibilité, si vive dans notre noble pays, ne permettait pas de subir ce que les intrigues de l'étranger voulaient lui faire subir, cet homme est désavoué, renvoyé; et cependant il y en a un autre qui a méconnu, lui, les sentiments nationaux, qui n'a pas compris la dignité du pavillon de la France, qui a conseillé, qui a autorisé de signer le traité que la Chambre tout entière a ordonné de déchirer : cet homme, c'est M. le ministre des affaires étrangères de France..... Celui-là, il a, pendant un an, dirigé la négociation du droit de visite dont vous avez rougi vous-mêmes; celui-là, après l'avoir fait signer, l'a défendu deux ans à cette tribune. Eh bien ! quand la Chambre tout entière l'a condamné, il est resté, lui, et l'amiral Dupetit-Thouars est destitué ! »

La Chambre était encore sous l'impression produite par M. Billault, lorsque M. Dufaure reprit la même thèse. Sa parole, calme et

Une souscription fut ouverte pour lui offrir une épée d'honneur. (Page 370, col. 2.)

incisive, nerveuse et modérée, acheva de porter la conviction dans les esprits. Il terminait son discours par ces mots :

« Quand un gouvernement désavoue un agent, il y a malheur pour cet agent ; il y a une sorte d'humiliation aussi lorsqu'on peut croire que ce désaveu est une satisfaction accordée à l'étranger ; l'humiliation est deux fois douloureuse, car elle existe à l'égard du gouvernement et à l'égard de l'étranger.....

« On dit que l'on maintiendra toujours le protectorat ; mais ce protectorat était difficile avant le désaveu ; après ce qui s'est fait, à mon avis il devient impossible. »

Du commencement à la fin de la séance, la discussion avait tourné à la confusion du ministère ; les centres eux-mêmes étaient ébranlés, lorsque M. Ducos proposa de mettre un terme aux interpellations, par le vote suivant : « La Chambre, sans approuver la

47. — E. REGNAULT.

conduite du cabinet, passe à l'ordre du jour. »
Le blâme, quoique indirect, était formel, et la
physionomie de la Chambre présageait au
cabinet une défaite certaine. M. Guizot
s'élança à la tribune, pâle et frémissant;
assura qu'il avait des faits nouveaux à communiquer
à la Chambre, et demanda le renvoi
au lendemain. Il fallait gagner du temps
pour relever les consciences abattues. Malgré
d'énergiques protestations, le renvoi fut prononcé.

Le lendemain, cependant, le ministre
n'apporta aucun fait, aucun document nouveau.
Mais il avait suffi de l'intervalle entre
les deux séances pour ramener la discipline
parmi les phalanges ministérielles, et pour
leur démontrer que le maintien du cabinet
était chose bien plus importante que la conservation
de l'honnneur français. Aussi,
toute la puissance du nouveau discours de
M. Guizot se trouvait-elle concentrée dans
les dernières lignes. « Ou nous aurons l'honneur,
disait-il, de siéger sur notre banc sans
avoir reçu une de ces censures indirectes
qui énervent le pouvoir, ou nous ne continuerons
pas de siéger. » Pour le centre, il
n'y avait pas d'argument plus efficace. La
proposition de M. Ducos fut repoussée par
233 voix contre 187.

Ce vote fut accueilli par le public avec
une douloureuse stupéfaction. Il semblait
que ce fût une bataille gagnée par l'Angleterre,
et que le triomphe du cabinet se confondît
avec le triomphe de l'étranger. Jamais
la voix de l'opposition parlementaire n'avait
eu plus d'écho dans le pays. La Chambre
pouvait courber la tête, mais la population
n'acceptait pas la solidarité des abaissements,
et l'arrêt du scrutin ne fit que redoubler les
colères nationales et ranimer de vieilles
haines qu'une politique plus courageuse eût
promptement fait assoupir. C'était pour le
ministère une de ces victoires désastreuses
où l'on reste maître du champ de bataille,
mais après avoir reçu de mortelles blessures.

Compromis à l'intérieur, M. Guizot n'était
pas moins affaibli au dehors. Le cabinet
britannique avait désormais la mesure des
concessions qu'il pouvait exiger; il tenait
dans ses mains les destinées du 29 octobre;
vienne une nouvelle occasion de lutte, il n'a
plus qu'à commander pour être obéi par le
cabinet vassal. Les tristes conséquences de
l'humiliante position acceptée par M. Guizot
ne devaient pas tarder à se faire sentir.

Cependant la décision de la Chambre
n'avait mis fin ni aux reproches, ni aux ressentiments.
La presse de l'opposition s'occupa
longtemps du désaveu consenti au profit
de l'Angleterre. Une souscription fut
ouverte pour offrir une épée d'honneur à
l'amiral Dupetit-Thouars, et l'empressement
du public à s'y associer prouvait aux
ministres que la cause gagnée au Parlement
était perdue devant la nation. Aussi chaque
fois qu'une discussion générale s'engageait
sur la politique du ministère, les orateurs
de l'opposition lui rejetaient à la face les
humiliations de Tahiti. Lorsqu'on délibéra
sur les fonds secrets, ce fut le tour de M. de
Lamartine.

« Ce qui m'alarme, disait-il, ce qui ne se
corrige pas à volonté, c'est une situation
mal prise au dehors.

« C'est le sentiment de la subalternité de
la France; sentiment motivé par notre état
d'isolement; sentiment tellement aigri, tellement
susceptible, que tout devient danger
pour la paix, ombrage pour la liberté.... En
pleine paix de la France et du monde, vous
ne pouvez pas donner le moindre coup de
gouvernail au vaisseau de l'État sans craindre
de vous briser sur quelque écueil.....

« Vous ne pouvez plus accomplir les actes
les plus élémentaires du gouvernement représentatif;
si dans vos prévisions, si dans
des documents dont vous seuls avez connaissance;
il arrive qu'un de vos officiers, à
4,000 lieues de vous, dans son droit, dans
son devoir, dans le sentiment de sa dignité,
dans le sentiment plus grand pour lui de la
dignité de son pays, de son pavillon, a eu à
tirer un coup de canon populaire, à 4,000
lieues de nous; la France, avant que l'affaire
soit instruite, avant l'arrivée des documents

qui doivent le juger, lui vote son enthousiasme, et à vous son blâme et son indignation.

Lorsque vint la discussion des crédits supplémentaires, M. Berryer renouvela les mêmes accusations, sans qu'un sujet si longtemps et si souvent traité pût épuiser les émotions du public. On revenait sans cesse à ce thème fatal, et M. Guizot restait accablé sous le poids de son pénible triomphe.

XXVIII

Intrigues d'Abd-el-Kader sur les frontières du Maroc.— Son influence sur les populations. — Différends avec le Maroc pour la délimitation des frontières.— Préparatifs de guerre dans le Maroc. — Premières agressions des Marocains. — Combat de la Mouilah.— Mécontentement de l'Angleterre.— Entrevue du général Bedeau avec le caïd d'Ouchda. — Les Marocains insultent le négociateur français. — Le maréchal Bugeaud les châtie. — Départ du prince de Joinville pour les côtes du Maroc.— Le maréchal Bugeaud occupe Ouchda. — Correspondances entre le maréchal et le prince. — Ultimatum de la France signifié à l'empereur. — Nouvelle affaire Pritchard. — Ses intrigues et son arrestation. — Colères des Anglais. — Consternation de M. Guizot. — Émotions en France. — Bombardement de Tanger et de Mogador. — Bataille de l'Isly.

Les complaisances diplomatiques du cabinet des Tuileries étaient appelées à d'autres épreuves. Il semblait qu'il y eût dans le hasard des événements un châtiment pour les faiblesses passées, et une obligation fatale d'en consentir de nouvelles. Cette bonne intelligence avec l'Angleterre, tant recherchée, venait à peine d'être achetée par de honteux sacrifices, que des incidents inattendus réveillaient à Londres un mécontentement nouveau, et jetaient les Tuileries dans de nouvelles inquiétudes.

Retiré sur la frontière du Maroc, au sud-ouest de Tlemcen, avec les débris de ses troupes régulières, Abd-el-Kader, toujours fertile en expédients, mettait à profit son séjour parmi les tribus indisciplinées de ces parages, pour les exciter contre les chrétiens. Il n'avait pas beaucoup à faire pour réussir. Les traditions aveugles de l'islamisme, les haines et les mépris héréditaires, avaient par eux-mêmes assez de puissance; et la haute réputation de l'émir agissait fortement sur les imaginations. Défenseur armé de leur foi, célèbre par ses luttes opiniâtres contre les infidèles, il prenait chaque jour de l'ascendant dans l'empire où il était entré en fugitif, et déjà les fanatiques parmi les musulmans accusaient hautement l'empereur Muley-Abder-Rhaman, qui refusait de joindre ses armes à celles d'un héros et d'un saint. L'émir lui-même, environnant l'empereur de ses agents, l'excitait à se délivrer de ses dangereux voisins, dont il signalait l'insatiable ambition, toujours prête à menacer les enfants du prophète. Mais l'empereur, redoutant l'ambition de son coreligionnaire encore plus que celle des Français, n'avait nul souci d'agrandir l'influence déjà trop puissante d'un allié qui pouvait devenir un rival. L'émir était donc réduit à user de son action personnelle sur les tribus, lorsque des contestations qui dataient de loin vinrent, en se réveillant, lui offrir une occasion d'exciter les colères de l'empereur et de le compromettre avec la France.

Depuis la conquête de 1830, et surtout depuis la prise de possession de Tlemcen, l'Afrique française et le Maroc étaient en désaccord sur la délimitation des frontières. Les Marocains voulaient que la Tafna servît de limite aux possessions françaises. Les Français soutenaient avec justice que leurs droits s'étendaient aussi loin que les anciennes possessions turques qui étaient leur conquête, et qui se prolongeaient sur une ligne irrégulière de huit à dix lieues au delà de la Tafna. En 1842, le général Bedeau, alors commandant la subdivision de Tlemcen, avait négocié à ce sujet avec El-Guennaouï, gouverneur d'Ouchda, première ville frontière du Maroc. On n'avait pu s'entendre, et il en était résulté de part et d'autre un état d'irritation qu'Abd-el-Kader mettait tous ses soins à entretenir et à développer.

Sur ces entrefaites, l'assassinat de l'agent consulaire d'Espagne à Mazagran provoqua un échange de notes hostiles entre cette puissance et le Maroc. Une lutte armée devenait imminente. Les agents de l'émir firent aussitôt courir le bruit que c'était la France qui excitait le gouvernement espagnol à la guerre, en lui promettant son appui et ses subsides. Dans le même temps, les cours de Suède et de Danemark, décidées à s'affranchir du tribut qu'elles payaient jusqu'alors au Maroc, avaient réclamé l'intervention des gouvernements de France et d'Angleterre pour appuyer les négociations qu'elles allaient entamer avec la cour de Fez, et les deux dernières puissances s'étaient concertées à l'effet d'obtenir, par voie de conciliation, l'abolition d'un tribut toujours odieux, désormais ridicule.

Abd-el-Kader réunit habilement toutes ces circonstances pour établir l'existence d'une coalition formée et dirigée par la France contre le Maroc. Déjà l'empereur, plein de méfiance, commençait à être ébranlé par les insinuations de l'émir, lorsque les généraux français ordonnèrent la construction d'un fort à Lalla-Maghrnia, sur la rive gauche de la Tafna. Une ville française s'élevait sur le territoire contesté. L'émir saisit avec empressement cette nouvelle occasion d'agir sur Abder-Rhaman. « Tu le « vois, écrivait-il à l'empereur, ce que j'ai « prédit se réalise. Toujours je t'ai averti « que ta complaisance enhardirait les infi- « dèles à des usurpations de territoire; les « voilà qui construisent une ville sur la « frontière, afin d'être les maîtres chez toi. »

A cette nouvelle, la cour de Fez retentit d'imprécations contre les infidèles; les fanatiques qui environnaient l'empereur et les partisans secrets d'Abd-el-Kader s'écriaient qu'il fallait châtier l'insolence des Français. Abder-Rhaman lui-même oublia sa circonspection ordinaire. Il est vrai que des agents anglais lui promettaient l'appui de leur gouvernement, sinon dans la lutte, au moins dans les négociations. Il n'ignorait pas, d'ailleurs, que depuis treize ans c'était l'Angleterre qui, par Tanger, Mogador et Tunis, fournissait à Abd-el-Kader les armes et les munitions. Aussi demeura-t-il persuadé que les Français n'oseraient lui faire la guerre.

Bientôt tout l'empire retentit de cris belliqueux encouragés maintenant par l'empereur.

Au mois d'avril, il ordonne de passer en revue toutes les troupes disponibles depuis Tanger jusqu'à Mogador, et d'armer celles qui seraient sans armes. Il recommande comme un acte de piété aux riches musulmans de fournir des armes à leurs voisins pauvres. Dans ces réunions, les chefs ne dissimulaient pas les intentions hostiles du sultan envers la France. A la revue de Mogador, le gouverneur parlait ainsi à ses troupes :

« Les infidèles viennent; vous devez « vous préparer à les combattre; vous ne « devez pas les craindre, parce que vous « êtes meilleurs qu'eux, et que Dieu est « au-dessus de tout. »

Aussi, pendant que les levées étaient campées autour de la ville, pas un chrétien ne pouvait se montrer sans être poursuivi et

Les deux cents cavaliers furent sabrés et dispersés. (Page 374, col. 2.)

insulté. Le consul français lui-même fut obligé de rester trois semaines sans sortir, et de prescrire à ses compatriotes de ne pas franchir les portes jusqu'au départ des levées. Il fit néanmoins entendre au gouverneur d'énergiques remontrances, qui, bien qu'écoutées avec un certain respect, demeurèrent complètement inutiles.

Bientôt l'on vit apparaître dans les environs d'Ouchda des troupes de Berbères et de cavaliers nègres au nombre d'environ dix mille hommes.

Au milieu de ces troupes était Abd-el-Kader, avec cinq cents réguliers et quelques fractions de tribus limitrophes, que leurs révoltes, plusieurs fois châtiées, avaient forcées à l'émigration. On annonçait aussi la venue prochaine de renforts considérables amenés par le fils aîné de l'empereur.

Le général Lamoricière, qui commandait le camp de Lalla-Maghrnia, fut obligé de se concentrer pour éviter les surprises. Le général Bedeau était accouru de Tlemcem pour le seconder. Ces précautions ne furent pas inutiles.

Le 30 mai, Sidi-el-Mamoun-Ben-Chérif, parent de l'empereur, était arrivé à Ouchda à la tête de cinq cents Berbères. Plein de fanatisme et d'orgueil, et partageant les mépris traditionnels de ces populations pour les chrétiens, il déclara qu'il répugnait à son courage de demeurer oisif à distance de l'ennemi, et qu'il voulait au moins voir de près le camp des infidèles. En vain El-Guennaouï, qui avait appris à mieux apprécier les Français, tenta de le détourner de son projet, en vain il lui représenta les ordres formels de l'empereur ; Sidi-el-Mamoun se mit en marche avec ses Berbères, auxquels se joignirent bientôt les cavaliers nègres et les bandes indisciplinées descendues des montagnes voisines.

Le général Lamoricière écrivait les dernières lignes d'un rapport au maréchal Bugeaud, lorsqu'on vint le prévenir qu'une ligne de cavaliers se montrait dans la plaine et marchait vers le camp. Une demi-heure après, toute la troupe marocaine, au nombre de deux ou trois mille hommes, paraissait distinctement, drapeaux en tête, sur les bords de la Mouilah.

Pendant ce temps, nos troupes avaient pris les armes ; l'ennemi avait déjà franchi deux lieues du territoire français. Mais le général Lamoricière ne voulait pas commencer l'attaque ; elle se fit par la première ligne des cavaliers noirs, qui engagèrent la fusillade contre les grand'gardes. Pas une parole n'avait été échangée de part et d'autre. Alors le général Lamoricière se porta en avant, ayant à sa droite le général Bedeau et les zouaves, à sa gauche le colonel Roguet avec le 10ᵉ bataillon de chasseurs et deux bataillons de son régiment. Le colonel Morris flanquait la gauche avec cinq escadrons.

Les Marocains soutinrent avec fermeté le feu de nos soldats, et la lutte s'engagea avec une grande vivacité. Les cavaliers noirs défendaient le terrain avec une opiniâtreté qu'on n'avait pas coutume de rencontrer chez les goums arabes. Une masse considérable d'entre eux s'engagea même très avant entre la colonne de droite et une muraille de rochers qui forme la berge du vallon d'où descendaient les Français. Le général Lamoricière, laissant à dessein se prolonger ce mouvement, profita du moment où le combat était le plus vif pour lancer par sa gauche deux escadrons de chasseurs sur la masse compacte des ennemis. Cette charge, exécutée avec vigueur, coupa en deux la colonne des cavaliers noirs, et en accumula plus de deux cents entre les rochers et la ligne de nos tirailleurs. Ce fut un mouvement décisif ; les deux cents cavaliers, malgré une vigoureuse résistance, furent sabrés et dispersés. Une trentaine restèrent sur la place ; le reste s'enfuit dans la déroute la plus complète vers Ouchda, abandonnant trois drapeaux aux mains de nos soldats, et plus de trente chevaux harnachés.

On poursuivit les fuyards jusqu'aux bords de la Mouilah. Le général Lamoricière, jugeant que la leçon était assez bonne pour les Marocains, accorda deux heures de repos à ses troupes, et regagna le soir son camp de Lalla-Maghrnia.

Ce combat était important, non seulement par un brillant succès, mais plus encore par la physionomie nouvelle qu'il donnait aux affaires. La guerre était de fait commencée entre la France et le Maroc, événement qui devenait grave, surtout par les complications diplomatiques qu'il pouvait amener en Europe.

L'Angleterre n'avait vu qu'avec de vives inquiétudes les Français campés sur les frontières du Maroc, prêts à y pénétrer pour châtier un insolent agresseur. Du haut de son rocher de Gibraltar elle contemplait depuis longtemps d'un œil d'envie ce territoire africain, dont elle n'est séparée que par quelques encâblures. Son activité commerciale y avait multiplié des relations qui semblaient préparer pour elle une domination réelle; car les transactions de ses marchands dépassent d'un tiers celles de tous les autres négociants réunis de l'Europe. Déjà elle regardait avec convoitise l'établissement de Ceuta, qui, entre les mains de l'Espagne régénérée, pourrait lui disputer la domination du détroit. Il y a trente ans, elle méditait de jeter à Tétuan une colonie d'Irlandais, de façon à isoler du continent africain cette même ville de Ceuta, que ses vaisseaux bloquaient par la Méditerranée. Tout ce qui touchait à ces contrées était donc pour elle comme une affaire personnelle. Elle n'ignorait pas que le commerce de l'Afrique centrale, maintenant interdit à l'Occident, appartiendra au peuple qui s'ouvrira le Maroc; et au moment où les Français paraissaient sur le point de forcer la barrière, le cabinet de Saint-James ne dissimulait pas ses alarmes et ses ressentiments. M. Guizot cependant s'évertuait à calmer les ombrages, assurant que la France ne voulait point de conquêtes, et poussant la condescendance jusqu'à faire communiquer à lord Aberdeen les instructions et les plans de campagne. Ces imprudentes confidences devenaient entre les mains du gouvernement anglais un engagement formel, et furent même une entrave aux premières opérations de la guerre. Elles expliquent les hésitations, les lenteurs et la longue patience de nos généraux devant des agressions sans cesse répétées. L'attaque du 30 mai justifiait assurément une déclaration de guerre. La violation de notre territoire, le sang de nos soldats, demandaient vengeance; cependant le ministère refusa d'y voir un acte sérieux, et, plus préoccupé de l'Angleterre que de la France, il attribua le combat acharné de la Mouilah à un acte d'indiscipline dont l'empereur n'était pas responsable, justifiant par là et les promesses des agents anglais à Fez, et l'orgueilleuse confiance de Muley-Abder-Rhaman.

Cette triste politique était diamétralement opposée à celle qui convenait vis-à-vis de peuplades barbares pour qui la générosité même est un signe de faiblesse. Aussi leur audace s'accroissait-elle de jour en jour. A tout instant des coups de fusil étaient tirés sur les postes avancés, sur les soldats isolés et même sur les convois de fourrageurs. On était environné de meurtriers que la diplomatie ne permettait pas d'appeler des ennemis, et nos troupes, toujours en éveil, ne pouvaient ni se reposer ni se battre. Le maréchal Bugeaud comprit qu'une telle situation ne pouvait se prolonger. Il venait d'arriver à Tlemcem pour surveiller lui-même la frontière menacée, et l'approche du fils de l'empereur à la tête de 30,000 hommes lui commandait ou de négocier ou de frapper. Il voulut tenter d'abord la première voie. Le général Bedeau reçut en conséquence l'ordre de demander une entrevue au caïd d'Ouchda, El-Guennaouï, pour régler à l'amiable la question des frontières.

La conférence eut lieu, le 15 juin, sur un terrain qui avait été désigné à trois quarts de lieue du camp de Lalla-Maghrnia. MM. Léon Roches, Branchu et Rivet accompagnaient le général Bedeau. A quelque distance se tenait le général Lamoricière avec deux bataillons d'infanterie et un escadron. Plus loin, dans la direction de Tlemcem, campait le maréchal Bugeaud, attendant le résultat de l'entrevue.

El-Guennaouï se montra fort disposé à donner satisfaction à la France sur tout ce qui concernait l'émir; promettant, au nom de l'empereur, de le chasser du Maroc, et de l'empêcher d'y rentrer. Mais sur la question de frontière il fut inflexible; il fixait les limites à la Tafna, et insistait avec tant de vivacité, que le général Bedeau l'interrompit brusquement, et lui déclara que la France ne voulait pas reprendre la question au point où elle avait été laissée en 1842; que depuis elle avait fondé un poste sur la frontière, ainsi qu'elle en avait le droit, et qu'elle ne reculerait pas. Toutes les objections furent inutiles; le caïd se refusait à toute concession. « C'est donc la guerre que vous voulez, répliqua le général Bedeau, eh bien! vous l'aurez. — Dieu y pourvoira, répondit El-Guennaouï. — Et les hommes aussi, » répliqua le général.

El-Guennaouï s'était fait accompagner d'environ quatre cents cavaliers réguliers. Mais derrière eux s'étaient avancées des troupes irrégulières de diverses tribus, formant une multitude compacte de quatre à cinq mille hommes. Pendant l'entretien, l'escorte des réguliers et les masses irrégulières s'étaient insensiblement rapprochées, des groupes tumultueux s'étaient formés non loin des négociateurs, chargeant d'imprécations le général français et l'accablant de grossières injures. Des coups de fusil furent même tirés, moins, il est vrai, pour blesser que pour narguer. Quelques-uns de ces énergumènes s'avancèrent à deux pas du général Bedeau, lui faisant des gestes menaçants et redoublant leurs insultes. Il fallut qu'il sommât Guennaouï de faire mettre un terme à ces indignités. Le chef marocain s'empressa de se rendre à cette invitation, et, quittant un instant le général, il fit reculer les troupes régulières. Quant à la masse confuse qui s'agitait autour du lieu de la conférence, elle refusa obstinément de s'éloigner, répondant aux exhortations du caïd par des vociférations, et tirant de nouveaux coups de fusil, dont les balles cette fois sifflaient aux oreilles des Français. La situation était critique. Le général Bedeau ne voulait pas céder aux cris de ces barbares; mais il crut pouvoir se retirer lorsque El-Guennaouï lui eut déclaré qu'il avait dit son dernier mot. Conservant un maintien calme et fier, il s'éloigna au petit pas de son cheval, quoique les coups redoublassent à son départ. Il eut bientôt rejoint le général Lamoricière. Celui-ci, après avoir entendu le récit de ce qui venait de se passer, demanda l'opinion de son collègue sur ce qu'il y avait à faire. Le général Bedeau pensait que, malgré ces démonstrations hostiles, on pouvait considérer la non-intervention des troupes régulières et d'El-Guennaouï comme une satisfaction suffisante; que l'attitude menaçante des masses irrégulières ne constituait pas un cas de guerre; que d'ailleurs la question était trop grave pour qu'un simple général pût prendre une décision. Le général Lamoricière fut du même avis. Mais lorsque, rejoignant le maréchal Bugeaud, ils lui eurent raconté les détails de l'entrevue, celui-ci, qui déjà souffrait avec impatience les lenteurs et les incertitudes des instructions ministérielles, déclara que de pareilles injures ne pouvaient rester impunies; que pour lui, il ne souffrirait pas que la France fût insultée dans sa personne; qu'il y allait de l'honneur de son pays aussi bien que du sien propre.

En conséquence, il fit aussitôt prendre les armes à ses troupes, s'avança sur les Marocains encore rassemblés au même endroit, les coupa en deux par une charge vigoureuse d'infanterie au centre, enveloppa toute leur gauche avec la cavalerie, et la mit dans une déroute complète. Tout le reste s'enfuit précipitamment à Ouchda, laissant sur le champ de bataille trois cents cadavres. Les spahis et les chasseurs rapportèrent plus de deux cents armures complètes.

Ce nouveau combat avertissait le gouvernement français que les négociations étaient inutiles. En supposant Abder-Rhaman peu disposé à la guerre, il y était entraîné par ses propres soldats et par l'influence d'Abd-el-Kader, plus puissante que la sienne. Son fils d'ailleurs s'avançait à la tête d'une armée considérable, ce qui n'indiquait guère des intentions pacifiques. Si, malgré des agressions répétées, malgré le sang répandu, on ne voulait pas se résoudre à une déclaration de guerre, encore fallait-il prendre ses précautions, et se donner une attitude conforme à la dignité d'un grand peuple. Les événements contraignirent le ministère à faire acte de courage. Le prince de Joinville reçut ordre d'aller croiser sur les côtes du Maroc, afin d'être prêt à l'attaquer, s'il y avait lieu, par les villes maritimes, en même temps que l'armée d'Afrique l'envahirait par terre.

Le prince partit de Toulon le 23 juin. L'ensemble de sa division se composait des vaisseaux *le Suffren*, à bord duquel flottait son pavillon, *le Jemmapes* et *le Triton*, de la

Il fallut qu'il sommât Guennoal de faire mettre un terme à ces indignités.
(Page 376, col. 1.)

frégate de 60 la *Belle-Poule*, de la frégate à vapeur l'*Asmodée*, de la corvette à vapeur le *Pluton*, et des bâtiments à vapeur d'un rang inférieur le *Phare* et le *Rubis*. Sur ces différents navires étaient distribués douze cents hommes de débarquement.

A ce départ, s'accrurent les alarmes du cabinet anglais. Une escadre française dirigée sur les côtes faisant face à Gibraltar, commandée par un prince qui, dans un mémoire récemment imprimé, avait publiquement révélé ses antipathies de marin contre la puissance qui dominait les océans; une occasion de gloire offerte à nos vaisseaux; une prise de possession, peut-être, sur une rive que l'Angleterre considérait comme son héritage, il n'en fallait pas tant pour redoubler les méfiances et agrandir les colères. En vain M. Guizot renouvelait-il ses promesses de modération, s'engageant au nom

48. — E. REGNAULT.

de la France à ne rien conquérir, à ne rien garder, à éviter même la guerre, s'il en était temps encore. Plus les paroles du ministre étaient pacifiques, plus les actes semblaient contradictoires. D'un côté, un jeune prince fougueux avec toutes les susceptibilités d'honneur national; de l'autre, le maréchal Bugeaud, militaire bien plus que diplomate, plus disposé à frapper qu'à négocier, ce ne sont pas là pour le cabinet de Londres des garanties suffisantes. Aussi pense-t-il alors sérieusement à prévenir par ses démarches une guerre qui devait auggmenter l'autorité morale de la France. D'abord il fait offrir la médiation de l'Angleterre. M. Guizot, qui n'avait eu déjà que trop à lutter contre les susceptibilités de la Chambre en tout ce qui concernait l'Angleterre, n'osa pas accepter. Il fallut s'en tenir aux négociations directes, et les agents anglais, jusque-là si empressés à encourager l'empereur dans ses résistances, reçurent ordre d'agir en sens contraire. M. Drummond Hay, consul à Tanger, fut personnellement chargé d'employer toute son influence pour empêcher les hostilités. De son côté, le gouverneur de Gibraltar, sir Robert Wilson, envoyait à Fez de nombreux messagers chargés de rappeler Abder-Rhaman à des dispositions pacifiques.

Cependant le maréchal Bugeaud, pour prévenir les attaques incessantes des Marocains, voulut les contraindre à s'éloigner, en occupant Ouchda, centre de leurs rassemblements. Il écrivit néanmoins une dernière lettre à El-Guennaouï pour l'engager à traiter. Cette dernière lettre étant restée trois jours sans réponse, le maréchal se mit en marche le 19, et occupa la ville sans rencontrer de résistance. El-Guennaouï s'était retiré, emmenant avec lui trois mille cavaliers réguliers, quinze cents irréguliers et trois ou quatre pièces de canon. Abd-el-Kader, qui comptait sur la coopération de ces troupes, se réfugia dans les montagnes, n'ayant plus avec lui que quatre ou cinq cents cavaliers. Le 21, le maréchal regagnait le camp de Lalla-Maghrnia, après avoir chargé le commandant d'état-major Gouyon de l'occupation d'Ouchda.

Peu de jours après, il reçut des dépêches du prince de Joinville, arrivé le 28 dans le port d'Oran. Celui-ci était parti sans ordres précis, sans instructions positives; il devait agir suivant les circonstances. La seule injonction formelle qu'on lui eût faite était de ne pas attaquer sans qu'il y eût de part ou d'autre déclaration de guerre. D'un autre côté, par une singulière contradiction, on lui donnait carte blanche, en le mettant à la disposition du maréchal Bugeaud. Il écrivait donc au maréchal qu'il était à ses ordres, mais que ses instructions lui enjoignant de ne pas attaquer, il allait courir des bordées sur les côtes du Maroc, en attendant la déclaration de guerre. Le maréchal lui répondit : « Il n'y a pas de déclaration de guerre; mais la guerre existe de fait. Tous les jours je reçois des coups de fusil, et j'en rends. Dans ce pays-ci, on commence toujours la guerre sans la déclarer... Au surplus, ajoutait-il, je n'ai pas d'ordres à vous donner. Vous avez carte blanche; agissez de votre côté, j'agirai du mien. »

Nous avons déjà dit que le maréchal Bugeaud n'avait aucun souci du voisinage et de la coopération des princes; de pareils lieutenants lui paraissaient trop indépendants, et dans toutes ses campagnes ils avaient toujours été pour lui une gêne. Il ne s'inquiétait pas de les rudoyer, et plus d'une fois ses impatiences se témoignèrent publiquement. Dans ces contrées où la marche était constamment inquiétée, où il y avait toujours un ennemi pour couper la tête aux hommes isolés, où un prince pouvait être enlevé par un coup de main, il fallait aux fils du roi une garde spéciale, un état-major nombreux, une centaine de mulets qui demandaient aussi leur escorte. Tout cet attirail déplaisait au vieux soldat, qui aimait les actions promptes et sérieuses. Dans une marche à laquelle le duc d'Aumale avait pris part, le prince se retira aussitôt que l'expédition fut terminée. A son départ, le maréchal Bugeaud dit tout haut à ses officiers :

« A présent, Messieurs, la campagne va commencer. » L'intervention du prince de Joinville ne le flattait pas davantage, surtout lorsque celui-ci annonçait qu'il attendrait une déclaration de guerre, alors que les soldats du maréchal se battaient tous les jours. Aussi sa correspondance avec le jeune amiral avait-elle un caractère de rudesse et de mécontentement mal déguisé. Elle pouvait se résumer dans ce qu'il avait dit au commencement : « Faites vos affaires, je ferai les miennes. »

Le prince de Joinville, cependant, n'était disposé ni aux faiblesses ni aux concessions. Préoccupé, plus qu'on ne l'aurait cru, des discussions qui avaient agité la Chambre et le pays sur les exigences du gouvernement anglais, ressentant peut-être comme marin le désaveu de l'amiral Dupetit-Thouars, il était fermement résolu à porter haut le pavillon de la France, à ne rien faire qui pût ressembler aux lâchetés d'une politique qui lui répugnait.

Il avait à cœur deux choses :

1° Prouver à l'empereur l'inefficacité de la protection anglaise;

2° Démontrer aux Anglais sa complète indépendance et ne souffrir de leur part aucune intervention dans ses actes.

Touchant à Gibraltar, il eut avec sir Robert Wilson les rapports de convenance que se doivent deux officiers supérieurs; mais lorsque le gouverneur anglais le pressa d'accepter la médiation britannique, il refusa dans les termes les plus formels. Bientôt, se présentant sur les côtes de Tanger, il envoya un de ses officiers pour porter à Abder-Rhaman l'ultimatum de la France.

Les clauses principales étaient : 1° expulsion d'Abd-el-Kader du territoire marocain ; 2° destitution des chefs qui commandaient l'armée marocaine dans l'engagement du 30 mai; 3° retraite de cette armée dans l'intérieur du pays.

M. de Nyon, consul général à Tanger, était chargé de suivre les négociations.

L'attitude ferme et décidée du prince montrait à sir Robert Wilson qu'il n'y avait plus à compter sur de faciles accommodements. Désireux toutefois d'éloigner les occasions d'une rupture, il fit prier le commandant français de sortir des eaux de Tanger jusqu'à ce qu'il eût une réponse définitive de la cour de Fez. Le prince de Joinville s'y refusa d'abord ; mais sir Robert Wilson lui ayant représenté que la vue de sa flotte irritait les populations, et pouvait amener un conflit qui paralyserait les bonnes volontés de l'empereur, le prince consentit à s'éloigner, mais sous la condition expresse que pas un vaisseau anglais ne se montrerait sur la côte. « Les Marocains, disait-il, s'imagineraient que la présence d'un navire britannique les protège contre nos armes. Si donc il en paraît un seul, je bombarde immédiatement la ville. » La convention fut acceptée par sir Robert Wilson, et l'escadre française reprit la haute mer.

Pendant ce temps, M. Guizot, empressé d'obtenir la paix et de témoigner sa bonne volonté à Londres, écrit à M. de Nyon qu'il consent à ce que le consul anglais Drummond Hay aille porter à Muley-Abder-Rhaman l'ultimatum de la France.

Ni le maréchal Bugeaud, ni le prince de Joinville, ne furent informés de cette intervention.

On était donc dans l'attente, lorsque tout à coup l'amiral anglais Owen, qui ignorait la convention faite avec sir Robert Wilson, s'avance avec son escadre dans les eaux de Tanger. Le prince en est prévenu, revient aussitôt, se place devant la ville et fait les préparatifs de combat. Les Anglais envoient vers lui, le suppliant de ne pas poursuivre son dessein, qui risquerait de faire massacrer leur consul. Le prince leur reproche leur manque de parole ; mais après les explications d'où résultait leur bonne foi, il se laisse persuader, jugeant d'ailleurs que sa démonstration avait été suffisante pour leur faire connaître ses volontés bien arrêtées. Il s'éloigna donc encore une fois.

Cependant l'énergie du jeune marin avait causé à Londres de profonds mécontentements, et les complaisances de M. Guizot ne suffisaient pas à guérir les blessures faites à l'orgueil britannique. On était déjà bien loin de l'entente cordiale, et l'irritation croissait de jour en jour, lorsqu'un incident nouveau vint faire éclater les colères.

Le consul anglais Pritchard avait été brutalement arrêté par les autorités françaises à Tahiti, jeté dans un cachot, enfin transporté à bord d'un navire et définitivement expulsé d'une terre dont il avait fait sa patrie, et, ce qui était plus grave, d'une résidence consulaire. C'était un outrage au gouvernement anglais, une injure pour toute la nation dans la personne d'un de ses citoyens. Voilà ce qu'on disait en Angleterre. Voici la vérité des faits.

D'abord Pritchard n'était plus consul au moment de la prise de possession. Il avait, ainsi que nous l'avons dit, signifié à l'amiral Dupetit-Thouars qu'il cessait ses fonctions; ensuite, quand même il l'eût encore été, sa conduite avait été telle que son titre aurait ajouté à sa culpabilité, et ne pouvait pas le préserver d'un châtiment trop bien mérité.

Laissons parler les faits.

Depuis la prise de possession, Pritchard, rendu à son commerce de Bibles et de médicaments, ne pouvait se résoudre à renoncer aux intrigues. Son influence sur Pomaré était toujours puissante, augmentée encore par les mécontentements d'une souveraine dépossédée, qui avait trouvé auprès de lui refuge et compassion. Dans les premiers temps, néanmoins, la crainte comprima les mauvais vouloirs; le coup de vigueur de l'amiral Dupetit-Thouars avait produit l'effet qu'il en attendait. Mais ils se réveillèrent avec violence lorsque les autorités françaises abrogèrent la loi du Code Pritchard, qui interdisait aux missionnaires catholiques l'entrée des îles de la Société. Les méthodistes virent leur empire menacé : ils allaient perdre le monopole des consciences indigènes et des amendes religieuses; le despotisme des Français devenait intolérable. Pritchard, dès lors, reprit avec une nouvelle activité ses menées ténébreuses. A la reine, il annonçait la prochaine venue d'une flotte anglaise qui couvrirait l'horizon de ses voiles, et ferait un feu de paille de nos tristes navires. Aux naturels, il racontait que les Français étaient un petit peuple turbulent, qu'un grand chef avait longtemps conduit à la victoire; mais que les Anglais avaient fini par mettre ce chef fameux aux fers pour arrêter ses désordres. Ces belles choses étaient répétées dans des proclamations affichées aux différents lieux de réunion. Les habitants étaient appelés aux armes, et l'on menaçait de peines cruelles ceux qui demeureraient fidèles à la cause des Français.

D'autres moyens plus cachés furent employés. Jusque-là, on trouvait abondamment à acheter des bœufs, des cochons, des volailles, etc., en sorte que les troupes et les équipages avaient presque toujours des vivres frais. Bientôt les marchés se dégarnirent : les fournisseurs ne pouvaient tenir leurs engagements; matelots et soldats furent réduits aux vivres de bord, c'est-à-dire aux haricots et aux salaisons. Le gouverneur soupçonna quelque supercherie; car l'espèce bovine est assez développée aux îles de la Société pour fournir aux besoins même d'un surcroît de population. Des recherches furent faites, et l'on découvrit que les propriétaires de bétail s'étaient concertés pour opérer une disette fictive, et dégoûter les Français du séjour de Tahiti, en déguisant les ressources du pays. Presque tous les bœufs avaient été conduits dans l'intérieur des montagnes, où ils erraient par troupeaux. Si l'on interrogeait les indigènes, aucun ne voulait déclarer le nom du propriétaire; tantôt ils le disaient absent, tantôt ils ne le connaissaient pas. Instruit de ces détails, le gouverneur rendit un arrêté, à la date du 11 janvier, qui prescrivait à tous propriétaires de faire la déclaration de la quantité et de l'espèce de bétail qu'ils possédaient. Ceux qui ne se soumettraient pas à faire cette déclaration devaient être considérés comme renonçant à leur droit de propriété.

Le moyen était violent, mais commandé par les circonstances. Les habitants de Papaëte et des environs se soumirent sans

Un convoi attaqué.

hésiter; mais dans les baies éloignées, les prédications des missionnaires exaltèrent les esprits et poussèrent les habitants à la révolte. A Mataval, l'arrêté du gouverneur fut foulé aux pieds, et il fut déclaré qu'on ne s'y soumettrait pas.

Le capitaine Bruat, apprenant l'insulte faite à son autorité, envoya sommer les chefs de rentrer dans le devoir. Ceux-ci refusèrent avec hauteur, et répondirent par des menaces aux exhortations qui leur furent adressées.

Alors un fort détachement armé se rendit sur les lieux; quatre chefs furent arrêtés et conduits prisonniers à bord de la corvette *Embuscade*. Sur ces entrefaites, les Français arrêtèrent un messager porteur d'une missive qui démontrait clairement la culpabilité de Pomaré et de son premier ministre Pritchard dans le complot de famine.

Dès que Pomaré eut appris que ses intrigues étaient découvertes, elle accourut, effrayée, chez Pritchard, et, à la suite d'un court entretien, il fut décidé qu'elle irait se mettre sous la protection du pavillon britannique, à bord du *Basilick*, goëlette de guerre anglaise qui tenait la station depuis le départ du *Dublin*. Ce qui fut exécuté aussitôt, le 31 janvier. Toute sa famille l'y suivit.

Le lendemain, le gouverneur envoya son chef d'état-major, M. Malmanche, signifier au commandant anglais qu'il considérerait comme un acte d'hostilité le débarquement de l'ex-reine Pomaré sur un point quelconque des îles de la Société.

Cependant le châtiment des chefs de la

baie de Mataveï n'avait pas intimidé les chefs d'une autre baie populeuse, celle de Taïrabou. Ils menacèrent les envoyés du gouverneur, déclarant qu'ils ne lui reconnaissaient aucune autorité, et qu'ils ne recevraient d'ordre que de leur reine Pomaré. Cette déclaration était faite en présence d'un missionnaire anglais, et la déférence que lui montraient tous les chefs prouvait qu'il n'était pas étranger à cette manifestation.

Les insolences s'accrurent à l'arrivée à Papaëte d'un bateau à vapeur anglais. Le lendemain, le bruit courut dans toute l'île qu'une lettre avait été écrite à la reine Pomaré, par le chef de la station navale anglaise des mers du Sud, pour la consoler et lui annoncer l'arrivée prochaine de la flotte qui devait la rétablir. Le gouverneur y répondit par l'arrêté suivant :

« AU NOM DU ROI DES FRANÇAIS,

« Nous, gouverneur des possessions françaises dans l'Océanie, au peuple de Tahiti.

« Taviri, Faraou, Pito-Maï et Teraï, chefs, ayant refusé d'écouter notre parole de paix, nous les déclarons rebelles. En conséquence, leurs biens seront mis sous le séquestre.

« Huit jours leur sont accordés pour faire leur soumission.

« Les districts qui leur donneront asile seront frappés d'une contribution de guerre. — Que les bons amis de la paix et des lois restent tranquilles sous la protection de la France. La sévérité des lois atteindra les coupables.

« Papaëte, le 13 février 1844.

« Signé : BRUAT. »

Le bateau à vapeur le *Phaéton* fut désigné pour aller recevoir la soumission des quatre chefs, ou exécuter l'arrêté. Mais à son arrivée les habitants des districts déclarèrent que non seulement ils donneraient asile aux chefs, mais même qu'ils sauraient les défendre, ainsi que leurs propriétés. L'insurrection avait pris des proportions formidables ; les missionnaires eux-mêmes étaient effrayés de la sauvage énergie qui se réveillait chez les naturels, et quelques-uns cherchèrent à les calmer ; mais leurs exhortations furent repoussées, et les plus exaltés leur signifièrent qu'ils ne voulaient pas plus d'eux que des Français, et qu'ils abjuraient la foi chrétienne. Les vieilles superstitions avaient été ranimées par une ancienne prêtresse, accourue au camp des indigènes pour leur reprocher l'abandon de leurs dieux, et leur prédire la résurrection de leur indépendance s'ils relevaient leurs fétiches. L'effet de cette apparition avait été secondé par d'amples libations d'une espèce d'alcool extrait d'une plante.

Le *Phaéton* n'était pas en force pour occuper le territoire. Le gouverneur, averti, donna aussitôt ordre à la corvette l'*Embuscade* d'appareiller sur-le-champ, et de recevoir à son bord une compagnie de voltigeurs et un détachement d'artillerie de marine. Le départ eu lieu le 27 février. Le capitaine Bruat et le commandant d'infanterie de marine dirigeaient l'expédition. Taïrabou est éloigné de Papaëte d'environ quatorze lieues.

Dès que le gouverneur fut éloigné, Pritchard redoubla d'intrigues à Papaëte. Bientôt l'esprit d'insurrection s'étendit sur ces districts. Les habitants désertèrent leurs villages, et se retirèrent dans les montagnes, prêts à fondre sur les établissements français aussitôt que se présenterait l'escadre anglaise que leur annonçait Pritchard. Le capitaine d'Aubigny, commandant en l'absence de M. Bruat, fut obligé de prendre des mesures sévères pour maintenir la tranquillité. Le 2 mars, Papaëte fut déclaré en état de siège. L'audace des rebelles n'en fut pas diminuée ; dans la nuit du 2 au 3, une sentinelle française fut attaquée et désarmée par des indigènes. Le poste se mit aussitôt à la poursuite des assaillants, et parvint à en saisir un, qui signala Pritchard comme l'instigateur de ce coup de main. Ce n'était pas une révélation, car M. d'Aubigny savait trop bien que Pritchard était l'auteur de tous les troubles. Il était urgent de faire un exemple ; l'insurrection ne pouvait être comprimée que par un acte de vigueur ; il n'y avait plus à épargner un missionnaire qui provoquait les naturels à l'assassinat. Son arrestation fut ordonnée. Elle s'accomplit dans la matinée du 3, au moment où il se dirigeait vers le bateau à vapeur anglais le *Cormoran* ; il fut renfermé dans un blockhaus situé derrière la maison du gouverneur.

Aussitôt les progrès de l'insurrection s'arrêtèrent; les naturels consternés firent avertir les officiers des navires anglais. Les deux chefs descendirent à terre pour réclamer auprès de M. d'Aubigny; mais celui-ci maintint énergiquement ses droits et refusa de les laisser communiquer avec le prisonnier. Ils ne purent même obtenir de lui qu'il leur fît savoir en quel endroit Pritchard était détenu. Enfin, il coupa court à leurs instances, en leur lisant à haute voix l'arrêté suivant destiné à être affiché dans l'île :

> « Une sentinelle a été attaquée dans la nuit du 2 au 3 mars. En représailles, j'ai fait arrêter un certain Pritchard, le seul agent et instigateur des révoltes des naturels. Ses biens répondront de tous les dommages que les insurgés pourraient causer à nos établissements; et si le sang français coule, chaque goutte de ce sang retombera sur sa tête.
>
> « Signé : D'AUBIGNY. »

De retour sur leurs navires, les deux commandants anglais firent mine de recourir à des démonstrations hostiles. Ils s'embossèrent comme pour le combat. Les bâtiments français s'embossèrent également, prêts à faire feu. Les Anglais virent aisément qu'ils n'auraient rien à gagner à une rencontre, et reprirent bientôt une allure pacifique.

Cinq jours après, M. Bruat, informé de l'état de choses, revint de Taïrabou. Il approuva la conduite de M. d'Aubigny; mais, sollicité par le capitaine du *Cormoran*, il consentit à lui livrer Pritchard, à condition qu'il le conduirait aux îles Sandwich. Le *Cormoran* partit en effet aussitôt, et il ne resta en rade d'autre navire anglais que le *Basilick*, à bord duquel demeurait Pomaré, attendant toujours l'escadre libératrice.

La nouvelle de ces événements parvint en Europe au moment où le cabinet anglais ressentait le plus de dépit de la tournure que prenaient les affaires du Maroc. Il ne lui était plus possible d'arrêter la France devant les folles provocations des troupes d'Abder-Rhaman ; et malgré ses déplaisirs, il ne restait aucun sujet de plainte en présence des efforts faits par les Tuileries pour éviter la guerre. Il y avait encore moins le moyen d'articuler une menace. L'affaire de Pritchard se présentait donc au milieu de mécontentements qu'on n'osait avouer, et ne servit qu'à les déchaîner, alors qu'on cherchait une occasion. Comment imaginer, en effet, que des hommes aussi habiles, aussi prudents que sir Robert Peel et lord Aberdeen, se fussent enflammés d'une sainte colère pour un missionnaire intrigant, alors qu'il fallait mettre en balance l'alliance d'une grande nation? M. Guizot était-il donc si peu de chose à leurs yeux qu'ils voulussent le sacrifier à un Pritchard? Et la paix du monde devait-elle être compromise pour une misérable querelle agitée dans un coin de l'Océan? Non; ce n'est pas là qu'était la question. Elle n'était placée ni si loin, ni si bas. Elle était aux portes de Gibraltar, sur les frontières de l'Algérie; elle reposait sur la gloire nouvelle que pouvait acquérir la France, sur les développements nouveaux qu'elle pouvait prendre en Afrique. Le Maroc était la cause des colères; Pritchard en devint le prétexte.

Il y avait d'ailleurs à faire grand bruit un autre calcul. En donnant tort à la France dans l'océan Pacifique, on diminuait ses avantages sur la Méditerranée ; en exigeant insolemment des réparations pour Tahiti, on préparait de faciles accommodements pour le Maroc. Les hardiesses du maréchal Bugeaud, les emportements du prince de Joinville, allaient avoir pour compensation les terreurs des Tuileries. Tel fut tout le secret de la politique anglaise. Telle fut l'origine de cette honteuse affaire, qui devait donner la mesure des abaissements auxquels pouvait descendre le cabinet du 29 octobre.

Les premiers actes furent combinés dans ce but, et la suite y répondit merveilleusement. A la Chambre des communes, dans la séance du 31 juillet, sir Robert Peel, interpellé à ce sujet, se hâte de jeter publiquement à la France un outrage et un défi. « Je n'hésite pas à déclarer, dit-il, qu'une grossière insulte, accompagnée d'une grossière indignité, a été commise. » Et pour qu'on ne se trompât pas sur le sens de ses paroles, ou sur les personnes auxquelles s'adressaient ses provocations, il ajouta : « L'insulte a été faite par une personne revêtue d'une autorité temporaire à Tahiti, et, d'après ce qui est parvenu à notre connaissance, l'insulte a été commise par suite d'une autorisation qui aurait été donnée à cette personne par le gouvernement français. » Enfin il concluait par ces mots : « Je pense que le gouvernement français fera la réparation qu'à notre avis l'Angleterre a le droit de demander. »

L'attaque était directe et sans équivoque. A la Chambre des lords, lord Aberdeen répéta ces mots : « Il y a une insulte commise. » Mais moins prompt que sir Robert Peel, ou peut-être par une manœuvre concertée, il épargna M. Guizot. « Tout ce qui s'est fait, dit-il, a eu lieu sans la moindre autorisation du gouvernement français. » Il eut même soin d'établir que Pritchard n'était pas consul au moment de son arrestation, ajoutant néanmoins pour la satisfaction de l'orgueil national et de sa propre politique : « Peu importe que M. Pritchard fût ou non encore consul d'Angleterre : je le regarde comme sujet anglais, ayant droit à la protection de son gouvernement, et je considère le traitement qu'il a subi comme exigeant l'intervention du gouvernement. »

Lord Aberdeen oubliait, sans doute, que, lors de l'insurrection du Canada, tout Américain pris dans les rangs des insurgés était fusillé, sans que le gouvernement de Washington se crût en droit d'intervenir.

Il ne fut pas le dernier du reste à reprendre l'expression introduite par son collègue. Le vieil oracle des tories, le duc de Wellington, vint parler à son tour de la « grossière insulte ». Il fallait que tous ces hommes d'État fussent bien convaincus de la patience du gouvernement français.

La presse anglaise répondait dignement aux urbanités des ministres. Le *Times* écrivait :

« Il serait impossible d'accumuler en si peu de temps plus d'outrages sur ce que les nations et les hommes ont coutume de considérer comme sacré. En lisant les proclamations extravagantes des officiers français, on dirait que le règne de la Terreur est la seule partie de l'histoire de France qu'ils aient cru pouvoir adapter aux récentes conquêtes qu'ils ont faites, et que, dans leurs rapports avec les vaisseaux et les agents étrangers, ils aient pris à tâche de violer tous les droits qui, même en temps de guerre, sont religieusement respectés par toutes les nations civilisées. L'arrestation du consul de S. M. dans les îles de la Société, par un acte de l'autorité militaire, sans accusation précise et sans mandat, est un fait que nous ne pouvons comparer qu'aux procédés des Chinois contre lord Elliot. »

Le même journal ajoutait :

« Cependant une réflexion calme notre indignation. Tout ce déploiement de la loi martiale, ces chefs persécutés, ces femmes tourmentées, les rivières empoisonnées, a éclaté comme une efflorescence de l'autorité usurpée que la France a déjà désavouée. L'usage qu'on a fait de ce pouvoir est digne des moyens que l'on a employés pour l'acquérir : nous ne saurions rien dire de plus mérité et de plus sévère.... Si le gouvernement français avait approuvé l'acte de l'amiral Dupetit-Thouars, qui a converti le protectorat en un despotisme militaire, nous ne verrions aucune solution possible de la difficulté ; mais heureusement l'amiral a été désavoué. »

On voit que le *Times*, malgré ses odieuses diatribes contre les officiers français, comptait beaucoup sur le cabinet du 29 octobre. En effet, il terminait son article par ces mots: « Après un pareil abus de pouvoir, il ne reste plus qu'à désavouer promptement et avec indignation des hommes qui compromettent le nom de la couronne qu'ils prétendent servir, et à donner pleine satisfaction à l'infortunée reine de ces îles, et aux représentants des États étrangers qui n'ont jamais cessé de s'intéresser à sa prospérité. »

D'autres journaux dépassaient le *Times* en insolence. On lisait dans le *Sun* : « Après

Dans tous les endroits de réunion de fanatiques dissidents. (Page 386, col. 1.)

l'insulte faite au consul d'Angleterre à Tahiti, il faut qu'amende honorable soit faite : il ne s'agit pas seulement de désavouer la conduite de l'agent français, il faut encore le dégrader et le punir. Le peuple anglais ne se contentera pas d'une explication. L'Angleterre ne désire pas la guerre avec la France, mais il faut que la France apprenne à vivre à ses agents. La France a occupé un vaste territoire sur la côte africaine, sous le prétexte d'insulte faite au consul de France à Alger ; maintenant elle s'avance vers Gibraltar. Nous apprendrons sous peu de jours que Tanger et Tétuan sont occupés par des troupes françaises ; tout cela est suspect. Il est évident que l'Angleterre ne peut pas permettre à une grande nation maritime de s'établir et de bâtir des forteresses le long du détroit de Gibraltar. »

Le *Sun* trahissait les pensées secrètes de

49. — E. REGNAULT.

ses patrons. Gibraltar les occupait bien plus que Tahiti.

Citons encore le *Morning Advertiser* :

« Nous sommes loin d'admirer le gouvernement whig ; mais nous devons dire avec justice que les Français n'auraient pas osé faire de leurs farces à Tahiti, si lord Palmerston eût été à la tête des affaires..... Le simple rappel des hommes qui ont commis de telles énormités contre les lois conventionnelles des nations civilisées ne sera pas du tout une punition égale à l'offense. Le gouvernement de Guizot doit les punir de manière à convaincre l'Europe qu'il désapprouve la conduite malheureuse et couarde de ses officiers, et qu'il l'a vue avec indignation. »

Cet appel à M. Guizot n'était-il pas plus insultant pour lui que les injures pour les officiers ?

Mais rien ne saurait peindre les fureurs qui s'emparèrent des sectes méthodistes, quakers, wesleyens, etc., qui pullulent en Angleterre sous le nom de saints et d'évangélistes. Pritchard était un de leurs coryphées, colporteur de Bibles, propagateur de saines doctrines, victime des papistes et martyr de la foi. Le règne des méthodistes était compromis ; Rome, la moderne Babylone, s'introduisait dans la colonie à la suite des Français ; Tahiti allait être replongé dans les ténèbres de la superstition et de l'idolâtrie ; et l'œuvre malfaisante avait commencé par la persécution des saints. Telles étaient les choses qui se débitaient dans les prêches, et dans tous les endroits de réunion de fanatiques dissidents. Pour donner plus de solennité à ses plaintes, la Société des Missions de Londres provoqua un grand meeting dans Exeter-Hall. Ce n'était pas assez des journaux politiques, de leurs déclamations furieuses, de leur implacable insolence ; l'esprit de religion s'y mêlait, le fanatisme avec son fiel et ses poisons.

Le meeting se tint, le 16 août, nombreux et passionné. Une circonstance ajoutait aux émotions du moment : le révérend Pritchard était là, assis à la droite du président, et recevant de ses saints amis la récompense du martyre.

Les discours qui se prononcèrent furent en harmonie avec le personnel de l'assemblée.

« La question actuelle, dit un des révérends, est une question de papisme ou non-papisme, et, sous ce rapport, jamais il n'y eut un pays plus rougi de sang que la France... Je vous prie instamment de n'avoir confiance ni aux politiques, ni à la liberté civile, ni à Rome, aussi insatiable que jamais ; Rome, qui ne s'arrêtera jamais dans sa carrière, à moins qu'elle n'ait de sa propre main achevé l'œuvre de sa ruine, ou qu'elle n'ait attaché d'un air superbe à son gonfalon tous les étendards du monde. Voilà l'ennemi à qui vous devez vous tenir prêts à livrer bataille ; et Rome périra dans ses crimes et sa cruauté, désespérée, exécrée.... La Société des Missionnaires existe depuis cinquante ans, et maintenant il lui faut, au milieu des lauriers qu'elle avait gagnés, cueillir des cyprès ! Il nous faut déployer encore la bannière ensanglantée de la croix et crier : Pas de paix avec Rome ! »

L'orateur concluait par ces mots : « Il ne peut y avoir pour les missionnaires de sûreté personnelle que si le protectorat français est retiré, et l'indépendance de Tahiti rétablie. En supposant qu'il y eût justice à établir le protectorat, il n'y en aurait pas moins maintenant à le retirer, à cause de la conduite de pirate et du système de boucanier qui ont été suivis. »

Un autre s'écriait : « Je proteste hautement contre l'introduction de l'eau-de-vie française, contre les prêtres français, contre le canon français, et contre la débauche des soldats français. Il faut que M. Pritchard retourne à Tahiti avec son caractère sans flétrissure et ses couleurs déployées au vent...... Le sang a coulé, et nous sommes ici pour exprimer notre sympathie pour nos frères chrétiens de Tahiti, et pour notre compatriote qui a été opprimé, emprisonné et volé..... Le papisme a essayé de faire marcher ses principes à coups de canon; nous lui répondrons avec nos Bibles, et nous triompherons. »

Ce singulier mélange de dévotion et de fureur ne semblait à la France que ridicule et méprisable. Mais en Angleterre, où le froid bigotisme des puritains a laissé de profondes traces et de nombreux adeptes, on ne pouvait sans péril mépriser la voix puissante des missionnaires. Le gouvernement d'ailleurs n'était pas fâché de rencontrer leur appui dans une occasion où il voulait faire grand bruit de ses griefs, et l'intervention des saints qui agitaient de leurs clameurs toutes les classes de la société servait merveilleusement la politique des tories.

Dans le cabinet français, l'attitude était tout autre. L'arrestation de Pritchard, les insultes des ministres anglais, les invectives des journaux britanniques et le soulèvement des saints avaient consterné M. Guizot. Tant de sacrifices faits à la paix, tant de luttes affrontées, tant de déboires acceptés, tout était donc sans fruit : et son éloquence mise au service des concessions, et son talent agrandi dans les abaissements mêmes de son caractère et de son audace parlementaire dans un premier désaveu. Il avait tout fait pour l'accord avec l'Angleterre. C'avait été la première pensée de son ministère, le programme de sa venue, la pensée vivante de sa politique; et l'Angleterre se retournait contre lui, arrogante et implacable, l'attaquant par derrière quand il luttait pour elle contre ses adversaires inférieurs, et ajoutant aux embarras qu'elle lui avait créés par ses amitiés, les périls de ses hostilités soudaines. L'impopularité avait été pour lui le prix de l'alliance anglaise, et l'alliance anglaise l'abandonnait, sans lui tenir compte des déboursés de sa conscience.

Avec plus d'habileté, toutefois, il n'aurait pas dû éprouver d'étonnements. De premières concessions en appellent toujours d'autres : avant le désaveu de l'amiral Dupetit-Thouars, il aurait pu invoquer la dignité nationale; après le désaveu, l'argument devenait impossible. Sans le désaveu, Peel n'aurait pas risqué la demande en réparation; mais ayant fait courber la France devant le drapeau de Pomaré, il lui était bien permis de l'humilier devant la soutane de Pritchard. Le passé faisait son audace, augmentée d'ailleurs par les colères que suscitait la guerre du Maroc. M. Guizot portait la peine de ses faciles obéissances.

Louis-Philippe était moins troublé que son ministre, parce qu'il était résolu à n'y pas voir une grosse affaire. Compromettre la paix du monde pour une querelle lointaine entre un officier et un prédicateur méthodiste lui semblait une insigne folie. Il ne considérait que la petitesse de l'événement, et non la grandeur de la question nationale. Sa pensée à cet égard est nettement exprimée dans une lettre au roi des Belges : « La dépêche de Guizot sur Tahiti et ses « *tristes bêtises* doit avoir été communiquée « hier à lord Aberdeen [1]. » Plus loin, il ajoute : « Je n'ai pas de patience pour la « manière dont on magnifie si souvent des « bagatelles de misère en *casus belli*. Ah ! « malheureux que vous êtes ! si vous saviez « comme moi ce que c'est que *bellum*, vous « vous garderiez bien d'étendre, comme « vous le faites, le triste catalogue des *casus* « *belli*, que vous ne trouvez jamais assez « nombreux pour satisfaire les passions po- « pulaires de votre coupable soif de popu- « larité. »

Voilà quelle était la grande préoccupation de Louis-Philippe : la crainte de la guerre, et la persuasion où il était que la guerre entraînerait la ruine générale des monarchies. Il le dit dans la même lettre :

« Il n'y a plus d'État qui puisse faire la « guerre sur ses propres ressources; et « quelle que soit ma haute opinion des res- « sources de l'Angleterre, je ne crois pas « qu'elle pût y suffire, surtout avec la ruine « générale qui ne tarderait pas à suivre dès « qu'une fois la guerre serait allumée. Ce

---

1. *Revue rétrospective*.

« serait le cas de dire : *The world is unkin-*
« *ged*[1]. »

Les entêtements pacifiques du roi étaient trop bien connus de M. Guizot pour qu'il entreprît de les contredire ; ils étaient d'ailleurs en harmonie avec sa propre politique. D'un autre côté, Léopold, confident du cabinet de Saint-James, n'avait garde de les dissimuler ; les tories étaient donc bien assurés de pouvoir tout exiger sans danger. Si la diplomatie responsable conservait encore quelque apparence de vergogne, les révélations de Bruxelles apportaient le dernier mot de Louis-Philippe, et annonçaient au cabinet britannique un triomphe certain.

Cependant l'opinion publique, en France, frémissante et indignée, répondait par des cris de colère aux outrages du ministère anglais. Personne encore ne pouvait admettre qu'une satisfaction serait accordée au missionnaire rebelle, et l'on trouvait déjà que c'était beaucoup trop que de supporter en silence les injures officielles adressées à la France du haut des tribunes parlementaires.

L'émotion gagna même les Chambres, et l'on s'attendait à une discussion qui fût en rapport avec la gravité du sujet. Mais on était à la fin de la session, et l'occasion était bonne pour éviter un débat public où l'Angleterre pouvait entendre de dures vérités. Les principes du gouvernement représentatif auraient exigé que dans un moment solennel, où la paix des deux grands pays était mise en question, le ministère eût recours à l'appui et à l'autorité du Parlement. Le contraire fut fait, on se hâta de réunir les députés pour prononcer la clôture de la session.

Dans l'intervalle, cependant, à la Chambre des pairs, de vives interpellations furent adressées au ministre des affaires étrangères. Il n'y répondit que par un orgueilleux dédain, qu'il qualifiait de réserve. « Convaincu comme je le suis, dit-il, que pour la question dont il s'agit il y aura un inconvénient réel à la débattre en ce moment, je m'y refuse complètement. Quand elle aura suivi son cours naturel ; quand non seulement l'avis, mais la conduite du gouvernement, auront été arrêtés ; quand les faits et les droits dont il s'agit auront été éclairés et mis d'accord entre les deux gouvernements, alors je serai prêt ; je serai le premier à venir dire et débattre ici ce que le gouvernement a fait et pour quels motifs il l'a fait ; jusque-là je garderai le silence. »

Le prince de la Moskowa rappela le ministre à la véritable question du jour. « Il ne s'agit pas, dit-il, d'une négociation pendante entre les deux gouvernements ; des faits nouveaux, des faits graves, se sont passés ; la Chambre a pu en apprécier la portée. Des paroles d'une importance considérable ont été prononcées à la tribune du Parlement britannique ; le premier ministre, sir Robert Peel, s'est exprimé, en parlant des agents français dans l'Océanie, en des termes tels, que nous avons besoin de savoir, et que nous exigeons même du gouvernement de nous dire, quelle est la conduite qu'il croit devoir suivre en pareille circonstance. Il est un terme à la patience du pays, et je crois que le moment est arrivé de mettre fin aux concessions que l'on fait à l'Angleterre. »

M. de Montalembert parla dans le même sens : « Il s'agit d'un fait immédiat ; il ne s'agit pas même de ce qui s'est passé à 2,000 lieues de nous, dans l'océan Pacifique ; il s'agit de ce qui s'est passé à vingt-quatre heures de nous, de l'autre côté du détroit. »

M. Guizot éluda encore la question. « Aussitôt que je le pourrai sans inconvénient, je serai prêt à dire ce que j'ai fait, et pourquoi je l'ai fait. Jusque-là, je garde le silence, qui est mon premier devoir. »

Enfin, pressé par M. Molé, il persista dans ses refus. « Je le répète, dit-il, si je disais ici ce que je dois dire ailleurs, je pourrais soulever des sentiments que je dois apaiser. »

Cette réserve eût été légitime, si elle eût

---

[1]. Nous avons déjà rencontré cette expression dans une ettre de 1840.

caché d'énergiques pensées. Faire taire les parlementaires pour faire taire Saint-James eût été d'une grande politique. Mais l'orgueil de M. Guizot ne vivait qu'aux abords de la tribune, et disparaissait au sein des chancelleries.

La même discussion fut reprise au Palais-Bourbon, à la séance de clôture, qui eut lieu le 6 août. M. de La Rochejacquelein se plaignit hautement qu'un ministre anglais eût osé parlé de *réparation exigée* de la France. Il demandait qu'on signifiât à l'Angleterre qu'aucune négociation ne serait entreprise avec elle, avant que ces expressions ne fussent retirées.

MM. Billault et Berryer firent entendre aussi de généreux accents, sans mieux réussir que les orateurs du Luxembourg. M. Guizot s'obstina dans son silence et la clôture de la session fut prononcée. La Chambre, associée moralement aux hommes du désaveu, les laissait seuls gardiens de l'honneur national.

Heureusement, en ce moment même, la valeur de nos soldats offrait aux cœurs attristés des compensations de gloire, et nos capitaines apprenaient au cabinet britannique que son influence ne s'étendait pas dans l'enceinte des camps.

Les premières réponses de l'empereur du Maroc aux ouvertures de M. de Nyon avaient été évasives et dilatoires. Il reconnaissait les torts des caïds qui avaient envahi notre territoire, et promettait la punition des coupables; mais il demandait en même temps le châtiment et le rappel du maréchal Bugeaud, à raison de la prise d'Ouchda. Du reste, il ne s'expliquait en aucune façon sur Abd-el-Kader.

Depuis longtemps le maréchal était persuadé qu'il n'y avait aucune satisfaction à espérer d'Abder-Rhaman tant qu'il n'aurait pas reçu une sévère leçon. Mais le prince de Joinville, qui avait reçu des instructions plus précises pour éviter la guerre, envoya un nouveau messager porteur de son ultimatum et donnant encore huit jours de délai. Par mesure de précaution, cependant, le prince se porta, le 23 juillet, de Cadix à Tanger, où il recueillit à son bord les agents consulaires de la France et un certain nombre de nos nationaux. En même temps il envoyait un bateau à vapeur le long de la côte occidentale du Maroc jusqu'à Mogador, pour offrir un asile aux familles françaises.

L'empereur, semblant fuir de nouvelles négociations, avait quitté le Maroc pour re-

Montalembert.

monter vers le nord de son empire, sans recevoir même M. Drummond Hay. Mais l'infatigable Anglais s'était mis en route pour le rejoindre.

Du côté de notre frontière de terre, le caïd d'Ouchda, El-Guennaouï, avait été destitué et mis aux fers. Son successeur, Sidi-Hamida-Ben-Ali, faisait au maréchal des ouvertures pacifiques, mais sans vouloir rien rabattre sur la question des limites. Le fils de l'empereur s'avançait toujours avec ses masses de cavalerie.

Le 2 août, expirait le délai accordé à l'empereur par le prince de Joinville. Dès la veille, l'escadre française était devant Tanger, attendant avec impatience les ordres de l'attaque.

La ville paraissait déserte de ses habitants; les pavillons consulaires avaient disparu. Une partie de la population était retirée dans un petit bois qui dominait la ville; des tentes y étaient dressées pour la protection d'un petit fort de récente construction.

La ville était très forte par sa position et par le nombre de ses batteries. Comme toute les places du Maroc, elle était environnée d'une enceinte flanquée de tours rondes et carrées. Cette enceinte, d'un développement de 2,200 mètres, était protégée par une casbah mauresque d'un aspect imposant, et par un fort de construction portugaise, bastionné à la moderne, mais à demi ruiné. La casbah était armée de douze pièces de canon qui battaient sur le détroit de Gibraltar.

Vers le port se trouvait un fortin relié à la casbah par une suite de murailles échelonnées le long de la montagne. Le rempart faisant face à la mer était remarquable par ses deux étages de terrassements avec embrasures garnies de canons. Du côté du nord, la ville était assise sur des roches escarpées interdisant toute approche aux assiégeants.

Devant le débarcadère étaient entassées les principales défenses. Là s'élevaient deux gradins de batteries portant soixante pièces de gros calibre et huit mortiers battant de front sur le port. Le débarcadère était flanqué, à droite et à gauche, par deux batteries. La baie était gardée par six batteries en maçonnerie, dont une s'élevait sur le cap Malabata, et une autre sur les ruines du vieux Tanger. Elles contenaient en tout quarante canons. Les deux batteries qui flanquaient la rade à ses deux extrémités s'élevaient sur des collines de cent cinquante pieds au-dessus de la mer; les autres étaient rasantes.

Pour tenter une attaque par mer, il fallait donc canonner d'abord les batteries pour les démonter, et s'embosser ensuite devant le port pour ruiner de même les embrasures des remparts de la ville.

Nos marins contemplaient avec un curieux intérêt ces masses sombres hérissées de canons, ces formes orientales, diversifiées par les coupes singulières des fortifications, et ces guerriers plus brillants que solides qui se montraient au sommet des murs et sur les plates-formes des batteries. Il leur tardait d'entendre résonner ces foudres afin de pouvoir leur répondre, heureux surtout de livrer un combat sous les murs de Gibraltar, sous les yeux de l'Anglais. Le prince partageait ces fiévreuses impatiences; mais M. de Nyon, fidèle à ses instructions, modérait ces ardeurs et suppliait le jeune amiral d'accorder quelques heures aux retards du messager. Cependant l'envoyé français n'avait pu rejoindre à temps l'empereur, retiré dans l'intérieur des terres. M. Drummond Hay avait été plus heureux, et le 4 août il informait M. de Nyon que l'empereur acceptait l'ultimatum de la France. M. de Nyon en avertit aussitôt le prince de Joinville, déclarant qu'il n'y avait plus de prétexte de guerre, et le pressant de quitter une côte où ne le retenait plus aucune mission. Le prince eut peine à se laisser convaincre; ses équipages surtout, frémissant de colère, murmuraient contre cet agent consulaire qui paralysait leurs bras. Mais l'amiral avait sa responsabilité, et les ordres précis du roi ne lui permettaient pas de s'aventurer. Il se préparait donc dans la journée à s'éloigner à regret, lorsque au moment d'appareiller il vit paraître à l'horizon un navire ombragé de fumée, qui, s'avançant à toute vapeur, lui eut promptement remis des dépêches venues par Oran. Elles portaient en substance que si l'empereur n'avait pas répondu à l'ultimatum français, les hostilités devaient être immédiatement commencées. Le prince aussitôt s'empara de cette autorisation. Il n'avait pas reçu de réponse; ce qui se passait entre le consul anglais et l'empereur n'engageait pas la France. Plus d'une fois déjà, d'ailleurs, les Anglais avaient fait courir de faux bruits d'accommodements. La dépêche de M. Drummond Hay pouvait encore cacher un piège. Le prince de Joinville résolut d'attaquer.

Le 5 août, à la pointe du jour, les bateaux à vapeur le *Véloce*, le *Pluton*, le *Gassendi*, le *Phare*, le *Rubis* et le *Var*, allèrent s'amarrer le long du bord du *Jemmapes*, du *Triton*, de la *Belle-Poule* et des bricks le *Cassard* et l'*Argus*, afin de les conduire au poste d'embossage qui leur avait été désigné. Le calme qui règne généralement le matin dans la baie de Tanger nécessitait cette disposition.

Il y avait dans la baie trois vaisseaux anglais : le *Warspite*, l'*Albion* et l'*Hécla*; une escadre espagnole; des frégates américaine, suédoise, sarde et danoise, et un steamer danois. On allait combattre sous les yeux des représentants de toutes les nations; l'ardeur des marins français s'en accroissait, surtout en voyant si près d'eux leurs éternels rivaux qui venaient surveiller leur courage et peut-être épier leurs fautes.

Le *Jemmapes* arriva le premier sur la ligne, et réussit à s'embosser à quatre encâblures de la place. Le *Suffren*, monté par le prince de Joinville, porta son mouillage au poste le plus rapproché des batteries ennemies. Le *Triton* et la *Belle-Poule*, contrariés par l'action des courants et par le défaut de puissance des remorqueurs, ne purent immédiatement prendre leur poste de combat. Le *Triton* fut obligé de s'y rendre sous voile; la *Belle-Poule* n'arriva que vers la fin de l'action. L'*Argus* et le *Cassard* se placèrent de manière à prendre en écharpe des batteries dont les coups prenaient d'enfilade la ligne d'embossage.

Les instructions du prince lui prescrivaient de détruire les fortifications extérieures, mais d'épargner la ville. Il fallait donc agir avec le canon et mettre les batteries hors de service.

Tous les mouvements s'étaient effectués sans que l'ennemi y mît aucune opposition. A huit heures et demie les vaisseaux français commencèrent le feu; la place y répondit aussitôt par le tonnerre de 70 canons, la plupart d'un calibre énorme. Mais les Marocains n'ayant pas cru que les vaisseaux mouilleraient si près de leurs batteries, un grand nombre de leurs boulets sifflèrent au-dessus des mâts. Tous ne furent pas perdus cependant, car le *Suffren* en reçut près de cinquante dans sa coque.

Les coups de l'escadre, tous bien dirigés, portaient en plein dans la maçonnerie et les parapets des batteries; en même temps le vapeur le *Rubis* lançait des fusées de guerre qui mirent le feu dans plusieurs endroits. Les autres bateaux à vapeur, par leurs mouvements continuels, tenaient en alarme et en respect tout le reste de cette vaste plage. Les canonniers, pleins d'ardeur et d'enthousiasme, ne suspendaient leur feu que pour laisser dissiper la fumée et rectifier le pointage. Aussi, au bout d'une heure, le feu de la ville était-il complètement éteint. Les parapets étaient abattus, les embrasures converties en un vide immense, les crêtes des murailles déchiquetées comme de la dentelle, les fortifications démantelées et à demi écroulées, la plupart des canons démontés et leurs affûts brisés.

Deux batteries seulement prolongèrent la défense, celle de la casbah et une autre, casematée, située à la partie supérieure du fort de la marine.

Le *Jemmapes* dirigea ses pièces sur la casbah; le *Suffren* envoya ses bordées sur la batterie casematée. Toutes deux furent promptement hors de service.

A dix heures du matin, tout était fini. De cette immense ligne de défense, crénelée et hérissée de bouches à feu, qui rendait les abords de Tanger si formidables et si pittoresques, il ne restait plus qu'un monceau de ruines, et, par-dessus, la ville en amphithéâtre presque intacte et qui n'avait été frappée que par quelques boulets égarés.

Du côté des assaillants il n'y eut que 3 hommes tués et 17 blessés; les pertes de l'ennemi s'élevaient à 150 tués et 300 blessés.

D'après les ordres venus de Paris et promis à l'Angleterre, les Français ne devaient pas occuper Tanger. Le but du combat était donc atteint dès que, par le silence de ses batteries, la ville se reconnaissait vaincue. Le prince de Joinville demeura néanmoins devant la ville jusqu'à cinq heures du soir, afin de bien constater que l'ennemi avait renoncé à toute défense. Puis les bateaux à vapeur vinrent remorquer les navires à voiles et les ramener à leurs mouillages.

Mais le bombardement des fortifications de Tanger, ville plutôt européenne qu'africaine, ne devait pas faire sur l'empereur une impression assez vive pour le contraindre à la paix. Il fallait l'attaquer au cœur de ses possessions, dans une ville qui fût importante à ses yeux, soit par sa position, soit par ses richesses. Mogador remplissait toutes ces conditions.

Mogador, que les Maures appellent Souérah, fait partie de la fortune particulière de l'empereur; la ville est sa propriété, il en loue les maisons et les terrains; elle forme, en un mot, une des branches les plus importantes de son revenu. Le port, en outre, était le centre commercial le plus important de l'empire; car depuis l'occupation de l'Algérie par nos troupes, les caravanes de l'intérieur du pays recevaient par Mogador les denrées européennes et surtout anglaises. Toucher à cette ville, la ruiner, en occuper l'île qui ferme le port, c'était causer à Muley-Abder-Rhaman un dommage considérable.

Le bombardement de Tanger avait prouvé à l'empereur qu'aucune des puissances de l'Europe ne prendrait sa défense contre les attaques des Français; l'expédition de Mogador avait pour but de lui démontrer qu'on avait le moyen de lui faire personnellement du mal.

Le 11, l'escadre française était réunie devant Mogador; elle y rencontra des difficultés de plus d'une nature. Pendant quatre jours la violence des vents et la grosseur de la mer empêchèrent toute communication entre les vaisseaux. Mouillés sur des fonds de roche, les ancres et les chaînes se brisaient; les navires menaçaient à chaque instant d'être entraînés par la violence des courants et de la brise. Enfin le 15 le vent s'apaisa; il ne resta plus de la tourmente des jours précédents qu'une houle de N.-O. Sachant combien les beaux jours sont rares dans cette saison et dans ces parages, le prince prit immédiatement ses dispositions. Mais un nouvel accident vint l'arrêter; le vent tomba complètement, et les navires, tourmentés par la houle, ne pouvaient être gouvernés.

Les préparatifs hostiles qui se faisaient à terre prouvaient d'ailleurs qu'on n'approcherait pas aussi facilement qu'à Tanger.

Enfin dans l'après-midi, une faible brise s'étant élevée, l'escadre mit à la voile. Aussitôt toutes les batteries ennemies ouvrirent un feu actif qui ne se ralentit pas pendant que les vaisseaux prenaient les postes qui leur étaient assignés. Le *Triton* marchait en tête et laissa tomber son ancre à 700 mètres de la place, sans riposter aux coups de l'ennemi. Le *Suffren* et le *Jemmapes* vinrent ensuite. Lorsqu'ils eurent exécuté leur embossage, ils ouvrirent le feu, qui, des deux côtés, se maintint avec une grande vigueur. Les batteries opposées au *Triton* furent abandonnées les premières; mais celles qu'attaquait le *Jemmapes* présentaient une quarantaine de pièces bien abritées derrière des épaulements en pierre molle de plus de deux mètres d'épaisseur. Le *Jemmapes* ne put en venir à bout qu'après une lutte meurtrière. Vingt hommes tués à son bord, des avaries graves dans la mâture, de nombreux boulets dans la coque, attestèrent la résistance énergique des canonniers ennemis.

En même temps, les frégates et les bricks pénétraient dans le port pour attaquer trois batteries qui protégeaient le débarcadère de l'île. A leur suite s'avancèrent trois bateaux à vapeur portant 500 hommes de débarquement. Ceux-ci s'élancèrent à terre sous une vive fusillade, gravirent à la course un talus rapide, et enlevèrent la batterie. Une fois maîtres de ce poste, deux détachements firent le tour de l'île pour débusquer

3 à 400 Marocains enfermés dans les maisons et les autres batteries. On les poussa successivement jusqu'à une mosquée où ils se renfermèrent sans ralentir leur feu. La porte étant enfoncée à coups de canon, on se précipita en avant. Mais la résistance était des plus vives ; plusieurs officiers furent blessés. On était engagé sous des voûtes obscures, au milieu d'une épaisse fumée qui troublait la vue et rendait les pas incertains. Les officiers, jugeant qu'on s'exposerait à perdre beaucoup de monde inutilement, firent retirer les troupes et cerner la mosquée, autour de laquelle on resta campé toute la nuit.

Le lendemain, 140 Marocains se rendirent. On était maître de l'île, dans laquelle on ramassa 200 cadavres.

Sur une langue de sable s'élevaient encore quelques forts dont le feu croisé coupait les communications avec la ville. Le prince y envoya 600 hommes de débarquement ; mais tout avait été déserté à leur approche. On acheva l'œuvre de destruction commencée la veille par le canon. Les pièces enclouées furent jetées à bas des remparts, les embrasures démolies, les magasins à poudre noyés. Trois drapeaux et dix canons de bronze furent enlevés comme les trophées de cette journée.

On aurait pu sans danger pénétrer dans la ville, mais après la destruction des fortifications la mission du prince était accomplie. Il se contenta de faire occuper l'île de Mogador par une garnison de 500 hommes et de fermer le port.

Au milieu des premiers travaux et avant le départ de l'escadre, les Kabyles de l'intérieur descendirent dans la ville, en chassèrent la garnison impériale, et y mirent le feu après l'avoir pillée et dévastée. Les habitants avaient fui dans toutes les directions ; le prince de Joinville recueillit à son bord le consul anglais, sa famille et quelques Européens.

Au départ des Français, il ne restait plus rien de la belle Souérah, que Muley-Abder-Rhaman appelait sa ville chérie.

Des coups non moins décisifs lui étaient portés sur la frontière. Le fils de l'empereur tant annoncé était arrivé sur les bords de l'Isly, occupant avec ses troupes un espace de deux lieues, depuis Djerf-el-Akhdar jusqu'à Condiat-Sidi-Abd-er-Rhaman. Chaque jour de nouveaux contingents ajoutaient à ses forces et à son orgueil. Il avait sommé le maréchal Bugeaud d'évacuer Lalla-Maghrnia, et se vantait de régner bientôt en maître à Tlemcen, Oran, Mascara, et même à Alger. Partout dans le Maroc on prêchait la guerre sainte : c'était une véritable croisade pour rétablir les gloires de l'islamisme. Ces populations ignorantes et fanatiques s'imaginaient qu'il était impossible aux Français de résister à une aussi formidable réunion des cavaliers les plus renommés de l'empire ; et l'on n'attendait pour nous attaquer que l'arrivée des contingents d'infanterie des Beni-Senassen et du Rif, qui devaient nous assaillir par les montagnes au delà desquelles se trouve Lalla-Maghrnia, pendant que la cavalerie nous envelopperait du côté de la plaine.

Dans cette position, le maréchal jugea que les périls s'accroîtraient à rester plus longtemps sur la défensive. Dans quelques jours, les nouveaux contingents pouvaient porter les troupes de l'ennemi à 45,000 hommes. Si cette force se divisait, elle pouvait pénétrer en Algérie par plusieurs points à la fois et compromettre notre conquête. De plus longues hésitations d'ailleurs pouvaient inviter à la révolte les tribus récemment soumises du gouvernement de Tlemcen, exposer à un blocus le camp de Lalla-Maghrnia et le couper de ses approvisionnements. La prudence même commandait de prendre l'initiative.

Le 12 août, ayant rallié le général Bedeau avec trois bataillons et six escadrons, le maréchal fit connaître à ses officiers sa résolution de marcher en avant. Cette nouvelle, répandue dans l'armée, y causa le plus vif enthousiasme. Le soir, les officiers de l'ancienne cavalerie offrirent un punch à ceux qui venaient d'arriver. Le lit pittoresque de

50. — E. REGNAULT.

l'Ouerdefou, ruisseau sur lequel on campait, fut artistement transformé en un jardin délicieux. De nombreuses bougies éclairaient les bosquets, et les flammes bleues de quarante gamelles de punch illuminaient les rives.

Cette fête nocturne, animée par les ardeurs de la bataille prochaine, fut pleine de cordialité, de verve et d'entrain. Le maréchal Bugeaud s'y présenta, parcourut les groupes joyeux, les charma par ses allocutions militaires, brusques, franches et pittoresques. Il lui fut répondu par des cris d'allégresse, et tous ces jeunes officiers, exaltés et attendris, lui promettaient une grande journée et de courageux exemples.

Le plan de bataille avait été expliqué d'avance à tous les chefs de corps.

L'ensemble de l'armée devait former un grand carré, formé d'autant de petits carrés qu'il y avait de bataillons.

L'ambulance, les bagages, le troupeau, se plaçaient au centre, ainsi que la cavalerie, formée en deux colonnes sur chaque côté du convoi.

L'artillerie était distribuée sur les quatre faces, vis-à-vis les intervalles des bataillons, qui étaient de 120 pas.

On devait marcher à l'ennemi par l'un des angles formés par le bataillon de direction. La moitié des autres bataillons était échelonnée à droite et à gauche sur celui-ci. L'autre moitié formait la même figure renversée en arrière. C'était un grand losange, fait avec des colonnes à demi-distance par bataillons, prêtes à former le grand carré.

Derrière le bataillon de direction se trouvaient deux bataillons de réserve, ne faisant pas partie du système, et pouvant être détachés pour agir selon les circonstances.

Le 13, à trois heures de l'après-midi, l'armée française se mit en marche, simulant un grand fourrage, afin de ne pas laisser comprendre à l'ennemi que c'était un mouvement offensif. A la chute du jour, les fourrageurs revinrent sur les colonnes, et l'on campa dans l'ordre de marche, en silence et sans feu. Il ne restait plus que quatre lieues à parcourir pour rejoindre l'ennemi.

A minuit, les soldats reprirent leur marche, et à la pointe du jour se fit le premier passage de l'Isly, sans rencontrer un seul ennemi. Ce fut une heureuse circonstance; car le passage était difficile, et, fait en présence de l'ennemi, il eût présenté de graves périls. A huit heures du matin, on atteignit les auteurs de Djerf-el-Akhdar, d'où l'on apercevait les camps marocains blanchissant toutes les collines de la rive droite. De leur côté, les ennemis, avertis enfin de l'approche des Français, se portaient en avant pour les attaquer au second passage de la rivière. Au milieu d'une grosse masse de cavalerie qui se trouvait sur la partie la plus élevée, se distinguaient le groupe du fils de l'empereur, ses drapeaux et son parasol, signe du commandement.

Ce fut sur ce point que marcha le bataillon de direction. Arrivé là, il devait faire une conversion à droite et se porter sur les camps, en tenant le sommet des collines avec la face gauche du grand carré.

Après avoir donné rapidement ses instructions, le maréchal fit descendre les troupes dans la rivière qu'elles franchissaient par trois gués, au simple pas accéléré et au son des instruments.

De nombreux cavaliers défendaient le passage; ils furent repoussés par les tirailleurs d'infanterie, et l'on atteignit bientôt le plateau immédiatement inférieur à la butte la plus élevée, où se trouvait le fils de l'empereur. Pendant que la troupe, jusque-là en ordre de marche, se formait en ordre de bataille, le maréchal dirigeait le feu de quatre pièces de campagne sur le groupe impérial, et à la confusion qui bientôt y régna on put juger que les coups avaient porté.

Au même moment, des masses énormes de cavalerie jusque-là masquées par les collines sortirent des deux côtés, et, se déployant en un vaste croissant, enveloppèrent de toutes parts la petite armée française, en poussant des hurlements accompagnés du tonnerre de vingt mille fusils. Les nôtres eurent besoin de tout leur sang-froid pour ne pas se laisser ébranler; pas un homme ne se montra faible. Les tirailleurs, qui n'étaient qu'à cinquante pas des carrés, attendirent de pied ferme ces multitudes, sans faire un pas en arrière; ils avaient ordre de se coucher par terre si la charge arrivait jusqu'à eux, afin de ne pas gêner le feu des carrés. Sur les angles des bataillons l'artillerie vomissait la mitraille.

Les feux bien dirigés sur ces masses compactes y portèrent le désordre; on l'accrut en dirigeant sur elles quatre pièces de campagne qui marchaient à la tête du système; les efforts de l'ennemi sur les flancs étaient complètement brisés. Alors la marche en avant se continua, la grande butte fut enlevée, et la conversion sur les camps s'opéra.

C'était le moment de faire sortir la cavalerie, celle de l'ennemi étant morcelée par ses propres mouvements et coupée en deux par la marche de nos soldats. Elle fut lancée par le colonel Tartas avec une impétuosité irrésistible vers le camp marocain, renversant tout ce qui se trouvait devant elle. Le colonel Jusuf, commandant les premières colonnes, qui se composaient de six escadrons de spahis, aborda le camp, après avoir reçu plusieurs décharges d'artillerie; il le trouva rempli de cavaliers et de fantassins qui disputaient le terrain pied à pied. Bientôt trois escadrons du 4ᵉ chasseurs vinrent le seconder; une nouvelle impulsion fut donnée; l'artillerie fut prise et le camp fut enlevé.

On le trouva couvert de cadavres d'hommes et de chevaux. Toute l'artillerie, toutes les provisions de guerre et de bouche, furent prises; les tentes du fils de l'empereur, celles de tous les chefs, les boutiques des nombreux marchands qui accompagnaient l'armée.

Cependant une masse de 10 à 12,000 cavaliers, placés en arrière du camp, attendait que notre cavalerie fût dispersée pour reprendre l'offensive. Le colonel Morris se précipita au-devant d'eux avec six escadrons, et engagea une lutte corps à corps. Ce fut le combat le plus périlleux de la journée. Les ennemis étaient dix contre un, et dans une mêlée de cette nature la discipline perd ses avantages. Mais les chasseurs combattirent en désespérés et donnèrent à l'infanterie détachée par le général Bedeau le temps d'accourir et de les dégager. Trois cents Berbères furent tués dans cet engagement. Chaque chasseur rapporta un trophée: qui un drapeau, qui un cheval, une armure, un harnachement.

Il restait encore de fortes masses ennemies ralliées sur la rive gauche de l'Isly. L'infanterie et l'artillerie traversèrent de nouveau la rivière et recommencèrent l'attaque avec vigueur. Mais les Marocains, déjà découragés par leurs pertes, ne tinrent pas longtemps; on les suivit dans leur retraite pendant une lieue, et la déroute devint complète. Les uns se retirèrent par la route de Thaza; les autres par les vallées qui conduisent aux montagnes des Beni-Senassen.

Ils laissaient sur le champ de bataille 800 morts, et devaient compter de 1,500 à 2,000 blessés. Notre perte était de 4 officiers tués, 10 autres blessés, de 25 sous-officiers ou soldats tués et 86 blessés. Environ 10,000 hommes avaient triomphé de 30,000.

Cette nouvelle victoire, ajoutée aux succès maritimes, fut accueillie en France avec une orgueilleuse joie. Ce n'était pas un triomphe sur un souverain barbare qui excitait ce sentiment, ce n'était pas la défaite des bandes indisciplinées; c'était la leçon donnée à l'Angleterre, le défi jeté au cabinet de Saint-James, qui avait voulu lier les bras de la France, et mettre l'interdit sur nos armes. On se félicitait de voir les soldats français paralyser les lâchetés de la diplomatie, et contraindre le gouvernement à paraître fort. Dans les camps, du moins, et sur les vaisseaux, la France se trouvait dignement représentée, et l'honneur parlait plus haut que les menaces de l'Angleterre. Le canon de Tanger, de Mogador et de l'Isly annonçait plus qu'une victoire ordinaire; car le véritable adversaire n'était pas sur le champ de bataille. C'était pour la France bien plus une conquête morale qu'un succès matériel.

Pour qui aurait pu en douter, il n'y avait

qu'à voir ce qui se passait en Angleterre, à écouter les clameurs des journaux et les protestations des hommes d'État.

Immédiatement après l'affaire de Tanger, les ministres, qui s'étaient éloignés de Londres pour se livrer au repos, avaient été rappelés par lord Aberdeen. La question de Tahiti se réveillait plus vive et plus menaçante. On avait voulu en faire un empêchement pour les opérations du Maroc; on voulait en faire une vengeance. Le renvoi immédiat de Pritchard comme consul à Tahiti fut discuté en conseil et, sans être définitivement adopté, y rencontra de fortes adhésions. Toujours fut-il résolu de demander le rappel et le désaveu de MM. Bruat et d'Aubigny.

Au surplus, l'opinion publique secondait les colères du cabinet, autant parmi les négociants de la Cité que parmi les sectes religieuses, et des bruits de guerre retentissaient dans tous les comptoirs. On assurait que sir George Seymour, appelé à remplacer le contre-amiral Thomas dans la station de l'océan Pacifique, partait avec des instructions décisives. On assurait que le nouvel amiral avait ordre, si une complète réparation n'était pas donnée à l'Angleterre, de se transporter à Tahiti, de réinstaller la reine Pomaré dans la plénitude de sa souveraineté, d'exiger la destruction des fortifications faites par nos troupes, ou de les abattre lui-même à coups de canon.

En même temps, les armements maritimes de l'Angleterre se faisaient avec un éclat qui avait peut-être pour but d'effrayer les Tuileries, mais qui ne montrait pas moins des préparatifs formidables. Les forces réunies à Gibraltar sous le commandement de l'amiral Owen s'augmentaient chaque jour; on hâtait l'armement de six vaisseaux de haut bord; mille marins étaient employés extraordinairement dans le seul arsenal de Woolwich; dans les autres chantiers, les travaux étaient poursuivis avec une égale vigueur; l'Amirauté trasmettait dans divers ateliers l'ordre de construire dix-huit machines à vapeur d'une force de 800 chevaux; enfin, l'amiral Seymour était à Spithead, à bord du *Collingwood*, attendant son ordre de départ pour l'océan Pacifique. Tout le monde croyait à une guerre imminente.

A Paris, les émotions étaient de natures diverses. Le peuple des ouvriers, les jeunes gens, les cœurs généreux, les démocrates et les oppositions de toutes nuances saluaient avec joie les triomphes de nos armes; les financiers et les gros industriels s'effrayaient de la guerre; le ministère se taisait. Tout autre eût été fortifié et à l'intérieur et à l'extérieur par des succès militaires et maritimes. Mais le cabinet du 29 octobre ne pouvait se glorifier en France de combats qu'il avait tenté d'empêcher; il ne pouvait, à l'étranger, se donner une grande attitude, quand, avant toute négociation, il fallait se faire pardonner une double victoire.

XXIX

Mécontentements du cabinet anglais à l'issue de la guerre du Maroc. — Langage hautain de lord Aberdeen. — Alarmes du comte de Jarnac. — Concessions faites à Pritchard. — Traité avec le Maroc. — Protestations du prince de Joinville, mécontentement du maréchal Bugeaud, indignation du public. — Visite de Louis-Philippe à la reine d'Angleterre. — Reprise de la question des dotations. — Répugnances de M. Guizot. — Complots des familiers du château contre le ministère. — Ouverture de la session. — Discussion de l'adresse. — Le droit de visite, le Maroc, Tahiti. — Les Pritchardistes.

Si les seuls préparatifs de la guerre contre le Maroc avaient excité au plus haut point les méfiances et les ressentiments du cabinet britannique, ce fut bien pis encore lorsque les hostilités furent engagées et inaugurées par d'éclatantes victoires. On ne pouvait néanmoins faire de reproches à la France pour avoir fait justice des outrages d'un roi barbare. Toute réclamation sur les affaires du Maroc eût été inadmissible. Mais il restait à l'Angleterre un autre prétexte pour faire valoir ses mécontentements. L'affaire Pritchard, demeurée en suspens, fut réveillée avec une nouvelle acrimonie et de plus vives exigences. En humiliant la France, Tahiti pouvait faire compensation avec Tanger ; et l'attitude menaçante de l'Angleterre devait assurer au Maroc des conditions plus avantageuses, et diminuer le fruit des victoires.

Dès lors, le dépit se manifesta avec d'autant plus de force qu'il était en même temps une manœuvre. Lord Aberdeen se montra tout prêt à une rupture, et fit étalage de ses ressentiments auprès de M. le comte de Jarnac, qui, en ce moment, représentait à Londres le cabinet français. Celui-ci donna dans le piège, écrivit à M. Guizot des lettres pleines d'alarmes, fit un effrayant tableau des agitations du peuple anglais, de l'indignation des ministres et de leur résolution bien arrêtée de pousser les choses à l'extrême. « Depuis plusieurs jours, écrit-il » dans une lettre en date du 22 août, lord » Aberdeen tient entre les mains la minute » d'une dépêche préparée par lui-même, et » qui annoncerait à lord Cowley la résolution » de renvoyer à tout hasard M. Pritchard à » Tahiti, sur un vaisseau anglais. »

On lit dans la même dépêche : « La nou» velle de l'attaque de Tanger et du départ » de l'escadre pour Mogador a produit à » Londres une sensation d'autant plus vive, » que l'on s'était plu à compter, d'après les » nouvelles antérieures, sur une solution » pacifique de nos différends avec le Maroc. »

Le 28 août, les dépêches trahissent encore plus d'effroi. « A la nouvelle de la destruc» tion de Mogador et de l'occupation de l'île » qui enferme le port, une impression plus » alarmante s'est répandue. » Puis, confondant par faiblesse deux questions que les Anglais mettaient ensemble par calcul, celles de Tahiti et du Maroc, le comte de Jarnac ajoute qu'une lutte est à la veille de devenir inévitable. « Votre Excellence aura elle» même remarqué, dit-il, que le rappel de » lord Cowley a été formellement indiqué, » sinon réclamé ces jours-ci, par le princi» pal organe de l'opinion publique. »

M. Guizot n'avait pas besoin d'être encouragé par la voix d'une prudence exagérée. Les terreurs de son subordonné étaient trop bien d'accord avec les siennes pour ne pas faire effet. Déjà M. de Jarnac avait indiqué un moyen de conciliation propre à désarmer le gouvernement anglais. « D'après » quelques paroles de lord Aberdeen, écri-

» vait-il dans une dépêche du 10 août, j'ai
» cru remarquer chez lui la pensée qu'une
» compensation pécuniaire allouée à M.
» Pritchard pourrait être accueillie par le
» gouvernement anglais, et contribuer es-
» sentiellement à l'accommodement du dif-
» férend. »

M. Guizot ne laisse pas tomber cette précieuse ouverture. Il répond le 15 août :
« Quant à l'idée que vous avez cru entrevoir
» dans l'esprit de lord Aberdeen, d'une in-
» demnité à allouer à M. Pritchard pour les
» mauvais traitements qu'il a subis et pour
» les pertes qu'ils peuvent lui avoir causées,
» tenez-vous dans une réserve qui nous
» laisse toute notre liberté. Il ne faut ni se
» presser d'accueillir cette indication, qui a
» besoin d'être mûrement examinée, ni la
» repousser absolument ; car elle pourrait
» nous fournir un moyen de solution pour
» une question qui devient bien délicate et
» bien grave. »

Mais dans l'intervalle étaient survenues
les nouvelles de Tanger et de Mogador.
M. de Jarnac voit grossir l'orage : ses craintes redoublent ; et il écrit qu'une indemnité
pécuniaire n'est pas suffisante ; il faut encore
des paroles de regret, en un mot, des excuses
officielles.

« J'ai lieu de croire, monsieur le ministre,
» qu'une simple compensation pécuniaire
» offerte pour les dommages et pour les
» souffrances qu'a pu éprouver M. Pritchard,
» mais qui eût laissé encore le gouverne-
» ment du roi et la France solidaires de tous
» les procédés dont il a été l'objet, n'eût pu
» être considérée en Angleterre comme une
» solution suffisante. Mais si quelques-unes
» des simples expressions d'improbation et
» de regret que Votre Excellence m'a dès le
» principe adressées étaient officiellement
» communiquées au gouvernement britan-
» nique, au nom du gouvernement du roi,
» peut-être la proposition simultanée d'une
» indemnité pourrait-elle être présentée par
» lord Aberdeen au conseil comme une
» transaction satisfaisante pour les amours-
» propres si fatalement engagés de part
» et d'autre dans cette question [1]. »

Ce fut un malheur, sans doute, pour le ministre des affaires étrangères, d'avoir à Londres un agent qui se laissait si facilement
effrayer par les menaces du cabinet britannique. M. Guizot avait besoin qu'on relevât
son énergie, on faisait appel à sa prudence :
au lieu d'invoquer le bon droit, on grossissait les périls. Mais il aurait dû puiser le
sentiment de la dignité nationale, sinon en
lui-même, au moins dans le cri de l'opinion
publique, dans les réclamations de la presse,
dans la conscience générale, qui comprenait
bien qu'absoudre Pritchard c'était condamner nos officiers. D'un autre côté, Louis-
Philippe voulait en finir à tout prix avec ce
qu'il appelait les « tristes bêtises de Tahiti » ;
Louis-Philippe redoutait plus que toutes
choses une rupture avec l'Angleterre. Le
roi et le ministre furent facilement d'accord.
Les instructions de M. de Jarnac furent
suivies de point en point. On fit des excuses ;
on offrit de l'argent.

Le 29 août, une dépêche de M. Guizot
annonce à M. de Jarnac que le gouvernement
du roi, après avoir examiné tous les faits,
est resté convaincu :

« Que M. Pritchard, du mois de février
au mois de mars 1844, a constamment travaillé, par toutes sortes d'actes et de menées,
à entraver, troubler et détruire l'établissement français à Tahiti, l'administration de
la justice, l'exercice de l'autorité des agents
français et leurs rapports avec les indigènes;

« Que les autorités françaises ont eu de
légitimes motifs et se sont trouvées dans la
nécessité d'user de leur droit de renvoyer
M. Pritchard du territoire de l'île, où sa présence et sa conduite fomentaient parmi les
indigènes un esprit permanent de résistance
et de sédition. »

Après des accusations aussi positives
contre un agent de troubles, il semble que
le ministre n'ait plus qu'à invoquer la dignité
de la France et le droit de ses officiers. Non;

---

1. Dépêche du 28 août.

cette parole hautaine n'est que la préface d'un acte de lâcheté. Les circonstances de l'arrestation deviennent le prétexte d'une humble réparation.

« Quant à certaines circonstances, dit-il, qui ont précédé le renvoi de M. Pritchard, notamment le mode et le lieu de son emprisonnement momentané, et la proclamation publiée, à son sujet, à Papaëte, le 3 mars dernier, le gouvernement du roi les rejette sincèrement, et la nécessité ne lui en paraît pas justifiée par les faits.

« Le gouvernement du roi n'hésite pas à exprimer au gouvernement de S. M. Britannique son regret et son improbation des circonstances que je viens de rappeler.

« Je vous invite à donner à lord Aberdeen communication de cette dépêche, et à lui en laisser copie. »

Le 2 septembre se fait l'offre d'une indemnité, par la lettre suivante que le ministre adresse à M. de Jarnac :

« Monsieur le comte, en exprimant au gouvernement de S. M. Britannique son regret et son improbation de certaines circonstances qui ont précédé le renvoi de M. Pritchard de l'île Tahiti, le gouvernement du roi s'est montré disposé à accorder à M. Pritchard, à raison des dommages et des souffrances que ces circonstances ont pu lui faire éprouver, une équitable indemnité.

« Je vous invite à faire de notre part cette proposition au gouvernement de S. M. Britannique, et à me rendre compte immédiatement de sa réponse. »

Ainsi qu'on le pense bien, le cabinet de Saint-James fut pleinement satisfait d'une réparation offerte par la France dans un conflit où tous les torts étaient du côté de l'agent britannique. Il était désormais assuré que dans l'affaire du Maroc la France se montrerait non moins accommodante : la facile condescendance des Tuileries venait d'être mise à une épreuve qui éloignait toute idée d'ambition et même de fierté.

Il importait à l'Angleterre que la paix avec le Maroc fût promptement conclue, tant à cause des intérêts du commerce britannique, que pour enlever à notre marine toute occasion nouvelle de se signaler. M. Guizot partageait l'empressement de ses alliés, secondé d'ailleurs par Louis-Philippe, pour qui toute guerre était un effrayant problème.

M. le duc de Glucksberg fut adjoint au consul général, M. de Nyon, pour traiter de la paix. Sidi-Bou-Selam était le plénipotentiaire de l'empereur de Maroc.

Les bases du traité, posées par la France, étaient :

1° La dissolution des rassemblements extraordinaires de troupes marocaines qui existaient sur notre frontière, dans les environs d'Ouchda ;

2° La punition exemplaire des auteurs des agressions commises contre nos troupes le 30 mai ;

3° L'expulsion d'Abd-el-Kader du territoire du Maroc ;

4° Une délimitation des frontières de l'Algérie et du Maroc, conformément à l'état de choses existant et reconnu du Maroc lui-même sous la domination des Turcs à Alger.

Les conditions furent d'abord examinées et débattues entre les deux plénipotentiaires français et le prince de Joinville. Les principales clauses du traité étaient celles qui concernaient l'émir et la délimitation des frontières. MM. de Glucksberg et de Nyon voulaient qu'Abd-el-Kader fût mis hors la loi. Le prince demandait des termes plus précis ; *mettre hors la loi* n'avait aucun sens pour les Arabes ; on ouvrait la porte à des interprétations arbitraires. Il fallait, en outre, selon lui, déterminer les mesures à prendre pour interner l'émir ; il fallait, une fois qu'il serait interné, qu'il fût toujours accompagné d'un agent français, soit consul, soit officier. Les deux diplomates se récrièrent : aucun agent français ne voudrait accepter le rôle d'Hudson Lowe. La difficulté ne fut pas résolue. On dut se contenter de termes vagues et de vagues promesses.

Le prince de Joinville désirait que la délimitation des territoires fût fixée dans le texte même du traité. MM. de Glucksberg et de Nyon renvoyaient la délimation à un traité séparé. Le prince insistait. « Pourquoi remettre, disait-il, ce qui peut être décidé de suite? » Malgré sa vive opposition, les diplomates l'emportèrent.

Enfin le jeune amiral voulait faire supporter à l'empereur les frais de la guerre, par payements échelonnés, et à condition qu'on lui donnerait quittance lorsque Abd-el-Kader serait interné. Les diplomates s'y opposèrent vivement, disant qu'on semblerait payer l'emprisonnement de l'émir, et qu'il etait indigne de la France de mettre à prix la tête d'un ennemi. Le véritable motif, toutefois, de leur résistance était dans les instructions qu'ils avaient reçues de M. Guizot, qui, voyant dans la question d'argent le plus sérieux obstacle au traité, avait hâte d'en finir. Le *Journal des Débats*, inspiré par lui, dissimulait de honteuses complaisances sous un vain éclat de mots : « La France est assez riche pour payer sa gloire. »

Le maréchal Bugeaud fut aussi consulté sur cette question, et se prononça contre l'opinion du prince. « Pourquoi stipuler de l'argent? disait-il : on ne sera pas payé; et il faudra reprendre les armes pour faire rentrer la contribution de guerre. » Puis, par une de ces bizarreries que l'on rencontrait souvent dans son caractère, une fois le traité signé, il trouva qu'on avait été trop indulgent. Il faisait du traité une critique amère, et, oubliant que le prince de Joinville avait été opposé aux clauses qu'il blâmait, il exhalait contre lui sa mauvaise humeur en langage de soldat. « Votre prince de Joinville, s'écriait-il, est un grand *mollasse.* »

Quoi qu'il en soit, le traité, signé le 10 septembre, fut accueilli en France avec un étonnement mêlé d'indignation. Qu'était-ce donc que ce traité consenti sans garanties, sans réserves, aux conditions offertes avant la guerre? Vingt millions avaient été dépensés, le sang de nos soldats avait coulé, et la France ne tenait compte ni des sacrifices d'argent ni de la mort de ses enfants. Avant même les ratifications, on retirait la flotte; on levait le blocus, on évacuait l'île de Mogador. Il y avait dans cet empressement quelque chose de significatif qui trahissait la véritable pensée du cabinet des Tuileries. Ce n'était pas avec le Maroc que l'on traitait, c'était avec l'Angleterre; on ne songeait guère à châtier le Maroc, mais à satisfaire l'Angleterre, et l'Angleterre commandait une retraite immédiate; et les tories avaient le soin de s'en glorifier hautement. Leur organe principal, le *Times,* en faisait ainsi part au public anglais : « Nos lecteurs apprendront avec plaisir que l'arrangement de l'affaire a été amené par notre gouvernement, qui s'est servi de M. Bulwer, notre ministre en Espagne. »

C'est à cette condition seulement que le ministère anglais avait consenti à mettre fin aux démêlés sur Tahiti. Lord Aberdeen, tout en humiliant M. Guizot, se donnait les mérites de la modération, et demandait en retour une modération égale. Avant de conclure l'affaire Pritchard, il avait été bien convenu que le maréchal Bugeaud et le prince de Joinville recevraient l'ordre de quitter les frontières du Maroc, et que le traité serait fait de manière à rendre la paix inévitable. Alors s'apaisèrent les ressentiments du cabinet anglais. Car, ainsi que nous l'avons déjà dit, les véritables causes des ressentiments étaient en Afrique. Tahiti ne fut jamais qu'un véritable prétexte.

Mais, en France, Tahiti devenait un trop légitime sujet de honte. Le gouvernement avait officiellement reconnu le droit d'expulsion, la justice de l'expulsion, les méfaits de l'expulsé, et le gouvernement accordait une indemnité! Il constatait le crime, et récompensait le criminel! Il payait tribut à la révolte, et s'humiliait devant un insurgé de bas étage!

Et comme pour rendre plus sensible encore la faiblesse de cette transaction, des faits nouveaux venaient justifier les mesures prises contre l'intrigant missionnaire. Les semences de révolte qu'il avait laissées der-

Un officier anglais avait été arrêté. (Page 402, col. 2.)

rière lui portaient leurs fruits. Au moment même où M. Guizot faisait amende honorable au révérend Pritchard, les dépêches venant de Tahiti annonçaient que les indigènes étaient en pleine insurrection. Dans les premiers jours d'avril, des combats sanglants avaient été livrés, et quoique la victoire de nos troupes eût été décisive, elle n'avait pas été obtenue sans le sacrifice de quelques-uns de nos braves. L'esprit de Pritchard régnait encore dans l'île, et les missionnaires restés après lui, fidèles à ses traditions, avaient prêché la guerre sainte.

Ces événements offrirent de nouveaux aliments à l'indignation publique. Ils auraient pu fournir des arguments contre les exigences de l'Angleterre. Mais tout cela était conclu; l'entente cordiale était rétablie. M. Guizot était trop ami de la paix pour faire

51. — E. REGNAULT.

reproche aux Anglais de la mort de quelques soldats.

Il était alors préoccupé surtout du désir de donner à l'Europe un éclatant témoignage de la complète réconciliation des deux peuples. Louis-Philippe avait projeté une visite à la reine Victoria, soit en commémoration du voyage de S. M. Britannique à Eu, soit plutôt pour avoir une de ses conférences intimes où deux souverains peuvent agir en liberté sans l'intermédiaire de leurs ministres. Le moment parut favorable alors que venaient de se dissiper les nuages qui avaient un instant obscurci les relations amicales des deux pays. Le 8 octobre, Louis-Philippe débarquait à Portsmouth, où il fut reçu par le duc de Wellington, accompagné d'une suite nombreuse.

Nous n'entreprendrons pas de décrire les brillantes fêtes qui l'attendaient à la résidence royale de Windsor. Les réceptions officielles ont toutes un même caractère de joie conventionnelle et de courtoisie obligée. Tous les dissentiments semblent éteints, toutes les rancunes effacées, et les intérêts les plus opposés paraissent se confondre dans une mutuelle confiance. Chacun sait cependant que les apparences sont trompeuses et les visages menteurs. Mais, par une étrange illusion d'amour-propre, chacun se flatte d'avoir le mieux joué son rôle et d'avoir remporté quelque avantage dans cette lutte de dissimulation. Louis-Philippe d'ailleurs tenait fort à prouver que l'alliance anglaise était, après de passagères discussions, plus solide que jamais ; il venait lui-même offrir une garantie de bon accord, et recevoir de publics témoignages d'amitié qui pussent devenir aux yeux des souverains du continent une consécration nouvelle.

Outre l'étalage extérieur d'influence, Louis-Philippe avait un but secret. Déjà dans le monde diplomatique on s'occupait beaucoup du mariage de la reine d'Espagne, et il s'en occupait lui-même plus que d'autres. Les puissances rivales, et l'Angleterre surtout, ne lui auraient pas permis de mettre un de ses fils sur les rangs. Mais l'Espagne est si voisine de la France, les intérêts des deux pays se touchent par tant de points, qu'il se sentait en nécessité et en droit d'intervenir activement dans cette question. L'infante, d'ailleurs, sœur de la reine, moins âgée qu'elle seulement d'un an, présentait aux ambitions paternelles des avantages présents et des espérances cachées qui méritaient considération. Louis-Philippe avait déjà traité ce sujet avec la reine Victoria au château d'Eu. Il le reprit à Windsor, se montrant très désintéressé quant au mariage principal, mais faisant habilement pressentir le contentement qu'il éprouverait d'obtenir la main de l'infante pour son fils le duc de Montpensier. Il ne laissa pas d'ailleurs ignorer à ses hôtes que la main même de la reine lui avait été offerte par Marie-Christine, et que la renonciation à cette brillante alliance était un nouveau gage de ses sentiments envers l'Angleterre. Nous verrons plus tard quels furent les résultats de ces ouvertures.

M. Guizot avait accompagné le roi dans sa visite, jouissant de tous les hommages prodigués par la fastueuse hospitalité de l'aristocratie anglaise. Et cependant, au milieu des fêtes royales, alors que dans les régions officielles on faisait montre d'affectueux sentiments, la polémique des journaux conservait son caractère hostile, et des deux côtés du détroit on se renvoyait de mutuelles accusations. Pendant que Louis-Philippe faisait ses promenades avec la reine sous les beaux ombrages de Windsor, la presse anglaise poussait des cris de fureur contre la France, sous prétexte qu'un nouvel outrage avait été commis à Tahiti. Le fait vrai, c'est qu'un officier anglais, méconnaissant l'autorité française, avait voulu descendre à terre, malgré les défenses du gouverneur, et avait été arrêté par une chaloupe armée. Ce qui ajoutait à la gravité des circonstances, c'est que cet acte de bravade se passait au moment même où nos troupes luttaient contre les indigènes insurgés. L'arrestation de l'officier anglais était donc suffisamment justifiée : aussi le gouvernement britannique ne se laissa-t-il pas émouvoir par les clameurs de la presse. Il est vrai qu'il n'avait plus besoin d'intimider le cabinet des Tuileries.

M. Guizot trouva donc à son retour les esprits non moins irrités qu'à son départ; on blâmait en outre ce même voyage de Windsor, dont il s'enorgueillissait, et qui semblait plutôt un acte de condescendance que de sérieuse politique. On eût aimé plus de dignité à la suite d'un dissentiment, moins de promptitude à remercier, quand on avait le droit de faire des reproches.

Parmi les conservateurs eux-mêmes, beaucoup se plaignaient des embarras créés au gouvernement par les malheureuses affaires du droit de visite et des Marquises. On se lassait de M. Guizot, et même ceux qui l'admiraient le plus accusaient son impopularité. Puis venaient les compétiteurs, qui trouvaient qu'il tenait bien longtemps la place convoitée par leur ambition. Enfin Louis-Philippe lui-même s'impatientait de voir constamment ajourner la question de la dotation : M. Guizot lui semblait, à tout prendre, avoir plus souci de son portefeuille que des intérêts de la couronne. Il répugnait, en effet, au ministre de se compromettre dans une affaire pécuniaire déjà jugée plusieurs fois par la Chambre, et dont les avantages ne pouvaient compenser les dangers. Mais le roi y revenait toujours avec une maladroite persévérance, malgré les résistances de ses plus fidèles serviteurs, qui s'étonnaient de voir un prince réputé habile rechercher une lutte sans dignité, où les échecs le frappaient directement dans son orgueil et dans ses affections. Aucune considération cependant ne pouvait vaincre ses obstinations à ce sujet : il est vrai qu'il y voyait aussi une question de principes, en quoi il avait raison ; et l'on ne peut assez admirer l'aveuglement des conservateurs qui marchandaient un droit inhérent à la monarchie.

L'article inséré dans le *Moniteur* du 30 juin n'avait pas eu l'effet qu'en attendait le roi. Et cependant, quelque temps après, le ministre de l'intérieur recevait l'ordre de sonder de nouveau l'esprit des départements. De nombreuses lettres confidentielles furent expédiées à ce sujet par M. Duchâtel. Mais tous les efforts étaient inutiles, tant que le premier ministre se maintiendrait dans une réserve sans courage. Aussi M. Guizot était-il vivement attaqué par les familiers du château, auxquels venaient en aide les rivaux qui aspiraient à sa succession. L'approche de la session semblait favorable aux intrigues. Les mécontentements excités par la maladroite affaire de Pritchard et par le traité du Maroc étaient autant de reproches adressés au ministre dirigeant. On se plaignait de son impopularité, qui rejaillissait sur le commerce, et il se formait autour du monarque un parti de dévoués qui voulaient appeler au ministère des complaisances plus souples et des cœurs plus zélés. Le plus actif était M. de Montalivet, grand partisan de la dotation, en sa qualité d'intendant des dépenses royales, et peu satisfait de l'influence de M. Guizot, en sa qualité de favori. Un rival était tout trouvé dans M. Molé, tombé victime de la dotation et prêt à demander une revanche. Quelques hommes du centre gauche, MM. Vivien, Dufaure, Passy, pouvaient le seconder, et l'on espérait, par cette transaction, obtenir de M. Thiers, sinon une alliance effective, au moins un silence protecteur. On faisait aussi grand fonds sur la coopération de M. Bugeaud, devenu, par ordonnance royale, duc d'Isly, et apportant au ministère la gloire de lauriers fraîchement cueillis.

M. Guizot étant au courant de ces menées, et tout en affectant une orgueilleuse indifférence, les combattait par de prudents amis, de complaisants journalistes et de sérieuses manœuvres dans les coulisses du château. M. Duchâtel le secondait parce qu'il devait tomber ou rester avec lui, et les députés conservateurs présents à Paris s'agitaient en tous sens pour savoir à quel ambitieux ils allaient apporter leurs votes. Mais l'approche de la session, qui était le signal de toutes les rivalités, était en même temps la sauvegarde de M. Guizot. Son incontestable talent de tribune assurait un défenseur habile à la politique royale, et Louis-Philippe n'était pas homme à sacrifier des avantages certains à quelques répugnances personnelles.

L'ouverture des Chambres, d'ailleurs, allait être une épreuve nouvelle. Si M. Guizot triomphait à la tribune et au scrutin, le moment n'était pas venu de repousser ses services; s'il succombait sous le poids de son impopularité, la couronne aurait bon air à le sacrifier.

L'opposition, et surtout l'opposition radicale, ne prenait guère intérêt à des luttes qui ne pouvaient que changer les instruments d'un système funeste, sans rien altérer du système. Il y avait cependant un avantage dans ces dissensions : elles allaient amener comme renfort contre le ministère les rivaux déçus, les ambitieux de second ordre, et tous ceux qui espéraient gagner quelque chose à un changement. C'est ce que ne tardèrent pas à démontrer les premières séances parlementaires.

La session fut ouverte le 26 décembre; la discussion de l'adresse commença, à la Chambre des pairs, le 13 janvier, et les rivalités personnelles se révélèrent aussitôt par une attaque habilement combinée. M. Molé était le chef reconnu de cette nouvelle coalition; à lui appartenait le droit de porter les premiers coups. Prise d'armes d'autant plus significative, que, depuis quatre ans, M. Molé avait gardé un silence absolu. Aussi, les premières explications durent-elles porter sur ce changement d'attitude. Conservateur, dit-il, de cœur et de conviction, il n'avait pas cru devoir, par ses paroles, porter la désunion dans les rangs de la majorité. Il s'était tu jusqu'à ce jour par respect pour son parti, par respect pour lui-même. En ce moment toutefois, des insinuations injurieuses, des reproches d'intrigue, de coalition, marques évidentes de craintes trop bien fondées, d'une désorganisation trop évidente, appelaient une éclatante protestation.

En caractérisant la politique de M. Guizot, son adversaire rencontra une expression heureuse et qui demeura consacrée, tant elle était vraie. « Vous faites, lui dit-il, une politique *partout et toujours à outrance*, même dans les faiblesses. » Il y avait, continua M. Molé, dans tous les actes du ministre des affaires étrangères, une exagération qui l'entraînait jusqu'aux dernières conséquences, au risque de provoquer contre des principes ainsi forcés une inévitable réaction. M. Guizot voulait la paix; mais il montrait tant d'ardeur, tant d'entraînement à la maintenir, il se montrait prêt à tant de sacrifices pour la conserver, que l'étranger pouvait tout obtenir de lui en le menaçant de la guerre. Il voulait l'alliance anglaise, mais il en exagérait les conséquences; il en parlait de façon à la compromettre, à susciter contre elle la susceptibilité nationale, à donner aux Français, contre cette alliance si désirable, des préventions qui pourraient devenir un sérieux embarras pour l'avenir.

Deux questions avaient jeté, disait le discours de la couronne, quelque trouble dans nos rapports avec l'Angleterre, en même temps qu'elles avaient, en France, propagé quelque irritation dans les esprits : la première, celle du droit de visite; la seconde, celle de Tahiti.

Quel avait été, dit M. Molé, l'ennemi le plus dangereux du droit de visite? M. le ministre des affaires étrangères. La convention de 1841, pour en étendre l'exercice, avait amené la réaction de l'esprit public contre le droit lui-même. En lui voyant faire cette concession, depuis si longtemps demandée par l'Angleterre, après le traité du 15 juillet 1840, les Chambres, non contentes d'avoir empêché la ratification de la convention, exigèrent l'abolition du droit de visite réciproque, et la Chambre élective, à l'unanimité, força le ministre des affaires étrangères à déclarer qu'il entrerait franchement et loyalement dans une négociation dont il avait dit hautement qu'elle ne pourrait aboutir qu'à une faiblesse ou à une folie. Quand et comment sortirait-il de l'impasse où il s'était engagé?

Dans l'affaire de Tahiti, les fautes avaient

été plus graves encore. C'est de pleine et entière liberté que M. le ministre des affaires étrangères avait ratifié la prise de possession de cette île de l'Océanie, et qu'il avait voulu y fonder un établissement pour la France, à titre de protectorat. Quoi! c'est un si chaud partisan de l'alliance anglaise qui, sur ce point du globe si éloigné de nous, sans intérêt pour nous, et d'où le premier coup de canon nous forcerait de sortir, a voulu placer le protectorat de la France en face du protectorat des missionnaires anglais! Le ministre des affaires étrangères n'avait-il pas agi, en cette occasion, au moins avec légèreté? Devait-il espérer que le cabinet de Londres userait de tolérance envers de pareils projets? Ne devait-il pas se rappeler qu'en Angleterre le gouvernement est obligé de compter avec les hommes et les sentiments religieux? Si le chef moral du cabinet du 29 octobre l'avait compris plus tôt, il eût épargné à nos bons rapports avec l'Angleterre cette dangereuse épreuve, et à la France le sang de ses braves marins et de ses braves soldats, qui ont payé de leur vie la douteuse occupation d'un rocher, où il semble qu'on ne sache plus ni comment rester ni comment faire pour en sortir.

Le discours de M. Molé fit impression, non seulement parce qu'il était dans le vrai, mais parce qu'il y avait au fond de la lutte une de ces questions personnelles qui réveillent dans les assemblées au moins le sentiment de la curiosité, sinon celui du devoir. Il est évident que M. Molé était, autant que M. Guizot, partisan de l'alliance anglaise. La discussion entre eux reposait donc simplement sur des questions de formes plutôt que sur des questions de principes, sur les détails et non sur l'ensemble de la politique. Les attaques de M. Molé étaient, en conséquence, sans profondeur et sans portée, et son réquisitoire avait plutôt le caractère d'une chicane que d'une accusation sérieuse.

M. Guizot comprit bien que c'était là le côté faible de son adversaire, et il sut en profiter habilement.

On était forcé, disait-il, d'admettre au fond et dans l'ensemble la politique du cabinet. On lui reprochait de n'avoir pas fait, tantôt plus, tantôt moins, ou autrement, ou mieux; on l'accusait d'erreurs qui pouvaient compromettre dans l'avenir les résultats obtenus. Cela fût-il vrai, y avait-il des motifs suffisants pour décider un homme grave à faire un acte d'opposition éclatante? Cette politique, que M. Molé approuvait au fond, n'avait-elle pas assez de dangers à courir? N'avait-elle pas à lutter contre des préventions nationales dignes de ménagement, même quand elles s'égarent, et de plus contre les factions réactionnaires? et n'y avait-il pas là d'assez nombreux obstacles, sans qu'on vînt tout à coup se joindre à des ennemis si menaçants pour une politique qu'on approuvait dans son ensemble?

Après ce débat, qui donnait l'avantage à M. Guizot, il se fit agressif, signala par d'habiles insinuations les véritables motifs des attaques de son adversaire; puis, son audace s'accroissant avec le succès, il sembla défier M. Molé de mettre la main sur le gouvernement.

« Que ferait M. Molé s'il arrivait au pouvoir? Aurait-il cette situation si nette, si simple et si forte de l'administration actuelle, entourée et soutenue par une majorité animée des mêmes sentiments et des mêmes désirs? Non; M. Molé, arrivant au pouvoir pour dégager de ses fautes cette politique qu'il approuve, y entrerait, par l'impulsion et avec l'appui de tous les hommes qui n'ont pas cessé de combattre cette politique; pour faire, et faire mieux, les affaires du parti conservateur, il prendrait le pouvoir, poussé, porté, soulevé par toutes les oppositions. Ce serait là une situation radicalement fausse et impuissante, que de se trouver entre une portion considérable, importante, du parti conservateur, mécontente, méfiante, irritée, et, d'un autre côté, entre des oppositions exigeantes qui voudraient faire payer leur appui. »

M. Guizot fut moins heureux en parlant de la situation générale du pays. A toutes les accusations, il répondait par des négations sans preuves, ou des fanfaronnades sans valeur. Les mécontentements, selon lui, n'existaient pas, les émotions étaient un jeu, les colères une vaine apparence.

« Il n'y a dans tout cela, disait-il en terminant, qu'émotion factice des esprits, tumulte factice des journaux, tension factice de la situation. Tout cela c'est un murmure qu'on a élevé au sein d'un brouillard qu'on amasse. La Chambre ne se laissera pas prendre à de telles manœuvres ; elle verra au-dessus du brouillard ; elle entendra au delà du bruit ; elle verra, elle entendra la vérité. »

M. Molé avait été accusé d'ambition personnelle ; l'amertume de sa réponse prouva que les coups de son adversaire n'avaient pas porté à faux.

« Cessez, dit-il, de parler des ambitions personnelles qui vous attaquent, et dont vous ne pouvez prendre ici l'idée que dans vos propres souvenirs.

« Si vous pouviez juger du fond des cœurs autrement que par le vôtre, vous sauriez mieux les intentions qui m'animent et les motifs qui m'ont décidé à signaler au pays les embarras que vous lui avez donnés. Vous m'avez jeté une sorte de défi ; vous avez cru que je ne vous dirais pas ce que je pensais de votre politique. Eh bien ! je vous l'ai dit en toute conscience et avec une profonde conviction ; en finissant je le répète, les questions si graves que vous croyez ou que vous dites déterminées sont encore toutes vives ; elles se produiront encore plus d'une fois au sein des Chambres, et elles vous donneront, croyez-moi, de mauvais moments. Surmontez-les, réussissez, c'est ce je demande, et permettez-moi de dire les gros mots : ce n'est pas votre place que j'ambitionne ; ce que je voudrais, c'est que vous puissiez tirer la France des difficultés qu'elle vous doit. »

Ces aménités que se renvoyaient les conservateurs profitaient aux républicains, qui voyaient avec satisfaction leurs adversaires se déconsidérer mutuellement et faire retomber sur le trône les contre-coups de leurs discordes. L'opposition extrême n'avait rien à gagner, il est vrai, au triomphe de M. Molé ; son intérêt, au contraire, était de voir continuer ces luttes, de voir M. Guizot épuiser tour à tour toutes les patiences, fatiguer tous les dévouements, et créer autour de la couronne un isolement qui la rendrait sans force dans un moment de crise. La politique à outrance ne lui déplaisait pas, parce qu'elle conduisait à l'abîme ; et mieux valait pour elle un rude jouteur comme M. Guizot, qui compromettait et brouillait tout, qu'un adversaire comme M. Molé, qui avait des apparences de conciliation et de fantaisies de prudence. Mais à la Chambre des pairs l'opposition républicaine n'avait pas un seul organe. Ce fut un légitimiste, M. le vicomte Dubouchage, qui se chargea de répéter les arguments de la presse radicale. « Le souvenir des fautes commises, disait-il, par les compétiteurs actuels du ministère, me fait préférer le présent à l'avenir. Mauvais pour mauvais, mieux vaut encore un ministère établi. »

M. Molé avait été vaincu dans la discussion. Au scrutin, son échec fut complet. Cent quatorze boules blanches contre trente-huit boules noires assurèrent le triomphe de M. Guizot.

Mais c'était à la Chambre des députés que se passaient les luttes sérieuses et décisives. La discussion générale de l'adresse commença le 20 janvier.

Dans cette enceinte, il ne s'agissait pas seulement d'une rivalité de personnes. Plus rapproché des sentiments du pays, mieux imbue de ses volontés, peut-être de ses passions, la Chambre élective renfermait en elle plus d'énergie, plus d'aspirations populaires.

Une formidable minorité représentait les ressentiments soulevés par une politique humiliante. La misérable issue de l'affaire Pritchard avait éveillé dans le public un sentiment général d'indignation, et, quelles que fussent les décisions de la majorité, le ministère portait au front une tache ineffaçable qui devait communiquer à la royauté ses profondes souillures.

Le double traité de Tahiti et du Maroc fut le texte principal des accusations portées à la tribune.

On était curieux surtout d'entendre M. Thiers, auquel on attribuait comme à M. Molé le rôle d'aspirant à la succession ministérielle. Mais il commença tout d'abord par désavouer sa candidature, quoique bien peu parmi ses auditeurs fussent disposés à le croire sur parole.

Trois faits principaux, disait-il, signalaient la politique du ministère, et c'étaient trois fautes : le Maroc, Tahiti, le droit de visite.

Et d'abord le Maroc. Une guerre brillante, un traité sans garanties. Une bataille glorieuse comme celle d'Isly, mais un fait d'armes sans résultats. Un bombardement comme celui de Tanger et de Mogador; mais un acte semblable n'atteint que des Maures qui n'inspirent aucun intérêt aux populations de l'intérieur, que des juifs et des chrétiens qu'elles détestent. Détruire les villes du littoral marocain, c'est atteindre si peu les Marocains, qu'ils viennent les piller eux-mêmes. Il fallait donc que le traité entraînât une punition pour le Maroc. Il fallait détruire dans le Maroc cette idée, que la France ne peut rien contre lui. On ne l'avait pas osé. Et cependant l'Angleterre elle-même avait reconnu la justice, la nécessité d'une solennelle vengeance. A qui donc avait-on sacrifié l'affaire du Maroc? Pas à l'Angleterre officielle; pas à l'Angleterre communiquant par ses hommes d'État avec une puissance alliée; mais à des passions jalouses, à des menaces puériles, à un homme infime, à Pritchard !

« Quelle était, dit l'orateur, la situation que vous aviez dans ce moment-là? La complication la plus grave que vous ayez eue depuis longtemps avec l'Angleterre, complication que tout le monde connaît, dans les détails de laquelle j'entrerai tout à l'heure.

« Vous aviez à Londres un jeune diplomate qui vous apprenait dans ses dépêches, avec une émotion fort regrettable, qu'il y avait un grand danger, qu'il fallait vous expliquer, qu'il fallait répondre sur les satisfactions demandées par l'Angleterre, et répondre au plus tôt; car il y avait un mois que vous ne vous expliquiez pas, et le danger avait pris une apparence à laquelle, malheureusement, notre gouvernement ne résiste pas toujours. Alors vous avez fait comme un navire trop chargé, vous avez jeté du bagage à la mer. Je vais citer les dates. Quel est le jour où vous avez répondu à M. de Jarnac que vous consentiez à désavouer M. d'Aubigny et à indemniser M. Pritchard? Le 29 août. Quel est le jour où vous écriviez à M. de Nyon que vous consentiez, même après la victoire, à vous renfermer dans les conditions antérieures? Le 30 août. Ainsi c'est dans l'espace de vingt-quatre heures que vous faisiez ces deux concessions ! J'étais à Paris à cette époque. Le cabinet était ému; quand on est ému, on est peu discret. Tout le monde savait que les deux questions étaient résolues dans le même moment, sous la même influence. C'est à l'affaire de Tahiti que vous avez sacrifié nos intérêts du Maroc. Je citerai les paroles de M. Nyon : « Nous nous attendons bien qu'après le ré-
« sultat de la guerre, un résultat si heureux,
« vous ne pouvez vous renfermer dans les
« conditions que vous faisiez auparavant.
« M. de Glucksberg l'a reconnu avec sa sa-
« gacité et sa loyauté accoutumées. »

« Et M. Guizot, répondant à M. Nyon, lui
« disait : « Abder-Rhaman sera sans doute
« étonné (il y avait de quoi), sera sans doute
« étonné de ce qu'on ne lui demande pas,
« après le succès, plus qu'auparavant. »

« J'ai lu ces documents avec une grande attention. En me reportant aux souvenirs récents de cet été, il est évident pour moi que l'affaire du Maroc a été livrée uniquement pour résoudre la difficulté qu'on s'était créée à Londres.

Vous établissez le compte de Pritchard : eh bien! il faut y ajouter tous les sacrifices que vous avez faits dans le Maroc; il faut y porter non seulement le désaveu de M. Dupetit-Thouars, celui de M. d'Aubigny, l'indemnité payée par nous à M. Pritchard; mais encore l'indemnité que nous n'avons pas demandée au Maroc. »

L'examen spécial de l'affaire de Tahiti fut pour M. Thiers l'occasion de critiques amères, qui remontaient à l'origine même de la prise de possession. On avait pris les Marquises, dit-il, pour se donner un air de conquérant. On croyait, par une stérile victoire sur des peuples sauvages, racheter les faiblesses commises ailleurs; et l'on n'y avait rencontré que l'occasion de faiblesses nouvelles. On s'était heurté à la dévotion et à l'ambition anglaises, pour reculer honteusement. Et pour expliquer sa faiblesse, on avait exagéré le danger, et l'on se vantait d'avoir sauvé la paix du monde.

Arrivant à la question du droit de visite, M. Thiers se déclarait, autant que le ministre des affaires étrangères, partisan de l'alliance anglaise. Mais il n'entendait pas qu'on lui sacrifiât l'honneur et la dignité de la France; et c'est là ce qui avait été fait par ce traité du droit de visite. » Quelle était, s'écriait M. Thiers, la situation en 1840? C'est moi qui ai eu tort en tout; je prends tout sur moi. Il n'y avait pas d'ambassadeur à Londres. Quelle était la situation faite au nouveau ministre des affaires étrangères? Une irritation profonde contre l'Angleterre du côté de la France; du côté de l'Angleterre, un sentiment assez vif des torts que son gouvernement s'était donnés envers la France, et une disposition à les réparer. On aurait donc pu attendre des concessions de l'Angleterre à la France; tandis que c'est la France qui a fait à l'Angleterre une grande concession, le droit de visite. L'alliance des deux nations avait été renouvelée, sans doute; mais avec une exagération d'intimité qui avait abaissé la France. »

En réponse à cette attaque véhémente de son plus redoutable compétiteur, M. Guizot commença par nier qu'il y eût aucune connexion entre l'affaire du Maroc et celle de Tahiti.

Dans l'affaire du Maroc, le gouvernement anglais avait offert ses bons offices, qu'on avait accueillis dans certaines limites; il avait accepté sans plainte, sans humeur, une situation difficile pour lui: celle d'assister à côté de nos vaisseaux, avec les siens, à notre guerre et à nos succès. C'avait été là un procédé de bonne et sincère amitié.

Abordant ensuite l'affaire Pritchard, M. Guizot tenta de se justifier par les arguments qu'il avait employés à Londres. Il y avait eu, il en convenait, de légitimes raisons d'arrêter et d'expulser le sieur Pritchard. Mais le gouvernement avait reconnu, en même temps, certaines circonstances regrettables et blâmables qui justifiaient une indemnité.

Le talent de M. Guizot consiste surtout à cacher les véritables difficultés d'une question sous les dehors brillants de vagues généralités. Au lieu de répondre directement à un adversaire, il lui donne le change, en faisant appel à des sentiments qui ne doivent pas rencontrer de contradicteurs. Il excelle à grandir des banalités; et chaque fois qu'il rencontre une discussion embarrassante, la rhétorique lui vient en aide pour distraire les esprits par des pompes de langage et d'emphatiques déclamations. Ainsi fit-il en cette occasion.

Après s'être applaudi des solutions données par lui aux questions qui venaient d'être examinées, il terminait ainsi:

« Messieurs, il y a loin de cette région haute et vraie à l'arène intérieure et confuse des prétentions, des agitations, des luttes de partis, de coteries, de personnes, à travers lesquelles on nous traîne depuis un mois.

« Dans laquelle de ces deux régions se placera la Chambre? Tiendra-t-elle uniquement compte des intérêts publics grandement et librement considérés? Donnera-t-elle raison au premier jugement public qui a éclaté, qui régnait il y a deux mois sur les faits que je viens de vous rappeler? ou bien laissera-t-elle obscurcir sa vue et fausser son jugement par les nuages que les partis, les coteries, les intérêts personnels, essaient d'élever

Le Jésuite.

autour de nous? C'est là la question que le débat actuel va décider. Nous la discuterons sous toutes ses faces, à mesure qu'elles vous apparaîtront. Mais j'ai voulu, dès le premier moment, la poser dans sa vérité et dans sa grandeur. La Chambre en décidera. »

Malgré l'assurance que témoignait M. Guizot, il ne voyait pas sans inquiétude accroître le nombre des dissidents conservateurs qui ne voulaient pas accepter la complicité de ses faiblesses. M. Dupin prononça un de ces discours mordants qu'il tient en réserve contre un ministère en détresse; M. Saint-Marc Girardin fit pour la première fois acte d'opposition; M. de Carné prouva que même les conservateurs secondaires prenaient de l'audace.

En même temps que les alliés faisaient défection, les anciens adversaires redoublaient d'énergie. M. Billault, si vif, si pressant dans

52. — E. REGNAULT.

la question du droit de visite, reprit cette thèse avec une vigueur nouvelle, et, y joignant les fautes de Tanger et de Tahiti, il accumula les accusations contre le ministère et poursuivit avec une impitoyable logique tous les actes de M. Guizot.

L'affaire Pritchard était celle qui avait causé le plus d'émotion dans le public. M. Billault en fit le texte de ses plus vives apostrophes.

« Comment! s'écriait-il, cet homme a fait couler le sang français, vous l'avouez vous-mêmes; c'est lui qui a allumé la guerre; c'est à cause de lui que deux cents de nos soldats, envoyés par la France, sont tombés sur une plage lointaine; c'est à cause de lui que les familles de ces soldats pleurent ceux qu'elles ont perdus, et n'obtiennent point d'indemnité; c'est à cause de lui que vous ne savez ce qui se passe maintenant à Tahiti, que peut-être vos cinq ou six cents soldats sont exposés à tous les embarras, à toutes les difficultés, à toutes les incertitudes que leur courage seul leur permettra de surmonter; c'est à cause de lui que tous ces malheurs tombent sur nos soldats, que tous ces insulaires assiègent nos troupes, et cependant vous ne demandez pas un reproche contre lui, une indemnité contre lui; vous le récompensez, vous le payez ! »

Les paroles de M. Billault retentirent au loin; non seulement à cause du talent dont il fit preuve, mais parce qu'elles répondaient au sentiment général du pays. Ce n'était pas là une de ces questions politiques dont la connaissance n'est réservée qu'au petit nombre. Chacun la comprenait, chacun s'en indignait : un missionnaire intrigant était accusé de sédition; le ministère reconnaissait qu'il était coupable, et le ministère l'indemnisait pour obéir à l'Angleterre. Les esprits les moins éclairés voyaient à nu les faiblesses; les esprits les plus calmes en ressentaient la honte : aucune subtilité ne pouvait réussir à obscurcir une question aussi simple.

Aussi les luttes les plus vives de l'opposition devaient-elles porter sur le paragraphe de l'adresse qui faisait allusion à cette triste transaction. Ce paragraphe était ainsi conçu :

« Nous sommes satisfaits d'apprendre qu'un sentiment réciproque de bon vouloir et d'équité a maintenu entre les deux États cet heureux accord qui importe à la fois à leur prospérité et au repos du monde. »

Quatre cent dix-huit votants se présentèrent au scrutin sur cette question décisive. Deux cent treize voix se prononcèrent pour le ministère; deux cent cinq contre. Trois voix seulement au-dessus de la simple majorité avaient sauvé le cabinet du 20 octobre, et encore fallait-il compter neuf ministres votants. C'était donc véritablement un échec, et M. Guizot put voir combien il avait perdu en France par les sacrifices faits à l'Angleterre.

Cependant ce vote, en laissant le ministère debout, anéantit l'autorité de la Chambre; la majorité, affaiblie par la discussion, était compromise par une victoire équivoque.

Le nom de *Pritchardistes* demeura comme une flétrissure attachée à tous ceux qui avaient approuvé une politique d'abaissement; et la voix publique, qui ne s'associait pas aux complaisances parlementaires, accusa hautement et le ministre et le roi qui faisaient si bon marché de la dignité de la France. Nulle discussion, peut-être, ne produisit autant d'émotion et ne laissa derrière elle de plus vifs ressentiments. La question en elle-même était misérable, l'intérêt matériel à peine sensible, le personnage dont on s'occupait, indigne d'attention; mais à côté de ces petitesses, il y avait un principe d'honneur national, qui agrandissait la discussion, et plus l'objet du conflit était méprisable, plus la honte d'une réparation semblait profonde.

XXX

Alliance de la royauté et du clergé. — Guerre à l'Université. — Projet de loi en faveur des petits séminaires. — Opposition de M. Cousin. — Retraite de M. Villemain. — Il est remplacé par M. de Salvandy. — Accroissement du pouvoir des jésuites. — Interpellation de M. Thiers. — Ordre du jour motivé. — Mission de M. Rossi à Rome. — Embarras du Saint-Siège. — Les jésuites simulent la soumission. — Colères de M. de Montalembert. — Modifications dans le mode de votation. — Scrutin par division. — Clôture de la session. — Comité électoral de la gauche constitutionnelle. — Discours de M. Guizot à ses électeurs. — Traité définitif sur le droit de visite. — Ordonnances de M. de Salvandy. — Nouvelles conquêtes du clergé.

A mesure que le gouvernement de Louis-Philippe s'éloignait des traditions salutaires de la Révolution française, il était contraint par la logique et la nécessité de faire alliance avec les vieilles institutions, qui avaient le même intérêt à faire renaître le passé. Abattu avec le trône, le clergé se relevait avec lui; et de même que Louis-Philippe, adversaire opiniâtre du régime constitutionnel, n'avait d'autre but politique que de refaire la monarchie de Louis XIV, de même le clergé, déjà trop puissant par les concessions de l'Empire et de la Restauration, méditait de plus hardies reprises et de plus solides conquêtes. Ne pas commander, pour lui c'est l'esclavage.

Ces deux puissances du passé devaient nécessairement se tendre la main, et la venue d'un ministère complaisant, prêt à suivre en aveugle la politique personnelle du roi, devait fortifier un rapprochement commencé d'une manière trop timide sous les ministères précédents. En cela les calculs de Louis-Philippe étaient puissamment encouragés par les sentiments religieux de la reine, très ardente dans toutes les questions d'Église et prête à tout sacrifier aux élans impérieux de sa conscience. Plus d'une fois elle était intervenue dans les querelles des évêques avec l'Université, et les ministres de l'instruction publique avaient eu à se défendre contre ses exigences. Cependant, jusqu'à l'avènement du cabinet du 29 octobre, l'Université avait été assez résolument protégée ; et même, en 1841, une loi avait été présentée par M. Villemain, qui devait mettre un frein aux empiétements successifs du clergé. Mais c'était un héritage du ministère précédent qu'on n'avait pas osé dès l'abord désavouer. Plus tard on fut plus hardi : on écouta les obsessions du clergé ; on voulut obtenir les indulgences de l'Église et mériter son appui dans les luttes électorales. Le 2 février 1844, M. Villemain apporta à la Chambre des pairs un projet de loi où les petits séminaires étaient érigés en écoles à la fois privées et publiques, tout en demeurant exempts des conditions communes. Ce privilège, que la Restauration même avait refusé de leur accorder, fut énergiquement attaqué par M. Cousin. Pendant quinze séances, l'éloquent orateur lutta contre l'envahissement de l'esprit clérical, signala les articles du projet dictés par les jésuites et retrouva les chaleureux accents qui avaient tant de fois commandé les applaudissements de la jeunesse aux beaux temps de la Sorbonne. Inutiles efforts du talent ! Le Luxembourg reste sourd aux leçons des maîtres de la science ; c'est d'une autre région que lui viennent ses inspirations, et ses votes sont dirigés par l'invisible main des jésuites.

Et cependant ils ne trouvèrent pas que ce fût assez. D'autres concessions furent commandées à M. Villemain : il fallait qu'il livrât pièce à pièce tous les droits de l'État, tous les débris de l'Université. Déjà sa conscience lui reprochait d'avoir trop cédé ; et l'on exigeait plus encore. Assailli par les évêques, obsédé par la cour, harcelé par de mystérieuses influences, accusé par l'opposition, menacé par le fanatisme, le ministre tomba dans un sombre découragement. Sa santé fut gravement altérée ; une des gloires de l'Université, une des plus brillantes intelligences de l'école, sembla s'éteindre tout à coup au milieu de cette lutte ténébreuse qui se passait dans des régions inconnues au public.

Mais si le coup fut rude, il ne fut pas durable. Rendu à la vie privée, délivré des tourments politiques, M. Villemain eut bientôt retrouvé toute la puissance de ses facultés, heureux de fuir dans la retraite les orages soulevés par l'ambition des gens d'Église.

Il fut, au commencement de 1845, remplacé par M. de Salvandy, homme de plus facile accommodement et mieux fait pour présider à la décomposition de l'Université.

Les inquiétudes s'aggravaient surtout par l'influence toujours croissante d'une corporation religieuse qui, n'ayant pas même le droit d'exister, avait la prétention de commander. Les jésuites, formellement exclus du territoire par la loi, reparaissaient dans les villes et les campagnes; non plus à la dérobée ou avec réserve; mais ouvertement, dans des établissements publics, dans des maisons somptueuses; étalant non seulement leur impunité, mais leur puissance, et disputant l'éducation publique à l'État, qui, pour être délivré d'eux, n'avait qu'à faire son devoir, et ne l'osait pas. Le pouvoir mystérieux de la fameuse congrégation pesait sur des ministres sceptiques, que n'excusait aucune conviction religieuse, mais qui se sentaient avertis par les ménagements du roi et le fanatisme de la reine. Depuis plusieurs années, de nombreuses réclamations s'étaient élevées du sein de la presse, du Parlement et de l'Université, contre les envahissements progressifs d'une institution proscrite qui dominait dans les conseils du gouvernement; et à mesure que les plaintes se multipliaient, se multipliaient aussi les repaires de l'illégalité. Une puissante hiérarchie occupait tout le territoire, divisé en deux provinces, la province de Lyon et la province de France. Vingt-sept maisons considérables témoignaient des richesses de l'ordre et de son influence; de vastes correspondances étendaient sa domination ; et de Rome, où siégeait le général des jésuites, le Père Roothaan, partaient des ordres qui étaient exécutés dans tous les coins de l'Europe.

Les amis de la liberté étaient justement alarmés ; et parmi les parlementaires monarchiques qui avaient appartenu à l'école libérale, se réveillèrent les souvenirs de leurs anciennes luttes : ils résolurent de reprendre l'offensive contre le vieil adversaire qui avait profité de leur sommeil pour reprendre des forces. Ce fut M. Thiers qui s'en chargea.

Le 2 mai, il vint à la tribune réclamer l'exécution des lois.

Après un précis historique dans lequel il rappelait les anciennes accusations portées contre les jésuites, leur expulsion par arrêts des parlements, leur condamnation par la cour de Rome, leur retour furtif sous l'Empire, leur résurrection officielle en 1814, leur affaiblissement en 1826 et 1828, enfin leurs immenses envahissements depuis 1830, l'orateur sommait le gouvernement d'agir; le moment était venu de se servir des lois : car une collision existait, et il y avait un danger veritable à fermer les yeux. Cette collision, ce danger, venaient d'une fausse interprétation de la liberté, que quelques-uns voulaient confondre avec le pouvoir de tout faire. Protéger la religion du pays, c'est un devoir ; mais faire respecter la règle aux ministres de cette religion, c'est un droit. Était-ce pour avoir exécuté avec trop de rigueur les lois sur le clergé qu'une collision avait eu lieu ? Non ; car voici ce qui était arrivé. Un mouvement religieux, qui eût pu être heureusement fécond, si on ne l'avait interrompu par des imprudences, commençait à s'accomplir. Quelques esprits exagérés y avaient vu l'aurore d'une puissance nouvelle, et avaient conçu la pensée d'obtenir pour le clergé l'éducation de la jeunesse. Si ce n'avait été là qu'un vœu, il n'y aurait eu rien à dire. La Charte n'avait pas donné à tous la liberté complète d'action, mais elle laissait à tous la liberté complète d'opinion. Mais que fit-on? On outragea une des grandes institutions de l'État, l'Université. Qui faisait cela? Des écrivains obscurs et sans mission? Non; des pasteurs, des évêques, c'est-à-dire des hommes à qui leur qualité, par cela même qu'elle est plus auguste, impose des règles plus sévères. Les ministres de la religion qui s'étaient ainsi rendus coupables furent appelés devant le Conseil d'État, qui déclara l'abus. Ce tribunal fut-il respecté? Non. Par des actes collectifs qu'interdisent les lois, par des déclarations signées par tous les évêques d'une province, l'abus fut renouvelé. Dans ces actes déplorables, l'oubli des lois était devenu manifeste; la collision était flagrante. Il fallait mettre ordre à un pareil état de choses, et il n'y avait de remède que dans l'application immédiate et sévère des lois.

M. Thiers terminait par ces paroles remarquables :

« Si, en cherchant à appliquer des lois incontestables, vous trouvez des difficultés, vous aurez dans les Chambres, je n'en doute pas, une adhésion forte et unanime. Nous ne sommes pas des ennemis perfides, venant vous dire : « Jetez-vous dans les difficultés, « pour que nous ayons le plaisir de vous y « voir. » Non, qui que vous soyez sur ce banc, le jour où, pour faire triompher les lois du pays, vous rencontrerez des difficultés graves, nous vous apporterons des moyens de les vaincre.

« L'acte que je fais aujourd'hui vous prouve que si c'est une difficulté grave dont on vous charge, je consens avec mes amis à en prendre notre part; car si l'on vous qualifie d'une certaine manière, si l'on cherche à vous rendre odieux, nous serons de moitié avec vous. Il n'a pas manqué de conseillers qui nous ont dit que les opinions que nous représentions devaient, en songeant à un avenir peut-être prochain, ménager de grandes influences. J'ai répondu, et mes amis ont répondu avec moi, que le désir de faire triompher les lois du pays est le premier de nos devoirs; que notre cause, dût-elle souffrir à quelque degré, dans quelque occasion, de l'énergie que nous apporterons dans notre conduite, nous nous y résignerons; car, avant tout, nous voulons que les lois du pays s'exécutent, et que l'esprit sage et modéré de la Révolution française triomphe de ses ennemis.

« Je le déclare en mon nom et au nom de mes amis, ce n'est pas une difficulté que nous voulons mettre sur vos bras; c'est une difficulté que nous voulons vous aider à résoudre. »

La réponse embarrassée du ministre des cultes, M. Martin (du Nord), montra combien la question lui semblait grave, combien elle lui commandait de ménagements. Il n'hésitait pas, disait-il, à reconnaître que le gouvernement était armé contre des associations religieuses illégales. Pas une des lois anciennes n'était tombée en désuétude. Bien plus, elles n'avaient jamais cessé d'être appliquées; mais était-il temps de les appliquer de nouveau? Était-il, en effet, question d'une collision sérieuse, et se trouvait-on sous la menace d'une guerre de religion? Non : il y avait eu des imprudences commises; mais le danger ne paraissait pas tellement pressant qu'il fallût précipiter l'emploi des mesures. Le gouvernement était armé; il userait, au besoin, de son droit; mais dans une question qui intéressait la religion du pays, il fallait laisser au gouvernement une certaine liberté, quant au choix du temps et au choix des moyens.

Cette réponse ne satisfaisait ni les libéraux, ni les catholiques : aux uns elle paraissait un subterfuge, aux autres un acte de faiblesse. Représentant de ces derniers, M. de Carné prétendit que les accusations contre les jésuites n'étaient qu'un prétexte pour attaquer l'Église elle-même. « Je voudrais bien savoir, ajoutait-il, si Bossuet, si Fénelon, s'ils revenaient au monde, seraient avec vous dans votre force, ou avec nous dans notre faiblesse.

A l'époque où vivaient ces deux grands génies, il y avait une lutte entre les évêques et les magistrats, Bossuet le gallican, et Fénelon l'ultramontain se réunissaient et disaient : « Malheur au royaume, si l'on entend jamais « les libertés de l'Église gallicane comme les « entendent les magistrats, et non comme les « entendent les évêques ! »

« Malheur à la France, s'écria, en réponse, M. Dupin, si l'on entend jamais ces libertés comme les entendent les jésuites ! Ce n'est pas ici une question religieuse, mais une question politique. C'est au contraire défendre la cause du clergé que de chercher à la séparer d'hommes imprudents qui s'attachent à l'Église pour lui nuire. Il y a ici une question politique, la question de l'existence légale et illégale des corporations dans l'État. Il y a des associations de prêtres autorisées par la loi ; il y a des congrégations qui ne présentent aucun danger, et qui ne sont pas un État dans l'État ; mais la Société des jésuites est tout autre chose. Le jésuite n'est pas un individu ; c'est un être complexe ; il existe à l'état de membre de sa congrégation.

Les dangers d'une association pareille sont écrits dans l'histoire : elle a son chef à l'étranger ; elle reçoit sa direction de l'étranger. Pour elle, le royaume de France n'est qu'une province, et la moins favorisée de toutes. Les autres Français prêtent serment d'obéissance au roi et aux lois du royaume. Le jésuite n'est plus Français : il prête serment d'obéissance absolue à un supérieur étranger ; il lui sacrifie son individualité ; il est entre ses mains comme un cadavre, *perinde ac cadaver*. La Société de Jésus a un caractère essentiellement politique, et porte, dans ses prétentions temporelles, cet esprit dominateur et turbulent qui l'a fait redouter des souverains et des papes eux-mêmes. »

La question, ainsi posée sur son véritable terrain, éveilla les passions. M. Berryer attaqua l'existence même des lois sur les congrégations, et fit appel au principe de liberté.

C'était l'argument ordinaire des légitimistes, depuis qu'ils étaient les plus faibles. Quant aux radicaux, ils ne prirent point part à la discussion. Partisans de la liberté en toutes choses, ils ne voulaient pas attaquer le principe d'association, même chez leurs adversaires ; mais sachant tous les périls qu'entraînait la tolérance pour les jésuites, ils ne voulaient pas défendre, au nom de la liberté, les plus grands ennemis que la liberté pût craindre.

La discussion parlementaire se termina par un ordre de jour proposé par M. Thiers lui-même, en ces termes : « La Chambre, se reposant sur le gouvernement du soin de faire exécuter les lois de l'État, passe à l'ordre du jour. »

Une immense majorité accueillit cette protestation. Les jésuites étaient déjà si puissants, qu'en invoquant la loi, la Chambre pensait faire acte de courage.

C'était pour le gouvernement un embarras. L'Église faisait peur aux uns, elle avait la sympathie des autres, et l'Église se faisait volontiers solidaire des jésuites. Cependant la décision de la Chambre et la pression de l'opinion publique contraignaient d'agir. Le gouvernement reconnaissait bien qu'il avait légalement entre les mains les armes temporelles : mais s'il en usait tout d'abord, le clergé pouvait prendre l'affaire des jésuites pour sa propre affaire ; il s'agissait d'une lutte contre le pouvoir spirituel, ou contre une partie du pouvoir spirituel. Le ministère jugea prudent de faire intervenir d'abord le pouvoir spirituel supérieur, et d'avoir l'appui de Rome.

Un membre du Conseil royal de l'instruction publique, M. Rossi, fut député auprès du pape pour réclamer du Saint-Siège la clôture des établissements des jésuites en France, des chapelles et des noviciats, et la dispersion de ceux des membres de l'ordre qui s'étaient réunis pour vivre en commun. Il avait en outre mission de demander que ceux d'entre eux qui voudraient continuer à résider individuellement dans le royaume rentrassent dans la catégorie du clergé ordinaire, et fussent soumis à l'autorité des évêques et des curés.

Cette négociation rencontra d'abord de sérieuses difficultés. La cour de Rome n'osait, par un refus d'intervention, accroître les embarrras du cabinet des Tuileries; il lui coûtait, d'un autre côté, de dissoudre une milice entreprenante, qui était pour l'Église un surcroît de puissance et un grand moyen de domination. Aussi les premières réponses ne furent-elles que des subterfuges. La Congrégation des affaires ecclésiastiques extraordinaires fut réunie le 24 juin, pour arrêter la réponse à faire aux ouvertures de l'envoyé extraordinaire du roi des Français. Elle décida à l'unanimité que le Saint-Siège ne pouvait ni ne devait prendre aucune part à des mesures qui concernaient les droits constitutionnels de citoyen français.

Cette décision laissait au gouvernement français toutes les difficultés de la situation. Ce n'était pas même une réponse, car on interrogeait le pouvoir spirituel, et il répondait par un lieu commun constitutionnel.

M. Rossi s'adressa directement au pape, lui fit connaître l'état des esprits en France, lui signala les périls d'une lutte qui ne pouvait manquer de s'engager et dans laquelle serait peut-être compromis le clergé tout entier. Grégoire XVI se rendit à ses arguments, et entra en négociations avec le père Roothaan; car le pape lui-même était contraint de ménager cet ordre formidable; et bientôt les jésuites de France reçurent de leur général l'injonction officielle de se soumettre aux lois du pays. Mais cette soumission n'était que fictive.

Les jésuites fermèrent avec éclat quelques-unes de leurs principales maisons, sans abandonner ni leurs projets ni leur clientèle; et, de même que sous l'Empire les jésuites avaient reparu sous les noms empruntés de *Paccanaristes* et de *Pères de la Foi*, de même, sous le gouvernement de Juillet, ils déguisèrent leur nom et débaptisèrent leurs maisons,

plus réservés toutefois qu'auparavant, mais non moins influents.

Il y avait d'ailleurs dans le parti catholique des esprits violents, absolus, ennemis de la Révolution et décidés à reconstruire de la base au sommet l'ancien édifice de l'Église. Leur représentant politique était M. de Montalembert, homme de rhétorique plutôt que de talent, audacieux en paroles, timide dans sa conduite, de noble naissance et d'allures communes, presque seul de son parti parmi les hommes parlementaires, et brillant plus par défaut de concurrents que par son mérite, plus sceptique au fond qu'enthousiaste, et se faisant un rôle au xixe siècle en parlant la langue des croisades.

Ce jeune pair eut occasion de revenir sur la question des jésuites dans la discussion du budget des dépenses. M. Guizot, interpellé sur la mission de M. Rossi, en avait fait connaître les résultats à la Chambre; M. de Montalembert lui répondit par un nouveau défi. Selon lui, il y avait dans ces questions tout autre chose que l'affaire des jésuites.

« Non seulement, ajoutait-il, tous les catholiques en France, mais ce qu'on appelle le parti catholique, n'est pas jésuite et n'a pas son général à Rome; tout le monde, excepté les jésuites eux-mêmes, demeure en possession des libertés données par la Charte. Ainsi donc, si l'avant-garde catholique avait dû déposer les armes, cela fait, il restait encore l'armée tout entière; il restait ces quatre-vingts évêques qui avaient réclamé l'année dernière contre le projet de loi sur l'enseignement secondaire, et les soixante évêques qui avaient protesté contre les envahissements du pouvoir temporel sur la liberté de conscience.

« Rien n'était fixé, rien n'était changé; il n'y avait qu'un prétexte de moins; la question de la liberté de l'enseignement, de la liberté religieuse, restait entière.

« Irait-on demander à Rome l'approbation du monopole universitaire? Cela était essentiel, sinon la lutte serait longue encore.

« Une main sur l'Évangile et l'autre sur

la Charte, disait-il en terminant, nous continuerons la lutte que nous avons engagée contre le monopole; nous vous attendrons sur ce terrain-là l'année prochaine. »

M. Guizot, tout étourdi de cette violente apostrophe, au lieu de faire dignement face à l'ennemi, s'efforça de prouver que l'ennemi n'existait pas.

« Non, dit-il, non, l'Église catholique n'est pas une armée campée au milieu de la France; l'armée catholique n'est point en guerre avec le gouvernement du roi; l'Église catholique n'a point d'avant-garde en face du gouvernement; l'Église catholique est une Église française, française et universelle, qui vit en France sous la protection du gouvernement français, qui profite de ses lois, qui les respecte et qui donne à tout le monde l'exemple de les respecter. Il n'y a point de guerre entre elle et nous. Ce sont là des mots faux et trompeurs, qui ont pu traverser cette Chambre, mais qui ne doivent pas y rester. »

Vains subterfuges, inutile faiblesse. Quand M. Guizot s'écriait : « Il n'y a point de guerre entre l'Église et nous, » le chef politique de l'Église venait de déclarer la guerre. M. de Montalembert eut au moins l'avantage de la franchise et de l'audace, et le ministre n'échappait à une provocation qu'en la niant. C'est ainsi qu'il avait accueilli l'affront du 15 juillet, en disant : « Ce n'est pas une insulte. »

Les catholiques, plus courageux et plus constants, poursuivaient les hostilités en démolissant pièce à pièce l'Université, et ne furent pas plus désarmés par les complaisances de M. de Salvandy que par les lâchetés de M. Guizot.

Diverses propositions de réforme électorale et parlementaire furent introduites dans cette session, sans plus de succès que les années précédentes.

M. de Rémusat renouvela sa demande relative aux incompatibilités; M. Ledru-Rollin proposa l'abolition du cens d'éligibilité, et une allocation quotidienne à chaque membre de la Chambre des députés à titre d'indemnité; M. Crémieux voulait l'adjonction de la seconde liste du jury à la liste électorale, ce qu'on appelait l'adjonction des capacités. Ces propositions furent successivement rejetées.

Une légère modification cependant fut introduite dans le mode de votation. Sur la proposition de M. Duvergier de Hauranne, le scrutin public par division fut admis; mais le scrutin secret demeurait toujours facultatif sur la demande de vingt membres.

La session fut close le 21 juillet, après que le ministère eut passé par une série de vicissitudes parlementaires qui avaient aux premiers jours compromis son existence. La faible majorité qu'il avait obtenue dans la discussion de l'adresse, et surtout dans le paragraphe concernant l'affaire Pritchard, avait un instant fait croire à sa retraite; mais il s'était raffermi dans la discussion sur les fonds secrets, et surtout par le défaut d'accord de ses adversaires. M. Molé, à la tête d'une fraction des conservateurs, ne pouvait faire alliance avec M. Thiers gouvernant le centre gauche, et ces ambitions rivales venaient dans leur isolement offrir des occasions de victoire à l'adversaire commun.

La Chambre elle-même tantôt s'amoindrissait dans des luttes stériles, tantôt s'abaissait par des votes complaisants. L'affaire Pritchard surtout avait profondément indigné : ce n'est jamais impunément que le scrutin outrage l'opinion publique, et les décisions qui portent avec elles une insulte à la nation, sont avant tout funestes à l'Assemblée qui les prononce. Ainsi en fut-il du vote sur Pritchard : la Chambre déconsidérée n'avait plus d'autorité morale; elle s'était condamnée à une dissolution prématurée : usée par les victoires ministérielles, elle avait convaincu le ministère lui-même qu'elle ne pouvait plus être un appui; et à peine venait-elle d'achever sa troisième session, que partout on annonçait qu'il lui serait impossible de compléter le temps de son existence légale : déjà se préparaient des luttes électorales, déjà l'on se disputait la succession d'une Chambre debout encore, mais d'avance condamnée.

La gauche constitutionnelle forma un comité électoral composé de MM. Odilon Barrot, Gauthier de Rumilly, Abattucci, Havin, de Tocqueville, Bethmont, etc. Le 16 juillet, le comité publia un manifeste dans lequel il invitait l'opposition à réunir ses efforts pour entrer avec avantage dans la lutte électorale qui allait s'engager. Depuis cinq ans, disait le manifeste, le pays subissait le ministère du 29 octobre, mais ne l'avait point accepté. La Chambre lui laissait le pouvoir, mais lui en refusait les conditions. Faiblesse au dehors, corruption au dedans, concessions sans réciprocité faites au maintien d'une paix que rien pourtant n'assure, horreur profonde des réformes les plus nécessaires : tels étaient les exemples donnés par un ministère décidé à sacrifier à son ambition l'honneur et les intérêts de la France.

La circulaire invitait donc l'opposition tout entière à se réunir et à resserrer par des rapports plus fréquents les liens qui unissaient ses diverses fractions. On devait atteindre ce résultat par la création d'un comité central composé de membres de la Chambre des députés, et par la correspondance de ce comité avec des comités locaux de département, d'arrondissement.

De leur côté, les conservateurs se répandaient dans les départements, pour maintenir leurs électeurs attiédis, les stimuler par des harangues et des promesses, et regagner à l'ombre du clocher le terrain qu'ils avaient perdu dans l'enceinte du Palais-Bourbon. Chacun se mettait en campagne, et les muets mêmes de la Chambre trouvaient auprès des villageois censitaires de formidables accents d'éloquence.

M. Guizot lui-même, qui avait pourtant fait ses preuves, ne crut pas devoir se dispenser d'une harangue extra-parlementaire. Invité à un banquet, le 10 août, par les électeurs de Saint-Pierre-sur-Dives et de Mezidon, il recueillit de faciles applaudissements en vantant les bienfaits de sa politique. Mais il avait à cœur aussi de répondre publiquement aux accusations de corruption, devenues le thème constant de la polémique quotidienne. Et de fait, le cabinet, par ses menées ouvertes et cachées, ne prêtait que trop aux justes reproches qui s'élevaient de toutes parts. Les arrondissements qui envoyaient des députés sur les bancs ministériels, étaient comblés de faveurs; leurs écoles étaient mieux dotées, leurs églises mieux fournies, leurs routes mieux entretenues. Il se faisait une injuste répartition des deniers de l'État, non selon les besoins, mais selon les votes, et la construction d'un pont, l'encaissement d'une rivière, le défrichement d'une lande, dépendait du chiffre des électeurs complaisants, beaucoup plus que des nécessités du territoire. C'était, pour ainsi dire, une corruption collective, moins odieuse, en apparence, que la corruption individuelle; mais plus dangereuse parce qu'elle se faisait sur une plus large échelle, et qu'elle se présentait aux consciences sous la forme du bien public.

On ne se faisait pas faute d'ailleurs d'y joindre des faveurs personnelles pour les électeurs influents, les bourses dans les collèges pour leurs enfants, les petits emplois pour leurs parents, les bureaux de tabac, les bureaux de poste, etc., trafic passé par l'habitude à l'état régulier, et accepté par les consciences faciles comme une des conditions du gouvernement représentatif.

Il est facile de comprendre que l'arrondissement qui envoyait M. Guizot à la Chambre, devait recueillir une ample moisson des faveurs réservées. Il lui revenait donc une bonne part des reproches de vénalité. M. Guizot voulut calmer les consciences, et les mettre en garde contre de trop délicates susceptibilités. Il le fit, en cette occasion, avec une audacieuse naïveté. « Parce « que je vous ai aidés quelquefois, dit-il, à « réparer vos églises, à construire vos pres- « bytères et vos écoles, à assurer une car- « rière à vos enfants, avez-vous cessé de « voter librement et consciencieusement ? « Vous sentez-vous corrompus ? » Étrange leçon de morale! Le corrupteur vient demander aux corrompus s'ils ont le sentiment de leur corruption, et parce que, dans leurs actes coupables, ils se sentent encore le cœur léger, il s'imagine avoir fait tomber les reproches et confondu l'accusation. Telles étaient les grandes théories représentatives de l'homme qui passait pour le plus éminent défenseur de la monarchie.

L'orageuse session qu'il venait de traverser lui avait assuré une victoire, vivement disputée, il est vrai, mais suffisante pour le grandir aux yeux des hommes qui se font toujours une opinion sur le succès ; et les rustiques électeurs de Saint-Pierre-sur-Dives considéraient avec un ébahissement respectueux cet homme assis à une même table avec eux, après avoir triomphé dans les grandes batailles parlementaires livrées contre les plus redoutables orateurs des deux oppositions. Il leur présentait encore comme un nouveau titre de gloire la conclusion définitive de la fameuse affaire du droit de visite. Après une lutte de quatre ans, tantôt contre la Chambre, tantôt contre les exigences du cabinet britannique, M. Guizot avait enfin obtenu quelques concessions qui lui permettaient de sortir de la position difficile où il s'était engagé. Le duc de Broglie, au nom de la France, le docteur Lushington, au nom de l'Angleterre, avaient, le 24 mai, signé un traité, où le droit de visite réciproque n'était plus reconnu, chaque nation devant faire la police de ses propres bâtiments. L'honneur national, satisfait sur ce point, l'était encore par une clause qui établissait l'égalité dans le nombre des croiseurs de chaque pays, et par la réduction des zones. Par l'article 1er, le roi des Français et la reine de la Grande-Bretagne s'engageaient à établir, sur la côte occidentale d'Afrique, chacun une force navale de vingt-six bâtiments, tant à voiles qu'à vapeur. Ce traité était conclu pour dix ans. Si, à la fin de la dixième année, les conventions antérieures, c'est-à-dire les traités de 1831 et 1833, autorisant le droit de visite réciproque, n'avaient pas été remises en vigueur, elles devaient être considérées comme abrogées.

Ce traité, dont M. Guizot voulut se faire gloire, était véritablement un triomphe pour l'opposition. Elle avait repoussé le droit de visite que M. Guizot avait soutenu, et le traité du 24 mai consacrait enfin l'abolition de ce droit. Il n'y avait donc pour le ministère d'autre succès que la solution d'une difficulté créée par lui ; il y avait pour l'opposition le triomphe d'un principe soutenu par elle.

L'intervalle des sessions est d'ordinaire un temps de repos pour les ministres. Mais il y avait parmi eux un nouveau venu, dévoré d'une activité fiévreuse, voulant toujours faire quelque chose et quelque bruit, M. de Salvandy. Caressé, d'ailleurs, par le parti catholique, et docile à ses instructions, il était, et par sa nature et par ses engagements, plus disposé à troubler l'Université qu'à la raffermir. Or, le conseil royal de l'instruction publique, composé d'hommes modérés assurément, mais plus voués à la science qu'au culte, et la plupart assez sceptiques en matière de foi, ne semblait pas au parti prêtre assez disposé aux concessions ; il y avait, dans cette assemblée de savants, des traditions qui s'opposaient aux usurpations ecclésiastiques, et ces traditions étaient une force qui, par elle seule, pouvait suppléer même au défaut d'énergie des hommes. Le clergé avait donc à cœur de briser cet obstacle, et M. de Salvandy s'y prêta complaisamment. D'abord, par une ordonnance ministérielle, en date du 22 août, une commission fut instituée pour réunir les lois, décrets, ordonnances, statuts et règlements qui régissent toutes les branches du service de l'université, et pour en préparer la révision et la codification. Ce travail aurait pu être confié au conseil royal, ou du moins à des hommes choisis parmi les hauts dignitaires de l'Université. Mais le but secret n'aurait pas été rempli, et l'on vit appeler à cette difficile tâche des hommes étrangers à toutes les connaissances spéciales qu'exigeait la matière, et connus seulement par leur dévouement aux ennemis de l'Université.

L'activité dissolvante de M. de Salvandy ne s'arrêta pas là. Une nouvelle ordonnance du 7 décembre 1845 reconstituait le conseil royal sur les bases créées par le décret organique du 17 mars 1808, et le ministre, dans son rapport au roi pour provoquer cette mesure, déclarait que le conseil royal ne reposait pas sur des bases légales, frappant ainsi de nullité toutes les mesures prises depuis 1815.

C'était un triomphe éclatant remporté par les adversaires de l'Université ; les défenseurs de cette grande institution ne pouvaient le souffrir sans protester. Ce fut la première question traitée à l'ouverture de la session. Le 8 janvier 1846, M. Cousin fit retentir le Luxembourg de ses plaintes éloquentes.

« Un acte ministériel, dit-il, préparé dans l'ombre, est venu tout à coup troubler la paix qui sied si bien au département de l'instruction publique, et remuer ses deux grandes magistratures, les conseils académiques au sein de chaque province, et le conseil royal au sommet de la hiérarchie. Cet acte ébranle tout, sous le prétexte de tout raffermir ; il agite le présent ; il menace l'avenir...

« Aujourd'hui le bruit et l'agitation sont comme à l'ordre du jour dans l'Université. Tout est en mouvement, tout est en feu. Des ordonnances, sur lesquelles le conseil n'a pas même été consulté, et qu'il apprend par le *Moniteur*, tombent chaque jour sur nos têtes, renouvelant tout, bouleversant tout, et cela dans la meilleure intention du monde, pour rétablir l'ordre, troublé, dit-on, depuis trente années. »

Discutant ensuite le rapport au roi, l'orateur s'écrie : « Quoi ! toutes les délibérations du conseil depuis 1815 sont illégales ! Mais M. le ministre y a-t-il bien pensé ? Parmi ces délibérations, il y a des décisions judiciaires. Si le conseil est radicalement illégal, à cause des changements que le temps a introduits dans sa composition, il s'ensuit qu'il est illégal de tout point et sur toute matière. Son illégalité se répand sur tous ses actes, et les frappe tous de nullité. Vous donc qui avez été jugés par le conseil et condamnés par lui à des peines plus ou moins graves, levez-vous, adressez-vous au conseil d'État ou à la cour de cassation : plaidez l'incompétence judiciaire du conseil, vous gagnerez aisément votre cause ; vous avez maintenant un illustre et très puissant avocat dans M. le ministre de l'instruction publique. »

Quel était le but, au moins apparent, de l'ordonnance du 7 décembre ? De reconstituer le conseil royal de l'Université sur les bases créées par le décret de 1808.

« Mais, disait M. Cousin, la France a subi de grands changements ; elle a fait des progrès immenses depuis 1808. L'Université a marché avec la France. M. le ministre entreprend de la rappeler à ce qu'elle fut en 1808 ; il n'a pas l'air de douter qu'il la ramène à son berceau. Depuis, cet enfant de la Révolution et de l'Empire a grandi, s'est développé, et son berceau ne le pourrait plus contenir. Il a fallu l'Empereur pour fonder l'Université impériale, mais l'Empereur lui-même ne pourrait la rétablir. Vainement sa voix puissante refoulerait la société française sur elle-même ; elle déborderait de toutes parts. Rappelez-vous les Cent-Jours. Un an à peine s'était écoulé entre le premier et le second Empire. Dans cette année seule, la Charte, la discussion publique, la liberté, avaient transformé la France. Arrivé à Paris, maître absolu de tout, Napoléon sentit que tout lui échappait. Il s'écria, dit-on, avec un étonnement douloureux : « La France est changée ! » Et le bras de l'Empereur est devenu sans force, parce qu'il s'apliquait à un autre temps et à une autre société. Que serait-ce donc aujourd'hui ? Toutes les constitutions impériales ont été modifiées, malgré le respect qu'elles inspiraient, non par caprice, mais par nécessité. L'an dernier, vous avez changé toute l'organisation du Conseil d'État de l'Empire. Et on viendrait rétablir l'Université impériale dans sa pureté ! Je le répète, Napoléon lui-même ne le pourrait ; ce qui me permet, sans blesser M. de Salvandy, de lui prophétiser qu'il ne le pourra pas davantage. »

Entrant ensuite dans le détail des ordonnances du 7 décembre, M. Cousin s'attachait à prouver qu'il n'y avait presque aucun article de ces ordonnances qui ne violât le décret de 1808 qu'on prétendait faire revivre. Au fond que voulait-on ? L'arbitraire ministériel. Il fallait donc l'avouer, mais avec une franchise qui n'eût pas été sans grandeur. « Demandez l'arbitraire si vous en avez besoin, disait admirablement M. Royer-Collard, demandez l'arbitraire ; mais ne le déguisez pas sous une parure légale. »

M. de Salvandy se défendit avec audace. Le Conseil royal avait, selon lui, trop de pouvoir. Immobile, tandis que les ministres passaient, placé entre les ministres et les bureaux, tenant l'Administration sous sa dépendance et par suite le ministre lui-même, il agissait sans contrôle, sans responsabilité, et laissait au contraire au chef de l'Université la responsabilité d'actes que souvent il n'approuvait pas. Un pareil état de choses ne pouvait durer plus longtemps.

En cela M. de Salvandy se trouvait d'accord avec l'opposition radicale, qui depuis longtemps réclamait contre le despotisme des huit proconsuls qui formaient le Conseil royal ; mais en même temps l'opposition soutenait avec raison qu'un ministre ne pouvait, dans une aussi grave question, substituer une ordonnance à une loi, et remplacer le despotisme de huit proconsuls par le despotisme du grand maître de l'Université ; elle voulait qu'une loi sur l'enseignement secondaire réglât ces questions ; loi promise par la Charte, en vain attendue si longtemps, présentée par M. Villemain, devenue l'objet d'un rapport de M. Thiers, et toujours ajournée par les efforts du clergé et les complaisances des ministres.

Tel était le véritable état de la question. Mais M. de Salvandy, au lieu d'une loi nouvelle en harmonie avec le nouvel état social, revenait à la loi ancienne ; au lieu d'une loi sortie de la révolution de Juillet, ramenait une loi de l'Empire. C'était désorganiser au lieu de fortifier l'Université, et c'était ce que l'on voulait. Aussi le ministre fut-il secondé par MM. Beugnot et de Montalembert ; et l'appui de pareils auxiliaires indiquait trop bien quel sort on réservait à l'Université.

C'était un avertissement qui devait toucher même les amis les plus modérés de la liberté. Le 21 février, à la Chambre des députés, M. Odilon Barrot vint, d'accord avec M. Thiers, demander la remise à l'ordre du jour du projet de loi sur l'enseignement secondaire. M. Thiers ne dissimula pas que l'ordonnance du 7 décembre, en apportant une grave perturbation au régime de l'Université, était le motif déterminant de sa demande. Lorsque l'Université était menacée, et avec elle la liberté, lorsqu'un ministre procédait par ordonnance et mettait sa volonté à la place de la loi, il devenait urgent de rassurer les esprits, en fixant d'une manière définitive les droits et les devoirs de chacun, en tenant les promesses de la Charte, en livrant enfin aux impatiences publiques une loi qu'un ministre avait depuis longtemps présentée, qu'une commission avait examinée, qu'un rapporteur avait discutée.

Mais les arguments invoqués par M. Thiers pour une prompte discussion de la loi étaient précisément ceux qui portaient le cabinet à l'ajourner. On avait donné des gages au clergé, on n'osait les lui retirer, et le clergé ne dissimulait guère ses hostilités contre la loi projetée. Aussi M. Guizot et M. de Salvandy unirent-ils leurs efforts pour faire adopter un nouvel ajournement. Ils y réussirent.

C'est ainsi que petit à petit, et jour par jour, le clergé s'emparait de toutes les avenues de l'enseignement, attaquant l'Université tantôt par ses prédications et ses écrits, tantôt par les complaisances du chef même de l'Université. Dans la suite, sans doute, il est allé plus loin, et la complicité de ministres venus plus tard a permis de plus ouvertes usurpations. Mais c'est le cabinet du 29 octobre qui a pris l'initiative de la trahison ; c'est lui qui a ouvert la brèche à l'ennemi. Cela devait être ; son drapeau était celui de la contre-révolution ; il devait le déployer dans toutes les directions.

Le réveil de la Pologne ne fut que le réveil de ses bourreaux. (Page 423, col. 1.)

XXXI

Bruits publics sur une insurrection en Pologne. — Enthousiasme général. — Habileté du *National.* — Souscription en faveur de la Pologne. — Manifestation des députés. — Alarmes de M. Guizot. — Triste déception. — Massacre de la Gallicie. — La Jacquerie impériale. — Complots des autorités autrichiennes contre les nobles polonais. — Faiblesse de l'insurrection qui sert de prétexte aux massacres. — Jacques Szela, chef d'égorgeurs. — Il est publiquement récompensé par l'empereur. — Insurrection de Cracovie. — Terreur du général des Autrichiens, Collin. — Sa fuite. — Son retour. — Entrée des soldats des trois puissances à Cracovie.

L'opposition parlementaire luttait vainement contre les décisions d'un scrutin obstinément ministériel; les esprits fatigués n'avaient plus d'espoir qu'en une législature nouvelle, qui, déplaçant les influences, pouvait rendre aux idées de liberté quelques chances favorables; lorsque tout à coup un événement extérieur vint réveiller les cœurs endormis, et confondre dans une sympathie commune la population tout entière. « La » Pologne, la malheureuse et sanglante Po- » logne, est debout. Elle fait face à ses op- » presseurs. Un peuple renaît de ses cen- » dres. » Voilà ce qui se dit dans les journaux; voilà ce que répètent toutes les bouches. Les détails manquent, il est vrai, les bruits sont contradictoires, mais on annonce des succès, et la curiosité publique saisit avidement des nouvelles qu'on n'a pas vérifiées et qu'on s'est empressé de croire.

Alors se présenta un phénomène étrange, qui prouva quelle est la puissance d'un journal dirigé par une main habile, et quelle émotion peut produire le talent et la verve d'un écrivain parlant au nom d'une cause populaire.

C'était le *National* qui le premier avait annoncé la bonne nouvelle; ce fut le *National* qui devint comme le journal officiel de l'insurrection. Des cris d'allégresse, des appels enthousiastes, remplirent ses colonnes; la plume étincelante de M. Armand Marrast se reconnaissait à l'énergie des sentiments, à la fougue des proclamations, à l'éclat du langage. En même temps les faits matériels, habilement disposés, annonçaient les progrès du parti national; des correspondances particulières insérées dans le journal traçaient la marche de l'insurrection. Le mouvement paraissait immense; Cracovie était aux mains des insurgés; le duché de Posen s'agitait sur tous les points; les provinces appartenant à la Russie se disposaient à braver le czar. Telles étaient en substance les nouvelles que laissait entrevoir le *National*, que développait M. Marrast avec une verve merveilleuse et inépuisable; soit qu'il fût lui-même dupe de son propre enthousiasme, soit qu'il voulût, par une agitation calculée, apporter aux insurgés l'appui moral de la population française. Quoi qu'il en soit, ses articles eurent un succès immense

et un prodigieux résultat. Tous les cœurs furent émus; chacun croyait ce qu'il désirait, et les sympathies générales se manifestaient sous toutes les formes. Partout on s'interrogeait avec anxiété sur tous les détails d'un mouvement qui étonnait par son audace. Dans les régions officielles mêmes on se montrait inquiet et surpris; dans la Chambre, on ne s'entretenait que des Polonais; dans l'enceinte, hors l'enceinte, on recherchait avidement les nouvelles, et les plus indifférents étaient touchés au récit de quelques faits racontés dans des lettres particulières venues du foyer même de l'insurrection.

Une souscription en faveur des Polonais fut ouverte dans les bureaux du *National*; les autres journaux de Paris et des départements l'imitèrent, et quelques jours après les souscriptions se montaient à deux cent mille francs.

« Nous ne saurions, écrit le *National*, rendre un compte fidèle de toutes les visites, de toutes les lettres, de tous les témoignages ardents, profonds, pathétiques, recueillis par nous aujourd'hui en faveur de l'insurrection polonaise. Il est donc bien vrai qu'il suffit d'une sainte cause et d'un intrépide dévouement pour que le sang généreux de la France batte dans ses veines et précipite toutes les pulsations de son cœur! Disons-le donc à ces braves qui combattent là-bas, dix contre mille, disons-leur combien leur héroïsme pénètre la France d'admiration! Disons-leur que des jeunes gens appartenant à toutes les classes, étudiants, commis, ouvriers, sont venus en foule nous exprimer le désir, non seulement de souscrire pour la Pologne, mais de partir pour aller à son secours! Disons-leur que si demain nous pouvions enrôler des volontaires, une armée française aurait bientôt rejoint les insurgés qui se sont soulevés au nom de la patrie.

« Que la France continue donc à offrir à la Pologne, soutenant avec une admirable intrépidité une lutte inégale, les témoignages de ses fraternelles sympathies! Non, *la France n'est pas trop loin!* elle atteint de ses idées aux extrémités du monde, elle s'unit à la Pologne par ses plus vives, ses plus intimes affections ; elle suit d'un regard ému cette sœur intrépide qui, toute saignante encore, livre de si vaillants combats ! Si le jour n'est pas venu où les bras et les mains se toucheront comme les âmes, ce jour viendra, nous en avons la certitude ; cette insurrection même en prépare l'avènement, et tous les peuples de l'Europe le salueront en chantant l'hymne de l'alliance et de la fraternité ! »

Les sympathies publiques se manifestaient, en effet, avec une ardeur toujours croissante. Le 10 mars, des députés de toutes nuances se réunirent dans les bureaux pour offrir à la Pologne leur part officielle de sympathie. Une commission fut nommée ; elle se composait de MM. Dupont (de l'Eure), président ; Arago, Odilon Barrot, Lamartine, Georges La Fayette, Rémilly, de Larcy, Léon de Malleville, et Vavin, trésorier. Cette commission formula, séance tenante et dans les termes suivants, son appel aux amis de la Pologne :

« Les efforts que la Pologne fait pour recouvrer sa nationalité, dont les titres sont si solennellement inscrits dans les traités, titres que les Chambres législatives de la France rappellent chaque année à l'Europe par des votes unanimes ; le courage héroïque que déploient ses populations, qui bravent la mort pour la plus sainte des causes ; la pensée douloureuse que de nouveaux martyrs scellent en ce moment de leur sang leur foi dans la puissance du droit : ces circonstances ont profondément ému la France. Tous les partis, oubliant leurs divisions, se sont confondus dans une même sympathie qui éclate de toutes parts ; les soussignés, éprouvant le besoin de s'y associer, ont ouvert la souscription suivante. »

Cent soixante-cinq députés répondirent immédiatement à cet appel. Leurs noms représentaient toutes les opinions, depuis les conservateurs Rémilly, Castellane et Fould, les légitimistes Larcy, Benoist et Panat, jusqu'aux extrêmes radicaux Garnier-Pagès et Ledru-Rollin.

Cette imposante manifestation devint pour M. Guizot un sujet d'alarmes ; il craignit de se voir compromettre devant les puissances étrangères, et fit tous ses efforts pour arrêter un élan d'un dangereux exemple. Ne pouvant réussir par la persuasion, il eut recours à un de ces arguments qui ne dévoilaient que trop bien sa résolution d'abandonner la malheureuse Pologne. « Autant de signa-« tures, disait-il, données ici, autant de têtes « de moins en Pologne. » Ainsi, plus la sympathie excitée en France serait profonde et générale, plus on montrerait de mépris pour cette France en torturant les braves dont elle saluait l'héroïsme. Un ministre disait à la nation qu'elle mettait en péril ceux qu'elle aimait, que sa sympathie était fatale, fatale à ce point qu'une signature se paierait par une tête coupée !

Heureusement pour la France, les paroles de M. Guizot restèrent sans écho, et ne firent impression que sur les hommes accoutumés à n'avoir ni volonté ni sentiments, à prendre un mot d'ordre pour savoir ce qu'ils devaient approuver ou blâmer, haïr ou aimer. Gens sans entrailles, dévoués à tous les cabinets, et prêts à les renier tous aux jours des défaites.

Malgré les alarmes ministérielles, l'enthousiasme se propageait. L'École normale, l'École polytechnique, l'École centrale, l'École des jeunes Grecs, vinrent successivement apporter leur tribut à la souscription. Le comité central des électeurs de la Seine fit un appel qui fut promptement entendu. De toutes parts les vœux les plus ardents s'élançaient vers les pays du Nord, témoins de luttes héroïques, et la voix de la France entière retentissait comme un puissant encouragement. Malheureusement, toutes ces joies, toutes ces espérances, reposaient sur des illusions. Cet immense mouvement élevé par le *National* aux proportions d'un soulèvement général n'était que l'infructueuse tentative de quelques âmes généreuses, mais imprudentes. Le réveil de la Pologne ne fut que le réveil de son bourreau. Au lieu du jour de la délivrance, on vit se lever les jours sombres de cruelles persécutions et d'abominables forfaits.

Nous avons maintenant à dévoiler les pages les plus hideuses des sanglantes annales de la Pologne, la conspiration officielle des agents de l'Autriche contre les biens et la vie des seigneurs polonais, la mise à prix des victimes, les primes données au meurtre, au rapt, à l'incendie, les massacres commandés par les autorités, les brigandages récompensés par des faveurs impériales, la violation des personnes et des propriétés comptée comme service public, des honneurs rendus à un chef d'égorgeurs échappé des bagnes, et recevant les sourires des généraux et des archiducs. Jamais, aux plus mauvais jours des révolutions, ne se virent tant et de si déplorables excès. Et encore, dans les révolutions, l'attentat ne se commet que par l'absence de l'autorité; ici l'attentat est médité, dirigé, récompensé par l'autorité elle-même.

Pour bien comprendre les événements de cette époque, quelques explications sont nécessaires.

Le partage de la Pologne entre trois puissances spoliatrices avait été suivi de modifications profondes dans la condition des classes agricoles, et ces modifications étaient diverses selon la puissance à laquelle le sort avait attaché les paysans et les terres. Dans la portion échue à la Russie, la condition du paysan s'était améliorée. Le cabinet de Saint-Pétersbourg ne se dissimulait pas que c'était chez les nobles polonais qu'il avait à rencontrer le plus de résistances. Les nobles avaient toujours été à la tête de toutes les luttes pour l'indépendance, de toutes les conspirations, de tous les mécontentements. Il lui importait donc de leur enlever l'appui des classes rurales; et, par politique plutôt que par générosité, il avait accordé aux paysans plus de droits qu'ils n'en avaient jamais eus sous la domination nationale. Ils étaient fermiers libres, cultivateurs jouissant du fruit de leurs travaux, et plus tard l'introduction des dispositions principales du Code Napoléon avait été le complément des innovations impériales.

Dans la Pologne prussienne, les améliorations ne furent pas si promptes; mais elles furent plus radicales. Pendant longtemps, les terres furent cultivées au profit du seigneur. Mais, en 1817, voulant s'attacher les paysans par des liens qui ne pourraient être rompus, et affaiblir en même temps l'influence des seigneurs, le gouvernement de Berlin fit une loi qu'aucun gouvernement révolutionnaire n'aurait peut-être osé imaginer; il fit une véritable loi agraire. Le tiers des biens jusque-là cultivés par les paysans au profit des nobles fut confisqué et distribué aux cultivateurs en toute propriété.

On alla plus loin: jusque-là, il n'était pas permis aux nobles de vendre leurs propriétés territoriales; cette interdiction fut abolie, et le gouvernement s'empressa de fournir aux paysans le moyen de conclure avec leurs anciens maîtres un arrangement à l'amiable pour acheter à prix débattu la propriété des deux autres tiers restants; et afin de faciliter la conclusion et l'exécution de cet arrangement, on leur accordait pour payer un délai de vingt-cinq ans.

C'était un fait immense: un déplacement partiel de la propriété dans tout un pays, effectué par le gouvernement lui-même au profit des classes rurales; une foule de cultivateurs appelés à la liberté, au droit de propriété et à tous les avantages qui en résultent : c'était plus qu'il n'en fallait pour assurer à la Prusse la sympathie de tous ces hommes régénérés. Les nobles eux-mêmes, après les premiers moments de surprise, s'accoutumèrent assez promptement à cette révolution nouvelle. Car, si d'un côté on les avait dépouillés d'un tiers de leurs biens; de l'autre, la faculté de les vendre ajoutait une valeur considérable aux deux tiers restants, en appelant les capitaux disponibles des autres classes d'habitants. En somme, si les avantages matériels peuvent compenser la perte de la nationalité, la Pologne prussiennement considérablement gagné en bien-être et en richesses.

Il en était tout autrement dans la Pologne autrichienne, et surtout dans cette portion qu'on appelle la Gallicie. L'influence du gouvernement ne s'y était fait sentir que pour aggraver la condition et des nobles et des paysans. A l'ancien état de tutelle exercée par le seigneur, de clientèle acceptée par le cultivateur, on substitua un état mixte qui devint une source de colères et de haines réciproques.

Le paysan ne cultivait plus au profit des seigneurs, il est vrai. Les seigneurs mêmes étaient tenus de lui livrer une certaine portion de terre dont les fruits lui appartenaient. Mais le paysan était obligé à une rétribution payable en corvées ; mais le paysan ne devenait jamais propriétaire, ne pouvait acquérir de nouvelles terres ; et s'il abandonnait celle qu'il exploitait, elle était dévolue à un autre paysan, qui devait l'accepter avec toutes les charges qu'elle entraînait : la corvée, les redevances, la juridiction seigneuriale. De sorte qu'en réalité, si le paysan n'était pas attaché à la glèbe, la glèbe était attachée au paysan.

D'un autre côté, les nobles seuls ayant le privilège de posséder les biens-fonds, n'avaient pas le droit de les vendre, et voyaient dépérir la valeur de leurs propriétés immobiles et soustraites à la concurrence. Ils présentèrent successivement de nombreuses pétitions au Conseil aulique, afin d'être délivrés de ce privilège onéreux. Après plusieurs années de vaines sollicitations, le Conseil aulique consentit enfin à suspendre le privilège, mais à titre d'essai seulement.

L'expérience se fit durant quelques années, au grand avantage de tout le pays. Mais le gouvernement autrichien ne tarda pas à s'apercevoir qu'il commençait à se former dans la société une nouvelle classe, celle des propriétaires non nobles, et que cette classe acquérait une indépendance de position importune au gouvernement. En effet, le petit propriétaire, une fois l'impôt payé, n'ayant ni titres ni faveurs à demander, commençait à nourrir des idées peu favorables au despotisme autrichien. Le gouvernement prit l'alarme, et, par un édit impérial de 1819, le privilège suspendu fut rétabli. Une seule exception fut faite en faveur des bourgeois de Léopol, dont la majorité est d'origine autrichienne allemande.

Cependant la corvée devenait aussi un sujet de contestations entre les nobles et les paysans. Voici en quoi elle consistait : la terre appartenant aux nobles, les paysans ne pouvaient la cultiver qu'à titre de fermiers ; mais au lieu de payer leur fermage en argent, ils s'acquittaient en journées de travail sur les terres appartenant directement au château. Ce mode vicieux de fermage était un désavantage pour les uns et les autres.

Les seigneurs réclamèrent vivement et à plusieurs reprises, et le Conseil dut céder à leurs sollicitations. Il permit l'échange de la prestation en nature contre des bons payables en argent ; mais les conventions à ce sujet furent entourées de tant de formalités coûteuses, que seigneurs et paysans préférèrent conserver provisoirement l'ancien régime.

Cependant les États de Gallicie présentèrent de nouvelles réclamations ; et comme la cour de Vienne les laissait sans réponse, les États eurent recours à la présentation d'un postulat (vœu officiellement formulé) dans lequel, s'appuyant sur l'abolition de la corvée dans l'archiduché d'Autriche, ils demandaient que la même mesure fût étendue à la Gallicie. A cela, le Conseil aulique répondit que l'abolition de la corvée ferait naître entre les propriétaires et les paysans de nouveaux rapports qui auraient besoin d'être régularisés par des opérations cadastrales, et que le gouvernement manquait des fonds nécessaires pour cet objet. Indignée de ce subterfuge, la noblesse déclara, dans la réunion des États de 1843, qu'elle supporterait les frais nécessaires pour cette régularisation.

Cette proposition était restée sans réponse.

54. — E. REGNAULT.

Il n'entrait pas en effet dans les vues du gouvernement d'apaiser les difficultés nées et à naître entre les nobles et les paysans. Sa politique constante avait été au contraire d'entretenir et d'envenimer les haines; elle n'y réussit que trop bien à l'aide d'une organisation administrative combinée avec la plus infernale habileté.

Depuis le temps de Joseph II, c'étaient les seigneurs qui étaient chargés d'exercer vis-à-vis des classes rurales tout ce qu'il y a d'onéreux, d'oppressif, de cruel dans le système autrichien. Ainsi, la noblesse était chargée du recrutement, de la levée des impôts, de l'administration de la police judiciaire, de l'administration de la justice en première instance et de l'application des peines corporelles; tout ce qui, dans tous les pays du monde, représente l'autorité dans ses rigueurs et son impopularité, était là, forcément, l'apanage de la noblesse. Le noble devenu percepteur, recruteur, officier de police, n'était plus, pour ses anciens clients, qu'un agent d'oppression, odieux délégué d'un gouvernement tyrannique; tandis que, de son côté, responsable de l'impôt pour lequel le gouvernement prenait hypothèque sur ses biens, responsable du recrutement pour lequel il était obligé de remplacer les réfractaires, le noble se trouvait dans la cruelle alternative, ou d'user de sévérités obligées envers les paysans, ou de subir les vexations et les confiscations du gouvernement.

Pour ajouter aux mésintelligences, les autorités autrichiennes se réservaient le jugement de toutes les contestations entre les nobles percepteurs et les paysans contribuables. Les impôts avaient été progressivement augmentés, et, comme il arrive d'ordinaire, les mécontentements retombaient bien plus sur l'agent direct qui forçait au paiement, que sur le gouvernement qui fixait la quotité. Les Autrichiens avaient soin d'entretenir les haines. En cas de réclamation pour surtaxe, le paysan était tenu de s'adresser aux autorités du cercle. S'il y avait lieu à dégrèvement, l'administrateur autrichien en donnait directement avis au paysan. Dans le cas contraire, le seigneur était forcé d'exiger le paiement; de sorte que l'administrateur autrichien n'apparaissait jamais qu'à titre de bienfaiteur, laissant au noble le caractère ostensible d'agresseur. Aussi l'opinion était-elle généralement répandue chez les paysans qu'au seigneur ils devaient tous leurs maux, au gouvernement tous leurs soulagements; car toute augmentation de contribution leur était signifiée par l'un, tout dégrèvement par l'autre.

Il en résultait que les nombreux employés du gouvernement, tous Autrichiens, avaient plus d'action sur les paysans que leurs chefs nationaux. Depuis le staroste (capitaine du cercle) jusqu'au plus bas employé, chacun mettait en œuvre l'intrigue et la calomnie pour enflammer les haines et conduire les paysans au dernier paroxysme d'une aveugle fureur. On avait été jusqu'à leur faire pressentir le partage entre eux des terres seigneuriales, et l'exemple donné par la Prusse leur permettait d'espérer que ces promesses ne seraient pas vaines.

Il est maintenant facile de voir quelles profondes différences s'étaient établies, après le partage, entre les trois régions de l'ancien royaume de Pologne. Il est facile de comprendre combien ces modifications sociales rendaient difficile un mouvement d'ensemble, en cas de résistance ou d'insurrection. Dans les provinces soumises au régime russe, le procès entre le maître et le paysan n'était pas même entamé; les appétits des masses n'étaient pas éveillés. Dans le grand duché de Posen, le procès était jugé, terminé depuis longtemps. Les paysans, devenus citoyens, avaient cessé d'être les sujets et les ennemis de leurs anciens seigneurs. En Gallicie seulement le débat s'agitait, rendu permanent par les agents autrichiens. La position du paysan était indéfinissable pour lui-même. Resté sujet du maître, il était passé sous la dépendance des starostes. Il ne savait ni ce qu'il n'était plus, ni ce qu'il était encore, ni ce qu'il était devenu, ni ce qu'il serait; et il s'ouvrit bientôt aux pas sions jalouses une large et sombre carrière.

Les appétits étaient encore excités par des publications empreintes du plus effréné communisme, qui circulaient librement à la connaissance de la censure autrichienne. Un seul passage de ces écrits suffira pour faire juger le reste. On y lisait : « Il faut obéir à « l'Évangile. Or, que porte l'Évangile? *Ren-« dez à César ce qui est à César, et à Dieu ce « qui est à Dieu.* Nous connaissons Dieu, qui « est au ciel; nous connaissons César, qui « est à Vienne. Il n'est pas question de sei-« gneurs dans l'Évangile, pas plus que de « propriétaires. Nous n'avons donc pour « maîtres que Dieu et César. Nous ne de-« vons rien aux seigneurs; tout ce qui est à « eux nous appartient. »

L'Autriche, après avoir ainsi accumulé les matériaux d'un vaste incendie, n'attendait plus qu'une occasion pour y mettre le feu. Elle lui fut bientôt offerte par les généreuses imprudences de quelques hommes qui songeaient constamment à la délivrance de leur patrie.

Vers la dernière moitié de l'année 1845, la police autrichienne apprit qu'il se faisait des mouvements mystérieux parmi quelques seigneurs de la Gallicie ; des émissaires de la Société démocratique polonaise de Versailles agitaient les étudiants de Tarnow, et l'on était bien certain qu'à tout moment et en toute occasion de nobles cœurs se trahiraient, dès qu'il y aurait un rayon d'espoir pour faire revivre la liberté.

Aux premières informations, l'Autriche aurait pu étouffer et paralyser tout mouvement. Ses renseignements suffisaient. Ses forces étaient au delà de ce qu'il fallait. Mais les conjurés étaient en petit nombre, la proie était insuffisante à ses appétits de vengeance : aspirant à la destruction de la noblesse entière, elle était heureuse de trouver quelques coupables pour entraîner avec eux les innocents.

Toute la politique de l'Autriche se trouve révélée dans un rapport, en date du 30 janvier 1846, envoyé à Vienne par l'archiduc Ferdinand d'Este, chargé du gouvernement de la Gallicie.

« Le pays est agité, écrivait-il, un mou-« vement semble se préparer, les esprits sont « inquiets. Cependant le gouvernement peut « être tranquille, je n'ai besoin d'aucun ren-« fort, car toutes les mesures sont prises en « cas d'insurrection, pour paralyser le mou-« vement sans compromettre les troupes. »

Il nous reste à faire connaître quelles étaient les mesures dont parlait l'archiduc.

Les paysans excités contre les nobles auraient difficilement passé à des voies de fait, si de nouvelles manœuvres n'étaient venues les égarer complètement et les porter au désespoir. Les nombreux employés autrichiens se répandirent dans les campagnes, dans les villages, dans les cabarets, disant partout aux paysans que l'empereur avait aboli la corvée depuis sept ans, et que les maîtres cachaient cette paternelle mesure pour continuer leurs vexations. Les pauvres ignorants ajoutaient foi à ces impostures, et maudissaient leurs seigneurs en bénissant le gouvernement. On leur disait encore que leurs maîtres avaient résolu de les exterminer, pour faire venir ensuite d'autres cultivateurs plus soumis à leurs volontés. De nombreux émissaires du gouvernement répandaient ces bruits avec mystère, et frappaient de terreur les imaginations faibles et crédules. Souvent on voyait un homme à cheval s'arrêter devant les cabarets, et dire à la foule assemblée : « Pauvres gens, le « malheur vous menace; la mort vous at-« tend! » Et, disparaissant avec rapidité, il les laissait livrés à de folles terreurs. Ces bruits prirent une telle consistance, et les appréhensions devinrent si profondes, que durant quelques mois, au plus fort de l'hiver, des populations entières, n'osant entrer dans les chaumières, allaient camper dans les bois, couchaient dans les fossés et sur les grandes routes, répétant à leur tour avec une naïve conviction que « d'un moment à « l'autre les seigneurs viendraient les mas-« sacrer eux et leurs enfants ».

Les employés autrichiens avaient pour

complices de leur œuvre ténébreuse deux agents également dévoués à l'Autriche, les soldats en congé et les juifs.

Le recrutement se faisant non par la voie du sort, mais d'après la volonté du maître; celui-ci se débarrassait ordinairement des plus mauvais sujets. Le temps du service révolu, ces soldats, après un rude apprentissage sous le bâton du caporal autrichien, revenaient dans leurs foyers plus corrompus qu'auparavant, et le cœur plein de rancunes contre leurs anciens maîtres. Ils ne dépendaient plus d'ailleurs des propriétaires, mais restaient à la disposition du gouvernement.

Vers la fin de 1845, on en licencia 8,000, et on les répandit dans toute la Gallicie, en leur donnant pour mission de surveiller les nobles, et de suivre tous leurs mouvements. En cas d'insurrection, ils étaient autorisés à les saisir et à les livrer morts ou vifs aux autorités du cercle. Les soldats libérés saisirent avec empressement cette occasion de témoigner leur zèle au gouvernement, et surtout de se venger de propriétaires redoutés et détestés.

On avait excité les paysans contre les nobles; il restait encore à les détacher du clergé. Car, en cas d'insurrection, on pouvait craindre que les prêtres, soutenant les nobles et prêchant la cause nationale, n'exerçassent une influence dangereuse sur les paysans, naturellement pieux et pénétrés de respect pour l'autorité de l'Église.

Deux hommes s'attachèrent à combattre cette influence : Breindl de Wallerstern, staroste du cercle de Tarnow; et Luxembourg, riche israélite. Breindl, homme borné, n'ayant que l'intelligence du mal, animé d'une haine violente contre la noblesse polonaise, était le type véritable de l'employé autrichien : insolent et cruel, lâche et rusé, rampant et oppresseur. Son idée dominante était de dénationaliser la Pologne; il disait souvent que les employés et les paysans suffiraient pour peupler la Gallicie, et qu'il fallait détruire la classe intermédiaire des propriétaires. Il crut l'occasion venue de mettre ses projets à exécution.

De concert avec Luxembourg, il imagina d'employer les cabaretiers juifs comme auxiliaires des *urlopniki* (soldats libérés).

En Pologne, où les classes populaires ont de tout temps fait un usage immodéré de la boisson, les juifs, qui ont le monopole des eaux-de-vie, exercent une influence inévitable sur le paysan, dont la seule jouissance est d'aller au cabaret dès qu'il a un moment de liberté. Cependant depuis quelque temps, les seigneurs et les prêtres avaient organisé des sociétés de tempérance pour détourner les malheureux cultivateurs de leurs funestes habitudes. Les juifs voyaient diminuer leurs recettes, et les fureurs de l'avarice étaient venues se joindre chez eux aux haines de religion. Ils étaient dans ces dispositions, lorsque Luxembourg fit répandre parmi eux, par l'entremise de leurs rabbins, des instructions secrètes rédigées par lui et Breindl. Ces instructions les engageaient à réunir tous leurs efforts pour agir sur les paysans et les animer contre les prêtres. Les juifs s'empressèrent d'entrer dans le complot : leur commerce devait y gagner ainsi que leur fanatisme.

Dans tous les cabarets du cercle, commencèrent bientôt à se répéter les rumeurs menaçantes qu'avaient propagées les employés et les urlopniki. On y ajoutait des accusations contre le clergé. « Les prêtres, « disaient les juifs aux paysans, s'entendent « avec les propriétaires contre vous, et dans « ce but ils ont organisé des sociétés se- « crètes de tempérance, exigeant de vous « des serments qu'ils tourneront contre « vous, au profit des seigneurs, tant que « ceux-ci voudront vous imposer un travail « injuste. Car il est reconnu que le paysan « qui a bu devient courageux et bon à se « défendre; tandis que la sobriété l'affaiblit, « le rend timide et craintif devant son maî- « tre. Aussi espèrent-ils s'emparer de vous « plus facilement, quand le jour des massa- « cres sera venu. »

Le paysan n'était que trop facilement disposé à écouter les leçons du juif, et se livrait à de nouveaux excès qui troublaient sa

Le froid était excessif et les forçait à frapper aux fenêtres des cabarets.
(Page 430, col. 2.)

raison et ajoutaient à sa misère. Les frayeurs aussi redoublaient, et, ne sachant à qui se fier, beaucoup de ces malheureux ne pouvant croire encore que les nobles et les prêtres eussent conjuré leur perte, se portaient en foule devant les commissaires autrichiens qui faisaient des tournées dans les divers districts, et les suppliaient de dire ce que signifiaient toutes ces rumeurs menaçantes. Ceux-ci entretenaient la terreur et le désordre en confirmant les nouvelles répandues par les juifs. Ils enjoignaient aux paysans « de bien se tenir sur leurs gardes, de for- « mer des patrouilles de nuit pour éviter « toute surprise, et de ne point craindre « d'opposer la violence à la violence, au « premier mouvement agressif des sei- « gneurs. » C'est ainsi que les agents autrichiens allaient partout donnant des leçons de meurtre.

Pendant que l'Autriche combinait avec une si savante atrocité ses projets de destruction, les nobles infortunés qui méditaient une insurrection, faisaient leurs préparatifs avec la plus insouciante imprudence. Le plan de l'entreprise était gigantesque, les moyens misérables. Comme première mesure, ils devaient s'emparer par un coup de main de la ville de Tarnow, et y établir un gouvernement national provisoire qui servît de point central de ralliement aux autres provinces soulevées à leur exemple. Ils comptaient sur le patriotisme des habitants, sur la jeunesse des écoles, sur la classe des bourgeois, des artisans, des ouvriers, et sur la population des villages. Dans leur aveuglement, ils ne savaient rien de ce qui se passait dans les campagnes. Quand ils parlaient de prendre Tarnow, ils n'étaient pas deux cents conjurés, et la garnison comptait deux mille soldats; et encore ne se donnaient-ils pas la peine de dissimuler leurs desseins. On parlait publiquement de la prochaine insurrection, dans l'hôtel de Cracovie, voisin de la préfecture, à Tarnow, en présence d'employés de la police; on allait même jusqu'à faire boire des officiers autrichiens à la prospérité future de la Pologne. Le gouvernement laissait parler, voyait circuler librement les agents de la conspiration, et n'attendait que le moment où, se livrant d'eux-mêmes, ils offriraient le prétexte aux plus féroces vengeances.

Déjà les soldats libérés étaient répandus en armes sur plusieurs points du territoire; déjà des paysans armés de haches, de faux et de fléaux, attendaient le signal du massacre. Pour en hâter l'accomplissement, Breindl simula l'intention d'arrêter quelques chefs présumés des conjurés; tous se décidèrent aussitôt à quitter Tarnow, et à tenter un soulèvement dans les campagnes.

Un rendez-vous fut donné dans la nuit du 19 au 20 février 1846, à Lysagora, village situé à trois lieues de Tarnow. Les conjurés devaient y être rejoints par Czechowski, ex-major de l'armée polonaise, avec une bande de cent hommes recrutés parmi les jeunes gens des collèges et renforcés de quelques employés des domaines seigneuriaux.

Les conjurés de Tarnow n'étaient pas plus nombreux; ils s'avançaient par petites bandes qui devaient se réunir en route. Au plus épais de la nuit, par un froid excessif, on aurait pu voir de petits traîneaux glissant au milieu des champs et des forêts sur une neige durcie. Ces traîneaux amenaient les conjurés vêtus et armés, comme s'il s'était agi d'une partie de chasse. Le froid était excessif et les forçait à frapper aux fenêtres des cabarets isolés sur la route pour y réchauffer leurs membres engourdis. C'était une poignée de jeunes gens de conditions diverses: des propriétaires du voisinage avec leurs employés et leurs serviteurs, des étudiants, quelques artisans. Le désordre était cependant si grand malgré leur petit nombre, que l'un d'eux oublia un drapeau dans le coin d'un cabaret; un autre laissa ses munitions chez lui. Mais sur la route ils ne recueillirent pas les sympathies qu'ils avaient attendues. Dans un village où ils passèrent, ils convoquèrent les paysans pour les inviter à les suivre; aucun n'y consentit.

Le détachement parti de Tarnow fut renforcé à Laskowa par une petit bande commandée par les frères Wiesiolowski. Quelques autres, au nombre d'une quinzaine, étaient déjà arrivés à Lysagora, et se reposaient chez le curé, en attendant l'arrivée de tous les pelotons.

Mais déjà le gouvernement averti avait pris ses mesures. Une bande nombreuse de paysans et de soldats avait aussi marché toute la nuit, et, se présentant à l'improviste chez le curé, ils surprennent la petite troupe de conjurés, les accablent de coups, les garottent et les jettent dans la cave d'un cabaret. Au point du jour, les frères Wiesiolowski parurent suivis d'une vingtaine d'hommes au plus. Arrivés à la hauteur du cabaret, et voyant un rassemblement considérable, ils en demandèrent la cause aux paysans. Ceux-ci, croyant sans doute qu'on veut les punir de leur première trahison, se dispersent de tous côtés, et vont s'abriter le long des haies, des maisons, dans les prés, sous les arbres, en poussant des hurlements de rage et de terreur. C'était un avertissement pour les conjurés. Mais ils étaient jeunes et généreux, et ne pouvaient croire à un piège. François Wiesiolowski s'avance vers ceux qui, moins effrayés, se tenaient groupés devant le cabaret, et les presse de se joindre à eux, leur disant qu'ils allaient combattre pour la liberté et l'indépendance de leur patrie, et qu'ils comptaient sur le dévouement du peuple à la cause nationale pour accomplir une œuvre qui devait leur apporter tant de bienfaits. A ce discours, quelques soldats libérés, déguisés en paysans, s'étant rapprochés, répondirent : « Nous ne demanderions pas « mieux que de vous suivre, Messieurs, mais « voici bien longtemps qu'on nous dit que « vous voulez nous faire massacrer, et « comme vous êtes armés, nous avons peur « de vous. »

A ces mots, Wiesiolowski, dans un élan d'imprudente générosité, s'écrie : « Afin de « prouver la sincérité de nos intentions, et « le désir que nous avons de fraterniser « avec vous pour le bien de tous, et à con- « dition que vous nous suivrez, je dépose les « armes. » Et il jette en même temps ses armes loin de lui ; les autres conjurés suivent son exemple. Aussitôt les soldats se précipitent sur eux, les paysans accourent ; les malheureux jeunes gens, accablés par le nombre, sont terrassés, garrottés et jetés dans le caveau où étaient déjà entassés les premiers prisonniers. Un seul d'entre eux, Sedjowski, qui avait gardé un pistolet à sa ceinture, voulant défendre ses frères, fit feu sur les assaillants, mais n'en atteignit aucun. Les gazettes officielles de l'Autriche affirmèrent que ce coup de pistolet fut la première cause de la lutte.

Le major Czechowski, averti à temps de l'échec des frères Wiesiolowski, dispersa ses compagnons ; mais à mesure qu'ils se retiraient chez eux, les insurgés étaient saisis et assommés par des bandes disposées sur toutes les routes par la cruelle prévoyance du gouvernement. Pendant qu'un escadron de cavalerie ramenait à Tarnow les prisonniers faits à Lysagora, l'hôpital se remplissait déjà de morts et de blessés qu'amenaient d'un côté opposé les paysans de Sieradza et d'Ulikow.

C'est qu'alors s'accomplissait le projet infernal depuis si longtemps préparé par l'Autriche. Dans cette même nuit qui vit éclater la petite tentative d'insurrection nationale, un signal, donné par une voix mystérieuse, fut répété de village en village par les juifs et les soldats en congé, et sur toute la surface de la province les paysans se trouvèrent armés à la fois de faux, de fourches et de fléaux. Ils furent d'abord indécis, se contentant de faire des patrouilles et de boire copieusement l'eau-de-vie qui leur était gratuitement distribuée par les juifs, sur les ordres de Luxembourg et aux frais du gouvernement. Bientôt l'œuvre de sang et de destruction commença ; les soldats, déguisés en paysans, donnèrent l'exemple ; et les paysans, persuadés qu'ils seraient tués s'ils ne tuaient pas, frappèrent avec une rage aveugle et féroce, sans relâche, sans pitié, comme s'ils eussent perdu toute conscience de leurs actes. Pendant trois jours, du 21 au 23 février, les sanglantes saturnales se poursuivirent ; tous les châteaux furent envahis, tous les habitants massacrés ; il se fit une chasse à l'homme contre tout ce qui n'était pas de la classe agricole, contre tous ceux qui possédaient quelque chose : propriétaires, mandataires, régisseurs, employés particuliers des domaines de la noblesse. Les femmes et les enfants étaient généralement épargnés. Par un calcul habilement raffiné, chaque paysan avait été dirigé contre un autre village, contre un autre maître que le sien, afin de prévenir tout sentiment de faiblesse ou de remords, à la vue de ceux qu'il était accoutumé à respecter.

Dans la plupart des villages, le signal du massacre se donnait par un homme inconnu, arrivant à cheval et annonçant l'approche des nobles à la tête de bandes armées. Il criait aux paysans : « A quelques lieues d'ici on égorge vos frères, levez-vous et marchez. » Tous alors partaient en masse, se jetaient sur les châteaux voisins, et en massacraient les habitants surpris et sans défense.

Parmi les égorgeurs, on voyait aussi des employés autrichiens, appartenant au fisc et à l'octroi, âpres au meurtre et au pillage, et conservant, même au milieu de leurs excès, les bonnets d'uniforme qui les faisaient reconnaître.

Nous ne pouvons retracer toutes les scènes sauvages qu'éclairèrent ces jours de fureur. Quelques exemples suffiront.

Kotarski, propriétaire d'Olasna, était renommé par une vie de bienfaits : on l'appelait le roi des paysans. Apprenant que des bandes nombreuses se formaient aux environs de son habitation, et s'armaient sous prétexte de se défendre contre les agressions des nobles, il crut pouvoir ramener par la persuasion ces hommes égarés, et alla se présenter aux paysans réunis dans un cabaret voisin, seul avec son mandataire, sans défiance et sans armes. Pendant qu'il leur faisait entendre de paternelles exhortations, l'un d'eux courut à Tarnow avertir Breindl que Kotarski cherchait à soulever le peuple, et qu'il s'avançait déjà sur Tarnow à la tête de quelques milliers d'hommes. Le staroste, épouvanté ou feignant de l'être, promit 1,000 florins à qui rapporterait la tête de Kotarski.

Durant ces entrefaites, ce prétendu rebelle était saisi par ses propres paysans et jeté dans une charrette avec son mandataire. En passant devant l'église, il demanda à se confesser, et le curé s'avança tenant dans ses mains le saint-sacrement, lorsqu'un groupe de soldats libérés se précipita en criant au prêtre : « Va-t-en, il n'y a plus de Dieu. » Les paysans, moins féroces, intervinrent et laissèrent administrer le viatique, mais ils ne purent empêcher les soldats de jeter le curé dans la charrette à côté des deux autres victimes. On les dirigeait sur Tarnow, au milieu d'imprécations et de chants sauvages, lorsque des soldats de Breindl accoururent en criant : « Tuez cet animal, 1,000 florins « sont le prix de sa tête; donnez seulement « sa tête. » On renversa la charrette, et les deux malheureux furent assommés à coups de fléaux. Le curé, cruellement frappé, fut sauvé par l'intervention de quelques femmes du peuple.

Horodynski avait été caché dans un coffre-fort par sa femme; celle-ci voyant que les paysans, qui pillaient tout, approchaient de ce meuble, les supplie, au nom de Dieu, d'épargner son mari et de le conduire en lieu sûr. Ils le promirent; et, faisant semblant de vouloir le préserver, ils l'enveloppèrent dans la paille et le mirent sur une charrette, à laquelle ils attelèrent la malheureuse femme, en lui disant : « Puisque tu nous as demandé de le cacher, traîne-le ! » La malheureuse expira de fatigue, et Horodynski périt sous les coups.

La mort de Broniewski ne fut pas moins affreuse. On lui coupa la langue, les oreilles, le nez, tous les doigts des mains, et on lui creva les yeux avant de lui donner la mort. Sa femme fut obligée d'assister à ce spectacle. Le régisseur de sa maison eut toute la peau du crâne enlevée avant d'obtenir la mort. Quatorze personnes périrent ainsi à Zgorska. A Zarow, vingt-trois victimes succombèrent sous les coups des assassins. A Niedzwiadka, domaine de Mme Przyremska, toute une noce qui se rendait à l'église fut massacrée. Dans le château de M. Bzoski, on s'était réuni pour un enterrement : à mesure que les conviés arrivaient, des bandes de paysans, qui les guettaient, les arrachaient de leurs voitures, et massacraient tout, maîtres et domestiques.

Sur certains points de la contrée, une cloche d'appel sonnait l'heure des massacres; ailleurs, c'était dans les cabarets des juifs que se donnait le signal. Les paysans s'écriaient partout : « On nous a donné trois jours de liberté et de pillage. » Et comme si la connivence des autorités n'était pas suffisamment établie par les faits, il se fit un marché public de têtes et de cadavres entre les starostes et les égorgeurs. Les paysans

La ville fut mise en état de siège. (Page 436, col. 1.)

étaient habitués à porter aux préfectures les loups qu'ils tuaient, pour avoir une récompense; pendant trois jours, ils cherchèrent de même les cadavres de leurs seigneurs, et recevaient à la porte des préfectures 10 florins (25 francs) par tête de victime. Après avoir reçu le prix du sang, les assassins, debout sur leurs chariots comme les triomphateurs antiques, traversaient la ville pour aller déposer les cadavres nus et sanglants dans les cimetières, où on les entassait pêlemêle. Cent cinquante morts furent enterrés à Tarnow, et chaque cimetière avait son contingent de victimes.

Le montant de la prime variait selon les localités, mais Breindl dépassait les autres starostes en générosité. Aussi était-ce à Tarnow de préférence qu'on amenait les victimes. M. Lipowski, propriétaire du cercle de Bochnia, avait été saisi par des paysans qui le dirigèrent sur Tarnow. Il leur demanda pourquoi ils ne le conduisaient pas à Bochnia, qui se trouvait dans le voisinage. « Parce que, lui répondirent-ils, il y a là un « mauvais chien d'Allemand qui donne peu « pour les Polonais. »

Parfois il arrivait que les paysans trafiquaient entre eux de leurs prisonniers, les échangeaient, les cédaient pour quelques pintes d'eau-de-vie. Un de ces brigands amena à Jasiel le juge de Polanck, et on ne lui donna que trois florins. Mécontent de cette modique paie, il se mit à crier à haute voix : « Rendez-moi plutôt mon Polonais, j'en tirerai meilleur profit ailleurs. »

Au milieu de ces sanglantes orgies, un nom désormais inséparable de celui de Metternich acquit une cruelle et infâme célébrité. Jacques Szela, né en 1796 au village de Smarzawa, dans le cercle de Tarnow, sur les domaines de la famille Bogusz, avait dès son enfance montré les dispositions les plus perverses. L'habitude invétérée de l'ivresse et du vol l'avait fait à plusieurs reprises condamner en police correctionnelle. Désigné comme soldat en 1818, pour échapper au service militaire, il se coupa deux doigts de la main gauche et revint à la maison paternelle, qu'il remplit de querelles et de désordres. Forcé enfin de plier devant l'autorité d'un père justement irrité, il mit le feu à la maison, et se sauva dans le fond des Karpathes, où il se fit contrebandier.

Deux ans après, son père mourut, et Jacques Szela rentra dans son village, mais ne put longtemps vivre en paix avec son frère et sa belle-mère. Privé d'asile une seconde fois, il eut recours à ses seigneurs, les Bogusz, qui l'accueillirent avec compassion et fournirent à ses besoins ; il se maria au commencement de 1830.

Mais le travail lui pesait. Après la révolu du 29 novembre 1830, il se fit espion de la police autrichienne, et mérita de bonnes récompenses par ses dénonciations, surtout à la suite de l'expédition de Joseph Zaliwski en 1833. Fier de la protection de l'Autriche, il se crut tout permis, et comme sa femme l'incommodait, il la tua. Pour un tel homme, l'autorité fut indulgente, et on ne le condamna qu'à trois ans de prison.

A peine relâché, en 1845, il viola une jeune orpheline, âgée de dix ans. Renfermé de nouveau, il fut relâché au commencement de février 1846 ; on le destinait à un rôle actif dans les massacres. Il répondit dignement à la confiance de ses patrons.

Plein d'audace et d'activité, Szela eut bientôt réuni autour de lui une bande nombreuse de soldats libérés, et, le 19 février, il donna l'exemple des massacres. Ses anciens seigneurs devinrent ses premières victimes. Le 20, dans la journée, les villages de Siedlisko et de Smarzawa furent attaqués par ses bandes, et il se porta lui-même, avec ses fils et les plus féroces de ses partisans, au château des Bogusz. Le chef de la famille, vieillard âgé de quatre-vingt-sept ans et gravement malade, s'était réfugié dans un grenier à l'approche des brigands ; il fut découvert, jeté par la fenêtre et achevé à coups de fléau.

Son petit-fils, âgé de quatorze ans, avait été caché par sa mère effrayée dans les caves d'une maison voisine ; il en fut retiré et égorgé par les ordres de Szela. Nicodème Bogusz, fils du vieillard, frappé lui-même de paralysie depuis quatre années, incapable de se mouvoir, fut tué à coups de fléau, en présence de sa femme et de ses quatre enfants. Enfin, dix-sept personnes furent impitoyablement immolées dans le château, et Szela emmena chez lui, comme trophées de ses victoires, les veuves des victimes et quatre petits enfants, pendant que les brigands qui l'accompagnaient mettaient la maison au pillage.

Ce premier exploit porta haut la réputation de Szela, et il se vit bientôt à la tête d'une petite armée de 10 à 12,000 hommes, avec lesquels il promena partout le meurtre et la dévastation ; se donnant les airs d'un conquérant en pays ennemi, et traitant de puissance à puissance avec les autorités autrichiennes. Son orgueil s'exaltait dans le crime, et il disait à ses compagnons qu'il ne connaissait que trois puissances : *Dieu au ciel, l'empereur à Vienne, et Szela sur la terre.*

Les paysans s'étaient flattés que les terres des seigneurs leur seraient livrées en partage ; mais les starostes leur firent savoir que tant que les veuves et les enfants des nobles vivraient, les biens immeubles resteraient leur propriété. « Je comprends, ré-« pondit Szela ; alors il faut tuer les chiennes « et les petits chiens. »

Voilà l'homme que les autorités autrichiennes non seulement acceptèrent comme complice, mais honorèrent comme un libérateur. Le comte Lezanski, envoyé pour pacifier le pays, se montrait avec Szela dans les rues de Tarnow, échangeant avec lui des cigares. Il contraignit même l'évêque d'inviter Szela à dîner, et de lui envoyer à table un verre de vin pour boire à la santé de l'empereur.

Et afin que la monstrueuse connivence du gouvernement ne fût douteuse pour personne, l'empereur lui-même donna une éclatante marque de satisfaction au forçat libéré.

Le 5 août 1847, parut à Vienne le décret impérial suivant :

« Désirant donner une preuve toute spéciale pour les marques de fidélité données à notre trône, et récompenser la conduite toute légale que le sieur Jacques Szela a tenue dans les événements de Gallicie de l'année passée ; désirant en outre le défendre contre les atroces calomnies qui se sont déchaînées contre lui, nous lui accordons très gracieusement la plus grande médaille en or, portant l'inscription de *Bene meriti*, et suspendue sur un grand ruban.

« Signé : Ferdinand. »

D'autres égorgeurs furent publiquement récompensés, mais avec moins d'éclat que Szela. La mesure des faveurs impériales était proportionnée à la mesure des crimes. L'infâme politique de l'Autriche se révélait tout entière : ses moyens de compression étaient une sanglante Jacquerie, et son habileté diplomatique un pacte des Césars avec un chef de brigands.

Au récit de cette nouvelle Saint-Barthélemy, on pourrait s'étonner que les hommes politiques en France aient pu croire à une rénovation de la Pologne, et saluer de leurs acclamations le réveil d'un grand peuple. Mais avec les mouvements sanglants de la Gallicie coïncidaient d'autres événements qui, pendant quelques jours, par une apparence de succès, ranimèrent les espérances des amis de la Pologne.

La ville libre de Cracovie, dernier et faible asile de la nationalité polonaise, était depuis quelque temps le centre des correspondances entretenues par les Polonais réfugiés en divers pays, qui ne renonçaient pas à l'espoir de rendre leur patrie à l'indépendance. Dans ces correspondances, se rencontraient, sans doute, les illusions et les exagérations ordinaires aux émigrés. A l'étranger, on était impatient ; à Cracovie, on était imprudent. On parlait tout haut d'une prochaine délivrance ; des émissaires de l'émigration tenaient des réunions dans la ville et le prochain soulèvement de la Gallicie était annoncé ; on désignait les seigneurs qui devaient présider au mouvement. Les agitations de la ville ne pouvaient échapper aux résidents des trois puissances. Ils demandèrent au sénat s'il pouvait garantir la tranquillité. Le sénat répondit, le 16 février, qu'il était en parfaite sécurité à l'égard des habitants, mais qu'il ignorait si quelque danger pouvait venir de l'extérieur : dans ce cas, il s'abandonnait à la prudence des trois résidents.

Pour toute réponse, le général autrichien Collin, qui commandait un corps d'armée à Podgorcze, s'avança vers la ville ; il y entra le 18. Les conjurés étaient surpris : quelques coups de feu tirés des maisons trahirent seuls la présence des plus déterminés. Dans la journée du 20, une attaque plus sérieuse se fit contre les troupes stationnées sur la place ; mais le petit nombre des conjurés et la terreur des habitants offri nt aux Autrichiens une victoire facile. On sut depuis que les insurgés étaient au nombre de quatre-vingt-cinq, dirigés par quinze meneurs venus de la Gallicie et de la Prusse.

Mais bientôt le bruit se répandit que plusieurs nobles des environs, à la tête des paysans, étaient en marche sur la ville. En même temps, on parlait de l'insurrection générale de la Gallicie ; on ignorait la véritable nature du mouvement. Parmi les seigneurs insurgés, on citait le comte Patelsky, s'avançant, disait-on, sur la ville, à la tête de 10,000 hommes. La vérité est qu'il avait avec lui 80 cavaliers. On ajoutait, en outre, que 100,000 Krakus parfaitement armés occupaient la forêt de Biébang, et il fut démontré plus tard qu'il y avait là trois à quatre cents paysans effarés, qui s'étaient réunis sans direction et sans chefs.

Quoi qu'il en soit, le général Collin, saisi de frayeur, évacua la ville, le 22, emmenant avec lui tout ce qui pouvait contribuer à maintenir l'ordre public : la milice cracovienne, la police, le gouvernement et les employés. Il n'osa pas même s'arrêter à Podgorcze ou à Wieliezka, s'imaginant que les insurgés allaient traverser la Vistule près d'Orwiécim et d'Igolomia.

D'un autre côté, pendant que Collin fuyait l'approche du comte Patelsky, celui-ci croyant que les Autrichiens s'avançaient vers lui, prenait la fuite et dispersait sa petite troupe.

D'autres bandes furent plus heureuses. Dans leur retraite précipitée, les Autrichiens avaient laissé à Podgorcze et à Wieliezka tout un arsenal d'armes et de munitions, et d'assez grandes valeurs en billets de banque. Les insurgés s'en emparèrent, et, pendant quelques jours, le soulèvement sembla prendre des proportions considérables.

Cependant Cracovie, livrée à elle-même, dépourvue de ses autorités habituelles, ne savait que penser ou résoudre. Quelques habitants, réunis chez le comte Wodziki, formèrent un comité de sûreté. Deux heures après, une troupe armée, composée de ceux qui avaient conspiré avec l'émigration, se présenta, nomma un comité de salut public ; un gouvernement provisoire pour toute la Pologne fut établi ; la dictature fut disputée entre MM. Licowsky, Tiscowsky et Wilziewsky. Ce dernier l'emporta.

Mais ceux qui composaient le gouvernement provisoire étaient pour la plupart inconnus dans la ville, et leur premier manifeste avait une certaine couleur de communisme qui força beaucoup de zélés patriotes à se tenir sur la réserve. Le manifeste abolissait la noblesse, et proclamait le partage des propriétés ; la moindre désobéissance était punie de mort. Une tyrannie nouvelle semblait se révéler. L'élan des cœurs se ralentit un instant.

Cependant le manifeste annonçait que *toute la Pologne était sur pied*. On aimait à croire aux succès de la patrie, et les espérances étaient encouragées par l'arrivée successive de détachements insurgés qui venaient renforcer la ville. Le 25, les montagnards des salines de Wieliezka firent leur entrée triomphale, portant à la tête de leurs colonnes l'image vénérée de la Vierge et l'aigle blanc de la Pologne. Ils chantaient l'hymne national de saint Albert : « Mère de Dieu, Vierge Marie ! » L'enthousiasme gagnait tous les esprits ; la jeunesse entière demandait des armes.

Mais une cruelle réalité vint bientôt dissiper les illusions. Un détachement avait été envoyé de Cracovie en Gallicie pour favoriser l'insurrection de cette province. Arrivé le 25 février à Gdow, ce détachement, au lieu de trouver l'appui des insurgés de Bochnia et de Tarnow, fut attaqué par les paysans. La plupart de ceux qui le composaient furent massacrés ; ceux qui échappèrent vinrent raconter à Cracovie les désastres de la Gallicie.

En même temps, les Autrichiens, instruits du véritable état des choses et de la faiblesse de leurs adversaires, se remettaient de leurs frayeurs. Le général Collin reprit Wiézliezka et Podgorcze ; des troupes russes et prussiennes s'avancèrent sur Cracovie. Toute résistance était inutile. Dans la nuit du 2 au 3 mars, les insurgés, au nombre de 2,500, évacuèrent la ville, et le lendemain ils étaient obligés de se rendre aux Prussiens. Quelques-uns seulement allèrent se perdre dans les montagnes de la Gallicie et de la Pologne russe.

Pendant que Collin négociait avec les bourgeois de Cracovie, un bataillon russe et un détachement de Cosaques y pénétraient; la ville fut mise en état de siège, et le lendemain les troupes des trois puissances y étaient réunies.

XXXII

Questions de réforme. — Proposition de M. de Rémusat sur les incompatibilités. — Discours remarquable de M. Thiers. — Rejet de la proposition. — Interpellations sur les massacres de la Gallicie. — Triste attitude de M. Guizot. — Clôture des Chambres. — Dissolution. — Attentat de Lecomte. — Évasion du prince Louis Bonaparte. — Mariage du duc de Bordeaux. — Élections générales. — Attitude des partis. — Lettre inédite de M. Thiers aux électeurs d'Aix. — Attentat d'un maniaque contre les jours du roi. — Résultat général des élections. — Triomphe des conservateurs. — Besoin universel de réforme. — M. Guizot et M. Émile de Girardin. — Conservateurs progressistes. — Discours de M. Guizot à Lisieux. — Promesses de réformes.

Les questions de réforme électorale et parlementaire, toujours repoussées par la Chambre, étaient toujours reprises par l'opposition; et malgré les décisions du scrutin, l'opposition gagnait constamment du terrain par des discussions savantes, qui retentissaient au dehors, et faisaient pénétrer dans les esprits des mécontentements et des impatiences. Les modifications demandées étaient si modérées, les changements ménagés avec tant de soin, que les hommes même les plus dévoués à la monarchie s'étonnaient d'une opiniâtreté à tout refuser, qui ressemblait plus à de la mauvaise volonté qu'à de la prudence. La bourgeoisie privilégiée avait presque honte de son privilège, et, toute disposée à faire partage de ses droits, elle commençait à murmurer de ce qu'on ne voulait pas accepter son sacrifice. Quant au ministère, jugeant toujours l'opinion publique aux résultats du scrutin, il se fiait aveuglément à ses triomphes répétés,

et ne voyait pas qu'en face d'une Chambre immobile, il y avait toute une population agitée par le besoin d'innover, besoin qui croissait tous les jours par la résistance.

Aussi, chaque fois que l'opposition s'emparait de cette question populaire, ses discours avaient un retentissement qui l'encourageait encore, et, malgré ses échecs successifs, elle y revenait à chaque session. Le 16 mars 1846, M. de Rémusat présenta de nouveau une proposition relative aux incompatibilités des fonctionnaires publics. De récents exemples de corruption donnaient de l'opportunité à la question.

M. Thiers s'y distingua par une éloquence et une audace qui ne lui faisaient jamais défaut quand il prenait rang dans l'opposition.

Après s'être élevé avec force contre les complaisances mutuelles qui lient les députés fonctionnaires aux ministères et les ministres aux députés, il ajoutait :

« Il y a aussi des complaisants pleins de satisfaction d'eux-mêmes; il y a des gens qui croient qu'on ne peut gouverner que par la satisfaction des intérêts privés, qui regardent cela comme nécessaire, qui disent que la corruption est un mal inévitable, que dès lors ce n'est presque pas un mal, que c'est même un bien si l'on peut le faire servir à la cause à laquelle on est attaché; que tout le monde en ferait autant, et que ceux qui blâment voudraient être ou corrupteurs ou corrompus eux-mêmes; que dès lors c'est un mal dont il n'y a pas à s'inquiéter, un mal auquel il faut se résigner, dont il faut tirer parti pour sa cause. Et ces hommes, je les vois, après avoir ainsi souri au mal, se sourire à eux-mêmes, tant ils se trouvent profonds de penser de la sorte...

« Pour moi, j'ai vu beaucoup de choses depuis que j'ai participé aux affaires publiques; je suis plusieurs fois entré au pouvoir, j'en suis plusieurs fois sorti, et j'ai vu le flot des intéressés venir à moi, se retirer, revenir, s'éloigner; cela m'a rendu patient.

« Cela m'a rendu patient, indulgent même : cependant, malgré l'indulgence que l'expérience amène toujours, il y a des choses qui me dégoûtent encore, et il y en a qui m'indignent. Quand je vois des hommes d'une opinion connue la donner pour ce qu'on appelle grossièrement une place; quand je vois ceux qui reçoivent et ceux qui donnent faire cela devant nous, sachant bien que nous n'ignorons pas le sens de ce marché; quand je vois de telles choses, cela me dégoûte.

« Il y a quelque chose qui m'indigne encore, qui révolte en moi l'équité naturelle, c'est quand je vois de vieux employés qui ont travaillé toute leur vie, sacrifiés à l'ambition d'un député défectionnaire. Quand je vois de telles choses, je me dis que c'est un devoir pressant pour nous, ne pussions-nous corriger qu'une partie du mal, de corriger cette petite partie.

Le mal, continuait l'orateur, allait toujours en croissant. Depuis un an, il y avait eu vingt nominations, dont quatorze de députés fonctionnaires : c'est ainsi que le gouvernement poursuivait lentement sa marche vers la contre-révolution.

Comparant ensuite l'Angleterre, véritable pays du gouvernement représentatif, à la France, M. Thiers s'écriait : « Serions-nous donc réduits à n'avoir que la fiction du gouvernement représentatif, quand les autres en auront la réalité! Ah! il fallait nous le dire en juillet 1830! »

Est-ce à dire que M. Thiers regrettât sa participation à la fondation du trône de juillet? Non; car il croyait, lui, le gouvernement représentatif possible en France. Il n'avait aucun regret, mais beaucoup restait à faire.

L'orateur terminait par ces remarquables paroles qui étaient comme un engagement solennel avec l'opposition :

« Je me rappelle ici le noble langage d'un écrivain allemand qui, faisant allusion aux opinions qui triomphent tard, a dit ces belles paroles que je vous demande la permission de citer : « Je placerai mon vaisseau sur le « promontoire le plus élevé du rivage, et « j'attendrai que la mer soit assez haute pour « le faire flotter. »

« Il est vrai qu'en soutenant cette opinion, je place mon vaisseau bien haut; mais je ne crois pas l'avoir placé dans une position inaccessible. »

Ces paroles étaient courageuses, sans doute, elles devaient éloigner pour longtemps M. Thiers de la faveur royale et du pouvoir. Mais en les citant, le *National* y répondait par ces lignes prophétiques : « Qu'il ne se fasse pas illusion : quand le « flot montera, ce sera dans des jours « d'orage, et le vaisseau de M. Thiers est « bien fragile pour résister aux moindres « houles de l'Océan. »

M. Duchâtel tenta de répondre à ce brillant discours; mais ses arguments étaient embarrassés de vagues déclamations et de récriminations maladroites. La condition capitale, à son avis, de la sincérité constitutionnelle, était que le gouvernement fût dirigé dans le sens de la majorité.

Personne, assurément, ne contestait cette

vérité. Mais le ministre ne parlait que de la majorité parlementaire, et l'on reprochait précisément à cette majorité de ne pas représenter la majorité du pays, parce que le nombre des fonctionnaires introduits au parlement empêchait la sincérité des votes.

Cependant la Chambre se contenta de ce triste argument; les fonctionnaires d'ailleurs décidaient dans leur propre cause. Deux cent trente-deux voix contre cent quatre-vingt-quatre se prononcèrent pour le maintien des abus.

En ce moment arrivaient à Paris les premières nouvelles des massacres de la Gallicie. On ignorait les détails; mais il circulait tant de rumeurs sur ces sanglants excès, que tous les esprits en étaient émus. Le 13 mars, M. de Larochejaquelein interpella le ministre des affaires étrangères sur ces cruels événements. Quels détails, de manda-t-il, le ministère pouvait-il donner à la Chambre sur la situation des affaires de la Pologne ? Qu'avait-il fait pour remplir le vœu exprimé par quatorze adresses des deux Chambres ?

M. Guizot répondit froidement que les questions posées avaient, pour la plupart, trait aux actes d'un gouvernement étranger. Le cabinet pouvait donc se dispenser d'y répondre; mais il ne le ferait pas. Si les faits étaient exacts, il ne fallait pas hésiter à les qualifier de déplorables et de coupables; provoquer un bouleversement social pour échapper à un danger politique, c'était un crime ! « Mais, ajoutait M. Guizot, les révolutionnaires font ces choses-là ; les gouvernements réguliers ne sauraient se le permettre. » Cette maladroite apologie était la condamnation la plus formelle de la politique autrichienne; car les faits ne tardèrent pas à se vérifier.

Alors M. Guizot changea de langage; ou plutôt il refusa complètement la discussion.

Dans la séance du 2 juillet, à la Chambre des pairs, M. le comte de Montalembert dévoila dans toute leur horreur les scènes de la Gallicie. Il n'y avait plus à nier, il n'y avait plus à faire des déclamations sur les révolutionnaires, car ces crimes appartenaient bien à un *gouvernement régulier*.

M. Guizot répondit :

« Des faits qui se rapportent aux affaires, aux actes, à la conduite d'un gouvernement étranger, la Chambre comprendra que je n'ai pas à les défendre..... Nous devons être et nous sommes toujours prêts à discuter nos propres affaires, nos propres actes, dans nos rapports avec les gouvernements étrangers; mais les affaires intérieures, les actes intérieurs de ces gouvernements eux-mêmes, il ne nous appartient pas de les débattre. Je ne le saurais pas, je ne le pourrais pas, je ne le dois pas. Je demande seulement qu'on ne tire de mon silence, à cet égard, aucune conclusion, aucune induction. Il ne m'appartient ni de contester, ni d'avouer ce que vient de dire l'honorable préopinant. La discussion, le procès, si on peut se servir de ce mot, s'instruit et se débat en Europe, devant l'opinion européenne ; non pas en France et à cette tribune. Je n'ai point à m'en occuper ici. »

M. Guizot refusait à la Pologne même l'appui d'une parole sympathique; il abdiquait ce beau rôle de protecteur qui a toujours appartenu à la France, et réservait ses bonnes volontés pour M. de Metternich. Il l'avait d'abord protégé par des dénégations ; maintenant il le couvrait de son silence.

Après avoir épuisé les questions politiques par les débats de l'adresse, des fonds secrets et de la proposition Rémusat, la Chambre consacra à des questions matérielles les derniers mois d'une existence languissante et d'une décrépitude prématurée. Chacun comprenait que la législature n'achèverait pas sa carrière légale; chacun s'apprêtait à une lutte prochaine; le ministère pour conserver une position acquise, l'opposition pour réparer ses forces compromises par de nombreux échecs.

A peine, en effet, la clôture des Chambres fut-elle prononcée, qu'une ordonnance de dissolution vint ouvrir carrière aux ambitions. Les élections générales étaient fixées au 1ᵉʳ août, et les Chambres convoquées pour le 19 du même mois.

Avant de raconter les détails du combat électoral qui allait donner naissance à la dernière Chambre de la monarchie, nous devons rappeler quelques incidents intérieurs qui avaient eu lieu pendant la session.

Le 16 avril 1846, à cinq heures du soir, le roi rentrait d'une longue promenade qu'il avait faite dans la forêt de Fontainebleau. Il était sur un char à bancs, ayant à ses côtés M. de Montalivet, et derrière lui la reine et plusieurs princes et princesses de la famille royale. La voiture était entrée dans le grand parc, le long des murs du parquet d'Avon, lorsque deux détonations d'une arme à feu se firent entendre à la gauche du char à bancs : c'étaient deux coups de fusil qui avaient été tirés, du haut de la muraille, sur le roi, par un homme dont le visage était à demi voilé par un mouchoir. La bourre d'un des coups de fusil était tombée entre le roi et M. de Montalivet ; la reine ramassa d'une main tremblante ces débris fumants. Cependant personne n'avait été atteint.

Les gardes forestiers, les gendarmes et quelques officiers de hussards qui accompagnaient le roi se précipitèrent pour entourer l'endroit où se trouvait l'assassin, et bientôt il fut saisi par un palefrenier, qui avait escaladé le mur et s'était élancé à sa poursuite.

Il se nommait Lecomte. Après être entré au service en 1822, il était devenu sous-officier dans la garde royale, avait mérité la croix, et avait été reçu en 1829 dans l'administration des forêts de la maison d'Orléans. Successivement garde à pied, garde à cheval, brigadier et garde général dans les forêts de la couronne, il avait coutume, chaque année, d'accompagner le roi dans ses promenades à Fontainebleau.

Mais, dix-huit mois avant l'attentat, il avait été destitué de son emploi pour une grave infraction au service ; et depuis ce temps on l'avait entendu proférer des menaces contre M. de Montalivet et contre M. de Sahune, conservateur des forêts de la couronne. Il avait écrit plusieurs lettres de plaintes et de récriminations à ces deux personnages, ainsi qu'au général de Rumigny, qu'il considérait comme son protecteur.

L'intendant général de la liste civile, après lui avoir plusieurs fois accordé des secours, avait fait liquider en sa faveur une pension de retraite.

Il s'était retiré à Paris, où plus d'une fois il avait fait entendre des menaces de vengeance. Il était arrivé à Fontainebleau le 16 à six heures du matin.

Au moment où il fut arrêté, il dit seulement : « Je me suis trop pressé. » Il paraît en effet qu'il était un tireur des plus habiles, et ses camarades racontaient qu'il ne manquait jamais un chevreuil à cent cinquante pas. Du reste, il avouait qu'il était venu dans l'intention formelle de tuer le roi.

Il était évident que la politique était complètement étrangère à cet attentat. C'était l'œuvre d'une rancune aveugle chez un homme exalté et sans principes, vengeant sur le roi la juste sévérité de ses chefs immédiats. Cependant l'esprit de parti s'en fit encore une arme contre la liberté ; et le zèle monarchique, exagéré jusqu'à la fureur, appelait la solidarité du crime sur les écrivains et les orateurs de l'opposition.

« Nous entendons dire autour de nous, écrivait le *Journal des Débats*, que le crime est isolé et qu'il est étranger à la politique. Isolé, soit... la justice nous dira cela ; mais quel que soit son jugement, il ne nous persuadera pas que l'attentat de Lecomte ne soit pas un crime politique. *Contre les rois il n'y a pas de crime privé*... Le crime lui-même peut n'être que le fait de l'homme. Les inspirations viennent du dehors. »

Cette thèse, nous le reconnaissons, est assez vraie en général ; mais dans cette occasion elle n'avait jamais été mieux démentie par les faits. C'était donc une triste manœuvre que d'annoncer à l'Europe que, malgré les apparences, il y avait toujours au fond de la société des pensées de régicide, et qu'une guerre implacable continuait

Deux détonations d'une arme à feu se firent entendre. (Page 440, col. 1.)

d'exister entre Louis-Philippe et une partie de la population. Au surplus, l'opinion publique fit justice de ces téméraires accusations, et le procès de Lecomte démontra clairement qu'aucune pensée politique, même chez ce maniaque isolé, n'avait armé son bras. Il subit la peine des parricides avec la résolution d'un homme qui avait calculé toutes les suites de son crime.

Pendant que l'on instruisait le procès de Lecomte, un événement inattendu vint jeter quelques inquiétudes parmi les partisans de la dynastie : le prince Louis Bonaparte s'était évadé, le 25 mai, du château de Ham, où durant six ans il avait été retenu prisonnier.

Depuis plusieurs mois, il était en instances auprès du gouvernement pour obtenir d'aller rejoindre en Italie son vieux père gravement malade, promettant de revenir se constituer prisonnier après avoir accompli ses devoirs de fils. Mais le ministre exigeait de lui des paroles de garantie qu'il lui dictait. Soit qu'il voulût se réserver toute liberté d'action, soit qu'il ne vît dans cette exigence qu'une condition humiliante, le prince refusa. Plusieurs députés, et parmi eux M. Odilon Barrot, s'étaient intéressés à sa demande, qui suivit le cours d'une véritable négociation politique.

Le prisonnier résolut de ne plus compter que sur lui-même, et, secondé par ses amis les plus intimes, il concerta des plans d'évasion avec cette persévérance que donne la captivité.

L'entreprise était difficile : malgré la longue habitude des précautions et leur apparente inutilité, la surveillance ne s'était en rien ralentie. Deux gardiens étaient toujours à demeure au bas de l'escalier : la garde était doublée la nuit; au premier coup d'horloge sonnant dix heures, les lumières étaient éteintes ; on empêchait avec un soin sévère l'approche de la forteresse ; les consignes tendaient surtout à empêcher toute entreprise d'évasion par un secours extérieur. Il fallait donc s'attacher à un plan qui appellerait moins de soupçons, en agissant avec les ressources intérieures.

Le hasard vint offrir une occasion. Vers le milieu de mai, le commandant annonça aux prisonniers que des ordres arrivés de Paris prescrivaient la réparation immédiate de l'escalier et des corridors. Des ouvriers devaient y être employés sous la direction des officiers du génie. La pensée vint aussitôt au prince de profiter de la présence des ouvriers pour s'échapper au milieu d'eux à la faveur d'un déguisement.

Mais on s'assura bientôt qu'à leur entrée les ouvriers étaient l'objet d'une surveillance attentive. Ils étaient examinés un à un par le sergent de garde et par un geôlier spécial ; souvent même le commandant présidait à cet examen, et l'on suivait avec vigilance ceux qui se rendaient seuls dans quelque partie retirée de la citadelle. Il fut remarqué cependant qu'on faisait à peine attention à ceux qui, durant les travaux, prenaient la route directe de la porte extérieure, pour aller chercher des outils ou des matériaux. La marche à suivre était dès lors indiquée.

On savait par une longue expérience qu'à certains jours de la semaine l'un des deux gardiens s'absentait le matin pour aller chercher les journaux, et laissait son camarade seul pendant près d'un quart d'heure. C'était ce court instant qu'il fallait mettre à profit, en trompant la vigilance du seul gardien restant. L'heure d'ailleurs était convenable sous d'autres rapports : d'abord le commandant restait assez tard au lit; ensuite on se donnait la possibilité de gagner Valenciennes assez à temps pour prendre le convoi de quatre heures au chemin de fer de Belgique.

Le projet fut concerté avec le docteur Conneau et Charles Thélin, valet de chambre du prince. Le temps d'emprisonnement de ces deux derniers était expiré, et tous deux, légalement libres, allaient de temps à autre à la ville. Les dispositions furent prises en conséquence.

Charles Thélin, comme il l'avait déjà fait plusieurs fois, demanda la permission de se rendre à Saint-Quentin; au moment de sa sortie, le prince devait se présenter à la porte sous son déguisement d'ouvrier. Cette combinaison avait deux avantages : elle laissait à Thélin la faculté d'attirer seul les regards des gardiens et des soldats en jouant avec Ham, le chien du prince, auquel les gardiens et la garnison étaient accoutumés, et, de plus, elle lui permettait d'adresser utilement la parole à ceux qui seraient tentés de parler au prétendu ouvrier, lorsqu'il traverserait la cour.

Les travaux, qui duraient depuis huit jours, tiraient déjà à leur fin, et il fallait se hâter. Le départ fut fixé au samedi 23. Mais, ce jour même, le prince reçut la visite de plusieurs personnes qu'il avait connues en Angleterre. C'était un contre-temps; mais il en sut tirer parti, en priant ses amis de prêter leurs passe-ports à son valet de chambre, qui allait demander des chevaux pour un petit voyage; ce qui fut fait avec empressement.

Il fallut attendre au lundi 25. Ce jour-là, de grand matin, le prince, le docteur Conneau et Charles Thélin, placés derrière les rideaux d'une fenêtre, attendaient en silence et pleins d'anxiété l'arrivée des ouvriers dans la citadelle. Ils les virent se présenter à six heures et subir l'inspection accoutumée, en défilant au milieu d'une haie de soldats.

Aussitôt le prince se hâta de couper ses moustaches, ce qui produisit un changement notable dans sa figure. Par-dessus ses vêtements ordinaires, il passa une grosse chemise de toile coupée à la ceinture, mit une cravate bleue, une blouse propre, et un pantalon bleu et sali en apparence par le travail. Par-dessus la première blouse, il en passa une seconde en mauvais état et toute souillée. Le reste du costume se composait d'un vieux tablier de toile bleue, d'une perruque noire à cheveux longs, et d'une mauvaise casquette. Ainsi vêtu, les mains et le visage brunis par de la peinture, il se hâta de prendre une tasse de café, chaussa des sabots, plaça dans sa bouche une pipe de terre, et, l'épaule chargée d'une planche, il se mit en devoir de sortir.

La difficulté consistait non seulement à passer à travers les soldats et les gardiens; mais encore à éviter les regards des ouvriers, qui se seraient arrêtés devant une figure inconnue. Il était sept heures moins un quart. Thélin appela tous les ouvriers qui se trouvaient sur l'escalier, et les invita à venir prendre le *coup du matin*, disant à Laplace, son homme de peine, de placer les verres et les bouteilles sur la table de la salle à manger.

Il accourut aussitôt auprès du prince, lui annonçant que c'était le moment décisif, et descendit rapidement l'escalier. Les deux gardiens, Dupin et Issali, étaient à leur poste. On se dit bonjour; et comme Thélin portait un paletot sous son bras, les gardiens lui souhaitèrent un bon voyage. Prétendant avoir quelque chose à dire à Issali, il le tira à part hors du passage, et se plaça de manière que son interlocuteur, pour l'entendre, fût obligé de tourner le dos au prince.

Lorsque celui-ci fut au bas de la dernière marche, il se trouva face à face avec le gardien Dupin, qui se retira vivement pour éviter la planche, dont la saillie en avant masquait le profil du prisonnier. Ce premier péril était à peine passé, qu'un ouvrier qui était descendu derrière lui, le suivit de très près dans la cour, paraissant disposé à lui adresser la parole. C'était un garçon serrurier. Thélin se hâta de l'appeler, et trouva un prétexte pour le faire remonter dans l'appartement.

Au moment de passer devant la première sentinelle, le prince laissa tomber la pipe de sa bouche, et se baissa pour la ramasser : le soldat le regarda machinalement et reprit sa promenade. Le poste fut franchi devant un groupe de soldats, tout près de l'officier du génie et de l'entrepreneur des travaux, sous les yeux de l'officier de garde, qui lisait une lettre. Le portier était à l'entrée de sa loge : mais il ne regarda que Thélin, qui s'avançait tenant le petit chien en laisse. Un sergent cependant se tenait à l'entrée du passage; il tourna vivement les yeux sur le faux ouvrier, mais un mouvement de la planche le força à se rejeter en arrière. Il ouvrit la porte, et le prince, franchissant le seuil, se trouva sur la chaussée qui sépare les deux ponts-levis.

Même à ce dernier moment, une nouvelle émotion l'attendait : deux ouvriers venaient droit à lui du côté où son visage se trouvait à découvert. Ils l'examinaient de loin avec attention, et il les entendit exprimer à haute voix leur surprise de ne pas le connaître. Aussitôt, comme un homme fatigué de son fardeau, il fit passer la planche de droite à gauche; cependant leur curiosité paraissait redoubler, et il devenait difficile d'éviter leur apostrophe, lorsqu'à la distance de quelques pas de lui, il eut le bonheur d'en entendre un qui disait : « Ah! c'est Berthon! »

Le succès était complet. Quelques instants après, le prisonnier franchissait la dernière issue de la forteresse. Charles Thélin courut chercher à Ham le cabriolet qu'il avait loué la veille au soir, tandis que le prince, toujours chargé de sa planche, se dirigeait vers la grande route de Saint-Quentin. Il était à peine arrivé, que le roulement d'une voiture l'avertit du retour de son fidèle serviteur; il s'élança dans la voiture, secoua la poussière qui le couvrait, et, pour se donner l'air d'un cocher, prit le fouet et les rênes.

A l'entrée de Saint-Quentin, que gagnèrent rapidement les deux fugitifs, le prince ôta ses grossiers vêtements de dessus, en ayant soin de conserver sa perruque. Aucun incident sérieux ne les arrêta; à deux heures un quart ils entraient à Valenciennes, et à quatre heures le convoi de Bruxelles les entraînait rapidement vers la liberté.

Les précautions prises dans la forteresse par le docteur Conneau leur avaient donné le temps de gagner la frontière sans être interrompus. Un mannequin avait été placé dans le lit du fugitif, et le docteur avait fait allumer un grand feu dans le salon contigu à la chambre à coucher, sous prétexte que le prince était indisposé. Plusieurs fois, dans la journée, le commandant s'était présenté pour avoir des nouvelles du malade, et on lui avait toujours répondu qu'il reposait. Enfin, à sept heures du soir, impatienté, il insista pour voir le prisonnier : on l'introduisit dans la chambre, et il découvrit avec stupéfaction que le prince était parti. Les télégraphes aussitôt s'agitèrent sur toutes les lignes; mais il était trop tard.

Trois jours après on lisait dans les journaux la lettre suivante, adressée à M. le comte de Saint-Aulaire, ambassadeur à Londres :

« Londres, le 28 mai 1846.

« Monsieur,

« Je viens déclarer avec franchise à l'homme qui a été l'ami de ma mère qu'en échappant de ma prison je n'ai cédé à aucun projet de renouveler contre le gouvernement français des tentatives qui nous ont été si désastreuses. Ma seule idée a été de revoir mon vieux père.

« Avant de me résoudre à cet extrême parti de la fuite, j'ai épuisé tous les moyens de sollicitations pour obtenir la permission d'aller à Florence, en offrant toutes les garanties compatibles avec mon honneur. Mes démarches ayant été repoussées, j'ai fait ce que firent les ducs de Guise et de Nemours, sous le règne de Henri IV, dans des circonstances semblables.

« Je vous prie, Monsieur, d'informer le gouvernement français de mes intentions pacifiques, et j'espère que cette déclaration toute spontanée pourra servir à abréger la captivité de mes amis qui sont encore en prison.

« Je suis, etc.

« N.-L. Bonaparte. »

Du reste, l'évasion du prince Louis n'eut pas le retentissement d'un événement politique; et si les familiers du château s'en alarmèrent, le public n'y porta pas d'autre intérêt que celui qui s'attache à un jeune homme heureusement échappé à un sort rigoureux. « Comme cette évasion, disait le « *National*, ne saurait être gênante pour « personne, nous en félicitons ceux qu'elle « intéresse. Quant à nous, c'est le genre de « succès que nous souhaitons, et que nous « procurerons toujours très volontiers à « toute espèce de prétendant. »

Un autre prétendant réveillait en même temps les espérances ou les illusions de ses partisans, par un acte que le public français apprit avec une profonde indifférence. Le duc de Bordeaux s'unit en mariage à l'archiduchesse Marie-Thérèse-Béatrice de Modène, sœur aînée du duc régnant. Ce prince était le seul en Europe qui eût refusé de reconnaître la royauté de Louis-Philippe. L'alliance conclue n'ôtait donc aucune force à la dynastie d'Orléans, et n'en donnait guère à la branche aînée. Le descendant direct de Louis XIV s'introduisait modestement dans la plus petite principauté du continent.

Mais de plus graves soins occupaient alors tous les esprits. Les élections générales approchaient, et chaque parti faisait appel aux sympathies et aux passions. Le centre gauche et la gauche constitutionnelle, unis dans un sentiment commun d'opposition, avaient formé un comité dont les actives correspondances remuaient toutes les localités ; l'aveu d'une coalition générale était formulé dans les manifestes. « La question pour chaque électeur, disaient-ils, n'est pas de choisir celui qu'il préfère, mais bien, en nommant un homme indépendant, à quelque nuance

Un sergent, cependant, se tenait à l'entrée du passage. (Page 443, col. 2.)

de l'opposition qu'il appartienne, d'empêcher le succès du candidat ministériel. » Du reste, aucune vue nouvelle, aucun principe déterminé ne se rencontraient dans les circulaires. L'opposition constitutionnelle combattait avec des accusations générales ou des promesses de mieux faire, mais ne savait ou n'osait pas proposer un système autre que celui de ses adversaires; laissant ainsi à ses critiques un caractère de rivalité personnelle qui provoquait ou la méfiance ou la tiédeur.

Les radicaux, plus à l'aise et plus hardis, ne cachaient rien de leurs vœux, rien de leurs espérances, et, dissimulant seulement le mot de république, en réclamaient toutes les institutions. Dans les collèges, néanmoins, où ils n'étaient pas en nombre, ils prêtaient leur appui à la gauche dynastique.

Pour le parti légitimiste, il s'attachait à une question toute spéciale devenue le mot d'ordre des meneurs catholiques. La liberté de l'enseignement devait être la question *sine quâ non* imposée par tout électeur de cette opinion. Cet intérêt devait rester supérieur à tout autre motif électoral; et pour que l'engagement fût complet, on exigeait du candidat un mandat signé. La circulaire de ce parti portait les noms de MM. de Montalembert, de Vatimesnil et de Riancey. Il était facile de deviner sous quelle influence ils agissaient; la liberté de l'enseignement ne devait être à leurs yeux que la ruine de l'Université et la domination du clergé.

Chacun apportait une grande ardeur à la lutte; mais personne autant que M. Thiers. Le rival qui l'avait supplanté avait résisté à tous ses coups au sein du parlement, éludant ou renversant les difficultés, traversant les crises, et sortant victorieux même de ses propres fautes. C'était la plus longue fortune ministérielle qu'eût vue la monarchie de Juillet; et, pour un héritier présomptif, la situation était trop lente à s'ouvrir. Il n'y avait pas seulement, d'ailleurs, chez M. Thiers, nous devons l'avouer, des impatiences personnelles; il s'inquiétait aussi, à bon droit, de la précipitation aveugle avec laquelle le gouvernement marchait au sacrifice de toutes les libertés. Attaché à la monarchie constitutionnelle, dont il avait fait son idéal politique, M. Thiers ne connaissait que trop bien les dédains de Louis-Philippe pour cette forme de gouvernement; il ne se dissimulait pas qu'un ministre prêt à céder aux tendances du monarque faisait courir de graves périls à la monarchie, et il savait que M. Guizot n'était pas homme à opposer une forte résistance aux volontés supérieures. M. Thiers, en conséquence, était non seulement un mécontent, mais encore un homme alarmé, voyant arriver à grands pas une contre-révolution, qui ne pouvait être arrêtée que par une révolution. Et l'alternative l'épouvantait.

Aussi voulut-il faire connaître toute sa pensée dans une circulaire adressée à ses électeurs, et qui était non seulement une critique raisonnée de tous les actes du gouvernement, mais comme un avertissement des périls qui menaçaient. Cette pièce importante fut livrée à l'impression; mais avant la publication, M. Thiers crut devoir la communiquer à quelques-uns de ses amis, MM. Duvergier de Hauranne, de Rémusat, Léon de Maleville : ils en trouvèrent le ton trop violent, hostile même à la royauté. Sur leurs conseils, la pièce resta inédite. Nous en avons depuis reçu communication, et il nous paraît que l'histoire a intérêt à la reproduire [1].

Cette pièce, toute importante qu'elle fût, n'aurait sans doute pas exercé une grande influence dans des élections circonscrites, sur lesquelles le pouvoir avait de si grands moyens d'action. Mais il est à regretter que M. Thiers ait cédé à de timides conseils. Dans les occasions solennelles, un homme politique doit à son pays sa pensée toute entière, et plus cet homme est haut placé, moins il a le droit de se taire.

Au surplus, à la veille des élections, un de ces hasards qui servent souvent aux mauvaises causes, vint augmenter les chances du ministère, en appelant autour de lui les peureux et tous ceux qui ne demandent qu'un prétexte pour se convertir.

Le 29 juillet, au moment où, sur le balcon des Tuileries, le roi saluait la foule assemblée pour les fêtes commémoratives de la révolution de 1830, deux coups de pistolet partirent, tirés à une assez grande distance, par un homme caché derrière une des statues du jardin. Cet homme, nommé Joseph Henri, exerçait la profession de fabricant d'objets en acier poli. En proie à une sombre folie, causée par des revers de fortune et de famille, ce malheureux n'avait eu d'autre intention que de recourir, par cet acte, à une sorte de suicide; aussi avait-il tiré sans ajuster, et avec un mauvais pistolet de poche qui ne pouvait porter à la distance où il se trouvait.

Cependant les déclamations recommen-

---

1. Voir aux Documents historiques.

cèrent sur les fureurs des partis; le ministère s'en fit une arme électorale, et bien des esprits crédules se laissèrent entraîner à une indignation qui ne fut pas sans influence sur les opérations électorales.

Pour d'autres, en plus petit nombre, cette tentative s'accomplissait si à propos, l'acte était si maladroit, et par le moment, et par le lieu, et par les moyens, qu'ils étaient tentés d'y voir une manœuvre au profit des candidatures ministérielles.

Les uns et les autres se trompaient, et dans leur indignation et dans leurs méfiances. Mais si le ministère n'en fit pas une combinaison, il sut en tirer parti.

La cour des pairs fut cette fois assez sage pour écarter toute idée de crime politique. Joseph Henri fut condamné aux travaux forcés à perpétuité.

Le résultat des élections dépassa même les espérances du ministère. Les conservateurs revinrent nombreux et compacts; l'opposition était considérablement amoindrie, et la position de M. Guizot semblait désormais inébranlable.

Cependant il y avait, au milieu de ce triomphe, des symptômes qui auraient servi d'avertissement à un ministère moins opiniâtre. Chez les électeurs, comme chez les candidats, le mot de réforme avait été partout prononcé comme une espérance, presque comme une condition. Les conservateurs eux-mêmes, dans tous leurs programmes, dans toutes leurs professions de foi, promettaient des améliorations morales et matérielles, et il devenait évident que la majorité avait reçu pour mandat de faire prédominer une politique plus en harmonie avec les nouveaux besoins.

Déjà plusieurs conservateurs avaient eu à ce sujet des conférences avec M. Guizot. M. Émile de Girardin, entre autres, auquel la direction du journal la *Presse* donnait une certaine importance politique, avait résolument fait les conditions. « Ou des réformes politiques, avait-il dit au ministre, ou des réformes matérielles. A cette condition seulement vous aurez l'appui de mon journal et de mon vote. » M. de Girardin, il est vrai, appartenait à cette école qui mettait les réformes matérielles au-dessus des réformes politiques. Pour lui, les droits électoraux n'étaient que des abstractions qui n'ajoutent rien au bien-être des citoyens. Il voulait plutôt donner satisfaction aux besoins qu'aux idées, et une conquête dans le domaine politique lui semblait bien moins importante qu'une diminution sur la taxe des lettres ou une modification dans la loi des douanes. C'était ce qui le séparait de l'école radicale, qui soutenait, à bon droit, que la réforme politique entraînerait toutes les autres. Quoi qu'il en soit, M. de Girardin comprenait que le pays tout entier appelait les réformes, et qu'il fallait qu'elles vinssent sous une forme ou sous une autre. M. Guizot promit, sans cependant laisser voir par quelles réformes il commencerait.

D'autres conservateurs, MM. Desmousseaux de Givré, Sallandrouze, tenaient à honneur de ne plus compter parmi les *bornes* qu'avait signalées M. de Lamartine. Ils formèrent plus tard le noyau d'une opposition conservatrice qui voulait arrêter la contre-révolution. Mais alors M. Guizot leur donnait des espérances; un discours adressé aux électeurs de Lisieux, après sa nomination, était destiné à satisfaire ou à tromper les amis du progrès.

Dans ce discours, après avoir montré l'ordre et la paix assurés, il ajoutait :

« La politique conservatrice pourra, devra se livrer aussi à d'autres soins, à d'autres œuvres. Un gouvernement bien assis a deux grands devoirs. Il doit avant tout faire face aux affaires quotidiennes de la société, aux incidents, aux événements qui surviennent dans sa vie, sans aller au devant de ces événements, sans chercher des affaires; c'est bien assez de suffire à celles que la Providence nous envoie et de les conduire sagement. Ce devoir rempli, le gouvernement doit aussi s'appliquer à développer dans la société tous les germes de prospérité, de perfectionnement, de grandeur; développement tranquille et régulier, qui ne doit point procéder par secousses, ni poursuivre des chimères; mais qui doit s'adresser à toutes les forces saines que possède la société, et lui faire faire chaque jour un pas dans la carrière de ses espérances légitimes. C'est là, sans nul doute, pour la politique conservatrice, un devoir impérieux, sacré; et c'est là aussi, soyez-en sûrs, Messieurs, un but que cette politique seule peut atteindre. *Toutes les politiques vous permettront le progrès; la politique conservatrice seule vous le donnera.*

C'était un engagement solennel pris par M. Guizot; il ne fallut pas longtemps pour apprécier le cas qui devait être fait de sa parole.

XXXIII

Session de quelques jours. — Majorité prononcée en faveur du ministère. — Insuffisance de la récolte, misère des campagnes. — Imprévoyance du ministre de l'agriculture. — Crise financière. — Position difficile de la Banque. — Mariages espagnols. — Nouveaux dissentiments entre la France et l'Angleterre.

La session de la nouvelle Chambre, qui s'ouvrit le 19 août, fut sans durée. Ce n'était, pour ainsi dire, qu'une revue des forces mutuelles des partis; le cabinet dut se féliciter du résultat; une majorité de 120 voix donna la présidence au candidat ministériel, M. Sauzet. Le candidat de l'opposition, M. Odilon Barrot, n'eut que 98 voix. Le ministère du 29 octobre parut désormais à l'abri de toute atteinte. Au moins avait-il devant lui les cinq années d'une législature dévouée. Rassuré désormais sur son existence, il pouvait en toute sécurité entrer dans la voie des réformes progressives, promises par M. Guizot lui-même à ses électeurs. Mais le succès même l'égara et le perdit; ce qu'on avait promis au moment de la lutte fut oublié au jour du triomphe. Se croyant maître de la France parce qu'il était maître du parlement, M. Guizot ferma l'oreille à toute demande d'amélioration, repoussa tout progrès, se retrancha dans une opiniâtre immobilité, et, content de ce qu'il était et de ce qu'il avait, prétendit que toute la France fût contente avec lui, aveugle et inflexible jusqu'au jour où il succomba sous le mécontentement de toute la France.

La courte session d'août ne fut que l'enregistrement d'un triomphe, et les députés se séparèrent au moment même où des crises intérieures et extérieures auraient dû éveiller toutes leurs sollicitudes. L'intérieur était menacé en même temps d'une disette alimentaire et d'une disette pécuniaire. L'extérieur était assombri par le soulèvement général de toute la diplomatie européenne contre la France, par suite de ce qu'on appelait les mariages espagnols. Nous allons parcourir rapidement ces divers incidents.

La récolte des céréales en 1845 avait été médiocre, et l'insuffisance fut d'autant plus sentie, qu'en même temps la pomme de terre était frappée d'une maladie inconnue qui réduisait de moitié les ressources des cultivateurs. On comptait sur une nouvelle récolte pour combler les vides; la récolte de

Les petites bourses s'ouvrirent sans méfiance. (Page 451, col. 1.)

1846 fut encore plus désastreuse; le déficit s'accrut dans des proportions effrayantes. Une sécheresse extraordinaire, tout en donnant au grain une qualité supérieure, en diminua le rendement d'une manière alarmante. La crainte et la spéculation, se combinant avec les besoins réels, un renchérissement extraordinaire se manifesta sur tous les marchés, même avant que la récolte fût commencée. Ce qui contribuait à l'augmenter, c'est que tous les autres pays de l'Europe, et l'Angleterre surtout, menacés d'une crise semblable, faisaient des demandes considérables.

Le commerce, désespéré, fit un appel au gouvernement pour obtenir l'entrée en franchise des importations étrangères. Le ministère, paralysé par la routine, ne sut pas agir, ou n'agit que trop tard. Alors que les besoins urgents commandaient les mesures

57. — E. REGNAULT.

les plus promptes, le ministre de l'agriculture et du commerce, M. Cunin-Gridaine, perdit un temps précieux à demander aux autorités communales et préfectorales les éléments d'une statistique alimentaire. Alors qu'il était averti par le commerce, toujours mieux éclairé par l'habitude et l'intérêt, le ministre aima mieux attendre les complaisantes communications d'une bureaucratie inintelligente, souvent mal informée, et plus souvent encore disposée à déguiser les vérités fâcheuses.

Le ministre semblait vouloir plutôt être rassuré qu'éclairé. Ses agents le servirent à souhait.

Au milieu des inquiétudes et des souffrances générales, le public fut stupéfait de lire une circulaire de M. Cunin-Gridaine aux préfets, en date du 16 novembre, contenant les assertions les plus rassurantes sur l'état des subsistances, et des termes indignés sur les exagérations des alarmistes. Selon le ministre, le déficit de 1845 avait été comblé par les excédents des récoltes de 1843 et 1844, et par une importation de plus de 2 millions d'hectolitres de grains. Quant à la récolte de 1846, il reconnaissait qu'elle était généralement inférieure à celle d'une année ordinaire ; mais il pensait que le déficit se trouverait fortement atténué par la bonne qualité des produits, et presque compensée, dans un grand nombre de départements, par l'abondance des récoltes secondaires.

Mais il y avait quelque chose qui parlait plus haut que les circulaires ministérielles : c'étaient les besoins réels des populations, et les souffrances du commerce. Pendant que le gouvernement affirmait que tout était suffisant, le peuple manquait de tout ; pendant qu'on parlait de l'abondance des provisions, le commerce ne trouvait pas de quoi répondre aux demandes. Il fallut enfin renoncer aux illusions et aux fictions officielles. Une ordonnance royale permit d'admettre en franchise les grains étrangers. Cependant un temps précieux avait été perdu. Au moment même où les grains admis en franchise encombraient les ports de Marseille et d'Arles, de désastreuses inondations interrompaient toutes les communications dans le centre de la France ; les routes étaient défoncées, et l'élévation exorbitante du fret sur le Rhône venait ajouter aux difficultés des transactions.

Un autre obstacle démontrait le prix du temps et l'imprévoyance du ministre. Au mois de décembre, les glaces interrompent pour plusieurs semaines la navigation de la mer Noire et de la mer d'Azow. C'est là que le commerce trouvait ses plus grandes ressources ; mais l'ordonnance royale venait trop tard. Il fallut attendre ; et attendre, c'était continuer de souffrir.

Il est vrai que le gouvernement, ouvrant enfin les yeux, s'efforça de réparer les maux causés par son aveugle confiance. Le département de la guerre, qui consomme annuellement 500,000 quintaux de froment, décida qu'il demanderait à l'étranger son approvisionnement de 1846 et de 1847 ; la marine prit la même résolution : ses achats annuels étaient de 100,000 quintaux. Enfin les fourgons de l'artillerie furent employés au transport des grains accumulés dans les ports de la Méditerranée.

On donna aussi une nouvelle impulsion aux travaux de l'État, afin d'ajouter aux ressources des populations ouvrières ; des chantiers considérables furent établis sur tous les points, pour réparer les ravages des dernières inondations et pour rétablir les communications interrompues.

En même temps, dans les différentes localités où les souffrances populaires étaient les plus vives, les autorités municipales s'efforçaient de les soulager, soit en ouvrant des ateliers de charité sur les routes et sur les chemins vicinaux, soit en allouant des crédits destinés à payer aux boulangers la différence du prix du pain livré au-dessous du cours aux ouvriers nécessiteux et aux indigents. A Paris, le conseil municipal maintenait, en faveur des indigents, le prix du pain de première qualité à 80 centimes les deux kilogrammes. Les différences énormes que l'on dut payer par suite de cette mesure forcèrent la ville à contracter un emprunt de 25 millions.

Malheureusement les mesures de charité ne sont que des soulagements momentanés qui n'apportent aucun remède aux véritables causes d'une crise.

A la rareté des céréales se joignait la rareté du numéraire produite par le jeu effréné des spéculations, qui, après avoir excité de folles espérances, accumulaient de nombreuses ruines.

La Chambre qui venait d'être dissoute avait voté les six grandes lignes de chemin de fer qui doivent, dans toutes les directions, rayonner autour de la capitale, et la mettre en communication avec tous les points du territoire, savoir :

La direction du nord-ouest par Rouen, le Havre, Caen et Cherbourg;

La direction du nord par Valenciennes, Lille, Dunkerque et Calais;

La direction de l'est par Metz, Nancy et Strasbourg;

La direction du midi par Lyon, Avignon et Marseille;

La direction du centre et du sud-ouest par Orléans, Bourges, Tours, Bordeaux et Nantes;

La direction de l'ouest par Chartres, Alençon, Rennes, le Mans et Nantes.

D'autres lignes secondaires avaient été également votées.

Aussitôt se mirent en mouvement gros et petits financiers; des compagnies nombreuses se formèrent, les unes agissant avec des capitaux considérables, les autres avec des capitaux fictifs; mais les unes et les autres inondant le public de prospectus fabuleux et offrant aux passions avides les promesses les plus exagérées. On répondit à leur appel avec un empressement aveugle; les plus petites bourses s'ouvrirent sans méfiance; les épargnes de l'ouvrier, du domestique, du petit commerçant, furent jetées dans l'abîme sans fond de l'agiotage. La spéculation se développa sur une échelle immense. Non seulement on trafiquait sur des actions de compagnies non encore constituées, mais encore on vendait et l'on achetait avec primes des promesses d'actions. Tous les esprits sérieux prévoyaient une catastrophe qui devait porter sur tous les rangs et sur toutes les fortunes. La production, d'ailleurs, et par conséquent le travail et le commerce, se trouvaient arrêtés ; car, chacune des compagnies exigeant un premier versement, les sommes improductives s'accumulaient dans les caisses; aux transactions sérieuses avaient succédé la fiction et le mensonge : il n'y avait plus d'affaires, il n'y avait que des jeux de Bourse.

Au moment même où, par suite de ces coupables manœuvres, le numéraire disparaissait de la circulation, d'immenses achats en céréales obligeaient d'exporter des sommes considérables en espèces. D'un autre côté, la crise des subsistances étant générale, les marchés étrangers étaient dépourvus de numéraire, et c'était en France encore que l'argent se trouvait au meilleur taux. Alors vint le tour de la spéculation étrangère. Des demandes considérables en numéraire furent faites par l'Allemagne, la Hollande, la Belgique, la Suisse, l'Espagne. L'argent disparaissait rapidement; les plus rudes atteintes étaient portées au commerce, et le premier établissement de crédit, la Banque de France, se trouvait ébranlé. Au 31 décembre 1846, son découvert en billets s'élevait à 258 millions, et les comptes courants du Trésor et des particuliers atteignaient 110 millions. C'étaient donc 368 millions exigibles qui n'étaient représentés que par 71 millions d'espèces. Et il n'y avait pas d'espoir de voir rentrer le numéraire, tant que l'argent aurait une valeur plus grande à l'étranger qu'en France. Pour rétablir l'équilibre entre Paris et les places étrangères, il fallait donc donner à l'argent en France une valeur plus grande en élevant le taux officiel de l'escompte. En conséquence, au commencement de janvier, la Banque fit savoir qu'elle portait le taux de l'escompte de 4 à 5 pour 100. Cette mesure, prise brusquement, à une époque de l'année où les transactions sont ordinairement très nombreuses, causa beaucoup d'alarmes dans le commerce, et devint l'objet de vives critiques. Mais les hommes au courant des affaires, et qui se rendaient bien compte de la situation des divers marchés, applaudirent à la décision énergique de la Banque, ne lui faisant qu'un seul reproche, celui de ne l'avoir pas prise plus tôt. Par là peut-être eût été évitée la crise monétaire. Dans des opérations de cette nature, les avantages ou les inconvénients dépendent surtout du moment et de l'opportunité. Aussi, cette mesure, devenue tardive, risquait d'être insuffisante, si un secours imprévu n'était venu apporter à la Banque des ressources nouvelles.

Le 17 mars 1847, l'empereur de Russie fit offrir à la Banque de lui acheter, au cours moyen du 11 (115 fr. 75 c.), des inscriptions de rentes pour un capital de 50 millions en numéraire, livrables à Saint-Pétersbourg.

Cette négociation importante eut sur la place un grand retentissement et produisit une hausse considérable dans les cours publics. Elle fit aussi sensation dans le monde politique. Quelques personnes voulurent y voir un signe de rapprochement entre la France et la Russie, et s'imaginèrent que la diplomatie allait entrer dans une voie nouvelle. C'était donner à une opération de banque une trop haute portée. L'empereur de Russie avait simplement cherché à conclure une bonne affaire, et en cela ses calculs étaient habiles. En effet, la Banque de France, ayant épuisé son numéraire, dont une grande partie avait soldé l'achat des grains russes, allait être obligée de restreindre ses opérations; elle se trouvait dès lors en mesure de les continuer. D'un autre côté, la Russie ayant encore de grandes masses de céréales à écouler, et les négociants français ayant des achats considérables à faire, la Banque devenait l'intermédiaire obligé des transactions; ses traites sur Saint-Pétersbourg, jusqu'à concurrence de 50 millions, allaient servir en grande partie à payer en Russie même les grains achetés pour le compte de la France. De sorte que l'empereur de Russie, vendeur pour les blés, acheteur pour les inscriptions de rentes, réalisait un double profit sur les deux opérations, et gardait en définitive son numéraire en écoulant ses céréales. De son côté, la Banque se remboursait sur le commerce français du montant de ses traites, et le commerce, tout en obtenant des bénéfices considérables, ramenait l'abondance sur la place, et faisait diminuer le prix de la plus précieuse des denrées. Il y avait donc profit pour tout le monde; et la Banque, sortant victorieuse de ses embarras, vit refluer dans ses caisses le numéraire destiné à remonter le crédit public et privé.

Nous avons un peu anticipé sur les événements pour suivre jusqu'au bout la crise alimentaire et financière. Il nous faut revenir sur la question toute politique des mariages espagnols.

De tous les actes importants de Louis-Philippe, aucun ne lui a valu de la part des hommes politiques plus d'éloges et de blâmes; sur aucun les opinions n'ont été plus fortement partagées, même parmi les amis de la dynastie d'Orléans. Pour les uns, c'était une grande et habile combinaison, digne des beaux temps de Louis XIV; pour les autres, c'était un misérable calcul de père de famille, sacrifiant à l'intérêt de ses enfants les intérêts de deux grandes nations et la paix du monde. Mais pour qui veut rester dans la mesure de la vérité, cette question ne fut ni si grande, ni si petite. Louis-Philippe ne fut ni si habile ni si coupable que l'ont prétendu les partis; et s'il y avait dans le fait un peu plus qu'un simple mariage, il y avait beaucoup moins qu'une grande conception politique.

L'abolition de la loi salique en Espagne et le rétablissement de l'ancienne loi nationale, qui admettait les femmes au trône, donnaient une grande importance au mariage de la jeune reine, et les deux pays, qui, depuis si longtemps, luttaient d'influence dans la Péninsule, la France et l'Angleterre, devaient nécessairement se croire un certain droit d'intervention dans le choix d'un époux royal, de qui pouvait dépendre de graves intérêts. Louis-Philippe surtout en était vivement préoccupé; et même beaucoup avant le temps où l'âge et la nature pouvaient permettre de songer au mariage d'une enfant, il entrait en négociation comme pour une chose prochaine. Dès avant 1840, alors que la reine Christine occupait encore la régence, cette question s'agitait entre eux, la régente y cherchant un moyen d'augmenter sa propre influence, et, dans cette vue, offrant à Louis-Philippe beaucoup au delà même de ce qu'il demandait. Ainsi, pour s'unir fortement avec la France et trouver auprès du roi un appui qui la protégeât contre tous ses ennemis, elle lui demandait avec insistance un double mariage, celui du duc d'Aumale avec la reine Isabelle, et celui du duc de Montpensier avec l'infante Louise-Fernande. Cette combinaison d'ailleurs était approuvée par les conseillers de la régente, et les hommes les plus considérables parmi les christinos l'appuyaient de leurs vœux et de leurs influences.

Mais, quelque séduisante que fût cette offre, Louis-Philippe en comprenait tous les dangers. L'Angleterre ne pouvait permettre à un fils du roi de France de s'associer au trône d'Espagne, et Louis-Philippe ne se sentait pas assez fort pour braver ouvertement l'Angleterre. Les grandes luttes de l'ambition n'allaient pas à son caractère; il avait déjà repoussé les ouvertures qui lui avaient été faites successivement pour placer le duc de Nemours sur les trônes de la Belgique et de la Grèce; il avait refusé pour lui la main de la reine de Portugal; les mêmes ménagements lui étaient commandés à l'égard de l'Espagne. Ses réponses furent donc positives et absolues en ce qui concernait l'union de sa famille avec la reine. Quant au mariage du duc de Montpensier avec l'infante, il y donnait son consentement, ne dissimulant pas combien il y rencontrait de satisfaction.

La reine Christine ne se tint pas pour battue, et, lorsqu'elle était réfugiée à Paris, pendant la courte domination d'Espartero, elle renouvela ses instances auprès de Louis-Philippe, qui se montra non moins constant dans son refus. Cependant, tout en ménageant les susceptibilités britanniques, lorsqu'il repoussait pour lui-même les avantages de cette alliance, il veillait à ce que la place ne fût pas occupée par un prince livré à l'influence anglaise, qui aurait pu changer toute la situation politique de la Péninsule. Il déclara donc à Christine qu'il n'avait pas d'autre désir que de voir choisir l'époux de la reine exclusivement parmi les descendants de Philippe V, dans la ligne masculine. Cette décision, en laissant assez de latitude au choix, excluait les Cobourgs, que redoutait surtout Louis-Philippe, à cause du patronage britannique.

La ligne masculine de Philippe V comprenait trois fils de don Carlos, deux fils de don François de Paule, deux princes de Naples, frères de Christine, et un prince de Lucques.

Mais les fils de don Carlos se trouvaient écartés par leurs prétentions personnelles, Soutenant que la royauté leur appartenait de droit, aucun d'eux ne pouvait consentir à devenir simplement le mari de la reine. C'eût été d'ailleurs consacrer une usurpation qu'ils avaient constamment combattue. Après eux cependant il restait six princes mariables; cela suffisait aux calculs de Louis-Philippe. Bien d'accord avec Marie-Christine sur ce point, il fit part de cette décision aux trois cours de Londres, de Vienne et de Berlin, en leur demandant leur acquiescement. Mais l'agent diplomatique chargé de cette négociation, M. Pageot, échoua dans sa mission; les trois cours ne voulurent pas se lier par un engagement.

Sur ces entrefaites eut lieu la visite de la reine Victoria à Eu. Au milieu des fêtes et des compliments de l'hospitalité, Louis-Philippe sut habilement amener la conversation sur le sujet qui le préoccupait, fit part à la jeune reine de la combinaison qui devait réserver la main d'Isabelle à un prince de la maison de Bourbon, rappela son propre désintéressement, qui lui avait fait repousser les offres pour son fils, et signala tous les avantages qu'il y aurait à terminer d'un commun accord, entre la France et l'Angleterre, une question aussi importante pour la paix de l'Europe. La reine Victoria répondit à ces confidences par de gracieuses paroles; ce n'était ni le lieu ni le moment des transactions sérieuses; elle fit peu ou point d'objections. Mais lord Aberdeen, interrogé en même temps et dans le même lieu, n'oublia pas son rôle d'homme d'État. Tout en protestant de son désir d'agir de concert avec la France, tout en reconnaissant la convenance du mariage d'un prince de Bourbon avec Isabelle, le ministre ajoutait que l'Angleterre ne voulait cependant prononcer aucune exclusion, et ne reconnaissait même pas à la France le droit de limiter le choix libre du gouvernement espagnol. Le mariage de la reine d'Espagne, disait-il, est une question appartenant exclusivement à l'Espagne, et dans laquelle aucune autre puissance ne pouvait intervenir, à moins qu'on ne tentât de la marier à un prince français. Une pareille alliance éprouverait sans aucun doute une sérieuse opposition de la part de toutes les puissances européennes, car, en augmentant la puissance de la France, elle pourrait, dans l'avenir, compromettre la tranquillité des autres États. Sauf une alliance avec un prince français, le droit de l'Espagne de faire un choix par elle-même lui semblait inattaquable.

Tel était l'état de la question au moment des conférences d'Eu, pour ce qui regardait le mariage de la reine. Louis-Philippe renonçait à toutes prétentions pour ses fils, mais limitait le choix aux princes de Bourbon; lord Aberdeen ne mettait aucun obstacle à ce qu'un de ces princes fût accueilli, mais ne reconnaissait pas à la France le droit de *veto* pour tout autre prince.

Cependant il n'avait pas encore été question du mariage du duc de Montpensier avec l'infante. Ce n'est qu'en 1844, lors de la visite de Louis-Philippe à Windsor, que lord Aberdeen fut informé des désirs du roi à cet égard. Celui-ci néanmoins ajouta que son fils n'épouserait l'infante que quand la reine serait mariée. Lord Aberdeen répliqua : « Et « quand elle aura eu un enfant. — Soit, « reprit Louis-Philippe, je ne demande pas « mieux, car si la reine devait rester stérile, « l'infante deviendrait l'héritière nécessaire « et inévitable, et cela ne ferait pas mon « compte plus que le vôtre. Mais pourtant il « faut un peu de réciprocité dans cette af- « faire, et si je vous donne vos sécurités, « il est juste qu'en retour vous me donniez « les miennes. Or, les miennes sont que « vous ferez ce que vous pourrez pour tâ- « cher que ce soit parmi les descendants de « Philippe V que la reine Isabelle choisisse « son époux, et que la candidature du prince « Léopold de Saxe-Cobourg soit écartée. — « Volontiers, répondit lord Aberdeen; nous « pensons, comme vous, que le mieux se- « rait que la reine prît son époux parmi les « descendants de Philippe V. Nous ne pou- « vons pas nous mettre en avant sur cette « question, mais nous vous laisserons faire; « nous nous bornerons à vous suivre, et, « dans tous les cas, à ne rien faire contre « vous. Quant à la candidature du prince « Léopold de Saxe-Cobourg, vous pouvez « être tranquille sur ce point ; je réponds « qu'elle ne sera ni avouée ni appuyée par « l'Angleterre, et qu'elle ne vous gênera « pas. »

On le voit : la question n'était plus entièrement la même qu'en 1843. Le mariage de l'infante amenait des complications et en même temps des concessions nouvelles. Louis-Philippe s'engageait à faire ce mariage non seulement après celui de la reine, mais encore après provenance d'enfant. De son côté, lord Aberdeen promettait de ne pas appuyer la candidature d'un Cobourg, sans cependant reconnaître positivement le droit que prenait la France d'exclure tout autre prince qu'un descendant de Philippe V.

Quoi qu'il en soit, le cabinet des Tuileries vit ou feignit de voir dans ces conversations un contrat qui liait les deux parties, ou devait les dégager toutes deux, si l'une manquait à sa parole, ou simplement interprétait d'une manière différente les engagements pris.

Pendant ce temps, la reine Marie-Christine, entrant dans les vues de Louis-Philippe, cherchait à négocier le mariage d'Isabelle parmi les princes descendants de Philippe V. Ses préférences personnelles étaient pour son frère, le comte d'Aquila. Mais ce prince avait jeté ses vues ailleurs, et se maria bientôt avec la princesse du Brésil, dona Januaria. Dès lors la préférence de Christine passa à son frère cadet, le comte de Trapani. Mais la candidature de ce prince souleva en Espagne de graves mécontentements parmi les progressistes et même parmi beaucoup de modérés. On le représentait comme un homme faible de corps et d'esprit, livré aux superstitions les plus fanatiques, qu'il avait puisées dans le couvent des jésuites à Rome, où son éducation venait à peine de s'achever. Les agents anglais ajoutaient à l'irritation, dans la persuasion où ils étaient que le comte de Trapani était un candidat de Louis-Philippe. L'ambassade anglaise à Madrid était alors occupée par M. Bulwer, diplomate de l'école de Palmerston, actif, entreprenant, et faisant passer avant toute autre considération les intérêts britanniques. Appuyant les progressistes sans s'engager avec eux, il les aidait à créer des embarras au trône, et se servait de leurs journaux pour couvrir ses ruses diplomatiques. Sa main était dans toutes les intrigues, son or au fond de tous les mouvements, toujours placé avec fruit, et rapportant de gros intérêts à la cause anglaise. Il se fit dès l'abord l'écho complaisant des oppositions qui se manifestaient contre la candidature du comte de Trapani, les excitant même par ses influences et gagnant au sein des Cortès une foule de partisans. Les répugnances des hommes politiques, appuyées des hostilités de la presse, se signalèrent avec tant de vivacité, que Marie-Christine, effrayée d'une résistance aussi prononcée, se laissa tout à coup gagner par les conseils ou les menaces de M. Bulwer, et rejeta publiquement sur Louis-Philippe la responsabilité de la candidature de Trapani. Une lettre adressée au journal *l'Heraldo*, le 6 juin 1846, par M. Rubio, secrétaire particulier du duc de Rianzarès (c'était le nouveau titre de M. Munoz, mari de la reine mère), apprenait au public que le prince impopulaire avait été imposé par le cabinet des Tuileries. L'accusation n'était pas fondée, et témoignait ou une étourderie impardonnable ou une profonde ingratitude envers Louis-Philippe. Ce prince en fut vivement irrité, et ne laissa pas ignorer ses sentiments à sa royale cousine. Une correspondance très aigre s'ensuivit entre eux, et Marie-Christine eut peine à faire accepter des excuses, qui, d'ailleurs, étaient assez mal justifiés.

M. Bulwer, en habile diplomate, s'empressa de profiter d'une querelle intérieure dont il avait eu la confidence. La vanité blessée de la reine lui venait en aide; l'ambassadeur, qui avait si longtemps comploté avec ses ennemis, devint son complice contre la France. Non seulement Trapani fut sacrifié, mais aussi la politique de Louis-Philippe et la branche masculine de Philippe V. De concert avec Bulwer et par son entremise, Marie-Christine écrivit au duc régnant de Saxe-Cobourg, à l'effet de lui demander la main de son cousin, le prince Léopold de Saxe-Cobourg, pour la reine sa fille. Heureusement pour le roi des Français, les tories qui dirigeaient le cabinet de Londres étaient moins ardents que leurs agents diplomatiques. Lord Aberdeen jugea que la loyauté lui commandait d'avertir Louis-Philippe d'une démarche qui pouvait troubler les bonnes relations des deux cabinets; il ajoutait en même temps que ni la reine Victoria, ni le prince Albert, ni le gouvernement, ne donneraient appui ou encouragement à la demande de la reine Christine. Lord Aberdeen fit plus. M. Guizot lui ayant représenté qu'on aurait le droit de réclamer de lui le désaveu positif des agents anglais, dont les intrigues avaient amené cette démarche de la reine Christine, une sévère réprimande fut adressée à M. Bulwer. Celui-ci était sur le point de donner sa démission, lorsque le ministère tory, battu à la Chambre des communes sur un bill qui avait pour effet d'augmenter les rigueurs contre l'Irlande, annonça sa retraite le 20 juin.

Dans le ministère nouveau, présidé par lord John Russell, le portefeuille des affaires étrangères était confié à l'homme qui s'était le plus signalé par ses ardentes inimitiés contre la France, lord Palmerston. Il n'était pas à présumer que la question espagnole dût offrir entre ses mains de plus faciles accommodements. En effet, peu après son installation au *Foreing-Office*, le 19 juillet, lord Palmerston envoyait à M. Bulwer ses instructions sur l'affaire d'Espagne. Cette dépêche, écrite d'ailleurs sur un tout autre ton que celle de lord Aberdeen, ne fut pas, selon l'usage, toujours suivi par ce dernier, communiquée avant l'envoi au représentant de la France à Londres. Elle était déjà partie lorsque Palmerston en donna connaissance au comte de Jarnac. On y lisait le passage suivant : « Les candidats à la main de la reine d'Espagne sont réduits à trois, savoir : le prince Léopold de Saxe-Cobourg, don François d'Assise, duc de Cadix, et don Enrique, duc de Séville. »

En voyant le nom du prince de Cobourg placé sur cette liste, et placé en tête, en première ligne, le comte de Jarnac fut stupéfait. Il dit au ministre que c'était contraire aux assurances constamment données par son prédécesseur. Il avait été formellement convenu que l'Angleterre ne prêterait aucun appui aux Cobourgs; il avait été expressément déclaré par la France qu'elle entendait maintenir le choix du candidat parmi les princes de la maison de Bourbon, et voilà que l'Angleterre, non seulement reconnaissait officiellement la candidature du prince exclu, mais semblait lui réserver la première place! Le comte de Jarnac n'eut pas de peine à démontrer que les engagements antérieurs se trouvaient rompus, et que la question se présentait désormais sous un tout autre aspect. A toutes ces observations, lord Palmerston répondit que la pièce était envoyée, et, tout en protestant de ses désirs de rester en de bons rapports avec la France, il ne voulut en rien se rétracter.

Ce brusque changement dans l'état des choses avait une portée d'autant plus grande, qu'au moment même Louis-Philippe venait de se prononcer très énergiquement contre M. Bresson, notre ambassadeur à Madrid, qui, malgré ses instructions formelles, avait enjoint et obtenu la simultanéité du mariage des deux princesses avec don Francisco et le duc de Montpensier.

La volonté de Louis-Philippe, à cette époque, est si clairement exprimée, qu'il est utile de donner quelques extraits de ses lettres.

Le 20 juillet il écrivait à M. Guizot :

« Mon étonnement est d'autant plus grand que Bresson se soit ainsi compromis sur la *simultanéité des deux mariages*, qu'il les savait diamétralement contraires à ma volonté, et autant à la résolution du duc de Montpensier et de toute ma famille, qu'il a dit lui-même n'y avoir pas été autorisé par vous, et qu'il a recours, pour justifier une pareille incartade, à faire des commentaires sur les lettres de Desages et de Glucksberg....

« Il résulte de tout ceci qu'un désaveu formel est indispensable. Comment le faire est la seule question à examiner... Le donner promptement et nettement *sur la simultanéité et sur la conclusion définitive*, avant la discussion des articles, est encore ce qui peut mieux pallier les entraves que cette triste campagne ne peut manquer de faire surgir. »

Le même jour il écrivait encore :

« Mon cher ministre,

« Le duc de Montpensier me rend vos lettres de Bresson, que je vous remets bien à la hâte. Il concourt *très vivement* à tout ce que je vous ai écrit ce matin. Il faut effacer, annuler formellement, tout ce que Bresson a dit en sus de ce que j'avais autorisé. Il faut que les miens sachent qu'il est interdit à Bresson de dire ce qu'il a dit, et que la simultanéité est inadmissible. Il nous a fait là une rude campagne; il est nécessaire qu'elle soit *biffée*, et le plus tôt possible. »

Dans une nouvelle lettre du 24 juillet, il insiste de nouveau :

« Il faut donc qu'il n'y ait pas seulement un désaveu verbal de la part de Bresson, qui serait *verba volant*, même s'il le faisait complet, ce qu'il ne ferait probablement jamais; mais que ce désaveu *soit remis par écrit* à la reine Christine, de manière à ce qu'on ne puisse jamais essayer de nier le positif ou d'en contester la notification. »

Mais, en ce même jour, le 24 juillet, M. Guizot envoyait au roi communication de la dépêche de Palmerston, datée du 19 juillet. Il ajoutait dans sa lettre : « Ma pre-

Cette nuit du 26 au 27 fut passée dans de scandaleuses orgies entre les deux reines....
(Page 459, col. 1.)

mière impression, en recevant ceci, est que nous devons nous attacher plus que jamais à notre idée actuelle : *Cadix et Montpensier.* »

Louis-Philippe lui répondit le 25 :

« Mon cher ministre,

« La lecture des pièces que j'ai reçues de vous ce matin à neuf heures et demie, et que je vous renvoie immédiatement, me laisse sous l'empire des plus pénibles impressions ; non pas que je m'attendisse à mieux de lord Palmerston, mais parce que j'espérais qu'il ne se serait pas mis si promptement à découvert. Mon impression actuelle est qu'il faut lui rendre coup pour coup, et le prendre tout de suite corps à corps... Jarnac a parlé à merveille ; mais actuellement nous avons à préparer, selon moi, une riposte à cette étonnante et détestable dépêche, dont je crois que nous pourrons faire fortement repentir lord Palmerston. »

Cependant le déplaisir de Louis-Philippe ne l'entraîne pas encore à revenir sur sa

58. — E. REGNAULT.

détermination. Car il ajoute dans la même lettre :

« Tout ceci doit nous presser encore plus de faire parvenir à la reine Christine le *désaveu de la simultanéité*. Plus nous avons de mauvaise foi à craindre, plus il importe que les cartes que nous avons en main soient nettes, et qu'on ne puisse pas nous accuser d'avoir deux langages, et d'être exposés au parti qu'on pourrait en tirer contre nous. »

Enfin, il écrit dans le *post-scriptum* :

« Je vous conjure de ne pas accoler, dans vos lettres à Bresson, *Cadix et Montpensier*; cette accolade sent trop la simultanéité, et elle est trop désagréable à tous les miens, et ne me convient pas mieux qu'à eux. »

M. Guizot s'aperçoit qu'il s'est trop avancé. Cependant il cherche avec ménagement à combattre les timidités du roi.

« Je suis tout à fait d'avis, écrit-il dans une lettre du même jour, que le roi ne doit pas s'engager à la simultanéité des deux mariages, et que, tout en manifestant l'intention de faire celui de monseigneur le duc de Montpensier, c'est seulement lorsque celui de la reine sera conclu qu'on doit traiter définitivement de l'autre; mais je prie en même temps le roi de réfléchir combien la situation est en ce moment délicate, tendue, critique. Il va se faire évidemment un grand effort pour le Cobourg. Notre parade contre ce coup, c'est *Cadix et Montpensier*. N'affaiblissons pas trop cette parade au moment même où nous avons besoin de nous en servir. »

Il résulte assez clairement de ces lettres que M. Guizot se regardait comme entièrement dégagé des conventions arrêtées avec le cabinet anglais, tandis que Louis-Philippe hésitait encore. Il est vrai de dire qu'il n'avait jamais désiré la simultanéité des deux mariages ; il ne la désirait pas davantage après la dépêche du 19 juillet; mais les circonstances l'y entraînèrent, et il ne se crut plus tenu aux promesses faites à lord Aberdeen, en présence des agressions de lord Palmerston.

En effet, lorsque Marie-Christine et ses conseillers virent que le ministre entreprenant de l'Angleterre présentait officiellement comme son candidat le prince de Cobourg, ils s'effrayèrent de l'influence que pourrait avoir ce mariage accompli par une pareille main. L'ex-régente n'oubliait pas que c'était aux intrigues britanniques qu'elle avait dû son expulsion et le triomphe d'Espartero ; elle ne se dissimulait pas que Bulwer et Palmerston étaient prêts à seconder les progressistes; et quoiqu'elle eût elle-même provoqué cette combinaison du temps, de lord Aberdeen, elle vit combien elle devenait menaçante pour elle sous le patronage de lord Palmerston. Il entrait donc dans ses vues de contraindre Louis-Philippe à se prononcer. La simultanéité des deux mariages lui avait été promise par M. Bresson; il lui importait de l'obtenir définitivement pour s'assurer la puissante protection de la France. Dès lors, à toutes les ouvertures qui lui furent faites sur le mariage de la reine avec don Francisco, duc de Cadix, elle subordonnait son consentement au mariage simultané de l'infante avec le duc de Montpensier. Un ajournement, selon elle, compromettait le second mariage et le rendait peut-être impossible ; il fallait se prononcer sur l'heure, et se prononcer sur les deux unions à la fois, l'une étant la condition *sine quâ non* de l'autre. Elle laissait même pressentir qu'à défaut d'une prompte acceptation, elle ne pourrait plus résister à la pression de l'Angleterre et de ses agents, et qu'elle se verrait contrainte d'accepter le prince de Cobourg. Il est probable aussi que M. Bresson, pour réparer sa propre erreur, exagérait les inquiétudes et les exigences de Marie-Christine.

Quoi qu'il en soit, aux Tuileries on jugea qu'il y avait urgence. Un Cobourg sur le trône d'Espagne était un échec irréparable à l'influence française. De lord Palmerston, on pouvait tout attendre; sa venue était déjà un signal de troubles; ses premiers actes semblaient une renonciation à tous les engagements antérieurs. M. Bresson fut autorisé à reprendre la négociation sur les deux mariages simultanés; la conclusion était prévue d'avance.

Jusque-là le gouvernement français, dans cette question, n'avait manqué ni de franchise ni de dignité. Il ne sut pas conserver ce rôle jusqu'à la fin, et se jeta dans les voies détournées de la ruse et de l'intrigue. M. Bresson, cachant à Bulwer sa double négociation, lui laissait seulement entrevoir qu'il appuyait don François d'Assise de préférence à don Enrique, duc de Séville, lequel, à défaut de Cobourg, les Anglais mettaient en avant. L'ambassadeur d'Angleterre à Paris, lord Normanby, fit même connaître officiellement à M. Guizot que son gouvernement faisait des démarches pour obtenir la main de la reine en faveur de don Enrique. Il n'y avait pas d'objection à faire ; ce prince était dans les conditions désignées par le gouvernement français. Aussi M. Guizot répondit que si la reine d'Espagne était amenée à faire choix de don Enrique, ce choix satisferait parfaitement la cour de France. Mais il savait bien qu'il n'avait pas à craindre cette alternative. En effet, la conférence entre M. Guizot et lord Normanby avait lieu le 23 août, et dans la nuit du 26 au 27, la reine Isabelle faisait savoir à ses ministres que son choix s'était fixé sur le duc de Cadix, et immédiatement après M. Bresson demandait officiellement la main de l'infante pour le duc de Montpensier ; elle lui fut aussitôt accordée.

Les journaux anglais prétendirent que cette nuit du 26 au 27 fut passée dans de scandaleuses orgies entre les deux reines, l'ambassadeur français et quelques affidés ; que le consentement au double mariage fut arraché à l'ivresse ; enfin que cette soudaine détermination devait être attribuée moins à une combinaison politique qu'aux hallucinations de la débauche. Il se peut, sans doute, qu'un joyeux souper ait été la préface ou la conclusion de ce double contrat ; ce détail importe peu au jugement de l'histoire. Mais l'impartialité nous oblige de rappeler que le double projet était depuis longtemps discuté, que Marie-Christine y mettait encore plus d'empressement que Louis-Philippe, et que par conséquent elle n'avait pas besoin d'y être excitée par les fumées du vin.

Quoi qu'il en soit, les exagérations passionnées des journaux anglais démontraient combien l'opinion publique était excitée au delà du détroit, non seulement parmi les hommes politiques, mais aussi dans toutes les classes de la population. Il est vrai de dire que le gouvernement français ne sut ni faire preuve de dignité et de franchise, ni se retrancher fièrement dans son droit, ainsi qu'il convenait aux représentants d'une grande nation. Des équivoques, des subterfuges, le mensonge même, servent à tromper les ressentiments britanniques. M. Guizot, embarrassé de son triomphe, ne sait comment l'annoncer à l'ambassadeur anglais. Enfin, le 1er septembre, l'ayant invité à une conférence, il lui apprend que le mariage de la reine avec le duc de Cadix est arrangé. Il ajoute qu'il n'a pas de détails, la nouvelle étant arrivée par la voie télégraphique ; il lui échappe cependant de dire que la reine sanctionnerait en même temps le mariage de sa sœur avec le duc de Montpensier. « En même temps ? s'écria Normanby. — Pas en même temps, répond M. Guizot ; il n'aura pas lieu en même temps. » Malgré cette promesse, lord Normanby témoigna tout le déplaisir qu'il ressentait, et ne dissimula pas qu'un pareil événement était de nature à troubler le bon accord qui régnait entre les deux pays. Il rappela à M. Guizot la promesse faite à lord Aberdeen de ne pas conclure le second mariage avant que la reine fût devenue mère. M. Guizot en convint, mais affirma en même temps avoir dit à lord Aberdeen que, s'il voyait quelque danger d'un mariage Cobourg, il se regarderait comme affranchi de cet engagement. Ce danger, suivant lui, était arrivé. En conséquence, il avait changé de marche en voyant pour la première fois un prince de Cobourg placé sur la liste des candidats.

Deux jours après, lord Normanby revint auprès de M. Guizot pour lui donner communication de la lettre qu'il écrivait à lord Palmerston, et dans laquelle se trouvait reproduite la conversation du 1er septembre, et entre autres ces mots : « Les deux mariages ne se feront pas en même temps. » M. Guizot s'empressa d'en reconnaître l'exactitude. Mais il ne tarda pas à se rétracter. Le 23 septembre, dans une nouvelle conférence, il nia d'abord qu'il se fût servi de ces expressions; puis, comme l'ambassadeur anglais lui rappelait textuellement ses paroles, il convint qu'il pouvait bien avoir dit quelque chose dans ce genre; que d'ailleurs le mariage de la reine aurait lieu d'abord : « Ce sera elle, dit-il, qui sera mariée la première. » Lord Normanby se récria sur cette singulière interprétation d'une promesse positive. M. Guizot, confus et embarrassé, ne put échapper aux argumentations de son interlocuteur; il rompit brusquement la conférence, en affirmant que rien n'était réglé quant au temps des deux mariages.

Disait-il vrai alors, ou fuyait-il la discussion? Toujours est-il que, deux jours après, le duc de Montpensier partait pour l'Espagne, et que, le 10 octobre, les deux mariages se célébraient le même jour et au même autel.

Aussitôt il se fit une explosion de colères parmi les hommes d'État de la Grande-Bretagne, et leurs ressentiments furent secondés par tous les organes de la presse. Déjà lord Palmerston avait manifesté son mécontentement du choix de don Francisco, avec plus de hauteur qu'il ne convenait à un homme revêtu d'un caractère officiel. En effet, lorsque le chargé d'affaires à Londres, M. Tacon, était allé lui en donner communication, il avait répondu : « Je le regrette beaucoup. « Le gouvernement de S. M. Britannique « reçoit cette communication avec le plus « grand déplaisir. » Mais lorsque à ce premier échec se joignit l'annonce des mariages simultanés, il ne garda plus de mesure. Une protestation violente avait déjà été adressée par M. Bulwer au ministre espagnol, M. Isturitz. Elle contenait le passage suivant : « En « ce moment, je vois la main d'une jeune « princesse de quatorze ans donnée d'une « manière opposée aux représentations d'au « moins une des grandes puissances euro- « péennes, dont l'amitié pour l'Espagne est « bien connue dans l'histoire, et dont l'a- « mitié peut mériter d'être cultivée. Je vois « ce mariage préparé secrètement, annoncé « à l'improviste, conduit à sa fin avec une

« rapidité inconcevable; il fait renaître des « prétentions qui se combattent, réveille des « traités qui dormaient, menace l'Espagne « du renouvellement de la guerre civile; « il agite enfin et dissout les heureuses « et pacifiques relations actuelles de l'Eu- « rope. »

La réponse de M. Isturitz ne manqua pas de fermeté. « Le gouvernement britannique, « disait-il, qui se montre si jaloux de l'indé- « pendance de l'Espagne, ne trouvera pas « mauvais que l'Espagne agisse dans les « limites tracées par les lois internationales, « c'est-à-dire sans blesser les intérêts des « autres gouvernements, comme c'est le cas « dans cette question à propos de laquelle « l'Angleterre ne saurait citer aucune viola- « tion des traités; le gouvernement britan- « nique ne trouvera pas mauvais, je le ré- « pète, que l'Espagne repousse énergique- « ment une protestation qui tend à restrein- « dre son indépendance, et qu'à son tour elle « proteste contre une pareille prétention.... « Permettez-moi de dire que le dépôt sacré « de l'indépendance espagnole n'est confié « à la vigilance d'aucune nation étrangère : « ce dépôt est gardé par la loyauté espa- « gnole, qui s'est montrée inébranlable, « même au milieu des plus grandes cala- « mités. »

Il n'y avait pas à se dissimuler qu'au début de son nouveau ministère, lord Palmerston éprouvait un échec qui aurait irrité de moins susceptibles que lui. Aussi mit-il tout en œuvre pour faire partager ses ressentiments aux autres puissances étrangères. Oubliant toute réserve, il dénonça bruyamment à toutes les chancelleries le mariage du duc de Montpensier comme une violation flagrante du traité d'Utrecht. Puis, par des manœuvres plus cachées, à Berlin, à Vienne, à Saint-Pétersbourg, il s'efforçait de réveiller contre la France les jalousies de l'Autriche et de la Prusse, et les malveillances bien connues du czar. Mais, soit que ces différentes puissances ne crussent pas le moment favorable à une démonstration officielle, soit que lord Palmerston lui-même leur fût suspect, elles refusèrent de s'associer ouvertement à ses représentations. Ajoutons, néanmoins, qu'à dater de ce moment, les cours du Nord prirent vis-à-vis de Louis-Philippe une attitude froide et soupçonneuse qui donna un caractère tout nouveau aux relations diplomatiques. M. de Metternich lui-même, si bien disposé jusque-là à se concerter avec la famille d'Orléans, même alors que le czar l'accusait de complaisances révolutionnaires, se retrancha dans une réserve hautaine qui gêna l'action des deux gouvernements, même dans les questions où ils se trouvaient d'accord. En somme, les mariages espagnols eurent pour résultat d'isoler la France, et s'il n'y eut pas un nouveau traité entre les signataires du 15 juillet 1840, au moins y eut-il un concert de méfiance et un accord passif qui pouvait devenir le germe d'une autre coalition.

Lord Palmerston, toutefois, était le seul à se plaindre; mais il se plaignait avec bruit, et l'opinion plublique en Angleterre s'unissait à ses colères. Les journaux, aussi bien que les notes diplomatiques, contenaient de longs commentaires sur le traité d'Utrecht, et chacun des articles de cet acte mémorable était discuté avec cette importante arrogance qui est le caractère des polémistes britanniques, lorsque leur pays a reçu un échec un peu marquant. M. Guizot et ses agents, soit dans la diplomatie, soit dans la presse, pouvaient d'un seul mot réduire à néant ces savantes dissertations. Quelle était, après 1789, après l'Empire, après 1830, la valeur du traité d'Utrecht? Mais cette fière réponse était trop vive pour leur tempérament. La discussion d'ailleurs était facile pour eux, et les arguments ne leur faisaient pas défaut.

Il est évident, en effet, que le but principal de la guerre de la succession, comme le but principal du traité d'Utrecht, était d'empêcher la réunion éventuelle des deux couronnes de France et d'Espagne sur une même tête. La France et l'Espagne s'étaient donc engagées à établir l'ordre de succession respectif des deux maisons, de façon que jamais un Bourbon de France ne pût, de son chef, régner en Espagne, ou un Bourbon d'Espagne régner de son chef en France. De là vinrent les renonciations personnelles, de Philippe V, d'une part; des ducs de Bourgogne, de Berry et d'Orléans, de l'autre. De sorte que si l'un d'eux ou de leurs descendants était appelé au trône d'un des deux pays, il renonçait aux droits successifs qu'il pouvait avoir sur le trône de l'autre pays. C'était donc pour chaque branche une renonciation aux droits personnels. Mais ces renonciations ne voulaient pas dire qu'il y eût pour les descendants, par exemple, du duc d'Orléans, une incapacité radicale d'arriver jamais au trône d'Espagne; incapacité qui eût été de telle nature, que si un héritier de la couronne d'Espagne, ayant par lui-même des droits pleins et entiers, venait jamais à contracter alliance avec quelques-uns des descendants des ducs d'Orléans, ayant eux-mêmes des droits éventuels à la couronne de France, les droits des uns et des autres seraient par cela seuls frappés de nullité et de déchéance. Jamais pareille doctrine n'avait été imaginée, soit au moment du traité d'Utrecht, soit depuis. Et les exemples ne manquaient pas pour fournir des arguments aux diplomates français. Le plus éclatant de tous était le mariage du fils de Louis XV avec l'infante, fille de Philippe V; et cependant aucune réclamation ne s'était élévée ni contre cette alliance ni contre d'autres analogues. L'union des deux couronnes sur une même tête, voilà tout ce que le traité d'Utrecht voulait et pouvait empêcher. Aussi les dissertations de lord Palmerston ne prouvaient-elles rien autre chose que la mauvaise humeur d'un homme battu dans une guerre d'intrigues. En fait, le gouvernement français avait, jusqu'à la venue de lord Palmerston, agi avec une certaine franchise; en droit, il était inattaquable; et il eût été à l'abri de tout reproche, si M. Guizot s'était abstenu de sa misérable équivoque sur la simultanéité. Mensonge d'autant plus malheureux qu'il était insignifiant, n'ôtant ni n'ajoutant rien à la gravité de l'événement, et sans aucune importance dans la question de droit.

En somme, le fait en lui-même était maladroitement grossi par les colères des rivaux et par les déclamations triomphales des amis. Si lord Palmerston signalait le mariage du duc de Montpensier comme un acheminement à la monarchie universelle, le *Journal des Débats*, dans des élans de flatterie, avouait la même pensée. On revenait, suivant lui, à la grande politique de Louis XIV ; il répétait la phrase consacrée : « Il n'y a plus de Pyrénées. » Et cette ambition orléaniste que lord Palmerton faisait si hautement ressortir, semblait s'exalter elle-même avec orgueil dans les colonnes des journaux officiels. Mais, de part et d'autre, il y avait exagération. Le mariage du duc de Montpensier n'était ni une conquête pour la France, ainsi que l'annonçait le ministère par ses organes dévoués, ni un événement européen, ainsi que le proclamaient les Anglais. C'était pour Louis-Philippe une bonne affaire de famille, et rien de plus.

S'il s'ensuivit des résultats importants, ce fut par la faute de lord Palmerston. Il sépara encore une fois l'Angleterre de la France, et permit aux trois cours du Nord d'accomplir en silence la dernière spoliation de la Pologne, qu'elles n'auraient jamais osé tenter si les deux pays constitutionnels étaient restés d'accord.

XXXIV

Incorporation de Cracovie à l'Autriche. — Dernier partage de la Pologne. — Émotion en Europe. — Faiblesse de lord Palmerston. — Protestation de M. Guizot. — Affaires de la Suisse. — Ligue du Sunderbund. — Révolution de Genève. — Guerre civile imminente.

Lorsque, le 3 mars, les troupes alliées occupèrent, ainsi que nous l'avons dit, la ville de Cracovie, il paraissait convenu que la ville et le territoire de Cracovie continueraient, comme par le passé, à former un État libre et neutre sous la protection de trois puissances. On stipulait seulement que les milices nationales ne seraient pas réorganisées, que la ville de Cracovie serait occupée alternativement par des troupes de chacune des puissances, et que le château royal serait fortifié.

Cette résolution, arrêtée dans les derniers jours du mois de mars, devait être signée le 4 avril par les trois plénipotentiaires, M. le général de Berg pour la Russie, M. de Canitz pour la Prusse, M. de Filquelmont pour l'Autriche.

Mais dans l'intervalle le czar était revenu à l'idée, depuis longtemps arrêtée chez lui, d'en finir avec ce dernier débris de l'indépendance polonaise. L'indépendance n'était, il est vrai, qu'une fiction ; mais cette fiction entretenait des espérances, offrait aux vaincus et aux proscrits la faible image d'une patrie qui pouvait servir de foyer aux généreuses pensées et de centre aux audacieuses entreprises. Dès l'année 1836, quelques notes diplomatiques avaient été échangées entre les trois cours sur la convenance qu'il y aurait à effacer ce vestige d'une nationalité qu'on ne voulait pas laisser revivre. La Russie cherchait constamment à entraîner les cabinets de Berlin et de Vienne dans une résolution décisive. Mais ceux-ci, redoutant les mécontentements de la France et de l'Angleterre, résistaient à ses ouvertures, et dénonçaient même à Londres et à Paris les plans et les projets dont ils avaient reçu la confidence, non sans se faire un mérite de leur modération. Le czar avait donc ajourné ses projets. Mais avec l'insurrection de Cracovie il crut trouver une heureuse occasion d'accomplir ce qu'il méditait depuis longtemps. Au moment où devaient être signées les conventions arrêtées à la fin de mars, le général de Berg vint annoncer à MM. de Canitz et Fiquelmont qu'il ne pouvait rien conclure, et qu'il attendait des instructions nouvelles de son gouvernement. Bientôt, dans une seconde conférence, provoquée par lui le 8 avril, il déclara qu'il avait l'ordre formel d'insister sur l'incorporation de la ville et du territoire de Cracovie à la Gallicie, moyennant une indemnité pour la Prusse et la Russie, en territoires faisant partie de la Gallicie, sur l'extrême frontière de l'est et de l'ouest.

M. de Fiquelmont, prévenu d'avance, accepta la proposition; M. de Canitz s'y opposa formellement. Après de longues discussions, la conférence fut rompue.

Cette affaire serait peut-être encore restée longtemps en suspens, si la chute des tories et les mariages espagnols n'étaient venus interrompre les bonnes relations de la France et de l'Angleterre. On était désormais assuré qu'elles ne se réuniraient pas pour protester. D'un autre côté, lord Palmerston sollicitait ardemment des trois cours une adhésion officielle à son interprétation du traité d'Utrecht; et, quoiqu'elles ne se montrassent pas empressées de le satisfaire, il affaiblissait lui-même son influence en réclamant un service et un appui. Le czar fit donc reprendre les conférences au plus fort de la querelle sur les mariages espagnols. M. de Canitz rassuré ne fit plus d'opposition. La république de Cracovie fut incorporée à l'empire d'Autriche, en vertu d'une ordonnance d'union qui parut à Vienne le 11 novembre 1846, aux conditions suivantes réglées entre les trois plénipotentiaires : 1° La ville et le territoire de Cracovie, avec vingt-trois milles carrés et 156,000 habitants, appartiendront à l'Autriche et seront incorporés à la Gallicie. 2° La Russie recevra, à titre d'indemnité, le territoire sur la frontière du nord de la Gallicie, entre les villes autrichiennes Brody et Rava-Rupra, et entre les villes russes Wladimir et Tamassen. 3° La Prusse recevra, au même titre, la ville de Hatzenplotz avec le territoire adjacent; l'Autriche se chargera, en outre, des dettes et des obligations de Cracovie.

Ainsi fut consommée l'œuvre de spoliation; les trois bourreaux arrachèrent les derniers lambeaux de leur victime, pendant que l'Angleterre et la France se disputaient follement à propos de mariages qui ne méritaient ni d'être tant glorifiés, ni d'être tant accusés.

L'émotion fut grande en France et dans toute l'Europe. Outre le fait brutal de spoliation, il y avait violation flagrante des traités de 1815, de la part même de ceux qui avaient toujours tenu à s'en montrer les gardiens jaloux. Des stipulations faites en commun par toutes les puissances réunies ne pouvaient être annulées par l'action isolée de trois cours. C'était une insulte à l'Angleterre et à la France, c'était une atteinte portée à la base du droit public européen. Si la loi commune n'était plus dans les traités de 1815, où était-elle désormais? Tous les partis en France furent d'accord pour flétrir cet acte audacieux de despotisme; les conservateurs, parce que le droit international n'avait plus de garanties; les radicaux, parce que la cause de la liberté, inséparable de celle de la Pologne, recevrait une nouvelle atteinte; tous, parce que la France était l'indigne jouet des diplomaties absolutistes.

C'était pour M. Guizot une complication nouvelle. Il connaissait les susceptibilités de l'opinion publique, et n'y était pas aussi indifférent qu'il voulait quelquefois le paraître. Déjà tout l'avertissait autour de lui que la France ne pouvait se taire, lorsqu'on semblait la compter pour rien dans les conseils européens. Il comprit néanmoins que l'action combinée des deux pays constitutionnels aurait un effet bien plus puissant que des réclamations isolées. Aussi, dès qu'il fut informé de l'incorporation de Cracovie, s'empressa-t-il d'écrire à M. de Jarnac, avec l'invitation de se rendre auprès de lord Palmerston, et de lui demander s'il était disposé à agir, en cette circonstance, de concert avec la France. Mais les rancunes du ministre anglais n'étaient pas apaisées. Il répondit au comte de Jarnac qu'il avait déjà préparé une note au nom du cabinet britannique, et qu'il en donnerait communication à l'ambassadeur anglais à Paris. Il renonçait ainsi lui-même aux profits de l'action commune, et paralysait l'Angleterre plutôt que de fortifier la France.

Les cours du Nord ne furent pas trompées dans leurs prévisions; les protestations se firent isolément, et demeurèrent sans force.

Lord Palmerston, cependant, s'était hautement engagé sur cette question, lorsque dans le Parlement on s'était ému de l'occupation momentanée de Cracovie; ses déclarations avaient été nettes, précises, presque arrogantes. « Je reconnaîtrai volontiers, avait-il « dit, que, dans la marche des troupes, les « trois puissances ne se sont pas écartées du « traité de Vienne; mais lorsque les événe-« ments allégués par les puissances comme « raison de poursuivre les auteurs de l'inva-« sion de Cracovie auront cessé, il est du « devoir des trois puissances de remettre la « république de Cracovie sur le pied d'in-« dépendance où elle se trouvait placée « auparavant, conformément au traité de « Vienne..... Ces gouvernements seront « assez intelligents pour bien voir que le « traité de Vienne doit être considéré inté-« gralement, et que l'on ne saurait per-« mettre à un gouvernement de faire un « choix des articles qu'il voudrait exécuter, « et de ceux qu'il voudrait violer. J'ajoute « que s'il est des puissances signataires du « traité de Vienne qui aient intérêt à ce que « ce traité ne soit pas violé, ce sont les « puissances d'Allemagne, et il ne saurait, « j'en suis certain, avoir échappé à la per-« spicacité de ces gouvernements que si le « traité de Vienne n'est pas bon sur la Vis-« tule, il doit être également mauvais sur le « Rhin et sur le Pô. »

Des paroles aussi formelles, tout récemment prononcées, ne pouvaient être oubliées. Moins que tout autre, lord Palmerston devait accepter le fait brutal qui venait de s'accomplir : l'honneur de l'Angleterre était en jeu. Mais au moment où lui fut communiquée la nouvelle de l'incorporation de Cracovie, il se trouvait en dissentiment avec la France, et, ses colères personnelles l'emportant sur toute autre considération, il eut recours à une misérable ruse qui trahissait sa faiblesse, sans protéger son honneur. Malgré la déclaration officielle de la chancellerie autrichienne, il feignit de croire que l'usurpation de Cracovie n'était encore qu'en projet, et, au lieu de faire courageusement une protestation, il composa un plaidoyer hypocrite pour démontrer les inconvénients d'une mesure qu'il savait accomplie. Sur la question de droit, il établissait que les conditions arrêtées dans un engagement solennel par huit puissances ne pouvaient être modifiées par trois d'entre elles. Sur la question de nécessité, il n'admettait pas que trois des plus puissants États de l'Europe eussent pu se trouver forcés à détruire l'existence d'une petite république qui ne renfermait pas 130,000 âmes. Tout cela était incontestable; mais ce qui ne l'était pas moins, c'est que la chose qu'il déclarait impossible à faire était faite, c'est que tout le monde savait qu'il en était instruit, et qu'en dissimulant l'affront qu'il avait reçu, il faisait aveu de sa défaite, et rendait nulles toutes ses paroles.

La dépêche de lord Palmerston était du 29 novembre; celle de M. Guizot partit le

Une émeute se propage dans les différents quartiers de la ville. (Page 468, col. 2.)

3 décembre. Il ne lui était pas difficile de surpasser son collègue en dignité et en franchise ; sa protestation néanmoins sembla pâle et insuffisante à l'indignation publique. Les dernières phrases seulement auraient pu paraître satisfaisantes, si l'on avait eu affaire à un gouvernement prêt à mettre d'accord ses actes avec ses paroles.

« Le gouvernement du roi, disait M. Gui-
« zot, ne fait donc qu'user d'un droit évi-
« dent, et en même temps il accomplit un
« devoir impérieux, en protestant solennel-
« lement contre la suppression de la répu-
« blique de Cracovie, acte positivement
« contraire à la lettre comme au sens du
« traité de Vienne du 9 juin 1815. Après de
« longues et redoutables agitations qui ont

« si profondément ébranlé l'Europe, c'est
« par le respect des traités et de tous les
« droits qu'ils consacrent que l'ordre euro-
« péen se fonde et se maintient. Aucune
« puissance ne peut s'en affranchir sans en
« affranchir en même temps les autres. »

« Cette dernière phrase, sous une apparence de fermeté, n'était qu'une affirmation générale qui ne laissait rien pressentir sur la valeur que la France voulait attribuer désormais aux traités eux-mêmes. L'occasion ne pouvait être meilleure pour s'en affranchir, mais le ministre ne disait pas qu'il profiterait de l'occasion. Les paroles qui suivent dans le manifeste sembleraient même prouver le contraire. « La France n'a
« point oublié quels douloureux sacrifices

« lui ont imposés les traités de 1815 ; elle
« pourrait se réjouir d'un acte qui l'autori-
« serait, par une juste réprocité, à ne con-
« sulter désormais que le calcul prévoyant
« de ses intérêts, et c'est elle qui rappelle
« à l'observation fidèle de ces traités les puis-
« sances qui en ont recueilli les principaux
« avantages ! »

Assurément, si M. Guizot, prenant acte de la violation des traités, eût énergiquement déclaré qu'ils cessaient aussi d'avoir leur effet pour la France, les trois puissances auraient peut-être renoncé à leur usurpation collective ; mais en présence d'une protestation qui ne faisait que demander en termes douloureux le retour aux traités, il ne fallait pas une grande perspicacité pour prévoir qu'on n'en tiendrait pas compte. Les détours peu honorables de lord Palmerston, la tranquille indignation de M. Guizot, n'étaient pas faits pour imposer aux spoliateurs. La dissidence des deux pays constitutionnels entraînait la sanction de la violence. Tel fut le premier fruit des mariages espagnols.

Ils devaient avoir dans un autre pays des conséquences d'un autre genre. Dans les affaires de la Suisse, M. Guizot avait entièrement subi l'influence de M. de Metternich. Tous deux, de concert, combattaient l'esprit de liberté, favorisaient les jésuites, protégeaient la vieille aristocratie fédérale. Le refroidissement survenu entre eux à la suite de l'affaire de Cracovie et des mariages espagnols eut pour effet de les affaiblir mutuellement et de donner à lord Palmerston la haute direction des mouvements qui se préparaient en Suisse. Heureusement la politique commandait à ce dernier de défendre en ce pays le parti de la réforme ; de sorte que si les triomphes de Madrid compromirent en Suisse l'influence du gouvernement français, ce fut du moins au profit de la liberté.

Quoique l'issue définitive de la lutte n'appartienne qu'à l'année 1847, quelques explications deviennent actuellement nécessaires.

Depuis 1830, il s'était formé en Suisse deux partis politiques, qui correspondaient assez exactement aux conservateurs et aux radicaux de France. Les conservateurs suisses, composés de la haute bourgeoisie, formaient une oligarchie possédant toutes les influences dans le gouvernement, dans les élections et dans la direction générale des affaires. Ce qui ajoutait à leur pouvoir, c'est que leur domination se concentrait dans des localités étroites, et pesait d'autant plus lourdement sur chacun. En effet, la constitution de 1815, réglée par le traité de Vienne, avait fait de la Suisse une association de vingt-deux cantons, complètement indépendants les uns des autres en ce qui regarde leur gouvernement intérieur, et restant sur leur territoire respectif souverains dans la pleine acception du mot. Ce n'était pas un seul pays, mais vingt-deux pays assis les uns à côté des autres, et, comme il arrive à toutes les petites contrées indépendantes, beaucoup plus divisés par leurs rivalités que réunis par le lien fédéral. En effet, ce lien ne consiste qu'en un conseil exécutif commun, changeant de main et de direction ; chacun des principaux cantons est successivement appelé à être *vorort* ou canton directeur. Pendant le temps qu'il est investi de ce titre, le gouvernement particulier du canton directeur devient le conseil exécutif de la Suisse entière, et se trouve chargé, en conséquence, des communications officielles du corps helvétique avec les puissances étrangères.

Cet état de morcellement et de rivalité était vivement critiqué par les radicaux, qui aspiraient à créer une forte et puissante unité devant donner à tous les citoyens une patrie commune, et à la patrie une imposante attitude. La révision ou le maintien de la constitution était donc le thème général des discussions politiques entre les radicaux et les conservateurs. Une autre cause profonde de division naissait des querelles religieuses. Certains cantons étaient presque entièrement catholiques, d'autres presque entièrement protestants ; quelques-uns, enfin, partagés entre les deux religions ; et, comme il arrive lorsque deux croyances se trouvent en face l'une de l'autre avec des forces à peu près balancées, il y avait de part et d'autre intolérance, jalousie, haine invétérée.

Les dissidences religieuses devaient nécessairement se mêler activement aux querelles politiques. Les protestants se prononcèrent pour la réforme et l'unité; les catholiques, pour la conservation et le fédéralisme. Ainsi, d'une part, protestantisme, unité et liberté ; d'autre part, catholicisme, fédéralisme et oligarchie : telles étaient les questions qui divisaient la Suisse entière et la remuaient dans ses profondeurs sociales. Lord Palmerston donnait son appui à la première cause, MM. Guizot et de Metternich étaient les protecteurs de la seconde.

Pendant plusieurs années, les partis luttèrent avec des succès balancés. Le morcellement même du pays retardait une solution définitive. Car pendant qu'un parti gagnait du terrain dans un canton, il en perdait dans l'autre ; les influences se succédaient et se modifiaient selon le bon emploi ou les abus de la victoire. Cependant, dans toutes les luttes électorales et politiques, il arrivait nécessairement que les corps catholiques, constitués en association, avaient de grands avantages par leur influence et leur discipline. Aussi les nombreux couvents établis dans le pays étaient-ils considérés par les protestants comme les foyers les plus dangereux des opinions hostiles. A l'association monacale on voulut opposer une force de même nature, et il se forma, dans plusieurs cantons, des sociétés politiques de radicaux, qui s'appelaient corps francs. Par une espèce d'engagement mystique, les membres des corps francs se promettaient mutuellement appui en toute occasion, et juraient de se consacrer au triomphe de la cause politique qu'ils avaient embrassée. Armés pour la plupart et pleins de résolution, obéissant à des chefs nommés par eux, ils auraient pu prendre dans la lutte une influence irrésistible, si des prédications exaltées et des excès inséparables de leur organisation même n'avaient éloigné d'eux la foule toujours nombreuse des timides et des modérés.

Tel était l'état des choses, lorsque en 1841 les élections appelèrent les radicaux au pouvoir dans le canton d'Argovie, canton mixte où les deux religions sont en force à peu près égale. Le premier usage qu'ils firent de leur autorité fut de sévir contre les moines des couvents d'Argovie, à raison des troubles qu'ils avaient excités dans le canton, et de prononcer la suppression des établissements religieux. Aussitôt les cantons catholiques firent entendre d'énergiques protestations, et pour répondre à un acte qu'il considérait comme une déclaration de guerre à la religion romaine, Lucerne appela chez lui les jésuites. Ce fut au tour des protestants à pousser des cris de colère : la présence des persécuteurs les plus acharnés de leur religion annonçait assez que la lutte allait prendre un caractère implacable : et le premier résultat de la détermination de Lucerne fut de remplacer la querelle des couvents par la querelle des jésuites.

Ce fut le signal de la guerre civile. Les corps francs, faisant un appel à leurs affiliés, se réunirent au nombre de huit mille hommes armés, et pénétrèrent avec douze pièces de canon dans le canton de Lucerne. Mais celui-ci avait pris ses dispositions : soutenu par les autres cantons catholiques, il opposa aux envahisseurs des masses imposantes ; les corps francs, commandés par Ochsenbein, furent mis dans une déroute complète, et leur malheureuse expédition ne servit qu'à augmenter l'audace du parti catholique.

Il résolut de profiter de cette victoire pour rallier toutes ses forces au moyen d'une confédération militaire qui pourrait peut-être lui assurer dans la suite la suprématie en Suisse. Sous l'inspiration des jésuites, sept cantons catholiques, Lucerne, Uri, Schwitz, Unterwalden, haut et bas, Zug, Fribourg et le Valais firent une alliance dont le but était en même temps une protection mutuelle en cas d'attaque, et la défense opiniâtre de la constitution de 1815. Ils appelèrent leur ligue

Alliance des cantons fidèles au pacte; les radicaux lui donnèrent le nom de *Sunderbund.*

Le traité fait à Lucerne, le 11 décembre 1845, était ainsi libellé :

« 1° Les cantons de Lucerne, Uri, Sshwitz, Unterwalden, haut et bas, Zug, Fribourg et Valais prennent, pour le cas où l'un ou plusieurs d'entre eux seraient attaqués, et en vue de défendre leurs droits de souveraineté et territoriaux, l'engagement de repousser l'attaque en commun et par tous les moyens à leur disposition, en conformité du pacte du 7 août 1815 et des anciennes alliances.

« 2° Les cantons s'entendront sur la manière la plus convenable de se tenir mutuellement au courant de tous les évènements.

« Au moment où un canton obtient l'avis certain qu'une attaque doit avoir lieu ou qu'elle a déjà eu lieu, il doit être envisagé comme requis en conformité du pacte, et obligé de mettre sur pied le nombre de troupes nécessaire, selon les circonstances, sans attendre la réquisition officielle du canton respectif.

« 3° Un conseil de guerre, composé d'un délégué de chacun des États prénommés, avec des pouvoirs généraux, et autant que possible étendus de la part du gouvernement, est chargé de la direction supérieure de la guerre. En cas de menaces ou d'existence d'une attaque, il se réunit.

« 4° Le conseil de guerre, avec les pouvoirs qui lui sont conférés, doit, en cas de besoin, prendre toutes les mesures nécessaires pour la défense des cantons respectifs.

« Si le danger n'est pas pressant, il en conférera avec les gouvernements de ces cantons.

« 5° Pour ce qui est du payement des frais occasionnés par de semblables levées de troupes, il est admis comme règle que le canton requérant doit acquitter les frais de la levée des troupes qu'il a demandées.

« Sont toutefois réservés les cas où il y a des raisons particulières d'admettre une répartition spéciale. Les autres frais qui dans l'intérêt commun sont résultés pour l'un ou l'autre des cantons, sont supportés par tous les cantons prénommés d'après l'échelle d'argent fédérale. »

De quelque prétexte que se couvrît cette coalition religieuse et politique, il est certain qu'elle était en opposition directe avec toutes les idées d'ordre et d'autorité dans un gouvernement. C'était un État constitué dans l'État, une fraction de la communauté en révolte ouverte contre l'ensemble ; sous le nom d'alliance, une insurrection, et, sous le voile de la liberté, un acheminement au despotisme.

Les cantons radicaux, et surtout Berne, Argovie, Soleure et Bâle-Campagne, firent entendre d'énergiques réclamations, appelant les populations à des mesures énergiques pour dissoudre une ligue menaçante qui séparait violemment la Suisse en deux États. Mais sur les vingt-deux cantons, onze seulement s'étaient ouvertement prononcés contre le Sunderbund. Parmi ceux qui restaient, les uns, comme Neufchâtel et Bâle-Ville, se montraient disposés à l'appuyer ; les autres, comme Genève et Saint-Gall, n'avaient pris parti ni pour les radicaux, ni pour les catholiques. La majorité dans la diète était donc incertaine.

Le gouvernement de Genève se trouvait alors dans la main de l'aristocratie bourgeoise, qui malgré la différence de religion ne cachait pas ses sympathies pour le Sunderbund. Aussi les députés à la diète avaient-ils reçu pour instructions de n'émettre aucun vote sur la question du Sunderbund. Mais la population genevoise, exclusivement protestante, travaillée d'ailleurs par les clubs et les sociétés secrètes, était entièrement en désaccord avec la politique de son gouvernement. Les esprits s'aigrissaient, les mécontentements ne se dissimulaient plus, lorsque, le 3 octobre 1846, sur un vote du Grand Conseil, favorable au Sunderbund, une émeute, commencée à la voix de James Fazy, ancien rédacteur de la *Révolution* et du *National*, se propage dans les différents quartiers de la ville. Les sociétés secrètes et les corps francs prennent les armes; la population les seconde; le Conseil exécutif, vaincu, se disperse le 7, et Fazy s'empare de la dictature. Dans les premiers jours de novembre, un arrêté du gouvernement provisoire déclare que « le canton de Genève adhère à la proposition faite par le haut État de Zurich, dans la séance du 4 septembre 1846 ». Cette proposition consistait à citer devant la diète les sept cantons coalisés. Ainsi Genève assurait aux radicaux la majorité.

Ce qui devenait encore menaçant pour le Sunderbund, c'est que le 1ᵉʳ janvier 1847, Berne devenait vorort et devait pendant deux ans présider la diète; Berne, la place forte des radicaux, où dominaient les ennemis de la constitution de 1815, et qui venait de donner une preuve éclatante de ses opinions décidées, en nommant député à la diète Ochsenbein, le général des corps francs.

Tel était l'état des affaires extérieures, lorsque s'ouvrit, le 11 janvier, la session de 1847.

XXXV

Difficultés au dedans et au dehors. — Sectes socialistes. — Discussion de l'adresse. — Cracovie. — Les mariages espagnols. — Rupture entre M. Guizot et lord Normanby. — Mécontentement en Angleterre. — Médiation de M. d'Appony. — Pénurie dans les campagnes. — Troubles dans les campagnes. — Événements tragiques de Buzançais. — Condamnations à mort. — Ressentiments populaires. — Mort de M. Martin (du Nord). — Il est remplacé par M. Hébert. — Changements partiels dans le ministère.

Si l'appui certain d'une majorité compacte rassurait d'avance le ministère sur les résultats de la session, la situation des affaires et la complication des événements au dedans et au dehors lui présageaient des débats orageux et des luttes animées. Les triomphes du scrutin n'étaient pas équivoques, mais ceux de la tribune allaient être difficiles. Les relations avec l'Angleterre, compromises pour un intérêt de famille, le trop facile abandon des derniers débris de la Pologne, la protection accordée aux jésuites de la Suisse, apportaient à l'opposition des arguments dont elle comptait bien user. A l'intérieur la crise financière, l'accroissement du prix des denrées alimentaires, la diminution des salaires, le ralentissement du travail, causaient parmi les populations ouvrières des agitations que justifiait la souffrance, qu'alimentaient les écrits d'une école connue depuis quelque temps sous le nom de socialisme. Différentes doctrines, différents chefs, avaient la prétention d'apporter au peuple une vie nouvelle par leurs prédications; mais tous s'accordaient pour ramener toutes les questions politiques aux améliorations matérielles, et pour faire bon marché des abstractions et des théories. Selon eux, l'école républicaine, égarée dans l'idéal du droit, était composée de rêveurs pour lesquels ils dissimulaient mal leur dédain, quoiqu'ils fissent alliance avec eux dans toutes les luttes contre le pouvoir. Cette école, ou plutôt ces écoles socialistes, car elles étaient plusieurs, étaient des émanations et des débris de différentes sectes dispersées : les saint-simoniens, les fouriéristes et les icariens; elles touchaient aussi par plusieurs points à une fraction dissidente des conservateurs qui prêchait également la politique des intérêts, et demandait depuis quelque temps assez vivement au ministère des réformes matérielles. Parmi eux, le plus remuant et le plus impérieux était M. Émile de Girardin, appuyé à la Chambre par quelques députés, MM. Desmousseaux de Givré, de Castellane et autres, tous disposés à seconder la monarchie, mais à la condition qu'elle sortirait de sa politique immobile.

Tous ces adversaires néanmoins causaient peu de soucis à M. Guizot, parce qu'aux jours des votes il retrouvait sa majorité accoutumée ; ne voyant rien au delà de l'enceinte parlementaire, il avait à peine conscience du mouvement immense qui se faisait dans le pays par le choc même de doctrines qui, dans leur diversité, tendaient au même but, et témoignaient, au moins par leur multiplicité, l'activité des esprits et la réalité des souffrances. Les anciennes oppositions, d'ailleurs, constamment battues à la Chambre, se montraient volontiers disposées à faire accord avec ces forces extérieures qu'elles espéraient bien discipliner au moment d'une victoire. Elles étaient donc résolues à poursuivre la lutte sur le terrain des réformes politiques, qui tenaient toujours les passions en haleine et le pouvoir en émoi.

La discussion de l'adresse fut, comme d'habitude, l'occasion des premières luttes. A la Chambre des députés, M. Guizot combattait seul contre tous ; à la Chambre des pairs, il rencontrait des auxiliaires. Le plus puissant fut M. le duc de Broglie, dont la parole avait d'autant plus d'autorité qu'il pouvait facilement se poser en rival. Il défendit avec talent, avec énergie, la conduite du ministère en Espagne. Il n'eut pas de peine à prouver que le mariage du duc de Montpensier n'était pas une atteinte portée au traité d'Utrecht. Mais cette discussion même était la reconnaissance de ce traité. M. Charles Dupin, avec plus de logique et de courage, repoussa le traité lui-même. Il s'étonnait, disait-il, de voir un cabinet étranger invoquer sérieusement le traité d'Utrecht, ce traité périmé de 1713, comme si ce 1814 de la France monarchique, ce traité qui prescrivait la ruine de Dunkerque, pouvait être aujourd'hui la loi des nations.

Quelques pairs, MM. de Montalembert, Villemain, de Tascher, condamnèrent avec énergie l'atteinte portée aux traités de 1815. Mais le public écoutait sans émotion les paroles prononcées au Luxembourg ; et M. Guizot, démocrate sans le savoir, réservait pour la tribune nationale les ressources de son talent.

La discussion générale commença le 1ᵉʳ février. Plusieurs orateurs s'étaient succédé à la tribune, lorsque M. Odilon Barrot prit la parole sur le paragraphe relatif à l'annexion de Cracovie. Il était ainsi conçu :

« Un événement inattendu a altéré l'état
« de choses fondé en Europe par le dernier
« traité de Vienne. La république de Cra-
« covie, État indépendant et neutre, a été
« incorporée à l'empire d'Autriche. J'ai pro-
« protesté contre cette infraction aux
« traités. »

Le chef de la gauche constitutionnelle ne croyait pas pouvoir, sans mentir à sa concience, accepter ces quelques mots jetés dans l'adresse, comme pour fournir au ministère un bill d'indemnité en faveur de l'inaction qu'il avait gardée devant les dangers menaçant le malheureux État de Cracovie. L'existence de cet État s'était discutée au grand jour : on ne pouvait donc arguer d'ignorance. On avait eu soin de ne protester qu'après le fait accompli, afin qu'il fût bien évident que la protestation resterait stérile. Cette protestation elle-même était-elle accompagnée d'une résolution de parer à des éventualités semblables ? Non. On annonçait à l'Europe que l'on continuerait à suivre la même voie politique.

Que signifiait la phrase du projet relativement aux traités de 1815? Ces traités, en 1830, la France les avait crus ensevelis sous les pavés de Juillet; et ces traités étaient devenus la loi politique de l'Europe. Mais, heureusement, ce que n'avait pu faire la France, les rois absolus du Nord l'avaient fait. Ils avaient replacé la France dans sa complète liberté d'action; il n'y avait plus devant elle que les faits.

« Respect aux nationalités! s'écriait M. Barrot; ne permettons pas qu'elles soient violées par d'autres, alors que nous les respectons nous-mêmes. »

Puis il ajoutait :

« Ce qui a fait tressaillir l'Europe, c'est moins la disparition d'un petit État, effacé de la carte du monde, que ce sentiment que le droit des gens a reçu une atteinte mortelle, et que si un pareil acte passe inaperçu et impuni, la force est substituée à l'équité, comme règle des affaires du monde, et que chacun ne peut plus compter que sur son épée.

« C'est donc moins encore au nom de la nationalité polonaise qu'au nom de tous les faibles et de tous les opprimés, au nom de tous les peuples menacés indirectement dans leur indépendance, au nom de tous les principes qui ont de tout temps régi le monde et auxquels on substitue le droit du plus fort, que je demande à la commission, au gouvernement, d'expliquer et de préciser le sens des paroles de l'adresse. »

M. Guizot comprit que le moment était venu de se justifier; il le fit avec une captieuse habileté, qui devait entraîner facilement une majorité disposée d'avance à se laisser persuader.

Il avait vu dans la destruction de la république de Cracovie un fait contraire au droit européen; il avait protesté contre ce fait, qu'il avait qualifié selon sa pensée. En même temps, il en avait pris acte, afin que, dans l'avenir, s'il y avait lieu, la France pût en tenir le compte que lui conseilleraient ses intérêts légitimes et bien entendus.

« Mais, ajouta-t-il, nous n'avons pas cru que le moment où nous protestions contre une infraction aux traités fût le moment de proclamer le mépris des traités; nous n'avons pas cru qu'il nous convînt, qu'il convînt à la moralité de la France, à la moralité de son gouvernement, de dire, à l'instant où il s'élevait contre une infraction aux traités :

« Nous ne reconnaissons plus de traités. »

Donc le gouvernement avait protesté contre la destruction de Cracovie, contre un fait à ses yeux contraire au droit; il en avait pris acte pour la future politique de la France, le jour et dans la mesure où ses intérêts légitimes et bien entendus le lui conseilleraient. Mais, cette réserve faite, il tenait que les traités subsistaient, et il était résolu à les observer loyalement.

Après ce discours du ministre et malgré l'opposition de M. Dupin lui-même, la Chambre adopta le paragraphe de la commission.

M. Thiers s'était réservé pour la question des mariages espagnols. Il prit la parole le 4 février.

L'ancien ministre commença par déclarer qu'à ses yeux le mariage de la reine Isabelle avec don Francisco avait été bon et utile. Quant à celui du duc de Montpensier avec l'infante, politiquement, il lui avait paru peu utile, au moins prématuré; il l'accusait surtout d'être la cause de la situation dans laquelle on se trouvait alors.

Aucun intérêt assez grave n'était attaché à ce mariage pour justifier une rupture avec l'Angleterre, et l'alliance anglaise valait mieux que ce résultat.

Voilà le résumé du discours de M. Thiers.

Et d'abord où était l'intérêt politique?

« Il faut, sans doute, disait l'orateur, trouver dans nos relations avec l'Espagne une politique amie, pour ne pas s'exposer à se mettre entre deux feux comme en 1814; mais il faut aussi ne prétendre en rien influencer le gouvernement espagnol, le peuple espagnol, qui a horreur de l'étranger. Or, de tous les moyens d'influence, le plus mauvais est le mariage, parce que c'est le plus *affiché*. » Était-ce bien des liens de parenté qu'il fallait chercher en Espagne? L'histoire fournissait à M. Thiers des arguments contre ce moyen d'influence, et il en prit occasion pour tracer à grands traits quelques pages étincelantes sur la politique de Louis XIV.

« Ce roi, qu'il a été tour à tour dans la mode du moment de blâmer, de louer, de grandir; ce roi a fait une chose très grande à mon avis, la plus belle de son règne, lorsqu'il a accepté le testament de Charles II en faveur du duc d'Anjou.

« Mais on croit, surtout aujourd'hui, que c'est parce qu'il a mis son petit-fils sur le trône d'Espagne, qu'il a fait cesser la vieille hostilité de la France et de l'Espagne. Eh bien, pour quiconque réfléchit sérieusement à l'histoire, cela est une erreur.

« Dans Louis XIV, je respecte également le roi et le père, car ces deux sentiments sont également respectables; mais je crois pouvoir affirmer que comme roi il a atteint son but, que comme père il a été déçu.

« Messieurs, voici le motif, à mon sens au moins, et je crois que je ne serai pas contredit par les hommes politiques; voici le motif qui, à partir de l'acceptation du testament de Charles II, a définitivement placé l'Espagne et la France dans la situation respective qu'elles doivent garder, et qui fait qu'il n'y a plus nécessairement contre la France de politique ennemie à Madrid.

« Ce qui unissait ordinairement l'Espagne aux Allemands, ce qui faisait qu'elle était toujours avec eux contre nous, c'étaient les Pays-Bas. Pour la défense des Pays-Bas elle s'unissait aux Allemands; elle oubliait, pour cet intérêt, sa rivalité avec eux en Italie, et nous la trouvions toujours avec eux sur le champ de bataille. Une conséquence de la guerre de la succession a été d'enlever à l'Espagne les Pays-Bas. L'Europe, par jalousie, et voyez ce que sont les desseins des hommes, l'Europe, en ne voulant pas donner aux successeurs de Louis XIV l'Espagne tout entière, nous la rendit amie, et, en séparant les Pays-Bas de la Péninsule, coupa le lien qui unissait l'Espagne aux Allemands.

« Dès cet instant l'Espagne n'a plus songé qu'à leur disputer l'Italie comme apanage pour ses princes; dès cet instant elle a été avec nous, car il lui fallait, avec nous, disputer Parme, Florence, Naples, à l'Autriche. En même temps l'Angleterre obtenait d'elle, par le traité d'Utrecht, Gibraltar et Minorque. L'Angleterre malheureusement nous avait primés sur les mers; et la sollicitude maritime de l'Espagne ne se dirigeait plus contre la France, mais contre l'Angleterre.

« Ainsi, par suite de la guerre de succession, par le traité d'Utrecht, en perdant les Pays-Bas, l'Espagne, reportée forcément de l'autre côté des Pyrénées, n'était plus notre adversaire; elle était avec nous contre l'Allemagne; et en voyant les Anglais sur son sol, en les voyant en face de ces rivages à Minorque, en voyant tous les jours grandir l'Angleterre, elle est devenue notre amie, d'ennemie qu'elle était. Maintenant voulez-vous savoir ce qu'a fait la parenté? et voyez encore ce que sont les desseins des hommes, je le répète, car ils sont confondus d'une manière éclatante. Louis XIV avait cru, en mettant son petit-fils sur le trône d'Espagne, s'attacher l'Espagne par les liens de la parenté. Eh bien! vous le savez tous, il n'y a qu'à lire à cet égard les Mémoires de M. Torcy, vous y verrez que Philippe V devint pour son grand-père un sujet d'amertume, et que, son grand-père mort, sous le régent, il déclarait la guerre à la France. Savez-vous pourquoi? Ce n'était pas pour l'intérêt de l'Espagne; c'était pour un intérêt de parenté. Le jour où le grand roi était mort, sa famille s'était divisée. La vieille cour, le vieil esprit, s'étaient réunis autour des princes légitimés; la nouvelle cour, le nouvel esprit, s'étaient rangés autour du régent, du duc d'Orléans.

« Philippe V se mêla à ces partis. En voyant l'état de santé du faible enfant appelé

Un propriétaire avait été assassiné à Buzançais. (Page 478, col. 1.)

à régner, Louis XV, il songea à recouvrer ses droits à la couronne de France. Il entra dans une conspiration contre le régent, et lui déclara la guerre. Ce furent donc les motifs de parenté qui brouillèrent les deux pays. Heureusement la politique qui avait reporté l'Espagne au delà des Pyrénées fit sentir sa bienfaisante influence. La guerre était reconnue si absurde qu'elle fut bientôt abandonnée, et qu'on revint à la paix. Mais on songea à la consolider de nouveau par les moyens de la parenté, et vous allez voir combien on fut encore déçu dans l'emploi de ces moyens. On envoya en Espagne une fille de régent, mademoiselle de Montpensier, pour épouser un des fils de Philippe V; Philippe V envoya une de ses filles pour épouser le jeune roi Louis XV. Mais bientôt le régent mourut; le duc de Bourbon, un prince du sang, le remplaça au ministère,

60. — E. REGNAULT.

et voulut mettre sur le trône de France mademoiselle de Vermandois. Sans égard, on renvoya la princesse espagnole en Espagne, et l'Espagne renvoya la princesse française en France. Philippe V, irrité d'une telle conduite, après vingt ans de lutte, le 1ᵉʳ mai 1725, forma un traité avec les Allemands, et se lia à eux contre la France. Mais heureusement vint le cardinal de Fleury, qui, étranger à toutes ces querelles de famille, rétablit la politique dans ses véritables voies.

« Les raisons de parenté ne subsistèrent plus ; et alors la France, unie à l'Espagne par la politique et non par la parenté, la France trouva dans l'Espagne l'alliée fidèle qu'elle s'était faite par la guerre de succession. Voilà ce que l'histoire enseigne.

« Si je vous citais l'histoire de Napoléon, vous verriez quelle déception la parenté a été pour lui. Je voudrais pouvoir retracer sous vos yeux sa correspondance avec son frère Joseph : vous y verriez, et il y a dans cette enceinte des témoins considérables de ces faits, qui m'écoutent, vous y verriez qu'avec son frère la lutte est née à l'instant même. Lorsque vous placez un prince français en Espagne, il devient Espagnol; il est fidèle à sa nouvelle patrie, et, devenu Espagnol, il résiste.

« Joseph devint promptement l'adversaire de Napoléon. Un moment, il voulut se conduire en Espagne comme Louis Bonaparte avait fait en Hollande, et il fallut que Napoléon lui déclarât par sa femme, qui était alors à Paris, qu'il allait le faire arrêter à Bayonne ; et des témoins bien informés affirment que, vers la fin de l'Empire, Joseph avait traité avec les Anglais.

« Voilà, Messieurs, la parenté. »

Après la révolution de Juillet, continuait l'orateur, quelle devait être la politique de la France à l'égard de l'Espagne ? quel lien devait-elle s'occuper d'établir ? Évidemment celui d'une révolution commune.

Au lieu de cela, on a cherché un lien de famille. Or, le danger s'est si promptement manifesté, aussitôt après la conclusion des mariages, et la position d'un prince français en Espagne a paru tellement fausse, qu'on a fait immédiatement revenir en France le duc de Montpensier et son épouse; on a déclaré qu'on n'avait pas voulu faire un prince espagnol, mais une princesse française. Ce qui n'était pas assurément une entreprise de l'ordre politique..

On n'avait rien gagné. Qu'est-ce qu'on avait perdu ? L'alliance anglaise.

Or, M. Thiers se déclarait, comme il l'avait toujours fait, partisan de l'alliance anglaise. L'alliance avec l'Angleterre, pour protéger les nationalités menacées, la liberté en péril, lui paraissait, lui avait toujours parru bonne, que les tories ou les whigs gouvernassent la Grande-Bretagne. Mais lorsque les whigs, dont l'esprit libéral déplaît à l'Europe absolutiste, arrivaient au pouvoir, se tourner contre eux, n'était-ce pas révéler ses penchants réactionnaires ?

Et dans quel moment brisait-on cet accord des deux pays gardiens de la liberté du monde ? Lorsque Cracovie allait périr. Mais, disait-on, on n'avait pu prévoir cet événement. Non, sans doute, car on avait les yeux attachés sur Madrid.

Mais Cracovie, ce n'était qu'un point dans l'espace. Restait le monde entier : l'Italie, la Suisse, l'Allemagne, et M. Thiers, après un rapide coup d'œil jeté sur les mouvements qui agitaient ces différents États, s'écriait :

« Méconnaissez, si vous voulez, l'événement de Cracovie ; Cracovie était bien petite, quoiqu'elle ait la grandeur du droit. Méconnaissez l'événement de Cracovie ; mais avez-vous donc méconnu l'état du monde ? »

Et en présence de cette situation, on n'avait pu ajourner le second mariage. Les résultats de cette faute, il n'y avait qu'un événement qui pût nous y soustraire, la naissance d'un héritier de la reine Isabelle. Ainsi, le plus grand bonheur de la France serait que le mariage du duc de Montpensier n'eût aucun résultat. Pour que cette œuvre cessât d'être funeste, il fallait qu'elle devînt nulle.

Malgré la longueur d'un discours qui avait pris toutes les heures de la séance, M. Thiers avait produit un grand effet. Était-ce un triomphe oratoire, ou un triomphe politique ? Question difficile à résoudre dans une Assemblée, et surtout dans une Assemblée française, où le sentiment de l'art semble dominer pendant la discussion et disparaît au moment du vote. M. Guizot toutefois était tenu de répondre, sinon pour rassurer les convictions de ses fidèles, au moins pour satisfaire leur vanité, car ils avaient à cœur de voir leur ministre conserver un rôle brillant dans la lutte, et justifier ou déguiser par son habileté les complaisances du scrutin.

M. Guizot s'efforça de répondre aux espérances de ses amis.

M. Thiers n'avait pas blâmé le mariage de la reine ; toute la discussion portait donc sur celui du duc de Montpensier. Dans cet acte, selon M. Thiers, il n'y avait eu ni nécessité, ni loyauté.

Le ministre répondait à ces deux reproches.

La nécessité, disait-il, devait sortir tout entière d'une comparaison entre la situation dans laquelle on se trouvait, en juin, en présence de lord Aberdeen, et celle que faisait, en juillet, l'avènement de lord Palmerston.

Avec lord Aberdeen, le concert existait entre les deux cabinets ; l'exclusion des Cobourgs était admise ; le mariage de l'infante avec un prince Français n'avait souffert aucune objection ; il n'avait pas été question du traité d'Utrecht.

Avec lord Palmerston, le prince de Cobourg est mis en première ligne, le concert avec la France est repoussé, don Enrique est préféré à don Francisco, les intrigues de M. Bulwer à Madrid prennent un caractère d'hostilité.

D'un autre côté, les dépêches de Marie-Christine et du ministère espagnol demandent avec instance la prompte conclusion des deux mariages. « Hâtez-vous, disent-« elles, ou tout est perdu ; la combinaison « va échouer ; un délai quelconque peut « emporter le cabinet ; tous les efforts des « partis sont dirigés contre le mariage de « l'infante avec le prince français. »

En même temps que M. Guizot faisait valoir ces empressements et ces alarmes de la cour de Madrid, il soutenait que le mariage français était populaire, que l'Espagne entière y applaudissait. Les deux assertions étaient contradictoires ; car, si le mariage était désiré par l'Espagne, on pouvait se fier au sentiment national, ne rien précipiter, convoquer les nouvelles Cortès, et faire subir à cette transaction toutes les preuves légales exigées par la Constitution. Alors la France était accueillie d'une manière digne d'elle, au lieu d'être introduite dans l'alcôve des princesses par une porte dérobée.

Si, au contraire, le moindre délai pouvait tout compromettre, si l'on ne pouvait différer d'un jour sans soulever des tempêtes, il fallait bien reconnaître que le mariage était antipathique à la nation espagnole, puisqu'on n'avait eu d'autre ressource que de placer la nation en face d'un fait accompli. En ce sens, assurément, il y avait bien nécessité ; mais c'était une nécessité qui ne faisait pas honneur au ministre condamné à tromper le peuple dont il recherchait l'alliance.

Restait la question de loyauté diplomatique. Il était difficile à M. Guizot de nier qu'il eût dit à lord Normanby ces paroles : « Les deux mariages ne se feront pas en même temps. » Mais, tout en faisant cet aveu, il enveloppa ses paroles de réticences et de réserves qui semblaient mettre en doute les assertions de l'ambassadeur. « Je ne puis, dit-il, prendre tout d'abord le compte rendu d'un agent étranger à son gouvernement comme une pièce authentique, irrécusable, à laquelle aucune objection ne puisse être faite. » En somme, il se défendit en accusant, et en laissant planer sur la véracité de l'ambassadeur anglais des doutes suffisants pour satisfaire des consciences ministérielles. Mais l'émotion fut grande dans le monde diplomatique, et lord

Normanby eut bientôt occasion d'en témoigner son mécontentement.

Après ces plaidoiries pour sa défense, M. Guizot jetait un coup d'œil sur la situation politique que ces questions avaient faite à la France vis-à-vis de l'Espagne, de l'Angleterre, de l'Europe. Il ne dissimula pas qu'elle était grave; il se plut même à en grossir les périls; car c'était là sa grande tactique parlementaire : effrayer pour obtenir l'obéissance, et rallier par l'intimidation les voix qu'il ne pouvait gagner par la persuasion. Il se donnait en outre un mérite d'apparente franchise qui ôtait beaucoup de force aux reproches de ses adversaires.

« Messieurs, dit-il, à Dieu ne plaise que je voulusse contester la gravité de la situation ! Non seulement je la reconnais, mais je désire que la Chambre, que mon pays, la reconnaissent et la sentent comme moi. Les situations graves font les bonnes conduites, et c'est par les bonnes conduites qu'on décide les situations graves; et c'est parce que je compte sur l'intelligence, sur la persévérance, sur la fermeté et sur la mesure des grands pouvoirs publics de mon pays, que, bien loin de vouloir rien dissimuler sur la gravité de la situation, je désire les en pénétrer davantage, si cela dépendait de moi. »

Ces mots étaient un nouvel appel à la patience, à la résignation, c'est-à-dire à une complicité passive avec les usurpateurs de Cracovie, les égorgeurs de la Gallicie et les fanatiques de la Suisse. C'est ainsi que M. Guizot entendait *les bonnes conduites :* de perpétuelles concessions à la violence, le respect du fait à la place du droit, l'abandon des faibles et le silence devant les forts. Déjà quelques conservateurs se plaignaient d'une politique malheureuse qui passait toujours d'une faiblesse à un danger et d'un danger à une faiblesse. Même sur les bancs de la majorité, on murmurait que M. Guizot s'occupait beaucoup plus de sa personne que des intérêts généraux : on reconnaissait en lui le talent de bien dire, mais on eût mieux aimé le talent de bien faire. Parmi les mieux disposés à le seconder, on se lassait de voir renaître sans cesse ces situations difficiles qui mettaient en question la paix du monde, et les dévouements commençaient à se lasser d'être tant de fois mis à l'épreuve. En somme, il y avait dans la majorité, sinon de l'irritation, au moins de l'impatience ; on acceptait volontiers le joug, mais on l'aurait voulu moins pesant. Tout cela néanmoins se bornait encore à de secrets murmures; au jour du scrutin, la phalange se retrouvait docile et compacte, et M. Guizot ne s'arrêtait qu'au résultat. Il était cette fois de nature à le satisfaire. L'adresse fut adoptée par 248 voix contre 84.

Il eut encore néanmoins quelques désagréments à subir pour l'affaire des mariages espagnols. Lord Normanby, accusé, ainsi que nous l'avons dit, de défaut de véracité, s'était empressé d'écrire à son gouvernement pour confirmer de nouveau l'exactitude de ses dépêches. Lord Palmerston lui répondit :

« Milord, votre dépêche du 6 courant est parvenue à ce ministère, et, en réponse à cette communication, j'ai à assurer à Votre Excellence que le gouvernement de S. M. a la plus parfaite confiance dans l'exactitude de vos rapports, et que rien de ce qui a été dit à la Chambre des députés le 5 courant ne peut en aucune façon ébranler la conviction du gouvernement de S. M.; que le récit renfermé dans votre dépêche du 25 septembre dernier, de ce qui s'est passé dans la conversation entre vous et M. Guizot ce jour même, est entièrement, rigoureusement conforme à la vérité. »

En reproduisant cette lettre, plusieurs journaux annonçaient que lord Normanby devait retourner à Londres, en laissant pour le remplacer un chargé d'affaires. Mais c'eût été se retirer devant son accusateur ; et lord Palmerston n'était pas homme à permettre cette concession. Le *Morning Chronicle*, journal officiel du ministère, publia la note suivante : « Il n'y a aucun fondement dans le bruit qui paraît avoir circulé à Paris sur le prochain départ de lord Normanby. M. Guizot n'a pas hésité, nous le croyons, à déclarer *en particulier* qu'il n'avait pas eu l'intention d'adresser à l'ambassadeur britannique l'imputation si évidemment renfermée dans les paroles dont il s'est servi. Nous avons la confiance qu'avant que ceci lui parvienne il aura rassemblé tout son courage moral pour faire la même déclaration du haut de la tribune. — Qu'il s'y résigne, car lord Normanby ne sera pas rappelé, et il n'y a pas l'ombre d'apparence d'un changement de cabinet en Angleterre. »

Le même journal publiait, en outre, les phrases suivantes :

« Le résultat est qu'à la face des deux nations M. Guizot est considéré dans l'opinion publique *comme un imposteur convaincu d'imposture*. C'est une position qui n'est pas nouvelle pour lui, et qu'il peut supporter avec une philosophique indifférence; mais certes il n'est personne en Angleterre, ayant des prétentions de *gentleman*, qui se décidât à la subir, et, s'il le faisait, il serait certainement frappé d'une déconsidération universelle. »

Ces aménités, dans un journal ouvertement connu pour être l'organe de lord Palmerston, démontraient quels étaient les sentiments du ministre.

Un nouvel incident vint envenimer les colères. A l'approche d'une grande réunion projetée par l'ambassadeur anglais, les invitations étant faites sur les listes précédentes, une lettre avait été envoyée à M. Guizot. Les secrétaires de lord Normanby s'aperçurent aussitôt qu'ils avaient commis une maladresse; et pour la réparer, ils en commirent une autre beaucoup plus grave. On envoya reprendre chez M. Guizot la lettre d'invitation. La brutalité de ce procédé faisait tort à l'ambassadeur; M. Guizot put se plaindre à son tour. Toutes relations cessèrent entre le ministre et l'ambassadeur : on était bien loin de l'entente cordiale.

A Londres, les esprits n'étaient pas moins exaspérés. Le cabinet tout entier s'associait à l'outrage reçu par lord Normanby et demandait hautement une réparation. Dans la journée du 19 février, lord John Russell fit appeler M. de Saint-Aulaire, ambassadeur de France, et, en présence de deux de ses collègues, il lui déclara qu'il y avait entière et complète solidarité entre lord Normanby et le gouvernement britannique, et que si l'on n'obtenait pas la satisfaction qui était due, cette solidarité pourrait se manifester ultérieurement d'une façon plus directe.

M. Guizot payait cher une imprudence de tribune, et ne savait comment sortir d'un conflit sans dignité, lorsqu'un ambassadeur allié vint à son secours. M. d'Appony se fit intermédiaire entre les deux parties belligérantes, et obtint des deux parts quelques paroles de rapprochement. M. Guizot déclara qu'il n'avait jamais eu l'intention d'inculper en aucune manière la bonne foi et la véracité de lord Normanby. Celui-ci, de son côté, fit dire par M. d'Appony que l'invitation à la réunion avait été, il est vrai, envoyée par méprise à M. Guizot, mais que Sa Seigneurie n'avait jamais pensé retirer l'invitation envoyée, ni exprimé aucune intention à cet égard. Après ces préliminaires, une rencontre pacifique eut lieu dans les salons de M. d'Appony et mit fin à cette querelle, qui devenait, à vrai dire, un embarras pour les deux gouvernements.

Pendant que ces misérables dissensions agitaient les hautes régions du pouvoir, de cruelles souffrances jetaient le désordre dans les campagnes et poussaient à de déplorables excès les populations agricoles placées entre la faim et le désespoir. La cherté toujours croissante des subsistances rendait inutiles les efforts du travail le plus opiniâtre. La misère s'appesantissait chaque jour plus cruelle, et, avec la misère, les alarmes populaires s'étendaient de proche en proche. Tous les départements de l'Ouest et du Centre étaient dans une agitation fébrile, la circulation des grains interrompue, les magasins de céréales dévastés, les personnes mêmes livrées aux violences. Au milieu de janvier, des troubles sérieux avaient éclaté à Tours; des bateaux de blé avaient été pillés; à Laval, la population soulevée avait taxé elle-même le blé à 4 fr. le double décalitre, et les vendeurs avaient été obligés de le livrer à ce prix sur le marché, sans que l'autorité pût s'y opposer; à Rennes, au Mans, à Mayenne, à Nevers, on avait pris les armes. Partout, des ouvriers en troupes parcouraient les campagnes, demandant du pain et du travail; des mendiants par centaines épouvantaient de leurs exigences les fermes isolées.

Dans plusieurs communes du département de l'Indre, des bandes nombreuses envahissaient les maisons des propriétaires pour les forcer de signer un engagement de livrer le blé à 3 francs, au lieu de 7, le double décalitre. Ceux qui ne voulaient pas faire cette concession tombaient victimes de leur refus. Un propriétaire avait été assassiné à Buzançais, un autre à Bélabre. A Châteauroux, les ouvriers du chemin de fer avaient fait irruption sur le marché, armés de leurs instruments de travail; la force armée dut intervenir pour les disperser. Partout éclatait la guerre civile, guerre d'affamés qui accusait l'imprévoyance du gouvernement. La troupe sévissait, mais n'empêchait pas les désordres de se reproduire : il fallut demander aux Chambres un crédit extraordinaire pour accroître l'effectif de l'armée dans les divisions territoriales de l'intérieur; cet accroissement mit en activité seize mille hommes de plus, et ajouta par conséquent aux dépenses publiques une somme de seize millions, qui eussent été bien mieux appliqués au soulagement des misères.

On voulut aussi, par un sévère exemple, terrifier les populations et contraindre le malheur à la patience. La cour d'assises de l'Indre, appelée à juger les accusés de Buzançais, de Bélabre et de Châteauroux, frappa sans miséricorde. Trois condamnations à mort, quatre condamnations aux travaux forcés à perpétuité, dix-huit aux travaux à temps, telle fut la terrible garantie offerte à l'ordre et à la propriété. On avait espéré que le pouvoir royal exercerait, en ces tristes circonstances, son droit de grâce ou de commutation. L'ignorance et la faim sont de mauvaises conseillères, mais de puissantes atténuations. On ne le jugea pas ainsi, et, le 16 avril, l'arrêt de la cour d'assises de l'Indre était exécuté sur la place publique de Buzançais, au milieu d'une population morne et consternée, qui n'avait pour les victimes que des sentiments de commisération. Le gouvernement avait voulu donner une leçon : elle fut tout autre que celle qu'il avait méditée. Des haines profondes contre les propriétaires succédèrent, dans le cœur des villageois, au drame de Buzançais, et plus d'un excès socialiste y prit son origine.

Au milieu de ces difficultés intérieures et extérieures, le ministère manquait d'ensemble et d'accord. Déjà il s'y était fait un changement partiel par la mort de M. Martin (du Nord), survenue le 11 mars. M. Hébert l'avait remplacé : ses ardentes poursuites contre la presse et sa haine pour toute idée libérale lui avaient mérité cette faveur. Pour un ministère qui se plaisait à provoquer les passions plutôt qu'à les calmer, le choix était plein de logique. Mais deux départements ministériels des plus considérables, la guerre et la marine, étaient entre les mains d'hommes dont l'incapacité se trahissait trop. Il est vrai que, par calcul, on n'avait voulu prendre que des premiers commis. M. Moline de Saint-Yon, à la guerre, était placé entre le despotisme tracassier du maréchal Soult et le patronage exigeant des princes de la famille royale. Même avec plus de talent et une volonté plus ferme, il lui aurait été difficile de faire le bien et d'empêcher le mal. Quant à M. de Mackau, les désordres de son administration avaient soulevé les plus légitimes accusations. Ces désordres, il est vrai, traditionnels et longtemps tolérés par une coupable négligence, ne pouvaient lui être personnellement imputés; mais ils se révélaient alors avec tant d'éclat, et les scandales se multipliaient avec tant de publicité, que le ministre en possession portait la peine des iniquités accumulées sous ses prédécesseurs. M. Guizot, qui n'a dans le caractère rien de chevaleresque, avait assez de ses luttes personnelles pour n'être pas tenté de se compromettre en défendant un collègue engagé dans de mauvaises affaires. D'ailleurs la nullité parlementaire de M. de Mackau avait été plus d'une fois un embarras pour un cabinet qui ne se soutenait que par les succès de la tribune. Le ministre de la marine, accusé pour des faits qui n'étaient pas les siens, attaqué par l'opposition, abandonné par les conservateurs, trahi par ses collègues, dut donner sa démission. M. Moline de Saint-Yon déposa son portefeuille le même jour, 8 mai. Restait un autre ministre auquel M. Guizot ne trouvait pas assez de souplesse et de complaisance, M. Lacave-Laplagne. On aurait bien voulu qu'il se retirât volontairement avec les autres proscrits; mais il ne se montrait pas d'aussi facile composition. Il est vrai que les finances étaient dans une situation alarmante; il est vrai qu'un déficit toujours croissant menaçait l'avenir; mais M. Lacave-Laplagne n'admettait pas que ce fût la faute du ministre des finances; il en rendait responsable le cabinet tout entier, le système général qui dirigeait l'ensemble des affaires, qui multipliait les dépenses, et de l'armée, et des travaux publics, et de toutes les grandes opérations. Donner sa démission eût été reconnaître la vérité des accusations portées contre lui. M. Lacave-Laplagne préféra subir une destitution. Il fut, en effet, congédié le jour même où ses deux collègues faisaient retraite.

Si cependant cette petite victoire intérieure causa quelque satisfation à M. Guizot, son amour-propre eut à subir de cruels échecs lorsqu'il entreprit de remplacer les vaincus. Personne autour de lui ne se rencontra qui voulût accepter le vasselage d'un portefeuille. Les ambitions les plus médiocres l'accablèrent de leurs refus : MM. Bresson, Muret de Bord et Bignon. Dans les deux Chambres, où il se trouvait tant de ministériels disponibles, pas un ne montrait assez de confiance dans la fortune du premier ministre pour y associer la sienne. Des ministères offerts à tout venant étaient repoussés comme une marchandise de rebut. Il fallut franchir les enceintes parlementaires, chercher au loin parmi les fonctionnaires des courages excités par les attraits de la nouveauté; le télégraphe alla surprendre des noms inconnus, auxquels on demandait le dévouement de Curtius. Le général Trézel, commandant à Nantes, apprit par le messager aérien qu'il était appelé au ministère de la guerre; M. Jayr, préfet de Lyon, fut averti qu'il était attendu au ministère des travaux publics, en remplacement de M. Dumon, appelé au ministère des finances; enfin M. de Montebello, ambassadeur à Naples, reçut sa nomination par un bateau à vapeur : il était ministre de la marine.

Ces modifications ne pouvaient avoir rien de sérieux, et, afin qu'il n'y eût à cet égard aucun doute, M. Guizot s'empressa d'annoncer à la Chambre que la politique du cabinet n'en serait pas altérée. Le public ne prenait donc qu'un médiocre intérêt à ces querelles de ménage, et l'opposition ne demandait pas mieux que de voir M. Guizot dégagé de toute entrave, afin que sur lui seul retombât la responsabilité des faits qui devaient s'accomplir.

XXXVI

Questions de réforme. — Conservateurs progressistes. — Mot de M. Desmousseaux de Givré. — Échec du ministère à la Chambre. — Proposition de M. Duvergier de Hauranne sur la réforme électorale. — Elle est repoussée. — Proposition de M. Crémieux sur la composition des listes du jury, et de M. de Rémusat sur les incompatibilités. — Attitude indocile des conservateurs progressistes. — Proposition de M. Crémieux sur les députés et les fonctionnaires intéressés dans les chemins de fer. — Proposition de M. Berville sur la jurisprudence Bourdeau. — Proposition de M. Glais-Bizoin sur la réforme postale. — Rejet. — Conséquences.

Malgré ses victoires répétées au scrutin, le cabinet du 29 octobre ne prenait pas cette position ferme et incontestée qui appartient aux pouvoirs durables et fait taire les espérances ennemies. Toute son existence avait été une série de complications créées tantôt par ses faiblesses, tantôt par ses imprudences, et quoiqu'il les eût traversées avec succès, on s'était tellement accoutumé à le mettre en question, qu'il ne savait lui-même s'il pourrait résister à tant d'ébranlements successifs. Le temps même, cette grande épreuve des pouvoirs, n'avait rien ajouté à ses forces, et ses amis doutaient encore de lui comme d'un nouveau venu.

L'opposition, au contraire, en dépit de ses échecs, ne perdait rien de son audace, rien de ses espérances. Soutenue par les voies du dehors, encouragée par les actives excitations de la presse, elle reprenait toujours la lutte, appelait le ministère à se justifier, le poursuivait de question en question, lui faisait un procès à chacune de ses fautes et ne lui épargnait aucune des épreuves du régime parlementaire. Ses ardeurs étaient, d'ailleurs, entretenues par les opiniâtres résistances d'un adversaire qui repoussait toute concession. Les vices du système électoral, son étroit privilège, ses injustes exclusions, les facilités qu'il offrait à la corruption et à l'intrigue, les atteintes qu'il portait à l'égalité, les avantages qu'il réservait à la richesse, devenaient un texte d'accusations sans cesse renouvelées, sans cesse accueillies avec ferveur par le public, sans que jamais cette question semblât résolue, quoique tous les jours repoussée. La réforme était donc le terrain sur lequel se maintenait l'opposition, parce qu'elle avait toujours l'avantage dans la discussion, quoiqu'elle succombât dans le vote.

La fraction des conservateurs progressistes n'était pas éloignée d'admettre quelques modifications dans la loi électorale; mais elle se montrait surtout ardente à réclamer des réformes matérielles, comme la réduction de l'impôt sur le sel, la réforme postale, et même la conversion des rentes. Elle sommait le ministère de se placer à la tête du progrès politique; ce qui, dans un gouvernement constitutionnel, est un signe de force et une condition de durée. Son amour-propre et son intérêt lui semblaient engagés dans ces questions; car elle ne se dissimulait pas qu'en tardant à sanctionner les vœux de sages améliorations, on laissait à l'opposition une prépondérance morale qui finirait par la faire triompher.

Déjà le ministère était averti que plusieurs conservateurs ne devaient plus être des instruments dociles. Dans la discussion des fonds secrets, M. Desmousseaux de Givré, rappelant à M. Guizot les promesses du banquet de Lisieux, lui reprochait amèrement de les avoir oubliées. Par l'effet de cet oubli, la dissension s'introduisait dans les rangs d'une majorité compacte. Les esprits étaient troublés, et les cœurs indécis. Le mal, disait l'orateur, c'était l'inertie du gouvernement. Sur toutes les questions, il répond par ce mot fatal : *Rien, rien, rien!*

M. Guizot crut pouvoir dédaigner ces accents d'une indignation isolée ; mais bientôt une leçon plus sévère vint lui faire comprendre que la majorité elle-même pouvait lui échapper.

L'entrée de M. Hébert au ministère laissait vacante la vice-présidence de la Chambre. Cette dignité parlementaire avait fini par prendre l'importance d'une candidature ministérielle. Le cabinet recommandait la candidature de M. Duprat : choix insignifiant, il est vrai, mais qui mécontentait les jeunes conservateurs, parce qu'il leur était imposé. Ils votèrent donc ouvertement avec l'opposition, et, grâce à leur concours, la vice-présidence échut à M. Léon de Malleville, partisan reconnu de la réforme électorale.

Le cabinet fut frappé de stupeur : cette immense majorité, qui lui promettait de si faciles sessions, lui faisait tout à coup défaut ; il se trouvait à la merci de quelques novateurs capricieux, épris de réformes, n'ayant ni assez de maturité pour être un parti, ni assez de docilité pour être des instruments, livrés par conséquent à toutes les inspirations d'un coup de tête. Le ministère pouvait donc être culbuté par la main des conservateurs progressistes, le jour où ils voudraient former une alliance durable avec l'opposition. Ce qui diminuait toutefois le péril, c'est qu'ils n'avaient ni plan de campagne, ni goût décidé pour une réforme radicale. Ils encourageaient l'opposition sans se livrer à elle ; ils affaiblissaient le pouvoir sans avoir la volonté de le renverser.

Ce qui, du reste, leur donnait quelque importance, c'est qu'ils avaient dans le journal *la Presse* un organe qui représentait assez exactement leurs impatiences et même leurs irrésolutions ; journal personnel, il est vrai, expression plutôt d'un homme que d'un parti, mais se faisant volontiers l'écho de la partie frondeuse de la bourgeoisie, et possé-

dant une grande puissance de taquinerie. M. Émile de Girardin s'était hautement séparé du ministère, après de vains efforts pour obtenir de M. Guizot quelques réformes promises et toujours ajournées. Aussi, pendant que le *Journal des Débats*, patriarche opiniâtre de la vieille politique, gourmandait les conservateurs dissidents, se disant *impartiaux, progressistes, majorité dans la majorité*, et déplorait en termes amers le vote sur la

Marie (1795-1870).

vice-présidence, *la Presse* menaçait le cabinet de nouveaux échecs, s'il ne prenait pas l'engagement d'introduire, avant la fin de la législature, la liste des jurés dans la loi électorale. Ce n'était pas se montrer bien exigeant, mais c'était prouver la nécessité des concessions, c'était reconnaître la puissance croissante de ce mot de réforme qui était dans toutes les bouches, et qui allait être le signal d'une grande révolution. La scission des conservateurs en était peut-être la préface nécessaire.

Le jour même où M. Léon de Malleville

61. — E. REGNAULT.

était porté à la vice-présidence, le 22 mars, M. Duvergier de Hauranne était appelé à développer une proposition de réforme électorale. Les bureaux en avaient autorisé la lecture, malgré les efforts personnels des ministres. En cette occasion encore, les jeunes conservateurs avaient été indociles.

L'exemple de M. Duvergier de Hauranne prouvait pourtant à M. Guizot combien il est périlleux de fermer l'oreille aux conseils de ses amis. Un des plus fougueux autrefois parmi les doctrinaires, défenseur des lois de septembre, partisan des mesures de répression, M. Duvergier de Hauranne avait à bon droit jugé que, les circonstances étant changées, la politique ne devait pas rester la même ; que, les partis ayant renoncé aux violences, le gouvernement devait renoncer aux rigueurs : il pensait que le pouvoir, après avoir fait preuve de force, devait fait preuve de générosité; qu'après avoir satisfait aux principes d'ordre, il était temps d'accorder quelque chose aux principes de liberté. Il s'était donc résolûment jeté dans le parti libéral, en combattant, à côté de M. Guizot, dans les rangs de la coalition. Mais ç'avait été pour lui une cruelle déception de voir M. Guizot, infidèle à la cause commune, reprendre la politique qu'il avait combattue chez M. Molé, et sacrifier audacieusement les principes qui l'avaient aidé à triompher d'un rival. A ses anciennes sympathies avaient succédé les amertumes d'une trahison, et ses nouvelles convictions politiques puisaient de la force dans les ressentiments d'une conscience indignée. La réforme devint un cri de guerre, encouragé par l'opposition parlementaire avec des vues diverses, et répété par la presse radicale, heureuse de voir les mécontents dynastiques faire aux vieux systèmes une première brèche, qu'elle espérait bien élargir.

Avant de soumettre sa proposition à la Chambre, M. Duvergier de Hauranne avait saisi le public de la question, dans une brochure substantielle, où il signalait avec une mordante éloquence tous les vices du système électoral, tous les dangers de la situation politique, l'isolement de la France, son apathie morale en présence des événements extérieurs les plus graves, ses déplorables tendances vers un égoïsme désorganisateur, enfin la corruption politique annulant de fait le gouvernement représentatif, et asservissant le pouvoir parlementaire à la prérogative royale. Il fallait donc réformer la loi électorale, y introduire quelques garanties contre la centralisation administrative, et multiplier les incompatibilités. L'abaissement du cens, l'élévation à quatre cents du nombre *minimum* d'électeurs nécessaires pour constituer un collège, l'adjonction d'une liste de capacités différentes de la seconde liste du jury, l'introduction dans la Chambre de 79 députés de plus, nommés par les collèges les plus nombreux : tels étaient les moyens indiqués par lui pour parvenir à réaliser cette régénération parlementaire; telles étaient les principales dispositions du projet qu'il soumettait à la Chambre.

Les différents partis en attendaient la discussion avec impatience. Non pas qu'il fallût en espérer un résultat immédiat ; mais l'agitation qu'elle produisait dans les esprits, les graves accusations qu'elle ramenait à la tribune, l'impuissance des ministres à cacher les abus, l'avantage de l'opposition à les faire ressortir, enfin le mouvement des idées excitées par une question qui, sans cesse remise au jour, gagnait sans cesse du terrain, tout cela devenait un encouragement pour les ambitions rivales, et une puissante arme de guerre pour les ennemis de la couronne.

Le discours de M. Duvergier de Hauranne fut le développement et le commentaire de sa brochure. A vrai dire, la réforme, telle qu'il l'entendait, pouvait engager une vive controverse. Pour lui, il ne s'agissait guère d'une question de droit, mais d'une question de circonstance, de politique plus ou moins mauvaise. Il voyait le gouvernement représentatif faussé dans ses ressorts, la Chambre remplie de fonctionnaires et devenue inerte, le corps électoral corrompu et sans volonté propre; et, sur ces ruines, la couronne souveraine et toute-puissante. Que voulait-il par sa réforme? Rendre à la bourgeoisie le terrain qu'elle avait perdu et rétablir à son profit l'équilibre constitutionnel des pouvoirs. C'était donc une lutte d'influence plutôt qu'une lutte de principes, une question de méthode bien plus qu'une question de droit, et il y avait loin de ces timides expédients aux doctrines radicales qui invoquaient le suffrage pour tous, comme appartenant réellement à tous. Les radicaux demandaient l'abolition du privilège électoral; M. Duvergier de Hauranne en demandait l'extension. Sur ce terrain, ses adversaires avaient beau jeu; car la controverse se réduisait à des appréciations de faits qui offraient des arguments à tout le monde, et, en demandant simplement une concession, on autorisait le ministère à la refuser.

Cependant, au premier jour de la discussion, les ministres gardaient le silence; ils abandonnaient la tribune aux conservateurs émérites qui n'avaient rien à compromettre, MM. de Golbéry, Ladières, d'Haussonville. Il fallut une sommation publique pour les appeler à se prononcer.

« Au troisième jour de cette discussion, dit M. Billault, nous éprouvons, je l'avoue, une certaine curiosité; c'est celle de savoir quelle sera en définitive l'attitude du cabinet vis-à-vis de sa majorité. Je me rappelle que, dans la session dernière, quand un débat analogue se présentait, M. le ministre de l'intérieur et M. le ministre des affaires étrangères montaient à la tribune avec l'empressement qui caractérise une ferme résolution. Mais aujourd'hui je ne sais si cela tient à quelques événements imprévus, à quelques embarras personnels, à des exigences, à des promesses faites à des électeurs; toujours est-il certain que l'attitude est plus réservée; mais cette attitude elle-même est significative. »

Démontrant ensuite la nécessité de la réforme électorale par la situation morale et politique du corps électoral lui-même, l'orateur fit une vive peinture des abus inhérents au système actuel. Avec les exigences de l'électeur influent sur le député, du député sur le ministre, l'électorat n'était plus une fonction ni un droit, mais une exploitation, une ferme, un instrument de fortune. Quant au gouvernement, tous ses abus le trouvaient ou complice ou impuissant.

« Depuis sept ans, s'écria l'orateur, le ministère dure; depuis sept ans qu'a-t-il fait? Rien. A quoi a-t-il été uniquement occupé? A vivre, à se maintenir! Pour toute autre chose, qu'on n'en parle pas! Il n'a rien fait. On vit, oui, mais le pays n'est pas gouverné. Ce progrès moral, ces réformes politiques dont parlait M. Guizot à Lisieux, qu'on nous les montre! Où sont-ils? »

M. Duchâtel ne répondit que par un appel à l'égoïsme de la Chambre. La prise en considération était la dissolution de la Chambre. « Conservez-vous, disait le ministre, en nous conservant »: argument bien supérieur à toutes les questions de principes et parfaitement à la portée de l'auditoire.

Quant au reproche de corruption, M. Duchâtel avouait les abus, mais le remède proposé lui semblait étrange. On disait qu'il y avait trop de corrupteurs, et l'on proposait d'en augmenter le nombre. Il niait, d'ailleurs, que le pays prît intérêt à la réforme électorale. Toutes ces agitations étaient factices: réformes, changements, améliorations; autant de variétés et de faux prestiges.

En terminant, M. Duchâtel avait recours à l'argument réservé aux grandes occasions, la question de cabinet; il déclarait que, si le concours de la Chambre manquait au gouvernement, il se croirait obligé de faire retraite.

Après un appel significatif fait par M. Crémieux à la *minorité de la majorité*, M. Odilon Barrot prit la parole.

L'orateur constata d'abord les progrès faits dans la Chambre et dans le pays par le principe de la réforme électorale; c'était à ses yeux un grand éloge de cette réforme, que la question de cabinet posée à ce sujet. « Quand M. le ministre de l'intérieur, dit-il, se défiant probablement de la puissance des raisons, a mis son portefeuille dans la balance de vos consciences, quand il a combattu par la perspective d'un changement de ministère les justifications produites à l'appui de la proposition, il a, permettez-moi de le dire, rendu le plus grand hommage au principe même de cette proposition. »

Faisant ensuite justice des sophismes par lesquels le ministre intéressait la dignité même de la Chambre à protéger cette loi électorale dont elle était une émanation, il s'écriait : « Si un tel argument a quelque force, toute réforme électorale est désormais impossible ; toute modification à la loi électorale est frappée à tout jamais d'un fin de non-recevoir absolue; ce n'est pas une borne que vous posez, c'est la borne que vous érigez en dogme, c'est la borne faite dieu. Si la loi électorale participe de votre inviolabilité, si vous êtes la dernière incarnation du droit électoral, si l'on ne peut y toucher sans toucher à vous-mêmes, vous interdiriez, sans doute, même à un ministère quel qu'il fût, de venir vous dire qu'il faut changer la loi dont vous êtes le produit inviolable : vous lui interdiriez cette faute et cette ingratitude. Ainsi donc, puisque la réforme ne peut venir ni de l'opposition ni du ministère, déclarons qu'il en est à jamais fini de cette question ; donnez un démenti à la Charte elle-même. A la différence de la Restauration, qui, après avoir déclaré la loi immuable, fit subir de profondes modifications à la loi, vous, vous aurez proclamé la loi modifiable, et puis vous aurez soutenu ensuite le dogme de l'inviolabilité éternelle. »

M. Odilon Barrot signalait à son tour les progrès de la corruption : « Riches, pauvres, médiocres, intérêt, vanités, passions, on s'adresse à tout, on fait appel à tout. Sous l'influence de ces sentiments, le nombre des fonctionnaires, l'avidité des solliciteurs, doivent aller dans une progession croissante. Vous parlez des mœurs, de leur influence ; depuis dix ans qu'ont fait les mœurs ? Le flot va toujours en montant. »

Il est vrai que, tout en avouant l'existence de la corruption, tout en reconnaissant le mal, quelques fatalistes politiques prétendaient qu'il n'y avait autre chose à faire qu'à se résigner. A cela M. Barrot répondait : « S'en rapporter à la Providence! prenez-y garde : avant l'intervention de la Providence, il y a celle des révolutions! »

Terrible argument, que la Chambre ne voulut pas comprendre, et qui se justifia plus promptement que ne pensait l'orateur.

On avait pu croire que les conservateurs progressistes se prononceraient pour la réforme. M. Blanqui vint en leur nom désabuser la Chambre ; ils avaient voté pour la lecture du projet, ils devaient voter contre la prise en considération. « Nous ne sommes pas, ajoutait M. Blanqui, des traîtres qui se sont introduits dans la place pour la livrer à l'ennemi, mais des sentinelles vigilantes qui donnent l'alarme quand la garnison s'endort. »

Malgré cette espèce d'amende honorable, M. Guizot fit à cette fraction indisciplinée une sévère et orgueilleuse admonestation. « Je ne crois pas, dit-il, que les tiers partis servent aux intérêts du pays, à la considération et à la force de ceux qui les composent.» Puis, jetant un défi aux délinquants, il leur ouvrait dédaigneusement les portes de l'opposition. « Nous aimons mieux, ajoutait-il, soutenir notre politique avec une majorité moins forte, que l'affaiblir avec une majorité plus nombreuse. »

Les mutins étaient avertis ; on s'aperçut au vote que la leçon avait profité.

Quant au fond de la question, M. Guizot répéta ce qu'il avait déjà dit en 1842. Il ne trouvait à la proposition aucun motif sérieux. Point d'intérêts réels et importants qui aient besoin de réformes pour être satisfaits. Point de convictions, point de sentiments publics qui les sollicitent et qui les provoquent. « J'ai beau chercher, disait-il, la proposition de M. Duvergier de Hauranne n'est encore à mes yeux qu'une machine de parti, qu'une fantaisie de l'esprit. »

Était-ce aveuglement? était-ce opiniâtreté ? Assurément, le premier ministre ne comprenait rien de ce qui se passait en France.

Le scrutin sembla le justifier. Une majorité de 98 voix, 252 contre 154, repoussa la prise en considération.

Mais tous les avantages de la discussion avaient été pour l'opposition; les suffrages extérieurs protestaient hautement contre les décisions du Palais-Bourbon, et chaque succès du cabinet ressemblait aux victoires de Pyrrhus. « Quoi qu'on fasse désormais, « écrivait le *National* en rendant compte du « scrutin, ce système électoral est jugé : la « discussion l'a mis au néant! Il peut durer « encore, à l'aide de la force brutale qui le « maintient ; il peut durer, il ne vit plus. « La réforme n'est plus qu'une question « d'opportunité ; c'est évident pour tout le « monde, même pour les centres qui l'ont « repoussée aujourd'hui. Il faudra qu'ils se « résignent à lutter de nouveau contre le « bon sens, la raison, la lumière ; car M. Du-« vergier ne se lassera point. Il a la con-« stance, l'esprit de suite, et, plus que cela, « la passion qui soutient et double les « forces. »

Les radicaux avaient tout intérêt à se faire les alliés et les appuis de l'opposition dynastique ; elle devenait, pour ainsi dire, leur avant-garde, et ses vives escarmouches servaient de prélude à des luttes plus sérieuses, à des attaques plus décisives. Quand ils avaient agi seuls, les radicaux, et par leurs imprudences personnelles et par la témérité de leurs doctrines, avaient effrayé la bourgeoisie. Tout se ralliait alors autour du trône ; et l'énergie du combat devenait une sauvegarde contre le péril. Mais depuis que la bourgeoisie elle-même était divisée, depuis que la réforme était invoquée sous un drapeau monarchique, les radicaux n'avaient plus qu'à laisser faire, bien certains de recueillir les profits de la lutte, mais n'oubliant pas d'appuyer les lutteurs par leurs encouragements et leurs éloges. Aussi M. Duvergier de Hauranne avait-il grandi par sa glorieuse défaite; son nom, célébré par tous les organes de la presse

opposante, se trouvait invinciblement lié à de nouvelles tentatives, et la popularité qu'on lui assurait en récompense de ce qu'il avait fait devenait un engagement pour faire davantage.

L'opposition de toutes les nuances était, d'ailleurs, bien décidée à ne pas laisser dormir les questions de réforme. M. Crémieux présenta, le 12 avril, une proposition tendant à ce que la liste du jury, actuellement formée

Crémieux. (1796-1880).

par les préfets, fût désormais composée par une commission des membres des conseils généraux des départements. On se souvenait de la scandaleuse histoire des jurés *probes et libres*. Cependant les bureaux repoussèrent la proposition.

M. de Rémusat fut plus heureux. Il avait reproduit son ancienne proposition relative aux députés fonctionnaires, en y ajoutant l'amendement proposé l'année précédente par M. Odilon Barrot, concernant les officiers fonctionnaires de la maison militaire et civile du roi et des princes. Les bureaux en autorisèrent la lecture; et ce qui devait ajouter à l'intérêt de la discussion, c'est que les conservateurs progressistes avaient hautement déclaré qu'ils voteraient pour la prise en considération. Après avoir un instant courbé la tête, ils revenaient à l'indiscipline.

La discussion s'ouvrit le 19 avril.

Après l'exposé de M. de Rémusat, M. Duchâtel prit la parole pour reproduire encore l'argument désespéré, la question de cabinet. Assurément, la peur est la plus complaisante des passions : avec elle il n'est pas besoin de varier ses arguments; il suffit d'effrayer d'abord et d'effrayer ensuite, et les mêmes simagrées peuvent toujours servir. Cette fois cependant il fallait frapper fort; car les conservateurs dissidents avaient des velléités d'audace. Aussi eurent-ils les honneurs de la discussion.

D'abord M. Desmousseaux de Givré divertit la Chambre par quelques traits fort pénétrants décochés contre MM. Guizot et Duchâtel; leur disant en termes peu déguisés que si la majorité avait eu besoin d'eux, l'an dernier, pour vivre, c'étaient eux maintenant qui avaient besoin de la majorité. « Si nous avions le malheur de les perdre, ajoutait-il avec malice, nous nous en consolerions avec la certitude qu'ils ne manqueraient pas d'héritiers. »

Vint ensuite M. Billault, qui mit en cause, avec un esprit remarquable, cette fraction juvénile si inquiétante pour le cabinet.

Après quelques considérations générales, l'orateur ajoutait :

« Quant à la question de cabinet, je sais que c'est une arme devenue fort usuelle entre les mains de M. le ministre de l'intérieur.....

« Autrefois, quand une majorité était difficile, douteuse, de cinq à six voix, la question de cabinet avait des périls qu'on ne se souciait pas d'affronter.

« Par la même raison qu'on ne voulait poser nulle part alors la question de cabinet, on veut la poser partout aujourd'hui. Et voici pourquoi : il y a au milieu des amis du cabinet je ne sais quel ferment qui l'inquiète ; oui, il y a dans la majorité des députés nouveaux qui se figurent que leur opinion est leur propriété, que leur opinion leur appartient, et qui ne veulent pas se laisser exproprier, même pour cause d'utilité publique.

« Comment procède-t-on à leur égard? On commence par leur faire remarquer qu'il y a inopportunité. Vous voulez, leur dit-on, des réformes financières? ce n'est pas le moment ; ne parlez pas du sel, ne parlez pas des postes. Vous voulez des réformes administratives? attendez, attendez. Vous voulez des réformes politiques? Oh! pas du tout.....

« Cela ne les satisfait pas? On leur dit : Vous êtes ministériels, vous voulez conserver le ministère, son excellent système, la grande politique... Eh bien! prenez garde ; vous allez le tuer!

« Quand on leur tient ce langage, ils sont effrayés du résultat; ils n'ont pas cette intention homicide; ils ne veulent pas tuer le ministère. Ils voudraient au contraire le faire vivre, et vivre avec lui; mais cependant ils insistent; ils voudraient aussi qu'il fît quelque chose. Alors la question de cabinet reste posée comme la question *sine quâ non*.

« Voyez comme sont accueillis tous ceux qui veulent quelque progrès...

« Ici on leur a adressé des admonitions; mais au dehors on a eu moins de ménagements, et du mot *indépendant,* en passant par *imprévoyant,* on est arrivé au mot *intrigant.* Du reste, ce n'est pas la première fois qu'on applique le mot *intrigue* à la manifestation d'une opinion libre et indépendante.

« Et effectivement, si le nouveau parti conservateur avait le courage de naître, avait le sentiment de sa force, que le ministère comprend bien, lui, voici ce qui arriverait : il y a dans l'ancien parti conservateur des hommes résolus, qui pensent que l'on ne fait pas tout ce qu'on pourrait faire, qui sont fatigués d'être ainsi traînés à la remorque, qui pourraient entrer dans le nouveau parti et lui donner de la force. Il y a donc péril actuel et péril prochain.

« Nous allons assister à ce curieux spectacle, si les conservateurs nouveaux ont le courage de leur situation. Je sais quelles sont les craintes qu'on leur attribue ; ils sentent, dit-on, qu'ils n'ont pas l'autorité de la parole, qu'ils n'ont pas l'éloquence suffisante pour planter leur drapeau.

« Je ne pense pas que ces craintes soient fondées. Les situations produisent les hommes ; mais, en tout cas, en admettant que l'autorité de la parole leur manque, ils auront l'autorité du vote ; et qu'ils soient sûrs, s'ils viennent à la tribune dire au cabinet : « Si « vous ne faites pas cela, vous n'aurez pas « nos votes, » qu'on les trouvera éloquents, trop éloquents. »

Cet appel direct aux conservateurs progressistes les obligeait à s'expliquer. M. de Castellane se fit leur interprète. Après avoir signalé l'urgence de quelques réformes, l'orateur ajoutait :

« Tout le monde reconnaît donc, en définitive, qu'il y a quelque chose à faire, même M. le ministre de l'intérieur, qui regarde la question comme une simple question de limites. Si c'est une question de limites, qu'on nous dise donc, à nous qui voulons faire quelque chose, ce qu'on veut faire, quand et comment on le voudra ! Que le ministère vienne nous dire ce qu'il veut et quand il le voudra ! Y a-t-il une époque précise de la législature actuelle où il voudra faire quelque chose ? Encore une fois qu'il nous le dise ! »

A cette apostrophe, une certaine agitation se fait remarquer au banc des ministres. M. Guizot fait un geste négatif.

L'orateur reprend : « Le ministère me dit : Non ; je le savais d'avance. Mais j'ai dû lui en faire la demande une dernière fois.

« Eh bien donc ! le ministère repoussant toute réforme au fond, en principe, nous croyons, nous, qu'il y a opportunité à voter tout à l'heure la prise en considération de la proposition de M. de Rémusat. »

C'en était fait : la scission s'accomplissait dans les rangs des conservateurs. L'orgueil opiniâtre de M. Guizot ne voulait pas transiger même avec les amis de la monarchie ; toute pensée d'indépendance était considérée par lui comme un acte de révolte ; il ne reconnaissait plus de dévouement là où il n'y avait pas de servilité.

Le vote néanmoins vint démontrer qu'il pouvait y avoir quelque danger à traiter avec tant de hauteur les jeunes dissidents : 170 voix se prononcèrent pour la prise en considération, 219 contre. La majorité n'était plus que de 49 voix ; elle avait été de 98 dans le vote sur la proposition de M. Duvergier de Hauranne.

L'opposition était plus que jamais encouragée à poursuivre les tentatives de réforme ; elle y était encore invitée par les révélations de scandaleux faits de corruption qui allaient appeler sur les bancs des criminels deux ministres de la royauté. Nous reviendrons plus tard sur ce triste procès ; il eut pour premier effet de provoquer une proposition de M. Crémieux tendant à interdire aux députés de s'intéresser dans les concessions de travaux publics, chemins de fer ou autres, accordées par le gouvernement ou par la loi.

Dans la lutte qui se faisait entre les compagnies financières pour obtenir des concessions de chemins ferrés, chacune d'elles cherchait à se faire une influence, en offrant des places de directeur ou d'administrateur à des pairs, des députés, des fonctionnaires qui pussent agir sur les volontés des ministres et les votes des Chambres. En supposant que les députés attachés aux compagnies par de gros émoluments fussent assez retenus pour s'abstenir de toute intrigue, il était évident que, dans les votes, ils ne pouvaient conserver toute leur indépendance. La proposition de M. Crémieux apportait un correctif à cette nouvelle espèce de corruption.

La discussion, ouverte le 10 mai, fut signalée par des personnalités, des récriminations, des clameurs. Trop de noms étaient intéressés dans la question pour qu'on pût écouter ou parler avec calme. Un journal retraçait en ces termes le tableau de la séance :

« Il n'y a pas de réunion de collégiens insur-« gés qui n'eût honte de tels écarts et de « tels emportements. » Le ministère sembla contempler avec une malicieuse satisfaction cette lutte confuse où les députés se déchiraient entre eux ; car quelques membres de l'opposition dynastique avaient partagé les faveurs des compagnies ; et M. Dumon déclara que le gouvernement ne s'opposait pas à la prise en considération ; elle fut votée à une forte majorité.

La jurisprudence Bourdeau, nom consacré pour signaler la plus odieuse des hypocrisies judiciaires, devint à son tour l'objet d'une proposition présentée par M. Berville. Elle avait pour but de contraindre les fonctionnaires publics à porter directement devant le jury leurs plaintes en matière de diffamation. On sait que, depuis le précédent introduit par M. Bourdeau, les fonctionnaires, recourant à l'action civile, avaient trouvé dans la complaisance des tribunaux une protection contre toutes les attaques. C'était une violation flagrante de toutes les lois sur la presse. M. Berville demandait que l'on revînt aux véritables principes.

La proposition, soumise aux bureaux le 22 mai, fut l'occasion de débats très animés. MM. Marie, O. Barrot, Dufaure, Rémusat, Duvergier de Hauranne, s'indignèrent, en termes éloquents, de voir couvrir par un misérable subterfuge la responsabilité des fonctionnaires, dans le moment même où des procès scandaleux révélaient les plus honteux désordres dans toutes les régions administratives. Mais, à cause de cela même, le ministère redoutait le contrôle du jury ; il combattit avec acharnement la proposition de M. Berville, et, docile à la voix ministérielle, qui ressemblait à un cri de désespoir, la majorité refusa d'en autoriser la lecture.

Il s'agissait, d'ailleurs, de la presse, et les conservateurs progressistes, malgré leurs prétentions à l'indépendance, n'avaient pour la presse ni déférence, ni tendresse. Quant à leurs sentiments d'équité, ils étaient de nature à ne pas beaucoup s'émouvoir de persécutions qui ne frappaient que des écrivains incommodes et frondeurs : d'aussi tièdes réformateurs n'étaient pas tous les jours en verve, et il fallait à leur indépendance un cercle plus étroit. Leur présence au Parlement était plutôt un embarras pour le cabinet qu'un bien pour le pays. Ils servirent cependant de quelque manière la cause de la réforme : timides eux-mêmes, ils firent naître une certaine agitation parmi les timides, et ouvrirent la carrière aux exemples. Car la résistance des caractères faibles est souvent plus contagieuse que celle des hommes forts.

Une occasion se présenta bientôt de faire prévaloir une de ces réformes matérielles que les conservateurs progressistes mettaient avant les réformes politiques. M. Glais-Bizoin avait repris une proposition déjà plusieurs fois présentée par M. de Saint-Priest, sur l'abaissement de la taxe des lettres, réductible à un tarif unique pour toute la France. Cinq fois déjà la question avait été portée à la tribune ; 77 conseils généraux avaient émis des vœux favorables à cette réforme ; en 1845, la Chambre avait adopté la taxe uniforme à 20 centimes ; et si le bénéfice de ce vote avait été perdu, c'est que, le lendemain, les voix s'étaient partagées sur l'ensemble du projet : 170 contre 170. Depuis ce temps, l'expérience s'était faite en Angleterre, et les avantages de cette nouveauté n'étaient plus un problème pour personne. Toute la population, d'ailleurs, y était intéressée : le pauvre, pour n'être plus obligé d'imposer silence à la manifestation des sentiments les plus chers ; le petit commerce, pour n'avoir plus à subir la loi du grand commerce, seul assez riche pour supporter les frais d'une correspondance coûteuse. Intérêts, sentiments, relations de famille, besoins commerciaux, tout était engagé dans la question ; et il n'y avait pas un bourg, pas une chaumière, où l'on n'attendît avec anxiété cette réforme si vivement désirée, si longtemps promise. Il n'y avait là ni utopie, ni abstraction, ni affaire de parti ; l'occasion la plus facile s'offrait de contenter tout le monde sans sacrifice d'amour-propre, sans abnégation de principes.

Mais toute nouveauté devenait pour le cabinet du 29 octobre une sujet d'effroi ; il semblait que son existence fût attachée à la plus complète immobilité, et que, comme un agonisant, il lui fût défendu de se mouvoir, le moindre changement de position devant lui arracher le dernier souffle. M. Dumon vint, dans la séance du 25 mai, protester au nom de la science financière, démontrant avec emphase que des lettres à 20 centimes ne produiraient pas autant de recettes que des lettres taxées en moyenne de 50 centimes à 1 franc. Nous présentons, il est vrai, son argumentation dans sa plus grossière simplicité. Mais elle n'avait pas d'autre portée. Souvent, du reste, les routiniers de la finance n'ont pas de plus habiles raisonnements, et il en coûte à leur intelligence de comprendre, par exemple, que l'abaissement de la taxe doit augmenter la circulation des lettres par millions, et que la quantité des produits compensera l'abaissement des tarifs.

Aussi M. Dumon fut-il accablé par la logique pénétrante de M. Dufaure. Celui-ci, strictement renfermé dans la question financière, se plut à faire la leçon au ministre, démontra la fausseté de ses calculs, la pauvreté de son arithmétique, ne lui fit grâce d'aucune preuve, et le livra tout meurtri aux sarcasmes du public. Jamais échec ministériel n'avait été plus complet. Mais que pouvait la logique sur une majorité assourdie ? Le scrutin vengea M. Dumon de ses mécomptes de tribune : 187 voix contre 162 donnèrent gain de cause à ses calculs.

Il était désormais démontré que le ministère, que la Chambre, se refusaient obstinément à toute amélioration. La discussion avait prouvé jusqu'à l'évidence la justice, l'utilité, l'exécution facile de la réforme postale ; la résistance du cabinet n'avait aucun prétexte ; on ne pouvait y voir que la volonté bien décidée de ne rien faire. Quelques conservateurs intelligents s'en affligeaient ; les opposants dynastiques en étaient alarmés ; les radicaux s'en consolaient, en prévoyant les conséquences nécessaires d'une aussi folle obstination. C'était d'ailleurs pour eux une occasion nouvelle de démontrer combien était vaine la politique tant vantée des intérêts matériels. « Toutes les réformes, « disaient-ils, se tiennent ; les améliorations « matérielles découlent des améliorations « politiques. Pour procéder logiquement, « commencez donc par la réforme électo- « rale : tel est l'enseignement que nous de- « vons tirer du scrutin d'aujourd'hui. » La leçon ne fut pas perdue, et la question de réforme fut reprise par le public avec une ardeur qui s'accroissait par les refus de la Chambre.

XXXVII

Les scandales. — Incendie du Mourillon. — Dilapidations commises dans le port de Rochefort. — Fonctionnaires poursuivis et condamnés. — Affaire Bénier. — M. Drouillard, député de Quimperlé, poursuivi pour corruption électorale et condamné par la cour d'assises de Maine-et-Loire. M. Boutmy, poursuivi pour achat de suffrages et acquitté. — Le privilège du troisième théâtre lyrique et les 100,000 fr. donnés à l'*Époque*. — Le projet de loi promis aux maîtres de poste au prix de 1,200,000 fr. — Vente de la promesse d'un titre de pair. — Révélations faites dans un procès civil poursuivi devant le tribunal de la Seine entre quelques actionnaires des mines de Gouhenans.

Dans toutes les discussions sur la réforme, soit dans les journaux, soit à la tribune, le ministère n'opposait aux arguments accusateurs que d'opiniâtres négations. Si l'on signalait la corruption des fonctionnaires publics, il niait la corruption ; si l'on accusait les vices du système électoral, il criait à l'exagération, et s'efforçait de prouver que tout le monde était content, moins quelques brouillons ; que tous les fonctionnaires étaient inattaquables, moins quelques rares exceptions. Malheureusement pour lui, les exceptions, à force de se multiplier, devenaient la règle, et la logique impitoyable des faits donnait aux assertions ministérielles de cruels démentis. Chaque jour révélait une honte nouvelle, et, pendant que le scrutin multipliait les victoires du ministère, les scandales se multipliaient en même temps pour annuler et condamner les victoires. Les procès civils, les poursuites correctionnelles, les actions criminelles, mettaient à nu l'une après l'autre les plaies honteuses des régions officielles. Ce n'étaient plus les hasards d'un fait isolé, mais les conséquences obligées d'un système général ; et il y avait une telle fécondité de souillures, que la corruption semblait vouloir profiter de ses derniers moments, et s'étaler avec d'autant plus d'audace que les réformateurs l'attaquaient avec plus de persévérance. Assurément, pour faire le procès des derniers temps de la monarchie, il n'est besoin de rien imaginer, de rien exagérer. Les crimes se présentent avec un si triste ensemble, que l'histoire ne peut qu'en affaiblir le tableau. Nous nous arrêterons seulement aux faits qui excitèrent dans le public les plus vives émotions.

Depuis plusieurs années, la presse signalait avec indignation les désordres et les dilapidations dont l'administration de la marine était le théâtre. Les accusations avaient été répétées à la tribune, et la Cour des comptes elle-même avait fait entendre des paroles de blâme, qui ne laissaient plus aucun prétexte, soit à l'aveuglement, soit à la complicité. Il fut décidé par la Chambre qu'une comptabilité en matières serait établie dans tous les ports et arsenaux, et qu'une vérification régulière devrait à l'avenir protéger les richesses accumulées de la marine contre le pillage officiel des agents de l'Administration.

Cette décision de la Chambre allait recevoir son exécution par la création d'une commission de contrôle, lorsque, le 1er août 1845, un immense incendie éclata en plein jour dans notre plus grand port de construction. Le Mourillon, second arsenal de Toulon, construit à l'est de la ville, au pied de la presqu'île Lamalgue, prit feu tout à coup sur plusieurs points à la fois, et, malgré les efforts réunis de la garnison et des habitants, des richesses immenses disparurent en quelques instants. L'heure de l'incendie, l'inutilité des recherches pour en découvrir les auteurs, l'opportunité de ce désastre pour couvrir d'un voile de feu de coupables manœuvres, tout fit croire à un crime concerté. On ne sait encore si les soupçons furent injustes; au moins ils furent bien excusables en présence d'un événement qui venait tellement à propos.

Les pertes s'élevèrent à trois millions.

Le contrôle, néanmoins, se poursuivit sur d'autres points et amena la découverte des plus scandaleuses dilapidations, surtout dans la direction des subsistances du port de Rochefort. Ces dilapidations portaient sur toutes les branches du service : sur les blés, les farines, les vins, les salaisons, le combustible. Pour les blés et les farines, la direction des vivres donnait à des meuniers des blés de première qualité, qu'ils devaient moudre et rendre en farines. Les meuniers rapportaient des farines de blés de basse qualité et même de légumes secs. L'enquête prouva que le mélange des substances étrangères avait été porté jusqu'à 38 pour 100. Ces immenses déchets faisaient des bénéfices partagés entre les employés et les spéculateurs, ligués en même temps contre le Trésor public et la santé de nos marins. Pour les vins, on consommait les soustractions en simulant des déchets ou en portant comme avariés ou jetés à la mer des liquides conservés en magasin. Pour le combustible, la mauvaise foi spéculait sur la différence entre les fagots secs et les fagots verts. L'enquête constatait la soustraction d'une valeur de près de 4,000 francs de bois en une seule fois. Pour les salaisons, c'était un véritable pillage ; supérieurs et ouvriers détournaient à l'envi. L'exemple donné par les chefs était merveilleusement imité.

De si criants abus exigeaient une répression d'autant plus sévère que l'Administration centrale avait trop longtemps fermé les yeux. Les coupables furent renvoyés devant la cour d'assises de Poitiers, où le public indigné fut initié à tous les détails des vols organisés par les fonctionnaires publics. Il s'en rencontra cependant quelques-uns dont la probité faisait contraste. On remarqua la déposition de M. Sanson, contrôleur de la marine, qui avait vainement lutté contre les spoliateurs. Il déclara que toutes les représentations adressées au ministre et au préfet maritime avaient été inutiles. « J'avais « épuisé, dit-il, mes moyens de répression ; « je m'étais adressé à l'autorité locale, il ne « me restait plus qu'à recourir à la justice. »

M. Lesson, pharmacien en chef du port de Rochefort, disait dans sa déposition : « A « Toulon, à Brest, à Rochefort, les exemples « ne sont pas rares d'employés au traitement « de 2 ou 3,000 francs qui ont, en une « vingtaine d'années, amassé des fortunes « de 2 à 300,000 francs. » Cet aveu donnait la mesure non seulement de l'étendue des dilapidations, mais de leur durée. La corruption administrative était dans ces régions un état normal ; les hommes comme MM. Sanson et Lesson semblaient des anomalies.

Une justice tardive frappa quelques-uns des coupables employés de Rochefort ; le directeur des subsistances s'était soustrait aux poursuites par le suicide. Mais l'indignation publique ne trouvait qu'une médiocre satisfaction dans le châtiment de quelques subordonnés, qui avaient pour excuse la tradition et l'exemple. Le mal remontait plus haut et plus loin ; et l'on restait épouvanté de cette longue impunité de la corruption, devant nécessairement survivre aux arrêts d'une justice impuissante, qui venait d'atteindre quelques individus dans une multitude de coupables.

Ce fait, d'ailleurs, réveillait le souvenir de dilapidations semblables qui avaient eu lieu récemment dans l'administration de la guerre ; comme si chaque ministère devait apporter son contingent de scandales.

Bénier, directeur, pour le compte de l'État, de la Manutention générale des vivres, meurt au 31 mai 1845, et, à sa mort, on découvre dans les magasins de Paris un déficit de 14,000 quintaux métriques de blé, équivalant à une somme de 40,000 francs. Le coupable faisait des spéculations avec l'argent de l'État. De plus, le blé restant en magasin était de si mauvaise qualité, que le successeur de Bénier constata par procès-verbal l'impossibilité de le faire servir sans nuire à la santé des soldats. Ce qui ajoutait à la gravité des faits, c'est que, contre toutes les règles administratives, le comptable Bénier avait été exempté de fournir un cautionnement. Cette coupable tolérance n'était pas le seul reproche qu'eût à subir l'administration supérieure ; elle semblait avoir volontairement fermé les yeux, même lorsqu'elle était avertie. En 1836, un chef de bureau nommé Tessier examina les comptes de Bénier, y rencontra des désordres flagrants, les signala dans un rapport motivé. Mais les chefs de l'Administration sont les amis de Bénier : on ordonne une enquête ; le chef de bureau Tessier est traité de calomniateur, et révoqué de ses fonctions ; il meurt de chagrin. Dès lors, chacun est averti de ce qu'il en coûte à protéger les intérêts de l'État. Bénier peut continuer impunément ses coupables trafics. A sa mort seulement la vérité se fait jour. Et même alors les chefs de l'Administration tentent de jeter un voile complaisant sur les faits criminels. Il est d'habitude, à la fin de chaque trimestre, en rectifiant les comptes des fournisseurs, de leur allouer une certaine somme pour déchets. Mais les règlements en fixent la quantité, et, dans aucun cas, on n'empiète d'un trimestre sur l'autre. Or, les protecteurs de la mémoire de Bénier, tout-puissants dans les bureaux, proposèrent, dans un rapport au ministre, de faire remonter le compte de ses déchets jusqu'en 1830, de sorte que le déficit eût été entièrement dissimulé à l'aide de ces fictions rétrospectives. Ainsi l'affaire eût été sans doute étouffée, si elle n'avait été signalée à la tribune. Le 5 juin 1846, M. Lanjuinais dénonça et le crime et les manœuvres employées pour le dissimuler. La Chambre, indignée, ordonna une enquête.

L'enquête, il est vrai, n'eut pas d'autre effet que de faire mettre à la réforme deux intendants militaires, comme coupables de défaut de surveillance ; mais l'impression produite par ces révélations successives affaiblissait le gouvernement dans son autorité morale, et fournissait d'invincibles arguments aux partisans des réformes. L'opposition n'avait plus besoin d'élever la voix ; la question était portée devant les cours d'assises.

A peine le procès de Rochefort était-il terminé, qu'un autre jugement souverain venait frapper un homme qui avait acheté à deniers comptants un siège à la représentation nationale.

Aux élections générales de 1846, M. Drouillard avait été proclamé député par le collège électoral de Quimperlé. Chef d'une maison de banque de Paris, accoutumé au culte de l'argent, et ne croyant qu'à la puissance du numéraire, M. Drouillard ne voyait dans une candidature qu'une nouvelle opération financière. L'escompte l'avait fait riche ; il pensa que l'escompte pouvait faire de lui un homme politique. Les électeurs de Quimperlé, pour la plupart petits cultivateurs, étaient facilement accessibles aux séductions d'un capitaliste qui offrait de les soulager du poids des hypothèques et des exigences de l'usure. Des agents avoués de M. Drouillard parcourent les campagnes, marchandant les votes, escomptant les consciences et tenant boutique ouverte de corruption. Ces faits s'étaient accomplis avec tant d'audace et d'effronterie, que le procureur du roi de la localité avait requis une enquête judiciaire ; en conséquence, l'admission de M. Drouillard à la Chambre avait été ajournée. Le résultat de l'enquête fut le renvoi de M. Drouillard et de ses complices devant la cour d'assises de Maine-et-Loire.

Ce procès, qui dura du 10 au 17 février 1847, fut signalé par les honteux aveux des corrupteurs et des corrompus. Presque toute la population, y compris un curé, avait pris part au trafic, et il fut prouvé, par les livres du principal agent de M. Drouillard, que 145,000 francs avaient été dépensés. La décision du jury ne pouvait être douteuse. Déclaré coupable, M. Drouillard fut condamné à 7,400 francs d'amende, et à l'interdiction des droits civils et de toute fonction publique pendant dix ans.

Les faits incriminés étaient cette fois étrangers à l'administration, mais ils servaient à prouver le vice fondamental d'un système

Incendie du Mourillon. (Page 490, col. 2.)

qui, réduisant les électeurs à un petit nombre de censitaires, facilitait la corruption, et livrait les candidatures aux manœuvres d'un capitaliste.

Quelque temps après, M. Boutmy ayant été nommé membre du conseil général de la Creuse par le canton de Pontarion, fut, avec quatre autres personnes, appelé devant la cour d'assises de la Creuse, sous la prévention de vente et d'achat de suffrages. Tous les prévenus furent absous par le verdict du jury. Mais, dans le cours de ce procès, on avait entendu le procureur général s'écrier : « La corruption électorale n'est plus un vain mot : le mal existe ; il est flagrant. »

L'opposition n'avait plus besoin de discuter : la nécessité d'une réforme ressortait de tous les faits. Les scandales se multipliaient avec un tel ensemble, qu'ils ne pouvaient plus passer pour des accidents ; la conscience publique y voyait la conséquence inévitable d'une politique perverse, et de l'appel incessamment fait aux intérêts privés contre les intérêts généraux, aux passions cupides et basses contre les passions nobles et généreuses.

Les esprits étaient encore tout émus de ces divers incidents, lorsqu'une série de dénonciations vint signaler de nouveaux actes de corruption administrative.

M. de Girardin rappelait chaque matin dans son journal que le privilège d'un troisième théâtre lyrique n'avait été accordé qu'au prix d'une somme de 100,000 francs versée dans la caisse du journal l'*Époque*. C'était un fait ancien et déjà connu. Des débats judiciaires avaient établi les honteuses circonstances de ce marché; mais M. de Girardin avait reçu d'une des personnes intéressées des confidences qui compromettaient plus directement encore M. le ministre de l'intérieur. C'était M. Duchâtel, disait et répétait le journaliste, qui lui-même avait dicté les termes de la transaction, qui lui-même avait fait demander les 100,000 francs, et qui lui-même avait exigé, contrôlé la remise. A cette accusation précise, que répondait le ministre? Rien. Le journaliste le provoquait, le défiait: le ministre, reculant devant une poursuite, attestait par son silence la réalité du méfait qui lui était imputé. Enfin, un débat eut lieu, dans la Chambre, entre M. Duchâtel et M. de Girardin. Il avait allégué des faits, fourni des preuves, et M. Duchâtel n'avait pu que lui opposer des dénégations équivoques, en rejetant la responsabilité du délit sur des personnes mystérieuses. Le public consentit à la partager entre M. Duchâtel et le rédacteur en chef de l'*Époque*, M. Granier (de Cassagnac). C'est la seule concession qu'il put faire au ministre accusé.

Ce n'est pas tout. Le même journal *l'Époque*, ayant toujours besoin d'argent, M. Granier (de Cassagnac) avait pris, envers quelques maîtres de poste, l'engagement de faire déposer par M. le ministre de l'intérieur, au prix de 1,200,000 francs, un projet de loi favorable à leurs intérêts. Voilà ce que M. de Girardin disait dans son journal, à la tribune de la Chambre, renouvelant ses provocations, défiant le conseil des maîtres de poste, Me Jouhant, et les maîtres de poste eux-mêmes, MM. Dailly, Duclos, Faucher et Labbé, d'oser le démentir. M. Duchâtel se contenta de répondre que le fait n'était pas vraisemblable. Tout le monde trouva que cette réponse était insuffisante. L'accusation fut reproduite par toute la presse, et aucun journal ne fut poursuivi. M. Duchâtel n'ignorait pas qu'il existait entre les mains de quelques personnes des pièces accablantes, et qu'une information judiciaire les ferait paraître au grand jour. M. Hébert, insolemment prié, supplié de faire un gros procès aux journaux qui reproduisaient sous toutes les formes les mêmes accusations, M. Hébert n'en fit rien.

M. de Girardin ajoutait que la promesse d'un siège à la Chambre des pairs avait été vendue. Cité pour ce fait devant la Cour des pairs, il donna des explications et fut acquitté. L'accusation retombait de tout son poids sur les ministres.

Mais des révélations bien plus sérieuses encore occupèrent bientôt l'attention publique.

Un procès civil se poursuivait devant le tribunal du département de la Seine, entre M. Parmentier, directeur des mines de Gouhenans (Haute-Saône), et M. le général Despans-Cubières, ancien ministre de la guerre, assigné avec plusieurs autres actionnaires en paiement d'une somme de 1,200,000 francs.

L'affaire fut plaidée dans les audiences des 23 et 30 avril. M. le général Cubières eut complètement gain de cause quant à la question pécuniaire. Mais il était évident pour tout le monde que le procès avait été engagé sans espoir de succès, et seulement avec l'intention de faire du scandale. M. Parmentier avait entre les mains des lettres qui devaient compromettre le général Cubières. Il avait voulu en profiter pour contraindre le général à des sacrifices onéreux, et celui-ci avait résisté à ses demandes comme à ses menaces. M. Parmentier avait cherché dans un procès mal fondé l'occasion de lire publiquement les lettres qui devaient perdre le général. Telle fut l'origine d'un autre procès tristement célèbre, qui bientôt appela sur les bancs des criminels des hommes assis naguère dans les conseils de la royauté.

Les lettres, en effet, lues à l'audience, et reproduites par les journaux, ne laissaient pas de doute sur de coupables manœuvres.

Avant de les citer, quelques explications sont nécessaires.

En 1839, le général Cubières, non encore pair de France, se portait candidat à la députation pour l'arrondissement de Lure, où étaient situées les mines de Gouhenans, lorsque l'occasion lui fut offerte d'acheter, moyennant 25,000 francs, un centième du fonds social. Il s'empressa d'en profiter; plus tard il acquit six autres centièmes. Il avait un double but : d'une part, il augmentait ses influences électorales ; d'autre part, il comptait faire une fructueuse spéculation. Car, à cette époque, régnait la fièvre des entreprises, et des hommes considérables par leur position ou leur naissance s'associaient aux financiers ou leur faisaient concurrence, dans toutes les grandes exploitations qu'ordonnaient les lois de l'État, ou qu'imaginait l'industrie particulière. En tête de tous les prospectus figuraient des noms de pairs de France, de députés, de ducs, de marquis, de ministres en disgrâce ou en expectative. Les titres officiels, les grands noms, s'escomptaient dans les conseils des sociétés anonymes ou en commandite ; la noblesse dérogeait ; le gentilhomme se faisait bourgeois ; le culte de l'argent avait remplacé toutes les traditions de gloire et de noblesse. Le temps n'était pas encore venu où le premier ministre de la royauté devait résumer toute la morale politique dans ces mots adressés aux populations : *Enrichissez-vous;* mais parmi les hauts fonctionnaires et les gros financiers, on mettait déjà en pratique ces leçons que M. Guizot réservait à l'humble bourgeoisie.

Le général Cubières, devenu l'associé d'industriels entreprenants, déploya tout ce que son nouveau rôle comportait d'activité intéressée. Son entrée dans le cabinet du 1ᵉʳ mars interrompit un instant ses négociations commerciales ; mais, sorti du ministère, il reprit une part active dans les opérations de la compagnie. Les travaux de la Société de Gouhenans consistaient d'abord dans une exploitation de houille. La concession lui avait été faite par une ordonnance royale en date du 26 juillet 1826 pour une superficie de 14 kilomètres. Dans le cours des travaux, on découvrit un banc de sel gemme, qu'on se hâta d'exploiter sans avoir obtenu l'autorisation du gouvernement. Le domaine, averti, poursuivit cette illégalité, et la Société fut condamnée, dans la personne de M. Parmentier, à des dommages-intérêts qui dépassaient un million. Les procès étaient encore pendants sur appel, lorsque, pour régulariser sa position, la Société résolut de faire une demande de concession au gouvernement. La demande se faisait dans des conditions très mauvaises. La Compagnie avait succombé dans plusieurs procès contre le gouvernement, et, dans toutes ces discussions, elle n'avait pas donné de sa moralité une opinion très favorable. Cependant tout l'avenir de la Société reposait sur la réussite de cette démarche. C'est alors que le concours du général Cubières parut de la plus haute importance. Entraîné lui-même peut-être par son intérêt personnel, il fit offre de son influence, et commença dès lors des démarches très actives qui donnèrent lieu à ces correspondances que Parmentier révéla au public. Nous devons en faire connaître quelques extraits :

« 14 janvier 1842.

« Mon cher Monsieur Parmentier,

« Tout ce qui se passe doit faire croire à la stabilité de la politique actuelle et au maintien de ceux qui la dirigent. Notre affaire dépendra donc des personnes qui se trouvent maintenant au pouvoir..... Il n'y a pas un moment à perdre, il n'y a pas à hésiter sur les moyens de nous créer un appui intéressé dans le sein même du conseil. J'ai les moyens d'arriver jusqu'à cet appui ; c'est à vous d'aviser aux moyens de l'intéresser.... . Dans l'état où se trouve la Société de Gouhenans, ce ne sera pas chose aisée que d'obtenir l'unanimité et l'accord quand il s'agit d'un sacrifice. On se montrera sans doute très disposé à compter sur notre bon droit, sur la justice de l'administration, et cependant rien ne serait plus puéril. N'oubliez pas que le gouvernement est dans des mains avides et corrompues, que la liberté de la presse court risque d'être étranglée sans bruit l'un de ces jours, et que jamais le bon droit n'eut plus besoin de protection.

« Général DE CUBIÈRES. »

« 26 janvier 1842.

« Vous pensez que rien ne presse. Je voudrais pouvoir être de votre avis pour rentrer dans la quiétude qui me convient mieux que le rôle que j'ai cru devoir prendre pour vous stimuler. Mais.... je passe ma vie au milieu des députés, je vais chez la plupart des ministres, dont je crois utile au succès de notre affaire de cultiver l'amitié....

« Général DE CUBIÈRES. »

« 3 février 1842.

« La convocation (de la Société de Gouhenans) doit avoir aussi pour objet de fixer le nombre d'actions qui devra être mis à notre disposition pour intéresser, sans mise de fonds, les appuis qui seraient indispensables au succès de l'affaire.

« ..... Au surplus, je crois être en mesure d'obtenir non seulement la concession, mais, au préable, l'autorisation d'exploiter.

« Général DE CUBIÈRES. »

« 24 février 1842.

« Maintenant c'est moi qu'on presse..... Voici ce qu'on offre de soi-même, et nous pouvons y compter :
« 1° Stimuler votre P. (préfet) pour l'envoi complet et immédiat des pièces ;
« 2° Faire désigner un rapporteur selon le bien de la chose ;
« 3° Résister au système de morcellement ;
« 4° Avoir comme on l'a déjà dit, un président à souhait, et faire avorter les prétentions adverses, si elles étaient appuyées dans l'un ou l'autre conseil.
« Il n'y a plus à hésiter...... On insiste pour cinquante (actions) ; tâchez donc d'obtenir le doublement... Surtout point de délais ; le char est lancé, ne le faisons pas verser en l'arrêtant trop court.

« Général DE CUBIÈRES. »

« 26 février 1842.

« Je vous ai écrit avant-hier. Le paquet contenait une note cachetée (la note ci-dessus)... ; c'est d'après son contenu que vous devez agir. Vous comprenez avec quelle impatience j'attends le résultat de vos délibérations... Mais vous ne sauriez croire combien elle est partagée par ceux qui s'identifient avec le succès de l'affaire.
« De tout ce qui a été dit et fait, il résulte :
« 1° Impossibilité de traîner plus longtemps la négociation, ni de continuer à se débattre entre la concession déjà faite de vingt-cinq (actions) et les exigences successivement réduites de quatre-vingts à cinquante, mais qui ne paraissent pas devoir fléchir au-dessous de cette dernière limite ;
« 2° Nécessité de conclure promptement, et de trancher le différend entre trente à peu près promises, et cinquante toujours exigées ;
« Nécesité de proposer quarante-cinq, quand on sera en mesure d'effectuer cette promesse.

« Général DE CUBIÈRES. »

Dès que la presse eut mis ces lettres sous les yeux du public, l'émotion fut extrême. Encore un scandale ! c'était le mot que répétait chaque matin le lecteur assidu des feuilles publiques ; et en effet, autant de jours, autant de révélations nouvelles. Mais le crime trahi par la correspondance de M. le général de Cubières avait des proportions inaccoutumées. Les coupables dénoncés à la justice, à l'opinion, n'étaient plus des commis subalternes : des derniers degrés de la hiérarchie administrative l'accusation montait enfin jusqu'au degré suprême. Un membre du *gouvernement* était mis en cause comme ayant lui-même, dans son intérêt particulier, fait un abominable trafic de la signature officielle ; et l'accusateur qui se déclarait complice, ce n'était pas un obscur traitant, c'était un ministre du 1er mars. L'énormité du forfait étonna même les ennemis déclarés du gouvernement. Ils avaient soupçonné jusqu'alors, sur de vagues rumeurs, que quelques-uns des plus hauts fonctionnaires de l'État n'étaient pas restés tout à fait étrangers aux pratiques de la corruption ; mais il ne s'agissait plus seulement ici de faiblesses, de complaisances coupables, ou même indirectement intéressées ; on leur montrait un ministre dressant et discutant lui-même le tarif de son infamie, pour ensuite en recueillir le prix de *ses mains avides* : c'était plus encore qu'ils n'avaient supposé.

L'agitation qui se manifesta dans le public ne fut peut-être pas moins vive dans les cercles ministériels. On assiégeait M. Guizot, on l'interrogeait, on le pressait de se dégager de cette honteuse affaire, en livrant les coupables, s'il y en avait. L'éclat était produit ; il était difficile d'ajouter au scandale : on pouvait espérer, au contraire, que, devant la justice, les accusations se réduiraient à de simples calomnies. Et quel serait alors le calomniateur ? Un ministre du 1er mars, un ami constant de M. Thiers. Le tumulte qu'aurait provoqué ce déplorable incident pouvait donc se terminer par des sifflets très désagréables aux oreilles de l'opposition.

Voilà ce qu'on disait à M. Guizot. Celui-ci jugeait le cas fort grave, et ne savait trop comment réparer les brèches faites à la considération du cabinet. Ignorait-il encore ce qu'il y avait de faux ou de vrai dans les épîtres indiscrètes de M. de Cubières ? On ne le suppose pas ; mais peu charitable envers son prochain, mauvais gardien de son honneur et faisant médiocre état de

Presque toute la population, y compris un curé, avait pris part au trafic.
(Page 492, col. 2.)

l'honneur d'autrui, il se laissait volontiers persuader qu'il fallait aller au-devant des commentaires de l'opinion en prenant sur-le-champ une résolution énergique. Si fâcheuses que pussent être pour quelques personnes les conséquences d'un débat judiciaire, la justice devait être saisie : telle fut, dans le conseil des ministres, l'avis de M. Guizot. Le roi ne l'approuvait pas, pensant que des soupçons, si loin qu'on les pousse, ont toujours moins de gravité que des faits attestés et vérifiés dans une enquête publique. Mais bientôt il ne fut plus permis de reculer devant les suites de cette enquête. On apprit, en effet, que plusieurs membres de la majorité se proposaient de porter l'affaire à la tribune, et d'appeler le jour dans ces ténèbres où l'on croyait trouver

63. — E. REGNAULT.

un refuge contre les clameurs des partis. Il fut alors décidé que le ministre des travaux publics répondrait à ces interpellations en annonçant une poursuite.

Les lettres de M. de Cubières avaient été publiées dans les journaux du 2 mai ; le 3, à l'ouverture de la séance, M. Muret de Bord se présentait à la tribune et demandait au gouvernement des explications, qu'il ne pouvait refuser, disait l'orateur, sans compromettre la dignité du pouvoir. M. Dumon déclarait alors que la concession des mines de Gouhenans avait été régulièrement faite à la Compagnie Parmentier, mais que le gouvernement, pour calmer de trop vives alarmes, allait demander à la justice si cette concession, d'ailleurs régulière, avait été, comme on semblait le dire, obtenue par de coupables manœuvres.

Le 6, le ministre de la justice paraissait à la tribune de l'autre Chambre, pour y lire une ordonnance qui chargeait la Cour des pairs de procéder au jugement de M. le lieutenant général Despans-Cubières, accusé de corruption.

XXXVIII

Procès Teste, Despans-Cubières, Parmentier et Pellapra. — Instruction. — Nouvelles lettres remises au président de la cour par M. de Malleville. — Interrogatoire des accusés ; déposition des témoins ; tentative de suicide de M. Teste. — Condamnation des quatre accusés. — Assassinat de Mme la duchesse de Praslin. — Instruction de cette affaire. — Suicide de M. le duc de Praslin.

L'instruction fut aussitôt commencée et suivie sans relâche. Elle n'était cependant achevée que vers le milieu du mois de juin. Il n'y a pas de crime qui se dissimule avec plus de soin que la corruption : le crédit et la qualité des personnes appelées en témoignage, leur grande expérience, la subtilité de leur langage, l'habileté de leurs démarches, rendaient encore plus difficiles, en cette affaire, les investigations de la justice ; cependant on apprit bientôt que les charges s'accumulaient sur plusieurs têtes, et que les commissaires instructeurs, soupçonnant d'autres coupables que le général de Cubières, avaient décerné des mandats de comparution contre MM. Parmentier et Pellapra, intéressés, comme le général, dans l'affaire de Gouhenans, et contre M. Teste, ancien ministre des travaux publics. M. Renouard, nommé rapporteur de la commission, présenta, le 21 juin, le résultat de cette longue et laborieuse enquête. Il évitait de conclure ; mais les circonstances, dont il rendait un compte fidèle dans les termes les plus mesurés, étaient à la fois si graves et si précises, que le procureur général, M. Delangle, ne put hésiter à réclamer la mise en accusation de MM. Despans-Cubières, Teste, Parmentier et Pellapra. La cour délibéra plus longtemps. Assemblée dans la chambre du conseil, les portes closes, elle fit attendre son arrêt pendant deux jours. Les négociations qui avaient été pratiquées pour étouffer l'affaire avaient toutes échoué; et cependant on se demandait encore s'il n'était plus possible d'épargner à la patrie la honte de ce procès. Enfin, le 26 juin, un arrêt de la chambre du conseil, rendu sous la présidence de M. Pasquier, cita devant la cour les quatre accusés.

Ils comparurent, pour la première fois, le 8 juillet. Un seul fit défaut, M. Pellapra. La veille, M. Teste avait fait remettre au roi la lettre suivante :

« Sire,

« Je dois à Votre Majesté, en retour d'un dévouement dont je me suis efforcé de multiplier les preuves, la dignité de pair de France, et l'honneur de siéger dans la plus haute magistrature du royaume, comme l'un de ses présidents.

« J'aborde demain une épreuve solennelle, avec la ferme confiance d'en sortir sans avoir rien perdu de mes droits à l'estime publique et à celle de Votre Majesté.

« Mais un pair de France, un magistrat qui a eu le malheur de traverser une accusation de corruption, se doit à lui-même de se retremper dans la confiance du souverain qui lui a conféré ce double caractère.

« Je dépose entre les mains de Votre Majesté ma démission de la dignité de pair de France et de celle des fonctions de président à la Cour de cassation, pour n'être défendu, dans les débats qui vont s'ouvrir, que par mon innocence.

« J.-B. TESTE.

« Paris, le 7 juillet 1847. »

Ce langage plein de noblesse disposa dès l'abord les esprits en faveur de l'accusé. Innocent, il devait agir et parler de cette manière. On ne pouvait plus, d'ailleurs, s'arrêter à ces frivoles soupçons auxquels on sacrifie trop souvent l'honneur des fonctionnaires. Dans la terrible situation où se trouvait M. Teste, ses ennemis politiques imposèrent eux-mêmes silence à de justes rancunes, pour observer son maintien, pour étudier son langage avec l'impartialité la plus scrupuleuse. Aussi, l'effet qu'il attendait de sa lettre ne fut-il pas contrarié.

La première audience de la cour fut consacrée tout entière à la lecture des pièces. A l'ouverture de la deuxième audience, une lumière inattendue vint éclairer quelques parties de ces ténèbres. Teste et Parmentier avaient adopté le même système de défense. Parmentier disait que si la concession de Gouhenans n'avait pas été obtenue sans d'énormes sacrifices, ces sacrifices avaient été faits en pure perte par des gens de bonne foi, sur les instances d'un fripon. Qui s'était chargé de corrompre le ministre? le général Cubières. Il avait reçu le prix de la corruption pour le transmettre. Mais il ne l'avait pas transmis. Jamais, d'ailleurs, Parmentier n'avait supposé que M. Teste fût de connivence avec le général. Celui-ci demandait sans cesse, imaginant ou créant des difficultés pour obtenir le moyen de les aplanir; et comme c'était un homme considérable, qui jouissait d'un très grand crédit auprès des ministres, il fallait paraître le croire, et concéder ce qu'il exigeait; mais on se réservait de le prendre dans ses pièges et de l'obliger un jour à restituer les sommes qu'il s'était fait compter. Parmentier n'avait-il pas prouvé la sincérité de cette explication, lorsqu'il avait lui-même mis entre les mains des juges civils les lettres d'où venait de sortir le procès criminel? Mais à la deuxième audience les juges connurent d'autres lettres; et celles-ci, loin de confirmer l'ingénieux récit de Parmentier, le démentirent ouvertement.

M. Armand Marrast, rédacteur en chef du *National*, avait reçu des communications qu'il avait ensuite livrées à son ami M. de Malleville, vice-président de la Chambre des députés, et celui-ci n'avait pas cru devoir, dans sa position officielle, laisser ignorer à la justice l'existence des pièces qui devaient exercer tant d'influence sur l'issue de l'affaire.

Des lettres, écrites en l'année 1846, par Cubières et par Pellapra, établissaient clairement que les négociations suivies entre le ministre des travaux publics et la Société de Gouhenans avaient eu Pellapra pour agent principal. On y trouvait, en outre, un long détail de toutes les fourberies que le général Cubières reprochait à ses complices, les accusant de vouloir mettre à sa charge la somme totale des sacrifices, après avoir recueilli la meilleure part des profits de la concession. Aussitôt que ces documents eurent été rendus publics, les esprits commencèrent à mieux se diriger dans le labyrinthe des transactions véritables et des contrats fabriqués pour dissimuler la vérité. Sur l'habile déposition de Parmentier, bien des gens auraient absous le ministre et condamné le général comme le plus effronté des escrocs. La correspondance remise par M. de Malleville à M. le président de la Cour des pairs donnait à penser que Parmentier et Pellapra s'étaient entendus pour engager l'inexpérience peu stoïque du général dans une coupable intrigue, et pour escompter ensuite à gros intérêts ou ses remords ou ses terreurs.

Le terrain était donc préparé par cette communication pour la défense du général Cubières. Cependant il évita de s'y établir; car prouver de cette manière qu'il n'avait pas, suivant les termes de l'article 405 du Code pénal, escroqué M. Parmentier, c'était avouer la part qu'on l'accusait d'avoir prise à la corruption d'un ministre, crime plus grave et plus sévèrement puni par l'article 179 du même code. Les réponses du général Cubières furent d'abord pleines de circonspection. Dans ses explications vagues, évasives et confuses, il voulait ménager tout le monde, et n'accepter pour lui d'autre tort que celui d'avoir écrit avec trop de passion ou de légèreté, sans prévoir le sens qu'on pourrait donner un jour à ses paroles, des lettres qui devaient rester confidentielles. Mais l'accusation ne lui permit pas de se maintenir longtemps dans cette difficile réserve. Pressé de questions par le président, par le rapporteur, mis en contradiction avec lui-même et contraint de chercher sans cesse des équivoques pour en expliquer d'autres, enfin, vaincu par cette torture morale qu'éprouvent toujours en mentant ceux qui ne savent pas mentir, il se troubla, prononça des paroles imprudentes, voulut, mais ne sut pas les rétracter, et se compromit en compromettant ses complices.

On lui montrait, dans une de ses lettres, ces phrases adressées à Pellapra : « Vous ne m'avez avancé aucune somme, quoique j'aie mentionné le contraire, et il ne s'agit, en effet, que de satisfaire aux exigences éhontées de M....., qui a voulu réaliser un bénéfice à mes dépens et sans doute aux vôtres, là où la probité la plus ordinaire lui commande d'y renoncer. J'aurais dû me révolter plus tôt, je l'avoue, contre ces exigences éhontées; je pouvais les repousser dès le moment où elles se sont produites; et si je ne m'y suis pas déterminé, c'est que j'ai cédé à des considérations qui nous étaient personnelles et qui prenaient leur source dans mon très ancien attachement pour vous. Aujourd'hui je ne veux plus être la victime et la dupe de M..... Mon parti est pris de me laisser actionner, pour me soustraire, s'il est possible, à sa rapacité, afin de ne point payer ce que je n'ai jamais dû, et, par conséquent, afin de récupérer ce que je n'étais point tenu de payer. Je ferai donc connaître tous les faits sous la foi du serment, et si, par impossible, j'étais condamné à payer faute de pièces écrites suffisantes, j'aurai du moins le plaisir d'avoir éclairé le public sur la moralité de M...., en le forçant à se parjurer. Il m'en coûtera d'agir contre un de vos amis; mais, à ma place, vous n'auriez pas attendu si longtemps, et vous ne vous seriez pas laissé duper un seul moment.

« Avant d'en venir à cette extrémité, je vous demande, au nom de l'amitié, de faire une tentative auprès de M...., pour le ramener à des sentiments d'équité. Je vous prie d'insister pour qu'il me décharge d'une amende exorbitante dont il n'avait pas le droit de me frapper; enfin, pour obtenir qu'il rende ce qu'il a reçu de vous, et qu'il cesse de l'exiger de moi qui n'ai profité de rien. Vous devez y parvenir facilement, car il a confiance en vous. Il est, dit-on, devenu très riche, et il ne doit pas être insensible au maintien de sa réputation, que sa position élevée dans la magistrature lui fait, plus qu'à tout autre, un devoir de conserver intacte. »

« Et quel était donc, lui demandait le président, ce haut *magistrat* qui persécutait ainsi

Le coup partit, mais il ne fut pas mortel. (Page 503, col. 1.)

de ses *exigences éhontées* les principaux actionnaires de la mine de Gouhenans? » A une question si précise et circonscrite en de telles limites par les indiscrétions épistolaires de l'accusé, il ne pouvait répondre qu'en nommant M. Teste. Il le nomma. Dès lors, il tenta vainement de revenir à ses réticences : il en avait perdu la trace ; et comme on ne lui donnait pas le loisir de la rechercher, il s'engagea davantage dans cette voie large et facile de la vérité où l'habileté de l'interrogatoire l'avait amené malgré lui.

L'interrogatoire de M. Teste eut un tout autre caractère. Avocat de grand renom, non moins versé dans la procédure que dans les affaires, il ne pouvait se laisser intimider par la mise en scène d'un procès criminel ; il ne pouvait se laisser arracher par des questions adroites ces réponses que la conscience fait tout bas, mais auxquelles il faut rapidement en substituer d'autres, sans embarras visible, sans effort apparent.

Aux premiers mots que prononça M. Teste, on vit bien qu'il avait préparé sur tous les points le système de sa défense, et qu'il voulait prendre le ton fier et indigné d'un homme que le soupçon ne doit pas atteindre. Des gens s'étaient concertés pour solliciter une concession, et leur demande avait, en effet, passé sous les yeux du ministre compétent. Ces gens, comme tous les solliciteurs, avaient fait et fait faire de nombreuses démarches, et, durant le cours de l'instruction administrative, le ministre avait été visité par son collègue, M. de Cubières ; par son ancien client. M. Pellapra, tous deux intéressés dans l'affaire. Devait-il, pouvait-il refuser de les entendre, quand ils venaient l'éclairer sur une question qu'il avait à résoudre? L'usage autorise ces conférences, et assurément la loi ne les condamne pas. Que s'était-il passé depuis? Il l'ignorait. Les propriétaires de Gouhenans, ayant obtenu leur concession, avaient, dit-on, fait ensemble des traités, signé des actes, échangé, vendu des actions; et les uns accusaient les autres de dol, de trahison, et même d'escroquerie. Il ne connaissait rien de ces tristes affaires et n'en voulait rien connaître. Un ministre des travaux publics n'a pas à s'occuper des négociations honnêtes ou déshonnêtes que peuvent pratiquer ensemble, à leur profit ou à leur préjudice, les concessionnaires des entreprises autorisées. Le règlement de ces débats est à la charge du juge civil. Voilà ce que disait M. Teste; et quand on lui montrait les lettres du général, où il était clairement désigné comme ayant mis à prix les faveurs de l'Administration, comme ayant effrontément réclamé le salaire de ses complaisances, il répondait qu'on avait abusé de la crédulité du général, et que, si l'on avait reçu de l'argent de ses mains, on l'avait gardé.

Ainsi M. Teste se défendait en accusant M. Pellapra, MM. Parmentier, de Cubières, les commissaires de la cour et leur rapporteur, tout le monde avait été joué par cet habile homme. Chargé d'être auprès du ministre l'interprète, le négociateur de la Compagnie de Gouhenans, il avait imaginé toutes les circonstances du crime, et, ayant exploité la naïve confiance de ses commettants, il avait pris la fuite avant un débat qui devait le confondre. Les juges avaient ensuite recueilli les déclarations faites de bonne foi par de pauvres dupes; et, comme elles autorisaient tous les soupçons, les juges eux-mêmes avaient été trompés par l'apparence, et n'avaient pas découvert le vrai coupable.

Ces explications étaient de nature à satisfaire les amis assez nombreux que M. Teste comptait parmi les membres de la cour, et les conservateurs obstinés qui cherchaient partout des arguments pour nier la réalité d'un crime qui leur paraissait, à bon droit, compromettre le gouvernement tout entier. Mais pour renverser tout cet échafaudage il suffisait d'un mot prononcé par l'accusé contumace. Celui-ci ne consentait pas non plus à passer pour escroc, et, prévoyant bien le parti qu'on voudrait tirer de son absence, il avait, avant son départ, fait remettre à sa femme un dossier accusateur. Ce dossier contenait des lettres de M. Teste et divers comptes d'opérations financières dont l'interprétation n'était pas très facile. Mais ils furent expliqués par les témoins.

Un d'entre eux, le notaire de M. Pellapra, pressé de questions, déclara, la voix pleine de larmes, qu'il n'avait pas ignoré le secret des répétitions sans cesse exercées par son client contre M. de Cubières. Pourquoi M. de Cubières s'était-il engagé? Pour indemniser M. Pellapra d'une partie de ses sacrifices. Quels sacrifices? Une somme de 100,000 francs versée par M. Pellapra dans les mains de M. Teste. Quand fut dite cette terrible parole, le principal accusé perdit cette audacieuse contenance, qui, jusqu'alors, l'avait si bien servi. Pour ébranler la confiance qu'on devait naturellement accorder au témoignage du général de Cubières, il n'avait eu qu'à le représenter comme la crédule victime d'un maître fourbe. Mais comment démentir un homme désintéressé, un ami, qui avait reçu de simples confidences, et qui venait, sous la foi du serment, attester le même fait.

Il ne s'agissait plus désormais que d'interroger un témoin qui ne pouvait mentir, le registre même du Trésor public, où Pellapra déclarait, dans ses notes, avoir déposé le prix de la corruption. Un juge d'instruction se rendit au ministère des finances et en rapporta la copie de deux bulletins: l'un prouvant que M. Pellapra avait reçu du Trésor, le 12 septembre 1843, une somme de 94,000 francs en espèces, pour solde de quatre bons déposés le 2 mars; l'autre, que, le même jour 12 septembre, M. Charles Teste, député, fils du ministre, avait remis au Trésor, contre de nouveaux bons à six mois, la somme à peu près égale de 95,000 francs.

Quand la cour eut connu ces deux bulletins, le procès fut terminé. Quelques témoins, appelés à la requête des accusés, furent encore entendus par égard pour les droits de la défense; mais on ne prêta plus à leurs paroles que l'attention commandée par le respect des convenances judiciaires. Qu'avaient-ils à faire connaître? On savait tout. M. Teste vit bientôt lui-même qu'il était irrévocablement perdu, et que toutes les subtilités de son esprit délié, tous les artifices de sa puissante faconde, ne pouvaient plus détourner le coup qui l'allait frapper. Il voulut, du moins, se soustraire à la honte d'une défense inutile et au spectacle de sa propre condamnation.

A l'issue de l'audience, aussitôt qu'il eut été reconduit dans la prison, il reçut la visite de son fils, et pria ses défenseurs, Mes Paillet et Debaut, de partager son dîner. Son maintien, ordinairement grave, l'était plus encore. Par l'énergie de son caractère il comprimait les émotions de son cœur. Vers neuf heures, son fils et ses amis le quittèrent, et, cinq minutes après leur départ, quand à peine les portes de la prison s'étaient refermées pour le séparer de ce fils qu'il aimait tant, il saisit un pistolet et le porta sur son cœur. Le coup partit, mais il ne fut pas mortel.

Le lendemain, M. Teste écrivait au président de la Cour des pairs :

« Paris, 13 juillet 1847.

« Monsieur le Chancelier,

« Les incidents de l'audience d'hier ne laissent plus de place à la contradiction en ce qui me concerne, et je considère à mon égard le débat comme consommé et clos définitivement. J'accepte d'avance tout ce qui sera fait par la cour en mon absence. Elle ne voudra sans doute pas, pour obtenir une présence désormais inutile à l'action de la justice et à la manifestation de la vérité, prescrire contre moi des voies de contrainte personnelle, ni triompher par la force d'une résistance désespérée. Je la prie aussi d'être convaincue que cette résolution, irrévocable de ma part, se concilie dans mon cœur avec mon profond respect pour le caractère et l'autorité de mes juges.

« J'ai l'honneur d'être, Monsieur le Chancelier, votre très humble et très obéissant serviteur.

« J.-B. Teste. »

Il n'y eut d'autres plaidoiries que celle de Me Baroche pour M. Despans-Cubières, et celle de Me Benoît-Champy pour M. Parmentier. Homme rusé, mais vulgaire, mélange d'agioteur et de procureur, Parmentier ne pouvait inspirer aucun intérêt à ses juges. Vainement il se défendait de toute participation au crime. On le voyait, durant le cours de ces transactions, plus soucieux que personne de mener l'affaire à bonne fin, et cherchant ensuite, par des complications nouvelles et des dénégations effrontées, à recueillir les profits du crime sans en solder le prix. Le général Cubières inspirait de tout autres sentiments. Vieux soldat, vétéran de nos grandes armées, il avait fourni la plus belle carrière jusqu'au jour où le spectacle de tant de fortunes subites avait excité son envie, et fait naître en lui le goût de la spéculation. Alors il s'était commis avec ses gens dont le métier est d'ourdir ces trames déshonnêtes sur lesquelles travaille l'industrie facile, et il avait bientôt oublié dans leur compagnie les obligations du devoir, les strictes lois de l'honneur. Me Baroche ne pouvait le justifier; il raconta du moins la triste histoire de sa faute, en des termes dont la sincérité toucha les juges et le public. Il fut acquitté de l'accusation portée contre lui sur le chef d'escroquerie.

Les trois accusés présents, atteints et convaincus du crime de corruption, furent condamnés : Jean-Baptiste Teste, à la peine de la dégradation civique, à 94,000 fr. d'amende et à trois années d'emprisonnement; Amédée-Louis Despans-Cubières, à la peine de la dégradation et à 10,000 fr. d'amende ; Marie-Nicolas-Philippe-Auguste Parmentier, à la même peine : les 94,000 fr. déposés au Trésor furent, en outre, confisqués pour être versés dans la caisse des hospices de la ville de Paris. Quelques jours après, le 23 juillet, la cour s'assemblait de nouveau pour juger le quatrième accusé, qui se présentait enfin, et venait, ajoutant ses aveux à ceux de M. Teste, rapporter avec plus de précision toutes les circonstances du crime. Il fut, à son tour, condamné à la dégradation civique et à 10,000 fr. d'amende.

Ainsi fut terminé ce mémorable procès. Comme il venait confirmer d'une manière éclatante toutes les rumeurs que la presse minstérielle avait pu jusqu'alors imputer à la calomnie, il devint le texte d'accusations d'autant plus vives. Derrière tous les actes du pouvoir, on vit désormais, ou l'on crut voir, des *mains avides ou corrompues*. Le gouvernement était tombé dans le mépris public. Juste châtiment d'une conduite perverse ! En surexcitant l'appétit des jouissances matérielles, on avait semé la corruption, et ce germe impur produisait ses fruits naturels.

Nous avons enregistré déjà bien des scandales. Il faut en raconter d'autres. La Cour des pairs se séparait le 23 juillet. Le 9 août, le premier conseil de guerre de la 1re division militaire condamnait à cinq ans de travaux forcés et à la dégradation le comptable Lagrange, convaincu d'avoir détourné des denrées de toute sorte servant à l'alimentation de l'hôpital du Gros-Caillou. Le 21 août, la Cour des pairs était de nouveau convoquée pour juger un de ses membres accusé d'un horrible forfait : la duchesse de Praslin avait été assassinée, et toutes les circonstances du crime en dénonçaient l'auteur. C'était le duc de Praslin.

Il faut reprendre de plus haut cette tragique histoire.

Un de ces mariages que prépare le concert des intérêts et non pas le concert des affections avait uni le fils du vieux duc de Praslin et la fille du maréchal de Sébastiani. L'ancienne noblesse avait recherché dans ce contrat une riche héritière ; la nouvelle noblesse s'était montrée jalouse d'associer une brillante fortune à un de ces titres dont l'origine va se perdre dans les ombres du passé et n'est plus discutée. La différence des caractères eut bientôt rompu ce lien qu'avait formé la convenance des situations. Mme la duchesse de Praslin aima le mari que lui avait donné son père, comme s'il eût été choisi par elle-même. Corse et dévote, c'est-à-dire faible d'esprit, mais d'une humeur violente, jeune femme exaltée que la plus frivole circonstance transportait tout à coup de l'excès de la colère à l'excès de la tendresse, elle témoigna son amour par des éclats. Le duc, d'un naturel tout opposé, ne tarda pas à se sentir mal à l'aise auprès d'une compagne qui ne laissait pas plus de repos à ses sens qu'à son esprit ; sa réserve habituelle devint une aigreur morose, et, pour se soustraire aux agitations de la vie domestique, il rechercha souvent la solitude. Ainsi se passèrent quelques années. Cependant M. de Praslin estimait sa femme, et s'efforçait de le lui témoigner : à ses emportements, il répondait par des paroles pleines de réserve et de déférence ; redoutant le bruit et ne voulant jamais offrir de prétexte à quelque scène de reproche ou d'attendrissement, il s'était fait, en présence de sa femme, une attitude de soumission. Elle s'y trompa, et, prenant cette apparente docilité pour de la faiblesse, elle devint impérieuse. C'est alors qu'éclatèrent les premiers orages. Le duc se plaignit du ton superbe de sa femme, et montra bien que, s'il avait jusqu'alors fait preuve de patience, il ne voulait pas être dominé. Mme de Praslin devait enfin comprendre qu'elle avait mal conduit les affaires de son amour : son mari s'éloignant d'elle froissé, presque outragé, murmurant de durs reproches, elle se repentit de ce qu'elle avait fait, changea de conduite, supplia le duc de revenir vers elle, abdiqua dans les termes les plus humbles et les plus tendres toute prétention à l'autorité, et promit d'être la plus soumise des épouses. Cette promesse était bien sincère ; mais fut-elle scrupuleusement tenue ? On peut en douter. L'ardente passion de Mme de Praslin ne lui permettait guère de n'être pas ombrageuse et jalouse, et de respecter la liberté que son mari croyait avoir conquise par quelques sacrifices d'amour-propre. Des essais de rapprochement furent tentés ; mais ils ne réussirent pas.

Cependant Mme de Praslin avait été neuf

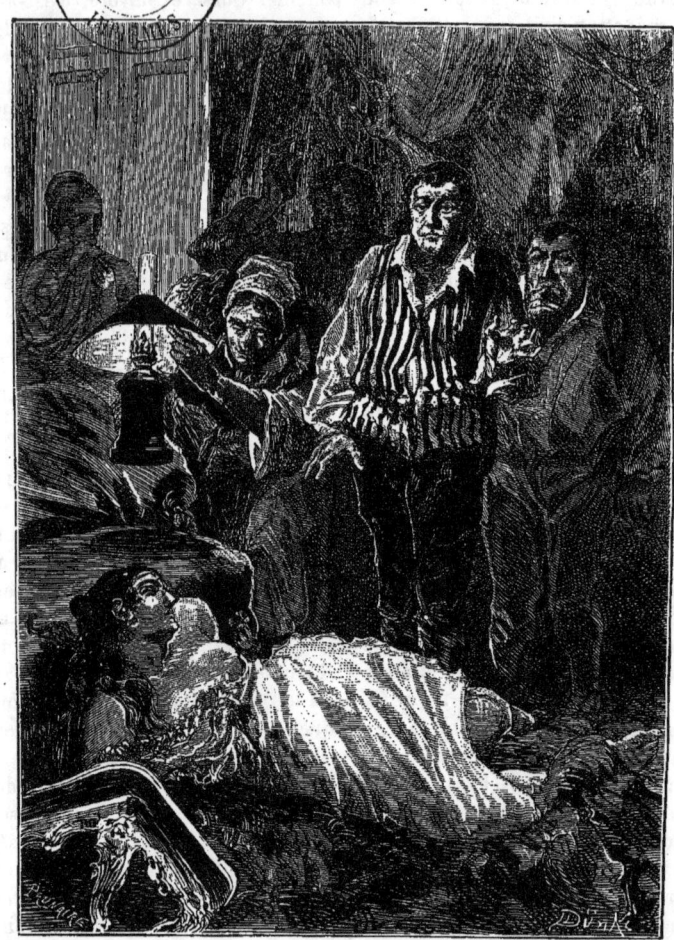

Elle n'a d'autre vêtement que sa chemise inondée de sang. (Page 507, col. 1.)

fois mère, et l'affection qu'elle avait pour ses enfants la consolait un peu des rigueurs de son mari. Quand il fallut songer à leur éducation, ce fut une occasion chaque jour renaissante de contrariétés et de discordes. Le duc avait un système, la duchesse en avait un autre, et tous deux étaient également obtinés dans leur opinion. Enfin le duc imposa sa volonté, confina ses enfants dans une partie retirée de l'hôtel, et les remit aux soins d'une gouvernante. Ce fut alors à qui dirigerait cette gouvernante, à qui ferait prévaloir près d'elle tel ou tel programme d'études. Ces luttes duraient encore, et plusieurs gouvernantes s'étaient retirées, renonçant à subir tour à tour les remontrances et les ordres contraires du duc et de la duchesse, quand, le 1er mars 1841, une demoiselle

64. — E. REGNAULT.

Deluzy-Desportes, qui avait fait, en Angleterre, l'éducation de la fille de lady Hislop, fut présentée par Mme de Flahaut.

Voici le règlement qu'avait prescrit M. de Praslin, et que l'on a trouvé dans ses papiers, écrit de sa main : « La gouvernante mangera avec les enfants, à la campagne, et dans la salle à manger, à Paris. La gouvernante sera chargée de toutes les dépenses concernant les enfants : toilette, instruction, femmes de chambre, bonnes, plaisirs. La gouvernante, en un mot, réglera tout ce qui concernera les enfants, sous sa responsabilité. Les enfants ne sortiront qu'avec leur gouvernante. La gouvernante décidera quelles personnes les enfants recevront ou ne recevront pas. La gouvernante devra tout décider par elle-même, et ne jamais consulter d'avance les parents, qui se réservent seulement le droit d'observation. Mme de Praslin ne montera jamais chez ses enfants; s'il y en a de malades, n'entrera que dans la chambre du malade; ne les fera jamais sortir sans leur gouvernante; ne les verra jamais que devant M. de Praslin ou la gouvernante. » Ce règlement ne fut jamais accepté par Mme de Praslin, et elle chercha tous les moyens de l'enfreindre. Mais elle rencontra dans le caractère altier de Mlle Deluzy le plus difficile des obstacles.

Celle-ci vit bien, dès l'abord, qu'elle ne pouvait rien gagner à passer dans le parti d'une femme qui la dominerait toujours au double titre de mère et de maîtresse, et qu'il valait mieux condescendre aux caprices impérieux du mari, lui prêter aide, ne rien faire que par son commandement, et l'influencer par d'autres côtés. C'était une habile combinaison, et pour la conduire à bonne fin, Mlle Deluzy possédait une qualité bien précieuse, l'esprit d'intrigue. Elle ménagea d'abord, par une docilité froide, mais respectueuse, la susceptibilité de Mme de Praslin, et, sans rechercher sa confiance, elle prit soin de ne pas en paraître indigne. En même temps, elle employa toutes les ressources de son esprit à se faire aimer des enfants et de leur père. Chaque jour, on sentit croître sa puissance. M. de Praslin n'agissait plus, ne pensait plus que par elle; les enfants s'habituaient à la traiter comme leur mère, et n'avaient plus que des égards affectés pour celle qui leur avait donné le jour; les domestiques s'inclinaient devant elle et travaillaient à mériter ses bonnes grâces. Bientôt Mme de Praslin ne fut plus qu'une étrangère dans sa propre maison.

Le 23 avril 1842, Mme de Praslin écrivait sur un album qui était l'unique confident de ses peines : « Mlle D. règne sans partage. On n'a jamais vu une opposition de gouvernante plus scandaleuse... Chez elle tout cela est vanité, goût d'empire, de domination et de plaisir.... Quel exemple donner à des jeunes personnes, que de leur montrer qu'on croit tout simple à vingt-huit ans d'aller et de venir à toute heure, en tout costume, dans la chambre d'un homme de trente-sept ans, de le recevoir en robe de chambre chez soi, de se ménager des tête-à-tête, des soirées entières, de se commander des ameublements, de demander des voyages, des parties de plaisir.... »

Quelques jours après avoir écrit ces lignes, elle rencontrait son mari sortant de la chambre de Mlle Deluzy, où il venait d'avoir un entretien avec elle. La malheureuse femme ne témoignait son déplaisir qu'en détournant les yeux; mais le duc se précipitait vers elle comme un forcené, l'accablait d'injures dans les escaliers, et la poursuivait jusque dans ses appartements, où il brisait avec fureur un vase de Saxe et une aiguière de vermeil. Mme de Praslin écrivait le 9 mai : « Les jours se succèdent, et, en s'écoulant, m'enlèvent chaque jour une de mes dernières lointaines espérances... Je suis aussi malheureuse que possible! Les mots ne peuvent exprimer tout ce que je souffre. Quoi! non seulement je n'ai plus ni mari, ni enfants; mais il faut encore que je les voie livrés à une personne comme Mlle D. ! Vraiment, il y a aberration de la part de Théobald à ne pas comprendre à quel point est immorale et indélicate la personne qui chasse la mère de ses élèves pour s'emparer du père, des enfants de la maison. Quelle triste influence s'exerce sur lui? Comme il est changé! Lui qui était si vrai, sans cesse je le surprends faisant mille mensonges; lui qui était si pur, il passe sa vie dans les sociétés les plus mystérieuses, les plus subalternes; ses manières si sévères, si dignes, sont devenues familières, de mauvais goût; son langage, qui était gracieux et sentait si bien la bonne compagnie, ne donne que trop l'idée des personnes avec lesquelles il passe sa vie. Non, non, ce n'est pas celui que j'aimais, mon Théobald, pour qui j'avais tant de vénération, en qui j'avais tant de confiance! » Un an s'était accompli depuis l'entrée de Mlle Deluzy dans l'hôtel de Praslin, et déjà, comme on le voit, sa domination n'était plus contestée que par les gémissements et les larmes de la mère, de la femme abandonnée. Le temps ne fit que l'affermir.

Le duc et la duchesse se partagent leur hôtel. Le duc vit avec ses enfants et leur gouvernante, qui désormais les appelle *mes chères filles, mes chers enfants*. Ils déjeunent ensemble, sortent ensemble, et font ensemble de longs voyages au château de Praslin et en Corse. C'est l'apparence d'un ménage régulier et d'une famille étroitement unie. D'autre part, la duchesse va chercher dans le monde une distraction à ses profonds ennuis : mais elle en revient plus triste, plus accablée; et, incapable de se contenir, elle éclate en transports jaloux, même devant ses fournisseurs. Elle ne dort plus; elle passe la plupart de ses nuits à lire les livres saints ou les lamentations mystiques des Pères de l'Église, et elle s'enivre de cette lecture. Durant cette exaltation, elle écrit à son cher Théobald des lettres qui ne lui seront pas envoyées, où elle compose le roman de sa vie dans un style emphatique, qui trahit à la fois le trouble de son âme et le trouble de ses sens; quelquefois, dans le silence et la solitude des nuits, elle croit voir des fantômes qui doucement ouvrent la porte de sa chambre et disparaissent dès qu'elle les aperçoit. Quand un hasard rapprochait le duc et la duchesse, celle-ci, qui ne savait pas se modérer, prenait aussitôt le ton de la colère, et celui-là, se croyant affranchi de toute contrainte, lui répondait par des paroles brèves et dures. Chaque rencontre amenait une crise nouvelle, qui venait augmenter les douleurs de la femme et l'aigreur du mari.

Trop souvent témoin des larmes de sa fille, le maréchal Sébastiani crut devoir enfin intervenir. Il fit comparaître son gendre devant lui, pour le traiter avec la rudesse d'un vieux soldat, et lui rappeler que le respect de l'épouse est la consigne de l'époux. C'était mal aborder un homme fier comme M. de Praslin, qui ne pouvait se dissimuler à lui-même l'irrégularité de sa conduite, mais ne voulait pas être humilié par d'altières réprimandes. Il fut aussi vif dans ses discours que le maréchal l'avait été dans les siens, et cette altercation n'eut d'autre résultat que de les brouiller. Le duc, la duchesse et deux de leurs enfants prenaient ordinairement chez le maréchal le repas du soir. Ces relations furent dès lors interrompues. Une séparation! Il n'y avait plus à prendre d'autre parti. C'était l'avis du maréchal, et il s'efforça de convaincre sa fille que, si désormais elle ne pouvait plus être heureuse, elle serait du moins plus tranquille loin d'un mari qui semblait se faire un jeu cruel d'irriter sa douleur.

Celle-ci parut à peine décidée à suivre ce conseil, que le duc, redoutant pour lui-même et pour ses enfants les suites d'un scandale public, déclara qu'il était prêt à sacrifier à sa haine la femme qu'elle avait partout calomniée. Mlle Deluzy quitta l'hôtel de Praslin et se retira dans une pension de demoiselles, rue du Harlay. Le duc et la duchesse se disposèrent à partir pour leur château, dans le département de Seine-et-Marne. Le maréchal Sébastiani fit aussitôt ses préparatifs de voyage; il allait en Corse. Toute cause, toute apparence de discorde, semblait évanouie. Le mot de séparation, prononcé par le notaire de la famille, avait subitement produit ce résultat inespéré.

Le duc était-il sincère? On doit le croire.

De la campagne il écrit plusieurs lettres à Mlle Deluzy, et aucune de ces lettres ne fait supposer une trahison concertée. Il lui témoigne combien il regrette son absence, et il s'emploie à calmer par de douces paroles, par d'affectueuses remontrances, la douleur qu'elle éprouve de son côté. Mais aucune partie de cette correspondance ne révèle une intention de rapprochement ultérieur. C'est une espérance de Mlle Deluzy. Elle voudrait rentrer, l'hiver venu, dans l'hôtel de Praslin, et braver le scandale. Mais le duc ne paraît pas y consentir. Elle l'entretient alors d'un projet de mariage : « Mon ami, oh! plus que mon ami, ma Providence en ce monde! comprenez-vous bien ce qui se passe dans mon âme? comprenez-vous mes regrets, mon désespoir? Et mon malheur est complété par la conviction que vous souffrez autant que moi! Vous, vous si bon, si généreux, vous êtes malheureux, vous pleurez dans cette chambre où tant d'heures heureuses se sont écoulées... Si dans votre *conscience de père* vous croyez qu'un mariage honorable fasse du bien aux enfants, dites-le. » Ce projet de mariage s'évanouit ensuite sans laisser de trace. Mlle Deluzy ne paraît plus alors avoir d'autre dessein que de se *replacer* et de tout attendre d'un mystérieux avenir. « Pensez à moi, écrit-elle au duc de Praslin, pour trouver dans la conviction de mon inépuisable tendresse, de mon dévouement à toute épreuve, la force de supporter le malheur présent. Que de beaux jours vous avez encore devant vous, si vous surmontez enfin l'horrible méchanceté qui cherche à vous abattre! Que de doux épanchements verront encore les ombrages de Praslin! Avec quel bonheur on se rappellera le courage avec lequel chacun aura travaillé à surmonter l'infortune! Et si je n'étais plus là, avec quel amour, j'en suis sûre, on chérirait ma mémoire! » Le duc vient à Paris durant son séjour au château de Praslin, et trois fois il va rendre visite à Mlle Deluzy; mais il est accompagné de ses filles, qui portent une affection filiale à leur gouvernante. Aucune de ses démarches ne trahit une intrigue adultère, encore moins des desseins criminels. Il ne paraît occupé que de l'éducation de ses enfants, et, s'il consulte Mlle Deluzy, c'est pour lui demander son opinion sur cette grande affaire. On ne trouve les épanchements de la passion, l'exaltation de l'amour, que dans les lettres de Mlle Deluzy.

Le 17 août, le duc et la duchesse de Praslin reviennent à Paris. Arrivés à Corbeil par des chemins différents, ils se rendent à Paris par le même convoi, Mme la duchesse ayant pris place dans un wagon avec trois de ses fils et sa fille Marie, M. le duc occupant un autre wagon avec deux de ses filles et ses deux fils aînés. Au débarcadère, Mme de Praslin monte dans un fiacre suivie de quatre de ses fils et de leur précepteur, et se rend à l'hôtel. M. de Praslin choisit un autre fiacre, y place près de lui ses trois filles et son plus jeune fils et se fait conduire au Marais, rue du Harlay, chez Mlle Deluzy. Il voit alors pour la première fois la maîtresse de pension qui l'avait accueillie. Cette dame, séduite par les manières élégantes et faciles de Mlle Deluzy, déclare qu'elle est prête à lui donner un emploi supérieur dans sa maison, si, pour dissiper de fâcheuses rumeurs, on obtient une lettre de recommandation signée de Mme de Praslin. Cette lettre est promise, et l'on se sépare vers dix heures. M. de Praslin rentre alors à l'hôtel.

Mme de Praslin ne dormait pas encore. En arrivant, elle avait eu faim et s'était fait servir, à défaut de bouillon, un morceau de pain avec du sel et une demi-bouteille de sirop d'orgeat. Elle s'était ensuite couchée et avait pris un livre. Elle lisait encore à onze heures, lorsque sa femme de chambre, la quittant après avoir achevé son service, rencontra dans l'antichambre M. de Praslin qui se dirigeait vers ses appartements particuliers. Une heure après, le plus grand silence régnait dans l'hôtel.

Vers quatre heures et demie du matin, au lever du jour, un grand bruit se fait entendre. Toutes les sonnettes qui de la chambre de la duchesse correspondent aux chambres de ses domestiques sont ébranlées à la fois par de violentes secousses. Les gens se lèvent à la hâte ; mais, arrivés aux diverses portes qui s'ouvrent dans la chambre à coucher de Mme de Praslin, ils les trouvent fermées. Le bruit des meubles que l'on renverse, une horrible confusion de pas lourds et précipités, de cris perçants et de rauques sanglots, tout avertit que derrière ces portes un meurtre s'accomplit ; mais vainement ils tentent de les briser ; elles résistent à tous leurs efforts. Cependant les cris, qui peu à peu s'affaiblissent, ne sont déjà plus que des râlements entrecoupés. Les domestiques qui s'étaient élancés dans le jardin, pensant que les assassins avaient pénétré par ce côté, reviennent dans l'antichambre qui sépare l'appartement du duc de celui de la duchesse. Ils n'espèrent plus parvenir à leur maîtresse que par cette voie. A leur grand étonnement, c'est celle-là qu'ils trouvent ouverte, et ils arrivent dans la chambre à coucher. La lutte a cessé, tout est rentré dans le silence, et les persiennes fermées interdisent encore l'accès de ces lieux à la lumière du jour. Mais une lampe est apportée, et ses rayons vont éclairer un corps étendu sur le parquet : c'est celui de la duchesse. Sa tête est appuyée sur le canapé ; elle n'a d'autres vêtements que sa chemise inondée de sang ; son front, son cou, ses bras, ses mains, présentent plus de trente plaies, larges et profondes, et le dernier souffle de vie s'est retiré de ce corps mutilé. Ce n'est plus qu'un cadavre. Mais tout vient témoigner que la résistance a été longue, et que la malheureuse femme n'a pas succombé sans se défendre. Le lit complètement défait est couvert de sang ; de grandes taches de sang souillent les rideaux de mousseline brodée qui l'entourent ; le marbre blanc de la cheminée, les cordons de sonnettes, les murs, les portes, les verrous, offrent les horribles empreintes d'une main ensanglantée ; le sang, qui a rejailli jusqu'à huit pieds de haut sous les coups du meurtrier, inonde les candélabres, les glaces, le globe de la pendule, les tentures. Quel est l'auteur de cet abominable crime ?

Entendant les cris des domestiques, le duc se présente à la porte du grand salon qui s'ouvre sur la chambre à coucher de la duchesse. Il demande la raison de ce tumulte ; et, quand on lui montre la duchesse couchée par terre, dans une mare de sang, il s'écrie : « Vit-elle encore ? » Et portant la main à son front : « Qu'est-ce qui a fait cela ? qu'est-ce qui a fait cela ? Ah ! pauvre femme ! pauvre femme ! Quel est le monstre qui l'a assassinée ? » Puis il porte ses mains sur le cadavre, et va se jeter sur le lit sanglant.

Arrivent à la fois les commissaires de police des quartiers du Roule et des Champs-Élysées, et les docteurs Simon, Canuet et Raymond. Quelque temps après, M. le procureur général, M. le préfet de police, M. le juge d'instruction Broussais, M. le procureur du roi, se rendent sur le lieu du crime. Au premier examen des lieux, ils remarquent un chemin de sang qui traverse le cabinet, l'antichambre et le couloir qui conduisent des appartements de la duchesse à ceux de son mari. Interpellé sur cette étrange circonstance, le duc répond qu'éveillé par les cris de sa femme mourante, il a couru vers elle, lui a prodigué des soins inutiles, et s'est ensuite retiré dans sa chambre couvert de sang. Les soupçons que fait naître cette réponse sont bientôt confirmés par la découverte de divers linges encore humides et imbibés d'un mélange de sang et d'eau, et de plusieurs instruments homicides trouvés tachés de sang, dans la chambre du duc. On l'interroge ; il explique mal ces incidents dont le concours semble aux magistrats dénoncer le meurtrier. On procède à la visite de son corps, et l'on y constate huit légères excoriations qui paraissent être le résultat d'une lutte ; il ne rend pas un compte plus vraisemblable de ces blessures. On croirait qu'il n'entend pas ou ne comprend pas les questions qui lui sont adressées. Cependant, quand les magistrats lui déclarent que ses réponses équivoques le compromettent, il feint une indisposition subite et se retire. Il passe alors dans une petite pièce où il avait un dépôt de toutes sortes de breuvages pharmaceutiques. Quelques minutes après, il en sortait empoisonné.

La loi ne permettait pas de l'arrêter. Il fut donc gardé dans son hôtel. Aussitôt qu'une ordonnance royale eut chargé la Cour des pairs de procéder à l'instruction de cet affreux attentat, le duc fut conduit au Luxembourg et interrogé par le chancelier. « Vous savez, lui dit celui-ci, le crime affreux qui vous est imputé, vous savez toutes les circonstances qui ont été mises sous vos yeux et qui ne permettent pas l'apparence d'un doute; je vous engage à abréger les fatigues que vous paraissez ressentir, en avouant, car vous ne pourriez pas nier, vous n'oseriez pas nier. » Il répondit : « La question est bien précise ; mais je n'ai pas la force de répondre ; elle demanderait de bien longues explications. » Le chancelier répliqua : « Vous dites qu'il faudrait de longues explications pour répondre ; il suffit d'un oui ou d'un non. » L'accusé ne voulut rien ajouter à ces mots : « Il faut une grande force d'esprit pour répondre un oui ou un non, une force immense que je n'ai pas. » C'était le muet aveu du crime ; mais le criminel aurait voulu raconter toute sa vie, et montrer comment une implacable haine avait pu naître d'une contrariété de caractère ; il aurait voulu peut-être encore écarter, par un récit fidèle du meurtre, les circonstances de la préméditation. Mais, atteint aux sources de la vie par le poison et se sentant mourir, il aima mieux garder le silence que de donner des explications incomplètes.

Il mourut le mardi 24 août.

Assurément les journaux des partis n'avaient rien à voir dans cette affaire. Mais comme le coupable appartenait à la Chambre des pairs et à la plus haute noblesse, le peuple, trop souvent calomnié, considéra ce forfait comme un nouvel exemple de l'immoralité des grands. Le crime de M. Teste et de ses complices avait frappé de stupeur la classe moyenne et l'avait dégoûtée d'un gouvernement tombé dans ces mains corrompues ; celui de M. de Praslin toucha plus vivement la multitude, et devint un de ses griefs, non contre le gouvernement, mais contre la société.

XXXIX

M. Barrot prend l'initiative de l'agitation réformiste. — Appel aux membres du comité central. — Pétition pour la réforme. — Les banquets. — Banquet du Château-Rouge ; discours de MM. Pagnerre, de Lasteyrie, Recurt, Odilon Barrot, Duvergier de Hauranne, Senard, Marie, etc., etc. — Banquet de Mâcon ; M. de Lamartine. — Banquets de Colmar, de Strasbourg, de Soissons, de Saint-Quentin. — M. le duc d'Aumale gouverneur de l'Algérie. — M. Guizot président du conseil. — Banquets de Périgueux, de Meaux, d'Orléans, de Coulommiers, de Melun, de Lille, etc., etc. — Vœu du conseil général de la Seine.

Ainsi tous les genres de scandales étaient offerts par la population officielle. C'étaient là, suivant les optimistes du parti conservateur, de bien regrettables accidents : il fallait traiter les coupables sans aucune pitié, ne ménager aucune situation, et inspirer par l'énergie des poursuites, par la rigueur des peines, une terreur salutaire ; mais convenait-il d'imputer au gouvernement, à la société, quelque part de solidarité dans ces abominables méfaits? Voilà ce que répétait chaque matin le *Journal des Débats*. Cependant on ne l'écoutait guère. Au fond de tous les esprits, il y avait un grand malaise, un vif besoin de changement, et, sans apprécier la part qui devait être attribuée, dans tous ces scandales, à la perversité individuelle et aux vices de l'organisation politique, on trouvait en toute chose un prétexte pour accuser et pour réclamer des réformes.

Malheureusement il n'était plus permis d'espérer ces réformes de la bonne volonté du gouvernement et des Chambres. Le gouvernement s'obstinait à tout refuser; les Chambres, à ratifier ses refus. En présence d'une telle situation, l'opposition devait déchirer son programme, abdiquer, renoncer désormais à des protestations qui ne pouvaient être que de vaines redites, ou bien agiter le pays et l'inviter à se déclarer. De ces deux partis, le premier était honteux, le second téméraire. L'opposition avait une telle confiance dans la bonté de sa cause, qu'elle n'hésita pas à braver le reproche de témérité.

Cependant, avant de s'engager dans cette nouvelle entreprise, elle fit le dénombrement de ses forces. M. Barrot convoqua chez lui des représentants de toutes les nuances de l'opposition et leur demanda si l'on pouvait compter sur leur concours. A cette question, la droite légitimiste répondit en des termes peu satisfaisants. Elle se proposait de seconder les efforts de l'opposition dynastique, mais en combattant sous ses propres enseignes. M. Barrot voulait la réforme pour elle-même, c'était le terme de ses vœux; pour MM. de La Rochejacquelein, Berryer, de Renneville, la réforme était un moyen; le but, une restauration. On allait, disait-on, agiter le pays; c'était leur affaire, puisque le résultat le plus certain de cette agitation devait être l'affaiblissement du pouvoir. Mais leur demandait-on de sacrifier à la liberté les intérêts d'une dynastie, et de travailler loyalement et sans arrière-pensée à l'amélioration du régime représentatif? Ils n'y pouvaient consentir. M. Barrot et ses amis comprirent aussitôt qu'ils devaient rechercher d'autres alliances.

Il existait à Paris un comité central, établi en 1843, pour diriger les élections de la capitale, et qui, depuis cette époque, avait conservé ses cadres et continué son action. Les membres de ce comité, propriétaires, négociants, industriels, avocats, médecins, etc., appartenaient, pour le plus grand nombre, au parti radical. N'ayant pas les uns et les autres les mêmes antécédents, ils se seraient peut-être séparés s'ils avaient ensemble agité d'autres questions que celle de la réforme. Mais, sur ce point, ils étaient d'accord, et ils l'avaient bien prouvé, lorsqu'ils avaient, aux dernières élections générales, accepté pour leurs candidats et recommandé dans les mêmes termes, avec le même zèle, des réformistes dynastiques et des réformistes radicaux. M. Barrot osa solliciter leur coopération. Elle lui fut promise, et MM. Pagnerre, Biesta, Recurt et Labelonye allèrent, au nom de leurs collègues, au rendez-vous donné par le chef de l'opposition dynastique.

Dans cette entrevue, à laquelle assistèrent MM. Thiers, Abbatucci, Duvergier de Hauranne, Gustave de Beaumont, Garnier-Pagès, Carnot, etc., etc., il fut décidé qu'on inviterait le pays à réclamer, par voie de pétition, la réforme électorale et la réforme parlementaire.

Voici le texte de la pétition qui fut rédigée par M. Pagnerre :

« A MESSIEURS LES DÉPUTÉS.

« Messieurs,

« Nous demandons la réforme de la loi du 19 avril 1831, dans ses dispositions électorales et parlementaires :
« Parce qu'une expérience de seize années, l'épreuve de six élections générales, en ont surabondamment démontré les imperfections, les vices, l'impuissance ;
« Parce qu'elle ne s'appuie sur aucun principe, qu'elle les viole tous ;
« Parce qu'elle n'a pas de base suffisamment rationnelle

ni sur la population [1], ni sur le territoire [2], ni sur la propriété [3], ni sur les contributions [4], ni sur l'aptitude politique [5], ni sur la capacité intellectuelle [6];

« Parce qu'elle est contraire au principe même du gouvernement représentatif, qui veut que la majorité des députés soit le produit de la majorité des électeurs [7], et que la majorité des électeurs soit l'expression de la majorité des citoyens;

« Parce qu'elle a créé une circonscription spéciale qui fractionne à l'infini les collèges électoraux, qui constitue entre le plus grand nombre une inégalité choquante [8], qui donne aux intérêts locaux une prédominance exclusive sur les intérêts généraux, et qui enlève à l'élu le caractère de député du pays, du département ou même de l'arrondissement, pour en faire le représentant subalterne de quelques groupes d'électeurs [8];

« Parce qu'elle fait des petits collèges autant de bourgs pourris toujours à la disposition d'un fonctionnaire en crédit, d'une famille bien placée ou d'un gros capitaliste : là l'électorat n'est plus un mandat politique, le premier de tous, que l'électeur, au jour donné, accomplit selon ses convictions, mais un titre permanent, une fonction privilégiée, dont il croit pouvoir, sans déshonneur, tirer un profit personnel;

« Parce qu'elle tend à reconstituer, ainsi que l'a dit un ministre de la révolution de Juillet [9] : « une aristocratie intrigante et besogneuse »;

« Parce qu'elle méconnaît le principe de l'égalité des droits entre les citoyens, qu'elle viole le principe de l'égalité des droits, même entre les électeurs [10];

« Parce qu'elle ne protège pas suffisamment la grandeur et la liberté des élections, qui presque partout présentent le scandaleux spectacle d'intrigues misérables, de petites passions, de luttes personnelles d'où l'intérêt national seul est exclu;

« Parce qu'elle a éteint le mouvement politique, qui est la vie même des gouvernements constitutionnels;

« Parce qu'en renfermant dans d'étroites limites la liberté du choix des électeurs, par le cens d'éligibilité et la gratuité du mandat, elle favorise l'envahissement de la Chambre par les fonctionnaires publics salariés [1], frappant ainsi du même coup la hiérarchie administrative et l'indépendance de la représentation, et substituant à l'action constitutionnelle du gouvernement parlementaire l'influence illégale du gouvernement personnel;

« Parce qu'elle restreint le nombre des députés et celui des électeurs à un chiffre qui n'est pas en rapport avec la population;

« Parce qu'elle ouvre une large porte à toutes les corruptions;

« Parce qu'enfin la nation ne saurait trouver dans le corps électoral, tel qu'il est aujourd'hui constitué, l'expression exacte, l'image fidèle, la représentation sincère de ses opinions, de ses intérêts, de ses droits.

« Messieurs les Députés,

« En vous signalant les vices nombreux de la législation de 1831, nous croyons avoir accompli un devoir de bons citoyens.

« C'est à vous, législateurs, qu'il appartient de réaliser les réformes qu'exigent impérieusement la justice, la morale, la vérité du gouvernement représentatif. »

Le gouvernement ne fut pas très alarmé de ces projets. Il avait bien vu d'autres pétitions arriver à la tribune et y expirer. On allait de nouveau demander à la Chambre élective quelle opinion elle avait d'elle-même : pouvait-elle hésiter à répondre encore une fois qu'elle s'estimait douée de toutes les vertus? Le roi ne voulait, d'ailleurs, entendre parler d'aucune réforme, et il devait suffire, pour faire échouer devant la Chambre toutes les pétitions, si nombreuses qu'elles fussent, de déclarer en deux mots les intentions du roi. C'était l'office de MM. les aides de camp. Les ministres n'avaient pas à s'inquiéter davantage des impuissantes menaces de M. Barrot. Mais après avoir expédié leurs pétitions, les agitateurs parlèrent de convoquer le peuple à des banquets où seraient tenus des discours réformistes, et le premier de ces banquets réunit, le 10 juillet, au Château-Rouge, douze cents électeurs de Paris et un grand nombre de députés. C'était un pas de plus dans la voie de l'agitation, et un grand pas. Si M. Guizot

---

1. Dix collèges ont en moyenne une population de 257.012 habitants, tandis que dix autres collèges ont une population de 1 million 591,065 habitants. Chaque député des premiers représente 25,701 habitants, chaque député des seconds en représente 159,106. Le troisième collège du département du Nord a une population de 226,042 habitants, autant que neuf autres collèges réunis.

2. L'étendue des territoires représentés est très variée, très différente.

3. Ici un collège représente des millions de revenus; là, à peine, la vingtième partie.

4. Cinq départements, la Corse, les Hautes-Alpes, les Basses-Alpes, la Lozère et la Creuse, nommant ensemble 14 députés, paient 6 millions 142,630 fr. de contributions directes, soit 438,759 fr. pour un député, tandis qu'un département, la Seine, nommant aussi 14 députés, paie 31 millions 96,088 fr., soit 2 millions 221,149 fr. pour un député.

5. Dans quelques termes que l'on définisse l'aptitude politique, le cens contributif ne peut en être le signe complet et exclusif.

6. Les citoyens jugés capables de décider de la liberté et de la vie des individus sont jugés par la loi de 1831 incapables de concourir à l'élection d'un député. — Les membres de l'Institut doivent payer 100 fr. de contributions directes.

7. Sur 241,006 électeurs inscrits, 102,000, c'est-à-dire la minorité, nomment 282 députés, plus des 3/5 de la Chambre, tandis que 139,000 électeurs, c'est-à-dire la majorité, nomment seulement 177 députés, moins des 2/5.

8. Vingt-six collèges ont plus de 1,000 électeurs; trente-cinq, plus de 800; vingt, moins de 200. A Paris, dans le deuxième arrondissement, 3,000 électeurs ne nomment qu'un député; ailleurs, 150 électeurs nomment également un député.

9. Il y a 459 collèges, et seulement 363 arrondissements. — Pour donner à la Chambre élective un caractère plus national, la révolution de 1830 avait effacé de la Charte de 1814 ces mots : *Députés départementaux*. La loi de 1831 a *localisé* la représentation plus encore que ne le faisait la Charte de 1814.

10. M. Dufaure.

---

1. Dix collèges réunis comprennent 16,142 électeurs, dix autres n'en comprennent que 1,553. Dans les premiers, le droit de l'électeur est comme 1 à 1,614; dans les seconds, comme 1 à 155. 1 suffrage dans les uns équivaut à 10 suffrages 1/2 dans les autres. Aux points extrêmes, 20 électeurs du douzième arrondissement de Paris ne valent qu'un électeur de Bourganeuf ou de Saint-Claude.

En 1832, le nombre des députés fonctionnaires s'élevait à 139; en 1842, à 167; en 1846, à 185; il s'élève à plus de 200.

Une foule immense se réunissait pour entendre M. de Lamartine. (Page 518, col. 2.)

ne voulut pas d'abord le comprendre, M. Duchâtel entrevit sur-le-champ les difficultés qu'allait créer au gouvernement cette sorte d'émeute légale où tant de voix devaient se confondre.

Habitués à reproduire de tout autres accents, les échos du Château-Rouge furent ébranlés, dans cette grande journée, par d'énergiques protestations contre les abus du privilège électoral et contre le servilisme parlementaire. Quatorze tables avaient été dressées sous une vaste tente entourée par de frais ombrages ; tous les conviés y prirent place, députés et citoyens, pêle-mêle, sans distinction et sans désordre, et bientôt on vit régner entre eux la plus franche cordialité. De sinistres rumeurs avaient été répandues : le gouvernement, suivant quelques alarmistes, n'avait laissé faire les préparatifs du banquet que pour venir le trou-

65. — E. REGNAULT.

bler par un coup de main. Mais comme on croyait alors à la liberté, on était généralement convaincu que ces rumeurs n'avaient aucun fondement; on était, d'ailleurs, prêt à braver tous les périls, pour servir la noble cause de la réforme.

Avant le repas, le président, le vénérable M. de Lasteyrie, donna la parole au secrétaire du comité central, M. Pagnerre, et celui-ci, chargé de faire connaître le but de la réunion, s'exprima en ces termes : « Le comité central a pris l'initiative d'une grande mesure. Il a soumis aux comités d'arrondissement un projet de pétition pour la réforme électorale et parlementaire. Tous l'ont adopté. Signalant les vices nombreux de la loi de 1831, mais laissant aux législateurs le soin d'y substituer un système d'élection qui respecte mieux le droit, la justice, la morale, la pétition du comité central devait être acceptée par tous ceux qui veulent l'application sincère et complète du gouvernement représentatif, quelles que soient, d'ailleurs, l'étendue de leurs espérances, la vivacité de leurs opinions, ou la modération de leurs exigences. Excellent programme, et de politique, et de conduite. Quel était à nous tous, conviés à cette grande fête, quel était notre vœu commun? Plus ou moins pressés d'arriver au but, suivant notre humeur, notre situation, nos engagements personnels, nous voulions tous la vérité du gouvernement représentatif. Trop longtemps nous nous étions querellés sur des questions secondaires, questions de formes, questions de mots, et nos ennemis avaient profité de nos divisions. Écartant ce qui nous avait ainsi divisés, nous n'avions à faire, ni les uns ni les autres, aucun de ces sacrifices que repoussent les consciences rigides, et nous allions désormais former un grand parti. »

M. Pagnerre ayant exposé ce programme, le président développa, dans les meilleurs termes, un toast *à la Souveraineté nationale*. Deux révolutions avaient été déjà faites au nom de ce principe; la première pour l'établir, la seconde pour le faire respecter.

M. de Lasteyrie avait eu le bonheur de voir ces deux révolutions; les coupables pratiques du gouvernement et l'aveugle obstination des conservateurs devaient-elles bientôt en provoquer une autre? M. de Lasteyrie s'adressait à lui-même cette grave question et ne voulait pas la résoudre.

M. Recurt, un des vice-présidents du comité central, prit ensuite la parole. Dans la position particulière de M. Recurt, sa présence au banquet était un acte considérable. Ami de M. Ledru-Rollin, qui avait refusé de s'associer à la manifestation, membre du comité de la *Réforme*, journal qui, chaque matin, blâmait l'alliance de la gauche radicale et de la gauche dynastique, il se séparait, dans cette circonstance, de cette phalange indisciplinée, qui toujours avait prétendu mener à sa suite le gros de l'armée. Très ferme dans ses opinions, mais moins jaloux de faire du bruit que de faire du bien, M. Recurt invitait, par son exemple, les républicains les plus scrupuleux à venir se ranger sous le drapeau de la réforme. Son discours fut véhément; mais on n'y put signaler aucune phrase inconstitutionnelle.

Il avait parlé de la révolution de Juillet. M. Odilon Barrot dit après lui : « Ne la rendons pas responsable, cette glorieuse révolution, des misères de la politique actuelle. On est arrivé au spectacle honteux qui afflige nos yeux, non pas en gouvernant selon notre révolution, mais en gouvernant contre elle, en mentant à tous ses principes, en déviant de toutes les conditions qu'elle avait imposées.... Y a-t-il aujourd'hui des incrédules? Y a-t-il quelqu'un de bonne foi, à quelque opinion qu'il appartienne, qui n'ouvre enfin les yeux sur les conséquences de ce système que nous combattons depuis dix-sept années? Les scandales sont-ils assez grands? »

M. Barrot ajoutait : « Soyons francs; le gouvernement n'est pas seul coupable. Ne sommes-nous pas nos maîtres?... Électeurs, c'est à vous que je m'adresse. Faisons un retour sur nous-mêmes : n'allons pas nous en prendre stupidement à des causes qui ne sont pas les vraies; le mal est en nous; le mal est dans l'indifférence politique. Le mal est dans nos mœurs publiques, dans cet éloignement que nous avons instinctivement, et par nos vieilles habitudes de monarchie, à satisfaire aux vraies conditions de la liberté! La France est encore maîtresse de sa destinée, et tout découragement, comme toute colère insensée, lui serait une injure. Qu'il me soit donc permis, évoquant les souvenirs de notre révolution de 1830, de cette nouvelle et, je l'espère, définitive consécration de la souveraineté nationale, m'inspirant du sentiment qui nous animait tous alors, de m'écrier : *Oui, à la révolution de Juillet!* » Le refrain de la *Marseillaise*, exécuté par un nombreux orchestre, accompagna ces dernières paroles. M. Barrot venait de faire, bien qu'il s'en défendît, un appel au sentiment révolutionnaire, et tout l'auditoire se sentit transporté par le discours de l'orateur, par la vigoureuse impulsion de l'orchestre, dans un autre temps, dans un autre lieu. Allait-on ressaisir le glaive des batailles et combattre de nouveau pour les libertés outragées, pour les droits méconnus?

M. Pagnerre, se levant après M. Barrot, proposa le toast suivant : « *A la réforme électorale et parlementaire!* » La réforme! c'était l'affaire présente; non, il ne s'agissait pas encore de révolution. Quels que soient les abus et les désordres, si coupables même que soient les intentions, les projets déclarés d'un gouvernement, l'heure des révolutions n'est pas venue, tant qu'une grande résistance n'est pas provoquée par une grande et subite violence. Pour qu'un peuple se lève et prenne les armes, il faut, si l'on peut ainsi parler, qu'il y soit contraint; il faut que le cri de guerre parte des entrailles de la conscience, et qu'il soit l'acte d'une fureur qui ne peut plus être contenue. Dans la situation des esprits et des choses, on ne demandait encore que des réformes; on n'avait pas tout à fait désespéré d'amener le gouvernement à des concessions, et M. Pagnerre répondait aux sentiments de l'auditoire, lorsqu'il paraphrasait en ces termes la formule de son toast : « Adressons-nous à la majorité de la nation; employons tous les moyens réguliers que la loi nous donne; ils seront encore assez puissants, si nous savons en user. Que nos efforts soient constants, vigoureux, opiniâtres; qu'il n'y ait ni un jour de relâche, ni un jour de découragement; ne désespérons jamais de l'avenir et de la liberté, et demandons sans cesse et partout la réforme électorale et parlementaire...... Elle n'est plus combattue que par des intérêts et non par des principes; elle n'a plus d'adversaires, elle n'a que des ennemis. Mais quelle sera leur force contre la volonté ferme de la majorité électorale? Qui parmi eux aura la voix assez puissante pour étouffer la grande voix des pétitions, qui, toujours grossissant, fera sans cesse retentir ces mots à la porte du palais législatif : *La nation le veut!*

On entendit ensuite M. Duvergier de Hauranne. En voyant cet ancien ami de M. Guizot siéger dans un banquet à côté de M. Recurt, et de presque tous les hommes de parti qu'il avait traités autrefois avec tant d'aigreur, qu'il avait combattus avec tant d'emportement, nous ne savions trop admirer cette puissance supérieure de la vérité, de la justice, qui semble se faire un jeu de dompter les natures les plus rebelles, et de mettre sans cesse notre misérable sagesse en contradiction avec elle-même. M. Duvergier de Hauranne avait, du reste, conservé dans l'opposition cet esprit dogmatique et quelquefois absolu qu'il avait montré, non sans éclat, dans le parti du gouvernement. Plus vif et peut-être plus sincère, sinon plus constant, dans ses haines que dans ses affections, il avait juré d'humilier, même au profit du radicalisme, qu'il n'aimait guère, l'insupportable arrogance de M. Guizot : appartenant, d'ailleurs, par calcul d'esprit, au parti des adorateurs zélés de la forme anglaise, scrupuleux à la façon des jansénistes, en matière de traditions constitutionnelles, s'attachant volontiers et avec ardeur aux petites choses pour en tirer de grandes conséquences, il était, parmi les réformistes, le plus actif, le plus infatigable, le plus industrieux inventeur d'arguments nouveaux, le plus opiniâtre artisan de ces embûches, de ces intrigues courtoises dont la stratégie parlementaire recommande la pratique. S'il n'avait pas eu l'initiative des banquets, il les avait hautement approuvés, et les avait fait accepter par son ami M. Thiers, qui, par goût et par système, condamnait ces assemblées populaires où les chefs se mêlent aux soldats et voient souvent leur autorité méconnue, où les hommes d'esprit disparaissent dans la foule, et y sont à peine recherchés par quelques regards curieux.

M. Duvergier de Hauranne, qui n'improvise jamais, avait écrit son discours. Il le récita tenant à la main son manuscrit. Après avoir expliqué dans les termes les plus convenables comment il avait changé de parti sans changer d'opinion, il aborda franchement et résolument la question de la réforme.

« Quand, dit-il, je vois ici réunis toutes les fractions, toutes les nuances de l'opposition libérale, ma pensée se reporte naturellement, nécessairement, à vingt années en arrière. Au commencement de la Restauration, les amis des institutions libérales s'étaient aussi divisés en trois partis. Tout en déplorant son origine, les uns savaient gré à la Restauration d'avoir, bien que de fort mauvaise grâce, rendu le gouvernement représentatif à la France, et malgré ses torts, malgré ses fautes, ils la soutenaient contre ses adversaires de toute sorte. Les autres apercevaient déjà ses déplorables tendances, ses funestes desseins, et la combattaient par les voies légales et parlementaires. Un troisième parti enfin, plus jeune, plus ardent, plus impatient, s'efforçait de la renverser au moyen des sociétés secrètes et de l'insurrection. Cependant le temps marcha, et il arriva deux choses : d'une part, après quelques tentatives infructueuses, le parti le plus ardent comprit que les révolutions violentes sont la dernière ressource, la ressource extrême des peuples opprimés, et que la lutte légale est celle où l'esprit public se retrempe réellement et se fortifie ; d'une autre part, la Restauration, affranchie des inquiétudes qu'elle avait conçues, jeta le masque, proclama hautement les principes de la contre-révolution, et força les plus honnêtes, les plus modérés, les plus éclairés de ses partisans, à se retirer d'elle et à lui refuser leur concours. Il résulta de là que, sans concert préalable, et par la seule force des choses, les trois partis se montrèrent sur un terrain commun, et arborèrent ensemble le drapeau de la résistance légale. Ce jour-là le parti libéral fut reconstitué et la liberté fut sauvée.

« Est-il besoin de prouver que, vingt ans après, la même situation se reproduit avec les mêmes dangers, avec les mêmes devoirs ? Assurément, entre le gouvernement des dernières années de la Restauration et le gouvernement actuel, il y a des différences profondes, et que je suis loin de méconnaître ; mais il y a aussi des ressemblances qui frappent les esprits les moins clairvoyants. » L'orateur comparait ensuite les deux gouvernements, et signalait avec beaucoup de finesse la diversité des conduites, mais l'identité des instincts et des vues. Il terminait ainsi cette comparaison : « La leçon de 1830 a profité, et l'on ne recommence pas deux fois en vingt ans les mêmes folies. La Restauration, pour arriver à son but, aimait à prendre les grandes routes et à faire beaucoup de tapage. Le pouvoir actuel, plus modeste, recherche les sentiers détournés et chemine à petit bruit. En d'autres termes, ce que la Restauration voulait faire par les menaces, par la force, le pouvoir actuel veut le faire par la ruse et par la corruption. On ne brise plus les institutions, on les fausse ; on ne violente plus les consciences, on les achète. Pensez-vous que cela vaille mieux ? Je suis d'un avis tout contraire. Pour la liberté, le danger est le même, si ce n'est plus grand, et la moralité court risque d'y périr avec la liberté. Aussi, regardez-vous comme de purs accidents tous ces désordres, tous ces scandales qui viennent chaque jour porter la tristesse et l'effroi dans l'âme des

Sept cents personnes s'assemblèrent dans la halle aux blés. (Page 519, col. 2.)

honnêtes gens? Non, Messieurs; tous ces désordres, tous ces scandales, ne sont pas des accidents; c'est la conséquence nécessaire, inévitable, de la politique perverse qui nous régit; de cette politique qui, trop faible pour asservir la France, s'efforce de la corrompre... Tant que le système durera, les désordres, les scaandales, dureront et augmenteront. Si cela n'est pas clair, il n'y a plus rien qui le soit au monde. »

L'opposition extrême ne savait pas s'exprimer avec plus d'énergie, et, comme elle formait la majorité des auditeurs de M. Duvergier de Hauranne, elle applaudissait vivement à son discours. Au bout de ses entreprises contre le gouvernement représentatif, la Restauration avait succombé : tel pouvait être, d'après le cour naturel des choses humaines, le résultat des mêmes desseins, poursuivis avec la même persévérance, mais avec une autre méthode, par le gouvernement de Juillet. Cependant ce n'était pas une nécessité. L'orateur s'efforçait de le prouver, lorsque en terminant son discours il définissait ainsi l'objet de la réunion : « Il ne s'agit de rien qui soit en dehors des lois et de la Constitution; il s'agit, par une réforme légale, constitutionnelle, pacifique, de restaurer les principes de la révolution de Juillet, ces principes qui viennent d'être si éloquemment revendiqués par mon ami M. Barrot. Il s'agit d'arracher ainsi la France à l'exploitation systématique dont elle est la victime trop patiente. Nous le pouvons, si nous le voulons tous avec persévérance, avec accord, sans récriminer sur le passé, sans anticiper sur l'avenir. » Nous constatons, avec les journaux du temps, que ces paroles furent accueillies par des applaudissments unanimes ; et si nous interrogeons nos souvenirs, ils nous disent que ces applaudissements étaient sincères. Tout le monde voulait croire que la réforme était possible, et qu'elle devait être efficace.

M. Sénard, président des électeurs du comité de l'opposition de Rouen, se leva pour porter un toast *à la Ville de Paris*. M. Marie, député de Paris, avait été chargé de lui répondre. Celui-ci laissa bien entrevoir qu'après la réforme électorale, après la réforme parlementaire, le parti du progrès aurait encore quelques vœux à former. « Mais, dit-il, à chaque jour son œuvre, et, pour arriver sûrement au but, il ne faut pas trop se presser. » Parlant au nom de l'extrême gauche, et forcé d'expliquer à son tour comment on s'était rapproché, comment s'était constituée cette ligue reformiste contre laquelle déclamaient à la fois et les journaux du gouvernement et ceux du parti le plus contraire, M. Marie devait déclarer que M. Barrot ne lui avait pas demandé de sacrifices, et qu'il n'avait fait à M. Barrot aucune condition. On s'était concerté dans un but honnête ; on avait mis ses efforts en commun pour combattre une mauvaise loi dans son principe et dans ses conséquences : le gouvernement personnel et la corruption : n'est-ce pas assez pour une campagne? A un avenir plus ou moins prochain le règlement des autres affaires. Les confédérés devaient-ils alors se désunir et rechercher d'autres alliances? On le prévoyait. Il était permis de le prévoir ; mais l'alliance actuelle n'en était pas moins utile, pas moins loyale.

D'autres toasts furent encore portés : *A l'amélioration du sort des classes laborieuses!* par M. Grisier ; *A la presse!* par M. Riglet ; *Aux députés de l'opposition!* par M. Hamelin. MM. Gustave de Beaumont, Chambolle, Frédéric Degeorge et de Malleville prirent la parole pour leur répondre.

Dans tous ces discours, un même esprit : pas un mot inconstitutionnel ; mais de dures apostrophes à l'adresse d'un gouvernement corrupteur et corrompu, de chaleureuses protestations contre l'indifférence ou l'apathie des masses, de vifs témoignages d'une mutuelle confiance, et déjà des chants de triomphe, comme si la main divine venait d'écrire sur le drapeau de la réforme : *Tu vaincras par ce signe!* L'effet de cette manifestation ne se fit pas attendre. Le *Journal des Débats* s'efforça de prouver que la gauche dynastique venait de se suicider en pactisant avec les démagogues ; la *Réforme* déclara de son côté que, pour s'être engagés dans cette ligue réformiste avec M. Barrot, avec M. Duvergier, les radicaux du *National* avaient trahi la sainte cause. A l'un de ces propos il suffisait d'opposer l'autre, et ils eurent l'un et l'autre peu de succès. De Paris l'agitation réformiste se propagea dans les départements, et au banquet du Château-Rouge succédèrent d'autres banquets, auxquels assistèrent, sans scrupule, les opposants les plus modérés et quelques-uns des plus exaltés. C'était le comité central de Paris qui dirigeait ce mouvement, et sa direction active, intelligente, aplanissait tous les obstacles que devait rencontrer la formation du nouveau parti. M. Duchâtel le surveillait, espérant le prendre en défaut, et faire prononcer quelque jours en cour d'assises, sous un prétexte spécieux, la dissolution de cette société. Mais le comité ne faisait pas une démarche sans prendre l'avis des législateurs et des légistes, et cette extrême prudence déjouait les calculs du ministre, qui n'osait pas agir au mépris de la loi.

A Mâcon, une foule immense se réunissait pour entendre M. de Lamartine. Envisageant avec la sérénité du génie les révolutions qui depuis un demi-siècle avaient accumulé tant de ruines, M. de Lamartine venait annoncer, sur le ton des anciens prophètes, la dernière heure du système auquel, dans les conseils de la couronne, on se flattait d'avoir asservi la France. « Si, disait-il, la royauté trompe les espérances que la prudence du pays a placées, en 1830, moins dans sa nature que dans son nom ; si elle s'isole dans son élévation constitutionnelle ; si elle ne s'incorpore pas entièrement dans l'esprit et dans l'intérêt légitime des masses ; si elle s'entoure d'une aristocratie électorale au lieu de se faire peuple entier...; si elle se défie de la nation organisée en milice civique et la désarme peu à peu comme un vaincu ; si elle caresse l'esprit militaire, à la fois si nécessaire et si dangereux à la liberté ; si, sans attenter ouvertement à la volonté de la nation, elle corrompt cette volonté, et achète, sous le nom d'influence, une dictature d'autant plus dangereuse qu'elle aura été achetée sous la manteau de la Constitution ; si elle parvient à faire d'une nation de citoyens une vile meute de trafiquants, n'ayant conquis leur liberté au prix du sang de leurs pères que pour la revendre aux enchères des plus sordides faveurs ; si elle fait rougir la France de ses vices officiels, et si elle nous laisse descendre, comme nous le voyons en ce moment même dans un procès déplorable, si elle nous laisse descendre jusqu'aux tragédies de la corruption ; si elle laisse affliger, humilier la nation et la postérité par l'improbité des pouvoirs publics, elle tomberait, cette royauté, soyez-en surs ! Elle tomberait, non dans son sang, comme celle de 89, mais elle tomberait dans son piège ! Et après avoir eu les révolutions de la liberté et les contre-révolutions de la gloire, vous auriez la révolution de la conscience publique et la révolution du mépris ! » Mais, ayant fait cette prédiction qui devait bientôt s'accomplir, M. de Lamartine conformait son langage aux circonstances ; il donnait pour certain que la puissance de l'opinion allait prévaloir sur les desseins pervers du gouvernement, et ramener dans la voie du progrès régulier le pays, que la réaction poussait vers les abîmes.

Le dimanche 8 août, les électeurs de Colmar, répondant à l'appel du comité central, se réunissaient dans un banquet réformiste sous la présidence de M. de Rossée, premier président de la cour royale. On avait fait de vains efforts pour ébranler la résolution de cet honorable magistrat. Il avait pensé qu'il devait à ses concitoyens cette éclatante déclaration de ses principes. A ses côtés étaient assis MM. Émile Dollfus et Struch, députés du Haut-Rhin, MM. Coulmann et Nicolas Kœchlin, anciens députés, quatorze membres du conseil général, un nombre considérable de maires, de conseillers municipaux. Tous les convives signèrent la pétition envoyée par le comité central de Paris et s'engagèrent à la répandre.

Après Colmar, Strasbourg. Sept cents personnes, venues de tous les points de l'Alsace, s'assemblèrent dans la halle aux blés, sous la présidence de M. Liechtenberger, bâtonnier de l'ordre des avocats et conseiller municipal. On ne comptait guère dans cette assemblée que des républicains. Les opinions mitoyennes n'ont jamais eu de nombreux partisans dans les villes qui gardent nos frontières à l'est. Cependant la pétition de Paris fut acceptée sans discussion au banquet de Strasbourg. Plus radicale, elle eût été plus conforme aux sentiments des convives ; ils l'accueillaient néanmoins, si modérée qu'elle fût. « Les patriotes, disait M. Martin (de Strasbourg), ne se divisent pas quand le pays se réveille, et quand l'esprit public semble enfin renaître. »

Soissons avait son banquet, auquel assistaient MM. Barrot, Quinette et Lherbette. A Forges, en Normandie, on entendait, dans un autre banquet, MM. Desjobert et Jules de Lasteyrie. M. Barrot, quittant Soissons, se rendait à Saint-Quentin, où ses électeurs lui préparaient une éclatante ovation. Huit cents personnes avaient trouvé place dans le plus vaste local de la ville, et le défaut d'espace avait fait refuser un grand nombre de souscriptions. Sur les murs, ornés de riches produits des manufactures de Saint-Quentin, brillaient les couleurs réunies de la France, de l'Italie, de la Suisse, de la Pologne et de l'Amérique. De larges écussons offraient ces légendes : *A la réforme électorale ! A la probité politique ! Aux députés défenseurs des libertés publiques ! A l'amélioration du sort des classes laborieuses ! A la presse libre ! A la résurrection de la Pologne* et de *l'Italie!* A *l'union des peuples dans la liberté!* Au nombre des invités étaient MM. Barrot, Lherbette, Cambacérès, Quinette, de Brotonne, députés de l'Aisne ; MM. Gauthier de Rumilly et de Beaumont, députés de la Somme; MM. Barillon et Corne, anciens députés. M. Pagnerre représentait le comité général de Paris. A leurs côtés, onze membres du conseil général de l'Aisne, tous ou presque tous les membres du conseil municipal de Saint-Quentin, et les officiers de la garde nationale avec leur commandant. Le maire de la ville, M. Ch. Lemaire, devait présider cette réunion ; mais empêché par un deuil domestique, il fut remplacé par M. Théophile Dufour, membre du conseil général. Le discours de M. Barrot fut l'événement de ce banquet. Raillé chaque matin, accablé d'injures, prévenu par le *Journal des Débats* qu'il ne pouvait plus désormais être compté parmi les représentants de l'opposition constitutionnelle, M. Barrot répondit à ces outrages et à ces remontrances en parlant plus haut, en accusant avec plus d'énergie, non seulement les actes nouveaux, mais encore les tendances invétérées du gouvernement de Juillet. Avant lui, MM. Lherbette, Cambacerès, Corne et Pagnerre avaient exprimé des vœux en faveur de la réforme. Laissant de côté ce lieu commun, M. Barrot fit le procès à l'improbité politique, et qualifia dans les termes les plus sévères ces transactions déshonnêtes dont M. Guizot avait exposé la théorie devant les électeurs de Lisieux; s'élevant ensuite à de plus hautes considérations, il montra, d'un côté, la France démoralisée par son gouvernement, ayant déjà perdu l'instinct de ses grandes destinées, et descendant chaque jour plus bas, plus bas encore, dans l'estime des nations, et, d'un autre côté, l'Italie, le Piémont, la Suisse, agités, transportés par le divin souffle de la liberté, envoyant des défis à l'absolutisme et se préparant à tout braver, même la défaite, les sanglants revers et les vengeances souvent plus cruelles du vainqueur, pour témoigner combien la servitude est odieuse. M. Barrot fit à grands traits ce triste tableau. Inspiré par le sujet et légèrement ému par ces injures avec lesquelles on se flattait peut-être d'ébranler son courage, il fut éloquent.

Le banquet de Saint-Quentin n'eut pas moins d'influence que celui du Château-Rouge. C'était beaucoup de tenter l'entreprise ; mais il n'importait pas moins d'y persévérer. Une nation dont les satisfactions matérielles ont engourdi l'intelligence ne se réveille pas au premier discours que lui tiennent quelques hommes généreux. La propagande réformiste avait eu dès l'abord un succès incontesté dans la classe moyenne, déjà préparée par la lecture des journaux quotidiens à reconnaître les vices de la législation électorale. Mais pour que l'agitation devînt populaire, il fallait de nombreuses assemblées, en des lieux divers. Au banquet de Saint-Quentin, on comptait quarante maires des campagnes voisines et un grand nombre de conseillers d'arrondissement. Ainsi le mouvement gagnait enfin ces populations rurales qui sont toujours les plus rebelles au progrès.

C'était un avertissement pour le pouvoir. Loin d'en profiter, il adressa deux nouveaux défis à l'opinion. L'Algérie avait toujours été, pour le gouvernement, un grand embarras. L'expérience des administrateurs, des généraux les plus renommés, y avait subi les plus difficiles épreuves, et, après de longs efforts, d'immenses sacrifices, on n'y jouissait pas encore d'une paix assurée. M. le maréchal Bugeaud s'étant démis des fonctions de gouverneur général, il fallut le remplacer. On le remplaça par le duc d'Aumale, un jeune homme de vingt-cinq ans, qui n'avait d'autres titres que son nom. Cela pouvait être, pour répéter un mot célèbre, conforme aux traditions de l'ancienne monarchie; mais la révolution de Juillet n'avait pas été faite pour restaurer ces traditions, et on ne manqua pas de le rappeler. Le maréchal Soult signa cette nomination à contre-cœur, et déposa son portefeuille entre les mains du roi. Il n'était pas difficile de lui donner un successeur à l'hôtel de la rue

Saint-Dominique ; il y avait longtemps déjà que le vieux maréchal n'administrait plus son département. Mais sa retraite faisait une autre vacance ; le conseil des ministres n'avait plus de président. Le roi pouvait, profitant de cette circonstance, modifier le cabinet, sans paraître céder aux exigences de l'opposition. Il préféra la braver, en donnant la présidence du conseil à M. Guizot. Mais telle était l'effervescence des esprits, que ce choix ne déplut à personne, si ce n'est aux conservateurs progressistes. Le *National* l'annonça dans ces termes : « Il se « rencontre des gens qui jugent les choses « par les étiquettes qu'on leur donne. Eh « bien ! pour ces gens, le nom de M. Guizot « sera certainement plus significatif que « celui de M. Soult. Ce nom, qui doit son « premier lustre au voyage de Gand, sera « mieux porté que tout autre par un cabinet « qui a pour principe, pour règle, de résou-« dre toute question nouvelle par une nou-« velle trahison. Nul autre n'est, d'ailleurs, « aussi impopulaire ; il était adopté déjà, « dans le pays, comme l'expression symbo-« lique de cette école perverse qui ne croit « ni à la liberté ni à la patrie. » En conséquence, le *National* se déclarait à son tour satisfait.

N'était-ce pas une bonne fortune pour le parti de la réforme ? Il ne travaillait qu'à répandre l'agitation, et rien ne pouvait plus efficacement contribuer à ce résultat que des résistances provocatrices.

De nouveaux banquets furent organisés sur tous les points du territoire.

A Périgueux, M. Taillefer, député de Sarlat, avertissait la classe moyenne qu'elle commençait à se laisser gagner par l'esprit exclusif des anciennes castes, et qu'elle succomberait comme elles, si mieux elle n'aimait subir les impérieuses nécessités du progrès.

A Meaux, sept cent cinquante personnes se réunissaient dans la salle du Jeu de Paume, pour y entendre MM. Barrot, Drouyn de Lhuys, Georges et Oscar Lafayette. MM. Larabit, Ferdinand et Jules de Lasteyrie étaient au nombre des convives. M. Barrot attaqua le gouvernement personnel ; M. Oscar Lafayette, digne héritier des traditions de sa famille, flétrit l'improbité politique ; M. Drouyn de Lhuys fut plus vif encore : il protesta contre le *cynisme des apostasies*, avec l'ardeur d'un homme qui ne devait jamais faillir.

A Orléans, cinq cents électeurs se pressaient autour de MM. Abbatucci, président de chambre à la cour royale et député du Loiret ; Roger, député du même département ; Marie et Crémieux, députés de Paris et d'Indre-et-Loire. Dans le nombre de ces réformistes déclarés, on remarquait dix-neuf membres du conseil municipal d'Orléans, des magistrats de la cour, du tribunal de première instance et du tribunal consulaire, le colonel de la garde nationale et ses deux chefs de bataillon, des membres du conseil général, plusieurs maires des communes voisines, des départements voisins. M. Danicourt, du conseil municipal d'Orléans, invoqua la souveraineté du peuple ; M. Pereira, du conseil d'arrondissement et du conseil municipal d'Orléans, réclama la réforme électorale et parlementaire avec toute l'énergie de sa noble conscience. M. Abbatucci ne fut pas moins véhément. « Eh quoi ! dit-il, après soixante ans de luttes arrosées de tant de sang et de tant de larmes, après deux révolutions glorieuses et sans égales dans les fastes du monde, en serions-nous encore réduits à nous demander si la pratique réelle, sincère, du gouvernement représentatif est possible, si le dogme immortel de la souveraineté du peuple est un mot sans application possible et sans portée ?... Il est vrai que, pour nous consoler ou plutôt pour nous endormir, on nous dit : *Soyez riches !* Voilà le triste mot d'ordre qui a été donné, du haut de la tribune, par l'homme dans lequel aujourd'hui se personnifie notre gouvernement. *Soyez riches !* Comment l'entendez-vous ? Est-ce au prix de l'honneur, de l'intérêt public, de la gloire de la France ? Eh bien ! vous pourriez vous réjouir ; on vous a compris, votre maxime a produit son

66. — E. REGNAULT.

fruit, et ce fruit s'appelle la corruption. Mais pour nourrir ce monstre insatiable, que de sacrifices n'avez-vous pas faits ? Vous avez dû porter le chiffre du budget d'un milliard à près de seize cents millions; il vous a fallu contracter trois emprunts; et, malgré les ressources inépuisables dont vous disposez, malgré ces emprunts, où en êtes-vous à cette heure?... Vous avez ruiné la France. » On entendit ensuite M. Crémieux, et M. Marie, dont le cœur honnête ne fut peut-être jamais mieux inspiré que dans cette mémorable journée.

Les convives de Meaux, MM. Georges Lafayette, Odilon Barrot, Drouyn de Lhuys, Jules et Ferdinand de Lasteyrie assistaient, trois jours après au banquet de Coulommiers. D'autres banquets eurent lieu dans le même temps à Cosne, à Melun, à la Charité-sur-Loire, à Damville, à Chartres, à Loudéac, à Saint-Marcellin, etc., etc. Partout l'esprit public s'éveillait, et, comme un de ces mots magiques qui, suivant les temps, annoncent aux nations une ère nouvelle ou de paix ou de guerre, la réforme était la voix de tous les échos.

Elle fut enfin entendue par les amis de M. Ledru-Rollin. Invités à prendre part à la manifestation que préparait la ville de Lille, ils s'y rendirent. M. Barrot y vint de son côté. Rapprochement tardif, mais que l'on pouvait croire, de part et d'autre, d'autant plus sincère. Malheureusement, un article du journal *la Réforme* annonça que M. Ledru-Rollin allait à Lille relever un drapeau, que d'autres, disait-on, avaient abaissé. C'était imposer une trop forte épreuve à la bonne volonté de M. Barrot. On prétendait franchir les limites de la Constitution; il exigea qu'on lui rendît hommage; et, comme on refusait de subir cette condition, il se retira. Ce fut un regrettable incident; mais il n'eut pas de graves conséquences. Tout le monde savait que les vœux de M. Barrot s'arrêtaient à une réforme; personne n'ignorait que M. Ledru-Rollin marchait à la tête d'une phalange ferme dans ses desseins, mais peu circonspecte dans sa conduite, qui n'aspirait qu'après une révolution. Dès lors il y eut des banquets de nuances diverses. Dans les uns, domina l'esprit socialiste ou révolutionnaire; dans les autres, l'esprit réformiste. Cela pouvait mettre dans l'embarras les radicaux conciliants, qui, dès l'ouverture de cette campagne, avaient accepté l'alliance des réformistes constitutionnels; mais avec une prudence, avec une modération dont ils avaient déjà donné tant de gages, ils ne prirent aucun parti dans ces discordes, et, suivant les lieux, ils assistèrent aux banquets organisés par les amis de M. Ledru-Rollin, ou par les amis de M. Barrot, à Avesnes, à Valenciennes, à Béthune, à Montargis, à Saint-Germain, à Amiens, à Châteaudun, à Condom, à Rochechouart, à Castres, à Montpellier, à Neufbourg, à Grenoble, à Vienne, à Arras, à Saintes, à Saint-Denis, à Rouen, à Dijon et à Chalon-sur-Saône.

Ainsi M. Duchâtel avait commis une grande imprudence lorsqu'il avait dit à l'opposition que le pays recevait ses déclamations avec une profonde indifférence, et qu'il n'avait aucun souci, ni de la réforme électorale, ni de la réforme parlementaire. Interrogé par l'opposition, le pays répondait qu'il avait toujours eu peu de confiance dans les promesses du mois de juillet 1830, qu'il avait vu sans étonnement les fraudes succéder aux mensonges, et qu'un régime de privilèges, d'abus, de corruption, ne pouvait paraître le meilleur des gouvernements qu'aux gens intéressés à le maintenir. Voulait-on éviter de terribles catastrophes? Il fallait admettre d'opportunes réformes, sinon le parti de la Révolution allait devenir le parti de la justice. Voilà ce qu'on déclarait en même temps au nord et au midi, à l'est et à l'ouest, dans les villes et dans les campagnes; et partout on s'animait en faisant cette déclaration, partout on manifestait la résolution de pousser les choses aussi loin que l'obstination du pouvoir pourrait l'exiger. M. Duchâtel reçut un avis de plus. Celui-c lui fut donné par un corps politique, où le gouvernement avait toujours rencontré plus de partisans que d'adversaires. Le conseil général de la Seine adopta, le 12 novembre, la résolution suivante : « Considérant que seize années d'expérience ont révélé de graves imperfections dans la loi électorale du 19 avril 1831, et ont démontré la nécessité et l'urgence d'en modifier plusieurs dispositions, le conseil émet le vœu que le gouvernement et les Chambres s'occupent avec sollicitude de la révision de cette loi dans la prochaine session législative. » Comment dire encore que cette révision, que cette réforme, n'était qu'un vœu puéril formulé par quelques esprits désœuvrés, et reproduit, avec une arrière-pensée factieuse, par les anciens et irréconciliables ennemis de l'établissement constitutionnel? M. Duchâtel avait perdu son meilleur argument.

XL

Affaires de Suisse. — Note de M. Guizot à la diète; discours de M. Ochsenbein. — Décision de la diète à l'égard du Sunderbund. — Victoire de la diète. — Conduite de M. Guizot; ses discours et ses actes. — Conduite de lord Palmerston. — Affaires d'Italie : avènement et réformes de Pie IX. — Les réformes en Toscane et en Piémont. — Le gouvernement français secondant la politique autrichienne en Italie. — Occupation de Ferrare par l'Autriche. — Protestation du pape. — Émotion italienne. — Plans de M. Guizot déconcertés. — Lord Minto. — Ce que la France devait faire pour l'Italie. — Mort de M. Bresson.

Les scandales administratifs et l'impatience d'obtenir enfin de trop justes réformes n'étaient pas les seuls éléments de cette fermentation tous les jours croissante. En France, on se passionne toujours moins pour les affaires du dedans que pour celles du dehors : nous sommes un peuple jaloux de bonne renommée, qui sacrifie volontiers ses intérêts à son honneur, à sa gloire, et qui supporte tout plus aisément qu'un affront. Avec quelle tristesse nous avions reçu la nouvelle de l'incorporation de Cracovie au territoire autrichien! Les puissances continentales n'avaient pas encore, depuis 1830, traité la France avec aussi peu d'égards. M. Guizot avait protesté; mais qu'il y avait loin de son langage à nos sentiments! D'autres humiliations nous étaient réservées : entraîné dans le courant de la diplomatie absolutiste, le cabinet des Tuileries obéissait sans aucune résistance, avec un mol abandon, à l'impulsion qui lui était communiquée. M. Guizot était si heureux de n'avoir plus à subir chaque jour les réprimandes arrogantes, à déjouer les austères perfidies des agents anglais! Louis-Philippe était si fier d'être admis dans la famille des rois au même titre que ses aînés, et de traiter avec la Prusse, avec l'Autriche, comme un souverain légitime! De graves événements venaient de s'accomplir en Suisse, en Italie ; et, quand ces événements étaient des échecs pour l'absolutisme, quand la France éprouvait une grande joie en voyant des peuples amis suivre son exemple et marcher résolument à la conquête de la liberté, le cabinet des Tuileries ne travaillait qu'à comprimer ce noble élan. On le savait, et, d'ailleurs, M. Guizot ne le dissimulait guère. Aussi, dans tous les banquets, les discours auxquels on applaudissait davantage étaient-ils ceux qui dénonçaient avec le plus d'énergie la complicité de M. Guizot et de M. de Metternich.

Il faut reprendre la série des faits.

La diète suisse s'était réunie à Berne, le 5 juillet, sous la présidence de M. Ochsenbien, élu chef du conseil d'État de Berne, et, à ce titre, chef du vorort. M. Guizot, ayant fait remettre par notre ambassadeur, M. de Bois-le-Comte, une note où les derniers mouvements de la Suisse étaient appréciés au point de vue autrichien, M. Ochsenbein avait cru devoir répondre, dans son discours d'ouverture, que si les grandes puissances prétendaient s'arroger le devoir d'intervenir dans les affaires intérieures de la confédération, elles trouveraient un peuple prêt à *faire le sacrifice de ses dernières forces* pour défendre son indépendance. La diète avait ensuite délibéré sur la question du Sunderbund, et, le 20 juillet, après un débat extrêmement vif, elle avait décidé : 1° que le Sunderbund serait dissous ; 2° que cette condition serait obligatoire pour tous les cantons de la ligue. C'était décider la guerre civile. Formée par l'Autriche, encouragée par la France, cette ligue avait la religion pour prétexte, et pour but le maintien des influences réactionnaires : aussi croyait-elle trouver un appui considérable dans les puissances qu'elle regardait comme ses alliées. Au lieu de se soumettre, les sept cantons déclarèrent qu'ils allaient se préparer à la bataille. Vainement on fit près d'eux de conciliantes démarches, vainement on s'efforça de leur faire comprendre qu'ils allaient verser beaucoup de sang pour servir des intérêts peu respectables. C'étaient les jésuites de Lucerne qui poussaient à la guerre ; et comme leurs agents parlaient au nom de la Vierge, distribuaient des médailles et faisaient des miracles, le peuple des campagnes les croyait trop facilement. Il fut décidé, dans une séance secrète de la diète, que 50,000 hommes seraient mis sous les ordres du général Dufour, ancien élève de notre École polytechnique. Les sept cantons firent alors des propositions de désarmement ; mais comme ils imposaient des conditions dérisoires, ils ne furent pas écoutés. Les hostilités commencèrent le 10 novembre : le 29 de ce mois tout était fini : battu sur tous les points, le Sunderbund avait cessé d'exister.

Les deux partis qui venaient de se précipiter l'un sur l'autre sous les murs de Fribourg et de Lucerne, c'était le parti des vieilles traditions, des institutions surannées, et c'était le parti du mouvement, du progrès, de la liberté. En applaudissant à la défaite des ligueurs, la France suivait son penchant naturel : puisqu'elle avait, en 1830, pris les armes en invoquant la liberté ; puisqu'elle avait ensuite modifié ses institutions de manière à tenir toujours en échec et l'absolutisme et l'intolérance, elle avait dû faire des vœux pour la cause qui venait de triompher. Eh bien ! c'était la cause contraire que M. Guizot avait servie. Interpellé, le 24 juin, dans la Chambre des députés, sur la conduite qu'il se proposait de tenir dans l'éventualité d'une crise déjà menaçante, M. Guizot avait effrontément répondu qu'il ne reconnaissait pas à la Suisse le droit de changer sa constitution, cette constitution ayant été dictée par les suprêmes arbitres de 1815. Et quand on lui avait répliqué que la Suisse ne songeait pas encore à ces changements, qu'il s'agissait simplement pour elle de soumettre une minorité turbulente aux résolutions déjà prévues de la majorité des États, M. Guizot avait déclaré que la majorité des États n'avait plus les sympathies du gouvernement français. La Suisse émancipée, gouvernée par les libéraux et délivrée des jésuites, n'était plus, suivant les termes de M. Guizot, qu'un « État organisé pour l'agression ». Jamais on n'avait encore tenu ce langage au nom du gouvernement de Juillet. Les actions furent conformes aux paroles. M. Guizot, commença par faire rédiger des notes impérieuses. La lutte engagée, M. Guizot, ne pouvant envoyer un contingent d'hommes à l'armée de la ligue, lui envoya du moins des armes, qui furent saisies par les troupes fédérales.

Le Sunderbund avait cessé d'exister. (Page 524, col. 2.)

Quand la lutte fut terminée, il fit remettre en question par son ambassadeur, M. de Bois-le-Comte, tout ce qu'avait réglé le sort des armes, reconnaissant encore au Sunderbund vaincu un droit égal à celui de la diète, le droit d'envoyer un représentant aux conférences des cinq grandes puissances qui s'attribuaient le règlement des affaires de la Suisse.

Parler et agir de cette manière, n'était-ce pas trahir tous les engagements du passé ? M. Barrot avait par avance flétri cette trahison dans cette séance du 24 juin où il disait que le devoir de la France était de se montrer à l'égard des cantons libéraux ce qu'était l'Autriche à l'égard des cantons rétrogrades. Or, non seulement M. Guizot avait refusé l'appui moral du gouvernement français aux États qui s'étaient armés pour défendre, avec l'ordre légal, les principes de la Révolution française; mais il s'était employé plus que personne à servir les intérêts du Sunderbund, c'est-à-dire les intérêts de l'anarchie et des principes autrichiens ; il avait eu l'initiative des démarches faites auprès des puissances, et, dans ses projets contre l'indépendance de la confédération, il avait admis toutes les éventualités, si ce n'est une intervention militaire, parce qu'il savait bien que les Chambres lui refuseraient les subsides qu'il aurait voulu consacrer à cette guerre impie. Étrange et indigne conduite, que les lettres confidentielles des libéraux suisses avaient fait connaître aux journaux de Paris!

Les Chambres françaises s'étaient séparées le 8 août. L'opposition ne pouvait plus porter ses griefs à la tribune : elle exprima dans les banquets combien elle était indignée, et manifesta sans aucune réserve les vœux qu'elle formait pour le succès de la cause trahie par M. Guizot. Plus vives furent encore les plaintes de la presse radicale. Les journaux du gouvernement prétendaient justifier ses actes, en disant qu'il se prononçait en Suisse, comme en France, contre les radicaux, contre les démagogues, et conspirait contre eux avec les modérés. Mais cette excuse était mal reçue. Avouer qu'en peu d'années le parti radical avait su convertir à son opinion les deux tiers de la Suisse, c'était commettre une grande maladresse, puisqu'il n'y avait rien de contagieux comme l'exemple. Soutenir ensuite que des instructions adoptées dans les conseils des États, à la majorité de 120, 130, 145 voix sur 150 votants, étaient de méchantes pièces rédigées par des brouillons, des exaltés, et condamnées par tous les honnêtes gens de la Suisse, c'était évidemment argumenter avec des calomnies. On savait, d'ailleurs, que le cabinet de Londres, après avoir écouté tous les partis, et montré plus que de la froideur au chef des réformistes bernois, l'avait ensuite traité comme une puissance amie; et personne ne supposait que lord Palmerston fût homme à se compromettre en pratiquant d'intimes liaisons avec un forcené. Enfin, si M. Guizot avait sacrifié l'honneur et les intérêts de la France au triste avantage de nouer de bons rapports avec M. de Metternich, avec quelle imprudence il s'était engagé dans cette mauvaise affaire, et qu'il était honteux pour le gouvernement d'avoir embrassé le parti que les correspondants du *National*, les alliés des radicaux français, avaient si facilement mis à la raison !

En Italie, la conduite de M. Guizot n'avait été ni plus habile, ni plus honorable. En Italie, comme en Suisse, le parti libéral avait eu besoin, en 1831, en 1832, du concours de la France, pour tenir tête à l'Autriche; mais, depuis ce temps, les esprits s'étaient éclairés, les libéraux avaient gagné tout le terrain qu'avaient perdu les rétrogrades, et, en 1848, la France, s'unissant à l'Autriche pour comprimer le généreux élan des populations italiennes, devait échouer avec elle dans cette coupable entreprise.

Grégoire XVI mourant le 1er juin 1846, le cardinal Mastaï avait reçu la tiare, et la portait sous le nom de Pie IX. Les malédictions du peuple accompagnaient dans la tombe le pape qui avait d'abord tout promis et plus tard tout refusé. Pie IX allait-il suivre cette politique? Il ne le pouvait pas. De l'une à l'autre extrémité de l'Italie, et principalement dans les États-Romains, l'opinion s'était prononcée : elle exigeait des réformes et ne voulait plus se contenter d'engagements illusoires.

Un mois après son élection, Pie IX faisait publier une amnistie. C'était rompre d'une manière éclatante avec le passé ; c'était noblement inaugurer une ère nouvelle. Pie IX ne ressemblait en rien à Grégoire XVI. D'un caractère doux et facile, d'un cœur honnête, il ne désirait que se faire aimer. Son principal défaut, la faiblesse, ne pouvait, dans l'état des choses, que le disposer en faveur des réformes, le parti qu'il importait de ménager le plus, car il paraissait le plus fort, étant le parti de la nouveauté. Il commença par donner au peuple des écoles primaires, des établissements agricoles, des salles d'asile; en même temps, il réorganisa l'armée et restaura l'ancienne université de Bologne, si célèbre dans les fastes du moyen âge. Tout était désordre, iniquité dans l'administration papale. Pie IX avait peu d'initiative et encore moins d'expérience; mais comme il avait admis quelques libéraux dans son conseil intime, ceux-ci lui signalaient chaque jour un abus à corriger, et sa bonne volonté n'hésitait pas à les satisfaire. Il réforma l'administration de la justice, institua près du gouvernement une assemblée consultative composée des plus notables habitants des provinces, adoucit l'affreuse législation qui tenait la presse en servitude, établit une garde nationale, un conseil d'État et une représentation communale pour la ville de Rome. C'était là de grandes nouveautés.

Les résultats, il faut le reconnaître, furent loin de répondre aux espérances. En changeant les formes de l'ancien gouvernement, Pie IX en avait conservé presque tout le personnel, et l'on n'y rencontrait que des gens attachés, par habitude ou par intérêt, aux mauvaises traditions, dont la muette résistance entravait à chaque pas la marche du gouvernement. Il faut ajouter que les bons sentiments du pape n'étant pas soutenus par une volonté ferme, il prenait facilement l'alarme aussitôt qu'on lui faisait entrevoir, dans les réformes civiles, quelque péril pour l'Église ou quelque amoindrissement de la puissance ecclésiastique. Il revenait alors en arrière aussi vite qu'il s'était laissé pousser en avant. Cependant, malgré ces entraves, malgré ces contradictions trop fréquentes, un grand fait s'était accompli : le gouvernement romain avait désavoué les théories de l'absolutisme !

Une noble émulation gagna la plupart des princes italiens. Le grand-duc de Toscane pensa qu'il pouvait à son tour se dégager de la tutelle oppressive de l'Autriche, en recherchant le concours et l'appui du parti libéral. Ce parti se composait de tous les hommes éclairés de la Toscane, savants, beaux esprits et politiques, et le parti contraire n'avait pour adhérents que des étrangers, des fonctionnaires ou des courtisans. Le premier soin de Léopold fut de créer dans ses États une presse politique. Il ne lui donna pas une entière indépendance : loin de là; mais, du moins, il accorda la parole à des sentiments, à des intérêts qui jusqu'alors avaient été condamnés au silence le plus absolu. Ce fut un grand bienfait. Il en promit d'autres, un code civil, un code pénal, des institutions municipales, des conseils provinciaux électifs, et même une assemblée délibérante chargée de représenter les intérêts généraux du pays. Une existence nouvelle commençait pour la Toscane. Depuis longtemps digne d'être affranchie, elle avait plusieurs fois témoigné le malaise que lui faisaient éprouver des institutions qui ne répondaient plus à ses mœurs. Ce qui l'avait rendu patiente, c'est que le véritable auteur de ses maux n'était pas, elle le savait bien, Léopold, mais l'Autriche. Elle accueillit avec les démonstrations de la joie la plus vive les réformes qui lui furent accordées.

Le même mouvement entraîna la Sardaigne. Charles-Albert, qui avait fait, dans sa jeunesse, une campagne malheureuse avec les libéraux, s'était montré depuis cette époque le plus dur de leurs ennemis. Cependant, comme il était plus jaloux que personne de refouler les Autrichiens hors de l'Italie, puisqu'il associait à ce désir d'ambitieuses espérances, il se prononça presque sans hésiter pour les réformes. Il commença par les réformes administratives. C'étaient les plus urgentes, et celles qu'il pouvait opérer sans faire aucun abandon de son autorité. Il réorganisa d'abord l'administration de la justice, de la police, des provinces, des municipalités, et mit quelque ostentation à se déclarer un des admirateurs zélés de Pie IX. On n'attendait pas autant d'un homme à qui l'on avait à reprocher plus d'une félonie. Il prit pour des élans de reconnaissance des démonstrations qui n'exprimaient que de la surprise.

Cette résurrection de l'Italie n'avait pas été prévue par M. Guizot, et elle pouvait être une cause de mésintelligence entre l'Autriche et la France. Pour se déclarer contre la Suisse libérale, on avait eu du moins l'ombre d'un prétexte : cette révision du pacte fédéral que demandaient les cahiers de plusieurs villes, et qui paraissait menacer l'indépendance des États catholiques; mais en Italie, où les réformes étaient spontanément accordées par les princes souverains, que dire, que faire pour bien mériter de l'Autriche ?

On ne travailla d'abord qu'à lui montrer les difficultés de cette situation. Les princes italiens, et le pape à leur tête, voulaient modifier l'administration de leurs États : personne n'y pouvait mettre obstacle; c'est une nécessité qu'il fallait subir, et le gouvernement français engageait vivement l'Autriche à laisser faire ce qu'elle ne pouvait empêcher. Mais si la situation était mauvaise pour l'influence autrichienne, des circonstances sur lesquelles on pouvait compter devaient bientôt rétablir en Italie le concert des deux cabinets et leur permettre d'agir en commun. En effet, les dons gracieux des princes allaient certainement exciter les esprits, éveiller des passions intempérantes. Aussitôt les princes, inquiétés et se sentant menacés, iraient d'eux-mêmes solliciter les gouvernements étrangers. Une autre question allait d'ailleurs être posée par les patriotes italiens : celle des territoires; vieux grief, toujours reproduit avec la même énergie ; et la France joindrait alors ses protestations à celles de l'Autriche.

M. Guizot exposa ce plan de conduite à la Chambre des pairs, dans la séance du 3 août, avec la réserve que lui commandait l'état des esprits. Il parla du pape en de bons termes. « Un souverain, dit-il, le chef de l'Église, semble reconnaître l'esprit nouveau, les besoins nouveaux, la nécessité de satisfaire les intérêts nouveaux. Le représentant de l'autorité souveraine entrant dans une telle voie, c'est le plus beau spectacle qui ait encore été donné au monde! On ne saurait craindre qu'il oublie les conditions des principes d'ordre et d'autorité. Je le dis donc, tous les gouvernements commettraient une faute énorme, s'ils ne le soutenaient pas de toutes leurs forces dans la tâche difficile qu'il a entreprise. Il n'est pas seulement de telle ou telle nation, mais de toutes les nations européennes, d'apporter leur appui, évident et clair, à la tâche sublime dont je parle en ce moment. Elles doivent y être d'autant plus encouragées, que l'entreprise se présente avec une grande chance de succès. » M. Guizot se déclarait donc en faveur de Pie IX, et priait l'Autriche elle-même de souscrire à ces témoignages de sympathie. Elle ne le pouvait guère : mais comment se serait-elle montrée assez ombrageuse pour prendre en mauvaise part ces encouragements donnés au réformateur de l'administration romaine, quand le chef du culte israélite, le grand rabbin, et après lui le sultan Abdul-Medjid, venaient d'adresser à Pie IX les mêmes félicitations, les mêmes hommages? M. Guizot s'empressait, d'ailleurs, d'ajouter : « Quand il s'agit de réformes comme celles que poursuit l'État romain, les plus grands dangers ce sont les partis extrêmes, et c'est au parti modéré seul qu'il appartient d'accomplir de telles réformes et de prévenir ou de détourner les révolutions. » Ce qui signifiait que M. Guizot ne tarderait pas à retirer les paroles d'approbation qu'il avait prononcées, puisque déjà la jeunesse de Turin, de Livourne, de Rome même, exaspérée par les insolentes provocations du parti réactionnaire, s'était rassemblée sur les places et avait fait entendre d'énergiques menaces contre les Autrichiens et leurs complices : les jésuites. M. Guizot disait encore : « Aucun bouleversement territorial et politique ne nous est bon au delà des Alpes. » Ce qui n'était pas autre chose qu'une adhésion sans réserve aux transactions de 1815, un désaveu préalable de tout ce que pourraient tenter les populations italiennes de Milan, de Venise et d'autres lieux, contre l'insupportable tyrannie de l'Autriche.

Avant d'entendre M. Guizot, on savait qu'il devait se comporter en Italie comme ailleurs, sans avoir aucun égard au sentiment national. Quand on connut son plan de campagne, on n'hésita pas à le condamner. Cependant sa conduite devait être pire que ses paroles. L'Autriche, malgré les prières de M. Guizot, ne demeura pas neutre, et les gouvernements italiens, avant d'être intimidés par les partis extrêmes, eurent affaire à d'autres ennemis. Ce fut l'écueil de notre diplomatie ; et le ministre qui, par avance, avait réglé sa conduite sur des éventualités problématiques, se vit alors en présence de faits imprévus, qui l'engagèrent dans une série de honteuses faiblesses, mal excusées depuis par d'impudents mensonges.

L'article 103 des traités de Vienne donnait à l'Autriche droit de garnison dans la place de Ferrare. A ce titre, une garnison autrichienne occupait la citadelle de Ferrare et plusieurs casernes dans l'intérieur de la ville. La garde des barrières et de tous les autres postes avait été laissée, par convention expresse, aux troupes pontificales. Ayant reçu le texte du discours prononcé par M. Guizot à la Chambre des pairs dans la séance du 3 août, le cabinet autrichien s'empressa de faire connaître comment il entendait *soutenir de toutes ses forces* le gouvernement de Pie IX : le 10 août, une division de troupes hongroises passait le Pô, pénétrait à Ferrare, et s'emparait de toutes les portes, de toutes les places, menaçant de passer par les armes quiconque opposerait la moindre résistance.

Le représentant du saint-siège, le cardinal Ciacchi, protesta dignement contre cette violation de tous les pactes. Quand, à Rome, on en reçut la nouvelle, l'indignation fut extrême. Les Autrichiens étaient à Ferrare ! l'invasion des États-Romains était un fait accompli ! Les modérés eux-mêmes, les plus modérés des conseillers de Pie IX, clercs et laïques, gentilshommes, docteurs et bourgeois, tous mus par le même sentiment, s'exprimèrent dans les mêmes termes ; il fallait courir aux armes et défendre le sol latin souillé par la présence des Barbares. Pie IX ne put calmer cette ardeur qu'en faisant publier dans les journaux de Rome un manifeste énergique. Et la France, que fit-elle ? Par l'organe de M. Guizot, elle rendit « pleine justice aux motifs » qui avaient inspiré les protestations du légat et du cardinal secrétaire d'État ; mais elle blâma très vivement l'inexpérience et la légèreté de ce gouvernement nouveau, qui s'inquiétait de l'opinion publique, et croyait devoir la satisfaire en publiant ses actes officiels. En 1832, quand les Autrichiens étaient entrés à Bologne, la France avait fait, sous les murs d'Ancône, plus qu'une démonstration militaire, déclarant que l'Autriche n'avait pas le droit d'introduire des troupes sur le territoire des États-Romains, et d'intervenir seule dans les affaires de ce pays. Cependant, c'était à la prière du pape et pour lui prêter aide que les milices autrichiennes avaient franchi la frontière, tandis que les foudres pontificales menaçaient les soldats français. Et quand l'héritier des Césars se présentait comme ennemi de l'héritier de saint Pierre, et venait lui défendre, les armes à la main, d'améliorer la condition de son peuple, M. Guizot, oubliant les actes et les stipulations de 1832, employait son temps et son courage à rédiger deux missives, adressées, l'une au cabinet de Vienne, l'autre au gouvernement, pour leur dire, à l'un et à l'autre, qu'ils venaient de commettre d'insignes maladresses et de compromettre la paix du monde en se laissant aller à l'emportement ! Le gouvernement de Juillet n'avait pas encore montré tant de faiblesse. Permettre à l'Autriche d'envahir les États du pape et d'y faire la loi, c'était laisser violer tous les principes, c'était enseigner aux monarchies continentales que désormais la France avait abdiqué sa mission tutélaire, qu'elle ne voulait plus être ni redoutée, ni respectée, et que, pour l'amener à tout subir, il suffisait de lui montrer un glaive nu.

Maîtres de Ferrare, les Autrichiens portèrent aussitôt des forces considérables sur les rives du Pô. Il ne s'agissait pas seulement de prévenir, par une démonstration énergique, l'arrivée des bataillons de volontaires qu'on formait à Rome, à Ravenne, à Bologne, à Forli ; on se préparait encore, en prenant d'autres positions, à pénétrer à la fois ou tour à tour, suivant les occurrences, dans les autres légations, dans la Toscane, le Piémont et le Milanais. Quel fut le premier résultat de cette entreprise? Elle souleva tous les esprits. M. Rossi, qui représentait à Rome M. Guizot et qui donnait en son nom le conseil de la patience, ne trouva plus d'oreilles pour écouter ses discours. Ainsi les modérés avaient disparu : ce parti d'intrigants et de dupes, que l'ambassade française avait prétendu former elle-même, avec les débris de la fraction grégorienne et quelques timides approbateurs des réformes pontificales, s'était dissous de lui-même à la nouvelle de l'invasion autrichienne; les grégoriens avaient quitté Rome, où ils n'étaient plus en sûreté; les autres s'étaient laissé entraîner par l'émotion générale, et on les entendait dire eux-mêmes que l'agression de l'Autriche était une violation des traités, un attentat contre l'indépendance italienne. L'indépendance italienne! Dès que ce mot fut prononcé, notre ambassadeur écrivit que désormais la bonne cause était perdue, que les exaltés dominaient le souverain pontife, et qu'il ne pouvait plus se soustraire à leur fatale influence. Vers le même temps arrivèrent à Paris des dépêches de Livourne, de Turin, annonçant que, dans ces villes, on parlait aussi de la vieille patrie, et que Charles-Albert avait, de sa bouche royale, promis de concourir à la défense du sol italien. A Lucques, on s'était soulevé. Un soulèvement bien plus considérable venait d'éclater en Sicile, et l'on allait peut-être voir finir le règne abhorré du Bourbon de Naples. Tous les plans de M. Guizot étaient renversés. Il ne voulut plus s'occuper de l'Italie.

C'est alors que le cabinet de Londres s'en occupa davantage. Un des collègues de lord Palmerston, lord Minto, fut chargé de se rendre dans ce pays, de le parcourir dans tous les sens, d'en observer attentivement l'état moral, et d'encourager le parti de la liberté, s'il le trouvait digne de ces encouragements. Lord Minto n'avait pas été longtemps à reconnaître que la haine de l'Autriche et le désir des réformes étaient dans tous les cœurs italiens deux sentiments d'une égale énergie, et, loin de conseiller l'indifférence et la résignation, il avait favorablement reçu les visites et les confidences de ces hommes pleins d'une généreuse ardeur, que M. Guizot signalait à nos chargés d'affaires comme des pestes publiques. Partout sur son passage il avait reçu des témoignages de respect; partout il avait répondu par des paroles amies. La France avait lâchement abandonné ses alliés naturels : l'Angleterre recueillait tous les profits de cette faiblesse.

Louis-Philippe s'était rapproché de l'Autriche pour s'introduire par cette porte dans le conseil des rois : M. Guizot, ministre docile, malgré la raideur affectée de ses manières et le ton personnel de ses discours, avait, de son côté, recherché la confiance de M. de Metternich, et ne l'avait obtenue que par une entière soumission. Bien triste rôle! mais il ne répugnait pas trop à M. Guizot, car il trouvait chez M. de Metternich quelques passions qui répondaient aux siennes, l'orgueil du pédagogue n'étant pas moins offensé que l'orgueil du prince par l'influence toujours croissante des idées révolutionnaires et des personnes engagées dans le parti de la Révolution. En Suisse et en Italie, comme en France, M. Guizot prétendait être le plus habile ou le plus redoutable adversaire du radicalisme, et l'impopularité qu'il avait acquise lui paraissait la plus glorieuse des récompenses. Il l'avait assurément bien méritée.

Personne ne demandait au gouvernement d'aller au delà des Alpes exciter des passions déjà trop ferventes, provoquer l'Autriche, et remettre en question la paix du monde; mais personne n'ignorait que cette malheureuse Italie avait l'incontestable droit de refaire ses constitutions sans consulter les convenances de l'Autriche, et l'on regardait comme un devoir strict pour la France d'accepter, d'approuver, sans faire de puériles chicanes, toutes les réformes réclamées par la véritable opinion, de protéger par son influence, par la ferme dignité de son langage, et, au besoin, par la menace d'une intervention armée, ces États libres où l'étranger voulait faire la loi. Non, il n'aurait pas été nécessaire que l'effet suivît la menace : l'Autriche avait alors trop d'embarras pour s'engager même dans une juste guerre; elle n'eût certes pas encouru la responsabilité d'une guerre inique. Et, d'ailleurs, la France n'a-t-elle jamais combattu pour défendre les faibles? et toutes les fois que maintenant on parlera d'en venir aux mains, est-ce la France et la justice qui devront reculer?

On ne disait rien de plus ; mais entre ce langage et les instructions diplomatiques de M. Guizot, il y avait la différence qui existe entre la loyauté et la trahison. Non seulement on le jugeait ainsi dans les banquets, dans les journaux, dans les cercles politiques; mais parmi les principaux agents de cette perfide diplomatie, il s'en trouvait qui murmuraient hautement contre l'indigne rôle qu'on leur faisaitj ouer M Bresson. ambassadeur à Naples, avait conseillé vainement une autre conduite : on n'avait pas tenu compte de ses avis. Il ne put se défendre de témoigner des regrets, et, se trouvant à Florence, il s'était exprimé, dit-on, en des termes libres sur la conduite générale des affaires, sur M. Guizot, sur le roi lui-même, imputant aux faux calculs d'une vanité sénile ce rapprochement de la France et de l'Autriche, qui avait de si désastreuses conséquences. Le roi, l'ayant appris, lui avait durement reproché ces indiscrètes paroles. M. Bresson, qui ne put supporter ces reproches, termina ses jours par un suicide.

XLI

Lettre du prince de Joinville au duc de Nemours. — Situation du pays et du gouvernement dans les derniers mois de 1847. — Élection de MM. Osmont, Baroche, Pagès, Daudé, candidats de l'opposition. — Élection des candidats aux fonctions de maire et d'adjoints par le deuxième arrondissement de Paris. — Attitude des députés au moment de l'ouverture des Chambres. — Discours du trône : les *passions ennemies ou aveugles.* — Mort de Madame Adélaïde. — Abd-el-Kader établi sur les frontières du Maroc et menaçant l'empereur. — Il est poursuivi et se retire sur Malouïa. — Le général Lamoricière fait garder tous les chemins. — Soumission d'Abd-el-Kader. — Il est conduit à Toulon. — La commission de l'adresse. — Affaire Petit.

Le prince de Joinville écrivait de Spezzia, le 7 novembre, au duc de Nemours : « Je t'écris un mot, parce que je suis troublé par tous les événements que je vois s'accumuler de tous côtés. Je commence à m'alarmer sérieusement. La mort de Bresson m'a funesté... Bresson n'était pas malade; il a exécuté son plan avec le sang-froid d'un homme résolu. J'ai reçu des lettres de Naples, de Montessuy et d'autres, qui ne me laissent guère de doutes. Il était ulcéré contre le père... Le roi est inflexible, il n'écoute plus aucun avis; il faut que sa volonté l'emporte sur tout... Il me paraît difficile que cette année, à la Chambre, le débat ne vienne pas sur cette situation normale, qui a effacé la fiction constitutionnelle, et a mis le roi en cause sur toutes les questions. Il n'y a plus de ministres; leur responsabilité est nulle; tout remonte au roi. Le roi est arrivé à un âge auquel on n'accepte plus les observations : il est habitué à gouverner ; il aime à montrer que c'est lui qui gouverne : son immense expérience, son courage et toutes ses grandes qualités font qu'il affronte le danger audacieusement ; mais le danger n'en existe pas moins...

« Notre situation n'est pas bonne. A l'intérieur, l'état de nos finances, après dix-sept ans de paix, n'est pas brillant ; à l'extérieur, où nous aurions pu chercher quelques-unes de ces satisfactions d'amour-propre si chères à notre pays, et avec lesquelles on détourne son attention de maux plus sérieux, nous ne brillons pas non plus.

« L'avènement de Palmerston, en éveillant les défiances passionnées du roi, nous a fait faire la campagne espagnole, et nous a revêtus d'une déplorable réputation de mauvaise foi. Séparés de l'Angleterre au moment où les affaires d'Italie arrivaient, nous n'avons pu y prendre une part active, qui aurait séduit notre pays et été d'accord avec des principes que nous ne pouvons abandonner, car c'est par eux que nous sommes. Nous n'avons pas osé nous tourner contre l'Autriche, de peur de voir l'Angleterre reconstituer immédiatement contre nous une nouvelle Sainte-Alliance. Nous arrivons devant les Chambres avec une détestable situation intérieure, et, à l'extérieur, une situation qui n'est pas meilleure. Tout cela est l'œuvre du roi seul, le résultat de la vieillesse d'un roi qui veut gouverner, mais à qui les forces manquent pour prendre une résolution virile.

« Le pis est que je ne vois pas de remède. J'avais espéré que l'Italie nous fournirait ce dérivatif. Nous ne pouvons plus maintenant faire autre chose ici que de nous en aller, parce que, en restant, nous serions forcément conduits à faire cause commune avec le parti rétrograde ; ce qui serait, en France, d'un effet désastreux. Ces malheureux mariages espagnols ! nous n'avons pas encore épuisé le réservoir d'amertume qu'ils contiennent.

« Je me résume. En France, les finances délabrées ; au dehors, placés entre une amende honorable à Palmerston au sujet de l'Espagne, ou cause commune avec l'Autriche pour faire le gendarme en Suisse et lutter en Italie contre nos principes et nos alliés naturels. Tout cela rapporté au roi, au roi seul, qui a faussé nos institutions constitutionnelles. Je trouve tout cela très sérieux... »

Charles-Albert.

Voilà dans quels termes un des fils mêmes de Louis-Philippe appréciait l'état des affaires ; et ce confident, qui partageait sans doute et son opinion et ses alarmes, c'était son frère, le futur régent. Le gouvernement personnel substitué au gouvernement parlementaire ; la Charte violée dans une de ses dispositions principales ; les finances de l'État dilapidées par une administration corruptrice et imprévoyante ; l'antique loyauté de la France irrévocablement compromise dans une intrigue matrimoniale ; au dehors comme au dedans, les intérêts de la liberté trahis ; une puissance étrangère rédigeant les instructions de nos agents diplomatiques, et, de sa main toujours sanglante, désignant les quartiers de nos armées et leur défendant d'en sortir ; l'esprit public justement soulevé contre un gouvernement pris chaque jour en flagrant délit d'incapacité ou de félonie, et les signes précurseurs des grands orages apparaissant à tous les points de l'horizon : telle était la situation de nos affaires dans le dernier mois de l'année 1847. Tout le monde le voyait, à l'exception des aveugles ; tout le monde le confessait, hormis les gens intéressés à dissimuler la vérité. Le gouvernement de Juillet avait, en dix-sept années, rencontré plus d'un obstacle : pour la première fois, il se trouvait en face d'un grand péril.

On pouvait l'éviter encore. Nous ne dirons pas que rien n'était plus facile. On n'accumule pas impunément autant de fautes. Quand un gouvernement s'est engagé fort avant dans une mauvaise voie, il ne revient pas aisément sur ses traces. Les partis sont là, prêts à profiter des concessions qu'on leur fait pour en exiger de nouvelles, prompts à envahir le terrain qu'on leur cède pour y développer leurs meurtrières batteries. Non, il n'était pas facile au gouvernement de Juillet d'échapper par une opportune retraite aux menaces de l'avenir. Mais cela n'était pas impossible. Pour y parvenir, que fallait-il ? Il fallait au chef de la dynastie d'Orléans une qualité qu'il avait perdue, la prudence. Ce n'était plus qu'un vieillard obstiné, qui ne voulait rien entendre, n'accueillait aucun avis, s'emportait contre toute résistance, et courait aux abîmes les yeux fermés.

Cependant il eût dû reconnaître à des signes certains que la résistance était bien inspirée. Si le ton des journaux devenait plus impérieux, c'est qu'ils étaient soutenus par l'opinion publique ; si, dans les banquets, l'audace des orateurs croissait chaque jour, malgré tout ce que les préfets pouvaient faire pour la contenir, c'est que la force des choses hâtait la fin d'un régime réprouvé. Quelques élections eurent lieu, dans ces derniers mois de l'année 1847, et elles prouvèrent que, même dans le pays légal, la corruption avait fait moins de progrès que la réforme.

A Dieppe, le ministère présentait M. Lebobe ; M. Osmont, candidat de l'opposition, obtint la majorité des suffrages. Vers le même temps, M. Dumas, aide de camp du roi, demandait le renouvellement de son mandat aux électeurs de Rochefort. Il les représentait à la session de 1846 ; mais, promu récemment au grade de maréchal de camp, il venait, aux termes de la loi, courir les chances d'une réélection : les électeurs nommaient à sa place M. Baroche, avocat au barreau de Paris, signalé moins encore par son talent que par la ferveur de ses opinions libérales et la bonne renommée de sa conscience. A Toulouse, M. Pagès ; à Florac, M. Daudé, l'un et l'autre candidats ministériels. Ces succès ne devaient pas, il est vrai, déplacer la majorité ; mais du moins, ils attestaient que le pays se décidait à prendre parti contre le ministère. Ordinairement l'opposition était battue dans les élections partielles, le ministère y portant toutes ses forces. Ces quatre victoires étaient d'autant plus significatives. A Paris, le gouvernement reçut une leçon plus rude encore. Il s'agissait de présenter une liste de douze candidats aux fonctions de maire et d'adjoints pour le deuxième arrondissement. Les candidats de l'opposition étaient MM. Berger, Baroche, Lupin, Lagneau, Sédillot, Treilhard, Ducorps, Fourneyron, Lefebvre-Martineau, Goudchaux, de Monfleury et Flon. Cette liste passa tout entière, malgré les efforts du gouvernement. Ce qui rendait cet échec plus pénible, c'est qu'après avoir vu se détacher de lui les quatiers habités par la population ouvrière, et ensuite les quartiers où les petits commerçants sont en majorité, il voyait les quartiers de la haute banque et de la grande boutique passer à leur tour dans l'autre camp. A un second scrutin, le candidat préféré du gouvernement, le maire désigné d'avance par M. Duchâtel, M. Dailly, n'avait que 300 voix, et son concurent, M. Flon, en obtenait 1,219. Le comité de l'opposition avait déployé beaucoup de zèle : cela est vrai. M. Berger ne s'était pas reposé : on en convient. Mais, en d'autres temps, la même activité n'avait pas été récompensée par la même éclatante victoire. M. Duchâtel ne pouvait faire sans douleur cette triste comparaison. La Bourse, sensible à toutes les variations de l'atmosphère politique, baissa, dans le même jour, de 40 centimes : c'était presque une crise.

Au ministère de l'intérieur, on disait que l'auteur de tout le mal était M. Guizot; qu'avec son goût pour la *grande politique*, il avait conduit les affaires au rebours des intérêts, des sentiments du pays; et que le pays exprimait par ses votes hostiles une désaffection que M. Guizot, tout seul, avait provoquée. Les familiers de M. Guizot, et, s'ils n'étaient pas nombreux, ils avaient une grande jactance et confiaient volontiers leurs plaintes à tous les vents; les familiers de M. Guizot assuraient que l'unique embarras de la situation était le mauvais renom de M. Duchâtel; qu'il avait exaspéré les consciences timorées par le cynisme de ses pratiques; que la corruption voulait être dissimulée par la dignité du maintien, et que M. Duchâtel était complètement dépourvu de ce prestige. Ces accusations étaient fondées : de part et d'autre, on alléguait de justes griefs. Mais les difficultés de la situation étaient devenues beaucoup trop graves pour que la simple retraite de M. Duchâtel, ou celle de M. Guizot, pût les résoudre. On conseillait au roi de sacrifier l'un ou l'autre; il ne se rendit pas à cet avis. Il aurait été beaucoup plus sage de les congédier l'un et l'autre : mais en cédant sur les personnes, il fallait, pour composer un nouveau ministère, céder encore sur les choses, et le roi ne le voulait pas.

Les Chambres étaient convoquées pour le 28 décembre. Dès le 20, un grand nombre de députés étaient arrivés à Paris. L'opposition, presque certaine d'être vaincue aux épreuves du scrutin, montrait néanmoins beaucoup d'ardeur, et même quelque confiance : cette confiance, aurait-elle su la justifier? Non, sans doute. Rien ne pouvait faire présager le désaveu du système, soit par les ministres, soit par les Chambres. On avait parlé, pendant quelques jours, d'un changement de cabinet; mais on n'en parlait plus. Les aides de camp du roi n'entretenaient en particulier aucune des notabilités parlementaires. Les ministres paraissaient calmes et assez unis, puisqu'ils n'affichaient aucun désaccord. Cependant les membres de l'opposition s'abordaient avec un visage souriant, tandis que les conservateurs étaient mornes, taciturnes, semblaient accablés par le pressentiment d'un grand désastre.

Le 28, le roi se présentait à la Chambre, et lisait d'une voix altérée le discours du trône. Ce discours ne contenait ordinairement que des phrases vides : on n'y trouvait aucun engagement pour l'avenir, le roi n'aimant pas à s'engager; et, comme il n'était pas plus curieux d'appeler l'attention des Chambres sur les affaires présentes, il se contentait, chaque année, d'apporter à la tribune quelques banales redites, où l'on avait ensuite beaucoup de peine à trouver la matière d'une controverse. Le discours de 1847 devait ressembler et ressemblait aux autres. Le roi s'exprimait en ces termes sur l'ensemble des affaires extérieures : « Mes rapports avec toutes les puissances étrangères me donnent la confiance que la paix du monde est assurée. J'espère que les progrès de la civilisation générale s'accompliront partout de concert entre les gouvernements et les peuples, sans altérer l'ordre intérieur et les bonnes relations des États. » On ne pouvait moins dire. Pas un mot d'encouragement à l'adresse du pape, de Léopold, de Charles-Albert; pas une marque de sympathie aux populations italiennes; pas une plainte sur l'attentat de Cracovie. La Suisse avait, du moins, obtenu les honneurs d'un paragraphe spécial. Il était ainsi conçu : « La guerre civile a troublé le bonheur de la Suisse. Mon gouvernement s'était entendu avec les gouvernements d'Angleterre, d'Autriche, de Prusse et de

Russie, pour offrir à ce peuple voisin et ami une médiation bienveillante. La Suisse reconnaîtra, j'espère, que le respect des droits de tous et le maintien des bases de la Confédération helvétique peuvent seuls lui assurer les conditions de bonheur et de sécurité que l'Europe a voulu lui garantir par les traités. » Soit! mais avant de négocier cette tardive et vaine médiation, dont la Suisse n'avait entendu parler qu'après la déroute du Sunderbund, qu'avait fait le gouvernement pour prévenir la guerre civile? On ne voulait pas même déclarer pour quel parti l'on avait fait des vœux. Un seul passage de ce discours pouvait servir de texte aux commentaires : c'est celui dans lequel le roi, sortant de sa réserve habituelle, blâmait les banquets, et se prononçait contre toute réforme. Voici ce passage : « Au milieu de l'agitation que fomentent les passions ennemies ou aveugles, une conviction m'anime et me soutient : c'est que nous possédons, dans la monarchie constitutionnelle, dans l'union des grands pouvoirs de l'État, les moyens les plus assurés de surmonter tous les obstacles, et de satisfaire à tous les intérêts moraux et matériels de notre chère patrie. Maintenons fermement, selon la Charte, l'ordre social et toutes ses conditions Garantissions fidèlement, selon la charte, les libertés publiques et leurs développements. Nous transmettrons intact aux générations qui viendront après nous le dépôt qui nous est confié; elles nous béniront d'avoir fondé et défendu l'édifice, à l'abri duquel elles vivront heureuses et libres. » Ces phrases travaillées, dont tous les mots ont un sens précis, intentionnel, furent seules entendues par la Chambre. Sur toutes les autres affaires, le roi se taisait ou s'exprimait avec des réticences calculées : sur l'affaire des banquets, il déclarait énergiquement son avis. Vainement on demandait la réforme; elle ne devait pas être accordée. Et qui, d'ailleurs, faisait tant de bruit autour de cette question frivole? La Charte offrant toutes les garanties désirables aux intérêts moraux aussi bien qu'aux intérêts matériels, la réforme ne pouvait être réclamée que par des passions, des passions ennemies ou aveugles. Voilà ce que le roi disait, et sa voix affaiblie par l'âge retrouvait quelques sons plus pleins, plus vibrants, pour envoyer cette injure aux convives des banquets réformistes. Aveugles ou ennemies, tous les orateurs de l'opposition qui avaient pris part à l'agitation réformiste se promirent d'exercer de sinistres représailles. *Tout cela,* pour reproduire ici les sinistres paroles du duc de Joinville, *tout cela* devenait *très sérieux.*

Une perte domestique, qui fut d'autant plus douloureuse qu'elle n'était pas pressentie, vint atteindre le roi le premier jour de l'année nouvelle. Sa sœur, Madame Adélaïde, mourut à la suite d'une légère indisposition. Depuis quelque temps, le roi parlait souvent de sa vieillesse, et sentait ses forces défaillir. Sa sœur, née le 23 août 1778, était plus jeune que lui de quatre années. Cette fin subite le frappa comme un avertissement. Ajoutons qu'il perdait à la fois une sœur compagne des dures épreuves de sa jeunesse, et une amie qu'il consultait volontiers sur les choses de l'État; car l'intelligence presque virile de Madame Adélaïde avait toujours eu du penchant pour la politique.

Ce fut un deuil pour la cour; mais, dans le public, la cause de ce deuil fut à peine connue : personne ne s'inquiétait des affaires privées de la famille d'Orléans. Les affaires publiques suffisaient, d'ailleurs, pour occuper les esprits. Les bureaux de la Chambre choisissaient les membres de la commission de l'adresse, et, avant même que cette commission fût nommée, on annonçait déjà que le débat serait animé, que toutes les voix éloquentes seraient entendues, et que la tribune allait retentir de véhémentes accusations.

Un événement bien plus considérable que la mort de Madame Adélaïde, la soumission et la capture d'Abd-el-Kader, annoncée dans la journée du 1ᵉʳ janvier, ne causa lui-même qu'une émotion légère.

Établi sur les frontières du Maroc, Abd-el-Kader avait formé l'ambitieux projet de conquérir ce vaste empire, moins, sans doute, par les armes, que par l'influence de son nom. Tandis que l'armée française allait soumettre la grande Kabylie, sous la conduite du maréchal Bugeaud, et terminait cette campagne, au mois de mai, par la prise d'Azrou, l'émir travaillait au succès de son entreprise, envoyait sur toutes les terres de

Abd-el-Kader (gravure du temps).

l'empereur des missionnaires zélés, qui semaient l'agitation, annonçaient la venue du saint vengeur de l'islamisme, entraînaient les paysans et débauchaient même les principaux officiers de l'armée. De toutes parts on accourait au-devant de lui. Au nombre de ces transfuges il compta bientôt le fils du précédent empereur, qui, se plaignant d'avoir été dépossédé de son trône par les coupables intrigues de Muley-Abd-er-Rhaman, venait offrir à un autre prétendant ses services et ceux de ses nombreux amis.

Une heure après, Abb-el-Kader était dans le village de Nemours.
(Page 538, col. 2.)

Dès que l'émir fut à la tête d'une armée, il déclara ses projets et se mit en campagne.

Il eut d'abord quelques succès; mais l'empereur et ses deux fils étant venus à sa rencontre avec des forces considérables, les transfuges commencèrent à trembler, et quelques tribus, dont la foi douteuse inspirait des craintes légitimes, vinrent d'elles-mêmes demander à marcher les premières contre l'émir rebelle. Bientôt les deux armées furent en présence. Enfermé dans un cercle assez étroit, ayant devant lui l'empereur, qui s'était avancé lentement, mais en occupant tous les passages, et derrière lui la frontière française, qu'il savait trop bien gardée, Abd-el-Kader comprit qu'il devait tenter de grands coups. Son armée n'était qu'une poignée d'hommes; mais ces hom-

68. — E. REGNAULT.

mes, habitués au combat, méprisaient comme une vile cohue les nombreuses légions que l'empereur traînait à sa suite. Il se mit à leur tête et les conduisit, durant une nuit sombre de décembre, sur un des camps marocains. Ce camp fut livré presque sans résistance. Mais, le jour venu, les fuyards se rallièrent, et l'intrépide agresseur se vit contraint de faire une prompte retraite. Il se retira vers la Malouïa, rivière qui, coulant du sud au nord, va se jeter dans la Méditerranée à quelques lieues de la frontière française. Il fut poursuivi, non sans quelque vigueur. S'avançant à la hâte et par fortes masses, les milices impériales occupaient toutes les issues, couronnaient toutes les éminences. Il ne pouvait faire aucune diversion, il ne pouvait pratiquer aucun stratagème, et, resserré chaque jour dans un espace plus étroit, il commençait à désespérer de sa fortune.

Arrivé sur les rives de la Malouïa, il prit la résolution de la traverser, espérant ainsi rompre le cercle qui le tenait emprisoné. On était au 21 décembre. Ayant tout préparé pour le passage de la rivière, il se mit en mouvement; mais aussitôt les phalanges marocaines se précipitèrent sur sa faible troupe, et engagèrent un combat qui parut un instant décisif. Cependant, après avoir fait de grandes pertes, désormais irréparables, Abd-el-Kader franchit la rivière et se dirigea, sans rencontrer d'autres obstacles, vers nos possessions. Son projet était de fuir au plus vite avec les meilleurs de ses cavaliers, et de regagner le désert. Il se rendrait alors chez les Beni-Snassen, tribus dévouées, et, laissant en paix l'empereur, il recommencerait à guerroyer contre les chrétiens.

Le général Lamoricière fut informé de ce projet, ou le soupçonna. Aussitôt il fit garder tous les chemins. Dans la nuit du 22 décembre, deux cavaliers se présentèrent aux avant-postes français, déclarant qu'Abbel-Kader les envoyait offrir sa soumission. Elle fut immédiatement acceptée.

Le lendemain 23, Abd-el-Kader se rendait au marabout de Sidi-Brahim, où il était attendu par le colonel Montauban. Les généraux Lamoricière et Cavaignac ne tardèrent pas à les joindre, et, une heure après, Abd-el-Kader était dans le village de Nemours, l'ancien Djemma-Chazaouat, en présence du gouverneur général de l'Algérie, le duc d'Aumale.

Ayant déposé ses sandales sur le seuil, Abd-el-Kader fut introduit devant le prince et lui dit : « J'aurais voulu faire plus tôt ce que je fais aujourd'hui; j'ai attendu l'heure marquée par Dieu. Le général m'a donné une parole à laquelle je me suis fié. Je ne crains pas qu'elle soit violée par le fils d'un grand roi comme le roi des Français. » Il offrit ensuite au duc d'Aumale un cheval de soumission.

Cette parole, que le général Lamoricière avait donnée, et qui fut confirmée par le duc d'Aumale, était un engagement téméraire. Avant de se soumettre, Abd-el-Kader avait demandé qu'on le conduisît à Alexandrie ou à Saint-Jean-d'Acre. L'occasion qui se présentait pouvait s'échapper; le général Lamoricière n'était pas certain que tous les défilés des montagnes fussent gardés par nos troupes; il craignait et avait lieu de craindre que l'émir, voyant sa condition rejetée, ne prît sa course à travers le désert, pour en revenir un jour recommencer la guerre sainte à la tête d'une autre armée; il promit ce qu'on demandait, s'estimant heureux peut-être de faire à si bon compte une prise de cette importance. Mais le gouvernement ne devait pas ratifier cette promesse. Embarqué dans la soirée du 24, sur le *Solon*, avec ses femmes, ses enfants et ses serviteurs, Abd-el-Kader était rendu, le 25 au matin, dans la rade de Mers-el-Kébir. Il fut de là dirigé sur Toulon, pour être interné dans une ville du territoire français.

En recevant cette grande nouvelle, le ministère s'empressa de la répandre. Des crieurs publics l'annoncèrent dans les rues de la capitale, avant même qu'elle fût parvenue aux journaux ordinairement les mieux informés. On se réjouit d'apprendre que nos possessions d'Afrique étaient désormais délivrées de leur plus redoutable ennemi; mais aucune voix ne fut entendue adressant au gouvernement les actions de grâces dont il se montrait avide.

On ne s'inquiétait que des prochains débats de la Chambre élective.

La commission chargée de rédiger l'adresse fut composée de MM. Bussières, Muret de Bord, Plougoulm, Vitet, Couture, Saglio, d'Angeville, d'Haussonville, d'Haubersaert. M. Guizot n'eut pas fait lui-même d'autres choix. Il était donc satisfait : la majorité lui restait fidèle. Il n'avait plus qu'à se préparer à soutenir les vains assauts de la minorité. On accusait le ministère d'avoir compromis au dehors le nom de la France en de honteuses intrigues. M. d'Haussonville était là pour répondre que notre diplomatie avait fait des prouesses. On l'accusait d'avoir, au dedans, avili les fonctions publiques en pratiquant ou en patronnant la corruption. M. d'Haubersaert devait aisément confondre cette calomnie. M. Guizot s'entretenait dans cet espoir, quand un nouveau procès fut l'occasion d'un nouveau scandale.

Un sieur Petit, ancien directeur des postes, sollicitait, en 1844, la recette particulière de Corbeil. Le secrétaire intime de M. Guizot, M. Génie, lui fit savoir que le titulaire de cette recette allait obtenir de l'avancement; mais que, pour obtenir sa place, il fallait mettre à la disposition du gouvernement une démission de conseiller à la Cour des comptes. Au début de cette négociation, le gouvernement n'avait besoin, disait M. Génie, que d'une charge de référendaire de seconde classe. Il s'agit plus tard d'une charge de référendaire de première classe; enfin, M. Petit apprit avec douleur qu'il n'aurait la recette de Corbeil qu'en livrant une charge de conseiller-maître. Décidé toutefois à faire les plus grands sacrifices, M. Petit rechercha ce qu'on lui demandait, et se présenta quelque temps à M. Génie avec une démission de conseiller-maître : il l'avait obtenue en signant un engagement de six mille francs de rente réversible sur la tête de la femme du conseiller démissionnaire. En conséquence, il avait été nommé receveur à Corbeil, le 24 décembre 1844. Voilà ce que M. Petit racontait lui-même, ne dissimulant aucune circonstance, n'épargnant aucune preuve; et, pour expier sa faute, il se démettait d'une fonction acquise par de tels moyens.

Ainsi, d'une part, il était avéré que les charges de la Cour des comptes étaient l'objet d'un ignoble trafic. D'autre part, on apprenait que le gouvernement vendait des recettes particulières pour récompenser avec le prix de cette vente des services occultes, des dévouements d'un ordre subalterne.

Cette révélation produisit un grand effet. Quand M. Guizot avait connu l'existence du mémoire accusateur, il avait envoyé M. Achille Fould près de l'honorable avocat que le sieur Petit avait chargé de ses intérêts. Mais cette démarche n'avait pas eu de résultat. On demandait la suppression du mémoire. M. Petit, croyant que son honneur l'obligeait à tout dire, n'avait pas voulu consentir à cette suppression.

Occupé de tant d'autres affaires, M. Guizot fut accablé par ce coup. Avait-il ignoré jusqu'alors ces honteuses transactions? On devait en douter, puisqu'elles avaient eu lieu dans son cabinet. M. Duchâtel, que n'épargnaient pas les amis de M. Guizot, ne fut peut-être pas très sensible aux chagrins de son collègue. M. Hébert feignit de n'avoir pas même ouï parler de cette affaire. Quant à M. de Salvandy, ce personnage à la fois grave et facétieux, il venait de descendre un instant des hauteurs sublimes où les génies méconnus aiment à chercher une retraite, et, pour servir à sa manière la cause commune, il avait suspendu le cours de M. Michelet. Puis il était rentré dans le repos. Le plus grand désordre régnait dans son empire; le Conseil royal était insurgé contre son outrecuidance; les professeurs des collèges adressaient aux Chambres des pétitions où ils dénonçaient vertement sa tyrannique impéritie : mais il s'en inquiétait peu. L'Académie française venait de le satisfaire, en plaçant M. Vatout sur le fauteuil de Massillon.

La discussion de l'adresse s'ouvrit le 10 janvier à la Chambre des pairs. A la Chambre des députés, la commission n'avait pas encore, à cette date, terminé la rédaction de ce projet.

XLII

Discussion de l'adresse à la Chambre des pairs : MM. d'Alton-Shée, de Boissy, de Montalembert. — Projet d'adresse de la Chambre des députés. — Discussion du projet d'adresse. — Finances : MM. Thiers, Duchâtel, Garnier-Pagès. — Les intérêts moraux : MM. de Tocqueville, Billault. — Affaire d'Italie : MM. de Lamartine, Guizot, Mauguin, Thiers, Barrot. — Affaire suisse : MM. Thiers, Guizot, Barrot. — Affaires intérieures ; les banquets : MM. Duvergier de Hauranne, Duchâtel, Barrot, de Rémusat. — Rejet de samendements. — Le ministère triomphe.

Il n'était pas dans les habitudes de la Chambre des pairs de faire de longs discours sur l'adresse. On ne pouvait discuter à l'occasion de l'adresse que des affaires de gouvernement, et, nommés par le roi, les membres de cette Chambre regardaient comme un devoir de leur charge d'approuver tout haut, en ces affaires, même ce qu'ils blâmaient tout bas. Comment, d'ailleurs, agiter des questions de cet ordre, sans s'émouvoir, sans se passionner ? et la pairie, composée d'hommes parvenus, pour la plupart, aux limites de l'âge, ne pouvait aimer que les discussions calmes, les froids discours. Cependant, au mépris de l'usage et des convenances, cette Chambre consacra huit longues séances à l'examen de l'adresse rédigée par M. de Barante, et de véhémentes apostrophes retentirent sous les voûtes étonnées de ce palais du sommeil.

C'est M. d'Alton-Shée qui commença le tumulte. Ce jeune pair avait, dans un autre temps, servi sous les enseignes de M. Guizot ; mais, ayant récement changé de parti, il venait offrir à ses nouveaux amis le gage éclatant d'une résolution désormais irrévocable. Il avait été ministériel ; il ne voulait plus même être compté parmi les opposants dynastiques ; il était devenu tout d'un coup, sans transition, radical, révolutionnaire, factieux ; il outrageait les rois ; il poussait les peuples à la révolte ; il faisait l'éloge des combattants de Saint-Méry ! Ce langage était bien dur pour la pairie : le discours de M. d'Alton-Shée fut, à son jugement, le plus grand des scandales. Après M. d'Alton-Shée, on entendit M. de Boissy, qui, jaloux de faire encore plus de bruit que son collègue, attaqua le ministère sur les questions intérieures, et porta le premier à la tribune les accablantes révélations du mémoire Petit. Quel que fût l'agresseur, il fallait répondre, et M. Guizot était bien empêché de justifier ce criminel négoce des fonctions publiques. Il se retrancha derrière des équivoques, écartant la question principale, et plaidant les circonstances atténuantes sur la question secondaire ; mais, sur ce point même, il fut accablé par les déclarations successives de M. Molé, de

M. Passy, de M. d'Argout. Ils avaient, disaient-ils, été ministres, et jamais ils n'avaient autorisé ces honteux trafics. La Chambre des pairs ne retrouva le calme de ses délibérations qu'après avoir écouté MM. de Broglie et de Saint-Aulaire. Ils approuvaient sans réserve la conduite tenue par M. Guizot en Suisse, en Italie, et n'auraient pas, à sa place, mieux fait que lui. On devait les croire. Mais après eux M. de Montalembert prit la parole. Il ne venait pas accuser le cabinet d'avoir fait en Suisse de la politique autrichienne; il lui reprochait, au contraire, d'avoir mollement servi la bonne cause, la cause des jésuites, et d'avoir eu de coupables faiblesses pour les radicaux de Genève et de Berne. C'était une étrange accusation. L'orateur la développa dans un sermon d'une violence outrée.

On savait bien que le style parénétique a des licences particulières; qu'il tolère les plus grands éclats de voix, les antithèses forcées, les images cyniques, les imprécations échevelées, les fureurs épileptiques ; mais, depuis les tristes jours de la Ligue, jamais, non jamais, une assemblée délibérante n'avait entendu rien de pareil à ce que M. de Montalembert venait de réciter. « Je demande, disait en terminant M. Montalembert, que les honnêtes gens ouvrent enfin les yeux, et sachent à quoi s'en tenir sur les périls de la situation. » La situation était, en effet, bien grave, bien périlleuse, puisque le langage du noble pair était celui que l'on tient sur les bornes des carrefours, durant les sanglantes mêlées des guerres civiles.

L'adresse présentée par M. de Barante n'était qu'une servile contrefaçon du discours du trône. On la modifia sur un point important. Si le discours du trône ne parlait ni du pape, ni de l'Italie, c'était une omission calculée : la Chambre des pairs n'accepta pas cette réserve et envoya des félicitations aux princes réformateurs. Malgré cette concession faite aux sentiments de la minorité, 23 voix se prononcèrent encore contre la prose adulatrice de M. de Barante. Une opposition de 23 voix à la Chambre des pairs, c'était un fait nouveau.

On devait prévoir qu'à la Chambre des députés le combat serait vif. Le rapporteur de l'adresse, M. Vitet, lut son projet dans la séance du 17. Il modifiait le discours du trône d'une manière insignifiante, en ce qu'il substituait les *entraînements aveugles* aux *passions aveugles*, et parlait à la fois de l'Italie et de la Pologne. Ainsi M. Barrot, au jugement de la commission et de M. Vitet, n'avait pas été pasionné, mais entraîné : il avait fait une débauche avec les radicaux, mais on reconnaissait que cela n'avait pas altéré la sérénité de son âme. Ne devait-il pas être touché de ce bon témoignage? M. Barrot eut à peine entendu M. Vitet, qu'il demanda la parole pour annoncer des interpellations au président du Conseil, sur les étranges transactions révélées par M. Petit. En même temps, M. Dupin déposa sur le bureau de M. Sauzet, président de la Chambre, un projet de loi sur la vénalité des charges. On allait donc avoir, avant la discussion de l'adresse, un engagement préalable sur les méfaits de la corruption.

L'ordre du jour en amena deux. M. Richemond des Brus, soumis à la réélection après avoir été nommé médecin inspecteur des eaux de Néris, avait obtenu des électeurs de la Haute-Loire le renouvellement de son mandat. Mais l'Administration s'était trop occupée des affaires de son candidat, et l'on produisait à sa charge une série de faits révoltants. L'opposition demandait que l'élection de M. Richemond des Brus fût annulée. Elle ne put l'obtenir.

M. Barrot fit ensuite l'histoire des négociations qui avaient précédé la nomination de M. Petit à la recette particulière de Corbeil. Il y avait eu, disait-on, d'autres ventes de charges à la Cour des comptes : c'était un vieil abus. M. Barrot l'accordait. Mais ce qu'on n'avait pas encore vu, c'est un ministre autorisant lui-même ces transactions honteuses, et livrant une autre charge au prix d'une démission dont il avait besoin. Depuis que M. Guizot avait entendu les questions indiscrètes de M. de Boissy, il avait eu le loisir de préparer sa défense. Mais toute défense était impossible. La dénonciation était précise, le crime manifeste. M. Guizot ne répondit pas au réquisitoire accablant de M. Barrot; mais, s'adressant à la majorité d'une voix mélancolique et suppliante, il la pria d'interrompre un affligeant débat élevé sur de petits faits par une opposition obstinément agressive.

« Un petit fait! » répliqua vivement M. Barrot. « Comment! vous appelez petit fait, vous ministre politique du cabinet, élevé en cette qualité à la présidence du Conseil, vous qui représentez au plus haut degré le pouvoir d'un grand et noble pays, vous appelez petit fait celui d'avoir été chercher un homme et de lui avoir dit : « Nous « avons besoin d'une démission » ; et de lui avoir ensuite conféré un titre, une place en échange de l'argent qu'il avait dépensé? Vous appelez petits faits de basses négociations, de coupables entremises, des intrigues de je ne sais quelle nature, quand tout cela se passe à vos portes, dans votre cabinet, à vos oreilles, sous vos yeux!... Oh! j'avais bien raison de dire que nous ne nous comprenions plus sur les questions morales... Permettez-moi d'adresser un dernier mot à la majorité. Il faut convenir que vous la mettez à de cruelles épreuves. Il y a, en vérité, dans votre confiance en elle, quelque chose de bien insolent! »

A cette insolence, la majorité répondit par un vote de confiance. M. Guizot n'avait pas trop présumé d'elle. Elle consentait à se perdre avec lui. « Le cabinet, dit le *National*, « peut battre des mains ; nous briserons les « nôtres pour nous joindre à lui ; s'il a des « chants, nous avons des hymnes ; si son « âme déborde, la nôtre est inondée! » Oui, les radicaux pouvaient se réjouir. En excusant des actes aussi coupables, la Chambre élective enlevait aux réformistes constitutionnels leur dernière espérance, et ne leur laissait plus d'autre alternative que de laisser faire la corruption, ou de saisir, pour la combattre, les armes révolutionnaires.

La discussion de l'adresse commença par des escarmouches. L'opposition attaquait; le ministre, dépourvu de troupes légères, et réservant ses forces pour de plus sérieux engagements, ne se défendait pas. Aussi, les discours vifs et même outrageants de MM. Desmousseaux, de Givré, Darblay, Ducos, ne purent amener les ministres à la tribune. Cependant, M. Jules de Lasteyrie ayant dénoncé la triste situation des finances, M. Dumont crut devoir lui répondre. Alors la grande bataille commença. M. Thiers se chargea de la réplique.

L'orateur exposa d'abord l'état du budget. Chaque année les recettes augmentaient, et l'on avait fondé sur cet accroissement annuel des espérances de richesse, ou du moins de sécurité. Mais, d'autre part, les dépenses devenaient chaque jour plus considérables, et aucun budget n'atteignait l'équilibre. Un milliard six cents millions, voilà la somme des dépenses : la somme des recettes étant toujours inférieure, il fallait chaque année couvrir les déficits avec les réserves de l'amortissement. Ainsi, la plus flagrante des irrégularités était l'unique expédient employé pour dissimuler au pays une situation de jour en jour plus grave. Et ce n'était pas tout : au budget ordinaire et au budget extraordinaire, il convenait d'ajouter la dette flottante, qui déjà s'élevait au chiffre énorme de 750 millions. Situation déraisonnable, disait M. Thiers. Amortir pendant la paix afin de pouvoir emprunter pendant la guerre : voilà ce qu'avaient pratiqué, ce qu'avaient enseigné tous les habiles politiques. Au lieu de cela, que faisait-on? Non seulement on n'amortissait, on n'éteignait aucune dette; mais, tous les ans, on réglait le budget en déficit, tous les ans on accroissait la dette flottante; et déjà l'on parlait d'emprunter, sinon tous les ans, du moins à des intervalles assez rapprochés, pour acquitter les créances à date fixe. C'était aller au rebours de tous les principes. Où pouvaient mener des finances administrées de telle sorte? A une catastrophe. Un bruit de guerre, la menace d'une révolution, une nouvelle disette de subsistances, moins que cela peut-être, et tous les créanciers de l'État allaient se présenter à la fois; et l'État obéré ne pourrait satisfaire à leurs justes exigences. C'était la banqueroute en perspective. M. Thiers ne prononçait pas encore ce mot terrible; mais il établissait clairement, et la suite a trop bien prouvé la vérité de ses calculs, qu'il était impossible au Trésor public de résister à un ébranlement, et il conjurait les ministres d'avoir quelque prévoyance, de ne pas léguer à un avenir, prochain peut-être, d'inextricables embarras.

M. Duchâtel répondit qu'il était plein de confiance; que le gouvernement avait fait de grandes choses, et qu'il n'avait pas, toutefois, dépassé les limites de son crédit, puisque les fonds libres arrivaient de toutes parts dans ses caisses. Il ajouta que, malgré les sinistres prophéties renouvelées chaque année par une opposition chagrine, l'état de la place était excellent, les affaires actives, les capitaux abondants, et tous les placements avantageux. Cet optimisme était-il sincère? M. Duchâtel croyait-il assez fermement à l'inaltérable constance de la paix intérieure et de la paix extérieure, pour n'avoir pas d'inquiétude sur les chances de l'avenir? Il est plus vraisemblable qu'il défendait une mauvaise cause avec des arguments dont il connaissait la faiblesse. M. Thiers n'eut qu'à dire un mot pour l'accabler. Les placements se faisaient avec tant d'avantage, que toutes les valeurs étaient dépréciées; portées à 900 francs, les actions des chemins de fer étaient descendues à 500; les affaires avaient une telle activité, qu'on n'en cotait plus de nouvelles et que les anciennes étaient délaissées : voilà pour le crédit privé. Quant au crédit public, il est vrai qu'il ne paraissait pas encore ébranlé; on pouvait négocier de nouveaux emprunts et trouver des prêteurs; mais n'allait-on pas bientôt atteindre la mesure des charges que le Trésor pouvait supporter? En créant chaque jour des nécessités nouvelles, n'allait-on pas arriver, en pleine paix, à cette limite extrême au delà de laquelle on ne rencontre plus que des impossibilités? Cela était évident.

M. Thiers n'avait pas exagéré la triste vérité. Il n'avait pas tout dit. M. Garnier-Pagès le fit voir, en rappelant que l'État avait emprunté 200 millions aux caisses d'épargne, 200 millions immédiatement exigibles, et qui seraient certainement exigés dans un temps de crise. Ainsi le chiffre de la dette flottante s'élevait réellement à 950 millions.

C'est un effroyable bilan. La Chambre consacra trois jours à l'examiner, et, pendant ces trois jours, M. Dumont, M. Duchâtel, qui seuls parmi les ministres savaient parler la langue des finances, eurent à supporter les vives agressions, les acerbes démentis de vingt orateurs qui se succédèrent à la tribune pour répéter, les uns après les autres, que les ressources de l'État ne pouvaient plus couvrir les dépenses inconsidérées du gouvernement, et que la prochaine crise aurait pour conséquence inévitable, soit une banqueroute, soit un emprunt forcé.

Ces discours furent entendus au dehors, et causèrent une émotion d'autant plus grande que l'état des choses était moins connu. On n'avait à cet égard que des notions vagues; on soupçonnait un désordre, mais on ignorait quelle en était la gravité. L'exposition claire, méthodique, saisissante, de M. Thiers fit comprendre à tout le monde ce dont tout le monde avait une intelligence confuse.

Les mauvaises nouvelles courent vite lorsqu'il s'agit de finances. Bientôt l'alarme gagna tous les esprits.

Tel fut le résultat de cette première lutte. Mais une autre devait suivre, et une autre encore, et tout engagement nouveau devait être pour le ministère l'occasion d'une nouvelle défaite. Après avoir beaucoup parlé des intérêts matériels, on s'occupa des intérêts moraux.

Les mœurs publiques sont dégradées, dit M. de Tocqueville, et les mœurs privées commencent à beaucoup trop ressembler aux mœurs publiques. La classe qui gouverne donne le plus déplorable exemple. Elle possède le plus précieux des droits, le libre choix des représentants du pays; et quand il s'agit d'en user, elle l'avilit, elle s'avilit elle-même, en faisant trafic d'un noble privilège au profit des plus méprisables intérêts. Le sentiment de la moralité s'en va : électeurs et élus, fonctionnaires hauts et bas, quiconque prend part au gouvernement, ne travaille qu'à sa propre fortune. C'est un désolant spectacle ! La France avait jeté dans le monde, au milieu des orages de sa première révolution, les principes qui devaient, disait-elle, régénérer les sociétés humaines; et maintenant l'Europe, attentive aux mouvements de l'esprit français, se demande si ces principes n'étaient pas une dangereuse semence, si le fruit qu'elle a donné n'est pas la ruine des mœurs, et si la servitude traditionnelle n'est pas un état meilleur pour les consciences que la liberté.

M. de Tocqueville ajoutait : « Si le spectacle que nous donnons produit un tel effet, vu de loin, que pensez-vous qu'il produise, en France même, sur ces classes qui n'ont point de droits?... On dit qu'il n'y a pas de péril, parce qu'il n'y a pas d'émeute ; on dit que, comme il n'y a pas de désordre matériel à la surface de la société, les révolutions sont loin de nous... Sans doute, le désordre n'est pas dans les faits, mais il est entré bien profondément dans les esprits. Regardez ce qui se passe au sein de ces classes ouvrières, qui, je le reconnais, sont tranquilles. Il est vrai qu'elles ne sont pas tourmentées par les passions politiques au même degré qu'elles l'ont été jadis; mais ne voyez-vous pas que leurs passions, de politiques, sont devenues sociales? Ne voyez-vous pas qu'il se répand peu à peu dans leur sein des opinions, des idées, qui ne vont point seulement à renverser telles lois, tels ministères, tel gouvernement; mais la société même, à l'ébranler sur les bases sur lesquelles elle repose aujourd'hui?... Et ne croyez-vous pas que, quand de telles opinions prennent racine, quand elles descendent profondément dans les masses, elles amènent tôt ou tard, je ne sais quand, je ne sais comment, mais elles amènent tôt ou tard les révolutions les plus redoutables? Telle est, Messieurs, ma conviction profonde. Je crois que nous nous endormons, à l'heure qu'il est, sur un volcan; j'en suis profondément convaincu. »

C'était parler un langage qui n'était guère intelligible pour les conservateurs. Ils dormaient, disait-on ; eh bien ! ils voulaient dormir; et vainement on s'efforçait de troubler leur béate insouciance en évoquant le spectre affreux des révolutions : ce n'était pour eux qu'une prosopopée. Les révolutions ! bien vieille histoire ! Il n'y avait qu'un idéologue qui pût croire au retour des révolutions. Que si, d'ailleurs, quelque bande factieuse osait descendre sur la place et menacer l'ordre social, ce serait l'affaire d'un escadron de la mettre en déroute. On ne craignait rien de ce côté.

Après M. de Tocqueville, M. Billault. Avocat à la parole facile et déliée, étroit en ses conceptions, ne s'élevant jamais au-dessus des faits, mais habile à les grouper et à présenter chaque chose par son côté saillant, M. Billault était un des adversaires les plus redoutés de M. Guizot. Sous des dehors modestes, il cachait une grande envie de parvenir : aussi ne négligeait-il pas les occasions de se faire valoir. Il reprit la thèse de M. de Tocqueville, mais pour la traiter à sa manière. « On ne nie pas, dit-il, et personne ne peut nier les déplorables progrès de la corruption, la dégénérescence des mœurs publiques. Mais les orateurs ministériels ne permettent pas qu'on impute au ministère une grande part de responsabilité dans ces honteux excès. N'a-t-il pas donné l'exemple? » Et M. Billault citait des faits : des ministres poursuivis et condamnés par la Cour des pairs; des fonctionnaires supérieurs, amis des ministres, protégés par les ministres ou par les bureaux, surpris en flagrant délit de vol ou de concussion, à l'intendance militaire de Paris, à Clermont, à Rochefort, à l'hôpital du Gros-Caillou ; le rédacteur d'un journal déclarant qu'il recevait des ministres 5,000 francs par mois, pour

La Sicile tout entière est insurgée (Page 548, col. 1.)

célébrer en belle prose les mérites du cabinet et déclamer contre ses adversaires; les privilèges de théâtre devenus affaires de négoce; les charges de l'État acquises à prix d'argent, et le ministère offrant d'autres places en échange de démissions conditionnelles; des députés fonctionnaires destitués pour des votes consciencieux; d'autres députés promus à de hautes fonctions pour des votes complaisants; et, sans plus citer, combien d'autres méfaits du même genre dont on cause à voix basse, jusqu'à ce qu'un téméraire ose, pour les produire en public, braver les puissances et les lois! Ainsi s'exprimait M. Billault. Personne, ajoutait-il, personne n'ignorait que le ministère fût l'instigateur de toutes les corruptions : tant de fois prouvé, cela n'était plus contesté par personne. Cependant il trouvait encore une majorité pour le soutenir, et quelques orateurs pour le défendre. Une majorité de complices! disait-on; non, M. Billault ne voulait pas admettre que la corruption eût gagné tant de consciences. A son avis, la majorité n'avait pas moins d'aversion pour ce ministère que la minorité; mais elle avait la faiblesse de le laisser vivre, parce qu'elle craignait une secousse, un ébranlement : et M. Billault lui démontrait qu'elle faisait un mauvais calcul, puisqu'elle ne pouvait pas réhabiliter le ministère, et se perdait avec lui.

Malgré la vigueur de cette démonstration, la majorité se déclara de nouveau satisfaite et confiante. Deux séances avaient été consacrées à discuter la moralité du gouvernement, et le pays, qui écoutait aux portes, se fortifia dans cette conviction déjà formée, qu'il était gouverné par des gens sans vergogne, pour qui n'existaient ni les règles du devoir, ni les scrupules de l'honneur. On en vint ensuite aux affaires étrangères.

Ce débat fut ouvert par M. de Lamartine. Il parla de l'Italie, et, négligeant les détails, esquissant à grands traits, d'après les correspondances diplomatiques, d'après les discours prononcés à l'autre Chambre, l'histoire des négociations que M. Guizot avait conduites à Rome, à Florence, à Turin, à Naples, et surtout à Vienne, il n'eut pas de peine à faire voir qu'en tous lieux, en tout temps, depuis l'avènement de Pie IX jusqu'au soulèvement de la Sicile, le cabinet des Tuileries avait servi les intérêts de l'Autriche, et trahi ceux de l'Italie, ceux de la France. M. Guizot n'avait-il pas entendu les malédictions de ces peuples généreux, abandonnés sans défense à la merci de leur farouche ennemi? Il les avait entendues. Ignorait-il nos ardentes sympathies pour la cause de l'indépendance italienne? Il ne les ignorait pas. M. de Lamartine allait jusqu'à supposer que M. Guizot avait encore les principes, et qu'il condamnait lui-même ses propres actes : mais il le montrait enchaîné par les mariages espagnols aux pieds de l'Autriche, gémissant de cette servitude, et la subissant néanmoins sans faire aucune résistance. Ainsi, pour marier un de ses fils Louis-Philippe avait rompu l'engagement de mutuelle défense qu'avaient contracté, le lendemain de la révolution de Juillet, la France et l'Angleterre, les deux grands États constitutionnels; il avait ensuite, pour former de nouvelles alliances, permis à l'Autriche de confisquer la ville et le territoire de Cracovie, ce dernier coin de terre où les débris d'un grand peuple eussent encore une patrie; enfin, il laissait la même puissance arriver au centre de l'Italie, et occuper les routes qui conduisent à Rome, à Florence, à Turin. Ce qui voulait dire, en d'autres termes, que le gouvernement du roi avait sacrifié les intérêts séculaires de la France, ses intérêts permanents et même son honneur, au plus misérable intérêt, à une dot, à une affaire d'argent. « Le jour, disait M. de Lamartine, le jour où vous avez engagé votre politique en Espagne, tout a été à contre-sens dans vos actes. Oui, de ce jour tout a été contre nature. De ce jour-là, il vous a fallu dire que le Sunderbund était national en Suisse, que la diète était une faction... De ce jour-là, il a fallu que la France, à l'inverse de sa nature, à l'inverse des siècles et de sa tradition, devînt gibeline à Rome, sacerdotale à Berne, autrichienne en Piémont, russe à Cracovie, française nulle part, contre-révolutionnaire partout!... » Des acclamations accueillirent ces paroles. L'orateur écartait avec dédain le ministre, pour montrer à tous les yeux, derrière l'agent docile, la main qui le poussait.

Mais le ministre ne fut pas déconcerté. Il avait écrit son plan de défense et s'attendait à de véhémentes interpellations. L'Autriche l'écoutait : il fit l'éloge de son gouvernement, qu'il appela *modéré*, et parla des traités de 1815, que la France avait, dit-il, *acceptés*, comme renfermant les conditions fondamentales de la sécurité, de la force, de l'existence des États. Thèse nouvelle, qu'il développa plusieurs fois, excitant à dessein les membres de la gauche à des mouvements d'impatience. Il serait descendu de la tribune confus, humilié, s'il n'avait pas blessé les sentiments de la gauche : son outrecuidance ne pouvait être satisfaite que par des marques certaines d'improbation. C'était d'ailleurs un artifice oratoire que de poser la question en ces termes effrontés. En effet, il était facile de prouver ensuite qu'à Rome, à Florence, à Turin, à Milan, à Venise, on n'adressait pas les mêmes hommages à la modération de l'Autriche, on n'avait pas la même opinion des traités de 1815. Donc la France ne pouvait, sans manquer à ses principes, les principes de la grande politique inventée par M. Guizot, inaugurée par le cabinet du 29 octobre, aller offrir un concours amical aux réformateurs italiens. C'était la conclusion d'un impudent sophisme. M. Guizot la couronnait, suivant les règles, par cette phrase sonore : « Je dis que l'intérêt général de l'Europe, et de la France comme de l'Europe, veut le respect des traités et le maintien de la paix, qui repose sur les traités. Cela n'enchaîne en aucune façon la liberté de notre patrie dans l'avenir; cela n'enchaîne en aucune façon ses destinées; l'avenir amènera ce qu'il plaira à Dieu. » — « Cela ne veut rien dire, » lui criait de sa place M. Émile de Girardin. M. Guizot le savait de reste : mais tandis qu'on cherchait à comprendre l'énigme, on ne discutait pas le sophisme. Cela dit, M. Guizot déclamait à outrance contre les révolutionnaires, les radicaux, les républicains de France et d'Italie, tous les adversaires du *statu quo* territorial, tous ces partisans de factieuses réformes qui prétendaient entraîner leurs gouvernements au lieu de marcher à leur suite. C'était sa péroraison.

Une fois de plus, M. Guizot avait prouvé qu'il avait du talent et de l'audace. Mais pour gagner sa cause devant la majorité de la Chambre, il l'avait perdue devant la majorité du pays. Recommander à la France l'infâme complice de Czéla, l'inique envahisseur de Cracovie, l'assassin de la jeunesse milanaise, comme un parfait modèle d'exquise modération, c'était la révolter; lui demander une pleine adhésion aux traités de 1815, et l'engager à reconnaître que ces traités avaient été faits pour elle et dans son intérêt le mieux entendu, c'était l'outrager par un monstrueux blasphème. Et, cela rejeté, que restait-il du discours de M. Guizot? Des phrases bien faites, mais vides. Tout ce discours était réduit au néant par cette simple sobservation de M. Mauguin : « Pourquoi prononcer de si grands mots contre les révolutions ? — Mais notre gouvernement, nos Chambres, nos ministres, la couronne elle-même, est-ce que tout cela n'est pas révolutionnaire? Est-ce que vous n'avez pas ici jugé un roi? Est-ce que vous n'avez pas prononcé la déchéance de ce roi? Est-ce que vous trouvez quelque chose de plus révolutionnaire que de prononcer la déchéance d'un roi, de déclarer la vacance d'un trône, de décerner une couronne? Vous êtes un gouvernement révolutionnaire. »

Oui, sans doute, et loin de répudier cette épithète comme une injure, la France l'acceptait comme le plus beau de ses titres. Révolutionnaire avant, pendant, et depuis la date glorieuse de 1789; révolutionnaire dans les livres de ses philosophes et de ses juriconsultes, révolutionnaire dans ses institutions politiques et civiles, dans ses mœurs, dans ses tendances, dans tous les élans de sa grande âme vers les régions mystérieuses de l'avenir, elle était la Révolution elle-même, et ne consentait pas à porter un autre nom.

Pendant qu'à la tribune française M. Guizot osait vanter la modération de l'Autriche, et condamner les nobles desseins d'un peuple qui avait osé secouer ses chaînes et fait pour les briser d'énergiques efforts, des événements nouveaux s'accomplissaient en Italie. A Milan, une émotion civique excite la fureur des autorités autrichiennes et donne prétexte à d'horribles massacres. A Pavie, une lutte sanglante s'engage entre les troupes étrangères et les étudiants de l'université : dix étudiants restent sur la place. Le général en chef de l'armée d'occupation, Radetzky, fait publier en allemand, en hongrois, en italien, en polonais, une proclamation qui se termine par cette abominable phrase : « Mort aux ennemis qui, de leurs mains traîtresses, attentent au bonheur et à la paix des puissances! » La Sicile tout entière est insurgée, et à Palerme, l'insurrection, maîtresse de la ville, soutient contre les troupes du roi de Naples un bombardement de quarante-huit heures. Les tempêtes éclatent partout à la fois, et, fidèles aux traditions de leurs races, Ferdinand d'Autriche et Ferdinand de Naples commettent partout d'atroces violences.

M. Thiers, répondant à M. Guizot, commença fort heureusement son discours en parlant de ces violences. « Oui, tout gouvernement établi a le droit de se maintenir ; mais pour exercer ce droit, il ne faut pas qu'il outrage sans pudeur les règles éternelles de l'humanité, de la justice. Parce que des cris s'élèvent, lancer des soldats sur une foule inoffensive, tuer des vieillards de soixante-dix ans sur le pavé des rues, massacrer impitoyablement femmes et enfants, tout ce qui se présente à la pointe de la baïonnette ou du poignard, ce n'est pas user du droit de légitime défense, c'est se repaître d'odieuses vengeances; à ces actes, on ne reconnaît pas un roi, mais un bourreau. L'histoire doit sévèrement condamner ces actes; elle ne doit pas être plus indulgente pour cet autre tyran, qui fait bombarder pendant quarante-huit heures la ville principale d'un de ses États, parce que cette ville réclame des franchises garanties par une constitution mille fois outragé. Les gouvernements, quels qu'ils soient, qui violent les droits de l'humanité, ont des comptes à rendre à l'Europe. » « Nous avons une tribune, dit M. Thiers; servons-nous-en pour flétrir les meurtriers et pour plaindre leurs victimes. »

Quels sont, en effet, ces gens que l'on égorge à Palerme, à Milan, à Pavie, que l'on espère atteindre un jour à Rome et à Turin? Ces gens, sur lesquels les gouvernements absolus voudraient épuiser tous les réservoirs de leur colère, ce sont de nobles émules de ces autres révolutionnaires qui ont pris la Bastille en 1789, et renversé, en 1830, un gouvernement violateur des lois. M. Thiers le prouve bien : « On dit que c'est nous qui remuons le monde depuis cinquante années..., depuis plus de trois cents années. Oui, nous sommes ces grands criminels qui ont proclamé, avec Descartes, la liberté de penser ; qui ont proclamé, avec Bossuet, l'indépendance de l'Église ; qui, avec Montesquieu et Voltaire, ont, comme on l'a dit, restitué ses droits au genre humain.

Nous sommes ces grands criminels, j'en conviens avec orgueil pour mon pays. Mais, heureusement pour l'humanité, nous ne sommes pas les seuls criminels de ce genre. Quand l'Angleterre produisait Bacon, quand l'Allemagne produisait Leibnitz, elles prenaient aussi rang parmi ces grands criminels. Nous sommes, il est vrai, les plus grands!... » C'est donc à notre exemple que les Italiens demandent des réformes aux princes animés de l'esprit libéral, et qu'ils se soulèvent contre d'exécrables tyrans. Qu'avons-nous fait, cependant, pour leur témoigner notre sympathie? On dit que les traités de 1815 sont un obstacle invincible à tout ce que pourrait tenter notre bonne volonté. Ces traités, la France doit les observer, mais en les détestant. Et l'Autriche, les observe-t-elle? Ils disent que l'Italie, à l'exception des terres lombardes, sera composée d'États souverains. « Cela veut dire, ajoute M. Thiers, que le Piémont, Parme, Modène, Florence, Rome, Naples, sont indépendants, qu'ils peuvent se donner les constitutions qu'il leur plaît, quand il leur plaît, dans la mesure qu'il leur plaît de choisir, et que personne n'a le droit d'intervenir. » Pourquoi donc le gouvernement français a-t-il permis aux Autrichiens d'entrer à Parme, à Modène? Pourquoi souffret-il que, de près ou de loin, ils menacent Rome, Turin et Florence? C'est, dit-on, un de leurs dangers que d'avoir pour voisins des peuples libres, on en convient; mais puisque la France supporte bien le voisinage du pouvoir absolu, il faut que les gou-

La Suisse se gouverne comme elle l'entend. (Page 551, col. 1.)

vernements absolus supportent le voisinage de la liberté.

Discutant ensuite, l'une après l'autre, toutes les raisons alléguées par M. Guizot pour justifier sa coupable condescendance à l'égard de l'Autriche, M. Thiers les réduisait au néant, et concluait en ces termes : « Maintenant, la politique que vous abandonnez, je voudrais que l'opposition fût assez puissante pour la recueillir... et si ma voix pouvait être écoutée par les Italiens, je leur dirais : Soyez unis ! peuples, princes, soyez unis !... Que toutes les populations qui s'étendent de Turin à Florence, à Naples, à Palerme, forment un seul tout, et qu'elles se présentent à l'ennemi commun, ayant à leur tête Pie IX avec les clefs de saint Pierre à la main, et Charles-Albert avec la vieille épée des ducs de Savoie. Dans cette attitude, vous serez respectés. Mais s'il en pouvait être autrement, si l'on voulait attenter à vos droits et à votre indépendance, croyez-le bien, le cœur de la France n'est pas glacé. Oui, la France est vieille de gloire, mais elle est jeune de cœur; et si elle reconnaissait clairement quelque part la liberté et l'indépendance de l'Europe menacées, vous ne la trouveriez pas dégénérée, car elle n'est dégénérée que dans l'opinion de ceux qui la croient faite à leur image!... Et ce jour-là, vous seriez sauvés ! »

Énergique dans les termes, le discours de M. Thiers était, au fond, assez modéré. Il accusait le gouvernement d'indifférence à l'égard de l'Italie; mais il ne lui demandait pas de recommencer l'entreprise d'Ancône et d'opposer le drapeau de la protection à celui de l'oppression. M. Thiers avait été ministre : il n'avait peut-être pas désespéré de l'être encore, et, craignant de trop s'engager, il ne manifestait que des sentiments. M. Guizot s'empressa de souscrire aux sentiments de M. Thiers; il blâma comme lui les princes qui ne se montraient pas assez avares du sang de leurs peuples; il déclara comme lui que la présence des Autrichiens à Parme, à Modène, était un *fait irrégulier*; cependant, puisqu'on ne l'avait pas mis en demeure de changer de conduite, il ne s'expliqua pas à cet égard.

Mais comment pouvait-il accorder des sentiments révolutionnaires et des actes rétrogrades? C'est ce que lui demanda M. Barrot. Orateur éloquent, pathétique, M. Barrot n'a pas ordinairement, dans ses discours, assez de précision : il porte de rudes coups à ses adversaires; mais il ne sait pas les serrer de près, leur fermer la retraite et les contraindre à demander merci. Sa rhétorique est excellente, sa logique défectueuse. Il ne connaît pas l'usage de cet instrument perfide que les anciens lutteurs lançaient avec tant d'adresse, et dont les mailles étroites, emprisonnant l'ennemi, le livraient sans défense au tranchant du glaive. Si dans cette rencontre M. Barrot avait poussé M. Guizot avec plus de vigueur, il l'accablait. Répondant à M. de Lamartine,

M. Guizot avait fait parade d'un cynique mépris pour les sentiments, les instincts, les préjugés de la France révolutionnaire. Dans sa réponse à M. Thiers, il s'était trop abandonné au charme dangereux de l'ironie, et l'orateur avait compromis le ministre. M. Barrot devait, en signalant la différence des discours tenus en ce jour et la veille, infliger à M. Guizot la honte d'une condamnation prononcée par lui-même. Il essaya de le faire; mais au moment où il fallait écraser l'ennemi, il le laissa prendre la fuite. Cependant, M. Barrot ne descendit pas de la tribune sans déclarer, aux applaudissements de la gauche, que si l'Autriche osait renouveler l'attentat de Ferrare, il y aurait « nécessité, obligation, devoir d'honneur pour la France, de s'y opposer, au besoin même par les armes ». Et M. Guizot fut bien empêché de le contredire.

Ce fut la conclusion de ce débat. Il n'en devait pas sortir un acte; cependant, et les orateurs de la majorité et les ministres furent obligés de reconnaître, au moins par une adhésion tacite, que la France ne pouvait, sans manquer à ses devoirs, laisser pénétrer l'Autriche dans les États souverains de l'Italie. M. Guizot avait eu, dans sa lutte avec M. Thiers, un succès oratoire, mais au prix d'un désaveu. Tout le monde avait fini par adresser des encouragements aux révolutionnaires italiens, et des malédictions à leurs farouches oppresseurs. C'était un échec pour le gouvernement personnel, échec d'autant plus grave, que ses ministres, affichant d'abord la plus hautaine assurance, ne s'étaient plus défendus, après deux jours de combat, qu'en laissant croire qu'ils étaient prêts à faire ce qu'on les accusait de n'avoir pas fait.

Autre échec sur l'affaire suisse. C'était une affaire terminée; on ne pouvait plus craindre ni d'irriter les passions, ni de conseiller une conduite que soi-même on n'aurait peut-être pas tenue; les paroles n'engageaient plus à rien. Aussi, M. Thiers se montra-t-il, sur l'affaire suisse, net et ferme dans ses conclusions.

Depuis soixante ans, deux partis se disputaient la Suisse, comme la France : le parti de la Révolution et le parti de la contre-Révolution. Celui-ci, qui d'abord était le plus nombreux, avait vu chaque jour décroître son influence ; mais bien éloigné de se soumettre, comme il le devait, à la force des choses, il s'était révolté contre elle, et avait d'abord formé des brigues, puis suscité la guerre civile pour ressaisir l'autorité perdue. Or, s'il avait obtenu quelques succès de ses coupables entreprises, ils ne lui avaient guère profité. L'autre parti, favorisé par les Dieux, n'aurait eu rien à faire pour établir sa prépondérance ; s'il avait toujours été patient ; mais il s'était laissé quelquefois emporter par les provocations contre-révolutionnaires, et avait combattu. En définitive, soit par les armes, soit par les voies pacifiques, ce parti avait conquis l'autorité. Le dernier combat n'avait pas été long : le parti de la Révolution n'avait eu qu'à montrer les forces redoutables dont il pouvait disposer, pour mettre en fuite l'ennemi. C'était un résultat dont la France devait se réjouir. Désormais la paix de la Suisse était assurée ; en outre, elle l'était au profit des révolutionnaires, c'est-à-dire au profit du parti français et au préjudice des rétrogrades, parti d'ultramontains et d'Autrichiens. M. Thiers, ayant retracé toutes les phases de cette lutte, se demandait ensuite comment M. Guizot avait pu, dans ces dernières circonstances, adopter la cause des cantons rebelles. Rien ne l'obligeait d'intervenir dans les affaires intérieures de la Suisse. Bien mieux, il s'en était mêlé sans en avoir le droit.

La Suisse se gouverne comme elle l'entend ; c'est un État libre, qui ne doit ses institutions qu'à lui-même et qui peut les changer quand il lui plaît, puisqu'il les a faites. M. Guizot violait donc le droit des gens, lorsqu'il rédigeait ces arrogantes dépêches, auxquelles la diète répondait dans les termes les plus convenables, en déclarant qu'elle était prête à faire tous les sacrifices pour défendre son indépendance. Mais ce n'est pas tout ; M. Guizot ne s'était pas arrêté à cette folie. Les deux partis en venant aux mains, M. Guizot était allé coaliser les grandes puissances contre le parti le plus fort, le parti qui défendait la meilleure cause, la cause des principes, des intérêts français. *Politique absurde!* disait M. Thiers.

Et il ajoutait : « Mais on insiste, en disant que les hommes qui viennent de triompher en Suisse sont radicaux, car on croit avoir tout dit en les accusant de radicalisme. Je ne suis pas radical, Messieurs ; les radicaux le savent bien, et il suffit de lire leurs journaux pour s'en convaincre. Mais entendez bien mon sentiment : je suis du parti de la Révolution, tant en France qu'en Europe ; je souhaite que le gouvernement de la Révolution reste dans les mains des hommes modérés ; mais quand ce gouvernement passera dans les mains d'hommes qui seront moins modérés que moi et mes amis, dans les mains des hommes ardents, fussent les radicaux, je n'abandonnerai pas ma cause pour cela, je serai toujours du parti de la Révolution. » M. Thiers dit ces mots avec une grande énergie. Le bras étendu, la tête levée vers la tribune des journalistes, il semblait adresser la parole à M. Marrast, qui n'avait pas goûté son discours sur les affaires d'Italie, et qui avait exprimé cette opinion avec quelque aigreur. L'opposition tout entière applaudit : M. Marrast lui-même, et la plupart des journalistes assis près de lui, joignirent leurs applaudissements à ceux de l'Assemblée.

Ce que cela voulait dire, c'est que M. Thiers conviait en France, en Europe, toutes les factions dissidentes du parti révolutionnaire à déposer leurs mutuelles rancunes, à désavouer leurs prétentions exclusives, pour résister avec ensemble aux entreprises de l'autre parti. En Suisse, en Italie et même en France, l'influence n'appartient plus à ce parti moyen que la révolution de 1830 avait vu naître à l'ombre des fictions constitutionnelles, et la plupart des adhérents de ce parti étaient allés s'enrôler sous les enseignes contre-révolutionnaires. En déclarant qu'il refusait de le suivre, en offrant son concours aux plus ardents amis de la Révolution. M. Thiers signalait toute la gravité de la situation. Quand les partis intermédiaires dominent les autres, on a la paix : cet élément naturel, nécessaire, des sociétés libres, c'est-à-dire des sociétés civilisées, l'opposition, est contenu dans la limite des droits qui sont réservés à toute minorité ; dès que les partis intermédiaires s'effacent, disparaissent, les partis extrêmes se heurtent l'un contre l'autre, et la guerre commence.

M. Thiers avait si bien apprécié le véritable état des choses, qu'on vit M. Guizot s'abandonner, pour lui répondre, à toutes les fureurs du zèle contre-révolutionnaire. L'avant-veille, dans sa réplique sur les affaires d'Italie, il s'était efforcé de paraître libéral, quand M. Thiers avait fait, de son côté, des concessions trop grandes aux intérêts conservateurs ; mais dès que M. Thiers, renonçant à se ménager les bonnes grâces de M. de Metternich, ouvrait ses bras au parti de la Révolution, M. Guizot, rentrant dans son rôle, rivalisait avec M. de Montalembert en imprécations contre les radicaux, les ennemis des jésuites, contre l'esprit révolutionnaire, l'esprit démagogique, etc., etc. Et, cependant, M. Guizot affirmait, avec une imperturbable assurance, qu'on évoquait un fantôme en parlant de la contre-révolution, qu'il n'avait pas cessé d'être modéré, que jamais il ne cesserait de l'être, et que son parti, le parti modéré, toujours maître de la situation, n'avait pas à prendre grand souci de ses tumultueux mais impuissants adversaires.

Ce débat se termina, comme le précédent, par un désaveu. Ou les puissances s'étaient inutilement coalisées à la prière de M. Guizot ; ou elles devaient intervenir par les armes dans les affaires de la Suisse, pour défendre à la majorité radicale d'opprimer, puisqu'elle s'exprimait en ces termes, la minorité rétrograde, et de changer les bases du pacte fédéral. Eh bien ! pressé par M. Barrot, sommé de déclarer s'il se réservait d'intervenir en Suisse, harcelé plus vivement encore par M. Thiers, qui lui donnait à choisir entre une conduite *ridicule* ou une intervention, M. Guizot jura qu'il n'avait pris avec personne l'engagement de pousser plus loin les menaces adressées à la diète.

On était au 4 février, et la discussion de l'adresse continuait toujours, sans qu'on pût encore en prévoir la fin. L'opposition était soutenue, dans cette lutte passionnée, par l'attention constante du public. Il y avait bien longtemps que Paris ne s'était autant occupé des affaires politiques. Chaque soir, les journaux qui les premiers publiaient les comptes rendus de la Chambre étaient avidement recherchés ; dans les cercles, dans les cafés, on lisait à haute voix les discours de M. Thiers, de M. Barrot, et plus ils contenaient de dures paroles contre les ministres et d'allusions contre le gouvernement personnel, plus ils étaient applaudis. La majorité de la population parisienne était manifestement en désaccord avec la majorité de la Chambre. Le parti ministériel ne voulait pas le reconnaître, mais, par sa conduite, il montrait bien qu'il avait de vagues alarmes. A la Chambre même, il obsédait M. Guizot de conseils secrets, d'avertissements épistolaires ; celui-ci, alors même qu'il était bien certain d'avoir toujours derrière lui le plus gros bataillon, n'osait pas prendre de résolutions énergiques, et se contentait d'être audacieux en paroles. M. de Tocqueville avait dit, il y avait peu de jours, qu'il avait senti le vent des révolutions. Tout le monde le sentait comme lui. Mais le gouvernement, aveuglé sur la force et la fidélité de l'armée, avait le ferme espoir de maintenir l'ordre sur la place publique, malgré l'émotion des esprits ; et l'opposition parlementaire, qui voulait demeurer constitutionnelle, se persuadait qu'elle pourrait toujours contenir et dominer l'effervescence de la multitude. Elle s'était d'ailleurs associée, dans ces derniers temps, aux hommes du dehors qui passaient pour avoir le plus d'autorité sur la classe laborieuse ; et ceux-ci de bonne foi, sans aucune arrière-pensée,

M. Barrot présida la réunion de la place de la Madeleine. (Page 559, col. 2.)

déclaraient qu'ils n'avaient pas actuellement d'autre dessein que de seconder l'opposition dans son entreprise, et d'arracher au gouvernement les réformes qu'il refusait. Mais ils devaient bientôt apprendre, les uns et les autres, que la logique du peuple ne peut être satisfaite que par des conclusions rigoureuses, et qu'elle n'admet ni ces compositions, ni ces atermoiements suspensifs qui sont recommandés par les philosophes et par les politiques. Mécontent de son sort, jaloux de le rendre meilleur, et persuadé que les réformes réclamées pouvaient être efficaces, il voyait, dans les résistances du gouvernement et dans la complicité des majorités parlementaires, un obstacle devant lequel échouait constamment la bonne volonté de l'opposition constitutionnelle. D'autre part, ce gouvernement était chaque jour convaincu de connivence avec les puissances absolutistes, de

70. — E. REGNAULT.

perfidie à l'égard des peuples qui combattaient pour conquérir ou leur indépendance ou leur liberté, et vainement l'opposition condamnait, flétrissait cette conduite; ses impuissantes protestations expiraient sur le marbre de la tribune; une majorité recrutée par la corruption approuvait tout, justifiait tout, même le crime. Donc il fallait renverser ce gouvernement, et se presser de le faire, si l'on ne voulait pas voir les choses aller de mal en pis. C'est ainsi que raisonnait le peuple, dégageant aussitôt des prémisses toutes les conséquences qu'elles pouvaient contenir.

La discussion qui s'éleva sur les *passions ennemies* et les *entraînements aveugles* ne fut pas de nature à modifier l'excessive rigueur de ce raisonnement. M. Duvergier de Hauranne, paraissant le premier à la tribune, débuta par une sorte d'appel au peuple : ce fut son exorde. « Après les votes qui ont terminé la dernière session, l'opposition, dit-il, eût été bien imprévoyante, bien aveugle, si elle s'était encore flattée de gagner ici sa cause. Heureusement, comme M. Guizot l'a dit souvent, en delà, au-dessus de la Chambre, il y a le pays, près duquel la minorité est toujours en droit de se pourvoir. C'est ce que nous avons fait, et c'est ce que nous continuons à faire. Que cela soit donc bien compris, bien entendu : nous ne venons pas ici plaider devant la majorité contre le ministère; nous venons plaider devant le pays contre le ministère et la majorité. » Le pays écoutait, et bientôt il allait se prononcer.

La plaidoirie de M. Duvergier fut à la fois élégante, spirituelle et passionnée. Il avait été prendre place dans les banquets; il ne s'en défendait pas. Ces réunions étaient légales. M. le ministre de l'intérieur avait exprimé, depuis quelques jours, une autre opinion à cet égard; mais on lui ferait voir qu'il prétendait substituer l'arbitraire à la loi. « Je tiens, quant à moi, disait M. Duvergier, je tiens les réunions politiques pour légales, pour libres, et, je le déclare hautement, je suis tout prêt à m'associer à ceux qui, par un acte éclatant de résistance légale, voudront éprouver jusqu'à quel point, cinquante-huit ans après notre première révolution, les droits des citoyens peuvent être confisqués par un arrêté de police. » Toutes ces réunions n'avaient pas eu le même caractère, M. Duvergier en convenait, et il reconnaissait qu'on avait tenu, dans quelques-unes, des discours trop véhéments. Mais on pouvait les poursuivre, et on ne les avait pas poursuivis. L'opposition constitutionnelle n'avait pas, d'ailleurs, pris part à ces banquets, où ses oreilles délicates eussent été blessées par trop de dures paroles. Quel était donc son forfait? Elle avait agité le pays. Mais, l'an dernier, lorsqu'on parlait de réformes, M. le ministre de l'intérieur ne s'était-il pas fait une arme du silence et de l'indifférence du pays? Eh bien! l'opposition avait voulu se convaincre de cette indifférence; elle avait interrogé le pays, et le pays lui avait répondu.

Écartant ces griefs frivoles, l'orateur examinait ensuite la situation avec laquelle la réforme devait porter remède. Le ministère, sentant sa faiblesse, travaillait à pervertir le gouvernement représentatif dans son essence; tentative inconstitutionnelle, immorale, coupable, et non pas exempte de dangers. Elle n'avait pas encore, il est vrai, rencontré d'insurmontables obstacles; la corruption, on le reconnaissait, avait fait plus d'une recrue, et, dans un grand nombre de collèges, elle avait vaincu ses adversaires. Mais ces victoires mêmes commençaient à la compromettre. En effet, les classes gouvernantes devenant suspectes aux classes gouvernées, celles-ci murmuraient déjà qu'il ne suffisait plus d'opérer quelques réformes pour faire rentrer la France dans les voies de nos deux révolutions, mais qu'il fallait changer radicalement les institutions, et enlever le pouvoir aux classes égoïstes, corrompues, qui l'administraient si mal.

« Vous nous accusez, disait M. Duvergier, d'être mus par des passions ennemies ou aveugles; nous vous accusons, nous, de fonder sur des passions basses et cupides tout l'espoir de votre domination. Vous nous accusez de troubler, d'agiter le pays dans un misérable intérêt d'ambition ou d'amour-propre ; nous vous accusons de corrompre le pays pour l'asservir et pour perpétuer entre vos mains la plus déplorable des exploitations. Vous nous accusez de donner, par nos discours, force aux partis extrêmes, qui veulent renverser l'ordre social et l'ordre politique ; nous vous accusons de fournir, par vos actes, aux partis extrêmes le point d'appui, le levier qui leur manque. » Il ajoutait : « Il est permis de se demander si nous ne nous sommes pas flattés, en 1830, quand nous avons cru avoir résolu définitivement le grand problème qui, depuis cinquante ans, agite la France et le monde. » Toutes ces paroles étaient révolutionnaires. Il est bien vrai que M. Duvergier de Hauranne en corrigeait l'âpreté par des exhortations modérées et pacifiques. « Renoncez, disait-il au ministère, renoncez à vos coupables pratiques ; laissez le pays exprimer librement ses vœux, et tous les malheurs seront conjurés. Osez, disait-il aux membres de la majorité, osez dire tout haut ce que vous pensez tout bas ; osez vous associer à l'opposition pour éloigner du gouvernement les hommes qui le perdent en conspirant contre les libertés publiques, en trahissant au dehors les principes de la Révolution, et vous épargnerez au pays le fléau d'une révolution nouvelle. » Mais il n'avait guère plus de succès auprès de la majorité qu'auprès du ministère.

Cependant on put croire un instant que les choses allaient changer de face. Quelques membres de la majorité s'étaient réunis dans un des bureaux pour se concerter sur les difficultés de la situation, et, après une délibération assez confuse, ils avaient pris le parti de rédiger un amendement qui, sans renverser le ministère, l'entraînât doucement sur la voie des réformes. Mais à peine cet amendement eut-il vu le jour, qu'il fut dénoncé par M. Guizot comme l'œuvre coupable d'un transfuge. On espérait que M. Duchâtel se montrerait plus conciliant. Il ne parut à la tribune que pour envenimer le débat par des provocations. M. Duvergier devait, avait-il dit, résister à l'arbitraire, si le gouvernement, après avoir respecté quelque temps la liberté des réunions politiques, voulait, au mépris de la loi, les interdire par quelque violence. « Elles seront interdites, répondait M. Duchâtel, et si l'on croit que le gouvernement, accomplissant son devoir, cédera devant les manifestations quelles qu'elles soient, je n'hésite pas à dire qu'il ne cédera pas. » Et M. Duchâtel, reproduisant le paragraphe du discours du trône qui renfermait une injure pour l'opposition, aggravait encore cette injure par un commentaire qui ne laissait plus de prise à l'équivoque. C'était le tour de M. Barrot d'occuper la tribune. Son langage fut plein d'élévation. On faisait des chicanes sur le droit de réunion : à ces chicanes il opposa le texte précis de la loi, les précédents et quelque chose encore de plus puissant que les précédents, que la loi même, les principes consacrés, les besoins sociaux et les mœurs. Abordant ensuite la question parlementaire, il s'étonna de voir placé dans la bouche du roi, sans aucun respect pour les fictions, une censure, des outrages adressés à un grand nombre de députés, derrière lesquels s'étaient groupés environ soixante mille citoyens. De la part du ministère c'était plus qu'une imprudence ; c'était un véritable délit constitutionnel. Constamment énergique, comme la raison, et noble comme elle, le discours de M. Barrot eût produit un immense effet sur une Assemblée moins compromise ou moins aveuglée. Partisan résolu des institutions de 1830, ne voyant, en dehors de ces institutions que des périls pour l'ordre social, M. Barrot n'hésitait pas à déclarer qu'il avait voué toute sa vie à les défendre. Cependant il terminait son discours en prévoyant un coup d'État, une résistance, il rejetait sur le ministère la responsabilité des événements.

On pouvait encore tout sauver. L'opposition était évidemment trop engagée pour prendre l'initiative de la retraite. Convaincue, d'une part, qu'elle avait le bon droit de son côté, ayant, d'autre part, promis au pays d'arrêter les progrès de la corruption et de reconquérir quelques garanties confisquées, elle ne pouvait s'arrêter devant un déni de justice brutal et provocateur, sans se perdre à jamais et sans jeter le grand parti de la réforme entre les mains des radicaux. Mais effrayée des conséquences d'une collision, elle se serait contentée, dans l'état des choses, d'une simple promesse, d'une

Sénard.

adhésion même équivoque aux plus modestes réformes. Le ministère pouvait-il, de son côté, faire cette concession? Il ne se dissimulait pas que les griefs de l'opposition étaient, pour la plupart, trop bien fondés; il n'ignorait pas que la classe moyenne, cette unique base de l'établissement de Juillet, commençait elle-même à s'émouvoir, et que l'agitation réformiste, autrefois radicale, était devenue constitutionnelle. La prudence lui conseillait donc de calmer les esprits, de raffermir cette base ébranlée sur laquelle le gouvernement ne trouvait déjà plus un point solide. C'était, d'ailleurs, l'avis que lui donnaient plusieurs membres de la majorité, disant qu'ils avaient consulté leurs collègues, et que beaucoup d'entre eux attendaient pour se prononcer en faveur de quelques réformes, l'adhésion espérée des ministres. On les suppliait avant tout de ne pas aggraver les difficultés de la situation en déversant l'outrage sur les cent députés de la gauche qui avaient pris part aux manifestations réformistes, et on leur signalait, aux confins du centre et de la gauche, un groupe nombreux, incertain dans ses résolutions et dans ses votes, dont il était sage de respecter les scrupules et de ménager la susceptibilité. Enfin, que demandait-on au ministère, au nom des plus grands intérêts? On lui demandait simplement de ne pas repousser quelques amendements dictés par l'esprit de conciliation, et présentés par quelques membres du centre, à qui personne ne pouvait supposer des intentions subversives. Ainsi, MM. Darblay et Desmousseaux de Givré, souscrivant au blâme exprimé contre les manifestations *ennemies*, réclamaient le silence sur les *entraînements aveugles*, et M. Sallandrouze invitait le gouvernement à prendre l'initiative des *réformes sages et modérées*. Les ministres n'avaient qu'à laisser faire ces amis discrets. Par eux toutes les questions seraient posées de telle sorte que le ministère paraîtrait moins céder aux partis que les dominer. A toutes ces ouvertures, MM. Guizot et Duchâtel répondirent qu'ils n'acceptaient aucune transaction, qu'ils voulaient en finir avec les mutineries de l'opposition, et qu'ils ne redoutaient rien.

Le débat s'engagea d'abord sur l'amendement de M. Darblay. Il fut rejeté. L'amendement de M. Desmousseaux de Givré amena M. de Rémusat à la tribune. Personne n'avait dans la Chambre plus d'autorité personnelle que M. de Rémusat. Modéré par caractère, et n'ayant jamais compromis dans les brigues ou les bruyantes manifestations des partis son esprit élégant, sa philosophie doucement stoïcienne, il comptait des amis sur tous les bancs. « On veut, dit-il, parquer la Chambre en deux camps. La politique du cabinet est fondée sur l'impossibilité des transactions ; il a voué son existence à la politique irréconciliable. » Situation nouvelle, ajoutait M. de Rémusat, et pleine de périls. Il suppliait donc la majorité de bien réfléchir à ce qu'elle allait faire. Jamais, depuis dix-huit années, une circonstance aussi grave ne s'était présentée ; jamais on n'avait à ce point excité les passions haineuses ; jamais on n'avait ainsi mis en cause la personne du roi, les institutions, les dernières garanties de la paix publique. M. Duchâtel fit succéder à ce sage discours un appel grossier aux plus mauvais instincts de la majorité. Après lui, M. Dufaure vint rétablir les termes du débat, et montrer de nouveau quelle imprudence on allait commettre. L'amendement de M. Demousseaux de Givré fut repoussé par 228 voix contre 185.

Restait encore l'amendement Sallandrouze. Il était ainsi conçu : « Au milieu des manifestations diverses, votre gouvernement saura reconnaître les vœux réels et légitimes du pays. Il prendra, nous l'espérons, l'initiative des réformes sages et modérées que réclame l'opinion publique, et parmi lesquelles il faut placer d'abord la réforme parlementaire. Dans une monarchie constitutionnelle, l'union des grands pouvoirs de l'État permet de suivre sans danger une politique de progrès et de satisfaire à tous les besoins moraux et matériels du pays. » Il était difficile de s'exprimer en des termes plus rassurants pour la monarchie. L'auteur de l'amendement, jeune homme au maintien composé, à la voix presque enfantine, vint, en le développant, l'adoucir encore. Non, l'esprit de faction ne pouvait avoir de tels dehors.

On demandait au ministère de calmer les tempêtes, et le ministère, certain de les dominer, ne le craignait pas. On l'engageait à proposer la paix, et, sûr de vaincre, il n'était jaloux que d'écraser ses ennemis. M. Guizot répondit à M. Sallandrouze que le jour où le parti conservateur tout entier se prononcerait pour les réformes, le ministère n'y mettrait plus obstacle, mais qu'assurément ce jour n'était pas venu. L'amendement de M. Sallandrouze fut rejeté par 222 voix contre 189.

Ainsi, le gouvernement n'avait pas cédé, et, une fois de plus, la majorité s'était associée aux résistances du gouvernement. Le ministère triomphait, espérant qu'après cette éclatante défaite l'opposition allait devenir plus soumise, ou, du moins, plus réservée. Il est vrai que, suivant M. Duvergier de Hauranne, l'opposition avait plaidé la cause des réformes devant le pays, et non devant la majorité. Mais pour M. Guizot, pour M. Duchâtel, qu'était-ce donc que le pays ? Un mot, un mot vide, une frivole abstraction. Si quelques turbulents s'agitaient encore, prétendant représenter ce pays et parler en son nom, M. le ministre de la justice se réservait de leur donner une sévère leçon.

XLIII

Le banquet du douzième arrondissemrnt. — Interdiction signalée par le commissaire de police. — Réunion des députés de la gauche. — Opinions diverses : il est décidé qu'on fera le banquet. — Manifeste des députés de l'opposition. — La révolution a-t-elle été préparée par les députés dynastiques ou par les députés radicaux ? — Commission chargée d'organiser le banquet. — Un grand nombre de conservateurs proposent d'accorder la réforme. — Résistance du roi. — Second manifeste de l'opposition. — Démarches faites par MM. Vitet et de Morny. — Elles sont favorablement accueillies, et une transaction est proposée. — Elle parait acceptée par tout le monde, si ce n'est pas les radicaux extrêmes et par le parti de la cour.

Chez les nations qui depuis quelque temps jouissent de la liberté, les intérêts ont une grande influence. Sous la tutelle des institutions qui protègent la propriété personnelle, les aptitudes individuelles se sont développées, le travail a produit la richesse, et, veillant avec un soin jaloux sur cette richesse laborieusement acquise, chacun redoute les ébranlements causés par les troubles civils. Aussi, le pire des gouvernements peut-il soumettre aux plus dures épreuves la patience d'une nation libre. S'est-il rendu coupable d'une longue série de fautes? A-t-il offensé la conscience publique par les plus odieux méfaits? On va tout lui pardonner, s'il témoigne quelque repentir, s'il prend l'engagement de mieux faire, s'il accorde la plus petite satisfaction aux sentiments qu'il a profondément blessés. Les intérêts parlent plus haut que la justice. Mais si ce gouvernement persévère avec une obstination insensée dans un système condamné, s'il refuse tout ce qu'on lui demande et accompagne ce refus de défis hautains, on saisit les armes au moindre prétexte, et on se hâte de le renverser.

Paris avait eu l'initiative des banquets. Le comité central des électeurs de la Seine avait décidé que le dernier banquet de cette campagne serait donné dans la ville de Paris, le 19 janvier, au nom des électeurs du douzième arrondissement. Le 14, les personnes chargées d'organiser ce banquet reçurent une lettre du commissaire de police, qui leur notifiait l'ordre de s'abstenir. M. le préfet de police s'opposait formellement à ce banquet. On avait découvert un peu tard la loi sur laquelle on se réservait d'argumenter pour justifier cette violence; mais enfin on l'avait découverte, et, dans la discussion de l'adresse, M. Duchâtel en avait donné la date; c'était une loi de 1790. Appelés en conseil par les membres du comité central, divers jurisconsultes examinèrent la question : d'un avis commun, ils déclarèrent que la prétention du ministre était insoutenable, et que jamais, même aux plus mauvais jours de la Restauration, on n'avait compris cette loi de 1790 comme il plaisait à M. Duchâtel de l'interpréter tardivement. Les précédents étaient connus de tout le monde. Depuis 1790, à toutes les époques, si ce n'est sous l'Empire, c'est-à-dire durant la suspension de toutes les lois politiques, le droit de réunion avait été scrupuleusement respecté. La notification du commissaire de police était donc illégale. Convenait-il, néanmoins, de s'y soumettre? Cet avis fut immédiatement repoussé. On ne pouvait, sans commettre une faiblesse, céder la place à la violence. On prit donc sur-le-champ l'engagement de résister, en se réservant de statuer plus tard sur le caractère de cette résistance.

Le jour même où finissait la discussion de l'adresse, les députés de l'opposition se donnaient rendez-vous pour le lendemain, à midi, dans une des salles du café Durand, sur la place de la Madeleine. Il s'agissait de décider ce qui restait à faire. M. Duchâtel avait interdit les banquets, mais il avait fort mal justifié cette interdiction, et M. Hébert, venant à son aide, n'avait pas été plus heureux. Cependant, l'opposition était avertie. Si, malgré cet avertissement, elle persistait à convoquer une nouvelle réunion, cette réunion devait être, on l'avait annoncé, dispersée par la force. Voulait-elle résister à la force? Elle en avait le droit. Mais était-ce un impérieux devoir? Question fort grave qui devait émouvoir les esprits les plus fermes, les plus résolus.

Avant de se rendre à la place de la Maleine, les députés de l'opposition radicale voulurent connaître l'opinion de quelques amis qui n'appartenaient pas à la Chambre. On s'assembla dès le matin chez M. Marie. Suivant M. Marrast, il ne fallait pas faire un simulacre de résistance. Après avoir osé prendre la responsabilité de la provocation, le gouvernement ne devait plus s'arrêter. A la porte de la salle du banquet on trouverait des baïonnettes. Or, l'opposition devait-elle aller processionnellement à la rencontre de ces baïonnettes, pour reculer ensuite devant elles, et laisser une protestation solennelle entre les mains de quelques agents de police? Cela serait peu digne. Résister sérieusement, c'était opposer poitrine à poitrine; c'était engager un combat dont personne ne pouvait prévoir les suites. Le voulait-on? M. Marrast pensait qu'on ne le voulait pas; et, pour sa part, il ne condamnait pas cette prudence. Cependant, l'opposition ne pouvait rester oisive, et dévorer en silence l'outrage qu'elle venait de recevoir. M. Marrast proposait donc la démission collective de tous les députés de la gauche. S'il était périlleux de tenter une révolution, il était utile d'entretenir l'agitation du pays. Cent députés à élire, voilà cent collèges convoqués; voilà cent, deux cents réunions électorales, dans lesquelles seront entendus les plus vifs discours. L'opposition ne sera-t-elle pas vengée? En outre, tandis que les journaux de l'opposition reproduiront ces discours, ils mettront la Chambre des députés en interdit, et ne rendront aucun compte de ses séances. Le ministère pourra-t-il résister à de si grands efforts? Telle fut la proposition de M. Marrast. Elle fut appuyée par M. Marie et combattue par MM. Garnier-Pagès et Martin (de Strasbourg). Renoncer au projet de banquet, c'était, disaient-ils, une faiblesse. Si le sang coulait, ce serait le crime du gouvernement. Si, d'ailleurs, le peuple prenait les armes, à qui resterait la victoire? On l'ignorait.

M. Barrot présida la réunion de la place de la Madeleine. Les deux avis déjà débattus chez M. Marie y rencontrèrent des partisans et des adversaires. MM. Chambolle et Marie se prononcèrent pour la démission; MM. Duvergier de Hauranne, de Lamartine et de Rémusat parlèrent dans le sens opposé. Si graves que pussent être les conséquences d'un tel acte, la majorité se prononça pour le banquet. La forfanterie du ministère avait tellement exaspéré les hommes les plus calmes, les plus sérieux, les plus prompts d'ordinaire à suivre les conseils de la prudence, qu'ils envisageaient presque sans hésiter tous les hasards d'une collision sanglante. La note suivante fut rédigée par une commission, et publiée, le 14 février, dans tous les journaux de l'opposition :

« Une réunion de plus de cent députés appartenant aux diverses fractions de l'opposition a eu lieu, ce matin, pour décider en commun quelle ligne de conduite il convient de suivre, après le vote du dernier paragraphe de l'adresse.

« La réunion s'est d'abord occupée de la situation polique que lui fait ce paragraphe. Elle a reconnu que l'adresse, telle qu'elle a été votée, constitue, de la part de la majorité, une violation flagrante, audacieuse, des droits de la minorité; et que le ministère, en entraînant son parti dans un acte aussi exorbitant, a tout à la fois méconnu un des principes les plus sacrés de la Constitution, violé, dans la personne de leurs représentants, l'un des droits les plus essentiels des citoyens, et, par une mesure de salut ministériel, jeté dans le pays de funestes ferments de division et de désordre. Dans de telles circonstances, il lui a paru que ses devoirs devenaient plus graves, plus impérieux, et qu'au milieu des événements qui agitent l'Europe et qui préoccupent la France, il ne lui était pas permis d'abandonner un seul instant la garde et la défense des intérêts nationaux. L'opposition restera à son poste pour surveiller et combattre incessamment la politique contre-révolutionnaire, dont les témérités inquiètent aujourd'hui le pays tout entier.

« Quant au droit de réunion des citoyens, droit que le ministère prétend subordonner à son bon plaisir et confisquer à son profit, l'assemblée, unanimement convaincue que ce droit, inhérent à toute constitution libre, est d'ailleurs formellement établi par nos lois, a résolu d'en poursuivre le maintien et la conservation par tous les moyens légaux et constitutionnels : en conséquence, une commission a été nommée pour s'entendre avec le comité des électeurs de Paris, et pour régler de concert le concours des députés au banquet qui se prépare, à titre de protestation contre les prétentions de l'arbitraire.

« Cette décision a été prise sans préjudice des appels que, sous d'autres formes, les députés de l'opposition se réservent d'adresser au corps électoral et à l'opinion publique.

« La réunion enfin a pensé que le cabinet, en dénaturant le véritable caractère du discours de la couronne et de l'adresse, pour en faire un acte attentatoire aux droits des députés, mettait l'opposition dans la nécessité d'exprimer, en toute occasion, sa réprobation contre un tel excès de pouvoir. Elle a donc résolu, à l'unanimité, qu'aucun de ses membres, même ceux que le sort désignerait pour faire partie de la grande députation, ne participerait à la présentation de l'adresse. »

Ainsi, l'opposition acceptait le défi du ministère et le déclarait. Cette déclaration ferme, digne, et qu'il faut enregistrer dans les annales du Parlement français comme un des plus beaux exemples de résistance constitutionnelle, devait enfanter, à dix jours de date, une révolution!

N'a-t-on pas dit que cette révolution fut opérée par surprise? que les députés radicaux conduisirent leurs collègues dans un piège; et que ceux-ci, trop honnêtes et trop crédules, se laissèrent duper par de plus habiles gens? C'est ce qu'on a dit; non pas, il est vrai, le lendemain de la révolution : tout le monde se vantait alors de l'avoir faite; mais c'est ce qu'on a dit quelque temps après, quand les affaires de la révolution commencèrent à décliner. Est-ce donc l'exact récit des circonstances qui préparèrent cet événement?

Les députés radicaux prirent part aux banquets réformistes, avec l'intention fréquemment et à haute voix déclarée de seconder l'opposition constitutionnelle dans son entreprise en faveur des réformes, et leurs discours n'ont pas été plus réservés que leurs desseins. Sincères partisans du gouvernement représentatif, ils pensaient que l'antagonisme du principe monarchique et du principe parlementaire n'était pas une garantie, mais un entrave pour la liberté. Cependant, quand on leur avait demandé de laisser un instant de côté leurs théories, pour venir de bonne foi, et, répétons-le, sans arrière-pensée, contribuer à conquérir quelques réformes utiles, ils n'avaient pas hésité. Par une résistance opiniâtre et téméraire, le gouvernement avait ensuite changé l'état de la question. On était à la veille d'une bataille. Quelle est alors la conduite des députés radicaux? Les uns proclament, sans subterfuges, sans équivoques, à l'assemblée réunie chez M. Barrot, que la force des choses paraît conduire à la guerre civile, mais qu'à leur avis il ne faut pas reculer même devant cette terrible éventualité. Les autres, également persuadés qu'on ne peut se donner rendez-vous dans un nouveau banquet sans prendre l'engagement de marcher au combat, conseillent d'éviter cette rencontre. Où donc est la surprise? Où donc est cette perfide trame, ourdie par les députés radicaux?

Ces explications entendues, les députés de l'opposition dynastique persistent dans leur projet. Ne voulaient-ils pas croire à l'imminence d'un sanglant conflit? Avaient-ils encore l'espérance d'effrayer le ministère et de l'arrêter? Il est certain qu'ils ne désiraient ni provoquer une émeute, ni faire une révolution. N'ont-ils pas su mettre d'accord leurs sentiments et leur conduite? Quoi qu'il en soit, s'ils ont été trompés, c'est qu'ils ont manqué de prévoyance. Nous insistons sur ces faits parce qu'ils sont mal connus. Quand les événements sont venus déconcerter leurs plans de conduite, les chefs de parti n'avouent pas qu'ils ont eu la vue courte, et si d'officieux récits les représentent comme ayant été victimes de quelque fourberie, ils acceptent ce rôle assez volontiers, ne voulant jamais passer pour avoir fait de faux calculs. Mais l'histoire véridique ne peut rendre le même service aux chefs de parti. Elle enregistre avec la même impartialité tout ce qu'ils ont fait, et leurs écarts et leurs belles actions. C'est son devoir. L'opposition dynastique aime-t-elle entendre dire que, depuis le commencement jusqu'à la fin des banquets, elle n'a pris l'initiative d'aucune mesure, elle a tout laissé dire, tout laissé faire, marchant à la suite des radicaux, obéissant toujours et ne commandant jamais? Eh bien! la vérité naïve, c'est que l'opposition dynastique, ayant, pour elle, dans les conférences, l'autorité du nombre, a toujours exercé la prépondérance, tout dirigé, tout réglé, et n'a pas voulu prévoir la révolution, mais l'a faite.

La décision prise, chacun s'employa de tous ses efforts à préparer dignement la grande manifestation.

Une commission fut nommée pour organiser le banquet. MM. Boissel, Ferdinand de Lasteyrie et Garnon, députés de la Seine, firent partie de cette commission, avec MM. Recurt, Labelonye, Pagnerre, Delestre, Gobert, d'Alton-Shée, etc., etc. Elle s'occupa sans relâche de trouver un local ; ce qui n'eût pas été facile dans les temps ordinaires, et devenait plus difficile encore dans les graves circonstances qu'annonçaient à tout le monde l'attitude du ministère et celle de l'opposition.

En dehors de la commission, un grand nombre de citoyens considéraient comme un devoir d'aller répandre l'agitation dans les masses. Le ministre s'était flatté peut-être de contenir la bourgeoisie réformiste par la menace des baïonnettes : n'était-il pas opportun de dire au peuple qu'il pouvait, par une énergique démonstration, porter la terreur dans le camp de l'ennemi? En même temps, quelques officiers supérieurs de la garde nationale convoquaient les officiers placés sous leurs ordres, leur demandaient l'opinion des simples gardes, les encourageaient à favoriser de tout leur pouvoir la résistance courageuse des députés réformistes. De leur côté, quelques membres du conseil général de la Seine se rendaient auprès du préfet, lui déclaraient qu'une agitation vive se répandait dans la capitale, et l'invitaient à détourner le gouvernement d'une résolution pleine de périls. Toutes les opérations commerciales étaient suspendues. En deux jours, ces mots sinistres allèrent frapper toutes les oreilles : On va se battre!

Assurément, la grande majorité des habitants de Paris redoutaient le combat ; mais personne ne conseillait à l'opposition de prévenir l'effusion du sang par une subite retraite. Les conservateurs eux-mêmes, abattus, consternés, reconnaissaient que le gouvernement avait créé cette tragique situation par des provocations imprudentes, et ils ajoutaient qu'il devait céder, qu'il devait désarmer par la moindre concession des adversaires dont il n'avait pas assez ménagé l'amour-propre. Devenu, contre l'attente commune, l'organe de cette opposition conservatrice, le *Journal des Débats* annonçait, le 14 février, que le ministère allait arborer le drapeau de la conciliation, et qu'avant la fin de la session on aurait les réformes. « La « réforme s'accomplira, disait le *Journal des* « *Débats*... Cette grande question est déci- « dée en principe, en attendant qu'elle soit « décidée au scrutin parlementaire. Désor- « mais, il n'y a plus là matière à discussion; il « n'y a plus de prétexte aux violences qui « ont agité le pays ; il n'y a plus de prétexte « à l'agitation dont nous avons eu le triste « spectacle. Que l'agitation cesse donc, « avec tous ses maux et tous ses périls! Que « tous les bons citoyens se reconnaissent « dans les Chambres comme hors des « Chambres, et que le pays tout entier « revienne au calme et à la confiance. » C'était, en effet, le programme d'une politique conciliatrice. Il ne s'agissait, pour le ministère, que d'en ratifier les termes, en venant exprimer à la tribune les intentions qu'on lui prêtait, et rien n'était plus facile ; quand les esprits étaient si vivement alarmés, quand ils n'avaient d'autre préoccupation que celle du péril social, le ministère ne pouvait manquer de prétexte pour faire cette déclaration. Mais il ne la fit pas. Le roi ne voulait entendre parler d'aucune concession. Irrité jusqu'à la fureur, ne voyant dans les députés de l'opposition que des sujets rebelles, il ne supportait pas qu'on lui proposât de transiger avec eux. Pourquoi, d'ailleurs, se compromettre dans ces transactions? Pourquoi faire descendre la couronne jusqu'à négocier un accommodement avec cette cohue de bavards qui l'avaient si peu respectée? « Tout le monde est pour la réforme, disait le roi. Les uns la demandent, les autres la promettent...... Je ne prêterai jamais les mains à cette faiblesse. La réforme, c'est l'avènement de l'opposition, et l'avènement de l'opposition, c'est la guerre, c'est le commencement de la fin! Aussitôt que l'opposition prendra les rênes du gouvernement, je m'en irai [1]. » Et le roi n'avait aucune envie de s'en aller. Loin de là : habitué à ne compter sur personne, ne retrouvant pas ses idées chez la mère du comte de Paris, ni sa vigueur chez le duc de Nemours, et n'ayant pas moins d'amour-propre que d'entêtement, il voulait achever sa vie sur le trône, et il ne redoutait rien tant que de mourir sans avoir mis à l'abri de tout péril l'établissement qu'il avait fondé. Il était, d'ailleurs, persuadé que les circonstances n'étaient pas graves; que l'on exagérait tout; que l'opposition était plus mutine que brave; qu'il suffirait de déployer quelques forces, et qu'à la vue des baïonnettes tous les convives du banquet prendraient la fuite. Si, d'ailleurs, ils essayaient quelque résistance, elle devait être aussitôt comprimée. Le général Jacqueminot répondait de la garde nationale; quant à l'armée, jamais on n'avait douté de son excellent esprit. On parlait d'une bataille? ce devait être une bataille gagnée sans coup férir. Tels étaient les discours du roi; et personne n'osait le contredire. Le ministère avait-il dicté l'article du *Journal des Débats?* On ne le sait trop. Quoi qu'il en soit, cet article ayant été blâmé par le roi, par les courtisans et par les conservateurs intraitables, M. Duchâtel n'osa pas le justifier, et M. Guizot mit quelque empressement à le désavouer.

1. *Abdication du roi Louis-Philippe, racontée par lui-même et recueillie par M. Ed. Lemoine.*

Les jours s'écoulaient, et chaque jour il devenait plus difficile de prévenir le conflit. Il ne manquait pas de gens qui allaient d'un camp à l'autre, disant au ministère, à l'opposition, qu'ils faisaient les affaires des partis subversifs. Mais si le ministère comptait sur sa force, l'opposition se montrait résolue à défendre son droit. On tentait de l'intimider en lui prouvant qu'elle ne pourrait contenir son arrière-garde; elle répondait qu'elle voulait faire une manifestation pacifique, qu'elle était sûre d'elle-même, et qu'elle espérait dominer par la solennité de son attitude les passions des partis éveillées par les défis du gouvernement. Ce qui lui donnait cet espoir, c'était la conduite des députés radicaux, des membres du comité central et des journalistes, qui, depuis l'ouverture de la campagne, avaient donné tant de gages de leur modération et tant de preuves de leur influence. M. Barrot les avait entendus la veille exprimant de très vives appréhensions. Un banquet, disaient-ils, c'était une émeute et peut-être une révolution. Mais puisque malgré leurs avertissements le banquet avait été décidé, ils ne travaillaient plus qu'à conjurer les orages. M. Marrast écrivait dans le *National*, en s'adressant aux ministres : « Non, non, ne
« comptez point sur nos imprudences. Si
« vous voulez une émeute, vous ne l'aurez
« point. Ce que nous voulons aujourd'hui,
« c'est une manifestation dont le calme vous
« épouvante, et vous annonce la volonté
« ferme de toute une population. Nous le
« voulons avec les députés, les électeurs,
« les officiers, les soldats de la garde nationale, avec le concours de tous les citoyens
« qui ont le sentiment de leur droit; nous
« voulons vous prouver que vos fantaisies
« d'arbitraire rencontreront en face d'elles
« une masse pacifique, désarmée, immense,
« et dont la voix toute-puissante suffira
« pour démontrer en quelle estime on vous
« tient. C'est l'ordre qui fera notre force;
« c'est l'accent de l'opinion qui passera
« par-dessus vos bataillons pour aller vous
« foudroyer... Le mouvement sera d'autant

« plus terrible pour vous qu'il sera plus
« tranquille. Non, vous n'aurez ni troubles,
« ni désordres, ni sanglante collision. Le
« peuple de Paris n'a pas besoin d'une ba-
« taille ; il sait que, pour vous vaincre, il
« lui suffira de se montrer. » Ce qu'il y
avait de sincère dans ces paroles, c'était le
désir de maintenir la paix ; mais quand
M. Marrast affirmait qu'elle ne serait pas
troublée, il ne déclarait pas ses véritables
pressentiments.

La commission chargée de préparer le
banquet n'avait pas encore pu désigner le
lieu du rendez-vous. L'impatience du public
accusait l'opposition de faiblesse : on disait
que les menaces du gouvernement l'avaient
ébranlée et qu'elle n'était plus occupée qu'à
dissimuler sa retraite. Ces bruits prirent
bientôt assez de consistance pour que l'opposition se vît obligée de rompre un trop
long silence. Elle annonça, le 19, même sans
avoir trouvé de local, que le banquet aurait
lieu le mardi 22, et le lendemain elle fit publier dans les journaux une note pleine de
dignité, où elle déclarait que déjà quatre-
vingts députés de la gauche avaient pris
l'engagement d'assister à cette réunion.

Voici les termes de cette note :

« Les députés de l'opposition se sont réunis de nouveau, ce matin, afin de délibérer sur la part qu'ils doivent prendre à la manifestation qui se prépare pour le
maintien du droit de réunion, contesté et violé par le
ministère.

« Après avoir entendu le rapport de sa commission,
l'assemblée a reconnu, à l'unanimité, qu'il était plus que
jamais nécessaire de protester, par un grand acte de résistance légale, contre une mesure contraire aux principes de la Constitution comme au texte de la loi. En conséquence, il a été résolu que mardi prochain, on se rendrait en corps au lieu de la réunion.

« Une telle résolution est le plus bel hommage que les
députés puissent rendre à l'intelligence, au patriotisme,
aux sentiments généreux de la population parisienne.
Les députés de l'opposition ne sauraient admettre, avec
les ennemis de la liberté, qu'un peuple dont on méconnaît les droits soit condamné à choisir entre l'obéissance
servile ou la violence. Ils en sont donc certains par
avance, la population tout entière comprendra qu'une
manifestation pour le droit contre l'arbitraire manquerait
son but si elle ne restait pas paisible et régulière. Paris
a fait souvent des efforts héroïques, de grandes révolutions. Il est appelé aujourd'hui à donner un autre exemple aux peuples : à leur montrer que, dans les pays libres,
l'attitude calme et ferme des citoyens respectant la loi,
défendant le droit, est la plus irrésistible, comme la plus
majestueuse des forces nationales. Deux grands résultats
seront ainsi obtenus : la consécration d'un droit inhérent
à toute constitution libre, et la preuve éclatante du progrès de nos mœurs politiques. Les députés de l'opposition
comptent donc sur la sympathie et sur l'appui de tous
les bons citoyens, comme ceux-ci peuvent compter sur
leur dévouement infatigable et sur la fermeté de leurs
résolutions. »

Enfin un lieu convenable pour le banquet
fut découvert par M. Taschereau, ancien
député d'Indre-et-Loire, dans une rue presque déserte des Champs-Élysées, la rue du
Chemin-de-Versailles. C'était un vaste terrain clos de murs qui réunissait toutes les
conditions prescrites pour une manifestation légale. Il fut loué dans la journée du
20, et le 21 au soir la tente qui devait abriter les convives était construite.

Cependant, quelques membres du parti
conservateur, non plus timides, mais plus
prévoyants que leurs collègues, commencèrent à s'interposer, demandant à régler les
conditions de ce duel entre le gouvernement
et l'opposition. M. de Morny et M. Vitet vinrent trouver M. Barrot, disant que si l'opposition ne pouvait reculer, le gouvernement
ne pouvait céder ; mais qu'il fallait, de part
et d'autre, éviter une collision et abandonner le règlement de cette grosse affaire aux
seuls arbitres compétents, les juges correctionnels. L'opposition prétendait que les
citoyens avaient toujours eu le droit de se
réunir pour prononcer ou entendre des discours politiques ; le ministère produisait des
textes qui lui semblaient avoir supprimé ce
droit, s'il avait jamais existé. C'était une
question à débattre devant les interprètes
de la loi. Mais comment leur soumettre
cette question ? M. de Morny promettait,
au nom du gouvernement, que l'opposition
pourrait librement se rendre au lieu du banquet, qu'elle ne rencontrerait sur son passage aucun empêchement, que les portes de
l'enclos seraient libres et que tous les conviés pourraient aller prendre place autour
des tables dressées, sans avoir rien à débattre avec la police. Ainsi l'opposition
pourrait faire ce qu'elle appelait son devoir.
Mais aussitôt après, le gouvernement viendrait faire le sien, soit en sommant les con-

vives de se disperser, soit en faisant dresser procès-verbal de la contravention commise, pour assigner ensuite le président du banquet, M. Boissel, et avec lui M. Barrot et les plus connus de ses amis, devant les juges correctionnels. Ainsi tout pouvait se terminer sans conflit, sans tumulte, et la susceptibilité des deux partis également ménagée. Telles étaient les conditions proposées. On ne les rejeta pas. L'opposition s'apercevait enfin que, pour avoir préféré le banquet aux démissions, elle s'était lancée dans les aventures. On lui montrait une issue quand elle se croyait dans une impasse : elle s'empressa de témoigner qu'elle acceptait toutes les transactions qui dégageaient sa responsabilité, sans engager son honneur.

Cette négociation eut donc un plein succès. On ne devait pas en révéler le secret ; mais dans l'état où étaient les esprits, quand on ne rencontrait que des visages troublés, quand l'inquiétude du lendemain agitait la ville entière et rendait chacun attentif aux moindres bruits, quand tant de personnes avaient acquis, par leur zèle, par leur dévouement, le droit de savoir de quelle manière on traitait en leur nom, il était impossible de dissimuler longtemps les termes de l'arrangement qui venait d'être conclu. L'opposition dynastique craignait que les radicaux ne fussent pas satisfaits. Un contrat passé, dans un tel moment, avec des fondés de pouvoir de M. Duchâtel, cela n'allait-il pas être considéré comme une trahison, ou du moins, comme une lâcheté ? L'opposition dynastique se trompait : ses alliés de la gauche, jaloux d'être aussi modérés qu'elle, acceptèrent la transaction.

Par ce moyen on pouvait éviter une sanglante mêlée, et la question de la réforme, loin d'être écartée, restait à l'ordre du jour, même après les différents votes qui semblaient avoir consolidé le système. En outre, les vœux du comité central et des députés radicaux n'allaient pas au delà d'une solennelle protestation contre le mauvais vouloir de la majorité parlementaire ; et puisqu'il demeurait convenu que la manifestation ne serait pas empêchée, cela leur paraissait suffisant. Ils savaient que la garde nationale, les écoles, une masse considérable d'ouvriers devaient faire partie du cortège. Une démonstration pareille était un assez beau résultat pour les contenter. Dans les gouvernements représentatifs, l'opinion, quand elle se manifeste librement, est une irrésistible puissance.

Il y avait sans doute, dans les rangs inférieurs du parti radical, des hommes énergiques et passionnés, qui n'approuvaient guère un arrangement pacifique ; mais on ne les avait pas consultés, et le cercle de leur influence n'était pas alors très étendu.

Cependant un parti beaucoup plus puissant, le parti de la cour, ne souscrivait pas davantage aux conditions qu'avaient stipulées les envoyés de M. Duchâtel. Le roi était très mécontent et se plaignait hautement de ne rencontrer autour de lui que des gens sans courage. On ne le servait pas, disait-il, on le trahissait. Les membres de la Chambre qui, durant le cours des négociations, avaient été porter des conseils aux Tuileries ou en demander, en revenaient déclarant que rien n'était arrangé. Le public ne tarda pas à l'apprendre.

XLIV

Programme de la manifestation réformiste. — M. Duchâtel envoie M. Vitet et M. de Morny déclarer qu'il n'autorisera pas le banquet. — M. Barrot à la Chambre. — Les députés de l'opposition se réunissent et décident qu'ils n'iront pas au banquet. — Note dans laquelle l'opposition fait connaître cette décision. — Acte d'accusation du ministère. — L'opposition devait-elle reculer ? — Tous les comités, tous les journaux conseillent au peuple l'abstention. — Émotion publique. — Ce que l'on dit dans les groupes. — Journée du 22 février. — Combats du 23. — La garde nationale sous les armes. — Elle crie : *Vive la Réforme !* — Incertitude de l'armée. — Démission de M. Guizot. — Massacre du boulevard des Capucines. — Cris de vengeance. — Journée du 23. — Barricades partout élevées. — M. Bugeaud commandant général de toutes les forces militaires de Paris. — Ce qui s'est passé chez le roi durant la nuit : M. Thiers, M. Barrot aux Tuileries. — Ordre de suspendre le feu. — Le roi passe une revue dans la cour des Tuileries. — Abdication du roi. — Madame la duchesse d'Orléans. — Gouvernement provisoire. — La république est proclamée.

Une sous-commission dans laquelle se trouvaient MM. Marrast, du *National,* Char-Merruau, du *Constitutionnel,* Xavier Durrieu, du *Courrier Français,* Perrée, du *Siècle,* Pagnerre, d'Alton-Shée, Vavin, Ferdinand de Lasteyrie, Delestre, Boquet, etc., etc., s'occupait de rédiger le programme de la manifestation. Le 21, ce programme paraissait dans tous les journaux de l'opposition. Il n'exprimait que des sentiments pacifiques ; il ne prescrivait que le respect de l'ordre ; il ne demandait aux citoyens que l'expression calme de leurs vœux légitimes : cependant le ton de cette pièce était un peu théâtral ; ce qui donnait à un acte, que le gouvernement considérait en lui-même comme illégal, l'apparence d'une altière résistance.

Les précautions mêmes que l'on prenait dans ce programme contre l'esprit de désordre, les instructions que l'on adressait aux citoyens, les consignes que l'on donnait aux invités, aux souscripteurs, à toutes les personnes qui voudraient se joindre au cortège, tout semblait annoncer un immense concours de peuple. Ce qui ne causait pas moins d'alarmes au gouvernement, les ordonnateurs de la cérémonie conviaient la garde nationale de Paris, et en massaient les colonnes dans leur cortège, avec la certitude qu'elle devait répondre à leur appel. En effet, les rapports de la police, venant confirmer les prévisions du programme, faisaient connaître à M. Duchâtel qu'un nombre considérable des gardes nationaux de Paris, de Montmartre, de Belleville, de Sceaux, de Saint-Denis, de Bercy, devaient se rendre à l'invitation du comité central, et ces mêmes rapports évaluaient à plus de cent mille le nombre des citoyens qui se proposaient de prendre part à la manifestation réformiste.

A ces nouvelles le gouvernement fut frappé de terreur. Si l'opposition parvenait à réunir tout ce peuple, à le conduire au lieu du banquet, et à dissoudre ensuite un tel rassemblement en faisant respecter la paix publique, l'opposition devenait une puissance trop considérable. Vainement le ministère obtiendrait ensuite, d'un tribunal toujours suspect, un arrêt contre les auteurs de la manifestation ; elle n'en resterait pas moins un gouvernement à côté du gouvernement. C'est ce que l'on disait au château, chez les princes comme chez le roi ; c'est ce que répétaient à la Chambre les aides de camp, les conservateurs ardents et même quelques ministres. M. Duchâtel se vit bientôt accusé par tout le monde d'avoir compromis l'autorité par une faiblesse. L'opposition voulait montrer sa force, et voilà ce qu'on ne pouvait permettre. Elle prétendait faire une manifestation imposante, et elle le déclarait avec une confiance qui ne manquait pas d'orgueil. Or, si le ministère tolérait cet immense rassemblement, s'il laissait l'armée réformiste déployer ses bataillons, ses cent mille hommes de troupes si bien disciplinées, de la place de la Madeleine à la barrière de l'Étoile, c'en était fait du ministère, c'en était fait du système, la cause de la réforme était gagnée. M. Duchâtel regretta d'avoir pris des engagements.

Ses envoyés, MM. Vitet et de Morny, étant venus le trouver, il les chargea d'aller retirer la parole qu'ils avaient donnée. Ceux-ci se rendirent, avec cette nouvelle mission, auprès de M. Barrot. On leur fit observer que, dès l'ouverture des négociations, le ministère savait qu'une foule considérable devait prendre part à la manifestation réformiste ; que tous les journaux l'avaient annoncée, et que le programme publié ne contenait pas un appel, mais des instructions ayant pour objet de prévenir toute espèce d'encombrement et de désordre. On ajouta que le ministère, en défendant ce qu'il autorisait la veille, ne pouvait alléguer aucune raison valable pour justifier ce changement de conduite, et que, s'il avait eu le dessein d'encourager l'opposition à prendre des engagements publics, pour augmenter ainsi la honte d'une retraite ou la gravité d'une résistance, il avait fait un odieux calcul. Enfin, on proposa d'enlever tout prétexte aux tergiversations du ministère, en publiant dans les journaux une note explicative, où il serait dit que le programme publié dans les journaux ne renfermait que des mesures d'ordre, et que l'opposition n'avait entendu d'aucune manière convoquer la garde nationale et usurper ainsi les pouvoirs du gouvernement. Le rédacteur du programme, M. Marrast, était présent à cette entrevue. Loin de rejeter cette explication, il fit voir que l'esprit et les termes de son manifeste étaient absolument conformes à l'esprit, aux termes de la note que l'on proposait. Elle fut écrite sur-le-champ par M. Duvergier de Hauranne, et MM. Vitet et de Morny se retirèrent, pour aller la soumettre à M. Duchâtel.

Connaissant les embarras du ministère, ils ne doutaient pas qu'elle ne fût acceptée. En effet, si le manifeste de l'opposition avait été rédigé de manière à réserver tous les droits du gouvernement, la forme, ou, si l'on peut ainsi parler, la tenue de ce document, était d'une fierté presque triomphale. La note, au contraire, en ne désavouant rien, expliquait avec une humble modestie ce que le manifeste disait d'un ton superbe. MM. Vitet et de Morny pensaient donc que la note serait reçue comme une amende honorable. L'Administration avait fait valoir ses droits qui paraissaient méconnus : l'opposition avait aussitôt pris une attitude plus soumise. En définitive, l'avantage restait au gouvernement. Tel était le sentiment des négociateurs.

Mais ils ne furent pas accueillis comme ils l'avaient espéré. M. Duchâtel, qui, seul parmi les ministres, avait paru désirer le maintien de la paix, s'était laissé persuader qu'il fallait profiter de l'occasion pour faire de la force et rétablir, par une compression opportune, les affaires très compromises du cabinet; M. Guizot, plus raide, plus tranchant encore qu'il ne l'était d'habitude, déclarait qu'un gouvernement est perdu lorsqu'il pactise avec ses ennemis ; M. Hébert souriait, comme il savait sourire, en disant que tout était rompu ; M. Jacqueminot, devenu subitement un foudre de guerre, témoignait par des éclats de voix qu'il était impatient de châtier les auteurs de l'agitation. Personne n'entendait plus les conseils de la prudence. Tout ce qu'on avait dit aux ministres pour les convaincre que l'opinion publique allait se prononcer contre eux, les avait engagés à faire mouvoir des bataillons; et, s'ils espéraient que la menace d'une répression énergique suffirait pour mettre l'opposition en déroute, ils étaient au besoin décidés à pousser les choses beaucoup plus loin.

M. Barrot et ses amis furent bien troublés quand ils apprirent que leurs explications étaient repoussées. Le gouvernement n'acceptant plus les conditions qu'il faisait lui-même proposer la veille, une collision devenait inévitable si l'opposition persistait dans ses desseins; et cette collision ne s'engageait pas au seuil de la salle du banquet, sur la question même du droit de réunion dans une maison particulière, mais sur la place de la Madeleine, au lieu désigné pour le rendez-vous commun des invités, des souscripteurs, des gardes nationaux, etc., et sur une question très différente, celle du droit d'attroupement sur la place publique, droit barbare, supprimé par de sages lois, comme l'opposition le reconnaissait volontiers. Évidemment les circonstances ne lui étaient pas favorables.

On était à la veille même du banquet, et la journée s'avançait. Vers quatre heures et demie du soir, M. Barrot se rendit à la Chambre et parut à la tribune. Il venait demander au ministère des explications publiques. M. Duchâtel lui répondit d'abord qu'il n'avait rien souhaité qu'une solution judiciaire, qu'il autorisait encore les députés de l'opposition et leurs convives à se rendre individuellement au lieu du banquet, mais qu'il ne laisserait faire aucun rassemblement sur la voie publique. M. Barrot répliqua qu'on attribuait aux auteurs du banquet des intentions que personne n'avait eues; que, dans l'intérêt d'une méchante cause, on faisait d'une manifestation régulière et pacifique un acte insurrectionnel; que le programme ne convoquait personne, que les gardes nationaux admis au cortège devaient être sans armes; que la paix publique n'aurait pas été troublée, que le maintien de l'ordre, on en avait l'assurance, aurait été considéré par tous les citoyens comme l'accomplissement d'un saint devoir; enfin, que le ministère, en mettant Paris en état de siège, sous le plus frivole prétexte, excitait les tumultes qu'il voulait, disait-il, prévenir. C'était bien raisonner. Mais si l'opposition n'avait aucune peine à mettre tous les torts du côté du ministère, et à montrer qu'il avait été tour à tour provocateur et perfide, M. Barrot laissait soupçonner qu'après avoir été brave et même téméraire, l'opposition avait conclu par une faiblesse.

Après la séance, les députés de l'opposition se réunirent pour délibérer sur la conduite qu'ils devaient tenir. Cette délibération fut orageuse, mais elle ne fut pas longue. Se rendre au lieu du banquet individuellement, en usant de la permission accordée par M. Duchâtel, c'était faire une chose puérile. Se rendre au lieu désigné par les auteurs du programme, pour marcher ensuite à la tête du cortège au-devant des troupes qui devaient lui barrer le passage, c'était commencer la guerre civile. L'opposition parlementaire ne voulut adopter ni l'un ni l'autre parti. Elle préféra s'abstenir, et se résigner à tous les reproches plutôt que de s'associer à la responsabilité d'une lutte sanglante.

Le lendemain, 22 février, on lisait sur les murs de Paris deux proclamations : l'une adressée par le général Jacqueminot à la garde nationale de la Seine; l'autre signée par le préfet de police, M. Delessert, et rédigée par M. de Morny, dans laquelle le gouvernement renouvelait, au nom de la loi de 1790, l'interdiction déjà prononcée contre les banquets, déclarant, en outre, qu'il était prêt à disperser par la force tous les rassemblements, tous les cortèges qui seraient rencontrés sur la voie publique. De son côté, l'opposition publiait dans ses journaux la note suivante :

« Une grande et solennelle manifestation devait avoir lieu aujourd'hui en faveur du droit de réunion contesté par le gouvernement. Toutes les mesures avaient été prises pour assurer l'ordre et pour prévenir toute espèce de trouble. Le gouvernement était instruit, depuis plusieurs jours, de ces mesures, et savait quelle serait la forme de cette protestation. Il n'ignorait pas que les députés se rendraient en corps au lieu du banquet, accompagnés d'un grand nombre de citoyens et de gardes nationaux sans armes. Il avait annoncé l'intention de n'apporter aucun obstacle à cette démonstration, tant que l'ordre ne serait pas troublé, et de se borner à constater par un procès-verbal ce qu'il regarde comme une contravention, et ce que l'opposition regarde comme l'exercice d'un droit. Tout à coup, en prenant pour prétexte une publication dont le seul but était de prévenir les désordres qui auraient pu naître d'une grande affluence de citoyens, le gouvernement a fait connaître sa résolution d'empêcher par la force tout rassemblement sur la voie publique, et d'interdire, soit à la population, soit aux gardes nationaux, toute participation à la manifestation projetée. Cette tardive résolution du gouvernement ne permettait plus à l'opposition de changer le caractère de la démonstration; elle se trouvait donc placée dans l'alternative, ou de provoquer une collision entre les citoyens et la force publique, ou de renoncer à la protestation légale et pacifique qu'elle avait résolue. Dans cette situation, les membres de l'opposition, personnellement protégés par leur qualité de députés, ne pouvaient pas exposer volontairement les citoyens aux conséquences d'une lutte aussi funeste à l'ordre qu'à la liberté. L'opposition a donc pensé qu'elle devait s'abstenir et laisser au gouvernement toute la responsabilité de ses mesures. Elle engage tous les bons citoyens à suivre son exemple.

« En ajournant ainsi l'exercice d'un droit, l'opposition prend l'engagement de faire prévaloir ce droit par toutes les voies constitutionnelles. Elle ne manquera pas à ce devoir, elle poursuivra avec plus de persévérance et plus d'énergie que jamais la lutte qu'elle a entreprise contre une politique corruptrice, violente et antinationale.

« En ne se rendant pas au banquet, l'opposition accomplit un grand acte de modération et d'humanité. Elle sait qu'il lui reste à accomplir un grand acte de fermeté et de justice. »

Ce grand acte, que promettait l'opposition, c'était une demande de mise en accusation du ministère. Elle fut immédiatement rédigée et signée. Elle était conçue en ces termes :

« Nous proposons de mettre le ministère en accusation, comme coupable :

« 1° D'avoir trahi au dehors l'honneur et les intérêts de la France ;

« 2° D'avoir faussé les principes de la Constitution, violé les garanties de la liberté et attenté aux droits des citoyens ;

« 3° D'avoir, par une corruption systématique, tenté de substituer à la libre expression de l'opinion publique les calculs de l'intérêt privé, et de pervertir ainsi le gouvernement représentatif ;

« 4° D'avoir trafiqué, dans un intérêt ministériel, des fonctions publiques, ainsi que de tous les attributs et privilèges du pouvoir ;

« 5° D'avoir, dans le même intérêt, ruiné les finances de l'État, et compromis ainsi les forces et la grandeur nationales ;

« 6° D'avoir violemment dépouillé les citoyens d'un droit inhérent à toute constitution libre, et dont l'exercice leur avait été garanti par la Charte, par les lois et par les précédents ;

« 7° D'avoir enfin, par une politique ouvertement contre-révolutionnaire, remis en question toutes les conquêtes de nos deux révolutions, et jeté le pays dans une perturbation profonde. »

Tous ces crimes avaient été commis par le ministère ; l'accusation n'allait pas au delà des griefs qu'elle pouvait justifier. Cependant l'énergie même que montrait l'opposition dans l'accomplissement de cet *acte de fermeté* témoignait qu'elle avait conscience d'avoir poussé bien loin les scrupules de la *modération*, en ne menant pas jusqu'au bout l'affaire du banquet. Pouvait-elle braver ouvertement les menaces de l'autorité, se commettre elle-même avec la troupe, et, par cette décision héroïque, commencer la guerre civile ? Quelques hommes résolus, MM. de Lamartine, d'Aragon, de Malleville, Marie et Lherbette lui donnèrent ce conseil. Nous ne voulons pas la blâmer d'avoir refusé de le suivre ; mais nous la blâmerons de n'avoir pas prévu, dès le premier jour, qu'en organisant une résistance ouverte aux prétentions illégales du ministère, elle devait, aux termes de ce conflit, voir se dresser devant elle la baïonnette des gendarmes. Il fallait donc, dès l'abord, ou prendre le parti de tout braver, même les derniers périls, ou ne pas s'engager en cette voie pleine d'embûches, dans laquelle on se livrait à la merci de l'autorité. C'est ce qu'on avait dit à l'opposition, et cet avis ne lui avait pas été donné par des hommes sans courage et sans expérience. D'un côté, les rédacteurs du *National* ; d'un autre côté, M. Thiers et plusieurs de ses amis, s'étaient prononcés pour la démission collective et contre le banquet, persuadés les uns et les autres que le banquet n'aurait pas lieu, et que le ministère, devenu le maître de la situation, attendrait le moment opportun pour déployer ses forces et contraindre l'opposition à reculer. C'est ce qui arrivait.

Encore, en ce moment suprême, l'opposition était-elle bien assurée qu'elle serait suivie dans sa tardive retraite par les masses qu'elle avait conviées à la manifestation réformiste ? Le peuple est un logicien peu subtil, mais très résolu, qui va promptement des prémisses aux conséquences, et vainement on lui montre les périls d'une conclusion ; ces périls ne l'arrêtent pas ; on l'a mis sur la voie de la vérité, il a vu le but, il veut l'atteindre, et dès lors il ne comprend plus rien aux arguties avec lesquelles on s'efforce de le détourner du droit chemin.

Le 22 février, dès le lever du jour, une multitude confuse, arrivant de tous les faubourgs, se dirigeait vers la Madeleine, les Champs-Élysées, la place de la Concorde. C'étaient des artisans qui venaient offrir aux

Le nom exécré de M. Guizot était dans toutes les bouches. (Page 570, col. 1.)

députés réformistes un gage significatif de leur assentiment. Ils ignoraient, pour la plupart, la résolution prise à la dernière heure; un grand nombre, la connaissant, espéraient encore qu'elle pourrait être modifiée par quelques circonstances; d'autres enfin, en assez grand nombre, étaient en proie à cette vive animation qui est le signe précurseur des tempêtes civiles. Pour les contenir on avait tout employé. Outre la note des députés de l'opposition, on lisait encore dans les journaux du matin une autre note du comité central, rédigée dans le même esprit, mais avec plus de fermeté, et tous les journaux, même la *Réforme*, invitaient le peuple à demeurer calme, impassible, à considérer tous les provocateurs comme des émissaires de la police. Les officiers de la garde nationale et les délégués des écoles, rassemblés, avec un grand nombre de citoyens, chez M. Perrée, gérant du *Siècle*, après avoir montré quelque hésitation, après avoir fait entendre quelques véhémentes protestations contre la conduite timorée des députés réformistes, avaient aussi pris le parti de s'abstenir; et, dans la nuit, ils avaient partout répandu ces mots d'ordre : Pas d'agitation, pas d'émeute, pas de prétextes à une collision. Une autre réunion avait eu lieu dans les bureaux de la *Réforme*. Là, s'étaient assemblés en assez grand nombre les membres les plus actifs des sociétés secrètes, et, malgré les excitations de quelques individus gagés par la police, on avait décidé de ne point agir. Ainsi, du côté de l'opposition, tous les hommes qui possédaient quelque influence s'étaient résignés à la compromettre, à braver les reproches, les accusations, pour pacifier les esprits et retarder encore un engagement que beaucoup d'entre eux considéraient comme inévitable. Cependant, malgré tous ces efforts, le peuple était agité par l'esprit des révolutions, et, sur toutes les places où il accourait, s'élevaient aussitôt ces rumeurs confuses qui précèdent les appels aux armes.

Que disaient-ils, ces gens placés en dehors de l'action des partis, qui, en 1832, en 1834, les avaient laissés lutter seuls et succomber tristement, malgré d'héroïques efforts, et qui, dans ce jour, descendaient sur la place publique, au mépris de leurs instructions pacifiques, le cœur plein de colère, la voix altérée par des émotions qu'ils ne pouvaient maîtriser? Ils disaient simplement, avec cette précision qui est propre à la logique populaire, qu'un gouvernement convaincu de trahison dans ses rapports avec les nations étrangères, et, dans ses rapports avec la France, d'attentat aux droits des citoyens, est un gouvernement qu'il faut réformer sans délai, ou renverser, s'il ne se prête pas à la réforme. Le nom exécré de M. Guizot était dans toutes les bouches, comme, au mois de juillet 1830, le nom de M. de Polignac. On parlait aussi du roi, qui, depuis huit ans, après avoir tant de fois changé de ministres, s'était obstiné, malgré toutes les remontrances, à garder M. Guizot. Ennemis de la liberté l'un et l'autre, ennemis dédaigneux du peuple des faubourgs, ils étaient confondus dans la même réprobation. Les personnes qui, dans les groupes, racontaient les affronts subis par l'opposition parlementaire, et justifiaient ou condamnaient sa retraite, étaient écoutées presque avec indifférence. Puisque les réformistes du Parlement n'étaient pas venus au rendez-vous, il ne s'agissait plus d'eux, et le peuple, disait-on, n'avait besoin ni de leur concours, ni de leur permission, pour faire ses affaires.

Les troupes étaient consignées dans leurs quartiers. Habitués à ne voir que les partis et à mépriser le peuple, le gouvernement s'était senti libre de toute inquiétude, en apprenant la résolution successivement adoptée par les réunions qui avaient eu lieu chez M. Barrot, chez M. Perrée et au bureau de la *Réforme*. Le roi souriait aux courtisans, et, dans l'effusion de sa belle humeur, il demandait des nouvelles de M. Barrot et de la réforme, disant qu'il avait bien prévu la conclusion naturelle de cette formidable entreprise, qui devait, suivant les alarmistes, ébranler les solides assises de l'établissement de Juillet. La cour et le ministère étaient dans une sécurité complète. Peut-être, pensait-on, serait-il nécessaire de montrer quelques uniformes pour calmer les plus mutins; mais on ne redoutait pas même une émeute.

Les rassemblements se formèrent sans obstacle sur les places dégarnies de troupes. Une nombreuse phalange d'étudiants et d'ouvriers put traverser en assez bon ordre la moitié de Paris, en chantant la *Marseillaise* et en criant : *Vive la réforme! A bas les ministres!* Elle parvint même jusqu'à la Chambre des députés, en força l'enceinte et se retira, se rendant par la place de la Concorde au domicile de M. Barrot. Quand les troupes parurent sur les points où la foule était la plus compacte, on les accueillit par des sifflets et des pierres. L'agitation allait toujours croissant, surtout aux abords de la Chambre, dans les rues Royale, de Rivoli, Saint-Honoré. Quelques heures plus tard, ces rues étaient occupées par la cavalerie. La population, refoulée dans l'intérieur de la ville, construisait à la hâte quelques barricades, et les coups de fusil répondaient aux coups de fusil. Telle fut la journée du 22 février.

Ce n'était qu'un premier engagement. Il n'avait pas été sérieux : on pouvait compter les victimes ; elles n'étaient pas nombreuses. Mais pour qui voulait attentivement observer les différentes circonstances de la lutte qui venait de commencer, il était évident qu'elle devait avoir des suites. Cette fois c'était bien le peuple, le véritable peuple, qui avait eu l'initiative de la résistance : tous les partis s'étaient mis à l'écart et avaient conseillé la soumission ; le peuple n'avait pas voulu se soumettre. On pouvait ensuite remarquer que les collisions entre le peuple et la troupe avaient éclaté sur tous les points de la ville, partout où s'était montré l'uniforme abhorré des gardes municipaux : le sentiment de la lutte était donc général.

La seconde journée fut plus féconde en incidents et en résultats. Dès le matin, le peuple se montra de nouveau dans les rues, sur les places, que les patrouilles avaient parcourues toute la nuit sans rencontrer aucun assaillant. Les visages étaient plus animés et plus sombres. De nouvelles barricades s'élèvent dans toutes les rues étroites, inaccessibles à la cavalerie, où habitent les ouvriers en chambre et les petits commerçants, population intelligente et active qui, sortie de la multitude confuse et sans nom, a senti se développer en elle, avec l'éducation du travail, les nobles instincts de l'indépendance. Un combat s'engage sur divers points à la fois, combat plus meurtrier que celui de la veille.

Le général Jacqueminot, sûr de la garde nationale, comptant sur elle pour frapper le grand coup, ne se hâtait pas de la convoquer. Mais voici que par les ordres des maires, des chefs de bataillon, des capitaines, et même, dans plusieurs quartiers, à la requête de quelques simples citoyens, les tambours de la garde nationale battent le rappel. La milice civique est sous les armes.

Va-t-elle se joindre à la troupe pour attaquer les barricades ? Irrégulièrement convoquée, elle obéit à ses propres sentiments. Ils lui disent de crier : *Vive la réforme !* et ce cri, d'abord proféré par quelques voix, sort bientôt avec vigueur de toutes les poitrines. *Vive la réforme !* c'est le mot de ralliement de tous les bons citoyens, dans cette grande journée. Derrière les barricades, le peuple crie : *Vive la réforme !* Devant les barricades, en présence de l'armée, la garde nationale, marchant en bon ordre et en liberté, fait entendre le même cri. L'armée est frappée de stupeur. Les chefs hésitent : l'hésitation des troupes est plus grande encore. Oseront-ils attaquer les légions de la garde nationale comme des bandes insurgées ? Non, sans doute. Iront-ils frapper au delà des barricades des gens qui veulent ce que veut la garde nationale et s'expriment comme elle ? Est-ce d'ailleurs un si grand crime que de demander cette réforme, et que de maudire le nom des ministres qui la refusent ? L'armée ne sait bientôt plus ce qu'elle doit faire : les détachements envoyés contre les rebelles s'arrêtent devant eux, les regardent, et semblent les inviter à ne pas commencer l'attaque. A l'incertitude succède le trouble, au trouble l'inaction. Seule, la garde municipale ne se laisse pas ébranler. Le peuple la déteste, elle le sait, et elle est jalouse de se signaler par des actions d'éclat. Mais la garde nationale se précipite entre elle et le peuple, et la contraint à relever ses armes. L'insurrection se propage dans tous les quartiers de la ville, et sur tous les points elle triomphe presque sans combattre.

Vive la réforme ! A bas les ministres ! Ces simples mots sont compris par tout le monde et par tout le monde ils sont acceptés. Qui s'armerait pour défendre l'honneur d'une Assemblée convaincue d'avoir pris part à tant de trahisons. La réforme qui promet une Chambre plus honnête, plus indépendante, plus française, est le vœu de toutes les consciences. Et qui s'opposerait au renvoi de ces ministres détestés, qui viennent de

On les accueillit par des sifflets et des pierres. (Page 570, col. 2.)

mettre le comble à leurs méfaits, en abrogeant par la force le droit de réunion, un des droits les plus chers au peuple? Loin de traiter comme des ennemis domestiques les ouvriers qui frappent aux portes en demandant des armes, la bourgeoisie leur offre ce qu'ils réclament et les encourage dans leur entreprise. D'autre part, des masses considérables d'ouvriers désarmés escortent la garde nationale, mêlant à ses cris leurs cris plus rudes : *Vive la réforme! A bas les ministres!* C'est l'unique voix de tout un peuple.

Elle parvient enfin aux oreilles du roi. Jusqu'alors le roi n'avait pas soupçonné l'état de l'opinion. Quand on lui disait discrètement que beaucoup de gens s'étaient laissé gagner par les discours de l'opposition, que la garde nationale avait pris goût à la réforme, et que la bourgeoisie se déta-

Les morts furent entassés sur un tombereau. (Page 574, col. 2.)

chait du gouvernement, il accueillait ces renseignements avec le sourire de l'incrédulité. Désormais, il fallait bien le reconnaître, l'opinion abandonnait ce gouvernement qu'elle avait soutenu pendant dix-huit ans contre les assauts des partis. A toutes les personnes qui se présentaient aux Tuileries, pairs, députés, généraux, serviteurs de la bonne fortune, décidés déjà, pour la plupart, à trahir la mauvaise, Louis-Philippe n'adressait qu'une question : Était-il vrai que la garde nationale venait de faire cause commune avec M. Thiers, avec M. Barrot, avec le *National*, avec les agitateurs réformistes? Les visages abattus confirmaient cette triste nouvelle. M. Guizot vint offrir sa démission. Fut-elle sérieusement acceptée? On en doute. Le roi ne pouvait plus se dissimuler qu'il avait affaire à une grosse émeute; mais il croyait que l'effervescence populaire pouvait être calmée par des promesses, et qu'après cette tempête tout s'arrangerait au moyen de certaines concessions qui laisseraient subsister l'ensemble du système. Or, avec des ministres pris dans l'opposition, exaltés et rendus exigeants par leur triomphe, comment pratiquer cette politique subtile et peu sincère? Le roi tenait plus que jamais à conserver M. Guizot, et des personnes qui ont vu le roi durant ces heures tragiques sont persuadées que M. Guizot, un instant écarté, ne devait pas être remplacé. Quoi qu'il en soit, la nouvelle de la démission de M. Guizot, promptement répandue dans Paris, fut acceptée comme une satisfaction offerte par la couronne au vœu populaire. M. Guizot n'étant plus ministre, la réforme s'opérait d'elle-même; et que voulait-on? La retraite de M. Guizot et la réforme. Rien de plus encore. On quitta les barricades, on tendit les mains à la troupe : le peuple était vainqueur, et il se souciait bien moins d'achever que de célébrer la victoire.

Sur les boulevards, où campaient les troupes inoffensives, on vit bientôt accourir des bandes d'ouvriers, les uns armés, les autres sans armes, tous animés des mêmes sentiments, annonçant tous que le sang avait cessé de couler, et que la paix était faite. La nuit arrivait. En peu d'instants, toutes les places, toutes les rues, furent remplies de bourgeois paisibles, de vieillards, de femmes, d'enfants, qui venaient demander des nouvelles et jouir de ce doux spectacle que procure toujours, aux plus braves comme aux plus timides, la fin d'une guerre civile. La nuit venue, tout ce peuple demanda qu'en signe de joie les maisons fussent illuminées, et l'on mit partout le même empressement à le contenter. Mais cette soirée devait être terminée par d'autres cris de guerre. De l'excès de la joie, le peuple allait subitement passer à l'excès de la fureur. Une foule immense emplissait les avenues latérales et le terre-plein du boulevard, quand un coup de feu tiré par une main inconnue retentit aux abords du ministère des affaires étrangères, où stationnait un détachement d'infanterie. Se croyant attaqué, le détachement fit feu sur la foule, et chaque balle alla frapper une poitrine dans cette masse confuse. On releva cinquante victimes. Les mourants furent transportés dans les maisons voisines : les morts furent entassés sur un tombereau, et ce char funèbre, entraîné par le peuple, dans les rues où l'insurrection venait de se calmer, y remplit tous les cœurs d'effroi, de colère, de vengeance. Les mots ne peuvent décrire le tableau qu'offrait, à la lueur des torches, ce tas de cadavres amoncelés, dont les plaies découvertes répandaient sur le pavé des boulevards un sang qui fumait encore! Au souvenir de cette scène atroce, l'esprit atterré frémit d'horreur. Nous n'accusions personne de cet épouvantable carnage; nous nous efforcions d'attribuer l'événement à une fausse alerte, à une terreur subite, à un ordre mal compris, à l'un, à l'autre de ces hasards, de ces causes fortuites qui souvent ont pour résultat les plus malheureuses catastrophes. Mais on n'écoutait pas ce langage; la fureur qui transportait tout le monde n'admettait pas d'autre vraisemblance qu'une abominable trahison. On avait, disait-on, abusé le peuple en voulant condescendre à ses vœux, pour l'attirer hors de ses barricades; mais le signal du massacre venait d'être donné, et d'impitoyables représailles allaient comprimer le mouvement réformiste, et venger l'honneur outragé de M. Guizot. En quelques instants, cette rumeur sinistre parcourut tout Paris. On se précipitait aux bureaux du *National*. « La troupe arrive, criait-on aux rédacteurs de ce journal, et vous êtes désignés pour être les premières victimes de ses vengeances. Fuyez sans faire preuve d'un courage inutile. » Et la foule qui avait envahi les bureaux du journal fuyait à la hâte. Mais aussitôt d'autres personnes arrivaient, en proie à la même terreur, aux mêmes alarmes, demandant des ordres et des armes. Ce n'étaient plus des artisans, des ouvriers : ceux-ci étaient déjà dans les faubourgs, escortant le char des victimes ; c'étaient des officiers supérieurs, des soldats de la garde nationale, des bourgeois surpris par la décharge meurtrière, chez qui la vue du sang avait réveillé les farouches instincts de la vengeance; c'étaient des enfants, des femmes, qui venaient de perdre un père, un mari, et qui réclamaient justice avec des cris de rage et des sanglots; c'étaient de vieux militaires qui, après avoir servi le pays sur d'autres champs de bataille, en de meilleurs temps, venaient solliciter l'honneur de conduire des légions de volontaires contre les assassins d'une population désarmée. Que leur répondre? Quelles consolations offrir aux veuves, aux orphelins? Quelle justice promettre, et en quel nom la garantir? MM. de Malleville et d'Aragon, s'étant rendus à cette heure aux bureaux du *National*, pour y chercher des nouvelles, le rédacteur qui les reçut ne put que leur presser la main, en leur disant : « Messieurs, il ne s'agit plus, hélas ! de réformes : après ce qui vient de se passer, le peuple n'a plus qu'un sentiment, la vengeance : le gouvernement, je le crois, ne peut plus être sauvé ! »

De nouvelles barricades s'élevaient aux extrémités de toutes les rues, et la troupe, en proie aux émotions les plus diverses : l'étonnement et la douleur, la honte et l'effroi, la troupe ne recevait plus ni l'ordre de marcher, ni l'ordre de reculer, laissait faire ces barricades nouvelles qui bientôt allaient dominer toutes ses positions. Au lever du jour, Paris n'était plus qu'un vaste champ de bataille ; et, derrière les retranchements établis à la hâte par les insurgés, on voyait briller des fusils, des épées, des intruments de mort de toute forme. La vengeance ! Il ne s'agissait que de venger le meurtre commis sous les fenêtres de M. Guizot, assurément, car on n'en doutait pas, par ses ordres. Jusqu'où devait-on aller pour satisfaire cette ardente passion? On ne le savait pas encore. Mais tout à coup le bruit se répand que le maréchal Bugeaud est nommé commandant général de toutes les forces militaires de Paris, et que les pouvoirs de MM. Jacqueminot et Tiburce Sébastiani sont réunis en ses mains. Des placards qui annoncent cette nomination viennent, en effet, d'être apposés sur les murs. On les lit, on les déchire, et on les commente. Le général Bugeaud, c'est, dit-on, l'impitoyable épée de la rue Transnonain. Un tel choix ne peut avoir d'autre but que d'annoncer aux Parisiens une résistance désespérée.

En appelant M. Bugeaud pour concentrer sous son commandement et la garde nationale et l'armée, le roi fait savoir qu'il est prêt à tout entreprendre, à tout oser. La politique du règne sera-t-elle consolidée à la fin de cette journée? Elle ne peut l'être que par d'épouvantables égorgements. Mais cela n'arrête pas le roi. Eh bien ! puisque le roi veut donner cette suite aux massacres du boulevard des Capucines, on combattra, comme les circonstances le veulent, à outrance, et peut-être parviendra-t-on à jeter par terre ce gouvernement impie, qui, né d'une révolution, se montre tellement oublieux de son origine. C'est ainsi qu'on s'exprime, et partout s'organise une résistance formidable. Les barricades sont fortifiées, les appels aux armes sont faits avec plus d'énergie, et le nombre des combattants augmente à chaque instant.

Oui, le roi avait résolu d'engager une sanglante mêlée, et il avait appelé le général Bugeaud dans le dessein que le peuple avait aussitôt compris ; mais, quelques heures après avoir adopté cette énergique résolution, le roi s'était laissé persuader qu'il valait mieux offrir la paix que la guerre. Prié de venir près du roi, qui réclamait ses conseils, M. Thiers s'était empressé de répondre à ce témoignage de confiance. Convoqué une heure auparavant, M. Molé n'avait pas paru. M. Thiers arrivait aux Tuileries vers le milieu de la nuit. Le roi, l'ayant dès l'abord mal accueilli, l'avait ensuite chargé de composer un cabinet, et l'avait interrogé sur les plans stratégiques de M. Bugeaud. M. Thiers approuvait les plans du général, mais il ne pouvait, disait-il, faire un ministère sans M. Barrot. M. Barrot, c'était la réforme, c'était l'opposition entrant dans les conseils de la couronne, après en avoir été repoussé pendant dix-huit années ; et elle y entrait le front levé, dictant les conditions de son concours. Oui, c'était bien là, suivant M. Thiers, ce qu'exigeaient les circonstances. Au premier mot, le roi n'avait pas voulu le croire ; il avait reçu la déclaration de M. Thiers avec dédain, avec impatience. Prétendre que le peuple exigeait la réforme, c'était, disait-il, répéter des *propos de cafés*. Des turbulents, qu'on allait bientôt mettre à la raison, pouvaient la demander, cette réforme ; mais le peuple était trop sage, suivant le roi, pour s'en soucier. Cependant, M. Thiers refusant d'entrer au cabinet s'il n'avait M. Barrot pour collègue, le roi avait fini par comprendre qu'il ne pouvait pas se passer de M. Barrot. Celui-ci, à son tour mandé par le roi, s'était montré plus difficile que M. Thiers. On l'invitait à prendre un portefeuille, et l'on associait à son nom celui de M. Bugeaud : on acceptait avec lui le programme de la gauche, la réforme, et la première chose qu'on lui demandait, c'était de livrer bataille à l'armée réformiste, et de présider aux massacres qu'avait prémédités M. Bugeaud. M. Barrot avait dit au roi qu'il ne pouvait consentir à jouer ce rôle, et le roi, vaincu tour à tour par M. Thiers, par M. Barrot, et plus encore assurément par les embarras de la situation, avait paru céder.

C'est ce que fit connaître la proclamation suivante :

« Citoyens de Paris,

« L'ordre est donné de suspendre le feu. Nous venons d'être chargés par le roi de composer un ministère. La Chambre va être dissoute. Le général Lamoricière est nommé commandant en chef de la garde nationale de Paris.

« MM. Odilon Barrot, Thiers, Lamoricière, Duvergier de Hauranne, sont ministres.

« Liberté, Ordre, Union, Réforme !

« ODILON BARROT, THIERS. »

Il était environ huit heures quand cette proclamation fut affichée. La veille, elle eût calmé tous les esprits. M. Barrot se trompait lorsqu'il pensait qu'elle devait encore produire le même résultat. Personne ne croyait à la sincérité du roi. Cette retraite subite parut un piège. Le roi ne pouvait se résigner à prendre pour ministre M. Barrot, M. Duvergier de Hauranne, sans avoir au fond du cœur l'intention de les congédier après la crise ; si d'ailleurs le plus entêté des hommes faisait une aussi grande concession que d'appeler M. Barrot au ministère, de suspendre le combat et de promettre la réforme, après avoir, quelques heures auparavant, placé sa couronne, son système, son immuable système, sous la protection du sabre de M. Bugeaud ; c'est évidemment qu'il voyait sa partie perdue. Pourquoi donc raffermir ce trône qui menace ruine ? Des concessions sont offertes : dissolution de la Chambre, ministère libéral, et réformes. Mais qui garantit que ce nouveau programme n'aura pas la fortune de celui de l'Hôtel-de-Ville ? Puisque l'occasion vient s'offrir d'achever ce règne si fertile en parjures, pourquoi la laisser échapper ?

M. Barrot se rend sur les boulevards et commente la proclamation qu'il vient de faire apposer sur les murs. Mais si l'on croit à ses paroles, on lui crie que la conscience du roi est moins bien notée que la sienne ; que si tout le peuple a pris les armes, c'est pour obtenir plus que des promesses ; qu'il dicte lui-même ses conditions, et que la première est l'éloignement du roi.

La famille royale était rassemblée dans la galerie de Diane. Le déjeuner venait d'être servi. On se mettait à table. MM. de Rémusat et Duvergier de Hauranne sont introduits par un officier d'ordonnance. Ils avaient vu, sur la place de la Concorde, les soldats quitter leurs rangs, offrir leurs armes, et ils venaient annoncer cette triste nouvelle. Le roi se leva et pria MM. de Rémusat et Duvergier de le suivre dans son cabinet. « Allons, Sire, lui dit la reine, montez à cheval, et sachez mourir, s'il le faut : du balcon des Tuileries, votre femme et vos enfants vous accompagneront des yeux ! » Le roi reparut

Louis-Philippe saisit une plume et signe l'acte de son abdication. (Page 578, col. 1.)

bientôt dans un uniforme militaire, descendit dans la cour des Tuileries, et, montant à cheval, passa quelques troupes en revue. Mais, avec les troupes, se trouvaient, dans la cour des Tuileries, deux bataillons de la garde nationale, et l'un de ces bataillons accueillit le roi par des cris de : *Vive la réforme!* Le roi rentra consterné dans ses appartements.

Ils furent bientôt envahis par des députés de toutes nuances, des fonctionnaires de tous grades, arrivant des boulevards, des quais, des rues centrales, des faubourgs, et venant tous donner sur l'état des choses les mêmes renseignements. Il s'agissait donc d'une abdication. On le dit au roi, et quand il cherche des voix amies qui l'encouragent à rester, il n'entend murmurer autour de lui que ces mots sinistres: Désormais la résistance est impossible, le peuple est sûr de vaincre; la garde nationale presque tout entière fait cause commune avec le peuple et marche avec lui vers les Tuileries; l'École polytechnique est dans les barricades, et conduit, comme en 1830, la jeunesse des faubourgs; l'armée, accueillie par le peuple avec des vivats, fraternise avec lui, lui livre ses fusils, ses cartouches : partout la Révolution est victorieuse, ou croit l'être; il faut abdiquer ! Seule, la reine s'oppose à cette résolution. Elle ne voit pas les périls, elle n'entend pas les avis; elle ne veut savoir ni ce qu'on dit hors des Tuileries, ni ce qu'on pense au-dedans; mais elle crie qu'une révolution est toujours un crime, une abdication toujours une honte, et qu'un roi ne peut perdre sa couronne sans l'avoir défendue. Louis-Philippe paraît un instant entraîné par ce discours. La foule qui l'entoure le contemple en silence. Mais arrivent du dehors d'autres messagers apportant de plus tristes nouvelles : Le général Lamoricière est blessé ! L'insurrection, ne rencontrant aucune résistance, est sortie de ses retranchements, et la voici livrant au dernier poste qui protège les Tuileries un assaut qui ne peut durer longtemps ! N'entend-on pas la fusillade ? Ne voit-on pas déjà paraître, sur la place même du Carrousel, des gens armés que d'autres vont suivre ? Tout n'est-il pas irrévocablement perdu ? et le roi attend-il pour prendre un parti qu'il soit prisonnier de la révolte ? Louis-Philippe saisit une plume et signe l'acte de son abdication :

« J'abdique cette couronne que je tenais du vœu de la nation, et que je n'avais acceptée que pour amener la paix et la concorde parmi les Français.

« Me trouvant dans l'impossibilité d'accomplir cette tâche, je la lègue à mon petit-fils, le comte de Paris. Puisse-t-il être plus heureux que moi !

« Louis-Philippe. »

Quelques instants après, on lisait sur les murs de Paris une affiche ainsi conçue :

« Citoyens de Paris,

« Le roi abdique en faveur du comte de Paris, avec la duchesse d'Orléans pour régente.

« Amnistie générale.
« Dissolution de la Chambre.
« Appel au pays ! »

Après avoir abdiqué, Louis-Philippe s'appuyait sur le bras de la reine et fuyait avec elle.

Peu d'instants après, Mme la duchesse d'Orléans, qui n'était plus en sûreté dans les Tuileries, se rendait sur la place de la Concorde, puis à la Chambre. Quand elle quittait le palais des rois, le peuple s'y précipitait. Elle venait à peine d'entrer à la Chambre, que la Chambre était envahie.

On ne propose jamais aux révolutions de transiger avec elles qu'au moment où l'on a perdu l'espoir de les comprimer. C'est pour cela que ces propositions arrivent toujours trop tard pour être accueillies. Mme la duchesse d'Orléans, étrangère en France, à peine connue du peuple, n'avait pas d'ennemis. En d'autres circonstances, elle eût été beaucoup mieux reçue comme régente que le duc de Nemours. Mais qui lui déférait la régence dans ce moment suprême ? Ni le roi qui s'en allait, ni le peuple qui venait de reconquérir sa souveraineté : c'étaient quelques hommes : M. Barrot, M. de Rémusat, M. Jules de Lasteyrie, inspirés par des intentions assurément irréprochables, mais n'ayant reçu mandat de personne pour disposer de la France. Quand tout était remis en question, ce qu'ils offraient n'était qu'un expédient.

Au lieu d'abandonner le soin de ses intérêts à un enfant et à une femme intéressante, qui n'avait pas encore fait preuve d'une aptitude spéciale pour les affaires de l'État, le peuple jugea qu'il était plus sage de s'en remettre à MM. Dupont (de l'Eure), Arago, de Lamartine, Garnier-Pagès, Ledru-Rollin, Marie et Crémieux. Ceux-ci se rendirent aussitôt à l'Hôtel-de-Ville, appelés par la Révolution à former un gouvernement provisoire.

Quelques heures après la république était proclamée.

« Mon abdication, dit Louis-Philippe, n'est venue qu'après l'abdication universelle[1]. » C'est un fait que nous ne voulons pas contester. La monarchie constitutionnelle, espèce de gouvernement qui tient à la fois de la république et de la monarchie pure, avait duré trente ans environ, toujours aux prises avec des difficultés inhérentes à sa nature même, et, pour avoir voulu donner la prépondérance à l'un des deux principes qu'elle devait concilier, elle succombait. Tant qu'elle avait été soutenue par l'opinion, elle avait pu braver tous les assauts ; dès que l'opinion l'abandonnait, elle n'offrait plus de résistance. Oui, tout le monde avait abdiqué, quand Louis-Philippe hésitait encore à le reconnaître et à ratifier par un acte solennel le résultat presque inévitable de ses entreprises contre le principe de la liberté. Le gouvernement provisoire n'eut pas à délibérer longtemps sur ce qu'il devait faire. Pour accepter le fardeau des circonstances, il n'y avait que les républicains. Quelques-uns d'entre eux avaient peut-être, dans les dernières heures de la lutte, précipité les événements, inspirés qu'ils étaient par une confiance absolue dans l'excellence de l'idée démocratique. D'autres, et c'était le plus grand nombre, avaient assisté avec un vague étonnement à l'agonie de l'établissement de Juillet, et se laissaient aller au cours des choses. Cependant, quand toutes les nuances du parti constitutionnel eurent abdiqué, quand les intérêts épouvantés par la proclamation de l'interrègne réclamèrent avec impatience un gouvernement nouveau, personne, dans le parti républicain, ne voulut se soustraire, soit à la responsabilité des faits accomplis, soit aux périls que devaient créer les faits postérieurs. Il n'y avait de possible que la république ou l'anarchie. Le gouvernement provisoire ne pouvait hésiter entre l'une et l'autre : il n'hésita pas.

[1]. *Abdication de Louis-Philippe, racontée par lui-même*, p. 54.

XLV

Fuite du roi. — La famille royale sur la place de la Concorde. — Saint-Cloud, Trianon, Dreux. — Le domaine de M. Perthuis. — Tentative d'évasion à Trouville : divers contre-temps. — Le vice-consul anglais vient mettre le paquebot *l'Express* à la disposition du roi. — Évasion. — Conduite du gouvernement provisoire. — Louis-Philippe à Claremont. — Sa mort. — Le système des dix-huit années.

Ayant traversé le jardin des Tuileries, le roi, la reine, quelques membres de leur famille et quelques personnes de leur suite, arrivèrent à la grille qui se trouve sur la place de la Concorde. Les voitures qui devaient les recevoir n'étaient pas au pied de l'obélisque, lieu désigné pour le départ, et la place tout entière était occupée par une troupe d'hommes armés que venait d'exaspérer l'agression subite et meurtrière de quelques gardes municipaux. La famille royale ne s'engagea pas sans terreur au milieu de cette foule. Cependant, au spectacle d'une aussi grande infortune, le sentiment

La situation du roi devenait affreuse; il était à la merci d'une vengeance ou d'une aveugle fureur. (Page 580, col. 2.)

de la commisération saisit tous les cœurs : on ne vit plus le roi, mais le fugitif; et quand il se livrait sans défense à tous les outrages, pas une main ne fut tendue pour le menacer, pas une voix ne s'éleva pour le maudire. Un régiment de cuirassiers qui stationnait sur la place de la Concorde fit un mouvement pour aller à la rencontre de la famille royale et lui frayer un passage. — « Messieurs, disait un officier, épargnez le roi! » — Nous ne sommes pas des assassins, répondit une voix au milieu de la foule; qu'il parte! » — « Oui! oui! qu'il parte! qu'il parte! » crièrent en même temps mille voix. Quand on fut près de l'obélisque, on attendit les voitures. Elles avaient été saisies par le peuple sur la place du Carrousel et livrées aux flammes. La situation du roi devenait affreuse; il était à la merci d'une vengeance ou d'une aveugle fureur, quand on vit ar-

Le temps était humide et froid ; un vent âpre, chargé d'une épaisse brume,
soufflait avec une grande violence. (Page 583, col. 1.)

river par le quai deux petites voitures à un cheval et un cabriolet que conduisait une nombreuse escorte. Quinze personnes s'entassèrent dans ces voitures, et l'on partit à la hâte, sous la protection d'un régiment de cavalerie commandé par le général Regnault de Saint-Jean-d'Angely.

On se rendait à Saint-Cloud. Mais le roi n'avait pas l'intention d'y faire un long séjour : persuadé qu'à la nouvelle de son abdication la paix serait faite, il comptait se retirer dans le château d'Eu et finir ses jours dans cet asile, observant de loin la suite des affaires, donnant des conseils, et participant de quelque manière au gouvernement du pays. Mais il n'était pas facile de gagner le château d'Eu. Les troupes étaient retenues à Paris : il eût été certes bien imprudent de s'aventurer sur les grandes routes, et de traverser sans aucune défense des villages, des villes, dont les dispositions n'étaient pas connues. D'un autre côté, le séjour de Saint-Cloud n'offrait pas beaucoup de sûreté. Le général Dumas amena deux voitures publiques, qui transportèrent les fugitifs jusqu'à Trianon.

A Trianon, les périls étaient moindres. Cependant il n'était pas prudent de s'y arrêter : la présence de la famille royale ne pouvait être longtemps ignorée; et comme la ville de Versailles était dégarnie de troupes, on restait à la merci d'une agression. Il fallait donc fuir encore, et à la hâte. Le roi seul paraissait menacé. Quelle crainte pouvaient avoir les autres membres de la famille royale? Dans Paris même, sous la protection de la régente, car on la croyait aux Tuileries recevant déjà les hommages empressés des anciens et des nouveaux courtisans, ils n'auraient eu, pensait-on, rien à redouter. Mais, dans l'intérêt du roi, on ne devait pas voyager sur les routes en si nombreuse compagnie. Il fut décidé que le général Dumas se rendrait à Versailles, qu'il louerait deux spacieuses berlines, et que ces deux berlines se sépareraient aux portes de Trianon, pour se rejoindre au château d'Eu. Alors une difficulté grave se présenta. Le roi s'était enfui des Tuileries, laissant sur un des meubles de son cabinet une somme de 330,000 francs en billets de banque, et il était sans argent; la bourse de la reine ne contenait que quelques pièces d'or; les autres membres de la famille n'étaient pas mieux pourvus. Étrange fortune ! Roi le matin, disposant à son gré d'un immense revenu, Louis-Philippe allait chercher le soir un lointain asile, pour lui, pour les siens, et la faible somme qu'il allait dépenser pour ce voyage, il ne l'avait pas! Le général Dumas alla chez un ami qui demeurait à Versailles, lui fit un emprunt de 1,200 francs, et conduisit à Trianon les deux berlines impatiemment attendues.

Le prince Auguste de Saxe-Cobourg, sa femme la comtesse Clémentine, leurs trois enfants et la princesse Marguerite, fille du duc de Nemours, montèrent dans une des voitures, avec Mme Angelet, dame de la reine, et le docteur Pigache ; Louis-Philippe, Marie-Amélie, sous le nom de M. et Mme *Lebrun*, le duc de Montpensier, la duchesse de Nemours et le reste de la famille, prirent place dans l'autre berline et dans l'une des voitures publiques louées à Saint-Cloud. Ce dernier convoi fut dirigé vers le château de Dreux, asile funéraire de la maison d'Orléans. La reine voulait aller pleurer et prier quelques instants sur la tombe de l'aîné de ses fils.

Louis-Philippe passa la nuit au château de Dreux. Le lendemain, 25 février, en se levant, il apprit que la révolution ne s'était pas arrêtée devant le berceau d'un enfant, que le dernier débris du contrat de 1830 avait été mis en pièces, et que la république était proclamée. Il n'y avait donc plus, en France, un seul toit qui pût être une sûre retraite pour ce roi chassé du trône, pour cette famille associée tout entière à sa disgrâce, après avoir partagé sa longue prospérité. La moins sûre peut-être était le château d'Eu. Le roi résolut de gagner quelque point de la côte et d'y chercher une voile qui pût le conduire en Angleterre. Le duc de Montpensier, la duchesse de Nemours et ses deux fils partirent dans la direction de Granville.

Le roi, la reine et M. de Rumigny prirent la route de Verneuil, passèrent par Anet, la Roche Saint-André, et s'arrêtèrent au déclin du jour aux portes d'un petit château, situé près d'Évreux, où ils allèrent demander l'hospitalité. C'était la propriété d'un agent du roi pour la forêt de Breteuil; mais il était absent avec toute sa famille : un fermier ouvrit les portes du logis à ces hôtes inconnus. Le maître du logis étant arrivé sur ces entrefaites, Louis-Philippe lui demanda les moyens de fuir sans traverser Évreux, car il avait été salué dans les rues d'Anet par quelques cris de *Vive le roi!* et la nouvelle de son passage dans cette petite ville s'était déjà répandue dans Évreux, cité de méchant renom, signalée comme l'un des foyers du radicalisme.

Mais il n'était pas possible d'éviter Évreux. On pouvait, du moins, rendre la traversée de cette ville moins périlleuse, en franchissant le relais de poste sans s'y arrêter. Le roi monta dans un cabriolet avec son valet de chambre, et le fermier qui les avait accueillis se chargea de le rendre, par des voies détournées, au delà d'Évreux, sur la route d'Honfleur, et de là sur la côte, dans un domaine appartenant à M. de Perthuis, ancien officier d'ordonnance du roi, gendre du général Dumas. La berline, attelée de deux chevaux de labour, partit ensuite sous la conduite d'un valet de ferme : elle portait la reine et les autres membres de la famille royale.

Le temps était humide et froid ; un vent âpre, chargé d'une épaisse brume, soufflait du nord-ouest avec une grande violence. Accablé par tant de peines morales, Louis-Philippe fut encore éprouvé par la douleur physique. Vingt-quatre lieues séparaient Évreux d'Honfleur, et il fallait faire cette course d'un seul trait, sans changer de chevaux, pour éviter des haltes périlleuses et tromper une surveillance que l'on croyait éveillée sur tous les points du territoire. Le roi, épuisé de fatigue, ne put prendre un instant de repos avant d'avoir atteint le domaine de M. de Perthuis. Il y arrivait le 26, vers huit heures du matin. La berline, qu'il avait rencontrée près de Pont-Audemer, avait, quelques instants auparavant, déposé la reine sous le même toit.

C'était une modeste demeure, composée de deux chambres et d'un grenier, à peine habitable et nullement protégée, puisqu'elle n'avait d'autre clôture qu'une haie. Le premier soin des fugitifs, dès qu'ils furent en ce lieu, fut de chercher un moyen d'évasion. A qui se confier? A qui demander le passage? Le général Dumas et M. de Perthuis avaient fait au Havre de vaines confidences. La mer était si mauvaise, que les patrons de tous les navires hésitaient à lever l'ancre. On n'avait pas été plus heureux dans une démarche faite près du capitaine du vapeur anglais *l'Express*, qui partait pour Southampton. On l'avait prié de manœuvrer de manière à rencontrer dans les eaux de Trouville un bateau pêcheur qui devait déposer à son bord un illustre exilé ; il avait déclaré qu'il ne pouvait, sous sa responsabilité personnelle, dévier de la route que ses instructions lui commandaient de suivre. Que de temps perdu dans ces infructueuses négociations! Et cependant il fallait se hâter : l'arrivée subite de ces hôtes nombreux dans la maison, hier déserte, de M. de Perthuis, était l'indice suffisant de quelque mystère ; d'un instant à l'autre, la retraite du roi pouvait être connue! Dans cette situation presque désespérée, M. de Perthuis, eut recours à son jardinier, homme intelligent et dévoué, qu'il chargea de chercher, de trouver au plus vite un moyen d'évasion.

Celui-ci comptait parmi ses amis un matelot du port d'Honfleur, autrefois patron du canot *la Belle-Poule*, qui, pour ses bons services près du prince de Joinville, avait obtenu les insignes de la Légion d'honneur. Il courut lui demander conseil. Le matelot signala toutes les difficultés de l'entreprise. Mais si, dit-il, le roi consentait à faire la traversée dans un bateau pêcheur, il se chargeait d'en louer un à Trouville. Comme on n'avait pas le loisir de délibérer, la proposition du matelot fut immédiatement acceptée. Le bateau fut loué dans la journée même, au prix de 3,000 francs. Il devait mettre à la voile dans la nuit suivante. Conduit à Trouville par des chemins de traverse, Louis-Philippe arrivait un peu tard au lieu du rendez-vous. Il y trouvait MM. de Perthuis et de Rumigny ; mais le bateau pêcheur était couché sur le sable, attendant de plus fortes marées. D'ailleurs, la mer était si mauvaise qu'il n'aurait pu la tenir. Ainsi, tout était obstacle ; les contre-temps succédaient aux contre-temps, et plus on s'employait pour le roi, plus on le compromettait ; plus on croyait approcher du but, plus on s'en éloignait.

Ut rebus lætis par sit mensura malorum.

Combien d'heures fallait-il attendre encore la haute marée? Vingt-quatre heures, peut-être quarante-huit. Où cacher, pendant ce temps, la tête du roi? M. de Rumigny se rendit chez le capitaine du port, M. Henri Barbet, lui demandant un asile pour l'auguste vieillard, que toutes les disgraces venaient accabler à la fois. Cet asile fut offert avec empressement. Mais d'autres incidents allaient survenir. Attendre la seconde, la troisième marée, c'était, suivant M. Barbet, différer ce que l'on pouvait faire sur-le-champ; et si, pendant ce délai, la plus legère indiscrétion, une simple rumeur, attirait la foule autour de la maison où le roi s'était réfugié, l'évasion devenait impossible. Il crut donc qu'il était plus sage de louer une barque qui pouvait être sur-le-champ mise à flot, et d'indemniser libéralement le patron de l'autre. Mais dès que ce marché fut conclu, le marin dont on avait refusé les services s'empressa d'aller raconter en tous lieux qu'un riche proscrit était caché dans le port, et qu'il devait s'embarquer, la nuit, à la dérobée, sous la protection et par les soins du capitaine Barbet. La nouvelle se répandit bientôt dans toute la ville. Où fuir encore? Où chercher un toit plus sûr? Où se dérober à l'imminence d'une visite domiciliaire? Le capitaine Barbet arrive tout effaré, entraîne le roi dans une cour obscure, le remet entre les mains d'un inconnu, et se hâte lui-même de disparaître, craignant d'avoir été suivi.

Cet inconnu, c'était l'ancien maire de Trouville, zélé partisan du régime déchu. Il s'agissait de sortir de Trouville en toute hâte. Louis-Philippe suit son guide : ils s'en vont à pied, passent devant trois corps de garde sans être inquiétés, franchissent les dernières maisons de la ville, et sont bientôt rendus au village de Touques. C'est en ce lieu seulement qu'ils furent rejoints par les voitures, qu'on avait attelées quelques instants après leur départ. Le lendemain, vers cinq heures du matin, elles déposaient Louis-Philippe et sa suite à quelque distance du pavillon de M. de Perthuis, où la reine attendait avec tant d'inquiétude la nouvelle d'une heureuse évasion. Louis-Philippe venait lui-même lui raconter après combien d'accidents, de mésaventures et de périls l'entreprise avait échoué.

Le jeudi 2 mars, tandis que l'on attendait l'ancien maire de Trouville, parti pour Quillebeuf avec l'espoir d'y trouver un navire ou une meilleure retraite, un étranger se présentait à la haie du domaine et demandait à en visiter les hôtes. L'accueillir, c'était peut-être livrer le roi : mais comment l'éloigner sans justifier les soupçons qui déjà volaient de bouche en bouche dans tout le voisinage? On le reçut. C'était le vice-consul anglais du Havre, qui venait, au nom de son gouvernement, annoncer que l'*Express* était de retour, et mettre ce navire à la disposition du roi. Le soir venu, le roi, la reine et leurs compagnons d'infortune quittaient le domaine de M. de Perthuis, se rendaient à Honfleur, et montaient dans le paquebot qui fait le service entre le Havre et cette ville, confondus avec tous les autres passagers. Le roi, enveloppé dans une ample redingote, avait un passeport au nom de *William Smith*. Au Havre, le consul anglais le reçut au débarquement, et le conduisit à bord de l'*Express*, qui partit sur-le-champ. Le 3 mars, au matin, les fugitifs touchaient la rive anglaise, près de Newhaven, et ils étaient, le 4, à Claremont. Dispersés par la tempête qui avait renversé le trône, tous les membres de la famille d'Orléans arrivèrent successivement dans ce royal asile. Pour les uns et pour les autres, la fortune avait été cruelle; mais, après avoir couru divers périls, ils avaient tous pu s'évader.

Cette évasion, il faut le dire, n'avait pas été sérieusement contrariée. Il était sans doute permis aux princes fugitifs d'avoir très mauvaise opinion d'un gouvernement révolutionnaire, et de croire qu'ils étaient poursuivis sur toutes les routes par les ordres de M. de Lamartine, de M. Ledru-Rollin, de M. Marrast. Ils n'avaient, en réalité, rien à craindre, que l'excès de zèle des agents subalternes. On lisait dans le *Na-*

tional du 28 février: « Un gouvernement « vient d'être renversé. Que sont devenus « les membres de ce gouvernement, le roi « qui régnait, et sa nombreuse lignée, et « ses ministres, etc., etc.? On ne le sait. Le « nouveau gouvernement s'inquiète-t-il de « rechercher sur quelles plages l'inconstante « fortune promène à cette heure tous ces « fugitifs? Nous ne le pensons pas. Et la « nation, qui vient de briser leur puissance « détestée, est-elle plus soucieuse de savoir « s'ils ont franchi la frontière, ou si, par « hasard, ils ne se dissimulent pas au milieu « de nous dans quelque retraite mystérieuse, « maudissant la Révolution, et travaillant à « rétablir leurs affaires? Personne ne se le « demande. » Non, personne n'y songeait. Si Louis-Philippe laissait des amis en France, ils ne paraissaient pas assez nombreux pour inspirer la moindre crainte au gouvernement nouveau. Le lendemain même de la révolution, quand la république n'avait encore été proclamée que dans trois ou quatre villes, on ne parlait déjà plus ni du vieux roi, ni de son petit-fils, ni de la régente. Victime de la catastrophe provoquée par l'aveuglement de son chef, toute cette famille était oubliée; et, libre d'inquiétude, le gouvernement provisoire ne s'était occupé des membres de la maison d'Orléans que pour décider qu'ils seraient conduits à la frontière, dans le cas où, par aventure, ils seraient arrêtés. Tandis que Louis-Philippe prenait, pour dissimuler sa fuite, de faux noms, de faux passeports, divers travestissements, et croyait à tout instant sa vie menacée par les indiscrétions nécessaires, par le zèle, par l'empressement, dépourvu de prudence, de ses meilleurs amis, le gouvernement cherchait à savoir vers quelle plage il avait porté ses pas, non pour le retenir comme prisonnier, et lui demander un compte sévère des dix-huit ans de règne, mais pour protéger son départ.

Claremont ne fut pas une cour, mais une somptueuse retraite. Entouré de sa famille, dont il avait fait la brillante fortune par l'habileté de sa conduite sous le gouvernement de ses aînés, dont il avait ensuite brisé l'avenir par son opiniâtre persévérance dans un détestable système, Louis-Philippe ne songea plus qu'à préparer lui-même son oraison funèbre.

Se couchant et se levant tard, il employa tout son temps à recueillir des notes, à composer les mémoires de sa vie si laborieuse, si difficile, si pleine de capricieux incidents. Sobre de paroles avec les siens, il en était prodigue avec les étrangers de distinction, et surtout avec les Français qui venaient lui rendre visite. Si l'on évitait de lui parler de sa disgrâce, il s'empressait d'écarter tout autre sujet d'entretien pour introduire celui-ci, et, défenseur passionné de sa propre cause, il provoquait sur-le-champ un débat sur les circonstances de la révolution de Février. Si, par convenance, ou par communauté d'opinion, on n'opposait rien à ses dires; si l'on était, ou si l'on voulait paraître de son avis, il s'adressait à lui-même des objections, les discutait avec vivacité, cherchant une approbation plutôt dans les regards que sur les lèvres de son auditeur, et ne s'arrêtant pas avant de l'avoir persuadé. Jamais, non, jamais il n'avait commis de fautes. Son gouvernement avait-il quelquefois manqué de franchise? C'est qu'il n'avait pas rencontré des ministres assez convaincus, assez résolus, pour aller au but par le plus court chemin, et braver les préjugés du vulgaire. Avait-il éprouvé devant les Chambres, devant le pays, quelques échecs? Il les avait prévus; mais cette prévision n'avait pu l'arrêter. Pour être responsable de l'insuccès de ses entreprises, quand elles échouent, il faut être monarque absolu, ou dictateur révolutionnaire: un roi constitutionnel ne peut tout ce qu'il veut; il suffit à sa gloire, au jugement de la postérité, qu'il ait pris l'initiative des grands desseins. Qui l'avait mis hors du trône? Un ennemi qu'un roi mal servi ne peut jamais atteindre: la calomnie. Pendant dix-huit ans, on l'avait constamment calomnié, et personne n'avait eu le courage de le défendre. Non, il n'avait rien à désavouer, rien à regretter de ce qu'il avait fait lui-même durant ces dix-huit années. Loin de là, il condamnait aux désaveux ses aveugles adversaires, aux regrets ses ennemis passionnés.

Le poète des guerres civiles de l'ancienne Rome nous dit que l'âme inébranlable de l'austère Caton n'avait jamais été ployée par les coups de la Fortune. Ferme dans ses principes, persuadé que la multitude s'égarait à la suite de César, et que les Dieux servaient la mauvaise cause, il protestait même contre les Dieux. L'entêtement de Louis-Philippe n'était pas la fermeté de Caton. Le vétéran du parti stoïcien, voyant finir la république, déplorait avec une noble tristesse les disgrâces de la vertu ; le roi détrôné, qui n'avait jamais eu d'autres principes que ses intérêts, s'obstinait à soutenir qu'il avait habilement joué sa partie, et qu'il ne devait pas la perdre. Ce n'était que le radotage d'un vieillard, atteint par une catastrophe dans le moment où le succès de ses calculs lui semblait assuré, et ses plaintes, ses récriminations, ses emportements contre l'injustice du sort, contre l'ingratitude de la France et de l'Europe, des peuples et des rois, touchaient moins qu'ils ne fatiguaient. On venait voir Louis-Philippe par déférence pour une grande infortune, ou par simple curiosité ; mais rarement on renouvelait cette visite.

L'irritation constante de Louis-Philippe épuisait ses forces. On ne le remarqua pas d'abord : on prit même pour l'indice d'une vigueur inaltérable cette vivacité de corps et d'esprit qu'entretenait la véhémence de la passion. Mais bientôt il fallut reconnaître à des signes trop certains que la santé du roi s'était considérablement altérée. Dans les premiers mois de l'année 1849, il se sentit malade, et, pour changer d'air, il se fit transporter à Richmond. Au mois de mars, quand il revint à Claremont, il éprouvait une grande faiblesse, et chaque jour cette faiblesse augmentait. C'est alors qu'on soupçonna quelque maladie organique. Le roi fut informé de ce soupçon, ou il sentit lui-même qu'il s'en allait. Mais, autant qu'il put,

il le dissimula. Les progrès du mal furent rapides : il mourut le 26 août. La veille, il dictait encore au général Dumas quelques pages de ses mémoires ; quelques instants avant de rendre le dernier souffle, il disait à son médecin, avec une apparente sécurité, qu'il se trouvait bien, et que sa constitution vigoureuse devait tromper les sinistres prévisions de la science.

Ce que Louis-Philippe n'avait jamais voulu reconnaître, c'est que le gouvernement élevé sur les barricades de 1830 était, de sa nature, un gouvernement transitoire, dont il fallait ménager tous les ressorts, si l'on voulait éviter de subites ruptures.

Les monarchies constitutionnelles ont toutes au dehors le même aspect, et cependant elles n'ont pas toutes les mêmes conditions d'existence et de durée. En Angleterre, par exemple, tous les corps politiques admis en participation au gouvernement : la royauté, la pairie, les communes, représentent des intérêts différents, et même quelquefois opposés, qui, les uns et les autres, se fondent, et sur les traditions anciennes, et sur les mœurs actuelles ; qui sont protégés les uns contre les autres, et par la force qu'ils tirent d'eux-mêmes, et par celle qu'ils doivent à l'opinion. En France, il n'y a rien de semblable. Il n'existe, en France, qu'un intérêt, un seul : l'intérêt collectif de tous les citoyens, égaux entre eux, représentés par l'État, centre unique vers lequel tout converge, et qui doit tout administrer, tout régir, sans distinction ni de classes, ni de personnes, au profit de chacun et de tous. Les corps politiques ne peuvent donc être, ici, que des instruments divers concourant à une œuvre commune : la représentation du pays. Si donc un de ces corps manque à sa fonction ou la remplit mal, il s'agit aussitôt de le modifier ou de le supprimer. Comment lui serait-il permis d'être plus longtemps une cause de trouble, puisqu'il n'est le mandataire d'aucun intérêt, puisqu'il ne possède qu'une existence conditionnelle, et n'a pas de droits originels à faire valoir pour justifier sa rébellion ?

Louis-Philippe n'avait pas compris cela.

Il admettait volontiers que la pairie n'était, en France, qu'une pairie nominale, une institution purement artificielle, que la volonté du législateur avait tirée du néant ; mais il était bien loin de considérer le pouvoir qu'il exerçait au titre de roi, comme né vers le même temps, et créé de la même manière, par les mêmes mains. S'il avait reçu la couronne d'une révolution, il l'avait acceptée comme héritier légitime, ses compétiteurs étant tous frappés de déchéance. La Révolution n'avait pas fondé ses droits, elle les avait reconnus. Il devait quelque chose à la France, qui, le 7 août, l'avait mis sur le trône ; mais la France lui devait plus encore, à lui qui, n'hésitant pas à prendre la couronne, avait préservé le pays de grands malheurs, et confondu les espérances de l'anarchie. On pouvait, d'ailleurs, consulter la Charte, cette Charte à qui tout le monde avait juré d'obéir. Plaçait-elle la royauté sous la dépendance de quelque autre pouvoir ? Non, sans doute. Il régnait comme ses aînés, au même titre ; et la preuve, c'est qu'on n'avait pas notablement modifié, dans la charte de 1830, les articles de 1814, où se trouvait la définition des attributs de la royauté.

Il entendait donc que, si les intérêts et les sentiments du pays étaient représentés par la chambre élective, la royauté, naturellement investie de droits égaux à ceux du pays, était une autre personne publique, qui se faisait représenter par des ministres, des préfets, des maires, qui ne relevait que d'elle-même, qui n'avait à consulter que ses intérêts particuliers. C'était là son système. Depuis le mois d'août 1830 jusqu'au mois de février 1848, Louis-Philippe se plaignit constamment de ne pas rencontrer un seul homme d'État qui voulût adopter ses principes, et entrer dans ses vues. Il n'avait pas manqué de ministres habiles ; mais vainement il avait cherché des ministres dévoués à la couronne, serviteurs toujours fidèles et désintéressés de la chose royale, des ministres vraiment dynastiques. M. Guizot lui-même avait d'autres idées : il s'était montré plus docile que convaincu.

Tant que les intérêts de la dynastie ne s'étaient pas trouvés ouvertement en désaccord avec les intérêts du pays, le système de Louis-Philippe avait paru prospérer. Après la révolution de 1830, le premier besoin qui se fit sentir fut celui de la paix. Toutes les transactions commerciales ainsi que toutes les relations administratives avaient été subitement interrompues par la crise révolutionnaire ; les affaires privées étaient en souffrance, et les affaires publiques n'étaient pas dans une situation meilleure. Le roi ne demandait qu'à se concilier la confiance du pays ; le pays, qu'à consolider le principe d'autorité entre les mains du roi. Vainement alors il s'éleva de véhémentes protestations contre les sacrifices imposés, au nom de l'ordre, à la jeune liberté : elles furent accueillies comme des voix factieuses. Plus d'agitations nouvelles, plus de chicanes entre la nation et la couronne ; mais bien plutôt des concessions réciproques, même avec quelque abandon des droits les plus sacrés, des prérogatives les plus chères : tel était le vœu commun du pays et du roi.

Mais aussitôt que la paix fut bien assise, le pays se prit à regretter les concessions qu'il avait faites, et le roi n'eut plus d'autre souci que de travailler à l'accroissement de sa puissance. L'antagonisme des intérêts éclata bientôt, et, comme cela devait arriver, on ne tarda pas, de part et d'autre, à manifester des intentions contraires. Le roi, qui n'avait reçu d'autre mandat que celui de régner, prétendit gouverner : le pays, ne trouvant pas dans ses institutions des garanties suffisantes contre les empiétements de la couronne, réclama des réformes. D'abord contenues et réservées, ces tendances furent de jour en jour plus déclarées, et elles engendrèrent des sentiments hostiles. Au dehors comme au dedans, la politique du roi devint personnelle : l'honneur du pays et ses grands intérêts furent sacrifiés du même coup à des calculs purement dynastiques. Le pays, de son côté, fut d'autant plus ému par les agitations libérales des nations étrangères, que son gouvernement conspirait contre elles avec les puissances absolutistes. La lutte une fois commencée, à qui devait rester la victoire? Au pays. N'étant rien par elle-même et ne pouvant rien ; créée, soutenue, conservée par l'opinion, la royauté tomba dès que l'opinion se sépara d'elle. Quand on lui criait de se défendre, de rassembler toutes ses forces, et de repousser la main qui s'avançait pour renverver le trône, elle mourait, elle était morte !

Le caractère personnel de Louis-Philippe eut, dans toutes les affaires de son règne, une grande part d'influence. Il prétendait tout dominer autour de lui. Il aimait ses enfants, et jamais il n'avait avec eux ces épanchements du cœur qui marquent la confiance : jamais il ne les interrogeait, jamais il ne les initiait à ses desseins. S'il avait besoin de leur concours, il leur donnait des ordres. Avec ses ministres, il avait presque la même réserve : s'il ne prenait pas, en leur adressant la parole, le ton du commandement ; s'il affectait, au contraire, de se montrer avec eux facile, ouvert, grand parleur, il avait soin, dans le conseil, de ramener toujours aux questions présentes les débats qui pouvaient aller jusqu'à l'examen des principes. Ce n'était ni l'orgueil surhumain de Louis XIV, ni la vaine jactance de François Ier ; non assurément; Louis-Philippe avait trop de bon sens pour donner dans ces travers ; mais il s'était fait, en matière de gouvernement, un système qui ne voulait pas laisser discuter. Ni despote, ni glorieux, il était systématique et entêté. Comme il pensait ne devoir sa fortune qu'à lui-même, il n'avait besoin, pour bien gérer ses affaires, des conseils de personne. Qui, d'ailleurs, pouvait se flatter de connaître mieux que lui les hommes et les choses ? Quelle expérience pouvait se comparer à la sienne ?

Le système de Louis-Philippe n'avait pas de très grandes proportions. Nous l'envisageons sans qu'il étonne nos regards. Il y a des noms, dans l'histoire, qu'il suffit de prononcer pour rappeler à l'esprit un vaste ensemble de conceptions hardies : le nom de Louis-Philippe n'aura certainement pas une telle signification ; son système, à peine remarqué, sera jugé, par les historiens qui l'examineront de près, comme dépourvu de tout ce qui recommande les autres. Il voulait simplement constituer sa dynastie, la dynastie d'Orléans, et les moyens qu'il avait choisis pour atteindre ce but étaient les moyens les plus vulgaires.

Quelques voix se sont nouvellement élevées, qui ont protesté contre la justice du peuple et promis au roi mort dans l'exil les bénédictions de la postérité. La postérité, nous le savons, s'est montrée souvent très indulgente ; elle a mis en oubli de plus grands méfaits que les siens, elle a généreusement absous de plus grands coupables ; mais c'est quand elle a laissé tromper son jugement par l'éclat de la mise en scène. Le gouvernement de Louis-Philippe n'aura pas ce prestige. La guerre eût renversé, pensait-il, tout son échafaudage, et il ne travaillait qu'à maintenir la paix. Oui, la paix est un grand bien, et heureux sont les gouvernements qui peuvent la conserver sans laisser entamer leur honneur. Mais il n'y avait pas de questions d'honneur pour Louis-Philippe, et toutes les questions d'intérêt étaient par lui réduites aux plus étroits, aux plus misérables calculs de l'intérêt personnel. Bourgeois de cœur, d'esprit, d'habitudes, il faisait volontiers des chicanes à ses voisins, mais reculait devant eux dès qu'il avait provoqué leur colère, on se disant que la sagesse consiste à savoir supporter les injures. Cette absence de dignité n'obtiendra pas assurément les hommages qu'avec trop de facilité l'on accorde aux emportements de l'esprit militaire.

Au dehors, la paix ; au dedans, la prépondérance des intérêts ; tel fut, en peu de mots, tout le système de Louis-Philippe. Ses aînés ayant été détrônés par des idées, Louis-Philippe se persuada que le plus sûr moyen de dompter les idées était d'exciter l'appétit des jouissances matérielles. Il encouragea la spéculation, et se montra plein d'égards pour les spéculateurs. La noblesse lui témoignait de la rancune ; il prit dans la finance les conseillers les plus intimes de son gouvernement, et affecta même de leur sacrifier, dans plusieurs circonstances, des projets depuis longtemps mis à l'étude, et qu'il avait à cœur de réaliser. Pour donner de l'essor au commerce, à l'industrie, il employa toutes les ressources de l'État à créer de grandes voies de communication, à creuser des canaux, à jeter des ponts sur les rivières. Il descendit même jusqu'aux pratiques de la plus infime corruption, ne négligeant rien de ce qui pouvait amoindrir le crédit des idées, et faire prévaloir l'arrogant scepticisme des intérêts. C'est ainsi qu'il ruina le trésor public et greva l'avenir des plus lourdes charges; et quand il crut être au bout de son entreprise, il fut obligé de reconnaître que les idées avaient encore assez de vie pour culbuter l'édifice des intérêts. Cependant, il est malheureusement vrai que les mœurs publiques ont été, durant ce règne, profondément altérées par la propagande de la corruption; que, dans la bourgeoisie, dans le peuple même, le système de Louis-Philippe a développé des instincts pervers; que les nobles traditions de 1789 ont beaucoup perdu de leur empire, et que le niveau de l'intelligence française s'est abaissé.

Ce système ne rencontra pas seulement des écueils dans la nature des choses. Les principes du roi, car il avait des principes, doivent être comptés parmi les obstacles qu'il eut le plus de peine à surmonter. Né d'un père régicide, il avait eu, dans sa jeunesse, une éducation révolutionnaire; sa conduite, sous la Restauration, avait été celle d'un prince libéral; et non seulement alors il s'était entouré des hommes signalés par leur opposition aux doctrines monarchiques, mais il avait lui-même offert des gages de son assentiment aux principes que la révolution de Juillet devait faire triompher. Conduite habile, soit! mais en même temps sincère. Aussi, ne marchait-il pas résolument à l'assaut d'une liberté publique. Si, d'une part, il était curieux de reconquérir un des privilèges ravis à la royauté, il avait, d'autre part, des scrupules qui le gênaient. Il n'aimait pas davantage heurter de front un texte de loi. Que s'il avait d'abord aveuglément suivi l'élan de sa passion, il hésitait en lisant l'article du Code qui lui disait de s'arrêter, et souvent il s'arrêtait. Plus d'une fois il donna des ordres impitoyables : il avait cependant horreur du sang. La guerre! on sait combien il a fait de sacrifices, combien il a dévoré d'outrages, pour empêcher la guerre. Eh bien! il faillit un jour compromettre la paix du monde en parlant, devant les ministres des cours étrangères, le vieux langage de la tribune des Jacobins. Louis-Philippe était le plus opiniâtre des hommes, et il se montrait souvent, dans la pratique, le plus incertain. On l'avait vu le matin plaidant avec énergie la cause de ses intérêts, ne tenant compte d'aucun avis, accueillant même la contradiction avec une hauteur qui souvent intimidait; on le retrouvait, le soir, inquiet, indécis, embarrassé par un cas de conscience qu'il ne pouvait résoudre, et tout prêt à condamner les instructions qu'il avait dictées. Il était alors, pour employer une expression dont il abusait volontiers, son propre *ennemi*.

Son gouvernement finit par une de ces luttes morales. Plus que personne il avait poussé M. Guizot à la résistance : quand on lui parlait de céder quelque chose, et de prévenir par cette concession opportune une crise peut-être sanglante, il souriait de ce conseil pusillanime, et montrait l'assurance la plus sereine, ne parlant que d'écraser la rébellion. Mais au moment où il fallut donner le signal du combat, tout à coup les scrupules se présentèrent à l'esprit de Louis-Philippe et l'arrêtèrent. Il ne savait pas encore s'il devait écouter la voix de ses intérêts ou la voix de ses principes, quand la Révolution frappait au seuil de son palais; et il se montra aussi résigné dans la retraite qu'il avait semblé résolu dans la résistance. Sa chute fut d'accord avec le reste de sa vie, sans grandeur, mais sans faiblesse.

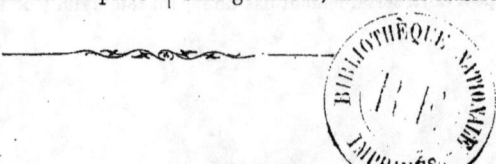

CLASSEMENT DES GRAVURES HORS TEXTE

PORTRAITS

Lamartine	11
Abd-el-Kader	59
Gutenberg	89
Berryer	139
Nicolas	217
Ledru-Rollin	263
Duc d'Orléans	297
O'Connel (Daniel)	335
Royer-Collard	411
Sauzet	449
Abd-el-Kader à Toulon	539

SUJETS DIVERS

Mazagran	31
Manifestation de la place de la Concorde	89
Suez	99
Opérations en Afrique	111
Bruxelles	148
Le char funèbre	195
Mort du duc d'Orléans	307
Ultimatum	375
Isly	395
Petite Emeute au Marché	479
Château-Rouge	513

TYPES MILITAIRES

Garde nationale	17
Gendarmes	119
Invalides	189
Cuirassiers	240
Train	351
Hussards	427
Cantinière	525
Dragons	

ELIAS REGNAULT, *Histoire de Huit Ans.*

DOCUMENTS HISTORIQUES

ORDONNANCES ROYALES, PIÈCES DIPLOMATIQUES, DISCOURS, ETC.

CONVENTION

Du 15 juillet, conclue entre les cours de la Grande-Bretagne, de Prusse et de Russie, d'une part, et de la Sublime Porte Ottomane de l'autre, pour la pacification du Levant, signée à Londres le 15 juillet 1840.

Au nom de Dieu très miséricordieux,

S. H. le sultan ayant eu recours à LL. MM. la reine du royaume-uni de la Grande-Bretagne et d'Irlande, l'empereur d'Autriche, roi de Hongrie et de Bohême, le roi de Prusse et l'empereur de toutes les Russies, pour réclamer leur appui et leur assistance au milieu des difficultés dans lesquelles il se trouve placé par la suite de la conduite hostile de Méhémet-Ali, pacha d'Égypte, difficultés qui menacent de porter atteinte à l'intégrité de l'empire ottoman et à l'indépendance du trône du sultan, Leurs dites Majestés, réunies par le sentiment d'amitié qui subsiste entre elles et le sultan, animées du désir de veiller au maintien de l'intégrité et de l'indépendance de l'empire ottoman, dans l'intérêt de l'affermissement de la paix de l'Europe, fidèles à l'engagement qu'elles ont contracté par la note remise à la Porte par leurs représentants à Constantinople, le 27 juillet 1839, et désirant de plus prévenir l'effusion du sang qu'occasionnerait la continuation des hostilités qui ont récemment éclaté en Syrie entre les autorités du pacha et les sujets de Sa Hautesse,

Leurs dites Majestés et S. H. le sultan ont résolu, dans le but susdit, de conclure entre elles une convention, et ont nommé à cet effet pour leurs plénipotentiaires, savoir :

S. M. la reine du royaume-uni de la Grande-Bretagne et d'Irlande, le très honorable Henri-Jean, vicomte Palmerston, baron Temple, pair d'Irlande, conseiller de S. M. B. en son conseil privé, chevalier grand-croix du très honorable ordre du Bain, membre du Parlement, et son principal secrétaire d'État, ayant le département des affaires étrangères ;

S. M. l'empereur d'Autriche, roi de Hongrie et de Bohême, le sieur Philippe, baron de Nieuman, commandeur de l'ordre de Leopold d'Autriche, décoré de la croix pour le mérite civil, commandeur des ordres de la Tour et de l'Épée de Portugal, de la croix du Sud du Brésil, chevalier grand-croix de l'ordre de Saint-Stanislas de seconde classe de Russie, son conseiller aulique et plénipotentiaire près S. M. B. ;

S. M. le roi de Prusse, le sieur Henri-Guillaume, baron de Bulow, chevalier de l'ordre de l'Aigle-Rouge de première classe de Russie, grand-croix de l'ordre de Léopold d'Autriche et de Guelphe de Hanovre, chevalier grand-croix de l'ordre de Saint-Stanislas de seconde classe, et de Saint-Wladimir de quatrième classe de Russie, commandeur de l'ordre du Faucon de Saxe-Weimar, son chambellan, conseiller intime actuel, envoyé extraordinaire et ministre plénipotentiaire près S. M B. ;

S. M. l'empereur de toutes les Russies, le sieur Philippe, baron de Brunow, chevalier de l'ordre de Saint-Anne de première classe, de Saint-Stanislas de première classe, de Saint-Wladimir de troisième classe, commandeur de l'ordre de Saint-Étienne de Hongrie, chevalier de l'ordre de l'Aigle-Rouge et de Saint-Jean de Jérusalem, son conseiller privé, envoyé extraordinaire et ministre plénipotentiaire près S. M B. ;

Et S. H. le très majestueux, très puissant et très magnifique sultan Abdul-Medjid, empereur des Ottomans, Chekib-Effendi, décoré du Nichan-Itechar de première classe, beviikdgi du divan impérial, conseiller honoraire du département des affaires étrangères, son-ambassadeur extraordinaire près S. M. B. ;

Lesquels, s'étant réciproquement communiqué leurs pleins pouvoirs, trouvés en bonne et due forme, ont arrêté et signé les articles suivants :

Art. 1er. Sa Hautesse le sultan s'étant entendu avec LL. MM. la reine du royaume-uni de la Grande-Bretagne et d'Irlande, l'empereur d'Autriche, roi de Hongrie et de Bohême, le roi de Prusse et l'empereur de toutes les Russies, sur les conditions de l'arrangement qu'il est de l'intention de Sa Hautesse d'accorder à Méhémet-Ali, lesquelles conditions se trouvent spécifiées dans l'acte séparé ci-annexé, LL. MM. s'engagent à agir dans un parfait accord, et à unir leurs efforts pour déterminer Méhémet-Ali à se conformer à cet arrangement, chacune des hautes parties contractantes se réservant de coopérer à ce but selon les moyens d'action dont chacune d'elles peut disposer.

Art. 2. Si le pacha d'Égypte refusait d'adhérer au susdit arrangement, qui lui sera communiqué par le sultan avec le concours de Leurs dites Majestés, celles-ci s'engagent à prendre, à la réquisition du sultan, des mesures concertées et arrêtées entre elles, afin de mettre cet arrangement en exécution ; dans l'intervalle, ayant invité ses alliés à se joindre à lui pour l'aider à interrompre la communication par mer entre l'Égypte et la Syrie, et empêcher l'expédition de troupes, chevaux, armes, muni-

a — E. Regnault. — Hist. de Huit Ans.

tions et approvisionnements de guerre de tout genre d'une de ces provinces à l'autre, LL. MM. la reine du royaume-uni de la Grande-Bretagne et d'Irlande, et l'empereur d'Autriche, roi de Hongrie et de Bohême, s'engagent à donner immédiatement à cet effet les ordres nécessaires aux commandants de leurs forces navales dans la Méditerranée. Leurs dites Majestés promettent en outre que les commandants de leurs escadres, selon les moyens dont ils disposent, donneront au nom de l'alliance, tout l'appui et toute l'assistance en leur pouvoir à ceux des sujets du sultan qui manifesteront leur fidélité et obéissance à leur souverain.

Art. 3. Si Méhémet-Ali, après avoir refusé de se soumettre aux conditions de l'arrangement mentionné ci-dessus, dirigeait ses forces de terre ou de mer vers Constantinople, les hautes parties contractantes, sur la réquisition qui en serait faite par le sultan à leurs représentants à Constantinople, sont convenues, le cas échéant, de se rendre à l'invitation de ce souverain et de pourvoir à la défense de son trône au moyen d'une coopération concertée en commun, dans le but de mettre les deux détroits du Bosphore et des Dardanelles ainsi que la capitale de l'empire ottoman à l'abri de toute agression. Il est en outre convenu que les forces qui, en vertu d'une pareille atteinte, recevront la destination indiquée ci-dessus, y resteront employées aussi longtemps que leur présence en sera requise par le sultan; et lorsque S. H. jugera que leur présence aura cessé d'être nécessaire, les-dites forces se retireront simultanément, et rentreront respectivement dans la mer Noire et la Méditerranée.

Art. 4. Il est toutefois expressément entendu que la coopération mentionnée dans l'article précédent, et destinée à placer temporairement les détroits des Dardanelles et du Bosphore et la capitale ottomane sous la sauvegarde des hautes parties contractantes contre toute agression de Méhémet-Ali, ne sera considérée que comme une mesure exceptionnellement adoptée à la demande expresse du sultan, et uniquement pour sa défense dans le cas seul indiqué ci-dessus. Mais il est convenu que cette mesure ne dérogera en rien à l'ancienne règle de l'empire ottoman, en vertu de laquelle a été de tout temps défendue aux bâtiments de guerre des puissances étrangères l'entrée dans les détroits des Dardanelles et du Bosphore; et le sultan, d'une part, déclare, par le présent acte, qu'à l'exception de l'éventualité ci-dessus mentionnée, il a la ferme résolution de maintenir à l'avenir ce principe invariablement établi, comme ancienne règle de son empire, et, tant que la Porte se trouve en paix, de n'admettre aucun bâtiment de guerre étranger dans les détroits du Bosphore et des Dardanelles; d'autre part, LL. MM. la reine du royaume-uni de la Grande-Bretagne et d'Irlande, l'empereur d'Autriche, roi de Hongrie et de Bohême, le roi de Prusse et l'empereur de toutes les Russies, s'engagent à respecter cette détermination du sultan, et à se conformer au principe ci-dessus énoncé.

Art. 5. La présente convention sera ratifiée, et les ratifications en seront échangées à Londres dans l'espace de deux mois, ou plus tôt si faire se peut.

En foi de quoi les plénipotentiaires respectifs l'ont signée et y ont apposé les sceaux de leurs armes.

Fait à Londres, le 15 juillet, l'an de grâce 1840.

PALMERSTON, NIEUMAN, BULOW,
BRUNOW, CHEKIB.

ACTE

Séparé annexé à la convention conclue à Londres, le 15 juillet, entre les cours de la Grande-Bretagne, d'Autriche, de Prusse et de Russie, d'une part, et la Sublime Porte Ottomane de l'autre.

S. H. le sultan a l'intention d'accorder et de faire notifier à Méhémet-Ali les conditions de l'arrangement ci-dessous :

Art. 1er. S. H. promet d'accorder à Méhémet-Ali, pour lui et ses descendants en ligne directe, l'administration du pachalick d'Egypte ; et S. H. promet en outre d'accorder à Méhémet-Ali, sa vie durant, avec le titre de pacha d'Acre, et avec le commandement de la forteresse de Saint-Jean-d'Acre, l'administration de la partie méridionale de la Syrie, dont les limites seront déterminées par la ligne de démarcation suivante :

Cette ligne, partant du cap Ras-el-Nakhora, sur les côtes de la Méditerranée, s'étendra de là directement jusqu'à l'embouchure de la rivière Seisaban, extrémité septentrionale du lac Tibérias, longera la côte occidentale de la mer Morte, se prolongera de là en droiture jusqu'à la mer Rouge, en aboutissant à la pointe septentrionale du golfe d'Akaba, et suivra la côte occidentale du golfe d'Akaba et la côte occidentale du golfe de Suez jusqu'à Suez.

Toutefois, le sultan, en faisant ses offres, y attache la condition que Méhémet-Ali les accepte dans l'espace de dix jours, après que la communication en aura été faite à Alexandrie par un agent de S. H., et qu'en même temps Méhémet-Ali dépose entre les mains de cet agent les instructions nécessaires aux commandants de ses forces de terre et de mer, et de se retirer immédiatement de l'Arabie et de toutes les villes saintes qui s'y trouvent situées, de l'île de Candie, du district d'Adana, et de toutes les autres parties de l'empire ottoman qui ne sont pas comprises dans les limites de l'Egypte et dans celles du pachalick d'Acre, tel qu'il a été désigné ci-dessus.

Art. 2. Dans le délai de dix jours fixé ci-dessus, Méhémet-Ali n'accepte point le susdit arrangement, le sultan retirera alors son offre de l'administration viagère du pachalick d'Acre, mais S. H. consentira encore à accorder à Méhémet-Ali, pour lui et ses descendants en ligne directe, l'administration du pachalick d'Egypte, pourvu que cette offre soit acceptée dans l'espace des dix jours suivants, c'est-à-dire dans un délai de vingt jours, à compter du jour où la communication lui aura été faite, pourvu qu'il dépose également entre les mains de l'agent du sultan les instructions nécessaires pour ses commandants de terre et de mer de se retirer immédiatement en dedans des limites et dans les ports du pachalick d'Egypte.

Art. 3. Le tribut annuel à payer au sultan par Méhémet-Ali sera proportionné au plus ou moins de territoire dont ce dernier obtiendra l'administration, selon qu'il accepte le premier ou le second *ultimatum*.

Art. 4. Il est expressément entendu de plus que, dans la première comme dans la seconde alternative, Méhémet-Ali (avant l'expiration du terme fixé de dix ou vingt jours) sera tenu de remettre la flotte turque, avec tous ses équipages et armements, entre les mains du préposé turc, qui sera chargé de la recevoir; les commandants des escadres alliées assisteront à cette remise.

Il est entendu que dans aucun cas Méhémet-Ali ne pourra porter en compte, ni déduire du tribut à payer au sultan, les dépenses pour entretien de la flotte ottomane pendant tout le temps qu'elle sera restée dans les ports d'Egypte.

Art. 5. Tous les traités et toutes les lois de l'empire

ottoman s'appliquent à l'Égypte et au pachalick d'Acre, tel qu'il a été désigné ci-dessus, comme à toute autre partie de l'empire ottoman; mais le sultan consent qu'à condition du paiement régulier du tribut susmentionné, Méhémet-Ali et ses descendants perçoivent au nom du sultan et comme délégué de S. H. dans les provinces dont l'administration leur sera confiée : il est entendu en outre que, moyennant la perception des taxes et impôts susdits, Méhémet-Ali et ses descendants pourvoiront à toutes les dépenses d'administration civile et militaire desdites provinces.

Art. 6. Les forces de terre et de mer que pourra entretenir le pacha d'Égypte et d'Acre faisant partie des forces de l'empire ottoman, seront toujours considérées comme entretenues pour le service de l'Etat.

Art. 7. Le présent acte séparé aura les mêmes force et valeur que s'il était inséré mot à mot dans la convention de ce jour; il sera ratifié et les ratifications en seront échangées à Londres en même temps que celles de ladite convention.

En foi de quoi les plénipotentiaires respectifs l'ont signé et y ont apposé les sceaux de leurs armes.

Fait à Londres, 15 juillet, l'an de grâce 1840.

PALMERSTON, NIEUMAN, BULOW,
BRUNOW, CHEKIB.

PROTOCOLE

Signé à Londres, par les plénipotentiaires de Leurs Majestés, etc., le 15 juillet 1840.

En apposant sa signature à la convention de ce jour, le plénipotentiaire de la Sublime Porte Ottomane a déclaré :

Qu'en constatant par l'article 4 de ladite convention l'ancienne règle de l'empire ottoman, en vertu de laquelle il est défendu de tout temps aux bâtiments de guerre étrangers d'entrer dans les détroits des Dardanelles et du Bosphore, la Sublime Porte se réserve, comme par le passé, de délivrer des firmans aux bâtiments légers sous pavillon de guerre, lesquels sont employés, selon l'usage, au service de la correspondance des légations des puissances amies.

Les plénipotentiaires des cours de la Grande-Bretagne, etc., ont pris note de la présente déclaration pour la porter à la connaissance de leurs cours.

PALMERSTON, NIEUMAN, BULOW,
BRUNOW.

PROTOCOLE

Réservé, signé à Londres, le 15 juillet 1840, par les plénipotentiaires des cours de la Grande-Bretagne, etc.

Les plénipotentiaires des cours de la Grande-Bretagne, etc., ayant, en vertu de leurs pleins pouvoirs, conclu et signé en ce jour une convention entre leurs souverains respectifs pour la pacification du Levant ;

Considérant que, vu la distance qui sépare les capitales de leurs cours respectives, un certain espace de temps devra s'écouler nécessairement avant que l'échange des ratifications de ladite convention puisse s'effectuer et que des ordres fondés sur cet acte puissent être mis à exécution ;

Et lesdits plénipotentiaires étant profondément pénétrés de la conviction que, vu l'état actuel des choses en Syrie, les intérêts d'humanité aussi bien que les graves considérations de politique européenne qui constituent l'objet des sollicitudes communes des puissances signataires de la convention de ce jour, réclament impérieusement d'éviter, autant que possible, tout retard dans l'accomplissement de la pacification que ladite transaction est destinée à atteindre;

Lesdits plénipotentiaires, en vertu de leurs pleins pouvoirs, sont convenus entre eux que les mesures préliminaires mentionnées en l'article 2 de ladite convention seront mises à exécution tout de suite, et, sans attendre l'échange des ratifications, consentent formellement, par le présent acte, avec l'assentiment de leurs cours, à l'exécution immédiate de ces mesures.

Il est convenu en outre, entre lesdits plénipotentiaires, que S. H. le sultan procédera de suite à adresser à Méhémet-Ali la communication et les offres spécifiées dans l'acte séparé annexé à la convention de ce jour.

Il est convenu de plus que les agents consulaires de la Grande-Bretagne, d'Autriche, de Prusse et de Russie se mettront en rapport avec l'agent que le sultan y enverra pour adresser à Méhémet-Ali la communication et les offres susmentionnées, que lesdits consuls porteront à cet agent toute l'assistance et tout l'appui en leur pouvoir, et qu'ils emploieront tous leurs moyens d'influence auprès de Méhémet-Ali à l'effet de le déterminer à accepter l'arrangement qui lui sera proposé par ordre de S. H. le sultan.

Les amiraux des escadres respectives dans la Méditerranée recevront les instructions nécessaires pour se mettre en communication à ce sujet avec lesdits consuls.

PALMERSTON, NIEUMAN, BULOW,
BRUNOW.

MÉMORANDUM

Adressé au vicomte Palmerston, par M. Guizot, le 24 juillet.

La France a toujours désiré, dans l'affaire d'Orient, marcher d'accord avec la Grande-Bretagne, l'Autriche, la Prusse et la Russie. Elle n'a jamais été mue, dans sa conduite, que par l'intérêt de la paix. Elle n'a jamais jugé les propositions qui lui ont été faites que d'un point de vue général, et jamais du point de vue de son intérêt particulier : car aucune puissance n'est plus désintéressée qu'elle en Orient. Jugeant de ce point de vue, elle a considéré comme mal conçus tous les projets qui avaient pour but d'arracher à Méhémet-Ali, par la force des armes, les portions de l'empire turc qu'il occupe actuellement.

La France ne croit pas cela bon pour le sultan, car on tendrait ainsi à lui donner ce qu'il ne pourrait ni administrer, ni conserver. Elle ne le croit pas bon non plus pour la Turquie en général, et pour le maintien de l'équilibre européen; car on affaiblirait, sans profit pour le suzerain, un vassal qui pourrait aider puissamment à la commune défense de l'empire. Toutefois, ce n'est là qu'une question de système, sur laquelle il peut exister beaucoup d'avis divers. Mais la France s'est surtout prononcée contre tout projet dont l'adoption devait entraîner l'emploi de la force, parce qu'elle ne voyait pas distinctement les moyens dont les cinq puissances pouvaient disposer. Ces moyens lui semblaient insuffisants, ou plus funestes que l'état des choses auquel on voulait porter remède. Ce qu'elle pensait à ce sujet, la France le pense encore, et elle a quelques raisons de croire que cette opinion n'est pas exclusivement la sienne. Du reste, on ne lui a adressé, dans les dernières circonstances, aucune proposition sur laquelle elle eût à s'expliquer. Il ne faut donc pas imputer à des refus qu'elle n'a pas été en mesure de faire la détermination que l'Angleterre lui communique, sans doute au nom des quatre puissances. Mais, au surplus, sans insister sur la question que pourrait faire naître cette manière de procéder à son égard, la France le déclare de nouveau, elle considère comme peu réfléchie, comme peu prudente, une conduite qui consistera à prendre des résolutions sans moyens de les exécuter, ou à les exécuter par des moyens insuffisants ou dangereux.

L'insurrection de quelques populations du Liban est sans doute l'occasion qu'on a cru pouvoir saisir pour y trouver les moyens d'exécution qui jusque-là ne s'étaient pas montrés. Est-ce un moyen bien avouable, et surtout bien utile à l'empire turc, d'agir ainsi contre le vice-roi? On veut rétablir un peu d'ordre et d'obéissance dans toutes les parties de l'empire, et on y fomente des insurrections! On ajoute de nouveaux désordres à ce désordre déjà général que toutes les puissances déplorent dans l'intérêt de la paix. Et ces populations, réussirait-on à les soumettre à la Porte après les avoir soulevées contre le vice-roi? Toutes ces questions, on ne les a certainement pas résolues. Mais si cette insurrection est comprimée, si le vice-roi est de nouveau possesseur assuré de la Syrie, s'il n'en est que plus irrité, plus difficile à persuader, et qu'il réponde aux sommations par des refus positifs, quels sont les moyens des quatre puissances? Assurément, après avoir employé une année à les chercher, on ne les aura pas découverts récemment, et on aura créé soi-même un nouveau danger, le plus grave de tous : le vice-roi, excité par les moyens employés contre lui; le vice-roi, que la France avait contribué à retenir, peut passer le Taurus, et menacer de nouveau Constantinople.

Que feront encore les quatre puissances dans ce cas? Quelle sera la manière de pénétrer dans l'empire pour y secourir le sultan? La France pense qu'on a préparé là, pour l'indépendance de l'empire ottoman et pour la paix générale, un danger plus grave que celui dont les menaçait l'ambition du vice-roi. Si toutes ces éventualités, conséquences de la conduite qu'on va tenir, n'ont pas été prévues, alors les quatre puissances se seraient engagées dans une voie bien obscure et bien périlleuse. Si, au contraire, elles ont été prévues, et si les moyens d'y faire face sont arrêtés, alors les quatre puissances en doivent la connaissance à l'Europe, et surtout à la France, qui s'est toujours associée au but commun, à la France dont encore aujourd'hui elles réclament le concours moral, dont elles invoquent l'influence à Alexandrie.

Le concours moral de la France dans une conduite commune était obligatoire de sa part; il n'en est plus une dans la nouvelle situation où semblent vouloir se placer les puissances. La France ne peut plus être mue désormais que par ce qu'elle doit à la paix, et ce qu'elle se doit à elle-même. La conduite qu'elle tiendra dans les graves circonstances où les quatre puissances viennent de placer l'Europe dependra de la solution qui sera donnée à toutes les questions qu'elle vient d'indiquer. Elle aura toujours en vue la paix et le maintien de l'équilibre actuel entre les États de l'Europe. Tous ses moyens seront consacrés à ce double but.

MÉMORANDUM

De lord Palmerston, ministre de la Grande-Bretagne, adressé au gouvernement français.

Monsieur,

Différentes circonstances m'ont empêché de vous transmettre plus tôt, et, par votre entremise, au gouvernement français, quelques observations que le gouvernement de S. M. désire faire sur le *mémorandum* qui m'a été remis le 24 juillet par l'ambassadeur de France à cette cour, en réponse au *mémorandum* que j'avais remis à S. Exc. le 17 du même mois; mais actuellement je viens remplir cette tâche.

C'est avec une grande satisfaction que le gouvernement de S. M. a remarqué le ton amical du *mémorandum* français et les assurances qu'il contient du vif désir de la France de maintenir la paix et l'équilibre des puissances en Europe. Le *mémorandum* du 17 juillet a été conçu dans un esprit tout aussi amical envers la France; et le gouvernement de S. M. est tout aussi empressé (*anxious*) que la France peut l'être de conserver la paix de l'Europe et de prévenir le moindre dérangement dans l'équilibre existant entre les puissances.

Le gouvernement de S. M. a également vu avec plaisir les déclarations contenues dans le *mémorandum* français, portant que la France désire agir de concert avec les quatre puissances, en ce qui concerne les affaires du Levant; qu'elle n'a jamais été poussée dans ces questions par d'autres motifs que par le désir de maintenir la paix; et que, dans l'opinion qu'elle s'est formée, elle n'a jamais été influencée par des intérêts particuliers qui lui sont propres, étant en fait aussi desintéressée que toute autre puissance peut l'être dans les affaires du Levant.

Les sentiments du gouvernement de S. M. sont sur ces points, à tous égards, semblables à ceux du gouvernement français et y correspondent entièrement; car en premier lieu, dans tout le cours des négociations ouvertes sur cette question pendant plus de douze mois, le désir empressé du gouvernement britannique a été constamment qu'un concert fût établi entre les cinq puissances, et que toutes cinq elles accédassent à une ligne de conduite commune; et le gouvernement de S. M., sans devoir s'en référer, pour preuve de ce désir, aux différentes propositions qui ont été faites de temps en temps au gouvernement français, et auxquelles il est fait allusion dans le *mémorandum* de la France, peut affirmer sans crainte qu'aucune puissance de l'Europe ne peut être moins influencée que ne l'est la Grande-Bretagne par des vues particulières ou par tout désir et espérance d'avantages exclusifs qui naîtraient pour elle de la conclusion des affaires du Levant : bien au contraire, l'intérêt de la Grande-Bretagne dans ces affaires s'identifie avec celui de l'Europe en général, et se trouve placé, dans le maintien de l'intégrité et de l'indépendance de l'empire ottoman, comme étant une sécurité pour la conservation de la paix, et un élément essentiel de l'équilibre général des puissances.

C'est à ces principes que le gouvernement a promis son plein concours, et qu'il l'a offert dans plus d'une circonstance, et spécialement dans une dépêche du maréchal Soult, en date du 17 juillet 1839, dépêche qui a été communiquée officiellement aux quatre puissances; il l'a encore offert dans une autre note collective du 27 juillet 1839, et dans le discours du roi des Français aux Chambres en 1839.

Dans ces documents, le gouvernement français fait connaître sa détermination de maintenir l'intégrité et l'indépendance de l'empire ottoman sous la dynastie actuelle, comme un élément essentiel de l'équilibre des puissances, comme une sûreté pour la conservation de la paix, et, dans une dépêche du maréchal Soult, il a également assuré que sa résolution était de repousser par tous ses moyens d'action et d'influence toute combinaison qui pourrait être hostile au maintien de cette intégrité et de cette indépendance.

En conséquence, les gouvernements de la Grande-Bretagne et de France sont parfaitement d'accord, quant aux objets vers lesquels leur politique, en ce qui concerne les affaires d'Orient, doit tendre, et quant aux principes fondamentaux d'après lesquels cette politique doit être guidée ; la seule différence qui existe entre les deux gouvernements est une différence d'opinion quant aux moyens qu'ils jugent les plus propres pour atteindre cette fin commune : point sur lequel, ainsi que l'observe le *mémorandum* français, on peut naturellement s'attendre à voir se rencontrer différentes opinions.

Sur ce point, il s'est élevé, en effet, une grande différence d'opinion entre les deux gouvernements, différence qui semble être devenue plus forte et plus prononcée (*wider and more confirmed*), à mesure que les deux gouvernements ont plus complètement expliqué leurs vues respectives, ce qui, pour le moment, a empêché les deux gouvernements d'agir de concert pour atteindre le but commun.

D'un côté, le gouvernement de S. M. a manifesté à diverses reprises l'opinion qu'il serait impossible de maintenir l'intégrité de l'empire turc et de conserver l'indépendance du trône du sultan, si Méhémet-Ali devait être laissé en possession de la Syrie. Le gouvernement de S. M. a établi qu'il considère la Syrie comme la clef militaire de la Turquie asiatique, et que si Méhémet-Ali devait continuer à occuper cette province, outre l'Égypte, il pourrait en tout temps menacer Bagdad du côté du midi, Diarbekir et Erzeroum du côté de l'est, Koniah, Brousse et Constantinople du côté du nord ; que le même esprit ambitieux qui a poussé Méhémet-Ali, en d'autres circonstances, à se révolter contre son souverain, le porterait bientôt derechef à prendre les armes pour de nouveaux envahissements, et que dans ce but il conserverait toujours une grande armée sur pied ; que le sultan, d'un autre côté, devrait être continuellement en garde contre le danger qui le menacerait, et serait également obligé de rester armé ; qu'ainsi le sultan et Méhémet-Ali continueraient d'entretenir de fortes armées pour s'observer l'un l'autre ; qu'une collision devait nécessairement éclater par suite de ces continuels soupçons et de ces alarmes mutuelles, quand même il n'y aurait d'aucun côté une agression préméditée ; que toute collision de ce genre devait nécessairement conduire à une intervention étrangère dans l'intérieur de l'empire turc, et qu'une telle intervention, ainsi provoquée, conduirait aux plus sérieux dissentiments (*différences*) entre les puissances de l'Europe.

Le gouvernement de S. M. a signalé comme probable, sinon même certain, un danger plus grand que celui-ci, en conséquence de l'occupation continue de la Syrie par Méhémet-Ali, à savoir que le pacha, se fiant sur sa force militaire et fatigué de sa position politique de sujet, exécuterait une intention qu'il a franchement avoué aux puissances d'Europe qu'il n'abandonnerait jamais, et se déclarerait lui-même indépendant. Une pareille déclaration de sa part serait incontestablement le démembrement de l'empire ottoman, et, ce qui plus est, ce démembrement pourrait arriver dans des circonstances telles, qu'elles rendraient plus difficile aux puissances d'Europe d'agir ensemble pour forcer le pacha à rétracter une pareille déclaration, qu'il ne l'est aujourd'hui de combiner leurs efforts pour le contraindre à évacuer la Syrie.

Le gouvernement de S. M. a, en conséquence, invariablement prétendu que toutes les puissances qui désiraient conserver l'intégrité de l'empire turc, et maintenir l'indépendance du trône du sultan, devaient s'unir pour aider ce dernier à rétablir son autorité directe en Syrie.

Le gouvernement français, d'un autre côté, a avancé que Méhémet-Ali, une fois assuré de l'occupation permanente de l'Égypte et de la Syrie, resterait un fidèle sujet et deviendrait le plus ferme soutien du sultan ; que le sultan ne pourrait gouverner si le pacha n'était en possession de cette province, dont les ressources militaires et financières lui seraient alors d'une plus grande utilité que si elle était entre les mains du sultan lui-même ; qu'on peut avoir une confiance entière dans la sincérité du renoncement de Méhémet-Ali à toute vue ultérieure d'ambition, et dans ses protestations de dévouement fidèle à son souverain ; que le pacha est un vieillard, et qu'à sa mort, en dépit de tout don héréditaire fait à sa famille, l'ensemble de puissance qu'il a acquise retournerait au sultan, parce que toute possession des pays mahométans, quelle que soit leur constitution (*tenure*), ne sont réellement autre chose que des possessions à vie.

Le gouvernement français a, en outre, soutenu que Méhémet-Ali ne voudra jamais librement consentir à évacuer la Syrie, et que les seuls moyens dont les puissances d'Europe peuvent user pour l'y contraindre, seraient, ou bien des opérations sur mer, ce qui serait insuffisant, ou des opérations par terre, ce qui serait dangereux ; que des opérations sur mer n'expulseraient pas les Egyptiens de la Syrie, et exciteraient seulement Méhémet-Ali à diriger une attaque sur Constantinople, et que les mesures auxquelles on pourrait avoir recours en pareil cas pour défendre la capitale, mais bien encore toute opération par terre par les troupes des puissances alliées pour expulser l'armée de Méhémet de la Syrie, deviendraient plus fatales à l'empire turc que ne pourrait l'être l'état des choses auquel ces mesures seraient destinées à remédier.

A ces objections, le gouvernement de S. M. répliqua qu'on ne pouvait faire aucun fonds sur les protestations actuelles de Méhémet-Ali ; que son ambition est insatiable et ne fait que s'accroître par le succès, et que donner à Méhémet-Ali la faculté d'envahir et laisser à sa portée des objets de convoitise, ce serait semer des germes, certains de nouvelles collisions ; que la Syrie n'est pas plus éloignée de Constantinople qu'un grand nombre de provinces bien administrées ne le sont, dans d'autres États, de leur capitale, et qu'elle peut être gouvernée de Constantinople tout aussi bien que d'Alexandrie ; qu'il est impossible que les ressources de cette province puissent être aussi utiles au sultan entre les mains d'un chef qui peut, à tout moment, tourner ces ressources contre ce dernier, qu'elles le seraient si elles étaient dans les mains et à la disposition du sultan lui-même ; qu'Ibrahim, ayant une armée sous ses ordres, avait le moyen d'assurer sa propre succession, lors du décès de Méhémet-Ali, à tout pouvoir dont celui-ci serait en possession à sa mort ; et qu'il ne serait pas convenable que les grandes puissances conseillassent au sultan de conclure un arrangement public avec Méhémet-Ali, avec l'intention secrète et éventuelle de rompre cet arrangement à la première occasion où cela pourrait être opportun.

Néanmoins le gouvernement français maintint son opinion, et refusa de prendre part à l'arrangement qui supposait (*included*) l'emploi de mesures coercitives.

Mais le *mémorandum* français établit que :

« Dans la dernière circonstance, il n'a pas été fait à la France de proposition positive sur laquelle elle fût appelée à s'expliquer, et, conséquemment, la détermination que l'Angleterre lui a communiquée dans le *mémorandum* du 17 juillet, sans doute au nom des quatre puissances, ne devait pas être imputée à des refus que la France n'avait pas faits. »

Ce passage me force à vous rappeler en peu de mots le cours général de la négociation.

La première (*original*) opinion conçue par le gouvernement de S. M., et dont il fut donné connaissance aux quatre puissances, la France comprise, en 1839, était que les seuls arrangements entre le sultan et Méhémet-Ali qui pourraient assurer un état de paix permanent dans le Levant, seraient ceux qui borneraient le pouvoir délégué à Méhémet-Ali à l'Égypte seule, et retabliraient l'autorité directe du sultan dans toute la Syrie, aussi bien en Candie que dans toutes les villes saintes, en interposant ainsi le décret entre la puissance directe du sultan, et la province dont l'administration resterait au pacha. Et le gouvernement de S. M. proposa qu'en compensation de l'évacuation de la Syrie, Méhémet-Ali reçût l'assurance que ses descendants mâles lui succéderaient comme gouverneurs de l'Égypte, sous la suzeraineté du sultan.

A cette proposition, le gouvernement français fit des objections en disant qu'un tel arrangement serait sans doute le meilleur, s'il y avait moyen de le mettre à exécution; mais que Méhémet-Ali resisterait, et que toute mesure de violence que les alliés pourraient employer pour le faire céder, produirait des effets qui pourraient être plus dangereux pour la paix de l'Europe et pour l'indépendance de la Porte, que ne pourrait l'être l'état actuel des choses entre le sultan et Méhémet-Ali. Mais, quoique le gouvernement français refusât ainsi d'accéder au plan de l'Angleterre, cependant, durant un long espace de temps qui s'écoula ensuite, il n'eut pas à proposer de plan qui lui fût propre.

Cependant, en septembre 1839, le comte Sébastiani, ambassadeur français à la cour de Londres, proposa de tracer une ligne de l'est à l'ouest de la mer, à peu près vers Beyrouth, au désert près de Damas, et de déclarer que tout ce qui serait au midi de cette ligne serait administré par Méhémet-Ali, et que tout ce qui serait au nord le serait par l'autorité immédiate du sultan; et l'ambassadeur de France donna à entendre au gouvernement de S. M. que, si un pareil arrangement était admis par les cinq puissances, la France s'unirait, en cas de besoin, aux quatres puissances pour l'emploi de mesures coercitives ayant pour but de forcer Méhémet-Ali à s'y soumettre.

Mais je fis remarquer au comte Sébastiani qu'un pareil arrangement serait sujet, quoique à un moindre degré, à toutes les objections qui s'appliquent à la position actuelle et relative des deux parties, et que, par suite, le gouvernement de S. M. ne pouvait y accéder. J'observai qu'il paraissait inconséquent, de la part de la France, de vouloir employer, pour forcer Méhémet-Ali à souscrire à un arrangement qui serait évidemment incomplet et insuffisant pour le but qu'on se proposait, des mesures coercitives auxquelles elle se refusait, pour le contraindre de consentir à l'arrangement proposé par S. M., dont, aux yeux de la France même, l'exécution atteindrait entièrement le but proposé.

A ce raisonnement, le comte Sébastiani répliqua que les objections avancées par le gouvernement français pour employer des mesures coercitives contre Méhémet-Ali étaient fondées sur des considérations de régime intérieur (*domestics*), et que ces objections seraient écartées si le gouvernement français était en mesure de prouver à la nation et aux Chambres qu'il avait obtenu pour Méhémet-Ali les meilleures conditions possibles, et que celui-ci avait refusé d'accepter ces conditions.

Cette insinuation n'ayant pas été admise par le gouvernement de S. M., le gouvernement français communiqua, le 27 septembre 1839, et officiellement, son propre plan, qui était que Méhémet-Ali serait fait gouverneur héréditaire d'Égypte et de toute la Syrie, et gouverneur à vie de Candie, et ne donnant autre chose que l'Arabie et le district d'Adana. Le gouvernement français ne dit même pas, au reste, s'il savait que Méhémet-Ali voulût adhérer à cet arrangement, et il ne déclara pas non plus que, s'il refusait d'y accéder, la France prendrait des mesures coercitives pour l'y contraindre.

Évidemment le gouvernement de S. M. ne pouvait consentir à ce plan, qui était susceptible de plus d'objections que l'état des choses actuel, d'autant plus que donner à Méhémet-Ali un titre légal et héréditaire au tiers de l'empire ottoman, qu'il n'occupe maintenant que par la force, c'eût été tout d'abord introduire un démembrement réel de l'empire. Mais le gouvernement de S. M., pour prouver son désir empressé d'en venir, sur ces questions, à une entente avec la France, établit qu'il ferait céder son objection bien fondée à toute extension du pouvoir de Méhémet-Ali au-delà de l'Égypte et qu'il se joindrait au gouvernement français pour recommander au sultan d'accorder à Méhémet-Ali, outre le pachalick d'Égypte, l'administration de la partie basse de la Syrie, bornée au nord par une ligne tirée du cap Carmel à l'extrémité méridionale du lac Tibérias, et par une ligne de ce point au golfe d'Akaba, pourvu que la France voulût s'engager à coopérer avec les quatre autres puissances à des mesures coercitives, si Méhémet-Ali refusait cette offre.

Mais cette proposition ne fut pas agréée par le gouvernement français, qui déclare maintenant ne pouvoir coopérer aux mesures coercitives, ni participer à un arrangement auquel Méhémet-Ali ne voudrait pas consentir.

Pendant le temps que ces discussions avaient lieu avec la France, une négociation séparée avait lieu entre l'Angleterre et la Russie, dont tous les détails et les transactions ont été portés à la connaissance de la France. La négociation avec la France fut suspendue pendant quelque temps, au commencement de cette année : 1° parce qu'on s'attendait à un changement de ministère, et 2° parce que ce changement eut lieu. Mais au mois de mai le baron de Nieumann et moi-même nous résolûmes, de l'avis de nos gouvernements respectifs, de faire un dernier effort afin d'engager la France à entrer dans le traité à conclure avec les quatre autres puissances, et nous soumîmes au gouvernement français, par l'entremise de M. Guizot, une autre proposition d'arrangement à intervenir entre le sultan et Méhémet-Ali. Une objection mise en avant par le gouvernement français aux dernières propositions de l'Angleterre fut que, bien qu'on voulût donner à Méhémet-Ali la forte position qui s'étend du Mont-Carmel au Mont-Thabor, on le priverait de la forteresse d'Acre.

Pour détruire cette objection, le baron de Nieuman et moi nous proposâmes, par l'intermédiaire de M. Guizot, que les frontières du nord de cette partie de la Syrie qui serait administrée par le pacha, s'étendraient depuis le cap Nakhora jusqu'au dernier point nord du lac Tibérias, de manière à renfermer dans les limites la forteresse d'Acre, et que les frontières de l'est s'étendraient le long de la côte ouest du lac Tibérias, et ensuite, comme il avait été proposé, jusqu'au golfe Akaba ; nous déclarâmes que le gouvernement de cette partie de la Syrie ne pouvait être donné à Méhémet-Ali que sa vie durant, et que ni l'Angleterre ni l'Autriche ne pouvaient consentir à accorder l'hérédité à Méhémet-Ali pour aucune partie de la Syrie. Je déclarai de plus à M. Guizot, que je ne pouvais aller plus loin, en fait de concessions, dans la vue d'obtenir la coopération de la France, et que c'était donc notre dernière proposition. Le baron de Nieuman et moi nous fîmes séparément cette communication à M. Guizot; le baron de Nieuman d'abord, et moi le lendemain. M. Guizot me répondit qu'il ferait connaître cette proposition à son gouvernement, ainsi que les circonstances dont je lui avais exposées, et qu'il me ferait savoir la réponse dès qu'il l'aurait reçue. Peu de temps après, les plénipotentiaires d'Autriche, de Prusse et de Russie m'informèrent qu'ils avaient tout lieu de croire que le gouvernement français, au lieu de décider cette proposition lui-même, l'avait transmise à Alexandrie, pour connaître la décision de Méhémet-Ali ; que c'était placer les quatre puissances qui s'occupaient de cette affaire, non en face de la France, mais en face de Méhémet-Ali, que, sans parler du délai qui en résultait, c'était ce que leurs cours respectives n'avaient jamais eu l'intention de faire, et que le gouvernement français avait ainsi placé les plénipotentiaires dans une situation fort embarrassante.

Je convins avec eux que leurs objections étaient justes à l'égard de la conduite qu'ils attribuaient au gouvernement français, mais que M. Guizot ne m'avait rien dit sur ce que l'on ferait. On avait fait connaître à Méhémet-Ali que le gouvernement français était, en ce moment, tout occupé des questions parlementaires, et pouvait naturellement demander quelque temps pour faire une réponse à nos propositions ; qu'il ne pouvait d'ailleurs y avoir un grand mal dans un délai, dans cette circonstance. Vers la fin de juin, je pense que c'est le 27, M. Guizot vint chez moi, et me lut une lettre qui lui avait été adressée par M. Thiers, contenant la réponse du gouvernement français à notre proposition. Cette réponse était un refus formel. M. Thiers disait que « le gouvernement français savait, d'une manière positive, que Méhémet-Ali ne consentirait pas à la division de la Syrie, à moins qu'il n'y fût forcé ; que la France ne pouvait coopérer aux mesures à prendre contre Méhémet-Ali dans cette circonstance, et que, par conséquent, elle ne pouvait participer à l'arrangement projeté ».

La France ayant refusé d'accéder à l'*ultimatum* de l'Angleterre, les plénipotentiaires des quatre puissances durent examiner quelle serait la marche à adopter par leur gouvernement.

La position des cinq puissances était celle-ci : toutes cinq avaient déclaré qu'il était essentiel, dans des intérêts d'équilibre et pour préserver la paix de l'Europe, de conserver l'indépendance et l'intégrité de l'empire ottoman, sous la dynastie actuelle ; toutes cinq elles avaient déclaré qu'elles emploieraient tous leurs moyens d'influence pour maintenir cette intégrité et cette indépendance ; mais la France, d'un côté, soutint que le meilleur moyen pour arriver à ce résultat était d'abandonner le sultan à la merci de Méhémet-Ali, et de lui conseiller de se soumettre aux conditions que Méhémet lui imposerait, afin de conserver la paix, *sine quâ non*; tandis que, d'un autre côté, les quatre puissances regardèrent une plus longue occupation militaire des provinces du sultan par Méhémet-Ali comme devant détruire l'intégrité de l'empire turc et être fatale à son indépendance ; elles crurent donc qu'il était nécessaire de renfermer Méhémet-Ali dans une limite plus étroite.

Après environ deux mois de délibérations, la France non seulement refusa de consentir au plan proposé par les quatre puissances, comme un *utimatum* de leur part, mais elle déclara de nouveau qu'elle ne pouvait s'associer à aucun arrangement auquel Méhémet-Ali ne consentirait pas de son propre mouvement et sans qu'on l'y forçât. Il ne resta donc aux quatre puissances d'autre alternative que d'adopter le principe posé par la France, qui consistait dans la soumission entière du sultan aux demandes de Méhémet, ou d'agir d'après leurs principes, qui consistaient à contraindre Méhémet-Ali à accepter un arrangement compatible, quant à la forme, avec les droits du sultan, et, quant au fond, avec l'intégrité de l'empire ottoman. Dans la première hypothèse, on aurait obtenu la coopération de la France ; dans la seconde, on devait s'on passer.

Le vif désir des quatre puissances d'obtenir la coopération de la France a été manifesté par les offres qu'elles ont faites pendant plusieurs mois de négociations. Elles en connaissaient bien la valeur, non seulement par rapport à l'objet qu'elles ont actuellement en vue, mais encore par rapport aux intérêts généraux et permanents de l'Europe. Mais, ce qui leur manquait, et ce qu'elles estimaient, c'était la coopération de la France pour maintenir la paix, pour obtenir la sécurité future de l'Europe, pour arriver à l'exécution pratique des principes auxquels les cinq puissances avaient déclaré vouloir concourir. Elles désiraient coopérer avec la France pour faire le bien, mais elles n'étaient pas préparées à coopérer avec elle pour faire le mal.

Croyant donc que la politique conseillée par la France était injuste et nullement judicieuse envers le sultan, qu'elle pouvait occasionner des malheurs en Europe, qu'elle ne se coordonnait pas avec les engagements publics des cinq puissances, et qu'elle était incompatible avec les principes qu'elles avaient déclaré mis sagement en avant, les quatre puissances sentirent qu'elles ne pouvaient faire le sacrifice qu'on exigeait d'elles, et mettre ce prix à la coopération de la France, si, en effet, on peut appeler coopération ce qui devait consister à laisser suivre aux événements leur cours naturel. Ne pouvant donc adopter les vues de la France, les quatre puissances se sont déterminées à accomplir leur mission.

Mais cette détermination n'avait pas été imprévue, et les éventualités qui devaient s'ensuivre n'avaient pas été cachées à la France. Au contraire, à diverses reprises, pendant la négociation, et pas plus tard que le 1er octobre dernier, j'avais déclaré à l'ambassadeur français que notre désir de rester unis avec la France sur cette affaire devait avoir une limite, que nous désirions marcher en avant avec la France, mais que nous n'étions pas disposés à nous arrêter avec elle, et que, si elle ne pouvait trouver moyen d'entrer en accommodement avec les quatre puissances, elle ne pouvait pas être étonnée de voir celles-ci s'entendre entre elles et agir sans la France.

Le comte de Sébastiani me répondit qu'il prévoyait que nous en agirions ainsi, et qu'il pouvait prédire le résultat : que nous devions tâcher de terminer nos arrangements sans la participation de la France, et que nous trouverions que nos moyens étaient insuffisants; que la France serait spectatrice passive et tranquille des événements ; qu'après une année ou une année et demie d'efforts inutiles nous reconnaîtrions que nous nous sommes trompés, et que nous nous adresserions alors à la France, et que cette puissance coopérerait à arranger ces affaires aussi amicalement, après que nous aurions échoué ; qu'elle l'aurait fait avant notre tentative, et qu'alors elle nous persuaderait probablement d'accéder à des choses auxquelles nous refusions de consentir pour le moment.

De semblables significations furent également faites à M. Guizot, relativement à la ligne que suivraient probablement les quatre puissances, si elles ne réussissaient pas à en venir à un arrangement avec la France. C'est pourquoi le gouvernement français ayant refusé l'*ultimatum* des quatre puissances, et ayant, en le refusant, posé de nouveau un principe de conduite qu'il savait ne pouvoir être adopté par les quatre puissances, principe qui consistait notamment en ce qu'il ne pourrait se faire aucun règlement de difficultés entre le sultan et son sujet, si ce n'est aux conditions que le sujet pourrait accepter spontanément, ou, en d'autres termes dicter, le gouvernement français dut s'être préparé à voir les quatre puissances agir sans la France ; et les quatre puissances, ainsi déterminées, ne pouvaient, à juste titre, être représentées comme se séparant elles-mêmes de la France, ou comme excluant la France de l'arrangement d'une grande affaire européenne. Ce fut, au contraire, la France qui se sépara des quatre puissances, car ce fut la France qui se posa pour elle-même un principe d'action qui rendit impossible sa coopération avec les autres quatre puissances.

Et ici, sans chercher à m'étendre sur des observations de controverse relativement au passé, je trouve tout à fait nécessaire de remarquer que cette séparation volontaire de la France n'était pas purement produite par le cours des négociations à Londres, mais que, à moins que le gouvernement de S. M. n'eût été étrangement induit en erreur, elle avait encore eu lieu d'une manière plus décidée dans le cours des négociations à Constantinople. Les cinq puissances ont déclaré au sultan que la note collective qui a été remise à la Porte le 27 juillet 1839, par leurs représentants à Constantinople, que leur union était assurée, et ceux-ci lui avaient demandé de s'abstenir de toute négociation directe avec Méhémet-Ali, et de ne faire aucun arrangement avec le pacha sans le concours des cinq puissances.

Mais cependant le gouvernement de Sa Majesté a de bonnes raisons de croire que, depuis quelques mois, le représentant français à Constantinople a isolé la France d'une manière tranchée des quatre autres puissances, en ce qui concerne les questions auxquelles cette note se rapportait, et a pressé vivement et à plusieurs reprises la Porte de négocier directement avec Méhémet-Ali, et de conclure un arrangement avec le pacha, non seulement sans le concours des quatre autres puissances, mais encore sous la seule médiation de la France, et conformément aux vues particulières du gouvernement français.

En ce qui concerne la ligne de conduite suivie par la Grande-Bretagne, le gouvernement français doit reconnaître que les vues et les opinions de S. M. sur les affaires d'Orient n'ont jamais varié le moins du monde depuis le commencement de ces négociations, excepté en ce que le gouvernement de S. M. a offert de modifier ces vues et ces opinions dans l'intention d'obtenir la coopération de la France. Ces vues et opinions ont de tout temps été exprimées franchement et sans réserve au gouvernement français, et ont été constamment appuyées auprès de ce gouvernement de la manière la plus pressante par des arguments qui paraissent concluants au gouvernement de S. M. Dès les premiers pas de la négociation, les déclarations de principe faites par le gouvernement français sur les moyens d'exécution différaient de celles du gouvernement britannique; la France n'a certainement pas le droit de qualifier de dissidence (*schism*) inattendue entre la France et l'Angleterre celle que le gouvernement français reconnaît avoir existé depuis longtemps. Si les intentions et les opinions du gouvernement français, relativement aux moyens d'exécution, ont subi un changement depuis l'ouverture des négociations, la France n'a certainement pas le droit d'imputer à la Grande-Bretagne une divergence de politique qui provient d'un changement de la part de la France, et nullement de l'Angleterre.

Mais, de toute manière, quand de cinq puissances quatre d'entre elles se sont trouvées d'accord sur une ligne de conduite, et que la cinquième a résolu de poursuivre une conduite entièrement différente, il ne serait pas raisonnable d'exiger que les quatre abandonnassent, par déférence pour la cinquième, les opinions dans lesquelles elles se confirment de jour en jour davantage, et qui ont trait à une question d'une importance vitale pour les intérêts majeurs et futurs de l'Europe.

Mais comme la France tient à s'en tenir aux principes généraux dont elle a fait déclaration au commencement, et qu'elle continue à soutenir qu'elle considère le maintien et l'intégrité et de l'indépendance de l'empire turc, sous la dynastie actuelle, comme nécessaire pour la conservation de l'équilibre des puissances et pour assurer la paix; comme la France n'a jamais méconnu que l'arrangement que les quatre puissances ont l'intention d'amener entre le sultan et le pacha fût, s'il pouvait être exécuté, le meilleur et le plus complet; et comme les objections de la France s'appliquent, non sur la fin qu'on se propose, mais sur les moyens par lesquels on doit arriver à cette fin, son opinion étant que cette fin est bonne, mais que les moyens sont insuffisants et dangereux, le gouvernement de S. M. a la confiance que l'isolement de la France des autres quatre puissances, isolement que le gouvernement de S. M. regrette on ne peut plus vivement, ne peut pas être de longue durée.

Car lorsque les quatre puissances réunies au sultan seront parvenues à amener un pareil arrangement avec la Porte et ses sujets, arrangement compatible avec l'intégrité de l'empire ottoman et avec la paix future de l'Europe, il ne restera plus de dissidence entre la France et ses alliés, et il ne peut rien y avoir qui puisse empêcher la France de concourir avec les quatre puissances à tels autres engagements pour l'avenir qui puissent paraître nécessaires pour donner une stabilité convenable aux bons effets de l'intervention des quatre puissances en faveur du sultan, et pour préserver l'empire ottoman de tout retour de danger.

Le gouvernement de S. M. attend avec impatience le moment où la France sera en position de reprendre sa place dans l'union des puissances, et espère que ce moment sera hâté par l'entier développement de l'influence morale de la France. Quoique le gouvernement français ait, pour des raisons qui lui sont propres, refusé de prendre part aux mesures de coercition exercées contre Méhémet-Ali, certainement ce gouvernement ne peut rien objecter à l'emploi de ses moyens de persuasion pour porter le pacha à se soumettre aux arrangements qui doivent lui être proposés, et il est évident qu'il y a plus d'un argument qui peut être mis en avant et plus d'une considération de prudence qui peut être appuyée auprès du pacha avec plus d'efficacité par la France, comme puissance neutre, ne prenant aucune part à ces affaires, que par les quatre puissances qui sont activement engagées à l'exécution des mesures de contrainte.

Quoi qu'il en soit, le gouvernement de S. M. a la confiance que l'Europe reconnaîtra la moralité du projet mis en avant par les quatre puissances, car leur but est désintéressé est juste : elles ne cherchent pas à recueillir quelques avantages particuliers des engagements qu'elles ont contractés; elles ne cherchent à établir aucune influence exclusive, ni à faire acquisition de territoire, et le but auquel elles tendent doit être aussi profitable à la France qu'à elles-mêmes, parce que la France, ainsi qu'elles-mêmes, est intéressée au maintien de l'équilibre des puissances et à la conservation de la paix générale.

Vous transmettrez officiellement à M. Thiers une copie de cette dépêche.

Je suis, etc.

Signé : PALMERSTON.

Foreign-Office, 31 août 1840.

NOTE

Adressée par lord Palmerston à M. Guizot.

Le 17 juillet, le soussigné a eu l'honneur d'informer S. Exc. M. Guizot qu'une convention concernant les affaires de la Turquie avait été signée le 15 du même mois par les plénipotentiaires de l'Autriche, de la Grande-Bretagne, de la Prusse et de la Russie, d'une part, et par le plénipotentiaire de la Porte Ottomane d'autre part. Les ratifications de cette convention ayant été échangées, le soussigné a l'honneur de transmettre à S. Exc. M. Guizot une copie de ladite convention et de ses annexes, pour qu'il la communique au gouvernement français. En faisant cette communication à S. Exc. M. Guizot, le soussigné ne peut s'empêcher de lui exprimer de nouveau les sincères regrets du gouvernement de S. M. de ce que la répugnance du gouvernement français à s'associer aux mesures concernant l'exécution de ce traité ait créé un obstacle qui ait empêché la France de se rendre partie au traité. Mais le gouvernement de S. M. est convaincu que le cabinet des Tuileries verra dans les dispositions de ce traité des preuves irréfragables : 1° que les quatre puissances, en s'imposant les obligations qu'il contient, ont été animées d'un désir désintéressé de maintenir les principes de politique à l'égard de la Turquie, que la France a, dans plus d'une occasion, déclaré nettement et formellement être les siens ; 2° qu'elles ne cherchent pas à obtenir, par les arrangements qu'elles ont en vue, un avantage exclusif pour elles-mêmes, et que le grand objet qu'elles se proposent est de maintenir l'équilibre politique en Europe, et de détourner les événements qui troubleraient la paix générale.

PALMERSTON.

Foreign-Office, 16 septembre 1840.

MÉMORANDUM

De M. Thiers

Le président du Conseil, ministre des affaires étrangères, à M. Guizot, ambassadeur de France à Londres.

Monsieur l'Ambassadeur, vous avez eu connaissance de la dépêche que lord Palmerston a écrite à M. Bulwer, pour expliquer la conduite du gouvernement britannique dans l'importante négociation qui s'est terminée par le traité du 15 juillet. Cette dépêche, dont je me plais à reconnaître que le ton est parfaitement convenable et modéré, contient cependant des assertions et des raisonnements qu'il est impossible au gouvernement du roi de laisser établir. Sans doute, pour ne pas aggraver une situation déjà si menaçante, il vaudrait mieux laisser le passé dans l'oubli, et ne pas revenir sur des contestations trop souvent renouvelées ; mais, outre que lord Palmerston aurait droit de trouver mauvais que sa communication restât sans réponse, il importe de représenter, dans sa vérité, la conduite respective de chaque cour pendant cette importante négociation. La dépêche de lord Palmerston, communiquée à toutes les légations, sous la forme d'exemplaires imprimés, est déjà devenue publique. Il était donc indispensable d'y faire une réponse. Celle que je vous envoie, et dont je souhaite que le cabinet britannique ne croie pas avoir à se plaindre, donnera aux faits qui se sont passés entre les divers cabinets le sens véritable qu'ils nous semblent avoir. Vous voudrez bien en laisser copie au secrétaire d'État de S. M. britannique.

Si j'ai bien saisi l'ensemble de l'exposé présenté par lord Palmerston, on pourrait le résumer comme il suit :

« La Grande-Bretagne, complètement désintéressée dans la question d'Orient, n'a poursuivi qu'un seul but : c'est l'indépendance et l'intégrité de l'empire ottoman. C'est ce but qu'elle a proposé à toutes les cours, qu'elles ont toutes adopté, qu'elles ont toutes poursuivi, la France comme les autres. Dans ce but, il fallait réduire à de moindres proportions les prétentions démesurées du vice-roi d'Égypte ; il fallait éloigner le plus possible du Taurus les possessions et les armées de cet ambitieux vassal. Ce qu'il y avait de mieux, c'était de mettre le désert entre le sultan et le pacha ; c'était de réduire Méhémet-Ali à l'Égypte, et rendre la Syrie au sultan Abdul-Medjid. Le désert de Syrie aurait alors servi de barrière entre les deux États, et rassuré l'empire ottoman et l'Europe, intéressée au salut de cet empire, contre l'ambition de la famille égyptienne.

« C'est toujours là ce que l'Angleterre a proclamé à toutes les époques de la négociation. La France, par la note collective signée à Constantinople le 27 juillet 1839, par une circulaire adressée le 17 du même mois à toutes les cours, la France avait semblé adhérer au principe commun, en proclamant, d'une manière aussi absolue que les autres cabinets, l'indépendance et l'intégrité de l'empire ottoman.

« Cependant elle s'est ensuite éloignée de ce principe, en demandant au profit du vice-roi un démembrement de l'empire, incompatible avec son existence. Dans le désir de s'assurer le concours de la France, les quatre cabinets signataires du traité du 15 juillet ont fait auprès d'elle des instances réitérées pour l'amener à leurs vues. Ils lui ont même fait des sacrifices considérables, car ils ont ajouté à l'Égypte, héréditairement concédée, le pachalick d'Acre, moins la place de ce nom ; et ensuite ils ont consenti à y joindre la place elle-même. Mais tous ces sacrifices sont demeurés inutiles, la France a persisté à s'éloigner du principe que les cinq cabinets avaient cru devoir proclamer en commun.

« Les autres cours n'ont pas pu la suivre dans cette voie. Quelque désir qu'elles éprouvassent de s'assurer son concours, elles ont dû enfin se séparer d'elle, et signer un acte qui ne doit pas la surprendre, car elle avait été plus d'une fois avertie que, si on ne parvenait pas à s'entendre, il faudrait bien finir par résoudre à quatre la question qu'on ne pouvait résoudre à cinq.

« En effet, lord Palmerston avait soigneusement répété à l'ambassadeur de France que la proposition contenue depuis dans le traité du 15 juillet était son *ultimatum*, et que, cette proposition refusée, il n'en ferait plus d'autre. Il a bien fallu passer outre, et ne pas laisser périr l'empire ottoman par de trop longues hésitations. Les autres cours ne sauraient être accusées d'avoir voulu offenser la France en cette occasion. Quatre cabinets, étant d'accord sur une question de la plus haute importance, ne pouvaient pas indéfiniment accorder à un cinquième le sacrifice de leurs vues et de leurs intentions parfaitement désintéressées.

« D'ailleurs, en agissant ainsi, les quatre cabinets se rappelaient que la France avait, au mois de septembre 1839, par l'organe de son ambassadeur à Londres, proposé un plan d'arrangement fondé à peu de chose près sur les mêmes bases que le traité du 15 juillet ; que, plus tard, en combattant le projet présenté par l'Angleterre, elle avait reconnu que, sauf la difficulté et les moyens d'exécution, il serait incontestablement préférable à tout autre ; qu'enfin, en toute occasion, elle avait manifesté l'intention de ne mettre aucun obstacle à ces moyens d'exécution. Ils devaient donc penser que, si, pour des considérations particulières, elle refusait de se joindre à eux pour contraindre Méhémet-Ali par la force, elle ne mettrait du moins aucun obstacle à leurs efforts, que même elle les seconderait par l'emploi de son influence morale à Alexandrie. Les quatre puissances espèrent encore que lorsque le traité du 15 juillet aura reçu son accomplissement, la France se joindra de nouveau à elles pour assurer d'une manière définitive le maintien de l'empire ottoman. »

Telle est, si je ne me trompe, l'analyse exacte et rigoureuse de l'exposé que lord Palmerston, et les quatre cours en général, ne cessent de faire des négociations auxquelles a donné lieu la question turco-égyptienne.

D'après cet exposé,

La France aurait été inconséquente ;

Elle aurait voulu et ne voudrait plus l'intégrité et l'indépendance de l'empire ottoman ;

Les quatre cours auraient fait des sacrifices réitérés à ses vues ;

Elles auraient fini par lui présenter un *ultimatum* fondé sur une ancienne proposition de son propre ambassadeur ;

b — E. Regnault. — Hist. de Huit-Ans.

Elles n'auraient passé outre qu'après cet *ultimatum* refusé ;

Elles auraient droit d'être surprises de la manière dont la France a accueilli le traité du 15 juillet, car, d'après ses propres déclarations, on aurait dû s'attendre qu'elle donnerait à ce traité plus qu'une adhésion passive, et au moins son influence morale.

Le récit exact des faits répondra complètement à cette manière de présenter les négociations.

Lorsque la Porte, mal conseillée, renouvela ses hostilités contre le vice-roi, et perdit à la fois son armée de terre et sa flotte ; lorsque à toutes ces pertes se joignit la mort du sultan Mahmoud, quelle fut la crainte de l'Angleterre et de la France, alors toutes les deux parfaitement unies? Leur crainte fut de voir Ibrahim victorieux franchir le Taurus, menacer Constantinople et amener à l'instant même les Russes dans la capitale de l'empire ottoman. Tout ce qu'il y a en Europe d'esprits éclairés s'associa à cette inquiétude.

Quelles furent à ce sujet les propositions de lord Palmerston? Une première fois, au nom de son cabinet, il proposa à la France de réunir deux flottes, l'une anglaise, l'autre française, de les diriger vers les côtes de Syrie, d'adresser une sommation aux deux parties belligérantes, afin de les obliger à suspendre les hostilités ; d'appuyer cette sommation par les moyens maritimes ; puis de réunir les deux flottes et de forcer ce célèbre passage, si la lutte entre le pacha et le sultan avait amené les Russes à Constantinople.

Ce que l'Angleterre, et avec elle tous les politiques prévoyants, entendaient alors par l'intégrité de l'empire ottoman, c'était donc de la préserver de la protection exclusive des armées russes, et, pour prévenir le cas de cette protection, d'empêcher le vice-roi de marcher sur Constantinople.

La France entra pleinement dans cette pensée. Elle employa son influence auprès de Méhémet-Ali, non seulement pour arrêter l'armée égyptienne victorieuse ; elle y réussit, et, pour parer au danger plus sérieux de voir les armées russes à Constantinople, elle pensa qu'avant de forcer les Dardanelles, il convenait de demander à la Porte son consentement à l'entrée des deux flottes, dans le cas où un corps de troupes russes aurait franchi le Bosphore.

L'Angleterre accéda à ces propositions, et les deux cabinets furent parfaitement d'accord. Les mots d'indépendance et d'intégrité de l'empire ottoman ne signifiaient pas alors, on ne saurait trop le faire remarquer, qu'on enlèverait à Méhémet-Ali telle ou telle partie des territoires qu'il occupait, mais qu'on l'empêcherait de marcher sur la capitale de l'empire, et d'attirer, par la présence des soldats égyptiens, la présence des soldats russes,

Le secrétaire d'État de S. M. britannique, s'entretenant à ce sujet avec M. de Bourqueney, le 25 mai et le 20 juin, reconnaissait qu'il y avait en France et en Angleterre une opinion en faveur de la famille égyptienne ; qu'en France cette opinion était beaucoup plus générale ; que, par suite, le gouvernement français devait être beaucoup plus favorable que le gouvernement anglais à Méhémet-Ali ; que c'était là sans doute une difficulté de la situation, mais que c'était une considération secondaire ; qu'une considération supérieure devait dominer toutes les autres, c'était le besoin de sauver l'empire ottoman d'une protection exclusive, et tôt ou tard mortelle pour lui, si la France et l'Angleterre ne s'entendaient pas.

La France partageait ces idées. Sa politique tendait conséquemment à un double but : celui d'arrêter le vice-roi lorsque, de vassal puissant, mais soumis, il passerait au rôle de vassal insoumis et menaçant le trône de son maître, et de substituer à la protection exclusive d'une puissance celle des cinq puissances prépondérantes en Europe.

C'est dans ces vues qu'elle signa, en commun, la note du 27 juillet, note tendant à placer la protection des cinq cours entre le sultan vaincu et le pacha victorieux ; c'est dans ces vues qu'elle adressa le 17 juillet une circulaire à toutes les cours, pour provoquer une profession commune de respect pour l'intégrité de l'empire ottoman ; c'est dans ces vues qu'elle proposa elle-même, et la première, d'associer l'Autriche, la Prusse et la Russie elle-même à toutes les résolutions relatives à la question turco-égyptienne.

Lord Palmerston se rappellera sans doute qu'il était moins disposé que la France à provoquer ce concours général des cinq puissances ; et le cabinet français ne peut que se souvenir avec un vif regret, en comparant le temps d'alors au temps d'aujourd'hui, que c'était sur la France surtout que le cabinet anglais croyait pouvoir compter pour assurer le salut de l'empire turc.

Personne n'était disposé à croire alors que l'intégrité de l'empire ottoman consistât dans la limite qui séparerait en Syrie les possessions du sultan et du vice-roi. Tout le monde la faisait consister dans un double fait d'empêcher Ibrahim de menacer la capitale, et dispenser les Russes de la secourir. La France partageait avec tous les cabinets cette croyance à laquelle elle est restée fidèle.

L'Autriche et la Prusse adhérèrent aux vues de la France et de l'Angleterre. La cour de Russie refusa de prendre part aux conférences qui devaient se tenir à Vienne, dans le but de généraliser le protectorat européen à l'égard du sultan. Elle approuvait peu l'empressement des puissances de l'Occident à se mêler de la question d'Orient. « L'empereur, disait M. de Nesselrode, dans une dépêche écrite le 6 août 1839 à M. de Medem, et communiquée officiellement au gouvernement français, l'empereur ne désespère nullement du salut de la Porte, pourvu que les puissances de l'Europe sachent respecter son repos, et que par une agitation intempestive elles ne finissent pas par l'ébranler, tout en voulant le raffermir. » La cour de Russie jugeait donc peu convenable de s'interposer entre le sultan et le pacha, croyant qu'il suffisait d'empêcher le vice-roi de menacer Constantinople, en semblant regarder un arrangement direct comme la ressource la plus convenable à cette situation. « Du reste, disait encore M. de Nesselrode à l'ambassadeur de France au commencement d'août 1839, un peu plus, un peu moins de Syrie, donné ou ôté au pacha, nous touche peu. Notre seule condition, c'est que la Porte soit libre dans le consentement qu'elle donnera.

A cette époque donc, les quatre cours, depuis signataires du traité du 15 juillet, les quatre cours n'étaient pas, comme on voudrait le faire croire aujourd'hui, unies de vues en présence de la France seule dissidente, et empêchant tout accord par ses refus perpétuels.

Le danger s'était éloigné depuis qu'Ibrahim avait suspendu sa marche victorieuse. Les deux parties belligérantes étaient en présence : le pacha tout-puissant, le sultan vaincu et sans ressources, mais immobiles tous les deux, grâce à l'intervention de la France. Le cabinet britannique proposa d'arracher la flotte turque des mains de Méhémet-Ali. La France s'y refusa, craignant de provoquer de nouvelles hostilités. Alors commença le funeste dissentiment qui a séparé la France de l'Angleterre, et qu'il faut à jamais regretter, dans l'intérêt de la paix et de la civilisation du monde.

Les mauvaises dispositions du cabinet britannique contre le vice-roi d'Égypte éclatèrent avec beaucoup de vivacité : la France chercha à les tempérer. Le cabinet britannique, sur les représentations de la France, appréciant le danger d'un acte de vive force, renonça à recouvrer la flotte turque par des moyens violents. Cette proposition n'eut pas de suite.

Il était devenu nécessaire de s'expliquer enfin pour savoir de quelle manière se viderait la question territoriale entre le sultan et le vice-roi. Le dissentiment entre les vues de la France et de l'Angleterre éclata plus vivement. Lord Palmerston déclara qu'à ses yeux le vice-roi devait recevoir l'Égypte héréditairement; mais que, pour prix de cette hérédité, il devait abandonner immédiatement les villes saintes, l'île de Candie, le district d'Anada et la Syrie tout entière. Toutefois, il modifia un peu ses premières vues, et consentit à joindre à la possession héréditaire de l'Égypte la possession, héréditaire aussi, du pachalick d'Acre, moins la place d'Acre.

La France n'admit point ces propositions : elle jugea que le vice-roi, vainqueur du sultan à Nezib, sans avoir été l'agresseur, ayant de plus consenti à s'arrêter quand il pouvait fondre sur l'empire et renverser le trône du sultan, méritait plus de ménagement. Elle pensa que, de la part des puissances qui l'avaient engagée, en 1835, à accepter les conditions de Kutaïeh, il y aurait peu d'équité à lui imposer des conditions beaucoup plus rigoureuses, alors quil n'avait rien fait pour perdre le bénéfice de cette transaction. Elle crut qu'en lui enlevant les villes saintes, l'île de Candie, le district d'Adana, position offensive, et qui, restituée à la Porte, rendait à celle-ci toute sécurité, on devait lui assurer la position héréditaire de l'Égypte et de la Syrie. La victoire de Nezib, gagnée sans agression de sa part, aurait pu seule lui valoir l'hérédité de ses possessions depuis le Nil jusqu'au Taurus. Mais en tenant la victoire de Nezib comme non avenue, en faisant acheter à Méhémet-Ali l'hérédité au prix d'une partie de ses possessions actuelles, il y avait au moins rigoureuse justice à ne pas lui enlever plus que Candie, Adana et les villes saintes. D'ailleurs, la France demandait par quels moyens on prétendrait réduire Méhémet-Ali. Sans doute, les cabinets européens étaient forts contre lui, lorsqu'il voulait menacer Constantinople; dans ce cas, des flottes dans la mer de Marmara suffisaient pour l'arrêter. Mais pour lui ôter la Syrie, quels moyens avait-on? Des moyens peu efficaces, comme un blocus; peu légitimes, comme des provocations à l'insurrection; très dangereux, comme contraires au but proposé, comme une armée russe! La France proposa donc, en septembre 1839, d'adjuger au vice-roi l'hérédité de l'Égypte et l'hérédité de la Syrie.

Jamais, à aucune époque de la négociation, la France n'a proposé autre chose, excepté dans ces derniers temps, lorsqu'elle a conseillé au vice-roi de se contenter de la possession viagère de la Syrie. J'ai examiné les dépêches antérieures à mon administration, et je n'y ai vu nulle part que le général Sébastiani ait été autorisé à proposer la délimitation contenue dans le traité du 15 juillet, ou qu'il ait spontanément pris sur lui de la proposer. Je lui ai demandé, à lui-même, quels étaient ses souvenirs à cet égard, et il m'a affirmé qu'il n'avait fait aucune proposition de ce genre. La France donc proposa en 1839 l'attribution au vice-roi de l'hérédité de l'Égypte et de l'hérédité de la Syrie. Elle fut malheureusement en dissentiment complet avec l'Angleterre.

Ce dissentiment, à jamais regrettable, fut bientôt connu de l'Europe entière. Tout à coup, et comme par enchantement, il fit cesser les divergences qui avaient séparé les quatre cours, et amena entre elles un subit accord. L'Autriche, qui d'abord avait donné une pleine adhésion à nos propositions; qui, sur le point de notifier cette adhésion à Londres, n'avait, nous disait-elle, suspendu cette notification que pour nous donner le temps de nous mettre d'accord avec l'Angleterre, l'Autriche commença à dire qu'entre la France et l'Angleterre, elle se prononcerait pour celle des deux cours qui accorderait la plus grande étendue de territoire au sultan. Il est vrai qu'alors elle protestait encore contre la pensée de recourir à des moyens coercitifs, dont elle était la première à proclamer le danger. La Prusse adopta le sentiment de l'Autriche. La Russie envoya à Londres M. de Brunow en septembre 1839, pour faire ses propositions. La Russie, qui naguère repoussait comme peu convenable l'idée d'une intervention européenne entre le sultan et le vice-roi, et ne semblait voir de ressource que dans un arrangement direct, la Russie adhérait maintenant à tous les arrangements territoriaux qu'il plairait à l'Angleterre d'adopter, et demandait qu'en cas de reprise des hostilités, on la laissât, au nom des cinq cours, couvrir Constantinople avec une armée, tandis que les flottes anglaise et française bloqueraient la Syrie. Ces propositions réalisaient justement la combinaison que l'Angleterre avait jusque-là regardée comme la plus dangereuse pour l'empire ottoman, la protection d'une armée russe; combinaison redoutable, non par la possibilité qu'une armée russe pût être tentée de rester définitivement à Constantinople, mais uniquement parce que la Russie, ajoutant ainsi au fait de 1833 un second fait exactement semblable, aurait créé en sa faveur l'autorité des précédents.

Ces propositions ne furent point accueillies. M. de Brunow quitta Londres, et y revint en janvier 1840 avec des propositions nouvelles. Elles différaient des premières en ce qu'elles accordaient à la France et à l'Angleterre la faculté d'introduire chacune trois vaisseaux dans une partie limitée de la mer de Marmara, pendant que les troupes russes occuperaient Constantinople.

La négociation s'est arrêtée là pendant plusieurs mois, depuis le mois de février jusqu'à celui de juillet 1840. Dans cet intervalle, un nouveau ministère et un nouvel ambassadeur ont été chargés des affaires de la France. Le cabinet français a toujours répété qu'il ne croyait pas juste de retrancher la Syrie du nombre des possessions égyptiennes; que, s'il était possible que le vice-roi y consentît, la France ne pouvait être pour le vice-roi plus ambitieuse que lui-même; mais que, s'il fallait lui arracher la Syrie par la force, le gouvernement français ne voyait, pour y réussir, que des moyens ou inefficaces ou dangereux, et que, dans ce cas, il s'isolerait des autres cours et tiendrait une conduite tout à fait séparée.

Pendant que le cabinet français tenait ce langage à Londres avec franchise et persévérance, l'ambassadeur français à Constantinople ne cherchait pas à négocier un arrangement direct entre le sultan et le vice-roi, il ne donnait pas, ainsi que semble le croire lord Palmerston, sans l'affirmer, il ne donnait pas le premier l'exemple de la séparation.

Jamais notre représentant à Constantinople n'a tenu la conduite qu'on lui prête; jamais les instructions du gouvernement du roi ne lui ont prescrit une pareille marche. Sans doute la France n'a cessé de travailler à un rapprochement entre le sultan et le vice-roi, à les disposer l'un et l'autre à de raisonnables concessions, à faciliter ainsi la tâche délicate dont l'Europe s'était imposé l'accomplissement; mais nous avons constamment recommandé, tant à M. le comte de Pontois qu'à M. Cochelet, d'éviter avec le plus grand soin tout ce qui eût pu être considéré comme une tentative de mettre à l'écart les autres puissances, et ils ont été scrupuleusement fidèles à cette recommandation.

L'Angleterre avait à choisir entre la Russie, lui offrant l'abandon du vice-roi à condition de faire adopter les propositions de M. de Brunow, c'est-à-dire l'exécution consentie par l'Europe du traité d'Unkiar-Skelessi, et la France, ne demandant qu'une négociation équitable et modérée entre le sultan et Méhémet-Ali, une négociation qui prévint de nouvelles hostilités, et, à la suite de ces hostilités, le cas le plus dangereux pour l'intégrité de l'empire ottoman, la protection directe et matérielle d'un seul État puissant.

Avant de faire son choix définitif entre la Russie et la France, le cabinet de Londres ne nous a pas fait les offres réitérées dont on parle, pour nous amener à ses vues. Ses efforts se sont bornés à une seule proposition.

En 1839, on accordait au vice-roi la possession héréditaire de l'Égypte et du pachalick d'Acre, moins la citadelle; en 1840, lord Palmerston nous proposa de lui accorder le pachalick d'Acre avec la citadelle de plus, mais avec l'hérédité de moins. Assurément, c'était là retrancher de la première offre plus qu'on n'y ajoutait, et on ne pouvait pas dire que ce fût une proposition nouvelle, ni surtout plus avantageuse.

Mais cette proposition, si peu digne du titre de proposition nouvelle, car elle ne contenait aucun avantage nouveau, n'avait en rien le caractère d'un *ultimatum*. Elle ne nous fut nullement présentée ainsi. Nous étions si loin de la considérer sous cet aspect, que, sur une insinuation de MM. de Bulow et de Nieuman, nous conçûmes l'espérance d'obtenir pour le vice-roi la possession viagère de toute la Syrie, jointe à la possession héréditaire de l'Égypte.

Sur l'affirmation de MM. de Bulow et de Nieuman, que cette proposition, si elle était faite, serait la dernière concession de lord Palmerston, nous envoyâmes M. Eugène Perrier à Alexandrie pour disposer le vice-roi à consentir à un arrangement qui nous semblait le dernier possible. Ce n'était pas, comme le dit lord Palmerston faire dépendre la négociation de la volonté du pacha d'Égypte, mais disposer les volontés contraires et les amener à un arrangement amiable qui prévînt le cruel spectacle aujourd'hui donné au monde.

La France avait quelque droit de penser qu'une si longue négociation ne se terminerait pas sans une dernière explication; que la grande et utile alliance qui depuis dix ans la liait à l'Angleterre ne se dissoudrait pas sans un dernier effort de rapprochement. Les insinuations qui lui avaient été faites, et qui tendaient à faire croire que peut-être on accorderait la possession viagère de la Syrie au vice-roi, devaient l'entretenir dans cette espérance. Tout à coup, le 17 juillet, lord Palmerston appelle au Foreign-Office l'ambassadeur de France; il lui apprend qu'un traité est signé depuis l'avant-veille; il le lui apprend sans même lui donner connaissance du texte de ce traité. Le cabinet français a dû en être surpris. Il n'ignorait pas, sans doute, que les trois cours du continent avaient adhéré aux vues de l'Angleterre, que par conséquent un arrangement des quatre cours sans la France était possible; mais il ne devait pas croire que cet arrangement aura't lieu sans qu'on l'en eût préalablement averti, et que l'alliance française serait aussi promptement sacrifiée.

L'offre que le vice-roi a faite, en juin, au sultan, de restituer la flotte turque, et de laquelle on a craint de voir sortir un arrangement direct secrètement proposé par nous, la possibilité qui s'est offerte à cette époque d'insurger la Syrie, paraissent être les deux motifs qui ont fait succéder dans le cabinet anglais, à une longue inertie, une résolution soudaine. Si le cabinet britannique avait voulu avoir avec nous une dernière et franche explication, le cabinet français aurait pu lui démontrer que l'offre de renvoyer la flotte n'était pas une combinaison de la France pour amener un arrangement direct, car elle n'a connu cette offre qu'après qu'elle a été faite; peut-être aussi aurait-il pu lui persuader que le soulèvement de la Syrie était un moyen peu digne et peu sûr.

Tels sont les faits dont la France affirme la vérité avec la sincérité et la loyauté qui conviennent à une grande nation.

Il en résulte évidemment :

1° Que l'indépendance et l'intégrité de l'empire ottoman ont été entendues, au début de la négociation, comme la France les entend aujourd'hui; non pas comme une limite territoriale plus ou moins avantageuse entre le sultan et le vice-roi, mais comme une garantie de cinq cours contre une marche offensive de Méhémet-Ali, et contre la protection exclusive d'une seule des cinq puissances;

2° Que la France, loin de modifier ses opinions en présence des quatre cours toujours unies de vue, d'intentions et de langage, a, toujours, au contraire, entendu la question turco-égyptienne d'une seule manière, tandis qu'elle a vu les quatre cours, d'abord en désaccord, s'unir ensuite dans l'idée de sacrifier le vice-roi, et l'Angleterre, satisfaite de ce sacrifice, se rapprocher des trois autres et former une union, il est vrai, aujourd'hui, très persévérante dans ses vues, très soudaine, très inquiétante dans ses résolutions;

3° Qu'on n'a pas fait à la France des sacrifices réitérés pour l'attirer au projet des quatre cours, puisqu'on s'est borné à lui offrir, en 1839, de joindre à l'Égypte le pachalick d'Acre, sans la place d'Acre, mais avec l'hérédité de ce pachalick, et à lui offrir en 1840 le pachalick d'Acre avec la place, mais sans l'hérédité ;

4° Qu'elle n'a pas été avertie, comme on l'a dit, que les quatre cours allaient passer outre si elle n'adhérait pas à leurs vues; que, tout au contraire, elle avait quelques raisons de s'attendre à de nouvelles propositions, quand, à la nouvelle du départ de Sami-Bey pour Constantinople et de l'insurrection de Syrie, on a soudainement signé, sans l'en prévenir, le traité du 15 juillet, dont on ne lui a donné connaissance que lorsqu'il était déjà signé, et communication que deux mois plus tard ;

5° Enfin, qu'on n'a pas droit de compter sur son adhésion passive à l'exécution de ce traité, puisque, si elle a surtout insisté sur la difficulté des moyens d'exécution, elle n'a toutefois jamais professé, pour le but, pas plus que pour les moyens, une indifférence qui permit de conclure qu'elle n'interviendrait en aucun cas dans ce qui se passerait en Orient; que, bien loin de là, elle a toujours déclaré qu'elle s'isolerait des quatre autres puissances, si certaines résolutions étaient adoptées; que jamais aucun de ses agents n'a été autorisé à dire une parole de laquelle on pût conclure que cet isolement serait l'inaction, et qu'elle a toujours entendu, comme elle l'entend encore, se réserver à cet égard sa pleine liberté.

Le cabinet français ne reviendrait point sur de telles contestations si la note de lord Palmerston ne lui en faisait un devoir rigoureux. Mais il est prêt à les mettre tout à fait en oubli, pour traiter le fond des choses, et attirer l'attention du secrétaire d'État de S. M. Britannique sur le côté vraiment grave de la situation.

L'existence de l'empire turc est en péril, l'Angleterre s'en préoccupe, et elle a raison ; toutes les puissances amies de la paix doivent s'en préoccuper aussi ; mais comment faut-il s'y prendre pour raffermir cet empire ? Lorsque les sultans de Constantinople, n'ayant plus la force de régir les vastes provinces qui dépendaient d'eux, ont vu la Moldavie, la Valachie, et plus récemment la Grèce, s'échapper insensiblement de leurs mains, comment s'y est-on pris ? A-t-on, par une décision européenne, appuyée sur des troupes russes et des flottes anglaises, cherché à restituer aux sultans des sujets qui leur échappaient? Assurément non. On n'a pas essayé l'impossible. On ne leur a pas rendu la possession et l'administration directes des provinces qui se détachaient de l'empire. On ne leur a laissé qu'une suzeraineté presque nominale sur la Valachie et la Moldavie, on les a tout à fait dépossédés de la Grèce. Est-ce par esprit d'injustice ? Non, certainement. Mais l'empire des faits, plus fort que les résolutions des cabinets, a empêché de restituer à la Porte, soit la souveraineté directe de la Moldavie et de la Valachie, soit l'administration même indirecte de la Grèce; et la Porte n'a eu de repos que depuis que ce sacrifice a été franchement opéré. Quelle vue a dirigé les cabinets dans ces sacrifices ? c'est de rendre indépendantes, c'est de soustraire à l'ambition de tous les États voisins les portions de l'empire turc qui l'en séparaient. Ne pouvant refaire un grand tout, on a voulu que les parties détachées restassent des États indépendants des empires environnants.

Un fait semblable vient de se produire depuis quelque

années relativement à l'Égypte et à la Syrie. L'Égypte a-t-elle jamais été véritablement sous l'empire des sultans? Personne ne le pense et personne ne croirait aujourd'hui pouvoir le faire gouverner directement de Constantinople. On en juge apparemment ainsi, puisque les quatre cours décernent à Méhémet-Ali l'hérédité de l'Égypte, en réservant toutefois la suzeraineté du sultan. Elles-mêmes en cela entendent comme la France l'intégrité de l'empire ottoman; elles se bornent à vouloir lui conserver tout ce qu'il pourra retenir sous son autorité. Elles veulent autant que possible un lien de vasselage entre l'empire et ses parties détachées. Elles veulent, en un mot, tout ce que veut la France. Les quatre cours, en attribuant au vassal heureux qui a su gouverner l'Égypte l'hérédité de cette province, lui attribuent encore le pachalick d'Acre; mais elles lui refusent les trois autres pachalicks de Syrie, les pachalicks de Damas, d'Alep, de Tripoli. Elles appellent cela sauver l'intégrité de l'empire ottoman! Ainsi l'intégrité de l'empire ottoman est sauvée même quand on détache l'Égypte et le pachalick d'Acre; mais elle détruite si l'on en détache de plus Tripoli, Damas et Alep! Nous le disons franchement, une telle thèse ne saurait se soutenir gravement devant l'Europe.

Évidemment il ne saurait y avoir, pour donner ou retirer ces pachalicks à Méhémet-Ali, que des raisons d'équité et de politique. Le vice-roi d'Égypte a fondé un État vassal avec génie et avec suite. Il a su gouverner l'Égypte et même la Syrie, que jamais les sultans n'avaient pu gouverner. Les musulmans, depuis longtemps humiliés dans leur juste fierté, voient en lui un prince glorieux qui leur rend le sentiment de leur force. Pourquoi affaiblir ce vassal utile qui, une fois séparé par une frontière bien choisie des États de son maître, deviendra pour lui le plus précieux des auxiliaires? Il a aidé le sultan dans sa lutte contre les voisins d'une religion hostile à la sienne. Son intérêt répond de lui à défaut de sa fidélité. Quand Constantinople sera menacé, Alexandrie sera en péril : Méhémet-Ali le sait bien, il prouve tous les jours qu'il le comprend parfaitement.

Il faut, pour garder l'intégrité de l'empire ottoman depuis Constantinople jusqu'à Alexandrie, il faut à la fois le sultan et le pacha d'Égypte, celui-ci soumis à celui-là par un lien de vasselage. Le Taurus est la ligne de séparation indiquée entre eux. Mais on veut ôter au pacha d'Égypte les clefs du Taurus, soit : qu'on les rende à la Porte, et pour cela qu'on retire le district d'Adana à Méhémet-Ali. On veut lui ôter ainsi la clef de l'Archipel; qu'on lui refuse Candie : il y consent. La France, qui n'avait pas promis son influence morale au traité du 15 juillet, mais qui la doit à la paix, a conseillé ces sacrifices à Méhémet-Ali, et il les a faits. Mais, en vérité, pour lui ôter encore deux ou trois pachalicks, et les donner, non au sultan, mais à l'anarchie; pour assurer ce singulier triomphe de l'intégrité, déjà privée de la Grèce, de l'Égypte, du pachalick d'Acre, appeler sur cette intégrité le seul danger sérieux qui la menace, celui que l'Angleterre trouvait si sérieux l'année dernière, que, pour le prévenir, elle proposait de forcer les Dardanelles, c'est là une manière bien singulière de pourvoir à ces grands intérêts.

Admettons cependant, pour un moment, que les vues du cabinet britannique soient mieux entendues que celles du cabinet français : l'alliance de la France ne valait-elle pas mieux pour l'intégrité de l'empire ottoman et pour la paix du monde, que telle ou telle délimitation en Syrie?

On ne s'alarmerait pas tant sur l'intégrité de l'empire ottoman, si on ne craignait de grands bouleversements de territoire dans le monde, si on ne craignait la guerre, qui, seule, rend ces grands bouleversements possibles. Or, pour les prévenir, quelle était la combinaison la plus efficace? n'était-ce pas l'alliance de la France et de l'Angleterre? Depuis Cadix jusqu'aux bords de l'Oder et du Danube, demandez-le aux peuples; demandez-leur ce qu'ils pensent à cet égard, et ils répondront que c'est cette alliance qui depuis dix ans a sauvé la paix et l'indépendance des États, sans nuire à la liberté des nations.

On dit que cette alliance n'est pas rompue, qu'elle renaîtrait après le but atteint par le traité du 15 juillet. Quand on aura poursuivi à quatre, sans nous et malgré nous, un but en soi mauvais, que du moins nous avons cru et déclaré tel; quand on l'aura poursuivi par une alliance trop semblable à ces coalitions qui ont depuis cinquante ans ensanglanté l'Europe, croire qu'on retrouvera la France sans défiance, sans ressentiment d'une telle offense, c'est se faire de la fierté nationale une idée qu'elle n'a jamais donnée au monde.

On a donc sacrifié gratuitement, pour un résultat secondaire, une alliance qui a maintenu l'indépendance et l'intégrité de l'empire ottoman beaucoup plus sûrement que ne le fera le traité du 15 juillet. On dira que la France pouvait aussi faire la même réflexion, et qu'elle pouvait, si la question des limites en Syrie lui paraissait secondaire, se rendre aux vues de l'Angleterre, et acheter par ce sacrifice le maintien de l'alliance.

A cela il y a une réponse fort simple. La France, une fois d'accord sur le but avec ses alliés, aurait fait, non pas de ces sacrifices essentiels qu'aucune nation ne doit à une autre, mais celui de sa manière de voir sur certaines questions de limites. Elle vient de le prouver par les concessions qu'elle a demandées et obtenues du vice-roi. Mais on ne lui a pas laissé le choix. On lui a fait part d'une nouvelle alliance, quand déjà elle était conclue. Dès lors elle a dû s'isoler, elle l'a fait, mais elle ne l'a fait qu'alors. Depuis, toujours fidèle à sa politique pacifique, elle n'a cessé de conseiller au vice-roi d'Égypte la plus parfaite modération. Bien qu'armée et libre de son action, elle fera tous ses efforts pour éviter au monde des douleurs et des catastrophes. Sauf les sacrifices qui coûteraient à son honneur, elle fera tous ceux qu'elle pourra pour maintenir la paix; et si aujourd'hui elle tient ce langage au cabinet britannique, c'est moins pour se plaindre que pour prouver la loyauté de sa politique, non seulement à la Grande-Bretagne, mais au monde, dont aucun État, aujourd'hui quelque puissant qu'il soit, ne saurait mépriser l'opinion. Le secrétaire d'État de S. M. Britannique a voulu prouver son bon droit; le secrétaire d'État de S. M. le roi des Français doit aussi à son roi et à son pays de prouver la conséquence, la loyauté de la politique française dans la grave question d'Orient.

Recevez, Monsieur l'Ambassadeur, l'assurance de ma haute considération.

Paris, 5 octobre 1840.

Le président du Conseil, ministre des affaires étrangères,

A. THIERS.

MÉMORANDUM

De M. Thiers, président du Conseil, à M. Guizot, ambassadeur à Londres.

Monsieur l'Ambassadeur, la grave question qui préoccupe en ce moment l'attention générale a pris un aspect tout nouveau depuis la réponse de la Porte aux concessions offertes par le vice-roi d'Égypte.

Méhémet-Ali, en réponse à la sommation du sultan, a déclaré qu'il se soumettrait à la volonté de son auguste maître, qu'il accepterait la proposition héréditaire de l'Égypte, et qu'il se mettrait, à l'égard du reste des territoires par lui occupés, entièrement à la discrétion du sultan. Nous avons fait connaître au cabinet anglais l'interprétation qui doit être donnée à ces expressions. Bien que Méhémet-

Ali n'ait pas consenti à préciser immédiatement toute l'étendue des concessions auxquelles il avait été amené à consentir par les pressantes recommandations de la France, nous avons pris sur nous de les faire connaître; nous avons annoncé que le vice-roi se résigne à la nécessité d'accepter la souveraineté héréditaire de l'Égypte, et la possession viagère de la Syrie, consentant en même temps à l'abandon immédiat de Candie, Adana, et des villes saintes. Nous ajouterons que si la Porte avait adhéré à cet arrangement, nous aurions consenti à garantir son exécution de concert avec les puissances qui travaillent maintenant à déterminer la future condition de l'empire ottoman.

Tout homme éclairé a été frappé de la loyauté de la France, qui, bien qu'elle fût forcée d'agir dans une voie séparée, n'a cependant pas un seul instant cessé d'exercer son influence dans le but d'amener une solution pacifique et modérée de la question d'Orient. Les hautes intelligences de l'Europe n'auront pas moins apprécié la sagesse qui a engagé le vice-roi à prêter l'oreille aux conseils de a prudence et de la modération. En réponse à ces concessions, la Porte, agissant spontanément, ou entraînée peut-être par des conseils irréfléchis et précipités donnés au moment même et sur les lieux, la Porte, je le répète, avant qu'aucun recours aux puissances alliées pût être fait, a répondu à la déclaration de soumission du vice-roi en proclamant sa déchéance. Une telle mesure, aussi inattendue qu'outrageante, va au delà même de l'esprit du traité du 15 juillet; elle dépasse aussi les résultats les plus extraordinaires que l'on devait s'attendre à voir suivre la publication de ce document. Ce traité, que la France ne pouvait pas invoquer, puisqu'elle n'y avait jamais adhéré et qu'elle ne l'avait pas reconnu, mais qu'elle mentionne aujourd'hui pour prouver la promptitude avec laquelle les parties signataires ont été amenées à de plus dangereuses conséquences, ce traité, dans le cas d'un refus absolu de la part du vice-roi d'agréer tout ou partie de ses conditions, donnait à la Porte la faculté de retirer ses premières propositions et d'agir comme elle le jugerait le plus avantageux à ses intérêts, conformément aux conseils des puissances alliées. Toutefois, il se trouvait une double alternative hypothétique dans ce traité, savoir : un refus péremptoire et absolu du vice-roi à l'égard de tous les points qui s'étaient spécifiés, ou un recours ultérieur aux quatre puissances pour leur demander conseil. Rien de semblable, cependant, n'a eu lieu, le vice-roi n'a pas refusé d'une manière absolue, et le sultan ne s'est pas même donné le temps de concerter avec ses alliés une réponse. Il a répondu par un acte de déchéance à des concessions inespérées.

Les quatre puissances ne pouvaient pas approuver une semblable conduite, et nous savons en effet que plusieurs d'entre elles ont déjà exprimé leur désapprobation à ce sujet. Lord Palmerston a fait faire à notre cabinet une communication déclarant que nous ne devons considérer cette mesure que comme un acte comminatoire sans conséquence ni portée effective. Le comte d'Appony, dans une conférence que j'ai eue avec lui à ce sujet, m'a annoncé que son cabinet partageait cette opinion sur la déchéance. Nous avons avec empressement pris connaissance de ce sage avis, et nous saisissons l'occasion de manifester les intentions de la France à ce sujet. La France a déclaré vouloir user de tous les moyens en son pouvoir pour conserver la paix et l'équilibre du pouvoir en Europe. Il est temps qu'elle explique clairement le sens de sa déclaration. En acceptant avec une religieuse fidélité l'état de l'Europe défini par les traités existants, la France a compris que la paix générale qui a heureusement prévalu depuis 1815, cet état ne pouvait être changé ni pour l'avantage, ni au détriment d'aucune des puissances existantes. C'est sous cette impression qu'elle s'est toujours prononcée en faveur du maintien de l'intégrité de l'empire ottoman. Le peuple turc, à raison de ses qualités nationales, méritait à ce titre seul que l'on respectât l'indépendance de ce royaume.

Mais abstraction faite de cette considération, les plus chers intérêts de l'Europe se rattachaient à la continuation de l'existence de la Turquie. Cet empire, dans l'abaissement, ne pouvait que servir à l'agrandissement des États voisins au détriment de l'équilibre général, et sa ruine aurait amené, dans les proportions existantes des grandes puissances, un changement qui aurait modifié l'aspect du globe entier. La France, et les autres puissances avec elle, ont si bien compris ce résultat éventuel, que, de concert avec ses alliés, elle a constamment et loyalement travaillé à la conservation de l'empire ottoman, quelque profondément que leurs intérêts respectifs pussent être engagés relativement à la conservation ou à la ruine de ce royaume. Mais la partie intégrale de l'empire ottoman s'étend des rives de la mer Noire à celle de la mer Rouge. Il est aussi essentiel de garantir l'indépendance de l'Égypte et de la Syrie que l'indépendance des Dardanelles et du Bosphore. Un prince vassal (prince vassal!) est parvenu à établir un gouvernement ferme dans les deux provinces que les sultans de Constantinople n'avaient pas depuis longtemps pu dominer.

D'autres pachas viendront qui désobéiront à leurs maîtres, et se soumettront à toutes les influences étrangères; en un mot, une partie de l'empire turc se trouvera compromise et en même temps l'équilibre général sera en danger. [Dans l'opinion de la France, l'existence du vice-roi dans les provinces qu'il gouverne et dans les mers où son pouvoir se manifeste est essentielle pour garantir les positions telles qu'elles sont actuellement établies entre les différentes parties du globe. Dans cette conviction, la France, également désintéressée dans la question d'Orient avec les quatre puissances qui ont signé le protocole du 17 septembre, se croit dans la nécessité de déclarer que la déchéance du vice-roi (déposition), si on y donnait suite, serait, dans son opinion, un coup porté à l'équilibre général.

La question, en ce qui concerne les limites qui doivent être établies en Syrie pour séparer les possessions du sultan de celles du vice-roi d'Égypte, pourrait sans danger être livrée aux chances de la guerre ouverte en ce moment. Cependant la France ne peut prendre sur elle d'abandonner à une pareille chance Méhémet-Ali, comme prince vassal de l'empire.

Ce prince vassal, s'il n'a pas pu introduire dans les pays qu'il gouverne l'humanité qui distingue la civilisation européenne, et qui probablement s'accorderait mal avec les mœurs actuelles du pays sous ses lois, a du moins introduit plus d'ordre et de régularité qu'il n'en existe dans aucune autre partie de l'empire ottoman. Il a trouvé le moyen d'élever une force publique, il a réuni des troupes, il a créé une flotte, il a relevé la fierté du peuple turc, et il lui a rendu en partie cette confiance en lui-même, indispensable à une nation pour pouvoir défendre et maintenir son indépendance. Ce prince vassal est devenu, selon nous, une partie essentielle et nécessaire de l'empire ottoman.

Si le vice-roi est renversé, l'empire n'en trouvera pas plus, pour cela, les moyens qui autrefois manquaient pour permettre au sultan de gouverner l'Égypte et la Syrie, et la Porte perdra un vassal qui est en ce moment un de ses plus forts remparts.

Les limites territoriales qui pourront définitivement séparer les deux puissances sont livrées aux chances de la guerre, leur existence est nécessaire à l'Europe, et la France ne saurait donner son adhésion à la suppression de l'une ou de l'autre. Disposée comme elle est à prendre part à tout arrangement acceptable qui aurait pour base la double garantie de l'existence du sultan et du vice-roi d'Égypte, elle se borne à présent à déclarer qu'elle ne saurait consentir à la mise à exécution du décret de déchéance rendu à Constantinople. Sous d'autres rapports, les manifestations spontanées de plusieurs des puissances qui ont signé le traité du 15 juillet nous prouvent qu'à cet égard nous entendons le mot *balance de l'Europe* dans le même sens qu'elles, et que leur vue ne diffère pas des nôtres; nous regretterions le désaccord que nous n'apercevons pas encore, mais nous ne pourrions nous écarter de cette manière d'entendre et d'assurer le maintien de cet équilibre. La France nourrit l'espoir que l'Europe appréciera les motifs qui l'ont déterminée à rompre le silence qu'elle avait gardé jusqu'à présent. On peut compter sur son amour pour la paix, car ce sentiment l'a constamment animée, malgré les procédés dont elle croit devoir se plaindre. On peut aussi compter sur son désintéressement, car il est impossible même de lui supçonner de viser à des acquisitions de territoire dans l'Orient. Elle aspire au maintien de l'équilibre d'Europe. C'est aussi la sollicitude des grandes puissances en commun avec elle, et ce doit être l'objet de leur gloire et de leur ambition.

Paris, 8 octobre 1840.

A. Thiers.

LETTRE DE M. THIERS
aux électeurs d'Aix

Messieurs les Électeurs,

« Je me suis adressé à vous, en 1839, lorsque la dissolution fut prononcée extraordinairement, pour en appeler de la Chambre des députés au corps électoral sur diverses questions de politique intérieure et extérieure.

« Les circonstances sont différentes, puisque la dissolution n'a été prononcée qu'au terme ordinaire de la législature; mais les questions sont les mêmes, et je m'adresse de nouveau à vous, mes juges naturels, non pour me ramener des suffrages prêts à m'abandonner, car on m'assure que vous voulez bien me conserver votre confiance, mais parce que je regarde comme un devoir de la vie publique d'expliquer sans cesse ses opinions et ses actes. D'ailleurs, ce que j'écris pour vous sera lu par d'autres, et l'utilité de ces réflexions, si elles en ont une, pourra s'étendre au delà du collège électoral qui veut bien m'élire.

« Permettez-moi de commencer par quelques mots qui me concernent. Ce n'est pas le goût de parler de moi qui m'y entraîne, c'est la nécessité qui m'y oblige. Les écrivains chargés par le gouvernement de me noircir aux yeux de la France prétendent que la grave question qui s'agite aujourd'hui devant le pays est posée entre M. Guizot et moi; que M. Guizot renversé, je dois lui succéder immédiatement au pouvoir, et ils prennent occasion pour tracer de moi, sous le rapport du caractère, de l'esprit, de la conduite politique, un portrait peu flatteur, en vérité, le même à peu qu'ils traçaient de M. Guizot en 1839, lorsque M. Guizot était opposé à M. Molé, le même qu'ils traceraient encore de M. Guizot lui-même, s'il était aujourd'hui le député opposant, et que tout autre que lui fût le ministre attaqué.

« C'est un grand dégoût que d'avoir à répondre sans cesse à des diatribes sans bonne bonne foi sans nouveauté, et dont la triste banalité n'a plus même le mérite de vous émouvoir. Il faut cependant, quand ce ne serait pas pour soi, au moins pour la cause à laquelle on est attaché, pour le parti auquel on a l'honneur d'appartenir.

« Je dirai donc quelques mots sur moi-même. Je ne me crois pas le successeur nécessaire de M. Guizot, comme le prétendent ceux qui, dans leur inconséquence, me présentent tour à tour comme impossible ou inévitable. Mais, en tout cas, on me permettra de penser que je n'entraîne pas après moi l'anarchie et la guerre. J'ai été, je serai toujours l'ami passionné de l'ordre, le partisan convaincu de la monarchie. Quand l'ordre et la monarchie étaient en péril, je n'ai jamais hésité à leur prêter secours, et je crois avoir fait, sous ce rapport, autant, pour le moins, qu'aucun des ministres actuellement au pouvoir. Lorsque les émeutes troublaient nos rues, ils étaient placés dans des départements fort inoffensifs, et je remplissais, moi, les fonctions de ministre de l'intérieur, obligé de pourvoir à tout ce qui intéressait l'ordre, obligé de répondre de tout ce qu'on faisait pour le maintenir, et assurément ne laissant à personne ni les soins, ni les dégoûts, ni les dangers attachés à mon difficile ministère. Et si l'ordre a triomphé, ce n'est pas, j'ose le dire, par les efforts qu'on fait aujourd'hui, mais par ceux qu'on a faits alors avec le concours de tous les bons citoyens.

« Quant à la monarchie, il n'y a pas longtemps que je suis venu à son aide, dans un moment où elle me semblait en avoir besoin, et dans la mesure de mes moyens.

« En 1842, lorsque les élections avaient donné un avantage marqué à l'opposition, lorsque la loi de régence faisait naître pour le cabinet une occasion difficile et périlleuse, craignant qu'un acte d'opposition n affaiblît la monarchie, je n'ai pas hésité à venir au secours du gouvernement, qui, alors comme aujourd'hui, ne cessait de m'abreuver d'outrages.

« J'ai donc le droit de me considérer comme un ami utile de l'ordre et de la monarchie. Quant à la paix, j'ai assez de lumières pour savoir que, dans l'état présent du monde, il est beaucoup plus utile à la France que la guerre; que le calme dont elle fait jouir l'Europe assure les progrès de la Révolution française beaucoup plus que ne le ferait le tumulte des armes; j'ai assez de lumières pour savoir que chaque jour ajouté à la paix ajoute à la chance de trouver les puissances autrement alliées qu'elles ne le sont aujourd'hui, de ne plus les rencontrer, en un mot, coalisées contre la France. Et, sous ce rapport encore, je crois avoir fait mes preuves.

« De 1830 à 1836, lorsque la guerre était populaire et que la paix ne l'était, pas, lorsque le goût des spéculations n'avait pas encore envahi les esprits, j'ai défendu la paix avec la plus grande énergie, et j'ai contribué à la faire triompher. Je puis donc me considérer aussi comme un ami utile de la paix, plus utile que ceux qui la défendent lorsqu'elle est devenue la passion dominante.

« A cela on me répond que sans doute je veux l'ordre et la paix, mais que, malhabile et mal associé, dépendant des oppositions dont je suis devenu l'allié, tout en voulant l'ordre et la paix, je les compromets, dès que je suis au pouvoir, par mes fautes personnelles et par le mauvais esprit de mes amis. On cite à ce sujet 1840. Six mois, dit-on, ont suffi alors pour mettre la paix et l'ordre en péril. Puis, l'ordre et la paix troublés, je me suis retiré précipitamment, laissant à d'autres le soin de réparer les maux dont j'étais l'auteur. J'ai peu de mots à dire sur ce sujet; mais je me flatte qu'ils seront péremptoires.

« En quoi consistent ces malheurs de 1840 dont on parle sans cesse depuis cinq ans, et surtout depuis un mois? Si je ne me trompe, le voici:

« En 1839 et en 1840 on s'est engagé avec une extrême vivacité dans la question d'Orient. On a épousé en face de l'Europe la cause du pacha d'Égypte contre le sultan, et on a soutenu qu'il fallait attribuer à Méhémet-Ali non seulement l'Égypte, mais la Syrie, toutes deux héréditairement.

« On a soutenu cela près d'une année entière. L'Angleterre, jusque-là notre alliée, s'opposant à nos désirs, on lui a répondu qu'on braverait, plutôt que de céder, le malheur de la voir se séparer de nous et s'allier aux Russes.

« Sur ces entrefaites, un traité a été signé entre quatre puissances, à l'exclusion de la France, afin d'enlever au vice-roi la Syrie d'abord, et puis, la lutte s'échauffant, l'Égypte elle-même.

« Sur-le-champ le cabinet français a reculé, s'est départi de tout ce qu'il avait soutenu, et a dit qu'il en serait de l'affaire d'Orient comme voudraient les quatre puissances, et que Méhémet-Ali devrait se contenter de l'Égypte, bien heureux si on la lui laissait.

« On a donc affiché d'abord d'grandes prétentions, puis, à la première apparence du danger, on y a renoncé.

« On a donné à l'Europe un spectacle ridicule, on a traversé six mois d'agitations stériles, et ajouté au déplaisir du rôle joué en Espagne, en Belgique, en Italie, le déplaisir plus amer encore du rôle joué en Orient.

« Voilà bien, si je ne me trompe, les malheurs de 1840 :
« Une imprudence d'abord ;
« Une faiblesse ensuite.

« Si j'ai commis l'une et l'autre, si je me suis avancé pour reculer après, je passe condamnation et je m'avoue l'auteur des malheurs de 1840.

« Voici les faits :

« La question d'Orient a commencé au moment où finissaient les questions d'Espagne, de Belgique et d'Italie. Pour détourner notre attention de ces questions si tristement résolues, le gouvernement nous faisait dire et nous disait lui-même : Occupez-vous de la question d'Orient ; celle-là seule est digne de votre attention et de vos efforts.

« En effet, les discours de la couronne et les adresses rédigées par la majorité proclamaient bien haut les droits de Méhémet-Ali sur l'Égypte et la Syrie.

« Quant à moi, j'ai déploré cela comme une haute imprudence ; je n'étais pas ministre, je n'avais d'autre conduite à tenir que d'exprimer mon avis quand l'occasion s'en présentait. Je pourrais raconter ici où, à qui, avec quelle chaleur je l'ai dit ; mais j'ai mieux fait, je l'ai porté à la tribune. J'ai démontré que, sur cette question, on allait se séparer de l'Angleterre, dès lors se trouver seul, et, une fois seul, jouer un rôle fâcheux. Je l'ai dit dans des termes aussi clairs que l'incroyable passion des Chambres pour Méhémet-Ali permettait alors de le faire.

« Qui soutenait la politique contraire, c'est-à-dire la politique qui tendait à s'engager aveuglément dans l'affaire d'Égypte ?

« Les hommes, députés et ministres, qui m'imputent aujourd'hui les malheurs de 1840. J'en pourrais donner mille preuves incontestables, mais malheureusement de nature privée.

« En voici une qui est officielle.

« L'appréhension que j'avais de voir la France s'engager dans la question d'Orient, s'y trouver seule de son avis, dès lors être réduite à l'alternative ou de céder ou de risquer une guerre générale pour un objet qui ne le méritait pas, cette appréhension était partagée par l'ambassadeur de France à Londres, le maréchal Sébastiani. Il ne cessait de l'exprimer avec la plus grande énergie. Qu'arriva-t-il ? On le rappela, parce qu'il abandonnait, disait-on, la cause de l'Égypte à Londres. On le remplaça par qui ? Par M. Guizot.

« J'adresse cette question à mes accusateurs : Qu'allait faire M. Guizot à Londres ? Il y allait assurément pour y tenir une conduite différente de celle du maréchal Sébastiani ; car il est trop haut placé pour avoir voulu seulement d'une ambassade qu'on ôtait à un autre pour la donner à lui. Il y allait évidemment pour soutenir la cause de Méhémet-Ali, délaissée par M. Sébastiani.

« A cette même époque, 1er mars 1840, le cabinet qui existait alors ayant été renversé, je fus appelé à former une administration nouvelle. Je m'y refusai longtemps, je suppliai la royauté de suivre son penchant et de prendre un autre ministre que moi. Dans cette intention, tandis que j'étais officiellement appelé à composer un nouveau conseil, je consentis à ce que, pendant quatre jours, il fût tenté les plus grands efforts pour en composer un dont je ne ferais point partie. La tentative n'ayant pu réussir, je fus obligé d'accepter le fardeau. Mes amis politiques voulurent bien le partager avec moi.

« La France avait dit qu'elle voulait absolument qu'on laissât la Syrie à Méhémet-Ali, et les quatre puissances avaient dit qu'elles ne le voulaient pas. Que fallait-il faire ?... Gagner du temps pour essayer de dégager la dignité des uns et des autres fatalement compromise, était évidemment la seule conduite à tenir. Il y avait, j'en conviens, peu de chances d'y réussir. En tout cas, l'ambassadeur de France, placé auprès de la conférence de Londres, y pouvait plus que moi. Malgré ses efforts, le traité du 15 juillet fut signé, à l'exclusion de la France.

« Il fut convenu dans ce traité que deux mille Anglais, mille Autrichiens, transportés sur des vaisseaux, iraient attaquer le littoral de la Syrie pour l'enlever à Méhémet-Ali.

« Ces moyens, fort suffisants si la France et l'Égypte devaient se laisser intimider, étaient dérisoires si l'une et l'autre montraient un peu de sang-froid et de fermeté. En effet, les deux mille Anglais, les mille Autrichiens, pouvaient bien ravager le littoral de la Syrie, mais ils ne pouvaient pas enlever à Méhémet-Ali la Syrie elle-même et l'Égypte. A la mauvaise saison, ils devaient nécessairement être obligés de se retirer après avoir ravagé quelques villes maritimes. Si les quatre puissances voulaient pousser leurs desseins à bout, elles étaient obligées d'envoyer, ou une armée anglaise, ou une armée autrichienne, ou une armée russe. Quant à une armée anglaise, il n'en existait pas. Quant à une armée russe, le cabinet anglais, déjà divisé, se serait dissous plutôt que de consentir à l'introduction des Russes en Turquie ; et pour une armée autrichienne, c'était à la France d'empêcher qu'il en fût envoyé une. Du reste, elle avait reçu de Vienne les déclarations les plus spontanées et les plus rassurantes à cet égard. Quel pouvait donc être le calcul des hommes d'État qui auraient entrepris une telle opération avec de si faibles moyens ? C'est que l'Égypte et la France s'intimideraient, et qu'une simple communication suffirait pour les contraindre à céder. Le rôle de la France était donc indiqué : c'était de ne point s'intimider, de se tenir prête pour le cas peu probable où l'on voudrait pousser les choses au delà d'une simple démonstration, d'armer par conséquent, mais sans menaces, et sans parler de guerre. C'est ce qu'a fait le ministère du 1er mars. Il a armé avec activité, et il n'a fait de menaces à personne. Je défie qu'on en cite une seule.

« Je suis convaincu qu'en attendant seulement deux mois, l'insuffisance des moyens employés contre l'Égypte aurait été démontrée ; que l'envoi d'une armée russe n'aurait pas été accepté par l'Angleterre ; que celui d'une armée autrichienne aurait été empêché par la France, et que, sans guerre, avec de la modération, on aurait conclu un traité honorable pour tous.

« Mais la situation, pour qui ne la jugeait pas bien, était inquiétante. Le ministère du 1er mars, qui ne l'avait pas créée, offrait un moyen d'en sortir, qui n'était pas la guerre. Cela pouvait faire naître quelque anxiété, j'en conviens ; mais il valait la peine de braver quelques inquiétudes pour sortir d'un mauvais pas où l'on s'était imprudemment engagé.

« Mais tout à coup, à un engouement sans exemple a succédé une sorte de terreur panique inexplicable. La cause de l'Égypte, si chaudement épousée d'abord, a été abandonnée avec une promptitude inouïe. Et qui s'est chargé de ce nouveau rôle ? Est-ce moi ? Non, assurément. Ceux qui se sont chargés de ramener si brusquement la France de cette affaire d'Orient sont ceux mêmes qui l'y avaient si profondément engagée.

« M. Guizot, qui avait remplacé à Londres M. Sébastiani, parce que celui-ci ne soutenait pas le vice-roi d'Égypte, m'a remplacé à Paris parce que je voulais le soutenir, de quoi m'en plains pas. Le pouvoir appartient à qui le prend, à qui le garde, dans le gouvernement représentatif. Je me plains d'une seule chose, c'est du partage inique qu'on veut faire de la responsabilité de cette déplorable affaire.

« Oui, il y a eu en 1840 une haute imprudence au début, une insigne faiblesse à la fin.

« Je n'ai pas commis l'imprudence par laquelle on a commencé.

« Je n'ai pas commis la faiblesse par laquelle on a fini.

« Les mêmes hommes, députés et ministres, qui avaient engagé la France de la manière la plus inconsidérée dans l'affaire d'Égypte, se sont chargés de l'en tirer de la manière la plus humiliante.

« Cependant il fallait faire peser sur quelqu'un les événements de 1840, le rôle fâcheux que le gouvernement français avait joué en reculant sitôt après s'être avancé si vite, le trouble pénible qui en était résulté dans les esprits; et on a imaginé de faire peser tout cela sur le ministère du 1er mars, et dans ce ministère, sur moi en particulier. Il a donc été convenu qu'on dirait que mes collègues, et moi surtout, nous avions tout fait, tout brouillé, tout compromis, et que nos adversaires avaient tout réparé. C'est là, certainement, l'une des plus insignes déloyautés dont l'histoire des partis puisse faire mention.

« A l'accusation principale, on a eu le triste courage d'en ajouter quantité d'autres, bien étranges en elles-mêmes, bien étranges surtout dans la bouche de ceux qui se les permettent : le rappel de la flotte ! la ruine des finances! le trouble apporté à l'ordre public !

« Le rappel de la flotte ! — Vraiment il faut du courage aux défenseurs exclusifs de la paix pour proférer un tel reproche.

« Il n'y avait pas de milieu : il fallait ou que la flotte livrât bataille aux Anglais pour empêcher les attaques de Beyrouth et de Saint-Jean-d'Acre, ou qu'elle revînt pour n'être pas témoin de ces tristes événements. Livrer bataille, c'est-à-dire résoudre sur-le-champ par la guerre une situation que l'on pouvait, avec un peu de patience et de fermeté, résoudre par la diplomatie, était une témérité bien grande, et d'ailleurs une témérité sans lendemain, dans l'état de notre marine aujourd'hui avoué. Mais que dire quand ce sont les amis de la paix qui reprochent au ministère du 1er mars de n'avoir pas résolu la question par la guerre immédiate.

« La ruine des finances ! » — Le reproche n'est pas moins étrange dans la bouche de ceux qui me l'adressent.

« De même qu'on avait laissé dépérir la marine, faute d'oser dire la vérité aux Chambres, on avait laissé tomber l'armée au-dessous de toutes les proportions commandées par la situation de l'Europe. Le ministère du 1er mars a été obligé d'y pourvoir. Pour procurer à l'artillerie, à la cavalerie, les chevaux dont elles manquaient, pour créer le matériel qui n'existait pas en fusils, canons, etc., pour faire à nos places certaines réparations indispensables, pour commencer les fortifications de Paris, pour porter l'effectif à 500,000 hommes, le ministère du 1er mars a dépensé un peu moins de 150 millions. C'est ce qui résulte des comptes fournis par le ministère du 29 octobre.

« On n'en a pas moins répété alors, on n'en répète pas moins tous les jours que le ministère du 1er mars avait dépensé un milliard, et ruiné ainsi les finances. Le milliard, comme on le voit, c'est 150 millions. Mais cela dit par ceux mêmes qui ont dépensé depuis 1,500 millions, par ceux qui ont paralysé pour dix ans les moyens de la France, en autorisant les communes, les départements, les compagnies, à emprunter trois milliards, cela est étrange, c'est dire audacieux.

« Le trouble apporté à l'ordre public ! — Un moment, il est vrai, toutes les professions ouvrières ont, à Paris, interrompu leurs travaux pour une cause étrangère à la politique, pour une question de salaire. Jamais la situation du gouvernement à l'égard des classes ouvrières n'avait été plus difficile. Cependant, par la persuasion, et aussi par le déploiement de la force, car le camp de Fontainebleau avait été soudainement transporté à Paris, les ouvriers ont été en quatre jours ramenés à leurs ateliers, et l'ordre a été maintenu sans qu'une goutte de sang fût versée. Voilà comment l'ordre public a été troublé sous le ministère du 1er mars. Ce n'est pas que, il est vrai. Au milieu de l'agitation produite par le canon de Beyrouth, on a chanté la *Marseillaise* sur quelques théâtres.

« Mais, je l'avoue, je n'ai jamais regardé cela comme un désordre. En tout cas, je rappellerai qu'il y a trois ans, après le voyage de Belgrave-Square, on a vu le préfet des Bouches-du-Rhône traverser les rues de la ville de Marseille, en grand uniforme, et suivi d'une partie de la population qui chantait la *Marseillaise*. C'était, il est vrai, à une manifestation des amis de M. Berryer. J'approuve fort M. le préfet d'avoir agi ainsi. Mais est-ce qu'il serait permis de chanter la *Marseillaise* pour la dynastie, et défendu de la chanter pour la France ?

« J'aurais voulu, Messieurs les électeurs, vous épargner ces détails sur le passé; car qui s'intéresse au passé? Mais lorsque depuis cinq ans, et surtout depuis un mois, ceux qui en 1840 ont compromis la France, et qui, après l'avoir compromise, l'ont fait honteusement reculer, osent m'accuser des malheurs de cette époque, lorsque ceux qui ont dépensé plusieurs milliards m'accusent d'avoir ruiné la France pour 150 millions consacrés à lui procurer un matériel qui lui manquait et qui lui reste, lorsque ceux qui ont voulu chanter la *Marseillaise* pour répondre au voyage de Belgrave-Square m'accusent de l'avoir laissé chanter lorsqu'il s'agissait de la grandeur de la France, j'ai bien lieu de m'étonner et de renvoyer ces accusations à qui les a méritées.

« Après avoir, à mon grand regret, parlé de mes actes, qu'il me soit permis de parler de ceux de mes adversaires.

« Ils maintiennent, dit-on, la paix et l'ordre dans une sorte de perfection idéale.

« Un mot sur la paix d'abord. A partir de 1840, lorsqu'on avait dit à l'Europe : Il en sera de l'Égypte comme vous voudrez; après lui avoir dit cela, il aurait fallu, pour avoir la guerre, la déclarer soi-même. Il aurait fallu passer le Rhin, ou aller attaquer en mer les vaisseaux anglais; car il n'y avait plus moyen de nous chercher querelle, quand nous avions fait tout ce qu'on avait voulu.

« La conduite toute simple au lendemain de 1840, c'était de rester tranquille; je tranche le mot, de ne rien faire. Je ne suis pas, on le voit, bien difficile. En ne faisant rien au dehors, mais en s'occupant au dedans de l'armée, de la marine, des finances, en s'attachant à organiser nos forces, on aurait bientôt ramené, non pas la France à l'Europe, mais l'Europe à la France, seule chose qui fût digne après le traité du 15 juillet. La France, en effet, est si nécessaire au monde, que lorsqu'elle se retire, le monde revient à elle. En tout cas, la paix n'eût certainement pas été compromise par l'inaction, et cette paix eût compté trois sacrifices de moins : le droit de visite, l'indemnité Pritchard, le démêlé du Texas.

« Mais notre gouvernement est non seulement faible, il est vain.

« Il a voulu paraître faire quelque chose. Il a mis une singulière ostentation à renouer l'alliance anglaise, et il a signé l'extension du droit de visite. Il a voulu paraître s'occuper de notre grandeur, et tandis qu'il laissait dépérir notre matériel naval, il a pris les Marquises. Les Marquises n'étant qu'une suite de rochers stériles où l'on ne peut pas vivre, il a pris Taïti.

« Mais les Anglais n'ont désavoué cette occupation, et il a désavoué l'amiral Dupetit-Thouars qui avait pris Taïti,

C — E Regnault. — Hist. de Huit Ans.

Un missionnaire, M. Pritchard, ayant notoirement excité les habitants de Taïti à égorger nos soldats, l'un des officiers l'avait consigné pour un moment à bord de nos vaisseaux. Nous aurions dû nous plaindre, et il a fallu, pour ne pas avoir la guerre, payer une indemnité à ce missionnaire. Enfin, engagé dans une suite de mauvaises affaires avec cette Angleterre dont on prétendait renouer l'alliance, on a voulu faire quelque chose pour améliorer les rapports avec elle, et dans la question du Texas, où nous n'avions aucun intérêt appréciable, on s'est prononcé pour l'Angleterre contre l'Amérique. Et pendant qu'on applaudissait ces choses si étrangement imaginées, on livrait la Grèce aux agitations suscitées par les agents de l'Angleterre, on livrait la Syrie au fer des Turcs.

« Je le demande, et je le demanderai sans cesse : Quelle nécessité y avait-il de signer l'extension du droit de visite ?

« Quelle utilité y avait-il à occuper les Marquises ?

« Quelle nécessité y avait-il de prendre parti entre l'Angleterre et l'Amérique dans l'affaire du Texas ?

« On dit que la faute de l'extension du droit de visite a été réparée ! D'abord je réponds que non. On a accordé à l'Angleterre ce que les Américains n'ont jamais concédé, c'est-à-dire la vérification du pavillon. Sous l'ancien droit de visite on vérifiait le chargement ; maintenant on vérifiera le pavillon, ce qui entraîne toujours une vérification et une visite.

« Dans tous les cas, ce serait une faute réparée et rien de plus.

« Mais le désaveu de l'amiral Dupetit-Thouars, l'indemnité Pritchard, le démêlé avec l'Amérique au sujet du Texas, tout cela a-t-il été réparé ?

« Les hommes qui se vantent de maintenir la paix mieux que personne, de pouvoir seuls la maintenir, nous ont conduits, dans l'affaire de Taïti, plus près de la guerre que nous n'y avions jamais été ; car nous avons été placés dans cette alternative, ou de payer à M. Pritchard, qui avait fait égorger nos soldats, une indemnité, ou d'en venir avec l'Angleterre à une lutte immédiate et sanglante.

« Les hommes de la paix ont donc conduit la France dans un vrai coupe-gorge, gratuitement, sans motif, sans intérêt aucun, et ils n'ont su l'en tirer qu'en lui faisant subir une des plus grandes humiliations qu'elle ait jamais essuyées.

« Et il fallait une telle maladresse pour comprendre la paix, car elle tient aujourd'hui à de si grands intérêts, que personne dans le monde ne souhaite et ne peut souhaiter la guerre. C'est une assertion ridicule que de prétendre que la paix tient à tel ou tel ministère. Le continent n'est plus assez uni et a de trop grandes affaires pour vouloir prendre l'initiative contre nous. La Russie a la Pologne, l'Autriche a la Galicie et l'Italie à conserver. Si les hommes d'État de ces pays voulaient la guerre, ils seraient insensés, et ils ont prouvé qu'ils ne l'étaient pas. La Prusse a des embarras intérieurs qui l'absorbent. L'Angleterre tout entière désire ardemment la paix à cause de l'Inde, à cause de l'Amérique, à cause de son commerce. Elle n'a rien à nous contester ; la guerre serait pour elle un non-sens.

« La paix est dans la force des choses. De 1830 à 1836, elle a été le mérite de ceux qui la maintenaient ; elle n'est aujourd'hui le mérite de personne. On peut la mêler seulement de plus ou moins d'amertume, on y peut mettre Pritchard ou non, mais on ne peut pas la troubler à moins de le vouloir, en passant le Rhin, en envahissant la Tamise spontanément.

« Laissons les affaires du dehors, passons à celles du dedans.

« L'ordre n'est pas plus que la paix le privilège de quelques hommes. L'ordre pouvait être considéré, en 1831, 1832, 1833, comme le mérite des hommes qui gouvernaient ; mais aujourd'hui l'ordre se maintient de lui-même ; il n'est plus le résultat de l'énergique résistance du gouvernement, mais du calme rentré dans les esprits. Pour le maintenir, il suffit de ne pas le troubler soi-même. On peut en citer un exemple éclatant, c'est le recensement.

« L'ordre, en effet, a été troublé une seule fois depuis six ans : par qui ? par le pouvoir. Il s'agissait, au moyen d'une meilleure répartition de certains impôts directs, de les rendre plus productifs sans les rendre plus pesants. Mais il fallait, pour reviser les valeurs imposables, ou accepter, suivant l'usage établi, le concours des maires, ou un article de loi qui permît de se passer d'eux. Loin de là, on a voulu commencer le recensement sans les maires et sans un article de loi : les populations ont résisté, et on a été obligé de recourir à la force, de tuer quelques citoyens, citoyens égarés, mais égarés par la faute du pouvoir ; et puis on s'est hâté de revenir en arrière et d'abandonner le recensement. Le sang a été répandu, et cependant le gouvernement a reculé !

« Les soutiens par excellence de la paix, qui, par leurs ridicules conquêtes de l'Océanie, nous ont conduits si près de la guerre, dans l'affaire du recensement nous ont valu le seul trouble sérieux qui ait eu lieu depuis six ans, trouble ensanglanté sans que force restât au gouvernement.

« L'ordre n'est donc pas plus que la paix le privilège des hommes qui gouvernent ; l'ordre ne serait pas mis en péril avec ceux-ci plutôt qu'avec ceux-là. Mais voici la vérité rigoureuse de la situation. Un parti qui veut se faire de la paix et de l'ordre un mérite exclusif, s'est établi au pouvoir ; il y a vieilli, et, comme tous les partis qui ont vieilli au pouvoir, il l'exploite à son profit.

« Qu'il veuille y rester, rien de plus naturel ; mais que pour y rester il calomnie ses adversaires et les accuse d'être les ennemis de la paix et de l'ordre, on peut raisonnablement trouver qu'il excède son droit. Cependant je lui pardonne pour ma part. Mais voici qui est moins pardonnable à mon avis, car cela tend à miner tout gouvernement : c'est de conférer sans mesure, sans aucune retenue, toutes les fonctions publiques, dans un but exclusivement politique, sous se prêter ainsi aux vices du régime électif, et de les accroître en les surexcitant.

« Mais cette corruption dont vous accusez les ministres actuels, me disent leurs défenseurs, vous en avez été accusé vous-même. Et à ce sujet on veut bien me rappeler les calomnies que j'ai essuyées en servant le gouvernement actuel. Je réponds d'abord qu'en me plaignant de l'abus des fonctions publiques, je ne fais rien de plus que ce que faisaient en 1839 MM. Guizot et Duchâtel, lorsqu'ils accusaient M. Molé de corruption, accusation fort injuste, si l'on compare ce qui se passait en 1839 à ce qui se passe en 1846. Je réponds ensuite que je n'ai présidé aux élections qu'une fois, en 1834, au lendemain d'émeutes sanglantes, et qu'alors le zèle des citoyens alarmés suffisait, sans que nous fussions obligés de nous en mêler, pour nous donner une immense majorité. Mais aujourd'hui les passions sont éteintes, que les appétits ont remplacé les passions, je demande si tout homme de bonne foi de regarder autour de lui et de dire ce qu'il lui en semble.

« Pour moi, je suis convaincu que, s'y l'on n'y prend garde, il n'y aura bientôt plus d'administration. Le Conseil d'État, la Cour de cassation, la Cour des comptes, les plus hautes fonctions de l'armée, de la diplomatie, appartiendront aux plus adroits, aux plus obstinés, aux plus hardis solliciteurs des Chambres. Si l'on ne s'arrête pas dans la voie où l'on est entré, les ministres ne gouverneront plus, les préfets n'administreront plus. Quelques meneurs dans les collèges électoraux ou dans les Chambres feront la loi au pouvoir. On n'aura pas l'autorité de la royauté, comme le rêvent les nouveaux royalistes de 1846, ou l'autorité d'un ministère responsable, comme le veulent ceux qui souhaitent le véritable régime parlementaire ; on aura l'empire occulte et dépravateur de quelques agents d'intrigue cachés dans le fond des majorités. Quant à moi, partisan décidé de la centralisation administrative, je m'opposerai toujours à ce qu'elle soit ainsi détournée de son but. C'est pour cela que j'ai demandé, et que je ne cesserai de demander la diminution du nombre des fonctionnaires publics dans la Chambre des députés.

« Et ce n'est pas seulement l'administration qu'on désorganise par suite des plus étranges choix, ce sont les finances du pays qu'on ruine. Est-il vrai, oui ou non, qu'on a permis aux communes, aux départements, à l'État, aux compagnies, de contracter emprunts sur emprunts, afin de tout entreprendre à la fois ? Est-il vrai qu'on a livré aux compagnies plutôt qu'à l'État l'exploitation des grands travaux publics, pour engager le pays entier dans une masse de spéculations telles que tout le monde fût intéressé à la politique existante, et que chacun vît dans chaque affaire politique, non pas l'intérêt de la France, mais l'intérêt de sa fortune privée, qu'une variation dans les cours pouvait compromettre ? Quelqu'un oserait-il le nier ?

« A l'origine de ce système, qui livre les grands travaux publics à la spéculation, au lieu de les réserver au gouvernement, on n'en a pas d'abord prévu les conséquences, on y est entré parce qu'on n'osait pas défendre le système de l'exécution par l'État. Mais en apercevant ses effets on s'est bientôt ravisé. On a vu que cent, deux cents, trois cents millions jetés de plus sur la place étaient autant de liens qui attachaient tout le monde à la politique en vigueur, et on s'est hâté de profiter de la découverte, de prodiguer sans mesure ce genre de corruption ; le plus dangereux de tous.

« Ainsi, d'une part, on a paralysé les finances du pays, car aujourd'hui, grâce à cette masse d'emprunts contractés par les administrations locales et les compagnies, grâce aux quinze cents millions dépensés par avance sur la réserve de l'amortissement, il serait impossible au gouvernement de se procurer quelques centaines de millions, s'il en avait subitement le besoin ; et de l'autre, on a lié à une certaine politique beaucoup d'hommes mêmes qui ne l'aiment ni ne l'estiment.

« Je dis cela sans hésiter, parce que cela est partout, parce que tous les hommes éclairés en conviennent, parce que tous reconnaissent que si pendant dix ans encore il n'y a pas un calme absolu, la situation du pays deviendra difficile et certainement périlleuse.

« Condamner dans un certain but, condamner le pays à l'impuissance, est coupable et mérite la réprobation de tous les bons citoyens. Mais ce n'est pas seulement la puissance du pays qu'on affecte, c'est son cœur qu'on tend à abaisser. Je le demande à tout homme éclairé, les esprits furent-ils jamais, à aucune époque, attachés à des objets moins dignes de la France et de ce qui fait la gloire dans tous les temps ?

« Autrefois, au milieu des corruptions du XVIIIᵉ siècle, qu'un étranger fût transporté en France, il la trouvait toute éprise de la régénération sociale annoncée, promise par les philosophes. En 1789, on l'eût trouvée toute éprise de liberté absolue ; sous l'Empire, de gloire militaire ; sous la Restauration, d'idées constitutionnelles. De quelle noble idée ceux qui viennent visiter la France la trouveraient-ils préoccupée aujourd'hui ?

« Si elle est distraite, dit-on, de toute idée politique, c'est qu'elle est tranquille sur ses droits, c'est que ses institutions sont fondées, c'est que sa situation est assurée dans le monde ! — Je nie l'un et l'autre. On cherche à lui persuader que tout est fait pour ses institutions et sa grandeur. Quant à moi, je pense, au contraire, qu'elle a encore immensément à faire, et qu'il faut la relever en tenant son esprit sans cesse dirigé vers ce qu'il lui reste à accomplir, tant pour ses institutions que pour son existence extérieure.

« A la théorie du gouvernement représentatif ajouter la pratique ; au texte écrit, si facile à écrire, joindre les mœurs, si difficiles à établir ; tout en étant dévoué à la couronne,

savoir, comme les ministres anglais, résister à son ascendant ; la respecter, la défendre si elle en avait besoin, mais ne point flatter, ne pas plier la politique du pays à ses goûts ; tout au contraire, contenir un prince entreprenant, exciter un prince timide ; conserver la paix que rien ne menace, mais ne pas faire de cette paix une complaisance perpétuelle, tantôt pour ceux-ci, tantôt pour ceux-là ; en 1836, une complaisance pour l'Autriche ; en 1846, une complaisance pour l'Angleterre ; attendre les alliances, qui viendraient si on faisait moins pour les avoir ; en attendant, se bien administrer, s'occuper, sans menace pour personne, de son armée, de sa marine, de ses finances ; ne point paralyser celles-ci pour des années ; accorder au pays les bienfaits des grands travaux publics, mais sans cette précipitation qui fait que, pour tout entreprendre à la fois, on exécute tout mal, et qu'on compromet autant la vie des individus que leur fortune ; ne pas livrer l'administration à toutes les ambitions, hautes ou basses ; après avoir résisté, s'il le faut, à la royauté elle-même, résister aussi aux influences électives qui ne cherchent qu'à trafiquer de leurs votes ; faire pour cela les changements nécessaires à nos lois administratives et électorales ; remplir, en un mot, cette double tâche : au dedans, de gouverner constitutionnellement la France ; au dehors, de la conduire saine, sauve et honorée, à travers le mauvais vouloir que cinquante ans de révolution ont été contre elle : voilà la politique que nous voudrions, mes amis et moi, proposer aux esprits, au lieu de celle qui, sous prétexte que tout est fini au dedans et au dehors, veut lui faire tout oublier, le dehors comme le dedans, en jetant le pays dans des spéculations qui l'absorbent, l'enchaînent et le paralysent.

« Vaines paroles que tout cela, s'écrient nos adversaires. Au fond, vous êtes des ambitieux qui ne voulez que le pouvoir, qui ne voulez qu'être ministres.

« Ce reproche vulgaire serait bien facile à rétorquer. Nous pourrions, en effet, répondre à nos adversaires : Nous voulons prendre le pouvoir, soit ; mais vous, vous voulez le garder. — Je pourrais, moi, dire à ces écrivains qui m'injurient : Vous avez votre part des avantages du pouvoir, e vous voulez les garder.....

« Croit-on que cette argumentation serait moins vraie que celle qu'on nous oppose ? Mais, je le demande, serait-elle digne ? serait-elle concluante ?

« Si au fond de toutes nos disputes il n'y a pas autre chose que l'ambition du pouvoir et des places, il faut renverser la tribune, briser la plume des écrivains et faire cesser cet inutile et scandaleux tumulte de discussions. Mais, heureusement, il y a autre chose dans les disputes dont les pays libres tiennent le théâtre, et c'est l'avis des Anglais, qui ne permettraient pas chez eux qu'on s'adressât de pareils reproches. Leurs mœurs constitutionnelles sont si bien formées, que si M. Peel disait à lord John Russell, ou lord John Russell à M. Peel : Vous voulez ma place, on les ferait taire sur-le-champ.

« Sans doute il peut y avoir des gens qui, dans nos luttes, tiennent au pouvoir, et non au fond des choses. Que ceux-là se justifient. Pour moi, voici ce que j'ai dit, et ce que je répète encore au nom de mes amis et en mon nom personnel.

« En 1836, lorsqu'il s'agissait de l'Espagne, nous pouvions rester au ministère, pour y faire ce qu'y ont fait nos successeurs. La royauté nous faisait l'honneur de nous y inviter.

« En 1840, lorsqu'il s'agissait de l'Égypte, nous pouvions, mes amis et moi, rester au ministère, pour y faire ce qu'y ont fait nos successeurs. La royauté nous y invitait également.

« Nous n'avons pas voulu, et nous avons respectueusement donné notre démission.

« Si nous voulons le pouvoir et rien que le pouvoir, si la politique à suivre nous est indifférente, pourquoi ne pas conserver alors nos portefeuilles ?

« Et maintenant, pour parler de ce qui me concerne plus particulièrement, on me trouve fort prononcé, fort actif dans l'opposition : serait-ce, par hasard, afin d'avoir le pouvoir plus tôt ?

« Je serais en vérité bien malhabile ! Croit-on que je n'aie pas assez d'intelligence pour savoir que me mettre à part, désapprouver silencieusement ce qui se fait, mais ne pas l'attaquer ouvertement, me *réserver*, en un mot, suivant le langage des calculateurs habiles, serait un moyen plus prompt, plus sûr, d'arriver au ministère ? Mais je sais cela ! Cette profonde science, j'en ai le secret ! Je sais qu'attendre et laisser faire serait mieux entendu au point de vue de l'ambition. Mais c'est là la ruse du gouvernement représentatif, ce n'en est pas la vérité.

« Dans la vérité du gouvernement représentatif, voici ce qui se passe : on approuve ce qui se fait, ou on le désapprouve. Si on l'approuve, on le fait soi-même, quand on est de ceux qui sont appelés à gouverner; si on le désapprouve, on l'attaque franchement, ouvertement, jusqu'à ce qu'on l'ait empêché en renversant ceux qui le font. C'est ainsi que se comportaient MM. Pitt et Fox, et que se comportent aujourd'hui MM. Russell et Peel. C'est là le gouvernement représentatif noblement entendu et pratiqué.

« Je suis sensible à ces glorieux exemples, et je veux les suivre.

« Cette conduite éloigne du pouvoir, si bien qu'on vous appelle ministre impossible. Peu m'importe. Je ne tiens à être ni possible, ni prochain. Je tiens à remplir dignement mon rôle dans le gouvernement représentatif conquis par le sang de nos pères, et qu'il nous appartient, à nous, de convertir de lettre morte en réalité vivante.

« Je sais donc, tout comme un autre, que le silence, l'abstention, rapprochent du pouvoir plus que la franchise et l'activité. Je persiste néanmoins dans ma conduite active et ouverte, et c'est pour cela que j'ai soutenu l'amendement proposé par l'honorable M. Odilon Barrot dans la question des incompatibilités. Certes, je savais bien que demander la réforme rigoureuse du gouvernement représentatif, qui tend à diminuer l'influence de la royauté irresponsable au profit des ministres responsables, je savais bien que c'était davantage encore me ranger dans la classe des ministres qu'on appelle impossibles. Je n'ai pas hésité : non pas que j'eusse le goût puéril, que certaines gens me prêtent, de me poser, moi simple citoyen, en face de la majesté royale; non, je n'ai pas cette misérable prétention. Mais je suis convaincu que la monarchie n'est pas admissible pour les hommes raisonnables, et ne sera admise par les générations présentes et futures que lorsque les ministres vraiment responsables exerceront véritablement le pouvoir, et, profondément convaincu de cette vérité, j'ai eu l'orgueil de défendre ma conviction même à mes dépens. Cet orgueil, je l'ai eu, je l'aurai toujours dans toute son étendue.

« Le pouvoir, je l'ai possédé, et, dans cette transition inévitable de la monarchie représentative vraie, transition toujours plus ou moins longue, je sais ce que vaut le pouvoir. Être ministre entre une royauté qui ne vous souhaite pas, et une Chambre que cinquante ans de révolutions et de guerres ont profondément troublée, et que beaucoup d'intérêts dominent, être ministre à ces conditions ne me séduit guère. J'aime mieux, simple citoyen, appelé à l'honneur de porter la parole à la tribune, faire triompher une vérité, que tenir un pouvoir bien dangereux pour la main qui le tient, quand on agite cette main, à laquelle il faudrait tant de sûreté pour qu'elle pût agir avec justesse. Oui, faire prévaloir une vérité, c'est gouverner de la plus noble manière. Cela peut arriver dans l'opposition comme au ministère; et si on a de l'activité au delà de ce rôle, redire à son pays sa gloire, gloire malheureusement bien loin de nous, suffit à mon ambition.

« Je ne réponds plus, Messieurs les électeurs, qu'à un dernier reproche de mes adversaires, après quoi je termine ces réflexions déjà trop longues.

« On nous reproche, à mes amis et à moi, d'avoir contracté d'étranges alliances pour faire triompher la cause de la monarchie constitutionnelle.

« Je réponds que ce sont les mêmes que nous avons contractées en 1839, MM. Guizot, Duchâtel et moi, pour faire triompher ce que nous appelions, en mettant sous les mêmes mots les mêmes choses, la vérité du gouvernement représentatif et la dignité de la France. A cette époque, MM. Guizot et Duchâtel se sont concertés avec MM. Barrot, Garnier-Pagès, Berryer, pour faire prévaloir les candidats de l'opposition. J'étais avec eux dans ce concert.

« Si ces alliances étaient permises en 1839, pourquoi ne le seraient-elles pas en 1846 ?

« Cependant je ne tiens pas la réponse pour suffisante; car enfin nous aurions pu nous tromper en 1839, quoique agissant en compagnie de MM. Guizot et Duchâtel.

« Mais voici des raisons plus solides.

« De quelles alliances parle-t-on ?

« De celle que le parti qu'on appelle centre gauche a contractée avec le parti qu'on appelle gauche constitutionnelle ? Celle-là je la tiens pour excellente. Elle a pour but de fonder dans l'opposition un parti de gouvernement qui veuille ce qui est possible ; rien de plus, rien de moins; qui fasse disparaître peu à peu les dissentiments de médiocre importance, pour arriver à un programme de gouvernement praticable et honorable. Je regarde cela comme très constitutionnel, comme très politique, comme le salut de l'avenir. J'ai eu autrefois des différends avec la gauche constitutionnelle; cela est vrai. Le temps les a effacés et les efface tous les jours. Beaucoup de gens dans la majorité actuelle, qui n'est pas l'ancienne, quoi qu'on dise, ont eu à s'en faire pardonner de plus graves.

« Parle-t-on d'alliance avec les partis qui, à droite ou à gauche, n'admettent pas, dit-on, la Constitution ? D'abord la Constitution est établie et respectée; elle lie tout le monde, et je ne sache pas qu'on ait jamais à traiter à la Chambre de questions de dynastie. Pour ce cas je serais certain de ne pas m'entendre avec ceux de mes collègues qu'on appelle légitimistes ou radicaux. Ce dont on traite tous les jours à la Chambre, c'est de politique extérieure ou intérieure : c'est du Texas, de Taïti, de la Grèce, de la Syrie, des finances, des travaux publics, des fonctions publiques bien ou mal distribuées. Si parmi les minorités qu'on accuse, à tort ou à raison, d'être contraires au fond du cœur à la Constitution, il y a des hommes qui, sur Taïti, sur la Syrie, sur les finances, pensent comme mes amis et votent comme eux, je n'ai pas le moindre scrupule de me rencontrer avec eux, et pas davantage dans les collèges électoraux.

« Et à cet égard, je ne puis pas être plus ombrageux que le gouvernement lui-même. Il y a tel de mes collègues à la dernière Chambre, notoirement rangés parmi les légitimistes, et dont le ministère appuie la réélection de tous ses moyens. Pourquoi ? Parce que, sur l'indemnité Pritchard par exemple, ce candidat a voté comme lui. Le ministère le soutient; je trouve cela très simple. Pourquoi donc nos amis ne feraient-ils pas de même pour le légitimiste qui a voté contre cette indemnité ?

« En principe, il est bon que tous les partis, même ceux qui sont contraires à la Constitution, soient représentés dans la Chambre. Ils ne conspirent plus dans l'ombre quand ils sont représentés et qu'ils ont la parole. Ils s'engagent envers la Constitution, dans laquelle ils jouent un rôle : ils prennent goût à elle. D'ailleurs, quoi qu'on fasse pour empêcher leurs représentants d'arriver à la Chambre, ils y arriveront en proportion égale à leur importance dans le pays, et ils n'y seront jamais assez nombreux pour ébranler le gouvernement existant. Une fois à la Chambre, il faut qu'ils votent avec les uns ou avec les autres. Ils voteraient toujours avec l'opposition, que rien ne serait plus naturel, car c'est la loi du gouvernement représentatif que toutes les minorités s'unissent pour se défendre en commun contre la majorité. Témoin l'Angleterre, chez laquelle les ultra-tories viennent de voter avec les whigs. Mais du reste cela ne se passe pas exactement ainsi chez nous. Les légitimistes, par exemple, votent, les uns avec le gouvernement, les autres avec l'opposition.

« Le gouvernement se réjouit quand ils votent avec lui ; l'opposition agit de même. En faire un grief, c'est le comble du ridicule. Le ministère fraye avec ceux qui, pour des avantages personnels, lui abandonnent leur foi. L'opposition fraye avec ceux qui entendent comme elle la dignité de la France, les principes du gouvernement représentatif, l'administration des finances. Chacun est là dans son rôle. J'ai donc la même conviction qu'aujourd'hui, comme en 1837, en me rencontrant avec tel ou tel parti dans le même vote, je n'ébranle ni la monarchie, ni la dynastie d'Orléans. J'ai la conviction, au contraire, de leur rendre par mon opposition plus de services que ceux qui ont mission spéciale de les défendre.

« Voilà, Messieurs les électeurs, le compte que je voulais vous rendre de mes actes et de mes opinions. J'aurais pu vous aller dire cela moi-même dans une réunion électorale. J'aime mieux vous l'adresser par la voie de la presse. Bientôt, quand ma présence au milieu de vous ne sera point une flatterie pour obtenir votre vote, mais un remerciement, je m'empresserai d'aller visiter le lieu où j'ai passé ma jeunesse, et où je serai toujours heureux d'aller me reposer des agitations de la vie publique.

« A. Thiers.

« Paris, 21 juillet 1849. »

DÉPÊCHE

Adressée par lord Palmerston, ministre des affaires étrangères, à lord Ponsomby, ambassadeur à Constantinople.

Milord, le gouvernement de S. M. ayant pris en considération l'acte par lequel le sultan a ôté le pachalick d'Égypte à Méhémet-Ali, l'influence de cet acte sur les questions en suspens, et la marche qu'il serait utile de suivre à cet égard, a invité les ambassadeurs d'Autriche, de Prusse et de Russie à la cour de Saint-James, à rapporter à leurs gouvernements respectifs qu'il y a incontestablement beaucoup de force dans les raisons qui, d'après les rapports de V. E., ont déterminé le sultan à faire cette démarche, et que, si d'un côté cette mesure n'empêche point le sultan de réintégrer Méhémet-Ali, s'il se soumet promptement à son souverain, d'un autre côté, elle pourra exercer une haute influence morale sur Méhémet-Ali, en lui faisant comprendre que si la lutte entre lui et son souverain se prolongeait, et si cette lutte lui était défavorable, il perdrait tout par sa résistance opiniâtre.

Dans ce but et pour que l'exercice que le sultan a cru devoir faire de son autorité hâte la solution de la question d'Orient, le gouvernement de S. M. pense qu'il serait convenable que les représentants des quatre puissances à Constantinople reçussent l'ordre de se rendre auprès du ministre turc, et de lui déclarer que leurs gouvernements respectifs, par application de l'article 7 de l'acte séparé annexé au traité du 15 juillet, recommandant vivement au sultan de vouloir bien, dans le cas où Méhémet-Ali ferait promptement sa soumission, et consentirait à rendre la flotte et à retirer ses troupes de la Syrie, d'Adana, de Candie et des villes saintes, non seulement réintégrer Méhémet-Ali dans son pachalick d'Égypte, mais lui accorder en outre l'hérédité de ce pachalick, conformément aux conditions spécifiées dans le traité du 15 juillet, et sous la menace de le retirer, si Méhémet-Ali ou ses successeurs ne remplissaient pas ces conditions.

Le gouvernement de S. M. a de fortes raisons pour croire que cette idée obtiendra le concours des gouvernements de Russie, de Prusse et d'Autriche ; V. E. fera par conséquent les démarches nécessaires aussitôt que ses collègues auront reçu de leurs gouvernements respectifs leurs instructions. Si le sultan jugeait à propos d'agir conformément à cet avis à lui donné par ses quatres alliés, il serait convenable qu'il prît des mesures immédiates pour faire connaître à Méhémet-Ali ses gracieuses intentions à cet égard. Dans ce cas, V. E. et sir Robert Stopford fourniraient au gouvernement turc toutes les facilités qu'il pourrait réclamer à cet effet.

Londres, 15 octobre.

DÉCRET

Du prince Napoléon-Louis.

Le prince Napoléon, au nom du peuple français, décrète ce qui suit :

« La dynastie des Bourbons d'Orléans a cessé de régner.

« Le peuple français est rentré dans ses droits. Les troupes sont déliées du serment de fidélité. La Chambre des pairs et la Chambre des députés sont dissoutes.

« Un congrès national sera convoqué dès l'arrivée du prince Napoléon à Paris.

« M. Thiers, président du conseil, est nommé à Paris président du gouvernement provisoire.

« Le maréchal Clausel est nommé commandant en chef des troupes rassemblées à Paris.

« Le général Pajol conserve le commandement de la première division militaire.

« Tous les chefs de corps qui ne se conformeront pas sur-le-champ à ces ordres seront remplacés.

« Tous les officiers, sous-officiers et soldats qui montreront énergiquement leur sympathie pour la cause nationale seront récompensés d'une manière éclatante, au nom de la patrie.

« Dieu protège la France !

« Signé : Napoléon. »

AUTRE DÉCRET

« Le prince Napoléon-Louis, au nom du peuple français, décrète ce qui suit :

« M... (le nom en blanc) est nommé sous-préfet de la ville de Boulogne. Il présidera le conseil municipal, et sera investi, jusqu'à nouvel ordre, de toute l'autorité civile et militaire.

« Les affaires commerciales ne seront pas interrompues.

« Les étrangers jouiront de la plus grande protection.

« La propriété sera respectée ; l'ordre et la discipline seront rigoureusement maintenus. Tout ce qui sera requis pour le service de l'armée sera payé comptant par le payeur général.

« Ceux qui essaieront d'exciter des divisions dans la ville, l'armée ou les troupes, seront jugés suivant les lois militaires.

« Les gardes nationaux et les autres citoyens qui, animés de l'amour de leur pays, désirent se joindre à l'expédition comme volontaires, se rendront immédiatement à l'Esplanade pour être armés et organisés.

« Chaque compagnie de volontaires nommera ses sous-officiers et officiers jusqu'au rang de capitaine inclusivement. La paie aura lieu dans les porportions suivantes : indemnité une fois payée, 50 fr.; paie journalière, 1 fr. et une ration de pain. Il y aura une augmentation suivant les différents grades.

« Les anciens canonniers de l'armée, soit de terre, soit de mer, se réuniront à l'Hôtel-de-Ville pour être organisés sous l'inspection du colonel d'artillerie V....

« Tous les chevaux de selle seront mis en réquisition; leurs propriétaires devront les amener avec les selles et brides complètes sur la place des Tintelleries, à... heures précises, pour être estimés et payés comptant par le lieutenant B.... Les cavaliers volontaires se réuniront sur la même place, sous les ordres du colonel Parquin.

« Cinquante chariots seront requis pour le transport des troupes. Ils seront attelés chacun de quatre chevaux, et pourvus de foin, de paille et d'avoine pour deux jours. Ces chariots seront livrés à raison de 10 fr. par cheval, chaque jour, et on les conduira immédiatement à la place des Tintelleries.

« Tous les douaniers s'assembleront à l'instant à l'Hôtel-de-Ville.

« La gendarmerie s'assemblera aussi à l'Hôtel-de-Ville.

« Les gendarmes amèneront leurs chevaux, qui leur seront payés.

« Boulogne, le   1840.

« Signé : NAPOLÉON.

« Par ordre du prince,

« Le général MONTHOLON, le colonel VOISIN, le comte MÉSONAN. »

PROCLAMATION

Du prince Napoléon-Louis au peuple français.

« Français !

« Les cendres de l'empereur ne reviendront que dans une France régénérée ! Les mânes du grand homme ne doivent pas être souillés par d'impurs et d'hypocrites hommages. Il faut que la gloire et la liberté soient debout à côté du cercueil de Napoléon ! il faut que les traîtres à la patrie aient disparu !

« Banni de mon pays, si j'étais seul malheureux, je ne me plaindrais pas : mais la gloire et l'honneur du pays sont exilés comme moi. Français, nous rentrerons ensemble ! Aujourd'hui, comme il y a trois ans, je viens me dévouer à la cause populaire. Si un hasard me fit échouer à Strasbourg, le jury alsacien m'a prouvé que je ne m'étais pas trompé !

« Qu'ont-ils faits, ceux qui vous gouvernent, pour avoir des droits à votre amour ? Ils vous ont promis la paix, et ils ont amené la guerre civile et la guerre désastreuse d'Afrique; ils vous ont promis la diminution des impôts, et tout l'or que vous possédez n'assouvirait pas leur avidité. Ils vous on promis une administration intègre, et ils ne règnent que par la corruption; ils vous ont promis la liberté, et ils ne protègent que privilèges et abus; Ils s'opposent à toute réforme; ils n'enfantent qu'arbitraire et anarchie; ils ont promis la stabilité, et depuis dix ans ils n'ont rien établi. Enfin, ils ont promis qu'ils défendraient avec conscience notre honneur, nos droits, nos intérêts, et ils ont partout vendu notre honneur, abandonné nos droits, trahi nos intérêts ! Il est temps que tant d'iniquités aient leur terme; il est temps d'aller leur demander ce qu'ils ont fait de cette France si grande, si généreuse, si unanime de 1830 !

« Agriculteurs, ils vous ont laissé pendant la paix de plus forts impôts que ceux que Napoléon prélevait pendant la guerre.

« Industriels et commerçants, vos intérêts sont sacrifiés aux exigences étrangères; on emploie à corrompre l'argent dont l'Empereur se servait pour encourager vos efforts et vous enrichir.

« Enfin, vous toutes, classes laborieuses et pauvres, qui êtes en France le refuge de tous les sentiments nobles, souvenez-vous que c'est parmi vous que Napoléon choisissait ses lieutenants, ses maréchaux, ses ministres, ses princes, ses amis. Appuyez-moi de votre concours, et montrons au monde que ni vous ni moi n'avons dégénéré.

« J'espérais comme vous que sans révolution nous pourrions corriger les mauvaises influences du pouvoir, mais aujourd'hui plus d'espoir : depuis dix ans on a changé dix fois de ministère; on en changerait dix fois encore, que les maux et les misères de la patrie seraient toujours les mêmes.

« Lorsqu'on a l'honneur d'être à la tête d'un peuple comme le peuple français, il y a un moyen infaillible de faire de grandes choses, c'est de le vouloir.

« Il n'y a eu France aujourd'hui que violence d'un côté, que licence de l'autre; je veux rétablir l'ordre et la liberté. Je veux, en m'entourant de toutes les sommités du pays, sans exception, et en m'appuyant uniquement sur la volonté et les intérêts des masses, fonder un édifice inébranlable.

« Je veux donner à la France des alliances véritables, une paix solide, et non la jeter dans les hasards d'une guerre générale.

« Français ! je vois devant moi l'avenir brillant de la patrie. Je sens derrière moi l'ombre de l'Empereur qui me pousse en avant : je ne m'arrêterai que lorsque j'aurai repris l'épée d'Austerlitz, remis les aigles sur nos drapeaux et le peuple dans ses droits.

« Vive la France !

« Signé : NAPOLÉON.

« Boulogne, le   1840. »

PROCLAMATION

Du prince Louis-Napoléon à l'armée.

« Soldats ! la France est faite pour commander, et elle obéit. Vous êtes l'élite du peuple, et on vous traite comme un vil troupeau. Ils voudraient, ceux qui vous gouvernent, avilir le noble métier de soldat. Vous vous êtes indignés et vous avez cherché ce qu'étaient devenues les aigles d'Arcole, d'Austerlitz, d'Iéna. Ces aigles, les voilà ! Je vous les rapporte, reprenez-les; avec elles vous aurez gloire, honneur, fortune, et, ce qui est plus que tout cela, la reconnaissance et l'estime de vos concitoyens.

« Soldats ! entre vous et moi il y a des liens indissolubles; nous avons les mêmes haines et les mêmes amours, les mêmes intérêts et les mêmes ennemis.

« Soldats, la grande ombre de l'empereur Napoléon vous parle par ma voix.

« Soldats ! aux armes ! Vive la France !

« Signé : NAPOLÉON.

« Boulogne, le   1840. »

PROCLAMATION

Du prince Napoléon-Louis aux habitants du département du Pas-de-Calais.

« Habitants du département du Pas-de-Calais et de Boulogne!

« Suivi d'un petit nombre de braves, j'ai débarqué sur le sol français, dont une loi injuste m'interdisait l'entrée. Ne craignez point ma témérité, je viens assurer les destinées de la France et non les compromettre. J'ai des amis puissants à l'extérieur comme à l'intérieur, qui m'ont promis de me soutenir. Le signal est donné, et bientôt toute la France, et Paris le premier, se lèveront en masse pour fouler aux pieds dix ans de mensonge, d'usurpation et d'ignominie; car toutes les villes, comme tous les hameaux, ont à demander compte au gouvernement des intérêts particuliers qu'il a abandonnés, des intérêts généraux qu'il a trahis.

« Voyez vos ports presque déserts; voyez vos barques qui languissent sur la grève; voyez votre population laborieuse qui n'a pas de quoi nourrir ses enfants, parce que le gouvernement n'a pas osé protéger son commerce, et écriez-vous avec moi : Traîtres, disparaissez; l'esprit napoléonien, qui ne s'occupe que du bien du peuple, s'avance pour vous confondre!

« Habitants du département du Pas-de-Calais! ne craignez point que les liens qui vous attachent à vos voisins d'outre-mer soient rompus. Les dépouilles mortelles de l'empereur et l'aigle impériale ne reviennent de l'exil qu'avec des sentiments d'amour et de réconciliation. Deux grands peuples sont faits pour s'entendre, et la glorieuse colonne qui s'avance fièrement sur le rivage, comme un souvenir de guerre, deviendra un monument expiatoire de toutes nos haines passées!

« Ville de Boulogne! que Napoléon aimait tant, vous allez être le premier anneau d'une chaîne qui réunira tous les peuples civilisés; votre gloire sera impérissable, et la France votera des actions de grâces à ces hommes généreux qui les premiers ont salué de leurs acclamations notre drapeau d'Austerlitz.

« Habitants de Boulogne! venez à moi et ayez confiance dans la mission providentielle que m'a léguée le martyr de Sainte-Hélène. Du haut de la colonne de la grande armée, le génie de l'Empereur veille sur nous, et applaudit à nos efforts, parce qu'ils n'ont qu'un but, le bonheur de la France.

« Signé : NAPOLÉON.

« Le général MONTHOLON, faisant fonctions de major général.

« Le colonel VOISIN, faisant fonctions d'aide-major général.

« Le commandant MÉSONAN, chef d'état-major.

« Boulogne, le   1840. »

ARRÊT

De mise en accusation du prince Napoléon-Louis Bonaparte.

La Cour des pairs, etc.

Ordonne la mise en accusation de Charles-Louis-Napoléon Bonaparte, âgé de trente-deux ans, né à Paris, demeurant à Londres, taille de 1 mètre 68 centimètres, cheveux blond, front ordinaire, yeux gris, nez fort, bouche moyenne, menton rond, visage ovale;

Charles-Tristan, comte de Montholon, âgé de cinquante-huit ans, maréchal de camp en disponibilité;

Jean-Baptiste Voisin, âgé de soixante ans, colonel de cavalerie en retraite;

Denis-Charles Parquin, âgé de cinquante-trois ans;

Hippolyte-François-Athale-Sébastien Bouffet-Montauban, âgé de quarante-six ans, ancien colonel au service de Colombie;

Étienne Laborde, âgé de cinquante-huit ans, lieutenant-colonel en retraite;

Séverin-Louis Le Duff de Mésonan, âgé de cinquante-sept ans, chef d'escadron d'état-major en retraite;

Jules-Barthélemy Lombard, âgé de trente et un ans, officier d'ordonnance du prince Louis-Napoléon;

Henry Conneau, âgé de trente-sept ans, docteur en médecine;

Jean-Gilbert-Victor Fialin de Persigny, âgé de trente ans;

Alfred d'Alembert, âgé de vingt-sept ans, secrétaire intime du prince Louis-Napoléon;

Joseph Orsi, âgé de trente-deux ans, négociant;

Prosper-Alexandre, dit Desjardins, âgé de cinquante et un ans, capitaine en retraite;

Mathieu Galvani, âgé de cinquante-quatre ans, sous-intendant militaire en réforme;

Napoléon Ornano, âgé de trente-quatre ans, ancien officier;

Jean-Baptiste-Théodore Forestier, âgé de vingt-cinq ans, négociant;

Martial-Eugène Bataille, âgé de vingt-cinq ans, ingénieur civil;

Jean-Baptiste-Charles Aladenize, âgé de vingt-sept ans, lieutenant de voltigeurs au 42ᵉ de ligne;

Pierre-Jean-François Bure, âgé de trente-trois ans, commis de commerce;

Henri-Richard Siegfroi de Querelles, âgé de trente ans, lieutenant d'infanterie en non-activité (absent);

Flandin-Vourlat (   ), âgé de   , rentier (absent),

Ordonne que les susnommés seront pris au corps et conduits dans la maison d'arrêt que la Cour autorise le président à désigner ultérieurement pour servir de maison d'arrêt et de justice près d'elle;

Ordonne que le présent arrêt sera notifié à la diligence du procureur général à chacun des accusés;

Ordonne que les débats s'ouvriront au jour qui sera ultérieurement indiqué par le président de la Cour, et dont il sera donné connaissance au moins cinq jours à l'avance à chacun des accusés;

Ordonne que le présent arrêt sera exécuté à la diligence du procureur général du roi.

Fait et délibéré à Paris, le mercredi 16 septembre 1840 en la chambre du conseil, où siégeaient :

M. le chancelier, président, et MM. le maréchal duc de Reggio, le duc de Castries, le marquis de la Guiche, le marquis de Louvois, le comte Molé, le comte de Noé, le comte de la Roche-Aymon, le duc de Massa, le duc Descazes, le comte d'Argout, le comte Claparède, le marquis de Dampierre, le vicomte d'Houdetot, le baron Mounier, le comte de Pontécoulant, le comte de Germiny, le baron Dubreton, le comte de Bastard, le comte Portalis, le duc de Praslin, le comte Siméon, le comte de Saint-Priest, le maréchal comte de Molitor, le comte Bourke, le comte d'Haubersaert, le comte de Breteuil, le comte Dejean, le comte de Richebourg, le duc de Brancas, le comte de Montalivet, le comte Cholet, le comte Lanjuinais, le marquis de Laplace, le duc de Larochefoucauld, le vicomte de Ségur-Lamoignon, le comte de Bondy, le baron Davillier, le comte Gilbert de Voisins, le comte d'Anthouard, le vice-amiral Jacob, le comte Pajol, le comte Philippe de Ségur, le comte de Perregaux, le comte Roguet, le comte de Larochefoucauld, le baron Girod (de l'Ain), le baron Athalin, Auberpon, Bertin de Vaux, Besson, le vicomte de Caux, le comte Dutaillis, le baron de Fréville, Gauthier, le comte Headelet, le baron Malouet, le comte de Monguyon, le baron Thénard, le baron Zangiacomi, le comte de Ham, le comte Bérenger, le comte de Colbert, le comte de la Grange, le comte Daru, le comte Baudrand, le baron Neigre, le maréchal comte Gérard, le baron Duval, le comte de Beaumont, Barthe, le comte d'Astorg, le comte de Hédouville, le baron Aymard, de Cambacérès, le vicomte de Chabot, le comte Corbineau, le baron Feutrier, le baron de Fréteau de Pény, le comte Pernety, de Ricard, le marquis de Rochambeau, le comte Saint-Aignan, le vicomte de Siméon, le comte d'Alton-Shée, de Bellamare, le marquis d'Andigné de la Blanchaye, le comte de Monthion, le marquis de Belbeuf, Chevandier, le baron Dariule, le baron Delort, le comte Durosnel, le comte d'Harcourt, le vicomte d'Abancourt, Humann, Kératry, le comte d'Audenarde, le vice-amiral Halgan, Mérilhou, Odier, Paturle, le baron de Vandeuvre, le baron Pelet, Périer, le baron Petit, le baron de Schonen, le chevalier Tarbé de Vauxclairs, le vicomte Tirlet, le vice-amiral Willaumez, le baron de Gérando, le baron de Daunant, le comte Harispe, le vicomte de Jessaint, le baron de Saint-Didier, le baron de Voirol, Maillard, le duc de La Force, le baron Dupont-Delporte, Aubert, le marquis de Boissy, le vicomte Cavaignac, Cordier, Étienne, le comte Jules Larochefoucauld, Lebrun, le marquis de Lusignan, le comte Eugène Merlin, Persil, le comte de Saint-Hermine, le baron Teste, de Vandeul, Viennet, Rossi;

Lesquels ont signé avec le greffier en chef.

ABDICATION

De la reine-régente Marie-Christine.

La situation actuelle de la nation et l'état précaire de ma santé m'ont décidée à renoncer à la régence du royaume, qui, pendant la minorité de mon illustre fille Isabelle II, m'a été conférée par les Cortès constituantes de la nation assemblées en 1836, malgré les vives instances qui m'ont été faites par mes conseillers avec la loyauté et le patriotisme qui les distinguent, pour que je la conservasse au moins jusqu'à la réunion des prochaines Cortès, parce qu'ils pensaient que cela pourrait être utile au pays et à la chose publique; mais ne pouvant acquiescer à aucune des exigences du peuple que mes conseils croient devoir être prises en considération pour calmer les esprits et mettre un terme à la situation actuelle, il m'est absolument impossible de continuer à remplir ces fonctions; je crois agir dans l'intérêt de la nation en y renonçant. J'espère que les Cortès nommeront pour ces hautes et éminentes fonctions des personnes capables de rendre le peuple aussi heureux que les vertus lui donnent le droit de l'être. Je confie à la nation mon auguste fille. Les ministres qui doivent, conformément à l'esprit de la Constitution, gouverner le royaume jusqu'à la réunion des Cortès, m'ont donné trop de preuves de dévouement pour que je ne leur confie pas avec le plus grand plaisir ce dépôt sacré. Voulant que ceci reçoive son plein et entier effet, je signe le présent acte d'abdication, qu'en la présence des autorités et corporations de cette ville je remets entre les mains du président de mon conseil, chargé de le présenter en temps utile aux Cortès.

Signé : MARIE-CHRISTINE.

Valence, le 12 octobre 1840.

CONVENTION

Entre le commodore Napier, commandant les forces navales de S. M. Britannique devant Alexandrie, d'une part, et S. E. Boghos-Joussouf-Bey, ministre des affaires étrangères de S. A. le vice-roi d'Égypte, à ce autorisé spécialement par S. A., de l'autre, faite et signée à Alexandrie, le 27 novembre 1840.

ART. 1er. Le commodore Napier, en sa qualité susdite, ayant porté à la connaissance de S. A. Méhémet-Ali que les puissances avaient recommandé à la Sublime-Porte de le réintégrer dans le gouvernement héréditaire de l'Égypte, et S. A. voyant dans cette communication une circonstance favorable pour mettre un terme aux calamités de la guerre, elle s'engage à ordonner à son fils Ibrahim-Pacha de procéder à l'évacuation immédiate de la Syrie. S. A. s'engage, en outre, à restituer la flotte ottomane aussitôt qu'elle aura reçu la note officielle que la Sublime-Porte lui accorde le gouvernement héréditaire de l'Égypte, laquelle concession est et demeure garantie par les puissances.

ART. 2. Le commodore Napier mettra à la disposition du gouvernement égyptien un bateau à vapeur pour porter en Syrie l'officier désigné par S. A. pour ordonner au général en chef de l'armée égyptienne d'évacuer la Syrie. Le commandant en chef des forces britanniques, sir R. Stopford, nommera de son côté un officier pour veiller à l'exécution de cette mesure.

ART. 3. En considération de ce qui précède, le commodore Napier s'engage à suspendre, de la part des forces britanniques, les hostilités contre Alexandrie et toute autre partie du territoire égyptien. Il autorisera en même temps la libre navigation des bâtiments destinés au transport des blessés, des malades, et toute autre portion de l'armée égyptienne que le gouvernement de l'Égypte désirerait faire rentrer dans ce pays par la voie de mer.

ART. 4. Il est bien entendu que l'armée égyptienne aura la faculté de se retirer de la Syrie avec son artillerie, ses armes, ses chevaux, munitions, bagages, et en général tout ce qui constitue le matériel de l'armée.

Fait en double original.

Ch. NAPIER, BOCHOS-JOUSSOUF.

TRAITÉ

Conclu à Londres, le 13 juillet 1841, par la France, de concert avec les quatre autres puissances protectrices de l'empire ottoman.

Les difficultés dans lesquelles Sa Hautesse le sultan s'est trouvé placé, et qui l'ont déterminé à réclamer l'appui et l'assistance des cours d'Autriche, de la Grande-Bretagne, de Prusse et de Russie, venant d'être aplanies, et Méhémet-Ali ayant fait, envers Sa Hautesse le sultan, l'acte de soumission que la convention du 15 juillet était destinée à amener, les représentants des cours signataires de ladite convention ont reconnu qu'indépendamment de l'exécution des mesures temporaires résultant de cette convention, il importe essentiellement de consacrer de la manière la plus formelle le respect dû à l'ancienne règle de l'empire ottoman, en vertu de laquelle il a été de tout temps défendu aux bâtiments de guerre des puissances étrangères d'entrer dans les détroits des Dardanelles et du Bosphore. Ce principe étant par sa nature d'une application générale et permanente, les plénipotentiaires respectifs, munis à cet effet des ordres de leurs cours, ont été d'avis que, pour manifester l'accord et l'union qui président aux intentions de toutes les cours, dans l'intérêt de l'affermissement de la paix européenne, il conviendrait de constater le respect dû au principe susmentionné, au moyen d'une transaction à laquelle la France serait appelée à concourir, à l'invitation et d'après le vœu de Sa Hautesse le sultan. Cette transaction étant de nature à offrir à l'Europe un gage de l'union des cinq puissances, le principal secrétaire d'État de Sa Majesté Britannique ayant le département des affaires étrangères, d'accord avec les plénipotentiaires des quatre autres puissances, s'est chargé de porter cet objet à la connaissance du gouvernement français, en l'invitant à participer à la transaction par laquelle, d'une part, le sultan déclarerait sa ferme résolution de maintenir à l'avenir le susdit principe; de l'autre, les cinq puissances annonceraient leur détermination unanime de respecter ce principe et de s'y conformer.

Esterhazy, Nieuman, Palmerston,
Bulow, Brunow.

Art. 1er. Sa Hautesse le sultan, d'une part, déclare qu'il a la ferme résolution de maintenir, à l'avenir, le principe invariablement établi comme ancienne règle de son empire, en vertu duquel il a été de tout temps défendu aux bâtiments de guerre des puissances étrangères d'entrer dans les détroits des Dardanelles et du Bosphore; et que, tant que la Porte se trouve en paix, Sa Hautesse n'admettra aucun bâtiment de guerre étranger dans lesdits détroits;

Et Leurs Majestés le roi des Français, l'empereur d'Autriche, roi de Hongrie et de Bohême, la reine du royaume-uni de la Grande-Bretagne et d'Irlande, le roi de Prusse et l'empereur de toutes les Russies, de l'autre part, s'engagent à respecter cette détermination du sultan et à se conformer au principe ci-dessus énoncé.

Art. 2. Il est entendu qu'en constatant l'inviolabilité de l'ancienne règle de l'empire ottoman mentionnée dans l'article précédent, le sultan se réserve, comme pour le passé, de délivrer des firmans de passage aux bâtiments légers, sous pavillon de guerre, lesquels seront employés, comme il est d'usage, au service des légations des puissances étrangères.

Art. 3. Sa Hautesse le sultan se réserve de porter la présente convention à la connaissance de toutes les puissances avec lesquelles la Sublime-Porte se trouve en relations d'amitié, en les invitant à y accéder.

Art. 4. La présente convention sera ratifiée, les ratifications en seront échangées à Londres, à l'expiration de deux mois, ou plus tôt si faire se peut.

En foi de quoi, les plénipotentiaires l'ont signé et y ont apposé les sceaux de leurs armes.

Fait à Londres, le 13 juillet, l'an de grâce 1841.

Bourqueney, Esterhazy, Nieuman, Palmerston,
Bulow, Brunow, Chékib.

<hr>

PIÈCES

Relatives à la question du droit de visite. — Extrait des instructions de M. Guizot à différents ambassadeurs français, pour réclamer l'accession des puissances secondaires au traité du droit de visite.

Au ministre du roi en Portugal.

« Veuillez bien, Monsieur le comte, presser le cabinet portugais de terminer avec vous la négociation relative à la répression de la traite. Les retards qu'il y apporte ne peuvent se concilier avec les sentiments qui ont dicté les dernières propositions qu'il a faites aux Chambres pour interdire cet odieux trafic dans les colonies. »

Au ministre du roi près les villes anséatiques.

« Cette note, concertée entre le gouvernement du roi et le gouvernement de S. M. Britannique, a pour objet de réclamer l'accession des villes libres aux conventions qui existent entre la France et l'Angleterre, pour la répression de la traite, etc. »

A M. l'ambassadeur de France à Madrid.

« Le traité d'accession proposé à la Suède vient d'être signé, et les ratifications sont sur le point d'être échangées : le cabinet portugais a pris l'engagement de signer la convention qui lui a été soumise, en même temps qu'il signerait les nouveaux articles, relatifs à la traite, qui lui ont été proposés par l'Angleterre, et cette double signature aura lieu très prochainement ; enfin, le gouvernement brésilien doit avoir en ce moment accepté le traité que le ministre du roi a été chargé de lui soumettre; il ne nous reste donc plus à désirer que la prompte conclusion du traité que le cabinet de Madrid s'est montré disposé à signer avec nous. Je vous prie, en conséquence, Monsieur le comte, de vouloir bien ramener l'attention du ministre espagnol sur cette question, et le presser de consacrer son accord avec nous relativement à la répression de la traite, par la signature d'un traité formel. »

A M. le ministre de France à Florence.

« Nous espérons que la cour grand-ducale ne refusera pas de suivre l'exemple qu'a tout récemment donné la cour de Turin, en consentant à une accession qui l'associera aux efforts des grandes puissances pour amener l'entière abolition de l'odieux trafic des noirs. Elle se convaincra que les concessions qui lui sont demandées peuvent se concilier avec les vrais principes du droit maritime, dont la France se glorifie d'avoir en tout temps pris la défense. »

A M. l'ambassadeur de France en Angleterre.

« Monsieur le comte, la traite des noirs se continue sous les pavillons brésilien, portugais et espagnol, avec des circonstances qui font honte à l'humanité; les rapports qui nous sont parvenus à cet égard s'accordent avec les renseignements qui ont été naguère révélés au sein du Parlement anglais.

« Un tel état de choses ne saurait durer, et, en attendant que les gouvernements européens se concertent sur un mode de répression plus absolu, il faut au moins que celui qui a été adopté, de concert entre la France et la Grande-Bretagne, devienne aussi efficace qu'il peut et doit l'être. »

Le comte de Sainte-Aulaire à M. Guizot.

« Londres, 10 février 1845.

« Monsieur le ministre,

« Lord Aberdeen m'a fait prier hier de passer au *Foreign-Office*, et, dans un assez long entretien, il m'a fait connaître les résolutions prises par le cabinet, relativement aux réserves et modifications que je lui avais annoncées au traité du 20 décembre.

« Après avoir protesté que le conseil était unanime dans son désir de n'apporter aucun obstacle à la marche du gouvernement du roi, qu'il mettait au contraire un fort grand prix à la faciliter par tous les moyens en son pouvoir, lord Aberdeen a ajouté qu'il avait été malheureusement jugé impossible d'entrer dans le système proposé par nous, moins encore à cause de la valeur de nos réserves qui cependant sont de nature à soulever des difficultés considérables, que parce que l'esprit de ces réserves a été expliqué par l'expression de la plus injuste méfiance; et aucun ministre anglais ne peut accepter devant le Parlement et devant son pays des propositions faites sous de tels auspices. »

GRANDE-BRETAGNE

TRAITÉ

Entre la Grande-Bretagne, l'Autriche, la France, la Prusse et la Russie, pour la suppression de la traite des noirs en Afrique, signé le 20 décembre 1841, à Londres.

Au nom de la très-sainte et indivisible Trinité.

Leurs Majestés l'empereur d'Autriche, roi de Hongrie et de Bohême, le roi de Prusse et l'empereur de toutes les Russies, voulant donner un plein et entier effet aux principes déjà énoncés dans les déclarations solennelles faites par l'Autriche, la Prusse et la Russie, d'accord avec d'autres puissances européennes, au congrès de Vienne, le 8 février 1815, et au congrès de Vérone, le 28 novembre 1822, déclarations par lesquelles lesdites puissances ont annoncé qu'elles étaient prêtes à concourir à tout ce qui pourrait assurer et accélérer l'abolition complète et finale de la traite des nègres; et Leurs Majestés ayant été invitées par Sa Majesté la reine du royaume-uni de la Grande-Bretagne et d'Irlande, et par Sa Majesté le roi des Français, à conclure un traité pour la suppression plus efficace de la traite, Leurs dites Majestés ont résolu de négocier et de conclure ensemble un traité pour l'abolition finale de ce trafic; et à cet effet elles ont nommé pour leurs plénipotentiaires, savoir :

Sa Majesté la reine du royaume-uni de la Grande-Bretagne et d'Irlande, le très honorable George, comte d'Aberdeen, vicomte Gordon, vicomte Formartine, lord Haddo, Methlick, Tarvis et Kellie, pair du royaume-uni, conseiller de Sa Majesté en son conseil privé, chevalier du très ancien et très noble ordre du Chardon, et principal secrétaire d'État de Sa Majesté, ayant le département des affaires étrangères ;

Sa Majesté l'empereur d'Autriche, roi de Hongrie et de Bohême, le sieur Auguste, baron de Keller, chevalier de l'ordre de Saint-Ferdinand et du Mérite de Sicile, conseiller d'ambassade, son chargé d'affaires et plénipotentiaires à Londres;

Sa Majesté le roi des Français, le sieur Louis de Beaupoil, comte de Sainte-Aulaire, pair de France, grand officier de l'ordre royal de la Légion d'honneur, grand-croix de l'ordre de Léopold de Belgique, l'un des quarante de l'Académie française, son ambassadeur extraordinaire près S. M. Britannique ;

Sa Majesté le roi de Prusse, le sieur Alexandre-Gustave-Adolphe, baron de Schleinitz, chevalier de l'ordre royal de Saint-Jean de Jérusalem, son chambellan, conseiller de légation actuel, chargé d'affaires et plénipotentiaire à Londres;

Et Sa Majesté l'empereur de toutes les Russies, le sieur Philippe, baron de Brunow, chevalier de l'ordre de l'Aigle-Blanc, de Sainte-Anne de première classe. de Saint-Stanislas de première classe, de Saint-Wladimir de troisième classe, commandeur de l'ordre de Saint-Étienne de Hongrie, chevalier de l'ordre de l'Aigle-Rouge et de Saint-Jean de Jérusalem, son conseiller privé, envoyé extraordinaire et ministre plénipotentiaire près Sa Majesté Britannique ;

Lesquels, après s'être communiqué leurs pleins pouvoirs, trouvés en bonne et due forme, ont arrêté et signé les articles suivants;

Leur Majestés l'empereur d'Autriche, roi de Hongrie et de Bohême, le roi de Prusse et l'empereur de toutes les Russies, s'engagent à prohiber toute traite des nègres, soit de la part de leurs sujets respectifs, soit sous leurs pavillons respectifs, soit au moyen de capitaux appartenant à leurs sujets respectifs ; et à déclarer un tel trafic crime de piraterie. Leurs Majestés déclarent, en outre, que tout navire qui tenterait d'exercer la traite des nègres perdra, par ce seul fait, tout droit à la protection de leur pavillon.

ART. 2. Afin d'atteindre plus complètement le but du présent traité, les hautes parties contractantes sont convenues d'un commun accord que ceux de leurs bâtiments de guerre qui seront munis de mandats et d'ordres spéciaux dressés d'après les formules de l'annexe A du présent traité, pourront visiter tout navire marchand appartenant à l'une ou l'autre des hautes parties contractantes, qui, sur des présomptions fondées, sera soupçonné de se livrer à la traite des nègres, ou d'avoir été équipé à cette fin, ou de s'être livré à cette traite pendant la traversée où il aura été rencontré par lesdits croiseurs; et que ces croiseurs pourront arrêter et envoyer ou emmener lesdits navires, afin qu'ils puissent être mis en jugement d'après le mode convenu ci-après.

Toutefois, le droit ci-dessus mentionné de visiter les navires marchands de l'une ou de l'autre des hautes parties contractantes ne pourra être exercé que par des bâtiments de guerre dont les commandants auront le grade de capitaine ou celui de lieutenant dans la marine royale ou impériale, à moins que, par suite de décès ou autre cause, le commandement ne soit échu à un officier de rang inférieur. L'officier commandant un tel bâtiment de guerre sera muni de mandats conformes à la formule annexée au présent traité, sub litterâ A.

Ledit droit mutuel de visite ne sera pas exercé dans la mer Méditerranée. De plus, l'espace dans lequel l'exercice dudit droit sera renfermé aura pour limite, au nord, le 32e degré de latitude septentrionale; à l'ouest, la côte orientale de l'Amérique, à partir du point où le 32e degré de latitude septentrionale touche cette côte, jusqu'au 45e degré de latitude méridionale; au sud, le 45e degré de latitude méridionale, à partir du point où ce degré de latitude touche la côte orientale de l'Amérique, jusqu'au 80e degré de longitude orientale du méridien de Greenwich ; et à l'est, ce même degré de longitude, à partir de son point d'intersection avec le 45e degré de latitude méridionale jusqu'à la côte des Indes orientales.

ART. 3. Chacune des hautes parties contractantes qui voudra armer des croiseurs pour la suppression de la traite des nègres, et exercer le droit mutuel de visite, se réserve de fixer, selon ses propres convenances, le nombre des bâtiments de guerre qui sera employé au service stipulé dans l'art. 2 du présent traité, ainsi que les stations où lesdits bâtiments feront leur croisière.

Les noms des bâtiments désignés à cet effet, et ceux de leurs commandants, seront communiqués par chacune des hautes parties contractantes aux autres; et elles se donneront réciproquement avis chaque fois qu'un croiseur sera placé à une station, ou qu'il en sera rappelé, afin que les mandats nécessaires puissent être délivrés par les gouvernements qui autorisent la visite, et restitués à ces mêmes gouvernements par celui qui les a reçus, lorsque ces mandats ne seront plus nécessaires à l'exécution du présent traité.

ART. 4. Immédiatement après que le gouvernement qui emploie les croiseurs aura notifié au gouvernement qui doit autoriser la visite le nombre et les noms des croiseurs qu'il se propose d'employer, les mandats autorisant la visite seront dressés d'après la formule annexée au présent traité, sub litterâ A, et seront délivrés par le gouvernement qui autorise la visite, à celui qui emploie le croiseur.

Dans aucun cas, le droit mutuel de visite ne pourra être exercé sur les bâtiments de guerre des hautes parties contractantes.

Les hautes parties contractantes conviendront d'un signal spécial à l'usage exclusif de ceux des croiseurs qui seront investis du droit de visite.

Art. 5. Les croiseurs des hautes parties contractantes, autorisés à exercer le droit de visite et d'arrestation, en exécution du présent traité, se conformeront exactement aux instructions annexées audit traité, sub litterâ B, en tout ce qui se rapporte aux formalités de la visite et de l'arrestation, ainsi qu'aux mesures à prendre pour que les bâtiments soupçonnés d'avoir été employés à la traite soient livrés aux tribunaux compétents.

Les hautes parties contractantes se réservent le droit d'apporter à ces instructions, d'un commun accord, telles modifications que les circonstances pourraient rendre nécessaires.

Les croiseurs des hautes parties contractantes se prêteront mutuellement assistance dans toutes les circonstances où il pourra être utile qu'ils agissent de concert.

Art. 6. Toutes les fois qu'un bâtiment de commerce naviguant sous le pavillon de l'une des hautes parties contractantes aura été arrêté par un croiseur de l'autre, dûment autorisé à cet effet, conformément aux dispositions du présent traité, ce bâtiment marchand, ainsi que le capitaine, la cargaison et les esclaves qui pourront se trouver à bord, seront conduits dans tel lieu que les hautes parties contractantes auront respectivement désigné à cet effet; et la remise en sera faite aux autorités préposées dans ce but par le gouvernement dans les possessions duquel ce lieu est situé, afin qu'il soit procédé à leur égard, devant les tribunaux compétents, de la matière ci-après spécifiée.

Lorsque le commandant du croiseur ne croira pas devoir se charger lui-même de la conduite et de la remise du navire arrêté, il confiera ce soin à un officier du rang de lieutenant dans la marine royale ou impériale, ou pour le moins à l'officier qui sera actuellement la troisième autorité à bord du bâtiment qui aura fait l'arrestation.

Art. 7. Si le commandant d'un croiseur de l'une des hautes parties contractantes a lieu de soupçonner qu'un navire marchand, naviguant sous le convoi ou en compagnie d'un bâtiment de guerre de l'une des hautes parties contractantes, s'est livré à la traite des nègres, ou a été équipé pour ce trafic, il devra communiquer ses soupçons au commandant du bâtiment de guerre, lequel procédera seul à la visite du navire suspect; et dans le cas où le susdit commandant reconnaîtrait que le soupçon est fondé, il fera conduire le navire, ainsi que le capitaine, l'équipage, la cargaison et les esclaves qui pourront se trouver à bord, dans un port appartenant à la nation du bâtiment arrêté, pour qu'il y soit procédé devant les tribunaux compétents, de la manière ci-après ordonnée.

Art. 8. Dès qu'un bâtiment de commerce, arrêté et renvoyé pour être jugé, arrivera dans le port où il devra être conduit, conformément à l'annexe B du présent traité, le commandant du croiseur qui l'aura arrêté, ou l'officier chargé de sa conduite, remettra aux autorités préposées à cet effet une expédition, signée par lui, de tous les inventaires, déclarations et autres documents spécifiés dans les instructions jointes au présent traité, sub litterâ B; et lesdites autorités procéderont, en conséquence, à la visite du bâtiment arrêté et de sa cargaison, ainsi qu'à l'inspection de son équipage et des esclaves qui pourront se trouver à bord, après avoir préalablement donné avis du moment de cette visite et de cette inspection au commandant du croiseur, ou à l'officier qui aura amené le navire, afin qu'il puisse y assister ou s'y faire représenter.

Il sera dressé, par duplicata, un procès-verbal de ces opérations, lequel devra être signé par les personnes qui y auront procédé ou assisté; et l'un de ces documents sera délivré au commandant du croiseur, ou à l'officier chargé par lui de la conduite du bâtiment arrêté.

Art. 9. Tout bâtiment de commerce de l'une ou de l'autre des cinq nations, visité et arrêté en vertu des dispositions du présent traité, sera présumé, à moins de preuve contraire, s'être livré à la traite des nègres, ou avoir été équipé pour ce trafic, si dans l'installation, dans l'armement, ou à bord dudit navire, durant la traversée pendant laquelle il a été arrêté, il s'est trouvé l'un des objets ci-après spécifiés, savoir :

1° Des écoutilles en treillis, et non en planches entières, comme les portent ordinairement les navires de commerce;

2° Un plus grand nombre de compartiments dans l'entrepont et sur le tillac que ne l'exigent les besoins des bâtiments employés à un commerce licite;

3° Des planches de réserve préparées pour rétablir un double pont, ou un pont dit à esclaves;

4° Des colliers de fer, des chevilles, ou des menottes;

5° Une plus grande provision d'eau, en barriques ou en réservoirs, que ne l'exigent les besoins de l'équipage de ce bâtiment marchand;

6° Une quantité extraordinaire de barriques à eau ou autres vaisseaux propres à contenir des liquides; à moins que le capitaine ne produise un certificat de la douane du lieu de départ, constatant que les armateurs dudit bâtiment ont donné des garanties suffisantes que cette quantité extraordinaire de barriques ou de vaisseaux est uniquement destinée à être remplie d'huile de palme, ou employée à un autre commerce licite;

7° Un plus grand nombre de gamelles et de bidons que l'usage de l'équipage de ce bâtiment marchand n'en exige;

8° Une chaudière ou autre ustensile d'une dimension inusitée pour apprêter les provisions de bouche, et plus grande ou propre à être rendue plus grande que ne l'exigent les besoins de l'équipage de ce bâtiment marchand; ou plus d'une chaudière, ou appareil de cuisine d'une dimension ordinaire;

9° Une quantité extraordinaire de riz, de farine de manioc du Brésil, ou de cassade, appelée communément *farina*, ou de maïs, ou de blé des Indes, ou de toute autre provision de bouche, quelconque, au delà des besoins probables de l'équipage; à moins que cette quantité de riz, de farina, de maïs, de blé des Indes, ou de toute autre provision de bouche, ne soit portée sur le manifeste, comme faisant partie du chargement commercial du navire;

10° Une quantité de nattes, en pièces ou en morceaux, plus considérable que ne l'exigent les besoins de ce bâtiment marchand; à moins que ces nattes ne soient portées sur le manifeste comme faisant partie de la cargaison.

S'il est constaté qu'un ou plusieurs des objets ci-dessus spécifiés se trouvent à bord, ou y ont été durant la traversée pendant laquelle le bâtiment a été capturé, ce fait sera considéré comme une preuve *primâ facie* que le bâtiment a été employé à la traite; en conséquence, il sera condamné et déclaré de bonne prise; à moins que le capitaine ou les armateurs ne fournissent des preuves claires et irrécusables, constatant, à la satisfaction du tribunal, qu'au moment de son arrestation ou capture le navire était employé à une entreprise licite, et que ceux des différents objets ci-dessus dénommés, trouvés à bord lors de l'arrestation, ou qui auraient été placés à bord pendant la traversée qu'il faisait lorsqu'il a été capturé, étaient indispensables pour accomplir l'objet licite de son voyage.

Art. 10. Il sera procédé immédiatement contre le bâtiment arrêté, ainsi qu'il est dit ci-dessus, son capitaine, son équipage et sa cargaison, pardevant les tribunaux compétents du pays auquel il appartient; et ils seront jugés et adjugés suivant les formes établies et les lois en vigueur dans ce pays; et s'il résulte de la procédure que ledit bâtiment a été employé à la traite des nègres, ou équipé pour ce trafic, le navire, son équipement et sa cargaison de marchandises seront confisqués; et il sera statué sur le sort du capitaine, de l'équipage et de leurs complices, conformément au lois d'après lesquelles ils auront été jugés.

En cas de confiscation, le produit de la vente du susdit bâtiment sera, dans l'espace de six mois, à compter de la date de la vente, mis à la disposition du gouvernement du pays auquel appartient le bâtiment qui a fait la prise, pour être employé conformément aux lois du pays.

Art. 11. Si l'un des objets spécifiés dans l'art. 9 du présent traité est trouvé à bord d'un bâtiment marchand, ou s'il est constaté qu'il y a été durant la traversée pendant laquelle il a été capturé, nulle compensation des pertes, dommages ou dépenses, résultant de l'arrestation de ce bâtiment, ne sera dans aucun cas accordée, soit au capitaine, soit à l'armateur, soit à toute autre personne intéressée dans l'armement ou dans le chargement, alors même qu'une sentence de condamnation n'aurait pas été prononcée contre le bâtiment, en suite de son arrestation.

Art. 11. Toutes les fois qu'un bâtiment aura été arrêté conformément au présent traité, comme ayant été employé à la traite des nègres, ou équipé pour ce trafic, et qu'il aura été jugé et confisqué en conséquence, le gouvernement du croiseur qui aura fait la prise, ou le gouvernement dont le tribunal aura condamné le bâtiment, pourra acheter le vaisseau condamné pour le service de sa marine militaire, au prix fixé par une personne capable, choisie à cet effet par ledit tribunal. Le gouvernement dont le croiseur aura fait la capture aura un droit de préférence pour l'acquisition du bâtiment. Mais si le vaisseau condamné n'a pas été acheté de la manière ci-dessus indiquée, il sera totalement démoli, immédiatement après la sentence de confiscation, et vendu par parties après avoir été démoli.

Art. 13. Lorsque par la sentence du tribunal compétent il aura été reconnu qu'un bâtiment de commerce arrêté en vertu du présent traité ne s'est point livré à la traite des nègres et n'a point été équipé pour ce trafic, il sera restitué à l'armateur ou aux armateurs propriétaires légitimes. Et si dans le cours de la procédure il venait à être prouvé que le navire a été visité et arrêté illégalement, ou sans motif suffisant de suspicion, ou que la visite et l'arrestation ont été accompagnées d'abus et de vexations, le commandant du croiseur, ou l'officier qui aura abordé ledit navire, ou celui à qui la conduite en a été confiée, et sous l'autorité duquel, suivant la nature du cas, l'abus ou la vexation aura eu lieu, sera passible de dommages et intérêts envers le capitaine et les propriétaires du bâtiment et de la cargaison.

Ces dommages et intérêts pourront être prononcés par le tribunal devant lequel aura été instruite la procédure contre le navire arrêté, son capitaine, son équipage et sa cargaison; et le gouvernement du pays auquel appartiendra l'officier qui aura donné lieu à cette condamnation devra payer le montant desdits dommages et intérêts dans un delai de six mois, à partir de la date du jugement, lorsque ce jugement aura été rendu par un tribunal siégeant en Europe; et dans le délai d'une année lorsque la procédure aura eu lieu hors d'Europe.

Art. 14. Lorsque dans la visite ou l'arrestation d'un bâtiment de commerce, opérée en vertu du présent traité, il aura été commis quelque abus ou vexation, et que le navire n'aura pas été livré à la juridiction de sa nation, le capitaine devra faire, sous serment, la déclaration des abus ou vexations dont il aura à se plaindre, ainsi que des dommages et intérêts auxquels il prétendra; et cette déclaration devra être faite par lui devant les autorités compétentes du premier port de son pays où il arrivera, ou devant l'agent consulaire de sa nation, dans un port étranger, si le navire aborde en premier lieu dans un port étranger où il existe un tel agent.

Cette déclaration devra être vérifiée au moyen de l'interrogatoire, sous serment, des hommes principaux de l'équipage ou des passagers qui auront été témoins de la visite ou de l'arrestation; et il sera dressé de tout un procès-verbal, dont deux expéditions seront remises au capitaine, qui devra en faire parvenir une à son gouvernement, à l'appui de sa demande de dommages et intérêts.

Il est entendu que, si un cas de force majeure empêche le capitaine de faire cette déclaration, celle-ci pourra être faite par le propriétaire du navire, ou par toute autre personne intéressée dans l'arrestation ou le chargement du navire.

Sur la transmission officielle d'une expédition du procès-verbal ci-dessus mentionné, le gouvernement du pays auquel appartiendra l'officier à qui des abus ou vexations sont imputés fera immédiatement procéder à une enquête; et si la validité de la plainte est reconnue, ce gouvernement fera payer au capitaine, ou au propriétaire, ou à toute autre personne intéressée dans l'armement ou chargement du navire molesté, le montant des dommages et intérêts qui lui sont dus.

Art. 15. Les hautes parties contractantes s'engagent à se communiquer réciproquement, sur une demande à cet effet, et sans frais, copies des procédures intentées et des jugements prononcés relativement à des bâtiments visités ou arrêtés en vertu des dispositions du présent traité.

Art. 16. Les hautes parties contractantes conviennent d'assurer la liberté immédiate de tous les esclaves qui seront trouvés à bord des bâtiments arrêtés et condamnés en vertu des stipulations du présent traité.

Art. 17. Les hautes parties contractantes conviennent d'inviter les puissances maritimes de l'Europe, qui n'ont pas encore conclu de traité pour l'abolition de la traite des nègres, à accéder au présent traité.

Art. 18. Les actes ou instruments annexés au présent traité, et qu'il est mutuellement convenu de considérer comme en faisant partie intégrante, sont les suivants:

A. Formules des mandats d'autorisation et d'ordres, pour guider les croiseurs de chaque nation, dans les visites et arrestations à faire en vertu du présent traité;

B. Instructions pour les croiseurs des forces navales employées en vertu du présent traité, pour la suppression de la traite des nègres.

Art. 19. Le présent traité, consistant en dix-neuf articles, sera ratifié, et les ratifications en seront échangées à Londres, à l'expiration de deux mois, à compter de ce jour, ou plus tôt si faire se peut.

En foi de quoi, les plénipotentiaires respectifs ont signé le présent traité, en texte anglais et français, et y ont apposé le sceau de leurs armes.

Fait à Londres, le 20 décembre de l'an de grâce 1841.

(L. S.) Aberdeen. — (L. S.) Koller.
(L. S.) Sainte-Aulaire. — (L. S.) Schleinitz. — (L. S) Brunow.

ESPAGNE

MANIFESTE
d'Espatero à la nation.

J'acceptai les fonctions de régent du royaume pour consolider la Constitution et le trône de la reine, après que la Providence, couronnant les nobles efforts de la population, les avait sauvés du despotisme.

Comme premier magistrat, je prêtai serment à la loi fondamentale; jamais je ne la violai, fût-ce même pour la sauver de ses ennemis: ces derniers ont dû leur triomphe à ce respect aveugle; mais je ne saurais être parjure.

En d'autres occasions, j'ai rétabli l'empire des lois, et j'espérais, au jour indiqué par la Constitution, remettre à la reine une monarchie tranquille au dedans et respectée au dehors. La nation me prouvait qu'elle savait apprécier toute ma vigilance, et une ovation, continuée même dans les villes où l'insurection avait levé la tête, me faisait connaître se volonté, malgré l'état d'agitation de certaines capitales, dans l'enceinte desquelles était limitée l'anarchie. Une insurrection militaire, qui manque même de prétexte, a terminé l'œuvre commencée par une très faible minorité; et, abandonné par ceux-là mêmes que j'avais tant de fois conduits à la victoire, je me vois dans la nécessité de passer sur la terre étrangère en faisant les vœux les plus ardents pour la félicité de ma chère patrie. Je recommande à sa justice les fidèles qui ne m'ont pas abandonné et qui sont restés dévoués à la cause légitime, même dans les moments critiques; l'État aura en eux des serviteurs toujours dévoués.

À bord du bateau à vapeur *Bétis*, le 30 juillet 1843.

LE DUC DE LA VICTOIRE.

NOTES

et Lettres diplomatiques relatives aux affaires de Taïti.

M. Addington à sir John Barrow.

Foreing-Office, le 11 juillet 1843.

Par suite du changement de physionomie des affaires dans le Pacifique, occasionné par la prise de possession que les Français ont faite du protectorat des îles de la Société, il paraît à lord Aberdeen très désirable que des instructions soient expédiées sans délai au commandant des forces navales de S. M. dans le Pacifique, dans le but de lui exposer les vues et intentions actuelles du gouvernement de la reine, nées de ce nouvel état de choses, et de le mettre à même de régler là-dessus sa conduite. Bien que le gouvernement de la reine n'ait pas reconnu le droit de la France d'assumer et exercer ce protectorat sur les îles de la Société, il ne prétend pas mettre ce droit en question.

Il résulterait certainement de divers rapports reçus par le gouvernement de la reine, au sujet des opérations qui ont fini par la reddition par la reine de Taïti d'une partie de son autorité souveraine à l'amiral Dupetit-Thouars, que cette cession a été due en partie à l'intrigue et en partie à l'intimidation. Néanmoins la capitulation a été faite volontairement par la reine Pomaré et dûment complétée par elle, à quelque impulsion qu'elle ait obéi. Il paraît dès lors au gouvernement de la reine, qu'indépendamment d'autres considérations, il n'a pas de motifs suffisants, sous le prétexte de l'absence des formes, pour contester la validité de la cession, nonobstant les dispositions favorables dans lesquelles peut se trouver et se trouve le gouvernement de S. M. vis-à-vis de la reine Pomaré, et quel que puisse être son regret de la voir réduite à se soumettre à une puissance étrangère; conformément à cette vue, dans les communications qui ont lieu entre les gouvernements de France et d'Angleterre au sujet des îles de la Société, depuis la première nouvelle de l'absorption partielle de la souveraineté par les Français, le gouvernement de la reine n'a élevé aucune question sur le droit en vertu duquel la France avait pris cette souveraineté. Tout ce qu'on a fait s'est borné à demander que les sujets anglais dans ces îles ne soient pas inquiétés, et à obtenir du gouvernement français l'assurance positive qu'une protection égale serait accordée aux missionnaires protestants et catholiques romains établis dans ces îles.

Le gouvernement de Sa Majesté désire qu'aucune difficulté ne soit faite par les commandants des forces navales de Sa Majesté qui pourront visiter les îles de la Société, quant à saluer le pavillon qui a été introduit par l'amiral de France, et qu'aucune dispute ne s'élève quant aux droits des Français d'exercer l'autorité dans les îles conjointement avec la souveraine.

Le consul de la reine d'Angleterre à Taïti recevra l'ordre de surveiller de très près (*to watch closely*) la conduite des autorités françaises vis-à-vis des missionnaires protestants, et la liberté du culte religieux dont jouissent les sujets anglais établis dans les îles de la Société; il devra faire au gouvernement de Sa Majesté son rapport sur toute déviation qui pourrait survenir de la ligne que le gouvernement français s'est solennellement engagé à suivre vis-à-vis des sujets anglais, quant à ces points.

Lord Aberdeen croit indispensable, dans l'état actuel des affaires, que les vaisseaux de guerre de Sa Majesté fassent de plus fréquents voyages aux îles de la Société, afin d'entretenir dans les esprits du gouvernement et des indigènes de ce pays le sentiment de respect qu'ils ont toujours été disposés à porter au pavillon anglais, et de soutenir par des communications personnelles et constantes l'influence que le nom et le caractère anglais se sont acquis dans cette partie du monde.

M. le consul Pritchard au comte d'Aberdeen.

Consulat anglais à Taïti, le 13 mars 1843.

J'ai l'honneur d'instruire Votre Seigneurie que je suis arrivé à Taïti le 25 février, à bord du vaisseau de Sa Majesté *la Vindictive*. A mon arrivée, j'ai trouvé la reine Pomaré à huit milles environ de cette place, chassée de sa résidence ordinaire par les continuelles menaces de la part des Français de faire feu contre elle: sous la protection du commodore Nicholas, sur le vaisseau de Sa Majesté *la Vindictive*, la reine Pomaré est rentrée dans sa résidence. Le commodore Nicholas et moi, nous sommes efforcés de conformer notre conduite aux promesses réitérées d'assistance et de protection données par le gouvernement anglais à la reine Pomaré. Permettez-moi de renvoyer Votre Seigneurie à la lettre de M. Canning, en date du 3 mars 1827 au feu roi de Taïti:

« Sa Majesté m'ordonne de vous dire que, bien que la coutume de l'Europe lui défende d'acquiescer à vos vœux sous ce rapport (il s'agissait d'arborer tel pavillon anglais), il s'estimera heureux de donner à vous et à vos domaines toute la protection que peut accorder Sa Majesté à un pouvoir ami, à une si grande distance de son royaume. »

La dépêche de lord Palmerston en date du 9 septembre 1841 est conçue dans le même sens:

« Vous assurerez la reine Pomaré que la reine sera toujours prête à prendre en considération toutes les représentations que voudra faire la reine Pomaré : elle sera charmée de donner la protection de ses bons offices à la reine Pomaré dans tous différends qui pourraient survenir entre cette reine et toute autre puissance. »

Les instructions données par Votre Seigneurie le 30 juillet 1842 répètent l'expression de ce même sentiment:

« A l'occasion de votre retour à votre poste de Taïti, il serait bon que vous puissiez prouver aux autorités exerçant le gouvernement dans ces îles, que le gouvernement de la reine continue à prendre le même intérêt à leur prospérité. »

Votre Seigneurie comprendra que la reine Pomaré est dans une situation, vis-à-vis d'une autre puissance, qui l'engage à demander à la Grande-Bretagne l'acomplissement des promesses de protection à elle faites de temps à autre.

Le comte Aberdeen à lord Cowley.

Foreign-Office, le 13 août 1843.

Le gouvernement de la reine n'a pas l'intention de s'opposer au nouvel état de choses dans les îles de la Société. Déjà il a signifié à l'amirauté qu'il entendait qu'aucune question ne fût agitée quant au salut à donner au pavillon que l'amiral a substitué à l'ancien pavillon taïtien.

Toutefois, le gouvernement de S. M. se croit pleinement autorisé par la liaison ancienne et amicale qui a subsisté entre l'Angleterre et les îles de la Société, depuis leur première découverte par un navigateur anglais; il se croit autorisé par la promesse de bons offices faite à ce peuple en diverses occasions par le gouvernement anglais, et par ce fait que les îles ont été converties et civilisées par des missionnaires anglais, à intercéder auprès du gouvernement français, dans le but d'assurer à la malheureuse reine de ces îles toute la liberté compatible avec les restrictions qu'elle s'est imposées, et surtout d'obtenir pour elle protection contre le rude traitement auquel elle a été soumise.

Il faut espérer que le gouvernement français mettra un terme à tous cet actes à l'avenir. Un peuple comme le peuple français serait, nous en sommes bien persuadés, le dernier à exercer ou à tolérer une conduite insultante dans ce cas.

Quant aux missionnaires anglais dans les îles de la Société, l'assurance déjà donnée au gouvernement de la reine d'Angleterre par le gouvernement de France, que les missionnaires jouiront d'une entière liberté dans l'exercice de leurs fonctions religieuses, est une garantie suffisante que la liberté si solennellement déclarée sera assurée à ces estimables personnes; mais le gouvernement de S. M. B. ne saurait admettre que l'inconduite d'un seul missionnaires pourrait invalider la garantie générale donnée par le gouvernement français, ou l'autoriser à retirer au corps entier des missionnaires protestants la protection qu'il a promise solennellement. Le gouvernement de S. M. se croit tenu, par toute considération d'honneur national et de justice, de soutenir les missionnaires anglais dans les îles de la Société, et le gouvernement de S. M. B. ne peut pas admettre que le récent changement qui a eu lieu dans le pays change ou affaiblisse cette obligation. Le conseil que le gouvernement anglais donnera constamment à ces hommes pieux et exemplaires sera de se soumettre paisiblement à l'ordre de choses établi dans ce pays, et d'exhorter la reine et les chefs et sujets à agir avec la même prudence; mais le gouvernement de S. M. devra toujours regarder ces propagateurs de la doctrine protestante comme ayant droit à toute la protection qu'il sera au pouvoir de S. M. de leur donner.

M. Guizot au comte de Rohan-Chabot.

(Communiqué au comte d'Aberdeen, le 23 septembre.)

Paris, le 11 septembre 1843.

« J'ai reçu la dépêche que vous m'avez fait l'honneur de m'adresser le 21 août, pour m'informer des explications qui avaient eu lieu entre vous et lord Aberdeen au sujet de Taïti. Lord Cowley, de son côté, m'a communiqué une dépêche que lord Aberdeen lui avait adressée à ce sujet le 23, et dont vous trouverez la copie incluse. Le cabinet de Londres réitère l'assurance qu'il n'a pas l'intention de mettre en question notre établissement dans ce pays; il nous annonce qu'il a donné des ordres pour qu'à l'avenir les navires anglais ne fassent aucune difficulté de saluer le pavillon substitué par l'amiral Dupetit-Thouars à l'ancien pavillon local. Ces déclarations sont entièrement satisfaisantes. Il est tout à fait inexact que nos plaintes contre le gouvernement de la reine Pomaré aient été des prétextes frivoles mis en avant pour justifier la nécessité qui a amené sa soumission à l'autorité du roi.

La conduite vexatoire du gouvernement vis-à-vis des sujets français, son inaptitude à maintenir l'ordre public, les inconvénients qui en résultent pour tous les étrangers résidant à Taïti ou y venant, sont des faits notoires et évidents qui réclamaient impérieusement une intervention énergique. L'acquiescement du résident anglais et des missionnaires eux-mêmes aux mesures prises par notre amiral ne laissent pas de doute à cet égard. Je joins les copies de leurs lettres. Les raisons qui ont amené la reine Pomaré à demander le protectorat du roi au lieu de nous donner simplement la satisfaction qui était due, et l'influence, que la désaffection et l'attitude menaçante des chefs indigènes ont exercé sur elle, sont des questions dont nous n'avons pas à nous occuper. Il nous suffit que, dans ce qui est arrivé, tout ait été aussi régulier dans la forme que juste et légal en principe. Si plus tard la reine Pomaré et peut-être certains chefs qui nous ont invités, cédant à la persuasion d'étrangers, ont semblé vouloir revenir sur leur acquiescement, on ne prétendra pas assurément que notre politique doive se plier à de tels caprices! Le roi a accepté le protectorat qui lui a été offert.

Nous avons envoyé les forces nécessaires pour assurer son exécution; nous maintiendrons cet état de choses, auquel le gouvernement anglais a déclaré à diverses reprises n'avoir pas d'objections à faire. Je n'ai pas besoin d'ajouter qu'indépendamment de leur loyauté dans l'accomplissement des engagements pris vis-à-vis de la reine Pomaré, les autorités françaises la traiteront toujours avec le respect qui lui est dû. Voilà, Monsieur, le véritable état des affaires. Quant aux inquiétantes appréhensions de lord Aberdeen relatives à la future position des missionnaires protestants, les explications verbales que vous avez eues avec lui ne sauraient laisser matière à aucune inquiétude. Nous convenons avec lord Aberdeen que les actes d'un seul missionnaire ne suffiraient pas pour avoir l'effet de priver ses frères du droit qu'ils ont de réclamer la protection du gouvernement du roi. Lord Aberdeen pense comme nous que la profession de missionnaire ne doit pas mettre à l'abri d'un juste châtiment l'individu qui s'en ferait une arme pour s'attaquer à l'ordre établi, par la violence ou par l'intrigue. La ferveur religieuse, même sincère, ne doit jamais, et ne peut en aucun cas, aujourd'hui, servir de voile pour justifier et protéger des desseins criminels contre les gouvernements.

P. S. Vous lirez cette dépêche à lord Aberdeen et vous lui en laisserez copie.

Le comte Aberdeen à M. le consul Pritchard.

Foreign-Office, 25 septembre 1843.

J'ai reçu votre dépêche du 13 mars, dans laquelle vous m'annoncez votre arrivée à Taïti sur le vaisseau de l'État *la Vindictive*. Vous paraissez vous être complètement mépris sur les passages des lettres de M. Canning et de lord Palmerston que vous citez dans votre dépêche, à l'appui du principe de l'intervention active de la Grande-Bretagne contre la France en faveur de la reine Pomaré. Il résulte de la teneur intégrale de ces lettres, que le gouvernement britannique n'est pas disposé à intervenir ouvertement en faveur de la reine des îles de la Société, bien qu'il lui offrît toute la protection et tous les bons offices qu'il pouvait convenablement lui donner en dehors de l'intervention active. Mais il ne faut pas supposer qu'au moment où l'on refusait de prendre les îles de la Société sous la protection de la couronne d'Angleterre, le gouvernement de S. M. songeât à interposer ses bons offices en faveur de la souveraine, de manière à s'exposer à la presque certitude d'une collision avec une puissance étrangère.

Le gouvernement de Sa Majesté Britannique déplore sincèrement la peine et l'humiliation infligées à la reine Pomaré. De plus, il veut faire tout ce qui est en son pouvoir pour alléger sa détresse; mais malheureusement la lettre dans laquelle celle-ci demandait la protection française a été signée par la reine spontanément, et la convention qui a suivi a été également contractée et complétée par la volonté de la reine, agissant spontanément.

En conséquence, bien que le gouvernement de Sa Majesté puisse et se dispose à regretter la ligne de conduite par laquelle la reine a été amenée à signer cet acte aussi funeste à son indépendance, il se trouve privé, par l'acte volontaire et spontané de la reine, de tout prétexte juste et plausible pour s'opposer à la prise de possession et à l'exercice du protectorat français.

Le gouvernement de Sa Majesté Britannique ne prétend donc soulever aucune question relative à l'exercice de ce pouvoir, ni à la légitimité du nouveau pavillon que les Français ont jugé à propos de substituer à l'ancien pavillon taïtien.

Mais le gouvernement de la reine est dans la ferme intention de maintenir les droits du christianisme protestant à jouir d'une liberté entière et sans restriction dans l'exercice de leur attribution religieuse, y compris l'entière liberté de soutenir dans la chaire la vérité des dogmes protestants contre toutes personnes qui pourraient les combattre. Le gouvernement de Sa Majesté se propose, en outre, dans toutes les occasions convenables, d'intercéder, autant que cela pourrait convenir, auprès du gouvernement de France en faveur de la reine de Taïti, afin d'obtenir pour elle protection contre un rude traitement, et de lui assurer dans sa détresse les adoucissements qui pourront, du moins jusqu'à un certain point, l'indemniser de la perte de son indépendance.

Mais la reine Pomaré fera bien de se soumettre aux malheureuses circonstances que les craintes personnelles et les intrigues de certains chefs corrompus lui ont attirées. La résistance à ceux qui ont pris des droits de protectorat sur elle ne ferait qu'aggraver le malheur de sa position et lui attirer un traitement pire que celui qui lui a été déjà infligé. Vous saisirez donc toute occasion convenable de recommander cette prudente ligne de conduite à la reine Pomaré, et vous l'assurerez en même temps que, bien que le gouvernement de la reine soit empêché d'intervenir avec autorité en sa faveur, il éprouve cependant pour elle une grande sympathie, et il ne manquera pas de travailler constamment, comme il l'a déjà fait, à adoucir sa position.

A l'égard des autorités françaises, vous observerez toujours la plus grande politesse dans vos rapports, et vous vous abstiendrez de tout acte, de toute parole, qui pourraient être interprétés comme des offenses. Mais surtout vous aurez soin de ne vous servir devant la reine et les chefs de l'île, dans vos rapports avec eux, d'aucune expression qui pourrait leur faire espérer l'appui du gouvernement de Sa Majesté contre les Français.

En même temps, vous n'omettrez aucune occasion de leur faire bien comprendre, ainsi qu'aux missionnaires protestants, l'indispensable nécessité d'agir avec la plus grande circonspection dans la situation difficile où ils se trouvent placés. Vous surveillerez avec la plus grande vigilance les procédés des Français vis-vis de nos missionnaires, et vous ne manquerez pas de rapporter minutieusement au gouvernement de Sa Majesté toutes les circonstances qui, sur ce point, vous sembleraient dignes d'attention. Le gouvernement de Sa Majesté désire, en outre, que vous recommandiez à tous les officiers de marine de Sa Majesté qui viendront aux îles de la Société, d'user d'une grande modération dans leur conduite envers les autorités françaises, autant que cela conviendra au maintien de la dignité de la couronne et à la protection des intérêts britanniques.

PIÈCES

relatives aux négociations engagées sur le droit de visite

Lord Cowley au comte Aberdeen.

Foreign-Office, le 9 janvier 1845.

Milord, l'ambassadeur de France m'a remis une dépêche de son gouvernement, dans laquelle M. Guizot décrit en termes énergiques les dispositions qui se sont manifestées dans ces derniers temps dans les Chambres françaises, et généralement en France, relativement au droit de visite. Après avoir longuement expliqué les raisons qui l'ont amené à cette conclusion, il suggère au gouvernement de Sa Majesté l'utilité de former une commission mixte pour rechercher si l'on ne pourrait pas trouver les moyens de supprimer la traite, aussi efficaces ou même plus efficaces que ceux fournis par les traités qui établissent le droit de visite réciproque.

Je vous communique une copie de cette dépêche, que vous trouverez ci-incluse, pour votre instruction. M. Guizot dit avec raison qu'à la fin de 1846, quand M. le comte de Sainte-Aulaire m'annonça l'intention du gouvernement français de proposer certaines mesures qui, dans sa pensée, seraient préférables à l'exercice du droit de visite et mieux calculées pour atteindre les objets qu'on avait en vue, j'informai à cette époque l'ambassadeur français que ma conviction de la sincérité et du zèle de M. Guizot pour l'abolition de la traite me déterminerait à recueillir de lui toutes suggestions à ce sujet, et à les soumettre à l'examen du gouvernement de Sa Majesté. Votre Excellence peut assurer M. Guizot que le gouvernement de Sa Majesté n'attache aucune valeur particulière au droit de visite, si ce n'est qu'il donne les moyens efficaces de supprimer le trafic des esclaves.

Le gouvernement de Sa Majesté sait certainement que l'exercice de ce droit ne peut manquer d'être accompagné de certains inconvénients, et il verrait avec plaisir adopter des mesures efficaces pour atteindre le grand but que l'on a en vue, et qui ne donneraient pas lieu aux mêmes objections. Je dois avouer pourtant sincèrement que jusqu'à ce moment je n'ai dû proposer aucun plan qui pourrait être sûrement adopté comme remplaçant le droit de visite. Et si M. Guizot réfléchit avec quelle énergie le peuple anglais a désiré l'abolition de la traite, et quels sacrifices énormes il a faits et fait chaque jour encore pour atteindre ce but, il ne sera pas étonné que nous hésitions à abroger des traités dont les stipulations ont été jugées efficaces, jusqu'à ce que l'on ait prouvé que les mesures qui doivent être proposées auront le même succès.

Je m'abstiens de rechercher les causes qui ont amené ce grand changement dans les sentiments de la France relativement à ces traités, dont jusqu'à une époque récente le gouvernement français, uni au gouvernement de Sa Majesté, avait recommandé l'adoption à d'autres nations. Quelles que soient ces causes, j'admets pleinement que de pareils engagements, s'ils ne sont exécutés avec zèle et cordialité par les parties contractantes, doivent nécessairement devenir moins propres au but que l'on s'est proposé, et que la valeur en est sensiblement diminuée. Il est inutile, par conséquent, d'insister sur les moyens pris par le gouvernement de Sa Majesté pour écarter tous motifs raisonnables d'objection à l'exercice du droit de visite, et sur le soin avec lequel les instructions récemment données aux officiers engagés dans ce service ont été préparées. Le simple fait, officiellement déclaré par M. Guizot, que le gouvernement, la législature et le peuple demandent sérieusement une révision de ces engagements, tout en professant un désir aussi ardent d'atteindre les objets pour lesquels ils ont été contractés, serait pour le gouvernement de Sa Majesté une raison suffisante de consentir à l'enquête proposée. Mais, en accueillant cette suggestion de M. Guizot, Votre Excellence ne saurait assez vivement lui représenter combien la réputation des personnes qui seront nommées pour commissaires contribuera à inspirer le degré de confiance nécessaire et assurer un résultat utile.

Il paraît indispensable au gouvernement de S. M. que la commission soit composée d'hommes de haut rang, de vues élevées, d'hommes parfaitement indépendants et bien connus pour leur attachement à la grande cause de la liberté et de l'humanité. Il faut qu'il soit clairement établi que l'objet de la commission n'est pas de se débarrasser des traités, mais de vérifier la possibilité d'adopter des mesures qui pussent les remplacer avantageusement. Il est essentiel aussi que tout moyen qui serait proposé, si l'on en peut trouver, soit considéré d'abord seulement comme une expérience par laquelle l'exécution des traités, sous ce rapport, serait nécessairement suspendue, jusqu'à ce que le succès ou l'insuccès du moyen soit vérifié. Contre une commission ainsi constituée et munie de pareilles instructions, non seulement le gouvernement de S. M. ne pourrait élever aucune objection, mais il serait en outre bien disposé, d'accord avec tous ceux qui désirent sincèrement la prompte et complète abolition de ce détestable trafic, à l'accueillir avec espoir et satisfaction.

M. Guizot au comte de Sainte-Aulaire.

Paris, le 26 décembre 1844.

Monsieur le comte,

L'année dernière, à peu près à cette époque, je vous priai d'appeler l'attention de lord Aberdeen sur l'importante question du droit de visite et les puissants motifs qui nous faisaient désirer que les deux cabinets se concertassent pour substituer à ce mode de répression du commerce des esclaves, un nouveau mode qui, tout en étant aussi efficace pour arriver à notre but commun, fût affranchi des mêmes inconvénients et des mêmes dangers. A la communication que vous fîtes à lord Aberdeen, S. S. répondit qu'étant parfaitement convaincue de ma sincère résolution de travailler avec persévérance à la suppression de la traite, elle recevrait avec confiance toute proposition faite par moi et l'examinerait avec la plus scrupuleuse attention. Si depuis cette époque, Monsieur le comte, je me suis abstenu de traiter cette importante affaire dans une correspondance officielle avec vous, si j'ai tardé à vous envoyer les instructions que je vous avais annoncées, ce n'est certainement pas que le gouvernement du roi eût perdu de vue un seul jour le but qu'il avait à se proposer, ou que ses convictions se fussent affaiblies. Vous savez que diverses causes, intérieures et extérieures, qui, en nous obligeant à donner tous nos soins à des questions urgentes,

nous ont forcés de suspendre la négociation que vous aviez été chargé d'ouvrir sur la question des moyens de réprimer le commerce des esclaves. Le temps est arrivé de la reprendre.

Comme je vous l'ai déjà dit, Monsieur le comte, notre conviction de la nécessité d'avoir recours, de concert avec l'Angleterre, à un nouveau mode de répression du commerce des esclaves, est profonde et toujours aussi forte. Tous les événements qui se sont passés, toutes les réflexions qui se sont présentées à notre esprit depuis que la question a été soulevée, nous ont fait sentir plus fortement la nécessité de modifier le système actuellement en vigueur. Pour que ce système puisse être efficace et sans dangers, il ne suffit pas que les deux gouvernements soient animés d'un bon vouloir et d'une confiance réciproques. Constamment susceptible dans son application de contrarier et de léser des intérêts privés, souvent légitimes et inoffensifs, ce système entretient dans l'esprit d'une classe nombreuse, active, et nécessairement rude de manières, une source d'irritation qui, bien qu'elle puisse rester assoupie pendant un temps plus ou moins long, peut cependant, par un accident imprévu en mer, ou par le plus léger trouble dans les relations politiques des deux États, être à tout moment développée, enflammée, étendue et transformée en un sentiment national puissant et formidable. Cela étant, le système du droit de visite, employé comme moyen de réprimer le commerce des esclaves, est plus dangereux qu'utile; car il compromet à la fois la paix, la bonne intelligence entre les deux pays, et même le succès de la grande cause à laquelle on a l'intention de le faire servir.

Ceci, Monsieur le comte, n'est point une pure conjecture, c'est un fait que l'expérience nous a maintenant démontré. Pendant dix ans, le droit de visite réciproque a été accepté et exercé par la France et par l'Angleterre, d'un consentement commun et sans aucun sentiment déclaré ni aucune manifestation de méfiance ou de répulsion. Pour certaines causes qu'il est inutile de rappeler ici, le cas est maintenant différent. Les dispositions des Chambres et du pays sont fortement opposées à ce système. Non que la France, Monsieur le comte, soit à présent plus indifférente qu'elle ne l'était il y a quelques années aux horreurs du commerce des esclaves; mais une conviction existe en France (et le gouvernement du roi partage cette conviction), qu'il est possible de trouver d'autres moyens tout aussi efficaces, plus efficaces même que le traité réciproque du droit de visite pour réprimer cet infâme trafic. Afin d'obtenir la coopération du pays et des Chambres, leur coopération active, zélée, infatigable, pour la répression de ce commerce, l'adoption d'un autre système est dès lors indispensable. Mais quel devra être ce nouveau système? Par quelle mesure ou quelle combinaison de mesures pouvons-nous raisonnablement espérer d'obtenir dans la répression des résultats au moins égaux à ceux que le droit de visite nous avait permis d'atteindre? Je pourrais ici, Monsieur le comte, indiquer quelques-unes de ces mesures; mais, dans une affaire pour laquelle les hommes des deux pays ayant les qualités requises à cet effet doivent nécessairement être entendus, il me paraît préférable que le soin de recueillir et d'examiner tous les éléments de la question soit tout d'abord confié à une commission mixte. Cette commission, qui tiendrait ses séances à Londres, devrait, je pense, être composée d'hommes considérés dans leurs pays respectifs, bien connus par leurs sympathie sincère pour la cause de la répression de l'esclavage, et par leur liberté complète d'opinion relativement aux moyens d'atteindre ce noble but. Et lorsque la commission aura entièrement examiné la question, lorsqu'elle aura bien cherché et déterminé quels nouveaux moyens de répression du trafic peuvent être aussi efficaces ou même plus efficaces que le système actuellement en vigueur, son travail sera présenté aux deux gouvernements et soumis à leur décision.

Ayez la bonté, monsieur le comte, de placer cette proposition sous les yeux de lord Aberdeen. J'ai la confiance que, dans la communication que vous lui ferez de la présente dépêche, il verra une nouvelle preuve de notre constante sollicitude pour ces deux grands intérêts : le maintien de la paix et d'une bonne intelligence entre les deux pays et la répression du commerce des esclaves.

Recevez, etc.

Guizot.

Lord Cowley au comte Aberdeen.

Paris, le 13 janvier 1845.

Milord, le messager Fennesey est arrivé à Paris le samedi 11 courant, et m'a remis les dépêches n°s 1 et 2 de Votre Seigneurie, ayant pour titre : Commerce des esclaves. J'ai fait sur-le-champ une copie du n° 2, et dans la journée je l'ai communiqué au ministre des affaires étrangères. Après avoir lu avec attention cette dépêche en ma présence, S. Exc. a dit qu'elle partageait entièrement les vues de Votre Seigneurie relativement aux engagements pris par les deux gouvernements pour la suppression de la traite de noirs. S. Exc. a reconnu aussi que, depuis la conclusion des traités de 1831 et de 1833, un grand changement s'était opéré dans l'opinion des Chambres ainsi que du public en général, sur la question du droit de visite. Il serait inutile, a-t-il dit, d'entrer dans l'examen des causes qui ont amené ce changement.

Je dirai seulement que la répugnance existant dans la France entière contre l'exercice de ce droit est insurmontable et augmente chaque jour. Vous pouvez, d'après cela, a-t-il continué, juger du degré de satifaction avec lequel j'ai reçu la communication que vous venez de me faire, annonçant l'acquiescement du gouvernement de S. M. à la proposition de celui de France, de nommer une commission mixte chargée de rechercher si des moyens aussi efficaces que le droit de visite réciproque ne pourraient pas être employés pour la suppression de la traite. M. Guizot connaît parfaitement les sentiments du peuple anglais au sujet de cet odieux trafic, et sait la jalousie avec laquelle les travaux de la commission proposée mixte seront surveillés ; aussi m'a-t-il dit que je pouvais être bien assuré que l'acquiescement du gouvernement de S. M. à l'enquête proposée serait justement apprécié par le gouvernement, la législature et le peuple de France.

S. Exc. m'a informé alors que le duc de Broglie serait chargé de ce mandat important, et je suis convaincu que Votre Exc. pensera que l'on ne pouvait faire un meilleur choix pour un pareil objet. Pendant plusieurs années, le duc de Broglie a été un avocat énergique de la suppression de la traite, et c'est sous ses auspices, comme ministre des affaires étrangères, que la convention supplémentaire de 1833 a été conclue ; ainsi il n'est pas probable qu'il propose ou agrée aucune mesure pour la suppression de la traite qui serait moins efficace que celle en vigueur aujourd'hui en vertu des traités.

J'ai l'honneur d'être, etc.

Signé : Cowley.

TRAITÉ

Entre la France et l'Angleterre, pour la suppression de la traite des noirs.

S. M. le roi des Français et S. M. la reine du royaume-uni de la Grande-Bretagne et d'Irlande, considérant que les conventions du 30 novembre 1831 et du 22 mars 1833 ont atteint leur but en prévenant la traite des noirs sous les pavillons français et anglais ; mais que ce trafic odieux subsiste encore, et que les dites conventions sont insuffisantes pour en assurer la suppression complète ; S. M. le roi des Français ayant témoigné le désir d'adopter, pour la suppression de la traite, des mesures plus efficaces que celles qui sont prévues par ces conventions, et S.M. la reine du royaume-uni de la Grande-Bretagne et d'Irlande ayant à cœur de concourir à ce dessein, elles ont résolu de conclure une nouvelle convention qui sera substituée, entre les deux hautes parties contractantes, au lieu et place desdites conventions de 1831 et 1833, et, à cet effet, elles ont nommé pour leurs plénipotentiaires, savoir :

S. M. le roi des Français le sieur Louis de Beaupoil, comte de Sainte-Aulaire, pair de France, etc., son ambassadeur près S. M. Britannique ;

Et le sieur Charles-Léonce-Achille-Victor, duc de Broglie, pair de France, etc., vice-président de la Chambre des pairs ;

Et S. M. la reine du royaume-uni de la Grande-Bretagne et d'Irlande, le très honorable George, comte d'Aberdeen, pair du Royaume-Uni, secrétaire d'État de S. M., ayant le département des affaires étrangères ;

Et le très honorable Stephen Lushington, conseiller de S. M. en son conseil privé et juge de sa haute cour d'amirauté.

Lesquels, après s'être communiqué leurs pleins pouvoirs respectifs trouvés en bonne et due forme, ont arrêté et conclu les articles suivants :

Art. 1er. Afin que le pavillon de S. M. le roi des Français et celui de S. M. la reine du royaume-uni de la Grande-Bretagne et d'Irlande ne puissent être usurpés, contrairement au droit des gens et aux lois en vigueur dans les deux pays, pour couvrir la traite des noirs, et afin de pouvoir plus efficacement à la suppression de ce trafic, S. M. le roi des Français s'engage à établir, dans le plus court délai possible, sur la côte occidentale de l'Afrique, depuis le cap Vert jusqu'au 16° 30' de latitude méridionale, une force navale composée au moins de vingt-six croiseurs, tant à voiles qu'à vapeur ; et S. M. la reine du royaume-uni de la Grande-Bretagne et d'Irlande s'engage à établir, dans le plus court délai possible, sur la même partie de la côte occidentale de l'Afrique, une force composée au moins de vingt-six croiseurs, tant à voiles qu'à vapeur, et sur la côte orientale de l'Afrique le nombre de croiseurs que Sadite Majesté jugera suffisant pour la suppression de la traite sur cette côte, lesquels croiseurs seront employés dans le but ci-dessus indiqué, conformément aux dispositions suivantes.

Art. 2. Lesdites forces françaises et anglaises agiront de concert pour la suppression de la traite des noirs. Elles établiront une surveillance exacte sur tous les points de la partie de la côte occidentale d'Afrique où se fait la traite des noirs, dans les limites désignées par l'article 1er. Elles exerceront à cet effet, pleinement et complètement, tous les pouvoirs dont la couronne de France et celle de la Grande-Bretagne sont en possession, pour la suppression de la traite des noirs, sauf les modifications qui vont être ci-après indiquées, en ce qui concerne les navires français et anglais.

Art. 3. Les officiers au service de S. M. le roi des Français et les officiers au service de S. M. la reine du royaume-uni de la Grande-Bretagne et d'Irlande, qui seront respectivement chargés du commandement des escadres françaises et anglaises destinées à assurer l'exécution de la présente convention, se concerteront sur les meilleurs moyens de surveiller exactement les points de la côte d'Afrique ci-dessus indiqués, en choisissant et en désignant les lieux de station, et en confiant les postes aux croiseurs des deux nations, agissant ensemble ou séparément, selon qu'il sera jugé convenable ; de telle sorte néanmoins que, dans le cas où l'un de ces postes serait spécialement confié aux croiseurs de l'une des deux nations, les croiseurs de l'autre nation puissant, en tout temps, y venir exercer les droits qui leur appartiennent, pour la suppression de la traite des noirs.

ART. 4. Des traités pour la suppression de la traite des noirs seront négociés avec les princes ou chefs indigènes de la partie de la côte occidentale d'Afrique ci-dessus désignée, selon qu'il paraîtra nécessaire aux commandants des escadres françaises et anglaises.

Ces traités seront négociés ou par les commandants eux-mêmes, ou par les officiers auxquels ils donneront à cet effet des instructions.

ART. 5. Les traités ci-dessus mentionnés n'auront d'autre objet que la suppression de la traite des noirs. Si l'un de ces traités vient à être conclu par un officier de la marine britannique, la faculté d'y accéder sera expressément réservée à S. M. la reine du royaume-uni de la Grande-Bretagne et d'Irlande, dans tous les traités qui pourraient être conclus par un officier de la marine française. Dans le cas où S. M. le roi des Français et S. M. la reine du royaume-uni de la Grande-Bretagne et d'Irlande deviendraient tous deux parties contractantes à de tels traités, les frais qui auraient pu être faits pour leur conclusion, soit en cadeaux ou autres dépenses semblables, seront supportés également par les deux nations.

ART. 6. Dans le cas où il deviendrait nécessaire, conformément aux règles du droit des gens, de faire usage de la force pour assurer l'observation des traités conclus en conséquence de la présente convention, on ne pourra y avoir recours, soit par terre, soit par mer, que du commun consentement des officiers commandant les escadres françaises et anglaises.

Et s'il était jugé nécessaire, pour atteindre le but de la présente convention, d'occuper quelques points de la côte d'Afrique ci-dessus indiqués, cette occupation ne pourrait avoir lieu que du commun consentement des deux hautes parties contractantes.

ART. 7. Dès l'instant où l'escadre que S. M. le roi des Français doit envoyer à la côte d'Afrique sera prête à commencer ses opérations sur ladite côte, S. M. le roi des Français en donnera avis à S. M. la reine du royaume-uni de la Grande-Bretagne et d'Irlande, et les deux hautes parties contractantes feront connaître, par une déclaration commune, que les mesures stipulées dans la présente convention sont sur le point d'entrer en cours d'exécution : ladite déclaration sera publiée partout où besoin sera.

Dans les trois mois qui suivront la publication de ladite déclaration, les mandats délivrés aux croiseurs des deux nations, en vertu des conventions de 1831 et 1833 pour l'exercice du droit de visite réciproque, seront respectueusement restitués.

ART. 8. Attendu que l'expérience a fait voir que la traite des noirs, dans les parages où elle est habituellement exercée, est souvent accompagnée de faits de piraterie dangereux pour la tranquillité des mers et la sécurité de tous les pavillons ; considérant, en même temps, que si le pavillon porté sur un navire est, *prima facie*, le signe de la nationalité de ce navire, cette présomption ne saurait être considérée comme suffisante pour interdire, dans tous les cas, de procéder à sa vérification, puisque, s'il en était autrement, tous les pavillons pourraient être exposés à des abus en servant à couvrir la piraterie, la traite des noirs ou tout autre commerce illicite ; afin de prévenir toute difficulté dans l'exercice de la présente convention, il est convenu que des instructions fondées sur le principe du droit des gens et sur la pratique constante des nations maritimes, seront adressées aux commandants des escadres et stations françaises et anglaises sur la côte d'Afrique.

En conséquence, les deux gouvernements se sont communiqué leurs instructions respectives, dont le texte se trouve annexé à la présente convention.

ART. 9. S. M. le roi des Français et S. M. la reine du royaume-uni de la Grande-Bretagne et d'Irlande s'engagent réciproquement à continuer d'interdire, tant à présent qu'à l'avenir, toute traite des noirs dans les colonies qu'elles possèdent ou pourront posséder par la suite, et à empêcher, autant que les lois de chaque pays le permettront, leurs sujets respectifs de prendre dans ce commerce une part directe ou indirecte.

ART. 10. Trois mois après la déclaration mentionnée en l'article 7, la présente convention entrera en cours d'exécution. La durée en est fixée à dix ans. Les conventions antérieures seront suspendues. Dans le cours de la cinquième année, les deux hautes parties contractantes se concerteront de nouveau et décideront, selon les circonstances, s'il convient, soit de remettre en vigueur tout ou partie de la convention actuelle. A la fin de la dixième année, si les conventions antérieures n'ont pas été remises en vigueur, elles seront considérées comme définitivement abrogées. Les hautes parties contractantes s'engagent, en outre, à continuer de s'entendre pour assurer la suppression de la traite des noirs par tous les moyens qui leur paraîtront les plus utiles et les plus efficaces, jusqu'au moment où ce trafic aura été complètement aboli.

ART. 11. La présente convention sera ratifiée, et les ratifications en seront échangées à Londres, à l'expiration des dix jours à compter de ce jour, ou plus tôt si faire se peut.

En foi de quoi les plénipotentiaires respectifs l'ont signée et y ont apposé le sceau de leurs armes.

Fait à Londres, le 29 mai 1845.

(L. S.) SAINTE-AULAIRE. (L. S.) V. BROGLIE.
(L. S.) ABERDEEN. (L. S.) STEPHEN LUSINGTON.

DOCUMENTS

Relatifs à l'annexion de Cracovie. — Pièces relatives à l'insurrection.

Le gouverneur général de la Gallicie aux présidents des cercles de Tarnow, Vadowiec, Jaslo, Sandeck, Rzeszow, Sanok.

Lemberg, le 18 février 1846.

Deux communes du cercle de Bochnia, effrayées par les bruits d'un prétendu prochain soulèvement des nobles, se sont armées de faux et de haches pour la défense et le maintien de l'ordre, et par conséquent dans de bonnes et louables intentions ; toutefois, ces hommes sont retournés paisiblement chez eux, aussitôt l'arrivée d'une force militaire envoyée à leur secours, et après les exhortations du commissaire du cercle qui l'accompagnait, et qui leur a fait comprendre que leurs craintes n'avaient aucun fondement. Pour éviter les abus qui peuvent en résulter, il est important d'obvier à de pareilles occurrences. Vous chargerez donc tous les commissaires du cercle et autres fonctionnaires en tournée, qui possèdent parfaitement la langue du pays, d'engager, pendant leurs tournées, les autorités des lieux et quelques propriétaires bien disposés, à travailler à la tranquillité des paysans, en les exhortant et les désabusant, partout où l'état des choses l'exigera. Les autorités feront comprendre aux communes, dans un langage convenable et bref, que l'excitation actuelle provient de quelques malintentionnés qui cherchent à troubler le repos et l'ordre, à répandre des bruits mensongers au sujet de la prochaine explosion de la révolution, pour inquiéter et effrayer la population du pays, l'exciter à des actes de violence, afin de profiter ensuite du désordre; que le gouvernement a déjà pris des mesures efficaces pour arrêter le mal; qu'un grand nombre de perturbateurs ont déjà été saisis et que l'instruction judiciaire a commencé; que le gouvernement se fait un devoir de protéger, par l'intervention prompte et efficace de la force armée, les gens bien intentionnés de toutes les conditions, et principalement les sujets, contre tous les excès possibles bien qu'improbables.

C'est en s'abandonnant avec confiance à la protection du gouvernement que ses sujets peuvent rester dans leurs maisons et se livrer tranquillement à leurs occupations ordinaires sans se laisser séduire par quelques bruits ou fausses apparences, à sortir armés ou en masses. Et si quelque chose de pareilles trames arrivait à leur connaissance, ils en instruiront, selon les circonstances, les autorités du cercle ou le poste militaire le plus voisin. Si cependant des paysans se montraient quelque part en armes, le président du cercle enverrait immédiatement sur les lieux un commissaire de confiance, connaissant bien la langue du pays et accompagné d'une force militaire convenable, mais pas trop nombreuse, afin d'en opérer le désarmement et de les tranquilliser par la persuasion et des exhortations convenables.

PROCÈS-VERBAL

Rédigé le 22 février, à 8 heures du soir, par les soussignés, pour l'établissement du gouvernement national de la République polonaise.

Quatorze années d'efforts des braves enfants de la patrie pour parvenir à lui rendre son existence nationale, ont créé dans toutes les parties de la Pologne opprimée de nombreuses associations dont les membres s'exposent aux plus terribles dangers. Mais, malgré cela, on est parvenu à diriger tous les efforts vers le même but, celui de recouvrer une patrie en rendant la liberté à toute la nation polonaise. — Le 24 janvier de cette année, des comités de toutes les associations de la Pologne remirent le pouvoir gouvernemental entre les mains d'une autorité composée de cinq personnes qui furent, avec adjonction d'un secrétaire, choisies dans le grand-duché de Posen, la ville libre de Cracovie et son territoire, dans la Gallicie, la Russie, et parmi l'émigration; laquelle autorité devait se compléter ensuite par l'élection de deux membres, l'un pour la Pologne réunie, l'autre pour la Lithaunie.

Les membres choisis et le secrétaire ont accepté les pouvoirs qui leur étaient déférés, et devaient se trouver avant le 21 février (jour fixé pour l'explosion de l'insurection) à Gracovie. Les membres pour Cracovie et son territoire, pour la Gallicie et l'émigration, s'y trouvèrent effectivement avant le terme fixé, tandis que le représentant du grand-duché de Posen fut arrêté et que celui de Russie ainsi que le secrétaire, n'étaient pas encore arrivés. Le membre de l'émigration ayant, à l'arrivée des troupes autrichiennes à Cracovie, conçu des craintes pour sa liberté, s'était tout à coup enfui au-delà des frontières.

L'irritation générale qui règne en ce moment à Gracovie, et les nouvelles qui nous arrivent de tous côtés, prouvent que la révolution est la volonté de Dieu et de tout le peuple polonais. Ces événements imposent aux membres du pouvoir gouvernemental qui ne sont pas encore arrivés le devoir sacré de venir se charger sans délai et avec d'autant plus d'empressement des pouvoirs qui leur ont été déférés, que le zèle le plus ardent se refoidirait, et que les propriétaires, nos frères, qui pourraient frapper des coups vigoureux, n'osent pas à présent prendre part à l'insurection.

Et tandis que nous admettons au sein du pouvoir gouvernemental un citoyen de la Pologne réunie, qui accepte les pouvoirs à lui déférés, nous nous tendons mutuellement la main et jurons, à la face de Dieu et de la nation polonaise, que nous exercerons les pouvoirs révolutionnaires jusqu'à ce que toute la Pologne soit affranchie; que nous regardons comme un moyen propre à arriver à ce but un mouvement produit parmi toute la population par l'abolition de tous les privilèges et la concession de la faculté illimitée de posséder les terrains qu'elle exploite, faculté dont les paysans ne jouissent aujourd'hui que sous certaines conditions; que nous assumons la responsabilité des conséquences de tous nos actes, et que nous regardons comme traître à la patrie et nous traiterons comme tel, quiconque osera résister à nos ordres. Qu'ainsi Dieu nous soit en aide! Nous nommons pour notre secrétaire Charles Rogawski. En foi de quoi nous avons signé les présentes.

Louis GORZOWSKI,
Jean TYSSOWSKI,
Alexandre GRZEGORZEWSKI,
Secrétaire, Charles ROGAWSKI.

Principe, constitution de la Révolution.

ART 1er. Le gouvernement révolutionnaire est *un, absolu* pour toute la Pologne; il est responsable de ses actes à la nation.

ART. 2. Tout individu à qui le gouvernement ou une autorité constituée par lui confère une fonction, une mission, quand même elles ne seraient que temporaires, est tenu de les accepter et de les remplir, sous peine de mort.

ART. 3. Tout individu en état de porter les armes et qui manque de se mettre à la disposition des autorités du lieu de sa résidence, 24 heures après la publication de l'insurrection, sera livré au conseil de guerre comme espion.

ART. 4. Le vol, les violences exercées sur une personne, quand même celle-ci serait coupable, la perception d'impôts, les corvées, la résistance aux lois, l'espionnage, le divertissement des deniers publics, l'abus dans l'exercice des pouvoirs publics, l'usurpation de fonctions publiques, sont punis de mort.

ART. 5. Celui qui, sans l'autorisation du gouvernement, fonde des clubs, des comités ou société, est traître à la patrie.

ART. 6. Toute commune aura dans son circuit autant de signaux d'alarme qu'il en faudra pour transmettre des avis aux communes voisines. Ces signaux sont des perches ou des arbres enduits de poix et entourés de paille. Celui qui détruit ces signaux ou qui empêche d'y mettre le feu est puni de mort.

ART. 7. Les couleurs nationales sont le blanc et le rouge; les armes nationales, un aigle blanc sur un fond rouge amarante, les ailes en envergure, la tête tournée à droite, tenant de la griffe droite une couronne de chêne, et de la griffe gauche une couronne de laurier. Cet aigle sera aussi le sceau de toutes les autorités et des tribunaux.

Gracovie, le 26 février 1846.

Louis GROZKOWSKI.
Jean TYSSOWSKI.
Alex. GRZEGORZEWSKI.
Le secrétaire, ROGAWSKI.

ORDRE DU JOUR

Du gouvernement national de la République libre de Pologne.

POLONAIS,

Après les calomnies les plus odieuses contre les habitants les plus tranquilles de Gracovie et son territoire, afin de justifier l'attaque projetée des troupes autrichiennes, on a fait une attaque de ce genre le 18 de ce mois, et par des violences on a excité un mécontentement général. Là-dessus une lutte sérieuse s'est engagée avec l'ennemi, et plusieurs de nos vaillants frères se sont sacrifiés pour la cause nationale. Ils sont tombés héroïquement comme des fils de la patrie, et ont donné ainsi un exemple digne d'imitation. A peine l'ennemi eut fait quelques pertes, qu'une terreur générale s'empara de lui, car Dieu prend évidemment le parti des innocents. Les audacieux ont annoncé qu'ils étaient venus pour notre sûreté, et ils ont été les premiers à fuir lâchement contre les autorités et la milice, en sorte que la ville a été exposée aux plus grands dangers.

Grâce soit rendue à la Providence qui veille sur nous! il n'y eu aucun désordre, ce qui est unique dans l'histoire des peuples et le plus bel épisode dans l'histoire de la Pologne. Polonais! le moment décisif est arrivé! Réunissez-vous, oubliez toute haine, ainsi que la discorde funeste qui a rendu vains tant d'efforts que vous avez faits. Songez quel triste sort la destruction de l'indépendance politique entraîne, et je suis fermement convaincu que vous serez comme une phalange macédonienne invincible, que l'esprit national connu du monde entier renaîtra. Les Romains n'avaient que 2 milles carrés de territoire et 4,000 habitants, et cependant ils sont devenus les maîtres du monde entier.

Pourquoi donc la nation polonaise ne recouvrerait-elle pas son indépendance, si elle le désirait énergiquement? Polonais! ne craignez pas vos ennemis, suivez la trace de Léonidas à la tête d'une petite troupe de Spartiates. Mais pourquoi citer des exemples des peuples anciens? Quelle nation compte autant de héros et de martyrs dans la sainte cause de notre régénération? Tous les Slaves se lèveront dès qu'ils apprendront votre soulèvement, et l'Europe entière, qui désire ardemment secouer le joug de ses tyrans, applaudira à votre dévouement et vous appuiera de toutes ses forces; ne vous désespérez pas.

Mettez toute votre confiance en Dieu, qui soutiendra nos armes dans notre juste cause. Bourgeois et habitants de Gracovie, les ombres de vos ancêtres, qui ont habité cet asile antique, et donné tant de preuves d'un courage indomptable, se placeront à côté de vous dans le combat, enflammeront vos cœurs, convaincus qu'ils n'ont pas à rougir de leurs fils, qui sont en état de chasser les ravisseurs qui n'ont pas craint de porter une main profane sur leurs cendres sacrées dans leur tombeau. Déposez des offrandes volontaires sur l'autel de la patrie, et vous recueillerez les plus riches fruits de vos efforts.

La postérité admirera et couronnera de reconnaissance vos exploits. Dans le cas contraire, vos petits-enfants maudiraient à jamais votre apathie et vous-mêmes dans le tombeau. Que dès ce moment notre devise soit : *Dieu.*

ORDONNANCE

Portant incorporation de la République de Cracovie à la monarchie autrichienne.

FERDINAND, empereur d'Autriche.

Après que la paix de Vienne du 14 octobre 1809 eut détaché de notre empire la ville de Cracovie et son territoire, et l'eut ajouté au grand-duché de Varsovie, mais que, par suite des événements de la guerre de 1812, les troupes russes l'eurent reconquise, notre père, feu l'empereur François Ier, a conclu avec les cours alliées de Prusse et de Russie un traité, les 21 avril et 3 mai 1815, portant ce qui suit :

Cracovie, avec son territoire, formera à l'avenir une ville libre et indépendante, sous la protection des trois puissances. Toutefois, la condition expresse et la supposition nécessaire de cet arrangement furent la neutralité stricte de cette ville libre, et le devoir à elle imposé de ne donner asile à aucun réfugié sujet des trois puissances protectrices, mais de les livrer au contraire aux autorités compétentes. Toutefois une malheureuse expérience de seize ans a prouvé que Cracovie n'avait pas rempli les conditions de son existence indépendante, mais que, depuis l'année 1830, elle avait été le foyer incessant d'intrigues hostiles contre les trois puissances protectrices, jusqu'à ce qu'enfin, au mois de février de cette année, elle devint le théâtre des scènes les plus violentes et les plus dangereuses. Après que le gouvernement et la Constitution furent anéantis, et que le sort de la ville se trouva abandonné à un certain nombre de conspirateurs qui avaient pris le titre de gouvernement révolutionnaire de Pologne, et excitaient à la révolte armée contre le gouvernement existant les habitants de toutes les anciennes provinces polonaises, une horde armée fit irruption du territoire de Cracovie dans nos États. Il fallut alors placer de nouveau Cracovie sous un gouvernement provisoire soumis à nos autorités militaires, et la faire occuper par des troupes des puissances protectrices. Ces événements nous ayant mis dans l'impossibilité de rétablir les bases de la liberté et l'indépendance de Cracovie, brisées par les ennemis de l'ordre, du repos et de la tranquillité de l'Europe, et pénétré du devoir de mettre à la fois nos fidèles sujets de Gallicie et les habitants tranquilles de la ville de Cracovie même à l'abri des attaques et des menées de ce parti du bouleversement, nous avons, d'accord avec S. M. le roi de Prusse et S. M. l'empereur de Russie, soumis à une appréciation sérieuse le sort futur de Cracovie.

Dans ce but, les délibérations ont eu lieu avec les plénipotentiaires spéciaux des cours de Berlin et de Saint-Pétersbourg : ces délibérations ont eu pour résultat une convention faite le 6 novembre de cette année, à Vienne, par laquelle les trois puissances protectrices de la ville de Cracovie révoquent et suppriment les traités du 3 mai 1815, et, en conséquence, cette ville et son territoire retournent sous notre sceptre, telle qu'elle appartenait, à la paix de Vienne du 14 octobre 1809, à feu notre père et à nos ancêtres. C'est pourquoi nous prenons possession de ladite ville de Cracovie et de son territoire. Nous la joignons pour toujours à la couronne, et déclarons qu'elle forme une partie inséparable de notre empire, auquel nous l'incorporons.

Nous nommons le comte Maurice de Deyme, notre chambellan, conseiller de régence, et gouverneur de Prague, notre commissaire aulique pour cette prise de possession, et nous invitons sérieusement tous les habitants de la ville de Cracovie et de son ci-devant territoire, dans leur propre intérêt, à obéir à ce commissaire aulique, envoyé par nous, ainsi qu'aux autorités que nous confirmons et que nous établissons de nouveau. Nous les invitons, en outre, à suivre ponctuellement les ordonnances faites ou à faire.

D'un autre côté, nous leur promettons maintien et protection de notre sainte religion, justice impartiale, égale répartition des impôts, et pleine et entière garantie de la sécurité publique à ceux qui se rendront dignes de notre grâce en se soumettant immédiatement à la présente mesure, qui est dans leur intérêt, et par leur fidélité et leur dévouement à notre maison ; nous serons toujours un prince doux et un empereur gracieux, et nous ferons tous nos efforts pour leur assurer les bienfaits que leur réunion à une grande et puissante monarchie est de nature à garantir aux habitants de Cracovie.

Ainsi fait dans notre palais impérial de Vienne, le 11 novembre 1846, et de notre règne le douzième.

FERDINAND.

Le feld-maréchal-lieutenant comte de Castiglione, chargé du gouvernement provisoire de la ville libre de Cracovie par les trois puissances protectrices, fait savoir en leur nom que le 6 courant elles ont fait et signé les conventions suivantes :

Attendu, etc.

1° Lesdites trois cours d'Autriche, de Prusse et de Russie révoquent les articles des traités concernant la ville de Cracovie (conclus), l'un entre S. M. l'empereur de Russie et l'empereur d'Autriche, et l'autre entre l'empereur de Russie et le roi de Prusse, et signés le 21 avril (3 mai) 1815.

De la même manière, le traité additionnel entre l'Autriche, la Prusse et la Russie, du même jour, est révoqué et supprimé.

2° En conséquence, la ville de Cracovie et son territoire sont restitués à l'Autriche et réunis à la monarchie autrichienne, pour être possédés par S. M. impériale, royale et apostolique, comme avant 1809.

Cracovie, 16 novembre 1846.

CASTIGLIONE.

DOCUMENTS

Relatifs aux mariages espagnols.

Le comte d'Aberdeen à sir Robert Gordon (Extrait).

Foreign-Office, 16 mars 1842.

M. Pageot, ex-chargé d'affaires à Madrid, a été envoyé par le roi des Français en Angleterre pour expliquer au gouvernement de Sa Majesté l'opinion de la politique de son souverain relativement à l'Espagne, et pour tâcher d'obtenir nos concours.

J'ai, en conséquence, vu M. Pageot, qui, dans une longue entrevue, m'a pleinement développé les objets de sa mission.

Le grand remède que le roi des Français propose pour tous les maux de l'Espagne, tant présents que futurs, est un accord relatif au mariage de la reine. Il déclare renoncer entièrement à toute prétention pour un de ses fils ; mais il ajoute que la France ne consentirait jamais à voir la reine d'Espagne mariée à un prince qui ne soit pas de la famille de Bourbon.

Peu lui importe le choix des candidats dans ces limites et la branche de la famille à laquelle il appartiendra ; mais, pour me servir de l'expression de M. Pageot, il opposerait son *veto* au choix d'un prince de toute autre maison ; enfin, si un mariage comme celui qu'il a en vue s'effectuait, il suppose que les cours du Nord renoueraient sur-le-champ leurs relations amicales avec l'Espagne, et que, par l'assistance cordiale et l'appui de la France, la tranquillité et le bonheur du pays seraient assurés.

A tout cela, et à bien des choses encore exposées par M. Pageot, je répondis que je ne reconnaissais à personne, ni à la France, ni à aucun autre pays de l'Europe, le droit de disposer de la main de la reine d'Espagne comme héritière du trône de Ferdinand.

Que lorsque le roi des Français a reconnu le droit de succession de la reine, il a fait stipuler, au préalable, qu'elle épouserait un Bourbon, il devait avoir compris qu'un pareil événement était incertain ; que, bien que, pour des raisons politiques qui se rattachent au maintien de l'équilibre européen, l'Angleterre ne puisse voir avec indifférence le choix d'un prince français, nous n'entendions opposer aucun *veto* à la famille de Bourbon, et que si la reine d'Espagne et son gouvernement jugeaient à propos de faire choix d'un membre de cette famille, nous accepterions volontiers ce choix.

Au fond, nous regardons cette question comme entièrement, exclusivement espagnole ; nous pensons qu'elle doit être décidée par des considérations qui touchent au bonheur personnel de la reine et au bien-être de son peuple.

C'est à la nation espagnole et à son gouvernement d'aviser, dans une affaire si importante pour les intérêts de l'Espagne. M. Pageot quitte Londres demain pour retourner à Paris, et j'ai des raisons de croire qu'il sera envoyé avec la même mission à Vienne et à Berlin. J'ai la confiance que les vues du prince de Metternich sur cet objet cadreront avec celles du gouvernement de Sa Majesté, et que Votre Excellence ne rencontrera chez le gouvernement autrichien aucune disposition capable d'encourager une prétention vraiment incompatible avec l'honneur et la dignité d'un État indépendant.

Lord Palmerston au marquis de Normanby.

Foreign-Office, 22 septembre 1846.

Milord,

J'ai eu plusieurs communications avec le comte de Jarnac et une assez longue conversation avec M. Dumon, au sujet des projets de mariage annoncés pour la reine d'Espagne et pour l'infante sa sœur. Dans ces communications et conversations, j'ai expliqué d'une manière complète et sans déguisement la pensée du gouvernement anglais touchant le mariage de la reine, ainsi que les fortes objections qui se présentent à lui quant au mariage projeté de l'infante, et j'invite maintenant Votre Excellence à soumettre d'une manière plus formelle cette pensée et ces objections à la considération du gouvernement français.

Et d'abord, en ce qui concerne le mariage de la reine Isabelle, le gouvernement de Sa Majesté a tout lieu de croire, et le fait résulte même de l'aveu du gouvernement français, que ce mariage a été conclu par l'influence française à Madrid. Le gouvernement de Sa Majesté se félicite de penser que le gouvernement britannique a été étranger à cet arrangement.

Le gouvernement de Sa Majesté pourrait faire observer que les démarches faites à Madrid par la France isolément, dans le but de conclure ce mariage, se concilient assez mal avec la proposition que le gouvernement français déclare avoir faite lui-même au gouvernement de Sa Majesté, à cet effet que les deux gouvernements agissent de concert relativement aux conseils à donner à la cour de Madrid au sujet du mariage de la reine Isabelle : car il paraît qu'au moment même où le chargé d'affaires de France à Londres demandait que le gouvernement anglais lui fît connaître son opinion sur ce point, afin, disait-il, que, si les deux gouvernements pouvaient se mettre d'accord, ils donnassent chacun de leur côté le même conseil, l'ambassadeur de France à Madrid avait déjà reçu de son propre gouvernement les instructions qui l'autorisaient à tâcher de faire conclure le mariage de la reine avec un candidat spécialement désigné ; d'où il suit que la question sur laquelle le chargé d'affaires de France offrait de délibérer à Londres avait déjà été décidée par les instructions adressées à l'ambassadeur de France à Madrid.

Il est vrai de dire qu'aucune proposition formelle ou distincte ne fut faite par le gouvernement français au gouver nement de Sa Majesté; mais voici à peu près comment les choses se sont passées :

Le lendemain du jour où j'eus expédié à M. Bulwer ma dépêche n° 6, du 19 juillet, je montrai une copie de cette dépêche au comte de Jarnac, pour expliquer la manière dont le gouvernement de Sa Majesté, depuis le peu de temps qu'il était en fonctions, avait envisagé la question du mariage de la reine Isabelle et l'état des choses existant en Espagne; et je lui remis cette même dépêche pour qu'il pût en envoyer confidentiellement copie à son gouvernement.

Le comte de Jarnac fit plusieurs observations sur cette dépêche, et éleva plusieurs objections, tant sur ce qui était relatif au mariage de la reine d'Espagne, que sur ce qui avait trait à la situation politique de l'Espagne.

Sur ce dernier point, il exprima des craintes que les observations sur le système du gouvernement qui a prévalu depuis plusieurs années en Espagne ne produisissent un fâcheux effet si elles venaient à être connues dans ce pays; mais il faut croire que le gouvernement français ne partageait pas ces craintes; car une copie de cette dépêche, quoique communiquée confidentiellement au gouvernement français, fut envoyée par lui à M. Bresson, qui en donna connaissance à plusieurs personnes de Madrid.

Quant à la première partie de ma dépêche, le comte de Jarnac me fit observer qu'elle semblait mettre en avant le prince Léopold de Saxe-Cobourg comme candidat à la main de la reine Isabelle, tandis qu'elle excluait de la liste le comte de Trapani; que cela ne s'accordait pas avec ce qui avait eu lieu entre le gouvernement français et le précédent ministère de Sa Majesté, entre lesquels il a été convenu que, d'une part, le gouvernement retirerait de la liste des candidats le duc de Montpensier ou tout autre fils du roi des Français; que de l'autre, le gouvernement britannique retirerait le prince de Cobourg et que l'on recommanderait pour époux de la reine d'Espagne quelque descendant de Philippe V.

Je répondis que je ne trouvais au Foreign-Office aucune trace d'une convention semblable;

Que le principe adopté par le précédent gouvernement de Sa Majesté paraissait être celui-ci : qu'à moins que la reine d'Espagne ne parût devoir épouser un prince français, auquel cas le gouvernement britannique aurait le droit incontestable d'élever des objections fondées sur des raisons politiques, le mariage de la reine d'Espagne était une question espagnole, dans laquelle aucun gouvernement étranger n'était autorisé à s'immiscer de manière à contrôler le choix de la reine Isabelle, que ce choix tombât sur un Bourbon ou sur tout autre prince; qu'en conséquence, le gouvernement britannique ne s'opposerait pas à ce qu'elle fît choix d'un descendant de Philippe V, sans toutefois chercher, avec le gouvernement français, à lui imposer une telle restriction; que le prince Léopold de Saxe-Cobourg n'était pas un candidat mis en avant et soutenu par le gouvernement britannique; que, au contraire, ce gouvernement avait de fortes raisons pour penser qu'un prince espagnol serait un époux plus convenable pour la reine, et que parmi les princes espagnols don Henri était celui qui paraissait devoir être préféré.

Mais le mariage de la reine d'Espagne est une affaire qui regarde principalement l'Espagne, à laquelle les autres États n'ont qu'un intérêt indirect; et quoique le gouvernement de Sa Majesté puisse avoir son opinion particulière sur la manière dont ce mariage a été arrangé, il n'aurait probablement pas cru devoir faire de communication officielle à ce sujet au gouvernement français, si ce mariage eût été un acte isolé, et n'eût pas été associé au projet de mariage de l'infante avec le duc de Montpensier; sous ce rapport, il fait partie d'une combinaison politique qui soulève de graves objections.

C'est le mariage projeté du duc de Montpensier avec l'infante qui rend la présente communication nécessaire, et c'est contre ce mariage que le gouvernement britannique doit faire des représentations et une protestation formelles.

Un pareil mariage donnerait aux autres puissances un juste sujet de jalousie politique; et, s'il n'était accompagné, en France et en Espagne, d'actes publics dont il n'a pas encore été question jusqu'à présent, il pourrait soulever des questions de nature à troubler la paix de l'Europe.

Le gouvernement britannique espère que la reine d'Espagne vivra bien des années, et que son règne sera long et heureux : il souhaite que son prochain mariage assure à la couronne d'Espagne de nombreux héritiers. Cependant l'incertitude des choses humaines nous oblige à examiner le cas possible où cette même couronne viendrait à passer sur la tête de l'infante.

Si une telle éventualité se réalisait, l'infante étant mariée au duc de Montpensier, ce prince se trouverait, comme époux de la reine d'Espagne, dans cette même position que le roi des Français lui-même, ainsi que je l'ai dit plus haut, reconnaissait de fait, il y a trois ou quatre ans, ne devoir être occupée par aucun de ses fils. Ainsi, par suite d'un semblable mariage, l'état de choses auquel le roi des Français ne voulait pas arriver d'une manière directe, pouvait être amené par des moyens indirects; et le gouvernement de Sa Majesté pense que la bonne foi exige qu'après avoir renoncé d'une manière à une chose, on ne cherche point à y revenir par une autre voie.

Mais si la postérité de la reine Isabelle venait à manquer, et qu'en même temps il existât des enfants issus du mariage de l'infante avec le duc de Montpensier, une question grave pourrait s'élever relativement à la succession de la couronne d'Espagne. Car il est parfaitement clair, qu'en vertu de la renonciation faite, à la paix d'Utrecht, par le duc d'Orléans d'alors, « tous ses descendants dans la ligne masculine et dans la ligne féminine, dès ce moment et pour toujours, sont tenus pour exclus, inhabiles et incapables de succéder au trône d'Espagne de quelque manière que la succession puisse arriver à leur ligne »; d'où il suit que les enfants et descendants du duc de Montpensier se trouveraient exclus de la succession à la couronne d'Espagne. Mais, quelque clairs que soient les termes, et quelque positif que soit l'effet de cette renonciation, les enfants ou descendants de ce mariage pourraient vouloir élever des prétentions sur les droits qu'ils allégueraient avoir reçus de l'infante en héritage; et ainsi, à moins que tout prétexte de doute sur ce point ne fût immédiatement écarté par quelque acte valide de renonciation de la part de l'infante, pour elle et ses descendants, les stipulations du traité d'Utrecht pourraient être éludées, et la paix de l'Europe troublée par une nouvelle guerre pour la succession au trône d'Espagne.

Mais ces considérations pourraient encore soulever une question d'une application pratique plus immédiate. En effet, l'assertion faite en Espagne que, par suite de l'exclusion de la branche d'Orléans, en vertu des conventions d'Utrecht, le mariage de l'infante avec le duc de Montpensier serait contraire à la loi et à la constitution d'Espagne, cette assertion, dis-je, paraît fondée.

Le gouvernement de Sa Majesté a peine à croire qu'un gouvernement aussi désireux que celui de la France s'est déclaré l'être, de respecter la tranquillité des États voisins et de maintenir la paix de l'Europe, puisse persister à vouloir conclure un mariage qui menace la tranquillité de ces États d'un danger immédiat, et peut compromettre gravement la paix européenne.

La manière dont ce mariage projeté a été arrangé, les vues politiques qu'il révèle relativement à l'avenir, les conséquences qu'il pourrait avoir, non seulement pour les relations amicales entre la Grande-Bretagne et la France, mais aussi, dans beaucoup de cas qu'il est permis de sup-

.poser, pour la paix de l'Europe, toutes ces considérations engagent le gouvernement britannique à faire des représentations sérieuses contre ce projet, et à exprimer l'espoir fervent qu'il ne sera pas mis à exécution.

. . . .

Le gouvernement de Sa Majesté désirant donner à cette communication la forme la plus amicale qui soit compatible avec une expression complète et authentique de ses sentiments, ne vous charge point d'incorporer dans une note la substance de la présente dépêche; mais je vous invite à vouloir bien en donner lecture à M. Guizot, et à lui en envoyer officiellement copie.

M. Guizot à M. le comte de Jarnac.

Paris, le 5 octobre 1846.

Monsieur le comte, l'ambassadeur d'Angleterre est venu, il y a quelques jours (25 septembre), me communiquer une dépêche en date du 22 septembre, qui lui a été adressée par lord Palmerston, au sujet des mariages de la reine d'Espagne avec l'infant don François d'Assise et de l'infante doña Luisa-Fernanda avec M. le duc de Montpensier. Vous en trouverez ci-joint une copie. J'en ai rendu compte au roi dans son conseil, et je vous adresse la réponse du gouvernement du roi à cette communication, en vous chargeant de la mettre sous les yeux du principal secrétaire d'État de Sa Majesté Britannique. Lord Palmerston dit, en terminant sa dépêche, que « le gouvernement de Sa Majesté Britannique a voulu donner à l'expression complète et authentique de ses sentiments sur cette question la forme la plus amicale ». Vous direz à lord Palmerston que le gouvernement du roi aussi est toujours animé, envers l'Angleterre et son gouvernement, des sentiments de la plus sincère amitié, même lorsqu'il maintient les droits et les intérêts de la France contre des plaintes et des représentations qui ne lui paraissent point fondées.

Je tiens à écarter, d'abord, un reproche que lord Palmerston adresse, en commençant, au gouvernement du roi, et qui m'a causé, je l'avoue, quelque surprise. Il rappelle que nous avons, il y a plus longtemps encore, proposé au gouvernement anglais de nous attendre et d'agir de concert pour les conseils à donner à la cour de Madrid sur le mariage de la reine Isabelle. Cette proposition ne s'accordait guère, dit-il, avec les démarches que nous faisions isolément en Espagne; car, selon lui, nous aurions, à la même époque, ordonné à M. le comte Bresson de faire tous ses efforts pour amener le mariage de la reine avec un candidat particulier, l'infant don François d'Assise offrant ainsi à Londres de délibérer sur une question déjà résolue par nos instructions à Madrid.

Les faits rappelés avec précision mettront en évidence l'erreur grave de ce reproche.

J'ai, en effet, au mois de juillet dernier, proposé au cabinet de Londres de nous entendre et d'agir de concert, à Madrid, pour appuyer spécialement, comme candidats à la main de la reine Isabelle, les deux fils de don François de Paule. Comme descendants de Philippe V, ces deux princes avaient notre adhésion; comme princes espagnols, ils avaient celle de l'Angleterre. Les dispositions de la cour de Madrid semblaient leur devenir plus favorables. Je proposai donc au gouvernement anglais de les soutenir en commun avec nous, et je déclarai, en même temps, que, pour notre compte, nous n'avions ni à l'un ni à l'autre de ces princes aucune objection, et que celui des deux qui conviendrait à l'Espagne et à sa reine nous conviendrait également.

Ce que j'ai dit à Londres, je l'ai dit pareillement à Madrid. M. le comte Bresson a toujours eu pour instruction d'appuyer les deux infants, et de dire d'avance que nous adhérions pleinement au choix que ferait entre eux la reine. L'ambassadeur du roi a fidèlement rempli ses instructions.

Qu'arriva-t-il lorsque, plus d'un mois après ma proposition d'action commune en faveur du fils de don François de Paule, lord Palmerston me fit enfin parvenir sa réponse? Il n'adhérait point à notre ouverture, telle qu'elle avait été faite. Il nous demandait de nous joindre à lui pour appuyer exclusivement, à Madrid, l'infant don Enrique, seul propre (*the only fit*), disait la dépêche du 22 août, que lord Normanby me communiqua le 28, à devenir le mari de la reine. Je témoignai à lord Normanby, et je vous chargeai de témoigner à lord Palmerston, mon étonnement de cette désignation exclusive et l'impossibilité où nous étions de nous y associer, car nous avions toujours dit et nous persistions à dire que les deux infants nous convenaient, que c'était à la reine d'Espagne à prononcer entre eux, et que nous étions prêts à trouver bon son choix, quel qu'il fût.

. . . .

Dès l'origine de cette question, le roi, comme lord Palmerston le rappelle dans sa dépêche, a spontanément fait connaître qu'il ne prétendait, pour aucun de ses fils, à la main de la reine d'Espagne. Il a, en même temps, exprimé sa ferme espérance que la couronne d'Espagne ne sortirait pas de la maison de Bourbon, et que la reine choisirait son époux parmi les descendants de Philippe V.

. . . .

Dès que nous avons vu sérieusement apparaître des combinaisons qui nous ont fait craindre que l'époux de la reine ne fût pas pris parmi les descendants de Philippe V, et que le trône d'Espagne ne sortît de la maison de Bourbon, nous avons fait savoir, le 27 février dernier, à Londres et à Madrid, que, si ces combinaisons prenaient de la consistance, nous nous reconsidérerions comme affranchis de tout engagement et libres de demander la main soit de la reine, soit de l'infante, pour M. le duc de Montpensier.

Nous avons voulu, à cette époque comme dans l'origine de la question, dire ouvertement et d'avance comment nous agirions.

Au mois de mai dernier, nous fûmes informé avec certitude que le gouvernement espagnol venait d'adresser au duc régnant de Saxe-Cobourg, alors en visite à la cour de Lisbonne, un message à l'effet de négocier le mariage du prince Léopold de Saxe-Cobourg avec la reine Isabelle.

Nous apprîmes en même temps, et avec la même certitude, que ce message avait été préalablement communiqué au ministre d'Angleterre à Madrid, M. Bulwer, et avait reçu son approbation.

Le gouvernement du roi témoigna immédiatement à Londres et à Madrid sa surprise et son inquiétude. Il reçut de lord Aberdeen des assurances qui prouvaient toute sa loyauté. Mais, peu de temps après, lord Aberdeen sortit des affaires, et nos informations ne nous permirent pas de douter que le travail entrepris pour le mariage de la reine Isabelle avec le prince Léopold de Cobourg ne se poursuivît activement.

. . . .

Le gouvernement du roi n'a pu se méprendre sur cette situation. Pour en prévenir les conséquences, il a pris, à Madrid, le moyen le plus direct et le plus légitime; il a fait appel à Madrid, à la volonté indépendante de la reine Isabelle et de son gouvernement. A côté de la combinaison qui se poursuivait évidemment contre sa politique, il a placé, il a ouvert une combinaison différente. Il le pouvait, car il s'en était ouvertement et positivement donné le droit. Il le devait, car l'hypothèse pour laquelle il avait fait cette réserve et qu'il avait prévue dans ses instructions à Madrid, comme dans ses déclarations à Londres, devenaît de plus en plus probable. La reine d'Espagne et son gouvernement ont accepté cette combinaison. Les Cortès lui ont donné une approbation presque unanime. Le double mariage de la reine Isabelle avec M. le duc de Cadix, et de l'infante doña Luisa-Fernanda avec M. le duc de Montpensier, a été préparé et conclu avec la liberté la plus entière et par les plus pressants motifs.

. . . .

Le gouvernement de S. M. Britannique se félicite, dit lord Palmerston dans sa dépêche du 22 septembre, de n'avoir pris aucune part à l'arrangement de ce mariage. Le gouvernement du roi ne voit, au contraire, pour l'Espagne, pour ses alliés, pour l'Europe, que des raisons de s'en féliciter. Le duc de Cadix est en même temps un prince issu de Philippe V et un prince espagnol de naissance et de sentiment. Il s'est constamment montré plein de respect pour le régime constitutionnel et pour les principes de la monarchie. L'Espagne et l'Europe, les libertés de la Péninsule et les intérêts de l'ordre européen, trouvent dans son union avec la reine Isabelle toutes les garanties qu'une politique prévoyante peut désirer.

Malgré cette désapprobation clairement exprimée du mariage de la reine Isabelle avec M. le duc de Cadix, c'est principalement le mariage de M. le duc de Montpensier avec l'infante qui, selon la dépêche du 22 septembre, a rendu nécessaire aux yeux du gouvernement anglais la communication qu'il vient de nous faire, et l'a déterminé à nous adresser ses représentations et ses protestations.

Le gouvernement du roi se fait toujours un devoir d'accueillir et de discuter, dans un esprit de sincère équité, les représentations qu'un autre gouvernement et, à plus forte raison, un gouvernement ami, croit devoir lui adresser au nom de ses intérêts et de sa politique. Mais des protestations doivent se fonder sur des droits. On n'est pas admis à protester contre un fait par ce seul motif qu'il ne vous convient pas. Toute protestation doit se rattacher à un droit intérieur.

Aussi le gouvernement anglais invoque-t-il, comme fondement de sa protestation, le traité d'Utrecht et les règles qu'il a instituées pour la succession de la couronne d'Espagne, dans l'intérêt de la paix et de l'équilibre européen.

Le gouvernement du roi pense que le traité d'Utrecht n'autorise, en aucune façon, une prétention semblable.

Après la longue et sanglante guerre de la succession, et pour rétablir enfin la paix de l'Europe, le double but hautement reconnu et proclamé de ce traité fut :

1° D'assurer la couronne d'Espagne à Philippe V et à ses descendants ;

2° D'empêcher que l'union des couronnes de France et d'Espagne sur la même tête fût jamais possible.

Il suffit de rappeler les négociations qui ont amené le traité d'Utrecht et d'en lire le texte même (art. VII), pour demeurer convaincu que tels en sont réellement la pensée et le sens.

Par le mariage de l'infante avec M. le duc de Montpensier, la couronne d'Espagne est assurée de ne point sortir de la maison de Bourbon et des descendants de Philippe V ; et, en même temps, les empêchements établis contre toute union possible des deux couronnes de France et d'Espagne demeurent en pleine vigueur. La double intention du traité d'Utrecht est donc toujours accomplie.

Il serait étrange qu'on prétendît invoquer contre nous celles des dispositions de ce traité qui tendent à empêcher l'union des deux couronnes, et qu'on écartât celles qui assurent la couronne d'Espagne à Philippe V et à ses descendants.

Tel serait cependant le résultat de l'interprétation que, dans sa dépêche du 22 septembre, lord Palmerston voudrait donner de ce traité.

Jamais une telle interprétation n'a été, jusqu'à ce jour, je ne dirai pas admise, mais seulement conçue et présentée. Les faits la repoussent aussi hautement que les textes.

Jamais le traité d'Utrecht n'a été considéré ni invoqué comme faisant obstacle aux mariages entre les diverses branches de la maison des Bourbons de France et les diverses branches de la maison des Bourbons d'Espagne.

Les exemples de ces mariages abondent. Je n'en citerai, en ce moment, que trois, les voisins de l'époque même où le traité d'Utrecht fut conclu.

1° Louis Ier, roi d'Espagne, fils aîné de Philippe V, a épousé, le 20 janvier 1621, Louise-Elisabeth d'Orléans, Mademoiselle de Montpensier, quatrième fille du duc d'Orléans, régent.

2° L'infant don Philippe, duc de Parme, fils de Philippe V, a épousé, le 25 août 1739, Louise-Elisabeth de France, fille aînée de Louis XV.

3° Le dauphin, fils de Louis XV, a épousé, le 23 février 1745, Marie-Thérèse-Antoinette, infante d'Espagne, fille de Philippe V.

Ce dernier exemple est bien remarquable, car c'est l'héritier immédiat de la couronne de France qui épouse l'une des héritières de la couronne d'Espagne.

Et l'on ne peut pas dire que la loi proclamée en 1713, par Philippe V, pour changer, en Espagne, l'ordre de succession au trône, eût privé l'infante Marie-Thérèse-Antoinette de ses droits éventuels, car cette loi n'est qu'une demi-loi salique qui n'admet, il est vrai, la succession des femmes qu'après l'épuisement des héritiers mâles, mais qui l'admet pleinement dans ce cas.

Les infantes apportaient donc dans les mariages que je viens de citer et dans tous les autres mariages analogues un droit éventuel, mais positif, à la couronne d'Espagne.

Personne, en Europe, n'a pensé à faire, contre ces mariages, une objection, ni à demander que de nouvelles stipulations fussent ajoutées au traité d'Utrecht pour en prévenir les effets.

Il n'y a maintenant, à propos du mariage de l'infante doña Louisa-Fernanda avec M. le duc de Montpensier, absolument aucune raison de penser ni d'agir autrement, et les stipulations du traité d'Utrecht suffiraient, dans l'avenir, aux intérêts de la paix et de l'équilibre, comme elles y ont suffi jusqu'à présent.

On ne saurait donc, en droit, fonder sur ce traité, ni sur son texte, ni sur ses conséquences, ni sur son interprétation d'après les faits, aucune protestation légitime.

. . . .

Placé à côté du mariage de la reine Isabelle avec M. le duc de Cadix, le mariage de M. le duc de Montpensier avec l'infante est, à la fois, un témoignage de la disposition des deux pays à resserrer les liens de cette amitié et un gage de sa durée. Il n'altérera ni l'indépendance de l'Espagne ni de son gouvernement, ni les grandes et justes conditions de l'équilibre européen ; mais il contribuera à garantir, entre la France et l'Espagne, ces bonnes et intimes relations qui tourneront au bien des deux peuples et au repos de l'Europe. Il nous semble que partout une politique élevée et prévoyante doit se féliciter de ce résultat.

Le gouvernement du roi ne trouve donc, dans les représentations qui lui sont adressées par le gouvernement de S. M. Britannique, aucun fondement grave et légitime, il ne saurait donc les admettre ni les prendre pour règle de sa conduite. Nous regrettons ce dissentiment. Mais, appelés nécessairement à nous décider et à agir, nous avons fait, avec le libre concours du gouvernement espagnol, ce qui était conforme à nos droits, à nos intérêts légitimes, à la politique naturelle et pacifique de notre pays ; nous n'avons rien fait qui porte atteinte aux droits, aux intérêts légitimes, à la paix des autres États. Nous sommes convaincus que la France pense, à ce sujet, comme son gouvernement. Tout atteste que la grande majorité du peuple espagnol partage les sentiments du sien. Nous avons la confiance que le bon jugement et l'esprit d'équité du gouvernement de la nation britannique les porteront à reconnaître que les puissants et sérieux motifs qui ont si heureusement établi entre la France, l'Angleterre et l'Espagne la bonne intelligence et l'amitié, s'élèvent fort au-dessus de ce dissentiment particulier et ne doivent en recevoir aucune altération.

Je vous invite à remettre une copie de cette dépêche à lord Palmerston, après lui en avoir donné lecture.

Recevez, Monsieur le comte, l'assurance de ma considération la plus distinguée.

Guizot.

RÉPONSE

De M. Isturitz à la protestation du gouvernement britannique contre le mariage de l'infante avec le duc de Montpensier, communiquée au cabinet anglais par M. Bulwer.

Madrid, 29 septembre 1846.

Monsieur, j'ai reçu, avec votre note du 22 courant, la remontrance et la protestation que vous m'avez adressées au nom de votre gouvernement au sujet du mariage de S. A. R. l'infante. Avant de répondre aux divers points contenus dans cette pièce importante, je ne puis m'abstenir de vous notifier que l'alliance en question est un acte politiquement accompli. Alors que S. M. a déjà fait connaître sa détermination aux Cortès, et que celles-ci, de même que les hauts fonctionnaires et les divers corps d'État, ont offert à la reine leurs félicitations, vous reconnaîtrez que le temps des observations est passé, et qu'il n'est pas même permis au gouvernement de Sa Majesté d'entrer en discussion à ce sujet. Je dois aussi vous assurer que ni les délibérations du gouvernement ni celles des Cortès n'ont été le moins du monde influencées par l'idée que les observations renfermées dans vos notes antérieures seraient l'expression de vos opinions personnelles. La décision, dans cette affaire, a été dictée par la libre volonté de la reine, ma souveraine, et des Cortès, et par le sentiment le plus pur du bien public. Dans ces circonstances, il n'y a pas lieu de vous étonner si la confirmation de vos opinions par l'autorité de votre gouvernement ne change absolument rien à l'état de la question. Ces déclarations préliminaires une fois faites, j'ai à vous exposer que le gouvernement espagnol regrette que le gouvernement de Sa Majesté Britannique considère le mariage de l'infante doña Maria-Louisa-Fernanda de Bourbon avec le duc de Montpensier comme un acte politique d'une haute importance, qui, affectant la balance des pouvoirs en Europe et les intérêts des gouvernements des autres États, peut donner à la Grande-Bretagne le droit d'intervenir par remontrances et protestations.

Le gouvernement britannique, qui se montre si jaloux de l'indépendance de l'Espagne, ne trouvera point mauvais que l'Espagne agisse dans les limites tracées par les lois internationales, c'est-à-dire sans blesser les intérêts des autres gouvernements, comme c'est le cas dans cette question à propos de laquelle l'Angleterre ne saurait citer aucune violation de traités; le gouvernement britannique ne trouvera pas mauvais, je le répète, que l'Espagne repousse énergiquement une protestation qui tend à restreindre son indépendance, et qu'à son tour elle proteste contre une pareille prétention. Bien que l'Espagne, alors qu'elle agit dans les limites de son indépendance, ne soit, à la rigueur, tenue à fournir aucune explication sur cette question, je m'estime néanmoins heureux de vous donner, comme témoignage du désir dont le gouvernement espagnol est animé de maintenir de bonnes et amicales relations avec le gouvernement de la Grande-Bretagne, l'assurance que rien n'est plus éloigné de la vérité ou de la pensée du gouvernement espagnol, que cette assertion que l'indépendance de l'Espagne serait menacée par le mariage de S. A. R. avec un prince français, et que les intérêts espagnols seraient sacrifiés à la prépondérance de la France.

On ne peut, certes, concevoir comment l'Angleterre aurait entretenu cette appréhension relativement à la monarchie espagnole, alors que, dans le document même auquel j'ai l'honneur de répondre, on reconnaît que ce pays possède un territoire aussi étendu que fertile, une population nombreuse en voie d'accroissement et douée de nobles qualités, enfin de puissantes ressources maritimes et militaires dans les deux hémisphères.

Une nation ainsi constituée ne peut jamais manquer de peser dans la balance de l'Europe, et ne peut être soumise à un autre pays, quelque puissant qu'il soit, ni subir une influence étrangère qui blesserait sa fierté traditionnelle.

Permettez-moi de dire que le dépôt sacré de l'indépendance espagnole n'est confié à la vigilance d'aucune nation étrangère : ce dépôt est gardé par la loyauté espagnole, qui s'est montrée inébranlable, même au milieu des plus grandes calamités.

Je ne prétends point par là que l'Espagne ne soit pas sincèrement reconnaissante envers l'Angleterre du désir que cette puissance témoigne de voir l'Espagne heureuse et prospère et en même temps indépendante, et qu'elle ne soit pas entraînée dans des luttes où des intérêts étrangers seraient seuls en jeu ; sur ce point, je puis vous assurer que le vœu de l'Angleterre sera complètement rempli ; car l'histoire du dernier siècle et du commencement de celui-ci présente des leçons qu'il n'est pas facile d'oublier.

La perte de ses immenses possessions extérieures, celle de Gibraltar sur son propre territoire, la destruction récente de ses flottes pendant la guerre, enfin la perte de la majeure partie de ses colonies au sein de la paix, ont laissé à l'Espagne des souvenirs qui ne sont ni oubliés ni superflus, et qui lui apprennent à ne compter que sur sa propre force et sur sa propre équité.

L'esprit des temps actuels est, d'ailleurs, contraire aux engagements du passé, et ces engagements sont rendus impossibles par les institutions politiques dont la nation jouit aujourd'hui. L'Espagne, instruite par l'expérience, ne peut dévier de ces principes ; le peuple espagnol a appris qu'il est important pour lui de rester l'ami des autres peuples, et cela dans son propre intérêt ; aussi ne déclarera-t-il jamais la guerre et ne conclura-t-il jamais la paix pour des motifs qui n'affecteraient pas exclusivement son honneur ou ses intérêts. D'après toutes ces considérations, je me flatte de l'espoir que le gouvernement de Sa Majesté Britannique, avec la haute pénétration qui le distingue, comprendra que les craintes auxquelles il est fait allusion dans votre note, comme produites par le mariage de Son Altesse Royale avec le duc de Montpensier, sont mal fondées, et que cet événement n'altérera en rien la politique intérieure de ce pays, ni ses relations avec les puissances amies.

Envisageant la question à ce point de vue aussi simple que réel, le gouvernement de Sa Majesté a la confiance que le gouvernement de Sa Majesté Britannique déposera des appréhensions puisées surtout dans des souvenirs qui, ainsi que je l'ai fait remarquer, n'appartiennent pas à ce siècle et ne peuvent se concilier avec les institutions représentatives qui régissent actuellement cette monarchie : le gouvernement de Sa Majesté entretient donc l'espoir que le temps et les événements seuls se chargeront de répondre à la protestation formulée à la fin de votre note, et que, dans l'intervalle, on verra s'effacer insensiblement tous les motifs qui ont pu apporter quelque froideur dans les relations amicales des deux gouvernements, relations que le gouvernement de la reine, ma souveraine, éprouve le désir cordial de maintenir.

Le marquis de Normanby à lord Palmerston.

(Reçue le 7 février. — Extrait).

Paris, le 6 février.

Je joins ci-inclus le discours de M. Guizot, que je viens de lire dans le *Moniteur* de ce matin. Il y a dans ce discours plusieurs parties qui exigeraient un commentaire. Mais en m'adressant à cette occasion à Votre Seigneurie, il s'agit pour moi d'un sujet qui m'est personnel.

Je vois que M. Guizot, en parlant de mon entrevue avec lui le 25 septembre, se sert de ces mots : « Mais j'ose dire que si M. l'ambassadeur d'Angleterre m'avait fait l'honneur de me communiquer sa dépêche du 25 septembre comme il m'avait communiqué celle du 1er septembre, j'aurais parlé autrement et peut-être mieux qu'il ne m'a fait parler. »

Si M. Guizot veut dire par là que si j'étais retourné auprès de lui et si je lui avais lu la dépêche, le récit en eût été plus exact, je répète une fois pour toutes, et dans les termes les plus forts dont le langage soit susceptible, que le récit donné par moi, dans la dépêche adressée à Votre Seigneurie, est la traduction fidèle et littérale de chaque phrase et de chaque explication dont M. Guizot s'est servi dans la conversation que nous avons eue ensemble.

Votre Seigneurie remarquera que M. Guizot ne donne pas la plus légère indication de quelle nature aurait été le changement qu'il aurait pu faire à ce récit.

Si M. Guizot veut seulement dire que si j'étais retourné chez lui le lendemain, la phraséologie de ces réponses aurait pu être corrigée à sa demande, je crois que c'était possible ; si je lui avais de nouveau donné la rare occasion que je lui avais déjà fournie par courtoisie le 2 septembre, je ne doute pas qu'il n'eût alors, comme il avait fait précédemment, changé la phrase dont il s'est servi, et rempli l'omission qu'il y a remarquée. Mais après ce qui a été dit hier, il est important que Votre Seigneurie se rappelle en quoi consistait l'inexactitude de la dépêche du 1er septembre. Le 2 septembre, M. Guizot lui-même avait trouvé que mon compte rendu était littéralement exact, quant à chaque expression dont il s'était servi ; seulement je n'avais pas clairement expliqué la nature du mémorandum du 27 février. Désirant offrir à M. Guizot toutes les facilités propres à faire connaître sa cause à Votre Seigneurie, j'accueillis sa proposition, et j'insérai les mots qu'il désirait, quoique je sois obligé, dans l'intérêt de ma propre défense, de dire que M. Guizot ne m'avait pas aussi clairement expliqué la nature de cette communication le premier jour, qu'il l'a fait le lendemain.

J'aurais été fort content que l'affaire pût rester comme elle était ; mais je crois devoir à mon honneur, qu'aucune considération ne saurait me décider à compromettre pour un seul moment, de prier Votre Seigneurie de donner à cette dépêche la même publicité qu'a reçue tout le reste de ma correspondance.

Lord Palmerston au marquis de Normanby.

Foreign-Office, le 11 février.

Milord, votre dépêche du 6 de ce mois a été reçue ici, et je dois, en réponse, assurer Votre Seigneurie que le gouvernement de Sa Majesté ajoute la foi la plus parfaite à l'exactitude de vos rapports, et que rien de ce qui s'est passé à la Chambre des députés le 5 ne saurait en aucune manière ébranler la conviction du gouvernement de Sa Majesté, que le récit contenu dans votre dépêche du 25 septembre, de ce qui s'est passé dans l'entretien de ce jour entre vous et M. Guizot, était entièrement et strictement exact.

Je suis, etc.

PALMERSTON.

NOTE

Adressée par l'ambassadeur de France à la Diète et au Sunderbund.

AMBASSADE DE FRANCE EN SUISSE.

Son Exc. M. le président de la Diète suisse.

Le soussigné, ambassadeur de Sa Majesté le roi des Français, près la Confédération suisse, a reçu l'ordre de son gouvernement de faire à Son Excellence M. le président de la Diète suisse et à M. le président du conseil de guerre du *Sunderbund* la communication suivante :

Le gouvernement du roi, animé du plus vif désir de voir toutes les parties de l'Europe continuer à jouir des bienfaits de la paix, inspiré par les sentiments les plus sincères d'amitié pour la nation suisse, et fidèle aux engagements que la France, comme l'une des puissances signataires du traité de Vienne de 1815, a contractés envers la Confédération suisse, a vu avec le plus profond regret le commencement de la guerre civile entre les cantons qui composent cette confédération.

Désirant faire ses efforts et employer ses bons offices dans le but d'aplanir les différends qui ont été la source de toutes ces hostilités, le gouvernement du roi s'est mis en communication à ce sujet avec les gouvernements d'Autriche, de la Grande-Bretagne, de Prusse et de Russie ; et trouvant ces gouvernements animés des mêmes motifs, il a résolu, de concert avec ses alliés, de faire une offre collective de la médiation des cinq puissances, dans le but de rétablir la paix et la concorde entre les cantons dont se compose la Confédération suisse. Le soussigné est, en conséquence, chargé d'offrir la médiation de la France pour cet objet, et conjointement avec celle des quatre autres puissances.

Si, comme l'espère le gouvernement du roi, cette offre est acceptée, une suspension immédiate des hostilités aura lieu entre les parties belligérantes, et continuera jusqu'à la conclusion définitive des négociations qui s'ensuivront.

Dans ce cas, il sera en outre nécessaire d'établir immédiatement une conférence composée d'un représentant de chacune des cinq puissances, d'un représentant de la Diète, et d'un représentant du *Sunderbund*.

La base sur laquelle on propose d'opérer une réconciliation entre la Diète et le *Sunderbund* consiste à faire disparaître les griefs que met en avant chacune des parties. Ces griefs paraissent être, d'une part, l'établissement des jésuites en Suisse et la formation de la ligue séparée du *Sunderbund* ; de l'autre, la crainte des agressions des corps francs, et le dessein attribué à la Diète de détruire ou de violer la souveraineté séparée des différents cantons.

Voici donc les conditions que le gouvernement du roi proposerait pour le rétablissement de la paix en Suisse :

D'abord les sept cantons du *Sunderbund* s'adresseraient au saint-siège pour lui demander s'il ne convient pas, dans l'intérêt de la paix et de la religion, d'interdire à l'ordre des jésuites tout établissement sur le territoire de la Confédération helvétique, sauf une juste et suffisante indemnité pour toutes les propriétés en terres et en maisons qu'ils auraient à abandonner.

En second lieu, la Diète, confirmant ses déclarations précédentes, prendrait l'engagement de ne porter aucune atteinte à l'indépendance et à la souveraineté des cantons, telle qu'elle est garantie par le pacte fédéral; d'accorder à l'avenir une protection efficace aux cantons qui seraient menacés par une invasion des corps francs, et de n'admettre, s'il y a lieu, dans le pacte fédéral aucun article nouveau sans l'assentiment de tous les membres de la Confédération.

Troisièmement, les sept cantons du *Sunderbund* dissoudraient alors formellement et réellement leur ligue séparée.

Quatrièmement, et enfin, dès que la question des jésuites serait complètement réglée, ainsi qu'il est indiqué au paragraphe 1er, les deux parties licencieraient leurs forces respectives et reprendraient leur attitude ordinaire et pacifique.

Le soussigné est chargé d'exprimer le vif espoir du gouvernement du roi que cette équitable proposition sera accueillie avec empressement par les deux parties belligérantes; il est chargé en outre de solliciter une prompte réponse de la diète.

Le soussigné prie Son Excellence M. le président de la Diète d'agréer l'assurance de sa haute considération.

Comte DE BOIS-LE-COMTE, *ambassadeur de France.*

Bâle, le 30 novembre 1847.

M. Guizot à M. le comte de Flahaut, à Vienne.

Paris, le 25 juin 1847.

Monsieur le comte,

Ainsi que vous me l'aviez annoncé, M. le comte d'Appony est venu, le 15 de ce mois, me donner lecture d'une expédition qu'il avait reçue de M. le prince de Metternich au sujet des affaires de Suisse. Des trois dépêches dont se compose cette expédition, la plus importante résume comme il suit l'état des choses en Suisse et les vues du cabinet de Vienne.

Les récentes élections du canton de Saint-Gall ont porté à douze le nombre des cantons soumis à l'influence du parti radical. Ce parti, désormais en majorité dans la Diète, y décrétera la dissolution de la ligue catholique et l'expulsion des jésuites. L'exécution n'en sera pas faite attendre. Lors même que la Diète ne donnerait pas l'ordre formel d'y procéder, les corps francs s'en chargeraient. La guerre civile est donc imminente en Suisse, et les puissances n'ont pas un moment à perdre pour se demander si elles peuvent la prévenir ou en détourner les funestes conséquences. Suivant M. le prince de Metternich, il existe un moyen d'atteindre ce résultat : c'est que les puissances déclarent à la Suisse, en temps utile, c'est-à-dire avant qu'un arrêt diétal ait lié la cause de la Confédération à celle du radicalisme, qu'elles ne souffriront pas que la souveraineté cantonale soit violentée, et que l'état de paix matérielle dont la Suisse jouit encore en ce moment soit de nouveau troublé par une prise d'armes, de quelque côté qu'elle ait lieu. Une déclaration aussi positive, faite à l'unanimité, pourrait seule avoir une efficacité réelle. Les députés à la Diète seront en effet munis d'instructions qui ne leur permettront pas de s'abstenir des mesures extrêmes, quand même ils en auraient la volonté, à moins qu'une force majeure ne vienne s'opposer à la poursuite et au développement de ce plan, et justifier ainsi les délégués des cantons s'ils ne passent pas outre. M. de Metternich est convaincu que, si cette force majeure se montre, la Diète s'arrêtera, et qu'il ne s'y trouvera pas deux voix pour voter la guerre civile quand l'Europe aura annoncé qu'elle ne la tolérerait pas.

Faudra-t-il demander à l'Angleterre de se joindre à la démarche des cours continentales, et peut-on présumer qu'elle le ferait? C'est un point sur lequel M. le prince de Metternich n'a pas d'opinion arrêtée. Quant à la France, si, comme il le désire beaucoup, nous accédons à sa proposition, les puissances devraient donner à leurs représentants en Suisse l'ordre éventuel de présenter à la Diète des notes rédigées de commun accord, dans le sens qui vient d'être indiqué, au moment où les délibérations sur la dissolution du *Sunderbund* et l'expulsion des jésuites seraient mises à l'ordre du jour, avant qu'une conclusion de la Diète leur ait donné le sceau d'une apparente légalité.

Après avoir entendu la lecture de cette dépêche, dont M. le comte d'Appony ne m'a pas laissé copie, je lui ai dit que je ne pourrais y répondre que lorsque j'en aurais rendu compte au roi et pris ses ordres en conseil. Je lui ai fait connaître, il y a trois jours, les vues et les intentions du gouvernement du roi. Voici la substance des explications dans lesquelles je suis entré avec lui :

La proposition du cabinet de Vienne nous paraît conduire nécessairement à une intervention armée. M. le prince de Metternich croit, il est vrai, que la déclaration des puissances arrêterait la Diète, et que tout finirait là; mais nous n'avons pas la même confiance dans le succès de cette démarche; nous croyons bien plutôt que la Diète, dominée par le parti radical et par les susceptibilités froissées de l'amour-propre national, passerait outre à l'exécution de ses résolutions. Les puissances se trouveraient irrévocablement et immédiatement entraînées, par l'attitude qu'elles viendraient de prendre, à une intervention armée. Nous avons, dès le mois d'octobre dernier, signalé les périls et écarté l'idée d'une telle politique. Si les maux de la guerre civile et de l'anarchie avaient pesé sur la Suisse; si une douloureuse expérience avait éclairé, dans le parti radical lui-même, beaucoup d'esprits maintenant égarés, et rendu un peu de force au parti modéré, maintenant découragé; si la voix publique s'élevait au sein de la Suisse pour s'adresser à l'Europe, comme seule capable d'y établir l'ordre et la paix, alors seulement l'action directe des puissances pourrait être salutaire et efficace. Telle est la conviction que nous avons prise pour règle de notre conduite au mois d'octobre dernier. Et, même avant que je vous eusse chargé de l'exprimer à M. le prince de Metternich, les mêmes considérations avaient frappé son esprit, car, dans une dépêche en date du 11 octobre, qu'il m'avait fait communiquer, il n'admettait la perspective d'une intervention extérieure dans les affaires de Suisse que dans le cas d'une guerre civile indéfiniment prolongée, d'une oppression grave exercée en Suisse par un gouvernement militaire et violent, et pourvu que cette intervention fût réclamée par une portion considérable de la Confédération elle-même. Le gouvernement du roi persiste aujourd'hui dans la même conviction qui l'animait au mois d'octobre dernier, et rien de ce qui est arrivé en Suisse dans ces derniers temps n'est en dehors des éventualités qu'il a prévues. Nous ne saurions donc adopter le plan suggéré par M. le prince de Metternich, et qui, selon nous, produirait presque infailliblement des conséquences qu'il ne désire certainement pas plus que nous. Mais nous sommes très disposés à donner aux Suisses, en amis sincères et prévoyants, des conseils et des avertissements en rapport avec des circonstances que nous déplorons. Il convient de leur rappeler en vue de quels faits et quelles conditions l'Europe a garanti leur indépendance, leur constitution territoriale et leur neutralité. Nous n'entendons nullement leur contester le droit de modifier leur pacte fédéral, de prendre chez eux et par rapport à eux-mêmes les mesures qui leur conviennent; mais si, par suite de ces mesures, la Suisse, dont l'Europe a sanctionné et garanti la constitution actuelle, faisait place à un État tout différent et tout autrement organisé, ce seraient les Suisses eux-mêmes qui auraient dénaturé leur situation et rompu les liens qui les unissaient à l'Europe; ils ne devraient donc pas être surpris que l'Europe se considérât aussi comme déliée de ses engagements envers eux, et ne tînt plus compte que de ses propres intérêts et de ses propres droits. Ce langage, le gouvernement du roi est disposé à le tenir à la Suisse, avec le sincère désir qu'il produise une impression sérieuse. Il pense même que c'est son devoir d'ami fidèle, aussi bien que son droit de voisin intéressé. Mais, dans l'état actuel des choses, il ne saurait aller au delà. Il espère que le cabinet de Vienne, après avoir mûrement pesé ces considérations, se maintiendra dans la ligne de conduite que nous avons adoptée il y peu de mois. S'il en était autrement; si l'Autriche, et avec elle la Prusse et la Russie, donnaient suite à la proposition de M. le prince de Metternich, et si enfin, sur le refus de la Diète de se soumettre à leurs injonctions, des forces étrangères entraient sur le territoire fédéral, nous en éprouverions un regret d'autant plus vif, que ce fait nous obligerait de prendre des mesures que je ne veux, quant à présent, ni prévoir ni définir, mais qui deviendraient nécessaires.

Quant à l'Angleterre, je crois que non seulement il convient, mais qu'il importe de s'entendre aussi avec elle dans cette délicate circonstance, et provoquer sur les affaires de Suisse, comme cela a été fait précédemment, son examen et ses résolutions.

Vous voudrez bien, Monsieur le comte, donner lecture de cette dépêche à M. le prince de Metternich.

M. Guizot aux représentants du Roi près les cours de Londres, Berlin, Vienne et Saint-Pétersbourg.

Paris, le 4 novembre 1847.

Monsieur,

La guerre civile éclate en Suisse. La Confédération helvétique est menacée d'une dissolution violente. Les grandes puissances ne sauraient rester indifférentes aux progrès d'une crise qui blesse profondément tous les sentiments d'humanité et met en péril le pacte fédéral, l'existence même de la Confédération et les garanties que sa constitution actuelle offre à l'Europe. Le gouvernement du roi en est depuis longtemps gravement préoccupé. Quelque sombres que fussent ses prévisions, tant que les bases essentielles et l'unité de la Confédération ont subsisté, il a voulu espérer que les conseils et l'influence morale des puissances amies suffiraient pour prévenir la guerre civile. Son attente a été déçue. Tout conseil ami, toute influence morale, ont échoué. La Suisse vient d'entrer dans une phase nouvelle et déplorable. La Confédération se disloque effectivement. Douze cantons sont d'un côté, sept de l'autre; deux et peut-être trois cantons veulent rester neutres. Où est la confédération? Auprès de qui l'Europe se fera-t-elle représenter? avec qui traitera-t-elle? Les puissances européennes se trouvent naturellement et presque obligatoirement poussées dans le rôle de médiateurs. Les États du *Sunderbund* ont ouvert eux-mêmes cette voie. Vous savez, monsieur, qu'ils ont offert de se soumettre les questions religieuses, les jésuites et les couvents d'Argovie, à l'arbitrage du pape. Les cinq grandes puissances pourraient prendre cette offre pour point de départ dans la voie de conciliation; elles pourraient, d'un commun accord, et par une déclaration collective :

1° Approuver et appuyer l'idée de l'arbitrage du pape dans les questions religieuses;

2° Offrir aux États de la Confédération leur propre médiation pour les questions politiques.

Les cinq puissances établiraient sur un point voisin du théâtre des événements, à Bade, par exemple, un centre de réunion et de délibération en commun sur les affaires de la Suisse. Les vingt-deux cantons seraient invités à envoyer des délégués à cette conférence, dans laquelle on examinerait de concert : 1° les moyens de conciliation dans la crise actuelle; 2° les modifications à apporter dans l'organisation de la Confédération pour que cette crise ne puisse pas recommencer.

En même temps que nous ferions cette offre à la Suisse, nous inviterions formellement les parties belligérantes à cesser la guerre civile, en leur faisant entendre que si elles refusaient notre proposition et persistaient dans la guerre, nous considérerions la Confédération comme n'existant plus, nos engagements envers elle comme déliés, et que nous aviserions. Faudrait-il attendre, pour faire cette démarche, que la guerre civile eût fait longtemps sentir à la Suisse ses cruelles douleurs, et que telle ou telle partie de la Confédération réclamât elle-même la médiation européenne? Je suis porté à penser qu'il y aurait dans cette attente moins d'autorité que dans une démarche prompte des cinq puissances. Peut-être aussi la demande de la médiation par une portion spéciale et isolée de la Confédération enlèverait-elle à cette médiation quelque chose de son caractère d'impartialité. Le gouvernement du roi est très opposé à toute ingérence spontanée dans les affaires des autres peuples; il croit cependant que, dans les circonstances présentes, et après tant de représentations vaines pour préserver la Suisse des maux où elle se précipite, la démarche qu'il propose, faite spontanément et unanimement par les grandes puissances européennes, serait plus digne et plus efficace.

Je vous invite, Monsieur, à communiquer sans retard au gouvernement de … cette dépêche que j'adresse en même temps aux cabinets de … J'ai la ferme confiance que les uns et les autres partageront les sentiments qui l'ont inspirée, et uniront avec empressement leurs efforts aux nôtres pour faire cesser une lutte que condamnent à la fois l'humanité, la civilisation et les intérêts de la politique européenne.

PROJET

De note identique à adresser par les cinq cours à la Suisse, envoyé le 7 et le 8 novembre, par M. Guizot, aux représentants du Roi près les cours de Londres, Vienne, Berlin, Saint-Pétersbourg.

Le soussigné, etc., etc., a reçu de son gouvernement l'ordre de faire à M. la communication suivante :

Tant qu'il a été possible d'espérer que les dissensions qui divisaient la Suisse s'arrêteraient devant la redoutable perspective de la guerre civile, et qu'une transaction équitable, émanant des parties elles-mêmes, viendrait rétablir l'harmonie fédérale entre les vingt-deux cantons, le gouvernement du roi s'est abstenu de toute démarche qui pût avoir un caractère quelconque d'ingérence dans les affaires de la Confédération. Il a évité avec soin tout ce qui eût pu, en excitant hors de saison des susceptibilités nationales qu'il a toujours à cœur de ménager, contrarier la réconciliation spontanée qu'il appelait de tous ses vœux, et il s'est borné à des conseils, à des avertissements que lui commandaient à la fois et sa vieille amitié pour la Suisse et ses devoirs comme partie contractante aux traités qui ont constitué l'ordre européen, dont la Confédération est un des éléments essentiels.

Ces avertissements, ces conseils, ont échoué; toutes les tentatives conciliantes d'origine exclusivement suisse ont été également sans résultat; la guerre civile est déclarée; une partie de la Confédération a pris les armes contre l'autre; douze cantons et deux demi-cantons sont d'un côté, sept sont de l'autre; deux cantons ont déclaré leur volonté de rester neutres. La Confédération, à vrai dire, n'existe plus que de nom. Dans cet état de choses, le gouvernement du roi a compris que de nouveaux devoirs lui étaient imposés. Les puissances signataires des traités ne peuvent, en effet, demeurer indifférentes à la destruction imminente d'une œuvre aussi étroitement liée à leurs propres intérêts.

Ces puissances ne se sont pas bornées, en 1815, à reconnaître la Confédération helvétique; elles ont encore activement travaillé et efficacement concouru à sa formation. Le projet de pacte a été préparé à Zurich, de concert avec leurs envoyés; il a été achevé à Vienne, de concert avec une commission du congrès. La Diète a déclaré depuis, dans un document officiel, que, sans l'appui que l'Europe lui avait prêté, elle n'aurait jamais pu surmonter les obstacles qu'elle rencontrait dans la division des esprits et l'opposition des intérêts. Plusieurs cantons, et notamment ceux de Schwytz et d'Unterwalden, inquiets sur le maintien de leur souveraineté cantonale et sur la protection de leur foi religieuse, se refusaient à entrer dans la Confédération; c'est sur la parole des grandes puissances et à leur invitation pressante que ces cantons ont cédé.

Il y a plus. Pour donner à la Suisse une véritable frontière défensive, pour établir entre les cantons une contiguïté qui n'existait pas, les grandes puissances lui ont concédé gratuitement des territoires considérables. C'est ainsi que le district de Versoix a été détaché de la France pour établir la contiguïté entre le canton de Genève et celui de Vaud, et que, par le traité de Turin, les communes de Savoie qui bordent le lac Léman entre le Valais et le territoire de Genève ont été réunies à cette dernière république. D'autres concessions du même genre ont encore eu lieu.

Enfin les grandes puissances ont garanti à la Confédération helvétique un état de neutralité perpétuelle, et placé ainsi à l'abri de toute agression son indépendance et son intégrité territoriale. Elles ont été déterminées à ces actes de bienveillance par l'espérance d'assurer la tranquillité de l'Europe, en plaçant entre plusieurs monarchies du continent un État pacifique par destination. C'est ce qui se trouve positivement exprimé dans le rapport fait au congrès de Vienne, le 16 janvier 1815, et inséré au dixième protocole des actes de ce congrès.

En présence de pareils précédents, ces puissances ont le droit évident d'examiner si la Confédération, dont elles ont entendu favoriser la formation et la durée par tant et de telles concessions, existe encore, et si les conditions auxquelles elles ont attaché ces concessions sont toujours remplies. Or, il est malheureusement impossible de se dissimuler que la guerre déplorable qui éclate aujourd'hui a porté une atteinte grave à toutes les conditions d'existence de la Suisse; et si les puissances ne considéraient que la rigueur du droit, elles pourraient, dès à présent, regarder la Confédération comme dissoute, et se déclarer elles-mêmes déliées des engagements qu'elles ont contractés envers elle.

Néanmoins, comme les principes et les intérêts qui ont présidé en 1815 à la constitution de la Suisse sont encore dans toute leur force, le gouvernement du roi, de concert avec les cabinets d'Autriche, de la Grande-Bretagne, de Prusse et de Russie, a résolu de tenter un dernier effort pour arrêter l'effusion du sang et empêcher la dissolution violente de la Confédération. Deux questions principales divisent aujourd'hui la Suisse; l'une est religieuse, l'autre politique. La question religieuse est toute catholique; le gouvernement du roi, se ralliant à une ouverture faite, dans ces derniers temps, en Suisse même, invite les parties belligérantes à la déférer, d'un commun accord, à l'arbitrage du pape. Quant à la question politique, c'est-à-dire à tout ce qui touche aux rapports des vingt-deux cantons souverains avec la Confédération, les cinq grandes puissances offrent leur médiation.

Si cette proposition est acceptée, les hostilités seraient immédiatement suspendues; on établirait sur un point voisin du théâtre des événements un centre de réunion et de délibération en commun sur les affaires de Suisse, où les cinq grandes puissances seraient représentées. Les vingt-deux cantons seraient invités à envoyer des délégués à cette conférence, dans laquelle on examinerait de concert: 1° les moyens de conciliation dans la crise actuelle; 2° les modifications à apporter dans l'organisation de la Confédération pour que cette crise ne puisse pas recommencer.

Le gouvernement du roi, toujours pénétré de la plus vive affection pour la Suisse, fait ici appel à tous les cantons; il les engage tous à faire leurs efforts pour faire accueillir par les parties belligérantes cette démarche suprême qui peut encore mettre un terme à la guerre, en sauvant l'indépendance et l'unité de la Suisse, en lui conservant tous les avantages dont l'Europe a voulu la doter. Si les représentations n'étaient pas écoutées; si une lutte sanglante, qui révolte à la fois la politique et l'humanité, continuait, malgré ses efforts, il se verrait contraint de ne plus consulter que ses devoirs comme membre de la grande famille européenne, et les intérêts de la France elle-même, et il aviserait.

M. le comte de Flahaut à M. Guizot.

Vienne, le 11 novembre 1847.

Monsieur le Président du conseil,

J'ai reçu et communiqué au prince de Metternich les dépêches que vous m'avez fait l'honneur de m'écrire en date du 4 courant.

Le prince de Metternich se montre tout prêt à se joindre à la déclaration proposée, mais il insiste sur la nécessité de poser en principe qu'il y aura unanimité parfaite de sentiments parmi les puissances signataires, et que la fermeté, la sévérité du langage de cette déclaration, seront de nature à lui donner une autorité décisive. Il pense que la meilleure forme serait d'adopter et de remettre des notes parfaitement identiques.

Il préférerait ne pas se servir de la dénomination de *grandes puissances*, qui, sans rien ajouter à leur dignité, contient néanmoins quelque chose de blessant pour les puissances secondaires. On pourrait y substituer celle de puissances signataires de l'acte du congrès, ou telle autre qui paraîtrait convenable.

Puisque les petits cantons ont proposé de soumettre à l'arbitrage de Rome le différend relatif aux jésuites, le prince voudrait que la déclaration s'en référât, à cet égard, au saint-père.

Quant aux changements à introduire dans le pacte fédéral, le prince ne voudrait pas que l'on parlât d'un nouveau pacte, afin d'éviter tout ce qui pourrait faire croire à un changement pas trop radical; mais il désirerait que l'inviolabilité et l'indépendance souveraine de chaque canton fussent positivement, expressément admises, reconnues et placées hors de toute atteinte, afin que les principes qui ont servi de base au pacte fédéral, et sur lesquels se fonde la garantie accordée par les puissances à la neutralité de la Suisse, fussent maintenus dans leur intégrité la plus complète et la plus absolue. Il voudrait encore que l'unanimité des cantons fût indispensable pour l'introduction de tout changement au pacte fédéral.

A ces conditions, le prince se déclare, ainsi que je l'ai dit plus haut, tout prêt à s'unir aux autres cabinets, et à faire une déclaration à cinq, à quatre, à trois même, si la distance où se trouve Saint-Pétersbourg devenait un obstacle à la prompte adoption de la mesure.

Lord Palmerston à lord Normanby.

Traduction (communiquée à M. Guizot le 18 novembre).

Foreign-Office, le 16 novembre 1847.

Milord,

Le duc de Broglie ayant, d'après les instructions de M. Guizot, communiqué au gouvernement de Sa Majesté les deux documents sur les affaires de la Suisse, dont j'ai envoyé copie à Votre Excellence dans mes dépêches du 7 et du 12 novembre, n°s 337 et 369 (l'un de ces documents est une dépêche de M. Guizot au duc de Broglie, l'autre le projet d'une note que le gouvernement français propose de faire adresser à la Diète suisse par les ministres de chacune des cinq puissances), je prie Votre Excellence de faire, en réponse, la communication suivante à M. Guizot.

Votre Excellence dira à M. Guizot que le gouvernement de Sa Majesté apprécie hautement la disposition amicale envers la Grande-Bretagne, et la confiance dans les sentiments de conciliation et dans les vues pacifiques du gouvernement du roi, qui sont manifestées dans la proposition contenue dans la dépêche adressée par M. Guizot au duc de Broglie, sous la date du 4 courant, proposition tendant à ce que le gouvernement britannique joigne ses efforts à ceux des gouvernements de France, d'Autriche, de Russie et de Prusse, afin d'arrêter, par une offre de médiation, la guerre civile qui a éclaté entre les cantons suisses qui soutiennent la Diète et les sept cantons qui ont formé le *Sunderbund.*

Vous assurerez M. Guizot que le gouvernement français n'a fait que rendre justice au gouvernement de la Grande-Bretagne en supposant qu'une ouverture de ce genre serait cordialement accueillie par le gouvernement de Londres. Le gouvernement de Sa Majesté, animé du désir le plus sincère de contribuer en toute occasion, et par tous les moyens convenables en son pouvoir, au maintien de la paix en Europe, ne peut voir qu'avec beaucoup de regret et de chagrin le commencement de la guerre civile au cœur d'un pays auquel les puissances alliées, réunies au congrès de Vienne, avaient espéré, en lui procurant l'avantage d'une neutralité perpétuelle, assurer pour toujours la jouissance non interrompue des bienfaits de la paix.

Le gouvernement britannique s'associera très volontiers aux quatre puissances pour faire une offre amicale et conciliatoire, et s'estimera véritablement heureux si la Grande-Bretagne peut ainsi, de concert avec ses alliés, contribuer à ramener la nation suisse aux maux d'une lutte intérieure. Le gouvernement de Sa Majesté pense cependant que, pour qu'une demande collective de ce genre ait un résultat pratique, il serait nécessaire que les cinq puissances s'entendissent d'abord sur la nature de la proposition à faire, sur la marche à suivre dans le cas où elle serait repoussée, et sur ce qu'elles devront faire si elle est accueillie. Je dois donc inviter Votre Excellence à faire connaître à M. Guizot les vues du gouvernement de Sa Majesté sur ces trois points.

Et d'abord, le gouvernement de Sa Majesté fait observer que, tout en déplorant vivement que la formation du *Sunderbund* ait soulevé entre la majorité des cantons les questions qui ont donné lieu à la lutte actuelle, il ne peut aller jusqu'à penser que la formation du *Sunderbund*, l'appel qu'ont fait aux puissances étrangères les sept cantons qui le composent, et la guerre civile qui a éclaté, puissent autoriser les puissances européennes à considérer la Confédération suisse comme dissoute, et à se déclarer déliées de leurs engagements envers cette confédération.

Il n'y a rien, ni dans le pacte fédéral, ni dans le traité de Vienne, ni dans la déclaration des huit puissances, en date du 20 mars 1815, ni dans l'adhésion de la Suisse en date du 25 mai 1815, qui indique qu'une lutte armée entre les cantons sera considérée par elle-même comme mettant fin à la Confédération, ou dont on puisse inférer que le refus d'un certain nombre de cantons de se conformer à la décision de la Diète sur un point relatif aux affaires intérieures de la Suisse, dépouillera la Diète du caractère dont elle est investie par le pacte fédéral, celui d'être l'organe officiel de la Confédération dans ses rapports avec les puissances étrangères.

Quant aux engagements pris envers la Suisse par les puissances signataires du traité de Vienne, le plus important de ces engagements est celui qui est spécifié dans la déclaration du 20 mars 1815, à savoir : que les huit puissances garantissent à la Suisse dans ses nouvelles limites (celles qui étaient établies par le traité de Vienne), une neutralité perpétuelle, en considération de l'acceptation par la Suisse des stipulations contenues dans cette déclaration, et le motif principal pour lequel, ainsi qu'il est exprimé dans cette déclaration, les avantages d'une neutralité et d'une indépendance perpétuelles devaient être garantis à la Suisse, était « l'intérêt général », ce qui signifie naturellement les intérêts généraux de l'Europe.

Le gouvernement de Sa Majesté, entièrement d'accord sur ce point avec les puissances qui ont contracté cet engagement, croit qu'il est dans les intérêts généraux de l'Europe, et qu'il importe beaucoup au maintien de la paix en Europe que les territoires qui constituent la Confédération suisse, et la population qui habite ces territoires, jouissent de l'heureux privilège d'une neutralité perpétuelle. Il lui paraît qu'il faudrait une combinaison toute particulière d'événements, combinaison qui ne s'est pas encore présentée, pour donner aux puissances d'Europe le droit de se déclarer affranchies de leurs engagements envers la Suisse, ou pour faire qu'il fût de l'intérêt de ces puissances de faire une semblable déclaration.

Mais il n'est pas nécessaire de considérer la Confédération comme dissoute et la neutralité comme ayant cessé d'exister, pour que les cinq puissances se croient autorisées à faire une offre de médiation dans le but d'aplanir, au moyen d'un arrangement amiable, les différends qui divisent actuellement les cantons. Une pareille démarche peut être suffisamment justifiée par ce désir général du maintien de la paix européenne qui inspire chacune des cinq puissances et dont elles s'enorgueillissent avec tant de raison.

Mais si les cinq puissances faisaient une simple offre de médiation, sans s'être à l'avance entendues entre elles sur les conditions d'un arrangement équitable et satisfaisant entre les parties contendantes, elles pourraient, dans le cas où cette offre serait acceptée, voir les bons effets de leur médiation retardés par la nécessité d'avoir entre elles des communications préalables. Le gouvernement de Sa Majesté croit donc devoir faire connaître de suite au gouvernement français son opinion actuelle à ce sujet.

Le but qu'on se propose étant d'arranger un différend, la première chose à faire paraît être de préciser, autant que possible, les points eu litige. Or, il paraît au gouvernement de S. M. que les points sur lesquels la Diète et le *Sunderbund* sont en ce moment divisés de fait, et qui paraissent être les causes immédiates de la guerre civile, sont, d'une part, l'établissement des jésuites en Suisse et l'union séparée des sept cantons qui ont formé le *Sunderbund*; de l'autre, des mesures de la Diète à l'égard des sept cantons, mesures annoncées ou déjà en voie d'exécution, et qui, selon ces cantons, portent atteinte au principe de la souveraineté cantonale séparée, qui forme la base du pacte fédéral.

Le gouvernement de Sa Majesté pense que l'objection faite par la Diète à la continuation de la présence des jésuites en Suisse peut être justifiée par d'assez bonnes raisons.

La Société des jésuites doit être envisagée sous un point de vue religieux et sous un point de vue politique.

Au point de vue religieux, c'est une société instituée dans le but avoué de faire la guerre au protestantisme : qu'y a-t-il donc d'étonnant à ce que, dans un petit pays comme la Suisse, où les deux tiers de la population sont protestants, l'introduction d'une telle société donne lieu à des discussions entre les catholiques et les protestants, et soit vue avec aversion par la majorité de la nation ?

La Société des jésuites est connue, sous le rapport ecclésiastique, comme une société exclusive et envahissante : est-il donc étonnant qu'en Suisse, comme dans d'autres pays, une grande partie de la population catholique voie les jésuites avec jalousie et répugnance ?

Au point de vue politique, la Société des jésuites a toujours été connue comme favorable au pouvoir arbitraire et hostile aux droits du peuple. Peut-on donc s'étonner si cette tendance, en raison de laquelle les jésuites sont devenus en France l'objet d'une exclusion législative spéciale, et qu'on sait bien n'avoir pas été sans influence sur les événements qui ont amené la révolution française de 1830, soit considérée par les républiques de la Suisse comme dangereuse pour les principes fondamentaux de leurs constitutions politiques ? Sans donc examiner si quelques-unes des personnes qui ont fait prendre les armes contre les jésuites à la majorité de la nation suisse ont ou n'ont pas d'objet ultérieur en vue, le gouvernement de Sa Majesté ne peut s'empêcher de reconnaître que le grief dont se plaint en ce moment la majorité suisse est réel, et que, tant que ce grief existera, on ne peut espérer de paix intérieure pour la Suisse. La conséquence de tout ceci paraît être que les cinq puissances qui veulent rétablir la tranquillité dans ce pays doivent chercher, avant tout, à faire disparaître cette source féconde de mal.

Le gouvernement de Sa Majesté pense donc que la base de l'arrangement que les cinq puissances doivent proposer aux parties contendantes en Suisse devrait être le retrait des jésuites. Ce retrait aurait-il lieu en vertu d'une décision que les cinq puissances obtiendraient du pape, ou en vertu d'un acte d'autorité souveraine de la part des cantons où sont établis les jésuites? C'est une question qu'on pourrait examiner plus tard ; mais nécessairement la société recevrait juste et pleine indemnité pour toutes les propriétés qu'elle ne pourrait emporter en quittant la Suisse.

Ce point une fois réglé, et le grief pratique dont se plaignent la Diète et la majorité de la nation suisse ayant disparu, la Diète ne pourrait pas avoir d'objection raisonnable à déclarer formellement qu'elle renonce à toute intention d'agression contre les sept cantons, et qu'elle est résolue à respecter et à maintenir, ainsi qu'elle l'a maintes fois déclaré, le principe de la souveraineté séparée des cantons confédérés, principe reconnu de tous comme le fondement du pacte fédéral.

La Diète ayant fait cette déclaration, les sept cantons n'auraient plus de prétexte pour continuer l'union qu'on appelle le *Sunderbund*, et sur la légalité ou l'illégalité de laquelle, par rapport aux stipulations du pacte fédéral, les cinq puissances peuvent se croire dispensées d'émettre une opinion. Mais quand cette union séparée aura été ainsi formellement dissoute, il ne restera plus d'autre question de différend présent et de fait entre la majorité et la minorité des cantons. La paix de la Suisse pourrait donc être considérée comme rétablie, et les deux parties pourraient procéder au licenciement de leurs forces respectives.

Si la médiation des cinq puissances était acceptée dans ces termes, les deux parties pourraient consentir naturellement à un armistice immédiat, qui durerait jusqu'à la conclusion définitive de l'arrangement.

Mais en consentant à faire une pareille proposition aux parties contendantes en Suisse, le gouvernement de Sa Majesté croit qu'il est nécessaire de pourvoir au cas possible où cette offre de médiation serait repoussée, soit par l'une des parties, soit par toutes deux.

Le gouvernement de Sa Majesté regretterait vivement que les intentions bienveillantes des cinq puissances se trouvassent frustrées par un semblable refus, de quelque part qu'il vînt. Mais le gouvernement de Sa Majesté ne pense pas que le refus d'une pareille offre, soit qu'il vînt de l'une ou de l'autre des parties contendantes, ou de toutes deux, autorise aucune des puissances qui auraient fait cette offre à intervenir par la force des armes, dans le but de forcer les parties contendantes à se soumettre.

Le gouvernement de Sa Majesté croit donc devoir déclarer qu'en acceptant l'invitation du gouvernement français à concourir à une offre de médiation entre les parties contendantes en Suisse, il est bien entendu que le refus de cette offre, si malheureusement elle était refusée, ne donnera pas lieu à une intervention armée dans les affaires intérieures de la Suisse.

Si l'offre était acceptée, il serait nécessaire d'établir une conférence qui se composerait d'un représentant de chacune des cinq puissances, d'un représentant de la Diète et d'un représent du *Sunderbund*.

Le gouvernement français propose maintenant d'établir cette conférence à Bade. Dans une précédente occasion, il avait, en faisant une proposition du même genre, indiqué Londres; et le gouvernement de Sa Majesté est porté à croire, pour beaucoup de raisons, que Londres serait l'endroit le plus convenable pour une semblable réunion.

Mais le gouvernement de Sa Majesté désirerait que les fonctions de cette conférence se bornassent au règlement des différends actuels. Il répugnerait au gouvernement de Sa Majesté de s'engager dans des négociations qui auraient pour objet de déterminer les changements qu'il conviendrait de faire au pacte fédéral.

La Constitution de la Confédération a pourvu aux moyens d'apporter au pacte fédéral les améliorations que les circonstances et les changements survenus dans l'état des choses rendent utile de faire passer de temps à autre. Et ces matières ne paraissent pas au gouvernement de Sa Majesté nécessiter l'intervention des puissances étrangères. Il n'est pas vraisemblable d'ailleurs qu'une pareille intervention fût acceptée, et il n'est pas probable que les représentants des cinq puissances à cette conférence eussent une connaissance suffisante des vœux et des besoins locaux des Suisses, pour être à même de porter un jugement exact et utile sur les questions qu'ils pourraient avoir à discuter.

En outre, la présence de représentants de chacun des cantons serait nécessaire dans une conférence qui aurait à s'occuper de la révision du pacte ; et le nombre de personnes réunies, ainsi que la complexité des matières à examiner, tendraient à donner aux séances de cette conférence une durée qui pourrait avoir des inconvénients pour les puissances médiatrices.

Telles sont les vues du gouvernement de Sa Majesté sur les matières importantes auxquelles ont trait les communications récentes du cabinet français. Je vous envoie ci-jointe le projet de la note que le gouvernement de Sa Majesté serait disposé, conformément à ses vues, à adresser, conjointement avec les quatre autres puissances, à la Diète de la Confédération suisse. Et pour mettre sous les yeux du gouvernement français un exposé complet de la pensée du gouvernement anglais, je vous prie de remettre à M. Guizot copie de la présente dépêche et du projet de note qui l'accompagne.

M. le duc de Broglie à M. Guizot.

Londres, le 2 décembre 1847.

Monsieur le ministre,

Au moment où j'entrais ce matin chez lord Palmerston, pour discuter avec lui l'affaire de la Plata, il m'a donné lecture d'un dépêche de Berne, qui ne contient rien de plus que le narré des journaux d'hier soir. Puis il m'a dit de lui-même :

« Notre médiation, je le crains, sera devancée par les événements. Voici néanmoins les instructions que j'ai données à sir Stratford Canning. Il doit se rendre directement à Berne. Si le *Sunderbund* est encore sur pied, il enverra, de concert avec les envoyés des quatre autres cours, la note survenue. Si le *Sunderbund* n'existe plus qu'en partie, il considérera la partie subsistante comme équivalente au tout, et la traitera comme telle. S'il n'existe plus de *Sunderbund*, la médiation tombe. Il s'adressera dès lors uniquement à la Diète, mais dans le sens de la note convenue ; il ne se bornera pas à lui recommander la modération, il l'avertira que l'existence de la Confédération helvétique repose sur l'indépendance et la souveraineté des cantons ; que la Diète doit se garder d'y porter, à l'avenir, la moindre atteinte, et que, s'il devenait nécessaire d'introduire dans le pacte fédéral quelques changements, ces changements ne pourraient être validés qu'avec le consentement et l'unanimité des cantons.

« Cela vous convient-il ? dit lord Palmerston.

« — Parfaitement, ai-je répondu ; mais à la condition que sir Stratford Canning ne professera point à Berne le principe que vous avez semblé indiquer avant-hier au Parlement, à savoir que la déclaration du 20 novembre 1815 protège, en toute hypothèse, la Diète contre toute action des puissances étrangères, et lui garantit l'inviolabilité de son territoire, quoi qu'elle fasse, à quelques extrémités qu'elle se porte. Recommander en effet la modération et le respect du droit à des vainqueurs dans l'ivresse même de la victoire, lorsqu'ils tiennent leurs ennemis sous leurs pieds, à des vainqueurs gouvernés eux-mêmes par les clubs où toute la violence des passions révolutionnaires est déchaînée, comme elle l'était en France en 1793, et leur dire en même temps qu'ils n'ont rien à craindre de personne, quelque usage criminel qu'ils puissent faire de leur pouvoir, ce serait s'exposer à n'être pas écouté. Ce serait d'ailleurs, ai-je ajouté, les tromper, ce qu'il ne faut jamais faire ; car ni mon gouvernement, ni aucun des gouvernements continentaux de l'Europe, ne sauraient admettre une semblable théorie. Je suis bien aise de saisir cette occasion pour m'en expliquer à fond avec vous.

« — Voyons, m'a dit lord Palmerston. — La déclaration du 20 novembre 1815, ai-je dit, n'est autre chose que la reproduction d'une première déclaration de même nature, faite à Vienne le 20 mars de la même année. Ces deux déclarations ont garanti à la Suisse, sous certaines conditions par elle acceptées, un état de neutralité perpétuelle, et, par suite de cet état de neutralité, l'inviolabilité de son territoire ; en d'autres termes, elles ont garanti à la Suisse, sous les conditions suivantes :

« 1° Qu'en cas de guerre entre les puissances limitrophes de la Suisse, celle-ci restera neutre nécessairement et de plein droit. Je dis en cas de guerre, car l'état de neutralité suppose l'état de guerre ; il n'y a de neutre que là où il y a des belligérants.

« 2° Qu'aucune des parties belligérantes ne pourra contraindre la Suisse à prendre fait et cause en sa faveur, comme la République française y a contraint, en 1797, la République helvétique.

« Voilà le sens du mot de *neutralité perpétuelle*.

« 3° Que les parties belligérantes ne pourront choisir la Suisse pour champ de bataille, comme l'ont fait, en 1799, la France, l'Autriche et la Russie.

« 4° Qu'aucune des parties belligérantes ne pourra traverser le territoire helvétique pour attaquer son adversaire, ainsi que l'ont fait les alliés, en 1814, lorsqu'ils ont passé le Rhin, au-dessus de Bâle, pour envahir l'Alsace.

« Voilà le sens du mot *inviolabilité du territoire*.

« Telle est la signification, telle est la portée, telles sont les limites de la garantie accordée à la Suisse en 1815. Les puissances réunies au congrès de Vienne ont pensé, avec raison, qu'il était dans l'intérêt commun de l'Europe d'interposer entre les monarchies militaires du continent un État *perpétuellement inviolable aux armées des belligérants*. La garantie va jusque-là ; mais la garantie ne va pas plus loin. Elle s'arrête où s'est arrêtée l'intention des signataires de l'acte de Vienne et des déclarations du 20 mars et du 20 novembre 1815. »

Je me suis tu un instant, attendant quelque objection ou quelque distinction et me préparant à combattre l'une ou l'autre. Lord Palmerston n'a rien contesté ; il a pleinement admis que telle était uniquement l'intention des puissances, en ajoutant cependant que quelquefois, dans les traités, les expressions employées allaient plus loin que les idées. « C'est un malheur, ai-je répondu, quand cela est ; ce n'est pas ici le cas, le mot *inviolabilité du territoire* étant parfaitement expliqué et limité par la déclaration même du 20 novembre, pour peu qu'on ne sépare point les paragraphes et qu'on les interprète l'un par l'autre.

« D'ailleurs, ai-je repris, à quelles conséquences ne serait-on point entraîné dans le système contraire ? L'article 8 du pacte fédéral accorde à la Diète le droit de guerre, sous l'unique condition que la Diète ne pourra voter la guerre qu'à la majorité des trois quarts des voix. La Confédération helvétique aurait droit de guerre contre ses voisins, et ils ne l'auraient pas contre elle ; elle pourrait attaquer notre territoire sans que nous pussions attaquer le sien ; elle pourrait nous porter des coups qu'il nous serait interdit de lui rendre. Son territoire inviolable serait un lieu d'asile, un sanctuaire, d'où elle pourrait faire irruption de tous les côtés, sans autre risque que d'être réduite à s'y réfugier en cas de revers ! Cela est-il possible ?

« — Non assurément, a dit lord Palmerston ; si la Suisse devient agressive, elle doit supporter les conséquences de son agression.

« — Et si elle donne à ses voisins un motif légitime de guerre, elle doit s'attendre à toutes les conséquences de la guerre. Mais ce n'est pas tout : les cantons dont se compose la Confédération helvétique sont des cantons souverains, comme les États dont se compose la Confédération germanique. Les grands cantons n'ont pas le droit de conquérir les petits et de se les assujettir, qu'un des grands États de la Confédération germanique n'aurait le droit d'en faire autant à l'égard d'un des petits ; par conséquent, si cela arrivait, toutes les puissances de l'Europe auraient le droit d'y mettre ordre, de gré ou de force. »

Lord Palmerston en est convenu.

« Enfin, les cantons opprimés, s'il y en a, comme tous les États souverains opprimés, ont le droit de s'adresser à leurs voisins pour demander secours et assistance, et ces voisins ont le droit d'examiner, chacun pour son compte, jusqu'à quel point la justice ou la politique, la prudence ou l'humanité, l'autorisent et lui défendent de répondre à cet appel.

« — D'accord, mais il ne faut pas que le remède devance le mal.

« — J'en demeure d'accord à mon tour, ai-je répliqué. Je suis, vous le savez, aussi ennemi que personne du principe d'intervention, aussi décidé que personne à ne le regarder comme justifiable que dans des cas extrêmes et des circonstances extraordinaires. Je désire et j'espère encore qu'aucun de ces cas, qu'aucune de ces circonstances ne se presentera à l'avenir dans les rapports de la Confédération helvétique et des puissances limitrophes ; mais je tiens à établir que le droit des puissances limitrophes, à cet égard, est entier, le cas échéant ; qu'il n'est nullement limité par la déclaration du 28 novembre 1815, laquelle n'a eu en vue qu'un état de choses tout à fait étranger à l'état de choses actuel ; et j'ajoute que le meilleur moyen de rendre l'intervention prochaine et inévitable serait de donner aux dominateurs actuels de la Suisse lieu de penser qu'ils peuvent impunément se passer toutes leurs fantaisies à l'égard de leurs voisins et de leurs confédérés. »

La conversation s'est arrêtée là.

Agréez, etc.

Lord Palmerston à Lord Normanby.

Foreign-Office, le 27 décembre 1847.

Milord,

J'ai eu, il y a peu de temps, un entretien avec le duc de Broglie, au sujet de la déclaration faite par les cinq puissances à Paris, le 20 novembre 1815, et par laquelle elles ont garanti la neutralité de la Suisse, ainsi que l'intégrité et l'inviolabilité de son territoire dans les limites qui lui sont assignées par le traité de Vienne et par le traité de Paris de la même date, en reconnaissant en même temps que l'indépendance de la Suisse de toute influence étrangère est dans l'intérêt bien entendu de la politique de l'Europe entière. Comme cette déclaration de novembre 1815 se rattache étroitement à des questions que peuvent avoir un jour à traiter les puissances qui l'ont signée, je crois devoir faire connaître à Votre Excellence, et par son intermédiaire au gouvernement français, la manière dont le gouvernement de Sa Majesté envisage les engagements pris en vertu de cette déclaration.

Il paraît au gouvernement de Sa Majesté que cette déclaration du 20 novembre 1815, et les engagements relatifs à la Suisse dont elle faisait partie, n'eut pour objet la paix de l'Europe, en rendant l'état de la Suisse propre à assurer le maintien de cette paix.

A cette effet, il fut décidé que la Suisse, formée d'une confédération de cantons souverains, serait investie du privilège d'une neutralité perpétuelle, de telle sorte qu'aucune autre puissance ne fût tentée de chercher à l'attirer à soi comme alliée ou auxiliaire dans la guerre.

Dans ce même but, son territoire fut déclaré inviolable, de telle sorte qu'aucunes troupes étrangères ne pussent pénétrer sur ce territoire ou le traverser pour envahir un autre pays; et afin que la Confédération suisse ne pût jamais être entraînée par des sentiments de partialité à s'écarter de cette stricte neutralité qui devait invariablement caractériser ses rapports avec les autres États, les cinq puissances déclarèrent que la Suisse devait être indépendante de toute influence étrangère.

Le gouvernement de Sa Majesté pense qu'il est d'une haute importance pour les intérêts généraux de l'Europe, ainsi que pour l'honneur des cinq puissances, que ces engagements soient strictement et littéralement observés; que, tant que la Suisse s'abstiendra de tout acte en désaccord avec son caractère de neutralité, l'inviolabilité de son territoire doit être respectée, et conséquemment qu'aucunes troupes étrangères ne doivent pénétrer sur ce territoire; que la liberté de la Suisse et son indépendance de toute influence étrangère doivent être maintenues, et conséquemment qu'aucune puissance étrangère ne doit chercher à exercer une autorité dictatoriale en ce qui touche les affaires intérieures de la Confédération.

Sans doute, si les Suisses prenaient une attitude agressive à l'égard de leurs voisins, la neutralité et l'inviolabilité garanties à la Suisse ne sauraient les soustraire à la responsabilité de leurs agressions. Mais en ce moment les Suisses n'ont pas commis d'agression semblable. Le gouvernement de Sa Majesté pense donc que la garantie contenue dans la déclaration du 20 novembre 1815 subsiste dans toute sa force, et quelle doit être observée et respectée par toutes les puissances qui ont pris part à cette convention.

Je vous transmets ci-joint, pour votre commodité, copie de la déclaration du 20 novembre 1815.

Votre Excellence remettra à M. Guizot copie de la présente dépêche.

TABLE DES MATIÈRES 55

CHAPITRE XXXIV. — Incorporation de Cracovie à l'Autriche. — Dernier partage de la Pologne. — Émotion en Europe. — Faiblesse de lord Palmerston. — Protestation de M. Guizot. — Affaires de la Suisse. — Ligue du Sunderbund. — Révolution de Genève. — Guerre civile imminente. 462

CHAPITRE XXXV. — Difficultés au dedans et au dehors. — Sectes socialistes. — Discussion de l'adresse. — Cracovie. — Les mariages espagnols. — Rupture entre M. Guizot et lord Normanby. — Mécontentement en Angleterre. — Médiation de M. d'Appony. — Pénurie dans les campagnes. — Troubles dans les campagnes. — Événements tragiques de Buzançais. — Condamnations à mort. — Ressentiments populaires. — Mort de M. Martin (du Nord). — Il est remplacé par M. Hébert. — Changements partiels dans le ministère 469

CHAPITRE XXXVI. — Questions de réforme. — Conservateurs progressistes. — Mot de M. Desmousseaux de Givré. — Échec du ministère à la Chambre. — Proposition de M. Duvergier de Hauranne sur la réforme électorale. — Elle est repoussée. — Proposition de M. Crémieux sur la composition des listes du jury, et de M. de Rémusat sur les incompatibilités. — Attitude indocile des conservateurs progressistes. — Proposition de M. Crémieux sur les députés et les fonctionnaires intéressés dans les chemins de fer. — Proposition de M. Berville sur la jurisprudence Bourdeau. — Proposition de M. Glais-Bizoin sur la réforme postale. — Rejet. — Conséquences 480

CHAPITRE XXXVII. — Les scandales. — Incendie du Mourillon. — Dilapidations commises dans le port de Rochefort. — Fonctionnaires poursuivis et condamnés. — Affaire Bénier. — M. Drouillard, député de Quimperlé, poursuivi pour corruption électorale et condamné par la cour d'assises de Maine-et-Loire. M. Boutmy, poursuivi pour achat de suffrages et acquitté. — Le privilège du troisième théâtre lyrique et les 100,000 fr. donnés à l'*Époque*. — Le projet de loi promis aux maîtres de poste au prix de 1,200,000 fr. — Vente de la promesse d'un titre de pair. — Révélations faites dans un procès civil poursuivi devant le tribunal de la Seine entre quelques actionnaires des mines de Gouhenans. 490

CHAPITRE XXXVIII. — Procès Teste, Despans-Cubières, Parmentier et Pellapra. — Instruction. — Nouvelles lettres remises au président de la cour par M. de Malleville. — Interrogatoire des accusés; déposition des témoins; tentative de suicide de M. Teste. — Condamnation des quatre accusés. — Assassinat de Mme la duchesse de Praslin. — Instruction de cette affaire. — Suicide de M. le duc de Praslin. 498

CHAPITRE XXXIX. — M. Barrot prend l'initiative de l'agitation réformiste. — Appel aux membres du comité central. — Pétition pour la réforme. — Les banquets. — Banquet du Château-Rouge; discours de MM. Pagnerre, de Lasteyrie, Recurt, Odilon Barrot, Duvergier de Hauranne, Senard, Marie, etc., etc. — Banquet de Mâcon; M. de Lamartine. — Banquets de Colmar, de Strasbourg, de Soissons, de Saint Quentin. — M. le duc d'Aumale gouverneur de l'Algérie. — M. Guizot président du conseil. — Banquets de Périgueux, de Meaux, d'Orléans, de Coulommiers, de Melun, de Lille, etc., etc. — Vœu du conseil général de la Seine 510

CHAPITRE XL. — Affaires de Suisse. — Note de M. Guizot à la diète; discours de M. Ochsenbein. — Décision de la diète à l'égard du Sunderbund. — Victoire de la diète. — Conduite de M. Guizot; ses discours et ses actes. — Conduite de lord Palmerston. — Affaires d'Italie: avènement et réformes de Pie IX. — Les réformes en Toscane et en Piémont. — Le gouvernement français secondant la politique autrichienne en Italie. — Occupation de Ferrare par l'Autriche. — Protestation du pape. — Émotion italienne. — Plans de M. Guizot déconcertés. — Lord Minto. — Ce que la France devait faire pour l'Italie. — Mort de M. Bresson 523

CHAPITRE XLI. — Lettre du prince de Joinville au duc de Nemours. — Situation du pays et du gouvernement dans les derniers mois de 1847. — Élection de MM. Osmont, Baroche, Pagès, Daudé, candidats de l'opposition. — Élection des candidats aux fonctions de maire et d'adjoints par le deuxième arrondissement de Paris. — Attitude des députés au moment de l'ouverture des Chambres. — Discours du trône: les *passions ennemies ou aveugles*. — Mort de Madame Adélaïde. — Abd-el-Kader établi sur les frontières du Maroc et menaçant l'empereur. — Il est poursuivi et se retire sur Malouïa. — Le général Lamoricière fait garder tous les chemins. — Soumission d'Abd-el-Kader. — Il est conduit à Toulon. — La commission de l'adresse. — Affaire Petit 531

CHAPITRE XLII. — Discussion de l'adresse à la Chambre des pairs: MM. d'Alton-Shée, de Boissy, de Montalembert. — Projet d'adresse de la Chambre des députés. — Discussion du projet d'adresse. — Finances: MM. Thiers, Duchâtel, Garnier-Pagès. — Les intérêts moraux: MM. de Tocqueville, Billault. — Affaire d'Italie: MM. de Lamartine, Guizot, Mauguin, Thiers, Barrot. — Affaire suisse: MM. Thiers, Guizot, Barrot. — Affaires intérieures; les banquets: MM. Duvergier de Hauranne, Duchâtel, Barrot, de Rémusat. — Rejet des amendements. — Le ministère triomphe. 540

CHAPITRE XLIII. — Le banquet du douzième arrondissement. — Interdiction signalée par le commissaire de police. — Réunion des députés de la gauche. — Opinions diverses: il est décidé qu'on fera le banquet. — Manifeste des députés de l'opposition. — La révolution a-t-elle été préparée par les députés dynastiques ou par les députés radicaux? — Commission chargée d'organiser le banquet. — Un grand nombre de conservateurs proposent d'accorder la réforme. — Résistance du roi. — Second manifeste de l'opposition. — Démarches faites par MM. Vitet et de Morny. — Elles sont favorablement accueillies, et une transaction est proposée. — Elle paraît acceptée par tout le monde, si ce n'est par les radicaux extrêmes et par le parti de la cour 558

TABLE DES MATIÈRES

CHAPITRE XLIV. — Programme de la manifestation réformiste. — M. Duchâtel envoie M. Vitet et M. de Morny déclarer qu'il n'autorisera pas le banquet. — M. Barrot à la Chambre. — Les députés de l'opposition se réunissent et décident qu'ils n'iront pas au banquet. — Note dans laquelle l'opposition fait connaître cette décision. — Acte d'accusation du ministère. — L'opposition devait-elle reculer ? — Tous les comités, tous les journaux conseillent au peuple l'abstention. — Émotion publique. — Ce que l'on dit dans les groupes. — Journée du 22 février. — Combats. — La garde nationale sous les armes. — Elle crie : *Vive la Réforme!* — Incertitude de l'armée. — Démission de M. Guizot. — Massacre du boulevard des Capucines. — Cris de vengeance. — Journée du 23. — Barricades de partout élevées. — M. Bugeaud commandant général de toutes les forces militaires de Paris. — Ce qui s'est passé chez le Roi durant la nuit. — M. Thiers, M. Barrot aux Tuileries. — Ordre de suspendre le feu. — Le roi passe une revue dans la cour des Tuileries. — Abdication du roi. — Madame la duchesse d'Orléans. — Gouvernement provisoire. — La République est proclamée. 555

CHAPITRE XLV. — Fuite du roi. — La famille royale sur la place de la Concorde. — Saint-Cloud, Trianon, Dreux. — Le domaine de M. Perthuis. — Tentative d'évasion à Trouville : divers contre-temps. — Le vice-consul anglais vient mettre le paquebot l'*Express* à la disposition du roi. — Évasion. — Conduite du gouvernement provisoire. — Louis-Philippe à Claremont. — Sa mort. — Le système des dix-huit années. 570

DOCUMENTS HISTORIQUES.
TABLE DES MATIÈRES.

Char funèbre des victimes de Juillet 1830.

Translation de leurs cendres sous les caveaux de la colonne de la Bastille.

TABLE DES MATIÈRES

CHAPITRE Iᵉʳ. — Dotation. — Mot de Louis-Philippe. — Premières conférences inutiles. — M. Thiers devenu l'homme nécessaire. — Nouveau ministère. — Situation étrange de M. Guizot. — Singulier accueil fait par le roi aux nouveaux ministres. — Position embarrassée de M. Thiers. — Projet de loi sur les fonds secrets. — Effets de l'avènement de M. Thiers sur l'extérieur. — Discussion de la loi sur les enfants dans les manufactures. — Agitations et intrigues. — Bravades de M. Thiers. — Discussion de la loi des fonds secrets. — MM. Thiers, Lamartine, O. Barrot, de Rémusat, Berryer, Garnier-Pagès. — Amendement Dangeville. — Vote sur l'ensemble de la loi. — Triomphe de M. Thiers. — Abaissement de l'opposition dynastique 1

CHAPITRE II. — Affaires extérieures. — Premières conséquences de la convention du 27 Juillet. — Accord des puissances contre la France. — Changement de politique chez Louis-Philippe. — L'alliance anglaise négligée pour l'alliance autrichienne. — Rivalités des cabinets de Paris et de Londres. — Mécontentement de lord Palmerston. — M. Thiers suit la politique de ses prédécesseurs. — Espagne et Portugal. — Agitations intérieures de l'Angleterre; discussions parlementaires; déclaration importante de lord Aberdeen. — Querelle de territoire avec les États-Unis. — Discussion de l'Angleterre avec le royaume de Naples. — Questions des soufres. — Commencement d'hostilités. — Prohibition, en Chine, de la vente de l'opium. — Réclamations de la Compagnie des Indes; déclaration de guerre. — Complications d'embarras pour l'Angleterre 20

CHAPITRE III. — Résultats du traité de la Tafna. — Attaque subite d'Abd-el-Kader. — Combat héroïque de Mazagran. — Succès divers dans les provinces d'Oran et de Constantine. — Prise de Cherchell. — Intrigues d'Abd-el-Kader sur les frontières du Maroc 29

CHAPITRE IV. — Situation équivoque de la gauche dynastique. — Désintéressement de M. Dupont (de l'Eure). — Proposition Remilly. — Alarmes des conservateurs; embarras de la gauche. — Les bureaux autorisent la lecture. — Discussion sur la prise en considération. — Elle est votée à une grande majorité. — Lettre confidentielle de M. Jaubert. — Ajournement de la proposition. — Projet de loi sur la conversion des rentes. — Adoption de la loi à la Chambre des députés. — Les pairs circonvenus par la royauté. — Faiblesse de M. Thiers. — Le Luxembourg rejette le projet de conversion. — Discussion sur le renouvellement du privilège de la banque. — M. Thiers et M. Garnier-Pagès. — Adoption du projet dans les deux Chambres. — Question des sucres. — Erreurs de M. Thiers — Adoption d'un système faux. — Loi sur les salines de l'est. — Chemins de fer. — Détresse des compagnies. — Lois incomplètes. — Loi sur la navigation intérieure. — Navigation transatlantique. — Crédits supplémentaires. — Question d'Algérie. — Proposition subite du ministère sur la translation des cendres de Napoléon. — Discussion et adoption du budget. 36

CHAPITRE V. — Nouvelles subventions accordées aux journaux. — Article 606 du code de procédure. — Pétitions pour la réforme électorale. — Rapport de M. Golbéry. — Discours de MM. Arago et Garnier-Pagès. — M. Thiers et le suffrage universel. — Abnégation de la gauche dynastique. — Incident sur deux écrivains de la presse. — Effets extérieurs du rejet de la pétition. — Banquets patriotiques. — Projet de banquet à Saint-Mandé; obstacles créés par la police. — Protestation des gardes nationaux. — Ajournement du banquet. — Banquet de Châtillon. — Banquets dans les départements 68

CHAPITRE VI. — Questions sociales. — Le salaire et le capital. — Séance du 9 mai. — Paroles de M. Gauguier. — Réponse de M. Sauzet. — Députation des ouvriers auprès de M. Arago. — Discussion entre les ouvriers tailleurs et les maîtres. — Les radicaux proposent un arbitrage. — Les ouvriers en papier peint poursuivis pour coalition. — Abus commis par deux fabricants. — Réunion des menuisiers à la barrière du Maine. — Brutale intervention de la police. — Arrestations nombreuses. — Rassemblements dans les faubourgs. — Déploiement des forces militaires. — Poursuites judiciaires et condamnation. — Rapports nécessaires des réformes politiques avec les réformes sociales. — Mort du roi de Prusse. — Mort de Runjet-Singh. — Fête à Strasbourg en l'honneur de Gutenberg. — Fête du 28 juillet. — Méfiances et terreurs du gouvernement. — Sentiments de la population. — Manifestations patriotiques 83

TABLE DES MATIÈRES

CHAPITRE VII. — Traité du 15 juillet. — Mot du maréchal Soult. — Aveuglement de M. Guizot. — Politique de temporisation. — Le czar et lord Palmerston. — Intérêt matériel de la Russie et de l'Angleterre dans la question d'Orient. — Intérêt politique de la Prusse et de l'Autriche. — Désintéressement de la France. — Projet de transaction entre l'Égypte et la Turquie. — Colère des négociateurs de Londres. — Les agents anglais font soulever la Syrie. — Incidents et compression de l'insurrection. — Preuves officielles de l'action de lord Palmerston sur les révoltés. — Signature du traité. — Consternation de M. Thiers. — Colère violente du roi. — Indignation du pays. — Émotion en Angleterre. — Attitude énergique de Méhémet-Ali. — Statistique des forces égyptiennes. — Paroles révolutionnaires de Louis-Philippe. — Préparatifs de guerre. — Fortifications de Paris. — Scission parmi les radicaux. — Construction des forts détachés. 93

CHAPITRE VIII. — État de nos possessions en Afrique. — Départ de l'expédition de Médéah. — Attaque de Cherchell par les Kabyles. — Le col de Mouzaïa. — Attaque du col sous les ordres du duc d'Orléans. — Combat du bois des Oliviers. — Prise de Médéah. — Expédition de Milianah. — Situation de la ville. — Prise de possession. — Retour au col de Mouzaïa. — Combat glorieux et sanglant de l'arrière-garde. — Incursions des Arabes dans la plaine de Mitidjah. — Ravitaillement de Médéah et de Milianah. — Fin de la campagne 111

CHAPITRE IX. — Débarquement et arrestation du prince Louis Bonaparte à Boulogne. — Manœuvres antérieures. — Complices sur lesquels il comptait. — Audience chez lord Melbourne. — Le cabinet des Tuileries tenu au courant de ses démarches. — Système politique du prince. — Tentatives de rapprochement avec les radicaux. — M. Degeorge à Londres. — Brochure intitulée : *Lettres de Londres*. — Passage significatif. — Création d'un journal bonapartiste. — Distribution de brochures. — Entrevue de M. de Mésonan avec le général Magnan. — Emprunt à Londres. — Départ de Londres. — Débarquement à Vimereux. — Entrée à Boulogne. — Échec dans la caserne du 42e de ligne. Retraite vers la colonne. — Dispersion des conjurés. — Arrestation du prince et de ses compagnons. — Translation à Ham. — Renvoi des conjurés devant la Chambre des pairs. — Jugement et condamnation. — Séjour à Ham. — Correspondances. — Relations avec les écrivains démocratiques. — M. Degeorge, M. Peauger. 119

CHAPITRE X. — Situation difficile. — Insuffisance des ressources militaires. — L'Europe ne croit pas à la guerre. — Mission de M. de Saint-Aulaire. — Ardeur de M. Thiers. — Refroidissement de Louis-Philippe. — Désaccord au sein du ministère. — Conférence de M. Cousin avec le duc d'Orléans. — Les ministres offrent au roi de se retirer. — Refus de Louis-Philippe. — Notification du traité au pacha d'Égypte. — Saisie de vaisseaux égyptiens par l'amiral Napier. — Vaines protestations du gouvernement français. — Mission de M. Walewski. — Le sultan prononce la déchéance de Méhémet-Ali. 147

CHAPITRE XI. — Intrigues de M. Guizot à Londres contre le cabinet whig. — Elles sont déjouées par lord Palmerston. — Commencements d'hostilités en Syrie. — Bombardement de Beyrouth par les puissances alliées. — La flotte française reléguée à Salamine. — Consternation aux Tuileries. — Le ministère donne sa démission. — Le roi, après l'avoir acceptée, revient sur sa décision. — Transaction entre la couronne et le ministère. — Agitations intérieures. — Protestation de la garde nationale de Paris. — Convocation des Chambres. — La Porte prononce la déchéance de Méhémet-Ali. — Memorandum du 8 octobre. — Fortifications de Paris. — Attentat de Darmès. — Persécutions contre la presse. — Les puissances secondaires de l'Allemagne défendent l'exportation des chevaux. — Arrogance du cabinet britannique. — Nouvelle démission du ministère. — M. de Broglie aux Tuileries. — Le maréchal Soult est appelé et s'adjoint M. Guizot. — Personnel du nouveau ministère. — Dernière réunion du cabinet du 1er Mars 158

CHAPITRE XII. — Intervention de l'Angleterre dans les troubles d'Espagne. — Dernières luttes et défaite des carlistes. — Caractère d'Espartero. — Linage. — Son influence sur le général. — Question des ayuntamientos. — Loi municipale votée par les cortès. — Mécontentements populaires. — Les reines se rendent à Barcelone. — Espartero va à leur rencontre. — Il demande à la régente de refuser sa sanction à la loi. — Sa demande est repoussée. — Espartero fait avancer ses troupes. — La reine sanctionne la loi. — Proposition de quelques généraux pour arrêter Espartero. — Faiblesse de Marie-Christine. — Soulèvement de Barcelone. — Changement de ministère. — Les reines se retirent à Valence. — Révolution de Valence. — Abdication de Marie-Christine. 172

CHAPITRE XIII. — Arrivée de la *Belle-Poule* à Sainte-Hélène. — Accueil empressé des autorités britanniques. — Ouverture du tombeau. — Réception du cercueil par le prince de Joinville. — Départ de Sainte-Hélène. — Rencontre en mer; bruits de guerre avec l'Angleterre. — Préparatifs de combat. — Retour à Cherbourg. — Navigation sur la Seine. — Arrivée à Courbevoie. — Entrée à Paris. — Concours immense des populations. — Cérémonies religieuses aux Invalides. — Enthousiasme populaire. 189

CHAPITRE XIV. — Avantages de la position de M. Guizot vis-à-vis de M. Thiers. — Ouverture des Chambres; discours du trône. — Premiers triomphes ministériels. — Discussion de la Chambre des pairs. — Vote approbatif. — Projet d'adresse à la Chambre des députés. — Première lutte entre MM. Thiers et Guizot. — Incident sur le voyage de Gand. — Intervention des hommes du 15 Avril et du 12 Mai. — MM. Berryer, Garnier-Pagès, O. Barrot. — Vote de l'adresse. — Affaiblissement de la Chambre. 195

TABLE DES MATIÈRES

CHAPITRE XV. — Nouvelle lettre de lord Palmerston. — Lettre de Louis-Philippe à ce sujet. — Nouvelles insurrections dans la Syrie. — L'émir Beschir traite avec les Anglais. — Ils le transportent à Malte. — Prise de Beyrouth, de Saïd, de Sour, de Saint-Jean-d'Acre. — Énergie de Méhémet-Ali. — Attaque d'Alexandrie. — Méhémet-Ali est trahi par ceux qui l'entourent. — Capitulation. — Traité du 27 Novembre. — Luttes à l'intérieur. — Circulaire de M. Martin du Nord. — Saisie du *National*. — Condamnation de M. de Lamennais. — Interdiction du banquet annuel des Polonais. — Inondations dans l'Est et le Midi. — Désastres de Lyon et de Mâcon. — Nouvelles intrigues ministérielles. — M. Molé et l'alliance russe. — Discussion de la loi des fortifications. 208

CHAPITRE XVI. — Mort de la baronne de Feuchères. — Lettres MM. Pasquier et de Rumigny sur la catastrophe de Saint-Leu. — Lettres de Louis-Philippe pendant l'émigration. Autres lettres publiées par le journal *la France*. — Émotions dans le public. — Procès de *la France*. — Brutalités de la procédure. — Acquittement du journal. — Consternation des orléanistes. — La question des lettres portées à la Chambre. — Misérable subterfuge de M. Guizot. 226

CHAPITRE XVII. — Demande de fonds secrets. — Réforme parlementaire, rejet. — Loi sur les ventes judiciaires d'immeubles, sur les ventes de marchandises vendues à l'encan. — Propriété littéraire. — Discussion confuse, rejet du projet. 238

CHAPITRE XVIII. — Le recensement. — Circulaire de M. Humann. — Discussions entre les pouvoirs locaux et le pouvoir central. — Examen de la question. — Résistance des conseils municipaux. — Agitation à Toulouse. — Destitution du préfet. — Nomination de M. Mahul. — Démission de l'administration municipale. — Maladresse de M. Mahul. — Insurrection. — Expulsion du préfet et du procureur général, M. Plougoulm. — Envoi de M. Maurice Duval comme commissaire extraordinaire. — Dissolution de la municipalité. — Résistance du maire et des adjoints provisoires. — Ils sont renvoyés devant la police correctionnelle. — Désarmement de la garde nationale. — Reprise du recensement. — Troubles dans plusieurs départements 248

CHAPITRE XIX. — Persécution contre la presse. — Le *National* condamné par la Cour des pairs. — Procès et exécution de Darmès, — Baptême du comte de Paris. — Mort de Garnier-Pagès. — Élection de M. Ledru-Rollin. — Son discours devant les électeurs. — Procès de MM. Ledru-Rollin et Hauréau. — Circulaire de M. Martin (du Nord). — Nouveaux procès du *National*. — Acquittements successifs. — Attentat Quénisset. — Arrestation de M. Dupoty. — La complicité morale. — Condamnation de M. Dupoty. — Protestation des journaux. — Procès des accusés de Toulouse. — Acquittement 258

CHAPITRE XX. — Transactions diplomatiques de M. Guizot. — Hatti-shériff du 13 février. — Avances faites par les ambassadeurs de Prusse et d'Autriche. — Résistance de lord Palmerston. — Soumission complète de Méhémet-Ali. — Convention des détroits. — Chute du Ministère whig. — Traité du droit de visite. — Les États-Unis refusent de s'y associer. — Émotions en France. — Ouverture de la session. — Discussion du droit de visite. — Défaite du Ministère. — Embarras du Cabinet tory. — Discussion sur la politique intérieure. — Atteintes à l'institution du jury. — Lettre du procureur général de Riom. — Confession de M. Martin (du Nord). — Les jurés probes et libres. — Vote de l'Adresse. 269

CHAPITRE XXI. — Nomination du général Bugeaud au gouvernement de l'Algérie. — Situation d'Abd-el-Kader. — Première expédition du général Bugeaud. Succès dans l'Est. — L'émir repoussé gagne les frontières du Maroc. — Grave dissension entre l'Angleterre et les États-Unis. — Affaire Mac-Leod. — Désastre dans l'Afghanistan. — Guerre de la Chine ; stériles victoires. — Déficit du budget. — Réformes financières de sir Robert Peel. — Affaires d'Espagne. — Espartero appelé à la régence définitive. — Ses complaisances pour l'Angleterre. — Soulèvement des provinces du Nord. — Conspiration à Madrid. — O'Donnell et Diégo-Léon. — Répression de l'insurrection . . 282

CHAPITRE XXII. — Réforme électorale. — Le roi s'y oppose avec opiniâtreté. — Ses théories sur le gouvernement représentatif. — Conseil de Cabinet sur la question de la réforme. — Le duc d'Orléans y assiste. — Propositions Ganneron et Ducos. — Les conservateurs-bornes. — Loi sur les chemins de fer. — Crédits supplémentaires. — Vote du budget. — Accroissement du déficit. — Clôture de la session. — Poursuites contre la presse. — Procès Bourdeau. — Condamnations multipliées des journaux. — Mort de M. Humann. — M. Lacave-Laplagne le remplace. — Occupation des îles Marquises et des îles de la Société par l'amiral Dupetit-Thouars. 295

CHAPITRE XXIII. — Élections générales. — Scission parmi les légitimistes. — Triomphe de l'opposition à Paris. — Progrès des forces républicaines. — Position critique du Ministère. — Mort du duc d'Orléans. — Son portrait. 305

CHAPITRE XXIV. — Discussion sur la loi de régence. — M. Thiers se sépare de l'opposition, M. de Lamartine du Ministère. — M. Ledru-Rollin invoque le pouvoir constituant. — Vote de la loi. — M. Thiers n'obtient pas la récompense de son dévouement. — Souffrances matérielles. — Situation de la propriété foncière. — Industrie vinicole. — Pétition des propriétaires de la Gironde. — Projet d'union commerciale avec la Belgique. — Coalition des grands industriels. — Réunion Fulchiron. — Traité entre l'Angleterre et les États-Unis. — Clôture du protocole dans l'affaire du droit de visite. — Intrigues ministérielles. — Dilapidations de l'Hôtel de Ville. — Procès Hourdequin 312

TABLE DES MATIÈRES

CHAPITRE XXV. — Nouvelle discussion sur le droit de visite. — Condamnation des traités de 1831 et 1833. — MM. Dufaure et Passy se séparent du Ministère. — Question de réforme parlementaire. — Nouvelle loi sur les sucres. — Lois diverses. — Enquête parlementaire. — Corruptions électorales. — Espagne : Ministère Lopez. — Sa prompte démission. — Indignation des Cortès. — Prorogation et dissolution des Chambres. — Soulèvement des provinces. — Bombardement de Séville. — Chute d'Espartero. — Isabelle est déclarée majeure. — Ministère Olozaga. — Ses luttes contre les royalistes. — Incidents de sa chute. — Ministère Gonzalès Bravo. — Rappel de Marie-Christine. — Les Anglais se vengent des désastres de l'Afghanistan. — Paix avec la Chine. — Troubles dans les districts manufacturiers. — Les chartistes. — O'Connell et l'Association du rappel. — Procès et condamnation d'O'Connell. — Les Rebeccaïtes du pays de Galles. — Ligue des céréales 321

CHAPITRE XXVI. — Affaires d'Afrique. — Prise de la smalah d'Abd-el-Kader. — Voyage du duc de Nemours. — Sa réception au Mans. — Visite de la reine d'Angleterre au roi de France. — Le duc de Bordeaux à Londres. — Le duc de Nemours s'y rend aussi. — Pèlerinage à Belgrave-Square. — Émotion au château. — Intrigues de la petite Cour de Belgrave-Square. — Les deux camps légitimistes. — MM. Berryer et de Larochejacquelein. — Tahiti et la reine Pomaré. — Intrigues des Anglais. — Le consul Pritchard. — Prise de possession des îles de la Société par l'amiral Dupetit-Thouars 338

CHAPITRE XXVII. — Nouveaux projets de dotation. — Adresse. — Question de Belgrave-Square. — Les flétris. — Discussion orageuse. — Droit de visite. — Entente cordiale. — Démission des légitimistes *flétris*. — Leur réélection. — Affaiblissement du cabinet. — Embarras du ministère à la nouvelle des affaires de l'Océanie. — Colère des Anglais. — Désaveu de l'amiral Dupetit-Thouars. — Discussion parlementaire à ce sujet 355

CHAPITRE XXVIII. — Intrigues d'Abd-el-Kader sur les frontières du Maroc. — Son influence sur les populations. — Différends avec le Maroc pour la délimitation des frontières. — Préparatifs de guerre dans le Maroc. — Premières agressions des Marocains. — Combat de la Mouilah. — Mécontentement de l'Angleterre. — Entrevue du général Bedeau avec le caïd d'Ouchda. — Les Marocains insultent le négociateur français. — Le maréchal Bugeaud les châtie. — Départ du prince de Joinville pour les côtes du Maroc. — Le maréchal Bugeaud occupe Ouchda. — Correspondances entre le maréchal et le prince. — Ultimatum de la France signifié à l'empereur. — Nouvelle affaire Pritchard. — Ses intrigues et son arrestation. — Colères des Anglais. — Consternation de M. Guizot. — Émotions en France. — Bombardement de Tanger et de Mogador. — Bataille de l'Isly 371

CHAPITRE XXIX. — Mécontentements du cabinet anglais à l'issue de la guerre du Maroc. — Langage hautain de lord Aberdeen. — Alarmes du comte de Jarnac. — Concessions faites à Pritchard. — Traité avec le Maroc. — Protestations du prince de Joinville, mécontentement du maréchal Bugeaud, indignation du public. — Visite de Louis-Philippe à la reine d'Angleterre. — Reprise de la question des dotations. — Répugnances de M. Guizot. — Complots des familiers du château contre le ministère. — Ouverture de la session. — Discussion de l'adresse. — Le droit de visite, le Maroc, Tahiti. — Les Pritchardistes 397

CHAPITRE XXX. — Alliance de la royauté et du clergé. — Guerre à l'Université. — Projet de loi en faveur des petits séminaires. — Opposition de M. Cousin. — Retraite de M. Villemain. — Il est remplacé par M. de Salvandy. — Accroissement du pouvoir des jésuites. — Interpellation de M. Thiers. — Ordre du jour motivé. — Mission de M. Rossi à Rome. — Embarras du Saint-Siège. — Les jésuites simulent la soumission. — Colères de M. de Montalembert. — Modifications dans le mode de votation. — Scrutin par division. — Clôture de la session. — Comité électoral de la gauche constitutionnelle. — Discours de M. Guizot à ses électeurs. — Traité définitif sur le droit de visite. — Ordonnances de M. de Salvandy. — Nouvelles conquêtes du clergé 411

CHAPITRE XXXI. — Bruits publics sur une insurrection en Pologne. — Enthousiasme général. — Habileté du *National*. — Souscription en faveur de la Pologne. — Manifestation des députés. — Alarmes de M. Guizot. — Triste déception. — Massacre de la Gallicie. — La Jacquerie impériale. — Complots des autorités autrichiennes contre les nobles polonais. — Faiblesse de l'insurrection qui sert de prétexte aux massacres. — Jacques Szela, chef d'égorgeurs. — Il est publiquement récompensé par l'empereur. — Insurrection de Cracovie. — Terreur du général des Autrichiens, Collin. — Sa fuite. — Son retour. — Entrée des soldats des trois puissances à Cracovie 421

CHAPITRE XXXII. — Questions de réforme. — Proposition de M. de Rémusat sur les incompatibilités. — Discours remarquable de M. Thiers. — Rejet de la proposition. — Interpellations sur les massacres de la Gallicie. — Triste attitude de M. Guizot. — Clôture des Chambres. — Dissolution. — Attentat de Lecomte. — Évasion du prince Louis Bonaparte. — Mariage du duc de Bordeaux. — Élections générales. — Attitude des partis. — Lettre inédite de M. Thiers aux électeurs d'Aix. — Attentat d'un maniaque contre les jours du roi. — Résultat général des élections. — Triomphe des conservateurs. — Besoin universel de réforme. — M. Guizot et M. Émile de Girardin. — Conservateurs progressistes. — Discours de M. Guizot à Lisieux. — Promesses de réformes 437

CHAPITRE XXXIII. — Session de quelques jours. — Majorité prononcée en faveur du ministère. — Insuffisance de la récolte, misère des campagnes. — Imprévoyance du ministre de l'agriculture. — Crise financière. — Position difficile de la Banque. — Mariages espagnols. — Nouveaux dissentiments entre la France et l'Angleterre . . . 448

www.ingramcontent.com/pod-product-compliance
Lightning Source LLC
Chambersburg PA
CBHW050321240426
43673CB00042B/1490